# *DIREITO SOCIETÁRIO CONTEMPORÂNEO II*

# *DIREITO SOCIETÁRIO CONTEMPORÂNEO II*

ERASMO VALLADÃO AZEVEDO E NOVAES FRANÇA
(Coordenador)

ANDRÉ GRUNSPUN PITTA • ANDRÉIA CRISTINA BEZERRA CASQUET
BRUNO ROBERT • CAMILLO STEFANO MARIA SICHERLE
DANIEL DE AVILA VIO
ERASMO VALLADÃO AZEVEDO E NOVAES FRANÇA
ERIK FREDERICO OIOLI • EVANDRO FERNANDES DE PONTES
GABRIELA CODORNIZ • GIOVANA CUNHA COMIRAN
JOÃO PEDRO SCALZILLI • LAURA AMARAL PATELLA
LUÍS ANDRÉ NEGRELLI DE MOURA AZEVEDO
LUÍS FELIPE SPINELLI • MARCELO VIEIRA VON ADAMEK
MÁRCIA TANJI • MARCO LA ROSA DE ALMEIDA
MARINA PALMA COPOLA • NICOLE MATTAR HADDAD TERPINS
PAULO FERNANDO CAMPANA FILHO • RAFAEL INDUZZI DREWS
RENATO DIN OIKAWA • RODRIGO TELLECHEA
VIVIANE ROSSINI BERGAMASCHI ABUD

MALHEIROS
EDITORES

***DIREITO SOCIETÁRIO CONTEMPORÂNEO II***


(Organizador)

ISBN 978-85-392-0303-1

*Direitos reservados desta edição por*
*MALHEIROS EDITORES LTDA.*
*Rua Paes de Araújo, 29, conjunto 171*
*CEP 04531-940 – São Paulo – SP*
*Tel.: (11) 3078-7205 Fax: (11) 3168-5495*
URL: www.malheiroseditores.com.br
e-mail: malheiroseditores@terra.com.br

*Composição*
PC Editorial Ltda.

*Capa:*
*Criação:* Vânia Lúcia Amato
*Arte:* PC Editorial Ltda.

Impresso no Brasil
*Printed in Brazil*
06.2015

## *COLABORADORES*

André Grunspun Pitta

Bacharel em Direito pela USP – Mestre em Direito Comercial pela USP – Advogado

Andréia Cristina Bezerra Casquet

Doutora em Direito Comercial pela Faculdade de Direito da USP – *Legum Magister* (*LL.M.*) em Direito Societário pelo Instituto de Ensino e Pesquisa/Insper – Advogada e Professora em São Paulo

Bruno Robert

Mestre e Doutor em Direito Societário pela USP – *LL.M.* em *Financial and Securities Regulation* pela *School of Law* da *Georgetown University* – Pós-graduado em Economia pela Escola de Economia de São Paulo, da FGV – É Professor Assistente na Faculdade de Direito da USP, dentro do Programa de Aperfeiçoamento de Ensino-PAE

Camillo Stefano Maria Sicherle

Mestre em Direito (*Legum Magister – LL.M.*) pela *Cornell University Law School* – Economista pela PUC/SP – Bacharel pela Faculdade de Direito da USP – Advogado em São Paulo

Daniel de Avila Vio

É Mestre e Doutor em Direito Comercial – Pós-graduado em Relações Internacionais pela PUC-SP

ERASMO VALLADÃO AZEVEDO E NOVAES FRANÇA

Mestre, Doutor e Livre-Docente em Direito Comercial pela USP – Professor Associado do Departamento de Direito Comercial da Faculdade de Direito da USP – Advogado em São Paulo

ERIK FREDERICO OIOLI

Bacharel, Mestre e Doutor em Direito Comercial pela USP – Professor e Advogado em São Paulo

EVANDRO FERNANDES DE PONTES

Advogado em São Paulo – Bacharel em Letras Clássicas pela USP – *Visiting Scholar* pela Universidade da Virgínia/EUA – Mestre e Doutor em Direito Comercial pela USP – Professor de Direito no Instituto de Ensino e Pesquisa/Insper

GABRIELA CODORNIZ

Mestre em Direito Comercial pela Faculdade de Direito da USP – Professora de Direito Comercial do IBMEC/RJ – Advogada no Rio de Janeiro e em São Paulo

GIOVANA CUNHA COMIRAN

Doutoranda em Direito Comercial pela USP – Mestre em Direito Privado e Especialista em Direito Empresarial pela UFRGS – Advogada em Porto Alegre

JOÃO PEDRO SCALZILLI

Doutor em Direito Comercial pela USP – Mestre em Direito Privado pela UFRGS – Especialista em Direito Empresarial pela UFRGS – Advogado e Professor na PUC/RS

LAURA AMARAL PATELLA

Doutoranda em Direito Comercial pela USP – Advogada

LUÍS ANDRÉ NEGRELLI DE MOURA AZEVEDO

Presidente do Instituto de Direito Societário Aplicado/IDSA – Professor de Direito Societário (Escola de Direito da FGV/SP, Módulo GV*Law*) – Doutorando em Direito Comercial (USP) – Advogado em São Paulo

Luís Felipe Spinelli

Doutor em Direito Comercial pela USP – Mestre em Direito Privado pela UFRGS – Especialista em Direito Empresarial pela UFRGS – Advogado

Marcelo Vieira von Adamek

Doutor e Mestre em Direito Comercial pela USP – Pós-graduado pelo IBRE/EASP-FGV – Advogado em São Paulo

Márcia Tanji

Especialista em Interesses Difusos e Coletivos pela Escola Superior do Ministério Público do Estado de São Paulo – Mestre e Doutora em Direito Comercial pela Faculdade de Direito da USP – Procuradora Federal em exercício na Procuradoria Federal Especializada junto à Comissão de Valores Mobiliários no Rio de Janeiro

Marco La Rosa de Almeida

Mestre em Direito Comercial pela USP – Advogado em São Paulo

Marina Palma Copola

*Legum Magister* (*LL.M.*) pela *Columbia Law School* – Mestre em Direito Econômico pela USP – Bacharel pela USP – Advogada em Nova York

Nicole Mattar Haddad Terpins

Mestre em Direito Comercial pela USP – Advogada em São Paulo

Paulo Fernando Campana Filho

Bacharel em Direito pela USP – Mestre em Ciências Jurídico-Civilísticas pela Faculdade de Direito da Universidade de Coimbra – Doutor em Direito Comercial pela USP – Advogado

Rafael Induzzi Drews

Doutorando em Direito Comercial pela Faculdade de Direito da USP – Procurador do Estado do Espírito Santo – Advogado

Renato Din Oikawa

Pós-graduado em Economia pela Escola de Economia de São Paulo da FGV – Mestre em Direito Comercial pela Faculdade de Direito da USP – Advogado em São Paulo

RODRIGO TELLECHEA

Doutorando em Direito Comercial pela USP – Especialista em Direito Empresarial pela UFRGS – Advogado

VIVIANE ROSSINI BERGAMASCHI ABUD

Mestranda em Direito Comercial pela USP – Advogada em Ribeirão Preto

## *SUMÁRIO*

## III – A PROTEÇÃO AOS DIREITOS DOS INVESTIDORES

## IV – A PROTEÇÃO AOS INTERESSES DOS CREDORES



## V – A PROTEÇÃO AOS INTERESSES DOS TRABALHADORES

## *PREFÁCIO*

Dando sequência ao *Direito Societário Contemporâneo I*, também por mim coordenado,[1] vem a lume, agora, o *Direito Societário Contemporâneo II*.

Trata-se igualmente de obra coletiva consistente em uma seleção de trabalhos de alunos do Curso de Pós-Graduação da Faculdade de Direito da Universidade de São Paulo/USP, onde tenho lecionado, desde o primeiro semestre de 2006, geralmente em anos e semestres alternados, as disciplinas Teoria Geral do Direito Societário I e II.

As mencionadas disciplinas têm como espinha dorsal a obra clássica e magistral de Herbert Wiedemann denominada *Gesellschaftsrecht I – Grundlagen* (*Direito Societário I – Fundamentos*), publicada pela Editora Beck, de Munique, em 1980.

Wiedemann estuda o direito societário a partir de princípios *estruturais* e princípios *valorativos*.

No *Direito Societário Contemporâneo I* foram focalizados os princípios estruturais: os ordenamentos da *sociedade*,[2] do *patrimônio* e da *empresa*.[3]

1. São Paulo, Quartier Latin, 2009.

2. *Verband*, entendida em sentido amplo, abrangendo as associações e as sociedades.

3. Um resumo dos princípios estruturais do direito societário, realizado pelo próprio Wiedemann, pode ser lido em tradução do signatário intitulada "Excerto do *Direito Societário I – Fundamentos*, de Herbert Wiedemann", publicada na *RDM* 143/66 e ss., São Paulo, Malheiros Editores, 2006, no *Direito Societário Contemporâneo I*, cit., pp. 11 e ss., e em *Temas de Direito Societário, Falimentar e Teoria da Empresa*, São Paulo, Malheiros Editores, 2009, pp. 624 e ss.

Constituem objeto do presente *Direito Societário Contemporâneo II* os princípios *valorativos*: a proteção aos direitos *individuais*, da *minoria* e dos *investidores*, e bem assim aos interesses dos *credores* e dos *trabalhadores*.

Externo aqui meus carinhosos agradecimentos aos meus dedicados alunos, bem como à Malheiros Editores. Um agradecimento especial aos ex-alunos e orientandos Erik Frederico Oioli e Marcelo Vieira von Adamek, que muito me auxiliaram na coordenação deste livro.

Erasmo Valladão Azevedo e Novaes França
Professor Associado de Direito Comercial
da Faculdade de Direito da USP

# *I*

# *A PROTEÇÃO AOS DIREITOS INDIVIDUAIS*

# *A* ACTIO PRO SOCIO

ANDRÉIA CRISTINA BEZERRA CASQUET

*1. Introdução. 2. A* actio pro socio *no Direito Romano: 2.1 A* actio pro socio *no contexto do contrato de sociedade – 2.2 Finalidades da* actio pro socio *– 2.3* Actio communi dividundo *x* actio pro socio. *3.* Actio pro socio *no Direito Alemão: 3.1 Órgãos de administração – 3.2 Breves delineamentos sobre diretoria ou diretório – 3.3 Breves delineamentos sobre o conselho de supervisão – 3.4 Responsabilidade dos administradores: 3.4.1 Ação social de responsabilidade. 4. Direito Brasileiro: 4.1 Legitimação da companhia: 4.1.1 Ação social* ut universi *(Lei das S/A, art. 159,* caput*) – 4.1.2 Ação social* ut singuli *(ação social dos acionistas): 4.1.2.1 Ação social* ut singuli *(por substituição processual derivada) ou ação social substitutiva (Lei das S/A, art. 159, § 3º) – 4.1.2.2 Ação social* ut singuli *(por substituição processual originária) ou ação social derivada (Lei das S/A, art. 159, § 4º) – 4.2 Ação individual (Lei das S/A, art. 159, § 7º) – 4.3 Ação sub-rogatória de credores – 4.4 Aplicação da Lei das S/A nas sociedades limitadas – 4.5 Acionista controlador – 4.6 A* actio pro socio *no âmbito da obrigação do acionista de integralização do capital social. 5. Conclusão.*

## *1. Introdução*

As reflexões em torno do direito das minorias na sociedade anônima estão centradas não apenas no cerne jurídico-formal da questão – como se protege o direito das minorias –, mas também, e principalmente, na sua acepção jurídico-funcional, em que se busca compreender as razões pelas quais tais direitos devem ser protegidos.

Nessa perspectiva, invocam-se as ideias de Clóvis Beviláqua,[1] para quem o interesse que o Direito protege deve sempre estar de acordo com

1. Clóvis Beviláqua, *Opúsculos: o Meu Credo Jurídico*, Rio de Janeiro, Borsói, 1939, p. 91.

as necessidades sociais; e, como tais necessidades variam com a Civilização, o valor jurídico do indivíduo cresceria com o desenvolvimento cultural da sociedade. O autor prossegue, trazendo no conceito de direito subjetivo aquilo que entende como principal elemento justificador da proteção conferida a determinada classe de indivíduos: "[*direito subjetivo*] é um interesse do indivíduo que, por se achar em harmonia com a vida social, o Direito protege".

Partindo-se de tais ideias é que Alexandre Tavares Guerreiro afirma que a proteção às minorias na sociedade anônima resulta da verificação de uma utilidade social e funcional, no sentido de que a sociedade anônima, como um agente da vida econômica, deve ser conduzida pela lei a dar cumprimento ao seu objeto de modo harmonioso e eficiente. Com efeito, está claro que a sociedade anônima possui uma função, isto é, não existe apenas como um modo de organização e separação patrimonial, mas, sobretudo, como um instrumento de desenvolvimento de atividade econômica voltada para o mercado. A proteção das minorias no direito positivo, portanto, resulta do pressuposto fundamental de que a sociedade anônima, enquanto agente econômico que é, influencia sobremaneira as relações entre os demais agentes, cabendo ao direito positivo coibir qualquer forma de abuso que seja capaz de causar desequilíbrios na sua organização.

Nessa acepção, a Lei 6.404, de 15.12.1976 ("Lei das S/A"), traz regras capazes de proteger os minoritários contra abusos do controlador e desvios dos administradores, mediante o reconhecimento de ações próprias de responsabilidade, as quais visam a assegurar o equilíbrio funcional da empresa. Desse modo, para positivar tal equilíbrio é que o legislador veio estabelecer que o acionista controlador responderá pelos danos causados por atos praticados com abuso de poder (Lei das S/A, art. 117) e o administrador, por sua vez, pelos prejuízos que causar quando proceder, dentro de suas atribuições ou poderes, com culpa ou dolo ou com violação da lei ou do estatuto (Lei das S/A, art. 159).

Ressalte-se, contudo, que a proteção efetiva dos minoritários não está plenamente assegurada em tais mecanismos previstos na Lei das S/A. Isso porque, conforme se verificará neste estudo, o legislador brasileiro optou por um sistema de responsabilização no qual, em princípio, não é permitida a propositura de *ação individual* por um acionista contra outro para obrigá-lo ao cumprimento de obrigações pessoais resultantes do contrato de sociedade e de seus negócios (*actio pro socio*).

Dito isso, o ponto de partida do presente estudo residirá inicialmente na análise das noções elementares da *actio pro socio*, iniciando-se pelo exame de suas origens no Direito Romano, passando-se, em seguida, pelo tratamento dispensado ao tema no Direito Alemão, para, na sequência, verificar a compatibilidade do instituto com as regras previstas no ordenamento jurídico brasileiro a respeito do sistema de responsabilização de controladores e administradores. Ao final, ainda será feita uma exposição crítica acerca das restrições legais impostas aos credores da sociedade para que possam ser ressarcidos por danos que tenham sofrido. Pelo atual sistema, a Lei das S/A apenas lhes confere a faculdade de propor ação individual de responsabilidade civil contra o administrador (art. 159, § 7º) a fim de serem indenizados por *danos diretos* que tenham sofrido; contudo, não lhes foi reconhecida a possibilidade de propor ação para recompor o patrimônio social de seu devedor.

## *2. A* actio pro socio *no Direito Romano*

### *2.1 A* actio pro socio *no contexto do contrato de sociedade*

A sociedade (*societas*) no Direito Romano era formada por um contrato[2] consensual, sinalagmático e de boa-fé. Consensual, porque

2. Contrapondo-se à ideia de que a *societas* tem uma origem única, alguns autores defendem a ideia de que os diversos tipos de *societas* têm origens distintas. Dentre estas, uma das mais aceitas é a de Pernice. Para o jurista, a *societas omnium bonorum* é derivada do *consortium*; a *societas universorum quae ex quaestu veniunt*, a *societas alicuius negotiationis* e a *societas vectigalium* provêm de associações mercantis e a *societas unius rei* tem origem na *politio*. Isto porque a fórmula primitiva de *actio pro socio* e do *beneficium competentiae* do edito do pretor é relativa apenas à *societas omnium bonorum* (Ferrini Contardo, "Le origini del contrato di società in Roma", in *Opere di Contardo Ferrini III: Studi Vari di Diritto Romano e Moderno sulle Obbligazioni, sul Negozio Giuridico, sulle Presunzioni*, Milão, Hoepli, 1929, pp. 17-48). Os críticos de Pernice afirmam que a aplicação da fórmula primitiva da *actio pro socio* e do *beneficium competentiae* apenas no âmbito da *societas omnium bonorum* pode indicar que somente que ela constitui uma primeira forma de sociedade, até porque, mais tarde, o *beneficium competentiae* é estendido às demais sociedades. Na visão de Giffard, Kaser e Burdese, a *societas* teria dupla origem: (i) a *societas omnium bonorum* seria derivada do consórcio e (ii) a *societas alicuius negotiationis*, das associações comerciais, que atuam no comércio internacional. Arangio-Ruiz, por sua vez, entende que a *societas omnium bonorum* provém da *societas alicuius negotiationis* e da *societas publicanorum* (A. E. Giffard, *Précis de Droit Romain*, t. I, Paris, Dalloz, 1953, p. 16; Max Kaser, *Das Römische Privatrecht: Das altrömische, das vorklassische und klassische Recht*, Munique, Beck, 1955, trad. espanhola da 5ª ed. alemã por José Santa Cruz Teijeiro, *Derecho Romano Privado*, 2ª ed., Madri, Reus, 1982, p. 229; Alberto Burdese, *Manuale di Diritto Privato Romano*, Turim, UTET, 1964, p. 846; e Vicenzo Arangio-Ruiz, *Istituzioni di Diritto Romano*, Nápoles, Eugenio Jovene, 1998, p. 42). Prevalece, entretanto, a teoria monista da origem da *societas*, com vistas aos textos de Gaio (G. 3, 154a e b), do conceito unitário do instituto e da uniformidade de regras existentes no Direito clássico.

para a sua eficácia deveria haver o entendimento entre pessoas capazes acerca de um objeto lícito; sinalagmático, porque fazia nascer obrigações recíprocas para as partes contratantes; e de boa-fé, porque pressupunha sempre o consentimento das partes acerca de seu teor e de suas responsabilidades. Por meio de tais contratos, duas ou mais pessoas, designadas por "sócios" (*socii*), obrigavam-se a colocar em comum bens (*res*) ou esforços (*operae*) para alcançar um fim patrimonial lícito que lhes fosse proveitoso.

As sociedades constituídas por tal contrato podiam ser perpétuas, condicionais ou temporárias; todas eram, entretanto, personalíssimas (*intuitu personae*), isto é, levavam primordialmente em consideração as características pessoais daqueles que as constituíam; portanto, a morte de um dos sócios acarretava automaticamente a dissolução da sociedade, não podendo os herdeiros do sócio falecido tomar seu lugar – a não ser que sua continuidade, ocorrendo tal evento, estivesse expressamente prevista no contrato de constituição.[3]

Nessa época as sociedades não eram dotadas de personalidade jurídica, seus direitos e obrigações para com terceiros eram tidos como direitos ou obrigações dos sócios considerados em si mesmos; para terceiros não havia a figura da sociedade, mas, sim, das pessoas dos sócios que a integravam. Desse sistema decorriam situações especialíssimas e complexas, tanto no relacionamento dos sócios entre si quanto no relacionamento dos sócios com terceiros; situações, essas, que o Direito Romano distinguia e regulava em pormenor. Assim, à guisa de exemplo: (a) na ausência de disposição específica no contrato de sociedade, cabia a qualquer dos sócios gerir seus negócios, na qualidade de mandatário dos demais (*negotiorum gestor*), sendo-lhe obrigatória a *communicatio lucri et damni* (relatório dos lucros ou perdas resultantes das atividades); (b) uma vez inexistente a ideia de personalidade jurídica da sociedade, que a distinguisse de seus sócios, todas as obrigações sociais com terceiros eram imputadas a estes últimos. Tais obrigações podiam ser divididas em três grandes grupos: (i) obrigações entre um dos sócios (na gestão dos negócios) e terceiros; ou (ii) entre todos os sócios e terceiros; ou (iii) entre alguns dos sócios e

3. Conforme estabelecido no *Digesto*, Livro 17, Título 2, Fragmento 65, de Paulo, § 9º: "A morte de um dos sócios dissolve a sociedade, [*no original: "morte unius societas dissolvitur"*] pois se é necessário o consentimento de todos para a formar, a permanência de tal consenso é indispensável para sua subsistência, a não ser que pactuado de outra forma por ocasião da constituição da sociedade. [*No original: "nisi in coeunda societate aliter convenerit"*] E nem mesmo os finados do sócio podem sucedê-lo como sócios".

terceiros. Na primeira hipótese a relação surgia apenas entre a pessoa do sócio gestor e o terceiro, sendo os lucros ou perdas resultantes regulados separada e internamente entre todos os sócios; na segunda hipótese as obrigações dirigidas aos sócios eram de natureza fracionária, ou seja, o terceiro, quando credor, somente podia exigir de cada sócio uma parte proporcional, e, quando devedor, somente estava igualmente obrigado a pagar a cada sócio uma parte proporcional, a não ser que a solidariedade fosse expressamente prevista, ou então nos casos em que a solidariedade fosse imposta por lei, como ocorria no caso das sociedades formadas por banqueiros (*argentarii*); na terceira hipótese, por fim, as regras das duas situações anteriores se combinavam para regular as relações entre terceiros e alguns dos sócios; (c) as obrigações dos sócios entre si eram estabelecidas e eram decorrentes do contrato de sociedade, sendo sancionadas por um único tipo de ação judicial, a *actio pro socio*. Para fins deste estudo nos interessa particularmente este último ponto.

Assim, define-se a expressão *actio pro socio* como uma ação, em favor do sócio de boa-fé, que nasce do contrato de sociedade, para reclamar e fazer efetivas durante a sua existência as obrigações recíprocas dos sócios e para dissolvê-la a fim de liquidar tais obrigações.[4]

Na definição de Roberto de Ruggiero:[5]

> Para conseguir o reconhecimento dos direitos e o adimplemente [*sic*] das obrigações contidos no contrato de sociedade, os sócios têm, um contra o outro, a *actio pro socio*. Por meio desta, cada sócio pode exigir dos outros o conferimento das coisas prometidas e a garantia destas; a repartição dos lucros e das perdas, na medida fixada no contrato, e na proporção dos bens conferidos, ou, na falta de determinação das quotas, em partes iguais; a prestação e liquidação de contas, por que estão obrigados os sócios administradores; a reposição de lucros que os outros sócios tenham auferido por intermédio da sociedade ou em razão desta e, bem assim, a liberação dos prejuízos sofridos pelo sócio, agindo no interesse coletivo; o ressarcimento de danos à sociedade, por efeito de administração ruinosa, ou qualquer outro ato lesivo ou violador do contrato social, praticado por algum sócio; e, enfim, o regulamento das relações sociais, nos termos dos pactos e das convenções.

4. Tradução livre da autora, sendo que no original assim consta: "Acción a favor del socio, de buena fe, que nace del contrato consensual de sociedad (*societas*), para reclamar e hacer efectivas durante la sociedad las recíprocas obligaciones de los socios y a la dissolución para liquidar estas obligaciones" (Manuel Jesús García Garrido, *Diccionario de la Jurisprudencia Romana*, Madri, Dykinson, 2008, p. 14).

5. Citado por Hernani Estrella, *Apuração dos Haveres de Sócio*, atualizado por Roberto Papini, Rio de Janeiro, Forense, 2010, pp. 93-94.

O professor Cretella Jr., por sua vez, entende que "a *actio pro socio* caracteriza-se por uma *demonstratio*, uma *intentio* incerta e de boa-fé, bem como por uma *condemnatio* também incerta".[6]

Para o jurista espanhol Fernando Betancourt[7] a ação do contrato de sociedade:

> (...) es la *actio* (*ex fide bona*) *pro socio*, que se ejercita por cualquier de los socios para liquidar deudas pendientes entre dos o más socios por la gestión de la sociedad. La acción es infamante, pero con beneficio de competencia, pone fin a la sociedad, aunque la acción subsiste en aquellos casos en que se puso fin dolosa o intempestivamente a la sociedad. Como en las demás acciones de buena fe, la responsabilidad patrimonial exigible es la de dolo y culpa.

Das definições atribuídas ao instituto extrai-se que a *actio pro socio* possuía ao menos cinco características que a distinguiam das demais *actiones* existentes à época. Primeiramente, a *actio pro socio* somente podia ser intentada por um sócio (ou conjunto de sócios) contra outro (ou outros) em decorrência de (i) descumprimento de obrigações estabelecidas no contrato de sociedade, (ii) malversação dos recursos sociais ou (iii) usurpação dos lucros. Em segundo lugar, o sócio-réu somente podia ser condenado proporcionalmente aos recursos que havia investido na sociedade (*in id quod facere socius potest*). Em terceiro lugar, caso a *actio pro socio* fosse intentada durante a vigência da sociedade, a dissolução do vínculo era imediata, uma vez que os romanos consideravam como requisito indispensável para a existência do contrato de sociedade a confiança que os sócios nutriam entre si (*ius fraternitatis*), não se concebendo a possibilidade de existência de um processo entre eles.[8] Em quarto lugar, a *actio pro socio* acarretava pena de infâmia àquele que descumprisse o contrato de sociedade. O caráter infamante da *actio*

6. José Cretella Jr., *Curso de Direito Romano*, Rio de Janeiro, Forense, 1998, p. 281.

7. Fernando Betancourt, *Derecho Romano Clásico*, Espanha, Universidad de Sevilla, 2007, p. 628.

8. Em princípio a *actio pro socio* tinha como necessária consequência a dissolução da sociedade. Mais tarde os romanos passaram a admitir que a ação fosse intentada no curso da existência da sociedade sem que tivesse que haver, necessariamente, sua dissolução. Assim, passavam a existir a *actio pro socio animo dissolvendae societatis* e a *actio pro socio animo non dissolvendae societatis*. V. *D.* 17.2.6.5 pr.: "Actione distrahitur, cum aut stipulatione aut iudicio mutata sit causa societatis. Proculus enim ait hoc ipso quod iudicium [*ideo*] dictatum est, [*ut societas distrahatur*], renuntiatum societati, sive totorum bonorum sive unius rei societas coita est".

*pro socio* apenas reforça o caráter *intuitu personae* da sociedade, mostrando uma relação mais íntima e uma presença maior da *fides* entre os contratantes. Por fim, a relação entre os sócios da sociedade no período clássico é indicada como um *ius quodammodo fraternitatis* (*D.* 17.2.63 pr.) e considerada como um liame baseado na recíproca confiança. Em consequência do *ius quodammodo fraternitatis*, aplicava-se o *beneficium competentiae*,[9] limitando-se a condenação do sócio ao que ele pudesse pagar (*in id quod facere socius potest*).

## *2.2 Finalidades da* actio pro socio

Em Justiniano a *actio pro socio* era utilizada basicamente para dois propósitos: (a) poderia ser proposta enquanto a sociedade ainda existisse (*manente societate*), por um sócio contra outro, para obrigá-lo ao cumprimento de obrigações pessoais (*prestationes personales*) surgidas do contrato de sociedade e de seus negócios, sem que tivesse como objeto a dissolução da sociedade – *e.g.*, obrigação de integralização do capital subscrito na sociedade, divisão de lucros prometidos, indenização dos custos incorridos por um sócio em nome da sociedade, compensação de sócio que ingressou com ação em nome da sociedade por alguma conduta incorreta de seus administradores; ou (b) poderia ser proposta, por um sócio contra outro, para o estabelecimento ou ajuste de contas entre eles, incluindo o cumprimento de obrigações pessoais advindas do contrato de sociedade e de seus negócios, com o objetivo de dissolvê-la e liquidá-la. Em síntese, nas palavras de Pothier,[10] pode-se dizer que dois são os objetivos da *actio pro socio*: a implementação dos termos da sociedade ou a sua dissolução.

## *2.3* Actio communi dividundo *x* actio pro socio

Em vista da similaridade dos institutos da *actio pro socio* e da *actio communi dividundo* e dos possíveis equívocos que deste fato possam decorrer, vejam-se as principais diferenças entre as ações.

(i) A *actio pro socio* poderia ser movida (a) enquanto a sociedade ainda existisse, por um sócio contra outro, para obrigá-lo ao cumpri-

9. Sobre o assunto, v. as obras: Guarino, *La Condanna nei Limitti del Possibile*, 2ª ed., Nápoles, Jovene, 1978; e Gildemeister, *Das beneficium competentiae im klassischen römischen Recht*, Göttingen, Schwartz, 1986.

10. Robert Joseph Pothier e Owen Davies Tudor, *A Treatise on the Contract of Partnership*, Nova York, Buffalo, 1999, p. 79.

mento de obrigações pessoais surgidas do contrato de sociedade e de seus negócios; e (b) por um sócio contra outro, para o estabelecimento ou ajuste de contas entre eles, incluindo o cumprimento de obrigações pessoais advindas do contrato de sociedade e de seus negócios, com o objetivo de dissolvê-la e liquidá-la; ainda, a *actio pro socio* tinha por finalidade a tutela dos direitos inerentes à relação de sócio antes de dissolvida a sociedade.

(b) A *actio communi cividundo*, por sua vez, estava voltada à busca da divisão de propriedade conjunta e ao pagamento de prestações pessoais relacionadas a lucros, ganhos ou despesas incorridas com relação a tal propriedade e tinha por finalidade a tutela dos direitos inerentes à relação de sócios após a dissolução da sociedade.

Em linhas gerais, para tornar exigíveis os direitos dos sócios, no Direito Romano, dispunham os sócios da *actio pro socio*, medida judicial exercitável apenas no curso das relações sociais. Uma vez cessadas essas relações, os coassociados emergiam na qualidade de condôminos relativamente ao acervo remanescente, cuja repartição se dava pela *actio communi dividundo*. A este respeito, explica Roberto de Ruggiero:[11]

> Cessa, pois, a aplicação da nossa ação (*actio pro socio*), mesmo nas relações dos sócios entre si, quando, após a dissolução da sociedade, se procede à divisão do capital social; neste caso, deve usar-se a *actio communi dividundo*.

Ainda, sobre as diferenças entre os dois tipos de ação, aduz Hernani Estrella:[12]

> Se bem que a sociedade, hoje, tenha conceituação e disciplina jurídica algum tanto diversas, mesmo assim, a distinção entre ação social e ação divisória se coaduna com muitas normas de nosso direito positivo, em tema de sociedade. E, no que entende com o objeto de nosso estudo, a distinção é assaz prestadia e sobremaneira elucidativa. De efeito, para só apanhar algumas disposições parciais, basta-nos lembrar as hipóteses previstas nos arts. 289, 290, 293, 317 e 330 do CComercial, todas configuradoras de direitos e obrigações derivados do contrato de sociedade. Designadamente, nos casos enunciados nos arts. 289, 308, 309, 317 e 339 do mesmo Código está clara a sobrevivência do ente coletivo, a despeito da morte ou afastamento do sócio. Patente está também que, com sobrevir a coletividade, os bens constituintes do ativo social devem permanecer adstritos ao fim para

11. Citado por Hernani Estrella, *Apuração dos Haveres de Sócio*, cit., p. 94.
12. Hernani Estrella, *Apuração dos Haveres de Sócio*, cit., pp. 94-95.

que foram conferidos, máxime em se lhe atribuindo a titularidade desses bens, como sujeito autônomo de direito. Por conseguinte, inextinguindo-se a pessoa jurídica proprietária dos bens sociais pelo evento morte ou afastamento de sócio, a liquidação dos haveres deste tem de ser obtida através da *actio pro socio*, e nunca da *communi dividundo*. E assim, efetivamente, porque são diferentes os pressupostos de uma e outra delas, como diversos são igualmente os respectivos objetos. Assim era pelo Direito Romano; diferente não o é, outrossim, pelo Direito atual.

Com efeito, a *actio pro socio* presta-se à tutela dos direitos dos sócios no âmbito da existência das relações sociais; e a *actio communi dividundo* cabe para amparar os direitos pós-dissolução.

## *3.* Actio pro socio *no Direito Alemão*

### *3.1 Órgãos de administração*

Nos termos da vigente *Aktiengesetz* 1965, a administração da companhia compete a dois órgãos distintos, quais sejam: o conselho de supervisão (*Aufsichtsrat*) e a diretoria (*Vorstand* – também traduzido como diretório). Herbert Wiedemann, em trecho de sua obra clássica *Direito Societário I – Fundamentos* (*Gesellschaftsrecht I – Grundlagen*), traduzido pelo professor Erasmo Valladão,[13] ensina que o sistema dualístico criado pelo legislador alemão em 1884 difundiu-se para outras formas jurídicas no País (sociedade limitada, cooperativa) e no Exterior (Holanda, França). Traça, ainda, um paralelo com o sistema anglo-americano, no qual o órgão de administração é unitário (*board*), sendo a direção e a supervisão reunidas.

### *3.2 Breves delineamentos sobre diretoria ou diretório*

A diretoria, ao contrário do que ocorre no Brasil, é órgão colegiado e tem responsabilidade pela direção e representação da companhia, conforme os §§ 76 e 78.[14] Nos casos em que a diretoria seja composta

13. Herbert Wiedemann, "Excerto do *Direito Societário I – Fundamentos*", trad. de Erasmo Valladão de Azevedo e Novaes França, *RDM* 143/66-75, São Paulo, Malheiros Editores, julho-setembro/2006.

14. Em linhas gerais, depreende-se do §7 8 da AktG que: (i) a diretoria representa a companhia em juízo e fora dele; (ii) ressalvada disposição diversa nos estatutos, se a diretoria se compuser de mais de uma pessoa, a representação da companhia será feita conjuntamente por todos os diretores; (iii) as manifestações de vontade transmitidas à companhia consideram-se recebidas se forem transmitidas a

por mais de uma pessoa, a representação da companhia deve ser feita conjuntamente por todos os diretores, exceto se o estatuto dispuser diversamente e atribuir este poder isoladamente a alguns de seus membros. Entretanto, muito embora os diretores possam ser responsáveis de modo individual por determinadas atribuições, em princípio serão tidos por coletiva e solidariamente responsáveis perante a companhia, conforme o disposto no AktG § 93, inciso 2.

A diretoria é eleita privativamente pelo conselho de supervisão, tal como ocorre no Brasil, em que a diretoria é eleita pelo conselho de administração, quando este órgão existir na companhia. Ressalvadas as regras específicas relacionadas à reeleição e à extensão de mandatos (AktG § 84), o prazo de mandato da diretoria é de até cinco anos.

Ainda, prevê a lei alemã, no § 105, que os membros do conselho de supervisão não podem compor simultaneamente a diretoria. Estabelece também que, se o capital social for superior a 3 milhões de Euros, a diretoria deverá ser composta por no mínimo dois diretores, exceto se de modo diverso dispuserem os acionistas no estatuto (AktG, § 76). Esse mesmo dispositivo ainda determina que os diretores sejam pessoas físicas, dotadas de capacidade plena, acionistas ou não, não precisando ser nacionais.

Por fim, a Lei de Sociedade por Ações germânica estabelece que os membros da diretoria podem ser destituídos a qualquer tempo; contudo, caso não haja justa causa que fundamente a destituição, à companhia surgirá o dever de indenizá-los. Isso, conforme o disposto na AktG, § 84.

### *3.3 Breves delineamentos sobre o conselho de supervisão*

O conselho de supervisão, muitas vezes comparado ao conselho de administração do Direito Brasileiro, é órgão colegiado composto por pessoas físicas, eleitas, via de regra, em assembleia-geral ordinária ou, em situações específicas, pelo próprio conselho[15] (AktG, § 101). Assim como ocorre no Brasil, as atribuições dos conselheiros são indelegáveis a terceiros (AktG, § 111, inciso 5).

A lei estabelece que o órgão deve ser composto por no mínimo três membros, podendo os acionistas estabelecer número superior nos

qualquer diretor; e (iv) os estatutos podem dispor que apenas um ou alguns dos diretores, isoladamente ou em conjunto com um procurador, representam a companhia.

15. O § 101 da AktG também ressalva os direitos de eleição em separado por classes de ações.

estatutos das companhias, desde que tal número seja múltiplo de três.[16] Também se admite a eleição de suplentes para cada conselheiro eleito. Tudo isso consoante o disposto nos §§ 95 e 101, inciso 3, da AktG.

Muito embora a lei trace atribuições específicas e não coincidentes à diretoria e ao conselho de supervisão, a diretoria deverá obter, para determinadas operações, prévia autorização do conselho de supervisão. Este procedimento apenas deverá ser seguido caso haja previsão expressa no estatuto social da companhia. A lei também prevê a solução para o caso de não aprovação da operação submetida ao conselho de supervisão: determina que nesta hipótese a diretoria poderá submeter a questão à assembleia-geral, que, assim, poderá autorizá-la pelo voto qualificado de 3/4 de seus acionistas (AktG, § 111, inciso 4). A ideia de certa submissão da diretoria ao conselho de supervisão também pode ser verificada na regra estabelecida na AktG, § 90, a qual dispõe sobre o dever de manifestação, pelo conselho de supervisão, dos atos e da gestão da diretoria. Assim, ainda que a manifestação do conselho de supervisão não vincule a diretoria, esta deverá justificar seus atos àquele órgão.

### *3.4 Responsabilidade dos administradores*

A AktG estabelece diversas regras relacionadas à responsabilidade dos administradores pelos atos praticados no âmbito da companhia. Assim, dentre outros, os administradores são responsáveis: (i) pela violação do dever de diligência; (ii) pela prática de atos irregulares dispostos expressamente em lei (AktG, § 93), tais como o pagamento irregular de remuneração aos membros do conselho de supervisão, a restituição ilegal do valor contribuído pelos sócios para a composição do capital social, a divisão ilegal do patrimônio social, o pagamento indevido de dividendos, a realização de pagamentos após a identificação de insolvência ou excessivo endividamento da companhia, a negociação ilegal com as próprias ações ou ações de companhia relacionada, a emissão de certificados de ações anteriormente à completa integralização; e (iii) outros atos previstos de modo esparso na Lei de Sociedades por Ações alemã.

16. O número de conselheiros em nenhum caso poderá exceder: (i) 9 conselheiros, se o capital social for de até 1.500.000,00 Euros; (ii) 15 conselheiros, se o capital social for superior a 1.500.000,00 Euros; e (iii) 21 conselheiros, se o capital social for superior a 10.000.000,00 de Euros (AktG, § 95).

### 3.4.1 *Ação social de responsabilidade*

Tanto o princípio da legitimidade da companhia – para reivindicar os danos experimentados em seu patrimônio – quanto o princípio que determina que os acionistas não possuem legitimidade para pleitear diretamente danos indiretos por eles sofridos foram recepcionados pelo Direito Alemão. Ocorre, todavia, que o tratamento conferido às *Aktiengesellschaften*/AG (sociedades anônimas) difere daquele voltado às *Gesellschaften mit beschränkter Haftung*/GmbH (sociedades limitadas), quando o assunto é a responsabilização dos sócios e/ou administradores da sociedade. Ao passo que o legislador confere aos acionistas das primeiras legitimidade para a proposição de ações derivadas (AktG, §§ 147 e 148), às últimas passou o ordenamento alemão a admitir a *actio pro socio*, a qual garante ao sócio da GmbH o direito de exigir em seu próprio nome, dos outros sócios, o cumprimento de obrigações que tenham contraído perante a sociedade.

Assim, a ação social *ut singuli* ou *actio pro socio* (como é também conhecida por referência ao instituto do Direito Romano) pode ser definida como a ação do sócio pela qual ele, individualmente, exerce pretensão da sociedade em nome próprio. Embora a *actio pro socio* tenha sido inicialmente aceita no Direito Alemão por decisões dos tribunais do *Reich*, sua admissão ocorre apenas em relação às sociedades de pessoas; não há *actio pro socio* no direito acionário.[17] Nas GmbH prevalece a regra de que os sócios não podem se valer de ações individuais para o pleito de reparação de danos indiretos que tenham sofrido. Podem os sócios, contudo, mediante aprovação em assembleia, deliberar a propositura de ação pela sociedade contra um dos sócios (GmbHG § 46, inciso 8). Sendo assim, o principal motivo que fundamenta a possibilidade de utilização do mecanismo da *actio pro socio* no âmbito das GmbH está no fato de que não há na GmbHG disposições equivalentes à AktG, §§ 147 e 148, que garantam aos minoritários o direito de se valer das ações derivadas.

Nesta acepção, os requisitos que autorizam a propositura da *actio pro socio* nas GmbH podem ser assim organizados: (i) deve ter havido deliberação prévia em assembleia-geral, (ii) a deliberação deve ter sido pela não propositura da ação e (iii) tal deliberação pelo não ajuizamento deve constituir uma quebra do dever de lealdade.

17. Estas são palavras de Adolf Baumbach e Alfred Hueck, *GmbH-Gesetz*, 16ª ed., Munique, C. H. Beck, 1996, § 43, IV, n. 21, p. 806.

É importante ressaltar que, embora parte da doutrina discuta se a *actio pro socio* também pode ser pode ser ajuizada para a responsabilização de administradores ou de terceiros, é certo que na Alemanha este direito está limitado à relação formada entre os sócios no âmbito do contrato de sociedade.[18]

O levantamento do material de pesquisa sobre o assunto demonstra que o tema é pouco discutido ou até mesmo tratado de forma rasa pela doutrina, visto que este mecanismo não tem demonstrado eficiência econômica na prática. Isso porque a propositura da *actio pro socio* é limitada apenas à relação entre os sócios, e não entre esses e os administradores da sociedade; isto é: não caberia, em princípio, a *actio pro socio* para exigir o cumprimento de obrigações assumidas pelos administradores com a sociedade, mas apenas entre os sócios e esta. Além disso, o sócio que ajuizou a ação em benefício da sociedade deve arcar com a integralidade dos custos incorridos com sua propositura, sendo que a sociedade não tem o dever de reembolso. Outro motivo relevante consiste na grande dificuldade de obtenção de informações pelos sócios para que a ação seja proposta, o que, na maioria das vezes, acaba por desestimular o uso dessa ferramenta como mecanismo de proteção dos sócios da GmbH.

## 4. *Direito Brasileiro*

### 4.1 *Legitimação da companhia*

A Lei das S/A estabelece que, em princípio, apenas a companhia é legitimada a mover ação de responsabilidade contra seus administradores. Este fato decorre da premissa maior de que a responsabilidade dos administradores da sociedade é especial e difere do sistema de responsabilidade tradicional. Segundo Vivante,[19] o que justificava o regime próprio da ação social era a necessidade de se evitar que os administradores ficassem sujeitos a múltiplas ações judiciais propostas por acionistas, credores e terceiros, prestando-se a vinganças e perseguições, sem que o patrimônio da sociedade fosse recomposto.

18. Karsten Schmidt, *Gesellschaftsrecht*, 4ª ed., Köln, Carl Heymanns, 2002, § 21 IV, pp. 641-642; Marcus Lutter e Peter Hommelhoff, *GmbH-Gesetz*, 14ª ed., Köln, Otto Schmidt, § 43, n. 26, p. 553.

19. Cesare Vivante, *Istituzioni di Diritto Commerciale*, 12ª ed., Milão, Libraio della Real Casa, 1912, p. 87.

Entretanto, o ordenamento brasileiro não deixou de cuidar das dificuldades que possam surgir nos casos concretos, e estabeleceu duas exceções a esta regra: (i) a legitimidade extraordinária dos acionistas para, atendidas certas condições, propor a ação; e (ii) a legitimidade para acionistas e terceiros promoverem ação de responsabilidade contra administradores em razão de danos que tenham individualmente sofrido pela prática de atos irregulares. O que diferencia essas ações não é a causa do prejuízo, e muito menos a suposta natureza das regras eventualmente violadas pelos administradores. O verdadeiro ponto distintivo entre ação social e ação individual consiste na titularidade do patrimônio diretamente atingido pela atuação ilícita dos administradores.

Com efeito, verifica-se que a Lei das S/A trata de três modalidades distintas de exercício da ação social: (i) ação social *ut universi* (art. 159, *caput*); (ii) ação social *ut singuli* substitutiva ou por substituição processual derivada (art. 159, § 3º); e (iii) ação social *ut singuli* derivada ou por substituição processual originária (art. 159, § 4º).

Nos tópicos seguintes cada uma das ações será brevemente analisada, de modo que se possa verificar a possibilidade, ou não, de aplicabilidade dos preceitos da *actio pro socio* no sistema societário brasileiro. Assim, dado que o foco deste artigo não é o estudo detalhado das ações sociais existentes no Brasil, os itens abaixo servirão apenas como norte para a análise da matéria frente ao instituto da *actio pro socio*.

#### 4.1.1 *Ação social* ut universi *(Lei das S/A, art. 159,* caput*)*

Esta modalidade consiste em ação proposta contra administradores pela própria companhia tendo por finalidade a reparação de dano diretamente sofrido em seu patrimônio. A prática demonstra não ser comum que a própria companhia proponha ação judicial em face de seus administradores, uma vez que, de certa forma, tal atitude ressaltaria eventuais falhas do controlador na escolha de profissional inapto para a administração dos negócios da companhia.[20]

#### 4.1.2 *Ação social* ut singuli *(ação social dos acionistas)*

Na ação social *ut singuli*, ao invés de a própria sociedade figurar no polo ativo da ação, é o acionista ou grupo de acionistas que, na

20. Sobre este assunto: Alberto Toffoletto, in *Diritto delle Società: Manuale Breve* (obra coletiva), 2ª ed., Milão, Giuffrè, 2005, § 97, p. 227; Ben Pettet, *Company Law*, 2ª ed., Harlow, Pearson Longman, 2005, n. 92, p. 162.

condição de substituto processual, propõe a ação em nome próprio, buscando a condenação do administrador a recompor o dano experimentado pela companhia, à qual são revertidos os resultados positivos da ação. A companhia participa exclusivamente do resultado positivo da ação. Se o acionista decair de seu pedido, para ela não há qualquer ônus financeiro, e, diferentemente da ação prevista no § 2º do art. 246 da Lei das S/A, não há previsão de pagamento de prêmio de 5% ao acionista que propôs a ação. Tem direito de propor a ação qualquer acionista da companhia, seja ele titular de ação ordinária ou preferencial, esteja ele presente ou ausente à assembleia-geral que deliberou propor a ação, independentemente do percentual acionário que tiver na companhia. Assim como na legislação alemã e na italiana, e ao contrário da legislação francesa, a Lei das S/A impõe como condição para a propositura da ação social a prévia deliberação da assembleia-geral. Esta exigência aplica-se à propositura de ação pela companhia ou pelos acionistas, nos casos dos §§ 3º e 4º.

#### *4.1.2.1* Ação social *ut singuli* (por substituição processual derivada) ou ação social substitutiva (Lei das S/A, art. 159, § 3º)

Poderá ser proposta por qualquer acionista, em nome próprio, independentemente de percentual mínimo no capital social da companhia, quando esta deixar de fazê-lo dentro do prazo de três meses, contados da deliberação assemblear que a aprovar. Nada obsta a que a companhia venha a propor ação depois de passados os três meses (ação social *ut universi*). Se nesta ocasião o acionista já tiver proposto a ação, operar-se-á a litispendência.

#### *4.1.2.2* Ação social *ut singuli* (por substituição processual originária) ou ação social derivada (Lei das S/A, art. 159, § 4º)

Proposta por acionista ou grupo de acionistas titular de ações representativas de pelo menos 5% do capital social na hipótese em que a assembleia-geral deliberar não promovê-la. Trata-se de instrumento de tutela do acionista minoritário, uma vez que a minoria age mesmo contra a vontade expressa pela maioria. Constitui direito da minoria, e não direito individual.

### *4.2 Ação individual (Lei das S/A, art. 159, § 7º)*

Constitui a ação proposta pelo acionista ou por algum terceiro, credor social ou não, contra administrador da companhia e que tem por objeto não a reparação do dano causado ao patrimônio da sociedade, mas, sim, o dano sofrido diretamente no seu patrimônio.[21] Os danos sociais sempre acabam por se traduzir em dano indireto para seus acionistas, seja porque o prejuízo experimentado pela companhia pode gerar diminuição do valor das ações, seja porque pode afetar o lucro social e, consequentemente, o valor a ser distribuído a título de dividendos. A reparação de tais danos indiretos, todavia, jamais poderá ser pedida em ação individual,[22] pois: (i) se o patrimônio lesado diretamente é o da companhia, a admissão da iniciativa individual importaria negar sua personalidade jurídica sua titularidade material; (ii) a ação individual é reservada àquele que diretamente tenha tido seu patrimônio afetado por ato de administrador; (iii) a admissão de propositura de ação individual em caso de dano individual indireto importaria perpetuar o dano social, que, assim, ficaria sem ressarcimento, já que o resultado da ação individual não reverte para a sociedade; (iv) como o prejuízo experimentado pelo acionista é indireto, sua reparação também deve ser indireta: recom-

21. "Direito comercial e processual civil. A ação social somente tem cabimento se a assembleia dos acionistas autorizar a companhia a propô-la. Se a companhia não está autorizada a promover ação social, por ausência de decisão assemblear, o sócio, seja ele majoritário ou minoritário, não poderia fazê-lo. Para que se possa ter como presente a condição da não autorização assemblear para propositura da ação social, necessário é que a matéria tenha sido submetida à assembleia de acionistas. Não submetida, a lesão patrimonial causada à companhia por seus administradores, à assembleia de acionistas, visando à aprovação para a propositura de ação social, *não afasta possa o acionista minoritário propor outra ação que não a social (§ 7º do art. 159 da Lei n. 6.404), em nome próprio e visando à proteção de direito próprio, mesmo que, para isso, tenha que obter o retorno, ao patrimônio da companhia, daquilo que, por ato lesivo praticado pelos administradores, saiu do patrimônio dela*" (TJRJ, 11ª Câmara Cível, AI 2002.002.16375, rel. Des. Luiz Eduardo Rabello, j. 27.8.2003 – grifos nossos).

22. "Processual civil e societário – Ação proposta por acionistas minoritários em face de administradores que supostamente subcontabilizam receitas – Ajuizamento de ação individual para ressarcimento de danos causados à sociedade empresária – Ilegitimidade ativa reconhecida. *Os danos diretamente causados à sociedade, em regra, trazem reflexos indiretos a todos os seus acionistas. Com o ressarcimento dos prejuízos à companhia, é de se esperar que as perdas dos acionistas sejam revertidas. Por isso, se os danos narrados na inicial não foram diretamente causados aos acionistas minoritários, não detêm eles legitimidade ativa para a propositura de ação individual com base no art. 159, § 7º, da Lei das Sociedades por Ações*" (STJ, 3ª Turma, REsp 1.014.496-SC, rela. Min. Nancy Andrighi).

posto o patrimônio social, dá-se indiretamente a reparação dos danos sofridos pelo acionista, com a recomposição do valor de sua participação societária.

Em linha com o exposto, a jurisprudência[23] já se pronunciou sobre a legitimidade ativa para a propositura de ação de reparação quando os danos são sofridos diretamente pela sociedade e indiretamente por seus sócios ou terceiros.

Assim, em resumo, tem-se que o ressarcimento de danos causados: (a) *diretamente* ao patrimônio social e *indiretamente* ao patrimônio de seus acionistas poderá ser pleiteado (a.1) pela própria sociedade, mediante a propositura de ação social *ut universi* (legitimação ordinária – Lei das S/A, art. 159, *caput*), ou (a.2) pelos seus acionistas, mediante a propositura de ação social *ut singuli* (legitimação extraordinária – Lei das S/A, art. 159, §§ 3º e 4º); (b) *diretamente* ao patrimônio dos acionistas poderá ser pleiteado pelo acionista cujo patrimônio foi atingido, mediante a propositura de ação individual.

### *4.3 Ação sub-rogatória de credores*

Os ilícitos advindos da gestão social podem resultar em danos diretos a terceiros. A Lei das S/A, entretanto, falhou ao não prever me-

23. "Legitimidade ativa – Indenizatória – Morte de sócio gestor – Queda abrupta do faturamento da empresa – Situação que afetou as retiradas mensais dos outros sócios – Danos materiais pleiteados pelos sócios restantes em face do suposto responsável pela perda de faturamento – Carência da ação. O fato de os sócios terem deixado de efetuar as retiradas mensais constitui simples decorrência da queda de faturamento da empresa, e, neste caso, *o prejuízo, em tese, seria da empresa, e não de seus sócios, até porque eventual recomposição das perdas sofridas pela empresa será a eles diretamente repassada. Todavia, no caso concreto, patente que os coautores reclamam, na verdade, indenização por danos indiretos (danos por ricochete) sofridos pela empresa e que, por tabela, teriam atingido, reflexamente, também o patrimônio dos sócios*. Ora, o fato de os sócios não conseguirem fazer retiradas mensais na mesma proporção e valor que faziam quando o sócio gestor era vivo é mera decorrência da queda de faturamento da empresa. Ou seja, *o prejuízo é exclusivo e direto da empresa*, que já integra o polo ativo da lide, postulando indenização por lucros cessantes, que ao final será revertida para os sócios. *Patente, pois, que estes não podem postular o mesmo ressarcimento, sob pena de o virtual responsável pelo dano ser condenado duplamente. A par disso, o respeito à separação da pessoa jurídica da pessoas dos sócios que a compõem é preceito basilar (princípio da autonomia patrimonial), de forma que não cabe aos sócios pleitear indenizações por prejuízos sofridos exclusivamente pela sociedade, ante a vedação contida no art. 6º do CPC*" (TJSP, 35ª Câmara de Direito Privado, AI 1260173-018, rel. Des. Clóvis Castelo, j. 22.6.2009 – grifos nossos).

canismos adequados para que tais terceiros, especialmente os credores sociais, pudessem perseguir em juízo a reparação de danos sociais.

Se o patrimônio social constitui garantia direta dos credores (CC, art. 391; e CPC, art. 591), estes são, pelo menos no direito material, diretamente interessados em ter preservada a consistência do patrimônio do seu devedor. Pelo atual sistema, a Lei das S/A apenas lhes confere a faculdade de propor ação individual de responsabilidade civil contra o administrador para que possam buscar o ressarcimento por danos diretos que tenham sofrido (Lei das S/A, art. 159, § 7º). Contudo, não lhes foi reconhecida a possibilidade de propor ação para recompor o patrimônio social de seu devedor. Várias legislações estrangeiras têm reconhecido a possibilidade de os credores agirem com vistas a obter a recomposição do patrimônio social atingido por atos ilícitos de seus administradores (CC italiano, art. 2.394; AktG, § 93(5); e CSC, art. 78º).[24]

O credor social age preventivamente no seu próprio interesse – interesse em ver cumprida a prestação pelo devedor –, já que entre os atos lesivos ao patrimônio social e a situação pessoal dos credores não há relação direta e imediata, mas somente uma relação indireta de causa e efeito, por ser a integridade do patrimônio social a garantia do credor. Assim, o que fundamenta a ação do credor é a lesão à expectativa da prestação; lesão, esta, que, não fosse a expressa previsão legal, não seria passível de tutela.

### *4.4 Aplicação da Lei das S/A nas sociedades limitadas*

As sociedades limitadas estão reguladas nos arts. 1.052 a 1.087 do CC, e nas omissões de tais regras lhes são aplicáveis as normas das sociedades simples, embora possa o contrato social prever regência supletiva pelas normas da sociedade anônima. Na hipótese de o contrato social prever regência supletiva pela Lei das S/A, a aplicação dos institutos da ação de responsabilidade civil e da substituição processual da sociedade pelos sócios torna-se de mais fácil construção. Por outro lado, se a regência supletiva for pelas regras de sociedade simples, as quais não estabelecem regras específicas sobre a efetivação da responsabilidade do administrador, indaga-se: (i) A ação contra o administrador dependeria de prévia deliberação dos sócios? (ii) Poderia o sócio agir na condição de substituto processual, caso a sociedade não propusesse a ação no prazo

24. Marcelo Vieira von Adamek, *Responsabilidade Civil dos Administradores de S/A (e as Ações Correlatas)*, 1ª ed., São Paulo, Saraiva, 2009, p. 387.

de três meses da deliberação? (iii) Poderiam os sócios titulares de quotas representativas de 5% do capital social propor ação social derivativa?

Neste caso, restaria ao intérprete o recurso à analogia como forma de suprimento da lacuna da lei. A analogia[25] pressupõe que a disposição legal seja, por sua natureza, suscetível de extensão e que, no caso omisso, se verifique perfeita paridade de razões que governam as disposições no caso expresso da lei. Está fundamentada no princípio de que onde existe a mesma razão fundamental prevalece a mesma regra de Direito.

Uma das mais importantes impugnações do recurso à analogia seria com relação ao uso das ações sociais *ut singuli*, pois, uma vez que tratam de direito singular, apenas poderiam resultar de lei: "ninguém poderá pleitear, em nome próprio, direito alheio, salvo quando autorizado por lei" (CPC, art. 6º). A solução para esta hipótese pode ser encontrada nas palavras de Arruda Alvim,[26] para quem os casos de substituição processual podem decorrer *da lei ou do sistema jurídico*. O professor Comparato, da mesma forma, sustenta que às sociedades limitadas regidas pelas regras das sociedades simples podem ser aplicados por analogia os preceitos da Lei das S/A sobre o acionista controlador e a efetivação de sua responsabilidade civil.[27]

Ainda com relação às sociedades limitadas, indaga-se se o disposto no art. 981 do CC constituiria autorização legal expressa para o intento da *actio pro socio*. Com efeito, dispõe o artigo em questão: "Celebram contrato de sociedade as pessoas que *reciprocamente* se obrigam a contribuir, com bens ou serviços, para o exercício de atividade econômica e a partilha, entre si, dos resultados" (grifo nosso).

A este respeito, as palavras de Pontes de Miranda[28] bem elucidam a questão da reciprocidade como necessária ao alcance do fim comum buscado por aqueles que se unem por meio de contrato de sociedade:

25. Oscar Tenório, *Lei de Introdução ao Código Civil Brasileiro*, 2ª ed., Rio de Janeiro, Borsói, 1955, n. 174, p. 111.

26. "A substituição processual resulta da lei, mas, em certas situações, poderá decorrer do próprio sistema jurídico" (Arruda Alvim, *Código de Processo Civil Comentado*, 2ª ed., vol. I, São Paulo, Ed. RT, 1990, n. 3, p. 515). Note-se, ainda, que durante o processo legislativo o atual art. 6º do CPC sofreu mudança de redação para o fim de excluir a palavra "expressamente", evidenciando a desnecessidade de explícita previsão legal.

27. Fábio Konder Comparato, "Acionista controlador", in *Sociedade Anônima: I Ciclo de Conferências para Magistrados*, São Paulo, IBCB, 1993, pp. 50-51.

28. Pontes de Miranda, *Tratado de Direito Privado*, t. L, Rio de Janeiro, Borsói, 1965, p. 16.

> O contrato de sociedade é para que se faça a sociedade, relação jurídica que dele se irradie. *O vínculo dos sócios é recíproco.* Todos têm o dever de atividade ou contribuição para que se obtenha o fim comum. *Cada sócio tem o direito a que os outros cumpram*, de modo que se não há somente dois sócios, a pluralidade exsurge. [*Grifos nossos*]

Interessante notar que já em 1938 o jurista J. M. de Carvalho Santos conclamava que "o contrato de sociedade é bilateral, porque desde o momento de sua formação *obriga reciprocamente os contratantes*"[29] (grifos nossos).

No Direito moderno destacam-se as palavras do professor Fujita,[30] segundo o qual:

> *Os sócios se obrigam entre si e para com a sociedade* para contribuírem com bens, aqui entendidos em sentido amplo, ou seja, corpóreos, incorpóreos, valores monetários ou mobiliários etc., ou serviços para o exercício da atividade econômica. [*Grifos nossos*]

Acrescente-se, ainda, que as obrigações recíprocas entre os sócios derivam não apenas do texto expresso da lei, como também do dever de cooperação existente entre eles. Nesse sentido, Barbosa Filho[31] deixa claro que:

> A cooperação e a identidade qualitativa das prestações erigidas dos contratos singularizam a sociedade, não sendo possível enquadrar o presente contrato como unilateral ou bilateral (...). Persiste uma plurilateralidade, nascendo do contrato de sociedade vínculos múltiplos e idênticos entre todos os contratantes.

Ainda, sobre a cooperação como elemento central das sociedades, Calixto Salomão Filho apregoa que o caráter conatural de qualquer sociedade, seja ela de pessoas ou de capitais, está centrado na cooperação que deve existir entre aqueles que buscam um objetivo comum. Entretanto, caso este elemento não constitua um elo natural entre os sócios, pode-se garantir seu alcance mediante a celebração de acordos de sócios.

29. J. M. de Carvalho Santos, *Código Civil Brasileiro Interpretado*, vol. XIX, Rio de Janeiro, Freitas Bastos, 1938, p. 6.

30. Jorge Shiguemitsu Fujita, in Carlos Eduardo Nicoletti, Camilo Glauber Moreno Talavera, Jorge Shiguemitsu Fujita e Luiz Antônio Scavone Jr. (coords.), *Comentários ao Código Civil*, São Paulo, Ed. RT, 2006, p. 769.

31. Marcelo Fortes Barbosa Filho, in Cézar Peluso (coord.), *Código Civil Comentado*, Barueri/SP, Manole, 2006, p. 923.

Ao dissertar sobre o assunto, o autor conclui que "ou a cooperação é introduzida por via contratual (acordo de acionistas) ou não é possível constituir qualquer relação duradoura entre os sócios, comportando-se a sociedade como uma sociedade unipessoal de fato. Resulta clara então a importância da cooperação como elemento central da organização societária".[32]

Como se vê, as obrigações dos sócios estão pautadas não apenas na relação que possuem com a sociedade, mas também naquelas formadas entre eles próprios – o que significa dizer que, em princípio, um sócio poderia obrigar o outro a cumprir as obrigações contraídas perante a sociedade fazendo valer o instituto da *actio pro socio*.

Ao discorrer sobre os deveres de lealdade dos sócios, Herbert Wiedemann[33] levanta a discussão sobre quem poderia perseguir os direitos decorrentes do vínculo de lealdade dos sócios: a própria sociedade, a coletividade dos sócios, os sócios de forma individual ou todos os sócios, independentemente uns dos outros. O respeitado jurista alemão explica que nas sociedades de pessoas as pretensões sociais atreladas a questões patrimoniais (*Gesamthand*) são exercidas pela própria sociedade e, para ela, através de seus administradores. Ressalta que, quando o contrato social não dispuser de modo diferente, as questões patrimoniais serão defendidas (independentemente da capacidade jurídica ou processual) pelos demais sócios no relacionamento interno, "com o quê ainda está sendo respeitado o caráter personalístico da comunhão". Continua o autor explicando que "os sócios de sociedades de pessoas individualmente estão autorizados a cobrar deveres de lealdade de todo tipo dos seus demais sócios, mas apenas a favor da sociedade, ou seja, por via da *actio pro socio*".

Sobre o assunto ainda carecemos de decisões de nossos tribunais e até mesmo dedicação aprofundada da doutrina. Entretanto, pelas razões expostas, e conforme se viu nas lições extraídas do Direito Alemão, nas sociedades limitadas vislumbrar-se-ia a possibilidade de propositura da *actio pro socio* como ferramenta de proteção aos sócios na tentativa

32. Calixto Salomão Filho, *O Novo Direito Societário*, 3ª ed., São Paulo, Malheiros Editores, 2006, pp. 54-55.

33. Herbert Wiedemann, "Vínculos de lealdade e regra de substancialidade: uma comparação de sistemas", trad. de Otto Carlos Vieira Ritter von Adamek, in Marcelo Vieira von Adamek (coord.), *Temas de Direito Societário e Empresarial Contemporâneos (**Liber Amicorum** – Professor Dr. Erasmo Valladão Azevedo e Novaes França)*, São Paulo, Malheiros Editores, 2011, p. 154.

de forçarem o cumprimento de obrigações contraídas pelos seus pares perante a sociedade.

### *4.5 Acionista controlador*

O art. 117 da Lei das S/A estabelece que o *acionista controlador* deve responder pelos danos causados por atos praticados com abuso de poder, não tratando expressamente, contudo, sobre quem teria legitimidade para a propositura da respectiva ação de reparação. O art. 246 da Lei das S/A, por sua vez, dispõe expressamente sobre aqueles que possuem legitimidade ativa para a propositura de ação de reparação de danos contra *sociedade controladora* que cause prejuízos à companhia por infração ao disposto nos arts. 116 e 117 da Lei das S/A. Muito embora não haja disposição expressa que relacione o dever previsto no art. 117 ao procedimento para seu cumprimento estabelecido no art. 246, autorizadíssima doutrina[34] bem como jurisprudência[35] equiparam, para esse efeito, a sociedade controladora ao acionista controlador.

Veja-se, então, o que dispõe a Lei das S/A em cada um dos artigos em comento:

34. Nesses termos, aduzem Fábio Konder Comparato e Calixto Salomão Filho, no clássico *O Poder de Controle na Sociedade Anônima*, o quanto segue: "De todo modo, o princípio genérico de substituição processual em matéria societária já foi estabelecido no art. 246, § 1º, da Lei Societária. Não haveria sentido em aplicar o dispositivo apenas quando o controlador fosse pessoa jurídica, deixando de se aplicar na hipótese de autorização legal expressa para substituição processual no caso de controlador pessoa física" (*O Poder de Controle na Sociedade Anônima*, Rio de Janeiro, Forense, 2005, p. 384).

35. "Direito comercial – Sociedade anônima – Alienação do controle acionário – Acionista controlador – Ação de indenização promovida por acionista minoritário, como substituto processual, contra sociedade controladora, com fundamento no art. 246 da Lei n. 6.404/1976 – Ação proposta, também, contra a pessoa física do acionista controlador maior – Alegação de ilegitimidade. *A lei equipara a sociedade controladora ao acionista controlador (art. 116 da Lei n. 6.404/1976). Infere-se, pois, que acionista controlador pode ser pessoa física ou jurídica, ou grupo de pessoas vinculadas por acordo de voto ou sob controle comum, podendo ambos figurar no polo passivo da ação prevista no art. 246 da Lei das S/A. Por outro lado, como o autor da ação não pede indenização em benefício próprio, mas em nome próprio a prol das sociedades de que faz parte como acionista menor, com respaldo no art. 246, § 1º, da Lei n. 6.404/1976, está legitimado extraordinariamente para fazê-lo.* Assim, a lide é da companhia, que tem o interesse material, direto e principal. A titularidade do processo, no entanto, é do acionista, que tem interesse processual e, eventualmente, interesse material indireto e subsidiário no seu resultado (M. Carvalhosa e Nilton Latorraca)" (TJRJ, 14ª Câmara Cível, ACi 2001.001.10401, rel. Des. Mauro Nogueira, j. 28.8.2001 – grifos nossos).

Art. 117. O *acionista controlador* responde pelos danos causados por atos praticados com abuso de poder.

(...).

Art. 246. A sociedade controladora será obrigada a reparar os danos que causar à companhia por atos praticados com infração ao disposto nos arts. 116 e 117.

§ 1º. A ação para haver reparação cabe: a) a *acionistas que representem 5% (cinco por cento) ou mais do capital social*; b) *a qualquer acionista*, desde que preste caução pelas custas e honorários de advogado devidos no caso de vir a ação ser julgada improcedente (...). [*Grifos nossos*]

Assim, da mesma forma como ocorre nas hipóteses de responsabilização dos *administradores*, a lei confere ao autor da ação de responsabilização do *controlador* ou da *sociedade controladora* legitimidade extraordinária para pedir indenização em nome próprio, contudo em favor da sociedade. Logo, a lide é da companhia, que tem o interesse material, direto e principal; a titularidade do processo, no entanto, é do acionista, que tem interesse processual e, eventualmente, interesse material indireto e subsidiário no seu resultado. Portanto, muito embora os critérios para a propositura de ação contra o *controlador/sociedade controladora* sejam distintos daqueles estabelecidos para a ação contra os *administradores*, é certo que os mesmos pressupostos deste último caso deverão balizar o direcionamento do primeiro, o que significa dizer que o legislador brasileiro estabeleceu procedimento próprio para que um acionista possa ajuizar ação contra outro com vistas ao cumprimento de obrigações assumidas perante a sociedade, não podendo o acionista valer-se da ferramenta da *actio pro socio* como mecanismo de proteção, sob pena de não ser conhecida a ação por ausência de pressuposto de instauração válida – legitimação ativa.[36-37]

36. "Direito societário – Sociedade anônima – Ação de responsabilidade civil – Administrador – Sociedade controladora – Acionistas minoritários – Legitimidade ativa *ad causam* – Prescrição – Prazo – Interrupção – Arts. 116, 117, 245 e 246 da Lei n. 6.404/1976. I – *Detendo a sociedade controladora mais de 95% do capital social e das ações com direito a voto da sociedade controlada, os acionistas minoritários desta têm legitimidade ativa extraordinária para, independentemente de prévia deliberação da assembleia-geral, ajuizar, mediante prestação de caução, ação de responsabilidade civil contra aquela e seu administrador, em figurando este simultaneamente como controlador indireto*. II – Prescreve em três anos a ação contra administradores e sociedades de comando para deles haver reparação civil por atos culposos ou dolosos (art. 287, II, 'b', da Lei n. 6.404/1976). III – A interrupção da prescrição, na lacuna da lei especial quanto ao ponto, regula-se pelo Código Civil" (STJ, 4ª Turma, REsp 1991/0023295-5, rel. Min. Sálvio de Figueiredo Teixeira, j . 14.12.1992, *DJU* 16.5.1994 – grifos nossos).

### *4.6 A* actio pro socio *no âmbito da obrigação do acionista de integralização do capital social*

Nos tópicos anteriores verificou-se que a legislação brasileira possui regras próprias de responsabilização de administradores e controladores por atos que causem danos à sociedade ou a seus acionistas, não havendo que se falar, ao menos no que se refere às sociedades anônimas, na utilização do instituto da *actio pro socio* para este mesmo fim, sob pena de carência de ação (art. 267, VI, do CPC).

A escassa doutrina sobre o tema, de modo recorrente, apela à obrigação de integralização do capital social como hipótese típica de aplicabilidade da *actio pro socio*. Nesse contexto, cumpre analisar, no âmbito do ordenamento pátrio, se, para compelir o acionista faltoso ao adimplemento de sua obrigação, caberia a propositura da *actio pro socio*.

A principal obrigação imposta pela lei ao acionista é a de integralizar a parcela do capital social que subscreveu, de acordo com as condições previstas. Até que haja o integral pagamento, o acionista será devedor da companhia por quantia certa, e a esta cabe constituir o devedor em mora e obrigá-lo ao pagamento. Para tanto, a Lei das S/A prevê mecanismo judicial e extrajudicial para constranger aquele que subscreveu o capital da sociedade a integralizá-lo.

Assim, para que o acionista integralize o capital por ele subscrito, a companhia poderá valer-se, à sua escolha, de (i) medida judicial, mediante a qual poderá promover contra o acionista, e os que com ele forem solidariamente responsáveis, processo de execução para cobrar as importâncias devidas, servindo o boletim de subscrição e o aviso de chamada como título extrajudicial, nos termos do art. 566 do CPC, ou (ii) medida extrajudicial, por meio da qual poderá mandar vender as ações em Bolsa de Valores, por conta e risco do acionista. Também poderá a assembleia-geral suspender o exercício dos direitos do acionista constituído em mora, nos termos do disposto no art. 120 da Lei das S/A. Ainda, se a companhia não conseguir, por qualquer dos meios previstos

37. "A sociedade controlada, assim, por seu representante legal, os acionistas minoritários, é a titular do direito de ação de reparação de danos. *Os acionistas minoritários defendem o interesse social afetado pela companhia controladora. Nem por isso têm eles interesse pessoal na causa, ou seja, não estão legitimados para pleitear reparação de prejuízos próprios, ou seja, buscar serem indenizados por danos por eles (acionistas minoritários) sofridos em razão de alegados atos abuso e/ou desvio de poder por parte da controladora*" (TJSP, 3ª Câmara de Direito Privado, ACi 183.661-4/7-00, rel. Des. Flávio Pinheiro, *DJE* 14.9.2004 – grifos nossos).

no art. 107 da Lei das S/A, a integralização das ações, poderá declará-las caducas e fazer suas as entradas realizadas, integralizando-as com lucros ou reservas, exceto a legal; se não tiver lucros e reservas suficientes, terá o prazo de um ano para colocar as ações caídas em comisso, findo o qual, não tendo sido encontrado comprador, a assembleia-geral deliberará sobre a redução do capital em importância correspondente.

Denota-se, portanto, que a Lei das S/A possui regramento específico para compelir o acionista ao cumprimento da obrigação de integralização do capital, cabendo à própria companhia a iniciativa de promover medidas judiciais ou extrajudiciais para este fim, consoante o disposto no art. 107 da Lei das S/A. Assim, não cabe a um acionista reclamar ao outro o cumprimento da obrigação prometida à sociedade mediante o uso da *actio pro socio*, dado que a lei prevê expressamente não apenas o legitimado ativo, mas também o procedimento a ser seguido em caso de mora na integralização do capital social.

Ressalte-se, ainda, que não apenas o acionista, mas também os credores da sociedade não estão legitimados a intentar diretamente ação contra o acionista inadimplente perante a sociedade. Com efeito, ainda que o capital social constitua uma das garantias dos credores, o que justificaria o interesse em sua composição e preservação, não lhe foi reconhecida a possibilidade de propor ação para interferir de qualquer forma no patrimônio social de seu devedor (sobre o assunto, v. o item 3 deste estudo).

## 5. *Conclusão*

Por todo o exposto, conclui-se que o regramento societário brasileiro, em princípio, não admite o uso do instituto da *actio pro socio* como ferramenta para que um acionista obrigue outro ao cumprimento de obrigações assumidas perante a sociedade. Isso porque os danos indiretos sofridos pelo acionista devem ser ressarcidos também de modo indireto, pois do contrário se negaria a personalidade jurídica da companhia e sua titularidade material. Entretanto, com relação às sociedades limitadas, diante da previsão expressa do legislador quanto às obrigações recíprocas dos sócios, no art. 981 do CC, poder-se-ia cogitar de sua aplicação.

## *Referências bibliográficas*

ADAMEK, Marcelo Vieira von. *Responsabilidade Civil dos Administradores de S/A (e as Ações Correlatas)*. 1ª ed. São Paulo, Saraiva, 2009.

________ (coord.). *Temas de Direito Societário e Empresarial Contemporâneos (**Liber Amicorum** – Professor Dr. Erasmo Valladão Azevedo e Novaes França)*. São Paulo, Malheiros Editores, 2011.

ARANGIO-RUIZ, Vicenzo. *Istituzioni di Diritto Romano*. Nápoles, Eugenio Jovene, 1998.

ARRUDA ALVIM NETTO, J. M. de. *Código de Processo Civil Comentado*. 2ª ed., vol. I. São Paulo, Ed. RT, 1990.

BARBOSA FILHO, Marcelo Fortes. In: PELUSO, Cézar (coord.). *Código Civil Comentado*. Barueri/SP, Manole, 2006.

BAUMBACH, Adolf, e HUECK, Alfred. *GmbH-Gesetz*. 16ª ed. Munique, C. H. Beck, 1996.

BETANCOURT, Fernando. *Derecho Romano Clásico*. Espanha, Universidad de Sevilla, 2007.

BEVILÁQUA, Clóvis. *Opúsculos: o Meu Credo Jurídico*. Rio de Janeiro, Borsói, 1939.

BURDESE, Alberto. *Manuale di Diritto Privato Romano*. Turim, UTET, 1964.

CARVALHO SANTOS, J. M. de. *Código Civil Brasileiro Interpretado*. vol. XIX. Rio de Janeiro, Freitas Bastos, 1938.

COMPARATO, Fábio Konder. "Acionista controlador". In: *Sociedade Anônima: I Ciclo de Conferências para Magistrados*. São Paulo, IBCB, 1993.

________, e SALOMÃO FILHO, Calixto. *O Poder de Controle na Sociedade Anônima*. Rio de Janeiro, Forense, 2005.

CONTARDO, Ferrini. "Le origini del contrato di società in Roma". In: *Opere di Contardo Ferrini III: Studi Vari di Diritto Romano e Moderno sulle Obbligazioni, sul Negozio Giuridico, sulle Presunzioni*. Milão, Hoepli, 1929.

CRETELLA JR., José. *Curso de Direito Romano*. Rio de Janeiro, Forense, 1998.

ESTRELLA, Hernani. *Apuração dos Haveres de Sócio*. Atualizado por Roberto Papini. Rio de Janeiro, Forense, 2010.

FUJITA, Jorge Shiguemitsu. In: FUJITA, Jorge Shiguemitsu, NICOLETTI, Carlos Eduardo, SCAVONE JR., Luiz Antônio, e TALAVERA, Camilo Glauber Moreno (coords.). *Comentários ao Código Civil*. São Paulo, Ed. RT, 2006.

________, NICOLETTI, Carlos Eduardo, SCAVONE JR., Luiz Antônio, e TALAVERA, Camilo Glauber Moreno (coords.). *Comentários ao Código Civil*. São Paulo, Ed. RT, 2006.

GARRIDO, Manuel Jesús García. *Diccionario de la Jurisprudencia Romana*. Madri, Dykinson, 2008.

GIFFARD, A. E. *Précis de Droit Romain*. t. I. Paris, Dalloz, 1953.

GILDEMEISTER. *Das beneficium competentiae im klassischen römischen Recht*. Göttingen, Schwartz, 1986.

GUARINO. *La Condanna nei Limitti del Possibile*. 2ª ed. Nápoles, Jovene, 1978.

GUERREIRO, José Alexandre Tavares. "Direito das minorias na sociedade anônima". *Revista de Direito Mercantil, Industrial, Econômico e Financeiro*. São Paulo, Malheiros Editores, vol. 25, n. 63, 1986.

HOMMELHOFF, Peter, e LUTTER, Marcus. *GmbH-Gesetz*. 14ª ed. Köln, Otto Schmidt.

HUECK, Alfred, e BAUMBACH, Adolf. *GmbH-Gesetz*. 16ª ed. Munique, C. H. Beck, 1996.

KASER, Max. *Das Römische Privatrecht: Das altrömische, das vorklassische und klassische Recht*. Munique, Beck, 1955 (trad. espanhola da 5ª ed. alemã por José Santa Cruz Teijeiro, *Derecho Romano Privado*. 2ª ed. Madri, Reus, 1982).

LUTTER, Marcus, e HOMMELHOFF, Peter. *GmbH-Gesetz*. 14ª ed. Köln, Otto Schmidt.

NICOLETTI, Carlos Eduardo, FUJITA, Jorge Shiguemitsu, SCAVONE JR., Luiz Antônio, e TALAVERA, Camilo Glauber Moreno (coords.). *Comentários ao Código Civil*. São Paulo, Ed. RT, 2006.

PEREIRA, Caio Mário da Silva. *Instituições de Direito Civil: Teoria Geral das Obrigações*. vol. II. Rio de Janeiro, Forense, 2000.

PETTET, Ben. *Company Law*. 2ª ed. Harlow, Pearson Longman, 2005.

PONTES DE MIRANDA, F. C. *Tratado de Direito Privado*. t. L. Rio de Janeiro, Borsói, 1965.

POTHIER, Robert Joseph, e TUDOR, Owen Davies. *A Treatise on the Contract of Partnership*. Nova York, Buffalo, 1999.

SALOMÃO FILHO, Calixto. *O Novo Direito Societário*. 3ª ed. São Paulo, Malheiros Editores, 2006.

__________, e COMPARATO, Fábio Konder. Calixto. *O Poder de Controle na Sociedade Anônima*. Rio de Janeiro, Forense, 2005.

SCAVONE JR., Luiz Antônio, FUJITA, Jorge Shiguemitsu, NICOLETTI, Carlos Eduardo, e TALAVERA, Camilo Glauber Moreno (coords.). *Comentários ao Código Civil*. São Paulo, Ed. RT, 2006.

SCHMIDT, Karsten. *Gesellschaftsrecht*. 4ª ed. Köln, Carl Heymanns, 2002.

TALAVERA, Camilo Glauber Moreno, FUJITA, Jorge Shiguemitsu, NICOLETTI, Carlos Eduardo, e SCAVONE JR., Luiz Antônio (coords.). *Comentários ao Código Civil*. São Paulo, Ed. RT, 2006.

TENÓRIO, Oscar. *Lei de Introdução ao Código Civil Brasileiro*. 2ª ed. Rio de Janeiro, Borsói, 1955.

TOFFOLETTO, Alberto. In: *Diritto delle Società: Manuale Breve* (obra coletiva). 2ª ed. Milão, Giuffrè, 2005.

TUDOR, Owen Davies, e POTHIER, Robert Joseph. *A Treatise on the Contract of Partnership*. Nova York, Buffalo, 1999.

VIVANTE, Cesare. *Istituzioni di Diritto Commerciale*. 12ª ed. Milão, Libraio della Real Casa, 1912.

WIEDEMANN, Herbert. "Excerto do *Direito Societário I – Fundamentos*". Trad. de Erasmo Valladão Azevedo e Novaes França. *RDM* 143/66-75. São Paulo, Malheiros Editores, julho-setembro/2006.

________. "Vínculos de lealdade e regra de substancialidade: uma comparação de sistemas". Trad. de Otto Carlos Vieira Ritter von Adamek. In: ADAMEK, Marcelo Vieira von (coord.). *Temas de Direito Societário e Empresarial Contemporâneos (**Liber Amicorum** – Professor Dr. Erasmo Valladão Azevedo e Novaes França)*. São Paulo, Malheiros Editores, 2011.

# A DISSOCIAÇÃO ENTRE O EXERCÍCIO DO DIREITO DE VOTO E O ESTADO DE SÓCIO NO MERCADO DE CAPITAIS CONTEMPORÂNEO – O CASO DO EMPRÉSTIMO DE AÇÕES

BRUNO ROBERT

*1. Introdução. 2. O estado de sócio. 3. Os direitos individuais e o direito do acionista ao voto. 4. Titularidade do direito de voto. 5. Empréstimo de ações. 6. Alguns números. 7. Instrução CVM-441/2006. 8. O comunicado ao mercado de 8.11.2006. 9. Procedimentos operacionais da BM&FBovespa. 10. Empréstimo de ações em tesouraria. 11. Os casos Telemar. 12. A dissociação entre o direito de voto e o* status socii. *13. Efeitos e riscos dessa dissociação para o mercado. 14. Conclusão.*

## 1. Introdução

Entre diversas outras consequências, a crise de 2008 abriu os olhos de governos e reguladores para os riscos que podem advir da combinação entre os incentivos econômicos individuais e a possibilidade de complexificação ilimitada dos instrumentos financeiros.[1]

A estrutura da regulação financeira e do mercado de capitais, relativamente homogênea na maior parte dos Países capitalistas desenvolvidos ou em desenvolvimento, funda-se em conceitos de livre iniciativa, autorregulação, *disclosure* e supervisão baseada em risco.

1. Entre outros, para uma visão geral a respeito do início e origens da crise, cf. Paul Krugman, *The Return of Depression Economics and the Crisis of 2008*, Nova York, W. W. Norton & Co., 2009.

Em seguimento a tendência iniciada no final dos anos 1970, a desregulamentação e a subtração da intervenção governamental no mercado foram as palavras de ordem nas duas últimas décadas.

O plano é que, uma vez assegurados parâmetros mínimos e informação plena, o mercado possuiria todas as ferramentas e incentivos para se autorregular. Seriam reduzidos custos para o governo e com o governo. Todos ganhariam em agilidade e ninguém perderia em segurança.

A teoria era coerente e promissora. A prática, porém, mostrou que as forças que concretizam as ideias, e que as exercem uma vez realizadas, foram capazes de surpreender as previsões teóricas e colocar em xeque o sistema projetado.

Uma das lições da crise de 2008 é a de que o confronto entre os diversos interesses econômicos que convivem no mercado nem sempre resulta em equilíbrio. Um quadro regulatório excessivamente flexível pode levar à sobreposição de certos interesses individuais por outros interesses individuais que estejam mais bem posicionados econômica ou informacionalmente.

As consequências macroeconômicas do desequilíbrio constatado nas relações construídas no mercado financeiro e de capitais foram e ainda são visíveis. Instabilidade de preços, incertezas econômicas, redução de crédito, desemprego. Para mencionar as principais.

As consequências microeconômicas desse desequilíbrio geram instabilidades entre agentes do mercado; provocam desalinhamento de interesses entre agentes e principais, redução de informação, aumento dos riscos e encarecimento do capital.

São essas últimas que interessam mais de perto a este estudo.

Entre elas, especificamente aquelas que geram incongruências entre direitos e deveres, incentivos e ameaças, de titulares de ações e de direitos inerentes a essas ações, perante as companhias que as emitem e a legislação societária.

Diversas operações praticadas no mercado atualmente geram situações em que o quadro de direitos do titular de uma ação, ou de valor mobiliário de alguma forma atrelado a essa ação, ou ainda de direitos adquiridos em razão de operações que envolvem aquela ação, deixa de corresponder adequadamente ao quadro de deveres e obrigações que, pelo desenho original do sistema societário, deveria manter-se aderente àqueles direitos.

Dessas diversas operações, serão analisadas pelos itens abaixo as instrumentalizadas por meio do que se usou denominar *empréstimo de ações*. Os mesmos itens procurarão trazer à superfície as reflexões que a realização de tais operações exige do direito societário atualmente, principalmente com relação ao direito de voto do acionista.

Assim, o item 2, abaixo, examinará o significado do *status socii*, sua aquisição e efeitos para o sujeito de direito que nele se institui. O terceiro item deste estudo dedica-se a um dos direitos que compõem o feixe de prerrogativas que conforma o estado de sócio: o direito de voto do acionista e seu exercício. O item 4 trata da titularidade do direito de voto. O item 5 apresenta o instituto do empréstimo de ações; e o item 6 traz dados e estatísticas do mercado brasileiro a esse respeito. Os itens 7 a 10 tratam da regulação do empréstimo de ações no País. No item 11 são analisados os casos Telemar, os quais inspiraram importante posicionamento da Comissão de Valores Mobiliários/CVM sobre direitos relativos a ações tomadas em empréstimo. O item 12 caracteriza a dissociação entre o direito de voto e o *status socii* com base nas considerações feitas nos tópicos anteriores e nos aspectos práticos dos casos Telemar. O item 13 analisa os efeitos e riscos dessa dissociação para o mercado. O último item retoma as principais conclusões obtidas ao longo do estudo e o finaliza.

## 2. *O estado de sócio*

É o *status* de sócio que confere ao sócio, entre os demais feixes de direitos, deveres e obrigações que essa condição implica, o direito ao voto e ao seu exercício.[2]

2. "A complexidade da disciplina da sociedade anônima põe em evidência, parece-me, a impossibilidade de identificar os direitos do sócio em 'um só' direito, seja real, seja obrigacional. Pode-se, antes, encarar na posição do sócio uma 'posição', um pressuposto, um *status* do qual – verificados demais requisitos, diversos nos vários casos – decorrem, de um lado, deveres (em relação à integralização das ações) e, de outro lado, direitos de caráter patrimonial (por exemplo, o direito ao dividendo, o direito à quota de liquidação) e não patrimonial (por exemplo, o direito de informação, o direito de participar da assembleia) e poderes (como o de votar na assembleia) (...); direitos e poderes extrapatrimoniais, por seu turno, contribuem a tutelar os direitos patrimoniais do acionista. Cada um desses direitos está sujeito a uma disciplina própria; diverso, com efeito, pode ser o momento da aquisição e da perda de cada qual, e estas podem se verificar até independentemente da aquisição e da perda da posição do sócio; até a transferência de alguns desses direitos pode, às vezes, se verificar independentemente daquela da posição de sócio" (Tullio Ascarelli, *Problemas das sociedades anônimas e direito comparado*, Saraiva, São Paulo, 1945, p. 363).

A aquisição da condição de sócio é o momento do nascimento da vida societária para o acionista.[3] É o momento da aquisição da situação jurídica de sócio e da consequente assunção do feixe de obrigações, deveres e direitos que decorrem dessa situação.[4] A doutrina alemã denomina a situação jurídica de sócio como *Mutterrecht*, ou "mãe dos direitos", da qual decorrem diversos direitos independentes, assim como deveres e obrigações, inter-relacionados e necessários para o funcionamento do mecanismo societário.[5]

De acordo com o art. 1.001 do CC, "as obrigações dos sócios começam imediatamente com o contrato, se este não fixar outra data". No caso das companhias, o início da condição de sócio se dá com a aquisição da ação, com a consequente adesão tácita às disposições do estatuto social.

Os direitos, deveres e obrigações dos sócios atuam com o fim de preservar a sociedade e assegurar as condições para a obtenção de seu objetivo. Os deveres e obrigações relacionam-se principalmente com as contribuições do sócio para a fundação e funcionamento da sociedade. Os direitos, de forma especial, visam à manutenção do equilíbrio entre as forças que interagem dentro da sociedade, protegendo os interesses fundamentais do sócio e da organização societária, além da preservação da própria condição de sócio.

Genericamente, os sócios devem contribuir para a formação da sociedade, financeira ou tecnicamente. Devem contribuir para o desenvolvimento do objeto social e para a busca do objetivo social. E devem

3. Cf., sobre o assunto, Daniela Ramos Marques Marino, "O *status socii*", in Erasmo Valladão Azevedo e Novaes França (coord.), *Direito Societário Contemporâneo I*, São Paulo, Quartier Latin, 2009, pp. 163 e ss.

4. "A condição de acionista está ligada à titularidade das ações. A ação confere ao seu titular o *status socii*, de onde deriva uma série de direitos e obrigações (...)." (Luiz Gastão Paes de Barros Leães, *Do Direito do Acionista ao Dividendo*, São Paulo, Obelisco, 1969, p. 315). Para um estudo referencial sobre a matéria, cf. Alessandro Bertini, *Contributo allo Studio delle Situazione Giuridiche degli Azionisti*, Milão, Giuffrè, 1951. V., ainda: António Menezes Cordeiro, *Manual de Direito das Sociedades*, vol. 2, Coimbra, Livraria Almedina, 2006, pp. 35 e ss. e 549 e ss.; Raffaele Golia, *Partecipazione Sociale: il Diritto del Socio al Dividendo*, Milão, Pirola, 1972; e Filipe Cassiano dos Santos, *A Posição do Accionista Face aos Lucros de Balanço*, Coimbra, Coimbra Editora, 1996.

5. "Esses direitos, somados aos poderes, ônus e obrigações atinentes aos acionistas, compõem o chamado *status socii*, que se define como a posição do sócio dentro da coletividade social, e pressuposto comum e constante de tais direitos e deveres" (Luiz Gastão Paes de Barros Leães, *Do Direito do Acionista ao Dividendo*, cit., pp. 302-303).

agir com lealdade em relação à sociedade, não atuando em conflito com o interesse social, não abusando da posição de sócio ou de seu direito de voto e não utilizando informação privilegiada, por exemplo.

As obrigações e deveres dos sócios podem se materializar na obrigação de integralização do capital social subscrito (arts. 1.004, 1.052 e 1.058 do CC e arts. 106 e 107 da Lei das S/A), na obrigação de manter a integridade do capital social (art. 1.059 do CC e art. 10 da Lei das S/A) e na obrigação de exercer o direito de voto no interesse da sociedade (art. 115 da Lei das S/A), entre diversas outras formas.

Além disso, alguns sócios podem assumir deveres especiais caso tomem parte da administração ou sejam os controladores. Os sócios que também forem administradores estão naturalmente sujeitos aos deveres comuns dos administradores (arts. 153 e ss. da Lei das S/A). Os controladores submetem-se a deveres especiais que, fundamentalmente, disciplinam a utilização de seu poder de controle sobre os rumos das atividades da sociedade (arts. 116, 116-A e 117 da Lei das S/A).

Os direitos dos sócios dividem-se em direitos de coadministração, direitos de fiscalização, direitos patrimoniais e direitos dissolutórios. A manifestação desses direitos se dá, principalmente, por meio do direito de voto em assembleias e reuniões de sócios, mas também pela eventual participação pessoal na administração, pelo direito, em determinados casos, de eleger membro do conselho fiscal e do conselho de administração, pelo direito de examinar documentos e informações, pelo direito de receber dividendos e pelo direito de resolver o vínculo societário, parcial ou integralmente, com o recebimento dos devidos haveres.[6]

O encerramento da qualidade de sócio ocorre com o fim do vínculo societário, pela dissolução total ou parcial da sociedade. Por *dissolução parcial* entende-se a resolução do vínculo societário apenas em relação ao sócio que aliena sua participação, exerce seu direito de retirada, é excluído ou de qualquer outra maneira deixa de ser titular dos direitos sobre a ação ou quota social.[7]

6. Para um estudo aprofundado a respeito dos direitos dos sócios e suas categorizações possíveis, cf. a obra fundamental de Herbert Wiedemann, *Gesellschaftsrecht I – Grundlagen*, Munique, Beck, 1980, sintetizada em trecho traduzido para a Língua Portuguesa pelo professor Erasmo Valladão (Herbert Wiedemann, "Excerto do *Direito Societário I – Fundamentos*", trad. de Erasmo Valladão Azevedo e Novaes França, *RDM* 143/67 e ss., São Paulo, Malheiros Editores, 2006).

7. Sobre a dissolução societária, de maneira geral, cf. Mauro Rodrigues Penteado, *Dissolução e Liquidação de Sociedades*, 2ª ed., São Paulo, Saraiva, 2000.

### 3. *Os direitos individuais e o direito do acionista ao voto*

Os direitos dos sócios são aqueles assegurados pelas leis societárias, aqueles previstos em outras leis não específicas e aqueles estabelecidos contratualmente, desde que legais. Todos os três conjuntos de direitos são, evidentemente, importantes para o funcionamento do mecanismo societário.[8]

Entre esses direitos, contudo, há aqueles cuja preservação não apenas é necessária para o equilíbrio da estrutura societária, mas também cuja existência é fundamental para a própria caracterização da sociedade como organização jurídica definida.

A preservação do interesse da sociedade e, portanto, dos interesses originários que levaram os sócios a tomar parte da organização é o objetivo último desses direitos tidos como essenciais para a definição de sociedade.

Sendo o lucro o objetivo por essência das sociedades empresariais, são considerados como essenciais, para a manutenção do tipo jurídico, todos os direitos que evoluíram e foram forjados para a preservação da busca por esse objetivo e seu aproveitamento pelos constituintes daquela organização.

O exercício de quaisquer direitos pelos sócios é, assim, legitimado e limitado pela necessidade de preservação do que é o objetivo do negócio que foi celebrado pelos sócios. Nada que afete a busca por esses objetivos pode ser, ativa ou omissivamente, em teoria, praticado no âmbito da organização societária; de forma equivalente, tudo que não afete essa busca não é indispensável.

Assim, o direito de participar dos lucros da sociedade e da divisão de seu acervo em caso de liquidação é, evidentemente, essencial para a sociedade, diante de sua própria razão de existência.

O direito de fiscalização das atividades, em consequência, e para assegurar os próprios direitos patrimoniais, é decorrência natural e essencial para a sustentação da estrutura societária.

Como os direitos patrimoniais dos sócios estão relacionados à sua participação proporcional na sociedade, é lógico assegurar, como direito

8. Sobre o tema, de maneira geral, v. Osmar Brina Côrrea Lima, "Direito de voto na sociedade anônima", *RT* 530/26 e ss., São Paulo, Ed. RT, 1979, e Carmen Alborch Bataller, *El Derecho de Voto del Accionista: Supuestos Especiales*, Madri, Tecnos, 1977.

essencial, a possibilidade de manutenção da participação relativa de cada sócio.

Do mesmo modo que a adesão à sociedade é voluntária, nenhum sócio pode ser impedido de se retirar e levar consigo sua participação nos casos em que a sociedade deixa de corresponder ao negócio jurídico ao qual ele aderiu.

São esses os quatro grandes grupos de direitos, com suas exceções e especificações dadas pela lei, considerados como essenciais para a caracterização da organização societária.

A participação do sócio na vida da sociedade é, portanto, desenhada para a preservação do interesse econômico originário de cada parte aderente ao negócio.

O voto, nesse sentido, é mero instrumento, de caráter explicitamente indireto, para o aperfeiçoamento dos direitos que são essenciais ao estado de sócio. O direito de voto e seu exercício são necessários, portanto, não para a existência da sociedade, mas tão somente na medida de sua necessidade para a preservação e materialização dos direitos que são fundamentais para a existência da sociedade.

É precisamente dessa maneira que dispõe o art. 109 da Lei das S/A, que não inclui o direito de voto entre os direitos essenciais reconhecidos pela legislação societária nacional.[9]

Indiretamente, no entanto, não há dúvida de que o exercício do direito de voto e, por indução, o direito de voto em si estão reconhecidos entre os "meios" e através dos "processos" registrados pelo § 2º do mesmo art. 109, caracterizando-se não como essenciais em absoluto ou em qualquer hipótese, como é o caso daqueles direitos indicados nos incisos I a V do dispositivo, mas ao menos elegíveis à inderrogabilidade, para as situações em que a lei assim entende como necessário.

O direito de voto não é essencial simplesmente porque o objetivo da empresa é o lucro, e não a agremiação de sócios; o objetivo dos sócios é a participação econômica, e não a participação política. A segunda é necessária apenas na medida suficiente para garantir a primeira.

9. "Já, o *direito de voto* não constitui um direito intangível do acionista, como os chamados 'direitos essenciais' dos acionistas enumerados no art. 109 (...), razão pela qual a lei e os estatutos podem limitá-lo, e até suprimi-lo" (Luís Gastão Paes de Barros Leães, "O direito de voto de ações gravadas com usufruto vidual", in *Pareceres*, vol. 2, São Paulo, Singular, 2004, pp. 1.357 e ss. – p. 1.362).

A desnecessidade, ou a limitação, do voto fica mais clara na medida em que as organizações societárias se complexificam e os sócios deixam de ser empreendedores, alocados em funções individuais dentro da sociedade.

O sócio não deixa nunca de poder exercer sua vontade no manejo do contrato de sociedade, na instituição e dissolução deste. Mas, uma vez conformado o contrato de sociedade, e durante sua execução, o exercício da vontade de cada parte contratante é limitado, por sua própria decisão de aderir ao contrato, à extensão suficiente e necessária para viabilizar o funcionamento da organização societária criada, sem prejuízo aos interesses individuais da cada qual, esperados quando dessa criação.

Dizer que o direito de voto não é essencial não significa dizer, no entanto, que o direito de voto não seja inerente ao estado de sócio. A regra é a de que o sócio tem o direito de voto, sendo a suspensão ou a retirada, parcial ou integral, desse direito ou de seu exercício a exceção, a qual só se implementa nos limites permitidos em lei.

## 4. *Titularidade do direito de voto*

O direito de voto – e ao seu exercício –, ainda que não essencial, é inerente à condição de sócio. Da titularidade da participação societária decorre o direito de votar nas situações permitidas pelo estatuto ou contrato social e asseguradas pela lei.

Originalmente, o voto está atrelado à ação ou quota, consistindo em um dos direitos, deveres e obrigações que compõem o pacote inicial assumido por cada sócio. A titularidade do direito de voto, assim, é daquele que é titular da ação ou quota.

Além de ser titular do direito de voto, o titular da ação ou quota pode também, observadas restrições legais e contratuais, exercer esse direito nas deliberações sociais.

Mesmo que o voto se mantenha atrelado à participação societária, seu exercício, por razões diversas, pode se destacar.[10]

No caso de ação ou ações detidas em condomínio, por exemplo, é o representante do condomínio que exercerá o direito de voto, ainda que não seja seu titular ou seu único titular (art. 28 da Lei das S/A).

10. A respeito da dissociação entre a titularidade da ação e a legitimação do exercício do direito de voto, fundamental a análise do professor Fábio Konder Comparato, complementada pelo professor Calixto Salomão Filho (*O Poder de Controle na Sociedade Anônima*, 5ª ed., Rio de Janeiro, Forense, 2008, pp. 204 e ss.).

No caso de penhor de ações, é o titular que continua a exercer o direito de voto. Esse exercício, porém, pode ser influenciado pelo credor pignoratício, em relação contratual privada entra as duas partes, ainda que com efeitos para a sociedade.

No caso de usufruto, o exercício do direito de voto pode ser cedido juntamente com o direito ao recebimento de dividendos e outros desdobramentos patrimoniais da titularidade da ação.

Há na prática societária inúmeras outras situações em que o potencial descolamento entre a titularidade da participação societária e do direito de voto e o exercício desse direito geram grandes dúvidas e preocupações para a estabilidade das sociedades e do mercado.

São preocupações ligadas fundamentalmente à responsabilização e à capacidade de responsabilização pela prática de atos ilegais em situações em que o interesse veiculado por meio do exercício do direito de voto nem sempre se apresenta claramente relacionado com os interesses econômicos centrais da sociedade que se guia por aquele voto ou associado com as obrigações e deveres aos quais os sócios típicos estão sujeitos. Situações, por exemplo, ligadas à utilização do chamado aluguel de ações ou outras práticas vastamente utilizadas no mercado financeiro e que crescem a uma velocidade muito maior do que aquela que o direito societário tem sido capaz de acompanhar.

Em tese, a responsabilidade societária e a responsabilização por via das regras societárias recaem sobre o titular da ação ou quota sempre e sobre quem exerceu o voto, na extensão da aplicabilidade das referidas regras.

Por consequência, violações ou prejuízos causados por meio do exercício de voto no âmbito societário são sancionados por normas societárias de caráter específico, para cada situação, ou de caráter genérico, como regras de abuso do direito de voto; violações ou prejuízos causados por meio do exercício de voto que extrapolem o alcance de normas societárias devem ser sancionadas pelas regras de compensação, reparação, punitivas e de execução específica do direito privado como um todo.

A aplicação desses princípios em determinadas situações não é, contudo, como se verá adiante, tão evidente.

## 5. *Empréstimo de ações*

O empréstimo de ações é operação pela qual, por certo preço, o mutuante transfere ações de que é titular ao mutuário, o qual deve restituir ao mutuante ações da mesma espécie e em igual quantidade ao final do período estabelecido entre eles.

Os títulos são disponibilizados por qualquer agente de custódia e os mutuários atuam por meio das sociedades corretoras, sob a responsabilidade de um agente de compensação.

Do ponto de vista do direito privado, costuma-se caracterizar o empréstimo de ações como contrato de mútuo, regulado pelos arts. 586 e ss. do CC.[11] Embora possa haver questionamentos a essa classificação, ela é, ao menos, bastante mais precisa do que a caracterização do negócio jurídico como contrato de aluguel, dado o nítido caráter fungível de seu objeto.[12] Não se trata nem mesmo de propriedade resolúvel, e as ações emprestadas são, por força de lei, bens fungíveis.[13]

O empréstimo de ações confere uma alternativa de remuneração a seus titulares, incrementa a liquidez do mercado e complementa a estrutura financeira de várias operações de mercado.

Um dos principais usos das ações objeto de empréstimo é na liquidação de operações à vista ou a termo pelo mutuante com outras contrapartes.

Ocorre que, inclusive por razões operacionais, a transferência da ação nesse tipo de negócio jurídico efetivamente transfere a titularidade sobre as ações, para fins de registros e controles perante as entidades de mercado, com consequências extremamente importantes para o direito societário.

A ação emprestada pertence ao mutuário. E a ele cabem, em princípio, todos os direitos, obrigações e deveres inerentes a essa ação. Voto, dividendos e responsabilidade inclusive.

O mutuante pode até preferir reter para si o poder de instruir o mutuário sobre como votar e o direito ao recebimento de dividendos, o que seria possível contratualmente. Nesse caso, porém, a operação dificilmente faria sentido, uma vez que seu objetivo é justamente permitir que o mutuário disponha de títulos que possam ser livre e normalmente negociados em mercado.

Como se verá abaixo, com relação ao dividendo e outros frutos, por exemplo, a solução é dada pela regulação dessas operações, que prevê a

11. A Instrução CVM-441/2006, por exemplo, utiliza o termo "empréstimo".

12. Cf. artigo de autoria de Jorge Lobo no jornal *Valor Econômico*, edição de 9.8.2011.

13. Art. 41 da Lei das S/A.

obrigatoriedade de reembolso, pelo mutuário ao mutuante, dos valores recebidos durante o prazo de duração do empréstimo.

Parte das preocupações do direito societário relacionadas à operação de empréstimo de ações possui origem justamente nas questões que decorrem da decisão ou da possibilidade de se destacar o direito de voto, ou ao menos o seu exercício, da titularidade efetiva dos títulos.

Tributariamente, o empréstimo de ações é definido como uma operação de renda fixa em benefício do mutuante. Para mutuantes pessoas físicas aplica-se a tabela regressiva da Lei 11.033/2004, enquanto para investidores estrangeiros a alíquota é fixa em 15%. Instituições financeiras em geral são isentas.

## 6. *Alguns números*

Em 2012 o volume total negociado em operações de empréstimo de ações foi de 785,92 bilhões de Reais, o que equivale a cerca de 65 bilhões de Reais mensais.[14]

Ocorrem cerca de 100 mil operações mensais de empréstimo de títulos no País; 39% dos mutuantes são investidores estrangeiros, 25% são pessoas físicas, 24% são fundos mútuos e apenas 2% são companhias.

Dos mutuários, 65% são fundos mútuos, 24% são investidores estrangeiros, 4% são pessoas físicas e 0,5% são companhias.

Apenas para fins de comparação, em 1996, quando o Conselho Monetário Nacional/CMN regulou a matéria pela primeira vez, o volume médio mensal movimentado pelos empréstimos de títulos era inferior a meros 30 milhões de Reais.

## 7. *Instrução CVM-441/2006*

Em 10.11.2006 a CVM editou a Instrução CVM-441, renovando a disciplina regulatória sobre as operações de empréstimos de valores mobiliários.

Essa instrução alterou e revogou antigas instruções da autarquia, em especial a Instrução CVM-249, de 11.4.1996. A Instrução CVM-466, de 12.3.2008, promoveu modificação pontual em seu texto, conferindo a forma atualmente em vigor.

14. Dados disponíveis em *www.cblc.com.br* e em *http://www.bmfbovespa.com.br/pt-br/noticias/2013/download/balanco_1212.pdf*.

A Instrução CVM-441/2006 restringe a operacionalização dos negócios de empréstimos de ações a entidades autorizadas de compensação e liquidação de operações com valores mobiliários e obriga que haja a presença de instituição intermediária habilitada.

Foi deixada grande liberdade de autorregulação para as instituições do mercado. O serviço de empréstimo de valores mobiliários deverá ser disciplinado por regulamento editado pelas próprias entidades, que deverão seguir as econômicas disposições da instrução.

Entre as cláusulas que devem constar do regulamento estão, por exemplo, o compromisso do mutuário de liquidar o empréstimo mediante a entrega de valores mobiliários da mesma espécie e qualidade do valor mobiliário emprestado, o tratamento a ser conferido aos direitos inerentes aos valores mobiliários utilizados na operação de empréstimo e a obrigatoriedade de o mutuário oferecer caução à câmara ou prestador de serviços de compensação e liquidação.

Além disso, a Instrução CVM-441/2006 estabelece as obrigações da prestadora do serviço, dentre elas a de manter sistema de registro e controle das operações que permita a identificação das partes contratantes, intermediários, volumes, valores e posições dos negócios realizados e em andamento.

## *8. O comunicado ao mercado de 8.11.2006*

Em 8.11.2006, por ocasião da aprovação do texto final da Instrução CVM 441/2006, o Colegiado da CVM determinou também que a Superintendência de Relações com Empresas fizesse os seguintes esclarecimentos públicos, por meio de comunicado ao mercado:

> (...) que o investidor ou grupo de investidores que atinja, *ainda que por meio de propriedade de ações adquiridas por empréstimo*, participação correspondente a 5% (cinco por cento) ou mais de espécie ou classe de ações representativas do capital de companhia aberta deve proceder à publicação e envio à CVM de declaração prevista no art. 12 da Instrução CVM n. 358/2002. Do mesmo modo, *as ações objeto de empréstimo* devem ser consideradas no cálculo do aumento ou redução de participação relevante para fins do disposto nos §§ 1º e 4º do mesmo artigo. Deverá também constar do comunicado a informação de que as declarações a que se refere o citado art. 12 devem fazer referência, se for o caso, à parcela das ações detidas pelo investidor declarante que tenha sido adquirida ou alienada *por meio de empréstimo de ações*. [*Grifado*]

A Instrução CVM-358, de 3.1.2002, "dispõe sobre a divulgação e uso de informações sobre ato ou fato relevante relativo às companhias abertas, disciplina a divulgação de informações na negociação de valores mobiliários e na aquisição de lote significativo de ações de emissão de companhia aberta, estabelece vedações e condições para a negociação de ações de companhia aberta na pendência de fato relevante não divulgado ao mercado".

O art. 12 dessa instrução determina que, sempre que uma pessoa ou grupo de pessoas adquira 5% de espécie ou classe de ações representativas do capital social de uma companhia aberta, seja imediatamente enviado pelo adquirente, ou pelos adquirentes, um comunicado à companhia com informações relacionadas à aquisição das ações, à identidade do adquirente, à sua posição acionária, a outros valores mobiliários da companhia detidos pelo adquirente e ao seu objetivo de alterar ou não a estrutura de controle da companhia. Informações equivalentes devem ser enviadas à companhia sempre que a posição acionária de uma pessoa ou grupo de pessoas, direta ou indiretamente, se eleve ou seja reduzida em 5% em relação à espécie ou classe de ações da companhia.

O mesmo dispositivo impõe ao diretor de relações com investidores da companhia a responsabilidade "pela transmissão das informações, assim que recebidas pela companhia, à CVM e, se for o caso, às Bolsas de Valores ou às entidades do Mercado de Balcão organizado em que as ações da companhia sejam admitidas à negociação, bem como por atualizar o formulário IAN no campo correspondente".

De acordo com o seu art. 18, a violação às obrigações impostas pela Instrução CVM-358/2002 é considerada infração grave para os fins das hipóteses de punição administrativa de competência da autarquia.

O objetivo da Instrução CVM-358/2002 é assegurar a imediata, plena e simétrica divulgação de informações ao mercado sobre potenciais modificações na estrutura de controle da companhia ou modificações relevantes em sua base acionária.

A relação de poderes e a composição dos interesses que exercem o poder de voto, e principalmente o poder de controle, são informações fundamentais para os investidores e, portanto, para a precificação das ações.

Ao divulgar o comunicado ao mercado, a CVM deixa claro o caráter abrangente da Instrução CVM-358/2002 e restringe a capacidade de realização de operações que, de um lado, afetam direta ou indiretamente a estrutura de comando de uma companhia e, de outro, pelo formato escolhido, poderiam alegadamente deixar de ser divulgadas, por não se encaixarem expressamente nas hipóteses previstas na instrução.[15]

É o que poderia ocorrer com o caso do empréstimo de ações. Acobertado pela sua natureza temporária, forjada aparência de aluguel e ambiguidades, inclusive operacionais, com relação à titularidade do objeto do empréstimo, há quem possa defender que o mutuário não assume integralmente os deveres e obrigações associados à ação transferida.

O caso não é incomum, principalmente em jurisdições em que os procedimentos de registro e liquidação das operações de empréstimos são menos claros e organizados ou em que o formato contratual do negócio e sua disciplina jurídica sejam menos determinados.

Não é o caso do Brasil. Procedimentos, contrato, lei, regulação e normas de autorregulação são claros. Há a transferência da ação. Transfere-se ao mutuário a propriedade sobre todos os direitos e deveres relacionados à ação.

O comunicado divulgado pela CVM arremata esse entendimento e não deixa margens para manipulação dos princípios de divulgação de informação vigentes no mercado brasileiro.

## *9. Procedimentos operacionais da BM&FBovespa*

Os negócios jurídicos de empréstimo de ações no País são concentrados no sistema da BM&FBovespa. As operações são, assim, administradas pela Cia. Brasileira de Liquidação e Custódia/CBLC e conduzidas por meio do chamado Banco de Títulos/BTC.

Conforme autorizado pela CVM, a disciplina da prestação dos serviços de empréstimo de ações está estabelecida no Regulamento de

15. Nesse sentido também o Ofício-Circular/CVM/SEP-001/2013, em seu item 3.9.2 "d": "d. **Empréstimo de ações.** Cabe ressaltar que o investidor ou grupo de investidores que atinja, *ainda que por meio de propriedade de ações adquiridas por empréstimo*, participação correspondente a 5% (cinco por cento) ou mais de espécie ou classe de ações representativas do capital de companhia aberta deve proceder à divulgação da declaração prevista no art. 12 da Instrução CVM n. 358/2002. A obrigação de comunicar a participação relevante parcial ou integralmente composta por ações tomadas por empréstimo é aplicável independentemente do fim a que essas operações se proponham. Do mesmo modo, as ações objeto de empréstimo devem ser consideradas no cálculo do aumento ou redução de participação relevante para fins do disposto no *caput* e nos §§ 1º e 4º do mesmo artigo. Nesse sentido, as declarações a que se refere o art. 12 da Instrução CVM n. 358/2002 devem discriminar a parcela das ações detidas pelo investidor declarante que tenha sido adquirida ou alienada por meio de empréstimo de ações" (grifado no original).

Procedimentos Operacionais da Câmara de Compensação, Liquidação e Gerenciamento de Riscos de Operações no Segmento Bovespa e da Central Depositária de Ativos/CBLC.

O regulamento define *serviço de empréstimo de ativos* como o "serviço administrado pela CBLC que permite aos investidores emprestar ativos ou tomá-los emprestados". Seu Capítulo VI regula a prestação desses serviços.

Assim, em seu item 1 são descritos os ativos elegíveis para empréstimo, no item 2 a forma como os ativos emprestados podem ser utilizados, no item 3 as partes do contrato de empréstimo são qualificadas, assim como as responsabilidades operacionais da CBLC. O item 4 regula o registro das ofertas, especialmente as informações que devem ser anotadas, as formas de registro e o condicionamento da disponibilização dos ativos para o mutuário ao caucionamento de garantia suficiente. Os métodos de cálculo e critérios para a exigência de garantia, por sua vez, constam do Capítulo V do regulamento.

O item 5 do Capítulo VI trata dos prazos de vigência dos empréstimos, o item 6 do procedimento de devolução dos ativos emprestados, inclusive mediante execução das garantias pela CBLC.

O item 7 do Capítulo VI disciplina os ajustes necessárias em razão de eventos de custódia. O item 4.1 do regulamento classifica como *eventos de custódia em recursos financeiros* "os dividendos, juros sobre capital próprio, bonificações em recursos financeiros, restituição de capital, juros, resgates, amortizações e outros". Já, o item 4.2 classifica como *eventos de custódia em ativos* "os desdobramentos, conversões, subscrições, incorporações, cisões, fusões, grupamentos, bonificações em ativos, permutas e outros".

Os valores relacionados a eventos de custódia em recursos financeiros devem ser reembolsados pelo mutuário ao mutuante, por intermédio da CBLC, com a obrigatoriedade da prestação de garantia para esse reembolso. A figura toma a forma de reembolso justamente porque a titularidade da ação foi transferida ao mutuário.

Os eventos de custódia em ativos continuam, pelo regulamento e, portanto contratualmente, submetidos à discricionariedade do mutuante, apesar da efetiva transferência da titularidade do título ao mutuário. Dessa forma, a decisão sobre o direito do exercício de preferência para a subscrição de ações em aumento de capital, por exemplo, cabe ao mutuante e deve ser feita com recursos deste, também por intermédio da CBLC.

Não há, contudo, tratamento específico do direito de voto. Seja pelas dificuldades teóricas de separação entre a propriedade e o direito de voto, seja pela própria incerteza quanto à transferência da titularidade da ação, fato é que, na prática, considera-se que o voto cabe ao mutuário. E nada mais se diz sobre o assunto.

Em seguida, o item 8 do regulamento dispõe sobre os limites de concentração de ativos, por investidor, por participante de negociação e para todo o mercado, em atenção ao art. 3º da Instrução CVM-283, de 10.7.1998.

Para ações, os limites são os seguintes:

– Por mercado
  Totalidade das posições: 20%
  Totalidade das posições a descoberto: 20%

– Por investidor
  Totalidade das posições: 3%
  Totalidade das posições a descoberto: 3%

– Por participante de negociação
  Totalidade das posições: 6,5%
  Totalidade das posições a descoberto: 6,5%

Os itens 9, 10 e 11 do regulamento, por fim, tratam, respectivamente, das taxas de registro e de remuneração, das penalidades e responsabilidades das partes no negócio, inclusive a responsabilidade solidária dos intermediários por eventual inadimplência dos investidores, e dos recursos endereçados à Diretoria Executiva da BM&FBovespa contra a imposição de multa por inadimplência.

Completa o quadro regulatório das operações de empréstimo a Resolução CMN-3.539, de 28.2.2008, que reflete e reafirma as principais disposições da Instrução CVM-441/2006.

### *10. Empréstimo de ações em tesouraria*

A CVM tem pacificado em seus precedentes o entendimento de que as companhias podem emprestar ações de sua emissão, mantidas em tesouraria.[16]

16. Cf. os Processos CVM-RJ 2008/2.207, RJ 2008/2.067 e RJ 2006/6.521.

Esse entendimento serve a expandir os benefícios do empréstimo de ações para as próprias emissoras, assegurando-lhes mais uma fonte de renda e importante instrumento para formação de mercado, via instituições financeiras contratadas para esse serviço.

Além disso, os fundamentos utilizados para a definição da validade da operação pela autarquia servem também para ratificar a conclusão de que o empréstimo de ações (o "aluguel" de ações) definitivamente se caracteriza como uma alienação e transfere ao mutuário a titularidade da ação, e com ela o direito originário de recebimento de dividendos, de voto e as respectivas obrigações e deveres.

De acordo com o art. 30, § 4º, da Lei das S/A, as ações mantidas em tesouraria não têm direito a dividendo, nem a voto.

Com base nesse dispositivo, a área técnica da CVM chegou a defender que a autarquia não poderia se utilizar das prerrogativas estabelecidas no art. 30, § 2º, da Lei das S/A e da Instrução CVM-10, de 14.2.1980, para autorizar o empréstimo de ações em tesouraria, uma vez que as ações seriam, por força do § 4º do art. 30, transmitidas sem direito a voto e a dividendo, o que impediria sua negociação em Bolsa.[17]

O equívoco da área técnica decorreu de sua premissa de que o empréstimo de ações não transferiria a propriedade sobre a ação, a qual permaneceria na tesouraria da companhia.

O colegiado da CVM superou a área técnica, definindo o entendimento de que o empréstimo de ações caracteriza, sim, alienação e, em consequência, transfere todos os direitos, deveres e obrigações em conjunto com a propriedade da ação.[18]

17. No final do mês de outubro/2013 a CVM colocou em audiência pública a minuta de uma nova instrução que viria a substituir a Instrução CVM-10/1980 (Audiência Pública SDM-11/2013). No texto da minuta divulgada, em seu art. 9º, a nova instrução dispõe:

"Art. 9º. As ações mantidas em tesouraria não têm direito a voto nem a proventos em dinheiro de qualquer natureza.

"§ 1º. O disposto no *caput* não impede que as ações em tesouraria: I – façam jus à bonificação em ações; e II – sejam objeto de grupamentos e desdobramentos.

"§ 2º. Para fins do direito a voto, são consideradas em tesouraria as ações detidas pela contraparte da companhia em contratos derivativos firmados com a companhia e referenciados em ações por ela emitidas."

18. Cf., especificamente, o Processo CVM-RJ 2006/6.521.

## *11. Os casos Telemar*

Em 17.4.2006 foi divulgado fato relevante que descrevia o processo de reestruturação do Grupo Telemar. A reestruturação incluía, entre outros atos, (1) a incorporação de ações de emissão da Tele Norte Leste Participações S/A, (2) a conversão de ações preferenciais da Telemar Norte Leste S/A, controlada da Tele Norte Leste Participações S/A, em ações ordinárias e (3) a migração das ações ordinárias da Telemar Norte Leste S/A para a Telemar Participações, controladora da Tele Norte Leste Participações S/A.

A implementação dos atos societários necessários dependia, evidentemente, de sua aprovação em assembleia-geral das companhias envolvidas. Uma das questões mais sensíveis a serem deliberadas nessas assembleias, como ocorre na maior parte dos casos de incorporação, dizia respeito à aprovação do laudo de avaliação do patrimônio das companhias incorporada e incorporadora, o qual fundamenta as relações de troca entre as respectivas ações.

Parte das discussões relacionadas ao caso referia-se ao método de avaliação e às relações de troca. Outra parte referia-se à validade, ou não, do exercício pela Telemar Participações S/A de seu direito de voto nas assembleias que deliberariam sobre as operações.

O principal questionamento com relação à validade do exercício do voto pela Telemar Participações dizia respeito à proibição contida no § 1º do art. 115 da Lei das S/A. Esse dispositivo, entre outras vedações, impede que o acionista vote em deliberações da assembleia-geral que possam "beneficiá-lo de modo particular".

Durante o correr da operação, e ao longo da evolução dos procedimentos administrativos a ela relacionados, no âmbito da CVM, a Telemar Participações questionou seu impedimento de voto e buscou alternativas para o exercício de seu direito de voto.

Entre as alternativas buscadas, a Telemar Participações buscou (1) o reconhecimento da validade de todos os seus votos, (2) o reconhecimento da validade, ao menos, dos votos referentes às ações preferenciais que possuía em suas controladas e, conforme alegado por determinados acionistas minoritários, (3) o reconhecimento da validade dos votos proferidos por instituições que tomaram ações de sua titularidade em empréstimo.

No primeiro caso ficou decidido que a Telemar Participações não poderia votar com suas ações ordinárias.

No segundo caso ficou decidido que a Telemar Participações poderia votar com suas ações preferenciais, uma vez que, nesta específica situação, o benefício particular, consistente no sobrepreço das ações, seria auferido apenas pelas ações ordinárias.

No terceiro caso – e esse é o mais importante para este estudo – a área técnica da CVM inicialmente esclareceu que, "na medida em que as ações sob aluguel conservam seus atributos originais, o mutuário, durante a vigência do contrato, detém a condição de sócio da Companhia, podendo exercer direito de voto que a elas for inerente, salvo se o contrato entre as partes dispuser de forma diversa".

E, em seguida, opinou que, "diante de todo o exposto, não caberia à CVM (...) intervir no sentido de determinar o impedimento de voto *a priori* de ações alugadas [*de emissão da Tele Norte Leste Participações S/A*] na assembleia que deliberará sobre a incorporação de ações dessa Companhia".

Em outras palavras: a opinião da área técnica, que prevalece como o único posicionamento formal da CVM até o presente, é a de que a avaliação de eventual irregularidade no exercício do voto por titulares de ações objeto de contrato de empréstimo deve ser feita caso a caso.[19]

Em nova etapa da reorganização societária do mesmo grupo foi proposta a incorporação da Telemar pela Coari Participações S/A.

A incorporação gerou novos processos administrativos, novas dúvidas e nova decisão a respeito de situações societárias envolvendo o empréstimo de ações. Resumidamente, diversos acionistas que tinham suas ações emprestadas a outros investidores no momento do anúncio público a respeito da operação reclamaram à CVM o direito de eles próprios, e não os mutuários, exercerem o direito de recesso.[20]

O Colegiado da Autarquia, em decisões unânimes, em diversos processos simultâneos, determinou que o direito de recesso deve ser

19. A respeito, cf. Processo CVM-RJ 2006/7.166, especialmente o Memo/CVM/SEP/GEA-4 099/2006. V. também Memo/CVM/SEP/GEA-4 102/2006.

20. Sobre o assunto, para a doutrina, v.: Modesto Carvalhosa, "O dissidente é sócio e não mero credor", *RT* 528/47 e ss., São Paulo, Ed. RT, 1979; Fábio Konder Comparato, "Valor de reembolso das ações do acionista dissidente", in *Direito Empresarial: Estudos e Pareceres*, São Paulo, Saraiva, 1995, pp. 223 e ss.; Pier Giusto Jaeger, *Il Voto Divergente nella Società per Azioni*, Milão, Giuffrè, 1976; e Francisco Antunes Maciel Mussnich, "Reflexões sobre o direito de recesso na Lei das Sociedades por Ações," in Jorge Lobo (org.), *Reforma da Lei das Sociedades Anônimas*, Rio de Janeiro, Forense, 2003, pp. 285 e ss.

exercido por aquele que é proprietário da ação no momento em que a faculdade de exercer o recesso se torna disponível.

Como – e aqui essa posição é reiterada pela CVM – o empréstimo de ação efetivamente transfere a propriedade, quem pode tomar a decisão a respeito do recesso é o mutuário, enquanto mantiver essa condição.

Tanto a disponibilização da faculdade de exercer o direito de recesso no momento da publicação do primeiro fato relevante a respeito da matéria quanto a necessidade de manutenção da ação ininterruptamente desde esse momento até a deliberação propriamente dita são secundadas pela CVM com fundamento no art. 137, § 1º, da Lei das S/A.

Quanto ao momento, o art. 137, § 1º, é claro nesse sentido, e sua interpretação foi literal pela Autarquia, reiterando sua função de desestimular a indústria do recesso.

Quanto à titularidade ininterrupta, requerida pela própria companhia a ser incorporada, a CVM entendeu que esta, ainda que não expressa no art. 137, § 1º, era coerente com a redação do dispositivo e com a função do direito de recesso.[21]

## *12. A dissociação entre o direito de voto e o* **status socii**

O Memo/CVM/SEP/GEA-4 099/2006, elaborado no âmbito do caso Telemar, trata, em um de seus itens, de reclamação de acionista minoritário contrário ao reconhecimento da validade de voto que seja exercido por instituição titular de ação tomada em empréstimo da Telemar Participações.

Naquele caso, uma das principais discussões dizia respeito à possibilidade, ou não, do exercício do direito de voto da Telemar Participações na assembleia que deliberaria a incorporação das ações de emissão de uma de suas controladas.

A atuação da controladora poderia ser, evidentemente, decisiva para a aprovação da operação, com as relações de troca propostas. Relações de troca, essas, que não atribuíam valores diversos a ações ordinárias e preferenciais.

De acordo com o posicionamento da CVM, a Telemar Participações não poderia votar com as ações ordinárias de que era titular.

21. V. Processo CVM-RJ 2012/0249 e reportagem do jornal *Valor Econômico*, em edição de 24.2.2012, p. B1.

Uma vez que o empréstimo de ações efetivamente transfere a titularidade das ações bem como os respectivos direitos de voto, nada impede que o mutuário vote livremente na deliberação. Especialmente se ficar determinado que a proibição, no caso concreto, refere-se ao titular das ações, e não à classe ou espécie de ações.

Como ainda não havia clareza a respeito da natureza da vedação, se aplicável ao acionista ou às ações, o requerente entendeu que poderia haver grave risco de que a Telemar Participações fizesse prevalecer seus interesses políticos por intermédio de instituições mutuárias de suas ações.

A preocupação é, evidentemente, razoável. E os meios à disposição do mercado são plenamente aptos a materializar os riscos refletidos nessa preocupação.

A situação descrita demonstra a facilidade com que os poderes políticos inerentes ao estado de sócio podem na prática ser destacados do esquema de responsabilidades simetricamente próprio do mesmo estado de sócio.

Certas operações praticadas no mercado atual acabam por serem capazes de transmutar a figura que incorpora o *status socii*. Criam uma nova espécie de acionista, que resulta da mutação dos princípios societários, gerando uma figura que nem bem é o titular dos direitos das ações e nem bem é o responsável pelas consequências do exercício desses direitos.

Essa constatação não é sem efeitos para a estabilidade do mercado e para a avaliação da eficácia do sistema societário.

## *13. Efeitos e riscos dessa dissociação para o mercado*

Os principais riscos que decorrem da dissociação entre o possuidor do direito de voto e o sujeito de direito que ainda se submete mais de perto à estrutura de responsabilidades do ente societário dizem respeito ao desalinhamento de interesses.

O sócio típico e tradicional, por definição, enxerga como objetivo único o desempenho positivo de sua sociedade. Pode discordar de outros sócios ou da administração com relação aos meios de atingir esse objetivo. Mas, sem dúvida, compartilha com todos o fim comum para o qual aquela sociedade foi constituída.

Como parte do contrato plurilateral de sociedade, o sócio abre mão de parte de sua liberdade em benefício da comunhão de esforços que se criou em torno daquele fim comum. Assim, o sócio, desde que aceitou ser parte do contrato de sociedade, aceita também todas as responsabilidades que, ao equilibrar os poderes que lhe foram atribuídos, asseguram coesão e harmonia no funcionamento da estrutura societária.

O investidor típico, ainda que não guarde, em princípio, traços de empreendedorismo particulares aos sócios tradicionais, também possui inquestionável e exclusivo interesse no bom andamento das atividades sociais. De forma equivalente, também aceita se sujeitar ao estatuto social e ao sistema societário, como modo de contribuir para o funcionamento eficiente da companhia que aplica os recursos por ele investidos.

Porém, o mercado contemporâneo criou novos personagens. Sob a mesma aparência de sócios ou investidores, pessoas físicas e jurídicas podem alternar, no mercado atual, papéis que se opõem diametralmente em termos de alinhamento de interesses com as companhias na quais interferem.

O titular de um mesmo valor mobiliário pode, no mercado de hoje, apostar a favor ou contra a emissora desse ativo. O mesmo titular do referido valor mobiliário pode exercer direitos inerentes ao título que possui em nome e no interesse de outros que em nada estão submetidos aos esquemas punitivos societários.

São agentes do mercado aos quais a estrutura legal, por omissão, abriu-lhes caminhos para privilegiarem interesses individuais em relação a interesses comuns, sem quaisquer restrições ou desestímulos eficazes.

Agentes, esses, que não adquiriram as ações pelas formas tradicionais de assunção do estado de sócio. Ao invés, adquiriram um derivativo que se valoriza em função inversa ao desempenho de determinada companhia, cuja votação influenciam; ou, então, são instituições intermediárias mais interessadas na remuneração que receberão no caso de concretização de determinada operação, ainda que contrária ao interesse social; ou, mesmo, que celebraram um contrato de empréstimo de ações simplesmente para a liquidação de certa operação financeira.

Em nenhum desses casos houve opção pela adesão a um contrato plurilateral que traduz a soma de esforços de indivíduos diversos em torno de um objetivo econômico comum.

Em regra, aliás, no caso dos empréstimos, o mutuário da ação, no momento em que empresta o ativo, pode não possuir qualquer interesse no desempenho da companhia ou na particular relação entre os acionistas daquela sociedade. Pode estar simplesmente interessado em cobrir uma posição sua em operação que já assimilou todos os efeitos possíveis da variação do preço daquela ação. No entanto, continua a ser o possuidor do importantíssimo poder de votar os rumos daquele ente societário.

Nesse contexto, e diante da gravidade dos potenciais efeitos que podem advir da utilização abusiva de determinadas alternativas financeiras, parece temeroso deixar a coação e a sanção a cargo apenas das regras que disciplinam o exercício abusivo do voto pelos titulares das ações.

## *14. Conclusão*

O empréstimo de ações é uma realidade no mercado brasileiro, e os volumes envolvidos são suficientemente relevantes para inspirar a preocupação e o cuidado regulatório.

No mesmo passo, os impulsos econômicos vigentes no mercado são incontornáveis pelas forças da autorregulação e a criatividade dos agentes incontível nos limites da regulação e da legislação posta.

Sem prejuízo, há inequívocas vantagens em instrumentos financeiros como o empréstimo de ações. Entre elas, o incremento de liquidez, a contribuição para a precificação mais eficaz de ativos, o aumento da estabilidade dos negócios realizados no mercado de capitais e a criação de novas alternativas de remuneração para os investidores.

Há riscos, contudo, que decorrem da utilização de instrumentos como o empréstimo de ações. Entre eles, o descolamento entre os direitos do possuidor da ação e os deveres originalmente desenhados para os sócios. Entre os incentivos e ameaças, entre interesses individuais e interesses sociais.

No caso do empréstimo de ações, o descolamento é evidente e reconhecido na prática.

Tanto que a Instrução CVM-441/2006 determina, em seu art. 4º, § 1º, II, que o regulamento do serviço de empréstimo deverá incluir o "tratamento a ser conferido aos direitos inerentes aos valores imobiliários utilizados na operação de empréstimo".

E o Regulamento de Procedimentos Operacionais da BM&FBovespa, em seus itens 4.1 e 4.2, disciplina os eventos de custódia em recursos financeiros e os eventos de custódia em ativos durante o período do empréstimo das ações.

Contudo, com relação ao voto e ao esquema de direitos e deveres desenhado pela legislação societária em torno de seu exercício não há especificações suficientes na legislação, regulamentação ou autorregulamentação aplicável.

O Regulamento de Procedimentos Operacionais da BM&FBovespa não trata expressamente do assunto. A Instrução CVM-441/2006 é genérica a respeito do tratamento dos direitos inerentes às ações emprestadas e se limita a delegar competências de aprofundamento às entidades autorizadas a prestar os serviços de empréstimo. O instituto do mútuo e seu regramento no Código Civil não são abrangentes o suficiente para exaurir a questão. E a Lei das S/A também não soluciona o impasse.

O fato, porém, é que não parece haver razões para que as operações de empréstimo de ações e seus efeitos não sejam mais detalhadamente regulados. Os volumes financeiros e riscos envolvidos definitivamente justificam a movimentação regulatória.

No esquema da regulação, do direito civil e da Lei Societária, não é incongruente prever, por exemplo, que, enquanto o mutuário possuir as ações objeto do empréstimo, o voto deve ser instruído pelo mutuante e as responsabilidades daí decorrentes se mantêm com este último. Isso não impediria circulação das ações no mercado. Basta que as obrigações relacionadas ao voto caiam tão logo as ações emprestadas sejam transferidas para outro acionista, que, por qualquer meio, as adquire fora de uma relação de empréstimo e dentro do esquema de deveres e obrigações sociais.

A suspensão do direito de voto para ações emprestadas, enquanto sob a titularidade do mutuário, também parece cumprir a mesma função. Como o empréstimo de ações se presta fundamentalmente a objetivos financeiros, não haverá prejuízo significativo, em princípio, na suspensão do direito de voto de ações emprestadas.

Também parece cumprir a mesma função, alternativamente, o aumento das responsabilidades do mutuário com relação à utilização do poder de voto inerente às ações que emprestou. A começar pela prestação de informações, como já indicado pelo comunicado divulgado ao mercado pela CVM em 8.11.2006.

São sugestões que, mesmo que prototípicas, indicam alguns prováveis primeiros passos para a busca de soluções que reconheçam as virtudes do empréstimo de ações, e de outras ferramentas financeiras equivalentes, sem que disso decorra a indesejada desnaturação do esquema básico de poderes e deveres a que estão submetidos os detentores de direitos de participação de uma companhia.

### *Bibliografia*

ALBORCH BATALLER, Carmen. *El Derecho de Voto del Accionista: Supuestos Especiales*. Madri, Tecnos, 1977.

ASCARELLI, Tullio. *Problemas das Sociedades Anônimas e Direito Comparado*. São Paulo, Saraiva, 1945.

BERTINI, Alessandro. *Contributo allo Studio delle Situazione Giuridiche degli Azionisti*. Milão, Giuffrè, 1951.

CARVALHOSA, Modesto. "O dissidente é sócio e não mero credor". *RT* 528/47 e ss. São Paulo, Ed. RT, 1979.

COMPARATO, Fábio Konder. *Direito Empresarial: Estudos e Pareceres*. São Paulo, Saraiva, 1995.

________. "Valor de reembolso das ações do acionista dissidente". In: *Direito Empresarial: Estudos e Pareceres*. São Paulo, Saraiva, 1995 (pp. 223 e ss.).

________, e SALOMÃO FILHO, Calixto. *O Poder de Controle na Sociedade Anônima*. 5ª ed. Rio de Janeiro, Forense, 2008.

CÔRREA LIMA, Osmar Brina. "Direito de voto na sociedade anônima". *RT* 530/26 e ss. São Paulo, Ed. RT, 1979.

GOLIA, Raffaele. *Partecipazione Sociale: il Diritto del Socio al Dividendo*. Milão, Pirola, 1972.

JAEGER, Pier Giusto. *Il Voto Divergente nella Società per Azioni*. Milão, Giuffrè, 1976.

KRUGMAN, Paul. *The Return of Depression Economics and the Crisis of 2008*. Nova York, W. W. Norton & Co., 2009.

LEÃES, Luiz Gastão Paes de Barros. *Do Direito do Acionista ao Dividendo*. São Paulo, Obelisco, 1969.

________. "O direito de voto de ações gravadas com usufruto vidual". In: *Pareceres*. vol. 2. São Paulo, Singular, 2004 (pp. 1.357 e ss.).

________. *Pareceres*. vol. 2. São Paulo, Singular, 2004.

________ (org.). *Reforma da Lei das Sociedades Anônimas*. Rio de Janeiro, Forense, 2003.

MARINO, Daniela Ramos Marques. "O *status socii*". In: FRANÇA, Erasmo Valladão Azevedo e Novaes (coord.). *Direito Societário Contemporâneo I*. São Paulo, Quartier Latin, 2009 (pp. 163 e ss.).

MENEZES CORDEIRO, António. *Manual de Direito das Sociedades*. vols. 1 e 2. Coimbra, Livraria Almedina, 2004 e 2006.

MUSSNICH, Francisco Antunes Maciel. "Reflexões sobre o direito de recesso na Lei das Sociedades por Ações". In: LOBO, Jorge (org.). *Reforma da Lei das Sociedades Anônimas*. Rio de Janeiro, Forense, 2003 (pp. 285 e ss.).

NOVAES FRANÇA, Erasmo Valladão Azevedo e (coord.). *Direito Societário Contemporâneo I*. São Paulo, Quartier Latin, 2009.

PENTEADO, Mauro Rodrigues. *Dissolução e Liquidação de Sociedades*. 2ª ed. São Paulo, Saraiva, 2000.

SALOMÃO FILHO, Calixto, e COMPARATO, Fábio Konder. *O Poder de Controle na Sociedade Anônima*. 5ª ed. Rio de Janeiro, Forense, 2008.

SANTOS, Filipe Cassiano dos. *A Posição do Accionista Face aos Lucros de Balanço*. Coimbra, Coimbra Editora, 1996.

WIEDEMANN, Herbert. "Excerto do *Direito Societário I – Fundamentos*". Trad. de Erasmo Valladão Azevedo e Novaes França. *RDM* 143/67 e ss. São Paulo, Malheiros Editores, 2006.

__________. *Gesellschaftsrecht I – Grundlagen*. Munique, Beck, 1980.

# *DIREITO DE RETIRADA* *E* AFFECTIO SOCIETATIS

Renato Din Oikawa

*1. Introdução. 2. Críticas ao conceito da* affectio societatis. *3. A dissolução total de sociedade motivada pela vontade do sócio e a construção do direito de retirada. 4. Direito de retirada na atualidade: 4.1 Sociedades simples – 4.2 Sociedades limitadas – 4.3 Sociedades anônimas. 5. Conclusão.*

## *1. Introdução*

A utilização do conceito da *affectio societatis* na análise, principalmente jurisprudencial, das hipóteses de dissolução parcial de sociedade é prática comum no Direito Brasileiro.

Diante da ampla e indiscriminada utilização desse conceito, cuja quebra, muitas vezes, é considerada motivo suficiente para se autorizar a dissolução parcial pleiteada por sócio que deseja se retirar da sociedade, a análise cuidadosa do conceito e seu real significado e implicações mostra-se necessária para a correta compreensão do tema do direito de retirada.

Neste contexto, o presente estudo analisa o tema da *affectio societatis* e sua influência na evolução da disciplina do direito de retirada.

## *2. Críticas ao conceito da* affectio societatis

A *affectio societatis* era vista no Direito Romano como aquele estado de ânimo continuativo que permeava as relações entre os sócios, de tal modo que sua quebra importava a completa extinção da sociedade.

Como explica Dalmartello:

> Il termine stesso di *affectio* o *animus societatis*, per indicare la volontà di esser soci, esprime come viva e sentita fosse questa natura del rapporto e il carattere continuativo della *voluntas*. (...). Il distacco di un partecipante, per qualsiasi causa avvenga (morte, *capitis deminutio* ecc.) implica, di per sè, una tale alterazione nella continuità del *consensus*, da reagire, necessariamente, come causa di cessazione della *societas*.[1]

Da mesma forma, no Direito Medieval a *affectio societatis* apresentava igual importância, diante da "rigorosa legge de fratellanza, di solidarietà e di unione, su cui il rapporto si fondava".[2]

A evolução posterior operada neste campo leva, contudo, a uma mitigação dos efeitos decorrentes da quebra da *affectio societatis*, no sentido de se evitar a dissolução total da sociedade. Assim, busca-se nos institutos da exclusão de sócios e da dissolução parcial de sociedade o arcabouço necessário à afirmação "del principio conservativo dell'ente sociale" e à "liberazione delle sorti della società dalle colpe e dalle vicende personali dei soci".[3]

Não obstante essa mitigação dos efeitos conferidos à quebra da *affectio societatis* ao longo dos tempos, o fato é que a *affectio societatis* em si continua sendo aquele elemento de caráter essencialmente subjetivo, intencional.[4] Como adverte Leães, a *affectio societatis* trata-se de

1. Arturo Dalmartello, *L'Esclusione dei Soci dalla Società Commerciali*, 1ª ed., Pádua, CEDAM, 1939, p. 3.

2. Idem, pp. 3-4. Explica Hernani Estrella: "Desse traço comum e, também, do fato de reputar-se igual a contribuição de cada sócio, contribuição que nunca dispensava a prestação de trabalho, elemento, este, essencialmente individual, resultava já o caráter acentuadamente personalíssimo dessas agremiações, já a noção de igualdade e fraternidade que presidia as relações entre os seus membros. (...). A resistência à penetração de elementos estranhos e o condicionalismo do liame social às vicissitudes sobrevindas aos sócios davam a essas formas societárias um cunho fechado, assim à semelhança de verdadeiras confrarias" (*Apuração dos Haveres de Sócio*, 4ª ed., Rio de Janeiro, Forense, 2004, p. 11).

3. Arturo Dalmartello, *L'Esclusione dei Soci dalla Società Commerciali*, cit., 1ª ed., pp. 28-29.

4. Tal é a conclusão de Requião, após analisar e explicar que a denominação latina *affectio societatis* foi usada por Ulpiano para identificar a intenção de determinadas pessoas de se associarem em sociedade: "Os autores têm procurado desvendar o verdadeiro sentido da expressão, tendo Thaller divisado nela 'um elo de colaboração ativa entre os sócios'. Paul Pic escreve que 'não há sociedade sem vontade, em todos os contratantes, de cooperar, direta ou indiretamente, na obra comum, sem a comunhão de capitais (*lato sensu*) e dos esforços pessoais dos membros (...). Discerne-se,

elemento carregado de subjetividade e fluidez.[5] Nesse sentido, a própria propositura de ação de dissolução parcial de determinada sociedade já poderia ser entendida *per se* como indicativo da quebra da *affectio societatis*.

Diante disso, é lícito afirmar que a *affectio societatis* pode ser quebrada tão somente em razão da vontade de determinado sócio, o qual se desinteressa por "unir seus esforços para obter resultados comuns, que isoladamente não seriam tão plenamente conseguidos".[6] Ou seja: da mesma forma que o sócio pode manifestar aquele inicial interesse por se unir aos demais, de modo a convergir esforços para determinado fim e aceitando as áleas inerentes à atividade, pode ele também desinteressar-se pela vida em sociedade, para a qual não mais tenciona verter seus esforços e recursos.

Como já afirmado no início, a questão que se apresenta é delimitar quais as consequências da quebra da *affectio societatis*, a qual sempre foi e sempre será caracterizada de forma subjetiva, intencional. Ademais, note-se que a própria terminologia latina já evidencia essa característica.

Com efeito, *affectio*, nominativo singular da 3ª declinação, pode ser definido como:

> (1º) Relação entre várias coisas. (2º) Estado, disposição, modo de ser. (3º) Afeição, inclinação benévola, ternura, amor. (4º) Vontade. (5º) *plur.* Objectos de afeição; motivo de preferência.[7]

Por sua vez, *societatis*, genitivo singular da 3ª declinação, exerce a função de adjunto adnominal restritivo e pode ser traduzido como "de associação", "de reunião", "de sociedade".[8] Assim, numa tradução livre e literal de *affectio societatis*, pode-se defini-la como "vontade de associação", "vontade de sociedade", ou seja, a vontade dos sócios de

em outros termos, em qualquer sociedade, um pensamento de cooperação econômica (Ripert) ou, mais exatamente, uma vontade de colaboração ativa (Thaller), em vista de um fim comum, que é a realização de um enriquecimento pela comunhão dos capitais e da atividade dos sócios'" (*Curso de Direito Comercial*, 24ª ed., vol. 2, São Paulo, Saraiva, 2006, p. 394).

5. Luiz Gastão Paes de Barros Leães, "Retirada de sócios por previsão contratual e apuração de haveres", in *Pareceres*, 1ª ed., vol. 1, São Paulo, Singular, 2004, p. 720.

6. Rubens Requião, *Curso de Direito Comercial*, cit., 24ª ed., vol. 2, p. 394.

7. F. R. dos Santos Saraiva, *Novíssimo Dicionário Latino-Português,* 11ª ed., Rio de Janeiro, Garnier, 2000, p. 47.

8. Idem, p. 1.107.

se associarem no exercício de uma atividade comum. Assim sendo, esse caráter essencialmente volitivo da *affectio societatis* encontra-se presente em sua própria terminologia latina.

Em outro estudo, Erasmo Valladão Azevedo e Novaes França e Marcelo Vieira von Adamek concluem que o conceito de *affectio societatis* se encontra superado no moderno direito societário, tendo sido substituído pelo conceito de *fim social*.[9] Concluem, ainda, que o conceito de *affectio societatis*: (i) é obscuro e equívoco, robustecido pelo emprego de expressão latina; (ii) não é modalidade especial de consentimento; (iii) não é elemento constitutivo do contrato de sociedade; (iv) não é elemento cujo desaparecimento acarreta a extinção do contrato de sociedade; e (v) não é padrão de determinação dos deveres de sócios.[10]

A crítica à imprecisão e à utilidade do conceito de *affectio societatis* começou a se estabelecer no início do século passado. F. A. Salvadore, após reanalisar as fontes romanas, principalmente Ulpiano (*Dig.*, 17, 2, 31), conclui:

> Da questo esame mi pare si possa concludere che nei passi di Ulpiano non si allude a un particolare requisito del contratto di società, ma al suo contenuto stesso, che appare nella triplice espressione con una triplice sfumatura di indeterminatezza. Infatti, se dall'esegesi dei singoli frammenti, sfrondandone i particolari, tentiamo per poco di assurgere a un concetto generale, comune alle tre locuzioni ulpianee, ci accorgeremo facilmente, ed avremo poi agio di chiarire, che l'*animus* o *affectio societatis* non é altro che il consenso, la dichiarazione di volontà che ocorre in ogni negozio giuridico.[11]

Alain Viandier, por sua vez, conclui:

9. Erasmo Valladão Azevedo e Novaes França e Marcelo Vieira von Adamek, "*Affectio societatis*: um conceito jurídico superado no moderno direito societário pelo conceito de 'fim social'", in Erasmo Valladão Azevedo e Novaes França, *Temas de Direito Societário, Falimentar e Teoria da Empresa*, São Paulo, Malheiros Editores, 2009, pp. 27-68.

10. Idem, pp. 37-41.

11. F. A. Salvadore, "*Affectio societatis*", *Rivista di Diritto Civile*, 1911. Ano III, Milão, Società Editrice Libraria, p. 685.

Conclui que "le locuzioni romane di *affectio*, *animus*, *causa contrahendae societatis* e quelle medioevali di *animus ineundae societatis*, *animus in societatem directus*, non sono che una maniera espressiva e sintetica, per quanto imprecisa, di rappresentare il contratto di società sotto l'aspetto soggettivo" (idem, p. 697).

> L'*affectio societatis*, qu'il s'agisse de son sens, de son role ou de ses caractères, s'enveloppe d'incertitudes. Ces incertitudes sont peut-être la marque de la forte imprégnation psychologique de cette notion, l'*affectio societatis* étant plus un sentiment qu'un concept juridique.[12]

Ainda no Direito Francês, pode ser citada a opinião de Copper Royer, entendendo que "l'*affectio societatis* procède en réalité de la doctrine de la cause" e "correspond donc à une notion indiscutable de consentement".[13]

Por fim, no Brasil podem ser citadas, ainda, as críticas de João Eunápio Borges[14] e Mauro Brandão Lopes.[15]

### 3. *A dissolução total de sociedade motivada pela vontade do sócio e a construção do direito de retirada*

A forte influência da vontade dos sócios no prosseguimento da sociedade nos Direitos Romano[16] e Medieval estendeu-se até as primeiras codificações.

O Código Civil Napoleônico de 1804 previa, em seus arts. 1865 e 1869, a dissolução total da sociedade por causas subjetivas: morte, incapacidade ou declaração de vontade. Inspirado nesse Código, o Código Comercial brasileiro de 1850 estipulava também, dentre as causas de dissolução total, a simples vontade do sócio (art. 335, n. 5). No caso de morte de sócio, o Código Comercial brasileiro seguiu a mesma linha das Ordenações Filipinas (1603), que já admitiam, em seu Livro 4º, Título 44, § 4º, a possibilidade de continuação da sociedade em caso de morte

12. Alain Viandier, *La Notion d'Associé*, Paris, LGDJ, 1978, p. 75.

13. Copper Royer, *Traité des Sociétés*, t. II, Paris, Recueil Sirey, 1939, pp. 628-629.

14. João Eunápio Borges, *Curso de Direito Comercial Terrestre*, 5ª ed., Rio de Janeiro, Forense, 1976, pp. 265-266.

15. Mauro Brandão Lopes, "Tipicidade e dissolução de sociedade anônima", in *Sociedades por Ações*, São Paulo, Resenha Universitária, 1979.

16. "Apontavam as fontes romanas como causas subjetivas, que punham fim à sociedade, a declaração unilateral de vontade de qualquer sócio (renúncia), a morte ou incapacidade sobrevinda. Fundava-se essa conclusão em que, sendo o contrato de sociedade celebrado por contemplação à pessoa dos diferentes coassociados, vinha a ser esta a base determinante do consentimento que lhe dera vida e o mantinha" (Hernani Estrella, *Apuração dos Haveres de Sócio*, cit., 4ª ed., p. 24). Assim, eram consideradas causas de dissolução da sociedade a morte, a vontade de algum dos sócios e a *capitis deminutio*.

de sócio, desde que houvesse previsão no contrato e consentimento de todos os demais sócios.[17]

O direito de retirada de sócio trata-se, assim, de fenômeno relativamente recente na evolução do direito societário.

Uma das primeiras fontes do direito de retirada foi o Código de Comércio italiano (1882), que passou a admitir o direito de recesso no caso de sociedades anônimas e influenciou a Lei portuguesa das Sociedades por Quotas de Responsabilidade Limitada (1901) e o antigo Decreto 3.708/1919, cujo art. 15 previa o direito de recesso em caso de divergência quanto a alteração contratual.

No caso brasileiro conviveu-se durante muito tempo com a previsão de dissolução total de sociedade motivada pela vontade de sócio, prevista no Código Comercial de 1850, o que deu origem à conhecida construção jurisprudencial da dissolução parcial.

Diante da teoria do contrato plurilateral, qualquer extinção parcial do vínculo societário pode ser entendida como a dissolução parcial da sociedade – dissolução parcial *lato sensu*.

Com efeito, durante a vida da sociedade, diversos fatores podem acarretar a extinção de determinados vínculos de seus sócios, ocasionando, assim, a dissolução parcial em sentido amplo.[18]

A título exemplificativo, pode-se dizer que a exclusão de sócio de uma sociedade limitada (exemplo diametralmente oposto ao de que se trata no presente trabalho) opera a dissolução parcial da sociedade, uma vez que extingue parcialmente o vínculo societário.

Em suma, por *dissolução parcial de sociedade*, em sentido amplo, pode-se entender qualquer evento que implique a extinção de determinado vínculo societário entre determinado sócio e a sociedade, mantendo-

17. Tratando do Direito Português, Raúl Ventura expõe: "O nosso legislador comercial tinha-se inspirado no art. 1.278º do CC então vigente, e este, por sua vez, tivera como fonte o Código Civil francês, embora já anteriormente textos portugueses encarassem a renúncia do sócio como causa de dissolução: Ordenações Filipinas, IV, XXXXIV, 5: 'E assi mais se desfaz a companhia, quando algum dos companheiros a renunciar, dizendo aos outros, por si, ou por seu procurador, que não quer mais ser seu companheiro, e isso quando no contrato da companhia se não declarou o tempo que havia de durar'" (*Dissolução e Liquidação de Sociedades – Comentário ao Código das Sociedades Comerciais*, Coimbra, Livraria Almedina, 1987, p. 175).

18. Lembre-se que uma das principais vantagens trazidas pela teoria do contrato plurilateral foi permitir uma análise mais adequada e científica acerca do tema *dissolução de sociedades*, conforme ensina Rubens Requião (*Curso de Direito Comercial*, cit., 24ª ed., vol. 2, p. 372).

-se incólumes os demais vínculos que unem o restante dos sócios e a sociedade, bem como a própria personalidade jurídica da sociedade.[19]

Nesse sentido, Priscila M. P. Corrêa da Fonseca explica que "o desligamento do sócio acarreta apenas a extinção parcial da sociedade, à medida que, como contrato plurilateral que é, permite, em razão de sua natureza elástica, a adesão de um número indeterminado de partes. Não há, por via de efeito, em função do afastamento de um dos sócios, o aniquilamento completo da avença societária, mas o rompimento limitado desta, relativamente ao sócio que se desvincula. Pode-se, pois, afirmar – e sem receio de errar – que se verifica, no caso, mera dissolução parcial do contrato de sociedade".[20]

Contudo, ao lado desse emprego da denominação "dissolução parcial" para qualquer espécie de rompimento parcial do contrato social, a jurisprudência brasileira criou uma nova espécie de dissolução parcial de sociedade.

A dissolução parcial de sociedade limitada foi criada pela jurisprudência, com apoio na doutrina, para harmonizar dois interesses distintos: o do sócio que deseja retirar-se da sociedade e o da própria sociedade, seus sócios e demais pessoas a ela relacionadas que têm interesse na manutenção da atividade empresarial – ambos os interesses legítimos e merecedores de proteção pelo Direito.[21] Como afirma José Waldecy Lucena, "como sói ocorrer com as construções pretorianas, a dissolução parcial de sociedade fundamentou-se antes no princípio da equidade, entendida esta como tendo 'o duplo papel de suprir as lacunas dos repositórios de normas e auxiliar a obter o sentido e alcance das disposições legais'".[22]

Isso em decorrência da norma prevista no art. 335, n. 5, do CComercial de 1850, a qual facultava ao sócio a possibilidade de requerer,

19. José Waldecy Lucena indicava como causas de dissolução parcial de sociedade limitada no Direito anterior as seguintes hipóteses: "(1) Morte de sócio (CComercial, art. 335, § 4º). (2) Recesso de sócio (Decreto 3.708, art. 15). (3) Exclusão de sócio (CComercial, art. 339). (4) Vontade de um dos sócios (denúncia do contrato), sendo a sociedade de tempo indeterminado (CComercial, art. 335, § 5º). (5)Falência de sócio (CComercial, art. 335, § 2º, segunda parte). (6) Causas previstas no contrato social (CComercial, art. 302, § 7º)" (*Das Sociedades por Quotas de Responsabilidade Limitada*, 1ª ed. Rio de Janeiro, Renovar, 1996, p. 756).

20. Priscila M. P. Corrêa da Fonseca, *Dissolução Parcial, Retirada e Exclusão de Sócio no Novo Código Civil*, 3ª ed., São Paulo, Atlas, 2005, p. 73.

21. Luiz Gastão Paes de Barros Leães, "Retirada de sócios por previsão contratual e apuração de haveres", cit., in *Pareceres*, 1ª ed., vol. 1, p. 720.

22. José Waldecy Lucena, *Das Sociedades por Quotas de Responsabilidade Limitada*, cit., 1ª ed., p. 745.

unilateralmente, em caso de contrato por prazo indeterminado, a dissolução total da sociedade. Previa-se, assim, no Código Comercial hipótese de denúncia vazia, imotivada, que poderia dar ensejo ao fim da sociedade empresarial.

Com efeito, o Código Comercial brasileiro de 1850 inspira-se grandemente no Direito Francês, marcado pela doutrina individualista então predominante. Nesse sentido, a preocupação maior do legislador ao disciplinar a dissolução das sociedades era antes com a pessoa do sócio do que com a sociedade em si. Dessa forma, os interesses da sociedade eram preteridos em função da proteção e imediata liberação de seus sócios.[23]

Leães explica que tal previsão decorre da aplicação de um princípio geral do direito das obrigações, que faculta a qualquer contratante, em um contrato de duração ilimitada, o direito de resolvê-lo por meio da denúncia, por meio de sua manifestação unilateral de vontade. A fim de se resguardar a própria liberdade de contratar, não se pode permitir a existência de vinculações perpétuas.[24]

23. José Waldecy Lucena, *Das Sociedades por Quotas de Responsabilidade Limitada*, cit., 1ª ed., p. 734. Explica o autor que "soa realmente incompreensível possa um dos sócios, não raras vezes por mero espírito de emulação, egoísmo ou capricho, mesmo se detentor de liliputiana parcela do capital social, vir a pôr termo à existência de uma sociedade *in bonis*, mediante denúncia vazia, imotivada, assim destruindo um núcleo de interesses econômico-sociais relevantes para a comunidade, ou mesmo para o País, conforme seja o porte da empresa explorada pelo organismo societário extinto. Seria a consagração da *fiat justitia, pereat mundus*, brocardo bárbaro que a evolução jurídica sepultou, ao reconhecer que o excesso de direito gera a suprema injustiça – *summum jus, summa injuria*" (idem, p. 763).

24. Cf. Luiz Gastão Paes de Barros Leães, *Pareceres*, cit., 1ª ed., vol. 1, p. 719.

A esse respeito, Hernani Estrella explica que no antigo direito romano: "Não apenas o fato natural da morte ou da incapacidade levava, como se vê, a sociedade a dissolver-se pleno jure; também a declaração de vontade, oportuna e regularmente manifestada por qualquer sócio, conduzia ao mesmo resultado. (...) A justificação que para isso se aduzia prendia-se, de um lado, à ideia de comunhão, atribuída ao complexo de bens sociais e, de outro, ao preconceito de ser impossível a subsistência de liame associativo, quando abalada aquela confiança ao estima recíproca entre todos os coassociados, havida como causa determinante do contrato. Portanto, já pela índole transitória da comunhão, já porque a continuidade do vínculo repousava naquele pressuposto subjetivo, por ambas estas razões, a sua ruptura por ato unilateral era corolário lógico". Aliado a esse argumento, aponta ainda que "outra justificativa poderia oferecer-se, extraída de ideias da (*sic*) resolução de 1789, inspiradoras do Código Civil, entre as quais a concernente à preservação da liberdade contratual e, designadamente, a de trabalho, por força da qual ninguém poderia obrigar-se eterna-

Por sua vez, o Decreto 3.708/1919, que instituiu e disciplinou as sociedades limitadas no Brasil, previa apenas o direito de retirada do sócio em caso de divergência de alteração de contrato social (art. 15), o que se assemelha, de certa maneira, à disciplina do direito de recesso previsto na Lei das S/A.

Desse modo, ao sócio de sociedade limitada de prazo indeterminado e cujo contrato social não houvesse sofrido modificação que não desejasse mais permanecer vinculado à sociedade não caberia outra solução senão promover a denúncia unilateral do contrato.

Num contexto tal, no intuito de evitar que o interesse egoísta de determinado sócio acarretasse a dissolução total de uma sociedade, bem como de lhe permitir a desvinculação da sociedade e o recebimento de seus haveres, a jurisprudência brasileira se encaminhou no sentido de conduzir a dissolução da sociedade limitada para sua dissolução parcial. Assim, os haveres do sócio descontente seriam apurados como se se tratasse de uma dissolução total, mas sem acarretar a completa extinção da sociedade.[25]

Como sintetiza José Waldecy Lucena, "a solução jurídica do problema conflitual entre a preservação da empresa[26] e a resolução do contrato social, ambos a serem atendidos, veio de ser alcançada com a subsunção do contrato de sociedade à categoria dos contratos plurilaterais com comunhão de escopo, dissolvendo-se, então e apenas, a relação social individual que une o sócio denunciante à sociedade, cuja quota é liquidada, para pagamento de seus haveres. É a chamada dissolução parcial de sociedade, seguida de liquidação parcial (...)".[27]

mente. Ou, ainda, poderia argumentar-se com a regra admitida em todos os contratos de execução continuada, explicação, esta última, mais conforme com o estado atual da ciência jurídica e, sobretudo, com a noção hodierna de personalidade jurídica, reconhecida às entidades coletivas" (*Apuração dos Haveres de Sócio*, 4ª ed., Rio de Janeiro, Forense, 2004, p. 29).

25. Lucena aponta como *leading case* da matéria acórdão prolatado pelo STF, Min. Décio Miranda, *RTJ* 89/1.054, *apud Das Sociedades por Quotas de Responsabilidade Limitada*, cit., 1ª ed., p. 750.

26. Para Arturo Dalmartello: "Il principio conservativo dell'ente sociale si è, dunque, imposto attraverso il riconoscimento della giuridicità della espulsione del socio, da un lato, e attraverso l'affermazione della legitimità della liquidazione di una o più quote sociali, senza cessazione delle operazioni attive della società, dall'altro" (*L'Esclusione dei Soci dalla Società Commerciali*, cit., 1ª ed., p. 28).

27. José Waldecy Lucena, *Das Sociedades por Quotas de Responsabilidade Limitada*, cit., 1ª ed., p. 763.

## 4. *Direito de retirada na atualidade*

O Código Comercial de 1850 e o conceito de *affectio societatis* levaram à aplicação generalizada da dissolução parcial.

A quebra da *affectio societatis* aliada ao direito conferido ao sócio de requerer a própria dissolução total da sociedade fundamentaram o caminho percorrido pela jurisprudência pátria.[28] Contudo, com a revogação do Código Comercial e considerando-se as críticas acima sobre a imprecisão e pouca utilidade do conceito de *affectio societatis*, é importante retornar a atenção para as atuais normas sobre direito de retirada constantes do Código Civil.

Conforme alerta Tiago Soares da Fonseca, o direito de retirada é "um mecanismo de conciliação da tensão permanente entre dois interesses: o da maioria, na constante adequação da sociedade às condições do mercado que vão surgindo, e o do sócio individual, muitas vezes minoritário, de não ver modificadas, sem o seu consentimento, tal organização e as condições do investimento participativo. (...) serve também de instrumento de resolução de graves conflitos societários, que noutras

28. É recorrente também a menção ao art. 5º, XX, da CF, segundo o qual "ninguém poderá ser compelido a associar-se ou a permanecer associado". A liberdade de associação trata-se de direito fundamental de primeira geração, sendo consagrado nos incisos XVII a XXI do art. 5º da CF. Entretanto, a aplicação desse argumento ao exercício do direito de retirada parece questionável, por duas razões. Primeiro, porque esse direito fundamental da liberdade de associação não possui a extensão que diversos tribunais pretendem conferir-lhe, apresentando, na realidade, características de liberdade voltada à defesa de interesses individuais em face do Estado. Manoel Gonçalves Ferreira Filho explica que a liberdade de associação não era reconhecida nas primeiras declarações de direitos. Sob a nítida influência de Rousseau, devia-se vedar todo o agrupamento de pessoas que se imiscuísse entre Estado e os indivíduos. Em razão disso, a legislação ordinária dos Países sempre foi hostil à criação de associações, submetendo-as ao controle do governo. Contudo, ao longo do século XIX, por influência de Stuart Mill e Tocqueville, essa posição até então predominante foi revista, convencendo-se os constituintes de que "a formação de associação para a defesa de interesses coletivos era a melhor maneira de se impedirem os males do governo das massas" (cf. Manoel Gonçalves Ferreira Filho, *Curso de Direito Constitucional*, 28ª ed., São Paulo, Saraiva, 2002, p. 294). Segundo, porque a utilidade do princípio, quando trazido ao âmbito das sociedades, mostra-se duvidosa; ou reconhece-se a partir desse princípio um direito de retirada constitucionalmente garantido a todos os sócios, amplo e irrestrito, o que não parece ter sido o espírito do legislador, ou então ganha relevo a necessidade de estudo do direito de retirada no âmbito de cada tipo societário, de acordo com a legislação infraconstitucional, como se defende no presente estudo, o que retira a utilidade da aplicação do princípio da livre associação na análise do direito de retirada.

circunstâncias poderiam levar ao desagregamento ou paralisação da sociedade".[29] Todavia, também comporta riscos e desvantagens, já que seu exercício pode comprometer a estabilidade financeira da sociedade e incentivar comportamentos oportunistas dos sócios minoritários.

É importante lembrar que o exercício do direito de retirada significa o recebimento antecipado de haveres pelo sócio retirante, em prejuízo do capital social; questão, essa, que não é ignorada pelo Direito Brasileiro – veja-se, por exemplo, o art. 83 da Lei 11.101/2005, que dispõe que não são oponíveis à massa os valores decorrentes de direito de sócio ao recebimento de sua parcela do capital social na liquidação da sociedade, bem como que considera os demais créditos de sócio como créditos subordinados. Além disso, o artigo 1.032 do CC também prevê mecanismo de responsabilização por dívidas sociais do sócio que se retirou.

A observância dos requisitos para o exercício do direito de retirada relativos a cada espécie de sociedade deve-se impor como corolário da própria lógica da vinculação aos tipos societários. Como explica Friedrich Kübler:

> Dentro de las normas tradicionalmente imperativas del derecho de sociedades se encuentran aquellas disposiciones – de gran relevancia práctica – cuyo objetivo es el de proteger a los terceros con los que se tienen relaciones negociales, a los acreedores contractuales y a los inversores. (...) la homogeneización de la estructura organizativa mediante su regulación imperativa reduce los costes de transacción en las negociaciones con las sociedades.[30]

### *4.1 Sociedades simples*

O art. 1.029 do CC estabelece que:

> Art. 1.029. Além dos casos previstos na lei ou no contrato, qualquer sócio pode retirar-se da sociedade; se de prazo indeterminado, mediante notificação aos demais sócios, com antecedência mínima de 60 (sessenta) dias; se de prazo determinado, provando judicialmente justa causa.[31]

29. Tiago Soares da Fonseca, *O Direito de Exoneração do Sócio no Código das Sociedades Comerciais*, Coimbra, Livraria Almedina, 2008, pp. 17-19.

30. Friedrich Kübler, *Derecho de Sociedades*, 5ª ed., trad. de Michèle Klein, Madri, Fundación Cultural del Notariado, 2001, pp. 465-466.

31. Adotando-se a definição de Tiago Soares da Fonseca, entende-se que o direito de retirada consiste no "direito societário, de natureza potestativa, irrenunciável e inderrogável, dirigido à extinção da relação societária e que se manifesta, perante

Seguindo a mesma linha dos Direitos Italiano e Português, o Direito Brasileiro admite, no caso de sociedades simples, o direito de retirada imotivado do sócio sempre que a sociedade for por prazo indeterminado.[32] No caso de haver prazo determinado, é necessário provar judicialmente justa causa.

Conforme explica Rachel Sztajn:

> (...). A decisão unilateral de retirar-se da sociedade, nesses casos, fere a previsibilidade quando à disponibilidade dos recursos; portanto, para evitar que o sócio deixe a sociedade a seu talante, a exigência da justa causa demonstrada judicialmente, o que, supõe-se, deverá coibir decisões irrefletidas, emocionais, que ponham em risco a continuidade da existência da sociedade.[33]

A configuração de justa causa será, certamente, ponto de bastante controvérsia. Para Haroldo Verçosa:

> Não havendo o legislador sinalizado a respeito do que seja a justa causa que dá ao sócio descontente razão para se retirar da sociedade, ela somente poderá estar baseada na quebra da *affectio societatis* determinada pelo comportamento dos outros sócios. (...). A justa causa de que se trata, por conseguinte, deve ser entendida como fundada na quebra do equilíbrio no relacionamento pessoal entre os sócios.[34]

Segundo Francesco Galgano, a jurisprudência italiana apresenta uma visão bastante restritiva de justa causa, considerando-a preenchida apenas em casos de violações de obrigações contratuais e aos deveres de

a ocorrência de determinada situação legal ou estatutariamente prevista, na emissão de uma declaração receptícia de exoneração, e se efectiva plenamente com o reembolso do valor da participação social detida" (*O Direito de Exoneração do Sócio no Código das Sociedades Comerciais*, cit., p. 45).

32. Interessante notar que o Direito Português contempla hipóteses em que o prazo da sociedade foi fixado em montante tal que possa ser considerado como que por toda a vida de um sócio ou então por período superior a 30 anos. Nesses casos é admitida a retirada imotivada (cf. António Menezes Cordeiro, *Manual de Direito das Sociedades II – Das Sociedades em Especial*, 2ª ed., Coimbra, Livraria Almedina, 2007, p. 84).

33. Rachel Sztajn, *Código Civil Comentado – Direito de Empresa*, t. XI, São Paulo, Atlas, 2008, p. 351.

34. Haroldo Verçosa, *Curso de Direito Comercial*, 2ª ed., vol. 2, São Paulo, Malheiros Editores, 2010, pp. 363-364.

fidelidade, lealdade e diligência que decorrem da natureza fiduciária do vínculo societário.[35] Campobasso complementa:

> Cioè, secondo un atteggiamento piuttosto restrittivo della giurisprudenza, quando il recesso costituisce reazione ad un illegittimo comportamento degli altri soci tale da incrinare la reciproca fiducia (ad esempio, amministrazione disonesta o disordinata; compimento di operazioni particolarmente rischiose).[36]

No Direito Português, Tiago Soares da Fonseca expõe que a jurisprudência adota também posição restritiva quanto à configuração de justa causa em casos como violação de obrigações contratuais e deveres de fidelidade e diligência e urbanidade na relação societária. Assim, o direito de exoneração nessas hipóteses se apresenta como espécie de sanção.[37] Contudo, defende "um conceito amplo e elástico de justa causa, não reconduzível apenas ao incumprimento imputável a outros sócios, mas abrangendo um conjunto de factos objectivos e subjectivos que, incidindo na participação social, tornam inexequível a manutenção da relação societária, como, por exemplo, a desavença insanável entre sócios-gerentes acerca da administração da sociedade".[38]

### *4.2 Sociedades limitadas*

À semelhança do antigo art. 15 do Decreto 3.708/1919, o atual CC contemplou no art. 1.077 o direito de recesso aos sócios de limitada em caso de divergência quanto a modificação do contrato social, fusão da sociedade, incorporação de outra ou dela por outra.

35. Francesco Galgano, *Diritto commerciale. Le Società – Contrato di società, società di persone, società per azioni, altre società di capitali, società cooperative*, 17ª ed., Bologna, Zanichelli, 2009, p. 85.

36. Gian Franco Campobasso, *Diritto Commerciale – Diritto delle Società*, 7ª ed., vol. 2, Turim, UTET, 2011, p. 113.

37. Tiago Soares da Fonseca, *O Direito de Exoneração do Sócio no Código das Sociedades Comerciais*, cit., p. 222.

38. Idem, ibidem.

Jorge Manuel Coutinho de Abreu anota ainda que "será razoável permitir a desvinculação de sócio que necessite urgentemente de dinheiro para sobreviver, que contraiu doença prolongada, que tem de emigrar, que tem sido forçado a frequentes acções de impugnação de actos sociais determinados pela arbitrariedade do(s) sócio(s) maioritário(s)" (*Curso de Direito Comercial – Das Sociedades*, v. II, 3ª ed., Coimbra, Almedina, 2009, p. 423).

A principal questão que se coloca, no entanto, é analisar a aplicação subsidiária das normas sobre o direito de retirada previstas no caso de sociedades simples; mais especificamente, indaga-se em que medida o art. 1.053 do CC autoriza a aplicação subsidiária do art. 1.029, permitindo, assim, o direito de retirada imotivado em caso de sociedades limitadas com prazo de duração indeterminado, ou motivado por justa causa provada judicialmente, nos casos em que houver prazo determinado para a duração da sociedade.

A questão ainda mostra-se bastante controvertida. Haroldo Verçosa entende que, havendo regulação específica sobre direito de retirada nas sociedades limitadas (art. 1.077 do CC), não haveria margem para a aplicação por analogia do art. 1.029, independentemente da regência supletiva adotada. Contudo, entende que "deverá o Judiciário estender o direito de dissolução parcial *stricto sensu* para outras hipóteses, tal como fazia no Direito anterior. (...) inexistindo mecanismos contratuais de saída voluntária, não se pode obrigar, evidentemente, que um sócio fique preso ao vínculo societário se assim ele não mais o desejar. (...). Neste caso deve-se apenas atentar para que tanto o pedido de retirada do sócio quanto a recusa dos remanescentes em encontrar uma saída não tenham sido abusivos".[39]

Já, para Priscila Fonseca:

> Enquanto vigorar a aplicabilidade às limitadas das normas relativas às sociedades simples, não se vislumbra razão que justifique a impossibilidade de incidência da faculdade contemplada no art. 1.029 às sociedades limitadas.[40]

Posição semelhante é adotada por Fábio Ulhoa Coelho, que admite a aplicação do art. 1.029 desde que o contrato social não estipule aplicação subsidiária da Lei das S/A. Neste caso:

> O sócio que concorda em participar de limitada de cujo contrato social consta expressa cláusula elegendo a Lei das S/A como norma de regência supletiva renuncia ao direito de retirada imotivado.[41]

39. Haroldo Verçosa, *Curso de Direito Comercial*, cit., 2ª ed., vol. 2, pp. 255-256.

40. Priscila Fonseca, *Dissolução Parcial, Retirada e Exclusão de Sócio no Novo Código Civil*, cit., 3ª ed., p. 31.

41. Fábio Ulhoa Coelho, *Curso de Direito Comercial – Direito de Empresa*, 15ª ed., vol. 2, São Paulo, Saraiva, 2011, p. 467.

Após recente reforma na disciplina do direito de recesso nas sociedades limitadas, passou-se a admitir na Itália o direito de retirada imotivado de sócio no caso de sociedade com prazo de duração indeterminado. No caso de sociedades com prazo determinado as hipóteses de recesso ficam restringidas a mudança de objeto ou tipo social, fusão ou cisão, revogação do estado de liquidação, mudança da sede social para o Estrangeiro, mudança nas causas de recesso previstas no contrato social, execução de operações que alterem substancialmente o objeto social ou direitos individuais de sócios.[42]

Em Portugal o direito de retirada imotivado é permitido apenas em casos em que o contrato social "proíba a cessão de quotas, uma vez decorridos 10 (dez) anos sobre o seu ingresso na sociedade" (art. 229º, n. 1).[43] A retirada motivada é admitida em casos como mudança de objeto social, aumento de capital social, prorrogação da sociedade e transferência da sede para o Estrangeiro.[44]

Por fim, Friedrich Kübler esclarece, no Direito Alemão:

> Finalmente, y aunque tampoco esté previsto en la ley, los socios pueden separarse de la sociedad por justos motivos. Sobre todo en aquellas sociedades en que se hayan previsto prestaciones accesorias (cf. RGZ 128, 1 y ss.), el socio ha de poder desligarse de un vínculo que puede resultar excesivamente oneroso, pues en caso contrario su libertad se vería limitada en contra de los principios generales del derecho privado.[45]

### 4.3 *Sociedades anônimas*

Por fim, a relação entre *affectio societatis* e direito de retirada influenciou inclusive casos envolvendo sociedades anônimas.

Como se sabe, as hipóteses de direito de recesso previstas na Lei 6.404/1976, principalmente nos arts. 136 e 137 da lei, são consideradas hipóteses legais taxativas, não admitindo ampliação ou redução.[46] Como explica Modesto Carvalhosa:

42. Cf. Gian Franco Campobasso, *Diritto Commerciale – Diritto delle Società*, cit., 7ª ed., vol. 2, p. 469.

43. Cf. António Menezes Cordeiro, *Manual de Direito das Sociedades II – Das Sociedades em Especial*, cit., 2ª ed., pp. 325-326.

44. Idem, p. 326.

45. Friedrich Kübler, *Derecho de Sociedades*, cit., 5ª ed., p. 401.

46. Cf. Alfredo Lamy Filho e José Luiz Bulhões Pedreira, *Direito das Companhias*, vol. 1, Rio de Janeiro, Forense, 2009, pp. 329-330.

> O direito de recesso origina-se do reconhecimento legal dos fundamentos essenciais (organizacionais) da companhia. Trata-se, portanto, de direito que visa a conciliar os interesses da companhia e dos acionistas. A lei, de um lado, dá poderes à maioria para modificar as bases essenciais do contrato social e, de outro, garante ao acionista discordante dessas modificações a possibilidade de denunciar parcialmente o pacto social a que aderiu.[47]

Contudo, nota-se no Direito Brasileiro uma nova criação pretoriana para os casos de sociedades anônimas fechadas constituídas *intuitu personae*. Em recentes julgados o STJ parece ter pacificado sua jurisprudência acerca do tema, entendendo que a quebra da *affectio societatis* constitui fundamento suficiente para a autorização da dissolução parcial da sociedade.[48]

A discussão acerca da possibilidade de retirada de acionista em sociedades anônimas de capital fechado não é exclusiva do Direito Brasileiro.

Na recente reforma do direito de recesso no Direito Italiano ampliou-se seu cabimento para abranger também o caso de sociedades com prazo indeterminado que não tenham capital aberto.

Nos termos da atual redação do art. 2.437 do *Codice Civile*:

> Se la società è costituita a tempo indeterminato e le azioni non sono quotate in un mercato regolamentato il socio può recedere con il preavviso di almeno centottanta giorni; lo statuto può prevedere un termine maggiore, non superiore ad un anno.

Segundo Campobasso:

47. Modesto Carvalhosa, *Comentários à Lei de Sociedades Anônimas*, 4ª ed., vol. 4, t. 1, São Paulo, Saraiva, 2008, p. 901.

48. "Comercial – Agravo regimental – Sociedade anônima familiar – Dissolução parcial – Inexistência de *affectio societatis* – Possibilidade – Suficiência deste requisito, isoladamente – Matéria pacificada. I – A 2ª Seção, quando do julgamento dos EREsp n. 111.294-PR (rel. Min. Castro Filho, por maioria, *DJU* 10.9.2007), adotou o entendimento de que é possível a dissolução parcial de sociedade anônima familiar quando houver quebra da *affectio societatis*. II – Tal requisito não precisa estar necessariamente conjugado com a perda de lucratividade e com a ausência de distribuição de dividendos, conforme decidido pelo mesmo Colegiado nos EREsp n. 419.174-SP (rel. Min. Aldir Passarinho Jr., unânime, *DJU* 4.8.2008). III – Agravo regimental improvido" (STJ, 4ª Turma, REsp/AgR 1.079.763-SP, rel. Min. Aldir Passarinho Jr., j. 25.8.2009, *DJe* 5.10.2009).

> (...) dopo la riforma del 2003 il recesso da società di capitali non ha più solo la funzione di remedio a tutela della minoranza. Nelle società a tempo indeterminato non quotate esso costituisce altresì un temperamento (davvero necessario?) alla durata potenzialmente illimitata del vincolo sociale, per evvitare che i soci restino prigionieri della società. La riforma ha voluto ribadire il principio generale secondo cui, nei contratti a tempo indeterminato, deve essere consentito ai contraenti di recedere con preavviso. Pertanto, tutti i soci possono recedere liberamente de una società a tempo indeterminato non quotata con un preavviso di centottanta giorni, allungabile dallo statuto fino ad un anno (art. 2.437, 3º comma).[49-50]

Contudo, deve-se ressaltar que a alteração legislativa na Itália não foi isenta de críticas, tendo em vista o perfil institucionalista das sociedades anônimas.

Conforme aponta Paolo Piscitello, ao comentar a reforma do direito de recesso na Itália:

> Il riconoscimento *ex lege* di tale diritto appare conseguenza della meccanica applicazione dei principi consolidati in tema di contratti di scambio a tempo indeterminato, in cui il recesso costituisce l'indispensabile correttivo della mancata indicazione della durata del rapporto. Tuttavia, se si supera un'ottica contrattualistica e si tiene in conto che lo scioglimento del rapporto sociale, diversamente da quanto avviene nei contratti di scambio, ha anche rilievo sul piano organizzativo ed incide sugli interessi dei creditori della società, risulta agevole rilevare i rischi de una siffatta previsione normativa. Da tale angolo visuale, non ci si può esimere dal rilevare che tale norma suscita non pochi pericoli per l'integrità del capitale, dato che consente il recesso non solo ai soci di minoranza, ma anche ai componenti del gruppo di comando, senza che l'esercizio di tale diritto sia correlato all'adozione di una determinata delibera.[51]

49. Gian Franco Campobasso, *Diritto Commerciale – Diritto delle Società*, cit., 7ª ed., vol. 2, pp. 499-500.

50. Para Alberto Toffoletto: "Deve essere ricordato che in ogni caso l'instabilità congenita della società a tempo indeterminato è in qualche misura temperata dal principio generale di buona fede nella esecuzione del contratto (art. 1.375), che limita e sanziona l'eventuale abuso del ricorso alla facoltà di recedere" ("L'autonomia privata e i suoi limiti nel recesso convenzionale del socio di società di capitali", *Rivista del Diritto Commerciale e del Diritto Generale delle Obbligazioni* 102, n. 4/6, Pádua, abril-julho/2004, p. 379).

51. Paolo Piscitello, "Riflessioni sulla nuova disciplina del recesso nelle società di capitali", *Rivista delle Società* 50/521-522, n. 2/3, Milão, março-junho/2005.

Discussão semelhante ocorre em Portugal. António Menezes Cordeiro relata a existência de certa pressão no sentido de se generalizar a figura do direito de retirada ou, pelo menos, de se admitir a existência de uma cláusula geral fundada em justa causa, com o objetivo de evitar nas sociedades anônimas fechadas que o sócio se torne prisioneiro da sua posição. Ainda assim, adota posicionamento contrário à tese e registra:

> Propendemos, pois, para a inexistência da faculdade de exoneração fora dos casos previstos na lei. (...). E a razão de fundo será a seguinte: a exoneração de um sócio faz cair, sobre os restantes, ónus diversos, que vão desde a sua substituição até ao pagamento da posição afectada e, no limite, a dissolução da sociedade; ora, pela lógica das sociedades anónimas, cada sócio apenas responde pelas entradas, não podendo ver a sua posição *ad nutum* afectada pelas opções de outros sócios.[52]

Em que pese à jurisprudência atual sobre o tema, compartilhamos das críticas relativas à ampliação do direito de retirada nas sociedades anônimas fechadas, nas quais o principal mecanismo de término das relações sociais de determinado sócio é ainda a cessão de suas ações.

Permanece válida a crítica de Mauro Brandão Lopes sobre o assunto:

> No Brasil, até o Decreto-lei 2.627/1940, como na França até hoje, preservou-se a limpidez do sistema: o *intuitus pecuniae* é o conceito básico das sociedades anônimas, e o seu mecanismo preservador está na livre circulação das ações, de tal modo montado que, mesmo com as restrições circunstanciais permitidas, nenhuma influência tem no patrimônio social. A possibilidade, nas sociedades de pessoas, de o sócio romper o nexo que o prende aos demais e à sociedade, mediante denúncia que hoje, com a nova jurisprudência, resulta tão somente na sua retirada, existe assim claramente também nas sociedades anônimas: a alienação de suas ações pelo acionista rompe o nexo causal que o prende aos demais e à sociedade; nenhum outro mecanismo considera-se a rigor necessário, e julga-se que seria mesmo nocivo porque poderia pôr em risco o patrimônio da sociedade e, se não impedir, pelo menos dificultar a consecução de seu objeto. (...) na situação atual, mantêm as sociedades anônimas a sua característica básica de sociedades organizadas sob o princípio de *intuitus pecuniae*, com dois mecanismos paralelos – a livre circulação de suas ações e o recesso, o primeiro para uso em condições normais, como recurso permanente do acionista dissidente que não quer permanecer na sociedade, e o segundo para uso em

52. António Menezes Cordeiro, *Manual de Direito das Sociedades II – Das Sociedades em Especial*, cit., 2ª ed., p. 711.

condições excepcionais, em casos precisos que a lei expressamente prevê, como recurso anômalo (...).[53]

## 5. *Conclusão*

Em síntese, o presente estudo pretendeu apontar a insuficiência e os riscos da aplicação do conceito de *affectio societatis* à disciplina de retirada de sócios, ressaltando a necessidade da análise do direito de retirada de acordo com cada tipo societário e com seus respectivos fundamentos previstos em nosso ordenamento.

## *Bibliografia*


ABRÃO, Nelson. *Sociedades Limitadas*. 9ª ed. São Paulo, Saraiva, 2005.

ABREU, Jorge Manuel Coutinho de. *Curso de Direito Comercial – Das Sociedades*. 3ª ed., vol. II. Coimbra, Livraria Almedina, 2009.

ADAMEK, Marcelo Vieira von, e FRANÇA, Erasmo Valladão Azevedo e Novaes. "*Affectio societatis*: um conceito jurídico superado no moderno direito societário pelo conceito de 'fim social'". In: FRANÇA, Erasmo Valladão Azevedo e Novaes. *Temas de Direito Societário, Falimentar e Teoria da Empresa*. São Paulo, Malheiros Editores, 2009.

ASCARELLI, Tullio. *Panorama do Direito Comercial*. 1ª ed. São Paulo, Saraiva, 1947.

__________, *Problemas das Sociedades Anônimas e Direito Comparado*. 1ª ed. Campinas, Bookseller, 2001.

BORGES, João Eunápio. *Curso de Direito Comercial Terrestre*. 5ª ed. Rio de Janeiro, Forense, 1976.

BRITO, Cristiano Gomes de. "Dissolução parcial de sociedade anônima". *RDM* 123/147-159. São Paulo, Malheiros Editores, julho-setembro/2001.

CAMINHA, Uinie. "Dissolução parcial de S/A. Quebra da *affectio societatis*. Apuração de haveres". *RDM* 114/174-182. São Paulo, Malheiros Editores, abril-junho/1999.

CAMPOBASSO, Gian Franco. *Diritto Commerciale – Diritto delle Società*. 7ª ed., vol. 2. Turim, UTET, 2011.

CARVALHOSA, Modesto. *Comentários à Lei de Sociedades Anônimas*. 4ª ed., vol. 4, t. 1. São Paulo, Saraiva, 2008.

COELHO, Fábio Ulhoa. *Curso de Direito Comercial – Direito de Empresa*. 15ª ed., vol. 2. São Paulo, Saraiva, 2011.

COMPARATO, Fábio Konder. "Direito de recesso do acionista: cabimento, na hipótese de alteração nas preferências ou vantagens das ações preferenciais".


53. Mauro Brandão Lopes, "Tipicidade e dissolução de sociedade anônima", cit., in *Sociedades por Ações*, pp. 1.189-1.190.

In: *Direito Empresarial: Estudos e Pareceres*. São Paulo, Saraiva, 1990 (pp. 215-222).

_________. *Direito Empresarial: Estudos e Pareceres*. São Paulo, Saraiva, 1990.

_________. *Novos Ensaios e Pareceres de Direito Empresarial*. Rio de Janeiro, Forense, 1981.

_________. *O Poder de Controle na Sociedade Anônima*. 3ª ed. Rio de Janeiro, Forense, 1983.

_________. "Reflexões sobre a dissolução judicial de sociedade anônima por impossibilidade de preenchimento do fim social". *RDM* 96/67-72. São Paulo, Ed. RT, outubro-dezembro/1994.

_________. "Restrições à circulação de ações em companhia fechada: *nova et vetera*". In: *Novos Ensaios e Pareceres de Direito Empresarial*. Rio de Janeiro, Forense, 1981 (pp. 32-51).

COSTA, Philomeno J. da. *Anotações às Companhias*. vol. 1. São Paulo, Ed. RT, 1980.

DALMARTELLO, Arturo. *L'Esclusione dei Soci dalla Società Commerciali*. 1ª ed. Pádua, CEDAM, 1939.

ESTRELLA, Hernani. *Apuração dos Haveres de Sócio*. 4ª ed. Rio de Janeiro, Forense, 2004.

FERREIRA FILHO, Manoel Gonçalves. *Curso de Direito Constitucional*. 28ª ed. São Paulo, Saraiva, 2002.

FONSECA, Priscila Maria Pereira Corrêa da. *Dissolução Parcial, Retirada e Exclusão de Sócio no Novo Código Civil*. 3ª ed. São Paulo, Atlas, 2005.

_________, e SZTAJN, Rachel. *Código Civil Comentado – Direito de Empresa*. t. XI. São Paulo, Atlas, 2008.

FONSECA, Tiago Soares da. *O Direito de Exoneração do Sócio no Código das Sociedades Comerciais*. Coimbra, Livraria Almedina, 2008.

GALGANO, Francesco. *Diritto Commerciale. Le Società – Contrato di Società, Società di Persone, Società per Azioni, Altre Società di Capitali, Società Cooperative*. 17ª ed. Bolonha, Zanichelli, 2009.

KÜBLER, Friedrich. *Derecho de Sociedades*. 5ª ed., trad. de Michèle Klein. Madri, Fundación Cultural del Notariado, 2001.

LAMY FILHO, Alfredo, e PEDREIRA, José Luiz Bulhões. *Direito das Companhias*. vol. 1. Rio de Janeiro, Forense, 2009.

LEÃES, Luiz Gastão Paes de Barros. *Do Direito do Acionista ao Dividendo*. São Paulo, Obelisco, 1969.

_________. *Pareceres*. 1ª ed., vol. 1. São Paulo, Singular, 2004.

_________. "Retirada de sócios por previsão contratual e apuração de haveres". In: *Pareceres*. 1ª ed., vol. 1. São Paulo, Singular, 2004 (pp. 715-731).

LOPES, Mauro Brandão. "Tipicidade e dissolução de sociedade anônima". In: *Sociedades por Ações*. São Paulo, Resenha Universitária, 1979.

_________. *Sociedades por Ações*. São Paulo, Resenha Universitária, 1979.

LUCCA, Newton de. "O direito de recesso no Direito Brasileiro e na legislação comparada". *RDM* 114/7-33. São Paulo, Malheiros Editores, abril-junho/1999.

LUCENA, José Waldecy. *Das Sociedades por Quotas de Responsabilidade Limitada*. 1ª ed. Rio de Janeiro, Renovar, 1996.

MARTINS, Fran. *Comentários à Lei das S/A*. 1ª ed., vol. 2, t. 2. Rio de Janeiro, Forense, 1978; 2ª ed., vol. 3. Rio de Janeiro, Forense, 1985.

________. "O direito de recesso na Lei brasileira de Sociedades Anônimas". In: *Novos Estudos de Direito Societário – Sociedades Anônimas e Sociedades por Quotas*. 1ª ed. São Paulo, Saraiva, 1988 (pp. 121-140).

________. *Novos Estudos de Direito Societário – Sociedades Anônimas e Sociedades por Quotas*. 1ª ed. São Paulo, Saraiva, 1988.

________. "Princípios característicos e realidade nas leis das sociedades anônimas". In: *Novos Estudos de Direito Societário – Sociedades Anônimas e Sociedades por Quotas*. 1ª ed. São Paulo, Saraiva, 1988 (pp. 3-21).

MENEZES CORDEIRO, António. *Manual de Direito das Sociedades II – Das Sociedades em Especial*. 2ª ed. Coimbra, Livraria Almedina, 2007.

MUNHOZ, Eduardo Secchi. *Empresa Contemporânea e Direito Societário – Poder de Controle e Grupos de Sociedades*. 1ª ed. São Paulo, Juarez de Oliveira, 2002.

NOVAES FRANÇA, Erasmo Valladão Azevedo e. *Temas de Direito Societário, Falimentar e Teoria da Empresa*. São Paulo, Malheiros Editores, 2009.

________ (coord.). *Direito Societário Contemporâneo I*. São Paulo, Quartier Latin, 2009.

NOVAES FRANÇA, Erasmo Valladão Azevedo e, e ADAMEK, Marcelo Vieira von. "*Affectio societatis*: um conceito jurídico superado no moderno direito societário pelo conceito de 'fim social'". In: FRANÇA, Erasmo Valladão Azevedo e Novaes. *Temas de Direito Societário, Falimentar e Teoria da Empresa*. São Paulo, Malheiros Editores, 2009.

PEDREIRA, José Luiz Bulhões, e LAMY FILHO, Alfredo. *Direito das Companhias*. vol. 1. Rio de Janeiro, Forense, 2009.

PENTEADO, Mauro Rodrigues. *Dissolução e Liquidação de Sociedades*. 1ª ed. Brasília, Brasília Jurídica, 1995.

PISCITELLO, Paolo. "Riflessioni sulla nuova disciplina del recesso nelle società di capitali". *Rivista delle Società* 50/518-533. N. 2/3. Milão, março-junho/2005.

PONTES DE MIRANDA, Francisco Cavalcanti. *Tratado de Direito Privado – Parte Especial*. 2ª ed., t. 51. Rio de Janeiro, Borsói, 1966.

REQUIÃO, Rubens. "A sociedade anônima como instituição". *RDM* 18/25-29. São Paulo, Ed. RT, 1979.

________. *Curso de Direito Comercial*. 24ª ed., vol. 2. São Paulo, Saraiva, 2006; 25ª ed., vol. 1. São Paulo, Saraiva, 2003.

RIBEIRO, Renato Ventura. *Exclusão de Sócios nas Sociedades Anônimas*. 1ª ed. São Paulo, Quartier Latin, 2005.

RICHTER JR., Mario Stella. "Diritto di recesso e autonomia statutaria". *Rivista del Diritto Commerciale e del Diritto Generale delle Obbligazioni* 102/389-416. N. 4/6. Pádua, abril-julho/2004.

RIPERT, Georges. *Traité Éémentaire de Droit Commercial*. 12ª ed., atualizada por René Roblot, t. 1. Paris, LGDJ, 1986.

ROYER, Copper. *Traité des Sociétés*. t. II. Paris, Recueil Sirey, 1939.

SALOMÃO FILHO, Calixto. *O Novo Direito Societário*. 4ª ed. São Paulo, Malheiros Editores, 2011.

SALVADORE, F. A. "*Affectio societatis*". *Rivista di Diritto Civile* 1911. Ano III. Milão, Società Editrice Libraria.

SARAIVA, F. R. dos Santos. *Novíssimo Dicionário Latino-Português*. 11ª ed. Rio de Janeiro, Garnier, 2000.

SZTAJN, Rachel. *Código Civil Comentado – Direito de Empresa*. t. XI. São Paulo, Atlas, 2008.

________. *Direito de Recesso*. Tese de Doutorado defendida na Faculdade de Direito da USP. São Paulo, 1982.

________, e FONSECA, Priscila Maria Pereira Corrêa da. *Código Civil Comentado – Direito de Empresa*. t. XI. São Paulo, Atlas, 2008.

TOFFOLETTO, Alberto. "L'autonomia privata e i suoi limiti nel recesso convenzionale del socio di società di capitali". *Rivista del Diritto Commerciale e del Diritto Generale delle Obbligazioni* 102/347-387. N. 4/6. Pádua, abril-julho/2004.

VALVERDE, Trajano de Miranda. *Sociedades por Ações – Comentários ao Decreto-lei 2.627, de 26 de Setembro de 1940*. 3ª ed., vol. 1. Rio de Janeiro, Forense, 1959.

VENTURA, Raúl. *Dissolução e Liquidação de Sociedades – Comentário ao Código das Sociedades Comerciais*. Coimbra, Livraria Almedina, 1987.

VERÇOSA, Haroldo Malheiros Duclerc. *Curso de Direito Comercial*. 3ª ed., vol. 1. São Paulo, Malheiros Editores, 2011; 2ª ed., vol. 2. São Paulo, Malheiros Editores, 2010.

VIANDIER, Alain. *La Notion d'Associé*. Paris, LGDJ, 1978.

ZANINI, Carlos Klein. *A Dissolução Judicial da Sociedade Anônima*. 1ª ed. Rio de Janeiro, Forense, 2005.

# *EVOLUÇÃO HISTÓRICA DOS DIREITOS INDIVIDUAIS DO ACIONISTA*

RAFAEL INDUZZI DREWS



## *1. Introdução*

Como observou Ariberto Mignoli, quem ingressa em uma coletividade – e aceita suas leis – não dá tudo de si.[1] Ainda que vincule parte do seu patrimônio ou, mesmo, de sua liberdade, conserva um mínimo de individualidade, que não pode ser suprimido.

A precisa delimitação entre as esferas individual e coletiva – ou seja: se, e até que ponto, os direitos dos acionistas devem se submeter à vontade da maioria – é "um dos mais difíceis problemas do direito

1. Ariberto Mignoli, *Le Assemblee Speciali*, Milão, Giuffrè, 1960, p. 181.

acionário".[2] Trata-se de questão clássica, de evolução constante e sempre recorrente, já que impulsionada sobretudo por uma exigência de ordem prática: evitar que a adoção de um princípio majoritário ilimitado ponha em risco a própria sobrevivência da sociedade anônima.[3]

Na tradição jurídica europeia, a doutrina ou teoria dos direitos individuais do acionista foi o instrumento de que os juristas originalmente lançaram mão para tentar solucioná-la.

A doutrina dos direitos individuais surgiu e se desenvolveu sob o influxo dos princípios do liberalismo e do jusnaturalismo e sob a premissa de que na sociedade anônima, assim como ocorria nas relações entre cidadão e Estado, a separação entre as esferas individual e social e, portanto, o inteiro sistema de tutela do acionista deveriam ser traçados de forma geral e abstrata, a partir do conceito de direito (subjetivo) individual, inerente à qualidade de sócio. Na ausência de suficientes dados legislativos, caberia à doutrina e à jurisprudência identificar quais direitos individuais formariam a esfera individual imune aos avanços da maioria.

O presente trabalho visa a traçar, em linhas gerais, a linha evolutiva dessa doutrina.

Antes, porém, algumas observações quanto à delimitação do objeto de análise e quanto à metodologia empregada.

O foco será a análise das *teorias jurídicas* que foram elaboradas nos sistemas de *Civil Law* para fazer frente ao tema dos direitos individuais do acionista. Não se olvida que o desenvolvimento da sociedade anônima, em geral, e dos direitos individuais do acionista, em particular, foi profundamente marcado por fatores ideológicos, econômicos e políticos particulares de cada sistema jurídico. Também não se ignora que o tema

2. Karl Wieland, *Handelsrecht*, vol. II, "Die Kapitalgesellschaften", Munique, Duncker & Humblot, 1931, p. 186 (tradução livre). No original: "Eines der schwierigsten Probleme des Aktienrechts".

3. Como anotam Alessandro Cerrai e Alberto Mazzoni, trata-se da exigência, de justiça e de oportunidade prática, "de dotar o direito da sociedade anônima de regras do jogo, aptas a evitar que a assunção do princípio majoritário como ponto fundamental do funcionamento do instituto se traduza em um instrumento de poder de valor absoluto e insindicável, fonte de possíveis consequências iníquas e, com o passar do tempo, de crise de rejeição do mesmo instituto" ("La tutela del socio e delle minoranze", in Pietro Abbadessa e Angel Rojo (orgs.), *Il Diritto delle Società per Azioni: Problemi, Esperienze, Progetti*, Milão, Giuffrè, 1993, p. 340; no original: "di dotare il diritto delle S.p.A. di regole del giuoco, atte ad evitare che l'assunzione del principio maggioritario come cardine del funzionamento dell'istituto si traduca in uno strumento di potere a valenza assoluta ed insindacabile, fonte di possibili conseguenze inique e, alla lunga, di crisi di rigetto dell'istituto stesso").

dos direitos individuais do acionista mereceu atenção nos sistemas de *Common Law* (*vested rights*). Esses pontos, contudo, não serão aqui analisados, exceto de forma muito geral, apenas para contextualizar a exposição.

A segunda observação refere-se ao critério de separação dos períodos evolutivos. A rigor, como qualquer evolução histórica, o desenvolvimento da doutrina dos direitos individuais do acionista não foi linear. Qualquer tentativa de sistematização de suas fases, portanto, sempre será passível de algum tipo de crítica.[4] Ciente desse risco, este trabalho estruturará a evolução da matéria em três grandes períodos (gênese, desenvolvimento e decadência), sem maiores preocupações com datas que denunciem o início ou término de cada um deles.

## 2. *Direitos individuais do acionista: breve noção*

Na precisa observação de Trajano de Miranda Valverde, "os direitos atribuídos ou conferidos a uma pessoa em virtude da sua qualidade de membro de uma corporação são, por sua complexidade, dificilmente classificáveis".[5] Nesse campo, de fato, inúmeras são as classificações possíveis, a depender do critério adotado.[6]

Em termos gerais, entretanto, a doutrina costuma distinguir duas espécies principais de direitos dos acionistas: os direitos individuais (ou próprios, essenciais, intangíveis) e os direitos sociais (ou coletivos).[7] "Assim, os direitos individuais têm sua origem na lei, ao passo que os

4. Vicenzo Buonocore (*Le Situazioni Soggettive dell'Azionista*, Nápoles, Morano, 1950, pp. 1-50) e Luiz Gastão Paes de Barros Leães (*Do Direito do Acionista ao Dividendo*, São Paulo, Obelisco, 1969, pp. 255-289), por exemplo, separam os períodos evolutivos a partir das características das teses levantadas para impor limites à atuação do princípio majoritário. Os autores distinguem, assim, os períodos das teses radicais, das teorias de fundo subjetivo e das teorias de fundo objetivo. Essa sistematização, contudo, tem o inconveniente de não deixar transparecer que, a rigor, as teorias de fundo subjetivo e objetivo coexistiram, ainda que não tenham surgido no mesmo momento.

5. Trajano de Miranda Valverde, *Sociedades por Ações*, vol. I, Rio de Janeiro, Forense, 1942, p. 372.

6. Antigono Donati, *L'Invalidità della Deliberazione di Assemblea delle Società Anonime*, Milão, Giuffrè, 1937, pp. 133-134.

7. Cf.: Egberto Lacerda Teixeira e José Alexandre Tavares Guerreiro, *Das Sociedades Anônimas no Direito Brasileiro*, vol. I, São Paulo, José Bushatsky Editor, 1979, p. 278; Pontes de Miranda, *Tratado de Direito Privado*, 3ª ed., t. L, Rio de Janeiro, Borsói, 1970, p. 229; José Waldecy Lucena, *Das Sociedades Anônimas: Comentários à Lei*, vol. I, Rio de Janeiro, Renovar, 2009, pp. 989 e ss.; Dominique

direitos sociais têm sua origem nos estatutos, isto é, nos atos constitutivos, com suas modificações posteriores. Os direitos individuais não são suscetíveis de modificação, nem pelos estatutos, nem pela assembleia-geral; já, os direitos sociais admitem modificação, por previsão estatutária, submetendo-se, portanto, ao princípio majoritário, que governa a vida da companhia desde sua constituição."[8]

Quando fala em direitos individuais, portanto, a doutrina se refere àqueles direitos resultantes da lei e garantidos a todos os acionistas pela sua simples condição de acionistas, que são inderrogáveis pelo estatuto ou pela assembleia-geral.[9]

Ainda que possam servir a uma tutela da minoria em sentido amplo, os direitos individuais não se confundem com os chamados direitos da minoria. A distinção se faz principalmente quanto à função.

Conforme explica Herbert Wiedemann, os direitos individuais orientam-se a uma coletividade ideal atomizada, dotada de uma maioria ocasional, em que o acionista sempre pode influenciar e compor a maioria formada com sua manifestação e seu voto. Garantem, assim, uma proteção mínima, que é configurada de forma estática e independentemente da relação de maioria e minoria. Já, os direitos de minoria pressupõem uma maioria estável. Visam, portanto, a evitar os riscos de uma desigualdade de tratamento quando a relação de supremacia e subordinação se torna uma relação estável de dominação.[10]

Schmidt, *Les Droits de la Minorité dans la Société Anonyme*, Paris, Sirey, 1970, pp. 36-37.

Sempre digna de nota é também a classificação de José Trajano de Miranda Valverde, que, seguindo as distinções operadas pela doutrina alemã, fala em direitos individuais (comuns a todos os acionistas), direitos próprios ou reservados a uma ou mais classes de acionistas (como direitos privilegiados) e direitos coletivos, em sentido estrito, sendo só os primeiros verdadeiramente intangíveis (*Sociedades por Ações*, cit., vol. I, p. 379).

8. Egberto Lacerda Teixeira e José Alexandre Tavares Guerreiro, *Das Sociedades Anônimas no Direito Brasileiro*, cit., vol. I, p. 278.

9. Trata-se, pois, de direitos "aos quais não podem os sócios renunciar e tampouco o estatuto ou a assembleia-geral derrogar. São direitos imutáveis que resultam da lei. São exercitáveis individual e independentemente do número de ações possuídas pelo acionista no capital social. São inerentes à própria essência do contrato de sociedade e, portanto, intangíveis" (Modesto Carvalhosa, *Comentários à Lei de Sociedades Anônimas*, 4ª ed., 2º vol., São Paulo, Saraiva, 2009, p. 338).

10. Herbert Wiedmann, *Gesellschaftsrecht*, vol. I, "Grundlagen", Munique, C. H. Beck, 1980, p. 363.

## 3. *Evolução histórica dos direitos individuais*

### 3.1 *Primeiro período: a gênese da teoria dos direitos individuais como decorrência lógica da adoção do princípio majoritário*

Com as Companhias das Índias dos séculos XVII e XVIII manifestou-se pela primeira vez o fenômeno da socialização do capital. Diferentemente do que ocorreu na Inglaterra – em que a capitalização das companhias foi feita a partir de classes restritas de comerciantes e de aristocratas –, na França e principalmente na Holanda diversas classes detentoras de riquezas contribuíram para a capitalização das companhias.[11]

Desse fenômeno, contudo, não se seguiu imediatamente a *socialização do poder econômico*: as diversas classes sociais eram chamadas a investir nas companhias, mas não a consentir com as decisões tomadas.[12] Por isso se fala que, em sua formação, as sociedades anônimas assumiam caráter nitidamente oligárquico ou aristocrático, já que havia "a possibilidade de ser, a administração da sociedade, reservada aos incorporadores ou a alguns acionistas".[13]

Sob o influxo das necessidades da Revolução Industrial e da ideologia da Revolução Francesa, entretanto, a sociedade anônima iniciou processo de progressiva democratização.

O passo inicial foi dado pelo Código Comercial francês de 1807, que instituiu disciplina geral para esse tipo societário. O antigo sistema de monopólios e "cartas" emanadas pelas autoridades públicas, que disciplinavam a constituição e impunham a cada sociedade regras particulares de funcionamento, foi substituído por um sistema de autorização administrativa para a constituição. Posteriormente, na metade do século XIX, e com o triunfo dos princípios do liberalismo econômico, sobretudo com as leis francesas de 1863 e 1867, superou-se também o sistema de autorização. A constituição passou a ser feita a partir da observância de regras gerais. A liberdade conferida possibilitou que a sociedade anônima deixasse de ser instrumento excepcional e passasse a constituir forma jurídica normal da atividade econômica.[14]

11. Francesco Galgano, ***Lex Mercatoria***. *Storia del Diritto Commerciale*, Bolonha, Il Mulino, 2007, p. 135.

12. Idem, ibidem.

13. Tullio Ascarelli, *Problemas das Sociedades Anônimas e Direito Comparado*, São Paulo, Saraiva, 1945, p. 360.

14. Idem, p. 340.

A sociedade anônima passou a ser concebida com órgãos, à imagem e semelhança do Estado. A evolução da assembleia-geral marca bem esse movimento. Inicialmente não previsto no Código Comercial francês de 1807, esse órgão foi elevado à condição de órgão soberano da sociedade, passando a ser governado pelo princípio da maioria com a edição da lei francesa de 1867.[15]

Naqueles tempos, fortemente influenciada por uma concepção estritamente contratual da sociedade, a doutrina discutia se o princípio geral da imutabilidade dos pactos contratuais sem a concordância de todas as partes seria aplicável aos estatutos sociais. Ou seja: discutia se a alteração dos estatutos poderia ser feita por maioria ou se seria necessária a concordância unânime dos sócios.

Na França, o art. 31[16] da lei de 1867 dispôs que a assembleia-geral tendente à modificação dos estatutos só poderia ser validamente instalada e deliberar mediante presença de acionistas representativos de ao menos metade do capital social. Acabou gerando polêmica.

Para uma primeira corrente[17] esse dispositivo somente teria fixado os requisitos de *quorum* para que uma assembleia extraordinária fosse instalada e realizada, mas não os casos em que ela poderia deliberar sobre a modificação dos estatutos. Aplicar-se-ia, então, o princípio geral da impossibilidade de modificação do contrato sem consentimento unânime dos contratantes (art. 1.134 do CC francês), salvo a existência de cláusula, prevista no estatuto originário, que permitisse a modificação estatutária por maioria.

Uma segunda corrente defendeu tese praticamente oposta: o art. 31 da lei francesa de 1867 teria previsto uma exceção ao princípio do art.

15. Luiz Gastão Paes de Barros Leães, *Do Direito do Acionista ao Dividendo*, cit., p. 261.

16. Em tradução livre: "Art. 31. As assembleias que têm de deliberar sobre modificações dos estatutos ou sobre proposições de continuação da sociedade para além do prazo fixo para a sua duração, ou de dissolução antes deste prazo, são regularmente constituídas e deliberam validamente somente na medida em que sejam compostas por um número de acionistas representantes no mínimo de metade do capital social". No original: "Art. 31. Les assemblées qui ont à deliberer sur des modifications aux status ou sur des propositions de continuation de la société au dela du terme fixe pour sa durée, ou de dissolution avant ce terme, ne sont regulièrement constituées et ne delibèrent valablement qu'autant qu'elles sont composées d'un nombre d'actionnaires representant la moitié au moins du capital social".

17. Charles Lyon-Caen e Louis Renault, *Traité de Droit Commercial*, 4ª ed., t. II, Segunda Parte, Paris, LGDJ, 1909, pp. 253-255.

1.134 do CC francês, e permitiria, assim, qualquer alteração do estatuto, salvo expressa cláusula estatutária em sentido contrário.[18]

As duas linhas de pensamento, nada obstante, foram criticadas, pelo extremismo que apresentavam.[19] A primeira porque sofria de inconvenientes de ordem prática, pois impedia as deliberações por maioria e, com isso, fadava a sociedade ao imobilismo. A segunda porque concedia poder ilimitado à maioria. Ambas, ademais, porque concediam importância excessiva ao fundamento contratual da sociedade, esquecendo-se de que o ente social possui necessidades próprias, as quais nem sempre podem ser previstas no seu ato de constituição.[20]

Nenhuma das duas, aliás, prosperou. À míngua de adeptos na doutrina e na jurisprudência, a primeira corrente foi abandonada pelos seus próprios autores.[21] A segunda, por sua vez, não foi totalmente aceita pela jurisprudência, que enxergou imediatamente a necessidade de limitar os poderes da maioria – o que foi feito em um primeiro momento com a teoria das bases essenciais e depois com a teoria dos direitos próprios, que serão vistas adiante.

Na Alemanha a tese que defendia a unanimidade para as alterações estatutárias também foi rejeitada. O art. 215 do CComercial alemão de 1869 – ADHGB – já em sua redação original dispunha que a alteração do objeto da sociedade anônima só poderia ser realizada por maioria se o estatuto apresentasse cláusula autorizativa expressa.[22] Com base nesse

18. Cf. : Alfred De Courcy, *Les Sociétés Anonymes*, Paris, Armand Anger, 1869, p. 124; Auguste Mathieu e Auguste Bourguignat, *Commentaire de la Loi sur les Sociétés du 24-29 Juillet, 1867*, Paris, Cosse, Marchal et Cie., 1868, p. 178; Hippolyte Féréol Rivière, *Commentaire sur la Loi du 24 Juillet 1867 sur les Sociétés*, Paris, A. Marescq Ainé, 1868, pp. 270-271; G. Bourcart, *De l'Organisation et des Pouvoirs des Assemblées-Générales dans les Sociétés par Actions Notamment au Point de Vue des Modifications à Apporter aux Statuts*, Paris, LGDJ, 1905, pp. 196 e ss.

19. Vincenzo Buonocore, *Le Situazioni Soggettive dell'Azionista*, cit., p. 5, nota 7; Luiz Gastão Paes de Barros Leães, *Do Direito do Acionista ao Dividendo*, cit., p. 263.

20. Giuseppe Ferri, *La Tutela delle Minoranze nelle Società per Azioni*, Pádua, CEDAM, 1932, pp. 16-17.

21. René David, *La Protection des Minorités dans les Sociétés par Actions*, Paris, Recueil Sirey, 1929, p. 17.

22. O citado artigo, em sua primeira parte, dispunha o seguinte: "A modificação do objeto da empresa da sociedade não pode ser decidida por maioria de votos, a não ser que seja autorizada expressamente no estatuto social" ("Die Abänderung des Gegenstandes der Unternehmung der Gesellschaft kann nicht durch

dispositivo, a doutrina, com exceção da resistência inicial de Renaud, firmou o entendimento de que quaisquer outras alterações do estatuto poderiam ser feitas por maioria, ainda que inexistente autorização estatutária expressa.[23] O mesmo princípio, de resto, foi mantido nos diplomas legislativos posteriores.

Na Itália, igualmente, afastou-se a unanimidade. É certo que na vigência do Código de Comércio italiano de 1865 – cuja disciplina até poderia tê-la legitimado[24] – a doutrina demonstrou preocupação com a alteração estatutária por maioria, por considerar que o estatuto social seria uma garantia não só dos sócios, mas sobretudo de terceiros. Por fim, contudo, sob a influência da doutrina alemã e por questões práticas, acabou por admiti-la nos casos que não representassem alteração radical, assim considerada aquela que modificasse a própria natureza da sociedade.[25]

Esse entendimento acabou sendo referendado pelo Código Comercial de 1882, que admitiu a alteração dos estatutos por maioria mas

Stimmenmehrheit beschlossen werden, sofern dies nicht im Gesellschaftsvertrage ausdrücklich gestattet ist"). Essa regra não foi atingida pela reforma de 11.6.1870 (conhecida como *Aktienrechtnovelle* de 1870), mas somente por aquela realizada em 18.7.1884 (*Aktienrechtnovelle* de 1884), que esclareceu a possibilidade de alteração do conteúdo em geral dos estatutos (na ausência de outra exigência estatutária) e do objeto social mediante aprovação de três quartos do capital social.

23. Achilles Renaud, na mesma linha da interpretação conferida por alguns autores franceses ao art. 31 da lei de 1867, defendia que a modificação dos estatutos por maioria somente seria possível se o estatuto originário contivesse expressa autorização. Na dúvida, a alteração dependia da concordância de todos os sócios, já que as cláusulas autorizativas seriam *contra rationem juris* e introduzidas somente *propter aliquam utilitatem vel necessitatem* (*Das Recht der Actiengesellschaften*, 2ª ed., Lípsia, Bernhard Tauchnitz, 1875, pp. 508 e 512). Como narra Gottlieb Bachmann, entretanto, o próprio Renaud se viu obrigado a alterar seu entendimento após as mudanças promovidas pela *Aktienrechtnovelle* de 1884 (*Die Sonderrechte des Aktionärs, mit besondere Berücksichtigung des deutschen und schweizerischen Rechts*, Zurique, Schultheß, 1902, p. 33).

24. Vincenzo Buonocore explica que, a bem da verdade, aquele diploma não continha nenhuma norma que regulasse claramente a questão. Nada impunha que as deliberações fossem tomadas por unanimidade. A palavra "maioria", por sua vez, somente aparecia no art. 137, que versava sobre o adiamento da assembleia de constituição da companhia por tempo superior a três dias (*Le Situazioni Soggettive dell'Azionista*, cit., p. 5, nota 8).

25. É o que demonstram Vicenzo Buonocore (*Le Situazioni Soggettive dell'Azionista*, cit., pp. 5-6) e Giuseppe Ferri (*La Tutela delle Minoranze nelle Società per Azioni*, cit., pp. 19-20), citando doutrina de Borsari.

procurou conciliar o interesse dos acionistas, concedendo-lhes o direito de recesso[26] em casos de alterações substanciais[27] (fusão, reintegração ou aumento do capital social, modificação do objeto social e prorrogação da duração da sociedade, se não autorizada no ato constitutivo).

Diante da experiência estrangeira, no Brasil o princípio majoritário também restou acolhido pela legislação, com algumas limitações.

A Lei 3.150/1882 (regulamentada pelo Decreto 8.821/1882) pela primeira vez adotou o sistema da regulamentação ou das disposições normativas e previu o funcionamento da assembleia-geral,[28] dotada de poderes para alterar o estatuto da sociedade. Os casos de alteração estatutária, aumento de capital, dissolução e liquidação exigiam *quorum* mínimo de instalação de dois terços do capital social e *quorum* de aprovação de maioria dos sócios presentes.[29] Entretanto, provavelmente pela influência das discussões travadas na Europa, a alteração dos estatutos era vedada se houvesse cláusula estatutária em contrário e as assembleias não podiam, em qualquer caso, "mudar ou transformar o objecto essencial da sociedade".[30]

Mas, como bem se sabe, a consagração do princípio majoritário nas sociedades anônimas não se restringiu aos Países citados. Antes, ocorreu na generalidade dos sistemas jurídicos, sobretudo por razões práticas.

Essa nova realidade, evidenciada no final do século XIX, constituiu o pontapé inicial para a criação e o desenvolvimento das teorias sobre os direitos individuais dos acionistas. Antes, de fato, nenhum sentido havia em se cogitar de direitos individuais ou justificá-los, simplesmente porque, impondo-se o consentimento unânime para as alterações estatu-

26. Cf. art. 158 do CC italiano de 1882.

27. Giuseppe Ferri, *La Tutela delle Minoranze nelle Società per Azioni*, cit., pp. 20-21.

28. A exemplo do Código Comercial francês de 1807, nosso Código Comercial de 1850 foi avaro na disciplina da sociedade anônima, nada dispondo sobre a assembleia-geral, que, nada obstante, já existia na prática. Exemplo sempre citado é o do Banco do Brasil, nossa primeira sociedade por ações, constituída por alvará de 12.10.1808. O art. XIV dos seus estatutos já previa as "sessões do Banco", assembleias anuais com competência para eleger a administração da sociedade, das quais participavam os 40 maiores capitalistas do Banco, cada um com no máximo 4 votos (José Luiz Bulhões Pedreira e Alfredo Lamy Filho, *A Lei das S/A*, Rio de Janeiro, Renovar, 1992, p. 112).

29. Art. 15, § 4º, c/c art. 6º, da Lei 3.150/1882.

30. Art. 63 do Decreto 8.821/1882.

tárias, toda e qualquer cláusula do estatuto poderia ser considerada como fonte de um direito intangível.[31] Uma vez aceito o princípio majoritário, contudo, os direitos individuais do acionista surgiram como verdadeira decorrência lógica, necessária para limitar os poderes da maioria.[32]

### *3.2 Segundo período: o surgimento e o amadurecimento das teorias relativas aos direitos individuais*

Entretanto, a doutrina dos direitos individuais não surgiu pronta e acabada. Sedimentou-se aos poucos, a partir da influência recíproca das ideias surgidas principalmente na França e na Alemanha, que, posteriormente, foram absorvidas por outros sistemas. Cuida-se, então, de analisar algumas dessas experiências.

#### 3.2.1 *A experiência francesa: as teorias das bases essenciais, dos direitos próprios e da boa-fé*

Na experiência francesa os direitos individuais do acionista foram objeto de três teorias: teoria das bases essenciais, teoria dos direitos próprios e teoria da boa-fé.

##### *3.2.1.1* Teoria das bases essenciais

A teoria das bases essenciais derivou de construção da jurisprudência iniciada a partir da edição da lei francesa de 1867 e significou um meio-termo entre as teorias relativas à interpretação do art. 31 da mesma lei.

Segundo seus postulados, a assembleia-geral tinha a prerrogativa de alterar o estatuto social, mas a submissão do acionista à vontade da maioria não era ilimitada. O acionista possuía um direito intangível à

31. Enrico Soprano, *Trattato Teorico-Pratico delle Società Commerciali*, vol. I, Turim, UTET, 1934, p. 368.

32. Paul Laband, "Der Begriff der Sonderrecht nach Deutschem Reichsrecht", in *Annalen des Deutschen Reichs für Gesetzgebung, Verwaltung und Statistik*, Lípsia, G. Hirth, 1874, p. 1.500. Na lição de Waldírio Bulgarelli: "Inegavelmente, a construção dos chamados direitos essenciais dos acionistas decorreu da necessidade de se opor um limite ao poder quase absoluto das assembleias, exercido pelas maiorias, entendendo-se que, não obstante indispensável o princípio majoritário para a formação da vontade social, não poderia ir até o ponto de frustrar o *status* do acionista" (*Regime Jurídico da Proteção às Minorias nas S/A – De Acordo com a Reforma da Lei 6.404/1976*, Rio de Janeiro, Renovar, 1998, p. 46).

manutenção de alguns princípios e de algumas cláusulas estatutárias, tidas como bases essenciais (*bases essentielles*), mas se submetia à vontade soberana da maioria em relação às cláusulas estatutárias consideradas menos fundamentais (*bases secondaires*).[33] Cabia aos estatutos, de resto, precisar em qual dessas duas categorias se enquadravam suas cláusulas, pois a lei, em si, não estabelecia nenhum critério diretivo.

Em sua essência, a teoria das bases essenciais era uma busca pela intenção presumida dos sócios e mostrava suas dificuldades quando os estatutos não esclareciam de modo suficiente quais seriam as *bases essentielles* e as *bases secondaires* – algo bastante comum, aliás.[34]

A difícil tarefa de definir critérios para a categorização das cláusulas estatutárias, por outro lado, não foi cumprida a contento pela jurisprudência, que parecia refletir as hesitações da doutrina.

Em aresto de 19.4.1875 a Corte de Paris adotou o entendimento de que "o poder de modificar os estatutos só pode se aplicar às modificações que seriam feitas nos limites das regras de administração ou organização, sem alterar as bases constitutivas da sociedade de modo a ferir a essência do pacto social".[35] Por isso, fixou como bases essenciais "tudo aquilo que, nos estatutos, ultrapassa o limite das regras de administração e organização".[36]

Mas, como narra René David, a fórmula adotada nesse acórdão não foi seguida nos julgamentos posteriores. A jurisprudência, ao contrário, passou a entender que seu papel seria julgar as controvérsias caso a caso, e não formular critérios que identificassem as bases essenciais e as bases secundárias e atendessem aos anseios classificatórios e teóricos da doutrina. Como resultado, os julgamentos passaram a afirmar, sem

33. A diferenciação entre *bases essenciais* e *bases secundárias* foi posta já na obra de Hippolyte Féréol Rivière, para quem as modificações permitidas pelo art. 31 da lei de 1867 não poderiam incidir sobre "as bases essenciais da associação", sob pena de violação de um direito adquirido conferido não só à minoria, mas a todos os acionistas (*Commentaire sur la Loi du 24 Juillet 1867 sur les Sociétés*, cit., p. 271).

34. Charles Lyon-Caen e Louis Renault, *Traité de Droit Commercial*, cit., 4ª ed., t. II, segunda Parte, p. 257.

35. Tradução livre do seguinte trecho transcrito por Jean Du Garreau de La Mêchenie (*Les Droits Propres de l'Actionnaire*, Paris, Recueil Sirey, 1937, p. 16): "Le pouvoir de modifier les statuts ne peut s'appliquer que'à des changements qui se feraient dans les limites des règles d'administration ou d'organisation sans altérer les bases constitutives de la société de manière à blesser l'essence du pacte social".

36. Tradução livre do seguinte trecho transcrito por René David (*La Protection des Minorités dans les Sociétés par Actions*, cit., p. 21): "tout ce qui, dans les statuts, dépasse la limite des règles d'administration e d'organisation".

maiores fundamentações ou com fundamentações padronizadas, que esta ou aquela cláusula seria uma base essencial ou secundária. Muitas vezes elementos do estatuto social eram considerados bases essenciais em um julgamento e bases secundárias em outros, sendo que as conclusões pareciam ter sido sacadas da arbitrariedade dos julgadores, não da intenção dos sócios.[37]

Nessa linha, em precedente histórico datado de 30.3.1892, a Corte de Cassação decidiu que, no silêncio dos estatutos, a assembleia-geral extraordinária poderia deliberar soberanamente sobre as modificações estatutárias julgadas necessárias, desde que respeitasse as bases essenciais da sociedade, como a forma, o objeto e a igualdade entre os acionistas. A mesma fórmula genérica foi repetida em julgados posteriores, tornando a distinção entre bases essenciais e bases secundárias bastante nebulosa.[38]

Nada obstante as inúmeras controvérsias, não faltaram autores que tentaram precisar as bases essenciais da sociedade. Jean Du Garreau de La Mêchenie, com base na lição de Edmond Thaller, apontou as seguintes: (i) o princípio da igualdade entre os acionistas; (ii) a manutenção do objeto da sociedade; (iii) o direito do acionista de não ser despojado de sua participação; (iv) a limitação da responsabilidade do acionista ao montante nominal de suas ações; (v) a manutenção da independência da sociedade, que se encontrava impedida de ser objeto de fusão.[39]

A teoria das bases essenciais pecou, em primeiro lugar, por ter se esquivado de formular critérios teóricos que pudessem servir como norte na diferenciação entre bases essenciais e bases secundárias, deixando ao casuísmo a definição das várias controvérsias. Em segundo lugar, por se basear na busca da vontade subjetiva individual dos acionistas, que era deixada à interpretação arbitrária do juiz, com efeitos desastrosos.[40]

A incerteza que decorria de sua aplicação acabou levando à criação da teoria dos direitos próprios.

37. René David, *La Protection des Minorités dans les Sociétés par Actions*, cit., pp. 21-22.

38. Charles Houpin e Henry Bosvieux, *Traité Général Théorique et Pratique des Sociétés Civiles et Commerciales e des Associations (avec Formules)*, 6ª ed., t. II, Paris, Journal des Notaires et des Avocats, 1927, pp. 425-426, nota 1.

39. Jean Du Garreau de La Mêchenie, *Les Droits Propres de l'Actionnaire*, cit., p. 18.

40. Charles Houpin e Henry Bosvieux, *Traité Général Théorique et Pratique des Sociétés Civiles et Commerciales e des Associations (avec Formules)*, cit., 6ª ed., t. II, p. 426, nota 1.

### *3.2.1.2* Teoria dos direitos próprios

A teoria dos direitos próprios espelha uma reação à teoria das bases essenciais, que foi imposta pela jurisprudência, mas nunca foi aceita pela doutrina francesa, notadamente por sua base subjetiva e falha. Surgiu a partir de nota de E. Thaller à decisão da Corte de Cassação de 30.5.1892 e foi extraída dos autores alemães que se dedicaram ao tema dos *Sonderrechte* ("direitos especiais"),[41] tendo caráter objetivo.

Segundo Thaller, não se podia negar à assembleia-geral o poder de modificar os estatutos por maioria. Para tanto, justificou que a sociedade, além de uma personalidade externa, que se projeta sobre terceiros, possui também uma personalidade interna, que a distingue dos seus sócios e que lhe confere a faculdade de evoluir, de se aperfeiçoar, para cumprir seus objetivos. Os sócios, portanto, deveriam se sujeitar às suas decisões (da sociedade) tomadas pela maioria na assembleia-geral, pois a modificação dos estatutos é que possibilitaria tal aperfeiçoamento.

Duas limitações, contudo, se impunham:

> (i) Os estatutos não poderiam ser modificados a ponto de substituir a sociedade por uma nova, o que implicava a inadmissibilidade de alterações no objeto ou na forma jurídica.
>
> (ii) As alterações não poderiam desrespeitar os *direitos próprios* (*droits propres*) e intangíveis, análogos aos *Sonderrechte* dos alemães, assim enumerados por Thaller: (1º) pertencer a uma sociedade regular e, por conseguinte, provocar a anulação de uma sociedade constituída irregularmente; (2º) não ser excluído da sociedade sem compensação; (3º) limitar o risco ao montante nominal das ações; (4º) manter ou negociar as ações.[42]

Os direitos próprios foram considerados direitos essenciais, intangíveis, decorrentes da *natureza das coisas* e, portanto, independentes de previsão estatutária. Sua teoria, contudo, padeceu da mesma indefinição que permeou a teoria das bases essenciais. Não houve consenso entre os autores sobre quais seriam tais direitos.[43]

Diante das inúmeras críticas, buscou-se a solução a partir de intervenções legislativas, concretizadas na lei de 9.7.1902, reformada pela

41. Sobre os *Sonderrechte* do Direito Alemão, cf. item 3.2.2.

42. Edmond-Eugène Thaller, "Note sur l'arrêt de la Cour de Cassation du 30.5.1892", *Jurisprudence Générale Dalloz* 1893, Parte I, pp. 105-114, especialmente pp. 107-109 e 113-114.

43. René David, *La Protection des Minorités dans les Sociétés par Actions*, cit., pp. 24-26.

lei de 16.12.1903, e na lei de 22.11.1913. Esta última, mais significativa, autorizou a assembleia-geral a deliberar sobre quaisquer assuntos desde que por maioria de dois terços dos sufrágios. Dois limites foram impostos expressamente ao poder da maioria: (i) alteração da nacionalidade da companhia e (ii) aumento das responsabilidades dos acionistas. Esses dois limites foram encarados por alguns autores como corolários da adoção da teoria dos direitos próprios na França,[44] a qual passou a ser aprofundada pela doutrina.[45]

### *3.2.1.3* Teoria da boa-fé

Por fim, menciona-se a teoria da boa-fé (*buona fede*), defendida por René David.[46]

Para René David, a reforma legislativa francesa de 1913 e a teoria dos direitos próprios (*droits propres*) seriam muito rígidas, abstraindo as especificidades dos casos concretos e exagerando a proteção aos minoritários, com a consequente interdição da ação da maioria em numerosos atos.

Como a sociedade é um contrato, a solução deveria ser buscada no princípio da boa-fé, previsto no art. 1.134 do CC francês, cuja aplicação às sociedades foi reforçada pelo art. 1.833 do mesmo diploma, segundo o qual "qualquer sociedade deve ser contratada no interesse comum de todas as partes". Assim, limitada pela boa-fé e pelo interesse comum, a maioria não poderia tomar decisões a não ser no interesse da sociedade e respeitando o escopo que esta se propôs a desempenhar.

Embora hoje seja quase automático pensar-se na boa-fé como boa fé objetiva, a teoria de René David tinha uma feição subjetiva, já que se baseava na análise da intenção da maioria nas deliberações,[47] o que naturalmente a tornava problemática. Para o autor, no entanto, os supostos riscos de uma

44. Vincenzo Buonocore, *Le Situazioni Soggettive dell'Azionista*, cit., p. 9, nota 21.

45. Cf.: Jean Du Garreau de La Mêchenie, *Les Droits Propres de l'Actionnaire*, cit., *passim*; Jean Escarra, Edouard Escarra e Jean Rault, *Traité Théorique et Pratique de Droit Commercial. Les Sociétés Commerciales*, t. III, Paris, Recueil Sirey, 1955, pp. 263-270.

46. René David, *La Protection des Minorités dans les Sociétés par Actions*, cit., pp. 29 e ss.

47. "É uma concepção subjetiva: tudo depende da intenção que guiou a maioria em direção a tal ou tal deliberação. Segundo essa intenção seja legítima ou não, a deliberação, que ela inspira, é lícita ou bem não é" (René David, *La Protection des Minorités dans les Sociétés par Actions*, cit., p. 37. No original: "C'est une conception subjective: tout y depend de l'intention qui a, vers telle ou telle déliberation,

análise subjetiva eram compensados pela generalidade de sua teoria, passível de aplicação a todas as deliberações sociais e a todos os abusos.

A teoria da boa-fé teve pouquíssimos seguidores na doutrina e na jurisprudência, notadamente por sua base subjetiva.[48]

### 3.2.2 *A contribuição das doutrinas alemã e suíça: os* Sonderrechte *e os* wohlerworbenen Rechte

Na Alemanha e na Suíça as discussões doutrinárias sobre a temática dos direitos individuais dos acionistas começaram antes mesmo da entrada em vigor do BGB, de 1900. Ganharam força, contudo, com o § 35 desse diploma, que trouxe novo ânimo aos debates que já existiam em torno do art. 627 do Código das Obrigações suíço de 1881 (art. 646 do texto reformado em 1936). A partir desses dados legislativos, buscou-se delimitar o âmbito da proteção individual dos acionistas por meio da definição dos *conceitos* de *Sonderrechte* ("direitos especiais") e de *wohlerworbenen Rechte* ("direitos adquiridos").

O § 35 do BGB, relativo às associações, mas verdadeiro "princípio geral de direito associativo", e, nessa condição, plenamente aplicável às sociedades,[49] determina que "os direitos especiais dos membros não podem ser afetados pela decisão da assembleia-geral sem o seu consentimento".[50]

É interessante observar que esse artigo não constava do primeiro projeto do BGB, sob o fundamento de que o princípio da intangibilidade dos *Sonderrechte* por deliberação majoritária era corrente na doutrina, não requerendo, por isso, recepção pela lei. Por proposta da comissão para a segunda leitura do projeto, entretanto, foi incluído no BGB, optando-se por uma redação que deixasse à doutrina e à jurisprudência a tarefa de definir o conteúdo do ambíguo termo *Sonderrechte*.[51]

Nessa empreitada, duas correntes se formaram.

guidé la majorité. Selon que cette intention est légitime ou selon que'elle ne l'est pas, la déliberation elle-même, qu'elle inspire, est licite ou bien ne l'est pas").

48. Vicenzo Buonocore, *Le Situazioni Soggettive dell'Azionista*, cit., p. 12.

49. Karsten Schmidt, *Gesellschaftsrecht*, 4ª ed., Berlim, Carl Heymanns Verlag, 2002, p. 559.

50. Tradução livre. No original: "Sonderrechte eines Mitglieds können nicht ohne dessen Zustimmung durch Beschluss der Mitgliederversammlung beeinträchtigt werden".

51. Ariberto Mignoli, *Le Assemblee Speciali*, cit., pp. 166 e 169.

Para alguns autores os *Sonderrechte* seriam equivalentes a direitos irrevogáveis (*unentziehbaren Rechte*) pela maioria, abrangendo todos os direitos atribuídos aos acionistas por força do *status socii* (*Mitgliedschaft*) e inderrogáveis pela maioria.[52]

Para outra corrente os direitos especiais seriam apenas os direitos privilegiados (*Vorrechte*) concedidos estatutariamente a acionistas individuais ou a grupos de acionistas, reservando-se as expressões *Einzelrechte* ("direitos próprios") ou *Individualrechte* ("direitos individuais") para os direitos inderrogáveis atribuídos a todos os sócios.[53] Essa distinção baseou-se na doutrina de Laband, que, ainda em 1875, procurou separar os direitos dos sócios (i) decorrentes do *status socii* (*Mitgliedschaft*) e (ii) resultantes de disposições especiais constantes dos estatutos ou de negócios jurídicos, afirmando que somente estes seriam inderrogáveis pela maioria. Em abono à sua tese, Laband citou o § 68,[54] da Parte II, do Título VI, do *Allgemeines Landrecht für die Preußischen Staaten*/ALR, de 1794, e o § 54[55] do *Bürgeliches Gesetzbuch für das Königreich Sachsen*/BGB do Reino da Saxônia, de 1863.[56]

52. Cf., entre outros: Levin Goldschmidt, *System des Handelsrechts mit Einschluss des Wechsel-, See- und Versicherungsrechts im Grundriss*, 4ª ed., Stuttgart, Ferdinand Enke, 1892, p. 135; Karl Lehmann, "Einzelrecht und Mehrheitswille in der Aktiengesellschaft", *Archiv für bürgerliches Recht* 9/344-345, 1894, e principalmente *Das Recht der Aktiengesellschaften*, vol. II, Berlim, Carl Heymanns Verlag, 1904, p. 204; Edmund Alexander, *Die Sonderrechte der Aktionäre*, Berlim, Otto Liebmann, 1892, pp. 2-3.

53. Nesse sentido, por exemplo, é a posição de Gottlieb Bachmann, *Die Sonderrechte des Aktionärs, mit besondere Berücksichtigung des deutschen und schweizerischen Rechts*, cit., pp. 180-181.

54. "§ 68. Os direitos sociais que não cabem a todos os sócios, mas somente a um ou a alguns entre eles, como sócios, não podem ser tolhidos ou limitados por simples maioria contra a sua vontade." No original: "§ 68. Gesellschaftliche Rechte, welche nicht sämmtlichen Mitgliedern, sondern nur einem oder dem andern unter ihnen, als Mitgliede, zukommen, können denselben, wider ihren Willen, durch die bloße Stimmenmehrheit nicht genommen oder eingeschränkt werden".

55. "§ 54. Os direitos especiais dos sócios individuais de uma associação de pessoas não podem ser afetados nem por representantes, nem por decisões dos sócios." No original: "§ 54. Die Sonderrechte einzelner Mitglieder von Personenvereinen können weder durch die Vertreter, noch durch Beschlüsse der Midglieder beeinträchtigt werden".

56. Paul Laband, "Der Begriff der Sonderrecht nach Deutschem Reichsrecht", cit., in *Annalen des Deutschen Reichs für Gesetzgebung, Verwaltung und Statistik*, pp. 1.501-1.503.

Ferri anota que uma interpretação de cunho histórico foi decisiva para que essa segunda corrente prevalecesse. Segundo ele, o § 35 do BGB substituiu o § 68 da Parte II do Título VI do ALR. Exatamente por isso, com a entrada em vigor do BGB predominou a interpretação de que a expressão *Sonderrechte* significaria "direitos privilegiados" (*Vorrechte*). A inderrogabilidade dos *Sonderrechte* (*Vorrechte*) decorreria, assim, do § 35 do BGB, enquanto a inderrogabilidade dos *Einzelrechte* ou dos *Individualrechte* decorreria de outras normas legais ou de preceitos estatutários.[57-58]

Independentemente da influência de uma interpretação histórica no debate, o fato é que a primeira corrente não poderia, mesmo, ter prevalecido. Como demonstrou Herbert Wiedemann, não era recomendável, por vários fundamentos, tentar incluir na terminologia *Sonderrechte* todos os direitos intangíveis derivados do *status socii* (*Mitgliedschaft*). Antes de mais nada, apresentava-se linguisticamente complicado considerar direitos gerais – como o direito à informação, à igualdade de tratamento e o próprio *status socii* como um todo – como direitos especiais. Além disso, a equiparação de direitos especiais aos direitos individuais acabava deixando vazio de conteúdo o § 35 do BGB. Por fim, soava artificial falar em direitos especiais na presença de direitos negativos, como é o caso, na Alemanha, do direito a não ser constrangido, por deliberação da maioria, ao aumento das contribuições societárias. Esses e outros motivos – conclui o autor – levaram o conceito de *Sonderrechte* a repousar exclusivamente sobre a noção de *Vorrechte*, deixando de coincidir com o âmbito total da proteção individual.[59]

Alguns autores acentuam que os debates em torno dos *Sonderrechte* tiveram importância meramente formal, pois a doutrina sempre enxergou nos *Einzelrechte* ou *Individualrechte*, assim como nos *Vorrechte*, a característica da inderrogabilidade, e não se preocupou em fixar distinções

57. Giuseppe Ferri, *La Tutela delle Minoranze nelle Società per Azioni*, cit., p. 24.

58. "Considerados os *Sonderrechte* como direitos reservados, pela lei ou pelos estatutos, a certos acionistas, a uma classe ou grupo deles, havia a necessidade, lógica e jurídica, de se colocar em outra categoria aqueles direitos que, assegurados à generalidade dos acionistas, não podem, em regra, ser suprimidos ou modificados pela vontade da maioria, nem mesmo alguns deles, renunciados pelo acionista. É a categoria dos chamados 'direitos individuais'; uns, absolutamente intangíveis; outros, subordinados ao princípio da igualdade de tratamento" (Trajano de Miranda Valverde, *Sociedades por Ações*, cit., vol. I, p. 375).

59. Herbert Wiedemann, *Gesellschaftsrecht*, cit., vol. I, p. 359.

substanciais entre eles.[60] Mas o fato é que, para além de uma fundamentação conceitual, que se preocupou com a correta delimitação do termo *Sonderrechte*, o debate que se formou na Alemanha também foi enriquecido com uma fundamentação substancial, que buscou justificar a irrevogabilidade dos direitos dos acionistas.[61]

Nessa fundamentação substancial, três teorias podem ser destacadas: a *Wichtigkeits- und Selbständigkeitstheorie* (ou *Vertrauenstheorie*), a *Selbstnützigkeitstheorie* (ou *Eigennützigkeitstheorie*) e a *Grundlagendtheorie*, sendo as duas primeiras de fundo subjetivo e a última de feição mais objetiva.

A *Wichtigkeits- und Selbständigkeitstheorie* foi defendida por Karl Lehmann. Nela, sob declarada influência da teoria das bases essenciais francesa, a irrevogabilidade está baseada na importância da cláusula estatutária para o acionista. Assim, "uma cláusula do estatuto, que é de fundamental importância para quem ingressa na sociedade, não pode ser retirada sem a sua concordância".[62] Direitos especiais, consequentemente, seriam aqueles "de tal importância para acionista médio, que sem eles não teria ingressado na sociedade".[63] Alguns exemplos seriam o direito à participação na liquidação da sociedade, o direito de voto, o direito ao recebimento de dividendos, o direito à concreta organização dos próprios direitos relativos à ação, no que tange à transmissibilidade e à hereditariedade, entre outros.[64]

A fim de evitar as dificuldades que adviriam da atribuição ao próprio sócio da competência para valorar a essencialidade, ou não, de uma cláusula estatutária, Lehmann parte da noção de "acionista médio" (*Durchschnittsaktionär*). Coloca-se, consequentemente, de acordo com a teoria alemã da declaração (da vontade), que se prende não à intenção

60. Giuseppe Ferri, *La Tutela delle Minoranze nelle Società per Azioni*, cit., p. 22; Ariberto Mignoli, *Le Assemblee Speciali*, cit., p. 173, com outras referências.

61. Herbert Wiedemann, *Geselschaftrecht*, cit., vol. I, p. 358-360.

62. Karl Lehmann, "Einzelrecht und Mehrheitswille in der Aktiengesellschaft", cit., *Archiv für bürgerliches Recht* 9/344-345 (tradução livre). No original: "(...) ein Satz des Statutes, der Von fundamentaler Wichtigkeit für den Beitretenden ist, ihm onhe seine Zustimmung nicht genommen werden darf".

63. Karl Lehmann, *Das Recht der Aktiengesellschaften*, cit., vol. II, p. 206 (tradução livre). No original: "(...) die für den Durchschnittsaktionär von solcher Wichtigkeit sind, daβ er ohne sie nicht der Aktiengesellschaft beigetreten wäre".

64. Karl Lehmann, *Das Recht der Aktiengesellschaften*, cit., vol. II, pp. 206 e ss.

real do contratante, mas, sim, à intenção de um tipo médio abstrato de homem racional.[65]

A insuficiência da teoria de Lehmann não decorre apenas do critério subjetivo que lhe dá sustentáculo. Ao se valer da figura do acionista médio, tal teoria abandona o próprio critério de racionalidade que a informa (prevalência do interesse individual como guia para se decidir sobre a essencialidade, ou não, de determinada cláusula estatutária) e acaba por diminuir a proteção que pretendia outorgar ao sócio, pois "nenhum acionista verdadeiro encontrará completa e eficaz tutela nos seus direitos individuais enquanto a lei os reconhece apenas naquela medida que concerne ao tal tipo abstrato de acionista".[66]

A *Selbstnützigkeitstheorie*, por sua vez, baseia-se no elemento "utilidade" e vê como direitos individuais as situações subjetivas postas como úteis para o acionista individualmente considerado. Foi defendida, entre outros, por Paul Oertmann, que somente vê como aceitável a tese "segundo a qual, para o direito especial, em comparação com o mero direito de sócio, a utilidade própria é essencial, enquanto a posição de sócio, [*status socii*] ao menos de acordo com sua ideia, seu significado básico, é predominantemente de interesse geral e deve ser exercida em primeiro lugar no interesse da sociedade".[67]

A *Selbstnützigkeitstheorie* também se demonstrou falha. Em primeiro lugar porque, "se os direitos individuais são concebidos com o objetivo de proteger um interesse pessoal do sócio, a determinação do grau de utilidade de uma situação subjetiva não nos leva a caracterizá-la automaticamente como um direito próprio, sem o concurso de outros fatores".[68] Ademais, não é de todo correto afirmar que os direitos individuais sirvam exclusivamente aos interesses dos sócios. Os direitos dos sócios, inclusive aqueles qualificados como direitos individuais,

65. Jean Du Garreau de La Mêchenie, *Les Droits Propres de l'Actionnaire*, cit., p. 49.

66. Vincenzo Buonocore, *Le Situazioni Soggettive dell'Azionista*, cit., pp. 7-8.

67. Paul Oertmann, *Kommentar zum bürgerlichen Gesetzbuch und seinen Nebengesetzen*, 3ª ed., Berlim, Carl Heymanns Verlag, 1927, p. 143 (tradução livre). No original: "wonach für das Sonderrecht gegenüber dem bloβen Mitgliedschaftsrecht wesentlich ist die Selbstnützigkeit, während die Mitgliedschaft wenigstens nach ihre Idee, ihre Grundsätzlichen Bedeutung vorwiegend gemeinnützig ist, an erster Stelle im Interesse der Gemeinschaft ausgeübt werden soll".

68. Luiz Gastão Paes de Barros Leães, *Do Direito do Acionista ao Dividendo*, cit., p. 269.

cumprem complexas funções societárias, que ultrapassam os interesses meramente individuais dos seus titulares. São outorgados, assim, não só no interesse dos sócios individualmente considerados, mas também no interesse da própria sociedade.[69]

Por fim, cita-se a *Grundlagendtheorie*. Para seus defensores, a definição dos *Sonderrechte* deveria partir dos princípios do direito societário. Assim, por exemplo, Herman Staub e Albert Pinner consideram como *Sonderrecht* "o direito cuja violação contrariaria os princípios fundamentais do direito acionário, sobretudo o princípio da igualdade de direitos, assim como os direitos dos acionistas de participação nos resultados e de coadministração".[70] Trata-se, a toda evidência, de formulação bastante vaga, que, como reconheceram os próprios autores, não garantia nenhuma decisão segura no caso concreto, funcionando apenas como uma baliza objetiva a ser utilizada pelo julgador.[71]

O fato é que, apesar das diversas concepções teóricas, a doutrina alemã não chegou a um consenso na identificação dos *Sonderrechte*. Ainda aqui, como acentua Trajano de Miranda Valverde, não houve poucas divergências.[72]

Semelhante destino foi alcançado pela doutrina suíça quanto à temática dos *wohlerworbenen Rechte*.

O art. 646 do Código de Obrigações suíço, na redação dada pela reforma de 1936 (correspondente ao art. 627 do Código de 1881), dispunha que os acionistas não podiam ser privados, sem seu consentimento, dos *droit acquis* ou *wohlerworbenen Rechte* ("direitos adquiridos") inerentes à sua qualidade de sócios. Dispunha, além disso, que, "como direitos adquiridos são considerados aqueles direitos do acionista que, segundo preceitos de lei ou dos estatutos, são independentes das resoluções da assembleia-geral e da administração, ou nascem do direito de participar da assembleia-geral. A essa classe pertencem, especialmente, a

69. Cf.: Herbert Wiedemann, *Geselschaftrecht*, cit., vol. I, p. 359; Armando Manuel Triunfante, *A Tutela das Minorias nas Sociedades Anônimas: Direitos Individuais*, Coimbra, Coimbra Editora, 2004, p. 36.

70. Herman Staub e Albert Pinner, *Staub's Kommentar zum Handelsgesetzbuch*, 8ª ed., vol. I, Berlim, J. Guttentag, 1906, p. 848. No original: "Sonderrecht ist (...) das Recht, dessen Verletzung den grundlegenden Prinzipien des Aktienrechts, insbesondere dem Prinzip der Gleichberechtigung, sowie dem Rechte der Aktionäre auf Mitgenuβ und Mitverwaltung widersprechen würde".

71. Herman Staub e Albert Pinner, *Staub's Kommentar*... cit., p. 848.

72. Trajano de Miranda Valverde, *Sociedades por Ações*, cit., vol. I, p. 375.

qualidade de membro, o direito de voto, o direito ao dividendo, o direito a uma parte no produto da liquidação".[73]

Como ressalta Steiger, o conteúdo desse dispositivo não trouxe uma verdadeira definição de *wohlerworbenen Rechte*. Na verdade, ciente de que a noção de *Sonderrechte* e de direitos adquiridos nunca foi clara na teoria nem na prática e ciente também das dificuldades de se encontrar uma definição suficiente, o legislador suíço optou apenas por indicar, por meio de exemplos, a direção que se poderia empregar na identificação de tais direitos.[74]

Nada obstante os exemplos trazidos pelo legislador suíço, assim, permaneceu em aberto a dúvida sobre quais seriam os direitos adquiridos do acionista – questão que foi resolvida pela doutrina e pela jurisprudência a partir de uma abordagem mais atenta às especificidades do caso concreto.[75]

#### *3.2.2.1* Segue: a proteção individual no âmbito das sociedades de pessoas e o desenvolvimento da *Kernbereichslehre* (doutrina do núcleo temático) alemã

Também fruto da experiência alemã é a *Kernbereichslehre* (doutrina do núcleo temático), dirigida à proteção individual dos sócios de sociedades de pessoas.[76]

Ao contrário do desenvolvimento ocorrido no âmbito das sociedades anônimas, em que os *Sonderrechte* foram enquadrados como direitos inderrogáveis, no tocante às sociedades de pessoas buscou-se caracterizar os direitos individuais dos sócios como direitos irrenunciáveis.

A distinção operada baseou-se em dois dados essenciais. O primeiro é que nas sociedades de pessoas puras a unanimidade é exigida como regra para as alterações estruturais do contrato. Nessa linha, aliás, dispõe o art. 999 do CC brasileiro. Consequentemente, não há sentido em estabelecer um direito de veto para a proteção individual do sócio

73. A tradução é de Trajano de Miranda Valverde (*Sociedades por Ações*, cit., vol. I, p. 375).

74. Fritz von Steiger, *Le Droit des Sociétés Anonymes en Suisse*, trad. de J. Cosandey, Lausanne, Librairie Payot, 1950, p. 179.

75. Cf. item 3.3.

76. Neste item a exposição seguirá as linhas expostas por Herbert Wiedemann (*Geselschaftrecht*, cit., vol. I, pp. 360-362), com os complementos apresentados pelo professor Erasmo Valladão Azevedo e Novaes França em Curso de Pós-Graduação ministrado na Faculdade de Direito da USP – 2012.

– como o previsto no § 35 do BGB –, pois esse direito já é da essência da sociedade. O segundo dado é que no Direito Alemão as regras das sociedades de pessoas são preponderantemente dispositivas e, portanto, renunciáveis – o que abre espaço para a previsão de deliberações majoritárias excepcionais.

Foi necessário, então, construir uma doutrina dos direitos irrenunciáveis, que garantisse um controle da liberdade individual nas sociedades de pessoas, a partir da aplicação de normas sobre boa-fé e bons costumes. Essa construção foi feita basicamente pela jurisprudência alemã em três etapas:

*1ª etapa*: o Tribunal do *Reich* (*Reichsgericht*) firmou o princípio de que ninguém poderia se submeter, por meio do contrato social, a uma deliberação majoritária que conduzisse a um ilimitado agravamento das obrigações sociais.

*2ª etapa*: esse princípio foi incorporado às sociedades de capitais – como previsto na redação original do § 276 do HGB (Código Comercial alemão) e no § 53, Abs. 3, da GmbHG (Lei das Sociedades Limitadas alemã) – e sofreu uma importante derivação. Dele se extraiu a conclusão de que nas sociedades de pessoas as deliberações por maioria previstas excepcionalmente nos contratos sociais não seriam aplicáveis às matérias estruturais, pois isso poderia significar um agravamento da responsabilidade dos sócios. Ainda nessa segunda etapa discutiu-se e rejeitou-se a possibilidade de cessão do direito de voto a outros sócios ou a terceiros, sob o fundamento de que, nas matérias fundamentais, pertence a todo sócio um direito de codeterminação (*Mitbestimmungsrecht*).

*3ª etapa*: em caso envolvendo sociedade em comandita, a jurisprudência entendeu que a renúncia a um direito de voto é nula tratando-se de uma deliberação que intervenha na situação do sócio enquanto tal. Assim, por exemplo, uma deliberação que possa alterar a limitação da responsabilidade do sócio.

Daí a *Kernbereichslehre*, segundo a qual nas sociedades de pessoas a renúncia ao direito de voto não é possível nos casos tendentes a afetar o cerne da situação do sócio.

Segundo Wiedemann, a *Kernbereichslehre* demonstra que uma renúncia geral ao direito de voto contém, em verdade, exagerado sacrifício à liberdade individual. Aqui, entretanto, a simples possibilidade de que o sócio seja obrigado ou tenha o direito de votar é solução insuficiente, pois, em qualquer caso, estará sujeito à vontade da maioria. Essa doutrina, portanto, é mais bem formulada no sentido de que ao sócio não compete apenas um direito de votar; compete-lhe um direito irrenunciável de aprovação ou de não aprovação da deliberação.[77]

### 3.2.3 *Considerações da doutrina italiana*

Fortemente influenciada pela doutrina alemã e incentivada pelo advento do Código Comercial italiano de 1882, que consagrou o princípio da maioria e atribuiu, pela primeira vez, direitos individuais aos acionistas, a doutrina italiana também se debruçou sobre a problemática dos direitos individuais.

Assim como ocorreu na Alemanha, alguns autores se mostraram céticos quanto à possibilidade de elaboração de uma teoria de validade geral sobre o tema.[78]

Nada obstante, as elaborações que se seguiram constituíram um capítulo importante da história da doutrina dos direitos individuais, pois colocaram em xeque a própria caracterização de alguns desses direitos como direitos subjetivos.

Giuseppe Ferri foi o primeiro autor italiano a tentar construir uma categoria dogmática unitária dos direitos individuais. Antes dele, Alberto Vighi tratou do assunto, mas suas observações se limitaram a uma mera classificação dos direitos dos sócios, não alcançando uma verdadeira teoria sobre os direitos individuais.[79]

77. Herbert Wiedemann, *Geselschaftrecht*, cit., vol. I, p. 362.

78. Cesare Vivante, por exemplo, duvidou de que uma pesquisa nesse campo produzisse algum resultado satisfatório (*Trattato di Diritto Commerciale*, 5ª ed., vol. II, Milão, F. Vallardi, 1929, p. 214, nota 40); e Alfredo De Gregorio chegou a dizer que a construção de uma categoria dogmática dos direitos individuais dos acionistas pareceu sempre menos profícua na doutrina italiana ("Delle società e delle associazioni commerciali (arts. 76 a 250 Cod. Comm.)", in *Il Codice di Commercio Commentato – A Cura di Leone Bolaffio, Alfredo Rocco e Cesare Vivante*, 6ª ed., vol. IV, Turim, UTET, 1938, p. 388, nota 1).

79. Conforme síntese apresentada por Enrico Soprano (*Trattato Teorico-Pratico delle Società Commerciali*, cit., vol. I, pp. 370-371), Vighi classificou os direitos dos sócios em: (i) direitos sociais coletivos completamente sujeitos à vontade da maioria; (ii) direitos sociais coletivos com faculdade de recesso; (iii) direitos sociais individuais (legais ou estatutários) decorrentes da qualidade de sócio e intangíveis, não passíveis de modificação ou supressão pela maioria. Os direitos sociais individuais legais seriam: (a) os que a lei, com norma imperativa de direito público, assegura ao sócio individual e ao grupo de sócios detentores de determinada quota do capital social; (b) direitos que a lei dá ao sócio com norma imperativa, mas derrogável por renúncia direta ou indireta por parte do interessado; (c) direitos individuais que constituem um elemento jurídico essencial do contrato de sociedade. Os direitos

Para Ferri o conceito unitário dos direitos individuais não poderia ser alcançado tomando-se como elemento característico da individualidade algo que, na verdade, é sua consequência (a inderrogabilidade). O critério identificador dos direitos individuais, portanto, deveria ser buscado em sua própria natureza, e não em fatores externos. E a elaboração de uma teoria unitária seria possível e útil se fossem considerados três conceitos que constituem o pressuposto lógico e jurídico desses direitos: a especialidade do direito, o interesse da sociedade e o interesse particular do sócio.[80]

Diante dessas premissas, concluiu que os direitos individuais seriam formados por três categorias de direitos:

> (i) Os direitos concedidos particularmente a alguns dos sócios, mas não a todos (*Vorrechte*). Aqui se leva em consideração a especialidade do direito, que é posto exclusivamente no interesse do sócio e pode, portanto, ser renunciado.
>
> (ii) Os direitos (leia-se "poderes") concedidos ao acionista individualmente considerado para a tutela do interesse social (direito de voto, direito de impugnar as deliberações sociais, direito de administração). Aqui se leva em consideração o interesse da sociedade. Trata-se de direitos essenciais ao contrato de sociedade, não podendo ser tolhidos pela assembleia ou renunciados pelo titular.
>
> (iii) Os direitos concedidos no exclusivo interesse do sócio, podendo ser renunciados pelo titular. Aqui se leva em consideração o interesse particular do sócio (direito de recesso, direitos patrimoniais). Trata-se de direitos que, embora intangíveis pela assembleia, podem ser renunciados pelo titular.[81]

Para Mignoli, contudo, essa tese não poderia ser considerada uma teoria unitária dos direitos individuais, mas sim uma teoria unitária dos

sociais individuais estatutários seriam: (d) direitos individuais que representam uma obrigação diretamente assumida pela sociedade em relação àqueles que figuram como titulares do direito (exemplos: direito de prioridade dos acionistas privilegiados, direito de opção etc.); (e) direitos declarados implícita ou explicitamente como direitos individuais pelo ato constitutivo ou pelo estatuto. Para Vighi havia, ainda, uma categoria intermediária imune à maioria – entre os direitos sociais coletivos e os direitos sociais individuais –, que se formava quando um direito social se transformava em um direito de crédito definitivamente adquirido em relação à sociedade (exemplo: direito ao dividendo fixado pela assembleia). A obra em que Vighi desenvolveu essas ideias é a seguinte: *I Diritti Individuali degli Azionisti*, Parma, 1902.

80. Giuseppe Ferri, *La Tutela delle Minoranze nelle Società per Azioni*, cit., p. 25.

81. Idem, pp. 25-27.

direitos inderrogáveis, pois a inderrogabilidade pela assembleia-geral seria o único elemento recorrente nos três tipos de direitos apresentados por Ferri.[82]

Diferentemente de Ferri, Antigono Donati trabalhou com o conceito de direitos inderrogáveis (renunciáveis e irrenunciáveis pelo sócio), abandonando a terminologia correntemente adotada pela doutrina (*Sonderrechte* e *Individualrechte*).[83] Distinguiu, inicialmente, os direitos legais e os estatutários e afirmou que:

> (i) *Quanto aos direitos legais*, seriam inderrogáveis os estabelecidos por normas de caráter imperativo ou somente derrogáveis por meio de renúncia do próprio sócio, bem como aqueles relativos a um elemento essencial da sociedade.[84] Além de inderrogáveis, seriam: (a) irrenunciáveis, quando estabelecidos por normas cogentes no interesse geral ou social ou configurassem elemento essencial da sociedade; (b) renunciáveis, quando estabelecidos por normas no interesse particular do sócio ou não configurassem elementos essenciais da sociedade.
>
> (ii) *Quanto aos direitos estatutários*, seriam inderrogáveis os assim declarados no estatuto ou cuja alteração ou supressão necessitasse de aprovação unânime dos sócios, mas seriam sempre renunciáveis.[85]

Donati conclui que as deliberações: (i) sobre direitos derrogáveis seriam válidas; (ii) sobre direitos inderrogáveis renunciáveis seriam irrelevantes para o sócio ou nulas, por defeito de legitimação da sociedade, mas válidas quando a renúncia fosse realizada, o que poderia ocorrer com o voto sem reservas em assembleia ou mesmo *a posteriori*, com eficácia *ex tunc*; (iii) sobre direitos inderrogáveis irrenunciáveis seriam nulas, por ilicitude do objeto.

82. Ariberto Mignoli, *Le Assemblee Speciali*, cit., pp. 178-179.

83. Segundo Donati, ou se considera que um direito somente pode ser objeto de disposição pelo seu titular (ou pelo respectivo representante), sendo, então, suficiente falar de direito do sócio, sem qualquer outra qualificação, para referir a indisponibilidade ou inderrogabilidade por parte da assembleia, ou, ao contrário, se considera que terceiros podem dispor de um direito alheio, sendo necessário, assim, falar de direitos inderrogáveis para se referir àqueles que somente podem ser objeto de disposição por seu titular (ou pelo respectivo representante). Assumindo essa última hipótese, Donati adotou a nomenclatura "direito inderrogável" (Antigono Donati, *L'Invalidità della Deliberazione di Assemblea delle Società Anonime*, cit., pp. 133-134, nota 5).

84. Antigono Donati, *L'Invalidità della Deliberazione di Assemblea delle Società Anonime*, cit., p. 135.

85. Idem, p. 137.

A teoria de Donati foi criticada por significar apenas a substituição da nomenclatura "direitos individuais" por "direitos inderrogáveis", com a desvantagem de ser dotada de inexatidão terminológica: a inderrogabilidade refere-se a normas, mas não a direitos,[86] e, embora todos os direitos individuais sejam caracterizados como inderrogáveis, nem todos direitos e situações subjetivas inderrogáveis atribuídos aos acionistas são direitos individuais, como observou De Gregorio.[87]

A partir das críticas que foram dirigidas a Donati, a doutrina italiana passou a formular critérios que pudessem limitar o amplo conjunto de direitos individuais, o que foi acompanhado de sistemática revisão crítica de sua própria caracterização como direitos subjetivos.

Marcante, nesse sentido, foi o estudo desenvolvido por Alessandro Bertini. Para ele, a tutela do interesse do acionista era descrita e explicada quase que exclusivamente a partir da atribuição de um número variado de direitos subjetivos. Havia, portanto, uma tendência exagerada de se vislumbrar, nas situações, posições e possibilidades do acionista, verdadeiros direitos subjetivos, sem um exame mais aprofundado de suas características funcionais e estruturais. Assim, por exemplo, enquanto a noção de direito subjetivo pressupõe um mínimo de liberdade em seu exercício ou disposição e, mesmo, uma obrigação por parte do sujeito passivo, a doutrina identificava vários casos de direitos individuais irrenunciáveis e sem qualquer obrigação correspondente.[88]

Para tentar desfazer essas imprecisões, Bertini concebeu a sociedade anônima como um ordenamento jurídico composto de normas instrumentais e normas materiais. Aquelas governam os instrumentos de criação de outros preceitos; estas impõem deveres e operam diretamente para a composição de conflitos de interesses.[89]

As normas materiais dão lugar a situações subjetivas de dever ou obrigação em relação ao sujeito passivo e asseguram o desenvolvimento

86. Vincenzo Buonocore, *Le Situazioni Soggettive dell'Azionista*, cit., p. 29.

87. "L'inderogabilità può essere un carattere delle norme a protezione di quei diritti che si sono chiamati *individuali*, ma non basta a contraddistinguerli, poichè sono inderogabili anche altre norme sull'ordinamento sociale. E poi c'è una inderogabilità a favore dei soli azionisti, che possono quindi rinunciarvi (ciò che accade anche nel campo dei c.d. diritti individuali) ed una inderogabilità assoluta (...)" (Alfredo De Gregorio, "Delle società e delle associazioni commerciali (arts. 76 a 250 Cod. Comm.)", cit., in *Il Codice di Commercio Commentato – A Cura di Leone Bolaffio, Alfredo Rocco e Cesare Vivante*, 6ª ed., vol. IV, p. 388, nota 1).

88. Alessandro Bertini, *Le Situazioni Giuridiche degli Azionisti*, Milão, Giuffrè, 1951, pp. 56-57 e 71-73.

89. Idem, pp. 14-15.

de um interesse em relação a um bem. O destinatário desses deveres e obrigações (sujeito ativo) tem uma situação favorável, sendo livre para gozá-la ou não e portar-se como quiser caso o dever não seja satisfeito. As normas instrumentais, por sua vez, autorizam o sujeito a formar novas situações jurídicas pelo seu exercício (nascimento, modificação e extinção de preceitos jurídicos e de situações jurídicas correspondentes). Dão lugar, assim, a uma situação jurídica que não é direito subjetivo, mas, sim, poder jurídico, pois o sujeito passivo não ostenta uma obrigação ou dever que deve ser satisfeito em favor do sujeito ativo, mas se encontra em estado de sujeição.[90]

Diante desse quadro, existiriam três tipos de normas aptas a tutelar o interesse dos acionistas: (i) normas instrumentais que delimitam o poder normativo da sociedade e não dão lugar a nenhuma situação subjetiva para acionista, tratando-se de tutela meramente objetiva; (ii) normas instrumentais que se subjetivam como poderes do acionista; (iii) normas materiais que se subjetivam como obrigações do ente social e que têm por correlativos direitos subjetivos dos acionistas.[91]

A conclusão de Bertini é no sentido de que as relações entre os acionistas e a sociedade são dominadas por normas instrumentais, de forma que muitas situações são indevidamente qualificadas como direitos subjetivos dos sócios.[92]

As manifestações doutrinárias que se seguiram de certa forma foram influenciadas por essas observações.

De fato, mesmo os críticos de Bertini reconheceram que seu grande mérito foi ter contribuído para limitar a extensão dos direitos individuais, pois nem todas as normas inderrogáveis da sociedade implicam direitos subjetivos em favor dos acionistas, e tampouco os chamados direitos irrenunciáveis podem ser propriamente considerados como tais.[93]

90. Idem, pp. 32-34.

91. Idem, p. 83.

92. Idem, ibidem.

93. Cf.: Pavone La Rosa, "Recensione a Bertini", *Rivista Trimestrale di Diritto e Procedura Civile* 1954, p. 767; Guido Rossi, "Diritti individuali degli azionisti", *Rivista delle Società* 1957, p. 280; Ariberto Mignoli, *Le Assemblee Speciali*, cit., p. 176. Mignoli, fazendo coro às críticas de De Gregorio a Donati e em contraposição às ideias de Bertini, propôs a categoria unitária dos direitos indisponíveis, verdadeiros *direitos subjetivos* derivados do *status socii* (*Mitgliedschaft*), dos quais o acionista não poderia ser despojado pela sociedade (que não seria legitimada para tanto). Reconheceu, contudo, que, a rigor, nessa categoria somente deveriam ser incluídos os direitos intangíveis pela maioria e passíveis de renúncia pelo sócio. Isso porque os chamados direitos irrenunciáveis não passariam de uma representação subjetiva

Essas ideias levaram a doutrina posterior a excluir do âmbito dos direitos individuais as posições jurídicas decorrentes de normas inderrogáveis por força de lei imperativa. Na base desse entendimento está a percepção de que não faz sentido falar em direitos subjetivos do acionista na presença dessas normas, as quais, em verdade, constituem limites à autonomia privada, e não à competência da assembleia-geral ou à atuação do princípio majoritário. Sua violação, portanto, implica a nulidade da decisão assemblear, sendo irrelevante o consenso de todos os acionistas.[94]

### 3.2.4 *A experiência brasileira*

No Brasil, ao contrário da evolução experimentada nos demais Países já analisados, não houve grandes debates sobre a teoria dos direitos individuais. Limitou-se a nossa doutrina, com efeito, a absorver as ideias estrangeiras e tentar identificar, a partir delas, os direitos intangíveis dos acionistas derivados da legislação brasileira. Mas também entre nós não houve consenso nessa tarefa.

Em julho/1891 o Decreto 434 consolidou as disposições legislativas e regulamentares relativas às sociedades anônimas e manteve as regras anteriores (arts. 128 e ss.).[95] Na sua vigência, a doutrina, claramente

de uma norma objetivamente imperativa, não se acomodando à noção de direito subjetivo (*Le Assemblee Speciali*, cit., pp. 177 e 179-180).

94. Cf.: Tullio Ascarelli, "L'interesse socialle dell'art. 2.441 cd. civile. La teoria dei diritti individuali e il sistema dei vizi delle deliberazioni assembelari", *Rivista delle Societtà* I/113, 1956, modificando em parte entendimento anterior (cf. Tullio Ascarelli, "Sui poteri della maggioranza nelle società per azioni ed alcuni loro limiti", *Rivista del Diritto Commerciale e del Diritto Generale delle Obbligazioni* I/169-197, 1950); Vincenzo Buonocore, *Le Situazioni Soggettive dell'Azionista*, cit., pp. 263 e ss. e 285 e ss.; Giorgio Marasà, "Modifiche del contratto sociale e modifiche dell'atto costitutivo", in *Trattato delle Società per Azioni – Diretto da G. E. Colombo e G. B. Portale*, vol. 6, t. I, Turim, UTET, 1993, p. 103; Giovanni L. Pelizzi, "Sui poteri indisponibili della maggioranza assembleare", *Rivista di Diritto Civile* I/128, 1967, nota 56.

95. É de se ver que após o Decreto 434/1891 foi editado, em 20.10.1891, o Decreto 603/1891 (que aprovou o Regulamento das Sociedades Anônimas), revogado dois meses depois, por ter reconhecidamente ultrapassado os limites meramente regulamentares. Durante sua curta vigência, entretanto, duas alterações merecem destaque. As assembleias-gerais não estavam autorizadas a "mudar ou inverter a essencia da sociedade, salvo por consenso unanime" (art. 179). Além disso, foi instituído um protótipo de direito de recesso na fusão, ao garantir aos dissidentes o "direito de rehaver a quota do capital realizado e ainda a parte que a cada um possa tocar nos lucros porventura accumulados e reputaveis liquidos, á vista do inventa-

influenciada pela experiência europeia, já falava em "direitos próprios e essenciais" dos acionistas como limites ao poder da maioria.

Spencer Vampré, após listar os direitos dos acionistas que têm por base a ação como unidade, anotou que os direitos de participar dos lucros líquidos da sociedade, na proporção do número de ações, e de ceder a participação a terceiros sem consentimento dos demais sócios seriam essenciais, não podendo ser derrogados pelos estatutos.[96] Mais adiante, esclareceu que "o direito da assembléa de modificar ou alterar os estatutos tem limites necessários, derivados da natureza mesma das cousas, da essencia da personalidade jurídica das sociedades anonymas (*Sonderrechte*)", que consiste em que: "(1º) O fim social é produzir fructos que devem ser partilhados. (2º) A responsabilidade dos accionistas é limitada, e não se podem alterar as suas entradas tornando-as mais onerosas. (3º) Não se pode modificar o objeto essencial da sociedade".[97]

J. X. Carvalho de Mendonça, também partindo da doutrina alemã, anotou que os direitos individuais do acionista, previstos em lei, têm por característica "não estarem subordinados em sua existência ou função á vontade da maioria". Enumerou, *taxativamente*, "para não perturbar os negocios sociaes", os seguintes: (a) o direito de conhecer o estado da sociedade, tomando conhecimento, antes da assembleia ordinária, do balanço, da lista de acionistas, do relatório da sociedade e do parecer da comissão fiscal; (b) exigir dos administradores a reunião da assembleia--geral ou convocá-la em caso de não atendimento da exigência; (c) ser tratado no mesmo pé de igualdade de todos os outros acionistas; (d) promover a anulação da sociedade irregularmente constituída e a responsabilização dos fundadores pelos danos havidos; (e) promover a anulação das deliberações das assembleias-gerais ordinária e extraordinária que infringirem a lei ou o estatuto, notadamente a que aprovar o balanço e as contas dos administradores, se decorrer de erro, fraude ou simulação; (f) haver dos administradores indenização por perdas e danos da violação da lei ou do estatuto; (g) pedir, por ação ordinária, a dissolução

rio e balanço da sociedade, que tiverem servido de base para os calculos da fusão, mediante arbitramento judicial" (art. 282, *caput*). Interessante observar, ainda, que esse direito estava "subordinado á clausula de não haver desfalque do capital, occorrido anteriormente á fusão, pois, havendo-o e não estando o capital reintegrado, aos dissidentes só é licito reclamar a quota que *pro rata* lhes possa caber" (art. 282, parágrafo único).

96. Spencer Vampré, *Das Sociedades Anonymas. Comentario á Consolidação das Leis sobre Sociedades Anonymas e em Comandita por Acções (Decreto 434, de 4 de Julho de 1891)*, São Paulo, Pocai-Weiss & C., 1914, pp. 52-53.

97. Idem, p. 359.

da sociedade quando esta não preencher o seu fim; (h) pedir a exibição integral dos livros da sociedade em determinados casos; (i) apresentar queixa contra fundadores, administradores e membros do conselho fiscal pelos crimes definidos nos arts. 200 a 203 do Decreto 434/1891; (j) requerer a falência da sociedade no caso de perda de três quartos ou mais do capital social; (k) convocar assembleia-geral extraordinária se os administradores não atenderem, no prazo de oito dias, a requerimento motivado de acionistas em número não inferior a sete e representativos de um quinto do capital social.[98]

Hermano de Villemor Amaral também entendeu como intangíveis pelas deliberações da assembleia-geral os direitos próprios dos acionistas, em enumeração coincidente com aquela feita por Thaller.[99]

Trajano de Miranda Valverde, por outro lado, após explicitar a doutrina alemã relativa aos *Sonderrechte*, fixou como direitos individuais dos acionistas, inderrogáveis, irrenunciáveis e assegurados por diversas garantias individuais: (i) "o direito de participar nos lucros da sociedade e no remanescente do ativo social, no caso de liquidação dela, de acôrdo com o contingente com que entrou para a formação do capital social", e (ii) "o direito de fiscalizar o funcionamento da sociedade, vale dizer, a gestão dos negocios sociais".[100]

Valverde foi, mais tarde, o autor do projeto que redundou no Decreto-lei 2.627/1940. Esse diploma, adotando melhor técnica que a da legislação anterior, enumerou os direitos individuais dos acionistas, assegurando sua inderrogabilidade pelos estatutos e pela assembleia-geral, proteção que também foi concedida às *garantias individuais*, previstas na lei, para salvaguarda daqueles direitos (art. 78). Foram alçados à condição de direitos individuais do acionista, autênticos direitos subjetivos, na acepção de Luiz Gastão Paes de Barros Leães:[101] a participação nos

98. João Xavier Carvalho de Mendonça, *Tratado de Direito Commercial Brasileiro*, vol. III, Rio de Janeiro, Freitas Bastos, 1933, pp. 457-460.

99. Hermano de Villemor Amaral, *Codigo das Sociedades Anonymas*, Rio de Janeiro, F. Briguiet & Cia. Editores, 1936, p. 96.

100. Trajano de Miranda Valverde, *Sociedades Anônimas*, Rio de Janeiro, Borsói, 1937, pp. 302-303.

101. "Êsses direitos, somados a podêres, ônus e obrigações atinentes aos acionistas, compõem o chamado *status socii*, que se define como a posição do sócio dentro da coletividade social, e pressuposto comum e constante de tais direitos e deveres. Nesse complexo, os direitos mínimos enumerados constituem autênticos direitos subjetivos, pois consubstanciam podêres de ação conferidos aos acionistas para satisfação de seus interesses, em conformidade com a norma jurídica" (Luiz Gastão Paes de Barros Leães, *Do Direito do Acionista ao Dividendo*, cit., pp. 302-303).

lucros sociais e no acervo social em caso de liquidação da sociedade, observada a igualdade de tratamento para os acionistas da mesma classe ou categoria; a fiscalização da gestão social; a preferência para a subscrição de ações em caso de aumento de capital; o recesso nos casos previstos na lei. Segundo Valverde, a enumeração feita inspirou-se "no sistema político da Constituição Federal, na parte em que esta define os direitos e as garantias individuais".[102]

A mesma enumeração foi mantida, com pequena alteração na redação, no art. 109 da Lei 6.404/1976. O direito de preferência para subscrição alcança, agora, também partes beneficiárias conversíveis, debêntures conversíveis e bônus de subscrição, observadas as limitações dos arts. 171 e 172. Além disso, o princípio da igualdade de tratamento, antes formalmente atrelado aos direitos de participação nos lucros e no acervo social em caso de liquidação, ganhou destaque no § 1º, e agora é mais bem visualizado. Aponta a doutrina, entretanto, que o elenco de direitos individuais não se esgota nesse dispositivo[103] e que o § 3º – incluído pela Lei 10.303/2001 –, que prevê a possibilidade do uso de arbitragem para a solução de controvérsias, não encerra verdadeiro direito individual.[104]

102. Trajano de Miranda Valverde, *Sociedades por Ações*, cit., vol. I, p. 376.

103. Para Modesto Carvalhosa seriam também direitos individuais dos acionistas previstos na Lei 6.404/1976: (a) direito de tratamento igualitário na alienação de controle da companhia, mediante oferta pública simultânea (art. 254-A); (b) direito do acionista de livremente negociar suas ações, não podendo as eventuais limitações estatutárias da companhia fechada impedir o exercício de tal direito (art. 36); (c) prerrogativa do acionista de negociar direitos patrimoniais isolados, tais como os de subscrição preferencial (art. 171); (d) direito de participar das assembleias e nelas discutir os assuntos da pauta (art. 125); (e) direito de exigir a autenticação de cópia ou exemplar das propostas, proposições, protestos e declarações de voto oferecidos em assembleia-geral cuja ata seja lavrada de forma sumária (art. 130); (f) direito de requerer a redução por escrito dos esclarecimentos prestados pelos administradores e de exigir o fornecimento pela Mesa da assembleia da respectiva cópia na forma prevista no art. 157; (g) direito de convocar assembleia-geral quando os administradores retardarem por mais de 60 dias a convocação prevista em lei ou no estatuto (art. 123); (h) direito de propor ação de responsabilidade contra administradores, em nome próprio ou por substituição processual da companhia (art. 159); (i) direito de propor ação de anulação dos atos constitutivos da companhia (art. 206) (Modesto Carvalhosa, *Comentários à Lei de Sociedades Anônimas*, cit., 4ª ed., 2º vol., pp. 341-342).

104. Haroldo Malheiros Duclerc Verçosa, *Curso de Direito Comercial*, 2ª ed., vol. 3, São Paulo, Malheiros Editores, 2012, pp. 340-341.

### *3.3 Terceiro período: o declínio da teoria dos direitos individuais e a passagem a um sistema móvel de proteção do acionista*

Apesar dos intensos debates que suscitou, a doutrina dos direitos individuais não foi capaz de alcançar conclusões unívocas, revelando-se, ao fim e ao cabo, extremamente fragmentada e heterogênea. Em seu terceiro e último período evolutivo, portanto, entra em declínio.

Três fatores principais contribuíram para esse movimento, que tem início, segundo Buonocore, quando, superada a concepção jusnaturalista e reduzido o Direito à lei e à norma técnica, a multiplicação dos pretensos direitos individuais se revelou um atraso ao pleno desenvolvimento da vida social, sem alcançar a proteção almejada.[105]

Em primeiro lugar, houve a percepção de que um sistema de proteção individual do acionista baseado inteiramente no conceito de direito individual é inadequado e ineficaz. E isso por ser – como anotou Herbert Wiedemann – muito pouco flexível, quer sob o plano da *fattispecie*, quer sob o das consequências jurídicas. Sob o plano da *fattispecie*, pois a delimitação das esferas individual e social não pode ser feita a partir de um *conceito*, senão de forma geral, limitada e rígida – ou seja: abstraindo-se a estrutura da organização societária, a forma de participação do sócio e as situações concretas sempre relevantes em uma sociedade anônima cada vez mais dinâmica. Seria muito difícil – para não dizer impossível –, portanto, incluir em um único conceito todos os direitos individuais do acionista. Sob o plano das consequências jurídicas, além disso, porque o direito de veto às deliberações societárias não é o único e nem o mais eficiente instrumento a assegurar a proteção do acionista, podendo-se pensar também, por exemplo, no controle judicial das deliberações societárias e em instrumentos de compensação e indenização aos sócios prejudicados pela maioria.[106]

Em segundo lugar, a superação do paradigma da maioria ocasional pelo paradigma da maioria estável e duradoura. A proteção individual do acionista foi cunhada sob a premissa de que a formação da vontade social se dá por meio de maiorias meramente ocasionais, "filhas do acaso", de forma que o acionista sempre poderia influenciar e compor a maioria com sua manifestação e voto. O abandono dessa distorcida

105. Vincenzo Buonocore, *Le Situazioni Soggettive dell'Azionista*, cit., pp. 41-42.

106. Herbert Wiedemann, *Gesellschaftsrecht*, cit., vol. I, p. 359.

visão da realidade, ainda que inexplicavelmente tardio, levou a doutrina e mesmo as legislações a voltarem suas atenções para outras formas de proteção do acionista.

Em terceiro lugar, as dificuldades de enquadrar todos os pretensos direitos individuais dos acionistas como verdadeiros direitos subjetivos, no sentido tradicional civilístico, tema que foi trabalhado criticamente pela doutrina italiana.[107]

Muda-se, então, a perspectiva.

Concebe-se que, para garantir a funcionalidade da sociedade, os interesses meramente individuais devem ceder espaço ao interesse coletivo. Com base nessa ideia, as opções políticas e a evolução legislativa verificadas em vários sistemas jurídicos reprimem a "tendência inflacionista" observada nos primórdios das teorias dos direitos individuais. Enquanto se multiplicam os poderes e faculdades tidos como instrumentais ao bom funcionamento da sociedade, aqueles dirigidos à satisfação de interesses meramente individuais tornam-se mínimos.[108] Caminha-se, assim, mais em direção a uma tutela da minoria.

Paralelamente, a anterior busca por uma esfera individual pré-constituída, inerente à qualidade de sócio e moldada por um número variável de direitos subjetivos, é substituída pela individualização de regras mais elásticas, capazes de evitar e reprimir os abusos do princípio da maioria. O foco deixa de repousar sobre a intangibilidade ontológica dos direitos individuais e recai sobre a análise em concreto do exercício do poder dentro da sociedade.

Verifica-se, assim, a passagem de um sistema pensado *exclusivamente* a partir de limites externos e abstratos ao poder da maioria (fundado no conceito de direitos individuais) a um sistema móvel de limites concretos fundado na noção de abuso de poder.[109] Nesse sistema móvel

107. Além da síntese exposta no item 3.2.3, sempre digna de nota é a doutrina de Paolo Ferro-Luzzi, para quem inexiste direito subjetivo dentro do fenômeno societário, sob o pressuposto de que as normas de direito societário não são destinadas a regular relações intersubjetivas, mas, sim, relações intrassubjetivas e procedimentos organizativos dirigidos a permitir a atuação coletiva na persecução do interesse comum (*I Contratti Associativi*, Milão, Giuffrè, 1974, *passim*).

108. Dominique Schmidt, *Les Droits de la Minorité dans la Société Anonyme*, cit., p. 42.

109. Vincenzo Pinto, *Funzione Amministrativa e Diritti degli Azionisti*, Turim, Giappichelli, 2008, p. 8; Waldírio Bulgarelli, *Regime Jurídico da Proteção às Minorias nas S/A – De Acordo com a Reforma da Lei 6.404/1976*, cit., pp. 47-48.

não há uma hierarquia rígida entre a esfera coletiva e a individual. A prevalência de uma ou outra deve ser afirmada *no caso concreto*, a partir da análise da estrutura societária e do *status socii*.[110]

Significativas nesse sentido são a doutrina de Karl Wieland e a evolução interpretativa conferida na Suíça ao conceito de *wohlerworbenen Rechte* ("direitos adquiridos").

Já no início da década de 30 do século passado, Wieland, atento à necessidade de uma técnica de tutela do acionista mais maleável, propôs a distinção entre *Sonderrechte* absolutos (*unbedingte Sonderrechte*) e *Sonderrechte* limitados (*bedingte oder beschränkte Sonderrechte)*. Enquanto em relação aos primeiros seria vedada a supressão ou limitação pela maioria, os últimos somente estavam protegidos contra intervenções arbitrárias, substanciais e evidentemente injustificadas, de forma que apenas seu núcleo, não seu inteiro conteúdo, era incluído como verdadeiro *Sonderrecht*.[111]

Nessa mesma base, a doutrina e a jurisprudência suíças, a fim de diminuir a rigidez da proteção absoluta conferida aos direitos adquiridos (*wohlerworbenen Rechte*) do art. 646 do Código de Obrigações suíço, passaram a utilizar a técnica de ponderação de interesses (*Interesseabwägung*) para configurar, *caso a caso*, determinada situação jurídica como direito adquirido.[112] Assim, dentro dessa categoria, acabaram por distinguir um núcleo restrito de direitos *absolutos*, realmente intangíveis pela maioria, e uma ampla gama de direitos *relativos*, passíveis, a princípio, de limitação mediante justificação adequada.[113]

110. Herbert Wiedemann, *Gesellschaftsrecht*, cit., vol. I, p. 363. Para Pier G. Jaeger, Francesco Denozza e Alberto Toffoletto é pouco provável que se possa, hoje, afirmar categoricamente que dada posição jurídica do acionista é absolutamente intangível pela maioria, pois "a intangibilidade de cada posição deve ser justificada caso a caso e não se pode excluir que até mesmo uma posição (...) normalmente intangível possa em certas circunstâncias ser prejudicada por uma decisão majoritária" (*Appunti di Diritto Commerciale*, 6ª ed., vol. I, Milão, Giuffrè, 2006, p. 322).

111. Karl Wieland, *Handelsrecht*, cit., vol. II, pp. 186-187 e 194-196.

112. Cf. Vincenzo Buonocore, *Le Situazioni Soggettive dell'Azionista*, cit., p. 20, nota 52.

113. Cf. Vincenzo Pinto, *Funzione Amministrativa e Diritti degli Azionisti*, cit., p. 8, nota 18. Como anota o mesmo autor, na reforma operada em 1991 o legislador suíço revogou o art. 646 do Código de Obrigações. Suprimiu, com isso, o conceito de *wohlerworbenen Rechte*, mas não se descuidou da necessidade de tutela ali contida. Isso porque na mesma reforma, como medida substitutiva, introduziu uma ação de nulidade pelas deliberações tomadas pela assembleia-geral (art. 704b) e pelo conselho de administração (art. 714), a qual, segundo a doutrina, pode ser ajuizada também pela supressão ou limitação de um direito inderrogável do acionista.

A adoção desse sistema móvel acabou por proporcionar uma aproximação entre os métodos de tutela empregados nos sistemas de *Civil Law* e de *Common Law*.[114]

Assim, na feliz síntese de Alessandro Cerrai e Alberto Mazzoni, a tutela individual é relativizada: adquire flexibilidade, mas diminui em intensidade. Obtém flexibilidade, pois passa a ser instrumentalizada também por meio de posições jurídicas ativas que, a rigor, não são enquadráveis como direitos subjetivos. Diminui em intensidade, por outro lado, porque se reduzem o número e o vigor das posições dotadas de proteção absoluta e alçadas ao grau de direitos individuais,[115] que, de resto, superada uma concepção jusnaturalista, passam a ser previstas expressamente na lei ou resultam de algum princípio informativo da sociedade anônima.[116]

114. Nos ordenamentos de *Common Law*, com efeito, a proteção dos acionistas contra as investidas da maioria adquiriu maior flexibilidade, porque foi tradicionalmente pensada a partir da impossibilidade de realização de atos fora do objeto social (*ultra vires doctrine*) e de uma maior liberdade do juiz diante das especificidades do caso concreto, e não por meio de rígidos direitos subjetivos (cf.: Vincenzo Buonocore, *Le Situazioni Soggettive dell'Azionista*, cit., pp. 42-46; Alessandro Cerrai e Alberto Mazzoni, "La tutela del socio e delle minoranze", cit., in Pietro Abbadessa e Angel Rojo (orgs.), *Il Diritto delle Società per Azioni: Problemi, Esperienze, Progetti*, pp. 346-348 e 371).

115. Alessandro Cerrai e Alberto Mazzoni, "La tutela del socio e delle minoranze", cit., in Pietro Abbadessa e Angel Rojo (orgs.), *Il Diritto delle Società per Azioni: Problemi, Esperienze, Progetti*, pp. 345-346.

116. Pier G. Jaeger, Francesco Denozza e Alberto Toffoletto, *Appunti di Diritto Commerciale*, cit., 6ª ed., vol. I, p. 322. Nesse tema são diferentes as soluções adotadas. A enumeração legal dos direitos individuais é prevista em alguns Países e rotineiramente acompanhada de críticas da doutrina, por não ser completa. Esse é caso, por exemplo, do Brasil, como já visto (cf. item 3.2.4, nota 103), e também da Espanha (art. 48, n. 2, da antiga Lei das S/A) e de Portugal (art. 21 do Decreto-lei 262/1986), conforme demonstra Armando Manuel Triunfante (*A Tutela das Minorias nas Sociedades Anônimas: Direitos Individuais*, cit., pp. 52-54). Na Espanha, o art. 93 da nova Lei das Sociedades de Capital (texto consolidado pelo Decreto Real Legislativo 1/2010) praticamente repete a enumeração da lei anterior e provavelmente receberá as mesmas críticas da doutrina. Na França, na ausência de uma enumeração explícita legal, a doutrina tem apontado os seguintes direitos individuais, com suas respectivas exceções e limitações: (i) fazer parte da sociedade; (ii) não ser constrangido ao aumento das contribuições sociais; (iii) concorrer ao exercício do poder deliberante votando na assembleia, após receber as informações necessárias; (iv) participar dos resultados e das reservas constituídas; (v) negociar as ações e retirar-se livremente da sociedade; (vi) promover a nulidade de decisões irregulares e a responsabilidade de administradores (cf. Georges Ripert e René Roblot, *Traité de Droit Commercial*, 17ª ed., t. I, Paris, LGDJ, 1998, pp. 1.173-1.195). Na Itália, uma reforma operada em 2001 modificou em parte o quadro construído até então

No ponto atual de sua linha evolutiva, portanto, os direitos individuais do acionista, antes instrumentos únicos de proteção do acionista e dependentes de uma verdadeira teoria geral, tornam-se garantia mínima e questão a ser resolvida a partir dos contornos estritos do direito positivo de cada sistema jurídico.[117] É que nesse campo – assinalou Gudesteu Pires, com certa dose de razão – não há outra solução a não ser a expressa definição legal de tais "direitos", pois nada há neles em comum a não ser sua intangibilidade.[118]

## 4. *Síntese conclusiva*

A doutrina dos direitos individuais surgiu e se desenvolveu, sob os princípios do liberalismo e do jusnaturalismo, sob a premissa de que a tutela do acionista deveria ser moldada em torno da categoria de direito (subjetivo) individual.

Entretanto, o fracasso na tentativa de se estabelecer um mínimo dogmático, o reconhecimento de que outras técnicas seriam mais adequadas a tutelar o acionista e as críticas lançadas contra a caracterização

pela doutrina e pela jurisprudência. Para uma análise abrangente da situação antes e depois das modificações, cf. Francesco Galgano e Riccardo Genghini, "Il nuovo diritto societario", in *Trattato di Diritto Commerciale e di Diritto Pubblico dell'Economia – Diretto da Francesco Galgano*, 3ª ed., vol. 29, t. I, Pádua, CEDAM, 2006, pp. 579 e ss. Na Alemanha, Herbert Wiedemann estrutura os direitos individuais dos acionistas em: (i) direitos de coparticipação, que englobam direitos de participar da assembleia-geral e da administração da sociedade; (ii) direitos patrimoniais, que compreendem o direito de participar dos lucros e do acervo em caso de liquidação e o direito de reembolso; (iii) direitos de fiscalização, nos quais se incluem os direitos de informação e verificação, as ações sociais e anulatórias de deliberações sociais; (iv) direitos dissolutórios, ou seja, os direitos de retirada e de requerer a dissolução da sociedade (*Gesellschaftsrecht*, cit., vol. I, pp. 365 e ss.).

117. "(...) ciò che conta in realtà, è stabilire se una norma dell'ordinamento, esplicita o implicita, dà al singolo un potere di agire, previa libera valutazione della propria convenienza a farlo; quali siano le condizioni di esercizio legittimo di tal potere e, ai fini in particolare di quest'ultimo giudizio, quale sia la natura dell'interesse (...) che la norma intende tutelare; il che, si badi, è di volta in volta e in ciascun ordinamento quesito da risolvere in termini di stretto diritto positivo, non (o, per lo meno, non più) in termini ontologici o di preferenza ideologica per un qualche modello astratto di disciplina della S.p.A." (Alessandro Cerrai e Alberto Mazzoni, "La tutela del socio...", cit., pp. 374-375).

118. "Mezger acentua, com todo fundamento, que não se pode encontrar nenhuma definição dos direitos intangíveis, a não ser que se trata de direitos subtraídos ao voto da assembleia-geral, e acrescenta que tais direitos deviam ser enumerados na lei da sociedade por ações" (Gudesteu Pires, *Manual das Sociedades Anônimas*, Rio de Janeiro, Freitas Bastos, 1942, p. 178).

de muitos dos direitos individuais como direitos subjetivos impuseram, progressivamente, certo desinteresse dos teóricos pelo tema.

A imprecisão terminológica e dogmática da doutrina foi superada pela tendência, observada em vários sistemas, de se fixar legislativamente quais situações favoráveis ao acionista devem ser vistas como imunes aos avanços da maioria. Reconhece-se que essas situações favoráveis, qualificando-se ou não como direitos subjetivos, enquadrando-se ou não no tipo teórico idealizado (dos direitos individuais), constituem instrumentos de tutela do acionista.

A tutela do acionista, ademais, passou a ser instrumentalizada também a partir do estabelecimento de limites internos e móveis à atuação da maioria, em verdadeiro sistema móvel, mais adequado a uma sociedade anônima cada vez mais dinâmica.

Mas talvez seja exagerado entender que a teoria dos direitos individuais esteja fulminada ou ultrapassada. Trata-se de tema clássico, que, na condição de instrumento de gestão de conflitos societários, sempre poderá ser remodelado, na busca de soluções para problemas presentes.

## *Bibliografia*

ABBADESSA, Pietro, e ROJO, Angel (orgs.). *Il Diritto delle Società per Azioni: Problemi, Esperienze, Progetti*. Milão, Giuffrè, 1993.

ALEXANDER, Edmund. *Die Sonderrechte der Aktionäre*. Berlim, Otto Liebmann, 1892.

AMARAL, Hermano de Villemor. *Codigo das Sociedades Anonymas*. Rio de Janeiro, F. Briguiet & Cia. Editores, 1936.

ASCARELLI, Tullio. "L'interesse socialle dell'art. 2.441 cd. civile. La teoria dei diritti individuali e il sistema dei vizi delle deliberazioni assembelari". *Rivista delle Socièttà* I/93-118. 1956.

_________. *Problemas das Sociedades Anônimas e Direito Comparado*. São Paulo, Saraiva, 1945.

_________. "Sui poteri della maggioranza nelle società per azioni ed alcuni loro limiti". *Rivista del Diritto Commerciale e del Diritto Generale delle Obbligazioni* I/169-197. 1950.

BACHMANN, Gottlieb. *Die Sonderrechte des Aktionärs, mit besondere Berücksichtigung des deutschen und schweizerischen Rechts*. Zurique, Schultheß, 1902.

BERTINI, Alessandro. *Le Situazioni Giuridiche degli Azionisti*. Milão, Giuffrè, 1951.

BOSVIEUX, Henry, e HOUPIN, Charles. *Traité Général Théorique et Pratique des Sociétés Civiles et Commerciales e des Associations (avec Formules)*. 6ª ed., t. II. Paris, Journal des Notaires et des Avocats, 1927.

BOURCART, G. *De l'Organisation et des Pouvoirs des Assemblées-Générales dans les Sociétés par Actions Notamment au Point de Vue des Modifications à Apporter aux Statuts*. Paris, LGDJ, 1905.

BOURGUIGNAT, Auguste, e MATHIEU, Auguste. *Commentaire de la Loi sur les Sociétés du 24-29 Juillet, 1867*. Paris, Cosse, Marchal et Cie., 1868.

BULGARELLI, Waldírio. *Regime Jurídico da Proteção às Minorias nas S/A – De Acordo com a Reforma da Lei 6.404/1976*. Rio de Janeiro, Renovar, 1998.

BUONOCORE, Vicenzo. *Le Situazioni Soggettive dell'Azionista*. Nápoles, Morano, 1950.

CARVALHO DE MENDONÇA, João Xavier. *Tratado de Direito Commercial Brasileiro*. vol. III. Rio de Janeiro, Freitas Bastos, 1933.

CARVALHOSA, Modesto. *Comentários à Lei de Sociedades Anônimas*. 4ª ed., 2º vol. São Paulo, Saraiva, 2009.

CERRAI, Alessandro, e MAZZONI, Alberto. "La tutela del socio e delle minoranze". In: ABBADESSA, Pietro, e ROJO, Angel (orgs.). *Il Diritto delle Società per Azioni: Problemi, Esperienze, Progetti*. Milão, Giuffrè, 1993 (pp. 339-435).

DAVID, René. *La Protection des Minorités dans les Sociétés par Actions*. Paris, Recueil Sirey, 1929.

DE COURCY, Alfred. *Les Sociétés Anonymes*. Paris, Armand Anger, 1869.

DE GREGORIO, Alfredo. "Delle società e delle associazioni commerciali (arts. 76 a 250 Cod. Comm.)". In: *Il Codice di Commercio Commentato – A Cura di Leone Bolaffio, Alfredo Rocco e Cesare Vivante*. 6ª ed., vol. IV. Turim, UTET, 1938.

DENOZZA, Francesco, JAEGER, Pier G., e TOFFOLETTO, Alberto. *Appunti di Diritto Commerciale*. 6ª ed., vol. I. Milão, Giuffrè, 2006.

DONATI, Antigono. *L'Invalidità della Deliberazione di Assemblea delle Società Anonime*. Milão, Giuffrè, 1937.

ESCARRA, Edouard, ESCARRA, Jean, e RAULT, Jean. *Traité Théorique et Pratique de Droit Commercial. Les Sociétés Commerciales*. t. III. Paris, Recueil Sirey, 1955.

FERRI, Giuseppe. *La Tutela delle Minoranze nelle Società per Azioni*. Pádua, CEDAM, 1932.

FERRO-LUZZI, Paolo. *I Contratti Associativi*. Milão, Giuffrè, 1974.

GALGANO, Francesco. ***Lex Mercatoria**. Storia del Diritto Commerciale*. Bolonha, Il Mulino, 2007.

__________, e GENGHINI, Riccardo. "Il nuovo diritto societario". In: *Trattato di Diritto Commerciale e di Diritto Pubblico dell'Economia – Diretto da Francesco Galgano*. 3ª ed., vol. 29, t. I. Pádua, CEDAM, 2006.

GENGHINI, Riccardo, e GALGANO, Francesco. "Il nuovo diritto societario". In: *Trattato di Diritto Commerciale e di Diritto Pubblico dell'Economia – Diretto da Francesco Galgano*. 3ª ed., vol. 29, t. I. Pádua, CEDAM, 2006.

GOLDSCHMIDT, Levin. *System des Handelsrechts mit Einschluss des Wechsel-, See- und Versicherungsrechts im Grundriss*. 4ª ed. Stuttgart, Ferdinand Enke, 1892.

GUERREIRO, José Alexandre Tavares, e TEIXEIRA, Egberto Lacerda. *Das Sociedades Anônimas no Direito Brasileiro*. vol. I. São Paulo, José Bushatsky Editor, 1979.

HOUPIN, Charles, e BOSVIEUX, Henry. *Traité Général Théorique et Pratique des Sociétés Civiles et Commerciales e des Associations (avec Formules)*. 6ª ed., t. II. Paris, Journal des Notaires et des Avocats, 1927.

JAEGER, Pier G., DENOZZA, Francesco, e TOFFOLETTO, Alberto. *Appunti di Diritto Commerciale*. 6ª ed., vol. I. Milão, Giuffrè, 2006.

LA MÊCHENIE, Jean Du Garreau de. *Les Droits Propres de l'Actionnaire*. Paris, Recueil Sirey, 1937.

LA ROSA, Pavone. "Recensione a Bertini". *Rivista Trimestrale di Diritto e Procedura Civile* 1954 (pp. 761-768).

LABAND, Enrico. "Der Begriff der Sonderrecht nach Deutschem Reichsrecht". In: *Annalen des Deutschen Reichs für Gesetzgebung, Verwaltung und Statistik*. Lípsia, G. Hirth, 1874 (pp. 1.487-1.524).

LAMY FILHO, Alfredo, e PEDREIRA, José Luiz Bulhões. *A Lei das S/A*. Rio de Janeiro, Renovar, 1992.

LEÃES, Luiz Gastão Paes de Barros. *Do Direito do Acionista ao Dividendo*. São Paulo, Obelisco, 1969.

LEHMANN, Karl. *Das Recht der Aktiengesellschaften*. vol. II. Berlim, Carl Heymanns Verlag, 1904.

_________. "Einzelrecht und Mehrheitswille in der Aktiengesellschaft". *Archiv für bürgerliches Recht* 9/297-396. 1894.

LUCENA, José Waldecy. *Das Sociedades Anônimas: Comentários à Lei*. vol. I. Rio de Janeiro, Renovar, 2009.

LYON-CAEN, Charles, e RENAULT, Louis. *Traité de Droit Commercial*. 4ª ed., t. II, Segunda Parte. Paris, LGDJ, 1909.

MARASÀ, Giorgio. "Modifiche del contratto sociale e modifiche dell'atto costitutivo". In: *Trattato delle Società per Azioni – Diretto da G. E. Colombo e G. B. Portale*. vol. 6, t. I. Turim, UTET, 1993 (pp. 3-129).

MATHIEU, Auguste, e BOURGUIGNAT, Auguste. *Commentaire de la Loi sur les Sociétés du 24-29 Juillet, 1867*. Paris, Cosse, Marchal et Cie., 1868.

MAZZONI, Alberto, e CERRAI, Alessandro. "La tutela del socio e delle minoranze". In: ABBADESSA, Pietro, e ROJO, Angel (orgs.). *Il Diritto delle Società per Azioni: Problemi, Esperienze, Progetti*. Milão, Giuffrè, 1993 (pp. 339-435).

MIGNOLI, Ariberto. *Le Assemblee Speciali*. Milão, Giuffrè, 1960.

OERTMANN, Paul. *Kommentar zum bürgerlichen Gesetzbuch und seinen Nebengesetzen*. 3ª ed. Berlim, Carl Heymanns Verlag, 1927.

PEDREIRA, José Luiz Bulhões, e LAMY FILHO, Alfredo. *A Lei das S/A*. Rio de Janeiro, Renovar, 1992.

PELIZZI, Giovanni L. "Sui poteri indisponibili della maggioranza assembleare". *Rivista di Diritto Civile* I/113-228. 1967.

PINNER, Albert, e STAUB, Herman. *Staub's Kommentar zum Handelsgesetzbuch.* 8ª ed.., vol. I. Berlim, J. Guttentag, 1906.

PINTO, Vincenzo. *Funzione Amministrativa e Diritti degli Azionisti.* Turim, Giappichelli, 2008.

PIRES, Gudesteu. *Manual das Sociedades Anônimas.* Rio de Janeiro, Freitas Bastos, 1942.

PONTES DE MIRANDA, Francisco Cavalcanti. *Tratado de Direito Privado.* 3ª ed., t. L. Rio de Janeiro, Borsói, 1970.

RAULT, Jean, ESCARRA, Edouard, e ESCARRA, Jean. *Traité Théorique et Pratique de Droit Commercial. Les Sociétés Commerciales.* t. III. Paris, Recueil Sirey, 1955.

RENAUD, Achilles. *Das Recht der Actiengesellschaften.* 2ª ed. Lípsia, Bernhard Tauchnitz, 1875.

RENAULT, Louis, e LYON-CAEN, Charles. *Traité de Droit Commercial.* 4ª ed., t. II, Segunda Parte. Paris, LGDJ, 1909.

RIPERT, Georges, e ROBLOT, René. *Traité de Droit Commercial.* 17ª ed., t. I. Paris, LGDJ, 1998.

RIVIÈRE, Hippolyte Féréol. *Commentaire sur la Loi du 24 Juillet 1867 sur les Sociétés.* Paris, A. Marescq Ainé, 1868.

ROBLOT, René, e RIPERT, Georges. *Traité de Droit Commercial.* 17ª ed., t. I. Paris, LGDJ, 1998.

ROJO, Angel, e ABBADESSA, Pietro (orgs.). *Il Diritto delle Società per Azioni: Problemi, Esperienze, Progetti.* Milão, Giuffrè, 1993.

ROSSI, Guido. "Diritti individuali degli azionisti". *Rivista delle Società* 1957 (pp. 272-293).

SCHMIDT, Dominique. *Les Droits de la Minorité dans la Société Anonyme.* Paris, Sirey, 1970.

SCHMIDT, Karsten. *Gesellschaftsrecht.* 4ª ed. Berlim, Carl Heymanns Verlag, 2002.

SOPRANO, Enrico. *Trattato Teorico-Pratico delle Società Commerciali.* vol. I. Turim, UTET, 1934.

STAUB, Herman, e PINNER, Albert. *Staub's Kommentar zum Handelsgesetzbuch.* 8ª ed.., vol. I. Berlim, J. Guttentag, 1906.

STEIGER, Fritz von. *Le Droit des Sociétés Anonymes en Suisse.* Trad. de J. Cosandey. Lausanne, Librairie Payot, 1950.

TEIXEIRA, Egberto Lacerda, e GUERREIRO, José Alexandre Tavares. *Das Sociedades Anônimas no Direito Brasileiro.* vol. I. São Paulo, José Bushatsky Editor, 1979.

THALLER, Edmond-Eugène. "Note sur l'arrêt de la Cour de Cassation du 30.5.1892". *Jurisprudence Générale Dalloz* 1893. Parte I (pp. 105-114).

TOFFOLETTO, Alberto, DENOZZA, Francesco, e JAEGER, Pier G. *Appunti di Diritto Commerciale.* 6ª ed., vol. I. Milão, Giuffrè, 2006.

TRIUNFANTE, Armando Manuel. *A Tutela das Minorias nas Sociedades Anônimas: Direitos Individuais*. Coimbra, Coimbra Editora, 2004.

VALVERDE, Trajano de Miranda. *Sociedades Anônimas*. Rio de Janeiro, Borsói, 1937.

________. *Sociedades por Ações*. vol. I. Rio de Janeiro, Forense, 1942.

VAMPRÉ, Spencer. *Das Sociedades Anonymas. Comentario á Consolidação das Leis sobre Sociedades Anonymas e em Comandita por Acções (Decreto 434, de 4 de Julho de 1891)*. São Paulo, Pocai-Weiss & C., 1914.

VERÇOSA, Haroldo Malheiros Duclerc. *Curso de Direito Comercial*. 2ª ed., vol. 3. São Paulo, Malheiros Editores, 2012.

VIVANTE, Cesare. *Trattato di Diritto Commerciale*. 5ª ed., vol. II. Milão, F. Vallardi, 1929.

WIEDMANN, Herbert. *Gesellschaftsrecht*. vol. I ("Grundlagen"). Munique, C. H. Beck, 1980.

WIELAND, Karl. *Handelsrecht*. vol. II ("Die Kapitalgesellschaften"). Munique, Duncker & Humblot, 1931.

# *II*

# *A PROTEÇÃO AOS DIREITOS DA MINORIA*

# *A TITULARIDADE DO CONTROLE NAS SOCIEDADES ANÔNIMAS BRASILEIRAS*

LAURA AMARAL PATELLA

*1. Notas introdutórias. 2. Aspectos gerais do poder de controle e suas manifestações nas estruturas societárias. 3. O problema conceitual do poder de controle: 3.1 A titularidade do poder de controle: o controle concentrado e a dispersão da propriedade acionária. 4. A disciplina do poder de controle na Lei das S/A. 5. Novos desafios para identificação da titularidade do poder de controle nas sociedades anônimas brasileiras. 6. Considerações finais.*

## *1. Notas introdutórias*

A elaboração de um panorama sobre o poder de controle nas sociedades anônimas brasileiras, contemplando seus aspectos tipológicos bem como as espécies de manifestação e as previsões legais em vigor, permite identificar determinadas preocupações hodiernas sobre o assunto, a partir das quais podem ser revisitadas algumas das teorias elaboradas a seu respeito. Buscando evitar pretensões que extrapolem os limites deste breve estudo, serão traçadas a seguir apenas linhas gerais sobre as manifestações de poder nas sociedades anônimas atuais, respaldadas por algumas das mais respeitadas opiniões doutrinárias e por seu tratamento legal vigente, tentando identificar a problemática existente em torno da identificação da titularidade do controlador.

## *2. Aspectos gerais do poder de controle e suas manifestações nas estruturas societárias*

As relações de poder nas estruturas societárias historicamente traduzem-se pelo conceito amplo de "dominação hierárquica", associado à sistemática social predominante da assembleia-geral como última instância de tomada de decisões. Comparato [2005:30] elege o "sentido forte de poder de dominação" para estabelecer a delimitação semântica da palavra "controle", em sua magnífica obra sobre o tema. Sobre essas estruturas hierárquicas merece referência a corrente teórica que caracteriza o direito societário como um "pequeno Estado de Direito" ou, mais literalmente, como um "pequeno ordenamento público" (*Kleines Staatsrecht*). Essas proposições doutrinárias se orientam pela observação dos mecanismos de "formação da vontade" no âmbito das sociedades, identificando uma conjugação de relações de supremacia e subordinação. O elo de aproximação da disciplina societária e do Estado está justamente – na dicção de Wiedemann – na "organização do poder coletivo e os direitos e deveres do 'cidadão societário' (*Verbandsbürger*)".[1]

Contribuindo para a compreensão dessa noção de dominação hierárquica, e partindo da assertiva de que "o controle é um poder", Erasmo Valladão A. e N. França [2010:269] esclarece que "a distinção entre poder e direito subjetivo está em que aquele consiste na prerrogativa e no dever de tutelar interesses alheios, enquanto que este consiste na prerrogativa e na faculdade de tutelar os próprios interesses".

José Luiz Bulhões Pedreira identifica a "natureza de fato" do poder de controle limitando a sua conceituação à "reunião na mesma pessoa (ou grupo de pessoas) da quantidade de ações cujos direitos de voto, quando exercidos no mesmo sentido, formam a maioria nas deliberações da assembleia-geral". O autor conclui, a partir dessa ideia, que "o acionista controlador (ou a sociedade controladora) não é, portanto, 'sujeito ativo' de poder de controle: tem ou detém esse poder enquanto é titular (ou sujeito ativo) de direitos de voto em número suficiente para lhe assegurar a maioria das deliberações na assembleia-geral" [Pedreira e Lamy Filho, 1996:620].

Com especial sensibilidade, Pasteris [1957:3] ilustra a essência do poder de controle, nos grupos societários, a partir de um núcleo central sobre o qual gravitam diversas unidades societárias atomizadas, ou seja, organismos menores cujo elo com o elemento nuclear dá-se por força de "una relazione di dipendenza". A origem direta do controle, segundo o

1. Adverte, porém, o jurista alemão sobre as limitações atinentes à comparação entre o direito público e o direito empresarial, na medida em que "o Estado não pode ser entendido como uma suprassociedade de sujeitos de direito privado e porque faltam a ele a voluntariedade (*Freiwilligkeit*) e a orientação finalística (*Zweckrichtung*) características da sociedade" [Wiedemann, 2006:69].

autor, estaria "nella potenza o – meglio – nella prepotenza economica di tali organismi centrali que se irradiano per tutto il complesso".

O mesmo jurista italiano sustenta que o primeiro fenômeno no qual se originou o termo "controle" coincide justamente com essa "subordinação econômica" das empresas-satélites em relação à empresa principal, numa estrutura de grupo. O segundo fenômeno, já restrito ao âmbito das sociedades anônimas, seria a "titularidade acionária pela maioria", da qual decorre "la possibilità di determinare a proprio arbitrio la volontà sociale". Trata-se, pois, nesta última hipótese, de um domínio cuja origem é o exercício do voto, e não a dominação econômica – identificada nos grupos –, coincidindo, neste ponto, com a lição de José Luiz Bulhões Pedreira referida acima. O terceiro e último fenômeno apontado por Pasteris desenvolve-se em um ambiente de "dispersão da propriedade acionária", em que se dissociam o poder e o risco, ou a propriedade e o controle da riqueza.

Todas essas construções teóricas, aqui exemplificativamente mencionadas, a despeito de sinalizarem as bases essenciais do poder de controle nas sociedades e referirem, no mais das vezes, a noção de titularidade desse poder, têm sua aplicação continuamente desafiada pela dinâmica das manifestações de poder nas sociedades anônimas e pelo acelerado processo de sofisticação das estruturas de tomada de decisões. Diante desse cenário em movimento, surgem novas dificuldades relacionadas à identificação do titular do controle das companhias.

Sobre essa titularidade, revisitando a história das companhias nacionais a partir do século XVII, Comparato [2005:38] constata que há desde a Companhia Geral do Comércio do Brasil, cuja criação deu-se em 1649, e cada vez com maior intensidade, uma "nítida distinção entre empresários e capitalistas, entre titulares do poder de comando da empresa e meros investidores de capital de risco". Essa classificação tem suas raízes na diferenciação já proclamada por Champaud [1962:29 e ss.] entre os *actionnaires de contrôle* e os *actionnaires bailleurs de fonds*.[2]

Ao tratar da *qualificação jurídica* do poder de controle nas sociedades anônimas, Comparato [2005:119] esclarece que o controle é um poder exercido indistintamente sobre a sociedade e sobre a empresa.[3]

2. O mesmo autor francês afirma, mais adiante, em sua obra que "la réalité enseigne que toute société par actions comporte deux sortes d'associés, ceux qui contrôlent la société et les autres" [Champaud, 1962:108].

3. Posição distinta é sustentada por Rodrigo Castro [2010:73-75], que propõe a distinção entre controle societário e controle empresarial, nos seguintes termos: "O controle societário (da sociedade) é situação privativa de acionista, atuando direta

Citando Champaud, sustenta que o poder de controle pressupõe a dissociação entre a propriedade acionária e a administração da sociedade, além da delegação de poderes de administração patrimonial [Comparato, 2005:121]. É imprescindível, portanto, segundo o mesmo autor, identificar a figura do empresário a quem se atribui a titularidade do comando empresarial. Nas lições de Munhoz [2002:219], fundadas nos ensinamentos de Comparato, o empresário é um "autêntico cargo na economia societária, ou seja, um centro de competência, que envolve funções determinadas, com poderes, deveres e responsabilidades próprios".

Essas considerações convergem para uma questão que, apesar de aparentemente elementar, encerra o que parece ser hoje um ponto nodal do estudo do poder de controle nas companhias brasileiras: *quem é o titular do poder de controle*?[4] Diante dessa pergunta, as breves considerações feitas adiante serão direcionadas ao tema específico da *titularidade do poder de controle*, na tentativa de buscar parâmetros e elementos que permitam sua identificação.

Como se disse, a preocupação com o tema da titularidade do controle se justifica pela crescente dificuldade encontrada para identificação do titular (ou dos titulares) do poder nas complexas e sofisticadas estruturas societárias modernas. Em especial para a aplicação de regras que atribuem deveres e responsabilidades a esse titular, sobretudo em virtude de atos considerados abusivos, bem como outras normas protetivas de não controladores, de investidores e do mercado. Em todos esses casos é imprescindível identificar, com precisão, dita titularidade, muitas vezes entranhada ou quase ocultada por essas engenhosas estruturas.

Se de fato for possível responder, em todos os casos, à questão posta acima, a tarefa é certamente complexa e permite múltiplas posições. A dificuldade para se identificar ou criar mecanismos que permitam a identificação dessa titularidade[5] aumenta diante da dinamicidade do po-

ou indiretamente". Essa definição, segundo o autor, corresponde à previsão legal do art. 116 da Lei 6.404/1976. Por seu turno, o "controle empresarial não se trata, portanto, de manifestação de poder societário. Refere-se, por outro lado, à dominação da empresa".

4. Os autores norte-americanos Adolf Berle e Gardiner Means [2006:84] já na década de 1930 identificaram a dificuldade, em determinados casos, de responder à questão "who is in control?".

5. A dificuldade aqui referida é também frequentemente enfrentada nas decisões do órgão colegiado da CVM. Cf., nesse sentido, trechos da declaração de voto do Diretor Otávio Yazbek no Processo Administrativo CVM-RJ 2009/1.956 *(*Reg. Col. 6.360/2009*)*, apreciando recurso interposto contra decisão do Superintendente de Registro de Valores Mobiliários que determinou a realização de oferta pública

der de comando empresarial. Nessa dificuldade está, inclusive, a fonte de questionamentos relativos à própria tipologia do poder de controle.

### 3. *O problema conceitual do poder de controle*

As investigações teóricas orientadas à conceituação do poder de controle se justificam pela necessidade de elaboração da sua qualifica-

de aquisição de ações de emissão da TIM Participações S/A como requisito para a alienação indireta do controle:

"(...). O segundo ponto que me parece essencial tratar diz respeito à definição de poder de controle a ser adotada. (...). Com efeito, ao definir acionista controlador como a pessoa ou grupo de pessoas que 'é titular de direitos de sócio que lhe assegurem, de modo permanente, a maioria dos votos nas deliberações da assembleia-geral e o poder de eleger a maioria dos administradores da companhia' (alínea 'a') e que 'usa efetivamente seu poder para dirigir as atividades sociais e orientar o funcionamento dos órgãos da companhia' (alínea 'b'), o art. 116 da Lei Acionária dá uma definição eminentemente instrumental, destinada a (i) definir um conteúdo mínimo de obrigações para tal pessoa ou grupo de pessoas (o que se faz, em especial, no parágrafo único do mesmo artigo) e (ii) estabelecer um conjunto de responsabilidades para estes (em especial no art. 117). Essa instrumentalidade fica evidente quando a própria 'Exposição Justificativa' do Projeto de Lei que deu origem à Lei n. 6.404/1976 esclarece que: 'O princípio básico adotado pelo Projeto, e que constitui o padrão para apreciar o comportamento do acionista controlador, é o de que o exercício do poder de controle só é legítimo para fazer a companhia realizar o seu objeto e cumprir sua função social, e enquanto respeita e atende lealmente aos direitos e interesses de todos aqueles vinculados à empresa – os que nela trabalham, os acionistas minoritários, os investidores do mercado e os membros da comunidade em que atua'.

"Em suma, ao definir acionista controlador, o art. 116 da Lei das S/A criou, fundamentalmente, um centro de imputação de direitos e deveres, permitindo a responsabilização daquele que abusa de sua posição dominante. Para fazê-lo com maior eficiência – e como desde sempre vem reconhecendo a doutrina –, a lei adotou uma definição suficientemente ampla de acionista controlador, a fim de abranger não apenas os controles totalitário e majoritário, mas também o controle minoritário. Já, quando se está tratando do regime da alienação do poder de controle, no art. 254-A da mesma lei, se está regulando um outro tipo de realidade, com outras finalidades.

"(...). A análise deve realizar-se caso a caso – nesta linha, aliás, é extremamente sintomático que o regime anteriormente vigente tenha remetido a determinados fatos bastante concretos ('as três últimas assembleias-gerais da companhia'), de modo a afastar, do controle minoritário, justamente aquela fugacidade, aquela instabilidade, que usualmente o caracteriza.

"É claro que, sem balizadores objetivos (e em certa medida arbitrários) como aqueles, torna-se muito mais difícil identificar o controle minoritário e, ao mesmo tempo, outorgar aos agentes de mercado a segurança necessária. Ainda assim, parece-me importante não negar *a priori* tal possibilidade. (...).

"Rio de Janeiro, 15 de julho de 2009 – *Otávio Yazbek*, diretor."

ção jurídica a partir de suas manifestações fáticas, de forma a permitir a construção de uma disciplina legal adequada. O estabelecimento de limites para o seu exercício, a partir da imputação adequada da sua titularidade, visa a satisfazer a necessidade primordial de segurança e previsibilidade das relações societárias, conferindo a devida proteção aos interesses e sujeitos tutelados.

Em prol da evolução dessa conceituação, partindo de uma "fotografia" do exercício do poder de controle, tal qual se manifesta nas sociedades anônimas brasileiras atualmente – sem desprezar, naturalmente, a dinamicidade que lhe é peculiar –, é sempre importante atualizar sua qualificação jurídica, já elaborada e modernizada ao longo dos tempos.

No último século, os ensaios com maior repercussão, orientados a capturar a realidade subjacente às manifestações de poder nas estruturas societárias, estão em Berle e Means [2006], voltados especificamente à realidade norte-americana. No Brasil atribui-se, com justiça, a Comparato a seminal decodificação do poder de controle das companhias nacionais, em face do sistema legal brasileiro.[6]

Sobre o problema conceitual, Comparato [2005:80] abstém-se de formular uma "definição essencial e abstrata, de cunho ontológico universal", concentrando-se na elaboração de um "conceito operacional, como instrumento prático de aplicação de um sistema normativo específico". O autor parte da identificação de três níveis de manifestação do poder na estrutura das sociedades anônimas, quais sejam: o da participação no capital ou investimento acionário, o da direção e o do controle.

Analisando a dinâmica do fenômeno do poder de controle em tais sociedades, esse autor classifica o controle em interno ou direto, decorrente da titularidade de direitos de sócio; e externo ou de fato, deslocado do centro decisório para esfera estranha aos órgãos da companhia, independentemente da titularidade de direitos de sócio. Sobre as espécies de manifestação do poder de controle, Comparato faz uma releitura da consagrada classificação de Berle e Means, para enquadrar as espécies listadas pelos autores no contexto norte-americano da década de 1930 ao sistema jurídico nacional.[7]

6. A partir da 2ª edição de sua obra [Comparato, 1977], inclusive, o texto foi adaptado à Lei 6.404/1976.

7. Criticando a divisão de Berle e Means entre (i) controle com quase completa propriedade acionária; (ii) controle majoritário; (iii) controle obtido mediante expedientes legais (*control through a legal device*); (iv) controle minoritário; e (v) controle administrativo ou gerencial (*management control*), Comparato [2005:52-81] identifica quatro modalidades típicas de manifestação do controle interno que poderiam

As teses propostas pelos mencionados autores foram testadas e confirmadas pelo tempo, servindo ainda hoje como marcos teóricos e interpretativos valiosos e, sobretudo, úteis ao estudo do tema.

No atual estágio de desenvolvimento do mercado de capitais brasileiro – cujo abalo provocado pela crise revelada na segunda metade de 2008 vem sendo superado – é possível observar mudanças nas estruturas da propriedade acionária das sociedades anônimas e nas formas de manifestação e exercício do poder de controle nessas sociedades. A concentração acionária, historicamente verificada nas companhias brasileiras e aparentemente sólida e dominante até o final do século passado, deu claros sinais de mudança, desenhando-se uma nova realidade de dispersão "à brasileira" da propriedade do capital no mercado.

Diante do progressivo movimento de dispersão da propriedade das ações das sociedades anônimas nacionais – que, apesar de recente e um tanto tímido, já foi objeto de importantes estudos[8] –, identifica-se a necessidade de uma reflexão sobre as clássicas percepções da realidade captadas pelos doutrinadores em matéria de manifestações de poder nas estruturas societárias, de forma a reciclar a imagem fotográfica antes referida, buscando a atualização dos aspectos jurídicos atinentes à titularidade do comando empresarial.

### *3.1 A titularidade do poder de controle: o controle concentrado e a dispersão da propriedade acionária*

Partindo da premissa de que a dispersão da propriedade do capital é uma realidade já germinada no cenário empresarial nacional, e em ascensão, é possível classificar as companhias separando, de um lado, o

ocorrer, conforme o grau de separação entre a titularidade da propriedade acionária e o controle empresarial: (i) controle totalitário; (ii) controle majoritário (simples ou absoluto; individual ou conjunto); (iii) controle minoritário; e (iv) controle gerencial.

8. "Alguns estudos apontam que o mercado de capitais brasileiro está vivenciando um momento sem precedentes. O foco é especialmente na tendência no sentido da dispersão acionária. Segundo esses comentários, o Brasil finalmente experimenta uma transição no modelo de propriedade acionária. Alguns cogitam que essa dispersão irá resultar no advento do controle gerencial no Brasil antes de outros Países americanos. Os estudiosos ainda não analisaram o fenômeno. Não obstante, as recentes revelações apresentam uma interessante oportunidade para a pesquisa. Se os padrões da propriedade acionária estão de fato se alterando, nós precisamos entender como e por que a estrutura da propriedade está mudando" [Gorga, 2008:8] (no mesmo sentido: Munhoz, 2009; Munhoz, 2010; Munhoz, 2011; Munhoz, 2013; Salomão Filho, 2006).

grupo ainda dominante de sociedades anônimas em que há maior concentração da propriedade acionária em uma pessoa ou em um grupo de pessoas – "controle concentrado" – e, de outro, aquelas cuja dispersão da propriedade do capital no mercado é mais acentuada – "controle disperso".

Dentre as sociedades com controle concentrado estão aquelas em que o poder se manifesta sob a forma de controle majoritário, tal qual definido por Berle e Means [2006:67],[9] e as sociedades em que se identifica um controle minoritário permanente, ou seja, uma minoria significativa,[10] organizada e respaldada em instrumentos estatutários ou contratuais, que se mantém estável no comando da sociedade. Em ambos os casos o titular do poder de controle tem o *status* de sócio. E poderá, ainda, ser uma pessoa, natural ou jurídica, ou um grupo de pessoas, tal qual prevê a lei.

Nas sociedades de controle disperso as manifestações de poder podem emanar de uma minoria não permanente, isto é, de um grupo minoritário de acionistas sem estabilidade ou em constante alteração (real ou potencial); ou até dos administradores da sociedade que, sem deterem participações no capital social, reúnem instrumentos de mandato[11] que

9. "Majority control, the first step in the separation of ownership and control, involves ownership of a majority of the outstanding stock. In the case of a simple corporate structure, the ownership of a majority of the stock by a single individual or small group gives to this group virtually all the legal powers of control which would be held by a sole owner of the enterprise and in particular the power to select the board of directors."

10. Pasteris [1957:6], analisando o fenômeno do controle minoritário, já na década de 1950 ilustrou a criatividade identificada nas múltiplas formas de manifestações do poder de controle: "Controllo minoritario che è vieppiù facilitato attraverso complessi collegamenti fra più società nelle mille forme che la fantasia degli operatori può ideare a seconda delle varie opportunità".

11. O art. 126 da Lei das S/A autoriza, em seu § 1º, a representação dos acionistas nas assembleias-gerais por procurador constituído há menos de um ano que seja acionista, administrador da companhia ou advogado, podendo ser instituição financeira, no caso de companhias abertas. Os requisitos para o pedido de procuração estão referidos genericamente no § 2º do mesmo enunciado, e em pormenores na Instrução CVM-481/2009, que dispõe sobre "informações e pedidos públicos de procuração para exercício do direito de voto em assembleias de acionistas".

As limitações do presente trabalho impedirão considerações mais aprofundadas sobre a representação dos acionistas, em razão da disciplina legal relativa ao mandato (segundo a qual "opera-se o mandato quando alguém recebe de outrem poderes para, em seu nome, praticar atos ou administrar interesses" – arts. 653 e ss. do CC) e da realidade verificada no caso específico das procurações outorgadas no âmbito das

lhes conferem o exercício do direito de voto e a preponderância nas deliberações em assembleia.[12]

O grau de estabilidade no exercício do controle é, pois, elemento distintivo e determinante para identificação do titular do controle.

Em todas essas hipóteses está presente a noção de vinculação da titularidade ao exercício de direitos de sócio – qual seja, o voto[13] – como veículo para o efetivo comando empresarial, por meio da preponderância nas deliberações tomadas em assembleia. Contudo, esses cenários brevemente descritos dão novos contornos à já pacificada convivência entre a soberania atribuída à assembleia-geral, na estrutura de tomada de decisões nas sociedades anônimas, e a realidade do poder de controle, manifestada com frequência pela pré-constituição de maiorias.[14] Ainda assim, em última análise, como enfatiza Comparato [2005:39], nas sociedades anônimas "a definição de poder de comando é sempre feita em função da assembleia-geral, que constitui a última instância societária".

Com efeito, nas companhias em que há (maior ou menor) concentração da propriedade acionária ou mesmo naquelas em que a propriedade do capital está dispersa no mercado, é por meio do voto que o poder efetivamente é exercido, ainda que emane, em sua origem, de fontes distintas. Até nos casos de controle externo,[15] o poder de direção

sociedades anônimas e da formação da vontade social, reconhecendo-se, contudo, a extrema relevância do tema, bem analisado por Pontes, 2011, e Robert, 2011.

12. A hipótese de controle sem propriedade acionária, cerne do estudo desenvolvido por Berle e Means, foi, inclusive, reconhecida por Comparato [2005:73] quando afirmou que, "se o poder de controle da empresa não mais se funda na titularidade acionária e transcende de certa forma a vontade – individual e coletiva – dos acionistas, parece impossível reduzir o mecanismo social aos modelos do contrato ou da propriedade privada. (...). É a instituição-empresa, dissolvendo completamente a *affectio societatis* original".

13. Neste ponto merecem referência situações atípicas de exercício do direito de voto cuja análise demandará especial atenção para a identificação da titularidade do poder de controle. É o caso, por exemplo, do usufruto de ações e da alienação fiduciária em garantia de ações, regulados pelos arts. 113 e 114 da Lei 6.404/1976.

14. Nesse sentido: Pasteris, 1957; Ascarelli, 1931.

15. São exemplos de controle externo aqueles exercidos por credores, debenturistas, fornecedores e consumidores, quando há intervenção judicial na administração da sociedade, dentre outros. A noção de dependência econômica é importante para a caracterização do controle externo. Na maior parte dos casos essa dependência se reflete nas decisões tomadas nas instâncias internas da sociedade e, em última análise, na formação da vontade social.

se manifesta por meio das instâncias decisórias internas das sociedades controladas.

Disso decorre a necessidade cada vez mais presente de se conferir especial atenção aos arranjos que envolvem o exercício do direito de voto nas sociedades anônimas, atentando, principalmente, para os engenhos estatutários e contratuais que de alguma forma produzem efeitos sobre as manifestações volitivas nas assembleias, de forma a mapear a formação da vontade social, ainda que pelos tortuosos caminhos percorridos até sua final conformação. O objetivo desse esforço segue sendo, como delineado no princípio, a identificação precisa do titular do poder de controle – o *controlador*.

## *4. A disciplina do poder de controle na Lei das S/A*

Por mais elaboradas que sejam as estruturas societárias e as consequentes alterações nas formas de manifestação do poder de controle nas sociedades anônimas, elas sempre têm encontrado excepcional recepção no texto da Lei Societária brasileira. Para garantir essa receptividade legal das novas realidades, no entanto, as normas necessitam de constante reciclagem interpretativa, sobretudo quanto ao tema da identificação da titularidade do poder de controle e da aplicação das regras em decorrência dessa titularidade.

A *mens legis* do tratamento conferido pela Lei das S/A ao tema do poder de controle está na necessidade de atribuir deveres e responsabilidades ao titular do controle societário, de conferir proteção aos acionistas não controladores e aos investidores e de elaborar normas destinadas à regulação do mercado de capitais.[16] Em síntese, limites ao exercício do controle empresarial.[17] Ainda que a doutrina tenha se dedicado à interpretação e à aplicação dos deveres e responsabilidades do acionista controlador – objeto dos arts. 116 e 117 da Lei 6.404/1976 – e das sociedades controladoras e controladas – art. 243 do mesmo diploma –, desde a promulgação da lei talvez este seja um dos momentos em que essa atividade exegética necessite se intensificar.

16. Não estão no foco das considerações esboçadas neste trabalho as questões específicas atinentes à alienação do poder de controle, apesar de guardarem íntima relação com a temática da titularidade do controle empresarial. Sobre o tema, cf.: Oioli, 2010; Oioli, 2011; Pereira, 1995; Munhoz, 2010; Munhoz, 2011; Eizirik, 2010; Carvalhosa, 2010b; Wald e Moraes, 2007; Cerezetti, 2011.

17. Adamek [2009:6] identificou dentre as funções do direito societário a de "organizar e conformar o poder de controle".

Nas primeiras linhas do art. 116, que traz a qualificação jurídica de acionista controlador, o texto normativo o qualifica como a "pessoa, natural ou jurídica, ou o grupo de pessoas vinculadas por acordo de voto, ou sob controle comum, que é titular de direitos de sócio". Essa previsão contém as chaves para a identificação do titular do poder de controle nas sociedades submetidas à regência da lei.

Nas companhias atuais, no entanto, essas chaves precisam abrir muito mais portas que outrora, adentrando estruturas piramidais, passando por múltiplas e emaranhadas sociedades controladoras e controladas, *holdings* e *joint ventures*, acordos de acionistas, de forma a chegar nessa "pessoa ou grupo de pessoas" cuja influência na formação da vontade social seja permanente e dominante.

Em seguida, a expressão "de modo permanente", que qualifica a manutenção da maioria de votos nas deliberações da assembleia-geral e[18] o poder[19] de eleger a maioria dos administradores, a despeito de sua maturação interpretativa, resultante de longas e numerosas discussões, é igualmente desafiada pela realidade presente. A mencionada dispersão da propriedade acionária afeta diretamente essa permanência característica do poder de controle, em virtude do absenteísmo, da redução quantitativa dos blocos de ações de titularidade de uma pessoa ou de um grupo organizado e da possibilidade de tomada de decisões por maiorias eventuais. Renovam-se, aqui, as considerações e as dificuldades decorrentes dos níveis de estabilidade no exercício e, por conseguinte, na titularidade

18. Parte da doutrina entende que a conjunção aditiva eleita pelo legislador para combinar a titularidade de direitos de sócio que assegurem a maioria dos votos nas deliberações assembleares *e* o poder de eleição da maioria dos administradores da companhia não deve ser apreendida em sua literalidade. Sobre o tema, Ricardo Macedo [2004:83] sustenta: "Como, de fato, é de ser reconhecida a relevância da prerrogativa de eleição dos administradores da companhia como dado indicativo de uma possível situação de controle, deve-se reconhecer, por consequência, a irrelevância da forma donde emerge essa prerrogativa, pelo quê, nesse ponto, parece acertada a visão de Carvalhosa no sentido de não tomar em senso literal a conjugação aditiva que consta da primeira alínea do art. 116 da Lei Societária".

19. Há posições distintas da doutrina sobre esse poder de eleição da maioria dos membros da administração da sociedade, se se trata de um poder-dever, cujo não exercício importaria a descaracterização do poder de controle, ou apenas uma faculdade, cuja verificação, ainda que abstrata, é suficiente para a caracterização do poder de comando. Sobre o tema, J. L. Bulhões Pedreira [2009:332] ensina: "É oportuno acentuar que não existe 'controle' sem o seu exercício; não basta o poder de exercê-lo, é imprescindível o seu efetivo exercício, como prevê o art. 116, alíneas 'a' e 'b'; se o sócio, mesmo majoritário, não o exerce, não é controlador e não tem as consequentes responsabilidades".

do poder nas sociedades anônimas. Ditas maiorias eventuais, inclusive, se não alcançadas pela exegese do termo "permanência", podem ficar à margem da disciplina legal de responsabilização do controlador, gerando certa insegurança, que poderá ser solucionada pela extensão da aplicação desse termo às novas situações de controle, ainda que "menos permanentes".

A questão é posta em relevo em considerações elaboradas por Carvalhosa [2010a:11] sobre o tema:

> Há, com efeito, uma nova realidade representada pela dispersão da propriedade acionária em importante parcela das companhias abertas brasileiras (...). Esse fenômeno coloca em xeque a própria estrutura da Lei Societária, fundada na propriedade acionária concentrada nas mãos de um acionista ou de um conjunto deles que detêm, permanentemente, mais de 50% das ações votantes. Daí resultou o instituto do controlador da sociedade anônima, cuja função é nuclear, irradiando-se por todos os demais segmentos da Lei das Anônimas. É, com efeito, em volta do controlador que se estabelecem os limites dos direitos e das responsabilidades dos acionistas (...). Isto posto, a recente dispersão da propriedade acionária no mercado de Bolsa projeta questionamentos sobre o tema do controle, à medida que este se funda no requisito da *permanência*.

A alínea "b" do artigo em exame, alvo de críticas pelos doutrinadores nacionais,[20] parece conter, diante do cenário atual, importantes elementos para a identificação da titularidade do poder de controle. Isso porque atribui essa titularidade a quem usa efetivamente seu poder para dirigir as atividades sociais e orientar o funcionamento dos órgãos da companhia. Ou seja: talvez seja mais fácil aferir pela via do exercício efetivo do controle a sua titularidade. A noção de efetividade é precisamente aquela que decorre da sua semântica mais elementar, no sentido do que é efetivo, real, que produz efeitos. A rigor, a titularidade do controle será identificada a partir de atos (comissivos ou omissivos) que traduzem o efetivo exercício de um poder, orientado à tomada e à implementação das decisões.

Logo, a ideia de efetividade positivada na alínea "b" do art. 116, tal qual hoje em vigor, afirma-se como importante elemento para a identificação do titular do controle nas companhias atualmente, ainda que, de forma isolada, não seja suficiente. Munhoz [2002:239] enfatiza

20. Sobre a necessidade, ou não, do "uso efetivo do poder" para configuração do controle, referem-se, inclusive, alguns autores, a um "dever de controle" em determinados casos.

que "a melhor orientação é a de considerar o uso efetivo do poder um requisito indispensável para a caracterização do controle, em quaisquer modalidades".

A revisão interpretativa da disciplina legal *sub examine* ecoa nas regras do art. 243 da Lei das S/A. A atual configuração das sociedades anônimas nacionais e a frequência dos chamados *grupos de fato* dão vida às sociedades controladoras como protagonistas da titularidade e do exercício do poder de controle. A opção do legislador de 1976 por construir uma disciplina legal em torno do titular do poder de controle, impondo-lhe limites e deveres, alcançou indistintamente o controlador pessoa natural e as pessoas jurídicas que, nas estruturas de grupos, exercem a já referida dominação hierárquica umas sobre as outras. Tanto é que no *caput* do art. 116 estão contempladas as pessoas naturais e jurídicas, tanto para o controle individual quanto para o conjunto.

No texto legal em vigor, para a qualificação legal das sociedades coligadas o legislador lançou mão da expressão "influência significativa".[21] Para qualificar o controle, no § 2º do art. 243 repetiu a regra da alínea "a" do art. 116, já antes referida, reiterando a necessidade de exercício permanente dos direitos de sócio que assegurem preponderância nas deliberações sociais e o poder de eleger a maioria dos administradores. Nem no art. 116 nem no art. 243, contudo, o legislador estabeleceu critérios para a quantificação dessa "permanência", permitindo sua atualização interpretativa para adequação às novas realidades.

O § 4º do mesmo art. 243, objetivando conceituar o termo utilizado para classificar as sociedades como coligadas, prevê a existência de influência significativa quando a investidora detém ou exerce o poder de participar nas decisões das políticas financeira ou operacional da investida, sem controlá-la. A previsão, inserida no diploma societário por força da Lei 11.941/2009, inaugura uma série de questionamentos sobre, por exemplo, a medida desse poder de participação; as hipóteses em que

21. Alguns doutrinadores nacionais já se ocuparam da análise das expressões "influência dominante" e "influência significativa", tão amplamente utilizadas nos diplomas legislativos europeus. Munhoz [2002:232] entende que há influência dominante quando se manifesta o poder de determinação das deliberações sociais e das atividades da sociedade. Por seu turno, a influência relevante, ou significativa, dá-se quando há interferências no processo decisório empresarial cuja fonte não coincide com a titularidade do poder de controle. Este acaba absorvendo, com maior ou menor intensidade, os efeitos dessa interferência que limita seu exercício. Para Pasteris [1957:28]: "(...). Il senso generico 'influenza' significa un particolare potere che un soggetto detiene nei confronti di un altro, potere che deriva normalmente da situazione extragiuridiche di varia natura".

a influência significativa passa a ser dominante; eventuais efeitos sobre a identificação do titular do comando ocasionados por essa influência e que possam interferir no regime de responsabilidades – dentre outros. A ausência de parâmetros objetivos não se repete no § 5º do art. 243 – também introduzido na reforma de 2009 –, segundo o qual se presume a influência significativa quando a investidora for titular de 20% ou mais do capital votante da investida, novamente sem controlá-la.

Com redação mais abrangente, se comparado com a lei, o Regulamento do Novo Mercado da BM&FBovespa assim dispõe:

> (...). Poder de controle significa o poder efetivamente utilizado de dirigir as atividades sociais e orientar o funcionamento dos órgãos da companhia, de forma direta ou indireta, de fato ou de direito, independentemente da participação acionária detida. Há presunção relativa de titularidade do controle em relação à pessoa ou ao grupo de acionistas que seja titular de ações que lhe tenham assegurado a maioria absoluta dos votos dos acionistas presentes nas 3 (três) últimas assembleias-gerais da companhia, ainda que não seja titular das ações que lhe assegurem a maioria absoluta do capital votante.[22]

A conceituação acima reproduzida, aplicável às companhias abertas listadas no segmento com mais elevado nível de boas práticas de governança da BM&FBovespa, parte da noção de efetiva direção das atividades sociais e orientação do funcionamento dos órgãos da companhia, ampliando esse poder para seu exercício direto ou indireto, de fato ou de direito, independentemente, inclusive, da participação acionária. Sobre a permanência, o Regulamento estabelece uma presunção relativa,[23] já questionada pelos doutrinadores. Os conceitos ora referidos, apesar de operarem exclusivamente no âmbito das companhias abertas listadas no Novo Mercado, podem oferecer elementos para a interpretação e a aplicação da Lei 6.404/1976 às demais companhias – exercício que deve ser conduzido com as devidas reservas.

22. Válido a partir de 10.5.2011. Disponível em *http://www.bmfbovespa.com.br/Empresas/download/RegulamentoNMercado.pdf* (acesso em 12.2.2014). No mesmo Regulamento a expressão "grupo de acionistas" significa o grupo de pessoas: (i) vinculadas por contratos ou acordos de voto de qualquer natureza, seja diretamente ou por meio de sociedades controladas, controladoras ou sob controle comum; ou (ii) entre as quais haja relação de controle; ou (iii) sob controle comum.

23. Essa presunção reproduz previsão constante da já revogada Resolução 401/1976 do Conselho Monetário Nacional/CMN.

Nossas previsões legais em matéria de poder de controle refletem as feições singulares das companhias brasileiras, nascidas e desenvolvidas em um cenário com traços muito peculiares, seja em seu aspecto cultural, seja por suas heranças históricas e, sobretudo, seus caracteres humanos. Ainda assim, de alguma forma inspiram-se em noções desenvolvidas em outros ordenamentos, tais como a de "influência dominante" e a do controle pela "maioria acionária votante", encontradas com frequência nos diplomas legais europeus.

Mais recentemente os olhos dos brasileiros voltam-se às "sedutoras" previsões quantitativas a partir das quais são estabelecidas presunções sobre a titularidade do poder de controle das sociedades, também em solo europeu. Um rigoroso exame do Direito estrangeiro, neste caso, não poderia prescindir da verificação da realidade empresarial e de mercado de cada localidade. Por extrapolar os limites deste trabalho, serão apenas reproduzidas adiante algumas das previsões legais pertinentes, para ilustrar o tema e fomentar uma análise comparativa a ser posteriormente desenvolvida.

O CC italiano prevê, em seu art. 2.359:

> Art. 2.359. Sono considerate società controllate: 1) le società in cui un'altra società dispone della maggioranza dei voti esercitabili nell'assemblea ordinaria; 2) le società in cui un'altra società dispone di voti sufficienti per esercitare un'influenza dominante nell'assemblea ordinaria; 3) le società che sono sotto influenza dominante di un'altra società in virtù di particolari vincoli contrattuali con essa.

Na sequência, determina que "sono considerate collegate le società sulle quali un'altra società esercita un'influenza notevole". E estabelece uma presunção quantitativa ao determinar que "l'influenza si presume quando nell'assemblea ordinaria può essere esercitato almeno un quinto dei voti ovvero un decimo se la società ha azioni quotate in mercati regolamentati".[24]

24. Ainda com influência sobre a titularidade do poder de controle, foram incluídas no Código Civil italiano, pela reforma de 2003, previsões sobre os pactos parassociais, *verbis*:

"Art. 2.341-*bis*. Patti parasociali. I patti, in qualunque forma stipulati, che al fine di stabilizzare gli assetti proprietari o il governo della società: a) hanno per oggetto l'esercizio del diritto di voto nelle società per azioni o nelle società che le controllano; b) pongono limiti al trasferimento delle relative azioni o delle partecipazioni in società che le controllano; c) hanno per oggetto o per effetto l'esercizio anche congiunto di un'influenza dominante su tali società, non possono avere durata superiore a cinque anni e si intendono stipulati per questa durata anche se

A noção de *influência dominante*, apesar de demasiadamente ampla, como já sustentou Comparato [2005:81], é elástica o suficiente para permitir o ajuste a novas realidades. Entretanto, justamente em função de sua amplitude, não oferece critérios precisos e seguros para a identificação da titularidade do comando empresarial, não solucionando, ao menos de forma isolada e definitiva, a problemática aqui identificada.

O Código de Comércio francês contém o conceito de "participação", atribuído à sociedade que é titular de uma fração do capital social de outra sociedade compreendida entre 10 e 50%.[25] Sobre o controle propriamente dito, o mesmo decorre da participação majoritária no capital social ("détient directement ou indirectement une fraction du capital lui conférant la majorité des droits de vote dans les assemblées générales de cette société"), cuja origem pode ser um acordo entre os acionistas ("dispose seule de la majorité des droits de vote dans cette société en vertu d'un accord conclu avec d'autres associés ou actionnaires et qui n'est pas contraire à l'intérêt de la société").

O item 3º do inciso I do art. L233-3 condiciona o controle à efetiva determinação, por meio do direito de voto, das decisões nas assembleias-gerais ("détermine en fait, par les droits de vote dont elle dispose, les décisions dans les assemblées générales de cette société"). O inciso II do mesmo enunciado contém uma presunção quantitativa, ao estabelecer que a sociedade "est présumée exercer ce contrôle lorsqu'elle dispose,

le parti hanno previsto un termine maggiore; i patti sono rinnovabili alla scadenza. Qualora il patto non preveda un termine di durata, ciascun contraente ha diritto di recedere con un preavviso di centottanta giorni. Le disposizioni di questo articolo non si applicano ai patti strumentali ad accordi di collaborazione nella produzione o nello scambio di beni o servizi e relativi a società interamente possedute dai partecipanti all'accordo.

"Art. 2.341-*ter*. Pubblicità dei patti parasociali. Nelle società che fanno ricorso al mercato del capitale di rischio i patti parasociali devono essere comunicati alla società e dichiarati in apertura di ogni assemblea. La dichiarazione deve essere trascritta nel verbale e questo deve essere depositato presso l'ufficio del registro delle imprese. In caso di mancanza della dichiarazione prevista dal comma precedente i possessori delle azioni cui si riferisce il patto parasociale non possono esercitare il diritto di voto e le deliberazioni assembleari adottate con il loro voto determinante sono impugnabili a norma dell'art. 2.377".

Sobre o tema, cf. Donativi, 2004.

25. "Art. L233-2. Lorsqu'une société possède dans une autre société une fraction du capital comprise entre 10 et 50%, la première est considérée, pour l'application du présent chapitre, comme ayant une participation dans la seconde".

directement ou indirectement, d'une fraction des droits de vote supérieure à 40% et qu'aucun autre associé ou actionnaire ne détient directement ou indirectement une fraction supérieure à la sienne".

Ao lado da clássica coincidência do controle com a formação da vontade social, o legislador francês opta pela presunção relativa atrelada a um percentual, abrindo a norma posta à realidade também presente na França de dispersão da propriedade das ações no mercado.

Destaca-se o legislador francês, ainda, ao admitir o controle conjunto, modalidade identificada com cada vez mais frequência nas sociedades atuais. O inciso III do mesmo art. L233-3 estabelece a aplicação das normas sobre o controle societário quando "deux ou plusieurs personnes agissant de concert sont considérées comme en contrôlant conjointement une autre lorsqu'elles déterminent en fait les décisions prises en assemblée générale".

Vale notar que também o legislador nacional contempla o controle conjunto no art. 116 da Lei 6.404/1976, desde a sua redação original, quando qualifica como controlador o "grupo de pessoas vinculadas por acordo e voto ou sob controle comum".

A legislação alemã, por sua vez, prevê a manifestação do poder de controle em decorrência da participação majoritária e, também, nas hipóteses em que uma sociedade exerce influência dominante (*beherrschenden Einfluß*) sobre outra, direta ou indiretamente.[26]

Por fim, o Real Decreto espanhol 1.066/2007, em seu art. 4º, atribui o controle a quem seja titular, direta ou indiretamente, de um percentual de direitos de voto igual ou superior a 30% ou, ainda, "cuando haya alcanzado, directa o indirectamente, un porcentaje de derechos de voto inferior y designe, en los 24 meses siguientes a la fecha de la adquisición del porcentaje inferior, en los términos del art. 6, un número de consejeros que, unidos, en su caso, a los que ya hubiera designado, representen más de la mitad de los miembros del órgano de administración de la sociedad". O legislador espanhol aprimora a técnica dos percentuais sem abandonar, contudo, a objetividade que lhe é característica.

26. Aktiengesetz (1965), § 17: "Abhängige und herrschende Unternehmen. (1) Abhängige Unternehmen sind rechtlich selbständige Unternehmen, auf die ein anderes Unternehmen (herrschendes Unternehmen) unmittelbar oder mittelbar einen *beherrschenden Einfluß* ausüben kann. (2) Von einem in Mehrheitsbesitz stehenden Unternehmen wird vermutet, daß es von dem an ihm mit Mehrheit beteiligten Unternehmen abhängig ist".

## 5. *Novos desafios para identificação da titularidade do poder de controle nas sociedades anônimas brasileiras*

Diante dos textos legais acima reproduzidos, buscando identificar as formas de manifestação de poder nas estruturas societárias na realidade presente, alguns elementos devem ser destacados, objetivando auxiliar a visualização do substrato para a atualização da qualificação jurídica da titularidade do poder empresarial.

Partindo da noção de manifestação de poder via exercício do direito de voto nas deliberações em assembleia, é possível identificar, de pronto, que a titularidade do comando empresarial tende a coincidir com o poder efetivo verificado tanto na formação quanto na implementação da vontade social. Reitera-se, aqui, a precisa lição de Pasteris, que identifica o controle com "la possibilità di determinare a proprio arbitrio la volontà sociale".

Ainda que um exame mais detalhado sobre o complexo tema da vontade social não seja possível neste estudo, é forçoso recordar que sua formação depende de um procedimento específico cujas formalidades estão determinadas, de forma cogente na lei. Tal procedimento tem como fonte a dominação exercida pelo controlador, como já identificou, com maestria, o professor Guerreiro em sua análise sociológica do poder na sociedade anônima.[27]

No controle concentrado, manifestado sob a forma majoritária, a verificação dessa fonte encontra seu menor grau de dificuldade, uma vez que a titularidade de mais da metade das ações com direito de voto facilita, a rigor, a busca pela nascente da formação da vontade social.[28] Já, no controle concentrado minoritário, exercido de forma estável, devem ser mapeadas as previsões estatutárias e contratuais, de forma a se identificar, com precisão, onde está essa minoria cuja prevalência nas deliberações em assembleia dá forma à vontade atribuída, em última análise, ao próprio ente social.

Quando há dispersão da propriedade acionária, em menor ou maior grau, as dificuldades se agigantam, sendo variáveis e, no mais das vezes, inconstantes as fontes de formação da vontade social[29] e, por conseguinte, a identificação da titularidade do controle empresarial.

27. O autor refere a "impropriamente denominada 'vontade social', que, em última análise, emana do próprio acionista controlador" [Guerreiro, 1990:52].

28. O grau de dificuldade, no entanto, aumenta nos casos de controle majoritário conjunto.

29. Carvalhosa [2010a:14], ao tratar justamente da dispersão da propriedade acionária, identifica uma "precariedade da formação da vontade social" no âmbito

Assim, tratando-se de controle minoritário não permanente,[30] em um cenário favorável a transações envolvendo o controle,[31] movimentos como o de escalada em Bolsa ou mesmo a reunião de procurações (*proxy machinery*) podem dar causa a rápidas e consecutivas alterações no comando da companhia e na formação da sua vontade.

O mesmo serve ao controle exercido pelos administradores em um cenário de intensa dispersão do capital, hipótese talvez não tão distante da realidade das companhias brasileiras.[32]

Em qualquer dos casos apontados acima, relativos ao cenário de dispersão, são ricos e numerosos os instrumentos que servem ao exercício do poder nos ambientes uni ou plurissocietários. As soluções contratuais, por atenderem às mais distintas necessidades dos empresários, sobretudo em razão da plasticidade dos instrumentos, que permite uma adequação às diferentes realidades de cada sociedade e de cada grupo, dão guarida composições engenhosas para o exercício do comando empresarial.

do mercado de capitais brasileiro, por deixar de ser estabelecida por um grupo de acionistas com maioria absoluta permanente de ações votantes.

30. É digno de nota, neste ponto, o debate doutrinário acerca da existência, ou não, do controle minoritário no ordenamento nacional, em virtude do requisito legal da permanência. Carvalhosa [2011:519] entende que o atributo da permanência é próprio do controlador e que, portanto, as companhias com capital disperso não têm controlador, não existindo, segundo o autor, o controle minoritário. Em sentido diverso é a posição de Comparato [2005:67], para quem o legislador nacional admitiu, ainda que de forma implícita, a possibilidade de controle minoritário. Segundo o autor, "um controle minoritário bem estruturado, em companhia com grande pulverização acionária, pode atuar com a mesma eficiência que um controle majoritário".

31. A característica de não permanente, para ser atribuída a uma minoria acionária, dependerá em grande medida do desenvolvimento de um mercado para o controle acionário (*market for corporate control*). Sobre o tema, Munhoz [2011] pondera sobre as eficiências e ineficiências das transferências de controle acionário e os reflexos decorrentes das estruturas da propriedade do capital e da regulação sobre essas transferências.

32. Carvalhosa [2010a], ao sustentar o "desaparecimento da figura do acionista controlador" diante do advento do chamado controle administrativo ou gerencial, afirma que "a significativa dispersão acionária ocorrida no seio do mercado de capitais brasileiro a partir de 2006 põe em xeque o instituto do controle societário, na medida em que nenhum acionista ou grupo deles passa a deter, em caráter permanente, a maioria absoluta do capital votante. (...) daí o desaparecimento da figura do acionista controlador nas sociedades de capital disperso entrega a condução dessas companhias diretamente aos administradores. O governo das sociedades com capital disperso é assumido, de fato, pelos seus administradores. É o chamado comando gerencial". Ainda sobre o controle gerencial, cf. Castro, 2010.

As cláusulas de *poison pill*, importadas de forma peculiar da realidade norte-americana,[33] as arquiteturas elaboradas para o compartilhamento do controle, as estruturas piramidais e de grupo e outras formas de manifestação do chamado controle externo são apenas alguns dos possíveis exemplos de mecanismos societários a serviço do exercício do poder nas sociedades anônimas brasileiras.

Essa diversidade instrumental é acompanhada *pari passu* pela variedade no perfil de agentes, passando os empresários a conviver com entidades institucionais, como fundos de investimento e de pensão. Novos atores do cenário empresarial, cujo poder e cuja influência interferem diretamente no exercício do controle nas sociedades.

A observância da formação da vontade social, em qualquer desses casos, requer muita atenção e, sobretudo, intimidade com essa realidade, sem a qual muitas das nuances desses arranjos não serão percebidas, impedindo a identificação de quem efetivamente comanda[34] (ou impõe sua vontade) nessas companhias.

Neste ponto, a reflexão antes proposta dá um passo atrás, para ser esclarecida a seguinte dúvida: há, em cada um desses novos casos, rigorosamente um *controlador*, considerada a qualificação jurídica de controle hoje vigente? Sendo positiva a resposta, então, volta-se ao problema da identificação da titularidade do controle, cada vez mais intrincado.

Diante dessas ponderações, ainda em fase de amadurecimento, parecem ganhar novas funções as noções de titularidade e de exercício do poder de controle nas sociedades anônimas, enquanto instrumentos para a análise desse fenômeno.

## 6. *Considerações finais*

As considerações aqui alinhavadas servem ao propósito de reavivar reflexões sobre a qualificação jurídica do poder de controle diante da realidade atual. Para que a disciplina jurídica seja bem-sucedida no chamado *controle do controle*[35] talvez seja necessário renovar os esforços voltados a capturar, com precisão, as novas imagens do poder, tal qual se manifestam nessas estruturas empresariais, fruto de complexas enge-

33. Sobre o tema, cf. Zanini, 2011.

34. J. A. Tavares Guerreiro [1990:51] aponta a dificuldade de "rastrear as ordens superiores"; dificuldade, essa, nuclear no exercício de identificação da titularidade do poder de comando.

35. Champaud, 1962:105. No mesmo sentido: Comparato, 1983:14 e 100.

nharias societárias e contratuais; seguidos, naturalmente, dos esforços interpretativos correspondentes.

As palavras do professor Guerreiro [1990:51] revelam que "o poder é um fato que se oculta e se esconde, fato refratário à luz e dissimulado por estruturas jurídicas armadas justamente para organizá-lo do ponto de vista formal, mas que terminam por subtraí-lo à incidência da normatividade".

Algumas das diretrizes para a busca de soluções aos problemas aqui levantados podem ser encontradas na "Exposição de Motivos" da Lei das S/A. Nela está disposto que a disciplina jurídica construída em torno da figura do acionista controlador inova, por ser uma norma jurídica que visa a "encontrar-se com a realidade econômica subjacente". Consigna, ainda, que "é de todos sabido que as pessoas jurídicas têm o comportamento e a idoneidade de quem as controla, mas nem sempre o exercício desse poder é responsável, ou atingível pela lei, porque se oculta atrás do véu dos procuradores ou dos terceiros eleitos para administrar a sociedade". E assim prossegue: "Ocorre que a empresa, sobretudo na escala que lhe impõe a economia moderna, tem poder e importância social de tal maneira relevantes na comunidade, que os que a dirigem devem assumir a primeira cena na vida econômica, seja para fruir do justo reconhecimento pelos benefícios que geram, seja para responder pelos agravos a que dão causa".

## *Referências bibliográficas*

ADAMEK, Marcelo Vieira von [2009]. *Responsabilidade Civil dos Administradores de S/A e as Ações Correlatas*. São Paulo, Saraiva.

ASCARELLI, T. [1931]. "La liceità dei sindacati azionari". *Riv. Dir. Comm.* II/256-272.

________ [1955]. *Saggi di Diritto Commerciale*. Milão, Giuffrè.

________ [1959]. *Problemi Giuridici – Tomo Primo*. Milão, Giuffrè.

BERLE, Adolf A., e MEANS, Gardiner C. [2006]. *The Modern Corporation & Private Property*. Londres/UK, Transaction Publishers.

BERTOLDI, Marcelo M. [2000]. "O poder de controle na sociedade anônima – Alguns aspectos". *RDM* 118/62-76. Ano XXXIX. São Paulo, Malheiros Editores (abril-junho/2000).

CARVALHOSA, Modesto [2010a]. "A dispersão acionária e o desaparecimento da figura do controlador". In: CARVALHOSA, Modesto, e EIZIRIK, Nelson. *Estudos de Direito Empresarial*. São Paulo, Saraiva (pp. 11-15).

________ [2010b]. "Acordo de investimento e associação. Exercício de opção de venda de ações. Controle compartilhado. Inocorrência de alienação do poder de controle". In: CASTRO, Rodrigo R. M. de, e MOURA AZEVEDO, L. A. N. de (coords.). *Poder de Controle e Outros Temas de Direito Societário e Mercado de Capitais*. São Paulo, Quartier Latin (pp. 30-43).

________ [2011]. "O desaparecimento do controlador nas companhias com ações dispersas". In: ADAMEK, Marcelo Vieira von (org.) *Temas de Direito Societário e Empresarial Contemporâneos*. São Paulo, Malheiros Editores (pp. 516-521).

CASTRO, Rodrigo R. M. de [2010]. *Controle Gerencial*. São Paulo, Quartier Latin.

CEREZETTI, Sheila Christina N. [2011]. "A aquisição de controle de companhias abertas no Brasil: por uma disciplina atenta às diferentes estruturas acionárias". In: *Mitteilungen der Deutsch-Brasilianischen Juristenvereinigung* 1/15-28 (disponível em *http://www.dbjv.de/dbjv-high/mitteilungen/11-01/DBJV_Mitteilungen_01-2011.pdf*, acesso em 16.2.2014).

CHAMPAUD, Claude [1962]. *Le Pouvoir de Concentration de la Société par Actions*. Paris, Librairie Sirey.

________ [1972]. *Droits des Groupes de Sociétés: Analyse – Propositions*. Paris, Librairies Techniques.

COMPARATO, Fábio Konder [1977]. *O Poder de Controle na Sociedade Anônima*. 2ª ed. São Paulo, Ed. RT.

________, e SALOMÃO FILHO, Calixto [2005]. *O Poder de Controle na Sociedade Anônima*. Rio de Janeiro, Forense.

DONATIVI, V. [2004]. "I patti parasociali e la pubblicità". In: *La Riforma del Diritto Societario. Atti del Convegno di Sassari, 2-3 Ottobre 2003*. Milão, Giuffrè (pp. 71-80).

EIZIRIK, Nelson [1984]. "Propriedade e controle na companhia aberta – Uma análise teórica". *RDM* 54/90-104. Ano XXIII. São Paulo, Ed. RT (abril-junho 1984).

________ [2010]. "Aquisição de controle minoritário. Inexigibilidade de oferta pública". In: CASTRO, Rodrigo R. M. de, e MOURA AZEVEDO, L. A. N. de (coords.). *Poder de Controle e Outros Temas de Direito Societário e Mercado de Capitais*. São Paulo, Quartier Latin (pp. 177-190).

FRANÇA, Erasmo Valladão A. e N. [2010]. "Alteração do controle direto e indireto de companhia". In: CASTRO, Rodrigo R. M. de, e MOURA AZEVEDO, L. A. N. de (coords.). *Poder de Controle e Outros Temas de Direito Societário e Mercado de Capitais*. São Paulo, Quartier Latin.

GORGA, Érica C. [2008]. "Changing the paradigm of stock ownership from concentrated towards dispersed ownership? Evidence from Brazil and consequences for emerging Countries". *Cornell Law School Working Papers* setembro/2008 (disponível em *http://papers.ssrn.com/sol3/papers.cfm?abstract_id=1121037*, acesso em 6.3.2011).

GUERREIRO, José Alexandre Tavares [1984]. "Sociedade anônima: poder e dominação". *RDM* 53/72-80. Ano XXIII. São Paulo, Ed. RT (janeiro-março 1984).

________ [1990]. "Sociologia do poder na sociedade anônima". *RDM* 77/50-56. São Paulo, Ed. RT (janeiro-março/1990).

________ [2009]. "Sociedade anônima. Reorganização societária. Alienação de ações. Alienação de controle direta e indireta: inocorrência. Inaplicabilidade do art. 254-A da Lei das Sociedades Anônimas". *Revista de Direito Bancário e do Mercado de Capitais* 45/207-223. Ano 12 (julho-setembro/2009).

LAMY FILHO, Alfredo, e BULHÕES PEDREIRA, José Luiz [1996]. *A Lei das S/A*. 2º vol. Rio de Janeiro, Renovar.

________ [2009]. *Direito das Companhias*. vols. 1 e 2. Rio de Janeiro, Forense.

MACEDO, Ricardo Ferreira de [2004]. *Controle Não Societário*. Rio de Janeiro, Renovar.

MORAES, Luíza Rangel de [2006]. "A pulverização do controle de companhias abertas". *Revista de Direito Bancário e do Mercado de Capitais* 32/49-84. Ano 9 (abril-junho/2006).

MUNHOZ, Eduardo S. [2002]. *Empresa Contemporânea e o Direito Societário – Poder de Controle e Grupos de Sociedade*. São Paulo, ed. Juarez de Oliveira.

________ [2009]. "Desafios do direito societário brasileiro na disciplina da companhia aberta: avaliação dos sistemas de controle diluído e concentrado". In: ARAGÃO, L. S. de, e CASTRO, Rodrigo R. M. de (coords.). *Direito Societário – Desafios Atuais*. São Paulo, Quartier Latin (pp. 119-155).

________ [2010]. "Transferência de controle nas companhias sem controlador majoritário". In: CASTRO, Rodrigo R. M. de, e MOURA AZEVEDO, L. A. N. de (coords.). *Poder de Controle e Outros Temas de Direito Societário e Mercado de Capitais*. São Paulo, Quartier Latin (pp. 285-324).

________ [2011]. "Transferências de controle nos sistemas de controle concentrado e de capital disperso: eficiências e ineficiências". In: ADAMEK, Marcelo Vieira von (coord.). *Temas de Direito Societário e Empresarial Contemporâneos*. São Paulo, Malheiros Editores (pp. 298-315).

________ [2013]. *Aquisição de Controle na Sociedade Anônima*. São Paulo, Saraiva.

OIOLI, Erik F. [2010]. *Oferta Pública de Aquisição do Controle de Companhias Abertas*. São Paulo, Quartier Latin.

________ [2011]. "Obrigatoriedade do *tag along* na aquisição de controle diluído". In: ADAMEK, Marcelo Vieira von (coord.). *Temas de Direito Societário e Empresarial Contemporâneos*. São Paulo, Malheiros Editores (pp. 316-326).

________, e VEIGA, Marcelo G. [2010]. "Convergência e divergência em sistemas de mercados de capitais: o caso brasileiro". In: CASTRO, Rodrigo R. M. de, e MOURA AZEVEDO, L. A. N. de (coords.). *Poder de Controle e Outros Temas de Direito Societário e Mercado de Capitais*. São Paulo, Quartier Latin (pp. 337-356).

PASTERIS, Carlo [1957]. *Il Controllo nelle Società Collegate e le Partecipazioni Reciproche*. Milão, Giuffrè.

PEREIRA, Guilherme Döring C. [1995]. *Alienação do Poder de Controle Acionário*. São Paulo, Saraiva.

PONTES, Evandro Fernandes de [2011]. "Pedido público de procuração (notas sobre a representação em assembleias-gerais de companhias abertas no Brasil)". In: ADAMEK, Marcelo Vieira von (coord.). *Temas de Direito Societário e Empresarial Contemporâneos*. São Paulo, Malheiros Editores (pp. 327-355).

ROBERT, Bruno [2010]. "Proxy solicitation and shareholder director nominations in Brazil: a comparative analysis of Instrução CVM n. 481/2009". *RDM* 155-156/76-104. São Paulo, Malheiros Editores (agosto-dezembro/2010).

SALOMÃO FILHO, Calixto [2011]. *O Novo Direito Societário*. 4ª ed. São Paulo, Malheiros Editores.

WALD, Alexandre de M., e MORAES, Luíza Rangel de [2007]. "Transferência de controle de companhia aberta. Algumas questões para estudo e reflexão". *Revista de Direito Bancário e do Mercado de Capitais* 38/15-38. Ano 10 (outubro-dezembro/2007).

WIEDEMANN, Herbert [2006]. "Excerto do *Direito Societário I – Fundamentos*". *RDM* 143/66-75. São Paulo, Malheiros Editores (julho-setembro/2006).

ZANINI, Carlos K. [2011]. "A *poison pill* brasileira: desvirtuamento, antijuridicidade e ineficiência". In: ADAMEK, Marcelo Vieira von (coord.). *Temas de Direito Societário e Empresarial Contemporâneos*. São Paulo, Malheiros Editores (pp. 256-277).

# *ANOTAÇÕES SOBRE OS GRUPOS DE SOCIEDADES DE SUBORDINAÇÃO E OS DIREITOS DE MINORIA*

DANIEL DE AVILA VIO



## *1. Introdução*

O presente artigo tem como objetivo discorrer brevemente sobre alguns aspectos dos grupos de sociedades de subordinação[1] e os possíveis impactos de tais estruturas sobre o exercício e sobre a efetividade dos direitos de minoria no âmbito das sociedades anônimas.

A primeira parte do trabalho (tópico 2) aborda, sempre em apertada síntese, alguns aspectos gerais atinentes à gênese, ao sentido prático e à atual disciplina do grupo de sociedades. O tópico seguinte tem por objeto a análise das principais razões pelas quais o grupo pode conduzir a uma erosão da efetividade dos direitos de minoria, enquanto na parte final (tópico 4) são discutidas possíveis alternativas para mitigar esse problema.

1. Que, ao contrário dos grupos de coordenação – vale dizer, os consórcios de sociedades, formados nos termos dos arts. 278 e 279 da Lei 6.404/1976 –, são marcados por relações hierárquicas de controle e influência.

## 2. *Notas sobre os grupos de sociedades*

### 2.1 *Origem e sentido prático dos grupos de sociedades*

Os grupos de sociedades representam um desdobramento relativamente recente no desenvolvimento histórico do direito societário; um fenômeno que, efetivamente, apenas se consolidou na primeira metade do século passado.[2] Seu surgimento tardio se deve, de um lado, ao fato de que apenas com o desenvolvimento do capitalismo industrial verificou-se a necessidade de estruturas societárias mais complexas, capazes de lidar com as exigências de financiamento não apenas da propriedade dos meios de produção, mas também da formação de unidades produtivas cada vez maiores.[3] De outro lado, o grupo de sociedades não poderia

2. A despeito de precedentes embrionários muito mais antigos, tal como o entrelaçamento e a sobreposição de sociedades em comandita, em Gênova e Marselha, a partir do século XII (L. Goldschmidt, *Universalgeschichte des Handelsrechts*, Meisenheim am Glan, Anton Hain, 1957, pp. 263-264), ou o império comercial operado pela família Medici a partir de sua unidade central em Florença: "A família Medici criou, indisputavelmente, o primeiro caso histórico de grupo societário – e grupo multinacional – de que se tem notícia" (in F. Comparato, "Na proto-história das empresas multinacionais: o Banco Medici de Florença", in *Direito Empresarial – Estudos e Pareceres*, São Paulo, Saraiva, 1990, p. 261). "Em contraste com essas duas outras sociedades, [*as estruturas de uma só sociedade dos Bardi e dos Peruzzi*] a casa bancária dos Medici não era formada por uma sociedade, mas uma combinação delas. Uma sociedade era formada para cada empreitada dos Medici (...). Ao se estudar a organização da casa bancária dos Medici, não se pode não perceber o quanto ela se assemelha a uma sociedade *holding*. A comparação é válida em mais de um aspecto. Os Medici controlavam a sociedade subsidiária por meio da propriedade de mais de 50% do capital. (...)". Tradução livre de: "In contrast with these two companies, the Medici banking house was not one partnership but a combination of partnerships. A separate partnership was formed for each of the Medici enterprises (...). In studying the organization of the Medici banking house, one cannot fail to notice how closely it resembles that of a holding company. The comparison is valid in more than one respect. The Medici controlled the subsidiary partnerships by owning at least 50 per cent of the capital. (...)" (in R. Roover, "The Medici Bank financial and commercial operations", *The Journal of Economic History* 6/153-172, n. 2, Cambridge, Cambridge University Press, novembro/1946 (disponível em *http://www.jstor.org/stable/2113081*, acesso em 14.10.2010, p. 29).

3. "O grande capital se transforma de capital comercial em capital industrial: o antigo modo de se obter mais-valia, baseado em encomendas do comerciante ao artesão e ao camponês, é substituído por um novo modo, baseado na propriedade capitalista dos meios de produção (...)". Tradução livre de: "Il grande capitale si trasforma da capitale commerciale in capitale industriale: all'antico modo di estrarre plus-valore, basato sulle commesse del mercante all'artigiano e al contadino, subentra un nuovo modo, basato sulla proprietà capitalistica degli strumenti di produzione (...)" (F. Galgano, *Lex Mercatoria*, Bolonha, Il Mulino, 2001, p. 121).

se difundir na prática sem a prévia afirmação de uma soma de outros institutos e características das sociedades contemporâneas, que são pressupostos para sua existência, tais como a limitação da responsabilidade dos sócios, a personificação da sociedade,[4] a deliberação pelo princípio majoritário,[5] a liberdade de constituição das companhias e, enfim, a autorização para que a própria sociedade pudesse ser sócia.[6]

"A empresa familiar não pôde se afirmar; em parte por questões sociais, (...), em parte porque o conceito de crescimento acelerado da indústria contemporânea compreende a exigência de duradoura provisão de capitais, que o clã familiar não está em condições de fornecer." Ainda: "A empresa se expande para um conjunto, para um grupo; vivencia propagações de terceira e quarta geração". Tradução livre de: "Das Familienunternehmen konnte sich nicht behaupten; teils aus gesellschaftlichen Gründen, (...), teils weil der Begriff neuzeitlicher Industrie beschleunigtes Wachstum enschließt, mithin dauernde Kapitalzufuhr fordert, die der Familienstamm nicht erschwingen kann"; e: "Das Unternehmen erweitert sich zur Gruppe, zum Konzern, erlebt Fortpflanzungen im drittem und vierten Geschlecht" (W. Rathenau, "Vom Aktienwesen – Eine Geschäftliche Betrachtung", in *Gesammelte Schriften*, 5º vol., Berlim, Fischer, 1918, respectivamente p. 123 e p. 138).

4. Questão que no Brasil apenas foi definitivamente superada com a promulgação do Código Civil de 1916, cujo art. 16 confirmou que as sociedades civis e mercantis eram dotadas de personalidade jurídica (Egberto Lacerda Teixeira, *Das Sociedades por Quotas de Responsabilidade Limitada*, p. 20).

5. "O princípio majoritário não esteve, de forma alguma, sempre em vigor. Ele não se afirmou sem antes passar por longos embates históricos e, ao fazê-lo, sem percorrer diversos níveis de desenvolvimento." Tradução livre de: "Das Majoritätsprinzip hat keineswegs von jeher in Kraft gestanden. Es hat sich erst in langen geschichtlichen Ringen durchgesetzt und dabei sehr verschiedene Entwicklungsstufen durchlaufen" (Otto von Gierke, "Über die Geschichte des Majoritätsprinzips", p. 8).

6. Nos Estados Unidos, após o estabelecimento, no final do século XIX, de vedações ao uso da figura do *trust* para a formação de grupos empresariais – cujo exemplo mais célebre era o acordo de *trust* da Standard Oil, firmado em 1879 (M. Becht e J. Delong, "Why has there been so little Block Holding in America?", in Randall K. Morck (ed.), *A History of Corporate Governance around the World*, Chicago, The University of Chicago Press, 2007, p. 627) –, a criação irrestrita de sociedades *holding*, independentemente do seu setor de atuação e de autorização legislativa específica, apenas foi admitida a partir de novas leis promulgadas no Estado de Nova Jersey, entre 1888 e 1896 (Philip Blumberg, "The American Law of corporate groups", in Joseph McCahery, Sol Picciotto e Colin Scott (eds.), *Corporate Control and Accountability – Changing Structures and the Dynamics of Regulation*, Oxford, Clarendon, 1994, p. 307; Alfredo Lamy Filho e José Luiz Bulhões Pedreira, *A Lei das S/A*, 3ª ed., vol. I, Rio de Janeiro, Renovar, 1977, p. 70; Heinz-Uwe Dettling, *Die Entstehungsgeschichte des Konzernrechts in Aktiengesetz von 1965*, Tübingen, J. C. B. Mohr (Paul Siebeck), 1997, p. 18; Francesco Galgano, *Lex Mercatoria*, cit., p. 165, e "Direzione e coordinamento di società – Artt. 2.497-2.497-*septies*", in Francesco Galgano (cur.), *Commentario del Codice Civile Scialoja-Branca*, Bolonha, Zanichelli, 2005, p. 3).

De qualquer modo, uma vez assentada na praxe empresarial em seus contornos essenciais, a estrutura grupal se disseminou com notável velocidade e representa hoje um elemento essencial para quase todas as formas mais sofisticadas de organização da atividade produtiva. A principal vantagem prática resultante do grupo de sociedades é a compartimentação patrimonial da empresa,[7] que se reflete, entre outros benefícios cruciais, em (i) estabilidade e segurança sistêmica, (ii) diminuição dos custos de transação, (iii) facilitação da internacionalização e (iv) alta mobilidade dos investimentos.

Na França a noção de que uma sociedade poderia ser sócia de outra apenas foi pacificada em 1878, em função de decisão da Corte de Cassação no caso que envolvia as sociedades em nome coletivo "Brouilhet Pére et Fils" e "Demi-Brouilhet Pére et Fils" (Maurice Gégout, *Filiales et Groupements de Sociétés*, Paris, Recueil Sirey, 1929, pp. 21-23).

Na Itália, em 1923 Cesare Vivante já asseverava a possibilidade de participação de uma sociedade no capital de outra, desde que não houvesse simulação ou fraude (*Trattato di Diritto Commerciale*, 5ª ed., vol. II, Milão, F. Vallardi, 1923, n. 306, p. 20). Ainda assim, o Decreto Real de 13.11.1931, n. 1.434, que antecipou o conceito que depois seria incorporado no art. 2.361 do CC de 1942, condicionou a participação intersocietária ao fato de que investidora e investida tivessem o mesmo objeto social.

Em artigo do próprio ano de 1931 Tullio Ascarelli defendia a possibilidade de a companhia ser acionista (in *Studi in Tema di Società*, Milão, Giuffrè, 1952, p. 56). Francesco Messineo, ao revés, via no controle de uma sociedade por outra uma hipótese de simulação absoluta (*Le Società di Commercio Collegate (c.d. Società a Catena)*, Pádua, CEDAM, 1932, p. 12).

7. Não parece determinante para a existência e a difusão dos grupos a noção de que eles seriam uma ferramenta de gestão do gigantismo da macroempresa moderna – tese de acordo com a qual o fracionamento da empresa em diversas sociedades permitiria um melhor equacionamento de deseconomias de escala, por meio da formação de centrais de custo separadas (Fábio Konder Comparato, "Os grupos societários na nova Lei das Sociedades por Ações", *RDM* 23/92, São Paulo, Ed. RT, 1976). Trata-se, sem dúvida, de um fator relevante, mas o fracionamento da empresa em segmentos e divisões pode ocorrer internamente a uma única sociedade. Com efeito, é no interior da empresa, onde há menor risco de ofensa aos interesses de terceiros, que os acionistas dispõem da maior margem para a livre formatação de sua ordem interna, com a criação de divisões, segmentos e contabilidade gerencial apartada (Herbert Wiedemann, *Gesellschaftsrecht – Ein Lehrbuch des Unternehmens- und Verbandsrecht*, vol. I, "Grundlagen", Munique, Beck'sche, 1980, p. 83). O fracionamento da gestão da empresa pode ocorrer independentemente do fracionamento da sociedade, como atestam cabalmente, por exemplo, as *tracking stocks* da praxe estadunidense, que são valores mobiliários cujos resultados estão atrelados ao desempenho de unidades ou setores específicos de uma única sociedade-conglomerado (Randall Morck, Daniel Wolfenzon e Bernard Yeung, "Corporate governance, economic entrenchment, and growth", *Journal of Economic Literature* 43/673, n. 3, 2005 – disponível em *http://www.jstor.org/stable/4129473*, acesso em 12.4.2013).

No que diz respeito à estabilidade e à segurança, o fracionamento patrimonial da "empresa plurissocietária"[8] produz – na feliz metáfora sugerida pelo professor Comparato[9] – linhas de aceiro que impedem que incêndios originados em determinado ramo do negócio se alastrem para as demais atividades do mesmo grupo. O grupo permite que o todo sobreviva às vicissitudes da parte, evitando que a derrocada em determinado setor comprometa o progresso de outras iniciativas. É evidente que, não estando todos os ovos na mesma cesta, será muito maior a propensão dos empresários para assumir riscos, investindo em novos projetos e tecnologias – aspecto crucial para o desenvolvimento econômico e justificador da própria limitação da responsabilidade do sócio. Ademais, em tempos de elevada concentração econômica e de instituições financeiras que se tornaram "too-big-to-fail",[10] a importância desse efeito de fracionamento do risco sistêmico, que se verifica por ocasião da falência de macroempresas, não pode ser menosprezada, e traz uma dimensão de interesse público para a discussão.

De fato, a compartimentação patrimonial decorrente da estrutura de grupo não beneficia – ao menos nem sempre – apenas o próprio investidor, mas também é capaz de favorecer os credores de cada uma das sociedades grupadas, pois, apesar de não poderem, em princípio, recorrer ao patrimônio total do grupo para a satisfação de seus créditos,[11]

8. Empresa "plurissocietária" é expressão muito difusa na doutrina portuguesa, que acabou sendo incorporada no Brasil e traduz convenientemente a noção de unidade de organização da atividade empresarial associada à multiplicidade de veículos societários. O professor José Engrácia Antunes, que se dedicou extensivamente ao tema dos grupos, a emprega repetidamente em sua obra (exemplo: "Estrutura e responsabilidade da empresa: o moderno paradoxo regulatório", in Alexandre dos Santos Cunha, *O Direito da Empresa e das Obrigações e o Novo Código Civil Brasileiro – Anais do Congresso Ítalo-Brasileiro de Direito Civil (2004)*, São Paulo, Quartier Latin, 2006, p. 35).

9. Fábio Konder Comparato, "Na proto-história das empresas multinacionais: o Banco Medici de Florença", cit., in *Direito Empresarial – Estudos e Pareceres*, p. 264.

10. "'Grande demais para falir' é, atualmente, um problema maior do que antes, em parte porque os bancos se fundiram de uma maneira que cria instituições bancárias ainda maiores (...)." Tradução livre de: "Too-big-to-fail is now a larger problem than before, in part because banks have merged in a way that creates even larger banking institutions (...)" (Frederic S. Mishkin, "From the subprime to the global financial crisis", *The Journal of Economic Perspectives* 25/66, n. 1, 2011 – disponível em *http://www.jstor.org/stable/23049438*, acesso em 27.10.2013).

11. O que, de todo modo, nem sempre é aplicável em relação a classes especiais de credores, tais como os empregados (v., principalmente, art. 2º, § 2º, mas também arts. 10 e 448 da CLT), consumidores (art. 28, *caput* e § 5º, do Código de

não concorrerão diretamente com os credores particulares das outras sociedades que o integram. Em função da natureza de "bens de segundo grau" das ações representativas do capital social das companhias,[12] o grupo consente o estabelecimento de uma hierarquização das pretensões de terceiros credores em relação a determinado acervo patrimonial, de acordo com a posição que ocuparem na cadeia societária.[13]

Pelas mesmas razões, a estrutura de grupo também pode trazer ganhos absolutos de eficiência às transações comerciais. Ao lidar com uma sociedade grupada, dotada de personalidade jurídica própria e adequada separação patrimonial, o futuro credor pode – ao menos em tese – limitar sua análise de crédito apenas à situação de sua contraparte contratual imediata, sem ter de investigar também o *status* financeiro das demais integrantes do grupo.[14] Verifica-se, assim, uma importante redução dos

Defesa do Consumidor/CDC) e vítimas de danos ambientais (Lei federal 9.605/1998, art. 3º, *caput*).

12. Tullio Ascarelli, *Saggi di Diritto Commerciale*, Milão, Giuffrè, 1955, pp. 239-240.

13. Idem, p. 243. "Pois as ações de sociedade anônima não são bens iguais aos que, tradicionalmente, constituíam objeto de propriedade. Ascarelli denominava as ações de companhias 'bens de segundo grau', porque se referem, sempre, a elementos componentes de outro patrimônio. Mais do que isso, diríamos nós, referem-se a uma organização econômica de pessoas e bens, destinada à produção, circulação de mercadorias ou prestação de serviços no mercado, com intuito lucrativo. As ações de sociedade anônima, em uma palavra, dizem respeito à empresa. Assim, não se trata de bens possuídos ou usufruídos por si mesmos, mas como instrumento, veículo ou título de legitimação à posse, usufruto ou disposição de outros bens, componentes do patrimônio social. (...). *E se, por hipótese, as ações em causa representam o controle de uma sociedade-matriz de grupo econômico, com sociedades controladas em cadeia, ou coligadas em leque, aqueles títulos constituirão bens de graus sucessivos, correspondentes ao encadeamento societário*" (sem grifos no original) (Fábio Konder Comparato, "O direito de subscrição em aumento de capital, no fideicomisso acionário", *Revista da Faculdade de Direito da USP* 76/125-126, São Paulo, 1981 – disponível em *http://ojscurso.fflch.usp.br/index.php/ rfdusp/article/view/ 3349/2073*, acesso em 5.10.2013).

14. "(...) os custos para negociar com o membro de um grupo aumentariam muito se existisse a responsabilidade de grupo. Em tal regime, a pessoa negociando com a sociedade que fosse parte do grupo teria que não apenas se satisfazer quanto à solvabilidade da sociedade isolada, mas também quanto à solvabilidade de todo o grupo." Tradução livre de: "(...) the costs to dealing with a member of a group would be greatly increased if there were to be group liability. In such a regime a person dealing with a company which was part of a group would not only have to satisfy himself as to the credit worthiness of the individual company but also as to the credit worthiness of the whole group" (in Dan D. Prentice, "A survey of the law relating to corporate groups in the United Kingdom", in Eddy Wymeersch (ed.), *Groups of*

custos e da complexidade de muitos dos contratos celebrados no âmbito da empresa plurissocietária.

De modo similar, o grupo também é capaz de simplificar sobremaneira a expansão da empresa para o território de outros Estados. A disponibilidade de uma sociedade constituída de acordo com normas do novo País em que a empresa se instala facilita as relações com contrapartes locais, que se deparam com uma estrutura jurídica familiar. Além disso, a estrutura de grupo pode ser usada – e abusada – de forma estratégica, para que a empresa plurissocietária tenha acesso às regras nacionais e aos tratados internacionais mais convenientes ao desenvolvimento de cada segmento ou etapa de suas atividades.[15]

Enfim, no que toca à mobilização dos investimentos, é de se notar que, ao fazer com que a sociedade – enquanto revestimento jurídico da atividade empresarial – seja, ao mesmo tempo, investida e investidora, objeto e sujeito de relações de propriedade, o grupo permite que a empresa se torne, ela própria, bem de troca, uma mercadoria.[16] A estrutura de grupo enseja, de fato, a formação de um mercado do controle societário. Este, a seu turno, consente uma eficiente realocação de recursos, com o reaproveitamento de unidades produtivas subutilizadas e a reestruturação de empresas em crise. Graças à existência da "sociedade-sócia", empresas potencialmente promissoras mas que se encontrem

*Companies in the EEC – A Survey Report to the European Commission on the Law Relating to Corporate Groups in Various Member States*, Berlim, Walter de Gruyter, 1993, p. 307).

15. "Estratégias internacionais de elisão regulatória envolvem, essencialmente, a escolha de um ordenamento conveniente no qual criar uma entidade jurídica, tal como uma companhia, sociedade de pessoas ou um *trust*, que pode ser usada como veículo para se deter ativos ou através do qual canalizar operações." Tradução livre de: "International regulatory avoidance strategies essentially entail choosing a convenient jurisdiction in which to create a legal entity, such as a corporation, partnership or trust, which can be used as vehicle to own assets or through which to channel transactions" (in Sol Picciotto, *Regulating Global Corporate Capitalism*, Cambridge, Cambridge University, 2011, p. 92).

16. "(...) o novo não está apenas no como se produz; está também no que se produz; e está, outrossim, na circunstância particular de que o produtor é, ao mesmo tempo, sujeito e objeto da economia, ele próprio mercadoria de troca. (...). Delineia-se, assim, o aclamado fenômeno do 'mercado de controle'." Tradução livre de: "(...) il nuovo non sta solo nel come si produce; sta anche nel che cosa si produce; e sta, oltre a ciò, nella singolare circostanza che il produttore è, ad un tempo, soggetto ed oggetto dell'economia, esso stesso merce di scambio. (...). Si delinea il conclamato fenomeno del 'mercato del controllo'" (Francesco Galgano, "Direzione e coordinamento di società – Artt. 2.497-2.497-*septies*", cit., in Francesco Galgano (cur.), *Commentario del Codice Civile Scialoja-Branca*, p. 11).

contingencialmente mal-administradas ou subcapitalizadas podem ser eficientemente transferidas a novos titulares, mais aptos a capitanear seu desenvolvimento. Ademais, essa facilidade de desinvestimento é, por si só, um ulterior incentivo ao investimento inicial.[17]

Se o grupo traz consigo vantagens tão relevantes, a ponto de ser considerado uma estrutura essencial para a atividade econômica moderna,[18] é igualmente verdadeiro que as oportunidades que encerra para a fraude e para o abuso são proporcionalmente amplas e críticas. Ascarelli já citava, por exemplo, a situação em que os acionistas de uma companhia que se comprometeu a pagar *roytalties* a terceiro desenvolvam determinada atividade por meio de nova sociedade com o objetivo de elidir tal obrigação.[19] Wymeersch, por outro lado, menciona o caso dos empregadores que fracionam suas atividades em diversas sociedades com o propósito de evitar que determinada convenção coletiva particularmente onerosa seja aplicada a todos os contratos de trabalho que celebrarem – fato que seria a consequência inevitável de uma estrutura baseada em uma única companhia.[20] É célebre, outrossim, a observação de Champaud a respeito da natureza de "vasos comunicantes" dos patrimônios individuais das sociedades grupadas,[21] cujo conteúdo pode ser determinado de acordo com a melhor conveniência da sociedade controladora – o que enseja toda a sorte de atos lesivos a credores e acionistas externos. Em face de constatações dessa natureza, é mais do que compreensível que o grupo

17. Calixto Salomão Filho, *A Sociedade Unipessoal*, São Paulo, Malheiros Editores, 1995, pp. 38-39.

18. Luigi Mengoni, por exemplo, qualifica a ideia de se considerar ilícito o controle de uma sociedade por outra sociedade "impensável" ("Conflitto di interessi in materia sociale", *Rivista delle Società* 1/451-452, Ano I, 1956).

19. Tullio Ascarelli, *Problemas das Sociedades Anônimas e Direito Comparado*, 2ª ed., São Paulo, Saraiva, 1969, p. 493.

20. Eddy Wymeersch, "The groups of companies in Belgian Law", in Eddy Wymeersch (ed.), *Groups of Companies in the EEC – A Survey Report to the European Commission on the Law Relating to Corporate Groups in Various Member States*, cit., p. 336.

21. "As relações econômicas mantidas entre as empresas societárias e os poderes exorbitantes derivados do controle permitem aplicar aos seus patrimônios uma tradução contábil e financeira do princípio dos vasos comunicantes." Tradução livre de: "Les relations économiques entretenues entre les entreprises sociales et le pouvoirs ex orbitants issus du contrôle, permettent d'appliquer à leurs patrimoines une traduction comptable et financière du principe des vases communiquants" (Claude Champaud, *Le Pouvoir de Concentration de la Société par Actions*, Paris, Sirey, 1962, p. 275).

de sociedades tenha sido frequentemente objeto de atenção do legislador, dos tribunais e da doutrina.

## *2.2 O grupo no direito societário brasileiro*

Ao utilizar a expressão "grupo", a Lei Acionária de 1976 se refere exclusivamente ao conjunto de sociedades formalmente constituído e expressamente regulado por convenção, nos termos dos arts. 265 e ss. da própria Lei 6.404/1976.[22] Ou seja: na concepção original do legislador, "grupo" corresponde somente ao que a doutrina passou a chamar de "grupo de direito".[23]

Isso não significa que a lei tenha descuidado inteiramente do fenômeno dos grupos construídos puramente a partir do domínio ou da influência que a sociedade investidora é capaz de exercer sobre as sociedades participadas – vale dizer: vínculos de controle e coligação –, sem que suas relações estejam necessária e explicitamente formalizadas em acordo escrito. A definição legal de tais estruturas, identificadas pela expressão "grupo de fato"[24] – também esta de origem doutrinária –, pode

22. A expressão "grupo", conforme declinada no art. 162, § 2º, da Lei 6.404/1976, que veda a nomeação para o conselho fiscal de "membros de órgãos de administração e empregados da companhia ou de sociedade controlada ou do *mesmo grupo*", já foi, entretanto, interpretada extensivamente pelo colegiado da Comissão de Valores Mobiliários/CVM, de forma a compreender tanto os grupos de direito quanto os grupos de fato, conforme as decisões prolatadas nos Processos RJ 2000/4.860, RJ 2000/4.755 e RJ 2009/6.720. No Processo CVM-RJ 2007/3.822, ao contrário, prevaleceu a interpretação restritiva.

23. "Indiscutivelmente, os vínculos societários identificadores da coligação e do controle traduzem a existência de uma associação de sociedades, ou sociedades de sociedades, também denominados *grupos de fato*, *por oposição aos grupos de direito, regulados pela lei nos arts. 265 e ss.* Tecnicamente, porém, à vista do que dispõe o parágrafo único do art. 267, será absolutamente impróprio falar em *grupo de sociedades* para designar a realidade ora considerada" (sem grifos no original) (Egberto Lacerda Teixeira e José Alexandre Tavares Guerreiro, *Das Sociedades Anônimas no Direito Brasileiro*, vol. II, São Paulo, José Bushatsky Editor, 1979, p. 700).

24. A qualificação "de fato", em contraposição à expressão "de direito", não denota suposto caráter extrajurídico do fenômeno dos grupos não regulados por convenção. Também não é correto afirmar que seus pressupostos de caracterização são puramente fáticos, uma vez que a aferição da presença de controle societário e de vínculos de coligação é já o resultado da satisfação de silogismo normativo precedente. A esse respeito, perfeitamente aplicáveis as ponderações de A. Castanheira Neves: "Pensamos naquelas distinções entre entidades (ou objectivações) juridicamente conformadas e conceitualizadas, mas em que um dos termos distinguidos recebe a designação 'de facto' por razões particulares (juridicamente particulares), fundamen-

ser inferida a partir do art. 243, § 2º, combinado com o previsto no art. 245, ambos da Lei Acionária, que estabelecem preceitos especiais para o conjunto formado por uma sociedade controladora e suas controladas e coligadas.

Na esteira da lei alemã de 1965, o Brasil foi, portanto, o segundo País a adotar esse modelo dual de marcada distinção entre grupos de fato e de direito.[25] A diferença fundamental entre ambas as formas de agrupamento diz respeito à possibilidade de subordinação de interesses, vedada no grupo de fato – no qual todas as relações entre a sociedade controladora e as demais integrantes do grupo têm de ser pautadas por estrita comutatividade ou, ao menos, estar sujeitas a adequado pagamento compensatório, nos termos do art. 245 da Lei 6.404/1976 – e permitida no grupo de direito, desde que expressamente amparada pela respectiva convenção, consoante o previsto no art. 276 da Lei Acionária.

No que se refere aos vínculos políticos que caracterizam o agrupamento no direito societário brasileiro, tanto o grupo de fato quanto o grupo de direito são fortemente centrados na noção de poder de controle.[26] O pi-

talmente diferentes das razões pelas quais, usando da mesma expressão, se poderá opor o jurídico ao puro não jurídico; pois a designação 'de facto' traduz agora apenas uma específica estrutura *jurídica* de certas relações e instituições concretas, quando postas em confronto com aquelas outras que mereçam, também nesta perspectiva, a predicação 'de direito', e para significar que em umas relativamente às outras se verificaria uma divergência na índole dos fundamentos das suas respectivas juridicidades – as primeiras de uma juridicidade que elas por si mesmas exibem e impõem, as segundas de uma juridicidade que lhes vai formal e antecipadamente reconhecida (...). É deste modo que se fala de 'universalidade de facto', de 'sociedade de facto', da posse como 'situação jurídica de facto' (...)" ("A distinção entre a questão-de-facto e questão-de-direito e a competência do Supremo Tribunal de Justiça como Tribunal de 'revista'", in *Digesta – Escritos acerca do Direito, do Pensamento Jurídico, da sua Metodologia e Outros*, vol. I, Coimbra, Coimbra Editora, 1995, pp. 502-508).

25. "Trata-se da distinção, sob certo aspecto radical, entre grupos de fato e grupos de direito. A lei, na verdade, não contém essas expressões, de origem doutrinária. Mas elas parecem muito sugestivas e apropriadas para a compreensão do sistema legal" (Fábio Konder Comparato, "Os grupos societários na nova Lei das Sociedades por Ações", cit., *RDM* 23/94).

De acordo com Volker Emmerich e Mathias Habersack, o modelo de ampla codificação dos grupos de direito teria sido plenamente seguido apenas por Brasil, Portugal e Taiwan. Itália, Eslovênia, República Tcheca e Hungria seriam exemplos de codificação parcial (*Konzernrecht – Ein Studienbuch*, 9ª ed., Munique, C. H. Beck, 2008, p. 18).

26. É verdade que a noção legal de *grupo de fato* compreende também as sociedades unidas apenas por vínculo de coligação. Contudo, cumpre reconhecer que a coligação – que, por definição, exclui o poder de controle – não é capaz de fundar

lar do sistema dos grupos, contudo, não se encontra exatamente na definição de "acionista controlador", constante do art. 116 da Lei 6.404/1976, mas naquela de "sociedade controladora", que se depreende por contraposição ao conceito de "controlada", nos termos do art. 243, § 2º. As *fattispecie* de acionista controlador e de sociedade controladora se distinguem, principalmente, pelos fatos de que (i) para a caracterização daquele, ao contrário do que se verifica em relação a esta, exige-se o exercício efetivo do poder de controle[27] (art. 116, "b") e (ii) a sociedade controladora deve, evidentemente, ser *sociedade*, ao passo que a lei não impõe exigências específicas quanto à natureza jurídica do acionista controlador.[28]

Uma das principais consequências desse desdobramento de definições[29] é o fato de que as normas societárias brasileiras estão quase

a unidade de comando, que, por sua vez, representa pressuposto essencial para a coordenação dos fatores de produção e, portanto, para a existência de uma única empresa, a empresa plurissocietária. Em relação ao *grupo de direito*, frise-se que apenas podem validamente subscrever a convenção a sociedade controladora e aquelas que estejam sob seu controle, conforme enfatiza o § 1º do art. 265 da Lei 6.404/1976.

27. De forma similar ao Direito Alemão, em que se buscou dar tratamento distinto ao acionista dominante que tivesse um interesse empresarial externo ao da sociedade (*herrschende Unternehmen*), atribuindo-lhe deveres mais rigorosos que os impostos ao particular que se limitasse a administrar o próprio patrimônio (*Privatgesellschafter*) (Herbert Wiedemann, *Gesellschaftsrecht – Ein Lehrbuch des Unternehmens- und Verbandsrecht*, vol. I, p. 347), o legislador brasileiro de 1976 buscou tutelar, por meio do requisito do efetivo exercício do poder, constante da alínea "b" do art. 116 de nossa Lei Acionária, a posição da pessoa natural vulnerável que se encontrasse, por força das circunstâncias, formalmente na posição de controladora sem, contudo, ter condições de, efetivamente, desempenhar tal função: "O requisito de que a pessoa (ou grupo de pessoas) exerça efetivamente o poder de dirigir as atividades sociais e orientar o funcionamento dos órgãos da companhia se explica porque a definição do art. 116 da lei abrange pessoas naturais que, embora sejam titulares da maioria dos votos, não exercem efetivamente o poder de controle, como no caso da viúva do empresário que o sucede na maioria dos direitos de voto mas deixa a administração da companhia entregue aos administradores profissionais em que o marido confiava, sem exercer efetivamente o poder de controle. Cabe destacar que a lei não incluiu esse requisito na definição de sociedade controladora, constante no § 2º do art. 243, porque a sociedade existe para realizar seu objeto, e, se este inclui a participação em companhias, ela exerce seus direitos de sócio" (Alfredo Lamy Filho e José Luiz Bulhões Pedreira, "Estrutura da companhia", in Alfredo Lamy Filho e José Luiz Bulhões Pedreira (coords.), *Direito das Companhias*, vol. I, Rio de Janeiro, Forense, 2009, p. 817).

28. Outras diferenças importantes são o caráter indireto do poder exercido pela sociedade controladora, nos termos do art. 243, § 2º, e a referência ao conjunto de pessoas – ou seja: bloco de controle – constante do art. 116, *caput*.

29. Em grande medida reprovável, porque, se a intenção do legislador era simplesmente aquela de tutelar a posição de sujeitos vulneráveis que, por força das

que exclusivamente focadas no grupo de *sociedades*, e não no grupo de *empresas*; ao revés, por exemplo, do que ocorre em relação ao Direito Alemão.[30] Nesse sentido, nossas mais relevantes regras *societárias*[31] de

circunstâncias, fossem alçados à condição de controladores sem dispor dos meios para adequadamente desempenhar tal função, bastaria excluir expressamente a responsabilidade por omissão do acionista majoritário pessoa natural que nunca houvesse efetivamente exercido o poder de controle. Conforme apontou o professor Comparato, o requisito do efetivo exercício apenas faz realmente sentido quando se trata de verificar a existência de controle minoritário: "A exigência do uso efetivo do poder 'para dirigir as atividades sociais e orientar o funcionamento dos órgãos da companhia' somente se compreende, como elemento integrante da definição de controlador, em se tratando de controle minoritário" (Fábio Konder Comparato e Calixto Salomão Filho, *O Poder de Controle na Sociedade Anônima*, Rio de Janeiro, Forense, 2005, p. 87).

30. "A nova Lei de Sociedades por Ações [*Lei 6.404/1976*] só regula os grupos de sociedades, não os grupos de empresas de modo geral. Nesse ponto, aparta-se da orientação seguida pelo legislador alemão de 1965, que admitiu pudesse o *Konzern* ser composto não só de sociedades, mas também de empresários individuais e até mesmo do próprio Estado" (Fábio Konder Comparato, "Os grupos societários na nova Lei das Sociedades por Ações", cit., *RDM* 23/91) (v. também Vera Helena de Mello Franco, "Concentração de poder econômico e grupos não acionários perante a ótica do Código Civil", *RT* 908/221, Ano 100, São Paulo, Ed. RT, 2011).

"Uma das diferenças que existem entre a lei alemã e a brasileira é que aquela prevê o grupo *de empresas*, admitindo que no topo da pirâmide, por exemplo, figure um empresário individual, enquanto que esta só admite o grupo de sociedades" (Erasmo Valladão A. e N. França, "Dever de informar dos administradores de companhias abertas. Inexistência de submissão ao acionista controlador", in *Temas de Direito Societário, Falimentar e Teoria da Empresa*, São Paulo, Malheiros Editores, 2009, p. 362. No mesmo sentido: Viviane Muller Prado, *Conflito de Interesses nos Grupos Societários*, São Paulo, Quartier Latin, 2006, p. 56).

31. Outros campos do Direito podem ser mais flexíveis a esse respeito, tanto no que diz respeito à composição subjetiva do grupo quanto aos vínculos políticos que o caracterizam. Por exemplo, o grupo econômico do direito do trabalho pode incluir o empresário pessoa física (Délio Maranhão e João de Lima Teixeira Filho (atualizs.), "Sujeitos do contrato de trabalho", in Délio Maranhão, Arnaldo Süssekind e Segadas Vianna, *Instituições de Direito do Trabalho*, vol. I, São Paulo, LTr, 2005, p. 303) e no direito concorrencial admite-se serenamente o controle externo como elemento caracterizador do grupo (Nelson Eizirik, Ariádna B. Gaal, Marcus de Freitas Henriques e Flávia Parente, *Mercado de Capitais – Regime Jurídico*, São Paulo, Saraiva, 2010, pp. 389-391).

Como recorda o professor Calixto: "É certo, por outro lado, que os conceitos comerciais não são perfeitamente coincidentes com os utilizados no direito societário propriamente dito. (...). As diferenças são marcadas a ponto de se falar hoje na existência de um direito societário concorrencial" (Fábio Konder Comparato e Calixto Salomão Filho, *O Poder de Controle na Sociedade Anônima*, cit., nota de texto 4, p. 43).

direito dos grupos não são diretamente aplicáveis – a não ser pela via da analogia – aos grupos cuja posição de ápice ou comando seja ocupada por pessoa natural,[32] fundação, associação ou pelo próprio Estado.

No Direito Brasileiro, portanto, em termos confessadamente simplistas, pode-se concluir que o grupo de subordinação consiste em conjunto formado pelas sociedades alcançadas pelo domínio de uma sociedade controladora;[33] poder, este, cujo exercício pode ou não estar disciplinado por meio de convenção, conforme se trate de grupo de direito ou grupo de fato.

A esse respeito, cumpre refutar – ainda que se trate de posição sustentada por ilustres doutrinadores, nacionais e estrangeiros,[34] e mencionada na própria "Exposição de Motivos" do Projeto da atual Lei Acionária[35] – a tese de que o grupo de sociedades seria, em si mesmo, uma sociedade. Com efeito, a despeito de parecer possível, à primeira

32. "Qualquer que seja o ângulo sob o qual se configure o relacionamento intersocietário (convencional ou não), é importante assinalar que são contempladas pela lei apenas as vinculações *entre sociedades*. Assim sendo, não se têm coligação, controle, subsidiária integral, grupo ou consórcio baseados na participação de pessoas físicas" (Egberto Lacerda Teixeira e José Alexandre Tavares Guerreiro, *Das Sociedades Anônimas no Direito Brasileiro*, cit., vol. II, p. 697).

33. Ou, quando menos, de sociedade titular de influência significativa, caso se trate de grupo de fato baseado exclusivamente em vínculos de coligação.

34. "A nosso ver, o grupo econômico constitui, em si mesmo, uma sociedade. Os três elementos fundamentais de toda a relação societária – a saber, a contribuição individual com esforços ou recursos, a atividade para lograr fins comuns e a participação em lucros ou prejuízos – encontram-se em todo grupo. Ainda que o legislador não reconheça a personalidade jurídica dessa *sociedade de segundo grau*, que é um grupo personalizado, a relação societária que se estabelece entre as empresas ou sociedades agrupadas implica, necessariamente, uma unidade de direção e uma intercomunicação patrimonial" (Fábio Konder Comparato e Calixto Salomão Filho, *O Poder de Controle na Sociedade Anônima*, cit., p. 360 – sem grifos no original).

"Efetivamente, a interpretação do grupo societário como autêntica sociedade – sociedade de fato, nos grupos de fato, e sociedade de direito, mas despida de personalidade jurídica, nos grupos convencionais – é a que melhor dá conta do fenômeno" (Fábio Konder Comparato, "Abuso de controle em grupo societário de fato: remédio jurídico cabível", in *Direito Empresarial – Estudos e Pareceres*, São Paulo, Saraiva, 1990, p. 313. No mesmo sentido: Fábio Konder Comparato, "Os grupos societários na nova Lei das Sociedades por Ações", cit., *RDM* 2398).

35. De fato, a própria "Exposição de Motivos" da Lei das S/A vislumbrava no grupo de direito uma sociedade de sociedades, ainda que tenha tido o cuidado de utilizar a expressão entre aspas, possivelmente denotando dúvida quanto à sua tecnicidade: "O grupo de sociedades é uma forma evoluída de inter-relacionamento de sociedades que, mediante aprovação pelas assembleias-gerais de uma 'convenção de grupo', dão origem a uma '*sociedade de sociedades*'" (*Exposição de Motivos 196*,

vista, a subsunção do conceito de grupo ao disposto no art. 981 do CC de 2002[36] – dado que as sociedades grupadas contribuem reciprocamente para o exercício de atividade econômica –, o grupo não é sociedade, nem sequer sociedade em comum, sociedade de sociedades ou sociedade de segundo grau, e são relevantes as diferenças estruturais entre ambos os institutos. O grupo de fato não pode ser contrato de sociedade porque nele não está presente nenhuma forma de consentimento ou manifestação de vontade.[37] O grupo de fato não é resultado do encontro de duas ou mais vontades, mas produto da afirmação eficaz de uma única vontade, resultado da titularidade de participação acionária. Mesmo no que se refere ao grupo de direito, o objeto da respectiva convenção não é a colaboração em prol de fim comum, mas a subordinação dos interesses das filiadas ao interesse da sociedade do comando.[38] O grupo de direito

de 24.6.1976, do Ministério da Fazenda, notas ao Capítulo XXI, Seção I, do Projeto – sem grifos no original).

36. "Chama a atenção, desde logo, a semelhança entre os termos utilizados nesse dispositivo legal [*art. 265 da Lei 6.404/1976*] e aqueles empregados pelo art. 1.363 do CC de 1916, e pelo art. 981 do CC de 2002, ao tipificarem o contrato de sociedade. Essa similitude corrobora o entendimento de Fábio Konder Comparato de que os grupos se qualificam juridicamente como sociedade de segundo grau, não personificadas" (Eduardo Secchi Munhoz, *Empresa Contemporânea e Direito Societário: Poder de Controle e Grupos de Sociedades*, São Paulo, ed. Juarez de Oliveira, 2002, p. 282).

37. E é oportuno lembrar que mesmo a sociedade em comum, enquanto contrato consensual, exigiria a "manifestação do consentimento de forma hígida" (Erasmo Valladão A. e N. França, *A Sociedade em Comum*, São Paulo, Malheiros Editores, 2013, p. 116; cf. também Sabrine Vacrate, *La Société Créé de Fait, Essai de Théorisation*, Paris, LGDJ, 2003, p. 154).

38. "A sociedade dependente trabalha, por conseguinte, não mais em favor do interesse de todos os sócios e de seus próprios empregados, mas em prol do interesse da empresa dominante." Tradução livre de: "Die abhängige Gesellschaft arbeitet dementsprechend nicht mehr zugunsten aller Gesellschafter und in ihrer eigenen Arbeitnehmer, sondern im Interesse des herrschenden Unternehmer" (Herbert Wiedemann, *Gesellschaftsrecht – Ein Lehrbuch des Unternehmens- und Verbandsrecht*, cit., vol. I, p. 22). Em comentários às ponderações de Wiedemann, o professor Erasmo Valladão França, com razão, indaga: "Como imaginar uma sociedade, nessas condições?" (*A Sociedade em Comum*, cit., nota de rodapé 207, p. 173). No mesmo sentido: "A partir do momento em que age exclusivamente no interesse de sua controladora (...) a sociedade controlada que integra uma relação grupal deixa de perseguir seu próprio (e individual) interesse social, e é de se indagar: onde, afinal, se divisa o fim comum, que (...) é característica essencial ao contrato de sociedade? (...) o grupo de sociedades, no Brasil, não é, a princípio, pelo menos, uma sociedade de sociedades, ou uma sociedade de segundo grau" (Leonardo de Gouvêa Castellões, *Grupos de Sociedades*, Curitiba, Juruá, 2008, pp. 134-135).

não representa, portanto, a agregação de esforços para dar vida a uma atividade econômica, mas, sim, a absorção das filiadas no projeto empresarial já levado a cabo pela sociedade de comando.

### *3. Direitos de minoria e grupos de sociedades*

Ao analisar o aparato jurídico de proteção das minorias, Wiedemann propõe uma distinção entre, de um lado, as prerrogativas que estão condicionadas à titularidade de uma participação mínima no capital da companhia (*formelle Minderheitsrechten*) e, de outro, aquelas que independem de determinado nível específico de investimento (proteção da minoria propriamente dita, ou *eigentlicher Minderheitenschutz*), estando ancoradas na mera qualidade de sócio.[39] Essa concepção parece refletir tradicional divisão da doutrina brasileira entre as prerrogativas qualificáveis como direitos de minoria e aquelas que são direitos individuais dos acionistas.[40]

Como salienta o ilustre Mestre alemão, o fato de que determinadas prerrogativas sejam vinculadas a uma posição minoritária qualificada representa, em verdade, uma proteção ao titular de participação majoritária, que teria maiores possibilidades de ser interpelado ou questionado se tais direitos fossem conferidos aos acionistas individualmente.[41]

É importante, por outro lado, recordar que, à luz do disposto no art. 36 da Lei Acionária, qualquer interessado pode, em princípio, se tornar acionista de uma sociedade anônima, mesmo que se trate de concorrente da companhia. Nesse sentido, não deixa de ser razoável o fato de que a lei condiciona o exercício de algumas prerrogativas consideradas mais delicadas ou invasivas à titularidade de investimento minimamente relevante na companhia em questão. Trata-se, portanto, de uma linha de defesa contra o abuso de minoria.

39. Herbert Wiedemann, *Gesellschaftsrecht – Ein Lehrbuch des Unternehmens- und Verbandsrecht*, cit., vol. I, p. 419.

40. "A minoria é, assim, protegida tanto por normas destinadas especificamente a ela, tendo como base porcentagens sobre o capital ou número de votos, ou o acionista isoladamente; ou então, direta ou mais remotamente, por dispositivos destinados à proteção dos direitos chamados individuais dos acionistas" (Waldírio Bulgarelli, *Regime Jurídico de Proteção às Minorias nas S/A*, Rio de Janeiro, Renovar, 1998, p. 45).

41. Herbert Wiedemann, *Gesellschaftsrecht – Ein Lehrbuch des Unternehmens- und Verbandsrecht*, cit., vol. I, pp. 419-420.

No grupo, contudo, uma série de fatores contribui para a ruptura desse equilíbrio entre bloco de controle e acionistas externos, reduzindo significativamente a efetividade dos direitos de minoria.

### *3.1 Minoria e minorias no grupo*

O primeiro e mais relevante modo por meio do qual a estrutura de grupo afeta o exercício dos direitos de minoria se dá pela própria redefinição – em termos qualitativos e quantitativos – do conceito de minoria na esfera da empresa plurissocietária. Enquanto na sociedade isolada a identificação da minoria política pode ser relativamente simples, por meio da aferição de quais acionistas integram, ou não, o bloco de controle, na estrutura de grupo cada uma das sociedades que o compõem pode ter acionistas externos, com distintos níveis de participação no capital social total e votante de cada companhia.

Por meio das estruturas piramidais, por exemplo, o grupo pode sabidamente ser utilizado para assegurar o domínio sobre a empresa com o menor investimento possível, ensejando uma dissociação entre propriedade e controle do capital muito mais intensa que aquela decorrente da emissão de ações preferenciais sem direito de voto, nos termos e nos limites do art. 17 da Lei 6.404/1976. Na ausência de regras estatutárias ou acordos de acionistas que determinem quóruns especiais de deliberação, se a companhia “A” detém mais da metade do capital social votante da companhia “B”, que detém 50% mais uma das ações com direito a voto da companhia “C”, e assim por diante, a sociedade *holding* será capaz de exercer um domínio completo sobre todas as controladas, a despeito de ter pessoalmente aportado apenas uma pequena fração dos recursos totais investidos na empresa plurissocietária. Em outras palavras: a estrutura de grupo pode ser utilizada como instrumento para a conversão de ampla maioria econômica em minoria política.[42]

42. “No esforço de manter o controle sobre uma companhia sem a propriedade da maior parte de suas ações, foram desenvolvidos vários mecanismos legais. Destes, um dos mais importantes entre as sociedades de grande porte é o instrumento da ‘estruturação piramidal’. Ele envolve a propriedade da maior parte do capital de uma sociedade, que, por sua vez, detém a maior parte das ações de uma outra – um processo que pode ser repetido várias vezes. Por meio deste método, entrincheira-se legalmente uma participação correspondente a pouco mais que um quarto, um oitavo, um dezesseis avos ou ainda menos do ente final a ser controlado. (...). O proprietário de fração majoritária do capital da sociedade no ápice da pirâmide pode ter um controle quase tão completo sobre toda a propriedade quanto o proprietário único, ainda que seja titular de participação inferior a 1% do total.” Tradução livre de: “In

Mesmo na ausência de pirâmides societárias, a estrutura plurissocietária pode ter um impacto profundo sobre a possibilidade de as minorias grupais se articularem para, conjuntamente, oferecer resistência a medidas abusivas tomadas pela sociedade controladora. Segmentadas em distintas sociedades, as diversas minorias dos grupos carecem de instrumentos formais até mesmo para se identificarem reciprocamente e estabelecerem contato. Não existe, por exemplo, um mecanismo análogo ao previsto no art. 126, § 3º, da Lei 6.404/1976 para a companhia isolada que permita a mobilização dos acionistas externos de diferentes sociedades em torno de causas comuns. Essa fragmentação de posições prejudica – em muitos casos, inviabiliza – a organização dos minoritários para se contraporem ao controlador último do grupo.

Como anota Walfrido Warde Jr., o grupo pode, inclusive, ser utilizado para camuflar como estrutura de capital disperso um cenário de controle majoritário indireto.[43] O controle indireto pode, de fato, ser ocultado por meio da colocação de diversas sociedades interpostas na cadeia de controle – amiúde constituídas em Estados ou territórios cuja legislação permita menor transparência fiscal e societária –, cujas participações individuais e diretas no capital social da companhia controlada operacional não sejam elevadas o suficiente para ensejar a incidência de obrigações especiais de contabilização e informação a respeito do investimento realizado. Ou seja: em função da utilização abusiva do grupo, as

the effort to maintain control of a corporation without ownership of a majority of its stock, various legal devices have been developed. Of these, the most important among very large companies is the device of 'pyramiding'. This involves the owning of a majority of the stock of one corporation which in turn holds a majority of the stock of another – a process which can be repeated a number of times. An interest equal to slightly more than a quarter or an eighth or a sixteenth or an even smaller proportion of the ultimate property to be controlled is by this method legally entrenched. (...). The owner of a majority of the stock of the company at the apex of the pyramid can have almost as complete control of the entire property as a sole owner even though his ownership interest is less than one per cent of the whole" (in Adolf A. Berle e Gardiner C. Means, *The Modern Corporation and Private Property*, New Brunswick, Transaction, 1991, p. 69).

"(...) a piramidação de sociedades é instrumento para concentrar o poder de controle de uma empresa (ou de um conjunto de empresas) com o mínimo de aplicação de capital" (José Luiz Bulhões Pedreira, *Sociedades Coligadas, Controladoras e Controladas*, p. 1.924).

43. Walfrido Warde Jr., "O fracasso do direito grupal brasileiro: a institucionalização do controle oculto e de sua sub-reptícia transferência", in Danilo Borges dos Santos Gomes de Araújo e Walfrido Jorge Warde Jr. (orgs.), *Os Grupos de Sociedades – Organização e Exercício da Empresa*, São Paulo, Saraiva, 2012, p. 132.

diversas minorias podem nem mesmo chegar a saber que as sociedades das quais participam estão sob controle comum. Sem sequer ter ciência de que as sociedades em questão pertencem a determinado grupo de fato, os acionistas externos, obviamente, estarão menos alertas em relação a operações intragrupo potencialmente abusivas.

Em várias hipóteses, aliás, as diversas minorias do grupo estarão reciprocamente em conflito de interesses. Assim, por exemplo, se a sociedade "A" detém 90% das ações representativas do capital da companhia "X" mas apenas 51% das ações da companhia "Y", a controladora terá todo o incentivo para influenciar os administradores de ambas as controladas a celebrarem contratos favoráveis à primeira e deletérios à segunda. Em tal caso, é evidente que os acionistas externos de "X" serão beneficiários indiretos do abuso de poder de controle da sociedade "A" e serão desencorajados a trocar dados e informações com a minoria acionária de "Y".

Como se vê, o grupo representa ambiente extremamente propício para a adoção de estratégias ao estilo *divide et impera* por parte da sociedade controladora, em prejuízo da efetividade das prerrogativas dos acionistas externos.

### *3.2 A intermediação da administração*

Apesar da relevância da questão da fragmentação das minorias no âmbito dos grupos, discutida no tópico anterior, não se pode deixar de considerar também o caso das estruturas plurissocietárias nas quais apenas uma das respectivas sociedades possua acionistas externos. Basta pensar, por exemplo, no cenário em que a sociedade "A", que possui acionistas minoritários com participação relevante, seja a controladora das subsidiárias integrais "B", "C" e "D". Mesmo em tal hipótese, a estrutura grupal incidirá de modo determinante sobre o exercício dos direitos de minoria.

Isso porque uma segunda faceta crítica do grupo de sociedades é o deslocamento de influência e de prerrogativas dos acionistas para a administração das sociedades agrupadas.[44] Caso uma divisão de negócios

44. "Independentemente dos riscos de responsabilização que recaem sobre o controlador, cabe refletir em particular sobre o fato de que o exercício dos direitos de sócio (em especial o direito de voto) incorporados nas participações detidas pela sociedade controladora é atribuição dos órgãos sociais de administração. A formação do grupo tem, portanto, como consequência uma *transferência de competência* do nível da sociedade controladora e demonstra ser um instrumento potencial para afas-

de uma companhia passe a ser explorada por meio de uma sociedade autônoma na qual a primeira adquira participação majoritária, seja em função de cisão ou da conferência de bens, diversos fatos e eventos da vida da empresa que antes pertenciam à esfera interna da sociedade controladora – e que poderiam, em tese, ser diretamente fiscalizados por seus acionistas – serão trasladados para o âmbito da controlada. Contudo, o exercício dos direitos de sócio no plano da sociedade controlada cabe à própria controladora, representada – ou, se assim se preferir, presentada[45] – por seus administradores.

Isso significa que entre o raio de atuação dos acionistas da controladora e o efetivo exercício dos direitos de minoria na sociedade controlada se encontrará como inevitável anteparo, ou filtro, a administração da primeira, que muitas vezes não terá incentivos ou condições estruturais para adequadamente fiscalizar as atividades da sociedade participada.

Na realidade brasileira o controle minoritário ainda dá os primeiros passos, e não se vislumbra a efetiva possibilidade de difusão do modelo de controle gerencial ou administrativo.[46] Além disso, nosso sistema societário não privilegia a autonomia dos administradores em face do acionista controlador, uma vez que autoriza sua destituição *ad nutum* por maioria simples[47] e não fixa um rol exaustivo de atribuições

tar a influência dos sócios sobre o patrimônio da sociedade controladora." Tradução livre de: "Auch unabhängig von den auf das herrschende Unternehmen zukommenden Haftungsrisiken ist nämlich zu bedenken, dass die Ausübung der in den Anteilen der herrschenden Gesellschaft verkörperten mitgliedschaftlichen Rechte (insbesondere des Stimmrechts) Sache des geschäftsführenden Organs ist; die Gruppenbildung hat mithin eine *Kompetenzverlagerung* auf der Ebene der herrschende Gesellschaft zur Folge und erweist sich somit als probates Mittel, die Gesellschafter von der Einflussnahme auf das Vermögen der herrschenden Gesellschaft auszuschließen" (in Volker Emmerich e Mathias Habersack, *Konzernrecht – Ein Studienbuch*, cit., 9ª ed., p. 100).

45. Pontes de Miranda, *Tratado de Direito Privado*, t. I, São Paulo, Ed. RT, 2012, p. 347.

46. "No Brasil é extrema a concentração acionária (...). Assim sendo, é impossível imaginar em hipóteses normais um controle administrativo sem sentido próprio, isto é, em ausência de um controlador ativo" (Fábio Konder Comparato e Calixto Salomão Filho, *O Poder de Controle na Sociedade Anônima*, cit., pp. 75-76).

47. Consoante os arts. 122, II, e 140, *caput*, da Lei 6.404/1976. No Direito Alemão, apenas como exemplo, a destituição de membro do conselho de supervisão (*Aufsichtsrat*), *mutatis mutandis* equivalente ao conselho de administração no Brasil, exige maioria qualificada de três quartos dos votos, ressalvada disposição estatutária em sentido contrário (§ 103(1)).

para a assembleia-geral, que teoricamente pode avocar quase qualquer matéria para si, uma vez que tem "poderes para decidir todos os negócios relativos ao objeto da companhia e tomar as resoluções que julgar convenientes à sua defesa e desenvolvimento" (art. 121, *caput*, da Lei 6.404/1976).[48]

É claro que, teoricamente, um administrador diligente e leal teria a obrigação de fiscalizar ativamente as sociedades receptoras de investimento da companhia que representa, atuando no melhor interesse desta última e valendo-se de todas as prerrogativas legais disponíveis, sem se fazer influenciar pelos interesses pessoais do controlador último. Entretanto, cabe reconhecer que a Lei Acionária não equipou os administradores das companhias brasileiras para que, no mais das vezes, possam oferecer séria resistência às pretensões da sociedade controladora ou representar um contraponto efetivo às suas aspirações.[49] Premidos entre, de um lado, a imediata e segura perda de sua posição e, de outro, apenas eventual e incerta responsabilização civil e administrativa pela violação de seus deveres fiduciários, a prática parece demonstrar que, tendencialmente, os administradores são compelidos a aderir às instruções ilegítimas do controlador. Por conseguinte, os administradores restam como *longa manus* do sócio controlador,[50] e, desse modo, o deslocamento de influência em favor da administração, determinado pela estrutura de grupo, é traduzido, em termos práticos, em ulterior aumento da concentração do poder nas mãos do bloco de controle.

Esse estado de coisas representa, naturalmente, adicional limite à efetividade dos direitos de minoria no âmbito do grupo de sociedades.

48. Também quanto a esse ponto é nítido o contraste entre a norma brasileira e o que prevê o § 119 da Lei Acionária alemã de 1965, que limita a competência da assembleia a um rol específico de matérias (§ 119(1)) e àquelas que forem expressamente suscitadas e submetidas à deliberação dos sócios pela própria diretoria (§ 119(2)).

49. "(...). Nunca houve na gestação da Lei Societária brasileira real intenção de criar entidades separadas de seus controladores, aptas a serem geridas profissionalmente e apenas fiscalizadas por controladores ou terceiros.

"A característica funcional básica não é, portanto, a concentração acionária, mas a concentração de poderes em torno da figura do controlador. (...)" (Calixto Salomão Filho, *O Novo Direito Societário*, 4ª ed., São Paulo, Malheiros Editores, 2011, p. 98).

50. Eduardo Secchi Munhoz, "Desafios do direito societário brasileiro na disciplina da companhia aberta: avaliação dos sistemas de controle diluído e concentrado", in Leandro Santos de Aragão e Rodrigo R. Monteiro de Castro (coords.), *Direito Societário: Desafios Atuais*, São Paulo, Quartier Latin, 2009, p. 126.

### *3.3 Legitimação e escopo de incidência dos direitos de minoria*

Ainda que determinado conjunto de minoritários consiga superar os obstáculos de mobilização e de intermediação pela administração criados pela estrutura plurissocietária, discutidos anteriormente, em muitos casos o resultado de tal esforço não será adequado à fiscalização e ao contraste a abusos por parte da sociedade controladora e dos administradores, no âmbito do grupo. O legislador de 1976 não desconheceu o fenômeno dos grupos – como atestam, de forma absoluta, os diversos dispositivos da Lei 6.404/1976 que tratam da matéria –, porém concentrou muitos de seus esforços para equacionar os conflitos ínsitos à empresa plurissocietária na disciplina do grupo do direito. Como resultado, muitos dos direitos de minoria restaram preponderantemente focados na sociedade isolada e têm apenas efetividade limitada na esfera dos grupos, especialmente se as respectivas disposições legais forem aplicadas e interpretadas de maneira literal e restritiva, sem a devida consideração das necessidades e particularidades da empresa plurissocietária.

Pode-se tomar como exemplo o direito de acesso aos livros, conferido pelo art. 105 da Lei 6.404/1976 aos acionistas detentores de ao menos 5% do capital social, que apontem indícios de irregularidade na gestão dos negócios sociais. Caso se queira interpretar tal dispositivo de forma a assegurar a exibição somente dos registros preparados pela própria companhia, sem que se lhe imponha a divulgação de documentos, correspondências ou informações provenientes de suas controladas, coligadas ou controladora, esse instrumento será amiúde insuficiente para a apuração de irregularidades nas relações grupais. O grupo leva a uma profunda descoincidência entre perímetro da sociedade e perímetro da empresa, e, portanto, em muitos casos será inútil para o acionista externo – ou mesmo para os representantes no conselho de administração ou no conselho fiscal que a minoria for capaz de nomear – receber dados circunscritos formalmente ao primeiro de tais círculos.

De modo similar, a ação por substituição processual prevista no art. 159, § 4º, da Lei Acionária[51] perde muito de sua efetividade em termos

51. Para Modesto Carvalhosa não haveria substituição processual em tal hipótese, mas representação orgânica da sociedade pela minoria social (*Comentários à Lei de Sociedades Anônimas*, 5ª ed., 3º vol., São Paulo, Saraiva, 2011, p. 468). Melhor razão, contudo, parece assistir a Marcelo Vieira von Adamek: "No entanto, na hipótese em que a ação social é proposta de forma derivada, *contra a vontade manifestada pela maioria dos acionistas em assembleia-geral*, não há como se supor possa a minoria ser propriamente órgão da sociedade, sob pena de ter-se de admitir

de dissuasão, apuração de irregularidades e possibilidades concretas de obtenção de ressarcimento se o dispositivo for interpretado restritivamente – posição conservadora normalmente ancorada no caráter excepcional de tal ação, à luz do que dispõe o art. 6º do CPC –, de forma a se impedir a inclusão no polo passivo dos administradores de outras sociedades do mesmo grupo.[52] O que se percebe a partir de tais exemplos é que uma interpretação rígida e literal de prerrogativas, por si só, já parcialmente insuficientes para lidar com os problemas dos grupos – uma vez que calibradas em função das vicissitudes da sociedade isolada –, pode tornar os direitos de minoria completamente inermes no âmbito das relações de grupo. Não deixa de ser (melancolicamente) irônico o fato de que o grupo torne a condução da empresa mais opaca e impermeável ao controle dos acionistas externos ao mesmo tempo em que aumenta os incentivos e as oportunidades para o abuso – fator que, justamente, intensifica a própria necessidade de fiscalização.

### 4. *Possíveis instrumentos mitigadores do problema*

Na concepção original subjacente à Lei Acionária de 1976, o ponto de equilíbrio entre, de um lado, a viabilização da empresa plurissocietária e, de outro, a proteção aos acionistas externos deveria ser alcançado, preponderantemente, pela via contratual, por meio da celebração de convenção de grupo, nos termos do art. 265. Com efeito, o legislador parece ter partido da premissa de que as restrições ao funcionamento dos grupos de fato – sobretudo na forma da vedação à subordinação de interesses – e respectivas regras de responsabilização consignadas nos arts. 117, 245 e 246 da Lei 6.404/1976 seriam suficientes para compelir as sociedades controladoras a formalizar e a disciplinar seu domínio sobre a empresa plurissocietária, convertendo-a em grupo de direito. Complementarmente, a prerrogativa de se retirar das futuras sociedades filiadas por ocasião da formação do grupo de direito (arts. 136, V, 137 e 270, parágrafo único) supostamente conferiria aos acionistas externos o poder de barganha

a existência de conflitos intraorgânicos na disléxica manifestação da vontade social" (*Responsabilidade Civil dos Administradores de S/A e as Ações Correlatas*, São Paulo, Saraiva, 2010, pp. 373-374).

52. Questão já enfrentada pelo STJ, que, acertadamente, entendeu que prevalece a responsabilidade solidária decorrente do direito material – nos termos do art. 1.518 do CC de 1916, correspondente ao art. 942 do CC em vigor –, para admitir a legitimidade passiva *ad causam* de terceiros que tenham tomado parte nos atos lesivos à companhia (REsp 78.580, rel. Min. Sálvio de Figueiredo Teixeira, j. 24.3.1998).

necessário para negociar termos equitativos para a respectiva convenção ou, *in extremis*, em caso de intransigência da sociedade controladora, aos menos asseguraria uma via de saída, com a recuperação do capital investido. Trata-se, contudo, de modelo que inequivocamente não vingou.[53] Ainda que existentes em número superior a algumas das estimativas anteriormente formuladas pela doutrina, são efetivamente raríssimos os grupos de direito na realidade brasileira,[54] completamente eclipsados pelos grupos de fato.[55] Nesses termos, constatada a insuficiência do

53. Extrapolaria os limites deste breve ensaio discorrer minuciosamente sobre as possíveis razões para tal insucesso. De qualquer modo, parece evidente que, além dos limites e vícios intrínsecos do modelo dos grupos de direito, que certamente existem, também teve peso relevante para a limitada difusão dos grupos convencionais a inefetividade dos mecanismos de contraste ao conflito de interesse no grupo de fato. Em termos práticos, o grupo de direito se tornou um oneroso mecanismo de proteção para um risco – a responsabilização de administradores e controladores, respectivamente nos termos dos arts. 245 e 246 da Lei Acionária – que se demonstrou baixíssimo ou nulo na realidade brasileira. De fato, pelos diversos obstáculos criados pelo nosso sistema à possibilidade de desfecho positivo, são bastante raras no Brasil as ações promovidas pela minoria social contra controladores e administradores. Cf. Marcelo Vieira von Adamek, *Responsabilidade Civil dos Administradores de S/A e as Ações Correlatas*, cit., pp. 368-369; Luiz Gastão Paes de Barros Leães, "A prévia deliberação assemblear como condição de *legitimatio ad causam* na ação social", in *Pareceres*, vol. 1, São Paulo, Singular, 2004, p. 706.

54. Citando estudo do professor Comparato de 1981, Arnoldo Wald e Nelson Eizirik asseveraram: "Foi notado, a propósito, em recente estudo, que há apenas oito grupos de sociedades com seus atos de constituição levados ao registro de comércio de São Paulo, número insignificante se comparado ao total de grupos de fato existentes" ("A designação 'grupo de sociedades' e a interpretação do art. 267 da Lei das S/A", cit., *RDM* 54/63). A professora Viviane Muller Prado cita informação recebida em aula do professor Fábio Konder Comparato, em 1996, de acordo com a qual haveria menos de 30 grupos registrados perante o Departamento Nacional de Registro de Empresas/DNRC (Viviane Muller Prado, *Conflito de Interesse nos Grupos Societários*, cit., nota de rodapé 101, p. 69). Rodrigo de Castro relata a identificação de informações a respeito de apenas 10 grupos em busca realizada em 2011 no banco de dados da Junta Comercial do Estado de São Paulo/JUCESP (*Controle Gerencial e o Grupo de Sociedades*, pp. 161-162). Contudo, com base em pedido de acesso à informação (Pedido 16853.007164/2012-17) formulado pelo autor com amparo na Lei federal 12.257/2011 e dirigido à Receita Federal do Brasil, foi possível verificar que em outubro/2012 havia 428 inscrições ativas, 2 inscrições suspensas e 330 inscrições inativas de grupos de direito (código de natureza jurídica 215-1, conforme Resolução CONCLA-02/2011) no Cadastro Nacional da Pessoa Jurídica/CNPJ (a inscrição dos grupos de direito no CNPJ é obrigatória, conforme o disposto no art. 5º, III, da Instrução Normativa RFB-1.183/2011).

55. "Embora os grupos de fato existam em grande número, praticamente não há, em nossa prática de negócios, grupos de direito, cuja disciplina legal é raramente

modelo dual originalmente concebido pelo legislador, cumpre, portanto, buscar no Direito posto instrumentos alternativos para, no âmbito do próprio grupo de fato, de um lado,

(i) legitimar juridicamente o desenvolvimento de políticas comuns de colaboração pelas sociedades grupadas, que permitam a condução da empresa plurissocietária, e, de outro lado,

(ii) oferecer um grau mínimo de proteção aos acionistas minoritários.

A primeira dessas duas tarefas pode ser cumprida por meio de uma leitura mais ampla do requisito de comutatividade nas relações intragrupo, consignado no art. 245 da Lei 6.404/1976,[56] admitindo-se que o equilíbrio econômico das prestações de controladora e controlada não esteja presente em cada operação individual, mas seja, ao revés, apurado em uma perspectiva de prazos mais dilatados, que considere a natureza permanente do vínculo de colaboração, de modo que eventuais perdas tópicas e localizadas sejam compensadas pelos benefícios auferidos em função dos vínculos grupais.[57] É evidente, porém, que, mesmo sob tal concepção, a sociedade controladora não pode almejar "compensar"

utilizada; pode-se dizer que as disposições legais que tratam do grupo de direito, na realidade, 'não pegaram' (...)" (Nelson Eizirik, *A Lei das S/A Comentada*, vol. II, São Paulo, Quartir Latin, 2011, pp. 519-520).

56. Eduardo Secchi Munhoz, "Estrutura de governo dos grupos societários de fato na lei brasileira: acionista controlador, administradores e interesse de grupo", in Rodrigo R. Monteiro de Castro, Carolina Dias Tavares Guerreiro e Walfrido Jorge Warde Jr. (coords.), *Direito Empresarial e Outros Estudos em Homenagem ao Professor José Alexandre Tavares Guerreiro*, São Paulo, Quartier Latin, 2013, pp. 288-289.

57. Parece ser essa, em termos essenciais, a concepção subjacente à célebre "Doutrina Rozenblum" (Charley Hannoun, *Le Droit et les Groupes de Sociétés*, Paris, LGDJ, 1991, p. 80), gestada pelos tribunais franceses (Corte de Cassação francesa, Câmara Criminal, audiência pública de 4.2.1985, Recurso 84-91581, presidente M. Escande) como forma de afastar a incidência de determinadas normas criminais (delito de abuso dos bens sociais, atualmente disciplinado pelos arts. L241-3, §§ 4º e 5º, e L242-6, §§ 3º e 4º, do *Code de Commerce*) a operações intragrupo que, individualmente consideradas, não satisfazem o critério da comutatividade. Contudo, elemento fortemente criticável da "Doutrina Rozenblum" são as frequentes referências ao "interesse de grupo".

O que caracteriza a licitude da política de grupo não é o respeito a um interesse de grupo ou interesse comum que se sobreponha ao interesse individual das sociedades controladas, mas o respeito ao interesse destas últimas, aferido em uma perspectiva mais ampla e de longo prazo. Além de não ter nenhum significado claro (Yves Guyon, "Das Recht der Gesellschaftsgruppe in Frankreich". in Marcus Lutter (ed.), *Konzernrecht im Ausland*, ZGR Sonderheft 11, Berlim, 1994, pp. 82-83), a

perdas imediatas e reais com supostas vantagens imateriais e intangíveis – tais como etéreos ganhos de sinergia, de reputação ou de imagem.[58] Por se tratar da desaplicação do dever geral de estrita equitatividade nas relações intragrupo, será sempre ônus da sociedade controladora mensurar e comprovar as vantagens efetiva e concretamente obtidas pela sociedade controlada.

No que se refere à proteção das minorias sociais, as considerações anteriores sobre o significado essencial da compartimentação patrimonial para o grupo bem como a firme refutação de sua suposta natureza de "sociedade de sociedades" propugnam, desde logo, pela rejeição de soluções baseadas nas noções de desconsideração da personalidade jurídica, responsabilidade estrutural de grupo[59] e personificação do grupo.[60] A proteção das minorias no grupo não deve ocorrer pela destruição dos fundamentos que justificam a existência do grupo. Parece muito mais adequado buscar soluções específicas para problemas determinados.

No que diz respeito especificamente aos direitos de minoria, é razoável que em muitas hipóteses, com o objetivo de evitar a esterilização de prerrogativas atribuídas pelo legislador à minoria social unicamente em função de peculiaridades da estrutura de grupo, seja admitida uma flexibilização das condições postas ao seu exercício, resultado que em

noção de "interesse de grupo" pode frequentemente se prestar a encobrir o interesse próprio da sociedade controladora.

58. "A este propósito, as considerações desenvolvidas anteriormente induzem a considerar que seja necessário identificar uma compensação efetiva, e não meramente 'virtual', de forma a garantir a satisfação de um interesse patrimonial de titularidade dos sócios das sociedades (controladas) prejudicadas." Tradução livre de: "A questo proposito, le considerazioni svolte precedentemente inducono a ritenere che sia necessario individuare una compensazione effettiva, e non meramente 'virtuale', così da garantire la soddisfazione di un interesse patrimoniale facente capo ai soci delle società (controllate) pregiudicate" (Pier Giusto Jaeger, "L'interesse sociale rivisitato (quarant'anni dopo)", *Giurisprudenza Commerciale* 27/813, fasc. 6, 2000).

59. "Com a expressão 'responsabilidade estrutural' quer-se exprimir a responsabilidade privativa dos grupos, aplicável em função da simples existência de uma determinada estrutura grupal. (...)" (Calixto Salomão Filho, "O novo direito dos grupos", in *O Novo Direito Societário*, 1ª ed., São Paulo, Malheiros Editores, 1998, p. 182).

60. "Se, hoje, a maioria admite que há, ao lado da pessoa física ou de existência visível, a pessoa jurídica ou moral (...) por que não aceitar, também, a existência dos grupos de sociedades como entidades personificadas, já que o grupo de sociedades e as sociedades que o compõem não são entidades idênticas, mas diferentes, como diferente é o todo em relação à parte em que se decompõe?" (Jorge Lobo, "Direito dos grupos de sociedades", *RDM* 107/113, São Paulo, Malheiros Editores, julho-setembro/1997).

muitos casos poderá ser alcançado por meio de simples interpretação sistemática e teleológica das normas em questão.

Mesmo que raros e ainda demasiadamente acanhados, a jurisprudência brasileira já apresenta significativos exemplos de esforços nesse sentido. Pode-se mencionar a admissão pelo STJ, em julgado de 1992, da legitimidade dos acionistas minoritários para propor ação de responsabilização contra os administradores sem prévia manifestação da assembleia-geral nos casos em que a sociedade controladora detenha mais de 95% do capital social.[61] Outra decisão relevante proferida pela mesma Corte é a que determinou a divulgação de informações relativas a sociedades controladas, reconhecendo-se o caráter particular e integrado da empresa grupal.[62] Também é digna de nota a decisão da 16ª Câmara Cível do TJRJ na qual se deliberou por unanimidade que a sociedade controladora indireta tem legitimidade para figurar no polo passivo de ações promovidas nos termos do art. 246 da Lei 6.404/1976.[63]

61. "Na espécie, somente cerca de 1% das ações com direito a voto e do capital social não pertencem à controladora. Indaga-se, nessa circunstância, sobre a possibilidade e legitimidade dos acionistas minoritários em promoverem ação de responsabilidade civil contra o administrador e contra a sociedade controladora, pleiteando, em nome próprio, indenização para a controlada (...) o corréu (...) era administrador e acionista majoritário dessa empresa controladora. Destarte, despiciendo seria exigir-se, neste caso, a convocação de assembleia-geral para deliberar sobre a propositura de processo judicial destinado a apurar responsabilidades do administrador, (...). Tal assembleia, *in casu*, além de impregnada de absoluto contrassenso, teria resultado certo e induvidoso, pelo quê sem sentido a sua realização" (STJ, REsp 16.410-0-SP, rel. Min. Sálvio de Figueiredo, j. 23.6.1992).

62. "Desse modo, a existência da relação jurídica entre as empresas controladas e as *holdings* está intimamente relacionada com o liame jurídico entre estas e a recorrente, defluindo-se daí interesses diretos e indiretos sobre todas as sociedades empresariais do grupo, uma vez que o aviltamento do patrimônio da sociedade controlada acarretará, consequentemente, o esvaziamento do patrimônio da sociedade controladora" (STJ, REsp 1.223.733-RJ, rel. Min. Luís Felipe Salomão, j. 7.4.2011).

Apesar de ser irretocável a conclusão do referido acórdão, merecem ressalvas seus fundamentos, focados na natureza familiar da *holding* em questão (tal como se consócios não aparentados não merecessem igual proteção de seus interesses) e no conceito vago e inadequado de *affectio societatis*. Para uma revisão crítica do conceito de *affectio societatis*: Erasmo Valladão A. e N. França e Marcelo Vieira von Adamek, "*Affectio societatis*: um conceito jurídico superado no moderno direito societário pelo conceito de fim social", in Erasmo Valladão A. e N. França (coord.), *Direito Societário Contemporâneo I*, São Paulo, Quartier Latin, 2009, p. 132.

63. "(...) as sociedades controladoras indiretas e os controlados agrupados de forma hierarquizada ou não têm legitimidade passiva *ad causam* para estar no polo passivo de [*ação*] que vise a apurar as suas responsabilidades em face de danos à

Em relação às companhias de capital aberto, uma medida administrativa que indubitavelmente poderia reforçar a efetividade dos direitos de minoria no âmbito dos grupos seria a utilização mais frequente e mais intensa, pela Comissão de Valores Mobiliários/CVM, da competência que lhe foi atribuída, nos termos do art. 291 da Lei Acionária, para reduzir as porcentagens mínimas de participação no capital social, postas como condição essencial ao exercício de muitos dos direitos de minoria previstos em tal diploma.[64] Com efeito, para muitas companhias de grande porte um percentual de 5% de seu capital social pode representar investimento extremamente vultoso.

A tutela dos acionistas externos no direito societário brasileiro enfrenta obstáculos estruturais que extrapolam em muito a questão das deficiências dos direitos de minoria no âmbito grupo. Nesse sentido, é forçoso reconhecer que a busca por maior efetividade dos direitos de minoria na esfera da empresa plurissocietária não representa uma panaceia para a questão da proteção dos acionistas externos nos conflitos de interesse intersocietários. De qualquer forma, ainda que a presente análise tenha como objeto apenas parte do problema, é certo que medidas como as citadas acima podem ser parte – relevantíssima – da solução.

## *Bibliografia*

ADAMEK, Marcelo Vieira von. *Responsabilidade Civil dos Administradores de S/A e as Ações Correlatas*. São Paulo, Saraiva, 2010.

ADAMEK, Marcelo Vieira von, e FRANÇA, Erasmo Valladão A. e N. "*Affectio societatis*: um conceito jurídico superado no moderno direito societário pelo conceito de fim social". In: FRANÇA, Erasmo Valladão A. e N. (coord.). *Direito Societário Contemporâneo I*. São Paulo, Quartier Latin, 2009.

________. "O novo conceito de sociedade coligada na Lei Acionária brasileira". In: ESTEVEZ, André Fernandes, e JOBIM, Márcio Félix (orgs.). *Estudos de Direito Empresarial – Homenagem aos 50 Anos de Docência do Professor Peter Walter Ashton*. São Paulo, Saraiva, 2012.

ANTUNES, José Engrácia. "Estrutura e responsabilidade da empresa: o moderno paradoxo regulatório". In: CUNHA, Alexandre dos Santos. *O Direito da Empresa e das Obrigações e o Novo Código Civil Brasileiro – Anais*

sociedade" (TJRJ, 16ª Câmara Cível, AI 71.940-06/2012-0000, rel. Des. Lindolpho Morais Marinho, j. 5.3.2013).

64. Prerrogativa já empregada pela autarquia em relação ao requerimento de voto múltiplo para a formação do conselho de administração e para a solicitação de instalação do conselho fiscal, respectivamente nos termos das Instruções Normativas CVM-165/1991 e 324/2000.

*do Congresso Ítalo-Brasileiro de Direito Civil (2004)*. São Paulo, Quartier Latin, 2006.

________. *Os Grupos de Sociedades*. Coimbra, Livraria Almedina, 1993.

ARAGÃO, Leandro Santos de, e CASTRO, Rodrigo R. Monteiro de (coords.). *Direito Societário: Desafios Atuais*. São Paulo, Quartier Latin, 2009.

ARAÚJO, Danilo Borges dos Santos Gomes de, e WARDE JR., Walfrido Jorge (orgs.). *Os Grupos de Sociedades – Organização e Exercício da Empresa*. São Paulo, Saraiva, 2012.

ASCARELLI, Tullio. *Corso di Diritto Commerciale – Introduzione e Teoria dell'Impresa*. Milão, Giuffrè, 1962.

________. *Problemas das Sociedades Anônimas e Direito Comparado*. 2ª ed. São Paulo, Saraiva, 1969.

________. *Saggi di Diritto Commerciale*. Milão, Giuffrè, 1955.

________. *Studi in Tema di Società*. Milão, Giuffrè, 1952.

AZEVEDO, Antônio Junqueira de (coord.). *Comentários ao Código Civil*. vol. 13. São Paulo, Saraiva, 2003.

BECHT, Marco, e DELONG, Bradford J. "Why has there been so little Block Holding in America?". In: MORCK, Randall K. (ed.). *A History of Corporate Governance around the World*. Chicago, The University of Chicago Press, 2007 (pp. 613-666).

BERLE, Adolf A., e MEANS, Gardiner C. *The Modern Corporation & Private Property*. New Brunswick, Transaction, 1991.

BLUMBERG, Philip I. "The American Law of corporate groups". In: McCAHERY, Joseph, PICCIOTTO, Sol, e SCOTT, Colin (eds.). *Corporate Control and Accountability – Changing Structures and the Dynamics of Regulation*. Oxford, Clarendon, 1994.

BULGARELLI, Waldírio. *Regime Jurídico da Proteção às Minorias nas S/A*. Rio de Janeiro, Renovar, 1998.

CARVALHOSA, Modesto. *Comentários à Lei de Sociedades Anônimas*. 3ª ed., 3º vol. São Paulo, Saraiva, 2003; 4ª ed., 4º vol., t. II. São Paulo, Saraiva, 2011; 5ª ed., 2º vol. São Paulo, Saraiva, 2011; 5ª ed., 3º vol. São Paulo, Saraiva, 2011.

________. "Comentários ao Código Civil – Parte Especial do Direito de Empresa". In: AZEVEDO, Antônio Junqueira de (coord.). *Comentários ao Código Civil*. vol. 13. São Paulo, Saraiva, 2003.

CASTELLÕES, Leonardo de Gouvêa. *Grupos de Sociedades*. Curitiba, Juruá, 2008.

CASTRO, Rodrigo R. Monteiro de, e ARAGÃO, Leandro Santos de (coords.). *Direito Societário: Desafios Atuais*. São Paulo, Quartier Latin, 2009.

CASTRO, Rodrigo R. Monteiro de, GUERREIRO, Carolina Dias Tavares, e WARDE JR., Walfrido Jorge (coords.). *Direito Empresarial e Outros Estudos em Homenagem ao Professor José Alexandre Tavares Guerreiro*. São Paulo, Quartier Latin, 2013.

CHAMPAUD, Claude. *Le Pouvoir de Concentration de la Société par Actions*. Paris, Sirey, 1962.

COMPARATO, Fábio Konder. "Abuso de controle em grupo societário de fato: remédio jurídico cabível". In: *Direito Empresarial – Estudos e Pareceres*. São Paulo, Saraiva, 1990.

________. "Anteprojeto de Lei de Sociedade por Ações". *RDM* 17/118-126. São Paulo, Ed. RT, 1975.

________. "Consórcios de empresas". *RF* 256/5-10. Rio de Janeiro, Forense, 1976.

________. "Controle conjunto, abuso no exercício do voto acionário e alienação indireta de controle empresarial". In: *Direito Empresarial – Estudos e Pareceres*. São Paulo, Saraiva, 1990.

________. *Direito Empresarial – Estudos e Pareceres*. São Paulo, Saraiva, 1990.

________. "Grupo societário fundado em controle contratual e abuso de poder do controlador". In: *Direito Empresarial – Estudos e Pareceres*. São Paulo, Saraiva, 1990.

________. "Na proto-história das empresas multinacionais: o Banco Medici de Florença". In: *Direito Empresarial – Estudos e Pareceres*. São Paulo, Saraiva, 1990.

________. "O direito de subscrição em aumento de capital, no fideicomisso acionário". *Revista da Faculdade de Direito da USP* 76/123-144. São Paulo, 1981 (disponível em *http://ojscurso.fflch.usp.br/index.php/rfdusp/article/view/ 3349/2073*, acesso em 5.10.2013).

________. "Os grupos societários na nova Lei das Sociedades por Ações". *RDM* 23/91-107. São Paulo, Ed. RT, 1976.

________. "Titularidade do poder de controle e responsabilidade pela concessão abusiva do crédito". In: *Direito Empresarial – Estudos e Pareceres*. São Paulo, Saraiva, 1990.

COMPARATO, Fábio Konder, e SALOMÃO FILHO, Calixto. *O Poder de Controle na Sociedade Anônima*. Rio de Janeiro, Forense, 2005.

CUNHA, Alexandre dos Santos. *O Direito da Empresa e das Obrigações e o Novo Código Civil Brasileiro – Anais do Congresso Ítalo-Brasileiro de Direito Civil (2004)*. São Paulo, Quartier Latin, 2006.

DELONG, Bradford J., e BECHT, Marco. "Why has there been so little Block Holding in America?". In: MORCK, Randall K. (ed.). *A History of Corporate Governance around the World*. Chicago, The University of Chicago Press, 2007.

DETTLING, Heinz-Uwe. *Die Entstehungsgeschichte des Konzernrechts in Aktiengesetz von 1965*. Tübingen, J. C. B. Mohr (Paul Siebeck), 1997.

EIZIRIK, Nelson. *A Lei das S/A Comentada*. vols. II e III. São Paulo, Quartier Latin, 2011.

EIZIRIK, Nelson, e WALD, Arnoldo. "A designação 'grupo de sociedades' e a interpretação do art. 267 da Lei das S/A". *RDM* 54/51-66. Ano XXIII. São Paulo, Ed. RT, 1984.

EIZIRIK, Nelson, GAAL, Ariádna B., HENRIQUES, Marcus de Freitas, e PARENTE, Flávia. *Mercado de Capitais – Regime Jurídico*. São Paulo, Saraiva, 2010.

EMMERICH, Volker, e HABERSACK, Mathias. *Konzernrecht – Ein Studienbuch*. 9ª ed. Munique, C. H. Beck, 2008.

ESTEVEZ, André Fernandes, e JOBIM, Márcio Félix (orgs.). *Estudos de Direito Empresarial – Homenagem aos 50 Anos de Docência do Professor Peter Walter Ashton*. São Paulo, Saraiva, 2012.

FERRO-LUZZI, Paolo. *I Contratti Associativi*. Milão, Giuffrè, 1976.

FRANÇA, Erasmo Valladão A. e N. *A Sociedade em Comum*. São Paulo, Malheiros Editores, 2013.

________. "Conflito de interesses e benefício particular: uma distinção que se impõe definitivamente dirimir". *RDM* 161-162/38-46. São Paulo, Malheiros Editores, 2012.

________. *Conflito de Interesses nas Assembleias de S/A*. São Paulo, Malheiros Editores, 1993.

________. "Dever de informar dos administradores de companhias abertas. Inexistência de submissão ao acionista controlador". In: *Temas de Direito Societário, Falimentar e Teoria da Empresa*. São Paulo, Malheiros Editores, 2009.

________. *Temas de Direito Societário, Falimentar e Teoria da Empresa*. São Paulo, Malheiros Editores, 2009.

FRANÇA, Erasmo Valladão A. e N. (coord.). *Direito Societário Contemporâneo I*. São Paulo, Quartier Latin, 2009.

FRANÇA, Erasmo Valladão Azevedo e Novaes, e ADAMEK, Marcelo Vieira von. "*Affectio societatis*: um conceito jurídico superado no moderno direito societário pelo conceito de fim social". In: FRANÇA, Erasmo Valladão A. e N. (coord.). *Direito Societário Contemporâneo I*. São Paulo, Quartier Latin, 2009.

________. "O novo conceito de sociedade coligada na Lei Acionária brasileira". In: ESTEVEZ, André Fernandes, e JOBIM, Márcio Félix (orgs.). *Estudos de Direito Empresarial – Homenagem aos 50 Anos de Docência do Professor Peter Walter Ashton*. São Paulo, Saraiva, 2012.

FRANCO, Vera Helena de Mello. "Concentração de poder econômico e grupos não acionários perante a ótica do Código Civil". *RT* 908/205-229. Ano 100. São Paulo, Ed. RT, 2011.

GAAL, Ariádna B., EIZIRIK, Nelson, HENRIQUES, Marcus de Freitas, e PARENTE, Flávia. *Mercado de Capitais – Regime Jurídico*. São Paulo, Saraiva, 2010.

GALGANO, Francesco. "Direzione e coordinamento di società – Artt. 2.497-2.497-*septies*". In: GALGANO, Francesco (cur.). *Commentario del Codice Civile Scialoja-Branca*. Bolonha, Zanichelli, 2005.

________. *Lex Mercatoria*. Bolonha, Il Mulino, 2001.

________ (cur.). *Commentario del Codice Civile Scialoja-Branca*. Bolonha, Zanichelli, 2005.

GÉGOUT, Maurice. *Filiales et Groupements de Sociétés*. Paris, Recueil Sirey, 1929.

GOLDSCHMIDT, L. *Universalgeschichte des Handelsrechts*. Meisenheim am Glan, Anton Hain, 1957.

GUERREIRO, Carolina Dias Tavares, CASTRO, Rodrigo R. Monteiro de, e WARDE JR., Walfrido Jorge (coords.). *Direito Empresarial e Outros Estudos em Homenagem ao Professor José Alexandre Tavares Guerreiro*. São Paulo, Quartier Latin, 2013.

GUERREIRO, José Alexandre Tavares, e TEIXEIRA, Egberto Lacerda. *Das Sociedades Anônimas no Direito Brasileiro*. vols. I e II. São Paulo, José Bushatsky Editor, 1979.

GUYON, Yves. "Das Recht der Gesellschaftsgruppe in Frankreich". In: LUTTER, Marcus (ed.). *Konzernrecht im Ausland*. ZGR Sonderheft 11, Berlim, 1994.

HABERSACK, Mathias, e EMMERICH, Volker. *Konzernrecht – Ein Studienbuch*. 9ª ed. Munique, C. H. Beck, 2008.

HANNOUN, Charley. *Le Droit et les Groupes de Sociétés*. Paris, LGDJ, 1991.

HENRIQUES, Marcus de Freitas, EIZIRIK, Nelson, GAAL, Ariádna B., e PARENTE, Flávia. *Mercado de Capitais – Regime Jurídico*. São Paulo, Saraiva, 2010.

JAEGER, Pier Giusto. *L'Interesse Sociale*. Milão, Giuffrè, 1977.

________. "L'interesse sociale rivisitato (quarant'anni dopo)". *Giurisprudenza Commerciale* 27-6/795-812. 2000.

JOBIM, Márcio Félix, e ESTEVEZ, André Fernandes (orgs.). *Estudos de Direito Empresarial – Homenagem aos 50 Anos de Docência do Professor Peter Walter Ashton*. São Paulo, Saraiva, 2012.

LAMY FILHO, Alfredo, e PEDREIRA, José Luiz Bulhões. *A Lei das S/A*. 3ª ed., vol. I. Rio de Janeiro, Renovar, 1997.

________. "Estrutura da companhia". In: LAMY FILHO, Alfredo, e PEDREIRA, José Luiz Bulhões (coords.). *Direito das Companhias*. vol. I. Rio de Janeiro, Forense, 2009.

________ (coords.). *Direito das Companhias*. vol. I. Rio de Janeiro, Forense, 2009.

LAZZARESCHI NETO, Alfredo Sérgio. *Lei das Sociedades por Ações Anotadas*. 4ª ed. São Paulo, Saraiva, 2012.

LEÃES, Luiz Gastão Paes de Barros. "A prévia deliberação assemblear como condição de *legitimatio ad causam* na ação social". In: *Pareceres*. vol. 1. São Paulo, Singular, 2004.

________. *Pareceres*. vol. 1. São Paulo, Singular, 2004.

LOBO, Jorge Joaquim. "Direito dos grupos de sociedades". *RDM* 107/99-122. São Paulo, Malheiros Editores, julho-setembro/1997.

LUTTER, Marcus (ed.). *Konzernrecht im Ausland*. ZGR Sonderheft 11. Berlim, 1994.

MARANHÃO, Délio, e TEIXEIRA FILHO, João de Lima (atualizs.). "Sujeitos do contrato de trabalho". In: MARANHÃO, Délio, SÜSSEKIND, Arnaldo, e VIANNA, Segadas. *Instituições de Direito do Trabalho*. vol. I. São Paulo, LTr, 2005.

MARANHÃO, Délio, SÜSSEKIND, Arnaldo, e VIANNA, Segadas. *Instituições de Direito do Trabalho*. vol. I. São Paulo, LTr, 2005.

MAXIMILIANO, Carlos. *Hermenêutica e Aplicação do Direito*. 19ª ed. Rio de Janeiro, Forense, 2006.

McCAHERY, Joseph, PICCIOTTO, Sol, e SCOTT, Colin (eds.). *Corporate Control and Accountability – Changing Structures and the Dynamics of Regulation*. Oxford, Clarendon, 1994.

MEANS, Gardiner C., e BERLE, Adolf A. *The Modern Corporation & Private Property*. New Brunswick, Transaction, 1991.

MENGONI, Luigi. "Conflitto di interessi in materia sociale". *Rivista delle Società* 1/434-464. Ano I. 1956.

MESSINEO, Francesco. *Le Società di Commercio Collegate (c.d. Società a Catena)*. Pádua, CEDAM, 1932.

MISHKIN, Frederic S. "From the subprime to the global financial crisis". *The Journal of Economic Perspectives* 25-1/49-70. 2011 (disponível em *http://www.jstor.org/stable/23049438*, acesso em 27.10.2013).

MORCK, Randall K. (ed.). *A History of Corporate Governance around the World*. Chicago, The University of Chicago Press, 2007

MORCK, Randall K., WOLFENZON, Daniel, e YEUNG, Bernard. "Corporate governance, economic entrenchment, and growth". *Journal of Economic Literature* 43/655-720. N. 3. 2005 (disponível em *http://www.jstor.org/stable/4129473*, acesso em 12.4.2013).

MUNHOZ, Eduardo Secchi. "Desafios do direito societário brasileiro na disciplina da companhia aberta: avaliação dos sistemas de controle diluído e concentrado". In: ARAGÃO, Leandro Santos de, e CASTRO, Rodrigo R. Monteiro de (coords.). *Direito Societário: Desafios Atuais*. São Paulo, Quartier Latin, 2009.

_________. *Empresa Contemporânea e Direito Societário: Poder de Controle e Grupos de Sociedades*. São Paulo, ed. Juarez de Oliveira, 2002.

_________. "Estrutura de governo dos grupos societários de fato na lei brasileira: acionista controlador, administradores e interesse de grupo". In: CASTRO, Rodrigo R. Monteiro de, GUERREIRO, Carolina Dias Tavares, e WARDE JR., Walfrido Jorge (coords.). *Direito Empresarial e Outros Estudos em Homenagem ao Professor José Alexandre Tavares Guerreiro*. São Paulo, Quartier Latin, 2013.

NEVES, A. Castanheira. "A distinção entre a questão-de-facto e questão-de-direito e a competência do Supremo Tribunal de Justiça como Tribunal de 'revista'". In: *Digesta – Escritos acerca do Direito, do Pensamento Jurídico, da sua Metodologia e Outros*. vol. I. Coimbra, Coimbra Editora, 1995.

________. *Digesta – Escritos acerca do Direito, do Pensamento Jurídico, da sua Metodologia e Outros*. vol. I. Coimbra, Coimbra Editora, 1995.

PARENTE, Flávia, EIZIRIK, Nelson, GAAL, Ariádna B., e HENRIQUES, Marcus de Freitas. *Mercado de Capitais – Regime Jurídico*. São Paulo, Saraiva, 2010.

PEDREIRA, José Luiz Bulhões, e LAMY FILHO, Alfredo. *A Lei das S/A*. 3ª ed., vol. I. Rio de Janeiro, Renovar, 1997.

________. "Estrutura da companhia". In: LAMY FILHO, Alfredo, e PEDREIRA, José Luiz Bulhões (coords.). *Direito das Companhias*. vol. I. Rio de Janeiro, Forense, 2009.

________ (coords.). *Direito das Companhias*. vol. I. Rio de Janeiro, Forense, 2009.

PICCIOTTO, Sol. *Regulating Global Corporate Capitalism*. Cambridge, Cambridge University, 2011.

________, McCAHERY, Joseph, e SCOTT, Colin (eds.). *Corporate Control and Accountability – Changing Structures and the Dynamics of Regulation*. Oxford, Clarendon, 1994.

PONTES DE MIRANDA, Francisco Cavalcanti. *Tratado de Direito Privado*. t. III. Campinas, Bookseller, 2000.

________. *Tratado de Direito Privado*. ts. I e III. São Paulo, Ed. RT, 2012.

PRADO, Viviane Muller. *Conflito de Interesses nos Grupos Societários*. São Paulo, Quartier Latin, 2006.

PRENTICE, Dan D. "A survey of the law relating to corporate groups in the United Kingdom". In: WYMEERSCH, Eddy (ed.). *Groups of Companies in the EEC – A Survey Report to the European Commission on the Law Relating to Corporate Groups in Various Member States*. Berlim, Walter de Gruyter, 1993.

RATHENAU, Walther. "Vom Aktienwesen – Eine Geschäftliche Betrachtung". In: *Gesammelte Schriften*. 5º vol. Berlim, Fischer, 1918 (pp. 123-177).

ROOVER, Raymond de. "The Medici Bank financial and commercial operations". *The Journal of Economic History* 6-2/153-172. Cambridge, Cambridge University Press, novembro/1946 (disponível em *http://www.jstor.org/stable/2113081*, acesso em 14.10.2010).

________. "The Medici Bank organization and management". *The Journal of Economic History* 6-1/24-52. Cambridge, Cambridge University Press, maio/1946 (disponível em *http://www.jstor.org/stable/2112995*, acesso em 3.3.2012).

SALOMÃO FILHO, Calixto. *A Sociedade Unipessoal*. São Paulo, Malheiros Editores, 1995.

________. "O novo direito dos grupos". In: *O Novo Direito Societário*. 1ª ed. São Paulo, Malheiros Editores, 1998.

________. *O Novo Direito Societário*. 4ª ed. São Paulo, Malheiros Editores, 2011.

________, e COMPARATO, Fábio Konder. *O Poder de Controle na Sociedade Anônima*. Rio de Janeiro, Forense, 2005.

SCOTT, Colin, McCAHERY, Joseph, e PICCIOTTO, Sol (eds.). *Corporate Control and Accountability – Changing Structures and the Dynamics of Regulation*. Oxford, Clarendon, 1994.

SÜSSEKIND, Arnaldo, MARANHÃO, Délio, e VIANNA, Segadas. *Instituições de Direito do Trabalho*. vol. I. São Paulo, LTr, 2005.

TEIXEIRA, Egberto Lacerda, e GUERREIRO, José Alexandre Tavares. *Das Sociedades Anônimas no Direito Brasileiro*. vols. I e II. São Paulo, José Bushatsky Editor, 1979.

TEIXEIRA FILHO, João de Lima, e MARANHÃO, Délio (atualizs.). "Sujeitos do contrato de trabalho". In: MARANHÃO, Délio, SÜSSEKIND, Arnaldo, e VIANNA, Segadas. *Instituições de Direito do Trabalho*. vol. I. São Paulo, LTr, 2005.

VACRATE, Sabine. *La Société Créé de Fait, Essai de Théorisation*. Paris, LGDJ, 2003.

VENTORUZZO, Marco. "Experiments in Comparative Law: the recent Italian reform and the dubious virtues of a market for rules in the absence of effective regulatory competition". In: VENTORUZZO, Marco (org.). *Nuovo Diritto Societario e Analisi Economica del Diritto*. Milão, Egea, 2005.

________ (org.). *Nuovo Diritto Societario e Analisi Economica del Diritto*. Milão, Egea, 2005.

VIANNA, Segadas, MARANHÃO, Délio, e SÜSSEKIND, Arnaldo. *Instituições de Direito do Trabalho*. vol. I. São Paulo, LTr, 2005.

VIVANTE, Cesare. *Trattato di Diritto Commerciale*. 5ª ed., vol. II. Milão, F. Vallardi, 1923.

WALD, Arnoldo, e EIZIRIK, Nelson. "A designação 'grupo de sociedades' e a interpretação do art. 267 da Lei das S/A". *RDM* 54/51-66. Ano XXIII. São Paulo, Ed. RT, 1984.

WARDE JR., Walfrido Jorge. "O fracasso do direito grupal brasileiro: a institucionalização do controle oculto e de sua sub-reptícia transferência". In: ARAÚJO, Danilo Borges dos Santos Gomes de, e WARDE JR., Walfrido Jorge (orgs.). *Os Grupos de Sociedades – Organização e Exercício da Empresa*. São Paulo, Saraiva, 2012.

WARDE JR., Walfrido Jorge, CASTRO, Rodrigo R. Monteiro de, e GUERREIRO, Carolina Dias Tavares (coords.). *Direito Empresarial e Outros Estudos em Homenagem ao Professor José Alexandre Tavares Guerreiro*. São Paulo, Quartier Latin, 2013.

WARDE JR., Walfrido Jorge, e ARAÚJO, Danilo Borges dos Santos Gomes de (orgs.). *Os Grupos de Sociedades – Organização e Exercício da Empresa*. São Paulo, Saraiva, 2012.

WIEDEMANN, Herbert. *Die Unternehmensgruppe im Privatrecht*. Tübingen, J. C. B. Mohr (Paul Siebeck), 1988, p. 153.

________. *Gesellschaftsrecht – Ein Lehrbuch des Unternehmens- und Verbandsrecht*. vol. I ("Grundlagen"). Munique, Beck'sche, 1980.

WOLFENZON, Daniel, MORCK, Randall, e YEUNG, Bernard. "Corporate governance, economic entrenchment, and growth". *Journal of Economic Literature* 43/655-720. N. 3. 2005 (disponível em *http://www.jstor.org/stable/4129473*, acesso em 12.4.2013).

WYMEERSCH, Eddy. "The groups of companies in Belgian Law". In: WYMEERSCH, Eddy (ed.). *Groups of Companies in the EEC – A Survey Report to the European Commission on the Law Relating to Corporate Groups in Various Member States*. Berlim, Walter de Gruyter, 1993.

________ (ed.). *Groups of Companies in the EEC – A Survey Report to the European Commission on the Law Relating to Corporate Groups in Various Member States*. Berlim, Walter de Gruyter, 1993.

YEUNG, Bernard, MORCK, Randall K., e WOLFENZON, Daniel. "Corporate governance, economic entrenchment, and growth". *Journal of Economic Literature* 43/655-720. N. 3. 2005 (disponível em *http://www.jstor.org/stable/4129473*, acesso em 12.4.2013).

# AS FUNÇÕES DAS REGRAS DE PROTEÇÃO AOS ACIONISTAS NAS OPERAÇÕES SOBRE O CONTROLE SOCIETÁRIO: A INSUFICIÊNCIA DO ARCABOUÇO NORMATIVO BRASILEIRO

André Grunspun Pitta

*1. Introdução. 2. As funções das regras de proteção dos acionistas não controladores em face das operações sobre o controle societário: 2.1 Aspecto preliminar: a necessidade de tutela especial – 2.2 A repartição do prêmio de controle: a titularidade do prêmio – 2.3 A repartição do prêmio de controle: os benefícios privados do controle – 2.4 A possibilidade de saída dos acionistas não controladores. 3. A insuficiência do arcabouço normativo brasileiro: 3.1 O alcance limitado do art. 254-A da Lei das S/A: 3.1.1 Limitação quanto aos destinatários: a não aplicação aos acionistas titulares de ações sem direito a voto – 3.1.2 Limitação quanto ao tratamento conferido: inexistência de igualdade – 3.1.3 Limitação quanto à hipótese de incidência: não aplicação às aquisições originárias de controle – 3.1.4 Limitação quanto à hipótese de incidência: a não aplicação às alienações de controle de fato – 3.1.5 Limitação quanto à hipótese de incidência: dificuldades na verificação da incidência do dispositivo no caso de controle compartilhado – 3.2 Solução parcial: os segmentos diferenciados de governança corporativa da BM&FBovespa. 4. Proposta de equacionamento das insuficiências apontadas: a solução europeia. 5. Conclusão.*

## 1. Introdução

As operações sobre o controle societário são, via de regra, implementadas por transações revestidas de alto grau de complexidade, com repercussões que extrapolam a individualidade das partes do aludido negócio, gerando efeitos psicológicos e patrimoniais a uma universalidade de indivíduos que não integram a relação jurídico-negocial originária.

É justamente em consideração a esta natureza particular dos negócios sobre o controle que H. Wiedemann afirma, ao tratar da alienação do controle societário (a forma de operação sobre o controle mais conhecida entre nós), que referido negócio não pode ser considerado puramente privado, na medida em que envolve não apenas o bem "ações", mas o verdadeiro controle sobre a organização empresarial e, consequentemente, o controle de patrimônios e destinos alheios.[1]

Sob o ponto de vista da organização societária, a peculiaridade das transações privadas sobre o controle societário reside (i) na ausência de uma deliberação societária a seu respeito e (ii) no surgimento de um terceiro, muitas vezes estranho à organização societária, mas que, contudo, passará a comandá-la após a implementação da operação – fatores, estes, que, nas palavras de P. Davies e K. Hopt, conferem aos problemas de agência[2] inerentes a este tipo de operação nuanças inéditas, merecendo, portanto, tratamento especial.[3]

Este caráter peculiar das transações relacionadas ao controle societário confere ao estudo do tema uma forte carga ideológica, que se inicia com a própria indagação sobre a pertinência da introdução, no ordenamento jurídico, de regras específicas destinadas à proteção dos acionistas não controladores na hipótese de alterações na estrutura de controle,[4]

1. Herbert Wiedemann, *Gesellschaftsrecht*, Munique, Beck, 1980, p. 451, *apud* Calixto Salomão Filho, *O Novo Direito Societário*, 4ª ed., São Paulo, Malheiros Editores, 2011, p. 152.

2. John Armour, Henry Hansmann e Reinier Kraakman ressaltam que uma das grandes funções do direito societário é justamente tentar controlar conflitos de interesses entre os participantes da sociedade, incluindo os conflitos de agência, em suas três modalidades, quais sejam: (i) conflitos entre os acionistas e os administradores por eles contratados; (ii) conflitos entre controladores e acionistas não controladores; e (iii) conflitos entre a própria companhia e aqueles com quem esta contrata ("Agency problems and legal strategies", in Reinier Kraakman, Henry Hansmann e outros, *The Anatomy of Corporate Law: a Comparative and Functional Approach*, 2ª ed., Nova York, Oxford University Press, 2009, pp. 35-36).

3. Paul Davies e Klaus Hopt, "Control transactions", in Henry Hansmann, Reinier Kraakman e outros, *The Anatomy of Corporate Law: a Comparative and Functional Approach*, 2ª ed., Nova York, Oxford University Press, 2009, p. 225.

4. Em linhas gerais, existe intenso debate sobre a necessidade de tutela específica dos acionistas não controladores na hipótese de operações sobre o controle societário, principalmente no que diz respeito à eventual repartição do prêmio de controle, seja por se acreditar que a apropriação integral deste valor pelo acionista controlador é absolutamente legítima, e eventuais abusos devem ser tutelados pelos

passando por questionamentos sobre a melhor forma de fazê-lo, bem como sobre a efetividade do arcabouço normativo disponível para tanto.

Independentemente do grande valor acadêmico da discussão acerca da conveniência e da necessidade de se conferir algum tipo de proteção específica aos acionistas não controladores diante de um cenário de alteração na estrutura de controle de determinada companhia, fato é que este tipo de proteção é garantida, de alguma forma ou de outra, na maioria dos ordenamentos jurídicos, inclusive no brasileiro. Assim, nos reservaremos, no presente artigo, ao questionamento acerca da efetividade das regras previstas no arcabouço normativo brasileiro referentes à proteção dos acionistas não controladores em face das operações sobre o controle societário, o que apenas é possível mediante a clara identificação das funções que justificam a existência deste tipo de regra.

Desta forma, o presente artigo divide-se, basicamente, em três partes. A primeira delas objetiva justamente identificar as efetivas funções das regras de proteção dos acionistas não controladores diante das operações sobre o controle societário. Em seguida será feita a análise sobre a adequação do arcabouço normativo brasileiro ante as funções anteriormente indicadas, apontando suas insuficiências. Por fim, apresentaremos a solução encontrada no ordenamento jurídico estrangeiro que parece equacionar de modo satisfatório as deficiências funcionais existentes no tratamento da matéria no Brasil.

## 2. *As funções das regras de proteção dos acionistas não controladores em face das operações sobre o controle societário*

### 2.1 *Aspecto preliminar: a necessidade de tutela especial*

A preocupação com relação à tutela dos acionistas não controladores na ocorrência de transação sobre o controle societário de determinada companhia pressupõe que, nestas hipóteses, este grupo de acionistas sempre experimentará algum tipo de prejuízo ou, pelo menos, existirá chances consideráveis de isto ocorrer, principalmente em face da natural

princípios gerais de direito societário, seja por se considerar que regras que eventualmente possam impor ônus aos adquirentes do controle podem desincentivar a ocorrência de operações que seriam eficientes e benéficas a todos os acionistas. Neste sentido: Frank Easterbrook e Daniel R. Fischel, "Corporate control transactions", *Yale Law Journal* 91, 1982; e Richard Posner, *Economic Analysis of Law*, 7ª ed., Nova York, Aspen Law & Business, 2007.

situação de sujeição em que se encontram perante o acionista controlador, quando este existir.

Antes de perquirirmos qual a natureza destes prejuízos (e, consequentemente, quais as funções das regras protetivas que buscam coibi-los), cumpre realizar uma indagação: a proteção dos acionistas não controladores, neste caso, exige uma tutela específica, ou pode perfeitamente ser alcançada com base nos princípios gerais de direito societário que permeiam a maioria dos ordenamentos jurídicos (inclusive o brasileiro)?

Como afirmam P. Davies e K. Hopt, é necessário analisar em que medida as peculiaridades e o elemento de novidade inerentes às transações sobre o controle societário demandam a criação de regras especificamente elaboradas para tutelar os acionistas, diante das mudanças nas estruturas de controle, ou se os problemas de coordenação e agência, inerentes a estas transações, podem ser tratados pela aplicação dos princípios gerais de direito societário existentes, ainda que em um novo contexto.[5]

Os ordenamentos jurídicos, via de regra, adotam os dois tipos de abordagem, variando, contudo, a predominância de uma delas.[6] A preponderância de uma das formas de tratamento acima descritas decorre de política legislativa ou regulatória; ou seja: caso se presuma que existem grandes chances de ocorrer algum prejuízo aos acionistas não controladores em operações sobre o controle societário, preponderará a tutela especial, por meio da previsão expressa do tratamento a ser conferido na ocorrência deste tipo de negócio.

Por outro lado, caso se considere que, nesta hipótese, a verificação do eventual prejuízo deve ser realizada no caso concreto, preponderará a tutela genérica, ou seja, por meio da aplicação dos princípios gerais de direito societário, como o dever de lealdade e consideração, principalmente do acionista controlador para com os demais acionistas.[7-8]

5. Paul Davies e Klaus Hopt, "Control transactions", cit., in Henry Hansmann, Reinier Kraakman e outros, *The Anatomy of Corporate Law: a Comparative and Functional Approach*, 2ª ed., p. 231.

6. Idem, ibidem.

7. A esse respeito, Herbert Wiedemann afirma que "o vínculo de lealdade do sócio majoritário, ou da maioria de sócios, para com os demais membros se distancia por demais da origem dos deveres de lealdade enquanto regra geral de conduta de fiduciários quando, independentemente disso, deve conduzir à restrição de seus poderes majoritários, ou seja, de seus direitos egoísticos de sócio. A [*sua*] inclusão dentre os deveres de lealdade é, pois, também de data mais recente; o juízo de valor em si

O ordenamento jurídico brasileiro, atualmente, opta pela tutela especial, prevendo expressamente o tratamento que deve ser conferido aos acionistas titulares de ações com direito a voto exclusivamente na hipótese de alienação do controle societário. Entretanto, antes de passarmos para a análise do conteúdo e das limitações deste tratamento, cumpre, primeiramente, identificar quais as efetivas funções a serem exercidas pelas regras protetivas dos acionistas não controladores ante as operações sobre o controle societário, para que possamos, em seguida, analisar em que medida o arcabouço normativo brasileiro consegue, ou não, contemplá-las de modo satisfatório.

## *2.2 A repartição do prêmio de controle: a titularidade do prêmio*

Talvez a mais aclamada função das regras específicas que tratam das operações sobre o controle societário seja a garantia da igualdade de tratamento entre o acionista controlador e os acionistas não controladores no que diz respeito à repartição do prêmio de controle.

Conforme célebre afirmação de Fábio Konder Comparato:

tem uma longa tradição" ("Vínculos de lealdade e regras de substancialidade: uma comparação de sistemas", trad. de Otto Carlos Vieira Ritter von Adamek, in Marcelo Vieira von Adamek, *Temas de Direito Societário e Empresarial Contemporâneos*, São Paulo, Malheiros Editores, 2010, p. 157). Neste sentido, referido autor lembra de clássica decisão do Tribunal do *Reich* no âmbito daquele que ficou conhecido como "Caso Victoria", reconhecendo a relação indissociável entre o poder formador de que dispõe a maioria e o dever de consideração que dele decorre, conforme transcrição de trecho do respectivo julgado: "*RGZ* 132, pp. 149, 163: 'Do poder de decidir, através de deliberação majoritária, ao mesmo tempo também para a minoria e, com isso, indiretamente dispor dos seus direitos patrimoniais na sociedade, resulta, sem dúvida, o dever societário da maioria de levar em conta, nos limites do interesse coletivo, também os legítimos interesses da minoria, sem restringir desmesuradamente os seus direitos" (Herbert Wiedemann, "Vínculos de lealdade e regras de substancialidade: uma comparação de sistemas", cit., trad. de Otto Carlos Vieira Ritter von Adamek, in Marcelo Vieira von Adamek, *Temas de Direito Societário e Empresarial Contemporâneos*, p. 158).

8. As regras específicas costumam ser destinadas apenas às companhias abertas, de modo que no âmbito da companhia fechada a tutela dos acionistas não controladores diante de operações sobre o controle societário será alcançada apenas por meio dos princípios gerais de direito societário. Fábio Konder Comparato critica esta delimitação, lembrando que é justamente nas companhias fechadas que os acionistas estão sujeitos em maior intensidade aos desígnios do acionista controlador, normalmente o único potencial comprador de suas ações (Fábio Konder Comparato e Calixto Salomão Filho, *O Poder de Controle nas Sociedades Anônimas*, 4ª ed., Rio de Janeiro, Forense, 2005, p. 310).

> A cessão de 51% das ações votantes de uma companhia difere da cessão de 49% dessas ações, não apenas por razões de ordem quantitativa, mas sobretudo pela diversidade qualitativa do objeto. Essa diferença de 2% não é apenas numérica, pois importa a alienação de outro bem econômico, diverso dos títulos acionários. No primeiro caso aliena-se, com a maioria das ações votantes, o poder de decidir e comandar na sociedade, em última instância. Por isso mesmo, o preço unitário das ações cedidas, em tal caso, é muito diferente do que seria estipulado na segunda.[9]

É justamente esta diferença de valor que se convencionou chamar de *prêmio de controle*. Em uma acepção jurídica, o prêmio de controle representa o preço que determinada pessoa (ou grupo de pessoas) se dispõe a pagar para ter a prerrogativa de determinar a gestão da companhia, e, em contrapartida, é o preço que o controlador está disposto a receber para abrir mão desta prerrogativa;[10] ou seja: trata-se do valor representado pela titularidade do bloco de ações que permitem o exercício do poder de controle.

Contudo, do ponto de vista econômico, o prêmio de controle pode representar um percentual antecipado da valorização que a companhia experimentará após a transferência do poder de controle (partindo da premissa de que o novo controlador poderia administrar melhor a companhia ou obter ganhos decorrentes de sinergias que não estavam disponíveis antes de seu ingresso),[11] ou ainda o valor do próprio potencial de lucratividade da mesma (sua perspectiva de rentabilidade).[12]

Conforme salienta Roberta Prado, caso ficássemos atentos apenas à noção jurídica do prêmio de controle, enquanto contraprestação ao próprio poder diretivo sobre determinada companhia, não existiria nenhum motivo para qualquer indagação acerca da necessidade de

9. Fábio Konder e Calixto Salomão Filho, *O Poder de Controle nas Sociedades Anônimas*, cit., 4ª ed., p. 268.

10. Referida definição foi traçada no âmbito do caso "Zetlin *versus* Hanson Holdings, Inc.", decidido pela *Court of Appeals of New York* nos seguintes termos: "The premium is the added amount an investor is willing to pay for the privilege of directly influencing the corporation's affair" (48 NY 2d 684, 421, NYS 2d. 877, 397 N.E 2d. 387) – *apud* Roberta Nioac Prado, *Oferta Pública de Ações Obrigatória nas S/A* – ***Tag Along***, São Paulo, Quartier Latin, 2005, p. 335.

11. Frank Easterbrook e Daniel R. Fischel, *The Economic Structure of Corporate Law*, Londres, First Harvard University Press, 1996, p. 112.

12. Fábio Konder Comparato e Calixto Salomão Filho, *O Poder de Controle nas Sociedades Anônimas*, cit., 4ª ed., p. 269.

repartir referido prêmio com os demais acionistas,[13] pois nada mais justo do que permitir sua integral apropriação por aquele que o exerce, e que, inclusive, no caso brasileiro, está sujeito a um regime específico de obrigações e responsabilidades que decorre justamente da posição de soberania que ocupa com relação à companhia e seus demais acionistas.[14]

Assim, é a noção econômica do prêmio de controle que justifica a necessidade de repartição deste valor com os demais acionistas da companhia. É evidente que o poder de controle decorre exclusivamente do exercício do direito de voto, que confere àqueles que os detêm em maioria a gestão dos negócios sociais. Entretanto, a valorização da companhia e sua perspectiva de rentabilidade, que são o fundamento econômico do prêmio de controle, não dependem apenas dos direitos políticos que permitem a gestão dos negócios sociais, mas também da capacidade financeira da companhia, que muitas vezes até prepondera sobre o poder diretivo como fator decisivo para o crescimento da empresa.[15]

Acontece que a referida capacidade financeira, tão fundamental para o crescimento da companhia e, consequentemente, para o aumento do prêmio de controle, é fruto da contribuição de todos os acionistas,

13. Roberta Nioac Prado, *Oferta Pública de Ações Obrigatória nas S/A – **Tag Along***, cit., p. 337.

14. Os próprios autores do projeto que resultou na Lei 6.404/1976 eram adeptos desta ideia, tanto que a versão original apresentada ao Congresso Nacional não continha qualquer regra relativa à repartição do prêmio de controle. Neste sentido, Alfredo Lamy Filho e José Luiz Bulhões Pedreira afirmaram que "a definição legal de qualquer modalidade de comunhão ou compropriedade dos acionistas sobre as ações, do direito de um acionista de participar no preço de venda das ações do outro, ou da restrição legal do direito de propriedade do acionista controlador, que fica impedido de vendê-las, a não ser em conjunto com os demais acionistas, conflita com a natureza e com as características dessa espécie de sociedade que explicam o seu sucesso e sua eficiência como modelo de organização. (...). O projeto, como já foi dito, criou a entidade jurídica do acionista controlador. O seu procedimento e a sua conduta, em face da sociedade, são severamente caracterizados e a sua responsabilidade rigorosamente definida. Cerca-o de prevenção e suspeita, admitindo *a priori* que ele esteja sempre inclinado a manipulações lesivas. Se, a despeito do cercante policiamento a que é submetido, ficar impedido da alienação do controle por preço mais elevado que o obtido pelas demais ações, já é puni-lo pelo exercício de um direito incontestável" (*A Lei das S/A – Pressupostos, Elaboração, Modificações*, 3ª ed., vol. 1, Rio de Janeiro, Renovar, 1997, p. 268).

15. Cf. Carlos Augusto Junqueira de Siqueira, *Transferência do Controle Acionário – Interpretação e Valor*, Rio de Janeiro, FMF, 2004, p. 43.

indistintamente.[16] Neste sentido, conforme afirma Carlos Augusto Junqueira de Siqueira:

> O valor do controle de uma companhia cresce devido à captação de recursos financeiros. O valor seria inferior caso a companhia ficasse dependente da capacidade financeira de seu sócio majoritário. (...). É por conta da maior valorização da companhia que as cotações experimentam processo de alta, o valor patrimonial da ação multiplica-se e a perspectiva de lucros aumenta. Ela passa a ter outra dimensão econômica, daí decorrendo a valorização do "poder de controle", cujo "valor"" constitui um "bem econômico", que não deve ser atribuído, isoladamente, ao acionista controlador, por não ter sido ele, solitariamente, o responsável pela valoração financeira desse bem.[17]

Com base nos argumentos acima, defende-se que a apropriação integral do prêmio de controle pelo acionista controlador seria indevida, na medida em que os demais acionistas contribuíram para a sua formação, devendo, portanto, fazer jus a parcela deste ganho. Esta finalidade é atendida por meio de dispositivos que garantam aos acionistas não controladores da companhia a faculdade de alienar suas ações ao adquirente do controle societário pelo mesmo valor e nas mesmas condições oferecidas ao acionista controlador, ou pela possibilidade de receberem o valor referente ao prêmio de controle (a diferença entre o valor da cotação de suas ações e o valor pago pelas ações do acionista controlador) caso desejem permanecer na companhia.

16. Inclusive, tratando-se de companhias que emitam ações preferenciais até o limite atualmente permitido pela Lei 6.404/1976, é possível que até 75% dos recursos aportados à formação do capital social sejam contribuídos por acionistas não controladores.

17. Carlos Augusto Junqueira de Siqueira, *Transferência do Controle Acionário – Interpretação e Valor*, cit., p. 46. Em sentido semelhante, Modesto Carvalhosa afirma que "o controle apresenta-se, ainda, como o poder de decidir pela companhia, produzindo efeitos na esfera patrimonial dos minoritários (F. K. Comparato [58:99-100] e R. Requião [149-vol. 2:236]). Daí decorre o dever legal dos controladores, ao ceder o controle da companhia a terceiros, de não se apropriarem dos benefícios originados da valorização do patrimônio social decorrente do processo de capitalização promovido ou arcado por todos. (...). E a decisão dos controladores de reter parcela às vezes substancial dos lucros para a autocapitalização da companhia, como invariavelmente ocorre na dinâmica empresarial moderna, afeta seriamente a rentabilidade das ações dos minoritários e também a sua cotação. (...). Em consequência, a lei obriga a oferta pública na hipótese de alienação de ações que implique a transferência de controle, como o meio eficaz de assegurar tratamento equânime na apropriação do esforço comum de capitalização e autocapitalização" (*Oferta Pública de Aquisição de Ações*, Rio de Janeiro, IBMEC, 1979, p. 143).

Adicionalmente, o fato de não ocorrer o efetivo pagamento de prêmio de controle não significa que o tratamento econômico igualitário entre todos os acionistas da companhia, em relação ao preço a ser pago pelas ações adquiridas pelo adquirente do controle, não deva ser garantido, na medida em que (i) a repartição do prêmio de controle não é a única função das regras protetivas dos acionistas não controladores em face das operações sobre o controle societário; e (ii) na hipótese de inexistência da figura do acionista controlador, a necessidade de garantir o tratamento econômico igualitário entre todos os acionistas tem fundamento diverso, qual seja, evitar que os acionistas da companhia sofram qualquer tipo de pressão por parte do adquirente do controle para alienarem suas ações a este, temendo uma posterior desvalorização das mesmas.[18]

### *2.3 A repartição do prêmio de controle: os benefícios privados do controle*

Em adição ao argumento acima apresentado, a repartição do prêmio de controle com os acionistas não controladores justifica-se, ainda, por um outro motivo. O exercício do poder de controle pode conferir ao seu titular a possibilidade de expropriar parte do valor da companhia em detrimento dos demais acionistas, fazendo com que o acionista controlador obtenha benefícios que não são compartilhados com os acionistas não controladores (os chamados *benefícios privados do controle*).

Não obstante a legislação societária disponha de mecanismos específicos para dissuadir e sancionar este tipo de comportamento por parte daqueles que exercem o poder de controle,[19] as regras aplicáveis às operações sobre o controle societário são consideradas ferramentas úteis para dissuadir e compensar a extração de benefícios privados do controle.

Conforme indicado por Ronald Gilson e Jeffrey Gordon, determinado acionista controlador pode extrair benefícios privados do controle

18. Este aspecto será abordado com maior detalhe no item 3, ao tratarmos das aquisições originárias de controle.

19. Por exemplo, por meio de regras que (i) estabeleçam limites às operações entre partes relacionadas, (ii) estabeleçam situações de proibição ou impedimento de voto por acionistas controladores em situações que podem redundar em benefícios a estes (legítimos ou não); (iii) vedem a usurpação de oportunidades comerciais; e (iv) vedem outras determinadas atitudes ilegítimas por parte dos acionistas controladores, qualificando-as como exercício abusivo do poder de controle.

de três formas diferentes.[20] A principal forma, obviamente, seria gerindo a companhia de modo a possibilitar uma apropriação de seus ganhos desproporcionalmente à participação societária detida (por exemplo, prestando serviços, celebrando contratos comerciais, exercendo cargos de administração remunerados excessivamente, utilizando-se de bens privados da companhia etc.).

Contudo, os benefícios privados do controle podem também ser capitalizados indiretamente pelo acionista controlador por meio (i) do exercício do poder de controle de modo a criar um ambiente capaz de compelir os acionistas não controladores a alienarem suas ações ao acionista controlador por um valor baixo, sendo que a respectiva diferença representaria justamente os benefícios que o controlador é capaz de extrair por meio da gestão da companhia (mecanismo conhecido por meio da expressão inglesa *freeze-out*); ou (ii) alienando o controle societário com um prêmio em relação às ações que não integram o bloco de controle, considerando que a existência da possibilidade de extração de benefícios privados do controle aumenta o valor das ações pertencentes ao bloco de controle (compondo parte do prêmio de controle), aumento, este, que representa o valor presente dos futuros benefícios privados do controle que poderão ser extraídos pelo novo acionista controlador, permitindo ao alienante do controle a capitalização imediata do fluxo de caixa representado pelos aludidos benefícios privados.[21]

Desta forma, caso o arcabouço normativo favoreça a apropriação de benefícios privados do controle ou os mecanismos específicos destinados a coibir este tipo de prática careçam de aplicação e execução adequada, o valor do prêmio pago na ocasião da alienação do controle societário será constituído (pelo menos em parte) pelo valor dos bene-

20. Ronald Gilson e Jeffrey Gordon, *Controlling Controlling Shareholders*, Columbia Law and Economics Working Paper N. 228, 2003, pp. 4-5 (disponível em *http://ssrn.com/abstract=417181*).

21. Alexander Dyck e Luigi Zingales, em sentido semelhante, afirmam que o preço por ação que o adquirente do controle paga pelo bloco de controle reflete tanto o fluxo de caixa relativo ao benefício resultante da participação societária que deterá no capital social como os benefícios privados resultantes do exercício do poder de controle, e, em contrapartida, o valor de mercado da ação após o anúncio da alienação de controle refletirá apenas o fluxo de caixa dos ganhos que os acionistas não controladores esperam experimentar em razão da nova gestão social (*Private Benefits of Control: an International Comparison*, NBER Working Paper N. 877, Cambridge/MA, 2002, p. 1, disponível em *http://www.nber.org/papers/w8711*). Importante ressaltar que esta conclusão se aplica apenas quando não existem regras sobre a repartição do prêmio de controle.

fícios privados do controle que poderão ser extraídos a partir da gestão da companhia.[22]

Assim, a existência de regras que obriguem a repartição do prêmio de controle entre todos os acionistas exercerá a função de compensar os acionistas não controladores pelos prejuízos sofridos em razão da apropriação de benefícios privados do controle pelo acionista controlador, eis que a divisão do prêmio de controle representa a repartição destes benefícios com os demais acionistas, desestimulado, consequentemente, este tipo de comportamento indesejado.

Adicionalmente, conforme apontado por Tatiana Nenova em trabalho destinado a mensurar a possibilidade de apropriação de benefícios privados do controle em diversos Países, a existência de um sistema legal e regulatório rígido, onde a proteção dos acionistas é efetiva (incluindo regras relativas à transferência de controle), faz com que o valor do prêmio de controle seja menor, perante a impossibilidade de o acionista controlador se beneficiar indevidamente do exercício do poder de controle.[23]

### *2.4 A possibilidade de saída dos acionistas não controladores*

Uma segunda função das regras especiais de proteção aos acionistas não controladores em face de uma operação sobre o controle societário é a possibilidade de lhes permitir a saída do quadro acionário da companhia (com a consequente dissolução do vínculo societário) diante de um fato de grande magnitude na vida social, que tem o condão de alterar consideravelmente os rumos da atividade da empresa, modificando as premissas que fundamentaram a tomada de decisão de investimento de seus respectivos acionistas e quebrando, assim, a estabilidade do quadro acionário da mesma[24] – como é o caso de modificações na estrutura do controle societário. A confiança na figura do acionista controlador, in-

22. Ronald Gilson e Jeffrey Gordon, em contrapartida, afirmam que, existindo regras protetivas capazes de impedir efetivamente a apropriação de benefícios privados por parte dos acionistas controladores, não seria necessário que a proteção contra este tipo de ato fosse conferida por meio das regras concernentes à repartição de prêmio em caso de alienação de controle (*Controlling Controlling Shareholders*, cit., p. 13).

23. Tatiana Nenova, *The Value of Corporate Votes and Control Benefits: a Cross-Country Analysis*, Working Paper, Harvard University Press, 2000, pp. 22-39 (disponível em *http://ssrn.com/abstract=237809*).

24. Cf. Processo CVM-RJ 2005/4.069, j. 11.4.2006.

clusive, pode ter sido um dos principais elementos que levaram determinado acionista à decisão de subscrever ou adquirir ações de determinada companhia.

Sob este aspecto, as regras protetivas relacionadas às operações sobre o controle societário possuem função semelhante ao direito de retirada, fundamentado na faculdade que deve assistir aos acionistas de não permanecerem como sócios de determinada sociedade que, em sua essência, se tornou diversa daquela que existia no momento em que o *status socii* foi adquirido.[25]

A grande diferença, aqui, reside (i) no destinatário da obrigação de adquirir as ações do acionista que decide encerrar seu vínculo com a sociedade e (ii) no preço a ser pago pelas referidas ações.

O direito de retirada é exercível a partir de determinadas deliberações assembleares capazes de alterar substancialmente as premissas da atividade negocial conduzida por determinada sociedade (via de regra, taxativamente indicadas na própria Lei Societária) apenas com relação àqueles que efetivamente dissentirem de aludida decisão no momento do respectivo conclave, funcionando, portanto, como contraponto ao poder da maioria.

Desta forma, a obrigação de suportar a saída do acionista dissidente, no caso do direito de retirada, é da própria companhia, pois motivada em evento que decorre diretamente da sua vontade social (manifestada em assembleia) de realizar uma mudança estrutural que dá fulcro ao exercício deste direito.

Conforme acima indicado, a mudança de controle societário também possui o condão de alterar sobremaneira os rumos da atividade de determinada companhia, o que pode contrariar a vontade de determinados acionistas, ou até mesmo causar-lhes prejuízo. Neste sentido, Paul Davies e Klaus Hopt afirmam que a mudança do controle societário gera riscos aos acionistas não controladores, na medida em que o adquirente do controle, mesmo que não tenha como intenção dissolver ou expropriar a companhia, poderá adotar uma estratégia de condução de negócios diferente e de menos sucesso, poderá ser menos atento aos interesses e direitos dos acionistas não controladores ou, ainda, poderá adotar sistematicamente uma estratégia de inclusão da companhia dentro

25. Luiz Eduardo Bulhões Pedreira, "Direito de retirada", in Alfredo Lamy Filho e José Luiz Bulhões Pedreira, *Direito das Companhias*, Rio de Janeiro, Forense, 2009, p. 326.

de determinado grupo societário, que pode lhes ser prejudicial.[26] Perante a dificuldade de se estabelecer de antemão se os acionistas não controladores sofrerão prejuízos com a alteração na estrutura de controle, as possibilidades de tutela que se colocam são: (i) confiar nos princípios gerais de direito societário para proteger estes acionistas de prejuízos ou injustiças no futuro; ou (ii) garantir a eles o direito de saírem do quadro societário no momento da mudança de controle.[27-28]

Entretanto, considerando que, tratando-se de mudança na estrutura de controle de determinada companhia, as alterações na condução dos negócios sociais não exprimem exatamente a vontade social, eis que decorrem de um negócio extrassocietário, não seria adequado, nesta hipótese, que a companhia fosse onerada com a obrigação de reembolsar os acionistas eventualmente dissidentes, na medida em que a discordância, neste caso, decorre de um evento externo à esfera societária. Nesta hipótese, imputar o ônus financeiro da retirada dos acionistas à companhia seria, conforme afirma Calixto Salomão Filho, incoerente com alguns princípios norteadores de aplicação da Lei Societária, como a preservação da empresa e do capital social.[29]

Com relação à diferença existente entre o direito de retirada e as regras aplicáveis às operações sobre o controle societário, no que diz respeito ao valor recebido pelo acionista dissidente em cada hipótese,[30] a justificativa reside no fato de que, enquanto a única função do direito de retirada é garantir a saída do acionista dissidente, nas regras relativas

26. Vale lembrar que, em qualquer hipótese, a inserção de uma companhia em uma estratégia negocial de determinado grupo societário deve, via de regra, observar os limites legais aplicáveis às relações societárias entre companhias do mesmo grupo, que visam a tutelar justamente os acionistas não controladores destas sociedades.

27. Paul Davies e Klaus Hopt, "Control transactions", cit., in Henry Hansmann, Reinier Kraakman e outros, *The Anatomy of Corporate Law: a Comparative and Functional Approach*, 2ª ed., p. 258.

28. Em contrário, Roberta Nioac Prado considera que as regras aplicáveis à alienação de controle societário não devem ter por objetivo permitir a saída dos acionistas não controladores (*Oferta Pública de Ações Obrigatória nas S/A – **Tag Along***, cit., p. 334).

29. Calixto Salomão Filho, "Nota de Texto 52", in Fábio Konder Comparato e Calixto Salomão Filho, *O Poder de Controle nas Sociedades Anônimas*, cit., 4ª ed., p. 272.

30. Vale lembrar que, no caso de direito de retirada, o valor de reembolso a ser percebido pelo acionista dissidente é calculado, via de regra, com base no valor contábil da companhia, ressalvada a possibilidade de o estatuto social prever regra diversa.

às operações sobre o controle societário a esta função soma-se a garantia do tratamento econômico igualitário, conforme já explicado.

Desta forma, é de se reconhecer que as regras protetivas dos acionistas não controladores em face de operações sobre o controle societário têm por função também possibilitar a saída destes caso não mais tenham interesse em integrar o quadro social em decorrência dos impactos causados pela mudança na estrutura de controle da companhia.

## 3. *A insuficiência do arcabouço normativo brasileiro*

Uma vez identificadas as principais funções das regras destinadas à proteção dos acionistas não controladores diante das operações sobre o controle societário – quais sejam: (i) garantir o tratamento econômico igualitário, permitindo, assim, a repartição do prêmio de controle (quando este existir); e (ii) garantir a possibilidade de retirada do quadro societário, justificável diante de um evento cuja magnitude pode alterar o cenário negocial com base no qual os acionistas tomaram sua decisão de investimento –, passemos a investigar a adequação do arcabouço normativo brasileiro aplicável à matéria, ao efetivo cumprimento das funções acima descritas.

### *3.1 O alcance limitado do art. 254-A da Lei das S/A*

O art. 254-A da Lei 6.404/1976 (adiante referido apenas como art. 254-A) contém o regramento geral aplicável às operações sobre o controle societário no Brasil,[31] estabelecendo que qualquer alienação de

31. Como mencionado acima, o projeto que originou a Lei 6.404/1976 não apresentava regras garantidoras do tratamento igualitário entre acionistas quando da alienação do controle societário. Entretanto, durante a tramitação do projeto foi apresentada emenda que culminou no art. 254 da Lei 6.404/1976, que, em linhas gerais, determinava que a Comissão de Valores Mobiliários/CVM deveria zelar para que fosse assegurado tratamento igualitário aos acionistas minoritários na hipótese de alienação de controle, mediante simultânea oferta pública para aquisição de ações. Referido dispositivo vigeu por aproximadamente 21 anos, até ser revogado pela Lei 9.457/1997. À época argumentou-se que a obrigação de conceder tratamento igualitário aos acionistas minoritários no caso de alienação de controle encarecia demasiadamente as operações, afastando eventuais interessados no controle das companhias brasileiras. Contudo, considerando o momento histórico em que se deu a revogação do art. 254 da Lei 6.404/1976 (durante o processo das privatizações), parece mais verossímil acreditar que a supressão do aludido dispositivo ocorreu para permitir a apropriação integral dos respectivos prêmios de controle pelo Estado. Fato

controle apenas poderá ser contratada sob a condição de o adquirente do controle se obrigar a realizar uma oferta pública de aquisição das ações com direito a voto detidas pelos demais acionistas da companhia por um preço equivalente a, no mínimo, 80% do valor pago por ação com direito a voto integrante do bloco de controle.[32-33]

A Comissão de Valores Mobiliários/CVM, no exercício da competência expressamente atribuída pelo próprio art. 254-A, regulamenta a matéria por meio dos arts. 29 e 30 da Instrução CVM-361/2002.

é que, encerrado o processo de desestatização, a regra foi reintroduzida, por força da Lei 10.303/2001, com alguns aperfeiçoamentos decorrentes de toda a experiência na aplicação do revogado art. 254 da Lei 6.404/1976, reduzindo, entretanto, em 20% o percentual de participação dos acionistas titulares de ações com direito a voto no prêmio de controle.

32. "Art. 254-A. A alienação, direta ou indireta, do controle de companhia aberta somente poderá ser contratada sob a condição, suspensiva ou resolutiva, de que o adquirente se obrigue a fazer oferta pública de aquisição das ações com direito a voto de propriedade dos demais acionistas da companhia, de modo a lhes assegurar o preço no mínimo igual a 80% (oitenta por cento) do valor pago por ação com direito a voto, integrante do bloco de controle.

"§ 1º. Entende-se como alienação de controle a transferência, de forma direta ou indireta, de ações integrantes do bloco de controle, de ações vinculadas a acordos de acionistas e de valores mobiliários conversíveis em ações com direito a voto, cessão de direitos de subscrição de ações e de outros títulos ou direitos relativos a valores mobiliários conversíveis em ações que venham a resultar na alienação de controle acionário da sociedade.

"(...)."

33. É importante ressaltar que a existência de regras aplicáveis especificamente às operações de alienação de controle no ordenamento jurídico brasileiro não afasta a incidência subsidiária dos princípios de direito societário aplicáveis aos acionistas controladores (que preveem padrões de conduta para os mesmos), principalmente em hipóteses em que as regras específicas não são suficientes para a adequada tutela dos demais acionistas. Neste sentido, Calixto Salomão Filho afirma que é perfeitamente possível identificar no ordenamento jurídico brasileiro a existência de um dever fiduciário do acionista controlador em relação aos demais acionistas no momento da alienação do controle, eis que os limites impostos ao exercício do poder de controle, nos termos do art. 116 da Lei 6.404/1976, inclusive no tocante ao respeito ao interesse social, existem não apenas com relação ao uso do referido poder na esfera interna da companhia, mas também no momento da própria alienação de controle, ainda que mencionada operação se encontre no âmbito dos negócios extrassocietários. Com base neste entendimento, o acionista controlador poderia, por exemplo, responder perante os demais acionistas por uma alienação de controle que flagrantemente era prejudicial aos interesses da companhia, situação que, *a priori*, não estaria tutelada pelas regras específicas aplicáveis às transações sobre o controle societário (Calixto Salomão Filho, *O Novo Direito Societário*, cit., 4ª ed., pp. 152-153).

A análise cautelosa do regramento contido no art. 254-A leva à inevitável conclusão de que o mesmo possui aplicação limitada, principalmente no que diz respeito: (i) aos acionistas tutelados pela mencionada norma, eis que a oferta pública de aquisição de ações a ser realizada tem como destinatários apenas os acionistas titulares de ações com direito a voto; (ii) à desigualdade de tratamento econômico concedido ao acionista controlador em comparação aos demais acionistas da companhia, uma vez que a obrigação de estender a oferta se limita ao valor correspondente a 80% do preço por ação pago ao acionista controlador; (iii) à hipótese de incidência da regra, limitada aos negócios jurídicos translativos do controle societário celebrados entre o acionista controlador majoritário e o adquirente do controle; (iv) à subjetividade inerente à definição das transações contempladas pela regra, que pode dificultar sua aplicação em determinadas hipóteses, principalmente no caso de controle compartilhado.

Estas limitações, que serão exploradas com maior detalhe adiante, indubitavelmente fazem com que o art. 254-A não logre êxito no efetivo exercício das reais funções inerentes às regras protetivas dos acionistas não controladores aplicáveis às operações que têm por objeto o controle societário das companhias.

### 3.1.1 *Limitação quanto aos destinatários: a não aplicação aos acionistas titulares de ações sem direito a voto*

A regra contida no art. 254-A exclui expressamente os acionistas titulares de ações sem direito a voto do rol dos destinatários da oferta pública de aquisição de ações a ser realizada quando da alienação do controle da companhia, assumindo, portanto, que os titulares destas ações (i) não fariam jus a qualquer parcela do prêmio de controle e (ii) não teriam o direito de se retirar do quadro societário ocorrendo uma substancial alteração na estrutura de controle da companhia.

Assumir que apenas os acionistas titulares de ações que conferem direito a voto fazem jus à parcela do prêmio de controle seria reconhecer que o ágio pago pelo adquirente em um negócio sobre o controle societário é contraprestação única e exclusivamente do poder político sobre a companhia, representado pelo direito de voto inerente às ações, e que a extensão do tratamento conferido ao acionista controlador deve ser garantida apenas àqueles que detêm ações da mesma espécie e classe que aquele.

Conforme já destacado, não se pode afirmar que o prêmio de controle é mera contrapartida do poder político sobre a companhia. Se assim fosse, a apropriação integral do prêmio pelo acionista controlador seria justificada, sob a alegação de que eventual prêmio representaria apenas a contraprestação ao direito de voto exclusivamente das ações integrantes do bloco de controle (que são suficientes para conferir o poder de comando sobre a companhia), eis que, existindo um acionista controlador majoritário, todos os demais acionistas, independentemente dos direitos políticos inerentes às ações por eles detidas, são absolutamente alheios ao poder de controle da companhia, exercendo papel de meros espectadores na condução dos negócios sociais.

Considerando que uma das justificativas da existência de regras concernentes à repartição do prêmio de controle é justamente a ideia de que a valorização da companhia decorre, em grande parte, da contribuição econômica feita pelos acionistas ao longo do curso societário, quer seja diretamente, no momento da constituição, ou tratando-se de aumentos de capital, quer seja indiretamente, quando a companhia utiliza parcela de seu resultado econômico (que poderia ser distribuído aos acionistas) para financiar sua atividade, não parece fazer sentido negar este direito a determinados acionistas com base nas prerrogativas políticas decorrentes de suas ações. Ou seja: considerando que a contribuição ao capital é feita por todos os acionistas, que são titulares indiretos do acervo empresarial na proporção de suas participações, independentemente dos direitos políticos associados a suas ações, a função que justifica a existência das regras concernentes à repartição do prêmio de controle apenas será atendida, configurando efetiva regra protetiva dos acionistas, caso a divisão englobe todos os acionistas da companhia, indistintamente.[34]

Adicionalmente, em diversas hipóteses de alienação de controle está subjacente a própria alienação da organização empresarial, de modo que, nestes casos, o prêmio de controle seria composto em parte pelo

34. Se considerarmos que a Lei 6.404/1976 permite a emissão de ações preferenciais sem direito a voto, ou com direito a voto restrito, até o limite de 50% do total de ações emitidas, é possível vislumbrar situações em que acionistas que não serão beneficiados pelo comando previsto no art. 254-A possam ter contribuído com metade dos recursos financeiros que permitiram a valorização da companhia e, consequentemente, com a formação de parcela significativa do prêmio de controle, que não será com eles compartilhado. A situação é ainda mais grave tratando-se de companhias constituídas antes da Lei 10.303/2001, que podem ter ações preferenciais sem direito a voto emitidas até o limite de dois terços do capital social.

valor dos ativos materiais e imateriais detidos pela companhia, cuja titularidade indireta é de todos os acionistas, independentemente do poder político conferido às ações por eles detidas.[35] Calixto Salomão Filho ressalta que é possível identificar a cessão da organização empresarial quando se verifica, por parte do adquirente do controle, "a intenção de alterar substancialmente o direcionamento empresarial, de modo a alterar ou deslocar o centro de coordenação da influência recíproca entre os atos societários".[36]

Por outro lado, ao considerarmos que as regras relativas à repartição do prêmio de controle têm por função também compensar os acionistas pelos benefícios privados apropriados ou passíveis de apropriação pelos acionistas controladores, em detrimento dos demais sócios, não se justifica, igualmente, qualquer diferenciação no tratamento entre acionistas com base nos direitos políticos conferidos às ações por eles detidas, posto que o prejuízo causado pela indevida apropriação atingirá a esfera patrimonial de todos os demais acionistas; de modo que, sob esta perspectiva, todos são merecedores da participação no prêmio de controle, indistintamente.

Conforme mencionado acima, outra consequência da exclusão dos acionistas sem direito a voto do âmbito da proteção conferida pelo art. 254-A seria o reconhecimento de que estes não teriam o direito de se retirar do quadro societário perante um evento da magnitude de uma operação sobre o controle societário. Negar este direito a estes acionistas também parecer não fazer sentido, como veremos a seguir.

Em primeiro lugar, parece óbvio que a ruptura na estabilidade do quadro societário e o impacto causado por eventual alteração na estratégia de negócios da companhia decorrentes de uma alteração no comando da mesma (que consubstancia o fundamento do direito de saída nesta hipótese) serão sentidos, indistintamente, por todos os acionistas. Assim, não parece legítimo garantir o direito de alienar suas ações – e, portanto, dissolver o vínculo societário – apenas aos acionistas titulares de ações com direito a voto.

Uma possível justificativa para esta diferenciação seria a alegação de que para aqueles que abriram mão do direito a voto em troca de vantagens econômicas, ao ingressarem na companhia, renunciando ao direito de participar comissivamente dos processos decisórios da mesma, seriam indiferentes as alterações no comando da empresa, não tendo,

35. Cf. Calixto Salomão Filho, *O Novo Direito Societário*, cit., 4ª ed., p. 155.

36. Idem, ibidem.

portanto, direito de alienar suas ações em caso de alterações significativas na estrutura de controle da mesma.

Contudo, a própria sistemática da legislação societária parece não compartilhar desta premissa. Explicamos: a Lei 6.404/1976, apesar de tolerar a supressão do direito a voto de determinados acionistas, em troca de vantagens econômicas associadas às ações por eles detidas, contempla o direito de participação nos conclaves societários e o direito de retirada como direitos individuais e, portanto, irrenunciáveis, de modo que a renúncia ao direito de voto por determinado acionista não pode ser entendida como um reconhecimento implícito, pelo ordenamento societário, da absoluta passividade deste acionista em relação aos negócios sociais. A renúncia à participação no processo decisório de determinada companhia será sempre relativa e parcial, pois se limita exclusivamente ao exercício do voto,[37] restando intocáveis, em qualquer hipótese, o direito de voz (nas reuniões sociais) e o direito de se retirar em caso de dissidência com relação a determinadas decisões assembleares.

Adicionalmente, ao subscrever ou adquirir determinada classe de ações preferenciais, a decisão do acionista de renunciar ao direito de voto é tomada com base: (i) nos direitos e vantagens conferidos em contrapartida à supressão do voto; (ii) no panorama geral dos negócios sociais no momento da compra ou subscrição.[38] Assim, qualquer alteração em um desses fatores deve legitimar o acionista a reavaliar a manutenção de seu vínculo societário; e, na medida em que a alteração na estrutura de controle da companhia constitui elemento capaz de alterar sobremaneira o cenário corporativo que fundamentou a decisão de investimento destes acionistas (considerando, inclusive, que a renúncia ao direito de voto pode ter sido parcialmente fundamentada na confiança depositada na figura do acionista controlador), é inegável que este evento deve legitimar a retirada do quadro societário dos titulares de ações sem direito a voto.

37. Mesmo a efetiva renúncia ao direito de voto possui limitações, na medida em que a própria Lei 6.404/1976 prevê situações em que todos os acionistas, indistintamente, gozarão deste direito (como, por exemplo, após três exercícios sociais seguidos sem distribuição dos dividendos fixos e mínimos a que fazem jus as ações preferenciais sem direito a voto).

38. É justamente por isso que a Lei 6.404/1976, em seu art. 137, confere aos acionistas titulares de ações preferenciais sem direito a voto o direito de retirada, a ser exercido quando da alteração dos rumos da atividade da empresa ou quando da redução dos direitos e vantagens conferidos às ações por eles detidas, fatores que basearam sua tomada de decisão de investimento.

Assim, uma vez que a função de saída atinente às regras de proteção dos acionistas não controladores em face das operações sobre o controle societário guardam fundamentos em premissas semelhantes às que garantem o direito de retirada, conforme já apontado, não existem motivos razoáveis para não se garantir aos titulares de ações sem direito a voto a possibilidade de dissolverem seu vínculo societário quando da alienação do controle, por meio da venda de suas ações ao adquirente do mesmo, posto que os fundamentos e as funções desta garantia não guardam nenhuma relação relevante com os direitos políticos conferidos às ações.

Em suma: a exclusão expressa e proposital dos titulares de ações sem direito a voto do âmbito de aplicação da regra prevista no art. 254-A parece não atender às funções que justificam a existência de regras protetivas dos acionistas não controladores no caso de operações sobre o controle societário, contribuindo para que o dispositivo seja considerado insuficiente como efetiva ferramenta de tutela dos mesmos.

### 3.1.2 *Limitação quanto ao tratamento conferido: inexistência de igualdade*

Se não bastasse o tratamento diferenciado conferido aos acionistas titulares de ações com direito a voto em comparação àqueles que não desfrutam deste direito – o que não se justifica, pelos motivos acima expostos –, o art. 254-A vai além, estabelecendo também desigualdade de tratamento entre acionistas titulares de ações com direito a voto no que diz respeito ao valor por ação recebido quando da alienação do controle.

Conforme dito, uma das funções das regras protetivas relacionadas às operações sobre o controle societário é garantir tratamento igualitário entre acionistas controladores e não controladores com referência à repartição do prêmio de controle. O pressuposto deste tratamento igualitário é justamente que o prêmio pago decorre: (i) da contribuição que todos os acionistas, indistintamente, realizaram para a formação do capital social e, consequentemente, para o sucesso da atividade empresarial, (ii) do próprio valor da organização empresarial (inclusive de seus bens materiais e imateriais), caso o objetivo do adquirente seja, em última instância, dispor da companhia; e (iii) dos benefícios privados do controle.

Se com base nestas premissas já se torna extremamente questionável não estender esta tutela a todos os acionistas da companhia (conforme acima detalhado), o mesmo raciocínio se aplica ao fato de o art. 254-A não estender tratamento igualitário sequer aos acionistas que possuem ações da mesma classe, obrigando os adquirentes do controle societário a ofertar pelas demais ações com direito a voto preço equivalente a 80% do valor pago por ação integrante do bloco de controle.

A lógica da matéria relativa à repartição do prêmio de controle não parece permitir posições intermediárias como a dada pela Lei 6.404/1976. Ou se considera que o prêmio de controle é contrapartida imediata do esforço exclusivo do controlador na gestão da companhia (e, consequentemente, dos direitos de voto atinentes às ações que compõem o bloco de controle), permitindo que este se aproprie integralmente desta mais-valia – o que não nos parece correto, conforme já explicado –, ou se considera que o prêmio de controle pertence a todos os acionistas, pelos motivos já expostos, e se obriga sua repartição proporcional entre os mesmos. Qualquer regra que tente considerar as duas possibilidades simultaneamente, como aquela prevista no art. 254-A (reconhecendo que o acionista controlador pode se apropriar de uma parcela maior do prêmio de controle mas, por outro lado, que os demais acionistas fazem jus também a alguma participação), além de ser extremamente arbitrária, pois o percentual estabelecido provavelmente será aleatório, não existindo qualquer justificativa plausível que guie sua determinação, permite que o acionista controlador possa se apropriar de recursos que, conforme já explicamos, são de titularidade de todos os acionistas.[39]

Trata-se, novamente, de aspecto que afasta o regramento contido no art. 254-A das efetivas funções que devem ser desempenhadas pelas regras que se dispõem a tutelar os acionistas não controladores, tratando-se de operações sobre o controle societário.

### 3.1.3 *Limitação quanto à hipótese de incidência: não aplicação às aquisições originárias de controle*

A leitura atenta da regra contida no art. 254-A deixa claro que sua aplicação se limita às situações em que ocorre aquisição derivada do controle, ou seja, quando ocorre a transferência onerosa de ações que

39. Neste sentido, Carlos Augusto Junqueira de Siqueira afirma que "não podemos deixar de classificar como um retrocesso a adoção deste parâmetro mínimo. Em primeiro, por tratar-se de percentual aleatório, sem qualquer fundamentação técnica ou jurídica sustentável. Em segundo, porque é instituída na lei uma diferença de valor entre ações iguais, conforme pertençam a controladores ou a minoritários, com mão única: nas emissões de ações da espécie ordinária todo o universo acionário continuará pagando preço de subscrição igual. Consagra-se uma desigualdade injustificada, que também não encontra amparo nas regras do mercado secundário, onde controladores e minoritários compram e vendem ações pelo preço das cotações" (*Transferência do Controle Acionário – Interpretação e Valor*, cit., p. 60).

integram o bloco de controle (ou de direitos sobre estas), sendo necessário, portanto: (i) que, como resultado do negócio, surja um novo acionista controlador ou grupo de controle; (ii) que a operação apresente caráter oneroso; e (iii) que tenha ocorrido a transferência da totalidade ou de parte das ações pertencentes ao antigo controlador ou grupo de controle.[40] Consequentemente, referido dispositivo não contempla as chamadas aquisições originárias de controle, entendidas como aquelas que resultam na formação de um novo bloco de controle no patrimônio de um acionista ou grupo de acionistas, que até então inexistia, seja por meio de aquisições de ações em mercado (inclusive por meio de uma oferta pública de aquisição de ações, nos termos do art. 257 da Lei 6.404/1976) ou como consequência da celebração de um novo acordo de acionistas, que passa a conferir aos seus signatários o controle conjunto da companhia.[41-42]

40. Cf. Nelson Eizirik, "Oferta pública de aquisição na alienação do controle de companhia aberta", in *Temas de Direito Societário*, Rio de Janeiro, Renovar, 2005, p. 239.

41. Idem, ibidem.

42. As operações de incorporação ou incorporação de ações são por muitos qualificadas como possíveis mecanismos de aquisição originária de controle. Não obstante estas operações possuam o condão de fazer surgir um novo acionista controlador em determinada companhia ou, ainda, fazer com que os acionistas da companhia incorporada ou convertida em subsidiária integral, conforme o caso, ao migrarem para a base acionária de uma nova companhia, passem a estar sujeitos aos mandos de um novo acionista controlador, os fundamentos que justificam a existência das regras protetivas dos acionistas não controladores diante das operações sobre o controle societário não se verificam nestas hipóteses específicas. Em primeiro lugar, é importante ressaltar que as operações de incorporação e incorporação de ações possuem sistemática própria prevista na Lei 6.404/1976 e estão sujeitas à aprovação da assembleia-geral de ambas as companhias envolvidas no negócio. Adicionalmente, neste tipo de operação (i) o tratamento econômico igualitário estará garantido a todos os acionistas da companhia na medida em que todos receberem, por cada ação da companhia incorporada ou convertida em subsidiaria integral, a mesma quantidade de ações da incorporadora, com base na mesma relação de substituição, e (ii) a eventual dissidência legitima o exercício do direito de retirada dos acionistas da incorporada, previsto no art. 137, c/c o art. 136, IV, da Lei 6.404/1976. Assim, os acionistas não controladores estarão devidamente tutelados, pois as distorções que justificam a existência de regras especificamente destinadas à sua proteção, diante das operações sobre o controle societário, aqui não se verificam. Contudo, recentemente chamaram a atenção algumas operações específicas de incorporação ou incorporação de ações em que se tentou atribuir ao acionista controlador uma relação de substituição de ações diferente daquela atribuída aos demais acionistas, aproximando mencionadas operações de uma efetiva alienação de controle, uma vez que esta diferenciação, no tocante às relações de substituição de ações, deflagraria o pagamento de uma espécie de prêmio ao acionista controlador, o que não seria acei-

A inaplicabilidade do art. 254-A às aquisições originárias de controle parece óbvia, na medida em que aludido dispositivo, ao determinar que o adquirente do controle realize oferta pública de aquisição das ações com direito a voto de propriedade dos demais acionistas da companhia, por valor no mínimo igual a 80% do valor pago por ação com direito a voto integrante do bloco de controle, presume, necessariamente, a existência prévia de um bloco de controle e a realização de algum pagamento aos integrantes do mencionado bloco (ou a alguns deles),[43] o que não ocorre tratando-se de uma aquisição originária de controle.[44]

Não obstante o critério decisivo para incidência do art. 254-A seja a aquisição onerosa do controle,[45] e não a mera disposição do poder de controle (uma vez que não incide nos casos em que o acionista controlador decide pulverizar completamente o capital da companhia no mercado), optou-se por fundamentar a obrigação prevista no referido dispositivo apenas na alienação de controle, e não no simples surgimento de um novo acionista controlador – o que parece guardar justificativa com o histórico padrão de controle societário concentrado que caracteriza as companhias abertas brasileiras, nas quais um acionista controlador majoritário sempre esteve presente, tornando, portanto, extremamente improvável o surgimento de um novo acionista controlador de outro modo que não por meio de uma alienação de controle (cf., Gabriel S. K. Buschinelli, *Aquisições hostis de controle societário*, p. 50).

Esta opção parece não atender às funções das regras protetivas dos acionistas não controladores, eis que a quebra de estabilidade no quadro societário que justifica o direito de saída dos acionistas não controlado-

tável pela própria sistemática de avaliação a que se sujeitam tais operações. Neste sentido, é importante ressaltar que o regime específico das operações de incorporação ou incorporação de ações não pode ser utilizado para maquiar uma operação de efetiva alienação de controle societário, sob pena de configurar hipótese de fraude à lei, a teor do art. 166, VI, do CC. As diferenças substanciais entre as operações de incorporação ou incorporação de ações e as operações de alienação de controle, bem como as consequências de eventual tratamento diferenciado entre acionistas controladores e não controladores neste tipo de operação, no que diz respeito às relações de substituição de ações, foram enfrentadas pela CVM no âmbito do Processo CVM-RJ 2009/5.811, j. 28.7.2009.

43. Eizirik, "Oferta pública de aquisição na alienação do controle de companhia aberta", in *Temas de Direito Societário*, Rio de Janeiro, Renovar, 2005, p. 239.

44. Este também é o entendimento consolidado da CVM (cf. Processo CVM-RJ 2006/6.209, j. 25.9.2006, e Processo CVM-RJ 2007/14.099, j. 29.1.2008).

45. Cf. Carvalhosa, *Comentários à Lei de Sociedades Anônimas: Lei 6.404, de 15 de Dezembro de 1976*, 4ª ed., vol. 4, t. II, São Paulo, Saraiva, 2008, p. 157.

res ocorrerá sempre que surgir um novo controlador, independentemente do modo como o poder de controle foi adquirido, mesmo inexistindo o pagamento de prêmio de controle.[46]

Em adição, o simples fato de não ocorrer pagamento de prêmio de controle nas aquisições originárias não significa que o tratamento igualitário entre todos os acionistas da companhia com relação ao preço pago pelas ações adquiridas pelo adquirente do controle não deva ser garantido. Conforme já dito, aqui, o tratamento igualitário tem fundamento distinto da hipótese de alienação de controle, pois, enquanto neste tipo de operação se busca garantir a participação de todos os acionistas no prêmio de controle, na hipótese de uma aquisição originária de controle a igualdade de tratamento busca evitar que os acionistas da companhia sofram qualquer tipo de pressão, por parte do adquirente do controle, para alienar suas ações a este, sob o temor de que, após a aquisição do controle, as ações percam valor e o novo controlador não esteja mais disposto a comprar qualquer ação (por já ter atingido o controle) ou ofereça um valor substancialmente inferior ao da oferta inicial.[47-48]

46. Adicionalmente, apesar de a repartição do prêmio de controle entre todos os acionistas da companhia ser uma das funções das regras protetivas dos acionistas não controladores, na hipótese de operações sobre o controle societário, o efetivo pagamento de um prêmio de controle (que não ocorre nas aquisições originárias) não é condição para a incidência da obrigação prevista no art. 254-A, justamente por se reconhecer que a regra também tem por função garantir a possibilidade de saída dos demais acionistas da companhia. Neste sentido, a CVM possui entendimento consolidado no sentido de que a existência de deságio na aquisição do controle não exime o adquirente do controle da obrigação de realizar a oferta pública de aquisição de ações prevista no art. 254-A da Lei 6.404/1976 (cf. Processo CVM-RJ 2006/7.658, j. 11.4.2007). Em sentido contrario, Luiz Leonardo Cantidiano afirma que o pagamento de prêmio é requisito para a incidência do art. 254-A da Lei 6.404/1976 (*Reforma da Lei das S/A Comentada*, Rio de Janeiro, Renovar, 2002, p. 240).

47. Paul Davies e Klaus Hopt, "Control transactions", cit., in Henry Hansmann, Reinier Kraakman e outros, *The Anatomy of Corporate Law: a Comparative and Functional Approach*, 2ª ed., p. 252. No mesmo sentido, Erik Frederico Oioli afirma que, tratando-se de uma oferta pública destinada à aquisição do controle de determinada companhia, existe um problema de coordenação entre os acionistas, principalmente na hipótese de grande dispersão acionária, que retira destes o poder de barganha com relação ao preço da oferta, de modo que "os acionistas, apesar de a oferta lhes ser desvantajosa, podem se sentir compelidos a aceitá-la devido ao temor de que, se a recusarem e os demais acionistas a aceitarem, os primeiros podem permanecer em uma companhia com pouca liquidez e à mercê do novo controlador" (*Oferta Pública de Aquisição do Controle de Companhias Abertas*, São Paulo, Quartier Latin, 2010, p. 101).

48. Conforme ressaltado por Eduardo Secchi Munhoz, nesta hipótese o tratamento igualitário poderia ser assegurado por meio de regras que obriguem o adqui-

Assim, negligenciar tratamento aos acionistas não controladores na hipótese de uma aquisição originária de controle, como faz o art. 254-A, parece não ser justificável, pois os pressupostos que fundamentam a existência das regras protetivas dos acionistas controladores ante as alterações substanciais na estrutura de controle da companhia de que participam também se verificam neste tipo de operação. A isto se soma o fato de que as aquisições originárias de controle, apesar de ainda raras no mercado de valores mobiliários brasileiro, tornam-se mais prováveis a partir da alteração do padrão concentrado de controle societário historicamente presente nas companhias nacionais em direção a um modelo de maior pulverização do capital social, situação cada vez mais frequente em nosso País – o que torna a insuficiência de nosso arcabouço normativo em tutelar os acionistas não controladores neste tipo de operação ainda mais preocupante.[49]

rente do controle a pagar a todos os acionistas um preço uniforme por ação, sendo necessário que a regra se aplique não apenas às aquisições realizadas dentro de uma oferta pública de aquisição de ações formulada com o objetivo de adquirir o controle de determinada companhia, mas também para os negócios realizados fora do âmbito da aludida oferta, imediatamente antes ou depois da mesma ("Transferência de controle nas companhias sem controlador majoritário", in Rodrigo Castro e Luís André N. de Moura Azevedo (coords.), *Poder de Controle e Outros Temas de Direito Societário e Mercado de Capitais*, São Paulo, Quartier Latin, 2010, pp. 300-301).

Neste ponto, a Instrução CVM-361/2002, alterada pela Instrução CVM-487/2010, deu tratamento parcial à matéria, ao prever que, no caso de uma oferta pública de aquisição de ações para aquisição do controle, nos termos do art. 257 da Lei 6.404/1976,

(i) que tenha por objeto a totalidade das ações de determinada companhia, o ofertante ficará obrigado a adquirir, após a oferta, as ações em circulação remanescentes da mesma espécie e classe, pelo prazo de 30 dias, contado da data da realização do leilão, pelo preço final da oferta; e

(ii) que tenha por objeto apenas parte das ações de determinada companhia, deverá ser assegurada aos destinatários da oferta a faculdade de condicionar sua aceitação à efetiva aquisição do controle por parte do ofertante. O tratamento é considerado parcial, na medida em que se aplica apenas à hipótese em que a aquisição originária ocorrer por meio de oferta pública voluntariamente lançada para a aquisição do controle de determinada companhia.

49. Sobre o grau de pulverização do capital das companhias brasileiras, v. Érica Cristina Rocha Gorga, *Changing the Paradigm of Stock Ownership: from Concentrated towards Dispersed Ownership? Evidence from Brazil and Consequences for Emerging Countries*, 3rd Annual Conference on Empirical Legal Studies Papers, 2008 (disponível em *http://ssrn.com/abstract=1121037*). Sobre as preocupações acerca da ausência de tratamento específico para a matéria em nosso ordenamento, v. Eduardo Secchi Munhoz, "Transferência de controle nas companhias sem controlador ma-

### 3.1.4 *Limitação quanto à hipótese de incidência: a não aplicação às alienações de controle de fato*

A Lei 6.404/1976 define expressamente a figura do acionista controlador, sujeito a um regime específico de deveres e obrigações e passível de responsabilização pelos atos tomados abusivamente no exercício do poder de controle. É inegável que o reconhecimento expresso da situação de permanente sujeição experimentada pelos acionistas não controladores em uma companhia de controle definido representou importante evolução para o direito societário, eis que, conforme afirmado por Nelson Eizirik, "superou a ficção democrática da sociedade anônima, que acarretava a diluição das responsabilidades pelas deliberações sociais entre os administradores, uma vez que prevalecia até então a ideia de que as decisões eram tomadas pela comunhão dos acionistas, como se não existissem acionistas controladores e minoritários".[50]

Como se sabe, o art. 116 da Lei 6.404/1976 estabelece dois critérios para a definição de acionista controlador, quais sejam: (i) a titularidade de direitos de sócio que assegurem permanentemente a preponderância nas deliberações sociais e o poder de eleger a maioria dos administradores da companhia; e (ii) o uso efetivo deste poder na condução das atividades sociais. De modo que a caracterização de determinada pessoa ou grupo de pessoas como acionista controlador independe da titularidade de uma participação societária predefinida.

Desta forma, a Lei 6.404/1976 reconheceu a possibilidade de determinado acionista ou grupo de acionista exercer o poder de controle mesmo sem deter a maioria do capital votante da companhia, o que costuma ser qualificado como *controle minoritário* ou *controle de fato*, que pode correr quando a titularidade do capital social da companhia é de tal modo dispersa que nenhum acionista, individualmente, detém sua maioria, ou quando aquele que a detém não exerce efetivamente o poder que derivaria de sua participação.[51-52]

joritário", cit., in Rodrigo Castro e Luís André N. de Moura Azevedo (coords.), *Poder de Controle e Outros Temas de Direito Societário e Mercado de Capitais*.

50. Nelson Eizirik, "Oferta pública de aquisição na alienação do controle de companhia aberta", cit., in *Temas de Direito Societário*, pp. 232-233.

51. Cf. Nelson Eizirik, "Aquisição de controle minoritário. Inexigibilidade de oferta pública", in Luís André N. de Moura Azevedo e Rodrigo Castro (coords.), *Poder de Controle e Outros Temas de Direito Societário e Mercado de Capitais*, São Paulo, Quartier Latin, 2010, p. 180.

52. Em sentido oposto, Modesto Carvalhosa afirma que a inteligência do art. 116 da Lei 6.404/1976 não comporta a noção de controle de fato, por considerar que

O consenso que existe quanto à possibilidade de exercício do controle de fato em determinada companhia, sujeitando, consequentemente, seu titular ao regime de deveres e responsabilidades previstos nos arts. 116 e 117 da Lei 6.404/1976, inexiste, entretanto, com relação à aplicação do art. 254-A às hipóteses de alienação do controle de fato.

Em primeiro lugar, cumpre ressaltar que a definição de acionista controlador contida no art. 116 da Lei 6.404/1976, que reconhece a possibilidade do controle de fato, possui finalidade específica, qual seja, a de identificar o sujeito de um regime diferenciado de deveres e responsabilidades. Contudo, a aplicação do mencionado dispositivo na interpretação das operações de alienação de controle, reguladas pelo art. 254-A, é extremamente questionável, pelos motivos que veremos a seguir.

O exercício efetivo do poder de controle, requisito essencial para a caracterização do acionista controlador para fins do art. 116 da Lei 6.404/1976, é dispensável para a caracterização de uma operação de alienação de controle, na medida em que aquele que detém a maioria do capital social votante de determinada sociedade mas se abstém de participar das decisões sociais pode perfeitamente transferir onerosamente sua participação societária para terceiro (inclusive com prêmio sobre o controle), que passará, após o negócio, a exercer o efetivo poder de controle, independentemente da postura adotada pelo antigo titular das referidas ações, vez que o bloco majoritário de ações votantes sempre conterá o poder de controle potencial da companhia, cujo exercício dependerá apenas das intenções de seu atual titular.[53]

Em contrapartida, o art. 254-A impõe como elemento essencial para a efetiva configuração da alienação de controle a transferência do bloco

"a expressão 'de modo permanente', contida neste dispositivo, quer significar que existe um acionista ou grupo deles que, possuindo 50% mais uma das ações votantes, não podem ser destituídos de seu direito de eleger a maioria dos administradores por parte de qualquer outro grupo de acionistas – o que reveste a administração por eles eleita do atributo de estabilidade, na medida em que a maioria dos seus membros somente pode ser destituída pelos próprios controladores. E essa maioria absoluta do capital votante outorga, ainda, aos controladores o direito de sempre deliberarem majoritariamente em matérias próprias das assembleias-gerais" ("O desaparecimento do controlador nas companhias com ações dispersas", in Marcelo Vieira von Adamek, *Temas de Direito Societário e Empresarial Contemporâneos*, São Paulo, Malheiros Editores, 2010, p. 517).

53. Neste sentido: Nelson Eizirik, "Aquisição de controle minoritário. Inexigibilidade de oferta pública", cit., in Luís André N. de Moura Azevedo e Rodrigo Castro (coords.), *Poder de Controle e Outros Temas de Direito Societário e Mercado de Capitais*, p. 182; e Carlos Augusto Junqueira de Siqueira, *Transferência do Controle Acionário – Interpretação e Valor*, cit. pp. 70-71.

de controle ou de parte das ações que o compõem. Conforme definido por Nelson Eizirik, o bloco de controle consiste no conjunto de ações que assegura ao seu titular o exercício do poder de controle da companhia, consistindo, assim, em uma universalidade de fato, com existência autônoma em relação às ações que o conformam.[54] Consequentemente, afirma o aludido autor que um conjunto de ações apenas poderá ser identificado como bloco de controle na medida em que assegura ao seu titular o exercício do poder de controle independentemente de qualquer outra circunstância (como, por exemplo, o ativismo societário dos demais acionistas), existindo somente quando formado por ações representativas de mais da metade do capital social votante.[55] Assim, na hipótese de controle de fato não existiria propriamente um bloco de controle, mas apenas um conjunto de ações que, circunstancialmente, conferem ao seu detentor o exercício do poder de controle (em razão da dispersão do capital social ou do absenteísmo dos demais acionistas), mas não a titularidade do bloco de controle.[56]

Em suma, a análise sistemática dos arts. 116 e 254-A da Lei 6.404/1976 leva à conclusão de que os dispositivos possuem funções e âmbito de aplicação diversos, de modo que a definição de alienação de controle em nada contribui para a caracterização da figura do acionista controlador, bem como o conteúdo do art. 116 da Lei 6.404/1976 não possui utilidade na definição da aplicação do art. 254-A (tanto que nenhum dos dois dispositivos faz qualquer referência ao outro), sendo perfeitamente possível ocorrer uma alienação de controle, para fins do art. 254-A, sem que o bloco de controle seja alienado por uma pessoa ou grupo de pessoas qualificado como acionista controlador, a teor do art. 116 da Lei 6.404/1976 (por exemplo, quando o acionista majoritário não exerce o controle da companhia), bem como pode ocorrer a alienação do conjunto de ações detidas pelo acionista controlador, identificado conforme previsto no art. 116 da Lei 6.404/1976, sem que ocorra, entretanto, uma alienação de controle para fins do art. 254-A (quando da transferência do controle de fato).[57]

54. Nelson Eizirik, "Aquisição de controle minoritário. Inexigibilidade de oferta pública", cit., in Luís André N. de Moura Azevedo e Rodrigo Castro (coords.), *Poder de Controle e Outros Temas de Direito Societário e Mercado de Capitais*, p. 185.

55. Idem, ibidem.

56. Idem, p. 186.

57. A opinião pela não incidência do art. 254-A da Lei 6.404/1976 às hipótese de alienação do controle de fato é compartilhada por outros autores, inclusive Calixto Salomão Filho, que, ao comentar sobre a regulamentação do mencionado dispositivo

Soma-se a isso o fato de que a Instrução CVM-361/2002, ao regulamentar o disposto no art. 254-A da Lei 6.404/1976, não faz qualquer menção expressa sobre a aplicação do dispositivo na hipótese de alienação do controle de fato, ao contrário do que fazia a Resolução CMN-401/1976 (que regulamentava a matéria na vigência do revogado art. 254), a qual previa expressamente a possibilidade de incidência da obrigação de realizar oferta pública de aquisição de ações nesta hipótese.

Embora a CVM já tenha reconhecido que a alienação de controle, para fins do art. 254-A, ocorre apenas quando da transferência onerosa da maioria do capital social votante,[58] a autarquia sinalizou com a possibilidade de vir a exigir a formulação da oferta pública de aquisição de ações prevista em referido dispositivo tratando-se de alienação do controle de fato[59] (contrariando o entendimento doutrinário majoritário sobre o assunto).

Não obstante o posicionamento da CVM, parece difícil visualizar que o art. 254-A tenha aplicação às alienações de controle de fato, considerando as especificidades de seu conteúdo, conforme acima exposto. Neste cenário, a aplicação indevida e meramente casuística do comando

pela CVM, afirma que, "ao disciplinar a oferta pública, a CVM optou por desconsiderar o controle minoritário. A Instrução CVM-361, de 5.3.2002, disciplinou três tipos de oferta pública de aquisição (OPA) obrigatória: (...). Todos pressupõem a existência de controle majoritário. Essas regras deixam atrás de si uma grande lacuna. Tornam possível a aquisição de controle minoritário sem qualquer tipo de oferta pública aos acionistas minoritários" (Calixto Salomão Filho, "Nota de Texto 45", in Fábio Konder Comparato e Calixto Salomão Filho, *O Poder de Controle nas Sociedades Anônimas*, cit., 4ª ed., p. 243).

Em sentido contrário, Erik Frederico Oioli defende a aplicação da regra contida no art. 254-A às operações de alienação de controle de fato, argumentando, que embora "o art. 254-A não faça menção expressa a acionista controlador ou ao poder de controle, é irrefutável que o 'controle' citado expressamente no dispositivo é manifestação do poder de controle do acionista controlador, definido na Lei das S/A em seu art. 116" ("*Tag along* na aquisição de controle diluído", in Marcelo Vieira von Adamek, *Temas de Direito Societário e Empresarial Contemporâneos*, São Paulo, Malheiros Editores, 2010, p. 323).

58. Processo CVM-RJ 2005/4.069, j. 11.4.2006.

59. Processo CVM-RJ 2009/1.956, j. 15.7.2009. É de se notar que no âmbito do aludido caso a CVM não exigiu a realização de oferta pública de aquisição de ações, nos termos do art. 254-A. Entretanto, a maioria dos membros do Colegiado da autarquia acenou com a possibilidade de exigir o cumprimento da obrigação contida no referido dispositivo uma vez verificada a efetiva alienação do controle de fato.

legal pode ser considerada danosa tanto para os acionistas não controladores, que não terão certeza sobre a possibilidade de alienar suas ações ao adquirente do controle, quanto para este último, que não conseguirá, de antemão, precisar o efetivo custo de aquisição de controle.

Vencida a análise sobre a aplicabilidade do art. 254-A às alienações de controle de fato, cumpre indagar se esta opção legislativa é pertinente, em face das efetivas funções que justificam a existência de regras protetivas dos acionistas não controladores diante de operações sobre o controle societário.

Aparentemente não há motivos para a lacuna normativa que existe com relação à alienação do controle de fato, considerando que os fundamentos já apontados, que justificam a necessidade de existência de tutela dos acionistas não controladores, persistem independentemente de se tratar de uma alienação do controle majoritário ou do controle de fato. Nada impede que a alienação de controle de fato seja contratada com pagamento de prêmio de controle ao acionista controlador, devendo existir, assim, a obrigação de sua repartição entre todos os acionistas da companhia; adicionalmente, sob o ponto de vista do desenvolvimento dos negócios sociais, o surgimento de um novo acionista controlador, independentemente da participação por ele detida, já é suficiente para gerar a quebra de estabilidade do quadro acionário – que justifica a concessão da possibilidade de os antigos acionistas venderem suas ações àquele, até porque, caso a operação não tivesse o condão de proporcionar a alteração dos negócios sociais, a alienação do controle de fato não estaria sequer caracterizada.

Desta forma, é possível afirmar que a não contemplação da alienação do controle de fato no conteúdo do art. 254-A é injustificada, em face das funções que este tipo de regra deve exercer, contribuindo para sua insuficiência na adequada tutela dos acionistas não controladores no caso de operações sobre o controle societário.

Em contrapartida, mesmo que prevaleça, no futuro, o entendimento pela aplicação do referido dispositivo a esta espécie de alienação de controle, conforme sugerido pela CVM, não restaria resolvido o problema, pois a existência de incerteza quanto à aplicação da regra às alienações de controle de fato, que indubitavelmente se justifica a partir da leitura do art. 254-A, que parece não a contemplar, é suficiente para abalar consideravelmente as funções protetivas que este dispositivo deveria exercer.

### 3.1.5 *Limitação quanto à hipótese de incidência: dificuldades na verificação da incidência do dispositivo no caso de controle compartilhado*

Cumpre, ainda, atentar para as dificuldades práticas que decorrem da interpretação da regra contida no art. 254-A principalmente no que diz respeito à sua aplicação nas operações de alienação de controle compartilhado ou quando da alteração das participações individuais entre os integrantes de um grupo de controle.

A teor do art. 254-A, a obrigação de formular oferta pública de aquisição de ações repousa na transferência onerosa de ações integrantes do bloco de controle a terceiro que, como resultado da operação, passará a exercer o poder de controle da companhia. Portanto, na hipótese de o controle ser exercido de modo compartilhado por um grupo de acionistas, em virtude da ação coordenada dos seus integrantes quando do exercício dos direitos políticos inerentes às suas participações societárias (regradas, por exemplo, em um acordo de voto), pode existir grande dificuldade em se verificar, no caso concreto, a incidência das obrigações decorrentes do mencionado dispositivo legal, principalmente tratando-se de alterações ocorridas dentro do próprio grupo de controle, seja em razão do ingresso ou saída de integrantes, seja em decorrência de alterações no equilíbrio das participações societárias detidas pelos mesmos, máxime diante do fato de que, independentemente das substanciais alterações ocorridas dentro do grupo, formalmente o mesmo continua a ser exercido por meio de um acordo de voto, que pode não ter sofrido qualquer alteração formal em seu conteúdo.[60]

No âmbito da CVM tem-se entendido que a consolidação do poder de controle na figura de um dos integrantes do grupo de controle, regido por acordo de voto cujos termos e condições já assegurassem a este integrante o efetivo comando da companhia, não configura hipótese de

60. Neste sentido, Carlos Augusto Junqueira de Siqueira, ao se referir aos acordos de voto que normalmente regram as relações entre acionistas que exercem o controle compartilhado de determinada companhia, afirma que, "no que diz respeito à transferência do controle acionário, entendemos que a existência de uma vontade una no acordo não afasta, por si, a caracterização da transferência, mesmo se verificada na esfera da convenção. O regramento legal relativo aos acordos, historicamente, não se tem mostrado adequado à resolução das pendências surgidas entre sócios. Esta dificuldade indica que deverão ser examinadas casuisticamente as mutações acionárias no âmbito dos acordos, para efeitos de definir se ocorreu a transferência efetiva do controle na companhia aberta" (*Transferência do Controle Acionário – Interpretação e Valor*, cit., p. 160).

incidência da obrigação contida no art. 254-A.[61-62] Contudo, não se pode afastar a possibilidade de uma alteração de participação societária ocorrida dentro do grupo de controle não estar imune à aplicação do citado dispositivo legal.

A transferência onerosa de participações entre os integrantes de um grupo de acionistas que exerce o controle compartilhado por meio de um acordo de voto pode, perfeitamente, implicar a alienação do controle da mesma quando, como consequência da aludida operação, um dos integrantes do grupo do controle passa a preponderar, por exemplo, nas instâncias decisórias previstas na sistemática do referido acordo (como, por exemplo, em eventuais reuniões prévias), alterando o equilíbrio político do acordo de voto. Ainda que o acordo de voto subsista, as mudanças nas participações entre seus integrantes podem perfeitamente importar alterações no controle da companhia, assim como a alteração nas participações societárias de uma sociedade *holding* pode implicar a alienação indireta do controle de uma companhia controlada.[63]

Nestes casos, um importante elemento que auxiliará na verificação da ocorrência da alienação de controle e, consequentemente, na aplicação do disposto no art. 254-A será o pagamento de ágio na mencionada aquisição de ações, embora, conforme já afirmado, a efetiva existência de prêmio não seja considerada um requisito para a aplicação do aludido dispositivo.

O mesmo raciocínio aplica-se à hipótese de entrada de um novo integrante no grupo de acionistas que exerce o controle compartilhado de determinada companhia, hipótese em que a incidência da regra contida no art. 254-A também dependerá da eventual posição de preponderância do acionista ingressante com relação ao grupo de controle,[64] de modo que a mera subsistência de eventual acordo de voto não é suficiente para afastar, de pronto, a incidência do referido dispositivo.

As dificuldades práticas que envolvem a aplicação das regras aplicáveis às operações de alienação de controle quando da existência

61. Cf. Processo CVM-RJ 2007/7.230, j. 11.2.2007; Processo CVM-RJ 2001/10.329, j. 19.2.2002; e Parecer CVM/SJU-029/1985.

62. Em contrário, Roberta Nioac Prado afirma: "Se desta operação resultar a consolidação do poder de controle majoritário nas mãos de um único acionista signatário do acordo, dever-se-á aplicar o art. 254-A da Lei das S/A de 1976, especialmente se houver pagamento de ágio pelas ações negociadas" (*Oferta Pública de Ações Obrigatória nas S/A – **Tag Along***, cit., p. 167).

63. Cf. Roberta Nioac Prado, *Oferta Pública de Ações Obrigatória nas S/A – **Tag Along***, cit., p. 168.

64. Idem, p. 170.

de controle compartilhado geram insegurança jurídica capaz de causar efetivos prejuízos aos acionistas não controladores das companhias que se enquadram nesta situação, afastando, novamente, o art. 254-A das funções que justificam a existência das regras protetivas dos acionistas não controladores diante de operações sobre o controle societário, seja pela incerteza quanto à possibilidade de exercício de seus direitos na ocorrência de determinados eventos, seja pela real possibilidade de, perante esta incerteza, verem frustrada a possibilidade de alienar sua participação societária ao adquirente do controle, mesmo ocorrendo a efetiva alienação do controle da companhia de que são acionistas.

### *3.2 Solução parcial: os segmentos diferenciados de governança corporativa da BM&FBovespa*

A insuficiência do arcabouço normativo brasileiro no adequado tratamento da proteção dos acionistas não controladores diante de operações sobre o controle societário não passou desapercebida.[65] A aplicação limitada do art. 254-A colocou em xeque a eficácia do mencionado dispositivo, enquanto efetiva regra protetiva, motivando inúmeras discussões sobre medidas a serem tomadas para garantir aos acionistas a tutela de seus legítimos interesses frente a eventos societários capazes de modificar a estrutura do controle das companhias das quais participam.

Neste sentido, a criação dos segmentos diferenciados de governança corporativa da então Bolsa de Valores de São Paulo/Bovespa (atualmente, Bolsa de Valores, Mercadorias e Futuros – BM&FBovespa) foi fundamental no enfrentamento de parte das deficiências existentes no tratamento da matéria pela legislação societária. Os regulamentos de listagem do Novo Mercado e do Nível 2 de Governança Corporativa, do Bovespa Mais e do Bovespa Mais – Nível 2 da BM&FBovespa, ao tratarem das operações sobre o controle societário das companhias listadas nos referidos segmentos, trouxeram importantes inovações em comparação ao previsto na Lei 6.404/1976 e na Instrução CVM-361/2002, ampliando substancialmente o grau de proteção dos acionistas não controladores perante este tipo de negócio.

65. Neste sentido: Roberta Nioac Prado, "Da obrigatoriedade por parte do adquirente do controle de sociedade por ações de capital aberto de fazer simultânea oferta pública, em iguais condições, aos acionistas minoritários – Art. 254 da Lei 6.404/1976 e Resolução CMN-401/1976 – É efetivo mecanismo de proteção aos minoritários?", *RDM* 106/83-106, São Paulo, Malheiros Editores, 1997.

Em primeiro lugar, quanto aos destinatários das obrigações decorrentes da alienação do controle societário, os regulamentos dos segmentos especiais de listagem acima mencionados foram além do previsto no art. 254-A ao garantirem a todos os acionistas das companhias participantes destes segmentos de listagem o direito de alienar suas ações ao adquirente do controle societário, em oferta pública de aquisição de ações formulada em razão da alienação do controle. No caso do Novo Mercado e do Bovespa Mais isto decorre do fato de somente serem admitidas nestes segmentos companhias cujo capital social seja composto exclusivamente por ações ordinárias. Com relação às companhias listadas no Nível 2 de Governança Corporativa e no Bovespa Mais – Nível 2, que toleram a emissão e a negociação de ações preferenciais com direito a voto restrito, o direito decorre de previsão expressa nos respectivos regulamentos, exigindo que a possibilidade de alienar suas ações em oferta pública decorrente da alienação do controle da companhia seja garantida também aos titulares de ações preferenciais.

No que diz respeito ao preço e às condições da oferta pública de aquisição de ações decorrente da alienação de controle, os regulamentos do Novo Mercado[66] e do Nível 2 de Governança Corporativa,[67] Bovespa Mais e Bovespa Mais – Nível 2 também trataram de regular as deficiências presentes no art. 254-A, garantindo a todos os acionistas o tratamento econômico igualitário com relação ao conferido ao acionista controlador. Adicionalmente, com relação à alienação do controle de fato, os regulamentos desses segmentos especiais de listagem também enfrentaram a lacuna deixada pelo art. 254-A, expressamente prevendo a incidência da obrigação de realização de oferta pública de aquisição de ações nesta hipótese.[68]

66. "8.1 **Contratação da Alienação de Controle da Companhia.** A alienação de controle da companhia, tanto por meio de uma única operação como por meio de operações sucessivas, deverá ser contratada sob a condição, suspensiva ou resolutiva, de que o adquirente se obrigue a efetivar oferta pública de aquisição das ações dos demais acionistas da companhia, observando as condições e os prazos previstos na legislação vigente e neste Regulamento, de forma a lhes assegurar tratamento igualitário àquele dado ao acionista controlador alienante."

67. "8.1.2 Quando a companhia tiver emitido ações preferenciais sem direito a voto ou com voto restrito, a oferta pública aos detentores dessas ações preferenciais deverá ser realizada pelo mesmo valor oferecido aos detentores de ações ordinárias e nas mesmas condições."

68. "2.1 **Termos Definidos.** Neste Regulamento, os termos abaixo, em sua forma plural ou singular, terão os seguintes significados: (...); "*Ações de Controle*" significa o bloco de ações que assegura, de forma direta ou indireta, ao(s) seu(s)

Em consideração às evoluções acima elencadas, é inegável que os segmentos diferenciados de governança corporativa da BM&FBovespa representaram um aumento qualitativo no tratamento dos interesses dos acionistas não controladores ante as operações sobre o controle societário, ampliando o escopo das regras aplicáveis a este tipo de operação, que passa a abranger parte das situações que foram inexplicavelmente negligenciadas pela legislação societária, aproximando-as das funções que justificam a existência deste tipo de norma protetiva.

É importante notar que no período compreendido entre janeiro/2004 e dezembro/2014, das 152 ofertas públicas iniciais de distribuição de ações realizadas, 136 contaram com a simultânea adesão da respectiva companhia a alguns segmentos de listagem acima mencionados,[69] indicando que o incremento nas regras relativas às operações sobre o controle societário em relação ao tratamento deficiente da matéria pela legislação societária é valorizado pelos investidores do mercado de valores mobiliários, influindo, inclusive, no potencial de distribuição e na precificação das ações por ocasião da realização de ofertas públicas iniciais de distribuição de ações.

Entretanto, não é possível afirmar que as regras do Novo Mercado e do Nível 2 de Governança Corporativa, do Bovespa Mais e do Bovespa Mais – Nível 2 foram capazes de solucionar completamente a insuficiência do arcabouço normativo brasileiro destinado ao tratamento das operações sobre o controle societário. Em primeiro lugar, cumpre ressaltar que as mencionadas regras não tratam de duas relevantes deficiências constatadas a partir da limitada aplicação do art. 254-A, quais sejam: (i) a não aplicação do dispositivo às aquisições originárias de controle e (ii) as dificuldades associadas às hipóteses de alienação de controle envolvendo o controle compartilhado.

titular(es), o exercício individual e/ou compartilhado do poder de controle da companhia. (...); "*Alienação de Controle da Companhia*" significa a transferência a terceiro, a título oneroso, das ações de controle. (...); "*Poder de Controle*" significa o poder efetivamente utilizado de dirigir as atividades sociais e orientar o funcionamento dos órgãos da companhia, de forma direta ou indireta, de fato ou de direito, independentemente da participação acionária detida. Há presunção relativa de titularidade do controle em relação à pessoa ou ao grupo de acionistas que seja titular de ações que lhe tenham assegurado a maioria absoluta dos votos dos acionistas presentes nas 3 (três) últimas assembleias-gerais da companhia, ainda que não seja titular das ações que lhe assegurem a maioria absoluta do capital votante."

69. Fonte: *Estatísticas das Aberturas de Capital na BM&FBovespa* (*http://www.bmfbovespa.com.br/cias-listadas/consultas/ipos-recentes/ipos-recentes.aspx?idioma=pt-br*).

Em adição, é importante notar que, das 455 companhias abertas cujas ações eram admitidas à negociação na BM&FBovespa em dezembro/2014, 133 eram listadas no Novo Mercado, 20 no Nível 2 de Governança Corporativa, 8 no Bovespa Mais e nenhuma no Bovespa Mais – Nível 2 (totalizando, portanto, 161 companhias).[70] É fundamental reconhecer, ainda, que, das 20 ações[71] mais negociadas na BM&FBovespa no período de 12 meses entre janeiro/2014 e dezembro/2014, representativas de 61,5% do volume financeiro total negociado neste período, 12 ações, responsáveis por 44,69% do volume de negociação no referido período, não integram nenhum dos segmentos de governança corporativa acima mencionados,[72] conforme indicado na tabela abaixo:

| Companhia (Nome de Pregão) | Ação | Segmento | Volume Negociado (R$) | Participação no Volume Total Negociado (%) |
|---|---|---|---|---|
| PETROBRAS | PN | Tradicional | 191.084.906.347 | 11,91 |
| ITAÚ UNIBANCO | PN | Nível 1 | 102.891.305.599 | 6,41 |
| VALE | PN | Nível 1 | 96.382.971.378 | 6,01 |
| BRADESCO | PN | Nível 1 | 70.936.640.414 | 4,42 |
| PETROBRAS | ON | Tradicional | 64.526.544.003 | 4,02 |
| BRASIL | ON | Novo Mercado | 52.579.155.443 | 3,28 |
| AMBEV S/A | ON | Tradicional | 46.645.733.381 | 2,91 |
| KROTON | ON | Novo Mercado | 43.274.505.998 | 2,70 |
| BMF-BOVESPA | ON | Novo Mercado | 38.961.818.027 | 2,43 |
| VALE | ON | Nível 1 | 35.506.606.371 | 2,21 |
| CIELO | ON | Novo Mercado | 34.811.840.284 | 2,17 |
| BB SEGURIDADE | ON | Novo Mercado | 33.504.017.992 | 2,09 |

70. Fonte: *Informe Técnico BM&FBovespa – Dezembro/2014 – Listagem das Negociações – Lote-Padrão* (disponível em *http://www.bvmf.com.br*).

71. Tratam-se de ações de 18 companhias diferentes, considerando que algumas delas possuem mais de uma espécie ou classe de ação admitida à negociação.

72. Não obstante algumas delas contenham previsões estatutárias que (i) conferem às ações preferenciais o direito de serem incluídas em eventual oferta pública de aquisição de ações decorrente da alienação de controle da companhia e (ii) concedem às ações ordinárias tratamento igualitário em comparação ao acionista controlador, quando da alienação de controle da companhia.

| **Companhia (Nome de Pregão)** | **Ação** | **Segmento** | **Volume Negociado (R$)** | **Participação no Volume Total Negociado (%)** |
|---|---|---|---|---|
| ITAUSA | PN | Nível 1 | 32.895.706.403 | 2,05 |
| BRF SA | ON | Novo Mercado | 30.103.222.951 | 1,88 |
| P. AÇÚCAR-CBD | PN | Nível 1 | 21.161.641.509 | 1,32 |
| GERDAU | PN | Nível 1 | 20.142.507.511 | 1,26 |
| ESTÁCIO PART. | ON | Novo Mercado | 19.451.437.922 | 1,21 |
| CCR S/A | ON | Novo Mercado | 19.195.144.119 | 1,20 |
| CEMIG | PN | Nível 1 | 17.804.424.204 | 1,11 |
| OI | PN | Nível 1 | 17.037.751.014 | 1,06 |

Fonte: Informe Técnico BM&FBovespa – Dezembro/2014 – Ações Mais Negociadas – Lote-Padrão (disponível em http://www.bvmf.com.br)

Assim, em decorrência dos dados acima, é inegável que em grande parte os investidores que se dispõem a utilizar seu excedente de poupança no mercado de valores mobiliários, adquirindo ações de companhias abertas, ainda estão sujeitos às deficiências e distorções no tratamento das operações sobre o controle societário que resultam da aplicação do comando contido no art. 254-A, demonstrando, portanto, que os problemas relativos à insuficiência do arcabouço normativo brasileiro não foram ainda satisfatoriamente equacionados, de modo que o tratamento da matéria carece, ainda, de substanciais melhorias para atender adequadamente às efetivas funções que justificam a existência deste tipo de regra no ordenamento societário.[73]

73. As lacunas no arcabouço normativo brasileiro com relação ao tratamento das operações sobre o controle societário permitiram que parte das companhias abertas (principalmente aquelas que possuem um maior grau de dispersão acionária) incluísse em seus estatutos sociais previsões expressas obrigando os eventuais adquirentes de determinadas participações acionárias consideradas relevantes a realizar ofertas públicas de aquisição de ações destinadas aos demais acionistas das companhias. Apesar de este tipo de previsão parecer, a uma primeira vista, alinhado aos objetivos funcionais das regras protetivas dos acionistas não controladores, esta percepção não resiste a uma análise mais detalhada do conteúdo das referidas disposições estatutárias. Aludidos dispositivos, via de regra, (i) vinculam a obrigação de realizar oferta pública de aquisição de ações ao atingimento de uma participação acionária relativamente baixa e (ii) determinam o pagamento de um preço por ação irreal, vez que extremamente alto. Estes elementos fazem com que este tipo de

## 4. *Proposta de equacionamento das insuficiências apontadas: a solução europeia*

De modo geral, podemos afirmar que predomina nos Países europeus a ideia da necessidade de tutela específica dos acionistas não controladores em face de operações sobre o controle societário.[74] O tema foi motivo de extensos debates no âmbito da União Europeia, que, ao final de longas discussões, optou por adotar orientação semelhante à do Reino Unido, onde a matéria é tradicionalmente regulada por meio do *UK Code on Takeovers and Mergers*, de 1968.

Assim, a Diretiva 2004/25/CE do Parlamento Europeu e do Conselho de 21.4.2004 estabelece em seu "Preâmbulo" a premissa de que os Estados-membros da União Europeia deveriam tomar as medidas necessárias para proteger os acionistas no caso de alterações no controle societário mediante a imposição, ao adquirente do controle, do dever de lançar uma oferta pública a todos os acionistas para a aquisição da totalidade das respectivas participações societárias a um preço equitativo.

Em atendimento a esta premissa, o art. 5º da Diretiva 2004/25/CE estabelece que sempre que uma pessoa, ou grupo de pessoas, na sequência de uma aquisição efetuada por si ou por pessoas que com ela atuem em conjunto, venha a deter valores mobiliários de uma companhia aberta que, adicionados à participação já detida, confiram ao adquirente um percentual determinado de participação votante no capital social (a ser definido por cada Estado-membro), que lhe possibilite o exercício do poder de controle sobre a mesma, essa pessoa deverá lançar uma oferta pública a todos os acionistas da companhia, tendo por objeto a totalidade de suas ações, por um valor equivalente a, no mínimo, o preço

disposição estatutária funcione muito mais como um impeditivo à realização de operações sobre o controle societário (ou até mesmo de um investimento relevante em determinada companhia), favorecendo a eventual permanência de determinados grupos no comando de companhias que tenham capital relativamente disperso, do que como uma regra protetiva dos acionistas não controladores, posto que, na prática, simplesmente inviabilizam a realização de qualquer operação sobre o controle societário, não constituindo, portanto, uma solução adequada ao problema.

74. Diferentemente do que ocorre, por exemplo, nos Estados Unidos, onde a tutela, via de regra, é feita por meio da aplicação dos princípios gerais de direito societário, não existindo, por exemplo, nenhuma obrigação referente à repartição do prêmio de controle. Para ilustrativo apontamento de diferenças entre o tratamento da matéria nos Estados Unidos e no Reino Unido, v. João Marcelo G. Pacheco, *Bifurcation or Parallel Routes? In Search of US Functional Substitutes for the British Post-Takeover Mandatory Bid Rule*, London School of Economics, 2006 (disponível em *http://ssrn.com/abstract =946208*).

mais elevado pago pelo adquirente pelos mesmos valores mobiliários ao longo de um período determinado, não inferior a 6 e não superior a 12 meses (ressalvadas algumas exceções expressas), também a ser definido individualmente por cada Estado-membro.[75]

A regra europeia, ao estabelecer uma presunção de controle a partir de um determinado percentual de participação no capital votante, que, uma vez atingido, dá origem à aplicação das regras protetivas dos acionistas não controladores, adota uma orientação substancialmente diversa daquela indicada no art. 254-A.

A primeira diferença é principiológica, na medida em que as regras protetivas previstas no arcabouço normativo brasileiro fundamentam-se exclusivamente na alienação de controle, ou seja, na disposição onerosa de um bloco de controle já existente (ou de parte dele) a um terceiro, e não no simples surgimento de um novo acionista controlador, a partir do atingimento de uma participação societária determinada, como faz a regra europeia, que garante, assim, a adequada proteção dos acionistas não controladores na hipótese de aquisições originárias de controle.[76]

75. No ano de 2010 a BM&FBovespa promoveu a revisão do regulamento de listagens do Novo Mercado, Nível 2 e Nível 1 de Governança Corporativa. No âmbito da mencionada revisão foi proposta, após intensos debates, a inserção de regra semelhante à prevista na Diretiva 2004/25/CE no regulamento do Novo Mercado. A proposta previa que o acionista, ou grupo de acionistas, que atingisse a participação acionária de 30% do capital votante de determinada companhia, tanto por meio de uma única operação como por meio de diversas operações, deveria efetivar oferta pública de aquisição das ações dos demais acionistas da companhia, por valor equivalente ao maior preço pago pelo adquirente nos 12 meses que antecederem o atingimento da participação. Referida proposta, contudo, não foi aprovada pelas companhias participantes no mencionado segmento. Entretanto, em junho de 2012 foi celebrado acordo entre a BM&FBOVESPA, a Associação de Investidores no Mercado de Capitais (AMEC), a Associação Brasileira de Entidades dos Mercados Financeiros e de Capitais (ANBIMA) e o Instituto Brasileiro de Governança Corporativa (IBGC) para a criação do Comitê de Aquisições e Fusões, órgão autorregulador inspirado no *Takeover Panel* inglês, que ficará a cargo da autorregulação das operações de reorganização societária e ofertas públicas de aquisição de ações das companhias que a ele voluntariamente aderirem. Referido órgão encontra-se em funcionamento desde agosto de 2013, dispondo de uma regulamentação própria para estas operações, estabelecendo parâmetros, critérios e obrigações mais rigorosas do que aquelas previstas na Lei 6.404/1976 e na regulamentação vigente editada pela CVM. Entre as obrigações adicionais estabelecidas, está a obrigatoriedade de realização de oferta pública de aquisição de ações no caso de atingimento de participação societária relevante, em moldes bastante semelhantes ao previsto na Diretiva 2004/25/CE.

76. Conforme levantamento realizado pela *International Organization of Securities Comissions/IOSCO* junto aos Países com mercados de valores mobiliários

Em adição, ao se estabelecer uma presunção relativa de controle a partir de determinado percentual de participação societária votante garante-se a adequada proteção dos acionistas não controladores quando da alienação do controle de fato, desde que referido percentual seja estabelecido em limite inferior à maioria do capital social votante, bem como mitigam-se consideravelmente as incertezas que eventualmente podem decorrer das hipóteses de alienação do controle compartilhado, conferindo um parâmetro objetivo para que seja verificado se, perante uma eventual alteração de participações dentro do grupo de controle ou ingresso de terceiro em aludido grupo, restou configurada a alienação do controle da companhia. Dentre os Países europeus que já adotaram a Diretiva 2004/25/CE, este percentual presuntivo do controle varia entre 25% e 66%, predominando, entretanto, o estabelecimento de percentual em torno de 30% do capital social votante.[77]

Por fim, ao estabelecer que a oferta pública de aquisição de ações a ser lançada em razão do atingimento de determinada participação societária deverá ter por destinatários todos os acionistas da companhia, a um preço equivalente ao mais elevado valor pago pelo adquirente do controle pelos mesmos valores mobiliários, garantem-se, simultaneamente, (i) a tutela a todos os acionistas, diante de uma modificação nas estruturas de controle da companhia, independentemente dos direitos políticos conferidos às suas respectivas ações, possibilitando, também, a saída de todos estes do quadro acionário, e (ii) o tratamento igualitário com relação ao preço ofertado, seja no caso de alienação do controle, hipótese na qual o maior preço pago será, pelo menos, igual ao valor das ações integrantes do bloco de controle, contabilizado o respectivo prêmio (se houver), seja no caso de uma aquisição originária de controle,

considerados emergentes, este tipo de abordagem regulatória no tocante às operações sobre o controle societário é predominante, conforme se depreende do seguinte trecho do relatório elaborado pela referida instituição: "The survey generally found that an investor is obliged to announce a tender offer if control over the company is changing, *i.e.* when the investor is able to exercise influence on the core business of the company. (...). The most common situation is for the announcement of the tender offer to be required when an investor crosses an explicitly defined threshold of voting rights (...)" (IOSCO, *Takeover Regulation in the Jurisdictions of some IOSCO Emerging Markets Committee Members*, 2008, p. 18, disponível em *http://www.spk.gov.tr/filesys/iosco_emc/report2008.pdf*).

77. Commission of the European Communities, *Report on the Implementation of the Directive on Takeover Bids*, 2007, pp. 13-14 (disponível em *http://ec.europa.eu/internal_market/company/docs/takeoverbids/2007-02-report_en.pdf*). Vale mencionar que este percentual é de 30% na Alemanha, Espanha, Itália e Reino Unido e de 33,33% na França.

hipótese em que os acionistas não controladores ficarão protegidos contra eventual ameaça com relação à desvalorização de suas ações caso não aceitem uma proposta inicial formulada por aquele que, posteriormente, vier a atingir a participação acionária que confere, presumidamente, o exercício do poder de controle.

Se, por um lado, a adoção de uma abordagem semelhante à adotada pela Diretiva 2004/25/CE no regramento da proteção dos acionistas não controladores diante de operações sobre o controle societário parece cumprir de modo efetivo os objetivos funcionais que justificam a existência deste tipo de regra, equacionando de modo satisfatório grande parte das insuficiências constatadas a partir da análise do arcabouço normativo brasileiro, não se pode deixar de reconhecer que referida abordagem pode originar algumas distorções, principalmente no que diz respeito ao estabelecimento de uma presunção relativa de controle a partir da titularidade de determinado percentual do capital social votante de uma companhia.

Inicialmente, é importante reconhecer que o estabelecimento de um percentual fixo presuntivo de controle deve ter por finalidade exclusiva o regramento das operações sobre o controle societário, não servindo, portanto, para os efeitos de atribuição dos deveres e responsabilidade que decorrem do exercício do poder de controle, conforme previsto nos arts. 116 e 117 da Lei 6.404/1976, que adotam, para esta finalidade, o critério do seu efetivo exercício. Para os efeitos de responsabilização, a opção por determinar a identificação do acionista controlador por meio de tal exigência, em detrimento da titularidade de um percentual fixo de ações, parece acertada, na medida em que o responsável por eventuais danos e prejuízos experimentados pelos acionistas em razão do exercício abusivo do poder diretivo sobre os negócios sociais deve ser aquele que os causou efetivamente, independentemente de sua participação acionária.[78]

Não obstante, a adoção da presunção do controle a partir da aquisição de determinado percentual de participação acionária poderia, em alguns casos, disparar a aplicação das regras protetivas dos acionistas não controladores em situações que, na prática, não configurariam uma modificação na estrutura de controle da companhia (que é o elemento justificativo da aludida proteção), como, por exemplo, na hipótese de realização de investimento relevante acima do percentual estabelecido mas que não implique mudanças no controle, podendo inviabilizar, portanto,

78. Cf. Nelson Eizirik, "Aquisição de controle minoritário. Inexigibilidade de oferta pública", in Luís André N. de Moura Azevedo e Rodrigo Castro (coords.), *Poder de Controle e Outros Temas de Direito Societário e Mercado de Capitais*, p. 181.

operações societárias que seriam de interesse legítimo da companhia e da coletividade de seus acionistas. Por outro lado, ao vincular o cumprimento das regras protetivas dos acionistas não controladores ao atingimento de uma participação societária predeterminada, bastaria, para se esquivar da aplicação da regra, adquirir participação societária imediatamente inferior ao percentual mas que ainda possibilitasse o exercício do poder de controle de fato, tornando, assim, sem efeito a regra protetiva.

Em primeiro lugar, é importante ressaltar que parcela substancial destas distorções é administrável por meio dos próprios mecanismos que limitam a aplicação da regra. A presunção do controle, para fins do regramento das operações sobre o mesmo, deverá ser sempre relativa, de modo que não incida qualquer obrigação ao adquirente da participação societária determinada como presuntiva do controle caso (i) o controle seja exercido, na prática, por acionista ou grupo de acionistas que detenham percentual superior àquele determinado como presuntivo de controle[79] e (ii) a aquisição da participação seja feita por aquele que já detinha o controle da companhia – ressalvada, obviamente, a aplicação das regras especificamente destinadas às hipóteses de aumento de participação e/ou aquisições efetuadas por acionistas controladores.

Adicionalmente, é fundamental que se confira à assembleia-geral a possibilidade de, no caso concreto, dispensar a aplicação da regra protetiva em questão, de modo a viabilizar operações societárias de interesse da companhia e da coletividade de seus acionistas, desde que sejam utilizados, na mencionada assembleia, mecanismos efetivos que garantam a isenção da decisão, como, por exemplo, a proibição de voto daqueles diretamente interessados na aquisição da participação presuntiva de controle. Contudo, é de se notar que a determinação de exceções à aplicação da regra, que remontem à discricionariedade dos órgãos reguladores do mercado de valores mobiliários ou a análises demasiadamente subjetivas, pode tirar da mesma grande parte dos atributos que a fazem capaz de equacionar de modo satisfatório as deficiências no tratamento das operações sobre o controle societário pelo arcabouço normativo brasileiro, principalmente a segurança quanto à sua aplicação em determinados casos concretos, como aqueles que o art. 254-A negligenciou.[80]

79. Cf. Eduardo Secchi Munhoz, "Transferência de controle nas companhias sem controlador majoritário", cit., in Luís André N. de Moura Azevedo e Rodrigo Castro (coords.), *Poder de Controle e Outros Temas de Direito Societário e Mercado de Capitais*, p. 324.

80. Este problema foi apontado pelo *Report on the Implementation of the Directive on Takeover Bids*, cit., publicado pela *Commission of the European Com-*

Com relação à possibilidade de se efetuar uma aquisição de participação societária imediatamente inferior ao percentual presuntivo do controle mas que seja capaz de conferir o controle de fato ao seu titular, apenas para evitar a incidência da regra protetiva dos acionistas não controladores, é necessário reconhecer que se trata do maior desafio com relação à adoção da abordagem sugerida pela Diretiva 2004/25/CE. Em contrapartida, a solução instintiva para o problema – qual seja, conferir poder discricionário para a análise casuística do órgão regulador nestas hipóteses – parece não ser a solução adequada, pois coloca em xeque grande parte das vantagens resultantes da adoção de uma regra desta natureza, que decorrem justamente da objetividade de sua aplicação.

É necessário que o tratamento desta fragilidade se dê por meio do estabelecimento de um percentual presuntivo de controle adequado, que não seja elevado demais, a ponto de permitir que alguém adquira o controle de fato da companhia detendo percentual inferior. Obviamente, será impossível garantir que o percentual escolhido consiga, na prática, evitar absolutamente que a distorção ora em discussão ocorra, mas apenas mitigar a possibilidade de sua ocorrência. Entretanto, sempre restará como alternativa a adoção dos princípios gerais de direito societário, que impõem deveres de consideração e lealdade mútuos entre os acionistas, para fins de penalizar aqueles que agirem desta forma com o intuito de se esquivar do emprego das regras protetivas dos acionistas não controladores, o que resultaria em um natural desincentivo a este tipo de conduta.[81]

*munities*, conforme se depreende do trecho a seguir: "Member States have widely used the flexibility provided by the Directive to derogate from the Directive's provisions in order to maintain their exceptions from the mandatory bid rule. Some of these exceptions are necessary to ensure that this obligation applies only where the holding actually confers control, while others are more far-reaching. Furthermore, in some Member States, supervisory authorities seem to have extensive powers to grant exceptions from the rule. Exceptions and wide-ranging discretionary power can undermine the effectiveness of the protection provided by such a rule" (2007, p. 10, disponível em *http://ec.europa.eu/internal_market/company/docs/takeoverbids/2007-02-report_en.pdf*).

81. Em adição, é importante reconhecer que se trata de um risco associado a qualquer norma objetiva que sirva para determinar a sujeição de determinada pessoa ou grupo de pessoas a algum tipo de regramento específico, em prol da segurança jurídica. O mesmo ocorre, por exemplo, quando o ordenamento jurídico estabelece que a pessoa natural se torna apta a praticar todos os atos da vida civil após os 18 anos de idade. A fixação de um critério objetivo para estabelecer a plenitude da capacidade civil nada mais é que a presunção de que a pessoa, após determinada idade, possui o discernimento suficiente para a prática dos atos civis – o que não significa, na prática, que este discernimento não existia no dia imediatamente anterior ao aniversário de 18 anos, nem que existirá, com certeza, no dia imediatamente seguinte.

Se, por um lado, o estabelecimento de um percentual de participação acionária presuntivo de controle para fins das operações sobre o controle societário pode dar margem a certas distorções (que, diga-se novamente, são em grande parte administráveis por meio da imposição de alguns limites objetivos à aplicação da regra), por outro, auxilia de modo fundamental no equacionamento das deficiências atualmente existentes no tratamento da matéria pelo arcabouço regulatório brasileiro, de modo que os benefícios resultantes da adoção de uma regra desta natureza parecem superar eventuais mazelas e distorções decorrentes de sua inserção em nosso ordenamento societário.

## 5. *Conclusão*

A existência de regras especificamente destinadas à tutela dos acionistas não controladores diante de operações sobre o controle societário é fundamental à higidez do mercado de valores mobiliários. Este tipo de proteção auxilia na criação de um ambiente corporativo atrativo ao investimento, reduzindo o custo de capital das companhias, eis que os investidores estarão dispostos a pagar mais pelas ações de determinadas companhias quando garantida a adequada proteção de seus recursos perante modificações da estrutura de controle da companhia.

É de se reconhecer que a regulação das operações sobre o controle societário tem por função primordial garantir (i) o tratamento econômico igualitário entre todos os acionistas da companhia e (ii) a possibilidade de desinvestimento.

O tratamento econômico igualitário justifica-se ante a necessidade de garantir a adequada divisão de eventual prêmio atribuído ao controle, uma vez que este decorrerá, via de regra: (i) da valorização da companhia e de sua perspectiva de rentabilidade para o adquirente do controle, que decorre dos recursos que foram aportados indistintamente por todos os acionistas, na proporção de suas participações no capital social; (ii) do próprio conjunto dos ativos sociais (materiais ou imateriais), que pertencem, indiretamente, a todos os acionistas; ou (iii) de eventuais benefícios privados que são apropriados pelo acionista controlador indevidamente e em prejuízo dos demais acionistas. No caso específico de aquisições

A presunção, então, serve justamente para conferir segurança jurídica às relações sociais, que restaria extremamente prejudicadas caso fosse necessário aferir, individualmente, em que momento cada indivíduo atinge a maturidade necessária à prática dos atos civis, e, ainda, sim, comporta exceções, como, por exemplo, a emancipação ou a interdição.

originárias de controle (em que não existe, *a priori*, pagamento de prêmio), o tratamento econômico igualitário justifica-se para evitar que os acionistas da companhia sofram qualquer tipo de pressão por parte do adquirente do controle.

Em adição, independentemente da natureza da operação sobre o controle societário bem como do efetivo pagamento de eventual prêmio de controle, a garantia do direito de saída aos acionistas não controladores justifica-se em decorrência das repercussões causadas na esfera societária pelo surgimento de um novo acionista controlador.

Desta forma, é fundamental que toda e qualquer regra destinada à regulamentação das operações sobre o controle societário seja desenhada de modo a atender plenamente aos objetivos acima, sob pena de ter sua funcionalidade comprometida. Conforme ressaltado ao longo do presente artigo, o tratamento dado à matéria pela legislação societária brasileira é insuficiente, fazendo com que os respectivos dispositivos não cumpram adequadamente as funções esperadas das regras protetivas dos acionistas não controladores em face de operações sobre o controle societário.

Na medida em que o art. 254-A (i) se aplica somente às alienações de controle majoritário (negligenciando as aquisições originárias e as alienações do controle de fato), (ii) beneficia apenas os titulares de ações com direito a voto (negligenciando uma infinidade de outros acionistas que disponibilizaram seus recursos à companhia, contribuindo de modo fundamental para seu sucesso), (iii) não garante sequer a igualdade de tratamento àqueles que a própria regra elegeu como beneficiários exclusivos de seu conteúdo (os titulares de ações com direito a voto) e (iv) gera insegurança jurídica no tocante à sua aplicação às operações que envolvem o controle compartilhado, é evidente que o dispositivo legal deixa de tutelar parcela considerável de acionistas que se encontram na mesma situação de vulnerabilidade que aqueles que a norma optou por tutelar, e que, portanto, mereciam, sem sombra de dúvida, adequado tratamento.

Conforme indicado, a insuficiência do regramento contido no art. 254-A foi parcialmente amenizada com o advento dos segmentos diferenciados de governança corporativa da BM&FBovespa, mais precisamente do Novo Mercado e do Nível 2 de Governança Corporativa, que suprem parte das lacunas existentes no dispositivo legal. Contudo, a mitigação das anomalias não pode ser considerada integralmente satisfatória, vez que (i) parte das deficiências decorrentes do art. 254-A não foi até aqui contemplada pelos regulamentos autorregulatórios e (ii) grande parte do volume financeiro negociado no mercado de valores mobiliários é alocado em companhias que não integram estes segmentos.

Em contrapartida, é inegável que o modelo de regulação das operações sobre o controle societário adotado pela Diretiva 2004/25/EC, ao criar uma presunção relativa de controle, com base na determinação de um percentual acionário fixo que serve como gatilho da obrigação de realizar uma oferta pública de aquisição de ações aos demais acionistas da companhia, garantindo tratamento igualitário independentemente da preexistência de um controle majoritário definido, consegue equacionar satisfatoriamente grande parte das deficiências que decorrem das limitações do art. 254-A.

As eventuais distorções que podem decorrer da adoção desta orientação na regulação das operações sobre o controle societário parecem ser, a princípio, substancialmente inferiores à deficiência funcional no tratamento da matéria pela legislação societária vigente no Brasil. É evidente que o regramento de matéria tão complexa dificilmente será capaz de contemplar de modo integral todas as hipóteses de operações sobre o controle societário e, principalmente, de assegurar, *a priori*, a proteção dos acionistas não controladores em qualquer cenário. A realidade mostra que a dinâmica dos negócios e a engenhosidade daqueles que os estruturam criam desafios imensos, e algumas ou diversas situações práticas poderão ficar ao largo do emprego das normas dispostas pelo ordenamento societário para tutelar as aludidas operações. Esta constatação, entretanto, não pode nos levar ao comodismo de evitar o debate sobre as necessidades de mudança, na medida em que a impossibilidade de atingir a perfeição não pode ser um obstáculo para se buscar o aperfeiçoamento do regramento da matéria.

## *Bibliografia*

ADAMEK, Marcelo Vieira von. *Temas de Direito Societário e Empresarial Contemporâneos*. São Paulo, Malheiros Editores, 2010.

ARMOUR, John, HANSMANN, Henry, e KRAAKMAN, Reinier. "Agency problems and legal strategies". In: HANSMANN, Henry, KRAAKMAN, Reinier, e outros. *The Anatomy of Corporate Law: a Comparative and Functional Approach*. 2ª ed., Nova York, Oxford University Press, 2009.

AZEVEDO, Luís André N. de Moura, e CASTRO, Rodrigo (coords.). *Poder de Controle e Outros Temas de Direito Societário e Mercado de Capitais*. São Paulo, Quartier Latin, 2010.

BERLE JR., Adolf A., e MEANS, Gardiner C. *The Modern Corporation and Private Property*. Bufalo, William S. Hein & Co., 1982.

BUSCHINELLI, Gabriel Saad Kik. *Aquisições hostis de controle societário e cláusulas de proteção à dispersão acionária*. Monografia (Tese de Láurea), Faculdade de Direito da USP, São Paulo, 2009.

CANTIDIANO, Luiz Leonardo. *Reforma da Lei das S/A Comentada*. Rio de Janeiro, Renovar, 2002.

CARVALHOSA, Modesto. *Comentários à Lei de Sociedades Anônimas: Lei 6.404, de 15 de Dezembro de 1976*. 4ª ed., vol. 4, t. II. São Paulo, Saraiva, 2008.

________. "O desaparecimento do controlador nas companhias com ações dispersas". In: ADAMEK, Marcelo Vieira von. *Temas de Direito Societário e Empresarial Contemporâneos*. São Paulo, Malheiros Editores, 2010.

________. *Oferta Pública de Aquisição de Ações*. Rio de Janeiro, IBMEC, 1979.

CASTRO, Rodrigo, e AZEVEDO, Luís André N. de Moura (coords.). *Poder de Controle e Outros Temas de Direito Societário e Mercado de Capitais*. São Paulo, Quartier Latin, 2010.

COMMISSION OF THE EUROPEAN COMMUNITIES. *Report on the Implementation of the Directive on Takeover Bids*. 2007 (disponível em *http://ec.europa.eu/internal_market/company/docs/takeoverbids/2007-02report_en.pdf*).

COMPARATO, Fábio Konder. *Novos Ensaios e Pareceres de Direito Empresarial*. Rio de Janeiro: Forense, 1981.

________, e SALOMÃO FILHO, Calixto. *O Poder de Controle nas Sociedades Anônimas*. 4ª ed. Rio de Janeiro, Forense, 2005.

DAVIES, Paul, e HOPT, Klaus. "Control transactions". In: HANSMANN, Henry, KRAAKMAN, Reinier, e outros. *The Anatomy of Corporate Law: a Comparative and Functional Approach*. 2ª ed. Nova York, Oxford University Press, 2009.

DYCK, Alexander, e ZINGALES, Luigi. *Private Benefits of Control: an International Comparison*. NBER Working Paper N. 877. Cambridge/MA, 2002 (disponível em *http://www.nber.org/papers/w8711*).

EASTERBROOK, Frank, e FISCHEL, Daniel R. "Corporate control transactions". *Yale Law Journal* 91. 1982.

________. *The Economic Structure of Corporate Law*. Londres, First Harvard University Press, 1996.

EIZIRIK, Nelson. "Aquisição de controle minoritário. Inexigibilidade de oferta pública". In: AZEVEDO, Luís André N. de Moura, e CASTRO, Rodrigo (coords.). *Poder de Controle e Outros Temas de Direito Societário e Mercado de Capitais*. São Paulo, Quartier Latin, 2010.

________. "Oferta pública de aquisição na alienação do controle de companhia aberta". In: *Temas de Direito Societário*. Rio de Janeiro, Renovar, 2005.

________. *Temas de Direito Societário*. Rio de Janeiro, Renovar, 2005.

FISCHEL, Daniel R., e EASTERBROOK, Frank. "Corporate control transactions". *Yale Law Journal* 91. 1982.

________. *The Economic Structure of Corporate Law*. Londres, First Harvard University Press, 1996.

FRANÇA, Erasmo Valladão Azevedo e Novaes. "Alteração do controle direto e indireto de Companhia". In: AZEVEDO, Luís André N. de Moura, e

CASTRO, Rodrigo (coords.). *Poder de Controle e Outros Temas de Direito Societário e Mercado de Capitais*, São Paulo, Quartier Latin, 2010.

GILSON, Ronald, e GORDON, Jeffrey. *Controlling Controlling Shareholders*. Columbia Law and Economics Working Paper N. 228. 2003 (disponível em *http://ssrn.com/abstract=417181*).

GORDON, Jeffrey, e GILSON, Ronald. *Controlling Controlling Shareholders*. Columbia Law and Economics Working Paper N. 228. 2003 (disponível em *http://ssrn.com/abstract=417181*).

GORGA, Érica Cristina Rocha. *Changing the Paradigm of Stock Ownership: from Concentrated towards Dispersed Ownership? Evidence from Brazil and Consequences for Emerging Countries*. 3rd Annual Conference on Empirical Legal Studies Papers, 2008 (disponível em *http://ssrn.com/abstract=1121037*).

HANSMANN, Henry, ARMOUR, John, e KRAAKMAN, Reinier. "Agency problems and legal strategies". In: HANSMANN, Henry, KRAAKMAN, Reinier, e outros. *The Anatomy of Corporate Law: a Comparative and Functional Approach*. 2ª ed. Nova York, Oxford University Press, 2009.

HANSMANN, Henry, KRAAKMAN, Reinier, e outros. *The Anatomy of Corporate Law: a Comparative and Functional Approach*. 2ª ed. Nova York, Oxford University Press, 2009.

HOPT, Klaus, e DAVIES, Paul. "Control transactions". In: HANSMANN, Henry, KRAAKMAN, Reinier, e outros. *The Anatomy of Corporate Law: a Comparative and Functional Approach*. 2ª ed. Nova York, Oxford University Press, 2009.

INTERNATIONAL ORGANIZATION OF SECURITIES COMISSIONS/ IOSCO. *Takeover Regulation in the Jurisdictions of some IOSCO Emerging Markets Committee Members*. 2008 (disponível em *http://www.spk.gov.tr/filesys/iosco_emc/report2008.pdf*).

KRAAKMAN, Reinier, ARMOUR, John, e HANSMANN, Henry. "Agency problems and legal strategies". In: HANSMANN, Henry, KRAAKMAN, Reinier, e outros. *The Anatomy of Corporate Law: a Comparative and Functional Approach*. 2ª ed. Nova York, Oxford University Press, 2009.

KRAAKMAN, Reinier, HANSMANN, Henry, e outros. *The Anatomy of Corporate Law: a Comparative and Functional Approach*. 2ª ed. Nova York, Oxford University Press, 2009.

LAMY FILHO, Alfredo, e PEDREIRA, José Luiz Bulhões. *A Lei das S/A – Pressupostos, Elaboração, Modificações*. 3ª ed., vol. 1. Rio de Janeiro, Renovar, 1997.

________. *Direito das Companhias*. Rio de Janeiro, Forense, 2009.

LOBO, Jorge (coord.). *Reforma da Lei das Sociedades Anônimas – Inovações e Questões Controvertidas da Lei 10.303, de 31.10.2001*. Rio de Janeiro, Forense, 2002.

MEANS, Gardiner C., e BERLE JR., Adolf A. *The Modern Corporation and Private Property*. Bufalo, William S. Hein & Co., 1982.

MUNHOZ, Eduardo Secchi. "Transferência de controle nas companhias sem controlador majoritário". In: AZEVEDO, Luís André N. de Moura, e CAS-

TRO, Rodrigo (coords.). *Poder de Controle e Outros Temas de Direito Societário e Mercado de Capitais*. São Paulo, Quartier Latin, 2010.

NENOVA, Tatiana. *The Value of Corporate Votes and Control Benefits: a Cross-Country Analysis*. Working Paper. Harvard University, 2000 (disponível em *http://ssrn.com/abstract=237809*).

OIOLI, Erik Frederico. *Oferta Pública de Aquisição do Controle de Companhias Abertas*. São Paulo, Quartier Latin, 2010.

________. "*Tag along* na aquisição de controle diluído". In: ADAMEK, Marcelo Vieira von. *Temas de Direito Societário e Empresarial Contemporâneos*. São Paulo, Malheiros Editores, 2010.

PACHECO, João Marcelo G. *Bifurcation or Parallel Routes? In Search of US Functional Substitutes for the British Post-Takeover Mandatory Bid Rule*. London School of Economics, 2006 (disponível em *http://ssrn.com/abstract =946208*).

PEDREIRA, José Luiz Bulhões, e LAMY FILHO, Alfredo. *A Lei das S/A – Pressupostos, Elaboração, Modificações*. 3ª ed., vol. 1. Rio de Janeiro, Renovar, 1997.

________. *Direito das Companhias*. Rio de Janeiro, Forense, 2009.

PEDREIRA, Luiz Eduardo Bulhões. "Direito de retirada". In: LAMY FILHO, Alfredo, e PEDREIRA, José Luiz Bulhões. *Direito das Companhias*. Rio de Janeiro, Forense, 2009.

POSNER, Richard. *Economic Analysis of Law*. 7ª ed. Nova York, Aspen Law & Business, 2007.

PRADO, Roberta Nioac. "Da obrigatoriedade por parte do adquirente do controle de sociedade por ações de capital aberto de fazer simultânea oferta pública, em iguais condições, aos acionistas minoritários – Art. 254 da Lei 6.404/1976 e Resolução CMN-401/1976 – É efetivo mecanismo de proteção aos minoritários?". *RDM* 106/83-106. São Paulo, Malheiros Editores, 1997.

________. *Oferta Pública de Ações Obrigatória nas S/A* – ***Tag Along***. São Paulo, Quartier Latin, 2005.

SALOMÃO FILHO, Calixto. *O Novo Direito Societário*. 4ª ed. São Paulo, Malheiros Editores, 2011.

________, e COMPARATO, Fábio Konder. *O Poder de Controle nas Sociedades Anônimas*. 4ª ed. Rio de Janeiro, Forense, 2005.

SIQUEIRA, Carlos Augusto Junqueira de. *Transferência do Controle Acionário – Interpretação e Valor*. Rio de Janeiro, FMF, 2004.

WIEDEMANN, Herbert. *Gesellschaftsrecht*. Munique, Beck, 1980.

________. "Vínculos de lealdade e regras de substancialidade: uma comparação de sistemas". Trad. de Otto Carlos Vieira Ritter von Adamek. In: ADAMEK, Marcelo Vieira von. *Temas de Direito Societário e Empresarial Contemporâneos*. São Paulo, Malheiros Editores, 2010.

ZINGALES, Luigi, e DYCK, Alexander. *Private Benefits of Control: an International Comparison*. NBER Working Paper N. 877. Cambridge/MA, 2002 (disponível em *http://www.nber.org/papers/w8711*).

# *CONSELHO FISCAL E FISCALIZAÇÃO SOCIETÁRIA – NOVOS DESAFIOS, ANTIGAS PREOCUPAÇÕES*

Evandro Fernandes de Pontes

*1. Atualidade do debate. 2. Características. 3. Pontos de estrangulamento: 3.1 Funcionamento permanente – 3.2 Qualificação dos membros – 3.3 Estabilidade da função e mandato – 3.4 Independência – 3.5 Pareceres e representações – 3.6 Responsabilidade. 4. Conclusões.*

## *1. Atualidade do debate*

O tema do conselho fiscal, ao longo do histórico do direito societário brasileiro, sempre suscitou discussões acaloradas. A aparente e enganosa insignificância do tema levou juristas e operadores a debaterem de forma veemente em defesa do instituto ou, em sentido contrário, na defesa de sua extinção.[1]

1. Dentre aqueles que defenderam abertamente a extinção desse órgão destacou-se João Eunápio Borges (*Curso de Direito Comercial Terrestre*, 4ª ed., Rio de Janeiro, Forense, 1969, pp. 486-488), que chegou a chamar o órgão de "meramente decorativo", "supérfluo" e "absolutamente inútil e inoperante" e sob o qual demandava "radical modificação", com a consequente "extirpação" desse órgão do corpo societário. João Eunápio Borges tinha as suas razões naquele tempo, e boa parte dessas razões ainda persiste, muito por conta da cultura local do brasileiro, que, como bem se sabe, é mais tolerante em relação à desnecessidade de estrito cumprimento da lei, bem percebido por Waldemar Martins Ferreira (*Tratado de Direito Comercial*, 4º vol., "O Estatuto da Sociedade por Ações", São Paulo, Saraiva, 1961, pp. 517-518) na prática reiterada do conselho fiscal de reafirmar seu trabalho por referência a uma auditoria externa: "O que a prática revela é que os escritórios de

Um argumento de natureza puramente lógica nos seduz a concluir que essa insignificância é totalmente enganosa, pois algo que é verdadeiramente indiferente à existência das coisas não atrairia críticas tão vorazes. Entretanto, o reconhecimento da importância do órgão não pode se resumir a um *Encômio de Helena*: cabe demonstrar essa importância sob o ponto de vista jurídico. Reconhecendo essa importância, somos forçados a admitir que boa parte dos argumentos de ataque ao órgão (e com fundamentos práticos) tem consistência, evidenciando necessidades de reparo no sistema atual.

De fato, o confronto entre os argumentos pró e contra o conselho fiscal à luz do Decreto-lei 2.627, de 26.9.1940, resultou em solução conciliatória, que se encontra presente na atual Lei 6.404, de 15.12.1976 (doravante, "Lei das S/A"), por meio do engenhoso mecanismo da *instalação*,[2] alvo de nossas discussões logo abaixo.

contabilistas ou de revisores fiscalizam mui superficialmente. Limitam-se, na generalidade dos casos, a verificar se os lançamentos dos livros se acham comprovados por documentos hábeis ou, mesmo, por papeluchos, a que apõem seus carimbos. Contentam-se com isso. Não entram a fundo no exame das contas e, principalmente, do desenvolvimento patrimonial da companhia. Os relatórios, assim elaborados, são inexpressivos. Redigem-se para a diretoria e de acordo com as conveniências desta, não para a assembleia-geral". O que há de comum entre os defensores da extinção do órgão é a insatisfação em relação à eficácia e à efetividade de suas ações fiscalizatórias, notada por José Alexandre Tavares Guerreiro e Egberto Lacerda Teixeira (*Das Sociedades Anônimas no Direito Brasileiro*, vol. 2, São Paulo, José Bushatsky Editor, 1979, p. 483): "Salvo honrosas exceções, na maior parte das empresas o conselho fiscal converteu-se em organismo desprestigiado e inexpressivo, composto, as mais das vezes, por pessoas da confiança direta dos acionistas controladores, que se limitavam a assinar pareceres estereotipados, sem necessidade de efetivamente examinar os livros e papéis da sociedade, seu estado de caixa e carteira, o inventário, o balanço e as contas da diretoria. Assim sendo, o conselho fiscal comprometeu a confiabilidade que deveria caracterizá-lo. Espera-se que sua nova disciplina seja capaz de reabilitá-lo". O paralelo entre a visão radical de Eunápio Borges e a visão moderada de Guerreiro e Teixeira é alvo de interessante análise de Osmar Brina Corrêa-Lima (*Sociedade Anônima*, 3ª ed., Belo Horizonte, Del Rey, 2005, pp. 305-307).

Em sentido contrário, o órgão também encontrou defensores de peso, munidos de convencíveis argumentos. Entre esses defensores temos o saudoso Waldírio Bulgarelli (*O Regime Jurídico do Conselho Fiscal das S/A*, Rio de Janeiro, Renovar, 1998) e, modernamente, Modesto Carvalhosa (*Comentários à Lei de Sociedades Anônimas*, 5ª ed., 3º vol., São Paulo, Saraiva, 2011, pp. 505 e ss.), que destaca a importância desse órgão para a preservação de direitos de minorias.

2. Alfredo Lamy Filho, um dos responsáveis pelo então novo texto de lei, assim expôs uma solução conciliatória ("A reforma da Lei das Sociedades Anônimas", *RDM* 7/140, Ano III, São Paulo, Ed. RT, 1972): "Parece-nos certo, por tudo isso, que as novas regras devem visar no campo privado ao aperfeiçoamento do instituto". Es-

A importância, de fato, é inquestionável. Os escândalos ocorridos no sistema até então tido como o mercado de capitais mais eficiente, entre os anos de 2001 e 2002, envolvendo companhias de alto desempenho como *Enron*, *WorldCom* e *Global Crossing*, bem como a mais respeitada firma de auditoria daquela época, a *Arthur Andersen*, colocaram em xeque o sistema em que a fiscalização societária se opera por meio de mecanismo externos e eivada somente na auditoria independente, ou em supervisão interna pela própria administração.[3] Estados Unidos da América e Europa passaram a reinvestir pesadamente na reavaliação de seus sistemas jurídicos de direito societário e mercado de capitais, para reprogramar os vetores de fiscalização: em sentido contrário ao que vinha ocorrendo no Brasil, Estados Unidos da América e Europa passaram a valorizar a *fiscalização interna* em relação à *fiscalização externa.*

Essa reversão estrutural tem sensíveis fundamentos técnicos e práticos. Com vistas a identificar os problemas com grandes companhias brasileiras decorrentes de investimentos com contratos derivativos e recentes escândalos contábeis em grandes cadeias de varejo e instituições financeiras, um estudo estatístico recente[4] identificou que mais da metade de companhias abertas entrevistadas (mais precisamente, 68% do universo entrevistado) registrou a existência de algum tipo de fraude em meio ao desempenho de suas atividades.

sas modificações foram incorporadas na lei, dando novas características ao instituto, que serão analisadas logo adiante, sob o seguinte argumento, trazido na "Exposição de Motivos" da lei (v. o Capítulo XIII da Mensagem 204, de 2.8.1976, incorporando sem reparos o texto da "Exposição de Motivos" 196, de 24.6.1976, editada pelo Ministério da Fazenda, na época chefiado por Mário Henrique Simonsen): "As modificações introduzidas pelo projeto no conselho fiscal baseiam-se na experiência da aplicação do Decreto-lei n. 2.627. (...). A experiência revela, todavia, a importância do órgão como instrumento de proteção de acionistas dissidentes, sempre que estes usam do seu direito de eleger em separado um dos membros do conselho, e desde que as pessoas eleitas tenham os conhecimentos que lhes permitam utilizar com eficiência os meios, previstos na lei, para fiscalização dos órgãos de administração. Daí a solução do projeto, de deixar ao estatuto da companhia discrição para dispor sobre o seu funcionamento permanente, ou apenas quando solicitado por minorias acionárias. (...). Por essa via, seu funcionamento poderá ficar restrito às companhias ou nas épocas em que se justifica, pela existência de minoria societária ativa".

3. Caso do Comitê de Auditoria da *Enron*, conforme nos dá notícia John C. Coffee Jr. (*Gatekeepers – The Professions and Corporate Governance*, Oxford, Oxford University Press, 2006, pp. 25 e ss.).

4. O estudo, capitaneado pela firma de auditoria *KPMG*, teve seus resultados divulgados na Revista *EXAME*, por Lucas Amorim, em "Para quê servem as auditorias?" (edição 984, Ano 45, n. 1, São Paulo, 26.1.2011, pp. 82-83).

Das fraudes detectadas, 77% são problemas envolvendo quantias abaixo de 1 milhão de Reais, ao passo que as fraudes que superam 10 milhões de Reais não passam de 5% do universo detectado. Pela pesquisa, em 61% dessas fraudes os responsáveis eram pessoas ligadas internamente às companhias (funcionários e administradores), ao passo que os prestadores de serviço, fornecedores e clientes (qual seja, pessoas externas diretamente ligadas às companhias) responderam por menos de 35% das fraudes identificadas. Em relação à posição hierárquica, a pesquisa revelou que 53% das fraudes foram originadas em cargos operacionais, 21% no nível da chefia ou supervisão, 22% no nível da gerência, superintendência e diretoria não executiva e 4% no nível executivo.[5] Por fim, os números ainda indicam que as fraudes foram detectadas, em 25% dos casos, pelos chamados *controles internos*; em 24% dos casos, por *informações* de funcionários; em 22% dos casos, por meio de *informações* de terceiros; em 21% dos casos, por *denúncias anônimas*; em 19% dos casos, por meio de *revisões e auditorias internas*; em 15% dos casos, por meio de *investigações especiais*; em 6% dos casos, por meio do "acaso"; e em apenas 2% dos casos, por meio da auditoria externa independente.[6]

Destas últimas informações, podemos dividir a origem da detecção das fraudes em 82% por meio de canais de denúncia (que reúnem as *informações* de terceiros, de funcionários, as *denúncias anônimas* e as *investigações especiais*, estas normalmente iniciadas por iniciativa da própria administração para algum canal de denúncia especial, como o conselho de administração), 25% envolvem controles internos, 19% ocorreram em meio a revisões internas, ficando o acaso mais ocupado na descoberta de fraudes que as auditorias externas independentes.

Uma conclusão importante passa pela assunção de que as auditorias externas independentes não têm entre suas atribuições e obrigações a

5. Estes dados referentes à posição hierárquica, associados aos dados de valor, podem revelar duas tendências: (i) que as fraudes em boa parte são perpetradas no nível operacional com pequenos valores, sobretudo em situações corriqueiras, como a malversação de orçamentos em despesas não incorridas ou superfaturamento em serviços; (ii) que boa parte das grandes fraudes não vem sendo detectada de antemão, como se necessitaria, seja porque os controles internos são mais "eficazes" no "baixo escalão" das companhias, seja porque os olhos dos canais de *compliance* não se voltam, em alguns casos, para o "alto escalão". Para interpretar esses números de maneira eficiente falta, ainda, um fator que não temos hoje: tempo.

6. Note-se que estes últimos números necessitam ser interpretados de forma cumulativa. É possível que em muitos casos tenha havido a combinação de origens diversas. Exemplo: nada impede que uma fraude tenha sido ao mesmo tempo detectada em um processo de controle interno e confirmada por meio de um canal de denúncia (situação comum na detecção de fraudes corporativas).

descoberta peremptória de fraudes. Descobrir fraudes é obrigação da própria companhia; não é incumbência que se delega externamente. A descoberta eventual, casual ou proposital de fraudes por auditoria externa, por outro lado, não se faz efetiva se a companhia não possuir um verdadeiro, legal e eficaz canal de comunicação com os acionistas. Esse canal deve ser, necessariamente, o conselho fiscal.[7]

Além disso, neste quadro, o papel desta nova ferramenta chamada *controles internos* tem assumido importância fundamental. Juridicamente, a expressão "controles internos" pode ser definida como uma série de processos e procedimentos internos que articulam instituições e órgãos de maneira preordenada a fim de legitimar[8] a tomada de qualquer deci-

7. Mesmo assim, e por incrível que isso possa parecer, ainda há quem faça a defesa de que o conselho fiscal é um órgão de "pouca importância", sobretudo no caso das companhias abertas. A *Revista de Direito Bancário e do Mercado de Capitais* 51/245-257 (Ano 14, São Paulo, Ed. RT, janeiro-março/2011) reeditou texto de autoria do grande Alfredo Lamy Filho ("Considerações sobre a elaboração da Lei da S/A e de sua necessária atualização") onde (ainda) se lê: "Ainda pode ponderar-se que o conselho fiscal é órgão que pode funcionar nas pequenas sociedades fechadas, mas nas abertas tem pouca função: é que estas estão sujeitas à auditoria externa obrigatória, publicam balanços sob a fiscalização da CVM e já têm seu conselho de administração eleito por voto múltiplo (e, pois, com representação da minoria). Dir-se-á que, se o conselho fiscal tem pouca importância na lei vigente – o que é verdade –, a emenda seria irrelevante" (p. 256). Nada mais equivocado, em nossa modesta opinião e *maxima venia concessa*, do que justificar a não importância do órgão por crédito excessivo às auditoria independentes. Não apenas a pesquisa aqui colacionada como também as recentes experiências ocorridas com *Enron*, *WorldCom*, *Global Crossing*, *Parmalat*, *Sadia*, *Aracruz*, *Vicunha* e outras demonstram justamente o contrário.

8. Juridicamente, o conceito de *legitimação* diz respeito à ideia de harmonização de um preceito jurídico, uma ordem ou comando com uma certa ordenação (normalmente de natureza ética) vigente (v. Goffredo da Silva Telles Jr., *Iniciação na Ciência do Direito*, 4ª ed., 2ª tir., São Paulo, Saraiva, 2009, pp. 205 e ss.). Para Hans Kelsen a legitimidade é a conformidade de um comando (legal) a uma ordem (jurídica) vigente e, por isso, é fundamento de validade (*Teoría General del Derecho y del Estado*, trad. de Eduardo García Maynez, México, Imprenta Universitaria, 1949, pp. 120-122). O conceito de *legitimação* ou *legitimidade* foi bem desenvolvido e acabado por Niklas Luhmann (*Sociologia do Direito*, vol. II, trad. de Gustavo Bayer, Rio de Janeiro, Tempo Brasileiro, 1985, pp. 61 e ss.) quando estudou o "efeito vinculativo". Nesse sentido, os *controles internos* seriam exatamente a ordem vigente a qual qualquer decisão administrativa ou executiva deveria respeitar para se tornar válida ou vinculativa exclusivamente em relação à companhia, sem que precise extrapolar para o âmbito da responsabilidade pessoal de que emana a ordem ou a decisão em nome da entidade que representa. O tema é complexo e ainda não está sedimentado em sede de direito societário.

são empresarial.[9] Assim, a finalidade dos *controles internos* é agregar a uma decisão empresarial (sempre tomada em cadeia final por um legíti-

9. Sob o ponto de vista das ciências da administração, *controles internos* são assim definidos: "Por controles internos entendemos todos os instrumentos da organização destinados à vigilância, fiscalização e verificação administrativa, que permitam prever, observar, dirigir ou governar os acontecimentos que se verificam dentro da empresa e que produzam reflexo em seu patrimônio. Assim, o principal meio de controle de que dispõe uma administração é a Contabilidade. Esta, entretanto, através da escrituração, registra os fatos após a sua ocorrência (controle consequente), enquanto outros meios de controle são utilizados para constatar a ocorrência no momento em que ela se verifica (controle concomitante), existindo ainda aqueles que preveem a ocorrência do fato por antecipação (controle antecedente). São, portanto, meios de controle interno todos os registros, livros, fichas, mapas, boletins, papéis, formulários, pedidos, notas, faturas, documentos, guias, impressos, ordens internas, regulamentos e demais instrumentos de organização administrativa que formam o sistema de vigilância, fiscalização e verificação utilizado pelos administradores para exercer o controle sobre todos os fatos ocorridos na empresa e sobre todos os atos praticados por aqueles que exercem funções direta ou indiretamente relacionadas com a organização, o patrimônio e o funcionamento da empresa" (Hilário Franco e Ernesto Marra, *Auditoria Contábil*, 4ª ed., São Paulo, Atlas, 2001, p. 267).

Ousamos, entretanto, discordar de alguns pontos. A definição nos parece demasiadamente fechada nas premissas e demasiadamente aberta nas conclusões. Primeiramente, é muito importante entender *controles internos* como sinônimo de *procedimento*. A Contabilidade pode ser um dos instrumentos de *controles internos* desde que seja entendida como *procedimento contábil* ou *procedimento de escrituração e contabilização*. Meros "instrumentos de vigilância" desprovidos ou desconectados de um procedimento não se prestam para *definir controles internos*: assim, um *software* para controle de estoque desvinculado de um procedimento de uso desse mesmo *software* e desvinculado de um procedimento que associe o resultado desse uso a um processo subsequente, e que tenha por ponto de convergência final uma tomada de decisão, tem o mesmo valor de uma "câmera de vigilância", já que seu conteúdo sem um *devido processo* não tem significado algum (pelo menos sob o ponto de vista jurídico). Assim, a "câmera de vigilância" (assim como um documento gerado por um *software* de controle de estoques) pode ter natureza de *prova* se associada a um *processo judicial*. No âmbito do *software*, além da natureza de prova em processo judicial, podemos imaginar a natureza de *avaliação* se associado a um processo de *modificação do capital social*, ou natureza de *documento da administração* se associado a algum assunto a ser deliberado em assembleia (art. 124, § 6º, da Lei das S/A, combinado com a Instrução CVM-481, de 17.12.2009). Portanto, dentro da definição apresentada pelos professores Franco e Marra, um "mapa", isoladamente, não pode ser considerado um "meio de controle interno", mas um "mapa como parte ou elemento de um procedimento", sim. Em segundo lugar, não se pode limitar os controles internos apenas aos acontecimentos empresariais que "produzam reflexo no patrimônio da sociedade". Basta lembrar que uma das "fraudes" mais sensíveis que os *controles internos* e seus procedimentos visam a evitar é a prática do *insider trading*. Teoricamente, o *insider trading* não gera prejuízo direto ao patrimônio da empresa, mas, ocorrendo no âmbito interno da empresa, é prática que gera prejuízos

mo representante da sociedade) o elemento *legitimidade*. Sob o ponto de vista formal, essa qualificação que é agregada a uma decisão por meio dos controles internos se dá por obediência a um processo prévio previsto em regulamentos internos, regimentos, regras, manuais e políticas.[10]

diretos e indiretos a acionistas da sociedade e outros terceiros, incluindo o mercado em geral. É tarefa, portanto, dos *controles internos* evitar que informações societárias sejam utilizadas em violação da lei penal, ainda que isso não signifique qualquer reflexo (direto ou indireto) no patrimônio da sociedade ou da companhia investigada ou fiscalizada. Nas conclusões, nos parece muito amplo considerar os controles internos como os meios para a administração poder exercer "controle" sobre "todos os fatos ocorridos na empresa e sobre todos os atos praticados por aqueles que exercem funções direta ou indiretamente relacionadas com a organização, o patrimônio e o funcionamento da empresa": sabe-se, isso é praticamente impossível, sendo, portanto, necessário ter controle sobre aqueles fatos que possam representar tomadas de decisões em nome, em face ou à luz da sociedade.

Desta forma, cumpre lembrar a definição oferecida pelo Conselho Federal de Contabilidade, que nos parece a mais acertada, justamente por manter o foco no procedimento (nesse sentido, v. Resolução CFC-1.135, de 21.11.2008, que incorpora as regras do NBC T 16.8, sobre "Controle Interno", Item 2, aplicável especificamente ao setor público), seguindo definição que era outrora adotada pela revogada Resolução CFC-820, de 21.1.1998, e que ainda se vê reproduzida em muitos manuais de Administração e Contabilidade.

10. Nesse sentido, sob o ângulo societário, as companhias têm fortalecido seus departamentos internos responsáveis pela aderência dos funcionários e executivos às políticas e regulamentos internos da companhia com o fim último de atestar a legitimidade na tomada de uma decisão formalizada em contratos, atas, pareceres, memorandos e até em documentos mais simples, como cartas, mensagens eletrônicas e declarações para a imprensa. Esses departamentos, conhecidos pelo título em Inglês *compliance*, se incumbem de uma vasta álea de análise e se calçam de instrumentos dos mais variados matizes: não apenas verificam se as pessoas ligadas às empresas tomam decisões aderentes às normas jurídicas positivas, mas também analisam se as decisões atendem a princípios éticos e morais, se as decisões podem ter impacto sobre a reputação da companhia ou sobre compromissos de sustentabilidade assumidos publicamente. Sob o ponto de vista jurídico, é muito importante atentar para a técnica utilizada: departamentos de *compliance* (atualmente um poderoso instrumento do trabalho dos conselheiros fiscais) observam menos o conteúdo de muitas decisões e mais a aderência a procedimentos. Essa aderência a procedimentos que visam a expressar, politicamente, como os acionistas desejam ter a imagem e as formas da companhia devidamente desempenhadas e "performadas" seriam o elo de harmonização entre o ato praticado em nome da companhia e a vontade consolidada em uma abstração decisória comumente expressa pelo *contrato plurilateral* ou o *contrato de sociedade* (valendo, aqui, a imagem de Tullio Ascarelli para os vetores de vontade em formato concêntrico: v. "O contrato plurilateral", in *Problemas das Sociedades Anônimas e Direito Comparado*, São Paulo, Saraiva, 1945, p. 287). Juridicamente, o trabalho de áreas como *compliance* e auditoria interna se pautam pela técnica da *legitimação pelo procedimento*, qual seja: a decisão é legítima se o procedimento interno estabelecido previamente foi cumprido e se a decisão final se mostra aderente

Observe-se, portanto, que neste *direito empresarial contemporâneo*,[11] obediente à agilidade e à rapidez bem como à fragilidade de conceitos perenes diante de mobilidades sociais e econômicas quase constantes, típicas da *pós-modernidade*,[12] o papel dessa função socie-

às políticas. Sobre o tema da legitimação pelo procedimento, v., além do já exposto em nota anterior, a obra de Niklas Luhmann, *Sociologia do Direito*, cit., vol. II, pp. 61-70, e Cândido Rangel Dinamarco, *A Instrumentalidade do Processo*, 15ª ed., são Paulo, Malheiros Editores, 2013, pp. 129 e ss. e 157 e ss. É interessante verificar, na prática, como o direito societário vem se apoderando, tecnicamente, desse mesmo mecanismo da legitimação de seus atos por meio de procedimentos prévios, ao tratarmos do tema da fiscalização societária.

O conselho fiscal, por seu turno, verifica se os mecanismos de supervisão dessas políticas e a efetividade dos controles internos estão em pleno funcionamento. O conselho fiscal não entra no mérito das políticas, mas pode verificar a necessidade ou desfalque de uma política no dia a dia de uma companhia. Vale ainda dizer que essa verificação de controles internos e a aderência a políticas nascem como uma função típica do conselho de administração, por meio de seu comitê de auditoria, novidade trazida do Direito Estado-Unidense para o nosso aparato jurídico por meio da já revogada Resolução CMN-3.081, de 29.5.2003, atualmente substituída pela Resolução CMN-3.198, de 27.5.2004. De alguns tempos para cá, mais precisamente de 2006 (ano muito marcado pela explosão do ingresso de novas companhias abertas) até este ano, por meio da unificação das funções entre comitê de auditoria e conselho fiscal (que levaram ao uso do "conselho fiscal turbinado" – termo que designa um conselho fiscal com atribuições adicionais de comitê de auditoria) –, muitos conselheiros fiscais incluíram este tema em sua rotina de trabalho.

11. Não há como tocarmos neste tema sem mencionar Eduardo Secchi Munhoz (*Empresa Contemporânea e Direito Societário – Poder de Controle e Grupos de Sociedades*, São Paulo, ed. Juarez de Oliveira, 2002), lembrando de seus alertas sobre a "ruptura dos pilares do modelo societário [*positivo*] vigente", onde "a organização autônoma, que explicava o processo de decisão e de estruturação do poder empresarial, foi posta de cabeça para baixo, gerando uma situação de total desequilíbrio entre o exercício do poder e a atribuição de responsabilidade" (pp. 146-147).

12. Leia-se Eduardo Secchi Munhoz, sobretudo o centro de sua obra destacada na nota acima, à luz da teoria formulada por Eduardo Carlos Bianca Bittar (*O Direito na Pós-Modernidade*, Rio de Janeiro, Forense, 2005, p. 211): "A crise pós-moderna de eficácia do ordenamento jurídico tornou-se tema de inúmeras reflexões na medida em que passou a representar um problema francamente sistemático, que vem a atingir, e mesmo a comprometer, capítulos significativos, ramos inteiros, e partes nevrálgicas do conjunto de normas que regem o Estado de Direito. A crise aqui é vista como um problema estrutural, capaz de abalar os próprios fundamentos do Direito vigente, ou, mesmo, capaz de significar a desrazão de toda a arquitetura jurídica projetada para sua aplicação sobre a realidade social. Quando o sistema jurídico não está permeável para absorver identidades, mas apenas testemunha sua ampla defasagem em face dos avanços tecnológicos, reconhecendo a impossibilidade de atender a tantos e tão conflituosos fluxos de divergentes interesses, torna-se inábil para cumprir sua fundamental meta de pacificação do convívio social e de mediação regulamentada dos interesses sociais (divergentes e convergentes)".

tária – a saber, a função de fiscalização – ganha posição central na vida da empresa.[13] Revisitar o tema da fiscalização societária em Direito Brasileiro significa, forçosamente, voltar atenções para o conselho fiscal, órgão até então pouco ou mal compreendido.

Cotejando os dados conclusivos obtidos na pesquisa citada acima à inexorável necessidade de revisão do papel do conselho fiscal, notaremos que, agregando os controles internos como uma tarefa que pode, *de lege ferenda*, ser capitaneada pelo conselho fiscal, as demais formas preventivas de detecção de antemão de fraudes empresariais passam por: (i) canais de denúncia (art. 163, IV, da Lei das S/A); (ii) revisões internas (art. 163, I, II, III, VI e VII, da Lei das S/A).

Assumindo, portanto, a essencial importância desse órgão e sua irrecusável necessidade no âmbito e na era dos *controles internos*, passemos, então, a estudá-lo mais profundamente, à luz da lei de que dispomos sobre o tema.

## *2. Características*

O conselho fiscal é um órgão obrigatório da companhia, de natureza fiscalizatória e não representativa, de funcionamento permanente ou intermitente (dependendo do que dispuser o estatuto, sendo as companhias livres para determinar seu funcionamento), composto por três a cinco membros e suplentes em igual número, eleitos pela assembleia entre candidatos que devem ser pessoas naturais, residentes no Brasil, com curso superior ou, alternativamente, experiência na administração ou na função de conselheiro fiscal de outra companhia por pelo menos três anos.

Importante expor, em primeiro lugar, sua natureza fiscalizatória, e não representativa: embora seja órgão de reporte direto à assembleia, o conselho fiscal não "representa" acionistas, nem tampouco "facções de acionistas" (minoritários ou controlador).

Há na lei, como se verá, critérios de eleição; mas esses critérios de eleição não podem ser confundidos com elos de representação. Desta forma, conselheiros fiscais não agem em nome de quem os elegeu, mas,

13. Desde o aniversário de 10 anos de vigência da Lei das S/A, e por ocasião de sua reforma em 1997, Waldírio Bulgarelli (*O Regime Jurídico do Conselho Fiscal das S/A*, cit., *passim*) já vinha propugnando pela inquestionável importância do órgão (pp. 5 e ss.), agregada a uma urgente necessidade de revisão do modelo jurídico adotado na lei vigente (pp. 7 e ss.), que, diga-se de passagem, pouco mudou desde 1997 para cá, apenas tendo algumas inserções impertinentes em 2002.

sim, em benefício dos interesses da companhia (art. 165, § 1º, primeira parte, da Lei das S/A). Por essa razão, o conselho fiscal é órgão não representativo dos acionistas.

Seu funcionamento é intermitente, pois pode ocorrer de forma permanente (se assim o estatuto dispuser) ou nos exercícios em que for requerida sua instalação por pelo menos 10% de acionistas com direito a voto ou 5% de acionistas sem direito a voto. Os casos de conselhos fiscais dependentes de instalação, por ora, ainda estão dentre a maioria das companhias brasileiras.

Passando, então, para os critérios de eleição (que, mais uma vez, não definem a natureza e nem direcionam a função do órgão), estabelece a lei que a composição do órgão deve sempre respeitar princípio paritário, a saber: deve sempre ter entre seus membros ao menos um (quando o órgão é formado por três ou quatro membros) eleito em votação em separado entre os acionistas titulares de ações sem direito a voto ou de ações com direito a voto que representem, ao menos, 10% da respectiva classe.

Em relação à educação formal e à exigência de experiência prévia, o Poder Judiciário pode dispensar, por meio de uma ação de natureza constitutiva e exercício de jurisdição voluntária, os critérios da lei para elegibilidade de conselheiros fiscais nas companhias cuja sede se der em localidades onde não há pessoas habilitadas, em número suficiente, para o exercício da função.

São impedidas as pessoas que exercem cargos de administração na companhia fiscalizada ou em quaisquer de suas controladas, cônjuges e parentes até terceiro grau de administradores da companhia; e inelegíveis as pessoas impedidas por lei especial (*sic*), condenadas por crimes incompatíveis com o exercício da função (crime falimentar, prevaricação, peita, suborno, concussão, peculato, crime contra a economia popular, a fé pública ou a propriedade) ou por penas que impedem o acesso a cargos públicos, bem como penas aplicadas pela Comissão de Valores Mobiliários/CVM que inabilitem o candidato.

Teoricamente, não podem também aquelas pessoas que exercem cargos em sociedades concorrentes ou com interesse conflitante com o da companhia, salvo dispensa da assembleia e por declaração por escrito firmada pelo conselheiro eleito.

Dentre suas atribuições, como vimos, cabe proceder a revisões internas (art. 163, I, II, III, VI e VII, bem como os §§ 1º, 2º e 4º, todos da Lei das S/A), processar denúncias (art. 163, IV, bem como seu § 8º, todos da Lei das S/A) e substituir a administração para convocar assembleia em casos de demora ou omissão (art. 163, V, da Lei das S/A), devendo, ainda, participar de reuniões da administração em que se debatam temas de sua competência (art. 163, § 3º, da Lei das S/A) bem como em assembleias (art. 164, *caput*, da Lei das S/A). Em parte dessas funções a lei autoriza o conselheiro a atuar de forma individual (art. 163, I e IV, bem como o seu § 2º, todos da Lei das S/A); nas demais tem o dever de atuar de forma colegiada.

Sua função se exerce de forma exclusiva, vedada a delegação, mas autorizada a assessoria (art. 163, §§ 5º e 8º, da Lei das S/A), materializando-se por meio de pareceres e representações (e "representação", neste ponto da lei, refere-se a "declaração", no sentido bettiano do termo).

Seus deveres se dão por equiparação aos deveres dos administradores: lealdade, diligência, transparência, vedados o conflito de interesses e o desvio de poder executivo; sendo os conselheiros responsáveis pela omissão de suas funções ou violação no cumprimento desses deveres, que, diga-se de passagem, são emprestados. Além disso, no âmbito das decisões de natureza colegial dispensa-se a solidariedade nos casos em que a divergência no órgão é expressa e explícita, por meio de consignação em ata da divergência que desfaz a solidariedade.

Como visto, a caracterização do órgão é subjetiva: todas as regras apontam para seus membros e quase nada visualizam o órgão de forma objetiva, qual seja, na sua natureza de função societária. O conselho fiscal na lei brasileira é caracterizado de forma pesadamente subjetiva, o que facilita a manipulação funcional do órgão e o aproveitamento político desse poder societário fiscalizatório – fenômeno que não ocorre em legislações societária mais avançadas, como Portugal e França, onde a preocupação funcional é maior que o enfoque subjetivo, qual seja, no sujeito que exerce o poder.

Diante dessa crítica-matriz, podemos, então, passar a investigar os pontos de estrangulamento existentes em nossa Lei das S/A.

## 3. *Pontos de estrangulamento*

### 3.1 *Funcionamento permanente*

Como visto, a lei autoriza e deixa a critério de cada companhia estabelecer se o funcionamento do conselho fiscal é permanente ou vai depender de pedido de instalação.

O subterfúgio de criar um sistema que permite a existência de companhias com conselhos fiscais "dormentes" acomoda, politicamente, uma divergência da época da promulgação e debates sobre a Lei das S/A, entre 1972 e 1976, sobre a necessidade, ou não, desse órgão para a vida societária de uma companhia.

Hoje, como visto, a discussão é completamente estéril, mas seus efeitos ainda projetam fraturas no sistema, articulado por essa noção de um conselho fiscal de atuação permanente *versus* um conselho fiscal que só atua quando instalado.

A regra de instalação é, portanto, uma anomalia quando ampliamos a perspectiva do órgão para uma análise histórica, bem como para uma análise de Direito Comparado. A Lei das S/A, com esse sistema de instalação, é um caso isolado: nossa história não registra esse critério, nem a história de nenhum outro País, nem tampouco o regulamento fiscalizatório de outros Países: de uma forma ou de outra, toda e qualquer companhia no mundo é fiscalizada, seja por algum órgão interno, seja por meio de fiscalização externa. Não há, dentre as pesquisas feitas em Direito Comparado, outro País que admita um sistema de fiscalização *ad hoc* como o nosso.

Ao menos no caso das companhias abertas, a fiscalização e o conselho fiscal deveriam ser órgãos permanentes, além da auditoria independente, que, como vimos por meio de estudos estatísticos recentes (sem contar as lições de história do caso "Enron/Arhtur Andersen"), não é um meio efetivo para assegurar o cumprimento da função fiscalizatória.

A fiscalização societária mantém esse esquema por todo o ordenamento, desde a sociedade simples, as associações e as sociedades limitadas até o nível mais elevado de forma societária, a companhia aberta. Talvez pudéssemos reservar essa situação de um conselho fiscal dormente para outros tipos societários que não as sociedades por ações com certa pluralidade de sócios (permitindo-se apenas que sociedades *holdings*, subsidiárias integrais e outras sociedades que se prestam para *joint ventures* possam optar pela instalação de um conselho fiscal).

Medida desse jaez poderia economizar discussões que,[14] *de lege ferenda*, pareceriam bastante desnecessárias se a lei fosse mais rigorosa em relação ao critério de funcionamento permanente.

14. Refiro-me aos casos "Souza Cruz" e "Villares" (cf. Processos CVM-RJ 2007/3.246, CVM-RJ 2006/5.701 e CVM-RJ 2007/11.086), em que em um regime

Em contrapartida, ao menos, a nossa legislação não prevê mecanismo para "desinstalação" do conselho fiscal antes de encerrado o exercício para o qual o conselho foi instalado para fiscalizar. O teor da segunda parte do § 2º do art. 161 não deixa margem para dúvidas: "(...) cada período de seu funcionamento *terminará* na primeira assembleia-geral ordinária após a sua instalação" – qual seja: funcionará, obrigatoriamente, até a primeira AGO que se sucede à sua instalação, sendo impossível interromper, suspender ou cancelar a instalação por meio de uma AGE, ainda que conte com a unanimidade dos votos de todos os acionistas.

Uma vez instalado, todos os processos fiscalizatórios se iniciam e devem ser concluídos com a entrega do parecer do conselho fiscal na AGO seguinte. Medidas tomadas no curso de um exercício em que houve ilegal "desinstalação" de conselho fiscal e que estejam no âmbito de sua competência poderão ser anuláveis.[15]

Vale lembrar que a indicação e a eleição de membros inelegíveis ou impedidos nada têm a ver com o pedido de instalação: irregularidade em relação ao candidato não macula, jamais, a regularidade de instalação do órgão e obriga, necessariamente, ao seu funcionamento até a AGO seguinte. Lacunas de candidatos ou eleições nulas devem ser resolvidas em seu foro próprio e no âmbito de seu alcance, qual seja, na própria candidatura, por meio da indicação de membro que se qualifique, sem afetar o funcionamento do órgão.

de funcionamento permanente obrigatório tornaria a discussão desses casos completamente desnecessária. Uma vez sendo necessária, parece-nos que a CVM não apresentou a melhor solução nesses casos. Dar a um o poder de falar por muitos, como se a lei reconhecesse uma procuração implícita dos ausentes para os presentes, justamente onde a lei expressamente pede que esses acionistas "represente, *em conjunto* (...)" (qual seja, juntos, conjuntamente, associadamente, e não implicitamente juntos – é necessário, aqui, o elemento acordo nesse âmbito de 10%). Nessa situação, parece injusto a CVM premiar o ausente por meio do esforço do presente, ainda que essa decisão auxilie o presente que não conta com a ajuda dos ausentes. Melhor seria que o presente combativo usasse um sistema de pedido público de procuração, mas poder agir em nome de quem não lhe outorga procuração é algo que não nos parece jurídico, nem tampouco justo.

15. Trata-se de um vício de deliberação em que se viola um direito que advém da relação dos acionistas para com a sociedade, o que, sob nossa avaliação, seria fundamento de anulabilidade (v. Erasmo Valladão Azevedo e Novaes França, *Invalidade das Deliberações de Assembleias das S/A*, São Paulo, Malheiros Editores, 1999, pp. 105 e ss.).

### 3.2 *Qualificação dos membros*

A qualificação dos membros na lei brasileira, em uma perspectiva de Direito Comparado, é outro ponto de preocupação.[16] É inquestionável que a nossa lei está entre as mais condescendentes do mundo em relação aos critérios de qualificação, conhecimento sobre matéria societária, contábil ou financeira, currículo mínimo e outros quesitos.

Formação acadêmica mínima é essencial, e alguns Países ainda restringem a atuação em conselho fiscal a certas e determinadas carreiras, como, por exemplo direito (com especialização e enfoque em direito societário e empresarial), Ciências Contábeis, Administração de Empresas e Economia.

Outros Países, quando dispensam formação acadêmica específica (sem jamais dispensar *alguma* formação acadêmica), exigem, concomitantemente, a experiência como auditor ou conselheiro (fiscal ou de administração) de companhia de porte semelhante (e não apenas uma mera experiência na administração da companhia, de forma genérica, como ocorre no Brasil), por pelo menos 5 a 10 anos. Adicionalmente, se é possível ter um órgão fiscalizatório dispensando formação acadêmica ou experiência específica de *todos* os membros, ao menos um deve se qualificar como *especialista*.[17]

O Brasil, pela Lei das S/A, ainda contém brechas que permitiram ter um conselho fiscal composto por membros sem qualquer formação acadêmica ou curso superior, escolhidos pelo Poder Judiciário. Por outro lado, permite a composição de um conselho fiscal por membros sem qualquer experiência na área e com qualificação acadêmica sem nenhum relacionamento com os temas da administração e fiscalização de uma sociedade comercial ou, ao menos, com o objeto social da empresa fiscalizada.

16. Nelson Lars Eizirik, *A Lei das S/A Comentada*, vol. II, São Paulo, Quartier Latin, 2011, pp. 437. No mesmo sentido, v. Fran Martins, *Comentários à Lei das Sociedades Anônimas*, 4ª ed., Rio de Janeiro, Forense, 2010, pp. 614-615.

17. Esse é o modelo fiscalizatório existente nos Estados Unidos da América, implementado pela Lei Sarbanes-Oxley, que passou a exigir padrões mínimos para a constituição de um *comitê de auditoria*, órgão interno de fiscalização das companhias abertas, com reporte direto ao conselho de administração. Nesse mesmo sentido, exigindo que ao menos um dos membros seja um especialista em matéria fiscal, contábil, societária, jurídica, financeira ou correlata, temos o sistema português, um dos mais modernos e avançados em matéria de fiscalização societária, cuja reforma da Lei Societária portuguesa de 2006 buscou adaptar esse sistema aos padrões mais modernos dentro dessa temática, que em Portugal sofre forte influência das doutrinas alemã e francesa.

Na prática, esse lapso dá azo à nomeação de membros que, sem o devido conhecimento da matéria societária, se colocam em posição frágil e passível de manipulação por grupos de interesse em uma companhia; quando não, sujeitam-se tais membros deliberadamente a atuar, sem conhecer da matéria, no interesse de grupos de acionistas ou de acionistas isolados, abusando do mecanismo previsto no art. 163, § 6º, da Lei das S/A e passando informações que nem sempre tangem matéria de competência do conselho fiscal ou de seus conselheiros. E muita vez o mau uso do art. 163, § 3º, da Lei das S/A não chega a ocorrer por má-fé deliberada – se dá, no mais das vezes, por puro desconhecimento ou ignorância dos mecanismos de fiscalização e respectivas responsabilidades, onde certos atos de proatividade beiram os limites de violações graves da função fiscalizatória, sobretudo do parâmetro do art. 165, § 1º, da Lei das S/A.

Desta forma, a conciliação e o equilíbrio entre o art. 163, § 6º, e o art. 165, § 1º, ambos da Lei das S/A, não se completa por pura falha na formação da função fiscalizatória: tal qual enumera o adágio popular, há muitos conselheiros fiscais que são "pessoas erradas, no momento inoportuno". Essa correção e a prevenção a esse tipo de desvio se dariam, de certa forma, por exigências mais rigorosas em relação à formação dos conselheiros e respectiva qualificação, passando a elevar o patamar de elegibilidade apenas para pessoas com formação em Direito (com comprovada experiência em direito societário e empresarial), Ciências Contábeis, Administração de Empresas e Economia. Nos casos em que o candidato provenha de outra carreira, que sua formação tenha relacionamento com o objeto social da companhia (médicos e fármacos para atuarem como conselheiros fiscais de laboratórios de análises clínicas ou sociedades hospitalares, por exemplo) e, não sendo o caso, *ultima ratio*, tenha o candidato experiência de pelo menos 10 anos alternados ou 5 consecutivos no cargo de conselheiro fiscal, de administração ou na diretoria executiva estatutária (de preferência na posição de diretor financeiro, CFO ou cargo equivalente) de sociedade de porte semelhante.

Inadmissível, portanto, que a Lei das S/A continue avalizando um sistema de fiscalização loteado entre candidatos de formação questionável, em desconsideração ao apelo necessário para uma formação técnica consistente. A ausência de escolaridade pode ser dispensada em outras searas de uma companhia ou da sociedade civil, privilegiando o estilo do *self made man*, mas jamais isso pode ocorrer em cargos técnicos e fiscalizatórios. Cabe, neste caso, à legislação positiva direcionar os parâmetros de nossa sociedade.

### 3.3 *Estabilidade da função e mandato*

Outro problema visto na prática dos conselhos fiscais decorre da instabilidade da função e o tempo de exercício máximo dos mandatos.

O mandato é previsto para um exercício, apenas. Inicia-se com o pedido de instalação do órgão e vai até a AGO seguinte à efetiva instalação. O ponto de estrangulamento, neste caso, é consequência direta do regime de instalação em casos de conselho fiscal de funcionamento não permanente.

Como bem se sabe, a maioria dos conselhos fiscais no Brasil, salvo raríssimas exceções, é de funcionamento não permanente. Isso gera incerteza em relação ao funcionamento do órgão, uma vez passada a AGO seguinte ao pedido de instalação. Nesse sentido, para que o órgão continue funcionamento, é necessário renovar o pedido de instalação na AGO seguinte ao pedido de instalação. Isso faz com que, logicamente, o mandato venha a equivaler ao período em que a instalação estiver vigorando. E, como o funcionamento de um órgão não permanente deve durar, no máximo, até a AGO seguinte ao período de instalação, o mandato fica, então, limitado ao período em que o órgão estiver instalado, a saber: no máximo um exercício, no máximo de abril de um ano até o mês de abril do ano seguinte, portanto por um período máximo de 12 meses.[18]

Ocorre que em um período de 12 meses muito pouco ou quase nada se aprende sobre uma companhia, seu funcionamento, suas rotinas, seus procedimentos e políticas. É necessário pelo menos integrar um ciclo de três exercícios completos para que um conhecimento sobre as rotinas de uma companhia adquira a maturação necessária que permita converter o conhecimento adquirido em efetivos resultados de uma fiscalização

18. Modesto Carvalhosa (*Comentários à Lei de Sociedades Anônimas*, cit., 5ª ed., 3º vol., p. 514) chega a lembrar que este é um "preceito de ordem pública, que não poderá ser alterado pelo estatuto", salientando, ainda, que há casos em que o mandato pode exceder aos 12 meses, se houver retardamento na convocação da AGO ou se a AGO do exercício anterior se deu antes de abril e a do exercício seguinte se deu em abril ou, em violação da lei, após esse prazo. De forma mais sofisticada, Fábio Konder Comparato (*O Poder de Controle na Sociedade Anônima*, 5ª ed., Rio de Janeiro, Forense, 2008, pp. 30 e ss.) explica a razão pela qual "a economia interna da sociedade anônima não é deixada à livre decisão dos seus fundadores ou acionistas", na base do princípio da indelegabilidade de funções e desenvolvida a partir do universo teórico que diferencia *potestas* de *imperium*. Sendo o exercício dos poderes fiscalizatórios uma questão de *potestas*, reservado o *imperium* à assembleia, qualquer modificação na esfera de exercício da *potestas* se torna, automaticamente, como destacou Modesto Carvalhosa, uma questão de ordem pública regulada com exclusividade pela lei.

contínua. Desta forma, sem que haja certa repetição de certos períodos e temporadas que muita vez são sazonais e anuais (certos períodos de venda, certos períodos de colheita em determinados negócios, certos períodos de estoque, e assim por diante), a fiscalização corre sério risco de cair na análise randômica, em detrimento de uma fiscalização sistêmica.

Ainda associadas ao período insuficiente de análise proposto pela nossa legislação estão as incertezas em nossa legislação a respeito das formas de remoção do conselheiro fiscal eleito. A Lei das S/A não dispõe de regras sobre remoção, mas a doutrina complementa, advertindo, de forma unânime, que não há estabilidade na função e que o conselheiro fiscal pode ser demitido *ad nutum* por assembleia convocada para esse fim específico.[19]

Permitir a remoção imotivada, abalando a estabilidade da função, é um dos maiores elementos de enfraquecimento da função fiscalizatória em uma companhia.

Desta forma, em um contexto em que a legislação brasileira supere a inovação a respeito da instalação de órgão sob funcionamento não permanente, o próximo passo seria acertar o período dos mandatos, ajustando-os para um mínimo de 36 meses, pelo menos, e tornando a função estável, sendo a remoção dos conselheiros eleitos apenas admissível mediante justa causa, acompanhando, desta forma, o padrão praticado no Direito Comparado.[20]

19. Vale lembrar que aqueles conselheiros eleitos nos regimes assembleares excepcionais do art. 161, § 4º, "a", da Lei das S/A só poderão ser removidos por iniciativa da maioria dos titulares de ações preferenciais sem direito a voto (excluídas as ações dessa classe eventualmente pertencentes aos acionistas controladores) *ou* pelos acionistas não controladores detentores, em conjunto, de pelo menos 10% das ações com direito a voto. Devendo ficar muito claro que a *Regra Souza Cruz* (v. nota 14, acima) não deve jamais ser aplicada para fins de remoção, pois se o racional é esdrúxulo para fins de ocupação dos cargos no conselho, para fins de remoção esse raciocínio é simplesmente inaceitável: uma vez convocada a assembleia regularmente, é necessário se configurar a presença de pelo menos 10% das ações com direito a voto para que o conselheiro a ser demitido possa sofrer a remoção e consequente substituição por meio do voto afirmativo dos presentes que coincida, pelo menos, com o percentual mínimo legal.

20. É o caso, por exemplo, do sistema italiano, que, além de justa causa, exige que a demissão se dê apenas após revisão judicial dessa justa causa (art. 2.400 do *Codice Civile*), em processo de jurisdição contenciosa. Francesco Galgano ainda lembra que a revisão judicial da justa causa pode levar a discussão a importantes revelações sobre o trabalho da fiscalização repudiada: "Può accadere che i sindaci siano revocati, con l'allegazione di una pretestuosa giusta causa, nel momento in cui si accingono a rilevare gravi irregolarità, commessi dagli amministratori con la connivenza della

### 3.4 *Independência*

As discussões sobre o grau de independência na fiscalização societária são, de fato, o cerne da discussão sobre os maiores pontos de estrangulamento sobre o conselho fiscal no Brasil e no Exterior.[21] Não é coincidência, mas o tema é também o mais importante nas análises críticas que são feitas sobre fiscalização societária em direito comparado.[22]

No âmbito da lei brasileira o tema da independência aparece disfarçado sob o manto de várias discussões: os limites de atuação do conselheiro fiscal[23] e a responsabilidade por abusos, a questão da atuação individual, os direitos dos minoritários no âmbito da fiscalização,[24] as

maggioranza e a danno della minoranza" ("Pode ocorrer que os fiscais sejam removidos sob a alegação de pretensa justa causa em momento em que se preparam para relevar graves irregularidades, cometidas pelos administradores sob a conivência da maioria e com danos para a minoria" – traduzimos livremente) (*Diritto Commerciale (Edizione Compatta)*, 6ª ed., Bolonha, Zanichelli, 2008, p. 348).

21. Apenas para que se tenha uma breve noção da importância do tema para além dos Estados Unidos da América (cuja discussão é bem explorada – J. Coffee Jr., *Gatekeepers – The Professions and Corporate Governance*, cit., *passim*), v. as observações de Francesco Cossu (*L'Independenza del Collegio Sindacale e del Revisore Contabile*, Milão, Giuffrè, 2006, pp. 47 e ss.) em relação às recentes reformas ocorridas na Itália, bem como as excepcionais observações de Pedro Albuquerque (*Os Limites à Pluriocupação dos Membros do Conselho Geral e de Supervisão e do Conselho Fiscal*, Coimbra, Livraria Almedina, 2007, *passim*).

22. Nos Estados Unidos da América o tema da independência comanda o debate sobre fiscalização societária há pelo menos uma década, desde a edição da Lei Sarbanes-Oxley, que foi muito enfática e expressa sobre o assunto. Nesse sentido, v. o excelente artigo de Harvey Gelb, "Corporate governance and the independence myth" (*Wyoming Law Review* 6/129-163, Laramie/WY, University of Wyoming Press, 2006), onde são discutidos critérios até mais abrangentes, como o de "amizade", temor que fez parte da derrocada da *Enron* (em relação à *Enron*, além do já citado trabalho do professor J. C. Coffee Jr., *Gatekeepers – The Professions and Corporate Governance*, pp. 25 e ss., v. o excelente documentário cinematográfico dirigido por Alex Gibney, *Enron: the Smartest Guys in the Room*, Estados Unidos da América, 2005, distribuído no Brasil pela Paris Filmes sob o título *Enron: os Mais Espertos da Sala*).

23. V. Nelson Lars Eizirik. "Limites à atuação do conselho fiscal", *RDM* 84/14 e ss., São Paulo, Ed. RT, outubro-dezembro/1991.

24. V. Modesto Carvalhosa, *Comentários à Lei de Sociedades Anônimas*, 5ª ed., 2º vol., São Paulo, Saraiva, 2011, pp. 386 e ss. (especialmente p. 397). Nesse mesmo sentido, v.: Waldírio Bulgarelli, *Regime Jurídico da Proteção às Minorias nas S/A (de Acordo com a Reforma da Lei 6.404/1976)*, Rio de Janeiro, Renovar, 1998, pp. 83-94; Osmar Brina Corrêa-Lima, *O Acionista Minoritário no Direito Brasileiro*, Rio de Janeiro, Forense, 1994.

polêmicas sobre eleições em separado, a questão dos impedimentos específicos,[25] o dever de informar como prevenção ao *insider trading*.

Todas essas e outras inúmeras discussões partem, se concluem, envolvem ou tangenciam o tema da independência.

Fato é que a nossa lei, quando analisada no âmbito do Direito Comparado, é uma das que ostentam os requerimentos mais fracos e superficiais em termos de independência do órgão. As limitações ao grau de parentesco atingem apenas os parentes até o terceiro grau[26] de administradores da companhia, não atingindo parentes de funcionários, de funcionários do acionista controlador, parentes de administradores e funcionários de sociedades controladas, parentes de funcionários, sócios e administradores de auditores independentes, além de outras inúmeras situações que possam configurar situações conflituosas. Diante desse quadro, na prática, o nepotismo e a indicação por amizade são práticas mais do que comuns.

O mesmo há de se dizer em relação aos próprios administradores de sociedades controladoras ou em relação aos próprios acionistas controladores (quando pessoas físicas e quando não ocupem cargo na administração da companhia).

De outro lado, para "contrabalançar" essa ampla gama de oportunidades de ocupação de cargos no órgão por pessoas ligadas ao controlador, a Lei das S/A, ao invés de criar mecanismos que limitassem a ocupação do conselho fiscal como um discreto desdobramento do poder de controle, fez pior: viabilizou a ocupação, em forma proporcional, de outras correntes não controladoras para dentro do órgão de fiscalização. Dessa forma, o debate da arena assemblear passou a estender-se ao longo do exercício, dentro do órgão fiscalizador. O § 4º ao art. 161 da Lei das S/A passou a propiciar, portanto, uma transformação do órgão fiscalizador (técnico) em verdadeiro órgão político da sociedade (não técnico).

A presença (velada ou expressa) do acionista controlador e de pessoas direta e intimamente ligadas à administração da companhia, de um lado, e a presença (velada ou expressa) de blocos de acionistas relevantes que não detêm o controle, de outro lado, desgastou novamente o ciclo

25. Cf. Modesto Carvalhosa, *Comentários à Lei de Sociedades Anônimas*, cit., 5ª ed., 3º vol., p. 522.

26. O padrão geral de limitação em relação aos graus de parentesco alcança até o quarto grau (como ocorre em Países como México, Argentina, França, Portugal e Itália), chegando, em alguns casos, a atingir impedimento total em qualquer grau no caso de parentesco em linha reta (México).

do órgão de fiscalização pós-1976 (sobretudo nos anos que se seguiram à década de 1990).

A atuação individual, a nomeação de conselheiros representando blocos de interesse e a presença de acionistas relevantes em conselhos fiscais foram mecanismos muito importantes para tentar tornar a fiscalização mais eficaz, mas que na evolução do órgão acabaram se tornando mecanismos de projeção de embates políticos para o interior da companhia, sob a forma de uma pseudofiscalização, sempre pouquíssimo permeada por elementos técnicos.

Não há outra solução para a solução de tais problemas (e o Direito Comparado mostra isso com clareza) que não seja investir em regras severas de preservação da independência. E, nesse caso, a independência começaria por um feroz combate ao nepotismo e à alocação de parentes e amigos íntimos de administradores e funcionários da própria companhia e de qualquer coligada, sobretudo se a coligada estiver na linha de controle (direto ou indireto) da própria companhia. A limitação deveria alcançar também o próprio acionista controlador (direto ou indireto) bem como os blocos de acionistas com participação relevante (algo como participações que superem em 1% o capital total da companhia ou de quaisquer de suas coligadas). Nesse grau de independência estaríamos seguindo os melhores exemplos em Direito Comparado, como Estados Unidos da América, Portugal e França. Uma medida efetiva, entretanto, passaria pela vedação total ao candidato de manter, durante o mandato e em período que anteceda, pelo menos, os três anos anteriores à sua eleição, investimentos em valores mobiliários de companhias abertas bem como da própria companhia fiscalizada (quando de capital fechado), incluindo aplicações em fundos de investimento de administração não discricionária.

É absolutamente assente em doutrina e em Direito Comparado que, quanto maior for o padrão de independência, mais eficaz tende a ser a fiscalização, com consequente profissionalização do ofício. Sem a devida independência os conselhos fiscais correm sério risco de seguirem com atuações menos técnicas e, vez ou outra, mambembes e improvisadas.

A implementação de recursos mais austeros de independência tornará estéril mais da metade das discussões sobre conselho fiscal na atualidade: os novos desafios passam, portanto, por antigas preocupações – como tornar o órgão mais eficaz, partindo-se do pressuposto de que a fiscalização societária é essencial e a fiscalização interna tem sido o mecanismo que comprovadamente gera melhores resultados? A resposta, necessariamente, passará por uma séria reflexão a respeito da independência dos conselhos fiscais.

Vale lembrar que esse reconhecimento, por outro lado, levou parte de nossa doutrina a defender o comitê de auditoria como a melhor solução fiscalizatória para as companhias brasileiras. Entretanto, os argumentos que levam muitos a optar pelo comitê de auditoria – tais como profissionalização, agilidade, especialização técnica, eficácia prática e amplitude das funções – passam, necessariamente, por compreender que o comitê de auditoria tem, teoricamente, uma independência de curto prazo mais efetiva que a do conselho fiscal. Isso porque os padrões de independência do comitê de auditoria no Brasil, tal qual previstos na Resolução CMN-3.198, de 27.5.2004, e na Resolução CNSP-118, de 22.12.2004, são mais rigorosos que os da Lei das S/A para o conselho fiscal, mas nada que tecnicamente não possa ser adotado no âmbito do conselho fiscal e na Lei das S/A. E, como dito, trata-se, no caso dos comitês de auditoria, de uma independência com "prazo de validade": na qualidade de conselheiros de administração, os membros do comitê de auditoria, após certo período, oscilam sua atuação entre os interesses e a importância das decisões na qualidade de administradores da companhia em contrapartida aos deveres fiscalizatórios – esse problema, que fez companhias com a *Enron* sucumbirem,[27] foi alvo dos mais rígidos ataques ao sistema de fiscalização proposto pela Lei Sarbanes-Oxley.[28]

Desta forma, investir na independência do conselho fiscal nos parece ser a melhor e mais sustentável solução para debelar os problemas que o órgão vem carregando desde tempos imemoriais.

### 3.5 *Pareceres e representações*

Reside no parágrafo único do art. 164 da Lei das S/A um outro ponto de estrangulamento da fiscalização societária brasileira. Isso remonta à superficialidade de suas competências fiscalizatórias. O conselho fiscal brasileiro, como órgão de fiscalização, não se atualizou no que tange às competências na esfera em que está positivado: ainda não é encarregado

27. Cf. J. C. Coffee Jr., *Gatekeepers – The Professions and Corporate Governance Gatekeepers*, cit., pp. 25 e ss.

28. Cf. Robert Charles Clark, "Corporate governance changes in the wake of the Sarbanes-Oxley Act: a morality tale for policemakers too", *Georgia State University Law Review* 22/271-274, Atlanta/GA, Georgia State University College of Law, setembro/2005.

de controles internos, da supervisão dos trabalhos de auditoria independente, de testes sobre a efetividade dos departamentos de *compliance*.

Essas lacunas são sentidas quando o conselho fiscal cumpre suas tarefas de modo formal. A prova de cumprimento dessas tarefas é por meio do parecer ou dos pareceres que são apresentados em assembleia. A Lei das S/A não define forma nem conteúdo mínimo, o que permite que muitos conselhos fiscais encaminhem parecer anual de revisão de contas com uma declaração de cinco linhas, afirmando que adere às conclusões obtidas pela auditoria independente.

Nesse ponto, o comitê de auditoria para instituições financeiras regulado pela Resolução 3.198, de 27.5.2004, editada pelo Conselho Monetário Nacional/CMN, além de estender as atribuições para temas de controles internos, auditoria independente e *compliance* em seu art. 15 (incisos IV, V e VII), estabelece um padrão mínimo de conteúdo em relação ao chamado relatório de atividades (conforme o art. 17, em seus incisos e §§, da mesma resolução). Desta forma, a legislação aplicável ao comitê de auditoria é mais avançada; avanço, esse, que o conselho fiscal deveria ter logrado no âmbito de sua competência, evitando a bipartição da fiscalização interna entre comitê de auditoria e conselho fiscal, no caso das instituições financeiras.

E, neste pormenor, a total ausência de um padrão mínimo de reporte dá uma liberdade inaceitável para um órgão que exerce uma atividade potestativa e que está investido em verdadeiros *poderes-deveres*.

A Lei das S/A deveria estabelecer padrões mínimos em relação às matérias que são do âmbito da competência do conselho fiscal, pois, ao fim da estrutura, é exatamente essa a peça que tem de ser usada para verificar o âmbito das responsabilidades e do cumprimento das atribuições fiscalizatórias quando há algum contencioso contra o conselho fiscal por ausência de cumprimento de deveres ou quebra de regra de responsabilidade.

Sendo essa a peça fundamental para que se apurem responsabilidade e cumprimento de funções, se a lei não define previamente *como* e *de que forma* o fiscal deve evidenciar o cumprimento de suas tarefas, a discussão sobre sua responsabilidade fica completamente prejudicada. Exemplo disso está visivelmente estampado no teor das discussões que orbitam sobre os problemas ocorridos no âmbito da fiscalização societária de empresas que enfrentaram dificuldades por força de abusos perpetrados na contratação de contratos de derivativos.[29]

29. Nominalmente, fazemos referência aos casos envolvendo as companhias *Sadia* e *Aracruz*, objeto de julgamento na CVM, em relação ao primeiro caso, no

Em relação às representações, que se articulam com as denúncias mencionadas no art. 163, IV, da Lei das S/A, vale lembrar que a ausência de requisitos mínimos e de provas e documentos que suportem essas representações dá azo a que a atividade oscile entre o abuso e a omissão – algo nesse meio de caminho, vez ou outra, incorpora o justo; mas, como se sabe, não é a regra.

Todo e qualquer procedimento acusatório que se preze dispõe sobre as condições mínimas de uma peça de representação, as condições de procedibilidade e as condições de validade e de ação propriamente dita, com meios para o exercício da ampla defesa e das oportunidades para o exercício do contraditório. Nisso, a lei brasileira, bem como as demais leis analisadas em sede de Direito Comparado, são perigosa e capciosamente omissas.

E, como se sabe, em matéria de poderes acusatórios, uma das maiores fontes de insucesso paira nas nulidades processuais que passam ao largo de direitos essenciais de defesa.[30] Por outro lado, uma das mais fir-

Processo Administrativo Sancionador CVM-18/2008, julgado em 14.12.2010 e relatado pelo Diretor Alexsandro Broedel Lopes, que em seu voto lembrou, em relação aos membros do comitê de auditoria: "Entendo, assim, que os membros do comitê de auditoria e financeiro descumpriram, de maneira ainda mais significativa, o dever de diligência, devido às suas competências e atribuições, razão pela qual devem ser responsabilizados de maneira diferenciada, com relação aos conselheiros que não faziam parte de nenhum comitê técnico".

Vale lembrar que, embora a *Sadia* não contasse com um conselho fiscal, o comitê de auditoria, nesse caso, não estava pautado com regras que explicitassem a forma com que essa diligência teria sido (ou não) cumprida, o que, no caso, pode gerar questionamentos devido à amplitude da prova possível; situação que não ocorreria caso a lei fosse expressa em relação ao formato e aos requisitos mínimos de exibição pública dos deveres legais. Isso equivale a dizer que, se a lei contivesse um formato mínimo de relatório para comitê de auditoria (ou o conteúdo mínimo do parecer do conselho fiscal, se este fosse um órgão obrigatório e permanente para companhias abertas), as partes teriam condições de debater, de forma mais objetiva, se o dever foi ou não cumprido, à luz de um relatório que descreve o que foi analisado, *vis-à-vis* ao que seria dever analisar.

30. O tema das nulidades por conta de vícios e defeitos em processos, sobretudo quando as violações compreendem a restrição ao exercício do direito de defesa, é objeto de séculos de evolução e estudos na doutrina processualística. Inquestionável e inescusável admitir que toda essa fortuna doutrinária integra o sistema do poder-dever inscrito na norma societária sobre os canais de denúncia de erros e fraudes. O ponto mais crítico nesse âmbito diz respeito à relação entre prejuízo e violação ao direito de defesa, para alcance da doutrina do *pas des nullité sans grief* (v. Ada Pellegrini Grinover, Antônio Scarance Fernandes e Antônio Magalhães Gomes Filho, *As Nulidades no Processo Penal*, 5ª ed., São Paulo, Malheiros Editores, 1996, pp. 23 e 72 e ss.). Este é exatamente o ponto em que Luigi Ferrajoli (*Diritto e Ragione* –

mes fontes de ineficiência reside nas omissões e na impunidade, que são diretamente proporcionais à falta de meios e procedimentos prévios que não apenas garantem uma acusação lícita e legítima, mas praticamente obrigam o órgão acusatório a cumprir o seu *munus*.[31]

### 3.6 *Responsabilidade*

O ciclo de análise dos pontos de estrangulamento do conselho fiscal das S/A no Brasil se fecha com a análise da responsabilidade civil de seus membros.

O modelo jurídico adotado pelo Brasil é ao mesmo tempo simples, confuso e ineficiente. Toma de empréstimo da administração executiva os seus deveres de *lealdade* e *diligência*, absorvendo, ainda, regras de *finalidade das atribuições*, *desvio de poder* e *conflito de interesses*. Em relação ao *dever de informar*, a reforma de 2002 criou regra própria (o art. 165-A); no mais, a Lei das S/A fez um transplante de funções para órgãos diferentes:

> Art. 165. Os membros do conselho fiscal têm os *mesmos deveres dos administradores* de que tratam os arts. 153 a 156 e respondem pelos danos *resultantes de omissão* no cumprimento de seus deveres e de *atos praticados* com culpa ou dolo, ou com violação da lei ou do estatuto. [*Art. 165, **caput**, da Lei das S/A – nossos os grifos*]

Note-se nos trechos grifados que a lei toma dos deveres dos administradores como se fossem os mesmos dos fiscais; e, além disso, fala de responsabilidade por *omissão* bem como por *atos praticados*. Como bem se sabe, o sentido e a semântica da *omissão de deveres* por quem é executivo na companhia assim como os *atos que pratica* são de natureza completamente distinta dos atos praticados e do sentido e semântica de uma *omissão de deveres* por parte de fiscais.[32] Transpor funções idên-

*Teoria del Garantismo Penale*, 5ª ed., Bari, Laterza, 1998, pp. 975 e ss.) salienta que a relação de equilíbrio no exercício de um poder se dá quando "direitos enfrentam poderes".

31. Cf. Luigi Ferrajoli, *Diritto e Ragione – Teoria del Garantismo Penale*, cit., 5ª ed., pp. 583 e ss.

32. Salientou, com brilhantismo, o saudoso mestre Bulgarelli (*O Regime Jurídico do Conselho Fiscal das S/A*, cit., p. 229): "Tendo o esquema legal previsto dois aspectos da responsabilidade dos conselheiros, o *omissivo* e o *comissivo* (prática de atos com culpa ou dolo ou com violação da lei e do estatuto), *impõem-se sejam fixadas mais claramente as competências*" (grifamos).

ticas para órgãos diferentes seria como exigir que um estômago pense e um cérebro faça digestão: juridicamente, um fiscal com deveres de administrador gera no fiscal a exata ineficiência cuja culpa se reputa ao fiscal e ao órgão, ao invés de se reputar à forma como suas funções são, literalmente, *organizadas*.

Analisando as responsabilidades dos administradores, de forma específica, nota-se na utilização dos verbos que a lei se preocupa em cercar a prática de atos executivos e que digam respeito à *administração* da companhia, e não à sua fiscalização. No âmbito da lealdade, a lei exige o cuidado que todo "homem ativo e probo costuma *empregar na administração* dos seus próprios negócios". Modernamente, a lealdade é interpretada pela matriz doutrinária estado-unidense da teoria da *business judgement rule* como mecanismo mitigante de culpa, quando analisada sua aplicabilidade para o âmbito da *administração executiva*.[33] Entretanto, como visto, o emprego dessa teoria para o universo da fiscalização gera problemas, como já apontou a doutrina de Direito Comparado de vários Países, como Estados Unidos da América, Espanha, Argentina e França, com destaque para Portugal e Itália.

O Direito Português, por intermédio da magistral lição de Gabriela Figueiredo Dias, que defende a aplicabilidade da teoria da *business judgement rule* aos fiscais, reconhece, entretanto, que, mesmo se deixarmos de aplicar a mencionada teoria ao âmbito dos fiscais, a "assimetria de partida entre o regime da responsabilidade dos administradores (executivos) e o regime da responsabilidade dos fiscalizadores" não se corrigirá.[34]

Especificamente em relação à lealdade, a assimetria é mais evidente: a lei fala em "usar oportunidades comerciais", "omitir-se na proteção da companhia", "adquirir bens necessários à companhia". Por essas razões e nesse contexto já se dissertou sobre a subalternização da lealdade à diligência (no caso, ao dever de cuidado).[35] No que se refere à finalidade das atribuições, ao desvio de poder e aos conflitos de interesses, a lei fala sobre "praticar atos em nome da companhia", "tomar por

33. V., neste aspecto, Marcelo Vieira von Adamek, *Responsabilidade Civil dos Administradores de S/A e as Ações Correlatas*, São Paulo, Saraiva, 2009, pp. 128 e ss. É por essa razão que Adamek nos lembra que "o administrador diligente deve ser *ativo*" (idem, p. 135).

34. Gabriela Figueiredo Dias, *Fiscalização de Sociedades e Responsabilidade Civil (Após a Reforma do Código das Sociedades Comerciais)*, Coimbra, Coimbra Editora, 2006, p. 79.

35. Idem, pp. 50 e ss.

empréstimo bens da companhia", "prática de atos gratuitos (em nome da companhia)". Note-se que são todos atos que fazem parte do ofício de administrar, muito mais que do ofício de fiscalizar. A oportunidade para que um fiscal "pratique atos em nome da companhia", "adquira bens", "tome por empréstimo", "proteja a companhia", é muito menor do que para que um administrador o faça. Justamente porque são funções diferentes e que a um fiscal cabe "revisar", "supervisionar", "fiscalizar", "denunciar" é que sua responsabilidade deveria estar cingida à omissão na prática desses atos específicos, e não de atos da administração vistos de maneira emprestada à função fiscalizatória. Ademais, o conceito de *dano sofrido* ante a omissão no dever de "revisar", "supervisionar", "fiscalizar" ou "denunciar" deve ter tratamento completamente distinto daquele dano sofrido em relação, por exemplo, a uma falta devida por comissão de ato em que o administrador adquire bens em nome próprio e em prejuízo da sociedade, apoderando-se de oportunidade negocial de que tinha conhecimento por ocasião do cargo.[36]

Em resumo, para o conselho fiscal, vale lembrar Marcelo Vieira von Adamek:

> Apesar de serem aplicáveis aos seus conselheiros os deveres e as responsabilidades próprios de administradores (Lei das S/A, art. 165), nem o órgão integra a administração, nem os seus titulares, os conselheiros fiscais, são administradores.[37]

Por conta dessa assimetria é que a doutrina italiana defende a total autonomia do regime de responsabilidade civil da fiscalização em relação ao regime de responsabilidade civil da administração.[38] Faltando aos fiscais um regime preciso e próprio de responsabilidade civil, abre-se um universo de incertezas e desníveis que geram impunidade em casos graves de omissão. Na esteira dessas lições, o Direito Brasileiro poderia buscar um dínamo para reestudar seu modelo fiscalizatório, sobretudo à

36. Sobre a diferenciação dessas *fattispecies* de dano, v. Cosimo Sasso, *Irregolarità di Bilancio e Responsabilità di Amministratori e Sindaci*, Milão, Giuffrè, 2000, pp. 121 e ss.

37. Marcelo Vieira von Adamek, *Responsabilidade Civil dos Administradores de S/A e as Ações Correlatas*, cit., p. 26. V., ainda, afirmação na nota 25, p. 20, da mesma obra: "(...) o escopo da atuação dos órgãos é diferente (...)".

38. Cf. Lorenza Furgiuele, "La responsabilità da controllo", in Paolo Ferro-Luzzi e Berardino Libonati (orgs.) e Niccolò Abriani, Ricardo Alessi e Umberto Morera (coords.), *Il Collegio Sindicale – Le Nuove Regole*, Milão, Giuffrè, 2007, pp. 441 e ss.

luz dos recentes casos de abuso na contratação de derivativos ocorridos até a eclosão da crise de 2008.

## *4. Conclusões*

Na conclusão desta revisão, contrariamente ao que a semântica do termo "concluir" sugere, espera-se abrir o debate e revisitar as antigas preocupações, diante dos novos desafios.

Os novos desafios, como visto, se equacionam diante de novos debates sobre as antigas preocupações. Isso pode parecer contraditório, mas é, antes de tudo, dialético: as modernas antíteses, que se chocam com as antigas teses, têm na raiz um embate histórico sobre o papel da fiscalização no âmbito societário, exigindo constante reflexão sobre a evidente falta de atualidade do nosso texto legal.

Sob o ponto de vista doutrinário, carecemos de mais debate sobre o tema (e a jurisprudência da CVM mostra isso claramente) – a necessidade de reflexões mais aprofundadas e de um exame mais amplo da doutrina estrangeira e das experiências em Direito Comparado são motores importantíssimos para que o debate possa se erigir sem padrões preestabelecidos, preconceitos e fórmulas mágicas, como, por exemplo, ocorre na estéril discussão sobre a prevalência do conselho fiscal sobre um comitê de auditoria.

Se o texto, ao concluir, não fecha conceitos, mas, pelo contrário, os abre, resta deixar com o digno leitor, daqui para diante, a palavra.

## *Bibliografia*

ABRIANI, Niccolò, ALESSI, Ricardo, e MORERA, Umberto (coords.), e FERRO-LUZZI, Paolo, e LIBONATI, Berardino (orgs.). *Il Collegio Sindicale – Le Nuove Regole*. Milão, Giuffrè, 2007.

ADAMEK, Marcelo Vieira von. *Responsabilidade Civil dos Administradores de S/A e as Ações Correlatas*. São Paulo, Saraiva, 2009.

ALBUQUERQUE, Pedro. *Os Limites à Pluriocupação dos Membros do Conselho Geral e de Supervisão e do Conselho Fiscal*. Coimbra, Livraria Almedina, 2007.

ALESSI, Ricardo, ABRIANI, Niccolò, e MORERA, Umberto (coords.), e FERRO-LUZZI, Paolo, e LIBONATI, Berardino (orgs.). *Il Collegio Sindicale – Le Nuove Regole*. Milão, Giuffrè, 2007.

AMORIM, Lucas. "Para quê servem as auditorias?". *Revista EXAME* edição 984. Ano 45, n. 1. São Paulo, 26.1.2011 (pp. 82-83).

ASCARELLI, Tullio. "O contrato plurilateral". In: *Problemas das Sociedades Anônimas e Direito Comparado*. São Paulo, Saraiva, 1945 (pp. 271-332).

________. *Problemas das Sociedades Anônimas e Direito Comparado*. São Paulo, Saraiva, 1945.

BITTAR, Eduardo Carlos Bianca. *O Direito na Pós-Modernidade*. Rio de Janeiro, Forense, 2005.

BORGES, João Eunápio. *Curso de Direito Comercial Terrestre*. 4ª ed. Rio de Janeiro, Forense, 1969.

BULGARELLI, Waldírio. *O Regime Jurídico do Conselho Fiscal das S/A*. Rio de Janeiro, Renovar, 1998.

________. *Regime Jurídico da Proteção às Minorias nas S/A (de Acordo com a Reforma da Lei 6.404/1976)*. Rio de Janeiro, Renovar, 1998.

CARVALHOSA, Modesto. *Comentários à Lei de Sociedades Anônimas*. 5ª ed., 2º e 3º vols. São Paulo, Saraiva, 2011.

CLARK, Robert Charles. "Corporate governance changes in the wake of the Sarbanes-Oxley Act: a morality tale for policemakers too". *Georgia State University Law Review* 22/251-296. Atlanta/GA, Georgia State University College of Law, setembro/2005.

COFFEE JR., John C. *Gatekeepers – The Professions and Corporate Governance*. Oxford, Oxford University Press, 2006.

COMPARATO, Fábio Konder, e SALOMÃO FILHO, Calixto. *O Poder de Controle na Sociedade Anônima*. 5ª ed. Rio de Janeiro, Forense, 2008.

CORRÊA-LIMA, Osmar Brina. *O Acionista Minoritário no Direito Brasileiro*. Rio de Janeiro, Forense, 1994.

________. *Sociedade Anônima*. 3ª ed. Belo Horizonte, Del Rey, 2005.

COSSU, Francesco. *L'Independenza del Collegio Sindacale e del Revisore Contabile*. Milão, Giuffrè, 2006.

DIAS, Gabriela Figueiredo. *Fiscalização de Sociedades e Responsabilidade Civil (Após a Reforma do Código das Sociedades Comerciais)*. Coimbra, Coimbra Editora, 2006.

DINAMARCO, Cândido Rangel. *A Instrumentalidade do Processo*. 15ª ed. São Paulo, Malheiros Editores, 2013.

EIZIRIK, Nelson Lars. *A Lei das S/A Comentada*. vol. II. São Paulo, Quartier Latin, 2011.

________. "Limites à atuação do conselho fiscal". *RDM* 84/14. São Paulo, Ed. RT, outubro-dezembro/1991.

FERNANDES, Antônio Scarance, GOMES FILHO, Antônio Magalhães, e GRINOVER, Ada Pellegrini. *As Nulidades no Processo Penal*. 5ª ed. São Paulo, Malheiros Editores, 1996.

FERRAJOLI, Luigi. *Diritto e Ragione – Teoria del Garantismo Penale*. 5ª ed. Bari, Laterza, 1998.

FERREIRA, Waldemar Martins. *Tratado de Direito Comercial*. 4º vol. ("O Estatuto da Sociedade por Ações"). São Paulo, Saraiva, 1961.

FERRO-LUZZI, Paolo, e LIBONATI, Berardino (orgs.), e ABRIANI, Niccolò, ALESSI, Ricardo, e MORERA, Umberto (coords.). *Il Collegio Sindicale – Le Nuove Regole*. Milão, Giuffrè, 2007.

FRANÇA, Erasmo Valladão Azevedo e Novaes. *Invalidade das Deliberações de Assembleias das S/A*. São Paulo, Malheiros Editores, 1999.

FRANCO, Hilário, e MARRA, Ernesto. *Auditoria Contábil*. 4ª ed. São Paulo, Atlas, 2001.

FURGIUELE, Lorenza. "La responsabilità da controllo". In: FERRO-LUZZI, Paolo, e LIBONATI, Berardino (orgs.), e ABRIANI, Niccolò, ALESSI, Ricardo, e MORERA, Umberto (coords.). *Il Collegio Sindicale – Le Nuove Regole*. Milão, Giuffrè, 2007.

GALGANO, Francesco. *Diritto Commerciale (Edizione Compatta)*. 6ª ed. Bolonha, Zanichelli, 2008.

GELB, Harvey. "Corporate governance and the independence myth". *Wyoming Law Review* 6/129-163. Laramie/WY, University of Wyoming Press, 2006.

GOMES FILHO, Antônio Magalhães, FERNANDES, Antônio Scarance, e GRINOVER, Ada Pellegrini. *As Nulidades no Processo Penal*. 5ª ed. São Paulo, Malheiros Editores, 1996.

GRINOVER, Ada Pellegrini, FERNANDES, Antônio Scarance, e GOMES FILHO, Antônio Magalhães. *As Nulidades no Processo Penal*. 5ª ed. São Paulo, Malheiros Editores, 1996.

GUBNEY, Alex. *Enron: the Smartest Guys in the Room* (documentário cinematográfico). Estados Unidos da América, 2005 (distribuído no Brasil pela Paris Filmes sob o título *Enron: os Mais Espertos da Sala*).

GUERREIRO, José Alexandre Tavares, e TEIXEIRA, Egberto Lacerda. *Das Sociedades Anônimas no Direito Brasileiro*. vol. 2. São Paulo, José Bushatsky Editor, 1979.

KELSEN, Hans. *Teoría General del Derecho y del Estado*. Trad. de Eduardo García Maynez. México, Imprenta Universitaria, 1949.

LAMY FILHO, Alfredo. "A reforma da Lei das Sociedades Anônimas". *RDM* 7/140. Ano III. São Paulo, Ed. RT, 1972.

__________. "Considerações sobre a elaboração da Lei da S/A e de sua necessária atualização". *Revista de Direito Bancário e do Mercado de Capitais* 51/245-257. Ano 14. São Paulo, Ed. RT, janeiro-março/2011.

LIBONATI, Berardino, e FERRO-LUZZI, Paolo (orgs.), e ABRIANI, Niccolò, ALESSI, Ricardo, e MORERA, Umberto (coords.). *Il Collegio Sindicale – Le Nuove Regole*. Milão, Giuffrè, 2007.

LUHMANN, Niklas. *Sociologia do Direito*. vol. II, trad. de Gustavo Bayer. Rio de Janeiro, Tempo Brasileiro, 1985.

MARRA, Ernesto, e FRANCO, Hilário. *Auditoria Contábil*. 4ª ed. São Paulo, Atlas, 2001.

MARTINS, Fran. *Comentários à Lei das Sociedades Anônimas*. 4ª ed. Rio de Janeiro, Forense, 2010.

MORERA, Umberto, ABRIANI, Niccolò, e ALESSI, Ricardo (coords.), e FERRO-LUZZI, Paolo, e LIBONATI, Berardino (orgs.). *Il Collegio Sindicale – Le Nuove Regole*. Milão, Giuffrè, 2007.

MUNHOZ, Eduardo Secchi. *Empresa Contemporânea e Direito Societário – Poder de Controle e Grupos de Sociedades*. São Paulo, ed. Juarez de Oliveira, 2002.

PONTES, Evandro Fernandes de. *O Conselho Fiscal nas Companhias Abertas Brasileiras*. São Paulo/Coimbra, Livraria Almedina, 2012.

SALOMÃO FILHO, Calixto, e COMPARATO, Fábio Konder. *O Poder de Controle na Sociedade Anônima*. 5ª ed. Rio de Janeiro, Forense, 2008.

SASSO, Cosimo. *Irregolarità di Bilancio e Responsabilità di Amministratori e Sindaci*. Milão, Giuffrè, 2000.

TEIXEIRA, Egberto Lacerda, e GUERREIRO, José Alexandre Tavares. *Das Sociedades Anônimas no Direito Brasileiro*. vol. 2. São Paulo, José Bushatsky Editor, 1979.

TELLES JR., Goffredo da Silva. *Iniciação na Ciência do Direito*. 4ª ed., 2ª tir. São Paulo, Saraiva, 2009.

# *TUTELA E EXERCÍCIO DOS DIREITOS INDIVIDUAIS E COLETIVOS NAS COMPANHIAS DE CAPITAL DISPERSO: O DIREITO DE VOTO*

Erik Frederico Oioli



## 1. *Considerações iniciais e colocação do tema*

Como se sabe, celebram contrato de sociedade as pessoas que reciprocamente se obrigam a contribuir, com bens ou serviços, para o exercício de atividade econômica e a partilha, entre si, dos resultados. A sociedade pode assumir formas e funções diversas, pode ser personificada ou não, pode limitar a responsabilidade dos sócios ou não, pode ser empresária ou não, e pode ser *intuitu personae* ou não. As razões que levam as pessoas a se associar também são diversas, e podem ir além do núcleo de conjugação de esforços para partilha de resultados. Inclusive, e principalmente, o quanto e o como as pessoas pretendem contribuir são diversos.

É certo, por outro lado, que a pessoa, ao ingressar na sociedade, seja qual for sua natureza e seja qual forem seus objetivos pessoais, adquire um novo papel jurídico-social. Passa, então, a ser parte da sociedade e denominada genericamente de sócia, o que implica ser um centro de imputação de direitos, deveres, obrigações e, em determinadas circunstâncias, poderes.

Esse pequeno centro de interesses em torno do acionista individual goza, no universo das relações societárias, de uma particularidade: ele não é estático, e seu dinamismo se amolda em decorrência da própria posição de terceiros na sociedade, seja pela formação de uma simples maioria, seja, principalmente, pela formação de centros capazes de comandar a vida da companhia de acordo com seus desígnios e no pressuposto de que seja no interesse de todos. O remédio que o Direito administra para o sobrepujamento do individuo pela maioria é a criação de "núcleos duros" de direitos invioláveis, os chamados *direitos essenciais* do acionista, que podem ser exercidos individualizada ou coletivamente, nas condições previstas em lei, além de reconhecer alguns direitos dos acionistas enquanto *grupos de interesses*, entre os quais se sobressaltam os chamados "minoritários".[1]

Como ponto de partida para a análise empreendida neste artigo toma-se o art. 109 da Lei 6.404, de 15.12.1976 (Lei das S/A), que enumera os chamados *direitos essenciais dos acionistas*,[2] qual "verdadeira declaração constitucional" dos direitos e garantias individuais dos mesmos. São os dogmas dos acionistas,[3] no sentido de princípios colocados fora de dúvida, devendo ser obrigatoriamente aceitos como válidos. Retratam a ideologia rígida a ser obedecida pelo estatuto e pela assembleia-geral no tratamento dos acionistas. Só podem ser mudados por outra lei.

Os direitos essenciais constituem o âmago da ideologia conciliatória entre os controladores e os não controladores. Nesse sentido, funcionam como neutralizadores de conflitos internos na sociedade anônima.

1. V., por exemplo, arts. 109, § 3º, 117, § 1º, "a" e "c", 161, § 4º, "a", 202, § 1º, 215, § 2º, 239, 240, 254, § 4º, e 276 *caput* e §§ 1º e 3º, todos da Lei das S/A.

2. Os direitos essenciais foram criados na França e Alemanha (*Sonderrechte*) no final do século XIX, como produto de construção jurisprudencial: os direitos intangíveis. Nasceram da contraposição aos direitos sociais ou mutáveis, que podem ser modificados ou suprimidos pelo estatuto ou deliberação majoritária. Pretendia-se, assim, a criação de um núcleo de direitos fundamentais aos sócios, não suprimíveis pela vontade majoritária.

3. Ademir Buitoni, *A Ideologia na Sociedade Anônima Brasileira*, dissertação de Mestrado apresentada na Faculdade de Direito da USP, São Paulo, 1983, p. 80.

Aparentemente são dirigidos a todos os acionistas. Aliás, como em toda ideologia, a aparência nunca coincide exatamente com a essência. Na realidade, tais direitos, tal como originalmente concebidos, visavam a proteger os não controladores, pois os controladores têm a proteção do próprio poder.[4]

Trajano de Miranda Valverde e Carvalho de Mendonça afirmavam que os direitos atribuídos ou conferidos a uma pessoa em virtude da sua qualidade de membro de uma corporação (*status socii*) são, por sua complexidade, dificilmente classificáveis. Nem por isso as tentativas foram poucas.[5] Para *fins didáticos*, tomar-se-á emprestada, como ponto de partida e com uma variante, a classificação proposta por Bulgarelli para os direitos inderrogáveis dos acionistas, que os divide em: (i) direitos que repercutem diretamente no patrimônio (aqui sintetizados como "direitos patrimoniais"), que incluem os direitos de (a) recebimento de dividendos; (b) copropriedade das reservas; (c) participação na liquidação do ativo; (d) transferibilidade das ações; e (e) preferência; e (ii) meios que a lei confere para manter incólumes e efetivos os primeiros (direitos patrimoniais) (e que aqui serão chamados de "direitos de fiscalização *lato sensu*"), que se subdividem em: (a) direito de voto; (b) direito de assistir às assembleias; (c) direito de informação; e (d) direito de fiscalização e impugnação das decisões da administração e da própria assembleia.[6]

4. Idem, ibidem.

5. V., por exemplo, para ficar entre alguns ilustres autores brasileiros: Carvalho de Mendonça, *Tratado de Direito Comercial Brasileiro*, Rio de Janeiro, Freitas Bastos, 1957, pp. 456 e ss.; Waldemar Ferreira, *Tratado de Direito Comercial*, vol. 4, São Paulo, Saraiva, 1960, pp. 305 e ss.; e Aloysio Lopes Pontes, *Sociedades Anônimas*, 4ª ed., vol. II, Rio de Janeiro, Pontes Imprenta, 1957, p. 28.

No Direito alienígena, Menezes Cordeiro, no estudo da disciplina do *status socii*, arriscou classificá-los em direitos patrimoniais, participativos e pessoais (*Manual de Direito das Sociedades, I – Das Sociedades em Geral*, Coimbra, Livraria Almedina, 2004). De forma similar: H. Wiedemann, *Gesellschaftsrecht I*, "Grundlagen", Munique, Beck, 1980.

6. Waldírio Bulgarelli, *Regime Jurídico de Proteção às Minorias nas S/A*, Rio de Janeiro, Renovar, 1998, pp. 56-57. Não obstante a classificação proposta pelo ilustre comercialista, cumpre ressaltar que a transferibilidade das ações, o direito de preferência (em determinadas circunstâncias) e o direito de voto não são necessariamente classificados como direitos essenciais dos acionistas. De fato, a própria lei admite que sejam suprimidos (v., por exemplo, os arts. 15, § 2º, 17, § 1º, 36, 171 e 172). Já, o que Bulgarelli chama de "copropriedade das reservas" também não é expresso entre os direitos essenciais listados no art. 109, mas pode ser tido como uma inferência lógica do direito de participar nos lucros e no acervo da companhia, combinado com o princípio da proporcionalidade da participação dos acionistas (arts. 169, 171, 214, 215 e 253, entre outros, da Lei das S/A). Por fim, cabe esclarecer que os direitos

Acrescenta-se a esta classificação uma terceira divisão, que agrupa os chamados "direitos de saída", ou seja, as hipóteses gerais em que a lei permite ao acionista retirar-se da sociedade, e que tão importante papel desempenham no modelo originalmente concebido pela Lei das S/A.[7]

Com exceção dos "direitos de saída" e do da livre circulação das ações (que, de certa forma, se situa entre aquele grupo e os direitos patrimoniais), todos os demais direitos poderiam ser agrupados sob uma fórmula ampla e genérica de "direitos de participação". Explica-se.

O contrato de sociedade possui basicamente um dever e um direito *elementares*. O primeiro consiste na contribuição com bens e serviços, o que faz surgir reflexamente o direito de participar dos lucros. Em regra, o sócio faz sua contribuição para formação do capital social, que será o embrião propulsor da atividade econômica a ser exercida pela sociedade, na condição de titular nas sociedades personificadas, com o propósito de gerar lucros. Uma vez que estes sejam auferidos pela sociedade, os sócios passam a ter direito sobre eles. Os sócios podem ou não comandar a atividade econômica objeto da sociedade. Podem simplesmente limitar-se a contribuir para formação do capital. Nesse caso, terceiros vão empregar os bens contribuídos para o exercício da atividade econômica com o fito de gerar lucro. Estabelece-se, portanto, uma relação fiduciária entre esses terceiros, os sócios e a própria sociedade. Dessa relação fiduciária surge naturalmente o direito de fiscalizar a administração fiduciária do patrimônio social.

Além da busca do lucro, ou em função dela, participar da vida social implica o direito de o sócio administrar a sociedade, de fiscalizar a administração quando esta não é exercida por ele e, em última instância,

de fiscalização *lato sensu* citados devem ser compreendidos dentro dos *limites da lei*, o que é uma noção e limite de extrema relevância para este estudo. Apesar das considerações acima, como já dito, partir-se-á da classificação proposta para fins didáticos e, também, práticos. Todas as classificações propostas não obedecem a critérios rigorosos, não sendo possível encontrar um sistema classificatório no sentido lógico da expressão (problema similar, como apontado por Tércio Sampaio Ferraz Jr., para classificação da tipologia das normas jurídicas, in *Introdução ao Estudo do Direito*, 2ª ed., São Paulo, Atlas, 1994, p. 124). Isto, contudo, não afeta o caráter científico do presente estudo, porque, mais que analisar os direitos essenciais, que são cláusula pétrea na Lei das S/A, interessa saber como a esfera de direitos e particularmente seu conteúdo e forma de exercício podem ser afetados pelo fenômeno da dispersão acionária. Assim, mais uma vez se refirma que os direitos essenciais são apenas um ponto de partida para a análise.

7. Bulgarelli classifica o direito de recesso entre os "direitos patrimoniais" (*Regime Jurídico de Proteção às Minorias nas S/A*, cit., p. 57).

manifestar-se no âmbito da sociedade, do qual o voto é umas principais ferramentas.

Assim, interessa saber de que forma o direito de participar ou o direito de sair da sociedade, quando o primeiro é prejudicado, podem ser modificados pelo fenômeno da dissociação entre propriedade e controle que resulte no controle disperso, isto é, aquele exercido por um acionista controlador diluído e, principalmente, pelos administradores.

Em uma primeira e superficial análise, pode-se esperar que os direitos patrimoniais sejam pouco afetados, pois a *ratio legis* de proteção dos acionistas contra a expropriação privada de benefícios pelo titular do poder – seja ele acionário ou gerencial – é preservada. O mesmo talvez não possa se dizer a respeito dos direitos de fiscalização *lato sensu* e dos direitos de saída. Embora, na essência, tais direitos não sejam ou não devam ser modificados pelo fato de o poder se deslocar da mão do acionista para os administradores – dado que, em tese, a posição do acionista excluído do poder de comando não muda –, seu conteúdo e, principalmente, sua forma de exercício mudam. Neste artigo, contudo, nos limitaremos à análise dos efeitos da dispersão acionária sobre o direito de voto.

## 2. *A superação de paradigmas na organização societária pelo advento da dispersão acionária*

Obviamente, a sociedade anônima que conhecemos hoje não é produto exclusivo da lei brasileira. Ela é uma obra de formação coletiva e progressiva, para cuja elaboração concorreram tanto o congresso de diversos aspectos jurídicos de desenvolvimento histórico mais ou menos fragmentado como, ainda, a participação de diversos povos e, contemporaneamente, de todas as economias de mercado. A sociedade anônima, assim, encontra-se presente em diversos ordenamentos e com algum grau de similaridade, ainda que com nomes diversos ou pequenas particularidades.[8]

Interessante notar que, ainda que os sistemas jurídicos sejam distintos (tradição romano-germânica e *Common Law*), ou mesmo a história e o poderio econômico dos Países em que se verificam também sejam distintos, as estruturas societárias de cada lugar, em geral, carregam con-

8. Como é o caso das *corporations* norte-americanas, que, se não são equivalentes, se aproximam da lógica das companhias abertas, ou, ainda, das companhias alemãs que adotam o sistema de cogestão.

sigo alguns traços em comum, quais sejam: (i) personalidade jurídica; (ii) responsabilidade limitada dos sócios; (iii) capital dividido em ações; (iv) delegação de poderes dos sócios aos administradores; e (v) algum grau de liberdade de circulação das ações.[9] Tais características evidenciam uma forte aptidão da sociedade para gerar valor aos acionistas; ou, melhor, para atender aos interesses destes.[10]

É natural esperar certa convergência natural do modelo dentro de um cenário de expansão econômica não suportada pelos indivíduos de forma isolada. Admitindo a limitação de responsabilidade, a S/A torna possível a mobilização de recursos em montante ilimitado através da junção de diversas procedências e com diversos objetivos, ainda que sob o denominador comum da geração de lucros. A livre transferência das ações, por sua vez, torna-as ainda mais atrativas e propicia liquidez ao investimento, e a delegação de poderes dos sócios para os administradores é um produto inevitável do fenômeno da dissociação entre propriedade acionária e controle empresarial, tanto maior quanto menor for a capacidade de o acionista empresário financiar a empresa com capital próprio. Além disso, a crescente internacionalização das atividades empresariais e o inter-relacionamento das economias nacionais, em que empresas internacionais mudam frequentemente de sede, em busca de melhor acolhimento ou fugindo de leis retrógadas, tendem também a promover uma gradativa uniformização dos regramentos societários.

Recentemente os diversos debates acadêmicos e institucionais têm convergido exatamente para reforçar a supremacia do poder acionário.[11] Nesse modelo, os administradores devem exercer suas funções no interesse dos sócios; credores, empregados, fornecedores e consumidores (*stakeholders*) deveriam ter seus direitos disciplinados contratualmente ou por meio de leis não societárias; acionistas minoritários deveriam receber proteção contra a apropriação excessiva de benefícios privados por acionistas controladores, e a principal medida do interesse das companhias abertas seria o valor de mercado das ações. A convergência dos ordenamentos jurídicos para esse modelo fatalmente levaria ao que

9. Cf. Henry Hansmann e Reinier Kraakman, "The end of history for corporate law", in Roberta Romano (org.), *Foundations of Corporate Law*, 2ª ed., Nova York, Foundation, p. 745. Nesse mesmo sentido: Robert Clark, *Corporate Law*, Nova York, Aspen Law & Business, 1986, p. 2.

10. O que faz Hansmann e Kraakman falarem em "shareholder-oriented model".

11. Nesse sentido, v. a Diretiva 2004/25/CE do Parlamento Europeu e do Conselho da União Europeia sobre a adoção de uma legislação uniforme sobre *takeovers*.

Hansmann e Kraakman dramaticamente denominaram, em tradução livre, o "fim da história para o direito societário".

De fato, ao longo da história evolutiva das sociedades anônimas nota-se, em certos aspectos, alguma convergência dos modelos societários, ainda que disciplinados por sistema jurídicos distintos.

Cita-se, por exemplo, a proteção da minoria. As primeiras legislações sobre a sociedade anônima consagraram o princípio majoritário sem, contudo, dedicar atenção àqueles alijados do poder de direção da empresa. Tal proteção veio apenas com a evolução dos princípios democráticos que moldaram a estrutura da sociedade, particularmente com a formação das macroempresas, cuja expansão depende da captação de recursos no mercado de capitais. Ocorre que a atribuição de mais direitos a determinados acionistas, na condição de investidores, é indiferente, pois não se dispõem ou não tem condições técnicas ou financeiras de exercê-los. Cientes desse fato, as legislações no pós-guerra voltaram-se para a administração das companhias, estabelecendo regras de comportamento dos gestores, de prevenção de conflito de interesses ou de participação das minorias na administração, por meio do voto múltiplo. Além disso, no âmbito das assembleias-gerais, as reformas mantiveram a proteção da minoria com base no abuso de direito de voto, além de estabelecer a responsabilidade do acionista dominante. Outro setor especialmente trabalhado pelo legislador foi o das demonstrações financeiras.[12]

No âmbito do surgimento da macroempresa a evolução foi no sentido de serem desenvolvidas normas específicas quanto a três campos importantes do fenômeno: (i) disciplina do autofinanciamento (estabelecendo limitações à poupança forçada, por meio da fixação de dividendos mínimos obrigatórios); (ii) disciplina das fusões e incorporações; e (iii) disciplina da informação no âmbito societário e no mercado de capitais.

Nossa Lei Societária, concebida há mais de 30 anos, em certa medida se adapta, sem grandes esforços, a este modelo. Isto não permite concluir, contudo, que a lei é adequada para disciplinar o fenômeno da dispersão acionária, pois o modelo simplesmente não prescreve a melhor forma de solucionar os conflitos entre acionistas e entre acionistas e administradores, que será um dos temas centrais da disciplina do capital disperso.

Não obstante, a convergência de modelos societários é importante para evidenciar a relevância do Direito Comparado para a análise do

12. Cf. Alfredo Lamy Filho e José Luiz Bulhões Pedreira, *A Lei das S/A*, 2ª ed., t. III ("Pareceres"), vol. 2, Rio de Janeiro, Renovar, 1996, pp. 74 e ss.

nosso sistema jurídico, especialmente pela experimentação de determinados Países com a dispersão acionária e de que maneira estruturaram seu próprio modelo societário.

Na mesma medida, se é fato que a *estrutura* das sociedades anônimas – ou seja, a disposição e ordem dos elementos no sistema societário – caminha para a convergência, as relações que se estabelecem entre seus componentes divergem em função da configuração do poder *interna corporis*, o que permite falar na bipolarização do mundo societário em sistemas de controle concentrado e de controle diluído, como visto acima. Cada sistema, por sua vez, calibra as relações entre os elementos que compõem sua estrutura – notadamente os órgãos sociais – em função dos centros de poder que se estabelecem no âmbito da empresa. Embora o objeto seja o mesmo – o modelo clássico da sociedade anônima constatado por Hansmann e Kraakman –, o produto dessa calibragem é essencialmente diverso.[13]

Nos sistemas de controle concentrado a ênfase do direito societário é dirigida à limitação do poder de o controlador extrair benefícios particulares da companhia. Não se trata de eliminar completamente esses benefícios, mas de mantê-los ao menos em nível adequado.

Ao comandar a atividade da companhia, o controlador pode assegurar para si determinados benefícios. Pode fazê-lo, primeiro, mediante a adoção de determinadas políticas, como a de distribuição de dividendos. Um controlador pode adotar uma política mais agressiva de distribuição de dividendos se necessitar de mais recursos para investir em outros negócios dele próprio, ou uma política de reinvestimento, se não precisar desses recursos.

Pode também o controlador obter benefícios particulares por meio de técnicas associadas a contratos celebrados direta ou indiretamente por ele com a companhia (*self dealing*). Por exemplo, por meio do *transfer*

13. Como evidência disso, por mais de 30 anos se debateu na Europa a proposta de unificação da legislação societária com vistas à criação da SAE. O produto final desse debate foi, porém, bem mais tímido do que originalmente se esperava. Não foi possível obter um consenso sobre a própria estrutura orgânica na SAE, resultando na apresentação de uma solução que consiste na faculdade de escolha entre dois modelos de administração (monista e dualista), deixando em aberto muitos aspectos com relação à dinâmica de funcionamento desses órgãos. Mesmo assim, os modelos facultativos não escaparam às críticas e resistências à adaptação (umas das maiores, diga-se, veio da Itália, ainda que tenha empreendido uma reforma orgânica da sociedade anônima no início deste século) (cf. Rafael A. Peironcely e Carmen G. Dorronsoro, *La Sociedad Anónima Europea*, Barcelona, Bosch, 2004). Nota-se que estamos longe do fim da história do direito societário...

*pricing*, transferência de ativos da sociedade controlada para o controlador ou para sociedade sob seu controle, utilização de ativos da sociedade como garantia para obtenção de financiamento para o controlador etc. Assim, para limitar essa forma de expropriação de benefícios privados do controle, é fundamental haver transparência nas informações, clareza sobre eventual conflito de interesses entre o controlador e a sociedade e, ainda, limitação do poder do controlador de decidir unilateralmente questões que lhe afetem diretamente.[14]

Nas operações de venda de controle há que se ressaltar que no sistema de controle concentrado não há propriamente um mercado de controle acionário. A alienação do controle depende de negociações diretas com o titular do controle. Assim, ao negociar a alienação o controlador tem liberdade para definir o preço, reservando para si todo ou parte do sobrevalor correspondente ao poder de comandar a empresa.

Por último, cumpre examinar os benefícios obtidos pelo controlador em operações que acarretem a diluição de minoritários, como operações de fusão ou de incorporação. Nessas operações é importante a adoção de uma disciplina rigorosa. É preciso garantir a equidade, de forma semelhante ao que deve ocorrer em relação às operações de *self dealing*, a que se fez referência. Ao se disciplinar essas operações deve-se buscar um quadro análogo ao de uma negociação *arm's length*, em que as partes tenham efetiva possibilidade de negociação.[15] Isto porque, ao contrário do que pode eventualmente ocorrer nas hipóteses de alienação de controle, nas operações de fusão ou de incorporação os minoritários não participam automaticamente de nenhum ganho como resultado delas. Daí resulta um incentivo para o controlador, antecipando-se à realização da operação, procurar manipular as atividades da sociedade controlada e o valor de suas ações.[16]

14. Nesse sentido, a Lei das S/A dispõe de regras sobre conflito de interesses (art. 115) e exercício abusivo do poder de controle (arts. 116 e 117). O Novo Mercado não inovou em relação à matéria, muito embora mereçam destaque as normas que exigem maior transparência das informações da companhia e a que submete os conflitos à solução por arbitragem. Essas regras podem, por sua vez, contribuir para tornar mais efetiva a aplicação das regras da lei retrocitadas.

15. Cf. Ronald Gilson e Jeffrey Gordon, *Controlling Controlling Shareholders*, Columbia Law and Economics Working Paper N. 228, 2003, pp. 11-13 (disponível em *http://ssrn.com/abstract=417181*).

16. A este respeito, interessante analisar o Parecer de Orientação CVM-34/2006, que cuida da definição da relação de troca das ações de titularidade do controlador e dos demais acionistas nas operações de incorporação e de incorporação de ações. De forma resumida, de acordo com o referido parecer, nas operações de

Como se sabe, a Lei das S/A foi estruturada em torno do poder de controle, e, como sistema de controle concentrado, ocupa-se da apropriação de benefícios privados pelo acionista controlador, mas somente na medida do necessário para atrair o capital de investidores do mercado de capitais, de forma a atender aos pressupostos orientadores da criação da lei. Dessa forma, a Lei das S/A caracteriza-se pela previsão de direitos de proteção dos acionistas minoritários como se fossem elementos estranhos à sociedade, necessários somente como fonte de financiamento da grande empresa nacional. Criou-se, assim, um sistema de compensação para os acionistas minoritários em face da concentração de poder do acionista controlador e da consequente possibilidade de apropriação de benefícios particulares decorrentes de tal posição.

A dispersão do capital, com o enfraquecimento ou até mesmo o desaparecimento do acionista controlador, subverte a lógica da Lei das

incorporação ou de incorporação de ações o acionista controlador estará impedido de votar se a proposta de incorporação contemplar uma relação de troca que atribua valor diferente às ações do controlador em relação às demais ações. Nesses termos, o Parecer 34/2006 orienta a interpretação da CVM a respeito do § 1º do art. 115 da Lei das S/A, aplicando o impedimento do direito de voto, por entender incidir no caso a hipótese de benefício particular, prevista no mencionado dispositivo (sobre as críticas a este entendimento, v. Erasmo Valladão A. e N. França, "O conceito de benefício particular e o Parecer de Orientação 34 da CVM", in *Temas de Direito Societário, Falimentar e Teoria da Empresa*, São Paulo, Malheiros Editores, 2009, pp. 568-582, e "Ainda o conceito de benefício particular – Anotações ao julgamento do Processo CVM-RJ 2009/5.811", *RDM* 149-150/293-322, Ano XLVII, São Paulo, Malheiros Editores, 2008). Já, o Parecer de Orientação CVM-35/2008 cuida das operações de fusão, incorporação e incorporação de ações envolvendo sociedade controladora e suas controladas ou sociedades sob controle comum. Diversamente do Parecer de Orientação 34/2006, o parecer de 2008 não caminha no sentido de proibição do direito de voto, nem se socorre da complexa interpretação do § 1º do art. 115 da Lei das S/A. Pelo contrário, referido parecer corrobora o entendimento de que o controlador pode votar nas deliberações que digam respeito a essas operações. Contudo, por se tratar de operações que potencialmente podem acarretar a extração de excessivos "benefícios particulares" pelo controlador, o Parecer de Orientação 35/2008 estabelece um procedimento especial para aprovação dessa deliberação, reinterpretando os deveres fiduciários dos administradores. Conforme aponta Munhoz, esse procedimento não exclui a participação do controlador, mas antes visa a buscar garantir a equidade do processo. Assim o faz, principalmente, por meio da exigência de uma maior transparência em relação a todos os dados e informações relevantes para a operação e, ainda, pela presunção de que, se a deliberação for aprovada por administradores independentes, ela será considerada comutativa ("Desafios do direito societário brasileiro na disciplina da companhia aberta", in Rodrigo R. Monteiro de Castro e Leandro Santos de Aragão (coords.), *Direito Societário: Desafios Atuais*, São Paulo, Quartier Latin, 2009, p. 150).

S/A. O grau de importância dos direitos compensatórios tenderia a diminuir (mas sem perdê-la por completo) e alguns dispositivos aplicáveis somente ao *acionista* controlador (como o abuso do poder de controle) tendem a perder sua função.

A diluição do poder de controle, como toda diluição de poder, acaba, assim, por permitir melhor equilíbrio entre os vários interesses envolvidos pelas grandes companhias. Evidentemente, o problema do poder e seus potenciais abusos passa da esfera dos acionistas para a esfera dos administradores. Há, portanto, um deslocamento da disciplina da proteção contra a apropriação excessiva de benefícios particulares, dos controladores para os administradores.

Em uma companhia com controle bem definido os acionistas controladores se encarregam de fiscalizar os administradores, isto quando eles próprios não são também administradores da companhia. Muitas vezes isto leva, inclusive, à noção de que a administração é uma *longa manus* do controlador, que seria o verdadeiro "dono" da empresa.

Ante uma estrutura de controle diluído, a preocupação central do direito societário passa a ser o monitoramento dos administradores, ou seja, a de fazer com que estes atuem, comandem a companhia, no sentido de atender aos interesses desta. Trata-se do problema dos custos de monitoramento, externados na doutrina norte-americana por meio da expressão *agency costs*. Sob esta ótica, ganha força a teoria organizativa da sociedade, que identifica nesta uma função organizativa da empresa e dos interesses, em seu sentido mais amplo, ligados à empresa. Ganha, também, força a análise dos meios de monitoramento da administração no contexto de controle diluído e como eles se ajustam ao contexto da atual Lei Acionária.

## 3. *O direito de fiscalização* lato sensu

O direito ou *poder* de fiscalização é uma decorrência lógica da própria existência do poder de controle. Sempre que ao controle, em uma relação jurídica societária, é assegurada a possibilidade de invocar um poder, restará à fiscalização a possibilidade de surgir como um mecanismo de freio e contrapeso. A fiscalização, assim, é um meio ou *função* para o exercício de direitos perante o poder de controle.[17]

17. Cf. Evandro Fernandes de Pontes, *O Conselho Fiscal nas Companhias Abertas Brasileiras*, São Paulo, Almedina, 2012, pp. 17-19. Ademais, o direito de

Sendo assim, da transmutação do modelo de controle concentrado para o capital disperso, seja ele fundado no controle diluído ou no controle gerencial, o direito de fiscalização *lato sensu* permanece inalterado. Em qualquer cenário haverá um *poder* de controle, fundado ou não na participação acionária, a justificar a existência e o exercício do *poder-função* de fiscalizar.

Todavia, na transição de modelos, os meios de exercício do direito de fiscalização mudam e se refletem tanto na estrutura orgânica da companha quanto no conteúdo e na forma de exercício de outros direitos inerentes à posição do acionista na companhia (*status socii*), sobretudo em relação ao direito de voto e à informação. Ainda, importante notar que o direito de fiscalizar, na Lei das S/A, não é amplo e ilimitado; ele dever ser exercido nos termos da lei (art. 109, III).

### *4. O direito de voto e de participação na assembleia-geral*

As sociedades comerciais, especialmente as sociedades anônimas, acolheram a prática do voto como meio de consultar o quadro de sócios, definindo a vontade social. O direito de voto pressupõe o direito de participar das deliberações sociais,[18] conferido a todas as ações ou quotas, independentemente do direito de voto. Trata-se o voto, assim, de manifestação individual e unilateral de vontade tendente a produzir uma decisão coletiva.[19]

Conforme ensina Pontes de Miranda, o direito de voto é um direito subjetivo, cabendo ao titular o direito de exercê-lo ou não, e também poder, que deve ser exercido no interesse de outrem. A discussão fundamenta-se justamente na faculdade do sócio de exercê-lo, pois no ordenamento jurídico brasileiro o voto na sociedade anônima é exercido no interesse da companhia (art. 115 da Lei das S/A).[20-21] Nesta pers-

fiscalização, em última instância, é uma consequência do direito de propriedade, como desdobramento de conservar e fazer bom o uso da coisa. Essa noção é importante quando transposta para a sociedade sob a ótica da dissociação entre poder e controle, que justifica o direito de fiscalizar como um *contracontrole*.

18. V. parágrafo único do art. 125 da Lei das S/A.

19. Cf. Dominique Schmidt, *Les Droits de la Minorité dans la Societé Anonymé*, Paris, Sirey, 1970.

20. Importante notar que, no tocante ao conteúdo do voto, sua natureza é diversa conforme o ordenamento jurídico. No Direito Inglês, por exemplo, o voto pertence ao sócio e é exercido no seu próprio interesse.

21. Há, contudo, exceções: por exemplo, o voto em assembleia para exercício do direito de retirada. Trata-se de deliberação no interesse próprio do sócio, aproxi-

pectiva, o voto se aproxima de um direito-dever. Segundo Comparato, assemelha-se à *potestas* do Direito Romano: um poder jurídico atribuído à pessoa para agir no interesse de outrem, não no próprio interesse.[22]

A dimensão desse poder é mais bem compreendida pela redação do art. 121 da Lei das S/A, que atribui à assembleia-geral – foro apropriado[23] para manifestação do voto – "poderes para decidir todos os negócios relativos ao objeto da companhia". Tal competência acaba por repercutir sobre a esfera de atuação da companhia. O voto por meio da assembleia pode, assim, orientar e dar instruções diretas quanto à prática de determinado ato de gestão pelos administradores, bem como vetar a realização de um negócio. A ingerência assemblear no desenvolvimento da empresa é, dessa forma, permitida, vinculando os administradores, os quais não podem legitimamente desatender às suas deliberações.[24]

Embora o direito de voto não seja um direito essencial nas sociedades de capitais em geral, ele é concedido a todos os acionistas nas companhias listadas no Novo Mercado, onde se constata o fenômeno da dispersão do capital.[25] Tal direito ganha relevância como instrumento

mando-se de um direito subjetivo (potestativo). Neste caso, contudo, a deliberação é tomada contra a maioria, e não contra o interesse coletivo. O acionista age, assim, como parte do contrato social, e não como membro do órgão social (cf. Alfredo Lamy Filho e José Luiz Bulhões Pedreira (coords.), *Direito das Companhias*, vols. I e II, Rio de Janeiro, Forense, 2009).

22. Fábio Konder Comparato, "Poder de controle na sociedade anônima", *RDM* 9, São Paulo, Ed. RT, 1973.

23. Em determinados casos o direito de voto pode ser externado em separado. Isto se dá, por exemplo, para o preenchimento de determinados cargos na administração (arts. 16 e 18 da Lei das S/A) ou para aprovação de determinadas alterações estatutárias (parágrafo único do art. 18 da Lei das S/A). Não se trata, contudo, de deliberação individual ou de outra assembleia, mas apenas de norma de caráter procedimental.

24. Cf. Marcelo Barbosa Sacramone, *Exercício do Poder de Administração na Sociedade Anônima*, dissertação de Mestrado apresentada na Faculdade de Direito da USP, São Paulo, 2007, p. 115.

25. Como se sabe, no silêncio do estatuto, todas as ações têm direito a voto, inclusive as preferenciais. Como visto, permite-se, no entanto (art. 111 da Lei das S/A), que o estatuto retire o direito de voto das ações preferenciais ou de classe destas, ou estabeleça restrições ao seu voto. Não obstante, há casos em que as ações preferenciais obrigatoriamente possuem ou adquirem direito a voto: (i) assembleia de constituição (art. 87, § 2º, da Lei das S/A); (ii) transformação da sociedade (art. 221 da Lei das S/A); (iii) mudança de nacionalidade (art. 1.127 do CC); (iv) criação, aumento desproporcional ou alteração nas preferências (art. 136, § 1º, da Lei das S/A); (v) escolha de representante no conselho fiscal (art. 161, § 4º, "a", da Lei das S/A) e membro do conselho de administração, atendidas determinadas condições;

de controle dos administradores (graças ao ativismo societário) e pela responsabilidade que carrega consigo, especialmente nas sociedades em que o controle diluído é instável.[26] Serve, ainda, como obstáculo à apropriação de benefícios particulares mesmo pelo controlador, o que é apontado como um dos pilares do sucesso do Novo Mercado. Portanto, o voto, que por muitas vezes foi desprezado em nosso ordenamento – que inclusive se utilizou fartamente da possibilidade de supressão desse direito para facilitar e consolidar o poder de controle –, volta a ocupar posição de destaque no direito societário.[27]

Por outro lado, o fenômeno do absenteísmo tem levado a uma gradativa perda de importância da assembleia-geral, inversamente proporcional ao ganho de relevância dos órgãos de administração.[28] Como

(vi) não recebimento de dividendo prioritário, quando previsto; (vii) não recebimento de dividendos mínimos no período máximo de três anos (disposição similar à do Direito Italiano; na Alemanha o período é de um ano); e (viii) companhia em fase de liquidação (art. 213 da Lei das S/A).

26. Cf. Lucian A. Bebchuk, "The case for increasing shareholder power", *Harvard Law Review* 118/836, n. 3, janeiro/2005 (disponível in *http://ssrn.com/paper=387940* (c. 8.11.12)).

27. A evolução do direito de voto pode ser compreendida em três fases: no início, as companhias, ainda na era do mercantilismo, eram fortemente influenciadas pelos Estados, organizadores das empreitadas coloniais, e, portanto, regidas pelo direito público, relegando aos acionistas minoritários a posição de meros contribuintes de capital, sem direito a voto. Já, na era industrial, com a organização das companhias como entidades privadas e a necessidade de apelo à poupança privada, associadas à influência do liberalismo político, há o reconhecimento do *status socii* e o de diversos direitos a ele inerentes. A evolução desses direitos resultou na terceira fase, na qual se reconhece deliberadamente o direito de voto e igualdade deste entre os acionistas, com o estabelecimento da regra de que a cada ação corresponde um voto (*one-share, one-vote*) (cf. Carmen Alborch Bataller, *El Derecho de Voto del Acionista (Supuestos Especiales)*, Madri, Tecnos, 1977, p. 54). Assim, o direito de voto, ausente na proto-história do direito societário, suprimido em troca de vantagens patrimoniais para o financiamento das grandes empresas, relegado a segundo plano no processo de dissociação entre propriedade e controle, retorna com força aos debates doutrinários, ironicamente como (i) propulsor do movimento de dispersão acionária no Brasil e (ii) reação ao próprio movimento de dispersão. Isto porque no próprio movimento de dispersão acionária, com a gradativa diminuição do poder de controle, que aos poucos vai se transferindo dos acionistas para os administradores, perde relevância a dicotomia entre controladores e não controladores e ganha importância o monitoramento dos administradores. Nesse contexto, o voto merece ser resgatado como relevante instrumento de participação dos acionistas na vida social, especialmente com o intuito de fiscalizar e orientar os administradores a respeitar o interesse dos sócios *uti socii*.

28. Cf. Jean Chamboulive, *La Direction des Sociétés par Actions aux États-Unis d'Amérique*, Paris, Sirey, 1964, p. 74.

titulares de interesse residual na companhia, os acionistas deveriam, de fato, atuar como instância maior e final quanto ao seu monitoramento (e de seus administradores). A indefectível realidade, contudo, obriga a existência de outras instâncias de monitoramento dos administradores, suprindo a (falta de) vontade ou ação dos acionistas, que também impactam a estrutura e o funcionamento orgânico da sociedade anônima. Antes dessa discussão, contudo, é importante analisar o fenômeno do absenteísmo e os meios para estimular o exercício do direito de voto e outros direitos de fiscalização pelos acionistas.

## *5. Do absenteísmo assemblear ao ativismo societário*[29]

Nas sociedades de capital disperso é comum faltar interesse aos acionistas (ou, ao menos, a boa parte deles) em participar das assembleias, o que pode ocorrer por diversos motivos, conforme ensina Renato Ventura Ribeiro. Segundo o autor, um deles seria a falta de interesse dos acionistas pelos negócios sociais, pois entendem que fizeram investimento com caráter financeiro, interessando-se tão somente pelo retorno gerado.[30] Outros motivos seriam a incompetência técnica (financeira e jurídica) pura e simples, a confiança nos administradores e a participação social inexpressiva – dentre outros.[31]

Além dos motivos acima citados, não se pode esquecer também da questão cultural: há até pouco tempo não existiam companhias de capital disperso no Brasil; muito disso ainda parece ser novidade. Aquilo que vem sendo chamado de "democratização do capital" é fenômeno recente no País e, por mais que se veja número cada vez maior de pessoas passar

29. "Ativismo societário" é expressão recorrentemente utilizada para designar a atuação conjunta e coordenada de acionistas minoritários na defesa de seus direitos e interesses. No Brasil o seu uso não é novidade, dado o permanente conflito entre acionistas controladores e minoritários, que é da essência do nosso direito societário (cf. Luiz André N. de Moura Azevedo, "Ativismo dos investidores institucionais e poder de controle nas companhias abertas de capital pulverizado brasileiras", in Rodrigo R. Monteiro de Castro e Luís André de Moura Azevedo (orgs.), *O Poder de Controle e Outros Temas de Direito Societário e Mercado de Capitais*, São Paulo, Quartier Latin, 2010, p. 218).

30. Renato Ventura Ribeiro, *O Direito de Voto nas Sociedades Anônimas*, São Paulo, Quartier Latin, 2009, p. 59.

31. Idem, p. 60. V., ainda: Stephen M. Bainbridge, "The politics of corporate governance: Roe's strong managers, weak owners", *Harvard Journal of Law & Public Policy* 1995, p. 8; e Marcelo Lamy Rego, "Pedido de procuração para votar", in Rodrigo R. Monteiro de Castro e Leandro Santos de Aragão, *Direito Societário – Desafios Atuais*, São Paulo, Quartier Latin, 2009, p. 321.

a utilizar o mercado de capitais como meio de poupança, tais investidores (pessoas físicas em geral) ainda não se acostumaram a participar de assembleias-gerais, ler relatórios anuais e analisar demonstrações financeiras para tomar decisões de voto.[32]

Mesmo nos Estados Unidos, que têm o maior mercado de capitais e o maior número de sociedades de capital disperso no mundo, algumas empresas fazem grandes esforços para atrair acionistas para os eventos societários.[33] Aliás, o absenteísmo é uma das grandes razões que justificam a existência do controle gerencial naquele País.[34]

Além dos pressupostos subjetivos que levam ao absenteísmo, existe um aspecto fundamental e característico da massa acionária: falta de ação coletiva. Os acionistas, em especial aqueles das companhias com grande dispersão acionária, têm dificuldade para agir coordenadamente – o que lhes retira poder de barganha e dá chance a ações oportunistas por quem detém o poder. Isto se agrava pelo fato de que, dos ganhos decorrentes do ativismo, apenas uma fração (muitas vezes pequena) aproveita ao acionista ativo. Ou seja: o acionista incorre em custos elevados – em que os acionistas passivos não incorrem – para gerar proveito a todos e do qual eles têm pouca participação.

Bainbridge dá o exemplo: "Suponha que uma companhia com problemas tenha 110 ações em circulação, atualmente ao preço de $ 10 por ação, dos quais o acionista potencialmente ativo possua 10. Tal acionista acredita corretamente que as ações da companhia se elevariam

32. Trata-se, pois, de situação bastante distinta do conflito entre acionistas controladores e minoritários, com o qual já estão bastante familiarizados os ativistas brasileiros, notadamente investidores institucionais (cf. Luís André N. de Moura Azevedo, "Ativismo dos investidores institucionais e poder de controle nas companhias abertas de capital pulverizado brasileiras", cit., in Rodrigo R. Monteiro de Castro e Luís André de Moura Azevedo (orgs.), *O Poder de Controle e Outros Temas de Direito Societário e Mercado de Capitais*, pp. 218-220; e Jorge Lobo, "Princípios de governança corporativa", *Revista da Escola da Magistratura do Estado do Rio de Janeiro/EMERJ* 10/204-206, n. 37, 2007).

33. O exemplo clássico seria a *Berkshire Hathaway*, que em sua assembleia-geral promove partidas de tênis de mesa entre grandes investidores, como Warren Buffet e Bill Gates, simplesmente para atrair a atenção dos investidores (cf. Erik F. Oioli e Marcelo Godke Veiga, "Convergência e divergência em sistemas de mercado de capitais: o caso brasileiro", in Rodrigo R. Monteiro de Castro e Luís André de Moura Azevedo (orgs.), *O Poder de Controle e Outros Temas de Direito Societário e Mercado de Capitais*, São Paulo, Quartier Latin, 2010, p. 351).

34. Cf. A. Berle e G. Means, *The Modern Corporation and Private Property*, 11ª reimpr., New Brunswick, Transaction, 2010.

a $ 20 caso os problemas da companhia fossem resolvidos. Se o acionista for capaz de efetuar mudanças na companhia a fim de solucionar tais problemas, ele teria um ganho de $ 100 quando o preço das ações aumentasse de forma a refletir o valor adequado. Todos os demais acionistas, entretanto, receberão automaticamente sua participação *pro rata*. Como resultado, o acionista ativo confere um ganho gratuito de $ 1.000 aos demais acionistas".[35] Certamente, o acionista potencialmente ativo deixará de sê-lo caso os custos esperados para o exercício do direito sejam próximos ou superiores ao ganho esperado. Vale, assim, a "máxima de Wall Street": é melhor vender que lutar ("it's easier to switch than fight"[36])!

Há, portanto, claro desiquilíbrio na distribuição de riqueza interna, para o quê a referida falta de ação coletiva só contribui. Pior: uma riqueza pode deixar de ser gerada pela inadequada alocação dos custos entre os acionistas (no exemplo acima, imagine-se que os custos para exercício do direito fossem de $ 100: a riqueza líquida que deixaria de ser gerada seria de $ 1.000). Dessa forma, qualquer iniciativa que vise a fomentar o ativismo societário deve atacar justamente a falta de ação coletiva, de suas formas básicas: (i) informação adequada e suficiente; (ii) facilitação do exercício de direitos dos acionistas. Tratar-se-á, na sequência, das principais iniciativas.

### *5.1 Mecanismos de facilitação do exercício de direitos dos acionistas*

#### 5.1.1 *Redução de quóruns ou percentuais mínimos para exercício de direitos*

Neste quesito existem duas questões de ordem distintas, quais sejam: existência de percentuais mínimos para (i) *instalação* e *deliberação* em assembleia-geral e, assim, aprovar determinadas matérias e exercer efetiva influência sobre a empresa; e (ii) exercício de determinados direitos *fora* da assembleia-geral.

35. Stephen M. Bainbridge, "The politics of corporate governance: Roe's strong managers, weak owners", cit., *Harvard Journal of Law & Public Policy* 1995, p. 28. Este problema também é conhecido como – em tradução literal – "carona livre" (*free ride*). Sobre este problema no direito societário, v. G. J. Stigler, "Free rides e collective action: an appendix to theories of economic regulation", *Bell Journal of Economics & Management Science* 5/359, s/l, s/e, 1974.

36. Stephen M. Bainbridge, "The politics of corporate governance: Roe's strong managers, weak owners", cit., *Harvard Journal of Law & Public Policy* 1995, p. 6.

#### *5.1.1.1* Quóruns assembleares

A Lei das S/A, sensível ao problema do absenteísmo, já permite a instalação da assembleia-geral com qualquer número de presentes em segunda convocação (arts. 125 e 135), consagrando o princípio da deliberação pela maioria absoluta dos *presentes* (art. 129). Assim, a lei permite que alguém que possua menos da metade do capital social com direito a voto seja maioria nas deliberações sociais, em função do absenteísmo – o que, inclusive, viabiliza o controle diluído.

Obstáculo maior representa, em tese, o art. 136 da Lei das S/A. Referido artigo exige a aprovação das matérias ali descritas por acionistas que detenham pelo menos metade das ações com direito a voto. Trata-se, com efeito, de assuntos bastante sensíveis aos acionistas, aptos a mudar profundamente as "regras do jogo". Nesse sentido, em uma companhia de capital disperso, sem um controlador majoritário, o quórum mais elevado para aprovação desses assuntos em assembleia, mais que um problema, pode servir de proteção contra a aprovação de propostas contrárias aos acionistas – como a redução do dividendo obrigatório – ou potencialmente lesivas à companhia – como alteração do seu objeto ou participação em grupo de sociedades.

Por outro lado, algumas das matérias previstas no art. 136 da Lei das S/A podem envolver operações positivas ou até mesmo necessárias à realização dos interesses da companhia (como a cessação do estado de liquidação, como exemplo mais óbvio). Para tanto, a Lei das S/A já oferece sua solução no § 2º, permitindo que a CVM autorize a redução dos quóruns de deliberação – através de procedimento burocrático que talvez mereça ser repensado. Defende-se que, ao contrário do que a CVM tem praticado com as reduções de limites mínimos para exercício de determinados direitos, previstas no art. 291 da Lei das S/A,[37] essa autorização da autarquia seja feita caso a caso, levando-se em conta as particularidades de cada companhia e a proteção referida no parágrafo anterior.[38]

37. V. Instrução CVM-165/1991 e Instrução CVM-324/2000.

38. E é assim que a CVM tem aplicado o dispositivo (cf. Processo CVM-2002/0567, j. 1.10.2002; Processo CVM-2006/6.785, j. 25.9.2006; e Processo CVM-2007/0947, j. 22.7.2007). Não obstante, o colegiado da CVM, no Processo CVM-2006/3.453 (j. 18.5.2006), já se manifestou favoravelmente à necessidade de criação de autorização genérica para as companhias que se encontrem na situação do § 2º do art. 136.

#### *5.1.1.2* Exercício de direitos

A dispersão acionária acentuada é evidente fator de *desestímulo* ao ativismo societário, na medida em que dificulta o atendimento dos percentuais mínimos de participação no capital votante, não votante e total estabelecido pela Lei das S/A para o exercício de importantes prerrogativas legais dos acionistas.

Tais percentuais podem variar desde o requisito de 10% das ações em circulação para requerer a convocação de assembleia especial dos titulares de ações em circulação no mercado, a fim de requerer nova avaliação da companhia para determinação do seu valor justo na hipótese de fechamento de capital (art. 4º-A da Lei das S/A), até o de 0,5% do capital social para se requerer a relação de endereços dos acionistas da companhia para fins de representação em assembleias-gerais (art. 126, § 3º, da Lei das S/A). De forma geral, os percentuais para exercício de direitos são fixados em 5% do capital social, o que pode ser bastante significativo em companhias com elevada dispersão acionária.

A fixação de tais requisitos mínimos apresenta uma lógica: se fosse concedida a todos os acionistas das companhias a faculdade de fiscalizar individualmente os atos de gestão, tendo acesso a toda e qualquer informação pleiteada, bem como requerer o exercício de certos direitos (como a convocação de assembleias), a vida social estaria seriamente perturbada, com prejuízo ao atingimento dos objetivos sociais. O grande número de acionistas e a livre transferibilidade das ações tornariam o atendimento de tal prerrogativa, se fosse conferida como direito individual, de forma ampla e sem restrições, um dever a que nenhuma companhia poderia se sujeitar de forma responsável; o que, ademais, daria ensejo a abusos de toda espécie.[39]

Não obstante, respeitado o objetivo de não tornar a companhia inoperante – colocando os administradores para trabalhar unicamente em função da prestação de contas aos acionistas –, a partir do desenvolvimento e da sedimentação do conceito do dever geral de lealdade societária, alguns percentuais podem – e devem – ser reduzidos ou eliminados.

Citam-se como exemplos os percentuais que servem como requisito para: (i) convocação de assembleia-geral extraordinária para deliberar sobre matérias específicas quando os administradores não atenderem ao pedido dentro do prazo legal – hoje, de 5% do capital social (cf. art. 123, parágrafo único, "c", da Lei das S/A); (ii) requerer relação de endereços

39. Cf. Carvalho de Mendonça, *Tratado de Direito Comercial Brasileiro*, cit., p. 249.

dos acionistas da companhia para fins de representação em assembleia-geral – 0,5% do capital social (cf. art. 126, § 3º, da Lei das S/A); (iii) requerimento de voto múltiplo e eleição de conselheiros sob esse procedimento – de 10% a 5% do capital votante para o requerimento (cf. art. 141 da Lei das S/A, c/c a Instrução CVM-165/1991); (iv) requerimento de informações aos administradores a serem divulgadas em AGO – 5% do capital social (cf. art. 157, da Lei das S/A); (v) ajuizamento de ação social *ut singuli* – 5% do capital social (cf. art. 159, § 4º, da Lei das S/A); (vi) requerimento de instalação do conselho fiscal – 8% a 2% das ações votantes e 4% a 1% das ações sem direito a voto (cf. Instrução CVM-324/00); (vii) requerer informações ao conselho fiscal em matérias de sua competência – atualmente, 5% (cf. art. 163, § 6º, da Lei das S/A).[40-41]

Em relação aos requerimentos que envolvem a instalação da assembleia-geral – um dos pontos mais importantes –, vale ressaltar que na Europa muitos Países permitem que os acionistas formulem proposta para deliberação em assembleia-geral. Inclusive, a Diretiva 2007/36/EC determina que todos os Países-membros da União Europeia permitam que os acionistas formulem questionamentos ou propostas, ao menos previamente à AGO. É verdade que, caso os Estados-membros adotem algum percentual mínimo para exercício do direito, ele não deve ser superior a 5% (art. 6º (1) e (2) da Diretiva). Nos Estados Unidos da América, por exemplo, a doutrina atenta para o fato de que o arquivamento na companhia de propostas dos acionistas é um procedimento muito mais simples e menos custoso que o procedimento de solicitação das *proxies*, embora tais solicitações não sejam vinculantes.[42]

40. Pode-se citar também o percentual para propositura de ação contra sociedade controladora, nos termos do art. 246, § 1º, da Lei das S/A, atualmente de 5%. Contudo, a questão foge ao contexto da dispersão acionária.

41. Nesse mesmo sentido, v.: Waldírio Bulgarelli, *Regime Jurídico de Proteção às Minorias nas S/A*, cit., p. 153; e Luís André N. de Moura Azevedo, "Ativismo dos investidores institucionais e poder de controle nas companhias abertas de capital pulverizado brasileiras", cit., in Rodrigo R. Monteiro de Castro e Luís André de Moura Azevedo (orgs.), *O Poder de Controle e Outros Temas de Direito Societário e Mercado de Capitais*, p. 256. Referido autor ainda cita a redução do percentual para exibição judicial de livros e documentos da companhia. Porém, o entendimento aqui esposado é de que a exibição seja admitida como *meio de prova* no âmbito de ação judicial individual ou social. A exibição, por si só, implica a admissão de uma ingerência capaz de pôr em risco interesses legítimos da companhia e ignorar instâncias fiscalizadoras internas da companhia, inclusive tecnicamente mais qualificadas para analisar tais informações, como é o caso do conselho fiscal.

42. Cf. M. Becht e outros, "Corporate governance and control", *SSRN eLibrary*, 2002 (disponível em *http://ssrn.com/paper=343461* (c. 8.11.12)), p. 54.

Além da objeção ao abuso dos acionistas quanto ao exercício de direitos e do perigo de paralisar a administração da companhia, outro obstáculo real são os custos que envolvem a convocação e a realização de uma assembleia-geral. Neste argumento, contudo, pode estar a própria solução: transferir o ônus da convocação e realização da assembleia a quem a solicita sem ter o percentual mínimo exigido na lei.[43] Isto, por si só, seria um freio natural a aventuras de qualquer espécie.

Ainda, o desenvolvimento tecnológico – uma realidade com a qual não se poderia contar em 1976 – pode e deve ser usado de forma a facilitar a participação *segura* dos acionistas, seja para promover sua aproximação e coordenação de interesses (v. no item 5.1.3, abaixo, por exemplo, o *Aktionärsforum* na Alemanha), seja para disponibilizar informações (como a lista dos acionistas para fins de requerimento de procuração), disseminá-las amplamente ou reduzir custos (especialmente das publicações). A tecnologia, bem empregada, serviria para eliminação dos percentuais mínimos referidos nos itens (ii), (iv) e (vii) acima ou, ao menos, como alternativa à manutenção dos limites descritos nos itens (i), (iii), (v) e (vi), acima. Não obstante, entendemos que uma abordagem alternativa para o voto múltiplo, o funcionamento adequado do conselho fiscal e o estímulo adequado ao ajuizamento da ação social podem ser instrumentos importantes para eliminar ou minimizar o problema dos limites mínimos para exercício dos direitos a eles relacionados.

Por fim, é digno de nota que a Lei das S/A, antevendo a dificuldade para exercício de determinados direitos, conferiu, nos termos do art. 291, autorização à CVM para reduzir, mediante fixação de escala em função do valor do capital social: a porcentagem mínima aplicável às companhias abertas, estabelecida no art. 105; na alínea "c" do parágrafo único do art. 123; no *caput* do art. 141; no § 1º do art. 157; no § 4º do art. 159; no § 2º do art. 161; no § 6º do art. 163; na alínea "a" do § 1º do art.

43. Nesse sentido, v. Waldírio Bulgarelli, *Regime Jurídico de Proteção às Minorias nas S/A*, cit., p. 139. V. o sempre lembrado exemplo de Comparato para ilustrar a dimensão da *proxy machinery* norte-americana, narrando que o magnata Rockfeller, em 1921, gastou 800 mil Dólares (quantia formidável à época) para lograr destituir a diretoria da *Standard Oil of Indiana*, na qual possuía participação acionária de 14,5% (*O Poder de Controle na Sociedade Anônima*, Rio de Janeiro, Forense, 1983, pp. 230-231). Embora não se ignore o fato de Rockfeller ter sido um magnata, certamente o benefício esperado com a mudança da diretoria deveria superar – e muito – o custo incorrido, o que significa dizer – olhando a questão de forma isolada – que, se determinada medida vale a pena, o custo pode não ser necessariamente impeditivo do exercício do direito.

246; e no art. 277. Tal competência já foi exercida por meio da Instrução CVM-165/1991 e da Instrução CVM-324/2000 para os percentuais referidos no art. 141 e no § 2º do art. 161 da Lei das S/A.

Conforme a "Exposição de Motivos", a autorização conferida à CVM tem por objetivo "reduzir, *nas companhias de grande porte, de capital amplamente pulverizado*, porcentagens mínimas, previstas na lei, para o exercício de alguns direitos de minoria" (grifou-se). Questiona-se, todavia, a adoção do critério do capital social como medida para fixação da escala, que não tem qualquer relação com o problema. Melhor seria se fosse adotado o próprio critério de companhia com controle disperso.[44] Ainda, outros percentuais poderiam ser incluídos na autorização da CVM, como aqueles referentes aos arts. 4º-A, 123, parágrafo único, "d", 126, § 3º, 141, § 4º, I e II, e 161, § 4º, "a" e "b", da Lei das S/A.

### 5.1.2 *Voto por procuração (*proxy*) e representação em assembleia-geral*

O fenômeno do absenteísmo, somado à dispersão acionária e à potencial existência do controle gerencial, deve fomentar a utilização de *proxy machineries*.[45] Por meio delas são solicitadas procurações aos acionistas para serem utilizadas em assembleias-gerais da companhia. No Brasil, pela ausência histórica de empresas de capital disperso, este sistema sempre teve pouca importância – o que fica evidente pela incipiente regulamentação sobre o assunto, que só é tratado no art. 126, §§ 1º a 3º, da Lei 6.404/1976. Por sua vez, trata-se de mecanismo ampla

44. Nesse mesmo sentido, v. Luiz André N. de Moura Azevedo, "Ativismo dos investidores institucionais e poder de controle nas companhias abertas de capital pulverizado brasileiras", cit., in Rodrigo R. Monteiro de Castro e Luís André de Moura Azevedo (orgs.), *O Poder de Controle e Outros Temas de Direito Societário e Mercado de Capitais*, p. 256.

45. *Proxy* é uma procuração outorgada pelo acionista a um terceiro para que vote em seu lugar. *Proxy machinery*, por sua vez, é o sistema de utilização de *proxy*. Conforme ensina Evandro F. de Pontes, léxicos remarcam que a origem da palavra *proxy* remonta ao antigo normando *proxcy*, passando por formas como *procsie* e chegando ao antigo franco-normando *procrucie, procuracie*, que herdou do baixo Latim o termo *procuratie*, vindo do clássico *procuratio*. Remonta, portanto, ao termo "procuração" (diferente, portanto, do *power of attorney*, relacionado a atos de negócio) (Evandro F. de Pontes, "Pedido público de procuração (notas sobre representação em assembleias-gerais de companhias abertas no Brasil)", in Marcelo Vieira von Adamek (org.), *Temas de Direito Societário e Empresarial Contemporâneos* – ***Liber Amicorum*** *Professor Dr. Erasmo Valladão Azevedo e Novaes França*, São Paulo, Malheiros Editores, 2011, p. 343).

e historicamente utilizado nos Estados Unidos da América[46] e que desde 2007 se encontra regulado na União Europeia por meio da Diretiva 2007/36/CE.

O art. 126 da Lei das S/A trata de duas situações *distintas*: (i) a representação *no interesse do representado* (§ 1º); e (ii) a representação *no interesse do representante*, objeto de pedido público de procuração (§ 2º).[47]

A Lei das S/A admite, no § 1º do art. 126, a representação do acionista por administrador da companhia "como instrumento para manter a estabilidade da administração das companhias com o capital pulverizado entre muitos acionistas" – como declara expressamente a "Exposição Justificativa" com que o projeto de lei foi remetido ao Congresso Nacional. Com isto, abriu-se caminho para as famosas *proxy contests* norte-americanas, por meio das quais acionistas e administradores disputam procurações dos demais acionistas para comandar as assembleias.

Ainda, reconhecendo a tendência dos mercados mais desenvolvidos para substituição do acionista individual pelos investidores institucionais, admitiu, no mesmo dispositivo, a representação do acionista na assembleia por instituição financeira[48] e pelo administrador de fundos de investimento (o que, neste caso, seria desnecessário, já que se trata apenas de um dos possíveis casos de representação legal ou *presentação* que se tentou esclarecer).[49]

46. Segundo Melvin Aron Eisenberg (*The Structure of the Corporation*, Washington/DC, Beard Books, 2006, p. 98), "it is well known that proxy voting has become the dominant mode of shareholder decisionmaking in publicly held corporations". Easterbrook e Fischel (*The Economic Structure of Corporate Law*, Cambridge/Londres, Harvard University Press, 1996, pp. 64-65), similarmente, afirmam que "there are nonetheless recognizable patterns in corporate choice under these states (...). Shareholders vote by proxy, not in person, and elect the slate of candidates proposed by incumbents". Estes autores reforçam a ideia de que esta é questão premente e que deve ser devidamente regulada, para que se desenvolva o mercado de capitais em sistema de controle diluído.

47. Esse pedido, como bem observa Evandro F. de Pontes, pode servir tanto ao exercício de voto quanto para a composição de quórum ("Pedido público de procuração (notas sobre representação em assembleias-gerais de companhias abertas no Brasil)", cit., in Marcelo Vieira von Adamek (org.), *Temas de Direito Societário e Empresarial Contemporâneos – **Liber Amicorum** Professor Dr. Erasmo Valladão Azevedo e Novaes França*, pp. 349 e 352).

48. Neste caso, a lei propriamente tentou reproduzir o sistema de representação pelos bancos, típico da Alemanha (c/c art. 41 da Lei das S/A).

49. Cf. Alfredo Lamy Filho e José Luiz Bulhões Pedreira (coords.), *Direito das Companhias*, cit., vol. II, p. 797.

Todavia, a lei limita as hipóteses de representação àquelas citadas acima e aos próprios acionistas e advogados. Foi mal a lei, criando séria restrição à representação, *no interesse do representante*, para o exercício do voto. De fato, na impossibilidade de o acionista comparecer a uma assembleia, seria absolutamente legítimo o acionista se fazer representar por terceiro, com base no mandato.[50-51] Diferente é a situação do *pedido* de procuração, onde se pode questionar inclusive o interesse de um terceiro (particularmente que não o acionista, os seus representantes ou os administradores) em votar.[52]

A questão remete à discussão sobre cessão do direito de voto, que só é admitida em regime de exceção (como no caso do usufruto – art. 114 da Lei das S/A[53]).[54] Entende-se que o direito de voto é inalienável,

50. Evandro F. de Pontes faz percuciente trabalho sobre a natureza jurídica da representação a que se refere a lei anonimária, inclusive sua diferenciação em relação ao mandato ("Pedido público de procuração (notas sobre representação em assembleias-gerais de companhias abertas no Brasil)", cit., in Marcelo Vieira von Adamek (org.), *Temas de Direito Societário e Empresarial Contemporâneos* – ***Liber Amicorum*** *Professor Dr. Erasmo Valladão Azevedo e Novaes França*, pp. 327-355).

51. Nesse sentido a Diretiva UE-2007/36/CE: "Todos os acionistas têm o direito de nomear *qualquer outra pessoa singular ou coletiva como seu procurador* para participar e votar em seu nome numa assembleia-geral. O procurador goza dos mesmos direitos de intervenção e interpelação na assembleia-geral de que gozaria o acionista que representa. Além do requisito da capacidade jurídica do procurador, os Estados-membros devem abolir qualquer regra jurídica que restrinja ou autorize as sociedades a restringir a elegibilidade das pessoas a nomear como procuradores" (art. 10º – grifos nossos).

52. Nos Estados Unidos da América, por exemplo, os grupos representantes de interesses sociais são um dos mais ativos solicitantes de *proxy* naquele País e visam, principalmente, à proteção do meio ambiente, direitos humanos, direitos dos animais etc. (cf. James R. Copland, *Proxy Monitor Report – A Report on Corporate Governance and Shareholder Activism*, s/l, s/e, 2012 – disponível em *http://www.proxymonitor.org/Forms/pmr_04.aspx?goback=2%Egde_139464_member_162688431* (c. 17.2.14)). Poder-se-ia vislumbrar algum movimento dessa natureza no Brasil, de grupos, por exemplo, tentando evitar a realização de investimentos potencialmente danosos ao meio ambiente (como uma hidroelétrica, *e.g.*). Seria, no mínimo, uma disputa interessante, que envolveria a discussão sobre o abuso do direito de voto e a dimensão do interesse social, *vis-à-vis* o disposto nos arts. 116, parágrafo único, e 154 da Lei das S/A.

53. Porém, como explica o ilustre José Luiz Bulhões Pedreira, o voto não é fruto da ação, mas exercício de direito nela contido, como instrumento para que o acionista contribua para a formação da vontade social. Assim, o direito de voto não pode, por conseguinte, ser objeto de usufruto. O que é objeto de usufruto, nos termos do art. 40 da Lei das S/A, é a ação (*apud* Marcelo Lamy Rego, in Alfredo Lamy Filho e José Luiz Bulhões Pedreira (coords.), *Direito das Companhias*, cit., vol. II, p. 392).

indissociável da ação.[55] Contudo, na sociedade do consumo – em que até voto parlamentar se compra – cada vez mais prospera a opinião contrária.[56]

54. Conforme esclarece Marcelo Lamy Rego, "ao possibilitar que o acionista seja representado por procurador na assembleia-geral, a Lei das S/A não permite a cessão do voto. Trata-se de voto a ser exercido conforme a orientação e no interesse do acionista, não alienação de voto. Tanto a procuração não é cessão de voto, que a mesma pressupõe a ausência do titular do direito de voto para o seu exercício. Presentes na assembleia-geral acionista e procurador, vota o acionista, se assim o quiser" ("Pedido de procuração para votar", cit., in Rodrigo R. Monteiro de Castro e Leandro Santos de Aragão, *Direito Societário – Desafios Atuais*, p. 401).

Se o argumento, por um lado, reforça o descabimento da imposição de limites à representação do acionista ausente por terceiros (afinal, se o representante apenas declara a vontade do representado, não haveria razão para limitar a função de representante aos demais acionistas ou advogados, por exemplo), é difícil sustentá-lo no caso do pedido de procuração. Ainda que a procuração outorgada signifique a externalização de um interesse do representado, ele no mínimo é coincidente com o interesse de quem toma a iniciativa de solicitar a procuração, que é o verdadeiro interesse em jogo. Na verdade, a presença de algum acionista, bem como seu voto, pode ser do interesse jurídico, além do próprio acionista: (i) da administração da companhia; (ii) de outro acionista (controlador ou não); ou (iii) da própria companhia. Assim, a representação do acionista no direito societário brasileiro orienta-se segundo três polos distintos de interesses, a saber: (i) o representado; (ii) o representante; e (iii) terceiro (neste caso, a própria companhia; em todo o caso, o voto deve ser sempre exercido no interesse da companhia – art. 115 da Lei das S/A –, o que não impede a realização de outros interesses não colidentes) (cf. Evandro F. de Pontes, "Pedido público de procuração (notas sobre representação em assembleias-gerais de companhias abertas no Brasil)", cit., in Marcelo Vieira von Adamek (org.), *Temas de Direito Societário e Empresarial Contemporâneos –* ***Liber Amicorum*** *Professor Dr. Erasmo Valladão Azevedo e Novaes França*, p. 346).

55. Marcelo Lamy Rego, in Alfredo Lamy Filho e José Luiz Bulhões Pedreira (coords.), *Direito das Companhias*, cit., vol. II, p. 399. A impossibilidade de cessão do voto é defendida por autores do peso de Lamy e Bulhões Pedreira (*A Lei das S/A*, 2ª ed., vol. 2, t. III ("Pareceres"), Rio de Janeiro, Renovar, 1996, p. 291), Comparato (*O Poder de Controle na Sociedade Anônima*, cit., p. 162), Valverde (*Sociedade por Ações (Comentários ao Decreto-lei 2.627 de 26 de Setembro de 1940*, 3ª ed., vol. 2, Rio de Janeiro, Forense, 1959, p. 131), Leães (*Comentários à Lei de Sociedade Anônimas*, vol. 2, São Paulo, Saraiva, 1980, p. 231), Pontes de Miranda (*Tratado de Direito Privado*, 2ª ed., t. L, Rio de Janeiro, Borsói, 1965, p. 313) e até Vivante (*Tratatto di Diritto Commerciale – Le Società Commerciali*, 2ª ed., vol. 2, Milão, Vallardi, 1922, p. 231).

56. V., por exemplo, Fábio Appendino, "O instituto do direito de voto em um contexto de dispersão acionária, in Rodrigo R. Monteiro de Castro e Luís André de Moura Azevedo (orgs.), *O Poder de Controle e Outros Temas de Direito Societário e Mercado de Capitais*, São Paulo, Quartier Latin, 2010, p. 452. Nesse sentido, Renato Ventura Ribeiro: "Outra medida, para melhor adequação do Direito à realidade, é a disciplina da negociação do direito de voto. Já é reconhecida a possibilidade de con-

Afinal, a assembleia-geral não é uma "festa cívica", mas, sim, uma reunião de "sacos de dinheiro".[57]

Em relação ao *pedido público de procuração* (art. 126, § 2º), que pode ser por correspondência ou anúncio, a lei determina que o respectivo instrumento (i) contenha todos os elementos informativos necessários ao exercício do voto pedido, (ii) faculte ao acionista o exercício de voto contrário à decisão, com indicação de outro procurador para o exercício desse voto, e (iii) seja dirigido *a todos os titulares de ações* cujos endereços constem da companhia.[58] Adicionalmente, como autoriza a Lei das S/A, a CVM regulamentou a solicitação pública de procurações para exercício do direito de voto, por meio da Instrução CVM-481/2009, cujo objetivo é "criar uma sistemática simples, que diminua o custo do exercício do direito de voto pelo acionista e facilite a sua participação na supervisão dos negócios sociais". Para viabilizar os pedidos de procuração, a lei autoriza que qualquer acionista (no singular) com uma participação acionária equivalente a, no mínimo, 0,5% do capital, possa ter acesso à lista de *endereços* dos demais. Como dito anteriormente, este limite pode ser bastante elevado, dependendo do tamanho da companhia, em um sistema de dispersão acionária.

Ainda a respeito do pedido público de procuração, admitindo-se a possibilidade de requerimento de procuração no interesse do *representado*, questão de extrema importância refere-se ao conflito de interesses. A Lei das S/A, nesse sentido, é econômica ao afirmar que o adminis-

venções sobre o direito de voto, como os acordos de acionistas previstos no art. 118 da Lei do Anonimato. Permite-se também a supressão do direito de voto em troca de benefícios, inclusive econômicos, como no caso de ações sem direito a voto. Por isso, parece ser hipocrisia não admitir a negociação do voto (que já é objeto de negócios, como nos acordos de acionistas e nas ações preferenciais sem voto). O voto possui um valor e o acionista deve ter o direito de desmembrar os direitos políticos e econômicos das ações. Naturalmente, desde que isso não prejudique terceiros" (*O Direito de Voto nas Sociedades Anônimas*, cit., p. 390).

Não se pode esquecer, contudo, o art. 177, § 2º, do CP: "Incorre na pena de detenção, de 6 (seis) meses a 2 (dois) anos, e multa, o acionista que, a fim de obter vantagem para si ou para outrem, negocia o voto nas deliberações de assembleia-geral".

57. Cf. Alfredo Lamy Filho, *Temas de S/A – Exposições – Pareceres*, Rio de Janeiro, Renovar, 2007, p. 68.

58. A lei, acertadamente, cuida da informação a todos os acionistas, ainda que não tenham direito de voto. Trata-se de medida importante para que os acionistas tomem conhecimento da iniciativa e exerçam seus direitos, incluindo o direito de se manifestar na assembleia ou, até mesmo, requerer procurações para votar em sentido contrário, por exemplo. O art. 25 da Instrução CVM-481/2009, por sua vez, limita o envio do pedido de procuração aos acionistas com direito a voto.

trador não pode votar, como acionista ou procurador, os documentos referidos no art. 133 (cf. 134, § 1º, da Lei das S/A). Isto permite estender a disciplina dos limites e deveres impostos no art. 115 da Lei das S/A também a quem exerce o voto, e não só ao representado, quando o voto for exercido no interesse do representante. A questão, sem dúvida, é dada a polêmicas, complicando ainda mais a já complicada disciplina do conflito de interesses assemblear.

### 5.1.3 *Procedimentos da assembleia-geral*

Para se estimular o ativismo, é muito importante desburocratizar, dentro do possível, o procedimento para realização das assembleias. Coloca-se em evidência, portanto, a possibilidade de participação à distância, por correspondência física ou eletrônica ou por meio de vídeo ou teleconferência. Atualmente a tecnologia já oferece ferramentas que viabilizam, com segurança, a realização de assembleias dessa forma.

Trata-se, inclusive, de uma tendência mundial.

Entre 1994 e 2002 a Alemanha implementou reformas com relação ao funcionamento das assembleias-gerais, reduzindo a influência dos bancos no processo de representação via *proxy* e estimulando o uso de meios eletrônicos, como a rede mundial de computadores (*Internet*).[59] Nesse ínterim foi aprovada a Diretiva 2007/36/EC, que estimula abertamente os Estados-membros a adotarem o uso da *Internet* como meio de disseminação de informações e exercício do voto (arts. 5º, 6º e 8º).

Nesse sentido, a Diretiva 2007/36/CE determina, em seu art. 8º, que os Estados-membros devem permitir que as sociedades proporcionem aos seus acionistas qualquer forma de participação em assembleias-gerais por meios eletrônicos, nomeadamente alguma ou todas as seguintes formas de participação: (i) transmissão em tempo real da assembleia-geral; (ii) comunicação nos dois sentidos em tempo real, que permita aos acionistas intervirem na assembleia a partir de um local distante; e (iii) mecanismo de votação, antes ou durante a assembleia-geral, sem necessidade de nomear um procurador que esteja fisicamente presente na assembleia.

A diretiva europeia ainda vai além, determinando, em seu art. 12, que os Estados-membros devem permitir que as sociedades deem aos

59. Cf. Ulrich Noack e Dirk Zetzsche, "Germany's corporate and financial law 2007: (getting) ready for competition", *SSRN eLibrary*, 2007 (disponível em *http://ssrn.com/paper=986357* (c. 8.11.12)), p. 7.

seus acionistas a possibilidade de votar por correspondência antes da assembleia-geral. A votação por correspondência só pode ser sujeita aos requisitos e condições necessários para assegurar a identificação dos acionistas, e apenas na medida em que esses requisitos e condições sejam proporcionais a esse objetivo.

Ainda na Alemanha, com o objetivo de fomentar o ativismo societário, o UMAG criou um "fórum de acionistas" (*Aktionärsforum*). Trata-se de um sítio eletrônico administrado pelo *Diário Oficial* (*Federal Gazette*) para participação de acionistas com o propósito de reduzir os problemas de falta de ação coletiva, seja para o exercício dos direitos de voto (inclusive por meio de procuração), seja para proposição de ação contra a administração (§ 127a (1) da *AktG*). Os acionistas podem, por meio do referido sítio eletrônico, noticiar sua intenção de dar início a procedimento visando à proposição de ação social, iniciar investigação sobre a conduta de administradores, propor o voto em determinada matéria da assembleia de acionistas ou convocar assembleia para defesa dos interesses dos acionistas. Trata-se de solução simples e única, com inegável utilidade prática para solução dos problemas de falta de ação coletiva dos acionistas.[60]

O fórum também está diretamente relacionado ao *procedimento* da assembleia-geral, viabilizando a participação nas assembleias por meio eletrônico[61] e a formalização de questionamentos das matérias a serem discutidas nos conclaves prévia e diretamente aos administradores (que não precisam, necessariamente, ser respondidos durante os mesmos, a fim de evitar a pressão sobre a administração para oferecer respostas imediatas, bem como gerar movimentações oportunistas visando ao questionamento em juízo das assembleias).

No Brasil, porém, o sistema tradicionalmente é dependente da presença física, com meios de tratamento de voto extremamente formais. Historicamente, o sistema brasileiro não aceita o voto sem a presença do votante; portanto, não aceita que a acionista envie seu voto previamente pelo Correio, não aceita que o voto se dê por meio eletrônico e nem aceita que o acionista encaminhe seu voto por meio de carta à

60. O fórum está disponível em *http://www.ebundesanzeiger.de/ebanzwww/wexsservlet?state.partid=6&state.category=67&page.navid=topartstart* (c. 18.11.12).

61. Inclusive, essa forma de participação acionária é uma das recomendações dos princípios de *corporate governance* da OCDE (disponível em *http://www.oecd.org/dataoecd/32/18/31557724.pdf* (c. 17.2.14)).

Mesa da assembleia. O acionista, portanto, precisa estar presente ou representado.[62]

Isso, contudo, também tende a mudar. A Lei das S/A foi alterada pela Lei 12.431/2011 a fim de permitir a participação dos acionistas nas assembleias à distância. Assim, foi introduzido parágrafo único no art. 127, que dispõe: "Considera-se presente em assembleia-geral, para todos os efeitos desta Lei, o acionista que registrar à distância sua presença, na forma prevista em regulamento da Comissão de Valores Mobiliários". Nota-se, contudo, que a lei faz referência à *presença*, o que ainda deve impor limites ao voto por correspondência por acionista *ausente*.

Nesse sentido, há que se ressaltar que a CVM já tem exercido papel importante na flexibilização – dentro de suas limitações – da realização das assembleias e exercício de determinados direitos. Assim, por exemplo, referida autarquia tem agido para facilitar a obtenção da listagem dos acionistas, não exigir a apresentação de procurações previamente à assembleia, admitindo procurações eletrônicas e reconhecendo a possibilidade de realização de assembleias *on-line*[63] e garantir maior representatividade aos minoritários na eleição em separado de membros do conselho de administração e na eleição de conselheiros fiscais.[64] Interessante notar, ainda, que a CVM já chegou a reconhecer, inclusive, a possibilidade de a companhia criar fóruns eletrônicos para estimular

62. Cf. Evandro F. de Pontes, "Pedido público de procuração (notas sobre representação em assembleias-gerais de companhias abertas no Brasil)", cit., in Marcelo Vieira von Adamek (org.), *Temas de Direito Societário e Empresarial Contemporâneos – **Liber Amicorum** Professor Dr. Erasmo Valladão Azevedo e Novaes França*, p. 346 – citando, ainda, experiências francesa, norte-americana e portuguesa sobre o tema.

Ainda, os defensores do voto presencial alegam a necessidade de discussão das matérias a serem discutidas, sob o risco de as decisões serem mecânicas (cf. Renato Ventura Ribeiro, "Aplicação de novas tecnologias nas assembleias gerais de sociedade anônimas", in Rodrigo R. Monteiro de Castro e Leandro Santos de Aragão (coords.), *Direito Societário – Desafios Atuais*, São Paulo, Quartier Latin, 2009, p. 294). Não obstante, a força dada ao acordo de acionistas (art. 118 da Lei das S/A), por exemplo, pode esvaziar esse debate, permitindo que decisões sejam tomadas efetivamente antes da assembleia.

63. Cf. resposta do colegiado à consulta no Processo CVM-2008/1.794, j. 24.6.2008. O colegiado da CVM, ao analisar o uso de alguns recursos digitais especiais em assembleias, deliberou que as companhias podem transmitir as assembleias por vídeo e/ou áudio, ao vivo, inclusive pela *Internet*.

64. Cf. entendimentos do colegiado da CVM manifestados no Processo CVM-2005/5.664, j. 11.4.2006, e no Processo CVM-2007/11.086, j. 6.5.2008.

a participação de acionistas, tomadas certas precauções, como espécie rudimentar do *Aktionärsforum*.[65]

### 5.1.4 *Estímulos financeiros*

Os custos podem ser importante limitador para o exercício de direitos dos acionistas. Como agravante, no contexto da dispersão acionária, em que se disputa poder com os administradores, estes têm a vantagem de colocar a própria máquina da companhia a seu favor.[66]

Nesse sentido, existem dois procedimentos que dependem da iniciativa do acionista e cujos ônus para exercício são elevados, que são o procedimento de pedido público de procuração e o ajuizamento da ação social *ut singuli*.

Com relação às *proxies*, a Instrução CVM-481/2009, sensível à questão, permite que os pedidos públicos de procuração promovidos pela administração possam ser custeados pela companhia (art. 29). Assim, a companhia que não aceitar procurações eletrônicas por meio de sistema na rede mundial de computadores deve ressarcir as despesas incorridas com a realização de pedidos públicos de procuração de acionistas titulares de 0,5% ou mais do capital social. São reembolsáveis apenas as despesas com a publicação de até três anúncios no mesmo jornal em que a companhia publica suas demonstrações financeiras e despesas com impressão e envio dos pedidos de procuração aos acionistas.

Ainda, o ressarcimento previsto acima será integral caso a proposta apoiada pelo acionista seja aprovada ou pelo menos um dos candidatos apoiados pelo acionista seja eleito. Caso nenhuma das hipóteses previstas acima se verifique, o ressarcimento será de, no mínimo, 50% das despesas incorridas, podendo a companhia estabelecer percentual superior. Esta, inclusive, pode ser uma fórmula útil para outras hipóteses em que a lei viesse a facilitar o exercício de direitos pelos acionistas, com o objetivo de coibir abusos da minoria.

Ainda sob o ponto de redução de custos, financeiros ou não, a crescente aceitação da *Internet* ou outros meios eletrônicos de comunicação

65. Cf. Processo CVM-2008/1.794, j. 24.6.2008. O colegiado da CVM concordou sobre a possibilidade de manter *blog* ou fórum para que os acionistas se manifestem, podendo mantê-los abertos durante a assembleia e franquear seu acesso a terceiros.

66. Cf. Jesse H. Choper, John C. Coffee Jr. e Ronald Gilson, *Cases and Materials on Corporation*, 7ª ed., Nova York, Aspen, 2008, p. 544.

como meio válido de manifestação da vontade dos acionistas e da própria companhia será, sem dúvida, fundamental.

Por outro lado, algumas formas de solucionar o problema passam por premiar o comportamento do acionista ativo, particularmente na defesa dos direitos da companhia, o que seria possível, por exemplo, no exercício das ações sociais *ut singuli*. É certo, por outro lado, que este prêmio não pode vir sob a forma de expropriação de benefícios particulares – o que leva à discussão, que se fará a seguir, sobre o dever de lealdade e abuso de minoria.

### 5.1.5 *Outros*

A questão do absenteísmo dos acionistas pode ser vista, conforme já apontado, como questão cultural, que deve ser tratada como tal. Portanto, a sociedade de capital disperso deverá promover eventos que atraiam a atenção de seus acionistas; além disso, deverá educá-los para que passem a ter interesse em participar de eventos societários.

Também no contexto do ativismo societário, tem sido considerada relevante a participação dos investidores institucionais. Em teoria, tais investidores, detendo blocos de participação acionária mais expressiva, teriam mais poder para prevenir a administração da tomada de decisões que extraiam valor dos acionistas. Seu grande acesso a informações, sua especialização no monitoramento de investimentos, combinada com sua participação acionária, os induziriam a ser mais ativos na supervisão do desempenho da companhia e na promoção de mudanças na administração que se mostre ineficiente.[67]

## 6. *Dever de lealdade societária e abuso de minoria*

A depender da estrutura de capital, uma pequena minoria (ou seja, titular de pequena parcela do capital) pode estar muito menos alinhada ao interesse social do que o titular do poder de controle, e, portanto, mais livre para defender seu interesse próprio, na medida em que dependa apenas de sua vontade a aprovação de determinada operação.[68] De fato,

67. Cf. Mark Roe, *Strong Managers Weak Owners – The Political Roots of American Corporate Finance*, New Jersey, Princeton, 1996, pp. 235-237.

68. V., por exemplo, a situação criada pelo Parecer de Orientação 34/2006. O impedimento de voto, ao eliminar por completo a influência do controlador, pode criar uma situação inversa, qual seja, a de uma minoria com poder de extrair benefícios particulares, em detrimento do interesse social (nesse sentido, v. Eduardo Sec-

a pequena minoria sofre em menor proporção os efeitos negativos que uma determinada decisão venha a causar à companhia.

Infelizmente, o que se observa, não só no Brasil, mas no mundo, são acionistas que, não raramente, buscam criar dificuldades e obstruir o exercício das atividades empresariais das quais participam em troca da compra das ações pelo controlador, administradores ou, pior, pela própria companhia por valores bastantes elevados, muito superiores ao seu valor real.[69] Trata-se de atitude absolutamente desleal para com a companhia e os demais acionistas, contrária ao interesse social, que traz prejuízos diretos e indiretos (um deles, como visto, é a limitação quanto aos percentuais mínimos para exercício de direitos pelos acionistas) e que não pode encontrar acolhida no Direito.

A respeito do dever de lealdade já se tornaram clássicos os ensinamentos de Fechner, segundo o qual a lealdade nasceria diretamente do povo, sendo, então, objeto da Moral e da Filosofia e, ainda, da clarificação jurídica. A lealdade está enraizada na consciência de cada um, dirigindo-se ao outro. Sem ela, aliás, a vida em comunidade nem seria possível, pois ela dá firmeza às relações jurídicas.[70] Segundo Menezes Cordeiro, estas considerações teriam aplicação no direito das sociedades anônimas.[71]

Já se entendeu, por outro lado, que da mera relação de participação numa sociedade anônima não seria possível derivarem deveres de lealdade, dado que não expressamente reconhecidos na lei. Na doutrina alemã essa matéria vem sendo cinzelada, com particular atenção aos valores comunicados através da boa-fé, falando-se hoje em direito consuetudinário. Também no domínio dos grupos de sociedades a lealdade tem papel de relevo. De todo modo, a lealdade radicou-se na dogmática das sociedades, ligado à tutela das minorias. Afinal, também as minorias podem proceder de modo desleal, bloqueando, por exemplo, determinadas

chi Munhoz, "Desafios do direito societário brasileiro na disciplina da companhia aberta: avaliação dos sistemas de controle diluído e concentrado", cit., in Rodrigo R. Monteiro de Castro e Leandro Santos de Aragão (coords.), *Direito Societário: Desafios Atuais*, p. 147).

69. Cf. Fábio Ulhôa Coelho, "Profissão: minoritário", in Rodrigo Monteiro de Castro e Leandro Santos de Aragão (coords.), *Sociedade Anônima – 30 Anos Depois da Lei 6.404/1976*, São Paulo, Quartier Latin, 2007, pp. 145-155.

70. Cf. Erich Fechner, *Die Treubindungen des Aktionärs: Zugleich Eine Über das Verbältnis von Sittlichkeit, Recht und Treue*, Weimar, H. Böhlaus Nachfolger, 1942.

71. Menezes Cordeiro, "Os deveres fundamentais dos administradores de sociedades", *Revista da Ordem dos Advogados* II/11, Ano 66, 2006.

medidas necessárias para a defesa do interesse social, a fim de procurar vantagens laterais. De forma gradativa, também no Brasil a doutrina vem preconizando o dever de lealdade às minorias.[72]

Os caminhos a serem trilhados por este trabalho infelizmente não comportam desvios para o aprofundamento da matéria, mas é certo que, no contexto de eventual reforma da Lei das S/A para acomodar o regime jurídico das companhias de capital disperso, de que aqui se trata, o reconhecimento explícito do dever de lealdade e a proteção contra os abusos da minoria devem estar presentes.

72. Sobre o abuso de minoria no Brasil, v. o excelente trabalho de Marcelo Vieira von Adamek, *Abuso de Minoria em Direito Societário: Abuso das Posições Subjetivas Minoritárias*, tese de Doutorado, São Paulo, Faculdade de Direito da USP, 2010.

# *DIREITOS FORMAIS E SUBSTANCIAIS DE MINORIA*

VIVIANE ROSSINI BERGAMASCHI ABUD

*1. Introdução: adoção do princípio majoritário. 2. "Minoria e direitos dos acionistas": 2.1 Direitos da minoria e direitos individuais dos acionistas – 2.2 Maioria e minoria – 2.3 Objetivo dos direitos da minoria. 3. Desenvolvimento da proteção à minoria. 4. Formas de proteção à minoria: 4.1 Direitos formais de minoria: 4.1.1 Assembleia-geral: 4.1.1.1 Competência para convocação – 4.1.1.2 Modo de convocação – 4.1.1.3 Representação – 4.1.1.4 Documentos da administração – 4.1.1.5 Legislação comparada: 4.1.1.5.1 Portugal – 4.1.1.5.2 Argentina – 4.1.1.5.3 França – 4.1.1.5.4 Itália – 4.1.2 Conselho de administração: 4.1.2.1 Voto múltiplo – 4.1.2.2 Eleição direta – 4.1.3 Conselho fiscal: 4.1.3.1 Instalação – 4.1.3.2 Composição – 4.1.3.3 Legislação comparada: 4.1.3.3.1 França – 4.1.4 Exibição dos livros da companhia – 4.1.5 Direito à informação: 4.1.5.1 Legislação comparada: 4.1.5.1.1 França – 4.1.5.1.2 Portugal – 4.1.6 Ação (social) de responsabilidade em face do administrador: 4.1.6.1 Legislação comparada: 4.1.6.1.1 Itália – 4.1.6.1.2 França – 4.2 Direitos substanciais de minoria: 4.2.1 Proibição de voto: 4.2.1.1 Fundamentos – 4.2.1.2 Hipóteses – 4.2.1.3 Legislação comparada: 4.2.1.3.1 França – 4.2.1.3.2 Argentina – 4.2.2 Atribuição de poderes de eleição – 4.2.3 Controle administrativo e judicial. 5. Conclusão.*

## *1. Introdução: adoção do princípio majoritário*

Dominique Schmidt afirma ser surpreendente que direitos sejam reconhecidos à minoria dos acionistas da sociedade anônima, a qual é "governada" pela maioria.[1] A minoria a ela se submete e não dispõe de

1. Fábio Konder Comparato responde à pergunta "mas por que a maioria deve comandar?" da seguinte forma: "Parte-se, sem dúvida, do postulado de que a sociedade existe no interesse dos sócios, e como ninguém, em princípio, está investido

poder contrário permitindo, por exemplo, impor suas ideias ou resistir à decisão tomada. Assim, a minoria se submete à "lei da maioria", e uma pessoa provavelmente não ingressaria na sociedade anônima se esta não fosse dirigida por uma maioria.[2]

O entendimento acima indicado revela, em primeiro lugar, a existência do princípio majoritário em direito societário, bem como a consequente vinculação da minoria à maioria.

Marcelo Vieira von Adamek afirma – citando Herbert Wiedemann – que referida vinculação tem por fundamento a ideia de composição de interesses, semelhantemente ao que acontece em uma negociação contratual. Ocorre que quando há uma maioria estável o resultado da deliberação se parece com um contrato consigo mesmo: "a maioria não delibera; ordena".[3]

Em segundo lugar, referido entendimento revela, de certo modo, a necessidade de proteção à minoria. A esse respeito, afirma Marcelo Vieira von Adamek que:

> A proteção à minoria não é somente um imperativo ético-social; é, para além disso, uma exigência essencial ao próprio funcionamento das sociedades. Sem mecanismos de tutela dos sócios, não iriam as sociedades exercer o relevante papel de captação de recursos para a exploração e consecução de um fim comum: não haveria o fenômeno da colaboração.[4]

A ênfase na proteção da minoria, de acordo com Herbert Wiedemann, deve ocorrer sobretudo nas sociedades de pessoas e nas socie-

da prerrogativa de decidir pelos interesses alheios, prevalece sempre a vontade do maior número, julgando cada qual segundo o seu próprio interesse" (Fábio Konder Comparato e Calixto Salomão Filho, *O Poder de Controle na Sociedade Anônima*, 5ª ed., Rio de Janeiro, Forense, 2008, p. 60).

2. "Il est surprenant que des droits soient reconnus à la minorité des actionnaires de la société anonyme. En effet cette société est gouvernée par la majorité; la minorité lui est soumise et ne dispose d'aucun pouvoir opposé lui permettant d'engager elle-même le groupement, d'imposer ses vues ou même de résister à la décision prise. On dit ainsi que la majorité lie la minorité ou encore que la minorité est soumise à la loi de la majorité. Nul ne songe à remettre ce principe en question et il n'est guère douteux qu'une personne n'entrerait dans une société anonyme si celle-ci n'était pas dirigée par une majorité" (Dominique Schmidt, *Les Droits de la Minorité dans la Société Anonyme*, Paris, Sirey, 1970, p. 1).

3. Marcelo Vieira von Adamek, *Abuso de Minoria em Direito Societário: Abuso das Posições Subjetivas Minoritárias*, tese de Doutorado, São Paulo, Faculdade de Direito da USP, 2010, p. 34.

4. Idem, p. 36.

dades anônimas fechadas, já que nas referidas sociedades a situação da minoria é marcada pelo fato de não haver mercado para alienação da sua participação, ficando mais acentuada a submissão da minoria à maioria. Apesar disso, o presente estudo analisará os direitos formais e substanciais de minoria apenas no âmbito das sociedades anônimas. No caso dos grupos societários, o prejuízo dos minoritários é institucionalizado, devendo ser destacada a proteção ao *outsider*, sócio da controlada.[5]

Vale notar que grupos minoritários,[6] assim como os majoritários, podem ser responsáveis por "abusos e desmandos no âmbito da coletividade em que se inserem",[7] não incluído, contudo, referido tema no presente estudo.

## 2. *"Minoria e direitos dos acionistas"*[8]

### 2.1 *Direitos da minoria e direitos individuais dos acionistas*

Para Dominique Schmidt uma primeira particularidade dos direitos da minoria, em oposição aos direitos individuais dos acionistas, refere-se ao fato de que eles se analisam não em uma defesa do acionista contra a sociedade, mas em um poder de intervenção na vida societária.[9]

5. Erasmo Valladão Azevedo e Novaes França, Curso de Pós-Graduação, DCO 5886-3 – *Teoria Geral do Direito Societário II*, 21.9.2010.

6. A minoria, enquanto grupo dominante ou enquanto grupo inserido em coletividade comandada por outrem, pode cometer abuso (Marcelo Vieira von Adamek, *Abuso de Minoria em Direito Societário: Abuso das Posições Subjetivas Minoritárias*, cit., p. 17). Ocorre que abuso de minoria e poder de controle minoritário não serão analisados neste estudo.

7. Marcelo Vieira von Adamek, *Abuso de Minoria em Direito Societário: Abuso das Posições Subjetivas Minoritárias*, cit., p. 16.

8. Título do segundo capítulo do livro de Waldírio Bulgarelli a seguir mencionado (*Regime Jurídico de Proteção às Minorias nas S/A*, Rio de Janeiro, Renovar, 1998, p. 29).

9. Dominique Schmidt, ao tratar do poder individual do acionista, afirma que todo acionista, ao ingressar na sociedade anônima, dispõe individualmente de duas categorias de direitos: os direitos próprios (os quais consistem em poder exigir a contraparte de sua contribuição patrimonial) e os direitos sociais (os quais consistem em poder intervir na gestão coletiva dos bens sociais). Estes são denominados "sociais" porque não conferem proteção ou garantia direta ao acionista que os exerce, mas admitem apenas que intervenha na vida social a fim de garantir a boa gestão dos interesses do grupo. Conclui o autor que os direitos sociais são precisamente os direitos da minoria (Dominique Schmidt, *Les Droits de la Minorité dans la Société Anonyme*, cit., p. 37).

Uma segunda particularidade refere-se ao fato de que o acionista, ao se valer de seu direito individual, defende e obriga seus próprios interesses. O minoritário, ao intervir na vida da sociedade, defende e obriga a totalidade dos interesses dos associados. A ação da minoria a todos aproveita. Nota-se, pois, a singularidade dos direitos da minoria, os quais se distinguem do direito individual do acionista.[10]

Defensor da mesma corrente, Waldírio Bulgarelli entende que, enquanto os direitos conferidos aos acionistas em relação à sociedade objetivam garanti-los, mantendo intocável sua posição de acionistas ou possibilitando que defendam seus interesses individuais contra o grupo ou especificamente contra a administração, aqueles conferidos aos acionistas como minoria visam a permitir que possam intervir na vida societária.[11]

Conforme Jorge Lobo, o tema melhor se desdobraria em:[12] "(a) tutela da minoria em sentido amplo ou proteção institucional da minoria ou direitos da minoria qualificada" – refere-se aos titulares de certa porcentagem de ações do capital social, definida de acordo com critérios políticos, a fim de limitar ou contrastar o poder de controle;[13] e "(b) tutela da minoria em sentido estrito ou direitos dos acionistas externos ou direitos individuais dos acionistas" – destinada à proteção dos direitos dos acionistas considerados isoladamente, independentemente do número, espécie, classe ou forma das ações que possuam.

10. "Ces exemples permettent dès à present de concrétiser la première particularité des droits de la minorité par opposition aux droits individuels des actionnaires: ils s'analysent non en une défense de l'actionnaire contre la société, mais en un pouvoir d'intervention dans la vie sociale (...). L'observation est importante car elle permet de rendre compte d'une seconde particularité des droits de la minorité: tandis que l'actionnaire, excipant de son droit individuel, ne défend et n'engage que ses intérêts propres, le minoritaire, intervenant dans la vie sociale, défend et engage la collectivité des intérêts des associés. L'action minoritaire profite à tous. (...). On aperçoit, dès lors, le singularisme des droits de la minorité, distincts du pouvoir majoritaire comme du droit individuel de l'actionnaire" (Dominique Schmidt, *Les Droits de la Minorité dans la Société Anonyme*, cit., pp. 2-3).

11. Waldírio Bulgarelli, *Regime Jurídico de Proteção às Minorias nas S/A*, cit., p. 40.

12. Jorge Lobo, "Proteção à minoria acionária", *RDM* 105/26, São Paulo, Malheiros Editores, 1997.

13. Complementa Jorge Lobo que "somente se enquadram, com exatidão, nessa categoria os direitos, assegurados, expressamente, por normas cogentes, dos titulares de determinada porcentagem das ações em que se divide o capital social, (...)" ("Proteção à minoria acionária", cit., *RDM* 105/29).

Indo ao encontro da posição adotada por Jorge Lobo sem, contudo, dividir o tema conforme acima mencionado, afirma Modesto Carvalhosa que os direitos que cabem aos acionistas minoritários pressupõem a existência de um número significativo de ações do capital social possuído por um ou mais acionistas que não fazem parte do grupo controlador da companhia. Assim, conforme o exercício de tais direitos possa interferir na atividade normal da companhia, a lei determina uma gradação de percentual mínimo de participação no capital social.[14]

### *2.2 Maioria e minoria*

No entendimento de Waldírio Bulgarelli, "a expressão 'minoria' não se refere a uma noção meramente quantitativa, mas a uma relação qualitativa de poder, que não corresponde ao número de pessoas, nem de ações, necessariamente".[15]

Minoria é o não controlador, pouco importando a proporção e a espécie de sua participação societária. O termo "minoria", nas palavras de Marcelo Vieira von Adamek, constitui, precisamente, uma:

> (...) específica situação jurídica subjetiva de sócio diante da sociedade e dos demais membros. Admite-se, pois, que a minoria (não controladora) possa até ser bastante numerosa e detentora de expressiva participação no capital social (mas sem direito de voto) e até se contrapor a um controlador minoritário.[16]

### *2.3 Objetivo dos direitos da minoria*

Segundo Dominique Schmidt, os direitos da minoria não possuem como objeto direto e imediato a proteção dos interesses particulares contra o poder do grupo. A ideia de um direito da minoria, em oposição à ideia de proteção da minoria, não sugere um limite objetivo ao poder majoritário, mas a existência de um poder concorrente capaz de

14. Modesto Carvalhosa, *Comentários à Lei das Sociedades Anônimas*, 4ª ed., vol. 2, São Paulo, Saraiva, 2008, p. 342.

15. Waldírio Bulgarelli, *Regime Jurídico de Proteção às Minorias nas S/A*, cit., p. 33.

16. Marcelo Vieira von Adamek, *Abuso de Minoria em Direito Societário: Abuso das Posições Subjetivas Minoritárias*, cit., p. 44.

controlá-lo,[17] atuando como um contrapeso, lógico e indispensável, para o bom funcionamento da sociedade.[18]

Os direitos da minoria em questão não conferem, pois, medidas de proteção direta dos interesses particulares da minoria, mas conferem um poder de intervenção na vida societária, em matérias normalmente reservadas ao exercício do poder majoritário.

### 3. *Desenvolvimento da proteção à minoria*[19]

Segundo Marcelo Vieira von Adamek, o poder da maioria, em quase todos os Países da Europa Continental foi largamente ampliado pelos legisladores a partir do final do século XIX.[20]

Conquanto fosse de se esperar que legislador, doutrina e jurisprudência impusessem limites às deliberações majoritárias, observa Marcelo Vieira von Adamek que isso não ocorreu em um primeiro momento, já que, no entendimento de Herbert Wiedemann, o direito societário desenvolveu-se a partir do tipo médio (ideal) de organização societária (*empirischer Durchschnittstypus*), no qual a maioria seria apenas ocasional, e não estável e permanente – algo que, a toda evidência, já naquela época não correspondia à realidade.[21]

Complementa o autor, ainda com base no entendimento de Herbert Wiedemann, que foi dada prevalência à cultura segundo a qual a maioria, forte, deveria comandar a sociedade. Ademais, aquele que exercia o

17. "Mais les droits de la minorité n'ont pas cet objet direct et immédiat de protection des intérêts particuliers contre la puissance du groupe; l'idée d'un droit de la minorité, par opposition à une 'protection' de la minorité, ne suggère pas une limite objective du domaine du pouvoir majoritaire, mais bien plutôt l'existence d'un pouvoir concurrent, le concours de deux pouvoirs coexistants. De fait, ces droits de la minorité n'offrent pas des mesures de protection directe des intérêts particuliers de la minorité mais confèrent un pouvoir d'intervention dans la vie sociale dans les domaines normalement réservés à l'exercice du pouvoir majoritaire" (Dominique Schmidt, *Les Droits de la Minorité dans la Société Anonyme*, cit., pp. 1-2).

18. Nesse sentido, afirma Dominique Schmidt: "Les droits de la minorité, ainsi délimités, forment dès lors le contrepoids logique et indispensable du pouvoir majoritaire pour le bon fonctionnement de la société" (*Les Droits de la Minorité dans la Société Anonyme*, cit., p. 17).

19. Marcelo Vieira von Adamek, *Abuso de Minoria em Direito Societário: Abuso das Posições Subjetivas Minoritárias*, cit., p. 37.

20. Idem, ibidem.

21. Idem, p. 37.

poder de comandar deveria se submeter ao controle judicial com relação aos atos ilegais ou abusivos, isto é, apenas com relação à legalidade extrínseca, excluindo-se a efetiva adequação dos atos.[22]

Referida exclusão da apreciação judicial do mérito dos atos societários fundava-se na autonomia da organização societária e na própria natureza da pessoa jurídica; mas conclui Marcelo Vieira von Adamek que tal exclusão é, atualmente, "insustentável: quem tem poderes deve ter responsabilidade".[23]

## 4. *Formas de proteção à minoria*

Marcelo Vieira von Adamek, baseado no ensinamento de Herbert Wiedemann, afirma que integram o rol de proteção à minoria direitos formais e substanciais de minoria.[24]

Direitos formais de minoria são os que exigem determinado quórum de votação ou de capital para seu exercício.

Em contrapartida, os direitos substanciais de minoria independem de qualquer quórum quantitativo.[25]

Na prática, segundo Herbert Wiedemann, os direitos formais de minoria destinam-se a efetivamente reforçar a posição da maioria, já que contra a concessão de um direito de difícil exercício são concedidos ainda mais poderes à maioria, legitimando seus atos, não constituindo, pois, proteções efetivas.[26]

Em conclusão, Herbert Wiedemann entende que a verdadeira proteção da minoria realiza-se por meio dos direitos substanciais. Além disso, a exigência de determinado percentual do capital para o exercício dos direitos formais de minoria – percentual, esse, que em muitos casos não é atingido facilmente – reforça, na realidade, o poder da maioria.[27]

Serão analisados primeiramente os direitos formais de minoria (item 4.1) e, após, os direitos substanciais de minoria (item 4.2).

22. Idem, p. 38.

23. Idem, ibidem.

24. Marcelo Vieira von Adamek, *Abuso de Minoria em Direito Societário: Abuso das Posições Subjetivas Minoritárias*, cit., pp. 39-40.

25. Idem, p. 40.

26. Herbert Wiedemann, *apud* Marcelo Vieira von Adamek, *Abuso de Minoria em Direito Societário: Abuso das Posições Subjetivas Minoritárias*, cit., p. 40.

27. Erasmo Valladão Azevedo e Novaes França, Curso de Pós-Graduação, DCO 5886-3 – *Teoria Geral do Direito Societário II*, 2010.

## *4.1 Direitos formais de minoria*

Vários são os assuntos a serem tratados a respeito dos direitos em questão, não possuindo, contudo, este estudo a pretensão de analisá-los exaustivamente.

Ressalta-se, ainda, que, no que tange à legislação comparada, será dada ênfase à francesa.

### 4.1.1 *Assembleia-geral*

#### *4.1.1.1* Competência para convocação

Na falta de convocação pelos órgãos originariamente competentes, a assembleia-geral poderá ser convocada por acionistas que representem 5%, no mínimo, do capital social quando os administradores não atenderem, no prazo de oito dias, a pedido de convocação que apresentarem, devidamente fundamentado, com indicação das matérias a serem tratadas (art. 123, parágrafo único, "c", da Lei 6.404/1976 – Lei das S/A).

A Comissão de Valores Mobiliários/CVM poderá, nas companhias abertas, reduzir o percentual indicado, mediante a fixação de escala em função do valor do capital social (art. 291 da Lei das S/A).

#### *4.1.1.2* Modo de convocação

Nas companhias fechadas, o acionista que representar 5% ou mais do capital social possui o direito de ser convocado por carta registrada ou por telegrama, desde que haja solicitação expressa, com a indicação precisa do endereço e do prazo de vigência dentro do qual pretende que lhe seja mantido o privilégio legal, prazo, esse, não superior a dois exercícios sociais, podendo ser renovado (art. 124, § 3º, da Lei das S/A).

#### *4.1.1.3* Representação

O acionista que detenha ações, com ou sem direito de voto, representando 0,5%, no mínimo, do capital social possui o direito de solicitar a relação de endereços dos acionistas da mesma companhia para o efeito do pedido de procuração (art. 126, § 3º, da Lei das S/A).

#### *4.1.1.4* Documentos da administração

O acionista que representar 5% ou mais do capital social, nas mesmas condições do citado art. 124, § 3º, da Lei das S/A, possui o direito de requerer cópia dos documentos que se encontram à sua disposição na sede social (art. 133, I a V, da Lei das S/A) para a realização da assembleia-geral ordinária (art. 133, § 2º, da Lei das S/A).

#### *4.1.1.5* Legislação comparada

##### 4.1.1.5.1 Portugal

O art. 375º,[28] al. 2, do *Código das Sociedades Comerciais*/CSC (Decreto-lei 262/1986) determina que a assembleia-geral deva ser convocada, dentre outros, por um ou mais acionistas que representem, pelo menos, 5% do capital social. O requerimento em questão deverá ser realizado por escrito e dirigido ao presidente da Mesa da assembleia-geral, indicando com precisão os assuntos a serem incluídos na ordem do dia e justificando a necessidade da assembleia.

Caso o presidente não defira o pedido dos acionistas, estes podem, ainda, requerer a convocação judicial da assembleia (art. 375º, al. 6, do CSC).

Ademais, o art. 289º do CSC elenca os documentos cuja consulta deve ser facultada aos acionistas durante os 15 dias anteriores à assembleia-geral, bem como determina que citados documentos sejam enviados, através de carta, no prazo de oito dias, aos titulares de ações correspondentes a, pelo menos, 1% do capital social, desde que haja requerimento para tanto (art. 289º, al. 1 e el. 3, "a", do CSC).

##### 4.1.1.5.2 Argentina

Prevê o art. 236,[29] al. 1, da *Ley de Sociedades Comerciales* (*Ley* 19.550) que as assembleias-gerais ordinárias e extraordinárias poderão

28. "Art. 375º. 1 – As assembleias-gerais de accionistas devem ser convocadas sempre que a lei o determine ou o conselho de administração, a comissão de auditoria, o conselho de administração executivo, o conselho fiscal ou o conselho geral e de supervisão entenda conveniente. 2 – A assembleia-geral deve ser convocada quando o requererem um ou mais accionistas que possuam acções correspondentes a, pelo menos, 5% do capital social. 3 – O requerimento referido no número anterior deve ser feito por escrito e dirigido ao presidente da Mesa da assembleia-geral, indicando com precisão os assuntos a incluir na ordem do dia e justificando a necessidade da reunião da assembleia. (...) 6 – Os accionistas cujos requerimentos não forem deferidos podem requerer a convocação judicial da assembleia."

29. "Art. 236. Las asambleas ordinarias y extraordinarias serán convocadas por el directorio o el síndico en los casos previstos por la ley, o cuando cualquiera de ellos lo juzgue necesario o cuando sean requeridas por accionistas que representan

ser convocadas a requerimento de acionistas que representem, pelo menos, 5% do capital social, se os estatutos não estabelecerem representação menor.

#### 4.1.1.5.3 França

Segundo o art. L225-103[30] do *Code de Commerce*, a assembleia-geral é convocada pelo conselho de administração ou, conforme o caso, pelo *directoire*.[31] Não havendo citada convocação, a assembleia pode ser igualmente convocada, dentre outros, pelos *commisaires aux comptes*,[32] por um mandatário escolhido na Justiça, a pedido seja de todo interessado, em caso de urgência, seja de um ou mais acionistas que representem, no mínimo, 5% do capital social, seja de uma associação de acionistas, conforme as condições fixadas pelo art. L225-120[33] do *Code de Commerce*.

por lo menos el 5% (cinco por ciento) del capital social, si los estatutos no fijaran una representación menor."

30. "Art. L225-103. I – L'assemblée générale est convoquée par le conseil d'administration ou le directoire, selon le cas. II – À defaut, l'assemblée générale peut être également convoquée: 1º. Par les commissaires aux comptes; 2º. Par un mandataire, désigné en justice, à la demande, soit de tout intéressé en cas d'urgence, soit d'un ou plusieurs actionnaires réunissant au moins 5% du capital social, soit d'une association d'actionnaires répondant aux conditions fixées à l'article L225-120; 3º. Par les liquidateurs; 4º. Par les actionnaires majoritaires en capital ou en droits de vote après une offre publique d'achat ou d'échange ou après une cession d'un bloc de contrôle. Dans les sociétés soumises aux arts. L225-57 à L225-93, l'assemblée générale peut être convoquée par le conseil de surveillance (...)."

31. Para Philippe Merle, uma das principais inovações da Lei 66-537, de 24.7.1966, foi oferecer a possibilidade de escolha entre a administração do tipo clássica com conselho de administração e presidente e uma nova fórmula, inspirada no Direito Alemão, com *directoire* e *conseil de surveillance* ("sociedade dual"). Vale notar que após a Lei 2001-420, de 15.5.2001 (*Loi NRE*), o diretor-geral, cuja nomeação é obrigatória, tornou-se o personagem central na sociedade anônima do tipo clássica. Em resumo, na "sociedade dual", ao *directoire* incumbe o andamento da empresa, possuindo certa autonomia com relação ao *conseil de surveillance.* A este incumbe, essencialmente, exercer o controle permanente da gestão da sociedade feita pelo *directoire* (Philippe Merle, *Droit Commercial: Sociétés Commerciales*, 14ª ed., Paris, Dalloz, 2010, pp. 424, 520, 536 e 550).

32. A respeito da atividade exercida pelos *commissaires aux comptes*, cf. item 4.1.3.3.1.

33. "Art. L225-120. I – Dans les sociétés dont les actions sont admises aux négociations sur un marché réglementé, les actionnaires justifiant d'une inscription nominative depuis au moins deux ans et détenant ensemble au moins 5% des droits de vote peuvent se regrouper en associations destinées à représenter leurs intérêts au sein de la société (...)."

Ademais, dispõe o art. L225-105, al. 1, do *Code de Commerce* que a ordem do dia das assembleias é fixada pelo autor da convocação. Mas a al. 2 do artigo em questão determina que um ou mais acionistas representando, ao menos, 5% do capital social (sendo o capital social de, no máximo, 750.000 Euros – art. R225-71 do *Code de Commerce*), ou uma associação de acionistas, em consonância com as condições fixadas no art. L225-120, possui a faculdade de requerer que projetos de resolução sejam inscritos na ordem do dia.[34]

Por fim, com relação ao modo de convocação, não há no Direito Francês um direito de minoria semelhante ao previsto no § 3º do art. 124 da Lei das S/A. Existe, quanto aos acionistas detentores de títulos nominativos, independentemente de sua participação no capital social, o direito de serem convocados por via postal, desde que preenchidos certos requisitos (art. R225-68, al. 1,[35] do *Code de Commerce*).

#### 4.1.1.5.4 Itália

Por meio do art. 2.367[36] do *Codice Civile*, é conferido aos acionistas que representem, ao menos, 5% do capital social de companhias abertas

34. Dominique Schmidt ensina que a vontade social é formulada em assembleia-geral e a intervenção da minoria configura uma necessidade fundamental para a correta formação da referida vontade social, o que supõe que a minoria seja informada. Entendida como um "meio de ação", a informação trará, sobretudo, benefícios à minoria. É, por exemplo, o caso do art. L225-105, al. 2, do *Code de Commerce* (Dominique Schmidt, *Les Droits de la Minorité dans la Société Anonyme*, cit., pp. 91-92).

35. "Art. R225-68. Les actionnaires titulaires de titres nominatifs depuis un mois au moins à la date de l'insertion de l'avis de convocation prévue au premier alinéa de l'art. R225-67 sont convoqués à toute assemblée par lettre ordinaire. Sous la condition d'adresser à la société le montant des frais de recommandation, ils peuvent demander à être convoqués par lettre recommandée. Cette convocation peut également être transmise par un moyen électronique de télécommunication mis en oeuvre dans les conditions mentionnées à l'art. R225-63, à l'adresse indiquée par l'actionnaire."

36. "Art. 2.367. Gli amministratori o il consiglio di gestione devono convocare senza ritardo l'assemblea, quando ne è fatta domanda da tanti soci che rappresentino almeno il ventesimo del capitale sociale nelle società che fanno ricorso al mercato del capitale di rischio e il decimo del capitale sociale nelle altre o la minore percentuale prevista nello statuto, e nella domanda sono indicati gli argomenti da trattare. Se gli amministratori o il consiglio di gestione, oppure in loro vece i sindaci o il consiglio di sorveglianza o il comitato per il controllo sulla gestione, non provvedono, il tribunale, sentiti i componenti degli organi amministrativi e di controllo, ove il rifiuto di provvedere risulti ingiustificato, ordina con decreto la convocazione dell'assemblea, designando la persona che deve presiederla (...)."

e aos acionistas que representem 10% do capital social para as demais companhias – podendo o estatuto prever percentual inferior –, o direito de requerer a convocação da assembleia-geral. Se o pedido de convocação formulado pelos referidos acionistas não for atendido, tal convocação poderá ser ordenada por decreto pelo tribunal, caso este entenda que a recusa em convocar a assembleia tenha sido injustificada.

### 4.1.2 *Conselho de administração*

#### *4.1.2.1* Voto múltiplo

É concedido aos acionistas que representem, no mínimo, 10% do capital social com direito de voto o direito de requerer a adoção do processo do voto múltiplo[37] (art. 141 da Lei das S/A).

Com relação às companhias abertas, a Instrução CVM-165/1991 fixa escala reduzindo, em função do capital social, o percentual mínimo de participação acionária necessário ao requerimento do processo de voto múltiplo para a eleição dos membros do conselho de administração.

#### *4.1.2.2* Eleição direta

É conferido ao grupo de titulares de ações com direito de voto que represente, no mínimo, 15% do total do capital votante e ao grupo de titulares de ações preferenciais sem direito de voto ou com voto restrito que represente, pelo menos, 10% do capital social total (desde que não tenha exercido o direito previsto no estatuto, conforme o art. 18 da Lei das S/A) o direito de eleger e destituir, cada um, um representante e seu suplente no conselho de administração (art. 141, § 4º, da Lei das S/A).

O § 6º do art. 141 da Lei das S/A impõe um requisito que não existe no processo de voto múltiplo, qual seja, o da titularidade das ações pelo período mínimo e ininterrupto de três meses que anteceder à assembleia-geral.

Se mencionados percentuais não forem atingidos isoladamente por um grupo ou outro de acionistas, poderão os ordinaristas minoritários e os preferencialistas agregar suas ações a fim de atingirem, pelo menos,

37. Processo de voto múltiplo, segundo Modesto Carvalhosa, "é o processo pelo qual se dá a cada acionista um total de votos correspondentes ao número de suas ações votantes multiplicado pelo número de cargos do conselho de administração" (*Comentários à Lei das Sociedades Anônimas*, 4ª ed., vol. 3, São Paulo, Saraiva, 2009, p. 115).

10% do capital social e de elegerem em conjunto apenas um conselheiro e seu suplente (art. 141, § 5º, da Lei das S/A).[38]

Aponta Modesto Carvalhosa que a lei, ao prever, através do processo de voto múltiplo e da eleição direta, o regime da representação proporcional no conselho de administração, confere ao agrupamento organizado de minoritários com significativa participação no capital social o encargo de defender a companhia contra eventual abuso de poder dos conselheiros majoritários, seja quando almejem favorecimentos pessoais, seja quanto aos atos reputáveis, em geral, lesivos ao patrimônio e ao funcionamento regular da administração da companhia.[39]

Ocorre que, como já mencionado, tais percentuais, na prática, podem se mostrar difíceis de serem atingidos, não configurando efetiva proteção à minoria.

#### 4.1.3 *Conselho fiscal*

##### *4.1.3.1* Instalação

Caso o funcionamento do conselho fiscal não seja permanente, será necessário requerimento nesse sentido realizado por acionistas que representem, no mínimo, 10% das ações com direito a voto ou 5% das ações sem direito a voto. Cada período de seu funcionamento terminará automaticamente na primeira assembleia-geral ordinária superveniente (art. 161, § 2º, da Lei das S/A).[40]

38. Modesto Carvalhosa afirma, ainda, que uma inovação trazida pela Lei 10.303/2001 consiste na "possibilidade de os conselheiros representantes dos ordinaristas minoritários e dos preferencialistas vetarem, desde que fundamentadamente, a contratação ou a recontratação de auditor independente pela companhia (§ 2º do art. 142)" (*Comentários à Lei das Sociedades Anônimas*, cit., 4ª ed., vol. 3, p. 105).

39. Modesto Carvalhosa, *Comentários à Lei das Sociedades Anônimas*, cit., 4ª ed., vol. 3, p. 116.

40. No entendimento de Modesto Carvalhosa, a Lei 9.457/1997 criou um novo dispositivo, inserido no art. 123, parágrafo único, "d", da Lei das S/A, facultando aos acionistas convocar assembleia-geral com o propósito específico de instalar o conselho fiscal, devendo os ordinaristas reunir, no mínimo, 5% do capital votante da companhia. Assim, na visão do autor, "está derrogada a exigência constante da norma ora estudada, do mínimo de 10% para os ordinaristas solicitarem a instalação do conselho fiscal. Isso porque, se se pode com o percentual mínimo de 5% das ações votantes convocar a assembleia-geral para tal fim, também com esse mesmo percentual de 5% se poderá requerer a instalação do conselho fiscal em assembleia-geral em curso, que preveja ou não essa instalação" (Modesto Carvalhosa, *Comentários à Lei das Sociedades Anônimas*, cit., 4ª ed., vol. 3, p. 416).

Quanto às companhias abertas, a Instrução CVM-324/2000 fixa escala reduzindo, em função do capital social, as porcentagens mínimas de participação acionária necessárias ao pedido de instalação do conselho fiscal.

#### *4.1.3.2* Composição

Os titulares de ações preferenciais sem direito a voto ou com voto restrito terão o direito de eleger, em votação em separado, um membro do conselho fiscal e seu respectivo suplente; e igual direito terão os acionistas minoritários, desde que representem, em conjunto, 10%, ou mais das ações com direito a voto (art. 161, § 4º, "a", da Lei das S/A).[41]

O colegiado da CVM, no âmbito do Processo RJ 2007/11.086,[42] decidiu que o requisito dos 10% previsto na alínea "a" do § 4º do art. 161 da Lei das S/A diz respeito ao número de ações com direito a voto detidas pelos acionistas minoritários da companhia, e não apenas ao número de ações detidas pelos minoritários que comparecerem à assembleia, conforme muitas empresas vinham interpretando.

#### *4.1.3.3* Legislação comparada

##### 4.1.3.3.1 França

Vários são os "órgãos" de fiscalização (*contrôle*) das sociedades anônimas francesas. A título de exemplo, serão citados dois.

Primeiro, os *commissaires aux comptes*,[43] que operam individualmente ou por meio de sociedades por eles constituídas (art. L822-9, al. 1, do *Code de Commerce*).

41. No âmbito dos Processos Administrativos CVM-RJ 2007/3.246 e CVM-RJ 2006/5.701, o Relator, Marcelo Fernandez Trindade, entendeu que os quóruns de instalação e de eleição não se confundem e o quórum mínimo de 10% do art. 161, § 4º, da Lei das S/A apenas deve ser preenchido caso se queira proceder à eleição em separado, que exclui a presença do acionista controlador. Concluiu o Relator que "a ausência de participação acionária suficiente para que as minorias acionárias de que trata o § 4º do art. 161 da Lei n. 6.404/1976 possam proceder à eleição em separado prevista neste dispositivo não constitui impedimento à constituição do conselho fiscal quando preenchido o quórum específico para a exigência de seu funcionamento".

42. Processo CVM-RJ 2007/11.086, j. 6.5.2008. O Diretor-Relator Marcos Barbosa Pinto, em seu voto, propôs, para preservar a segurança jurídica, o seguinte: "(...) proponho que essa interpretação seja aplicada pela CVM somente às eleições para o conselho fiscal que ocorrerem a partir da data da publicação desta decisão".

43. A atividade exercida pelos *commissaires aux comptes* é em grande parte regulada pelo *Code de Commerce* e consiste, por exemplo, em garantir que os documentos contábeis da empresa sejam regulares e sinceros (arts. L823-9 a 823-12-1

A lei francesa permite, dentre outros, que um ou mais acionistas representando, ao menos, 5% do capital social requeiram na Justiça a "recusa" por justo motivo de um ou vários *commissaires aux comptes* nomeados pela assembleia-geral (art. L823-6, al. 1, do *Code de Commerce*).[44]

Outrossim, a lei francesa confere a um ou mais acionistas representando, pelo menos, 5% do capital social a faculdade de requerer na Justiça que os *commissaires aux comptes* sejam afastados de suas funções em certos casos, como o de impedimento (art. L823-7, al. 1, do *Code de Commerce*).[45]

Segundo, o comitê de auditoria (*COMITÉ d'audit*, ou *comité des comptes* ou *comité spécialisé*), cujo desenvolvimento foi enfatizado pelo *Rapport Viénot I*, de 1995, elaborado no contexto das reflexões sobre a governança corporativa.[46]

A *Ordonnance 2008-1278*, ao a Diretiva 2006/43/CE, de 17.5.2006, regulamentou o comitê de auditoria, o qual deve, por exemplo, ser instaurado nas empresas de seguro e de resseguro bem como nas companhias abertas. Agindo sob a responsabilidade coletiva e exclusiva dos membros do conselho de administração ou do *conseil de surveillance*,[47]

do *Code de Commerce*). São nomeados por seis exercícios (art. L823-3 do *Code de Commerce*) e devem ser inscritos em lista competente (art. L822-1 do *Code de Commerce*). Com relação à natureza de suas funções, afirma Philippe Merle que "les commissaires ne sont pas unis à la société par un lien contractuel, à la différence du comptable salarié chargé de tenir les comptes au jour le jour, et de l'expert-comptable qui en assure la révision. C'est la loi qui fixe les relations entre la société et le commisaire, qui est devenu un organe social, un 'organe supra-social de contrôle'. Leur mission a évolué vers un rôle d'intérêt général" (*Droit Commercial: Sociétés Commerciales*, cit., 14ª ed., p. 602).

44. A respeito do exercício do direito em questão: "Cette faculté – qui porte atteinte au pouvoir souverain de l'assemblée générale – ne peut être exercée que dans les conditions strictement définies" (Anne Charvériat, Alain Couret e Bruno Zabala, *Mémento Pratique Francis Lefebvre: Sociétés Commerciales*, Levallois, Francis Lefebvre, 2011, p. 1.287).

45. Além dos casos de impedimento, a *Cour de Cassation* decidiu que "commet un manquement à ses obligations déontologiques d'indépendance, justifiant le relèvement des fonctions, le commissaire aux comptes qui sollicite de la société contrôlée le paiement d'une facture d'honoraires afférents à une prestation d'assistance à un tiers, cocontractant de cette société" (*Cour de Cassation*, *Chambre Commerciale*, n. 06-13.423, de 10.7.2007).

46. Mesmo antes de a instauração do comitê de auditoria se tornar obrigatória para algumas empresas, as companhias do *CAC 40* o instituíram e diversas sociedades anônimas fechadas seguiram o mesmo caminho (Francis Lemeunier, *Société Anonyme*, 20ª ed., Paris, Delmas, 2007, p. 352).

47. Acerca do *conseil de surveillance*, cf. nota de rodapé 31.

o comitê de auditoria garante o acompanhamento das questões referentes à elaboração e ao controle das informações contábeis e financeiras[48] (art. L823-19, al. 1, do *Code de Commerce*).

### 4.1.4 *Exibição dos livros da companhia*

Em consonância com o art. 105 da Lei das S/A, a requerimento de acionistas que representem, pelo menos, 5% do capital social, pode ser ordenada judicialmente a exibição por inteiro dos livros da companhia sempre que sejam apontados atos violadores da lei ou do estatuto ou haja fundada suspeita de graves irregularidades praticadas por qualquer dos órgãos da companhia.

### 4.1.5 *Direito à informação*

Conforme o art. 157, § 1º, da Lei das S/A, a pedido de acionistas que representem 5% ou mais do capital social, o administrador de companhia aberta é obrigado a revelar à assembleia-geral ordinária, por exemplo, as opções de compra de ações que tiver contratado ou exercido no exercício anterior (art. 157, § 1º, "b", da Lei das S/A); as condições dos contratos de trabalho que tenham sido firmados pela companhia com os diretores e empregados de alto nível (art. 157, § 1º, "d", da Lei das S/A); e quaisquer atos ou fatos relevantes nas atividades da companhia (art. 157, § 1º, "e", da Lei das S/A).

#### *4.1.5.1* Legislação comparada

##### 4.1.5.1.1 França

Os arts. L225-231, al. 1, e L225-232 do *Code de Commerce* conferem, dentre outros, aos acionistas direito à informação não apenas com relação às companhias abertas.

48. Sobre o trabalho exercido pelo comitê de auditoria, complementa Paul Le Cannu: "Le 'comité spécialisé' de l'art. L823-19 travaille en lien avec les commissaires aux comptes, qui lui rendent compte de leur indépendance et de leurs prestations (art. L823-16). Il donne une 'recommandation' préalable sur leur désignation par l'assemblée. Le comité doit surveiller la 'cartographie des risques' courus dans la société, le processus d'élaboration de l'information financière, l'efficacité des systèmes de contrôle interne et de gestion des risques. Il assure 'le suivi du contrôle légal des comptes annuels et, le cas échéant, des comptes consolidés par les commissaries aux comptes'. En l'état, il est assez difficile de situer les limites des attributions du comitê de l'art. L823-19" (Paul Le Cannu e Bruno Dondero, *Droit des Sociétés*, 3ª ed., Paris, Montchrestien, 2009, p. 597).

O primeiro permite que um ou mais acionistas representando, ao menos, 5% do capital social formulem questões, por escrito, ao presidente do conselho de administração ou ao *directoire* a respeito de uma ou várias "operações de gestão" (*opérations de gestion*) da companhia, assim como, se for o caso, de sociedade por ela controlada, em consonância com o art. L233-3 do *Code de Commerce*.

O segundo permite, por exemplo, que um ou vários acionistas, representando 5%, ao menos, do capital social formulem, por escrito, questões ao presidente do conselho de administração ou ao *directoire* a respeito de "qualquer fato que possa comprometer a continuidade da exploração" ("tout fait de nature à compromettre la continuité de l'exploitation").[49]

#### 4.1.5.1.2 Portugal

O art. 291º, al. 1, do CSC dispõe a respeito de um direito coletivo à informação e determina que acionistas representando 10% do capital social podem solicitar, por escrito, ao conselho de administração ou ao conselho de administração executivo que lhes sejam prestadas, também por escrito, informações sobre assuntos sociais.

### 4.1.6 *Ação (social) de responsabilidade em face do administrador*

Se a assembleia-geral deliberar não promover a ação, poderá ela ser proposta por acionistas que representem 5%, pelo menos, do capital social (art. 159, § 4º, da Lei das S/A).

No caso de prejuízo causado por companhia controladora às suas controladas, possuem legitimidade para propor a ação de responsabilidade acionistas da controlada que tenham ao menos 5% do capital social (art. 246, § 1º, "a", da Lei das S/A) ou qualquer acionista, independentemente do número de ações que possua, desde que preste caução pelas custas e honorários de advogado devidos no caso de vir a ação ser julgada improcedente (art. 246, § 1º, "b", da Lei das S/A).

49. O direito concursal francês também se utiliza da noção "tout fait de nature à compromettre la continuité de l'exploitation". Prova disso é que no âmbito do procedimento de alerta, por exemplo, o presidente do Tribunal do Comércio pode convocar os dirigentes de uma empresa que apresenta dificuldades passíveis de comprometer a continuidade da exploração, a fim de que sejam adotadas medidas visando a reverter a situação (art. L611-2, I, do *Code de Commerce*).

Com relação às companhias abertas, a CVM pode reduzir o percentual mencionado na alínea "a" do § 1º do art. 246 da Lei das S/A, através de fixação de escala, em função do capital social (art. 291 da Lei das S/A).

#### *4.1.6.1* Legislação comparada

##### 4.1.6.1.1 Itália

Conforme o art. 2.393-*bis* do *Codice Civile*, a ação de responsabilidade em face do administrador pode ser exercida, dentre outros, por acionistas que representem ao menos 20% do capital social. Pode o estatuto prever percentual de participação no capital social diverso, desde que não superior a um terço do capital social. Com relação às companhias abertas, a ação em questão pode ser exercida por acionistas que representem 2,5% do capital social, podendo o estatuto prever representação inferior.

Ademais, é possível que a companhia renuncie ao exercício da ação de responsabilidade e realize um acordo com o administrador, desde que preenchidos certos requisitos (*v.g.*, deliberação expressa da assembleia-geral nesse sentido e ausência de voto contrário de uma minoria acionária representando determinado percentual do capital social) (art. 2.393-*bis*, al. 7, do *Codice Civile)*.

##### 4.1.6.1.2 França

O art. L225-252[50] do *Code de Commerce* confere, dentre outros, aos acionistas, por meio de uma associação que responda às condições fixadas pelo art. L225-120 do *Code de Commerce*, o direito de propor ação (social) de responsabilidade em face dos administradores e do diretor-geral.[51] No entanto, nas companhias cujo capital social seja superior a

50. Combinado com o art. R225-169 do *Code de Commerce*.

51. Dominique Schmidt, em resumo, entende que a minoria intervém na vida social em duas hipóteses. Em primeiro lugar, ela dispõe de direitos que lhe permitem intervir na deliberação assemblear (*v.g.*, composição da ordem do dia – art. L225-105, al. 2, do *Code de Commerce*). Em segundo lugar, existem ações da minoria destinadas a atenuar possíveis "carências" dos órgãos societários (*v.g.*, ação de responsabilidade em face dos administradores; requerer judicialmente e por justo motivo a recusa de um ou mais *commissaire aux comptes* – art. L823-7, al. 1, do *Code de Commerce*). Quando a minoria propõe a ação social de responsabilidade em face do administrador, ela o faz na qualidade de órgão (subsidiário) de controle

750 mil Euros a fração do capital social que a minoria deve possuir é calculada de acordo com um percentual decrescente.[52]

### *4.2 Direitos substanciais de minoria*

#### 4.2.1 *Proibição de voto*

##### *4.2.1.1* Fundamentos

São dois os fundamentos da proibição de voto. O primeiro refere-se ao princípio segundo o qual ninguém pode ser juiz em causa própria (*nemo judex in causa propria*). O segundo refere-se ao princípio da vedação do negócio consigo mesmo.[53]

##### *4.2.1.2* Hipóteses

Apesar de as hipóteses de proibição de voto, a seguir indicadas, estarem direcionadas a todos os sócios, elas se tornam frequentemente relevantes para a minoria, principalmente quando atingem a maioria: aprovação das próprias contas (art. 115, § 1º, da Lei das S/A); aprovação do laudo de avaliação do próprio bem (art. 115, § 1º, da Lei das S/A); aprovação do laudo de avaliação do patrimônio líquido da sociedade de que fazem parte, em caso de fusão (art. 228, § 2º, da Lei das S/A).[54]

##### *4.2.1.3* Legislação comparada

4.2.1.3.1 França

Segundo Philippe Merle, o fundamento das hipóteses de proibição de voto na França consiste no fato de que o acionista não pode ser ao

(Dominique Schmidt, *Les Droits de la Minorité dans la Société Anonyme*, cit., pp. 202, 219 e 225).

52. Nesse sentido, dispõe o art. R225-169, al. 2, do *Code de Commerce*: "Toutefois, lorsque le capital de la société est supérieur à 750000 €, le montant du capital à représenter en aplication de l'alínea précédent est, selon l'importance de ce capital, réduit ainsi qu'il suit: a) 4% pour les 750000 premiers Euros; b) 2,50% pour la tranche de capital comprise entre 750000 e 7500000 €; c) 1% pour la tranche de capital comprise entre 7500000 et 15000000 €; d) 0,50% pour le surplus du capital".

53. Erasmo Valladão Azevedo e Novaes França, Curso de Pós-Graduação, DCO 5886-3 – *Teoria Geral do Direito Societário II*, 5.10.2010.

54. Idem, ibidem.

mesmo tempo juiz e parte. Tais hipóteses, contudo, são excepcionais, e devem resultar de disposição legal expressa.[55]

Podem ser citados dois exemplos, a seguir indicados.

O primeiro deles refere-se às "convenções regulamentadas" (*conventions réglementées*), que são aquelas celebradas, por exemplo, entre o administrador ou o diretor-geral e a sociedade. Tais convenções criam um conflito de interesses entre o interesse pessoal do cocontratante interessado e aquele dos acionistas da sociedade contratante, podendo o primeiro abusar da influência proporcionada por seus poderes ou funções a fim de obter direitos ou vantagens em prejuízo da segunda. Com o intuito de prevenir e combater referido conflito de interesses, a lei organiza um procedimento de controle e proíbe que o interessado vote na deliberação relativa à convenção em questão[56] (art. L225-40, al. 4, do *Code de Commerce*).

O segundo deles refere-se à concessão de uma "vantagem particular"[57] (*avantage particulier*). Assim, o acionista que receber uma vantagem particular não participará do voto referente à confirmação da vantagem conferida (arts. L225-10 e L225-147 do *Code de Commerce*).

#### 4.2.1.3.2 Argentina

Em consonância com o art. 248 da *Ley de Sociedades Comerciales*, o acionista, ou seu representante, que, em determinada operação, tenha, por conta própria ou alheia, um interesse contrário ao da sociedade

55. Philippe Merle, *Droit Commercial: Sociétés Commerciales*, cit., 14ª ed., p. 269.

56. Dominique Schmidt, *Les Conflits d'Intérêts dans la Société Anonyme*, Paris, Joly, 2004, p. 110.

57. Afirma Dominique Schmidt que a noção de "vantagem particular" é vasta e que, "en effet, on peut considérer qu'il y a avantage particulier chaque fois qu'une personne retire de la société un droit ou un gain non partagé avec les associés. L'avantage est particulier d'une part parce qu'il profite à une ou plusieurs personnes, d'autre part parce qu'il n'est pas commun. Est commun ce qui est partagé par tous les membres d'un groupe. Est particulier ce qui n'est pas partagé. L'avantage particulier a ainsi une signification potentielle étendue: constitue un avantage particulier le produit de l'usage par un dirigeant des biens de la société dans un intérêt personnel, ou encore la délibération qui favorise les membres de la majorité au détriment des minoritaires, ou encore la réservation a un bénéficiaire du droit de souscrire une augmentation de capital. Autant d'avantages particuliers au sens le plus large du terme" (*Les Conflits d'Intérêts dans la Société Anonyme*, cit., p. 96).

possui a obrigação de se abster de votar sobre os acordos relativos aos citados interesses.

Ocorre que, infringindo tal disposição, o acionista será responsável pelos danos e prejuízos causados apenas se a maioria exigida para uma decisão válida não pudesse ser alcançada sem o voto do acionista em questão.

### 4.2.2 *Atribuição de poderes de eleição*

Outra hipótese de proteção substancial se dá por meio do poder de nomeação de membros do conselho de administração ou do conselho fiscal.

Conforme exposto nos itens 4.1.2.1 e 4.1.2.2, a participação da minoria na eleição dos membros do conselho de administração ocorre pelo voto múltiplo ou pela chamada eleição direta (art. 141 da Lei das S/A), sendo que, neste caso, por exemplo, exige-se a observância de quórum, não configurando exatamente uma forma substancial de proteção à minoria.

O mesmo vale para os poderes de nomeação dos membros do conselho fiscal, haja vista a necessidade de ser observado quórum quantitativo, em consonância com item 4.1.3.2.

### 4.2.3 *Controle administrativo e judicial*

Outra maneira de proteção substancial ocorre através do controle administrativo e judicial dos atos da maioria.[58]

No plano administrativo existe o controle de legalidade exercido pelos órgãos do Registro Público de Empresas Mercantis,[59] permitindo, nas palavras de Marcelo Vieira von Adamek, "que a minoria possa se insurgir contra desmandos formais".[60]

Há, ainda, o controle realizado pela CVM no que tange às companhias abertas.

58. Marcelo Vieira von Adamek, *Abuso de Minoria em Direito Societário: Abuso das Posições Subjetivas Minoritárias*, cit., p. 40.

59. Apesar de existirem diferenças entre os procedimentos adotados pelos Estados brasileiros, na prática, o controle em questão se revela ineficiente.

60. Marcelo Vieira von Adamek, *Abuso de Minoria em Direito Societário: Abuso das Posições Subjetivas Minoritárias*, cit., p. 40.

No plano judicial[61] o controle se efetiva através das ações anulatórias e das ações de responsabilidade civil, dentre outras.[62]

## 5. *Conclusão*

Conquanto sejam vários os direitos formais garantidos à minoria das sociedades anônimas, tal forma de proteção não se revela efetiva, em razão do necessário percentual do capital social para seu exercício. Ademais, conforme acima exposto, na maioria das vezes tal percentual, além de necessário, é elevado.

É preciso, pois, aperfeiçoar e tornar mais efetivos os direitos substanciais de minoria, tais como o controle administrativo, no âmbito do Registro Público de Empresas Mercantis, e o controle judicial.

## *Referências bibliográficas*

ADAMEK, Marcelo Vieira Von. *Abuso de Minoria em Direito Societário: Abuso das Posições Subjetivas Minoritárias*. Tese de Doutorado. São Paulo, Faculdade de Direito da USP, 2010.

ASCARELLI, Tullio. *Problemas das Sociedades Anônimas e Direito Comparado*. 2ª ed. São Paulo, Saraiva, 1969.

BULGARELLI, Waldírio. *Regime Jurídico de Proteção às Minorias nas S/A*. Rio de Janeiro, Renovar, 1998.

CARVALHOSA, Modesto. *Comentários à Lei das Sociedades Anônimas*. 4ª ed., vol. 2. São Paulo, Saraiva, 2008; 4ª ed., vol. 3. São Paulo, Saraiva, 2009 ; 5ª ed., vol. 1. São Paulo, Saraiva, 2009.

CHARVÉRIAT, Anne, COURET, Alain, e ZABALA, Bruno. *Mémento Pratique Francis Lefebvre: Sociétés Commerciales*. Levallois, Francis Lefebvre, 2011.

COMPARATO, Fábio Konder, e SALOMÃO FILHO, Calixto. *O Poder de Controle na Sociedade Anônima*. 5ª ed. Rio de Janeiro, Forense, 2008.

COURET, Alain, CHARVÉRIAT, Anne, e ZABALA, Bruno. *Mémento Pratique Francis Lefebvre: Sociétés Commerciales*. Levallois, Francis Lefebvre, 2011.

DONDERO, Bruno, e LE CANNU, Paul. *Droit des Sociétés*, 3ª ed. Paris, Montchrestien, 2009.

FRANÇA, Erasmo Valladão Azevedo e Novaes. In: *Direito Societário Contemporâneo – I* (obra coletiva). São Paulo, Quartier Latin, 2009.

61. A falta de especialização de seus membros e a morosidade dos procedimentos contribuem para a ineficiência do controle judicial.

62. Marcelo Vieira von Adamek, *Abuso de Minoria em Direito Societário: Abuso das Posições Subjetivas Minoritárias*, cit., p. 40.

GERMAIN, Michel. "Le droit des minoritaires: droit français des sociétés". *Revue Internationale de Droit Comparé* 54/401-413. N. 2. 2002.

GUERREIRO, José Alexandre Tavares. "Direito das minorias na sociedade anônima". *RDM* 63/106-111. N. 63. São Paulo, Ed. RT, 1986.

LE CANNU, Paul, e DONDERO, Bruno. *Droit des Sociétés*. 3ª ed. Paris, Montchrestien, 2009.

LEMEUNIER, Francis. *Société Anonyme*. 20ª ed. Paris, Delmas, 2007.

LOBO, Jorge. In: *A Reforma na Lei das Sociedades Anônimas: Inovações e Questões Controvertidas da Lei 10.303 de 31.10.2001* (obra coletiva). 2ª ed. Rio de Janeiro, Forense, 2002.

________. "Proteção à minoria acionária". *RDM* 105/25-36. São Paulo, Malheiros Editores, 1997.

MERLE, Philippe. *Droit Commercial: Sociétés Commerciales*. 14ª ed. Paris, Dalloz, 2010.

MÜLLER, Sergio José Dulac. *Direitos Essenciais dos Acionistas: Interpretação Sistemática da Proteção aos Minoritários*. Porto Alegre, Livraria do Advogado, 2003.

OCHMAN, Renato. "A lacuna do art. 123 da Lei 6.404/1976". *RDM* 72/91-93. São Paulo, Ed. RT, 1988.

RAYES, Maria Graziela Malouf Cury. *Direito dos Acionistas Minoritários: uma Perspectiva à Luz da Lei 10.303, de 31 de Outubro de 2001*. São Paulo, Textonovo, 2003.

RIBEIRO, Vera de Paula Noel. *A Minoria nas S/A*. 2ª ed. Rio de Janeiro, Forense, 2005.

SALOMÃO FILHO, Calixto, e COMPARATO, Fábio Konder. *O Poder de Controle na Sociedade Anônima*. 5ª ed. Rio de Janeiro, Forense, 2008.

SCHMIDT, Dominique. *Les Conflits d'Intérêts dans la Société Anonyme*. Paris, Joly, 2004.

________. *Les Droits de la Minorité dans la Société Anonyme*. Paris, Sirey, 1970.

WIEDEMANN, Herbert. "Excerto do *Direito Societário I – Fundamentos*". *RDM* 143/66-75. São Paulo, Malheiros Editores, 2006.

ZABALA, Bruno, CHARVÉRIAT, Anne, e COURET, Alain. *Mémento Pratique Francis Lefebvre: Sociétés Commerciales*. Levallois, Francis Lefebvre, 2011.

# INTERPRETAÇÃO DOS ESTATUTOS DAS SOCIEDADES POR AÇÕES. A POSIÇÃO DOS ACIONISTAS MINORITÁRIOS

Marco La Rosa de Almeida

*1. Introdução. 2. A função do estatuto social. 3. Das companhias abertas e fechadas e a natureza das normas estatutárias. 4. A função da interpretação do estatuto social. 5. Possíveis critérios para a interpretação do estatuto social. 6. A posição dos acionistas minoritários. 7. Conclusão.*

## 1. Introdução

A análise da interpretação dos estatutos sociais passa pelo entendimento dos elementos presentes nos estatutos sociais. É preciso considerar, inicialmente, o papel desempenhado pelos estatutos sociais, sua importância na organização e disciplina da atividade das companhias, a natureza das regras estatutárias, bem como a diversidade das companhias quanto à sua natureza e o reflexo disso nas regras estatutárias.

É preciso compreender, por outro lado, a função da interpretação no caso específico dos estatutos sociais e o que dela pode resultar.

Por fim, no que diz respeito à interpretação sob a perspectiva dos minoritários, deve ser considerada, ainda, a própria posição dos acionistas minoritários na relação societária de que fazem parte. Estão eles em posição de igualdade ou sujeição em relação aos demais acionistas? Quais os limites de atuação dos acionistas minoritários, refletidos no estatuto?

Iniciaremos pela análise da função do estatuto, enfrentando as demais questões em seguida.

## 2. *A função do estatuto social*

Em razão da sua similaridade, o entendimento da função do estatuto social passa pelo exame da função dos contratos plurilaterais e, mais especificamente, dos contratos associativos ou de sociedade.

Os contratos plurilaterais foram identificados e examinados por Tullio Ascarelli em texto obrigatório, cuja clareza fica ainda mais evidente a cada vez que a ele recorremos.[1] Posteriormente, aos contratos plurilaterais foi acrescida a categoria dos contratos associativos.[2]

Entre outras características então apontadas, os contratos associativos são aqueles em que se percebe (i) a possibilidade de permanente ingresso e participação de mais do que duas partes, sem que a relação jurídica se descaracterize, (ii) a atribuição de obrigações e direitos recíprocos, mas não necessariamente correspondentes ou equivalentes entre as partes, (iii) a sua aptidão à continuidade das relações que disciplina e (iv) uma finalidade comum ulterior à mera contratação, o que lhe dá o caráter instrumental.

No caso dos contratos de sociedade, para Ascarelli o mais importante dos contratos plurilaterais, a finalidade ou escopo comum ulterior à contratação é a organização da atividade exercida pela sociedade. Assim, para garantir a manutenção e o desenvolvimento de tal organização, os contratantes – ou os sócios – obrigam-se reciprocamente, mas não uns em relação aos outros, apenas. Obrigam-se perante a própria organização criada, através de uma rede de direitos, deveres e obrigações. Como a finalidade dos contratantes é a sobrevivência da organização criada, o mero inadimplemento de um contratante não autoriza a inexecução das respectivas prestações pelos demais. Não está presente, portanto, nos contratos plurilaterais o princípio da *exceptio non adimpleti contractus*, como ocorre nos demais contratos. Assim, por exemplo, se um sócio deixa de integralizar as quotas que subscreveu, outro sócio continuará obrigado ao pagamento da sua parte, tal como se encontrava obrigado inicialmente. O contrato de sociedade ou associativo, portanto, não se

1. Tullio Ascarelli, "O contrato plurilateral", in *Problemas das Sociedades Anônimas e Direito Comparado*, São Paulo, Saraiva, 1945.

2. Sobre os assim denominados "contratos associativos", v. Paolo Ferro-Luzzi, *I Contratti Associativi*, 3ª ed., Milão, Giuffrè, 2001. É possível identificar, assim, um aprofundamento da teoria dos contratos plurilaterais na teoria dos contratos associativos de Ferro-Luzzi. Este, assim como Ascarelli, identifica nos contratos associativos a finalidade ou o escopo de organização da atividade social, mediante a atribuição de direitos e obrigações aos sócios, mas não equivalentes ou correspondentes como nos contratos de escambo – a terminologia é do próprio Ferro-Luzzi.

extingue nem mesmo com o inadimplemento de uma obrigação, como em outros contratos, porque ainda assim a organização deve continuar existindo.

Como o escopo do contrato não é a mera troca de bens ou serviços, como nos contratos de escambo, e como o contrato não se exaure com o cumprimento de prestações correspondentes, é sempre possível que da organização façam parte novos integrantes, sem que se desnature a relação original disciplinada no contrato associativo.

Feita essa análise, ainda que breve, dos contratos associativos, é possível identificar nos estatutos sociais muitas das características atribuídas aos primeiros. No que diz respeito à sua função, o estatuto das sociedades por ações também tem o escopo final de organizar uma atividade empresarial.[3] Da mesma forma como nos contratos associativos, também permite a permanente participação de novas partes, atribui obrigações e direitos recíprocos aos sócios e tem aptidão à duração prolongada no tempo.

Por outro lado, dadas as especificidades das sociedades por ações – delas entre si e também em relação a outros tipos de sociedades –, o estatuto social apresenta certas peculiaridades, não podendo ser reduzido ao contrato de sociedade. Tais peculiaridades dizem respeito, principalmente, aos tipos de companhias e, consequentemente, às relações societárias desenvolvidas e disciplinadas pelo estatuto.

### 3. *Das companhias abertas e fechadas e a natureza das normas estatutárias*

Uma das características que diferencia os estatutos das sociedades por ações dos demais contratos associativos decorre, sem dúvida, da acentuada aptidão das sociedades por ações ao ingresso de novos participantes. Muito embora tal característica, por si só, não seja suficiente a separá-los dos demais contratos associativos, a verdade é que nas companhias a regra é a livre circulação das participações societárias, ou a livre circulação das ações. Portanto, a aptidão para o ingresso de novos

3. Em sua obra-chave, Comparato atribui ao estatuto social o mesmo papel desempenhado pela Constituição política no plano estatal, "assinalando as finalidades da instituição, a sua organização e o modo de designação dos respectivos órgãos, o seu funcionamento e os seus poderes", reconhecendo-se, assim, nos estatutos sociais "a natureza de direito objetivo, de *jus positum* no âmbito corporativo" (Fábio Konder Comparato e Calixto Salomão Filho, *O Poder de Controle na Sociedade Anônima*, 6ª ed., Rio de Janeiro, Forense, 2014, pp. 150 e ss.).

"contratantes" ou participantes da relação societária é muito mais evidente nas companhias. Apenas excepcionalmente tal liberdade de circulação pode ser limitada, ainda assim somente nas companhias fechadas.[4]

Assim, em razão da maior ou menor facilidade para o ingresso de novos acionistas em uma companhia, é possível identificar no estatuto social ora características de *ato-regra*, ora de típico negócio jurídico. Como *ato-regra*, o estatuto é capaz de personificar o regulamento societário de determinada companhia, estabelecido por ato de seus próprios acionistas, dentro de limites objetivos conferidos por lei, cuja incidência se estende a terceiros que não são necessariamente aqueles acionistas originais. Como *negócio jurídico*, o estatuto representa o resultado de ampla liberdade de estipulação dos próprios sócios, destinatários únicos e finais daquele ordenamento.

Em outras palavras: desempenhando sua finalidade de organizar e estruturar uma atividade econômica com finalidade de lucro, o estatuto social poderá, conforme a natureza da companhia, ora vincular somente os próprios "contratantes", que o tenham criado, ora terceiros, novos acionistas que venham a ingressar na organização societária. Tal constatação, para fins da interpretação do estatuto social, servirá a identificar a posição do sujeito vinculado pela norma estatutária: de efetiva parte contratante, cuja manifestação de vontade resultou na norma definida, ou de sujeição a uma norma estabelecida previamente ao seu ingresso.

A esse respeito, já é clássica a lição de Fábio Konder Comparato, distinguindo o estatuto das companhias conforme diga respeito a uma companhia aberta ou fechada. Como o próprio autor reconhece, tal distinção tem relação com a aptidão de tais companhias à admissão de novos acionistas a qualquer momento, em razão da maior ou menor possibilidade de circulação de suas ações.[5]

4. É o que determina o art. 36 da Lei 6.404/1976, que disciplina a matéria.

5. Para Comparato, "nas companhias abertas, os estatutos se apresentam, incontestavelmente, como um *ato-regra* (para retomarmos a expressão consagrada dos institucionalistas franceses), com as características de um direito objetivo ou *ius positum* no âmbito corporativo". Tal característica, quer nos parecer, decorre da sua aptidão de impor as regras estatutárias não só aos acionistas fundadores, mas também a novos acionistas, terceiros que venham a ingressar na companhia. Afirma o Mestre, de outro lado, que, "nas companhias fechadas, dificilmente poder-se-ão desligar as regras estatutárias do acordo de vontades entre os acionistas, que lhes serviu de fundamento e inspiração. Por isso mesmo, enquanto na companhia aberta a latitude de criação normativa dos estatutos é estreitamente limitada, preponderando sempre o ditado legal, nas companhias fechadas a fronteira entre os estatutos e acordo de acionistas se esbate consideravelmente. O acordo estatutário parece, aqui,

Inicialmente, portanto, para o presente trabalho importa fixar tal distinção entre companhias abertas e fechadas a fim de identificar o

muito mais como negócio jurídico privado, entre partes determinadas, do que como regulamento objetivo e impessoal" ("A natureza da sociedade anônima e a questão da derrogabilidade das regras legais de *quorum* nas assembleias-gerais e reuniões do conselho de administração", in *Novos Ensaios e Pareceres de Direito Empresarial*, Rio de Janeiro, Forense, 1981, pp. 121 e ss.). Assim, quer nos parecer que o reconhecimento do estatuto social como típico *ato-regra*, mais desvinculado do ato de constituição da sociedade, ou como *negócio jurídico*, cuja constituição representa a permanente expressão da manifestação de vontade dos acionistas, dependerá do maior ou menor grau de circulação das ações, vale dizer, da maior ou menor alternâncias dos seus acionistas. Nesse sentido, já tivemos a oportunidade de sustentar, em coautoria com Valdo Cestari de Rizzo, ser possível identificar nas companhias pelo menos dois tipos de acionistas. Dependendo da maior predominância de um ou de outro, será possível identificarmos relações típicas de companhias abertas – portanto, com natureza de ato-regra – ou de companhias fechadas – portanto, de caráter mais contratual. Assim, além do controlador, há também os acionistas considerados *investidores estratégicos*, de um lado, ou *investidores de mercado ou especulativos*, de outro. O investidor estratégico seria aquele acionista que tem interesse permanente ou mais prolongado na companhia. Sua participação representa para si um investimento pertinente ao seu negócio como um todo. A participação societária, nesse caso, é um ativo importante para o desempenho de sua atividade produtiva e é vista como uma participação relevante, integrada na sua atividade empresarial. A participação do acionista estratégico na companhia, e bem assim nos rumos da sua atividade, é, em princípio, mais interessada e duradoura. De outro lado, para o *investidor de mercado ou especulativo* a participação não tem relevância em razão do setor produtivo em que a companhia está inserida ou pela atividade econômica do acionista, mas pelo seu valor intrínseco como um bem negociável *per se*. A participação, aqui, representa um ativo financeiro, monetário, passível de ser substituído ou negociado a qualquer momento, conforme varie sua cotação no mercado de valores mobiliários. Ao acionista especulativo, sua participação na sociedade não visa a beneficiar a companhia em vista de um resultado de longo prazo, mas é meio de valorizar o seu ativo, sua participação societária ("Do direito do acionista à informação em companhias abertas e fechadas", in Marcelo Vieira von Adamek (coord.), *Temas de Direito Societário e Empresarial Contemporâneos*, São Paulo, Malheiros Editores, 2011, pp. 594 e ss.). A distinção, neste ponto, aproxima-se daquela feita entre sociedades de pessoas e de capitais, sem dúvida. Nas primeiras, casos há em que "os acionistas podem ter, para com a companhia, obrigações de prestação acessória, além da normal responsabilidade capitalística pelo pagamento das ações subscritas ou adquiridas" – como observa Comparato. Nas segundas a contribuição é meramente de capital ("Restrições à circulação de ações em companhia fechada: *nova et vetera*", in *Novos Ensaios e Pareceres de Direito Empresarial*, Rio de Janeiro, Forense, 1981, pp. 32 e ss.).

Rubens Requião, em outro texto igualmente clássico, de brevidade e clareza exemplares, sintetiza o problema da seguinte forma: "Pondo as questões suscitadas nesses termos, é fácil compreender a profunda distinção, de princípios e de finalidades, entre a *sociedade anônima fechada*, de estilo comum, e a *sociedade anônima*

alcance das normas do respectivo estatuto – seja em razão dos acionistas que dela fazem parte, seja em razão da maior ou menor aptidão ao ingresso de terceiros. Para os estatutos com características de ato-regra a interpretação é mais limitada, fundada em parâmetros objetivos mais rígidos. Em relação aos estatutos mais identificados com um negócio jurídico sua interpretação será subjetiva, fundada, sobretudo, em limites expressados pelos contratantes no momento da manifestação de suas vontades.

Interessante notar, entretanto, que tal distinção não pode ser tomada como verdade absoluta. É fato que as companhias abertas tendem a admitir mais acionistas. A figura do acionista investidor especulativo em tais companhias está mais presente do que nas companhias fechadas,

*aberta*. Enquanto a sociedade fechada se rege por regras da autonomia da vontade, consagradoras dos interesses privatistas e egoísticos de seus sócios, objetivando sobretudo o lucro pessoal, a sociedade anônima aberta objetiva outros interesses ligados ao mercado, no qual atua desde a colheita de recursos para a sua constituição e, posteriormente, para seu autofinanciamento. Suas ações inundam o mercado, alimentando os pregões das Bolsas, onde são cotadas, ensejando outros tantos negócios lucrativos, aos quais são estranhas as sociedades anônimas fechadas. Eis por que se condena modernamente o unitarismo das duas concepções societárias, que se estão cada vez mais se separando e se distanciando em seus conceitos, de forma a impor um dualismo de tratamento jurídico, econômico e social" ("A sociedade anônima como instituição", *RDM* 18/28-29, São Paulo, Ed. RT, 1975).

Interessante notar que, ao passo que a participação de acionistas *investidores de mercado de capitais* ou *especulativos* parece diminuir ou distanciar a vinculação do acionista com a companhia, é notada também a tendência atual de fortalecimento do acionista minoritário, em razão de sua condição de *investidor de mercado de capitais* ou *especulativo*. Cada vez mais se verifica o que Calixto Salomão Filho, na já citada obra clássica de Comparato, denominou de "enorme concentração entre os acionistas minoritários, institucionais em sua maioria (fundos de investimento, pensão etc.) ou estratégicos (acionistas com algum interesses específico naquela área)". Para Calixto tal movimento acaba por representar, a bem da verdade, uma "maior capacidade de pressão dos acionistas minoritários no sentido de mudanças estruturais e organizativas" (*O Poder de Controle na Sociedade Anônima*, cit., p. 108). É certo, entretanto – e tal ressalva deve ser feita desde logo –, que a pressão exercida por tais acionistas institucionais será tanto maior quanto maior for seu interesse em valorizar seu ativo, apenas isso. Tal reconhecimento do fortalecimento desses acionistas minoritários não invalida a distinção proposta entre acionista *investidor estratégico* e, de outro lado, acionista *investidor de mercado ou especulativo*. Em conclusão, o que se pretende, por ora, é apontar a impossibilidade de caracterização das companhias como um modelo único. Nas companhias abertas, além dos acionistas controladores e dos investidores estratégicos, há efetiva participação de acionistas investidores de mercado de capitais. Nas companhias fechadas, de outra parte, a relação entre acionistas controladores e aquele chamado investidor estratégico é mais próxima e efetiva.

nas quais, por outro lado, nota-se maior presença do acionista investidor estratégico. Mas é preciso, antes, identificar em cada caso qual é efetivamente a participação e a relação do acionista com a companhia de que participa, para que, então, seja possível a aplicação de tal critério.

Parece-nos intuitivo, assim, que a interpretação das normas estatutárias deva sempre levar em consideração não só a natureza da companhia cujas relações societárias regulem, mas a relação dos acionistas com a companhia e entre si. Assim, por exemplo, em companhias abertas, nas quais a participação dos acionistas na elaboração do seu estatuto social é restrita aos fundadores, as normas estatutárias têm caráter potestativo – aqueles que a fixaram, mormente os controladores, estão definitivamente a alterar a esfera patrimonial alheia, sem a participação ou oposição de tais terceiros. De outra parte, nos estatutos em que a participação dos acionistas é efetiva na sua elaboração, inclusive com a participação dos minoritários, é possível identificar a natureza contratual das suas disposições – posto que os próprios acionistas "contratantes" decidem sobre suas respectivas esferas patrimoniais.[6]

6. A respeito do ordenamento estatutário, sua natureza e alcance, merece citação a obra de Diego Corapi. O Mestre romano identifica, precisamente, a natureza geral e abstrata das normas estatutárias, como regras de organização de um grupo, convivendo com regras que se originam na autonomia privada dos sócios. Para o Professor italiano, o assim chamado ordenamento societário é, sim, fenômeno decorrente da autonomia privada, mas não se enquadra nos esquemas típicos, em razão do seu conteúdo normativo. "Viene così in primo piano l'importanza dell'ulteriore risultato dell'indagine sul concetto di organizzazione: la individuazione delle norme organizzative. L'ordinamento 'statutario', astratto e generale, dei rapporti associativi è espressione di un fenomeno di organizzazione. Per questo, come si è visto, si è dubitato che la sua fonte fosse nella stessa autonomia, che pone la disciplina di rapporti intersoggettivi. Per questo, superato tale dubbio, non si sono tuttavia ancora superate le difficoltà di inquadrare l'ordinamento 'statutario' negli schemi tipici dell'autonomia privata, il negozio ed il contratto. Tali difficoltà si presentano ugualmente, qualunque sia la posizione dottrinale da cui si analizzano le struture del negozio o del contratto. Sia infatti che si segua la teoria volontaristica, sia che si segua la teoria precettiva del negozio, incerta rimane la riconduzione dei rapporti associativi agli schemi contrattuali, proprio per l'esistenza di norme organizzative che danno alla autoregolamentazione una portata differente. La teoria precettiva, per la verità, con il risalto dato al momento normativo, alla regola posta dall'autonomia privata, ha reso più facile la ricomprensione di regole organizzative tra le regole negoziali, ma anch'essa non è sfuggita alla difficoltà di individuare una fattispecie contrattuale alla base dei rapporti associativi. In realtà, come si è visto, è proprio l'assetto di interessi realizzato dai rapporti associativi che mal si piega alla struttura contrattuale. Esso, infatti, si delinea giuridicamente con l'esigenza di soddisfare l'interesse particolare del singolo attraverso il raggiungimento di uno scopo comune a tutti i partecipanti all'operazione. Dal rilievo di questo elemento finalistico (l'interesse comune) deriva

Não se trata, aqui – e tal advertência deve ser feita, para o entendimento correto do que se pretende dizer –, de uma preferência à teoria contratual ou àquela institucionalista. Tal discussão, ademais, já nos parece superada pelo entendimento do contrato de sociedade como ato de organização.[7]

la necessità di individuare una attività ad esso diretta e l'attività, secondo il passaggio logico del discorso svolto in precedenza, postula una organizzazione. Di qui la conseguenza che l'incontro delle volontà ovvero il momento precettivo dell'autonomia privata è diretto ad una organizzazione di attività. Proprio perchè l'attività è destinata a svolgersi nel tempo, la organizzazione che la disciplina assume due significati: uno di valore, cioè di norma organizzativa, l'altro di fatto, cioè di complesso di apparati esistenti per lo svolgimento dell'ativitá" (Diego Corapi, *Gli Statuti delle Società per Azioni*, Milão, Giuffrè, 1971, pp. 39-41).

7. Autores de renome há tempos sustentam tal superação. A opção pelo caráter contratual ou institucional da sociedade depende, na realidade, do olhar de quem a examina, mas também da relação societária vivida no bojo de uma determinada sociedade. Vale dizer: a ligação entre os sócios e a sociedade. Gastone Cottino defende esse "sostanziale superamento della stessa antinomia tra le due opposte dottrine", porque a adoção por uma ou outra teoria parece transparecer "gli occhiali con cui si osserva, secondo il valore che si attribuisce" ao fenômeno societário, ou seja, a adoção de uma ou outra teoria pode decorrer apenas do maior relevo dado ao cumprimento de um conjunto de atos com uma finalidade comum, um escopo comum, ou, inversamente, à organização e à criação de um ente duradouro a ser preservado (cf. Gastone Cottino, "Contrattualismo e istituzionalismo (variazoni sul tema da uno spunto di Giorgio Oppo)", *Rivista delle Società* Ano 50, Milão, Giuffrè, 2005, pp. 693 e ss.). Por outro lado, a maior importância dada à organização pode criar uma terceira via, intermediária entre o institucionalismo e o contratualismo, propriamente por se valer dos dois, isto é, tanto do contrato como da organização criada. Calixto Salomão Filho, ao enfrentar a questão, mas também sob a perspectiva da influência da análise econômica do Direito, chega ao "contrato organização", sintetizando, assim, o que se disse até agora. Ele explica que:

"(...). O interesse da empresa não pode mais ser identificado, como no contratualismo, ao interesse dos sócios nem tampouco, como na fase institucionalista mais extremada, à autopreservação. Deve, isso, sim, ser relacionado à criação de uma organização capaz de estruturar da forma mais eficiente – e aqui a eficiência é a distributiva e não a alocativa – as relações jurídicas que envolvem a sociedade.

"(...).

"Visto nessa perspectiva jurídico-econômica, a forma mais correta de sistematizar juridicamente os problemas relativos à definição do interesse social é explicá-los a partir da teoria do contrato organização" (Calixto Salomão Filho, *O Novo Direito Societário*, 4ª ed., São Paulo, Malheiros Editores, 2011, p. 44).

E ele conclui nos seguintes termos, identificando, em realidade, a possível convivência de traços contratualistas e institucionalistas: "De fato, a teoria organizativa, com todos os ganhos em custos de transação e eficiência que sua aplicação criteriosa pode propiciar, é sem dúvida a mais apta a garantir a lucratividade dos sócios, tão almejada pelos contratualistas. Por outro lado, a mesma capacidade de organização

O que se pretende demonstrar é que, em regra, é possível afirmar que as disposições estatutárias são gerais e abstratas. Gerais porque se destinam aos sócios que as aprovam, mas também a terceiros, possíveis novos sócios. Abstratas porque também se destinam a disciplinar relações futuras, ainda não ocorridas, mas que, dada a destinação das companhias à duração no tempo, serão objeto de sua disciplina. Têm, assim, caráter geral e abstrato em razão da particular estrutura da organização que disciplinam. Tal constatação não exclui, todavia, o regramento particular das relações entre os sócios.[8]

das relações a ela submetidas, proporcionada pela teoria do contrato organização, tem a capacidade de transformar a sociedade naquela célula social propulsora do desenvolvimento tão almejada pelos institucionalistas desde Rathenau" (idem, p. 51).

8. Por esta razão é possível, até mesmo, comparar as normas estatutárias com as legislativas, dado o grau de abstração e generalidade. Diego Corapi assim compara a generalidade e abstração das normas legislativas, postas pelo Estado, e a generalidade e abstração das normas estatutárias: "Infatti, la formulazione delle norme che disciplinano il contenuto degli statuti non è astratta e generale soltanto perchè è formulazione legislativa. Anche la norma statutaria di un rapporto societario determinato conserva una formulazione astratta e generale. (...). La ragione per cui la formulazione del contenuto degli statuti nelle norme di legge è astratta e generale risiede, come per ogni altra determinazione tipica di un contratto, nel fatto stesso che si tratta di una formulazione ad opera del legislatore, destinata cioè a valere nei confronti della generalità e per un numero indefinito di casi. Ma la ragione per cui hanno carattere generale ed astratto anche quelle norme statutarie di un concreto rapporto associativo, che recepiscono il contenuto predisposto dalla legge oppure lo modificano, è completamente diversa. Essa non dipende da una loro natura di norme legislative ma è conseguenza della particolare struttura dell'operazione contrattuale che disciplinano. Si è visto come il contratto associativo preveda lo svolgimento di una attività per il raggiungimento del fine comune e quindi dia origine di necessità ad una organizzazione dell'attività che, essendo disciplinata in generale ed astratto, ne consente lo svolgimento nel tempo e la estrinsecazione in atti determinati. L'intervento del legislatore per caratterizzare il *tipo* negoziale si esplica quindi sull'organizzazione (disciplinata in generale ed in astratto) che è l'elemento strutturale del contratto associativo. Non potendo intervenire direttamente sulle singole manifestazione concrete dello svolgimento dell'attività, il legislatore opera sulla struttura organizzativa e ne sancisce i caratteri: in questo modo, attraverso la predisposizione del contenuto delle norme organizzative, determina il *tipo* negoziale". A conclusão do Professor romano, entretanto, é a de que o caráter geral e abstrato que conservam tais normas não exclui a relação associativa própria, criada também no âmbito negocial ou da autonomia da vontade: "Dal carattere generale ed astratto che conservano tali norme anche quando vengano recepite nell'ambito di uno statuto determinato non si può quindi dedurre una particolare posizione dei rapporti associativi al di fuori della problematica negoziale, quanto piuttosto una particulare struttura del contratto da cui hanno origine" (Diego Corapi, *Gli Statuti delle Società per Azioni*, cit., pp. 124-125).

Em suma, o estatuto social é um autorregramento, instituído por ato dos sócios com o objetivo de disciplinar a própria relação como grupo associado, mas também a relação da organização criada com terceiros. Por consequência, as regras fixadas pelos sócios no estatuto social têm como destinatários os próprios sócios que as estipularam mas também terceiros – novos sócios, por exemplo – que estarão sujeitos às regras daquele ordenamento estatutário específico. Por outro lado, não se pode desconsiderar que, dependendo da natureza da companhia, as regras estatutárias terão como destinatários apenas e tão somente os próprios acionistas fundadores.[9]

Para concluir, se o estatuto é um autorregramento, destinado aos sócios atuais mas a terceiros também, a autonomia privada dos acionistas será maior ou menor dependendo da aptidão para o ingresso de novos acionistas. A generalidade e a abstração, portanto, serão tanto maiores quanto mais abertas forem as companhias destinadas a receber novos

9. Aqui se está diante da distinção entre escolhas da autonomia privada e, de outro lado, do ordenamento jurídico. Nas primeiras a liberdade é maior porque tais regras se destinam, em geral, a interferir na esfera jurídica dos contratantes, que estipularam o próprio regramento a que estarão sujeitos. Em outras palavras: os emissores e os destinatários das regras se confundem. Nas segundas, de outra parte, os limites do ordenamento não podem ser afastados pelos particulares, por não serem estes os seus únicos destinatários. Há uma dialética, enfim, entre as duas destinações das regras estatutárias, como sustenta Carlo Angelici: "In esso risulta esplicita la dialettica tra i due dati, e prima ancora le due sensazioni intuitive, che in ultima analisi caratterizzano la questione generale: che da un lato non può negarsi, ed in effetti è per lo più apparso innegabile, che l'origine dello statuto si situa nell'area dell'autonomia privata ed esso è appunto destinato a costituirne uno strumento; che dall'altro è in ugual modo difficilmente contestabile le peculiarità dei valori che rilevano per e nello statuto, le perplessità in sostanza che è istintivo provare nei confronti di una loro integrale assimilazione a quelli che nell'ordinamento caratterizzano la figura generale del contratto. Vi sono infatti alcuni aspetti peculiari che, anche in punto di interpretazione e prima ancora di ogni approfondimento dogmatico, paiono differenziare gli statuti societari rispetto al consueto strumento contrattuale: che essi, in quanto organizzazione di un'attività, sono tipicamente destinati, e non soltanto accidentalmente, ad incidere anche sugli interessi di terzi; e che, essendo naturale (nella società per azioni, anzi, necessaria) la destinazione delle partecipazioni alla circolazione, meno plausibile di quanto non appaia in generale risulta una ricerca puntuale dell'intento negoziale dei *contraenti*. A ciò si aggiunge il dato strutturale che gli statuti societari, in quanto complesso di regole organizzative, non esauriscono la loro operatività con riferimento a singole operazioni, ma richiedono una 'vigenza' destinata a prolungarsi nel tempo e si accostano sotto questo profilo alle norme in senso oggettivo: presentano caratteri non del tutto dissimili da quelli della loro generalità ed astrattezza" ("Appunti sull'intepretazione degli statuti di società per azioni", in Carlo Angelici e Giovanni B. Ferri, *Studi sull'Autonomia dei Privati*, Turim, UTET, 1997, pp. 337-338).

acionistas – sobretudo os acionistas que aqui já denominamos *investidores especulativos* – do que nas companhias fechadas, em que as regras decorrem da autonomia privada dos acionistas.

### 4. *A função da interpretação do estatuto social*

Tendo em mente o papel desempenhado pelo estatuto social, é fácil perceber sua incidência sobre as mais diversas relações da companhia que regula. Por ser instrumento que estrutura e disciplina a organização societária, o estatuto social tem aptidão, como se disse, à duração, continuidade, não se resumindo à pratica de determinados atos. Se é certo que as regras dispostas no estatuto têm aplicação imediata, destinando-se desde sua aprovação à disciplina dos direitos, deveres e poderes dos sócios, à criação de órgãos de direção da companhia e assim por diante, incidindo desde logo sobre as relações entre os sócios da companhia, entre estes e a companhia e entre esta e terceiros, é certo também que sua importância não se esgota com a criação da organização empresarial, disciplinando também as relações que envolverão os acionistas em momentos sucessivos.

As regras estatutárias são, por essa razão, dotadas de abstração e generalidade, de que se falou, também porque incidem sobre eventos futuros. A interpretação das regras estatutárias, portanto, mostra-se absolutamente necessária à sua permanente evolução. Garante a continuidade da aplicação das regras estatutárias, não obstante o surgimento de novas situações não previstas quando de sua criação. Dada a impossibilidade de os sócios disciplinarem todas as realidades vividas nas relações societárias, além da particularidade dos fatos sobre os quais as regras estatutárias incidirão, o recurso à interpretação é inafastável.

Mas, sobretudo por disciplinar relações pertinentes a uma empresa, com toda a dinamicidade e – por que não? – inventividade inerente à atividade empresarial, a interpretação do estatuto é ainda mais importante[10]

10. Como se sabe, a atividade empresária está em constante evolução. É resultado, na verdade, de práticas usualmente aceitas, códigos muitas vezes não escritos e soluções criadas a partir de necessidades práticas. A propósito disso, Tullio Ascarelli – sempre ele – há muito já demonstrou a especialidade do direito comercial como categoria sistemática e histórica. Sistemática porque se apresenta "como um conjunto de normas que regulam uma matéria consoante determinados princípios de caráter geral". Mas constitui-se, ainda segundo Ascarelli, "no conjunto da sua evolução histórica, um direito especial no sentido histórico e é sob este aspecto, e atendida a função historicamente preenchida pelo direito comercial em contraposi-

pois vivifica o estatuto social, permitindo a contínua aplicação das suas regras mediante a sucessiva adaptação às novas situações.[11]

Com a interpretação contínua do estatuto social afasta-se o risco de desatualização. O estatuto não perde efetividade, não deixa de ser aplicado e mantém sua coerência, ainda que em situações novas não previstas pelos sócios no momento da sua estipulação.[12]

ção ao direito comum, que melhor se entende a sua autonomia e o seu papel (...). Ainda é exato afirmar que institutos e princípios do direito comercial (embora fruto de um regime econômico que criou a produção em massa, fundado na propriedade privada dos instrumentos de produção) se relacionam, de modo geral, com uma economia de massa, podendo destarte, alguns ser utilizados por empresas socializadas" (*Panorama do Direito Comercial*, São Paulo, Saraiva, 1947, pp. 15-21). O próprio direito comercial – como sustenta Ascarelli – foi, ou é, resultado de evolução criativa dos comerciantes. Percebida esta especialidade do direito comercial, fruto histórico da evolução do comércio, nota-se a importância da interpretação dos estatutos das sociedades por ações, que disciplinam atividade tipicamente empresarial. Serve, na verdade, para o próprio desenvolvimento das regras estatutárias.

11. Levando-se em conta que o estatuto é o ordenamento estatutário que disciplina as relações societárias – ainda que ora com maior, ora com menor objetividade –, sua interpretação permite seja atingida sua função primordial, qual seja, de regular, mediante sua aplicação à diversidade de acionistas, a organização societária, em qualquer tempo. Como observa Ascarelli, "la tecnica dell'interpretazione costituisce in sostanza una tecnica per permettere l'applicazione di un *corpus juris* precostituito ai casi sempre nuovi che la vita viene presentando, osservando all'uopo un criterio di continuità storica e di coerenza logica" (*Studi di Diritto Comparato e in Tema di Interpretazione*, Milão, Giuffrè, 1952, p. 58).

12. Na aplicação das regras estatutárias às novas situações surgidas a interpretação tem função, ainda, de preencher eventuais lacunas percebidas pelo intérprete. A existência de tais lacunas, decorrentes da verdadeira impossibilidade de disciplinar todas as novas situações de fato que o dinamismo da atividade empresarial impõe, não é excepcional. "Para Ascarelli, a existência de lacunas não constitui um fenômeno excepcional, nem é o sinal de deficiência na previsão do legislador. No seu modo de ver, a lacuna é inerente a todo e qualquer ordenamento, porquanto nunca será possível superar o conflito que, de uma forma ou de outra, se põe entre o *corpus juris*, por sua natureza estático, e o mundo instável e dinâmico dos interesses disciplinados: entre um e outro resta sempre um claro inevitável, uma área socioeconômica destituída de disciplina normativa, quer originariamente, quer por motivos supervenientes. Ora, no entender de Ascarelli, o preenchimento das lacunas, inevitáveis em qualquer sistema jurídico, não exige técnicas interpretativas especiais, mas apenas o alargamento ou potenciamento dos meios e técnicas vigentes, tomando-os em seu amplo espectro, isto é, fazendo maior emprego dos modelos analógicos ou dos princípios gerais de Direito. Para ele, em suma, a lacuna não nos põe senão perante 'um exemplo macroscópico da função criadora do intérprete'. Mesmo quando o texto legal é expresso, a interpretação exige a participação do hermeneuta: essa função criadora torna-se apenas mais vigorosa no caso especial das lacunas, que não devem, pois, ser tratadas como algo de surpreendente" (Miguel Reale, "A teoria da interpretação segundo Tullio Ascarelli", *RDM* 38/80-81, São Paulo, Ed. RT, abril-junho/1980).

## 5. *Possíveis critérios para a interpretação do estatuto social*

Fixada a importância da interpretação do estatuto social das companhias, é necessário também estabelecer determinados parâmetros, a fim de minimizar eventuais subjetividades e instabilidades na abordagem dos estatutos das companhias. Tais parâmetros devem atender e respeitar a estrutura das companhias, as relações estabelecidas entre os acionistas e o fim da organização criada.

Inicialmente, portanto, a finalidade própria do estatuto e das regras do estatuto das sociedades por ações é um dos parâmetros a se considerar na sua interpretação. Tal finalidade já foi aqui apontada como sendo a de organizar a atividade exercida pela companhia.

Além disso, também a finalidade da própria companhia deverá servir de baliza para a interpretação. Como se sabe, a atividade de toda e qualquer companhia deve ser uma empresa de fim lucrativo, não contrário à lei, à ordem pública e aos bons costumes. A sociedade, portanto, desempenha determinada atividade, sempre empresarial, com a finalidade de lucro.

Ocorre que a atividade (ou a empresa, no sentido funcional dado por Asquini[13]) que será exercida pela companhia é, antes de mais nada, aquela delimitada pelos acionistas. Como a finalidade última do estatuto é organizar e disciplinar o exercício da atividade empresarial, ao fixarem o seu objeto social os sócios definem o âmbito de atuação da companhia e os limites da atividade exercida, que correspondem efetivamente à empresa de fim lucrativo fixada como objeto da companhia.[14]

13. Convém sempre lembrar Alberto Asquini, em seu clássico "Perfis da empresa", em que define o conceito econômico de empresa como o de um fenômeno poliédrico, "o qual tem sob o aspecto jurídico, não um, mas diversos perfis em relação aos diversos elementos que o integram". Asquini apresenta, então, quatro perfis sob os quais o fenômeno econômico da empresa é juridicamente considerado: subjetivo, objetivo, funcional e institucional. O primeiro – subjetivo – encara a empresa sob o aspecto do empresário. O segundo perfil diz respeito à empresa como patrimônio, como coisa – é o perfil patrimonial e objetivo. O terceiro perfil, ao qual ora se faz referência, é o da empresa como atividade empresarial – por isso o perfil funcional. A empresa, sob o perfil funcional, é a atividade profissional e habitual do empresário. O último perfil examinado por Asquini respeita à análise da empresa como instituição (Alberto Asquini, "Profili dell'impresa", *Rivista del Diritto Commerciale* 41, I, 1943 – trad. de Fábio Konder Comparato, "Perfis da empresa", *RDM* 104/109 e ss., São Paulo, Ed. RT, outubro-dezembro/1996).

14. Sobre a importância do objeto social, bem como da sua interpretação para a fixação do âmbito de atuação das companhias, José Alexandre Tavares Guerreiro ilustra magistralmente o que o estatuto deve definir, de modo preciso e completo.

Isso equivale a dizer que o objeto social, precisamente definido pelos sócios no estatuto mediante a descrição de uma atividade empresarial que será desenvolvida pela companhia, baliza a atuação daquela organização, indicando quais atos podem ser validamente praticados no âmbito do objeto social, com o efetivo propósito de atingir a finalidade da companhia, e em que momento.

Sobretudo por esta razão, a definição precisa do objeto social no estatuto serve para indicar, não só aos sócios e administradores, mas também ao "mercado" de forma generalizada e aos terceiros que se relacionam com a companhia, quais atos serão validamente praticados por uma companhia, quando seus representantes atuam legitimamente etc. Os atos praticados fora do objeto social – estranhos, portanto, à atividade empresarial da companhia – representam desvio de sua finalidade.

Ocorre que, assim como o estatuto social, também o objeto social é dinâmico. Também estipula atividades que perdurarão no tempo, que não se exaurem com a prática de um ou mais atos isolados. A interpretação do estatuto a partir do objeto social, portanto, serve a identificar se um ato ou uma alteração é válida, conforme o entendimento da empresa exercida em sua dinamicidade.[15]

Segundo ele, o objeto social deve conter a *atividade negocial ou empresarial*, e não atos ou negócios jurídicos em particular; é esta atividade negocial ou empresarial descrita no objeto social que define os limites de atuação válida da companhia ("Sobre a interpretação do objeto social", *RDM* 54/68, São Paulo, Ed. RT, abril-junho/1984). A atuação que sujeita os interesses dos acionistas minoritários, ou seja, a atuação do controlador e dos administradores da companhia, igualmente estará limitada pelo objeto social. Também a interpretação do estatuto social, para o que interessa ao presente trabalho, sem dúvida estará delineada em função do objeto social.

15. Segundo José Alexandre Tavares Guerreiro, "o objeto social se revela funcional e dinâmico, ao mesmo tempo em que projetado necessariamente dentro de uma duração temporal, inerente ao conceito de *atividade* – o que significa dizer que só se pode compreender sua alteração quando esta se dá também de *forma permanente*, como ocorre na hipótese específica de reforma estatutária para mudança do objeto da companhia, deliberada pela assembleia-geral extraordinária, que enseja aos acionistas dissidentes o exercício do direito de retirada (Lei 6.404, art. 136, V, c/c o art. 137). Como bem releva La Villa, a partir exatamente do conceito de objeto social como atividade, a atividade juridicamente relevante para esse fim não é apenas a repetição dos atos finais típicos, mas também o conjunto de todos os atos direcionados ('l'insieme di tutti gli atti diretti') a um ato econômico final (*L'Oggetto Sociale*, cit., p. 48), o que, a meu ver, justifica amplamente a ideia de que a mudança do objeto social somente se caracteriza quando a atividade, enquanto fim, se desnatura ou se altera em caráter permanente e institucional, não se podendo cogitar de mudança do objeto social quando existe mera variação dos meios para atingi-la. (...). O fim último da sociedade anônima é, pois o lucro, o que, sob a aparência de autêntico

A necessária congruência entre as regras estatutárias que definem o objeto social e os atos ou negócios praticados visa, portanto, também à proteção dos sócios minoritários, tanto os que participaram da criação da companhia e, consequentemente, do seu estatuto como também os que nela tenham ingressado posteriormente. Serve, portanto, a conferir segurança aos atos praticados pela companhia.[16]

Importa notar, ainda, que o objeto social registrado no estatuto não reduz apenas às suas disposições a atividade da companhia. É, na verdade, o norte ou a direção a serem seguidos para o desempenho da empresa social, o que pode ser feito de várias formas. Certos atos ou negócios, portanto, muito embora formalmente possam não estar absolutamente identificados com o objeto social, substancialmente podem estar direcionados ao desenvolvimento da atividade social. A distinção entre objeto social formal e substancial deve, por essa razão, ser sempre levada em conta.[17]

truísmo, revela, a final, verdade fundamental que não deve ser esquecida. (...) no exame da atividade e do objeto social, existem *meios* e *fins*, ou, mesmo, *atividades-meios* e *atividades-fins*, não havendo dúvida de que é a valoração destes últimos, sob imprescindível critério de apreciação temporal, que induz a concepção do objeto social, quer como causa do contrato social, quer como finalidade institucional da sociedade anônima" (José Alexandre Tavares Guerreiro, "Sobre a interpretação do objeto social", cit., *RDM* 54/70).

16. Ainda segundo Guerreiro, acerta "Rubens Requião quando preleciona que a prática de ato afrontoso ao objeto social, por ato da administração da sociedade, evidentemente não altera o objeto social, mas o viola (*Comentários à Lei das Sociedades Anônimas*, São Paulo, Saraiva, 1980, p. 28). Esclarece o Professor do Paraná que o administrador terá assim responsabilidade civil pelos prejuízos que causar. Tanto nessa hipótese quanto na mencionada hipótese de abuso de poder do acionista controlador consistente em orientar a companhia para fim estanho ao objeto social, há um desvio de finalidade, mas não mudança do objeto social, tanto que as sanções respectivas são de natureza reparatória, perante os acionistas discordantes" (José Alexandre Tavares Guerreiro, "Sobre a interpretação do objeto social", cit., *RDM* 54/71).

17. José Alexandre Tavares Guerreiro, no texto citado sobre interpretação do objeto social, nota, mencionando Vincenzo Cerami, que a mudança ou – acrescentamos nós – o desvio do objeto social devem ser detectados a partir do "exame da atividade e não dos atos singulares, individualmente considerados". Os atos que envolvam a companhia em operações aparentemente estranhas ao seu objeto social não poderão ser tomados, portanto, isoladamente, mas no contexto da atividade exercida pela companhia. Ou seja: é necessário distinguir o objeto social formal daquele substancial. O primeiro entendido como a atividade definida no estatuto da companhia, a "empresa de fim lucrativo, não contrário à lei, à ordem e aos bons costumes". O segundo como o "âmbito de atividade da sociedade", não restrito à definição estatutária de objeto social. Em um e em outro caso o que se tem em mente é uma

Mas ao lado do escopo-meio (seu objeto) está a o escopo-fim da companhia (seu objetivo). E seu escopo-fim é justamente o elemento que serve a distinguir a sociedade das associações, ou seja, é a finalidade de partilha dos resultados da atividade social entre seus membros.

Visto desta forma, a finalidade última dos sócios é o fim comum que serve para fixar as diretrizes da política societária. Isso serve tanto aos órgãos deliberativos – os próprios acionistas e, sobretudo, o acionista

atividade. Neste sentido, um ato pode aparentar ser contrário ou estranho ao objeto social mas ser praticado justamente para o desenvolvimento da atividade prevista no estatuto social, com ela se coordenando. Muito embora sejam atos, à primeira vista, não previstos no objeto social, podem conduzir ao preenchimento do fim ou escopo último da atividade. Caberá ao intérprete, também aqui, detectar tal ocorrência, validando uns e aniquilando outros. Para José Alexandre Tavares Guerreiro, "do ponto de vista substancial, há várias formas possíveis de fazer realizar o objeto social, ou, se se preferir, de desenvolver a atividade empresarial que constitui o objeto da companhia. Por idêntica razão, posso concluir, desde já, que, sendo distintas a atividade e cada ato ou negócio jurídico em particular (como o demonstram Ferri e Ascarelli), e sendo a atividade um fato protraído no tempo ('un fatto di durata', como disse Ascarelli), não se há de falar em mudança do objeto social (atividade) pela circunstância de não serem praticados, durante certo interregno, determinados atos ou negócios jurídicos que denotam (mas de per si não constituem) a atividade empresarial. Como reverso da medalha, não vejo como possa ser encarada como mudança do objeto social a prática de determinados atos que, embora não previstos expressamente no objeto social estatutário, não conflitam, de outro lado, com o fim ou escopo último da atividade. Os atos, repito, são meios para a realização do objeto social, de sorte que sua compatibilidade com relação a este último deve ser aferida por referência à sua aptidão para dita realização do objeto social. Adianto, desde logo, que a temporária cessação da prática de alguns atos ou negócios jurídicos não interrompe a atividade, desde que outros atos ou negócios jurídicos sejam praticados com a exata finalidade de (como meios que são) atingir o objeto social. (...). Nesses termos, como o objeto social corresponde à empresa, e como a empresa, por sua vez, corresponde à atividade, sustento que a variação dos meios para realizar o objeto social (ou seja, a variação de espécies dentro de um mesmo gênero) não implica em alteração do objeto social, nem do ponto de vista formal, nem do ponto de vista substancial. E mais. Muitas vezes sequer se vislumbra qualquer modalidade de *desvio de objeto social*, em face da manutenção da *atividade empresarial*, que perdura no tempo, independentemente da prática isolada e tópica de *atos* ou *negócios jurídicos* determinados e individualmente considerados, inclusive a alienação de bens patrimoniais de qualquer natureza" (José Alexandre Tavares Guerreiro, "Sobre a interpretação do objeto social", cit., *RDM* 54/67-70).

Feita a distinção entre objeto formal e substancial, também é possível fazer a distinção entre alteração formal do objeto, realizada mediante a efetiva alteração do estatuto social, e desvio do objeto social, realizada pela prática de atos violadores do objeto social, e consequentemente do estatuto, como mencionado acima, na referência de José Alexandre Tavares Guerreiro a Rubens Requião.

controlador – como aos órgãos administrativos, que devem atuar dentro de tais limites.

Além disso, o fim social fixa os direitos e deveres dos sócios, com base nos quais a interpretação das regras estatutárias deve ocorrer. A esfera individual e a esfera social, os limites de uma e o alcance de outra, também resultam de uma interpretação dos estatutos sociais a partir da compreensão do fim social – ou do escopo-fim das companhias, como se viu.[18]

Não se pode olvidar, portanto, em nenhum momento em que se interpreta o estatuto social, que sua função é organizar uma atividade econômica destinada a permitir, em última análise, a distribuição dos resultados de tal atividade. Sem isso, ou sem que isso seja efetivamente alcançado, a atuação das normas estatutárias – e bem assim sua interpretação – não será plena.

Outro critério de interpretação a ser utilizado, ao lado do objeto social e do fim social das companhias, é aquele decorrente do princípio da boa-fé objetiva.

Doutrina e jurisprudência, sobretudo nas relações empresariais, há muito já o identificavam e admitiam sua aplicação.[19] Entre os comerciantes, nosso Código Comercial de 1850 já trazia disposição que fazia referência expressa à obrigação de respeito à boa-fé.[20]

Ao ser promulgado o Código Civil de 2002, o princípio da boa-fé foi definitivamente trazido à pauta, com especial ênfase à sua aplicação

18. Sobre o entendimento e a importância do conceito de *fim social*, inclusive como sucessor do ultrapassado conceito de *affectio societatis*, v. Erasmo Valladão Azevedo e Novaes França e Marcelo Vieira von Adamek, "*Affectio societatis*: um conceito jurídico superado no moderno direito societário pelo conceito de 'fim social'", in Erasmo Valladão Azevedo e Novaes França, *Temas de Direito Societário, Falimentar e Teoria da Empresa*, São Paulo, Malheiros Editores, 2009.

19. Clóvis V. do Couto e Silva chamou de "não conscientizada" a aplicação da regra da boa-fé ao direito das obrigações, ocorrida "sob o manto da interpretação integradora ou da 'construção' jurisprudencial" (*A Obrigação como Processo*, São Paulo, José Bushatsky Editor, 1976, p. 32).

20. Dispunha o art. 131, com enorme felicidade, que, "sendo necessário interpretar as cláusulas do contrato, a interpretação, além das regras sobreditas, será regulada sobre as seguintes bases: 1. a inteligência simples e adequada, que for mais conforme à boa-fé, e ao verdadeiro espírito e natureza do contrato, deverá sempre prevalecer à rigorosa e restrita significação das palavras. (...); 4. o uso e prática geralmente observada no comércio nos casos da mesma natureza, e especialmente o costume do lugar onde o contrato deva ter execução, prevalecerá a qualquer inteligência em contrário que se pretenda dar às palavras".

nos casos de interpretação, como se se tratasse de grande novidade. Mas, de fato, a adoção até então inconsciente deste princípio passou à consciência geral.[21]

Desnecessário, neste trabalho, o exame detalhado do que se entende por *boa-fé objetiva*. Muito já se falou sobre isso, por autores os mais diversos.

Como cláusula geral que é, permite que as regras estatutárias tenham aplicação particularizada em cada organização e em cada nova situação. A boa-fé objetiva, em especial, incorpora às relações de direito, sobretudo às de direito empresarial, todas as expectativas criadas na atuação das regras estatutárias, conforme modelos praticados no seio da própria companhia e no mercado. Permite, assim, a incorporação à disciplina estatutária das práticas, expectativas e racionalidade inerentes a cada companhia e ao segmento em que está inserida.

A boa-fé objetiva, no que diz respeito à interpretação, desempenha pelo menos três papéis importantes: (i) cria um padrão de interpretação/integração do contrato, (ii) pode ser norma de criação de direitos e deveres jurídicos – o que decorre da interpretação – e (iii) é norma de limitação ao exercício de direitos subjetivos.

Para a interpretação dos estatutos sociais, a boa-fé objetiva incorpora, tendo em vista a atividade empresarial de cada companhia, os direitos, deveres e obrigações ínsitos à relação societária criada. Incorpora, ademais, as práticas das sociedades por ações, conforme sua função econômico-social e os comportamentos sociais reiteradamente aceitos.[22]

21. José da Silva Lisboa, o Visconde de Cairu, já identificava, entre nós, a boa-fé mercantil como requisito essencial do contrato. Sem ela o contrato do comerciante seria nulo. Dizia ele que, "havendo duvida sobre a intelligencia e força de hum Contrato Mercantil, deve-se interpretar a mente dos contrahentes segundo o uso, ou Estatuto da Praça e lugar em que se fez o mesmo contracto; e bem assim o Juizo dos Commerciantes costumados a praticar essa especie de negocio, ainda aliás que as palavras do trato, ou escripto diversamente signifiquem: *pois sempre a boa-fé e o estylo mercantil* he que deve prevalecer e reger, e não o estreito significado dos termos e menos ainda as intelligencias cavillosas e contrarias ao verdadeiro espirito do contracto" (*Princípios de Direito Mercantil e Leis de Marinha*, Rio de Janeiro, Typografhia Academica, 1874, pp. 469-471).

22. Sobretudo no direito comercial, tal interpretação contínua é fundamental, em razão dos "característicos geralmente indicados como típicos do direito comercial; a maior liberdade de formas e provas e a prevalência do princípio da boa-fé, que, entretanto, não exclui, justamente, à vista das exigências da tutela da boa-fé e da circulação, o formalismo, que aparece de novo nos títulos de crédito; a preocupação de cuidar dos problemas da circulação, de mercados e Bolsas e bancos; a racionaliza-

A adoção do princípio da boa-fé objetiva na interpretação dos estatutos sociais exige, entretanto, a constante consideração da finalidade das companhias – o desempenho de atividade empresarial com finalidade de lucro – e bem assim da finalidade do estatuto – disciplinar a estrutura da organização criada.

### 6. *A posição dos acionistas minoritários*

Finalmente, ao se examinar a interpretação do estatuto social sob a perspectiva dos acionistas minoritários, é necessário ter em consideração a posição de tais acionistas na relação societária, vale dizer, sua influência e atuação na estrutura da companhia.

A esse respeito, não é nova entre nós a noção de que os acionistas minoritários se encontram em posição de sujeição. Sujeição porque seus direitos ou sua esfera patrimonial podem ser alterados por atos de terceiros, sem sua participação. Sujeição porque sua participação na elaboração e alteração do estatuto social é limitada, ainda que em graus diferentes, variando de uma companhia para outra. Finalmente, sujeição porque eles estarão vinculados às decisões da maioria, evidentemente desde que legais e válidas, contra elas não podendo se insurgir.

Inicialmente, tal sujeição está refletida na limitação do seu direito de propriedade. Se tal direito compreende o *jus abutendi*, ou seja, o di-

ção, já evidenciada nos livros dos comerciantes; a preocupação de tutelar o crédito, à vista da entrosagem de relações de débito e de crédito e da pluralidade delas quanto a cada devedor, como resulta do instituto da falência; a liberdade de iniciativa e concorrência, junto, porém, com o esforço de avaliar e, afinal, de segurar o risco (...) os problemas que se foram levantando nos últimos decênios – à vista da progressiva acentuação do característico da produção como produção em massa, com a frequente substituição de uma pluralidade de pequenos empreendedores por grandes empresas organizadas – a respeito dos contratos de adesão, da concentração industrial e das coligações entre sociedades, da luta contra os monopólios e assim por diante, visando tutelar a massa dos consumidores em face das grandes empresas organizadas, levar em conta os problemas que decorrem da concentração do controle da riqueza, evitar que posições de privilégios obstem à expansão econômica no interesse de todos" (Ascarelli, *Panorama do Direito Comercial*, cit., p. 50). O próprio Ascarelli, ao estudar a atividade de interpretação, nota a função evolutiva e de adaptação a ela atribuída. Aos estatutos sociais, típico instrumento de disciplina empresarial, tais funções parecem atender à natureza criativa e inventiva dos comerciantes. "La funzione dell'interpretazione" – segundo Ascarelli – "consiste appunto in un continuo adattamento e rinnovamento degli schemi ai quali ricorre nella valutazione della realtà, valutazione che tuttavia per quanto continuamente rinnovata, rimane sempre schematica e astratta" (*Studi di Diritto Comparato e in Tema di Interpretazione*, cit., p. 185).

reito de dispor dos seus bens alienando-os a terceiros, nas companhias tal direito dispositivo sobre a participação societária dos acionistas minoritários também é, em grande medida, exercido pelo acionista controlador.

De fato, ainda que dentro de determinados limites, o acionista controlador ou acionistas controladores ligados por acordo de voto interferem na esfera patrimonial dos demais acionistas da companhia ao tomarem certas deliberações ou usarem de seu poder para dirigir a companhia. Muitas vezes limitam direitos ou restringem liberdades garantidas aos acionistas minoritários, sem que estes participem da respectiva decisão. Alteram, a bem da verdade, a situação patrimonial e política dos acionistas minoritários. E, sendo tais deliberações válidas, tomadas de acordo com os respectivos preceitos legais e estatutários, aos acionistas minoritários não restará outra medida senão a elas se sujeitarem – ou, então, se retirarem da companhia.[23]

Por isso é fácil concluir que o poder de controle é o direito de dispor também dos bens alheios, tal qual um proprietário. Assim, em certa medida, o acionista minoritário aliena em favor do controlador seu direito de dispor de sua propriedade acionária. Não aliena totalmente, visto que continua com tal *ius abutendi*, mas dispõe de tal direito em grande parte. O minoritário, portanto, está em situação de sujeição.

É possível afirmar, ainda, que a sujeição será tanto maior quanto menor for o poder de ingerência do acionista minoritário na organização empresarial. Nas companhias fechadas, com controle concentrado e pou-

23. A noção da importância do poder da maioria ao vincular a minoria, sobretudo no tocante ao estatuto social, remonta ao ano de 1900, no caso "Allen *versus* The Gold Reef of West Africa Ltd.". Nele, o ilustre Juiz Nathaniel Lindley – como se sabe, autor da mais prestigiada obra inglesa até os dias de hoje sobre sociedades de pessoas, *On Partnerships*, e também da igualmente prestigiada *On Companies* – reconhece a existência de um poder conferido às maiorias para vincular as minorias, poder, esse, que deve, justamente por sujeitar terceiros, ser exercido sempre para o benefício da companhia como um todo. A decisão original é a seguinte: "The power thus conferred on companies to alter the regulations contained in their articles is limited only by the provisions contained in the statute as a condition contained in the companies *memorandum* of association. Wide, however, as the language of S. 50 is, the power conferred by it must, like all other powers, be exercised subject to those general principles of law and equity which are applicable to all powers conferred on majorities and enabling them to bind minorities. It must be exercised not only in the manner required by law, but also *bona fide* for the benefit of the company as a whole, and it must not be exceeded. These conditions are always implied, and are seldom, if ever, expressed" (cf. J. R. Bisacre, *Casebook on Company Law*, Londres, Pitman Publishing, 1992, pp. 79-80).

ca dispersão acionária, há mecanismos de que se pode lançar mão para permitir a efetiva participação do acionista minoritário nas decisões e na direção da companhia. Já, nas companhias abertas, em que a dispersão acionária é maior e a liquidez ou a capacidade de circulação das ações efetiva, a participação dos acionistas minoritários parece menor, o que os coloca em uma situação mais frágil.[24]

Também por tal razão, portanto, mostra-se correto o entendimento de que a interpretação dos estatutos de companhias abertas há de ser objetiva – dada a maior sujeição, em teoria, do acionista minoritário. Nas fechadas, ao reverso, dada a maior participação do minoritário, tanto na constituição como na negociação e elaboração do estatuto, a interpretação permite maior grau de subjetividade, de modo a se atender à real manifestação de vontade do acionista.[25]

24. Vale notar, neste ponto, como a ideia da relação entre a posição dos acionistas e a natureza das companhias interfere na noção da sujeição do acionista minoritário. E a posição mais distante do acionista minoritário nas companhias abertas parece decorrer não apenas da sua limitada ou mesmo inexistente participação na definição do estatuto social, e, portanto, da estrutura societária, mas também da sua natural tendência a uma certa passividade em tais companhias. Trata-se do fenômeno denominado como *free rider*, assim identificado por Robert Charles Clark: "One advantage of centralized management is the elimination of the greatly multiplied costs that are incurred when thousands of shareholders all make themselves sufficiently well informed to vote intelligently on a key corporate decision. Coupled with this advantage is something that economists call the *free rifer problem* – the temptation faced by each individual member of a large group, like the shareholders of a public corporation, to fail to make the effort needed to contribute to a group action, because he hopes that the others will do the work and he will benefit anyway". Tal comportamento, segundo Clark, resulta em uma posição apática de alguns acionistas em companhias abertas (Robert Charles Clark, *Corporate Law*, Nova York, Aspen Law & Business, 1986, p. 94).

25. Quer nos parecer que nas companhias fechadas a vontade das partes pode ser depreendida do próprio instrumento de constituição da companhia e bem assim das sucessivas alterações do estatuto social. Isso – diga-se – nas companhias fechadas com efetiva participação dos acionistas minoritários na elaboração do estatuto da companhia. Nas companhias abertas ocorre o contrário. Dados os distintos momentos de ingresso dos acionistas na companhia, não é possível identificar a manifestação de vontade de cada um deles no estatuto social, muito menos no seu ato constitutivo. Quanto ao exame do ato constitutivo e do próprio estatuto social, Comparato afirma não ser possível "apreciar a validade dos estatutos sociais de uma companhia da mesma forma por que se aprecia a validade do próprio negócio constitutivo. Predomina aqui o princípio da emissão volitiva das partes, dos vícios do consentimento, da efetividade das prestações obrigacionais. Lá, prepondera o ditado objetivo das cláusulas, a sua conformidade com o conteúdo de normas superiores, administrativas ou legais, e, em especial, o respeito à índole particular do tipo societário, independentemente da sua maior ou menor correspondência com a vontade das

Dessa concepção decorreu, com o desenvolvimento da doutrina, a atribuição de um verdadeiro poder-dever ao acionista controlador em relação aos acionistas minoritários.[26] Dever de exercer tal poder de dispor sobre bens alheios não apenas conforme seu próprio interesse, mas também o de todos os demais sócios.[27]

A noção do poder-dever do controlador, como se disse, surge da concepção de sujeição dos acionistas minoritários. Mas tal dever, diga-se, não é só atribuído ao controlador, mas também aos administradores da companhia.[28] Eles têm o poder de administrar bens de terceiros e

partes que criaram os estatutos" (Fábio Konder Comparato e Calixto Salomão Filho, *O Poder de Controle na Sociedade Anônima*, cit., p. 150).

Como já dissemos, companhias há em que o ato constitutivo se confunde com o próprio estatuto social, influenciando a vida de toda a organização societária. Nestas, o estatuto social adquire natureza de negócio jurídico. Em outras companhias, em que o ato constitutivo é mero ato de aprovação do estatuto social ao qual aderirão inúmeros novos acionistas, o estatuto não traz a mesma carga de negócio jurídico, importando menos as vontades manifestadas pelos acionistas.

26. Comparato sustenta haver pertinência dos bens sociais com a companhia, mas relação de disposição apenas com o empresário, ou o titular do controle. Por isso há um poder-dever atribuído ao controlador na administração e multiplicação de tais bens, atendendo à finalidade lucrativa da companhia. Para ele, "a atividade empresarial deve ser exercida pelo empresário nas sociedades mercantis não no interesse próprio, mas no interesse social, isto é, de todos os sócios *uti socii*. Trata-se, portanto, de um poder-dever, a meio caminho entre o *jus* e o *munus*". Tal poder-dever, ademais, não é exclusivo em relação aos acionistas minoritários. A referência a eles é feita neste capítulo em razão do enfoque da presente obra. Mas é fato que tal poder-dever é imposto perante terceiros também afetados pela atividade empresarial (Fábio Konder Comparato e Calixto Salomão Filho, *O Poder de Controle na Sociedade Anônima*, cit., p. 110).

27. Também na nossa Lei Acionária é possível identificar tal dever do controlador, a bem da verdade não apenas com os demais sócios, mas também com a comunidade influenciada pela companhia. O parágrafo único do art. 116 da Lei 6.404/1976 dispõe que "o acionista controlador deve usar o poder com o fim de fazer a companhia realizar o seu objeto e cumprir sua função social, e tem deveres e responsabilidades para com os demais acionistas da empresa, os que nela trabalham e para com a comunidade em que atua, cujos direitos e interesses deve lealmente respeitar e atender."

28. Klaus Hopt, em visita à Faculdade de Direito da USP, proferiu palestra que se encontra traduzida entre nós ("Deveres legais e conduta ética de membros do conselho de administração e de profissionais", in Erasmo Valladão Azevedo e Novaes França, *Temas de Direto Societário, Falimentar e Teoria da Empresa*, São Paulo, Malheiros Editores, 2009) em que faz um apanhado da evolução da compreensão do dever de lealdade dos administradores da companhia. Os tribunais norte-americanos e britânicos há muito reconhecem nos membros do conselho deveres fiduciários perante a companhia, equivalentes aos de um *trustee*, o que veio a se

dar-lhes a destinação que melhor atender às atividades da companhia, vinculando todos os acionistas. Por tal razão, afirma-se que os administradores têm deveres fiduciários com a companhia e com os demais acionistas.[29]

Assim, tanto a elaboração como qualquer alteração do estatuto social pressupõem a observância dos direitos e interesses de todos os acionistas ligados à companhia, e não apenas daqueles que deliberam sua elaboração ou alteração. No mesmo sentido, a interpretação deve ser feita sempre em vista da alteração que produz na esfera jurídica de ter-

espalhar também pela Europa Continental na segunda metade do século passado. Tal concepção – indica o Professor alemão – ganhou ainda maior dimensão justamente com o avanço global da legislação dos Estados Unidos sobre valores mobiliários. Daí se observa que o desenvolvimento do mercado de capitais, potencializando a circulação de ações e o ingresso de novos acionistas nas companhias, deixa mais evidente a posição de sujeição dos acionistas minoritários. Segundo ele, isso "não se deve apenas a um maior discernimento por parte dos legisladores, ou mesmo a uma preocupação mais profunda com a condução ética dos negócios, mas sim à enorme exposição do público em geral à ação das grandes empresas e dos profissionais nas nossas sociedades modernas". Nota-se, portanto, a preocupação da proteção dos acionistas minoritários – tidos como o "público em geral", enquanto investidores de valores mobiliários. Também na nossa Lei Acionária a ideia de dever de diligência, dever de lealdade e do conflito de interesses dos administradores com a companhia já está presente nos arts. 153, 155 e 156 – o que, aliás, só serve a ratificar a boa técnica da nossa Lei Acionária.

29. A sujeição do acionista minoritário, portanto, não se dá apenas e tão somente em relação ao acionista controlador, mas também em relação aos administradores da companhia. Assim, seja em uma companhia aberta, seja em uma companhia fechada, não é possível afastar a sujeição do acionista minoritário a atos de terceiros – sejam estes terceiros os controladores ou os administradores. Interessante a ponderação feita por Paul L. Davies no que diz respeito à verificação de tal sujeição tanto em companhias abertas como em fechadas. Dependendo da natureza e da estrutura das companhias, a manifestação desse fenômeno poderá variar, mas não poderá ser afastado, como se vê: "An important determinant of behaviour in a company is the structure of its shareholding along the *continuum* between highly dispersed and atomised shareholdings to one person holding all the shares. Where there are many shareholders, each with only a very small shareholding, the risk to the shareholders is that the management will be the true controllers of the company and they may not give the shareholders' interest proper consideration. (...). On the other hand, where there is a controlling shareholder – or a small group of shareholders who can exercise control – the management will certainly be accountable to the controlling shareholders, but the latter may act opportunistically towards the non-controlling shareholders" (Paul L. Davies, *Gower and Davies' Principles of Modern Company Law*, 8ª ed., Londres, Thomson/Sweet & Maxwell, 2008, pp. 647-648). Ou seja: tanto em companhias abertas como em fechadas, por um ou por outro motivo, a posição do acionista minoritário será, de fato, de sujeição.

ceiros – no caso, os acionistas minoritários –, que não estão participando diretamente da decisão de alterá-lo.

Ora, como os direitos dos minoritários em dada estrutura societária estão refletidos no estatuto, parece natural que a aplicação e a interpretação das normas estatutárias devam levar em consideração justamente a posição assumida pelos acionistas minoritários. Esta posição, que compreende direitos, deveres e obrigações atribuídos aos acionistas minoritários, deve ser respeitada e garantida por quem aplica e interpreta o estatuto social, sobretudo em vista da posição de sujeição dos seus titulares.

## *7. Conclusão*

Por tudo o que se viu, a interpretação do estatuto social exige, do ponto de vista do acionista minoritário, não apenas a consideração da natureza das sociedades anônimas, da característica da própria participação acionária e da função do estatuto social, mas também da posição do acionista minoritário na companhia.

A interpretação do estatuto será mais objetiva e sistemática, levando em conta as proteções impostas pela lei e pelo próprio estatuto, nas companhias abertas, em que a sujeição do acionista é maior. Por outro lado, será possível conferir interpretação subjetiva, ou sustentada na manifestação de vontade dos acionistas minoritários, quando estes efetivamente participarem da elaboração e sucessivas alterações do estatuto.

Tal critério, entretanto, não pode deixar de levar em consideração também os demais parâmetros propostos para a interpretação do estatuto, examinados antes mesmo da distinção sugerida acima. Assim, a finalidade do estatuto, o objeto social das companhias, o fim social, além da boa-fé objetiva, serão sempre nortes para o intérprete, independentemente de uma interpretação objetiva ou subjetiva.

# *O DEVER DE LEALDADE DO ACIONISTA CONTROLADOR POR OCASIÃO DA ALIENAÇÃO DO CONTROLE*[1]

ERASMO VALLADÃO AZEVEDO E NOVAES FRANÇA

*I – O dever de lealdade do acionista controlador por ocasião da alienação do controle; dever de maximização do valor das ações dos acionistas não controladores. II – Interpretação do estatuto de companhia aberta. III – Um caso concreto; possibilidade de cumulação de OPAs. IV – Conclusão.*

## *I – O dever de lealdade do acionista controlador por ocasião da alienação do controle; dever de maximização do valor das ações dos acionistas não controladores*

*1.* O eminente mestre Herbert Wiedemann, ao estudar, no seu magistral *Direito Societário I – Fundamentos*,[2] os princípios valorativos desse ramo do direito privado,[3] questiona qual a razão de ser da proteção

1. Este artigo foi extraído de parecer expendido pelo autor em 17.12.2010, publicado sob o título "Dever de lealdade do acionista controlador e maximização do valor das ações dos acionistas não controladores na alienação de controle", na obra coletiva *Direito Processual Empresarial – Estudos em Homenagem a Manoel de Queiroz Pereira Calças*, Rio de Janeiro, Campus Elsevier, 2012, pp. 274-291, e também na *RDM* 158/251-266, São Paulo, Malheiros Editores, 2012.

2. Herbert Wiedemann, *Gesellschaftsrecht*, vol. I, "Grundlagen", Munique, C. H. Beck, 1980.

3. Os princípios valorativos do direito societário compreendem, para o autor, a proteção aos direitos individuais dos sócios, aos direitos da minoria, aos direitos dos investidores bem como aos interesses dos credores e dos trabalhadores.

à minoria no direito societário, semelhantemente ao que se dá no direito público, se todos os membros da coletividade, diversamente do que ocorre no direito público, perseguem o mesmo fim, se a sujeição à vontade da maioria é antecipadamente acordada e se existe, ainda, a previsão de direito de recesso.[4]

Tal questionamento seria correto – diz o prestigiado ex-Reitor da Universidade de Colônia – se nas organizações societárias uma maioria sempre alternada decidisse as questões e uma fundamental homogeneidade de interesses prevalecesse, o que não ocorre em grande parte dos casos.

Nas associações ideais os associados não raramente cindem-se em grupos e nas associações de massa (*Massenverbände*) o poder acaba sendo exercido por seus funcionários, dados os mecanismos burocráticos de instituição de cargos e o absenteísmo dos associados nas assembleias.[5]

Nas sociedades empresárias, por seu turno, a formação da vontade não ocorre por cabeça, mas pela participação no capital; desde que a maioria dos votos esteja em mãos de um só sócio ou de um grupo estável, o procedimento deliberativo perde seu sentido.

*2.* É que a vinculação da minoria à maioria, como lembra Wiedemann, tem por base a ideia de uma composição de interesses, tal como ocorre em uma negociação contratual; quando há uma maioria estável, todavia, o resultado da deliberação assemelha-se ao de um negócio consigo mesmo (*Insichgeschäft*)... A maioria não delibera, ordena.

Nesses casos, somente aparece a *forma* de uma deliberação ou de um contrato: o *conteúdo* é de um ato unilateral de vontade...[6]

Assim, na medida em que em uma sociedade empresária as decisões são tomadas pela maioria, esta última tem o poder de dispor da empresa como um todo e, portanto, de dispor mediatamente sobre o patrimônio investido pela minoria.

4. Herbert Wiedemann, *Gesellschaftsrecht*, cit., vol. I, "Grundlagen", pp. 405-406.

5. É o assim chamado "governo dos eleitos sobre os eleitores", de que cedo nos advertiu o sociólogo Robert Michels, na obra *Zur Soziologie des Parteiwesens in der modernen Demokratie*, Lípsia, 1911, *apud* Wiedemann, Herbert Wiedemann, *Gesellschaftsrecht*, cit., vol. I, "Grundlagen", p. 112.

6. "In der gennanten Fällen liegen nur der Form nach Beschlüsse oder Verträge vor, dem Inhalt nach einseitige Willensakte" (Herbert Wiedemann, *Gesellschaftsrecht*, cit., vol. I, "Grundlagen", p. 406).

Exatamente por isso, o ilustre mestre Fábio Konder Comparato, em sua obra jurídica fundamental, observa que, em relação aos acionistas não controladores,

> (...) o controle não se manifesta como comando hierárquico, exigindo obediência e cominando sanções, *mas como o poder de decidir por outrem, produzindo efeitos na esfera patrimonial desses não controladores*.[7]

*3.* São justamente essas ideias que estiveram na base do paulatino desenvolvimento jurisprudencial da proteção à minoria no direito societário, tanto no Direito Anglo-Saxão (muito mais aderente à realidade, como lembra Comparato alhures) quanto nos Direitos da família romano-germânica.

Da constatação de que uma maioria estável impõe sua vontade à minoria, que, por sua vez, se acha em uma situação jurídica de *sujeição*,[8] surgiu a ideia, correlata, de que aquela tem um *dever de lealdade* para com esta.

Assim, já em 1900, no caso "Allen *versus* The Gold Reefs of West Africa, Ltd." (1 Ch. 656), o notável Juiz Lindley[9] assim se manifestou:

> O poder assim conferido às companhias para alterar as regras contidas em seus dispositivos estatutários é limitado apenas pelas provisões prescritas pela lei como uma condição contida no estatuto das companhias. Ampla, todavia, como a linguagem da Seção 50 [*da lei*] é, *o poder por ela conferido deve, como todos os outros poderes, ser exercido de acordo com aqueles princípios gerais de Direito e equidade que são aplicáveis a todos*

7. Fábio Konder Comparato, *O Poder de Controle na Sociedade Anônima*, 5ª ed., com notas de texto de Calixto Salomão Filho, Rio de Janeiro, Forense, 2008, p. 136.

8. Cf. o § 5º do art. 1.072 do CC: "As deliberações tomadas de conformidade com a lei e o contrato *vinculam todos os sócios, ainda que ausentes ou dissidentes*" (grifamos). A Lei 6.404/1976 (Lei das S/A) não contém preceito idêntico, mas o mesmo princípio se dessume da circunstância de que as deliberações são tomadas pela maioria (a maioria presente à assembleia, nos termos do art. 129, ou mais da metade do capital votante, nos termos do art. 136).

9. O Juiz Nathaniel Lindley, como se sabe, foi o autor inicial da mais prestigiada obra inglesa até os dias de hoje sobre sociedades de pessoas, *On Partnerships*, cuja 1ª edição data de 1860 e vem sendo atualizada desde então. A última – 18ª edição – é de 2002 (já com dois suplementos, o primeiro de 2005 e o segundo de 2008), denominando-se, agora, *Lindley & Banks on Partnerships*, publicada pela editora Sweet and Maxwell, Londres. O conspícuo magistrado também elaborou conhecida obra sobre as sociedades anônimas, *On Companies*.

> *os poderes conferidos às maiorias, capacitando-as a vincular as minorias. Ele precisa ser exercido não apenas da maneira exigida pelo Direito, mas também de boa-fé [bona fide] para o benefício da companhia como um todo, e não deve ser excedido.* Essas condições são sempre implícitas e raramente, se alguma vez o são, explícitas.[10]

Na jurisprudência alemã, o posteriormente famoso julgado "Victoria" (*Victoria Urteil*), proferido pelo Tribunal do *Reich* (pré-nazismo), em 1931, assim dispôs:

> Da autorização de se deliberar também para a minoria por via da deliberação majoritária, e, dessa forma, dispor mediatamente sobre os seus direitos patrimoniais ligados à sociedade, resulta, sem ressalvas, o dever societário da maioria de proteger também os legítimos interesses da minoria e de não restringir indevidamente os seus direitos no quadro do interesse comum.[11]

*4.* Não é preciso nenhum esforço de imaginação para confirmar que essa mesma ordem de ideias inspirou a elaboração do parágrafo único do

10. Tradução livre do original: "The power thus conferred on companies to alter the regulations contained in their articles is limited only by the provisions contained in the statute as a condition contained in the companies *memorandum* of association. Wide, however, as the language of S. 50 is, the power conferred by it must, like all other powers, be exercised subject to those general principles of law and equity which are applicable to all powers conferred on majorities and enabling them to bind minorities. It must be exercised, not only in the manner required by law, but also bona fide for the benefit of the company as a whole, and it must not be exceeded. These conditions are always implied, and are seldom, if ever, expressed" (cf. J. R. Bisacre, *Casebook on Company Law*, Londres, Pitman Publishing, 1992, pp. 79-80).

11. Tradução livre do original: "Aus der Befugnis, im Wege des Mehrheitsbeschlusses zugleich auch für die Minderheit zu beschliessen und damit mittelbar über deren in der Gesellschaft gebundene Vermögensrechte zu verfügen, ergibt sich ohne weiteres die gesellschaftliche Pflicht der Mehrheit, im Rahmen des Gesamtinteresses auch den berechtigten Belangen der Minderheit Berücksichtigung angedeihen zu lassen und deren Rechte nicht über Gebühr zu verkürzen" (*RGZ* 132, p. 149 = *JW* 1931, p. 2.951). Sobre tal julgado, Wiedemann disse, em artigo (*Treuebindungen und Sachlichkeitsgebot*, publicado na *Zeitschrift für Wirthschafts – und Bankrecht* 1/1-9, 2009, e cuja tradução, sob o título "Vínculos de lealdade e regra de substancialidade: uma comparação de sistemas", de Otto Carlos Vieira Ritter von Adamek, integra a obra coletiva *Temas de Direito Societário e Empresarial Contemporâneos*, organizada por Marcelo Vieira von Adamek, São Paulo, Malheiros Editores, 2011, pp. 143-168), ter o Tribunal do *Reich* escrito a história do Direito Alemão ("hat das Reichsgericht deutsche Rechtsgeschichte geschrieben").

art. 116 da Lei 6.404/1976 (Lei das S/A) pelos nossos preclaros societaristas José Luiz Bulhões Pedreira e Alfredo Lamy Filho:

> Art. 116. (...).
>
> Parágrafo único. O acionista controlador deve usar o poder com o fim de fazer a companhia realizar o seu objeto e cumprir sua função social, *e tem deveres e responsabilidades para com os demais acionistas da empresa*, os que nela trabalham e para com a comunidade em que atua, *cujos direitos e interesses deve lealmente respeitar e atender.*[12] [*Grifos nossos*]

O acionista controlador – *extrai-se de nosso direito positivo, não apenas de nossa jurisprudência* – tem *deveres de lealdade* para com a minoria ("cujos direitos e interesses deve *lealmente* respeitar e atender" – diz o preceito legal[13]).

E esse dever de lealdade é amplo, tendo por objeto não somente *direitos*, mas também *interesses*.[14]

Tal dever, como demonstrado, funda-se no acréscimo de poder que o controlador detém, e que lhe permite, tanto na assembleia-geral quanto no âmbito da administração, dispor sobre o patrimônio próprio e o alheio.

Afinal, acionista controlador é aquele que, além de titular de direitos de sócio que lhe asseguram, de modo permanente, a maioria dos votos nas deliberações da assembleia-geral e o poder de eleger a maioria

12. Além desse dispositivo, vários outros também com ele se correlacionam, sobretudo os que consideram abuso de poder de controle as operações em detrimento dos minoritários (v. § 1º do art. 117 da Lei das S/A).

13. Sobre a existência de tal dever, a Comissão de Valores Mobiliários/CVM assim se pronunciou, pela voz do então diretor Pedro Oliva Marcílio de Sousa: "O disposto na segunda parte do parágrafo único tem importantes consequências jurídicas. Ele fala em 'deveres e responsabilidades para com os demais acionistas da empresa, os que nela trabalham e para com a comunidade em que atua, cujos direitos e interesses deve lealmente respeitar e atender'. Ou seja, estabelece a necessidade de o acionista controlador ser leal para com acionistas, trabalhadores e comunidade. Além disso, determina que a atuação do acionista controlador respeite e atenda direitos dessas pessoas" (cf. Processo CVM-RJ 2005/1.443, j. 21.3.2006).

14. Muito embora o conceito jurídico de *interesse* seja controvertido, é ele geralmente entendido como uma relação de fato existente entre um sujeito, que possui uma necessidade, e um bem apto a satisfazê-la (cf. Pier Giusto Jaeger, *L'Interesse Sociale*, Milão, Giuffrè, 1964, p. 3; cf., outrossim, Agostino Gambino, "La disciplina del conflitto di interessi del socio", *Rivista del Diritto Commerciale* I/395-386 e nota 67, 1969). A propósito, cf., do autor deste artigo, *Conflito de Interesses nas Assembleias de S/A*, Capítulo I, São Paulo, Malheiros Editores, 1993.

dos administradores da companhia, usa efetivamente seu poder para dirigir as atividades sociais e orientar o funcionamento dos órgãos da companhia (art. 116, *caput*, "a" e "b", da Lei das S/A).

Administrar lealmente o patrimônio alheio, segundo lembra ainda Wiedemann, é uma concretização do princípio geral segundo o qual *influência* (*Einfluss*) e *responsabilidade* (*Verantwortung*) devem corresponder-se; o dever de consideração (*Rücksichtspflicht*) do controlador para com os demais acionistas limita, pois, não apenas o exercício de seus direitos, mas *conforma intrinsecamente* o seu poder jurídico.[15]

*5.* Sendo assim, é por demais óbvio que na alienação de controle de uma companhia, operação que tantas alterações pode trazer à sociedade e à empresa, com significativos reflexos para os acionistas não controladores, os direitos e interesses destes devam ser considerados e atendidos – *ex vi legis* entre nós, segundo demonstrado.

A jurisprudência norte-americana, por exemplo, várias vezes responsabilizou o acionista alienante do controle que não tomou as diligências necessárias para verificar a idoneidade do adquirente, cujo propósito era o de saquear ativos da companhia, como lembra o notável societarista Robert Charles Clark.[16]

O mesmo deve ocorrer na hipótese de cessão do controle para um concorrente interessado em terminar com a empresa ou mudar o ramo de atividade, ou ainda no caso de alienação para representantes do crime organizado.

A cessão de controle – nunca é demais lembrar – não é um negócio "privado", realizado no exclusivo interesse do controlador, mas algo que se reflete na sociedade e na empresa:

> A cessão de controle não se apresenta como "privada", independente da organização societária, mas, conforme os exemplos mostram, como uma providência relacionada à sociedade e à empresa.[17]

Segundo melhor esclarece Calixto Salomão Filho, que invoca expressamente a lição supracitada, de Wiedemann:

15. Herbert Wiedemann, *Gesellschaftsrecht*, cit., vol. I ("Grundlagen"), p. 432.

16. Robert Charles Clark, *Corporate Law*, Nova York, Aspen Law & Business, 1986, pp. 478-479 (§ 11.4.1 *Sale to looters*).

17. Tradução livre do original: "Die Übertragung der Mehrheitherrschaft stellt sich nicht als 'private', von dem Verband unabhängige, sondern, wie die Beispiele zeigen, als eine gesellschafts – und unternehmensbezogene Massnahme dar" (Wiedemann, *Gesellschaftsrecht*, cit., vol. I , "Grundlagen", p. 451).

> (...) o negócio de alienação de controle, *exatamente por não envolver apenas o bem "ações"*, mas o verdadeiro controle sobre a organização empresarial e consequentemente o controle de patrimônios e até destinos alheios, não pode ser considerado um negócio privado.[18] [*Grifos nossos*]

*6.* Não pode haver, portanto, nenhuma dúvida plausível de que o acionista controlador tem o dever de maximizar o valor das ações dos acionistas não controladores, precipuamente, aliás, na hipótese de cessão do controle.

É, de resto, o que legitimamente se espera do leal comportamento daquele que tem o poder de determinar os destinos da empresa e a quem entregamos, a fundo perdido, o nosso dinheiro...

Acrescente-se, ainda, que, por motivos que dispensam explicação, é indisputavelmente *do interesse dos acionistas não controladores* – interesse ao qual o acionista controlador se acha legalmente adstrito a atender, como demonstrado – a maximização do valor de suas ações.

***II – Interpretação do estatuto de companhia aberta***

*7.* Do que se expôs resulta, como consequência, que a interpretação do estatuto, mormente de uma companhia aberta – e ainda mais ligada ao Novo Mercado –, deve ser feita, no caso de uma cessão de controle, no sentido que melhor atenda aos direitos e interesses dos não controladores, já que estes poderão, de uma forma ou de outra, ser profundamente afetados.

Precisamente, uma das hipóteses em que, no contexto do Direito Brasileiro, o acionista controlador pode acarretar dano aos não controladores – e que não é remediada pela oferta pública compulsória prevista no art. 254-A da Lei das S/A – dá-se quando, por variados motivos (incúria, premência de obtenção de dinheiro etc.), a negociação é feita em parâmetros não condizentes com o real valor da empresa.

*8.* E, em matéria de interpretação de estatuto, há que distinguir, antes mais nada, se a companhia é aberta ou fechada.

Em artigo sobre a reforma da Lei Societária, Lamy Filho já observara que, entre a companhia aberta e a fechada, a distinção não é de tamanho, mas de *natureza*:

18. Calixto Salomão Filho, *O Novo Direito Societário*, 4ª ed., São Paulo, Malheiros Editores, 2011, p. 151.

> Com efeito, entre a S/A fechada – mera técnica de estruturar um negócio, que poderia eventualmente revestir qualquer outra forma societária – e a S/A aberta – cujos títulos alimentam o mercado de capitais, que apela para o público em busca do capital de risco de que necessita (...) – a diferença não é apenas de tamanho ou de grau, é de natureza.[19]

Nessa mesma linha, afirma Comparato, no primeiro tipo (isto é, na companhia aberta)

> (...) predomina o caráter institucional, marcado por disposições de ordem pública, não derrogáveis por deliberação dos acionistas, porque tendentes a proteger o interesse coletivo de investidores no mercado de capitais. No outro, prevalece o aspecto contratual, conferindo-se ampla liberdade de estipulação às partes para regular o funcionamento do mecanismo societário, de acordo com os seus interesses particulares.[20]

Exatamente por essa razão, como pondera o ilustre Mestre das Arcadas, os estatutos de uma companhia aberta não são assemelháveis aos das fechadas:

> Assim é que, nas companhias abertas, os estatutos se apresentam, incontestavelmente, como um *ato-regra* (para retomarmos a expressão consagrada dos institucionalistas franceses), *com as características de um direito objetivo ou* ***ius positum*** *no âmbito corporativo*. Já, nas companhias fechadas dificilmente poder-se-ão desligar as regras estatutárias do acordo de vontades entre os acionistas, que lhes serviu de fundamento e inspiração. Por isso mesmo, enquanto na companhia aberta a latitude de criação normativa dos estatutos é estreitamente limitada, preponderando sempre o ditado legal, nas companhias fechadas a fronteira entre estatutos e acordo de acionistas se esbate consideravelmente. O acordo estatutário aparece, aqui, muito mais como negócio jurídico privado, entre parte determinadas, do que como regulamento objetivo e impessoal.[21] [*Grifos nossos*]

Como consequência, a *interpretação* dos estatutos de um ou outro tipo não se pode fazer do mesmo modo.

*9.* Há que ressaltar, outrossim – como lembra ainda Comparato –, a necessária distinção que se deve fazer, em matéria de sociedades por ações,

19. Cf. Alfredo Lamy Filho, "A reforma da Lei das Sociedades Anônimas", *RDM* 7/125, São Paulo, Ed. RT, 1972.

20. Fábio Konder Comparato, *Novos Ensaios e Pareceres de Direito Empresarial*, Rio de Janeiro, Forense, 1981, p. 119.

21. Idem, p. 121.

> (...) entre o negócio constitutivo e o regulamento interno da vida social; enquanto aquele é pessoal e mesmo individualizado, *este é objetivo e impessoal.*[22] [*Grifos nossos*]

Lá prepondera o princípio da emissão volitiva das partes; aqui, o ditado objetivo das cláusulas e sua conformidade com as normas legais. "Em matéria estatutária, como no plano legal" – conclui o Mestre –, "a interpretação histórica nunca é decisiva".[23]

*10.* Cuidando-se de uma companhia aberta, a interpretação das cláusulas estatutárias, portanto, deve ser feita objetivamente, como se se tratasse de normas jurídicas, eis que tais cláusulas se destinam a reger as relações entre a sociedade e uma generalidade de pessoas que ingressam e se retiram a todo o momento do quadro societário.[24] Nesse contexto, evidentemente, não se justifica a interpretação subjetiva.[25]

De qualquer forma, a doutrina procura diferençar entre as cláusulas estatutárias destinadas aos próprios acionistas fundadores – às quais se emprestaria uma interpretação subjetiva, indagando acerca da vontade das partes contratantes – e aquelas aplicáveis a terceiros, que não participaram do seu processo criativo – e que, portanto, demandariam uma interpretação objetiva.[26]

22. Fábio Konder Comparato, *O Poder de Controle na Sociedade Anônima*, cit., 5ª ed., p. 177.

23. Idem, p. 179.

24. O eminente mestre Vasco da Gama Lobo Xavier lembra que na interpretação de estatutos "a nada haverá que recorrer senão a eles próprios. Nesta orientação, que é corrente na doutrina germânica (cf., por exemplo, Robert Fischer, in *Grosskom. AktG*, I, § 16, nota 19, Godin-Wilhelmi, I, § 23, nota 17, Würdinger, p. 35, Baumbach-Hueck, *AktG*, § 23, nota 3; e, para os estatutos das associações, Coing, § 133, nota 54, Enneccerus-Nipperdey, I, § 108, nota II, Larenz, lug. ult. cit., Schultze-V. Lasaulx, in Soergel-Siebert, § 25, nota II, e Hefermehl, lug. ult. cit. ...), escreve Vaz Serra, in *RJL* 103º, p. 523: 'Os estatutos contêm normas objectivas aplicáveis a uma generalidade de pessoas, não podendo, portanto, a sua interpretação fazer-se senão com o auxílio de circunstâncias que eles próprios revelam, e devendo tender ela à determinação de um sentido quanto possível, unitário, *tal como se tratasse de uma lei*'" (cf. *Anulação de Deliberação Social e Deliberações Conexas*, Coimbra/Portugal, Atlântida Editora, 1976, p. 565 – grifos nossos).

25. Cf. Wiedemann, *Gesellschaftsrecht*, cit., vol. I ("Grundlagen"), p. 168.

26. Cf. Carlo Angelici e Giovanni B. Ferri, *Studi sull'Autonomia dei Privati*, Turim, UTET, 1997, pp. 338-340. Cf., outrossim, a dissertação de Mestrado de Marco La Rosa de Almeida, aprovada com distinção, denominada *A Interpretação dos Estatutos das Sociedades por Ações* (São Paulo, Faculdade de Direito da USP, 2008, pp. 90 e ss.).

## *III – Um caso concreto; possibilidade de cumulação de OPAs*

*11.* Em um caso concreto submetido ao nosso parecer, os consulentes tinham ingressado na companhia mais de seis meses após seu ingresso no Novo Mercado.

Não tiveram qualquer participação, assim, na elaboração e votação de seu estatuto.

*12.* O estatuto da companhia continha uma cláusula relativa à oferta pública obrigatória na hipótese de alienação do controle acionário, do seguinte teor:

> Art. 27. Na hipótese de alienação do controle acionário da Companhia, tanto por meio de uma única operação, como por meio de operações sucessivas, essa alienação deverá ser contratada sob condição, suspensiva ou resolutiva, de que o adquirente do controle se obrigue a efetivar oferta pública de aquisição das ações dos demais acionistas, observando as condições e os prazos previstos na legislação vigente e no Regulamento de Listagem do Novo Mercado, de forma a lhes assegurar tratamento igualitário àquele dado ao acionista controlador alienante.

Tal cláusula achava-se inserida no Capítulo V do estatuto, que se intitulava: "Da Alienação do Controle Acionário, do Cancelamento do Registro de Companhia Aberta e da Saída do Novo Mercado".

*13.* Mas o estatuto continha também uma outra cláusula incluindo uma *poison pill* na hipótese de aquisição de ações representativas de 20% ou mais do capital, que assim dispunha:

> Art. 34. Qualquer pessoa ou grupo de pessoas, acionistas ou não (incluindo, sem limitação, qualquer pessoa natural ou jurídica, fundo de investimento, condomínio, carteira de títulos, universalidade de direitos, ou outra forma de organização), residente ou com sede no Brasil ou no Exterior, que venha a adquirir ou se torne titular, por qualquer motivo, de ações de emissão da Companhia; ou de outros direitos, inclusive usufruto ou fideicomisso, sobre ações de emissão da Companhia em quantidade igual ou superior a 20% (vinte por cento) do seu capital social ("Acionista Adquirente") deverá efetivar uma oferta pública de aquisição de ações específica para a hipótese prevista neste art. 34 ("OPA"), para aquisição da totalidade das ações de emissão da Companhia, observando-se o disposto na regulamentação aplicável da CVM, os regulamentos da Bovespa e os termos deste artigo.

Referida cláusula se encontrava inserta no Capítulo VI do estatuto, cujo título dizia: "Da Aquisição de Participação Relevante e da Dispersão Acionária".

*14.* Arguia-se, portanto, que, como as mencionadas cláusulas estatutárias se destinariam a hipóteses diversas, segundo se achava demonstrado pelos títulos dos capítulos em que estavam incluídas, elas não poderiam ser aplicáveis simultaneamente. Uma necessariamente excluiria a outra.

Era descabida, entretanto, a preponderância que se pretendia dar aos títulos dos capítulos na interpretação do estatuto da companhia.

Como bem lembra o inexcedível Carlos Maximiliano, em lição aplicável, *mutatis mutandis*, à interpretação de estatutos:

> Os títulos, as epígrafes e as rubricas da lei em conjunto, ou de capítulo ou parágrafo, não fazem parte, propriamente, da norma escrita, não foram discutidos nem votados, não contêm uma regra explícita. Entretanto, foram presentes aos legisladores e aceitos como acessórios da lei, destinados a indicar a ordem e a correlação entre as suas partes.
>
> Deve-se presumir ser a epígrafe oportuna, expressiva, regular; na falta de argumento sólido em contrário, admite-se que apenas compreende o objeto exato da norma, e, portanto, serve para deduzir o sentido e o alcance desta.
>
> Entretanto, a lei não se equipara a um manual teórico; a disposição de suas matérias não é feita com o rigor escolar. Muitas vezes o título figurou no projeto e é mantido apesar de o Congresso haver dilatado ou restringido os termos das disposições primitivas; daí resulta a necessidade de atribuir ao texto um alcance mais amplo, ou mais estreito, do que a epígrafe parece indicar.
>
> Pelas razões expostas, o título ajuda a deduzir os *motivos* e o objeto da norma; presta, em alguns casos, relevante serviço à exegese; auxilia muito a memória, é fácil de reter, e por ele se chega à lembrança das regras a que se refere; *porém, oferece um critério inseguro; o argumento; a* ***rubrica*** *é de ordem* ***subsidiária****; vale menos do que os outros elementos de hermenêutica, os quais se aplicam diretamente ao texto em sua íntegra.*[27] [*Grifos nossos*]

*15.* Mas, ainda que assim não se entendesse, o estatuto da companhia continha outra norma que desautorizava a restrição que se pretendia inferir a partir dos títulos dos seus capítulos.

27. Carlos Maximiliano, *Hermenêutica e Aplicação do Direito*, 19ª ed., Rio de Janeiro, Forense, 2009, p. 217.

Assim é que, no próprio Capítulo VI, cujo título, relembre-se, era "Da Aquisição de Participação Relevante e da Dispersão Acionária", o art. 35 assim dispunha:

> Art. 35. É facultada a efetivação de uma única oferta pública de aquisição de ações, *visando a mais de uma das finalidades previstas nos Capítulos V e VI deste Estatuto*, no Regulamento de Listagem no Novo Mercado ou na regulamentação emitida pela CVM, desde que seja possível compatibilizar os procedimentos de todas as modalidades de oferta pública de aquisição de ações e não haja prejuízo para os destinatários da oferta e seja obtida a autorização da CVM quando exigida pela legislação aplicável. [*Grifos nossos*]

Ora, o Capítulo V do estatuto, como se ressaltou, intitulava-se "Da Alienação do Controle Acionário, do Cancelamento do Registro de Companhia Aberta e da Saída do Novo Mercado".

Isso demonstrava cristalinamente, portanto, que *não eram excludentes* as ofertas públicas nas hipóteses de alienação do controle (Capítulo V) e de aquisição de participação relevante e dispersão acionária (Capítulo VI). Ao contrário, seria possível a realização de uma única oferta contemplando tanto os critérios da OPA do art. 27 quanto os critérios da OPA de *poison pill*, desde que *não houvesse prejuízo para os destinatários da oferta*, nos termos do supracitado art. 35. Ou seja: *na hipótese de alienação de controle, o preço ofertado aos minoritários deveria ser, necessariamente, o maior preço encontrado de acordo com os critérios do art. 27 e do art. 34.*

Definitivamente não se sustentava, assim, o argumento baseado nos títulos dos capítulos do estatuto da companhia.

*16.* Objetava-se, ainda, com base no texto do art. 34, que ele teria por finalidade exclusiva dificultar a aquisição de participação relevante para, assim, manter a dispersão acionária, e que, no caso, esta tinha sido mantida exatamente como se achava antes da alienação do controle. Por tal razão, o aludido dispositivo estatutário seria inaplicável ao caso.

Mas não era a exegese que se extraía do próprio art. 34, que, em seu § 12, assim dispunha:

> § 12. O disposto neste artigo não se aplica na hipótese de uma pessoa se tornar titular de ações de emissão da Companhia em quantidade superior a 20% (vinte por cento) do total das ações de sua emissão em decorrência (i) de sucessão legal, sob a condição de que o acionista aliene o excesso de ações em até 30 (trinta) dias contados do evento relevante; (ii) da incor-

poração de uma outra sociedade pela Companhia; (iii) da incorporação de ações de uma outra sociedade pela Companhia; ou (iv) da subscrição de ações da Companhia, realizada em uma única emissão primária, que tenha sido aprovada em assembleia-geral da Companhia, e cuja proposta de aumento de capital tenha determinado a fixação do preço de emissão das ações com base em valor econômico obtido a partir de laudo de avaliação elaborado nos termos do art. 32 deste Estatuto.

Entre as exceções expressamente estipuladas no supracitado parágrafo, portanto, *não se achava a alienação do controle*.

A conclusão que se extraía daí, portanto, é a de que a *poison pill* prevista no art. 34 tinha inteira aplicação também nessa hipótese. Ela não se destinava exclusivamente a manter a dispersão acionária, *mas também a proteger os acionistas minoritários* por ocasião da cessão do controle acionário.

Se a interpretação dos estatutos sociais de companhias abertas deve ser objetiva, e não havia nenhuma exceção expressa no estatuto para dizer que a OPA do art. 27 devia se sobrepor à OPA de *poison pill* em caso de alienação de controle, o art. 34 havia de ser necessariamente aplicado ao caso, já que tinha ocorrido alienação de mais de 20% do capital social da companhia (situação que completava o suporte fático do art. 34, portanto).

*17.* Essa exegese não só é a que se extraía *objetiva* e *diretamente* do estatuto da companhia, como também era a que mais se coadunava com uma interpretação mais favorável à minoria.

Isto porque, como se salientou, a oferta pública prevista no art. 27 (à semelhança da do art. 254-A da Lei das S/A) não protegia adequadamente os acionistas minoritários no caso de o controle ser alienado açodadamente (como parecia, inclusive, ter ocorrido no caso concreto) ou, de qualquer outra forma, por um valor que prejudicasse os seus interesses.

E o art. 34 explicitamente protegia tais interesses, como defluía, entre outros, dos seus §§ 3º a 5º, autoexplicativos:

> § 3º. O preço a ser ofertado pelas ações de emissão da Companhia na OPA deverá ser, pelo menos, igual ao maior entre (i) o valor econômico apurado em laudo de avaliação nos termos do § 4º deste art. 34, acrescido de um prêmio de 25% (vinte e cinco por cento); (ii) 125% (cento e vinte e cinco por cento) do preço de emissão das ações em aumento de capital mediante distribuição pública ocorrido nos 24 (vinte e quatro) meses anteriores à data em que se tornar obrigatória a realização da OPA nos termos deste art. 34, devidamente atualizado pelo IPC (Índice de Preços ao

Consumidor da Fundação Getúlio Vargas) até a data do pagamento; e (iii) 125% (cento e vinte e cinco por cento) da cotação unitária média das ações da Companhia, na Bolsa de Valores em que houver o maior volume de negociações das ações de emissão da Companhia, durante os 90 (noventa) dias anteriores à realização da OPA.

§ 4º. O valor econômico das ações de emissão da Companhia será apurado em laudo de avaliação elaborado na forma do art. 32 deste Estatuto, com base nos critérios, adotados de forma isolada ou combinada, de patrimônio líquido contábil, de patrimônio líquido avaliado a preço de mercado, de fluxo de caixa descontado, de comparação por múltiplos, de cotação das ações no mercado de valores mobiliários ou com base em outro critério aceito pela CVM, assegurada a revisão do valor da oferta na forma do § 5º deste artigo.

§ 5º. Os acionistas titulares de, no mínimo, 10% (dez por cento) das Ações em Circulação (conforme definido no § 2º do art. 32 acima) no mercado poderão requerer aos administradores da Companhia que convoquem assembleia especial dos acionistas titulares das Ações em Circulação no mercado para deliberar sobre a realização de nova avaliação da Companhia para fins de revisão do preço da OPA, cujo laudo deverá ser preparado nos mesmos moldes do laudo de avaliação referido no § 4º deste artigo, de acordo com os procedimentos previstos no art. 4º-A da Lei n. 6.404/1976 e com observância ao disposto na regulamentação aplicável da CVM, nos regulamentos da Bovespa e nos termos deste artigo.

Na hipótese de alienação de controle, portanto, os minoritários da companhia, por força do art. 34, não ficariam amarrados ao preço estipulado pelo seu acionista controlador!

*18.* Por outro lado, o argumento de que a aplicação simultânea das OPAs estabelecidas nos arts. 27 e 34 teria de ser expressamente prevista no estatuto da companhia era, diante do que se expôs nos itens I e II, *supra*, deste artigo, completamente improcedente.

Justa e precisamente o contrário: para que não houvesse essa aplicação simultânea seria necessária expressa *exclusão* a respeito no estatuto – o que, como visto no n. 15 acima, não tinha ocorrido!

Quando há cessão do controle, os minoritários estão sujeitos a diversos riscos, razão pela qual a exegese do estatuto deve ser feita da forma mais favorável ao atendimento dos seus interesses.

*19.* De resto, a *poison pill* estipulada no art. 34 do estatuto da companhia, como as de tantas outras empresas integrantes do Novo Mercado, não se destinava apenas a assegurar a dispersão acionária, como se alegava, mas também a proteger o controle.

Com uma cláusula dessas, o acionista majoritário pode se desfazer de parte de suas ações e ainda manter o controle.

Nesse sentido, lembra Roberta Nioac Prado que:

> (...) tais cláusulas poderiam ser vistas como parte de um processo de transição, como um "primeiro passo" rumo à democratização do capital social, atuando como um instrumento facilitador da adaptação dos controladores à nova realidade de uma companhia aberta com maior dispersão acionária.[28]

*20.* De qualquer forma, o art. 34 do estatuto indisputavelmente assegurava e protegia a minoria acionária na hipótese de cessão do controle, como demonstrado, desvinculando-a do preço arbitrariamente estipulado pelo acionista controlador.

Deveria ser vista, assim, como uma cláusula ampliativa – e não restritiva – de direitos.

*21.* Argumentava-se, ainda, com base no art. 40 do estatuto, que a cessionária do controle seria sucessora dos acionistas controladores, e, portanto, não estaria sujeita à cláusula de *poison pill*.

O aludido artigo tinha a seguinte redação:

> Art. 40. O disposto no art. 34 deste Estatuto Social não se aplica aos atuais acionistas da Companhia e seus sucessores na data da assembleia-geral extraordinária realizada em 28 de junho de 2006, bem como às suas respectivas controladas e coligadas, aplicando-se exclusivamente àqueles investidores que adquirirem ações e se tornarem acionistas da Companhia após tal assembleia-Geral.

Tal dispositivo – de caráter nitidamente transitório, como decorria claramente do seu texto, e não somente do capítulo em que se inseria – tinha tido por finalidade evitar a aplicação da *poison pill* prevista no art. 34 à operação de organização do poder de controle da companhia.

*22.* A AGE de 28.6.2006, a que se referia o art. 40, teve por objeto o pedido de registro de companhia aberta perante a CVM e a alteração do estatuto da companhia, a fim de adaptá-lo à abertura de capital.

28. Roberta Nioac Prado, "Desconcentração do poder de controle e *poison pills*: evolução no mercado de capitais brasileiro", in Rodrigo R. Monteiro de Castro e Luís André N. de Moura Azevedo (coords.), *Poder de Controle e Outros Temas de Direito Societário e Mercado de Capitais* (obra coletiva), São Paulo, Quartier Latin, 2010, p. 400.

Dessa forma, logo após a assembleia, mas dentro desse mesmo contexto, os acionistas pessoas físicas, que eram titulares da totalidade das ações representativas do capital da companhia, celebraram um acordo de acionistas de uma sociedade *holding* pura, visando a assegurar, na abertura do capital da companhia, que o controle desta fosse exercido por meio dessa *holding*.

O acordo mencionado previa que os acionistas pessoas físicas transfeririam para a *holding* ações da companhia em número suficiente para tanto; mas, como a quantidade de ações necessária para garantir o controle somente poderia ser definida após a determinação do número das que seriam subscritas publicamente, inseriu-se o art. 40 a fim de afastar a incidência da *poison pill* por ocasião da realização da referida transferência – eis que já estava em vigência o art. 34 do estatuto.

Se tinha sido necessário, assim, criar uma exceção para o art. 34 não incidir em operações como a descrita acima, é porque desde a elaboração do estatuto da companhia tinha-se em mente que a OPA de *poison pill* seria aplicável a toda e qualquer transferência de controle. Até por isso o art. 40 foi inserido no Capítulo VIII ("Disposições Finais *e Transitórias*"), e não no Capítulo VI do estatuto, que trata da *poison pill* e de suas exceções. O objetivo do referido art. 40 era excluir a *holding*, na condição de *controlada* dos acionistas pessoas físicas, da obrigação do art. 34.

*23.* Não faz nenhum sentido, evidentemente, entender que uma *isenção transitória* se aplicaria a todas as futuras transferências de ações da companhia, *a título singular*, sobretudo pelo fato de haver outro dispositivo no próprio estatuto que estabelecia as exceções à aplicação do art. 34, conforme se depreendia do § 12 do referido art. 34, que aqui se repete:

> § 12. O disposto neste artigo não se aplica na hipótese de uma pessoa se tornar titular de ações de emissão da Companhia em quantidade superior a 20% (vinte por cento) do total das ações de sua emissão em decorrência (i) de sucessão legal, sob a condição de que o acionista aliene o excesso de ações em até 30 (trinta) dias contados do evento relevante; (ii) da incorporação de uma outra sociedade pela Companhia; (iii) da incorporação de ações de uma outra sociedade pela Companhia; ou (iv) da subscrição de ações da Companhia, realizada em uma única emissão primária, que tenha sido aprovada em assembleia-geral da Companhia, e cuja proposta de aumento de capital tenha determinado a fixação do preço de emissão das ações com base em valor econômico obtido a partir de laudo de avaliação elaborado nos termos do art. 32 deste Estatuto.

Ademais, se a exceção transitória do art. 40 fosse permanente, qualquer adquirente das ações antes pertencentes às pessoas físicas que inicialmente controlavam a companhia estaria imune à incidência da *poison pill*. Assim, tais ações confeririam mais direitos do que as demais ações da companhia; ou seja: ter-se-ia criado, pelo art. 40, uma *classe diferente* de ações ordinárias em uma companhia que tinha aderido às regras do Novo Mercado.

*24.* Também era totalmente inconsistente o argumento de que o art. 34 do estatuto da companhia não se aplicaria à hipótese de alienação indireta de controle, por se referir a "ações de emissão da Companhia".

O Fato Relevante, publicado em 2.12.2009, revelava que, desde o início da operação, a cessionária do controle já tencionava incorporar a *holding*, passando, com isso, a deter *diretamente* 51,9345% do capital da companhia.

Seria totalmente incongruente, assim, admitir que a aquisição direta das ações da companhia faria incidir a *poison pill*, mas a aquisição indireta, imediatamente seguida de incorporação (que acarreta a participação direta), pudesse escapar à sua incidência.

A fraude às disposições estatutárias restaria franqueada, não sendo demasiado lembrar que a essa altura da vida jurídica nacional, com a difusa e generalizada utilização da teoria da desconsideração da personalidade jurídica pela doutrina, jurisprudência e pelos textos legais,[29] seria "chover no molhado" – com o perdão da expressão – afirmar que a pessoa jurídica pode ser utilizada abusivamente, com o intuito de fraudar a lei ou os contratos.

No tocante a estes últimos, relembra J. Lamartine Corrêa de Oliveira[30] que Rolf Serick, na sua obra seminal sobre a desconsideração da pessoa jurídica,[31] ao sintetizar os resultados de sua pesquisa, tentou codificá-los em quatro grandes princípios, o primeiro dos quais é assim enunciado:

29. Arts. 28 da Lei 8.078/1990 (CDC), 18 da Lei 8.884/1994 (CADE) e 50 do CC.

30. J. Lamartine Corrêa de Oliveira, *A Dupla Crise da Pessoa Jurídica*, São Paulo, Saraiva, 1979.

31. Rolf Serick, *Rechtsform und Realität juristischer Person – Ein rechtsvergleichender Beitrag zur Frage des Durchgriffs auf die Personen oder Gegenstände hinter der juristichen Person* (*Forma Jurídica e Realidade das Pessoas Jurídicas – Contribuição de Direito Comparado à Questão da Penetração Destinada a Atingir Pessoas ou Objetos Situados Atrás da Pessoa Jurídica*, na tradução de J. Lamartine Corrêa de Oliveira, *A Dupla Crise da Pessoa Jurídica*, cit., p. 296).

> Em caso de abuso da forma da pessoa jurídica, pode o juiz, para impedir que seja atingido o objetivo ilícito visado, deixar de respeitar tal forma, afastando-se portanto do princípio da nítida distinção entre sócio e pessoa jurídica. Existe abuso quando através do instrumento de pessoa jurídica se procura fugir à incidência de uma lei *ou à de obrigações contratuais*, ou causar fraudulentamente danos a terceiros. (...).[32] [*Grifos nossos*]

## *IV – Conclusão*

*25.* A conclusão a que chegamos no caso concreto submetido ao nosso parecer, portanto, foi a de que, em vista do dever de lealdade do acionista controlador por ocasião da alienação do controle, que implica o correlato dever de maximizar o valor das ações dos acionistas não controladores, era de ser aplicada ao caso a OPA prevista no art. 34 do estatuto da companhia em benefício dos acionistas minoritários.

## *Bibliografia*

ADAMEK, Marcelo Vieira von (coord.). *Temas de Direito Societário e Empresarial Contemporâneos*. São Paulo, Malheiros Editores, 2011.

ALMEIDA, Marco La Rosa de. *A Interpretação dos Estatutos das Sociedades por Ações*. Dissertação de Mestrado. São Paulo, Faculdade de Direito da USP, 2008.

ANGELICI, Carlo, e FERRI, Giovanni B. *Studi sull'Autonomia dei Privati*. Turim, UTET, 1997.

AZEVEDO, Luís André N. de Moura, e CASTRO, Rodrigo R. Monteiro de (coords.). *Poder de Controle e Outros Temas de Direito Societário e Mercado de Capitais* (obra coletiva). São Paulo, Quartier Latin, 2010.

BISACRE, J. R. *Casebook on Company Law*. Londres, Pitman Publishing, 1992.

CASTRO, Rodrigo R. Monteiro de, e AZEVEDO, Luís André N. de Moura (coords.). *Poder de Controle e Outros Temas de Direito Societário e Mercado de Capitais* (obra coletiva). São Paulo, Quartier Latin, 2010.

CLARK, Robert Charles. *Corporate Law*. Nova York, Aspen Law & Business, 1986.

COMPARATO, Fábio Konder. *Novos Ensaios e Pareceres de Direito Empresarial*. Rio de Janeiro, Forense, 1981.

__________. *O Poder de Controle na Sociedade Anônima*, 5ª ed., com notas de texto de Calixto Salomão Filho. Rio de Janeiro, Forense, 2008.

32. J. Lamartine Corrêa de Oliveira, *A Dupla Crise da Pessoa Jurídica*, cit., pp. 327-328.

FERRI, Giovanni B., e ANGELICI, Carlo. *Studi sull'Autonomia dei Privati*. Turim, UTET, 1997.

FRANÇA, Erasmo Valladão Azevedo e Novaes. *Conflito de Interesses nas Assembleias de S/A*. São Paulo, Malheiros Editores, 1993.

________. "Dever de lealdade do acionista controlador e maximização do valor das ações dos acionistas não controladores na alienação de controle". In: *Direito Processual Empresarial – Estudos em Homenagem a Manoel de Queiroz Pereira Calças* (obra coletiva). Rio de Janeiro, Campus Elsevier, 2012 (pp. 274-291) (publicado também na *RDM* 158/251-266. São Paulo, Malheiros Editores, 2012).

GAMBINO, Agostino. "La disciplina del conflitto di interessi del socio". *Rivista del Diritto Commerciale* I. 1969.

JAEGER, Pier Giusto. *L'Interesse Sociale*. Milão, Giuffrè, 1964.

LAMY FILHO, Alfredo. "A reforma da Lei das Sociedades Anônimas". *RDM* 7. São Paulo, Ed. RT, 1972.

LINDLEY & BANKS. *On Partnerships*. 18ª ed. Londres, Sweet and Maxwell, 2002.

LOBO XAVIER, Vasco da Gama. *Anulação de Deliberação Social e Deliberações Conexas*. Coimbra/Portugal, Atlántida Editora, 1976.

MAXIMILIANO, Carlos. *Hermenêutica e Aplicação do Direito*. 19ª ed. Rio de Janeiro, Forense, 2009.

OLIVEIRA, J. Lamartine Corrêa de. *A Dupla Crise da Pessoa Jurídica*. São Paulo, Saraiva, 1979.

PRADO, Roberta Nioac. "Desconcentração do poder de controle e *poison pills*: evolução no mercado de capitais brasileiro". In: AZEVEDO, Luís André N. de Moura, e CASTRO, Rodrigo R. Monteiro de (coords.). *Poder de Controle e Outros Temas de Direito Societário e Mercado de Capitais* (obra coletiva). São Paulo, Quartier Latin, 2010.

SALOMÃO FILHO, Calixto. *O Novo Direito Societário*. 4ª ed. São Paulo, Malheiros Editores, 2011.

WIEDEMANN, Herbert. *Gesellschaftsrecht*. vol. I ("Grundlagen"). Munique, C. H. Beck, 1980.

________. "Treuebindungen und Sachlichkeitsgebot". *Zeitschrift für Wirthschafts – und Bankrecht* 1. 2009 ("Vínculos de lealdade e regra de substancialidade: uma comparação de sistemas". Trad. de Otto Carlos Vieira Ritter von Adamek. In: ADAMEK, Marcelo Vieira von (coord.). *Temas de Direito Societário e Empresarial Contemporâneos*. São Paulo, Malheiros Editores, 2011).

# *ATIVISMO DOS INVESTIDORES INSTITUCIONAIS E PODER DE CONTROLE NAS COMPANHIAS ABERTAS DE CAPITAL PULVERIZADO BRASILEIRAS*

Luís André Negrelli de Moura Azevedo

## *1. Introdução*

O ativismo societário, entendido como a atuação conjunta e coordenada de acionistas minoritários na defesa de seus direitos e interesses, não é uma novidade no Brasil.[1] Nem poderia ser; afinal, o conflito de interesses entre controladores e minoritários é da essência do modelo de direito societário brasileiro,[2] no qual os acionistas decidem sobre as questões mais relevantes por deliberação majoritária.[3]

Isso faz com que acionistas detentores de participações minoritárias no capital votante – e, por isso, submetidos às decisões do controlador – busquem se unir a fim de se *proteger de abusos* e de *maximizar seu*

1. Cf. Jorge Lobo ("Princípios de governança corporativa", *Revista da Escola da Magistratura do Estado do Rio de Janeiro/EMERJ* 10/204-206, n. 37, 2007): "Hoje (...) a participação dos acionistas, com expressivo ou diminuto número de ações, nas assembleias-gerais das companhias, em especial das de capital aberto, vem aumentando consideravelmente devido à crescente preocupação dos governos de valorizar o papel dos acionistas, no que passou a ser conhecido como 'ativismo societário'. (...). Ressalte-se, ainda, que pequenos e grandes investidores, reunidos em associações ou individualmente, estão sendo também estimulados a defender os seus direitos e interesses e a cobrar dos administradores das anônimas melhores resultados, inclusive sob o aspecto da responsabilidade social da empresa moderna, pelos novos métodos de participação nas assembleias, como o mecanismo de voto à distância, por carta ou por meios eletrônicos, e pela prática de oposições esclarecidas, através de protestos, impugnações e votos divergentes".

2. Uma análise percuciente dos modelos em direito societário é feita por Eduardo Secchi Munhoz, *Empresa Contemporânea e Direito Societário – Poder de Controle e Grupos de Sociedades*, São Paulo, ed. Juarez de Oliveira, 2002, pp. 9-16; e por J. A. Tavares Guerreiro, "Sociedades anônimas: dos sistemas e modelos ao pragmatismo", in Rodrigo R. Monteiro de Castro e Luís André N. de Moura Azevedo (coords.), *Poder de Controle nas Companhias de Capital Pulverizado e Temas Correlatos*, São Paulo, Quartier Latin, no prelo (títulos do artigo e da obra ainda provisórios).

3. A vigente Lei das Sociedades Anônimas (Lei 6.404/1976 – Lei das S/A) reconhece esse conflito de interesses seminal ao imputar ao acionista controlador deveres e responsabilidades diferentes daqueles dos demais acionistas, buscando, fundamentalmente, limitar as hipóteses de abuso do seu poder. Não seria exagero afirmar que o direito societário brasileiro é, na essência, um conjunto de normas voltadas à limitação da atuação do acionista controlador, evitando que extraia benefícios particulares da companhia em detrimento dela própria e dos demais acionistas (a propósito, cf. Eduardo Secchi Munhoz, "Desafios do direito societário brasileiro na disciplina da companhia aberta: avaliação dos sistemas de controle diluído e concentrado", in Rodrigo R. Monteiro de Castro e Leandro Santos de Aragão, *Direito Societário – Desafios Atuais*, São Paulo, Quartier Latin, 2009, pp. 119-155).

*poder*[4] na companhia, somando suas participações para exercer as prerrogativas legais.

O que procurarei demonstrar por meio deste artigo é que a atuação dos acionistas minoritários de companhias abertas brasileiras, especialmente dos investidores institucionais,[5] assumiu novos contornos nos últimos anos, habilitando-os a exercer papel ainda mais relevante nas companhias de capital pulverizado que começam a surgir no Novo Mercado da Bolsa de Valores.

A postura dos minoritários organizados, que era preponderantemente *reativa*, visando à proteção de direitos e à reparação de prejuízos sofridos em razão de atos abusivos do acionista controlador e de descumprimento de deveres legais pelos administradores, passou a ser também *proativa*, voltada à maior participação nos foros de decisão e na gestão da companhia, por meio da fiscalização mais intensa da atuação do controlador e dos administradores e do incentivo à adoção de melhores práticas de governança corporativa.[6]

4. Nesse sentido: Fábio Ulhoa Coelho, "Profissão: minoritário", in Rodrigo R. Monteiro de Castro e Leandro Santos de Aragão (coords.), *Sociedade Anônima – 30 Anos da Lei 6.404/1976*, São Paulo, Quartier Latin, 2007, pp. 151-154.

5. Considero "investidores institucionais" todos os veículos de investimento de recursos de terceiros geridos em caráter profissional, que dependem de registro e estão sujeitos a regulação e fiscalização de autarquias ou órgãos governamentais, tais como Comissão de Valores Mobiliários/CVM, Banco Central do Brasil ou Secretaria de Previdência Complementar. São investidores institucionais, dentre outros, fundos de investimentos, entidades abertas ou fechadas de previdência privada, carteiras administradas, clubes de investimentos, bancos, corretoras de mercadorias e de valores. Esse conceito é mais restrito que o adotado pela doutrina norte-americana, que considera investidores institucionais "(...) all persons who have direct or indirect responsibility for choosing institutional investments or voting institutional shares (...)" (Bernard Black, "Agents watching agents: the promise of institutional investor voice", *UCLA Law Review* 39, n. 4, 1992, p. 814 (disponível em *http://ssrn.com/abstract=1132082*).

6. Nesse sentido a Mensagem do então Presidente da Associação de Investidores no Mercado de Capitais/AMEC, Sr. Luiz Fernando Figueiredo, intitulada "Aproximando investidores e companhias, em busca de um tratamento justo e igualitário", constante do Relatório *Dois Anos de Atuação em Defesa dos Direitos dos Minoritários* da AMEC referente a 2007 e 2008, disponível em *http://www.amecbrasil.org.br*: "Nesse primeiro momento de atuação, que coincidiu com a aceleração do mercado, a AMEC foi instada a se manifestar sobre um grande número de casos que demandavam um posicionamento. (...). Tal postura de atuação tem sido interpretada, muitas vezes, como *ativismo*. Porém, entendemos que esse ativismo se encontra, ainda, em um *estágio inicial*. Movimenta-se apenas no sentido de *proteger o investidor minoritário*, por meio da garantia de seus direitos. Poderíamos classi-

Enquanto no passado os principais ativistas eram pessoas físicas brasileiras (ou pessoas jurídicas controladas por essas mesmas pessoas físicas) e alguns fundos de pensão de estatais, hoje são, principalmente, investidores institucionais, dentre os quais fundos de investimentos brasileiros e também estrangeiros.

As associações de minoritários, que antigamente não gozavam de muita credibilidade, eram pouco estruturadas e contavam com pequeno número de associados, deram lugar a entidades completamente novas, geridas em caráter profissional e independente, com ampla infraestrutura e grande participação de investidores institucionais.

O ativismo societário do passado era impulsionado, em muitos casos, pelo interesse em criar dificuldades e obstruir o exercício das atividades empresariais, em troca da compra das ações pelo controlador por valores bastante elevados, muito superiores ao seu valor real.[7] Os novos ativistas visam também a maximizar o retorno de seus investimentos, mas, por se tratar de investidores institucionais submetidos a rígido arcabouço legal e regulatório, sob intensa fiscalização governamental, que operam com maior visibilidade e têm de prestar contas àqueles que aportaram os recursos sob sua gestão, a possibilidade de virem a descumprir as regras e abusar de suas prerrogativas é menos significativa.

Na grande maioria das companhias abertas brasileiras, em que se verifica *reduzida dispersão acionária* e a existência de um acionista (ou grupo de acionistas vinculados por acordo de voto ou sob controle comum[8]) que, por deter a maioria das ações votantes, exerce o poder

ficá-lo como um *ativismo de defesa*, longe, ainda, do verificado em mercados mais desenvolvidos, cujas aplicações podem se mostrar tanto positivas como nocivas. *O bom ativismo*, perseguido pela AMEC, *tem como característica uma aproximação maior entre investidores e companhias, possibilitando aos acionistas contribuir na discussão e na adoção de condutas que criem valor para a sociedade*. Já, o segundo tipo de ativismo visa apenas a sacar o valor das empresas no curto prazo, uma prática altamente prejudicial não só para as companhias e acionistas, mas para o mercado como um todo" (grifei).

7. A propósito da atuação abusiva dos minoritários *strikers*, cf. Modesto Carvalhosa, *Comentários à Lei de Sociedades Anônimas*, 4ª ed., vol. 3, São Paulo, Saraiva, 2009, pp. 385-386, e Fábio Ulhoa Coelho, "Profissão: minoritário", cit., in Rodrigo R. Monteiro de Castro e Leandro Santos de Aragão (coords.), *Sociedade Anônima – 30 Anos da Lei 6.404/1976*, pp. 145-155.

8. A Lei das S/A, em seu art. 116, *caput*, expressamente reconhece o exercício conjunto do poder de controle, nos seguintes termos: "Art. 116. *Entende-se por acionista controlador* a pessoa, natural ou jurídica, ou o *grupo de pessoas vinculadas por acordo de voto, ou sob controle comum*, (...)" (grifei).

de controle de modo *estável* e *permanente*,[9] a atuação dos minoritários organizados – apesar de ser mais proativa que no passado – fica, de fato, limitada ao *monitoramento* e à *fiscalização* da conduta desse controlador e dos administradores por ele eleitos, seja para recomendar a adoção de melhores práticas de governança corporativa e o aperfeiçoamento de mecanismos internos de controle e de gestão, seja para identificar abusos e irregularidades e reagir por meio da propositura das medidas administrativas e judiciais (ou arbitrais[10]) cabíveis. O ativismo nessas companhias tem por objetivo, em última análise, restringir *a priori* e ao máximo a extração de benefícios privados pelo acionista controlador[11] e exigir dos administradores a estrita observância dos seus deveres legais, buscando promover o alinhamento dos interesses do majoritário com os interesses dos demais acionistas.

Já, nas companhias abertas de *capital pulverizado*, em que nenhum acionista (ou grupo de acionistas vinculados por acordo de voto ou sob controle comum[12]) é titular de mais de metade das ações votantes, não havendo, portanto, acionista controlador *majoritário*, a atuação dos investidores institucionais se reveste de maior eficácia transformadora, passando a estar também voltada ao exercício do poder de controle *minoritário* ou ao monitoramento e fiscalização dos acionistas que exercem esse poder. Em ambos os casos o ativismo societário resulta na maior

9. O requisito da "permanência" do poder de controle está expresso na alínea "a" do art. 116 da Lei das S/A, do seguinte teor: "Entende-se por acionista controlador a pessoa (...) que: a) é titular de direitos de sócio que lhe assegurem, *de modo permanente*, a maioria dos votos nas deliberações da assembleia-geral e o poder de eleger a maioria dos administradores da companhia; (...)" (grifei).

10. Cf. o art. 109, § 3º, da Lei das S/A.

11. Segundo John Coffee: "The term 'private benefits of control' is a shorthand expression for all of the ways in which those in control of a corporation can siphon off benefits to themselves that are not shared with the other shareholders, including through (i) above-market salaries, (ii) unfair self-dealing transactions with the corporation, (iii) insider trading, or (iv) the issuance of shares to themselves at dilutive prices" (*Do Norms Matter? A Cross-Country Examination of the Private Benefits of Control*, Columbia Law School, The Center for Law and Economics Studies, Working Paper 183 (disponível em *http://ssrn.com/abstract=415300*, Social Science Research Network – SSRN-ID 415300). Cf., também, Lucian A. Bebchuk e Marcel Kahan, "A framework for analysing legal policy towards proxy contests", *California Law Review* 78/1.071-1.135, 1990, e Ronald J. Gilson e Jeffrey N. Gordon, "Controlling controlling shareholders", *University of Pennsylvannia Law Review* 152/785, 2003.

12. V. nota de rodapé 8.

fiscalização dos administradores da companhia de capital pulverizado, reduzindo a possibilidade de surgimento do poder de controle *gerencial* e dos denominados "conflitos de agência"[13] dele decorrentes.

As origens do novo ativismo societário no Brasil serão sucintamente apresentadas no item 2 deste artigo. Em seguida, no item 3, analisarei a atual configuração e as características do poder de controle das companhias abertas de capital pulverizado brasileiras. No item 4 indicarei o papel desempenhado pelos investidores institucionais ativistas, apresentando, por fim, algumas propostas de regulação das companhias de capital pulverizado e conclusões sumárias a respeito do tema.

Cabe salientar, desde já, que o objetivo deste artigo é colocar em discussão questões relevantes envolvendo o fenômeno, ainda recente em nosso País, da pulverização do capital de companhias abertas. Não tenho, evidentemente, a pretensão de esgotar a discussão do tema, mas de incentivar debates e pesquisas mais aprofundados a respeito da atuação dos investidores institucionais minoritários, do poder de controle e da necessária regulação das companhias abertas de capital pulverizado.

## 2. *Origens e características do novo ativismo societário nas companhias abertas brasileiras*

### 2.1 *Reformas regulatórias e desenvolvimento do mercado de capitais*

O novo ativismo societário tem sua origem nas profundas transformações por que passaram o direito societário e o mercado de capitais brasileiro nos últimos anos, motivadas pela pressão dos agentes de mercado em prol da melhoria dos mecanismos internos de fiscalização da atuação dos administradores e de exercício do poder de controle nas companhias abertas.

O marco inicial desse movimento no sentido da adoção das denominadas "melhores práticas de governança corporativa" foi a edição do Código do Instituto Brasileiro de Governança Corporativa/IBGC em

13. Tais conflitos são analisados em maior profundidade pela doutrina norte-americana e inglesa. Cf., a propósito: Michael C. Jensen e William H. Meckling, "Theory of the firm: managerial behavior, agency cost and ownership structure", *Journal of Financial Economics* 3/305-360, 1976; Kathleen M. Eisenhardt, "Agency theory: an assessment and review", *Academy of Management Review* 14/57-74, 1989; e Richard Stone, *Law of Agency*, Londres, Cavendish, 1995.

6.5.1999,[14] incorporando parte das recomendações da Organização para Cooperação e Desenvolvimento Econômico/OCDE sobre a matéria.[15]

Com a reforma da Lei das S/A (Lei 6.404/1976) aprovada em outubro/2001 (Lei 10.303/2001), com efeitos a partir de março/2002 para as companhias preexistentes, as prerrogativas dos acionistas minoritários de companhias abertas foram substancialmente fortalecidas, em razão do restabelecimento do direito de venda conjunta na hipótese de alienação do poder de controle;[16] da garantia de pagamento do preço justo das ações quando do fechamento de capital;[17] da possibilidade de a CVM suspender ou interromper o prazo de antecedência da convocação de assembleias-gerais que tenham por objeto deliberações mais complexas, opinando sobre sua legalidade;[18] do direito dos minoritários de eleger,

14. Hoje em sua quinta versão, datada de setembro/2009 (disponível em *http://www.ibgc.org.br*).

15. V. *OECD Principles of Corporate Governance*, editados inicialmente em maio/1999 e revisados em 2004 (disponível em *http://www.oecd.org/daf/corporate/principles*).

16. Por preço no mínimo igual a 80% do valor recebido pelo antigo acionista controlador (cf. art. 254-A da Lei das S/A).

17. Cf. o art. 4º, § 4º, da Lei das S/A.

18. Lei 6.404/1976, art. 124, § 5º: "§ 5º. A Comissão de Valores Mobiliários poderá, a seu exclusivo critério, mediante decisão fundamentada de seu Colegiado, a pedido de qualquer acionista, e ouvida a companhia: I – *aumentar*, para até 30 (trinta) dias, a contar da data em que os documentos relativos às matérias a serem deliberadas forem colocados à disposição dos acionistas, *o prazo de antecedência de publicação do primeiro anúncio de convocação da assembleia-geral de companhia aberta*, quando esta tiver por objeto operações que, por sua complexidade, exijam maior prazo para que possam ser conhecidas e analisadas pelos acionistas; II – *interromper*, por até 15 (quinze) dias, *o curso do prazo de antecedência da convocação de assembleia-geral extraordinária de companhia aberta*, a fim de conhecer e analisar as propostas a serem submetidas à assembleia e, se for o caso, informar à companhia, até o término da interrupção, as razões pelas quais entende que a deliberação proposta à assembleia viola dispositivos legais ou regulamentares" (grifei).

A matéria também é regulada pela Instrução CVM-372, de 28.6.2002. É importante notar que muitos administradores de companhias de capital pulverizado vêm optando por disponibilizar informações e publicar editais de convocação de assembleias-gerais com antecedência de 30 e não 15 dias. Com isso, estimulam o maior comparecimento dos acionistas nas assembleias e evitam que minoritários possam encaminhar à CVM solicitação de suspensão do curso do prazo de antecedência da convocação da AGE, com fundamento no art. 124, § 5º, I, da Lei 6.404/1976 e no art. 2º da Instrução CVM-372/2002. A propósito, cf. "Lojas Renner adota manual de votação para investidores", jornal *Valor Econômico On-Line*, Graziella Valenti, 11.4.2007.

em separado, membros do conselho de administração de companhias abertas; dentre outros.

Também em 2001 a Bolsa de Valores criou segmentos especiais de negociação de ações reservados a companhias abertas que adotem práticas diferenciadas de governança corporativa, cujos regulamentos exigem maior transparência e divulgação de informações,[19] outorgando aos minoritários direitos de fiscalização, acesso à liquidez[20] e políti-

19. Cf. o "Anexo A", que exige a divulgação do "Calendário de Eventos Corporativos" da companhia, e os itens 6.8, 6.8 e 4.6, respectivamente, do Regulamento do Novo Mercado, Nível II e Nível I de Governança Corporativa, da Bolsa de Valores, todos de idêntico teor: "*Contratos com o Mesmo Grupo*: A companhia deve enviar à Bovespa e *divulgar informações* de todo e qualquer *contrato* celebrado entre a companhia e sua(s) controlada(s) e coligada(s), seus administradores, seu acionista controlador e, ainda, entre a companhia e sociedade(s) controlada(s) e coligada(s) dos administradores e do acionista Controlador, assim como com outras sociedades que com qualquer dessas pessoas integre um mesmo grupo de fato ou de direito, sempre que for atingido, num único contrato ou em contratos sucessivos, com ou sem o mesmo fim, em qualquer período de um ano, valor igual ou superior a R$ 200.000,00 (duzentos mil Reais) ou valor igual ou superior a 1% (um por cento) sobre o patrimônio líquido da companhia, considerando-se aquele que for maior. *As informações prestadas e divulgadas conforme o item* [*acima*] deverão discriminar o objeto do contrato, o prazo, o valor, as condições de rescisão ou de término e a eventual influência do contrato sobre a administração ou a condução dos negócios da companhia" (grifei).

20. Itens 8.1 do Regulamento do Novo Mercado e do Nível II da Bolsa de Valores: "*Contratação da Alienação de Controle da Companhia*. A alienação de controle da companhia, tanto por meio de uma única operação como por meio de operações sucessivas, deverá ser contratada sob a condição, suspensiva ou resolutiva, de que o adquirente se obrigue a efetivar oferta pública de aquisição das demais ações dos outros acionistas da companhia, observando as condições e os prazos previstos na legislação vigente e neste Regulamento, de forma a lhes assegurar *tratamento igualitário àquele dado ao Acionista Controlador Alienante*". Itens 10.1 do Regulamento do Novo Mercado e do Nível II da Bolsa de Valores: "*Laudo de Avaliação*. O cancelamento do registro de companhia aberta exigirá a elaboração de *laudo de avaliação de suas ações pelo respectivo valor econômico*, devendo tal laudo ser elaborado por instituição ou empresa especializada, com experiência comprovada e independência quanto ao poder de decisão da companhia, seus administradores e/ou acionista controlador, além de satisfazer os requisitos do § 1º do art. 8º da Lei das Sociedades por Ações, e conter a responsabilidade prevista no § 6º do mesmo artigo". Item 11.2 do Regulamento do Novo Mercado da Bolsa de Valores: "*Oferta pelo Acionista Controlador*. Quando a saída da companhia do Novo Mercado ocorrer para que os valores mobiliários por ela emitidos passem a ter registro para negociação fora do Novo Mercado, o acionista controlador deverá efetivar oferta pública de aquisição de ações pertencentes aos demais acionistas da companhia, *no mínimo, pelo respectivo valor econômico*, a ser apurado na forma prevista na Seção X deste Regulamento, respeitadas as normas legais e regulamentares aplicáveis. A notícia da realização da

cos[21] em patamares superiores aos previstos na Lei das S/A; enquanto os controladores sofreram restrições na sua capacidade de extrair os denominados benefícios privados do controle.[22] Com mais informações

oferta pública deverá ser comunicada à Bovespa e divulgada ao mercado imediatamente após a realização da assembleia-geral da companhia que houver aprovado a referida saída". Item 11.2 do Regulamento do Nível II da Bolsa de Valores: "*Oferta pelo Acionista Controlador*. No caso de descontinuidade das práticas diferenciadas de governança corporativa por companhias do Nível II, o acionista controlador deverá efetivar oferta pública de aquisição de ações pertencentes aos demais acionistas da companhia, *no mínimo, pelo respectivo valor econômico*, a ser apurado na forma prevista na Seção X deste Regulamento, respeitadas as normas legais e regulamentares aplicáveis. A notícia da realização da oferta pública deverá ser comunicada à Bovespa e divulgada ao mercado imediatamente após a realização da assembleia-geral da companhia que houver aprovado a referida descontinuidade" (grifei).

21. Item 3.1 do Regulamento do Novo Mercado da Bolsa de Valores: "*Autorização para Negociação no Novo Mercado*. O Diretor-Geral da Bovespa poderá conceder autorização para negociação no Novo Mercado para a companhia que preencher as seguintes condições mínimas: (...); (vi) *tenha seu capital social dividido exclusivamente em ações ordinárias*, exceto em casos de desestatização, se se tratar de ações preferenciais de classe especial que tenham por fim garantir direitos políticos diferenciados, sejam intransferíveis e de propriedade do ente desestatizante, devendo referidos direitos ter sido objeto de análise prévia pela Bovespa. (...)" (grifei). Item 4.1, "v", do Regulamento do Nível II da Bolsa de Valores: "4.1 As companhias detentoras de padrão de governança corporativa Nível 2 ('Companhias do Nível 2') devem observar as seguintes exigências: (...); (v) *se tiverem emitido ações preferenciais, conferir direito de voto a essa espécie de ações, no mínimo, nas seguintes matérias*: (a) transformação, incorporação, fusão ou cisão da companhia; (b) aprovação de contratos entre a companhia e o acionista controlador, diretamente ou por meio de terceiros, assim como de outras sociedades nas quais o acionista controlador tenha interesse, sempre que, por força de disposição legal ou estatutária, sejam deliberados em assembleia-geral; (c) avaliação de bens destinados à integralização de aumento de capital da companhia; (d) escolha de empresa especializada para determinação do valor econômico da companhia, conforme item 10.1.1; e (e) alteração ou revogação de dispositivos estatutários que alterem ou modifiquem quaisquer das exigências previstas neste item 4.1, ressalvado que esse direito a voto prevalecerá enquanto estiver em vigor o Contrato de Adoção de Práticas Diferenciadas de Governança Corporativa Nível 2" (grifei).

22. A propósito dos benefícios privados do controle na doutrina norte-americana, v.: John Coffee, *Do Norms Matter? A Cross-Country Examination of the Private Benefits of Control*, cit.; Alexander Dyck e Luigi Zingales, *Private Benefits of Control: an International Comparison*, NBER Working Paper Series 8711, 2002; e Olaf Ehrhardt e Eric Nowak, *Private Benefits and Minority Shareholder Expropriation (or What Exactly are Private Benefits of Control?)*, EFA 2003 Annual Conference Paper 809, junho/2003 (disponível em *http://ssrn.com/abstract=423506*); Alessio M. Pacces, *Rethinking Corporate Law and Economics in a Theory of Private Benefits of Control*, Rotterdam Institute of Law and Economics, RILE Working Paper Series 2008/05 (disponível em *http://ssrn.com/abstract=1113121*).

e novas prerrogativas à disposição, o poder[23] dos acionistas minoritários de fiscalizar as companhias onde detêm investimentos e de influenciar a condução das atividades empresariais foi substancialmente aumentado.

O aprimoramento dos direitos dos minoritários (e a consequente redução das prerrogativas dos controladores) foi acompanhado do aumento da autonomia administrativa e das atribuições regulatórias e punitivas da CVM, que, também a partir de 2001, passou a deter instrumentos adicionais de regulação das companhias abertas, dispondo de meios mais eficazes para fiscalizar as companhias abertas, exigir a divulgação de informações ao mercado, aplicar punições e opinar sobre a legalidade de deliberações assembleares.[24]

As reformas legais e de autorregulação ocorridas no início desta década, somadas a fatores econômicos internos, tais como a estabilidade econômica, a rigorosa política orçamentária governamental e o equilíbrio das contas públicas, permitiram que o mercado de capitais brasileiro se desenvolvesse de modo exponencial entre 2004 e o primeiro semestre de 2008, e novamente em 2009,[25] aproveitando períodos de prosperidade econômica global traduzida na abundância de investimentos de risco em Países emergentes.

Vivenciou-se até o início da crise financeira no segundo semestre de 2008 um verdadeiro "ciclo virtuoso", em que os significativos investimentos no mercado de capitais, principalmente de investidores institucionais estrangeiros, estimularam a realização de ofertas primárias e secundárias de ações pelas companhias abertas bem como o ingresso de novas companhias no mercado de capitais. A crescente oferta de ações, por sua vez, atraiu maior número de investidores institucionais e individuais[26] à Bolsa de Valores, e assim sucessivamente, levando à redução

23. V. nota de rodapé 4.

24. Cf., a propósito, a visão crítica de Modesto Carvalhosa e Nelson Eizirik, *A Nova Lei das Sociedades Anônimas*, São Paulo, Saraiva, 2002, pp. 4-5.

25. Não obstante, os sintomas e as causas da crise financeira de agosto/2008 ainda persistem, especialmente nos Estados Unidos da América e nos demais Países ditos desenvolvidos.

26. Muitas dessas pessoas físicas não tinham qualquer experiência anterior com investimentos em renda variável. Nesse sentido, v. Adriana Souza Silva, "Por uma fatia maior do bolo", *Revista Capital Aberto* 32/28-31, Ano 3, abril/2006 (disponível em *http://www.capitalaberto.com.br/ler_artigo.php?pag=2&i=781&sec=4*); e "Participação de pessoa física é recorde em IPO", Redação, *InvestNews* 10.12.2007 (disponível em *http://indexet.investimentosenoticias.com.br/arquivo/2007/12/10/628/BMF-Participacao-de-pessoa-fisica-e-recorde-em-IPO.html*).

dos custos de captação de recursos[27] e colocando o mercado de capitais brasileiro em novo patamar, de maior relevância e abrangência.[28]

## *2.2 Fortalecimento das empresas de gestão de recursos de terceiros e aumento da concorrência entre elas*

Como não poderia deixar de ser, o amadurecimento do mercado de valores mobiliários veio acompanhado do fortalecimento das empresas de administração de recursos de terceiros em geral e também do acirramento da concorrência entre elas, especialmente porque parcela muito significativa dos aplicadores opta por investir em renda variável de forma indireta, por meio da aquisição de quotas de fundos de investimentos, da participação em clubes de investimento ou planos de previdência privada, e assim por diante.

As empresas de *asset management* integrantes de grandes conglomerados financeiros (conglomerados, esses, por vezes titulares do poder de controle de companhias abertas) passaram a competir pelos recursos dos aplicadores com gestoras independentes, as quais prometiam retornos expressivos em decorrência da fiscalização mais intensa da atuação do acionista controlador e dos administradores e da participação ativa nas assembleias-gerais e reuniões do conselho de administração das companhias investidas, visando a promover melhorias na sua gestão e aumentos de eficiência e rentabilidade.

27. Cf. Bernard Black, "Shareholder passivity reexamined", *Michigan Law Review* 89/521-608, 1990.

28. Reflexo do fortalecimento do mercado de capitais brasileiro é o substancial aumento na quantidade de ofertas públicas de ações (primárias e secundárias) e nos volumes transacionados na Bolsa de Valores nos últimos anos. Apesar de os volumes movimentados nos anos de 2008 e 2009, somados, serem inferiores ao montante de 2007, são individualmente superiores aos volumes negociados em 2005 e 2006, como se verifica da tabela abaixo:

| **Ano** | **Ofertas Primárias** | | **Ofertas Secundárias** | | **Total** | |
|---|---|---|---|---|---|---|
| | *n. de registros* | *volume em R$* | *n. de registros* | *volume em R$* | *n. de registros* | *volume em R$* |
| 2005 | 13 | 4.559.643.361,71 | 15 | 6.581.611.678,44 | 28 | 11.141.255.040,15 |
| 2006 | 29 | 14.212.632.881,23 | 30 | 12.771.278.339,25 | 59 | 26.983.911.220,48 |
| 2007 | 59 | 33.200.705.420,02 | 44 | 34.122.238.111,60 | 103 | 67.322.943.531,62 |
| 2008 | 9 | 32.148.102.600,43 | 4 | 1.855.893.276,00 | 13 | 34.003.995.876,43 |
| 2009 | 15 | 15.895.345.759,00 | 13 | 16.385.002.298,00 | 28 | 32.280.348.057,00 |

Fonte: *Site* da CVM – *http://www.cvm.gov.br*, acesso em 29.12.2009.

Essa competição vem promovendo gradativa mudança de postura das empresas de gestão de recursos de terceiros mais tradicionais, que, apesar dos significativos conflitos de interesses envolvidos em sua atuação (os quais serão analisados no item 4.2 do presente estudo), têm abandonado a passividade que sempre as caracterizou.

Reflexo desse maior ativismo das gestoras integrantes de grandes grupos financeiros é a reforma dos regulamentos de considerável número de fundos de investimentos em ações voltados ao público investidor em geral, a fim de explicitar a política de participação em assembleias-gerais e exercício do direito de voto, atendendo a recomendação da Associação Nacional de Bancos de Investimento/ANBID (atual Associação Brasileira das Entidades dos Mercados Financeiros e de Capitais/ANBIMA).[29] Outro sinal de maior comprometimento com o ativismo societário é a crescente adesão das gestoras tradicionais à Associação Nacional de Investidores no Mercado de Capitais/AMEC[30] e a outras entidades de defesa de direitos de minoritários nos últimos anos bem

29. Cf. art. 21 do Código ANBID de Melhores Práticas para os Fundos de Investimento:

"Art. 21. O presente Capítulo aplica-se aos fundos de investimento cuja política de investimento autorize a alocação em ativos financeiros que contemplem o direito de voto em assembleias.

§ 1º. Excluem-se desta disciplina: I – fundos de investimento exclusivos ou restritos, desde que aprovada, em assembleia, a inclusão de cláusula no regulamento destacando que o gestor não adota a política de voto para este fundo; II – ativos financeiros de emissor com sede social fora do Brasil; e III – certificados de depósito de valores mobiliários/BDRs.

"§ 2º. O prospecto ou o regulamento, caso não exista prospecto, do fundo de investimento deve informar que o gestor adota política de voto, fazer referência ao sítio na rede mundial de computadores onde esta pode ser encontrada em sua versão integral e descrever de forma sumária a que se destina a política de voto, com a impressão do seguinte aviso ou aviso semelhante com o mesmo teor: O GESTOR DESTE FUNDO ADOTA POLÍTICA DE EXERCÍCIO DE DIREITO DE VOTO EM ASSEMBLEIAS, QUE DISCIPLINA OS PRINCÍPIOS GERAIS, O PROCESSO DECISÓRIO E QUAIS SÃO AS MATÉRIAS RELEVANTES OBRIGATÓRIAS PARA O EXERCÍCIO DO DIREITO DE VOTO. TAL POLÍTICA ORIENTA AS DECISÕES DO GESTOR EM ASSEMBLEIAS DE DETENTORES DE TÍTULOS E VALORES MOBILIÁRIOS QUE CONFIRAM AOS SEUS TITULARES O DIREITO DE VOTO."

30. Note-se que o presidente da AMEC com mandato de abril/2009 até abril/2011, Sr. Walter Mendes de Oliveira Filho, atualmente integra o Itaú Unibanco Banco Múltiplo S/A (cf. informações disponíveis em *http://www.amecbrasil.org.br/mercadodecapitais/institucional/diretoria/diretoria.html*).

como a maior participação em assembleias-gerais e em reuniões com os administradores das companhias investidas.

Como se verifica, o maior ativismo dos investidores institucionais recentemente verificado no Brasil resultou, em grande medida, do fortalecimento dos direitos dos minoritários, do desenvolvimento exponencial do mercado de capitais, do acirramento da concorrência entre as administradores de recursos de terceiros e da pressão dos aplicadores em prol da adoção de melhores práticas de governança corporativa.

Esse novo ativismo, mais do que estar voltado à extração de vantagens ilícitas não compartilhadas com os demais acionistas, visa a agregar maior rentabilidade ao portfólio de investimentos, satisfazendo uma demanda dos aplicadores por ganhos expressivos[31] e também por mais eficiência, transparência e prestação de contas[32] pelos administradores e controladores das companhias abertas investidas.

Essa atuação dos investidores institucionais os credencia a exercer papel ainda mais relevante e transformador nas companhias abertas de capital pulverizado brasileiras, em razão das particularidades de sua estrutura de controle e de governança corporativa, sumariamente analisadas a seguir.

## *3. O poder de controle nas companhias abertas de capital pulverizado brasileiras*

### *3.1 Prevalecimento do poder de controle minoritário*

O fenômeno da pulverização acionária, apesar de ainda restrito a um pequeno grupo de companhias abertas, tem despertado significativa atenção dos estudiosos do Direito, por subverter a tradição de concentração do capital das sociedades empresárias brasileiras na titularidade de poucos sócios.

Como se sabe, as companhias abertas de capital pulverizado são aquelas em que a dispersão acionária é significativamente elevada, de modo que *nenhum* acionista ou grupo de acionistas vinculados por

31. Especialmente se for considerada a gradativa redução nas taxas básicas de juros na economia, que vem tornando os investimentos em renda fixa menos atrativos.

32. Segundo o Código de Governança Corporativa do IBGC: "Os princípios básicos de governança corporativa são: (...) Prestação de Contas (*Accountability*): Os agentes de governança devem prestar contas de sua atuação, assumindo integralmente as consequências de seus atos e omissões".

acordo de voto ou sob controle comum detêm *mais da metade* das ações votantes.[33] Tais companhias integram o Novo Mercado da Bolsa de Valores, cujo Regulamento impede a emissão de ações sem direito a voto (princípio do *one share, one vote*[34]) e reduz substancialmente a possibilidade de extração de benefícios particulares por parte do acionista controlador *majoritário*.

No Brasil, até o presente momento, o controle das companhias abertas de capital pulverizado vem sendo exercido, de fato, por acionistas titulares em conjunto de participação *minoritária* no capital votante,[35] que comparecem às assembleias-gerais e por meio do voto fazem sua vontade prevalecer nas deliberações, inclusive para eleição da maioria dos administradores da companhia. Não descartamos também a possibilidade – ainda remota, em nosso entender – de em situações de extrema dispersão acionária, combinada com acentuada passividade e absenteísmo dos acionistas nas assembleias-gerais, vir a ficar configurado o *poder de controle gerencial*, exercido pelos administradores da companhia, enquanto tais, por meio da aceitação de suas recomendações de voto pela maioria dos acionistas que tenham respondido aos pedidos de procuração (*proxies*) encaminhados na forma do art. 126, § 2º, da Lei das S/A e da Instrução CVM-481, de 17.12.2009.[36]

Daí por que afirmar que as companhias abertas de capital pulverizado, não obstante sejam ainda pouco relevantes do ponto de vista quantitativo, representam um dos mais importantes desafios ao atual modelo de governança corporativa das companhias abertas brasileiras,

33. Apesar de a Lei das S/A não ter conceituado, de forma explícita, as companhias abertas de capital pulverizado, nem ter a elas dedicado disciplina específica, pode-se extrair um critério de identificação de tais sociedades da leitura do inciso II do art. 137, segundo o qual ocorre dispersão acionária no mercado "quando o acionista controlador, a sociedade controladora ou outras sociedades sob seu controle detiverem *menos da metade* da espécie ou classe de ações" (grifei).

34. Cf.: Sanford J. Grossman e Oliver D. Hart, "One share/one vote and the market for corporate control", *Journal of Financial Economics* 20/175-202, n. 1/2, 1988; e Arman Khachaturyan, "The one-share-one-vote controversy in the EU", *European Business Organization Law Review/EBOR* 8/335-367, 2007 (disponível em *http://ssrn.com/abstract=908215*).

35. A propósito do reconhecimento do poder de controle minoritário pela Lei 6.404/1976, v. Fábio Konder Comparato e Calixto Salomão Filho, *O Poder de Controle na Sociedade Anônima*, 4ª ed., Rio de Janeiro, Forense, 2005, pp. 64-71, especialmente a Nota de Texto 9 (pp. 67-71).

36. Cf. o Relatório da Audiência Pública da minuta que resultou nessa instrução, conduzida pela CVM em 2009 (disponível em *http://www.cvm.gov.br/audienciaspublicasencerradas/EditaldeAudienciaPublican.02/2009*).

voltado, fundamentalmente,[37] ao alinhamento dos interesses dos acionistas minoritários e do controlador majoritário, por meio da imposição de limitações à capacidade deste de extrair benefícios privados do controle.[38]

Trata-se de modelo de governança que, apesar de não ignorar essa nova configuração da propriedade acionária,[39] foi concebido tendo em vista a estrutura de capital da maior parte das companhias abertas brasileiras, cujas ações votantes apresentam *reduzida* dispersão e que se encontram submetidas ao poder de controle – isolado ou conjunto[40] – *majoritário*.

Nessas companhias o potencial de extração de benefícios privados do controle é acentuado, pois a titularidade da maioria das ações votantes garante ao controlador ampla e permanente autonomia decisória, inclusive para tomar medidas voltadas à satisfação exclusiva de interesses pessoais, em seu único benefício e em detrimento dos demais acionistas e da própria companhia.

Por outro lado, os administradores eleitos pelo controlador majoritário têm *reduzida* autonomia para tomar decisões, pois se encontram sob seu constante monitoramento, podendo ser por ele destituídos a qualquer momento caso adotem medidas contrárias aos seus interesses. Não se trata de ignorar o dever legal dos membros do conselho de administração de agir conforme o interesse social, e não no interesse dos acionistas que os elegeram (art. 154, *caput* e § 1º, da Lei das S/A), mas de reconhecer uma realidade fática existente nas companhias submetidas ao poder de controle majoritário, nas quais, em muitos casos, ambos os papéis são desempenhados pela mesma pessoa, exercendo o controlador majoritário também as funções de presidente do conselho de administração e de diretor-presidente.

37. Nas companhias de capital concentrado os deveres legais dos administradores e as responsabilidades a eles correspondentes têm, inegavelmente, caráter secundário, tendo em vista que, em última análise, sua atuação está submetida à vontade do acionista controlador majoritário.

38. Cf.: John Coffee, *Do Norms Matter? A Cross-Country Examination of the Private Benefits of Control*, cit.; Alexander Dyck e Luigi Zingales, *Private Benefits of Control: an International Comparision*, cit.; Olaf Ehrhardt e Eric Nowak, *Private Benefits and Minority Shareholder Expropriation (or What Exactly are Private Benefits of Control?)*, cit.; Alessio M. Pacces, *Rethinking Corporate Law and Economics in a Theory of Private Benefits of Control*, cit.

39. Cf., como exemplo, o art. 136, § 2º, da Lei das S/A.

40. V. nota de rodapé 8.

Nas companhias abertas submetidas ao poder de controle majoritário o objetivo primordial das normas legais e administrativas bem como das regras e princípios de governança corporativa é, exatamente, o de estabelecer limites à atuação do acionista controlador e dos administradores, por meio da imposição de deveres legais e da tipificação das modalidades de abuso e das responsabilidades respectivas.

O ativismo societário dos minoritários titulares de *participações expressivas*[41] no capital – suficientes para o exercício dos direitos de acesso a informações adicionais, fiscalização e participação[42] previstos na Lei das S/A e nas normas editadas pela CVM – é um dos principais fatores de limitação de condutas abusivas do controlador majoritário e dos administradores. Outros fatores de limitação apontados pela doutrina norte-americana[43] – tais como o mercado de poder de controle, o mercado de trabalho para executivos, a existência de remuneração dos administradores baseada em metas, a fiscalização exercida pelos credores (dentre os quais os bancos financiadores da companhia), o risco de falência, os deveres legais fiduciários e as normas culturais de comportamento – ainda não têm grande relevância nas companhias abertas de capital pulverizado brasileiras. Com efeito, ainda que se possa cogitar de um *take-over* hostil, como aquele que recentemente envolveu os Grupos Vivendi e Telefónica, tendo como alvo a GVT, tal possibilidade é ainda incipiente, dada a inexistência de um mercado ativo de compra e venda do poder de controle na Bolsa de Valores. Além disso, muitos desses fatores de limitação acarretam custos mais expressivos para a companhia se comparados com aqueles decorrentes do aprimoramento de práticas de governança corporativa e de controles internos, que potencialmente decorrem do ativismo societário e da maior participação dos ativistas na administração.[44]

Não é exagero afirmar que o modelo de governança corporativa nas companhias abertas brasileiras tomou seu formato atual, em grande me-

41. Não há, evidentemente, um percentual predeterminado de participação no capital votante que possa ser considerado "expressivo" ou "relevante", variando de uma companhia para outra conforme o grau de dispersão das ações ordinárias de sua emissão.

42. Nos Estados Unidos da Umérica, "Exit, voice and loyalty", cf. Albert O. Hirschman, *Exit, Voice and Loyalty: Responses to Decline in Firms, Organizations and States*, Harvard University Press, 2004.

43. Bernard Black, "Shareholder passivity reexamined", cit., *Michigan Law Review* 89/522, 526 e 608.

44. Idem, p. 522.

dida, como consequência da pressão exercida pelos ativistas societários e pelos demais agentes do mercado em prol da melhoria dos mecanismos internos de fiscalização dos administradores e de exercício do poder de controle *majoritário*, dando ensejo às reformas legais e de autorregulação ocorridas no início desta década.

Com o surgimento das companhias abertas de capital pulverizado, cabe indagar se a imposição de limites à extração de benefícios privados do controle deve continuar a ser uma das preocupações centrais do modelo de governança corporativa brasileiro.

Entendo que sim, tendo em vista o estágio ainda inicial de dispersão acionária que se verifica em tais companhias, muito diferente da realidade norte-americana, em que a pulverização acionária é extremamente acentuada e as prerrogativas dos acionistas são mais frágeis, a ponto de o controle das grandes companhias abertas ser exercido por seus administradores.[45]

No Brasil as companhias abertas de capital pulverizado ainda são controladas por acionistas que, apesar de deterem – isoladamente e em conjunto – *menos da metade* do total das ações votantes,[46] têm, de fato, a prerrogativa de fazer prevalecer sua vontade nas deliberações assembleares em geral e na eleição da maioria dos conselheiros de administração em particular.[47]

45. A dispersão acionária verificada no mercado brasileiro o assemelha ao inglês, em que os investidores institucionais detêm as participações mais expressivas no capital social, e o diferencia do norte-americano, de muitíssimos acionistas atomizados, titulares de participações acionárias extremamente reduzidas. A respeito das distinções entre a estrutura de propriedade acionária nos Estados Unidos e no Reino Unido e das suas consequências no que se refere às operações de compra e venda do controle acionário, cf.: M. Venturozzo, "The Thirteenth Directive and the contrasts between european and US takeover regulation: different (regulatory) means, not so different (political and economic) ends?", *Texas International Law Journal* 41/171-221, 2006; e J. Armour e D. Skeel Jr., "Who writes the rules for hostile takeovers, and why? The peculiar divergence of US and UK takeover regulation", *Georgetown Law Journal* 95/1.727-1.794, 2007.

46. Não se trata, portanto, do poder de controle *majoritário* exercido em conjunto por acionistas signatários de acordo de voto arquivado na sede social que, individualmente, detêm participações *minoritárias*, verificado em grande número de companhias abertas brasileiras.

47. Cf. Fábio Konder Comparato e Calixto Salomão Filho, *O Poder de Controle na Sociedade Anônima*, cit., 4ª ed., pp. 64-71, especialmente a Nota de Texto 9 (pp. 67-71).

### *3.2 Questões relacionadas com a estabilidade e permanência do poder de controle minoritário*

Evidentemente que o grau de estabilidade e permanência do poder de controle minoritário varia de uma companhia para outra, a depender do número de assembleias nas quais prevalece a vontade dos acionistas integrantes do bloco controlador.

O próprio Regulamento do Novo Mercado da Bolsa de Valores atribui maior relevância à *efetividade* do poder de dirigir o processo empresarial, independentemente de sua *permanência* em determinado número mínimo de assembleias-gerais. Tanto assim, que o critério de prevalência em três assembleias-gerais consecutivas, originalmente estabelecido pela Resolução CMN-401, de 22.12.1976 e atualmente previsto no Regulamento do Novo Mercado,[48] enseja presunção apenas *relativa* de existência do poder de controle, passível, portanto, de ser afastada conforme a efetividade do poder de mando, a frequência e a periodicidade da realização de assembleias-gerais, o nível de dispersão do capital votante e as demais circunstâncias de cada caso concreto.

O poder de controle minoritário será revestido de maior ou menor grau de estabilidade a depender da atuação dos acionistas titulares de *participações minoritárias, porém expressivas*, no capital votante, em conjunto e visando a objetivos comuns, seja em observância de acordos de voto arquivados na sede social[49] (sujeitos, portanto, à execução específica judicial e extrajudicial na forma dos §§ 8º e 9º do art. 118 da Lei das S/A), seja em observância de acordos não arquivados ou de compromissos não escritos, ainda que transitórios. Como salientado, são esses acionistas que têm os estímulos necessários ao exercício, em conjunto, dos direitos e prerrogativas legais que, em razão da elevada dispersão acio-

48. Definição de *poder de controle* prevista no Regulamento do Novo Mercado da Bolsa de Valores: "'Poder de Controle' significa o poder efetivamente utilizado de dirigir as atividades sociais e orientar o funcionamento dos órgãos da companhia, de forma direta ou indireta, de fato ou de direito. *Há presunção relativa de titularidade do controle em relação à pessoa ou ao grupo de pessoas vinculado por acordo de acionistas ou sob controle comum ('grupo de controle') que seja titular de ações que lhe tenham assegurado a maioria absoluta dos votos dos acionistas presentes nas três últimas assembleias-gerais da companhia, ainda que não seja titular das ações que lhe assegurem a maioria absoluta do capital votante*" (grifei).

49. Um exemplo notório é o acordo de acionistas firmado por diversos fundos de pensão de estatais que lhes permitia exercer o poder de controle *minoritário* da Perdigão S/A (atualmente denominada BRF – Brasil Foods S/A, após a integração com a Sadia S/A).

nária, podem lhes garantir o poder de controle minoritário. Já, os demais acionistas, cada um titular de quantidade ainda menor de ações votantes, apesar de reunirem em conjunto a maioria do capital votante, dispõem de menores estímulos à adoção de condutas proativas, tendendo à passividade e ao não comparecimento às assembleias-gerais, o que contribui para a estabilidade e a permanência do bloco de controle minoritário.

Considere-se uma companhia aberta cujo controle é exercido por acionistas que detêm, em conjunto, *menos* do que a maioria das ações votantes, mas que são signatários de acordo de voto arquivado na sede da companhia. Nesse exemplo, o poder de controle, apesar de minoritário, é revestido de significativo grau de permanência e estabilidade, somente podendo ser ameaçado na hipótese de união dos demais acionistas ou de aquisição, por um acionista ou terceiro, das ações dos demais acionistas em quantidade suficiente para sobrepujar a participação acionária dos signatários do acordo de acionistas.[50] Enquanto perdurar esse forte vínculo contratual entre os controladores minoritários, as chances de formação de um bloco de controle majoritário serão mais reduzidas, na medida em que os demais acionistas ou terceiros interessados em assumir o poder de controle provavelmente não poderão contar com o apoio de eventuais dissidentes do bloco. Ainda considerando o mesmo exemplo, a adesão de novos acionistas ao acordo fortalece o bloco, revestindo o controle – ainda minoritário – de maior estabilidade, enquanto o movimento inverso, de saída de acionistas do acordo ou, mesmo, de substituição do acordo de acionistas arquivado por um compromisso meramente verbal, fragiliza o poder de mando, tornando-o mais instável e menos efetivo, favorecendo a aglutinação de um novo bloco de controladores.

Na realidade, a existência do acordo de acionistas arquivado na sede social *não* é determinante para o surgimento do poder de controle minoritário. Basta que os votos de um acionista, ou de um conjunto de acionistas, unidos por acordo ou compromisso de voto, ainda que não arquivado, ou mesmo não escrito, efetivamente prevaleçam nas assembleias-gerais, permitindo a ele(s) dirigir as atividades empresariais e orientar o funcionamento dos órgãos da companhia,[51] ainda que por período de tempo limitado.

Evidentemente que a *permanência* do poder de controle minoritário não é absoluta, dependendo não apenas do grau de estabilidade interna

50. Como pretendeu fazer a Sadia S/A quando da tentativa mal-sucedida de aquisição hostil do poder de controle da então Perdigão S/A, em julho/2006.

51. V. nota de rodapé 47.

do bloco de controle (que varia em razão do caráter mais ou menos vinculante do acordo ou compromisso de voto existente entre seus integrantes), mas também do nível de dispersão do capital votante da companhia. Assim, não basta que o bloco de controle seja revestido do grau máximo de estabilidade – pelo fato de os seus integrantes estarem sob controle comum ou terem firmado acordo de voto arquivado na sede social – se a dispersão das ações com direito a voto não for suficientemente elevada, a ponto de a participação individual dos demais acionistas no capital votante da companhia ser muito pequena, tornando desinteressante a adoção de condutas proativas. Da mesma forma, é insuficiente a existência de acentuada pulverização acionária se não houver um bloco de controle revestido de alguma estabilidade, em razão, por exemplo, da existência de um acordo de voto, ainda que tácito, entre seus integrantes.

Fica claro, portanto, que os acionistas controladores das companhias de capital pulverizado, apesar de minoritários, têm, de fato, a prerrogativa de prevalecer nas deliberações da assembleia-geral e de eleger e destituir a maioria dos conselheiros de administração. Podem, a qualquer momento, requerer aos diretores a convocação de uma assembleia-geral para deliberar sobre a matéria[52] e, na inércia deles, convocá-la diretamente. O percentual de participação dos controladores minoritários no capital votante permite que na assembleia-geral destituam os conselheiros e elejam seus substitutos, em bloco (chapa única) ou por meio do procedimento de voto múltiplo[53] ou por votação em separado.[54]

Diante disso, pode-se afirmar que nas companhias de capital pulverizado a autonomia dos conselheiros de administração também é *relativamente reduzida*, já que sua atuação é constantemente monitorada pelos acionistas controladores, que – repita-se –, apesar da participação minoritária, podem requerer a convocação de uma assembleia-geral e nela aprovar sua destituição.[55]

52. O parágrafo único do art. 123 da Lei das S/A é expresso nesse sentido, ao prever que: "*A assembleia geral pode também ser convocada: (...); c) por acionistas que representem 5% (cinco por cento)*, no mínimo, *do capital social*, quando os administradores não atenderem, no prazo de 8 (oito) dias, a pedido de convocação que apresentarem, *devidamente fundamentado, com a indicação das matérias a serem tratadas*" (grifei).

53. Cf. o art. 141, *caput*, da Lei das S/A e a Instrução CVM-165/1991.

54. Cf. o art. 141, § 4º, da Lei das S/A.

55. Lembre-se de que, tratando-se de membro do conselho de administração eleito pelo procedimento de voto múltiplo, sua destituição acarreta a destituição de todos os demais integrantes desse órgão (art. 141, § 3º, da Lei das S/A).

### 3.3 *Origens da atual configuração do poder de controle nas companhias abertas de capital pulverizado*

A atual configuração do poder de controle nas companhias abertas de capital pulverizado brasileiras decorre de diversos fatores. Lembre-se, em primeiro lugar, que a pulverização é fenômeno ainda recente no Brasil, motivado por um ciclo relativamente curto de extremo desenvolvimento e pujança do mercado de valores mobiliários.

Apesar de as normas dos regulamentos de listagem nos níveis de governança corporativa da Bolsa de Valores *estimularem* a pulverização das ações ofertadas entre maior número de investidores, ao exigirem das companhias emissoras (i) a garantia de aquisição de uma quantidade mínima de ações por todos os interessados e/ou (ii) o direcionamento de, no mínimo, 10% do total de ações para pessoas físicas ou investidores não institucionais,[56] não há elementos suficientes para afirmar que nas novas ofertas públicas de ações realizadas quando da plena retomada desse ciclo será verificado o mesmo padrão de pulverização acionária.

Novamente, há que se diferenciar a experiência brasileira da norte-americana. Lá a dissociação entre propriedade e controle nas grandes companhias abertas não é, de modo algum, nova, nem decorreu de um período recente de acelerado crescimento do mercado de capitais. Pelo contrário, trata-se de fenômeno já apontado por Adolph Berle e Gardiner Means na década de 1930,[57] que reflete uma extensa tradição econômica e cultural de investimento acionário como base da poupança pública.

A pulverização do capital das companhias abertas brasileiras deu-se no âmbito de ofertas públicas primárias e secundárias de ações ordinárias realizadas no Novo Mercado da Bolsa de Valores a partir de 2005,[58] cujo Regulamento exige que todos as ações outorguem direito de voto aos seus titulares (princípio *one share, one vote*[59]) e atribui maior proteção aos acionistas minoritários. Nessas ofertas, os antigos controladores

56. Cf. itens 5.1, 7.1 e 7.1, respectivamente, dos Regulamentos do Nível I, do Nível II e do Novo Mercado da Bolsa de Valores.

57. Adolph Berle e Gardiner Means, *The Modern Corporation and Private Property*, Londres, Transaction Publishers, 1932.

58. A oferta secundária de ações de emissão das Lojas Renner S/A pela JCPenney, realizada em junho/2005, é considerada a primeira operação de pulverização do capital de uma companhia aberta brasileira. A propósito, v. "JCPenney vai vender o controle das Lojas Renner" (*Estadao.com.br*, 10.5.2005, disponível em *http://www.estadao.com.br/arquivo/economia/2005/not20050510p7568.htm*).

59. V. nota de rodapé 34.

majoritários, além de terem suas participações diluídas em razão da subscrição de novas ações votantes por grande número de investidores, também optaram por alienar parte relevante de suas ações em ofertas públicas secundárias, realizando os ganhos e mantendo investimentos minoritários nas respectivas companhias.

Ocorre, porém, que muitos desses controladores, apesar de terem vendido as ações que lhes asseguravam a maioria do capital votante da companhia, não pretenderam deixar de exercer o poder de controle. Isso explica a previsão de cláusulas nos estatutos sociais de companhias de capital pulverizado que limitam o exercício do direito de voto a determinado percentual de capital, independentemente da quantidade de ações ordinárias detidas, e impedem a aquisição de participações acionárias relevantes. Trata-se, neste último caso, das "*poison pills* à brasileira", que, na realidade, se assemelham mais às *mandatory bids*, de escassa previsão na legislação estadual norte-americana,[60] por condicionar a aquisição de determinada quantidade de ações à realização de uma oferta pública de compra das demais ações em circulação por preço, em regra, bastante elevado, o que acaba por inviabilizar a aquisição inicial.

Ambas as cláusulas, a pretexto de garantir a dispersão acionária e "proteger" a companhia de uma aquisição *hostil* do poder de controle feita em etapas ou mediante o lançamento de oferta pública nos moldes do art. 257 da Lei das S/A,[61] objetivam, na realidade, impedir o fortalecimento ou consolidação de outro grupo de minoritários que possa fazer frente ao poder do bloco controlador também minoritário.[62] A prevalecer

60. V., a propósito, Jeremy Grant, Tom Kirchmaier e Jodie A. Kirshner, "Financial Tunneling and the Mandatory Bid Rule", *FMG Discussion Paper* 536, janeiro/2009, destacando que: "U.S. law does not contain any provisions for an MBR [*Mandatory Bid Rule*] (with the exceptions of the states of Maine and Pennsylvania which have MBRs)".

61. A propósito da "escalada" em Bolsa e da oferta pública prevista no art. 257 da Lei das S/A, v. o estudo de minha autoria "A oferta pública para aquisição de controle sob a perspectiva da companhia aberta ofertante", in Rodrigo R. Monteiro de Castro e Leandro Santos de Aragão (coords.), *Direito Societário – Desafios Atuais*, São Paulo, Quartier Latin, 2009, pp. 73-118.

62. A respeito da função desempenhada por essas cláusulas nas companhias abertas de capital concentrado, cf. a pioneira lição de Eduardo Secchi Munhoz em importante artigo a respeito do tema: "A maior parte das companhias que integram este segmento [*Novo Mercado da Bolsa*] ostentam uma estrutura de controle concentrado, não havendo nenhuma indicação de que seus controladores estejam propensos a dividir o seu poder com os demais acionistas. Pelo contrário, é interessante observar que na maior parte dos estatutos dessas companhias encontram-se regras similares às presentes nos estatutos de companhias norte-americanas cujo

a redação atual da maioria dessas cláusulas estatutárias, uma transferência de controle estaria de todo impossibilitada, pelo fato de que a alteração do estatuto social para suprimi-las ensejaria a obrigação de realizar a oferta, de acordo com as denominadas "cláusulas pétreas de *poison pill*".[63] Saliente-se, no entanto, que essas cláusulas acessórias não devem prosperar, em razão do que dispõe o Parecer de Orientação CVM-36, de 23.6.2009, no sentido de que "a CVM não aplicará penalidades, em processos administrativos sancionadores, aos acionistas que, nos termos da legislação em vigor, votarem pela supressão ou alteração da cláusula de proteção à dispersão acionária, ainda que não realizem a oferta pública prevista na disposição acessória".

Diante disso, nas companhias abertas de capital pulverizado brasileiras, da mesma forma que nas companhias submetidas ao poder de controle majoritário, a transferência da titularidade do poder de controle também depende de algum tipo de negociação prévia ou, no mínimo, da aquiescência dos titulares do poder de controle minoritário, a fim de votarem favoravelmente à alteração do estatuto social para suprimir a cláusula de *poison pill*.

O fato é que até o momento a pulverização acionária verificada em companhias abertas no Brasil está inserida em uma estratégia dos antigos acionistas controladores majoritários de maximização dos retornos decorrentes da abertura de capital da companhia controlada. A venda de quantidade adicional de ações, excedendo ao necessário à manutenção do controle majoritário, em oferta pública secundária realizada juntamente com a oferta primária da companhia, permitiu que esses contro-

objetivo é conferir aos administradores mecanismos de defesa contra tentativas de aquisição hostil de controle. No caso das companhias brasileiras, em que o controle é concentrado, essas regras não servem para impedir tentativas de aquisição hostil, mas principalmente para assegurar ao controlador mecanismos de evitar a formação de minorias significativas, que possam resistir ou suplantar o seu poder. De fato, como a totalidade das ações das companhias listadas no Novo Mercado é de ações ordinárias, acionistas controladores que sejam titulares de pelo menos 50% mais uma ação têm interesse em que o capital remanescente permaneça disperso em pequenos investidores, incapazes de resistir ao seu poder. Daí a presença, na maior parte dos estatutos sociais, das regras originadas do Direito Norte-Americano que, aqui, vêm exercer uma função muito distinta" ("Desafios do direito societário brasileiro na disciplina da companhia aberta: avaliação dos sistemas de controle diluído e concentrado", cit., in Rodrigo R. Monteiro de Castro e Leandro Santos de Aragão (coords.), *Direito Societário – Desafios Atuais*, p. 155).

63. V., a propósito, Modesto Carvalhosa, "As *poison pills* estatutárias na prática brasileira", in Rodrigo R. Monteiro de Castro e Leandro Santos de Aragão (coords.), *Direito Societário – Desafios Atuais*, São Paulo, Quartier Latin, 2009, p. 29.

ladores auferissem um suposto "prêmio de controle" dos investidores, dispostos a pagar preços mais elevados em razão da possibilidade de participarem do novo bloco de controle da companhia; sem que os antigos controladores tenham, na realidade, se despojado desse poder, agora exercendo-o com participação minoritária.

Portanto, pode-se afirmar que o poder de controle minoritário nas companhias abertas de capital pulverizado brasileiras é exercido em muitos casos pelos acionistas que, anteriormente à abertura de capital, eram titulares do poder de controle majoritário – e passaram a deter participação minoritária – juntamente com outros acionistas minoritários. Esses demais acionistas são, em sua maioria, *investidores institucionais* que, assim como os antigos controladores, detêm as participações *mais expressivas* no capital votante da companhia, comparecem e votam nas assembleias-gerais e elegem a maioria dos administradores.

Saliente-se que mesmo nas situações em que o antigo acionista controlador vendeu a *totalidade* das ações de sua propriedade por meio da oferta pública secundária realizada quando da abertura de capital[64] o controle da companhia passou a ser exercido pelos acionistas que adquiriram lotes mais significativos de ações – em sua maioria investidores institucionais –, os quais têm evidentes incentivos para fiscalizar a atuação dos administradores e comparecer às assembleias-gerais.

### *3.4 Fatores que podem levar ao surgimento do poder de controle gerencial nas companhias abertas de capital pulverizado*

A combinação entre *baixa* estabilidade interna do bloco de controle minoritário e *elevada* pulverização das ações com direito a voto pode levar ao efetivo surgimento do poder de controle gerencial. Com efeito, em situações de dispersão acionária mais significativa, em que nenhum acionista é titular de participação relevante no capital votante, ou em que os acionistas que detêm os maiores percentuais de participação não tenham chegado a um acordo de voto em bloco minimamente vinculante, tende-se a verificar o absenteísmo nas assembleias-gerais.

A passividade dos acionistas e o não comparecimento às assembleias-gerais permitem que o controle da companhia venha a ser exercido, de fato, por seus administradores, enquanto tais, por meio da prevalência de sua vontade nas deliberações assembleares, em razão da

64. É o que ocorreu quando da oferta secundária de ações de emissão das Lojas Renner S/A pela JCPenney em junho/2005. V. a nota de rodapé 58.

aceitação de suas recomendações de voto pela maioria dos acionistas que tenham respondido aos pedidos de procuração (*proxies*) encaminhados na forma do art. 126, § 2º, da Lei das S/A e da Instrução CVM-481/2009.

Entendo, porém, que tal possibilidade é ainda remota, considerando o atual estágio inicial de dispersão acionária das companhias de capital pulverizado brasileiras, em que alguns acionistas detêm participações *minoritárias* porém *expressivas* do capital votante. Além disso, as normas aplicáveis às companhias abertas e os atuais entendimentos da CVM no sentido de facilitar a obtenção de listagem de acionistas,[65] não exigir a apresentação de procurações previamente à realização da assembleia-geral,[66] de admitir as assembleias *on-line*[67] e de garantir maior representatividade aos minoritários na eleição em separado de membros do conselho de administração e na eleição de conselheiros

65. Cf. Parecer de Orientação CVM-30, de 30.9.1996, segundo o qual: "A lei, além de se referir inequivocamente a qualquer pessoa, *não impõe qualquer condicionamento à obtenção destas certidões. A pessoa que as requer não precisa justificar o pedido, ou sequer fundamentá-lo, não importando, outrossim, que seja acionista ou não da companhia.* A lei também deixa consignadas quais as anotações a que a companhia deve proceder. Por exemplo, quanto aos 'Livros de Ações Nominativas', estipula que serão inscritas, anotadas e averbadas as informações taxativamente elencadas nas letras 'a' a 'f' do item I do art. 100: (a) do nome do acionista e do número das suas ações; (...). No entender da CVM, são apenas essas as informações que deverão ser fornecidas pela companhia. (...). Dispõe, ainda, o referido § 1º do art. 100 que a companhia poderá cobrar pelo custo do fornecimento de certidões. A lei anterior (Decreto-lei n. 2.627/1940) já incluíra a mesma regra, estipulando, ademais, a cobrança de remuneração módica pelo serviço. A lei atual não repetiu esta qualificação do custo a ser cobrado. *Nem por isso a companhia poderá dificultar o acesso do interessado às certidões, cobrando valores injustificáveis, subentendendo-se que a cobrança há de ser compatível com o custo do serviço*, tomando-se como parâmetro o preço habitualmente cobrado por tarefas semelhantes prestadas por órgãos dos Registros Públicos ou da Administração Pública. A lei igualmente deixou de referir-se ao prazo em que deverá ser o serviço prestado. À obviedade, o prazo deverá ser aquele necessário ao processamento das informações, ou seja, o requerido para processar os registros/arquivos e gerar a impressão, *sem que haja delongas tendentes a inviabilizar o direito assegurado em lei.* (...)" (grifei).

66. Cf. o art. 5º da Instrução CVM-481/2009.

67. V. Resposta do Colegiado da CVM à consulta sobre a possibilidade de utilização de meios digitais em assembleias-gerais de companhias abertas (Processo CVM-2008/1.794, em 24.6.2008). Cf. também Lúcia Rebouças, "Voto eletrônico nas assembleias", *Gazeta Mercantil* 27.10.2006, e Camila Guimarães, "Acesso fácil", *Revista Capital Aberto* janeiro/2006. Uma iniciativa precursora digna de nota foi a edição da Resolução Bovespa-276/2000, que admite o voto eletrônico nas assembleias-gerais de clubes de investimento, mediante previsão estatutária.

fiscais[68] favorecem a participação dos acionistas nas assembleias-gerais e estimulam o exercício conjunto dos direitos de fiscalização e voto e das demais prerrogativas legais, reduzindo, assim, a possibilidade de surgimento do controle gerencial. Ou seja: mesmo nas companhias de capital pulverizado o atual modelo de direito societário brasileiro oferece estímulos suficientes para a atuação proativa dos minoritários titulares de *participações mais expressivas* no capital.

Assim, fica claro que o modelo de governança corporativa das companhias abertas de capital pulverizado brasileiras também deve estar voltado à limitação da prerrogativa dos controladores, ainda que *minoritários*, de extrair benefícios privados do controle.

Feita essa constatação, outras perguntas devem ser respondidas. O atual modelo legal e regulatório das companhias abertas dispõe de mecanismos adequados de estímulo à atuação dos ativistas societários, considerando as particularidades das companhias abertas de capital pulverizado e considerando, principalmente, o perfil dos investidores institucionais atuantes no Brasil? Esses mecanismos, caso existentes, estão adequadamente calibrados, tendo em vista a nova estrutura de capital e controle dessas companhias, impondo limites à atuação abusiva dos investidores institucionais ativistas?

Esses são alguns dos desafios colocados pela nova estrutura de capital das companhias abertas brasileiras; e é para as respostas a estas e a outras perguntas que pretendo contribuir por meio das breves linhas a seguir.

## *4. O papel dos investidores institucionais ativistas nas companhias abertas de capital pulverizado brasileiras*

### *4.1 Fatores de estímulo ao ativismo societário*

Os investidores institucionais dedicados à renda variável, diferentemente dos investidores individuais, compram e vendem ações em caráter profissional e remunerado, aplicando recursos de terceiros confiados à sua administração. Cabe aos gestores dos institucionais buscar, constantemente e por dever de ofício, oportunidades de investimento que apresentem as *melhores rentabilidades*, zelando pela observância dos limites de exposição ao *risco* e pela política de investimentos previamen-

68. Entendimentos manifestados pelo colegiado da CVM no julgamento dos Processos CVM-2005/5.664, em 11.4.2006, e 2007/11.086, em 6.5.2008.

te estabelecidos, em atendimento a *deveres legais e fiduciários* perante esses mesmos terceiros.[69]

Salvo no que se refere aos fundos de investimentos dedicados à aquisição de ações de emissão de uma única companhia[70] e aos denominados *index funds*,[71] as necessidades de maximização de retornos e de mitigação de riscos pressupõem algum grau de *diversificação* da carteira de investimentos em ações. Com efeito, tende a ser mais vantajoso e menos arriscado investir em ações de emissão de diversas companhias negociadas na Bolsa de Valores ao invés de concentrar todos os recursos em um único papel.

Apesar da necessidade de diversificar seu portfólio de investimentos, os institucionais acabam por deter participações mais expressivas no capital das companhias abertas de capital pulverizado em comparação com os investidores individuais minoritários. Isso porque o volume de recursos sob administração de um investidor institucional médio tende a ser muito superior ao patrimônio da maioria dos investidores indivi-

69. Em alguns casos as gestoras de fundos de investimentos são também companhias abertas com ações negociadas na Bolsa de Valores, tendo deveres fiduciários não apenas perante os quotistas dos fundos, mas também junto aos seus acionistas – o que pode constituir um estímulo adicional ao ativismo societário. Exemplos dessas companhias são a *GP Investments* e a *Tarpon Investments*, que emitiram *Brazilian Depositary Receipts/BDRs* em maio/2006 e dezembro/2008, respectivamente. A propósito, Bernard Black ("Agents watching agents: the promise of institutional investor voice", cit., *UCLA Law Review* 39/850) salienta que: "Institutional voice involves principals (whom I will call 'investors' or 'beneficiaries') hiring a first-tier set of agents (money managers) to watch a second-tier set of agents (corporate managers). *The first-tier agents are often themselves organizations with principal-agent problems. Some money management firms are publicly held, with fiduciary obligations both to investors and to their own shareholders*. To complicate matters further, a number of money managers will be watching each company" (grifei).

70. Em regra, *blue chips* como Petrobras e Vale do Rio Doce.

71. Os *index funds* (ou *Exchange Traded Funds/ETFs*) investem exclusivamente em ativos atrelados a determinado índice da Economia (*e.g.*: Ibovespa), buscando acompanhar ou, mesmo, superar a rentabilidade por ele apresentada. A gestão do portfólio de tais investidores é preponderantemente passiva, baseada na compra e venda de ativos nos momentos considerados mais oportunos, em conformidade com a política de investimentos preestabelecida. Em consequência, não há estímulos à adoção de condutas proativas junto às companhias abertas investidas, podendo-se até mesmo afirmar que o ativismo seria contrário aos objetivos e à política de investimentos do fundo. Para mais informações v. "Fundo de índice ganha espaço no mercado acionário", *Boletim Como Investir* 38, de 26.4.2009 (disponível em *http://www.comoinvestir.com.br/boletins-e-publicacoes/boletim-como-investir/Paginas/fundo-de-indice-ganha-espaco.aspx*).

duais, especialmente das pessoas físicas, as quais cada vez mais investem em ações de forma indireta, por meio de fundos de investimentos. E, quanto maior o volume de recursos disponível para investimentos em renda variável, maiores deverão ser os aportes em cada uma das companhias investidas, de forma a garantir que a rentabilidade auferida em cada investimento venha a produzir impacto significativo, considerando a carteira como um todo.

Além disso, os investidores institucionais, exatamente por comprarem e venderem ações em caráter profissional, têm, em regra, mais *expertise* em investimentos do que a maioria dos investidores individuais, dispondo de equipes de profissionais habilitados para interpretar as informações divulgadas pelas companhias e aquelas relacionadas com seus mercados de atuação.[72] A habilidade em analisar e interpretar um grande volume de informações é ainda mais determinante tratando-se de investimentos em companhias abertas de capital pulverizado que, por integrarem o Novo Mercado da Bolsa de Valores, devem divulgar mais e melhores informações. Se tais informações adicionais podem não dizer nada aos investidores individuais, muitos dos quais pessoas físicas que jamais haviam investido em renda variável, podem dizer muito às equipes de analistas de investimentos das empresas de gestão de recursos de terceiros.

A titularidade de maior quantidade de ações em maior número de companhias abertas somada à capacidade de melhor interpretar as informações disponíveis constituem importantes estímulos à adoção de posturas proativas por investidores institucionais, voltadas ao monitoramento do controlador e dos administradores da companhia e ao exercício dos direitos e prerrogativas assegurados pela Lei das S/A e pelas normas da CVM e de autorregulação.

Isso porque tais condutas demandam tempo e dinheiro, somente sendo vantajosas para o acionista se os *ganhos* esperados em decorrência da valorização da companhia e, consequentemente, da valorização de suas ações forem superiores aos *custos* incorridos com o ativismo.

Em consequência, quanto *maior* for a participação do acionista no capital social, *maiores* são os prejuízos decorrentes de uma administração ineficiente e *maiores*, também, serão os eventuais ganhos provenientes da substituição desses mesmos administradores por outros mais ca-

72. Stephen M. Bainbridge, *Shareholder Activism in the Obama Era*, UCLA School of Law, Law-Econ. Research Paper 09-14, p. 1 (disponível em *http://ssrn.com/abstract=1437791*).

pacitados. Por outro lado, os custos para a adoção de condutas proativas por investidores institucionais tendem a se diluir em razão de economias de escala e sinergias decorrentes da possibilidade de replicar condutas nas diversas companhias investidas e, principalmente, do aproveitamento da infraestrutura, do conhecimento e do capital humano disponível.[73]

### *4.2 Fatores que podem desestimular o ativismo*

Há que se notar, porém, que os eventuais ganhos resultantes do ativismo societário são compartilhados por *todos* os acionistas, na proporção de suas respectivas participações no capital social, mesmo por aqueles acionistas que nada fizeram e nada desembolsaram.[74] Esse fato, isoladamente considerado, pode levar a uma maior *passividade* dos minoritários de companhias abertas com capital pulverizado, dentre os quais os investidores institucionais, especialmente no que se refere a fiscalização, substituição e adoção de medidas voltadas à responsabilização dos administradores por atos ilícitos prejudiciais à companhia ou aos seus acionistas; seja porque os retornos de uma conduta mais ativa são incertos e, quando se confirmam, tendem a ser reduzidos, seja porque existe a expectativa de que outro acionista venha a tomar alguma medida, incorrendo, portanto, nos custos relacionados, o que contribui para um processo de mútuo engano, em que cada acionista espera o outro agir e todos acabam permanecendo inertes.

Além disso, outros fatores também podem contribuir para a passividade dos investidores institucionais.

A dispersão acionária acentuada, em companhias abertas sob controle majoritário ou minoritário, é um fator evidente de desestímulo ao ativismo societário, na medida em que dificulta o atendimento dos percentuais mínimos de participação no capital votante, não votante e total estabelecidos na Lei das S/A para o exercício de importantes prerrogativas legais de minoritários, indicadas na tabela a seguir:

73. Nesse sentido, Bernard Black: "Diversification also enhances incentives to monitor by creating the potential for economies of scale in monitoring. Many process and structural issues arise in similar form at many companies" ("Agents watching agents: the promise of institutional investor voice", *UCLA Law Review* 39/822).

74. A respeito do problema do denominado *free ride* em matéria de ativismo societário, v.: G. J. Stigler, "Free riders and collective action: an appendix to theories of economic regulation", 5 *Bell Journal of Economics & Management Science* 359 (1974); e Bernard Black, "Shareholder passivity reexamined", cit., *Michigan Law Review* 89/528, 577 e 585.

## TABELA I – PERCENTUAIS DE PARTICIPAÇÃO ACIONÁRIA NECESSÁRIOS AO EXERCÍCIO DE PRERROGATIVAS LEGAIS DE ACIONISTAS MINORITÁRIOS

| **Percentual de participação** | **Direito do minoritário** | **Fundamento (Lei 6.404/1976)** |
|---|---|---|
| 10% das ações em circulação | Requerer a convocação de assembleia especial dos titulares de ações em circulação no mercado, a fim de requerer nova avaliação da companhia para determinação do seu valor justo na hipótese de fechamento de capital | art. 4º-A |
| 5% do capital social | Requerer, de modo fundamentado, a exibição dos livros sociais em juízo | art. 105 |
| 5% do capital social | Convocar assembleia-geral extraordinária para deliberar sobre matérias específicas quando os administradores não atenderem, no prazo de oito dias, a pedido de convocação devidamente fundamentado | art. 123, parágrafo único, "c" |
| 5% das ações votantes ou 5% das ações sem direito a voto | Convocar assembleia-geral extraordinária quando os administradores não atenderem, no prazo de oito dias, a pedido de convocação de assembleia para instalação do conselho fiscal | art. 123, parágrafo único, "d" |
| 0,5% do capital social | Requerer a relação de endereços dos acionistas da companhia para fins de representação em assembleias-gerais, inclusive para encaminhamento de *proxies* | art. 126, § 3º |
| *O percentual varia de acordo com o capital social da companhia aberta* (*):<br>*Capital social de até R$ 10 milhões:*<br>• 10% das ações votantes<br>*Capital social de R$ 10 milhões até R$ 25 milhões*:<br>• 9% das ações votantes | Requerer, em até 48 horas antes da assembleia-geral, a adoção do procedimento do voto múltiplo para a eleição dos conselheiros de administração | arts. 141 e 291 |

| **Percentual de participação** | **Direito do minoritário** | **Fundamento (Lei 6.404/1976)** |
|---|---|---|
| *Capital social de R$ 25 milhões até R$ 50 milhões*:<br>• 8% das ações votantes<br>*Capital social de R$ 50 milhões até R$ 75 milhões*:<br>• 7% das ações votantes<br>*Capital social de R$ 75 milhões até R$ 100 milhões*:<br>• 6% das ações votantes<br>*Capital social acima de R$ 100 milhões*:<br>• 5% das ações votantes | | |
| *Para companhias abertas integrantes do Novo Mercado (ou demais companhias que tenham seu capital representado apenas por ações ordinárias)*:<br>• 10% do capital social (**)<br>*Para as demais companhias abertas*:<br>• 15% das ações votantes ou ações sem direito a voto que representem, no mínimo, 10% do capital social<br>• caso tais percentuais não sejam atingidos de forma isolada, é possível agregar as ações com e sem direito a voto, prevalecendo o quórum de 10% do capital social | Eleger e destituir um conselheiro de administração e o respectivo suplente, em votação em separado na assembleia-geral | art. 141, § 4º, I e II |

| **Percentual de participação** | **Direito do minoritário** | **Fundamento (Lei 6.404/1976)** |
|---|---|---|
| 5% do capital social | Requerer ao administrador, durante a assembleia-geral ordinária, informações a respeito de valores mobiliários de emissão da companhia e opções de compra de ações de sua titularidade, bem como sobre benefícios e vantagens que tenha recebido, condições dos contratos de trabalho firmado com os diretores e empregados de alto nível, quaisquer atos ou fatos relevantes nas atividades da companhia | art. 157, § 1º, "a" a "e" |
| 5% do capital social | Ajuizar ação de responsabilidade civil em nome da companhia, pleiteando a reparação de danos causados a ela por seus administradores, caso a assembleia-geral tenha previamente deliberado pela não propositura da demanda | art. 159, § 4º |
| *O percentual varia de acordo com o capital social da companhia aberta* (***):<br>*Capital social de até R$ 50 milhões*:<br>• 8% das ações votantes e 4% das ações sem direito a voto<br>*Capital social entre R$ 50 milhões e R$ 100 milhões*:<br>• 6% das ações votantes e 3% das ações sem direito a voto<br>*Capital social entre R$ 100 milhões e R$ 150 milhões*:<br>• 4% das ações votantes e 2% das ações sem direito a voto<br>*Capital social acima de R$ 150 milhões*:<br>• 2% das ações votantes e 1% das ações sem direito a voto | Requerer a instalação do conselho fiscal | arts. 161, § 2º, e 291 |

| Percentual de participação | Direito do minoritário | Fundamento (Lei 6.404/1976) |
|---|---|---|
| Qualquer número de ações ordinárias, desde que as ações ordinárias em circulação representem ao menos 10% do capital social (****); e Qualquer número de ações sem direito a voto | Eleger um conselheiro fiscal e o respectivo suplente | art. 161, § 4º, "a" e "b" |
| 5% do capital social | Requerer informações ao conselho fiscal a respeito de matérias de sua competência | art. 163, § 6º |
| 5% do capital social | Ajuizar ação de dissolução da companhia, quando demonstrado que não pode preencher o seu fim | art. 206, II, "b" |
| 5% do capital social | Propor ação contra o acionista controlador pleiteando a reparação de danos causados à companhia, sem a necessidade de prestar caução pelas custas e honorários advocatícios devidos na hipótese de a ação ser julgada improcedente | art. 246, § 1º |
| 5% das ações votantes ou 5% das ações sem direito a voto | Requerer a instalação de conselho fiscal de companhia filiada a grupo de sociedades (arts. 265 e ss.) | art. 277 |

Obs.: Esta tabela não indica as prerrogativas legais cujo exercício independe da titularidade de uma quantidade mínima de ações de emissão da companhia.

(*) Cf. Instrução CVM-165, de 11.12.1991, alterada pela Instrução CVM-282, de 26.6.1998.

(**) Entendimento do colegiado da CVM manifestado no julgamento do Processo CVM-2005/5.664, em 11.4.2006.

(***) Cf. Instrução CVM-324, de 19.1.2000.

(****) Cf. entendimento do colegiado da CVM manifestado no julgamento do Processo CVM-2007/11.086, em 6.5.2008.

Por outro lado, a tomada de medidas voltadas à substituição dos conselheiros de administração ou ao simples aumento do monitoramento e da fiscalização de sua atuação pode prejudicar o surgimento ou a continuidade de relações comerciais entre o conglomerado financeiro ao qual pertence o investidor institucional e a companhia investida.

Lembre-se que os investidores institucionais são por vezes integrantes de grandes grupos financeiros, dos quais também participam bancos comerciais que emprestam recursos para a companhia, bancos de investimento que a assessoram em operações de fusões e aquisições, seguradoras que a ela oferecem apólices, e assim por diante.

Os *benefícios potenciais* do investidor institucional advindos dos ganhos de eficiência da companhia em razão de maior fiscalização dos administradores, ou mesmo de sua substituição total ou parcial, podem ser inferiores às *perdas atuais* do conglomerado financeiro decorrentes da extinção de contratos firmados com a companhia investida,[75] como represália dos administradores à adoção de condutas proativas contrárias aos seus interesses.

Diante disso, o interesse da instituição financeira administradora do fundo de investimentos em manter relações comerciais já existentes (ou em promover novos negócios) com a companhia investida tende a estar em conflito[76] com o interesse dos quotistas do fundo em auferir maior

75. Trata-se de exemplo claro de prevalência dos interesses do grupo sobre os interesses de uma entidade que o integra. A propósito, v. Eduardo Secchi Munhoz, *Empresa Contemporânea e Direito Societário – Poder de Controle e Grupos de Sociedades*, cit.

76. Lembre-se que diferentes investidores institucionais dão ensejo a diferentes conflitos de interesses, como salienta Bernard Black ("Shareholder passivity reexamined", cit., *Michigan Law Review* 89/606): "All major institutions have significant conflicts of interest; all but public pension funds have incentives to keep corporate managers happy. For each, conflicts of interest will tilt the voting calculus to some extent alway from maximizing share value. But institutions are not alike. How an institution vote will depend on the importance of the issue, the strength of the conflict and of the countervailing incentives to maximize share value, how readily can corporate managers find out how the institution voted, and the likelihood that its vote will make a difference, which in turn depends on how other shareholders are expected to vote".

Considerando a realidade brasileira, verifica-se que os gestores dos denominados fundos de pensão de empresas estatais ou sociedades de economia mista estão em menor situação de conflito. Ou esses fundos participam do bloco de controle da companhia – bloco, esse, em regra majoritário –, ou são minoritários que podem fiscalizar o controlador quase que livremente, tendo em vista a menor probabilidade de existência de negócios envolvendo o fundo e a companhia investida. Não obstante, um fator indutor de conflitos de interesses que não pode ser descartado diz respeito à possibilidade de esses fundos de pensão buscarem promover negócios envolvendo uma companhia da qual são controladores e outra da qual são minoritários. Evidentemente que, tratando-se de investidores institucionais administrados por gestoras de recursos independentes ou mesmo de investidores individuais, o conflito de interesses anteriormente apontado tende a não existir. Um exemplo de negócio que enseja significativos conflitos, ainda não equacionados pela regulação

rentabilidade, resultante da substituição dos administradores por outros mais competentes.

O fator reputacional também não pode ser deixado de lado.[77] Por vezes o investidor institucional deixa de agir pelo receio de que a tomada de alguma medida mais efetiva possa gerar publicidade adversa, prejudicando a captação de recursos no mercado e a realização de novos investimentos. É o que pode ocorrer, por exemplo, em razão da propositura de ação judicial visando ao reconhecimento de ilegalidades em operação de reorganização societária estratégica para a companhia, que, a depender da repercussão na imprensa, faz recair sobre o fundo a pecha de minoritário oportunista ou mesmo *striker*,[78] prejudicando novas captações de recursos e investimentos.

Todos esses fatores potenciais de inibição do ativismo societário dos acionistas minoritários e, dentre eles, dos investidores institucionais contribuem para o absenteísmo nas assembleias-gerais das companhias abertas de capital pulverizado, que, por sua vez, pode levar ao surgimento do controle gerencial.

### *4.3 Ativismo societário em companhias abertas de capital pulverizado. O estado da questão e as providências necessárias*

Apesar dos fatores apontados acima, pode-se afirmar que a passividade *não* é o padrão de conduta dos investidores institucionais titulares de participações *minoritárias* porém *expressivas*[79] nas companhias abertas de capital pulverizado brasileiras, fazendo com que até o presente momento tais sociedades *não* estejam sob efetivo controle gerencial.

brasileira, é o empréstimo concedido por instituições financeiras *underwriters* às companhias emissoras previamente à sua abertura de capital, denominados *equity kickers*. A propósito, v.: Maria Luíza Filgueiras, "ANBID define regra para financiamento pré-IPO", *Gazeta Mercantil Invest News* 16.4.2009; e Angélica Ramos de Frias, "*Equity kickers* ajudam a fomentar o mercado de capitais", *Consultor Jurídico* 26.7.2008.

77. Cf. Bernard Black, "Agents watching agents: the promise of institutional investor voice", cit., *UCLA Law Review* 39/817 e 824, e "Shareholder passivity reexamined", cit., *Michigan Law Review* 89/600, 601 e 607.

78. Cf.: Modesto Carvalhosa, *Comentários à Lei de Sociedades Anônimas*, 4ª ed., vol. 3, pp. 385-386; Fábio Ulhoa Coelho, "Profissão: minoritário", cit., in Rodrigo R. Monteiro de Castro e Leandro Santos de Aragão (coords.), *Sociedade Anônima – 30 Anos da Lei 6.404/1976*, pp. 145-155.

79. V. nota de rodapé 41.

Primeiramente porque a gestão passiva da carteira de investimentos em ações, baseada simplesmente na diversificação do portfólio e na compra e venda de papéis nos momentos mais oportunos, pode não ser suficiente para o atingimento das metas de rentabilidade assumidas pelos gestores junto aos quotistas do fundo de investimento, beneficiários da entidade de previdência privada, e assim por diante.[80]

A concorrência com as administradoras de recursos independentes – muitas das quais encontraram no ativismo societário um dos diferenciais aptos a agregar maior rentabilidade aos seus investimentos – levou a uma mudança de postura das gestoras pertencentes aos grandes conglomerados financeiros, que, apesar dos conflitos de interesses envolvidos na sua atuação, vêm gradativamente abandonando a passividade que sempre as caracterizou.[81]

Além disso, o grau de dispersão acionária atualmente verificado nas companhias de capital pulverizado também favorece o ativismo societário. A pulverização acionária brasileira ainda não é tão acentuada a ponto de tornar os custos do ativismo proibitivos, como ocorre nas grandes companhias abertas norte-americanas. Isso permite, na maior parte da companhias, que os acionistas titulares de *participações minoritárias expressivas* no capital votante reúnam o percentual necessário ao exercício de prerrogativas legais de fiscalização dos administradores, solicitação de informações, convocação de assembleias-gerais, destituição e eleição de conselheiros de administração. Como salientado, a depender da participação do investidor institucional no capital votante da companhia, este poderá até mesmo exercer em conjunto com outro(s) acionista(s) o seu poder de controle *minoritário*.

Se, por um lado, a Lei das S/A condiciona o exercício das principais prerrogativas dos minoritários à titularidade de um percentual mínimo de participação acionária, por outro, estimula sua atuação conjunta quando a participação isolada de cada investidor não for suficiente.

E por vezes os investidores institucionais acionistas de companhias de capital pulverizado atuam em conjunto com o antigo controlador majoritário (que alienou as ações que lhe asseguravam a maioria do capital votante quando da abertura de capital[82]), somando não apenas as ações de titularidade de ambos mas, principalmente, a *expertise* do

80. Salvo no que se refere aos *index funds* e fundos de investimento exclusivos (cf. nota de rodapé 71).

81. V. notas de rodapé 29 e 30.

82. Como apontado no item 3.3 do presente estudo.

investidor institucional na realização de investimentos em geral com os conhecimentos específicos do ex-controlador majoritário a respeito da companhia investida.

Essa atuação conjunta, que pode levar à formação de um bloco de controle minoritário, tende a atenuar uma característica marcante da atuação dos investidores institucionais minoritários, que, por gerirem uma carteira de investimentos mais diversificada, em regra assumem maiores riscos em cada uma das companhias investidas.[83] Diferente é a situação dos acionistas que não têm um portfólio tão diversificado de investimentos, como pode ser o caso do antigo controlador majoritário – caso não seja, ele próprio, um investidor institucional[84] – e de grande parte dos investidores individuais. Nessas circunstâncias, a participação em cada uma das companhias tende a representar uma parcela maior do patrimônio do acionista, o que inibe a tomada de decisões com potencial de expor esse investimento a riscos mais significativos.

Por outro lado, os novos investidores institucionais ativistas também atuam em conjunto com os minoritários organizados que já vinham adotando condutas proativas de fiscalização e responsabilização do controlador e de administradores da companhia investida. Tais minoritários, diferentemente dos novos ativistas, são, em regra, pessoas físicas (ou pessoas jurídicas controladas por essas mesmas pessoas físicas) que, não raramente, buscam criar dificuldades e obstruir o exercício das atividades empresariais das quais participam em troca da compra das ações pelo controlador por valores bastante elevados, muito superiores ao seu valor real.[85]

Não se trata de afirmar que os investidores institucionais ativistas não abusem de suas prerrogativas, mas que a possibilidade de virem a fazê-lo é mais reduzida comparativamente aos demais minoritários organizados. Isso porque a atuação abusiva sujeita os investidores institucionais a severos prejuízos de ordem reputacional,[86] que podem dificultar a captação de novos recursos e a realização de investimentos. Os demais minoritários ativistas, por não dependerem da captação de recursos junto ao público investidor, não estão sujeitos a prejuízos dessa natureza, pelo

83. Bernard Black, "Agents watching agents: the promise of institutional investor voice", cit., *UCLA Law Review* 39/849 e ss.

84. V. nota de rodapé 69.

85. V. nota de rodapé 7.

86. Cf. Bernard Black, "Agents watching agents: the promise of institutional investor voice", cit., *UCLA Law Review* 39/817 e 824, e "Shareholder passivity reexamined", cit., *Michigan Law Review* 89/600, 601 e 607.

menos não na mesma intensidade que os investidores institucionais. Outro aspecto importante a ser considerado diz respeito à fiscalização exercida por aqueles que entregaram recursos à administração do investidor institucional, perante os quais os gestores têm deveres de lealdade e diligência,[87] cuja inobservância pode ensejar punições da CVM e a reparação dos danos causados, o que também contribui para a menor incidência de condutas abusivas nas companhias investidas.

No entanto, mesmo considerando-se a possibilidade de atuação conjunta de diversos acionistas, os quóruns legais de instalação de assembleias-gerais e de aprovação de matérias mais relevantes assim como os percentuais mínimos de participação acionária exigidos para o exercício de importantes direitos dos minoritários podem se mostrar elevados em companhias abertas de capital pulverizado.

Tal dificuldade, hoje já vivenciada por algumas dessas companhias,[88] tende a se acentuar em um cenário de maior dispersão da propriedade

87. Tais deveres, de caráter fiduciário, encontram-se previstos nas normas administrativas editadas pela CVM, de que é exemplo a Instrução 450, de 30.3.2007, que, ao dispor sobre fundos de investimento, alterando outras normas daquela autarquia, estabelece:

"Art. 65-A. O administrador e o gestor estão obrigados a adotar as seguintes normas de conduta: I – exercer suas atividades *buscando sempre as melhores condições para o fundo*, empregando o *cuidado e a diligência* que todo homem ativo e probo costuma dispensar à administração de seus próprios negócios, atuando com lealdade em relação aos interesses dos cotistas e do fundo, *evitando práticas que possam ferir a relação fiduciária com eles mantida*, e respondendo por quaisquer infrações ou irregularidades que venham a ser cometidas sob sua administração ou gestão; II – *exercer*, ou diligenciar para que sejam exercidos, *todos os direitos decorrentes do patrimônio e das atividades do fundo*, ressalvado o que dispuser o regulamento sobre a política relativa ao exercício de direito de voto do fundo; e III – *empregar*, na defesa dos direitos do cotista, *a diligência exigida pelas circunstâncias*, praticando todos os atos necessários para assegurá-los, e *adotando as medidas judiciais cabíveis*.

"Parágrafo único. O administrador e o gestor *devem transferir ao fundo qualquer benefício ou vantagem que possam alcançar em decorrência de sua condição*, admitindo-se, contudo, que o administrador e o gestor de fundo de cotas sejam remunerados pelo administrador do fundo investido" (grifei).

88. "Para os administradores das companhias com capital disperso, o incentivo ao pedido público também tem um ponto positivo – o de ajudá-los a reunir quórum para a instalação da assembleia ou para a deliberação de temas especiais. Esse tem sido, aliás, um problema na vida das companhias sem acionista controlador. [*Sic*] No dia 27 de março, a Lojas Renner, que possui quase 90% do capital social no mercado, não conseguiu instalar sua assembleia-geral em primeira convocação. Como já aconteceu outras vezes, a varejista não atingiu os 25% do capital votante mínimos exigidos pela Lei das S/A. Teve de fazer uma segunda chamada, quando a assembleia é insta-

acionária. Esse é um dos principais desafios colocados pelas companhias de capital pulverizado ao atual modelo jurídico das sociedades anônimas de capital aberto, que demanda urgentes soluções legais e regulatórias.

### 4.3.1 *Regulação das* proxies. *Instrução CVM-481/2009*

A regulação dos pedidos públicos de procuração (*proxies*) mediante correspondência (art. 126, § 2º, da Lei das S/A) ou por meio eletrônico, implementada pela Instrução CVM-481/2009,[89] foi um passo inicial de extrema relevância, pois permite que os ativistas participem mais intensamente do principal foro de deliberação da companhia, incentivando a apresentação de requerimentos de convocação de assembleias-gerais e a busca dos votos necessários à aprovação das matérias em pauta, especialmente a eleição de membros do conselho de administração.

Além disso, a norma administrativa em questão tende a facilitar a instalação de assembleias-gerais em primeira convocação[90] e, principalmente, a deliberação de matérias mais relevantes, listadas no art. 136 da Lei Societária,[91] as quais devem ser aprovadas por acionistas titulares de, no mínimo, metade das ações com direito de voto emitidas pela companhia.

Um estímulo importante nesse sentido é a exigência de divulgação de informações adicionais quando da convocação das assembleias-gerais, prevista nos arts. 3º e ss. de referida Instrução CVM-481/2009.

### 4.3.2 *A necessária edição de norma da CVM reduzindo o quórum de deliberação das matérias previstas no art. 136 da Lei das S/A*

Mesmo com o encaminhamento de *proxies* o comparecimento de acionistas à assembleia-geral pode ser insuficiente. Caso isso ocorra, poderá a companhia aberta de capital pulverizado requerer à CVM a

lada com qualquer quórum" (Simone Azevedo, Marcelo Loureiro e Danilo Gregório, "Assembleia de verdade", *Revista Capital Aberto* 68, Ano 6, abril/2009, disponível em *http://www.capitalaberto.com.br/ler_artigo.php?pag=2&sec=74&i=2448*).

89. V. nota de rodapé 36.

90. Lembre-se que, em conformidade com os arts. 125 e 135 da Lei das S/A, as assembleias-gerais instalam-se, em primeira convocação, com a presença de acionistas titulares de 1/4 ou 2/3 do capital votante, e em segunda convocação com a presença de qualquer número de acionistas.

91. Como, por exemplo, a redução do dividendo mínimo obrigatório, fusão da companhia, cisão ou sua incorporação em outra, mudança do objeto social.

redução do quórum de deliberação das matérias listadas no art. 136 em terceira convocação, nos seguintes termos:

> Art. 136. É necessária a aprovação de acionistas que representem *metade, no mínimo, das ações com direito a voto*, se maior quórum não for exigido pelo estatuto da companhia cujas ações não estejam admitidas à negociação em Bolsa ou no Mercado de Balcão, para deliberação sobre: (...).
>
> (...).
>
> § 2º. *A Comissão de Valores Mobiliários pode autorizar a redução do quórum previsto neste artigo no caso de companhia aberta com a propriedade das ações dispersa no mercado, e cujas 3 (três) últimas assembleias tenham sido realizadas com a presença de acionistas representando menos da metade das ações com direito a voto*. Neste caso, a autorização da Comissão de Valores Mobiliários será mencionada nos avisos de convocação e a deliberação com quórum reduzido somente poderá ser adotada em terceira convocação. [*Grifei*]

Note-se que essa faculdade legal foi adotada pela CVM em poucas oportunidades, sempre de acordo com as circunstâncias de cada caso concreto.[92] Tais decisões, que em alguns casos versam sobre a redução do quórum de deliberação em assembleias especiais de acionistas titulares de ações preferenciais,[93] não estabelecem de forma clara os critérios, parâmetros e procedimentos a serem observados.

Essa abordagem casuística da CVM – que pode ser consequência dos poucos requerimentos até então apresentados – gera incertezas incompatíveis com o atual patamar de desenvolvimento do mercado de capitais brasileiro, em que o número de companhias de capital pulverizado, apesar de ainda reduzido, só faz aumentar.

92. É o que se verifica da leitura dos seguintes trechos de processos julgados pelo colegiado da CVM: “Portanto, a fim de evitar que a estagnação, a imobilização, das atividades da companhia venha a prejudicá-la, pela postura desinteressada de acionistas que não compareceram à assembleia-geral, entendo que, *no caso concreto*, é possível deferir a redução do quórum qualificado previsto no art. 136 da Lei n. 6.404/1976 para 40%, permitindo que os acionistas com direito a voto da companhia possam deliberar a sua incorporação pela Nova América S/A” (grifei) (Processo CVM-2002/0567, j. 1.10.2002). E: “Concordo, assim, com a SEP, quanto a não ser o momento de deferir-se o pedido. Contudo, divirjo da SEP quanto à necessidade, que ela vislumbrou, de aguardar-se a realização de duas convocações da assembleia especial, para somente então se analisar a redução de quórum para a assembleia a ser realizada em terceira convocação” (Processo CVM-2007/0947, j. 22.5.2007).

93. Processos CVM-2006/6.785 e 2007/0947, j., respectivamente, 25.9.2006 e 22.5.2007.

Em consequência, é necessária a edição de uma norma administrativa pela CVM que regulamente o disposto no § 2º do art. 136 da Lei das S/A, estabelecendo, de antemão, diferentes quóruns reduzidos para deliberação das matérias dependentes de maioria qualificada de aprovação, conforme o grau de dispersão acionária e de absenteísmo nas assembleias-gerais das companhias abertas de capital pulverizado, prevendo também o procedimento aplicável.

Tal norma poderá levar à identificação de diferentes categorias de companhias abertas de capital pulverizado – à semelhança da classificação das companhias abertas conforme os mercados em que são negociados os valores mobiliários de sua emissão (art. 4º, § 3º, da Lei das S/A e Instrução CVM-480/2009) –, estabelecendo para cada uma delas um diferente quórum deliberativo reduzido, de acordo com os seguintes critérios, que em maior ou menor intensidade já vêm sendo considerados nos precedentes do colegiado da CVM: quantidade de ações detidas pelo maior acionista, percentuais de participação dos acionistas que compareceram às últimas assembleias-gerais, número de acionistas, encaminhamento ou não de pedidos de procuração (*proxies*), adoção pela companhia de procedimentos de estímulo à participação dos acionistas no conclave – e assim por diante.

Evidentemente que os quóruns deliberativos reduzidos somente poderão ser adotados para a deliberação das matérias taxativamente previstas no art. 136 da Lei das S/A, em terceira convocação e desde que nas três assembleias-gerais anteriores tenham comparecido acionistas titulares de menos da metade das ações votantes, nos exatos termos da lei.

Note-se, inclusive, que a necessidade de edição da norma ora proposta já foi reconhecida pelo colegiado da CVM quando do julgamento do Processo CVM-2006/3.453, em 18.5.2006, tendo sido consignado que: "O Colegiado deliberou (...) *determinando ainda à SDM que elabore estudos sobre a edição de um ato de autorização genérica a companhias que se encontrem em situação semelhante*" (grifei). No entanto, até o presente momento não há notícias a respeito de eventuais estudos conduzidos pela Superintendência de Desenvolvimento de Mercado/SDM da CVM a esse respeito.

#### 4.3.3 *Redução da participação acionária necessária ao exercício de direitos de minoritários. Alteração do art. 291 da Lei das S/A*

A medida regulatória proposta no item anterior, que independe de reforma da Lei das S/A, é necessária para estimular ainda mais a atuação conjunta de acionistas minoritários de companhias abertas de capital pulverizado, porém *não* é suficiente.

Isso porque o ativismo societário também é exercido *fora* das assembleias-gerais, persistindo nessas companhias a dificuldade em atingir os percentuais mínimos de participação acionária exigidos pela lei para o exercício de importantes direitos dos minoritários.

Uma iniciativa fundamental nesse sentido, que depende, porém, de alteração legislativa, consiste na ampliação da prerrogativa da CVM prevista no art. 291 da Lei 6.404/1976, do seguinte teor:

> Art. 291. A Comissão de Valores Mobiliários poderá reduzir, *mediante fixação de escala em função do valor do capital social*, a porcentagem mínima aplicável às companhias abertas, estabelecida no art. 105; na alínea "c" do parágrafo único do art. 123; no *caput* do art. 141; no § 1º do art. 157; no § 4º do art. 159; no § 2º do art. 161; no § 6º do art. 163; na alínea "a" do § 1º do art. 246; e no art. 277. [*Grifei*]

Como se verifica, o critério que atualmente deve ser observado pela CVM quando da redução dos percentuais legalmente estabelecidos é o do *valor do capital social*. A opção da Lei das S/A por esse critério, que remonta à sua redação original de 1976, tem por justificativa "[*conferir*] competência à Comissão de Valores Mobiliários para reduzir, *nas companhias de grande porte, de capital amplamente pulverizado*, as porcentagens mínimas, previstas na lei, para o exercício de alguns direitos de minoria (...)" (grifei).[94]

Hoje, porém, sabe-se que as maiores companhias abertas brasileiras ainda *não* são as de capital pulverizado, e que o capital social deixou de ser medida do tamanho de qualquer empresa.[95]

Em consequência, o critério previsto no art. 291 da Lei das S/A não mais atende à sua finalidade original, que era a de permitir a redução do percentual exigido para o exercício de direitos de minoritários em companhias de capital pulverizado, que se pressupunha serem necessariamente as de maior porte.

94. Cf. a "Exposição de Motivos" da Lei 6.404/1976 (Mensagem 204/1976 do Poder Executivo).

95. Nesse sentido, por exemplo, o disposto no art. 3º da Lei 11.638/2007, que classifica as empresas de grande porte não constituídas sob a forma de sociedades anônimas de acordo com seu ativo total (que deve ser superior a 240 milhões de Reais) ou receita bruta anual (acima de 300 milhões de reais), sem qualquer referência ao montante do capital social.

Não se trata de substituir o atual critério do art. 291 – valor do capital social – por outro que melhor reflita a dispersão acionária, já que a redução dos percentuais também se faz necessária em companhias de grande porte de capital *concentrado*. O que ora se propõe é a alteração do texto legal a fim de prever *outro* critério, além do atual, que possa ser utilizado pela CVM de forma isolada a fim de estabelecer diferentes percentuais reduzidos, conforme a dispersão acionária verificada na companhia e independentemente da cifra do seu capital. Tal critério alternativo poderá ser o da inexistência de acionista ou grupo de acionistas vinculados por acordo de voto ou sob controle comum, titular da maioria das ações votantes – que corresponde à própria definição de companhia de capital pulverizado –, ou basear-se, ainda, na participação isoladamente detida pelo maior acionista, na existência de acordos de voto arquivados na sede social, ou mesmo na quantidade de acionistas, podendo tais critérios ser considerados de forma conjunta ou não.

Com a alteração da Lei Societária ora proposta a atuação da CVM tende a se intensificar, por meio da edição de uma ou mais normas reduzindo o percentual necessário ao exercício – nas companhias abertas de capital pulverizado – dos direitos de convocação de assembleia-geral extraordinária para deliberar sobre matérias específicas (art. 123, parágrafo único, "c"), solicitação de informações aos administradores sobre remuneração, benefícios e ações de sua titularidade, bem como sobre fatos ou atos relevantes da companhia, no curso da assembleia-geral ordinária (art. 157, § 1º); exibição judicial dos livros e documentos da companhia (art. 105); solicitação de informações ao conselho fiscal (art. 163, § 6º); instalação de conselho fiscal de companhia filiada a grupo de sociedades (art. 277); e propositura de ação de responsabilidade civil contra os administradores e contra a sociedade controladora visando à reparação de danos causados à companhia (art. 159, § 4º, e art. 246, § 1º, "a").

As novas normas complementariam as atualmente existentes, quais sejam: a Instrução CVM-165, de 11.12.1991, alterada pela Instrução CVM-282, de 26.6.1998, e a Instrução CVM-324, de 19.1.2000, por meio das quais aquela autarquia reduziu os percentuais exigidos para requerer a adoção do voto múltiplo para eleição de conselheiros de administração (art. 141, *caput*) e para requerer a instalação do conselho fiscal (art. 161, § 2º), fixando escalas de acordo com o montante do capital social.

Vale salientar que no âmbito da reforma legislativa ora proposta poderá também ser discutida a eventual ampliação do rol do art. 291, a fim de incluir outras prerrogativas de minoritários cujo exercício está condicionado à titularidade de um percentual mínimo de participação acionária, tais como o direito de requerer a convocação de assembleia especial dos titulares de ações em circulação no mercado, a fim de requerer nova avaliação da companhia, para determinação do seu valor justo na hipótese de fechamento de capital (art. 4º-A); convocar assembleia-geral extraordinária quando os administradores não atenderem, no prazo de oito dias, a pedido de convocação de assembleia para instalação do conselho fiscal (art. 123, parágrafo único, "d"); requerer a relação de endereços dos acionistas da companhia para fins de representação em assembleias-gerais, inclusive para encaminhamento de *proxies* (art. 126, § 3º); eleger e destituir um conselheiro de administração e o respectivo suplente, em votação em separado na assembleia-geral (art. 141, § 4º, I e II); e eleger um conselheiro fiscal e o respectivo suplente (art. 161, § 4º, "a" e "b").

### 4.3.4 *Desburocratização das assembleias-gerais*

A implementação das iniciativas regulatórias indicadas deve, necessariamente, vir acompanhada de medidas voltadas a desburocratizar ainda mais as assembleias-gerais das companhias abertas, a fim de que se tornem um espaço real de debates e de prestação de informações e esclarecimentos por parte dos administradores.

Apesar de as normas de governança corporativa da Bolsa de Valores, especialmente do Novo Mercado, estimularem maior participação dos acionistas na vida da companhia, por meio da garantia do direito de voto e do acesso a informações adicionais, os custos para a participação em assembleias-gerais ainda são bastante elevados no Brasil.

Os entendimentos da CVM no sentido de facilitar a obtenção de listagem de acionistas, não exigir a apresentação de procurações previamente à realização da assembleia-geral, de admitir as assembleias *on-line* e de garantir maior representatividade aos minoritários na eleição em separado de membros do conselho de administração e na eleição de conselheiros fiscais[96] são um importante ponto de partida, que não impede o debate de outras medidas que possam ser úteis para atingir esse importante objetivo, como a substituição da exigência legal (arts. 100, IV e V, 127 e 130 da Lei das S/A) de assinatura de livros de presença de acionistas e de atas de assembleias-gerais pela possibilidade de certificação eletrônica da participação do acionista.[97]

96. V. nota de rodapé 68.

97. Por meio da "Infraestrutura de Chaves Públicas Brasileira" (Medida Provisória 2.200-2, de 24.8.2001).

## *5. Conclusões. A necessidade de se criar uma disciplina regulatória específica para as companhias abertas de capital pulverizado que encoraje o ativismo societário*

Se nas companhias com reduzida dispersão acionária os minoritários ativistas estão incumbidos do importante papel de "controlar o acionista controlador" – na consagrada expressão de Ronald Gilson e Jeffrey Gordon[98] –, nas companhias de capital pulverizado brasileiras passam a ter a possibilidade de exercer, de forma conjunta, o poder de controle minoritário.

Com efeito, a existência de um acionista controlador *majoritário* faz com que a atuação *proativa* perseguida pelos ativistas societários fique, na realidade, restrita ao maior monitoramento e à fiscalização dos atos praticados por este controlador e pelos administradores. A participação dos minoritários ativistas nas assembleias-gerais – e dos conselheiros de administração por eles eleitos nas reuniões desse órgão – resume-se à troca de opiniões, apresentação de sugestões, protestos e votos dissidentes, sem real eficácia transformadora. Por mais que esses minoritários se proponham a *agir* de forma construtiva previamente ao surgimento de conflitos com o controlador, ao invés de simplesmente *reagir* contra abusos e demais ilegalidades, seu poder tem alcance bastante restrito, diante da prevalência da vontade majoritária.

Por outro lado, nas companhias abertas de capital pulverizado os ativistas têm a possibilidade real de exercer influência mais efetiva na definição dos rumos da atividade empresarial, podendo vir a ser, eles próprios, os responsáveis por ela, enquanto acionistas integrantes do bloco de controle minoritário. E, na qualidade de controladores minoritários, passam a estar, enquanto tais, sujeitos ao monitoramento e à fiscalização dos demais acionistas também minoritários, diante do potencial de extração de benefícios privados de controle.

Neste artigo sustentei que nas companhias abertas de capital pulverizado brasileiras a fiscalização da atuação dos administradores vem sendo exercida, no presente momento, pelos ativistas societários titulares de participações *minoritárias* porém *expressivas* no capital votante, especialmente pelos investidores institucionais, de forma conjunta e em caráter mais ou menos permanente, a depender da maior ou menor estabilidade do compromisso ou acordo de voto, ainda que não escrito, entre os integrantes do bloco de controle minoritário.

98. Ronald J. Gilson e Jeffrey N. Gordon, "Controlling controlling shareholders", cit., *University of Pennsylvannia Law Review* 152/1-61.

Esses investidores institucionais brasileiros e estrangeiros, com mais recursos sob gestão, grande *expertise* em investimentos e participação em maior número de companhias, tendem a cada vez mais adotar condutas proativas como estratégia de maximização da rentabilidade dos recursos sob sua gestão, visando a estimular a implementação de boas práticas de governança corporativa, elegendo representantes no conselho de administração e buscando influir, de modo efetivo, na condução dos negócios empresariais.

Os demais acionistas dessas companhias, igualmente minoritários, muitos também investidores institucionais, tendem à passividade e ao absenteísmo nas assembleias-gerais, seja por adotarem políticas de gestão do portfólio de investimentos incompatíveis com o ativismo societário (especialmente tratando-se de *index funds* ou fundos exclusivos[99]), seja por deterem quantidade menos expressiva de ações, não tendo estímulos econômicos suficientes para despender tempo e dinheiro na fiscalização efetiva da atuação dos administradores.

A maior parte dos aplicadores que optaram por investir diretamente em renda variável, especialmente as pessoas físicas, também não tem estímulos econômicos suficientes para incorrer nos custos envolvidos na fiscalização das atividades das companhias investidas, por deter participações acionárias relativamente pequenas, geralmente com pouca representatividade, considerando seu portfólio de investimentos e seu patrimônio como um todo.

Essa tendência à *inatividade* é agravada pelo fato de que os incentivos atualmente concedidos pela Lei das S/A à atuação conjunta de acionistas minoritários são insuficientes nas companhias abertas de capital pulverizado, em razão da maior dificuldade em atingir os percentuais mínimos de participação no capital necessários à instalação de assembleias-gerais e de aprovação de matérias mais relevantes, assim como os percentuais exigidos para o exercício de importantes direitos dos minoritários.

E a falta de incentivos suficientes ao ativismo dos minoritários nas companhias abertas de capital pulverizado pode levar ao surgimento do poder de controle gerencial, em razão da combinação entre níveis de dispersão acionária ainda mais acentuados e significativa passividade dos acionistas, que levam ao absenteísmo nas assembleias-gerais, permitindo que a vontade dos administradores prevaleça nas deliberações, por meio

99. V. notas de rodapé 70 e 71.

da aceitação de solicitações de procurações (*proxies*) encaminhadas na forma do art. 126, § 2º, da Lei das S/A e da Instrução CVM-481/2009.

Daí por que a atuação dos investidores institucionais ativistas será relevante em um cenário de dispersão ainda mais acentuada do capital das companhias abertas, em que as dificuldades para formação de um bloco de controle minoritário revestido de mínima estabilidade e permanência são mais significativas, tendo em vista que um acordo de voto (verbal ou escrito) deverá abranger maior quantidade de acionistas.

A maior pulverização do capital necessariamente conduz ao enfraquecimento das prerrogativas individuais dos acionistas, por dificultar o atendimento dos percentuais de participação no capital exigidos para o exercício de importantes direitos assegurados pela Lei das S/A aos minoritários e para o prevalecimento nas deliberações da assembleia-geral.

Em contrapartida, os conselheiros de administração passam a gozar de maior autonomia decisória, acentuada pela certeza de permanência em seus cargos. Sem uma fiscalização permanente a tendência é de que tomem *mais* decisões voltadas à satisfação exclusiva de seus interesses pessoais, em detrimento dos interesses da companhia e de seus acionistas, dando ensejo ao surgimento dos denominados "conflitos de agência".[100]

Fica claro, portanto, que, quanto *maior* for a dispersão do capital acionário nas companhias de capital pulverizado, *maiores* serão os problemas decorrentes da inexistência da constante supervisão dos administradores exercida pelo acionista controlador majoritário, com poderes para destituí-los a qualquer tempo.

Diante disso, cabe à regulação das companhias abertas prever mecanismos que, por um lado, facilitem a aprovação de matérias mais relevantes pela assembleia-geral (art. 136 da Lei das S/A) e, por outro, estimulem a atuação conjunta dos minoritários, de modo a que efetivamente fiscalizem os administradores e os acionistas que exercem o poder de controle minoritário, podendo, porventura, vir a substituí-los no exercício desse poder, fazendo-o de forma mais eficiente, em benefício de todos os acionistas.

100. Cf.: Michael C. Jensen e William H. Meckling, "Theory of the firm: managerial behavior, agency cost and ownership structure", cit., *Journal of Financial Economics* 3/305-360, 1976; Kathleen M. Eisenhardt, "Agency theory: an assessment and review", cit., *Academy of Management Review* 14/57-74; e Richard Stone, *Law of Agency*, cit.

O Parecer de Orientação CVM-36/2009 é um importante passo nessa direção, por favorecer a supressão das denominadas "cláusulas pétreas de *poison pill*" do estatuto social de companhias abertas, abrindo caminho para a própria revogação das cláusulas de *poison pill*, que vêm impedindo a aglutinação de grupos de minoritários com participações acionárias mais expressivas.

Outra iniciativa de extrema relevância para as companhias de capital pulverizado e para o ativismo societário foi a edição da Instrução CVM-481/2009, que regula o encaminhamento de pedidos públicos de procuração (*proxies*) e exige a divulgação de mais e melhores informações quando da convocação de assembleias-gerais, facilitando sua instalação em primeira convocação e assegurando aos minoritários meios mais eficientes e menos custosos de efetivamente participar do principal foro de decisão da companhia.

Tais medidas, apesar de necessárias, *não* são suficientes, devendo ser acompanhadas da edição de normas administrativas pela CVM fazendo uso da faculdade prevista no § 2º do art. 136 da Lei das S/A a fim de estabelecer, de antemão, diferentes quóruns reduzidos para deliberação das matérias sujeitas ao quórum de maioria qualificada, sempre em terceira convocação e conforme o grau de dispersão acionária e de absenteísmo nas assembleias-gerais das companhias abertas de capital pulverizado.

Outra iniciativa fundamental, que depende, porém, de reforma legislativa, consiste na ampliação da prerrogativa da CVM prevista no art. 291 da Lei das S/A, permitindo que aquela autarquia fixe percentuais reduzidos para o exercício de direitos de acionistas minoritários não apenas com base no valor do capital social, mas, principalmente, tendo em vista a dispersão acionária da companhia.

Além disso, há que se debater a adoção de medidas adicionais de desburocratização das assembleias-gerais e de estímulo à maior participação dos minoritários, especialmente nas companhias de capital pulverizado, em que existe a possibilidade de surgimento do poder de controle gerencial.

Fica claro, portanto, que não é apenas a *atuação* dos ativistas societários que traz relevantes repercussões ao atual modelo de governança corporativa das companhias abertas, mas também a sua *inação*, que nas companhias de capital pulverizado pode contribuir para o acirramento da nova dinâmica de conflitos de interesses entre, de um lado, os administradores e, de outro, a coletividade acionária (em substituição ao tradicional conflito entre acionistas majoritários e minoritários, que ainda prevalece nas companhias de capital concentrado).

O reconhecimento da necessidade de estimular o ativismo societário não impede que se restrinja a possibilidade de os ativistas auferirem vantagens exclusivas em decorrência de condutas abusivas, ou mesmo de extraírem benefícios privados do controle, ainda que *minoritário*.

Com efeito, a disciplina do ativismo societário nas companhias abertas de capital pulverizado não deve ignorar o fato de que o aumento das prerrogativas dos investidores institucionais minoritários deve vir acompanhado de mecanismos de limitação de sua atuação abusiva.

A experiência tem demonstrado que os acionistas minoritários não raramente agem visando a auferir *vantagens adicionais exclusivas*, suficientes para compensar (e, por vezes, exceder) os custos incorridos, muitas vezes abusando de suas prerrogativas e descumprindo a lei.

Em consequência, a regulação deve restringir ao máximo a possibilidade de abusos, sem impor limitações excessivas que possam favorecer a passividade dos acionistas e o absenteísmo nas assembleias-gerais, de modo que as potenciais vantagens decorrentes de um maior ativismo societário em companhias de capital pulverizado compensem os riscos de eventuais desvios.

Na realidade, verifica-se nas companhias de capital pulverizado um *tradeoff* entre a supervisão *mais* efetiva dos administradores exercida pelo acionista (ou grupo de acionistas) controlador majoritário, com risco mais acentuado de abusos e de extração de benefícios privados, e a supervisão *menos* efetiva exercida pelos minoritários ativistas, também com o risco de abusos e desvios de finalidade, porém mais reduzido.

Daí a necessidade e a urgência das medidas regulatórias ora propostas, que visam, exatamente, a incentivar a atuação dos ativistas societários nas companhias abertas de capital pulverizado, a fim de promover o alinhamento dos interesses dos administradores com os interesses de longo prazo dos acionistas, fundamental para a continuidade do desenvolvimento do mercado de capitais brasileiro.

# *III*

# *A PROTEÇÃO AOS DIREITOS DOS INVESTIDORES*

# *ADMINISTRADORES DE SOCIEDADES ANÔNIMAS: DEVER DE SIGILO E DE INFORMAR. REPRESSÃO AO* INSIDER TRADING

Márcia Tanji

*1. Notas introdutórias. 2. Administradores das sociedades anônimas e seus deveres: disposições gerais. 3. Dever de sigilo e dever de informar: corolários do dever de lealdade: 3.1 Dever de sigilo (Lei 6.404/1976, art. 155,* caput *e § 1º) – 3.2 Dever de informar dos administradores das sociedades anônimas: 3.2.1 Dever de informar e direito à informação – 3.2.2 Dever de informar dos administradores de companhia aberta (Lei 6.404/1976, art. 157). 4. Repressão ao* insider trading*: corolário do princípio da transparência no mercado de capitais. 5. Notas conclusivas.*

## *1. Notas introdutórias*

Os desafios enfrentados pelas sociedades empresárias e pelos participantes do mercado de capitais brasileiro na atualidade apresentam novas perspectivas para o tema ora proposto. Duas observações introdutórias se fazem imprescindíveis para posicionar topograficamente o tema e esclarecer os limites do presente estudo.

O direito societário tem por objeto o fenômeno associativo, que se revela nas organizações associativas finalísticas privadas, abrangidas, assim, as associações e as sociedades.[1] Para o tema proposto mostram-se

1. Cf. Herbert Wiedemann, "Excerto do *Direito Societário I – Fundamentos*", trad. de Erasmo Valladão Azevedo e Novaes França, in Erasmo Valladão Azevedo e Novaes França (coord.), *Direito Societário Contemporâneo I*, São Paulo, Quartier Latin, 2009, pp. 11-24.

relevantes as sociedades empresárias, que exercem atividade econômica organizada para a produção ou circulação de bens e serviços no mercado e, como qualquer sociedade, buscam auferir lucros para distribuição entre seus sócios.[2] A Constituição da República Federativa do Brasil garante a liberdade de associação (art. 5º, XVII). Porém, é importante observar que referida autonomia para empreender, conferida ao particular, guarda limitações quanto aos tipos societários, cuja ordenação se mostra cogente. Ao lado da sociedade anônima, disciplinada na Lei 6.404/1976, identifica-se a extrema relevância do tipo societário *sociedades limitadas*, disciplinado nos arts. 1.052 e ss. do CC, para a vida econômica nacional.

Além do distanciamento entre tipos societários *legais* e tipos societários *reais*, as alterações promovidas pelo legislador pátrio devem ser consideradas. Evidenciou-se a relevância das sociedades limitadas no cenário econômico nacional, ao lado da sociedade anônima – colmatada pelo legislador, mais estruturadamente, a partir de 1976 –, como o instrumento por excelência para a veiculação dos grandes empreendimentos nacionais, já sob a perspectiva da atuação integrada em conglomerados e da captação de recursos nos mercados de capitais nacionais e estrangeiros.

Indique-se, assim, o reconhecimento do caráter profissional da administração então já em voga em muitas *sociedades limitadas* (CC, art. 1.060, c/c art. 1.063, § 1º). Acrescente-se o disposto no art. 1.053 do CC, que tratou da possibilidade de regência supletiva do ordenamento das sociedades limitadas pelas disposições da Lei 6.404/1976. Nos termos do art. 3º da Lei 11.638/2007, determinou-se a aplicação das disposições da Lei 6.404/1976, sobre escrituração e elaboração de demonstrações financeiras e a obrigatoriedade de auditoria independente por auditor registrado na Comissão de Valores Mobiliários/CVM, às sociedades "de grande porte" ("a sociedade ou conjunto de sociedades sob controle comum que tiver, no exercício social anterior, ativo total superior a R$ 240.000.000,00 ou receita bruta anual superior a R$ 300.000.000,00"), assim qualificadas para fins exclusivos daquele diploma legal, ainda que não constituídas sob a forma de sociedade por ações.

A segunda observação diz respeito à evolução do mercado de capitais, evidenciada por seus novos participantes e instrumentos, à luz do incremento do rol de valores mobiliários sujeitos ao regime da Lei 6.385/1976 e da integração entre o mercado de capitais nacional e os

2. Art. 981, c/c art. 1.008, do CC.

mercados estrangeiros. A maior integração da sociedade limitada ao referido mercado protagoniza mudanças recentes e propõe desafios aos operadores do Direito.

A partir das alterações promovidas na Lei 6.385/1976, ao lado da companhia aberta, emissora de valores mobiliários por excelência, em torno da qual foi erigido o ordenamento do mercado de capitais constante da referida lei e da Lei 6.404/1976, evidenciou-se[3] a inserção de *novos* emissores. Dessa forma, especialmente ante as alterações promovidas pelo legislador na Lei 6.385/1976, com destaque para seu art. 2º, §§ 2º e 3º,[4] no art. 4º da Lei 6.404/1976, e com a introdução do disposto no art. 4º da Lei 11.638/2007,[5] a CVM expediu as Instruções CVM-476/2009

3. Entre os antecedentes dessa alteração na concepção do mercado de capitais brasileiro merece relevo, para o tema ora proposto, a Medida Provisória 1.637, de 8.1.1998, posteriormente convertida na Lei 10.198/2001, que dispôs sobre os contratos de investimento coletivo ofertados publicamente e sua qualificação como valores mobiliários, sujeitos ao regime da Lei 6.385/1976, e também sobre a sujeição de seus emissores, e dos administradores e controladores destes, à disciplina prevista no referido diploma legal, relativa às companhias abertas, com previsão expressa acerca da possibilidade de a CVM determinar que referidos emissores se constituíssem sob a forma de sociedade anônima. Nos termos da Instrução CVM-270/1998, exigiu-se a constituição, sob a forma de sociedade anônima, dos emissores de contratos de investimento coletivo a serem ofertados publicamente, importando, assim, o sistema de deveres dos administradores da Lei 6.404/1976.

4. Lei 6.385/1976, art. 2º, §§ 2º e 3º:

"§ 2º. Os emissores dos valores mobiliários referidos neste artigo, bem como seus administradores e controladores, sujeitam-se à disciplina prevista nesta Lei, para as companhias abertas. [*Parágrafo incluído pela Lei 10.303, de 31.10.2001*]

"§ 3º. Compete à Comissão de Valores Mobiliários expedir normas para a execução do disposto neste artigo, podendo: [*parágrafo incluído pela Lei 10.303, de 31.10.2001*] I – exigir que os emissores se constituam sob a forma de sociedade anônima; [*inciso incluído pela Lei 10.303, de 31.10.2001*] II – exigir que as demonstrações financeiras dos emissores, ou que as informações sobre o empreendimento ou projeto, sejam auditadas por auditor independente nela registrado; [*inciso incluído pela Lei 10.303, de 31.10.2001*]; III – dispensar, na distribuição pública dos valores mobiliários referidos neste artigo, a participação de sociedade integrante do sistema previsto no art. 15 desta Lei; [*inciso incluído pela Lei 10.303, de 31.10.2001*] IV – estabelecer padrões de cláusulas e condições que devam ser adotadas nos títulos ou contratos de investimento, destinados à negociação em Bolsa ou Balcão, organizado ou não, e recusar a admissão ao mercado da emissão que não satisfaça a esses padrões." [*Inciso incluído pela Lei 10.303, de 31.10.2001*]

5. Lei 6.404/1976: "Art. 4º. As normas de que tratam os incisos I, II e IV do § 1º do art. 22 da Lei n. 6.385, de 7 de dezembro de 1976, poderão ser especificadas por categorias de companhias abertas e demais emissores de valores mobiliários em função do seu porte e das espécies e classes dos valores mobiliários por eles emitidos e negociados no mercado".

(oferta pública com esforços restritos) e 480/2009 (registro de emissores de valores mobiliários admitidos à negociação em mercados regulamentados), as quais possibilitam às sociedades limitadas a captação de recursos junto à poupança popular por meio da distribuição de determinadas espécies de valores mobiliários.

A possibilidade de sistematização dos deveres e responsabilidades dos administradores das sociedades disciplinadas no Código Civil, fundada em princípios comuns, à luz do debate acerca da natureza do contrato de sociedade e da questão da regência das sociedades limitadas pela Lei 6.404/1976, de forma supletiva, bem como a adequação de referido sistema às exigências de transparência e de combate a fraudes no mercado de capitais, especialmente em contraste com o sistema de deveres e responsabilidades dos administradores erigido na mencionada Lei das S/A, são questões atuais e candentes.

Neste ponto, há que se ressaltar que a concepção lógica que norteou a edição das Leis 6.385/1976 e 6.404/1976 propugna pela sua aplicação integrada. Porém, conforme percuciente crítica da lavra de Calixto Salomão Filho[6] a doutrina, a jurisprudência e as sequentes leis pátrias – estas, contrariando referida concepção –, refletem "surdez recíproca", expressão empregada com acuidade pelo autor, a traçar linhas evolutivas paralelas, com raras aproximações, corresponsável pela crise que se abateu sobre o mercado de capitais no final do século passado. Relevante, portanto, renovar a atenção às advertências do autor no atual estágio da disciplina das sociedades e do mercado de capitais, para que não se incorra em "surdez de ordem múltipla" no que tange às alterações realizadas para a integração da sociedade limitada e também de outros participantes ao mercado de capitais.

Dessa forma, a evolução identificada no cenário nacional da atividade econômica, em especial do mercado de capitais, e também na legislação pátria permite afirmar a utilidade do estudo integrado dos

6. Calixto Salomão Filho, *O Novo Direito Societário*, 4ª ed., São Paulo, Malheiros Editores, 2011, pp. 177-187. Explica o autor:

"(...). Excetuados alguns importantes escritos, a concepção dominante foi que, no tocante ao mercado de capitais, a garantia do livre fluxo de informação e a inexistência de manipulação do mercado seriam suficientes para o seu bom funcionamento. A legislação do mercado de capitais aliada a órgãos regulamentares bem organizados e ativos seriam suficientes para o funcionamento do sistema.

"De outro lado, o direito societário comportou-se, ao menos durante 25 anos, como se desnecessário fosse indagar de sua relevância para o mercado de capitais. Concepções contratualistas clássicas não foram arejadas pela presença de acionistas futuros e incertos como os investidores no mercado" (p. 178).

deveres dos administradores das sociedades limitadas e das sociedades anônimas. Porém, há que se reconhecer os limites, temporais e espaciais, adequados ao propósito do presente ensaio, que não permitem o aprofundamento imprescindível para se lançar a tal mister.[7] As observações introdutórias, todavia, não devem ser olvidadas, uma vez que conformam o cenário no qual se imergiu para analisar o dever de sigilo e o dever de informar dos administradores das sociedades anônimas.

Portanto, pode-se afirmar, sem hesitação, que o corte traçado em razão dos imperativos limites do presente ensaio não infirma a utilidade, a função e a beleza (*utilitas*, *firmitas*, *venustas*) de se estudar os deveres dos administradores das sociedades anônimas. Ato contínuo, presta-se o devido esclarecimento acerca da opção metodológica adotada e se adverte para as consequências desta no que tange à elaboração das notas apresentadas à guisa de conclusão, a reforçar a validade de futuras pesquisas que permitam reflexão mais completa sobre o tema, as quais demandam, de forma imperativa, a análise dos deveres dos administradores das sociedades limitadas e também de demais centros de imputação de interesses, os quais, ainda que não ostentem personalidade jurídica de acordo com o ordenamento jurídico pátrio, revelam notória participação no mercado de capitais e na economia nacional.

## 2. *Administradores das sociedades anônimas e seus deveres: disposições gerais*

O sistema de deveres e de responsabilidade dos administradores certamente se constitui de normas voltadas à organização interna da so-

7. A título ilustrativo, tome-se o disposto no art. 1.011 do CC, o qual dispõe que "o administrador da sociedade deverá ter, no exercício de suas funções, o cuidado e a diligência que todo homem ativo e probo costuma empregar na administração de seus próprios negócios". Em seu § 3º remete a disciplina da atividade do administrador às disposições legais acerca do mandato. Outro exemplo: o art. 1.017 veda ao administrador, sem consentimento escrito dos sócios, a aplicação de créditos ou bens sociais em proveito próprio ou de terceiros. Seu parágrafo único dispõe sobre as sanções imputáveis ao administrador que, tendo em qualquer operação interesse contrário ao da sociedade, tome parte na correspondente deliberação. Ou seja: além das questões relativas à própria possibilidade de sistematização dos deveres dos administradores das sociedades disciplinadas no Código Civil, fundada em princípios comuns, à luz do debate acerca da natureza do contrato de sociedade e da questão da regência das sociedades limitadas pela Lei 6.404/1976, de forma supletiva, disposta no art. 1.053 do CC, a inclusão das sociedades limitadas no objeto do presente estudo certamente requisitaria descer a considerações minudentes a respeito dos dispositivos citados.

ciedade anônima. Uma análise açodada poderia levar a crer que o tema passaria ao largo do debate acerca da definição de interesse social e da função da estrutura societária. Ou, ainda, reduzir o escrutínio da questão à dicotomia companhias abertas e companhias fechadas. Não é o que revela a dicção do art. 154 da Lei 6.404/1976:

> Art. 154. O administrador deve exercer as atribuições que a lei e o estatuto lhe conferem para lograr os fins e no interesse da companhia, satisfeitas as exigências do bem público e da função social da empresa.

Fábio Konder Comparato[8] ressalta ser peculiar ao tipo societário das sociedades anônimas a ausência de liberdade negocial dos acionistas

8. Fábio Konder Comparato e Calixto Salomão Filho, *O Poder de Controle na Sociedade Anônima*, 4ª ed. Rio de Janeiro, Forense, 2005, p. 31: "Reproduziu-se, assim, no direito privado a mesma problemática da divisão de Poderes do direito constitucional, com o consectário de sua indelegabilidade. A assembleia-geral tem competência privativa para deliberar sobre determinadas matérias (Lei 6.404, de 15.12.1976, art. 122). As atribuições conferidas pela lei aos diretores e aos fiscais não podem ser outorgadas a outro órgão, criado pela lei ou pelos estatutos (idem, art. 139; art. 163, § 7º)". A este respeito, importante salientar que o estudo de institutos atinentes às organizações talhadas no direito público para a análise do fenômeno associativo travado entre particulares é correntemente objeto de reflexão.

Herbert Wiedemann, não sem advertir acerca das limitações à utilização de tal recurso, assim descreve: "O direito societário caracteriza-se como um 'pequeno Estado de Direito', porque também nas sociedades a formação da vontade deve ser organizada e surge uma relação de supremacia e de subordinação, uma vez que sejam permitidas decisões por maioria. Por isso, o direito societário (*Verbandsrecht*) tem, tematicamente, em comum com o direito público a organização do poder coletivo e os direitos e deveres dos 'cidadãos societários' (*Verbandsbürger*). Enumera-se, outrossim, uma série de problemas paralelos: a distribuição de competências, a renúncia à soberania, a estruturação dos órgãos (...)" ("Excerto do *Direito Societário I – Fundamentos*", cit., in Erasmo Valladão Azevedo e Novaes França (coord.), *Direito Societário Contemporâneo I*, p. 15).

Tullio Ascarelli explica que nas sociedades anônimas o número e a variabilidade dos acionistas levam à determinação da distinção entre sócio e administrador, fazendo com que aquele não possa administrar direta e pessoalmente a sociedade, isto é, à distinção entre um órgão que delibera e um órgão que conduz a gestão regular da sociedade. Acrescenta o autor que ao acionista não é conferido poder ilimitado e contínuo de fiscalização pessoal direta, uma vez que a fiscalização geral e contínua foi conferida também a um órgão fiscal; e ao acionista, individualmente, ou à minoria, foram conferidas apenas algumas funções fiscalizatórias, de modo que os mesmos problemas que acometem os Poderes do Estado são verificados nas sociedades anônimas, ensejando as analogias com os problemas de direito público (Tullio Ascarelli, *Problemas das Sociedades Anônimas e Direito Comparado*, 2ª ed., São Paulo, Saraiva, 1969, pp. 334-335).

acerca da organização da economia interna, uma vez que a lei discrimina *poderes-funções* considerados fundamentais e os atribui a órgãos *insuprimíveis* e *inconfundíveis*.

Portanto, as atribuições conferidas aos administradores, membros dos órgãos de administração da sociedade,[9] perfazem instrumentos para o exercício de uma *função* cometida àqueles organismos. A noção de função, estritamente relacionada a direito e poder, não é privativa das relações travadas no âmbito societário. Celso Antônio Bandeira de Mello, ao tratar da supremacia do interesse público e da função administrativa, traz clara definição de *função*, pertinente à compreensão da natureza das atribuições conferidas à administração da sociedade anônima:

> (...). Existe função quando alguém está investido no *dever* de satisfazer dadas finalidades em prol do *interesse de outrem*, necessitando, para tanto, manejar os poderes requeridos para supri-las. Logo, tais poderes são *instrumentais* ao alcance das sobreditas finalidades. Sem eles, o sujeito investido na função não teria como desincumbir-se do *dever* posto a seu cargo. Donde, quem os titulariza maneja, na verdade, "deveres-poderes", no *interesse alheio*.[10]

Dessa forma, o debate acerca do conteúdo do interesse social é relevante para a análise do sistema de deveres e responsabilidades dos administradores das sociedades anônimas. O mesmo se diga quanto ao dever de independência destes.[11]

9. Explica Erasmo Valladão Azevedo e Novaes França: "A nossa Lei de S/A filiou-se, indiscutivelmente – como salientado nas lições *supra* –, à *teoria orgânica* (cuja adoção é hoje praticamente universal), segundo a qual os administradores são *órgãos* da companhia, e não meros *mandatários* da mesma, ou da assembleia-geral" – razão pela qual o autor assevera que, tratando-se da gestão da empresa, a competência da administração é privativa (Lei 6.404/1976, art. 139) e os administradores não se encontram vinculados a decisões da assembleia-geral que invadam sua competência (*Temas de Direito Societário, Falimentar e Teoria da Empresa*, São Paulo, Malheiros Editores, 2009, pp. 368-369).

Sobre a posição da administração e dos administradores no contexto da companhia, v. Marcelo Vieira von Adamek, *Responsabilidade Civil dos Administradores de S/A e as Ações Correlatas*, São Paulo, Saraiva, 2010, pp. 29-52.

10. Celso Antônio Bandeira de Mello, *Curso de Direito Administrativo*, 31ª ed., São Paulo, Malheiros Editores, 2014, p. 72.

11. Calixto Salomão Filho: "(...). Só a independência funcional dos administradores é capaz de separar pessoa jurídica de seus controladores. O controle externo, seja pelos acionistas (mercado), seja por terceiros, é por outro lado fundamental para respeitar o caráter fiduciário da função administrativa" (*O Novo Direito Societário*, cit., 4ª ed., p. 92).

Calixto Salomão Filho[12] identifica um conteúdo mínimo comum entre o institucionalismo e o contratualismo no que tange ao debate acerca da função das estruturas societárias,[13] a seguir apresentado de forma sintética: tutelar os sócios (existentes, futuros e incertos); é fundamental criar instrumentos societários de fiscalização para grupos de interesses externos, entre os quais se encontram investidores, terceiros, trabalhadores, credores (denominada "vocação externa da sociedade"); estimular a independência da administração, tendo em vista que a natureza empresária da sociedade exige profissionalização para alcançar eficiência.[14]

12. Calixto Salomão Filho, *O Novo Direito Societário*, cit., 4ª ed., pp. 89-103.

13. A função atua, ou deveria atuar, sobre a forma. A análise desenvolvida por Calixto Salomão Filho indica disfunções no contexto brasileiro, a exigirem a redefinição funcional da estrutura societária. Especialmente no que tange ao sistema de distribuição de competências administrativas entre órgãos diversos, no Brasil – explica o autor –, mais que concentração acionária, evidencia-se uma concentração de poderes em torno da figura do controlador, o que enseja a ausência de pluralismo real na composição dos mencionados órgãos da administração. As atribuições relevantes foram concentradas no âmbito do conselho de administração, cuja composição é geralmente determinada pelos acionistas controladores, com alguma participação de minoritários institucionais em eleição de conselheiro realizada em separado. Assim, as decisões importantes ficam afastadas da assembleia-geral e – conforme expressão precisa do autor –, o pequeno investidor fica *sem vez, voz e sequer informação* sobre a condução dos negócios sociais. A opção pela estrutura de administração dúplice reforça o poder do controlador e dificulta o controle externo, pelo mercado ou por terceiros, segundo Calixto Salomão Filho. O autor tece críticas à denominada "rigidez para baixo", decorrente de maior indelegabilidade de atribuições verificada nos órgãos de hierarquia elevada. Pode-se dizer que a forma, sob este aspecto, serviu à disfunção.

14. Este tema abrange o debate acerca da atual dicção do art. 118, §§ 8º e 9º, da Lei 6.404/1976, relativo à possibilidade de vinculação dos conselheiros de administração, eleitos nos termos de acordo de acionistas, à orientação emanada pelos subscritores do referido acordo. A este respeito, v. as bem-articuladas críticas de Sheila Christina Neder Cerezetti no artigo "Administradores independentes e independência dos administradores (regras societárias fundamentais ao estímulo do mercado de capitais brasileiro)" (in Marcelo Vieira von Adamek (coord.), *Temas de Direito Societário e Empresarial Contemporâneos*, São Paulo, Malheiros Editores, 2011, pp. 575-593), tecidas à luz do disposto nos arts. 139 e 154 da referida lei. A autora discorre também sobre a nomeação dos denominados "administradores independentes", solução desenvolvida em cenários de controle acionário diluído em razão dos problemas de conflito entre acionistas e administração, mas que pode se mostrar de adequada aplicação a cenários de controle acionário concentrado, por servir "para fornecer proteção contra a extração de indevidos benefícios particulares pelo acionista controlador", acrescentando que "administradores independentes atuam como garantidores da transparência e da regularidade substancial e procedimental das decisões societárias" (pp. 582-585).

Sob o princípio da função social, presente na Constituição da República Federativa do Brasil, e à luz do art. 116, parágrafo único, e do art. 117 da Lei 6.404/1976, há forte tendência de se reconhecer uma pluralidade de interesses para a configuração do denominado *interesse social*, tendência que se reflete na identificação da necessidade de alterações na organização interna da sociedade, para atendimento de todos estes interesses. Nas palavras de Calixto Salomão Filho:

> Pode-se dizer que hoje está ultrapassada essa fase intimista do direito societário. Por fase intimista se quer significar o período em que o direito societário se sente autossuficiente para analisar e regular as questões de organização da vida empresarial.
>
> Se há algum marco da nova fase do direito societário é exatamente sua abertura para a interdisciplinariedade. (...).[15]

Com efeito, a leitura dos dispositivos das Leis 6.385/1976 e 6.404/1976 (e dos atos normativos expedidos pela CVM), especialmente após a reforma realizada em 2001, atinentes aos deveres dos administradores de sociedades anônimas revela a preocupação com a repercussão dos atos por estes praticados para além do âmbito da sociedade.[16] Essa preocupação se reflete no sistema de responsabilidade dos administradores em razão da violação a seus deveres (fundado na teoria das anulabilidades e nos esquemas de responsabilidade civil previstos no âmbito do direito societário). A aferição do cumprimento de um dever pelo administrador de sociedade anônima, fechada ou aberta, a ser realizada pelos acionistas e, em última instância, pelos julgadores (árbitros ou Poder Judiciário), certamente abrangerá a análise destes interesses tidos como completamente *externos* e dissociados da sociedade em tempos passados.

Além disso, a tutela dos investidores e da confiabilidade e da higidez do mercado de capitais enseja o incremento dos instrumentos que integram o sistema de sanções à referida violação, com a persecução na via administrativa e até na esfera penal.

15. Calixto Salomão Filho, *O Novo Direito Societário*, cit., 4ª ed., p. 40.

16. A este respeito, relevante também mencionar a profusão de normas a respeito da responsabilidade, civil, administrativa e penal, de administradores de pessoas jurídicas, em outras searas. A título ilustrativo: Lei 8.078/1990, art. 75 (crimes contra as relações de consumo); Lei 8.884/1994, art. 16 (infração à ordem econômica); Lei 9.605/1998 (infrações administrativas e crimes ambientais); e Lei 12.846/2013, art. 3º (atos lesivos à Administração Pública nacional ou estrangeira, que atentem contra o patrimônio público nacional ou estrangeiro, contra os princípios da Administração Pública ou contra os compromissos internacionais assumidos pelo Brasil).

Acrescentem-se a este rol o inquérito civil e a ação coletiva para a reparação de danos difusos causados por atos dos administradores de sociedades anônimas.[17]

Ao se tratar das disposições gerais atinentes aos deveres dos administradores das sociedades anônimas, importa traçar sua incidência subjetiva. Nos termos do art. 145 da Lei 6.404/1976, são administradores os conselheiros de administração e os diretores da sociedade anônima. Há dispositivo de extensão da incidência dos referidos deveres: o art. 160 do mencionado diploma legal dispõe que referidos deveres aplicam-se também "aos membros de quaisquer órgãos, criados pelo estatuto, com funções técnicas ou destinados a aconselhar os administradores"; o art. 165 os faz incidir aos conselheiros fiscais; e o art. 217, ao liquidante.[18]

No que tange à incidência temporal de referidos deveres, a teor do art. 149 da Lei 6.404/1976, o termo inicial ocorre com a investidura no cargo mediante a assinatura do termo de posse pelo administrador. O art. 150, § 4º, do referido diploma legal disciplina a substituição e o término da gestão e determina a extensão da incidência dos deveres até a investidura dos novos administradores. O art. 151 da Lei 6.404/1976 dispõe que "a renúncia do administrador torna-se eficaz, em relação à companhia, desde o momento em que lhe for entregue a comunicação escrita do renunciante, e, em relação a terceiros de boa-fé, após arquivamento

17. Paulo Salvador Frontini, no artigo "Função social da companhia: limites do poder de controle" (in Marcelo Vieira von Adamek (coord.), *Temas de Direito Societário e Empresarial Contemporâneos*, São Paulo, Malheiros Editores, 2011, pp. 533-551), analisou a questão sob a ótica dos deveres e da responsabilidade do acionista controlador, especialmente em razão das mudanças no ordenamento jurídico-constitucional brasileiro: "(...) entendemos evidente que ínsita à função social da companhia é a presença de interesses coletivos e também difusos, sem prejuízo de interesses individuais paralelos, ou não", a trazer ao cenário um elenco de legitimados processuais para o ajuizamento da ação civil pública, entre os quais o Ministério Público e a CVM. O autor conclui com acurada meditação sobre os riscos inerentes aos desdobramentos do quanto exposto, entres os quais, de relevo para o tema ora desenvolvido, está a "questão constitucional da indevassabilidade das questões internas (*interna corporis*) das sociedades empresárias ou dos empresários" (p. 550), decorrente do disposto no art. 170, IV, e parágrafo único, da CF, que garante a livre concorrência e a livre iniciativa econômica, e dos direitos de personalidade, da garantia à privacidade, também conferida às pessoas jurídicas.

18. Acerca do debate sobre a natureza dos órgãos técnicos e consultivos e, assim, de seus membros, v. Marcelo Vieira von Adamek, *Responsabilidade Civil dos Administradores de S/A e as Ações Correlatas*, cit., pp. 25-29. A respeito do tema, v. também decisão administrativa proferida pela CVM no julgamento do Processo Administrativo Sancionador/PAS CVM-18/2008, realizado em 14.12.2010 (disponível em *http://www.cvm.gov.br*).

no Registro de Comércio e publicação, que poderão ser promovidos pelo renunciante". Por fim, o art. 217 do mencionado diploma legal dispõe que, na liquidação, os deveres subsistem até a extinção da companhia.

## 3. *Dever de sigilo e dever de informar: corolários do dever de lealdade*

A Lei 6.404/1976 dispõe que o administrador deve servir com lealdade à companhia (art. 155, *caput*). É corrente a doutrina pátria referir-se aos deveres de sigilo e de informar como corolários do dever de lealdade, razão pela qual é possível falar em dever de lealdade em sentido lato, referindo-se a um padrão de comportamento a ser utilizado na aferição de determinada conduta concreta do administrador.[19] Nos incisos I a III do art. 155 do mencionado diploma legal o legislador apresentou rol, exemplificativo, de condutas vedadas à luz do dever de lealdade exigido do administrador da sociedade anônima.

### 3.1 *Dever de sigilo (Lei 6.404/1976, art. 155,* caput *e § 1º)*

A Lei 6.404/1976 dispôs que o administrador deve servir com lealdade à companhia e *manter reserva sobre seus negócios* (art. 155, *caput*). O dever de sigilo se impõe sempre que a divulgação de informações confidenciais possa resultar em eventual perigo para os negócios sociais ou até atribuir vantagem a um concorrente da sociedade.[20-21]

19. Cf.: Nelson Eizirik, Ariádna B. Gaal, Marcus de Freitas Henriques e Flávia Parente, *Mercado de Capitais – Regime Jurídico*, 2ª ed., Rio de Janeiro, Renovar, 2008, pp. 438 e ss.; Marcelo Vieira von Adamek, *Responsabilidade Civil dos Administradores de S/A e as Ações Correlatas*, cit., pp. 154 e ss.

20. Cf. Nelson Eizirik, Ariádna B. Gaal, Marcus de Freitas Henriques e Flávia Parente, *Mercado de Capitais – Regime Jurídico*, cit., 2ª ed., pp. 447 e ss.

21. Cumpre consignar crítica apresentada por Calixto Salomão Filho ao comentar exceção ao dever de divulgar ato ou fato relevante, prevista no art. 6º da Instrução CVM-358/2002, cujos fundamentos invocados são atinentes ao sigilo. Referida exceção funda-se em risco a interesse legítimo da companhia, a decorrer da divulgação de um ato ou fato relevante para o mercado. O autor pugna pela aplicação da política da informação plena ao mercado de capitais e invoca duas razões que entende estarem calcadas na ordem pública em contrário à referida exceção. A primeira diz respeito à inconveniência da denominada "concorrência secreta", que se faz com base em diminuto fluxo de informações. A política pública de total revelação de informações, abrangidas aquelas que pudessem ser aproveitadas por sociedades concorrentes, não traria prejuízos à companhia, uma vez que se verificaria compensação em razão da possibilidade de aquela companhia também obter infor-

Em apontamentos lavrados conjuntamente com Modesto Carvalhosa, constante de obra dedicada à reforma legislativa realizada em 2001, Nelson Eizirik[22] também desenvolveu análise sobre a proteção dos segredos empresariais, ao comentar a redação dada ao art. 147, § 3º, da Lei 6.404/1976, que disciplinou os impedimentos ao exercício do cargo de administrador de sociedade anônima em caso de exercício de cargo

mações sobre os concorrentes. O segundo argumento levantado pelo autor cinge-se à afirmação de que a informação que interessa ao mercado não seria, tipicamente, aquela que interessa ao concorrente – o que afasta, em princípio, oposição entre o princípio da informação completa e a proteção da companhia ante os concorrentes. Entende o autor: "(...) admitir um amplo princípio de limitação à informação com base no interesse social de se defender de um concorrente seria contrário a princípios fundamentais da ordem econômica (*v.g.*, proteção ao consumidor – art. 170, inciso V, da CF)" (*O Novo Direito Societário*, cit., 4ª ed., p. 181).

Sob esta ótica, os fundamentos classicamente indicados pela doutrina pátria para a aposição do dever de sigilo imputável ao administrador, calcado na defesa do interesse da companhia frente a seus concorrentes, poderiam ser considerados não conformes aos princípios que regem a ordem econômica no plano constitucional.

Contudo, há que se considerar que a ordem econômica constitucional está adstrita aos princípios da livre iniciativa, da propriedade privada e da livre concorrência, os quais, acrescidos da proteção ao consumidor, devem ser sopesados em face do reconhecimento, também em âmbito constitucional, de interesse social na garantia de privilégio temporário de utilização aos autores de inventos industriais, na proteção das criações industriais, à propriedade de marcas, nomes de empresas e outros signos distintivos, relevantes para o desenvolvimento tecnológico e econômico do País (CF, art. 5º, XXIX).

O segredo, o sigilo, o privilégio temporário de utilização dos inventos industriais, são importantes fatores de estímulo à inovação tecnológica e ao incremento dos negócios empresariais.

É notório o caso do sopesamento entre a garantia à patente – relevante para o desenvolvimento tecnológico e econômico do País – e o direito à vida e à saúde. Portanto, ainda que a informação não se subsuma ao sistema criado pela Lei 9.279/1996, o sigilo ou segredo e a compulsoriedade da revelação devem ser sopesados à luz dos princípios constitucionais em cada caso. Não se mostra possível, assim, traçar a prevalência absoluta, *a priori*, do princípio da informação completa. Este balanceamento, no caso do dever de sigilo atribuído ao administrador de sociedades anônimas (Lei 6.404/1976, art. 155, *caput*, parte final), sofrerá certamente o controle final pelo Poder Judiciário ou pelos árbitros, ante a inafastabilidade da jurisdição. No caso de debate acerca da incidência da hipótese de exceção à regra da divulgação de ato ou fato relevante ao mercado (Lei 6.404/1976, art. 157, § 5º; Lei 6.385/1976; e Instrução CVM-358/2002), a análise caberá à CVM, sem prejuízo da inafastabilidade da jurisdição no que tange ao controle de juridicidade dos atos da Administração Pública.

22. Modesto Carvalhosa e Nelson Eizirik, *A Nova Lei das S/A*, São Paulo, Saraiva, 2002, pp. 313 e ss.

em sociedades que possam ser consideradas concorrentes, com especial destaque para assentos em conselhos consultivos, de administração ou fiscal. Segundo os autores, o fundamento de referido impedimento reside na proteção a ser conferida a informações e deliberações estratégicas, das quais decorram vantagens competitivas para a companhia perante seus concorrentes. Referidas informações abrangem, além dos denominados "segredos empresariais" (formulação de políticas e métodos competitivos), os chamados "segredos dos negócios ou do comércio" (cadastro e carteira de clientes, de fornecedores exclusivos ou especiais; planos e projeções, campanhas de publicidade e demais meios para atrair clientela), cujo titular é a sociedade, e não o administrador.

O dever de sigilo, tal qual formulado na Lei 6.404/1976, apresenta-se sob uma segunda perspectiva, incidindo especificamente sobre a conduta dos administradores das companhias abertas, na forma de dois comandos distintos:

> Art. 155. (...).
>
> § 1º. Cumpre, ademais, ao administrador de companhia aberta guardar sigilo sobre qualquer informação que ainda não tenha sido divulgada para conhecimento do mercado, obtida em razão do cargo e capaz de influir de modo ponderável na cotação de valores mobiliários, sendo-lhe vedado valer-se da informação para obter, para si ou para outrem, vantagem mediante compra ou venda de valores mobiliários.
>
> § 2º. O administrador deve zelar para que a violação do disposto no § 1º não possa ocorrer através de subordinados ou terceiros de sua confiança.[23]

23. Debate-se sobre existência de dever de lealdade do administrador dirigido não somente à companhia, mas também ao mercado de capitais, ou seja, sobre a incidência de um *dever geral de lealdade societária* (sobre este debate, v. Marcelo Vieira von Adamek, *Responsabilidade Civil dos Administradores de S/A e Ações Correlatas*, cit., p. 154). Há quem entenda que, em razão da dicção do § 1º do art. 155 da Lei 6.404/1976, que incluiu topograficamente a regra "não se valer da informação para obter, para si ou para outrem, vantagem mediante compra ou venda de valores mobiliários", pode-se afirmar a existência de dever de lealdade do administrador dirigido ao mercado e aos investidores, mais do que para com a própria companhia e seus atuais acionistas (cf. Valter Cestari de Rizzo e Marco La Rosa de Almeida, "Do direito do acionista à informação em companhias abertas e fechadas", in Marcelo Vieira von Adamek (coord.), *Temas de Direito Societário e Empresarial Contemporâneos*, São Paulo, Malheiros Editores, 2011, p. 602).

José Marcelo Martins Proença afirma haver "a quebra de sigilo quando do vazamento de tais informações para terceiros, privilegiando-os em detrimento do investidor comum. A legislação brasileira abraça essa regra no § 5º do art. 157 da Lei das S/A, alargada quando da introdução, no mesmo artigo, do § 6º, conferindo,

No § 3º do mencionado art. 155 o legislador previu, expressamente, que "a pessoa prejudicada em compra e venda de valores mobiliários, contratada com infração do disposto nos §§ 1º e 2º, tem direito de haver do infrator indenização por perdas e danos, a menos que ao contratar já conhecesse a informação" – instrumento que se acresce àqueles que integram o sistema de responsabilidade dos administradores de companhias abertas, a que se fez alusão no item anterior.

*Disclosure or refrain from trading*. "Divulgue a informação ou abstenha-se de negociar." O dever de sigilo dos administradores de companhia aberta, disciplinados nos §§ 1º e 2º do art. 155, juntamente com o disposto em seu § 4º são instrumentos para a repressão ao *insider trading*, relevantes para a efetivação do princípio da transparência no mercado de capitais.[24]

à CVM, poderes para exigir informação, mesmo que sigilosa, e, a seu critério, julgar se deve ou não noticiá-la ao mercado". Prossegue o autor: "Convém destacar que a quebra do sigilo, na derradeira hipótese figurada, não significa quebra do dever de lealdade, mas o seu próprio cumprimento, pois a lealdade a que se refere tal princípio, como já vimos, não se restringe à companhia, mas, ao invés, estende-se a todo o mercado de capitais, uma vez que, diante do interesse do mercado e de sua ética, o sigilo queda-se, sempre, em segundo plano" (***Insider Trading***. *Regime Jurídico do Uso de Informações Privilegiadas no Mercado de Capitais*, São Paulo, Quartier Latin, 2005, pp. 145-146).

Observam-se, é verdade, distinções no sistema de deveres e responsabilidade dos administradores de companhias fechadas e de companhias abertas. Conforme explicitado no capítulo anterior, a aferição de referidos deveres não prescinde da consideração do interesse da companhia, permeado por diversos interesses, inclusive de grupos externos à mesma. Interesses de particulares, interesses coletivos, interesses difusos, interesse social (geral, comum), interesse público. No caso das companhias abertas, importa mencionar os interesses dos investidores em valores mobiliários, entre os quais os futuros acionistas da referida companhia, e da proteção da confiabilidade e da higidez do mercado de capitais, sem que isso signifique a sumária exclusão dos demais. Porém, nos termos apresentados nas notas 17 e 21, a afirmação da prevalência de um interesse sobre outro há que resultar da apreciação do caso concreto, pelos meios já delineados na Constituição da República Federativa do Brasil e no ordenamento legal, com especial referência ao disposto no art. 157, § 5º, da Lei 6.404/1976. Adequadas as palavras de Paulo Salvador Frontini ao concluir o artigo referido na nota 17: "*Virtus in medio*, diz velho brocardo latino. Cada caso será um caso, impondo-nos a missão de interpretar a lei escrita e valorá-la à luz dos atos, do que é razoável e proporcional. Princípios, em suma" ("Função social da companhia: limites do poder de controle", cit., in Marcelo Vieira von Adamek (coord.), *Temas de Direito Societário e Empresarial Contemporâneos*, p. 551).

24. A respeito do *full disclosure*, ou total revelação de informações imposta àquele que realiza apelo à poupança popular nos Estados Unidos da América, são palavras de Luiz Gastão Paes de Barros Leães, ao comentar decisões judiciais e

### *3.2 Dever de informar dos administradores das sociedades anônimas*

O dever de informar dos administradores das sociedades anônimas não está contemplado somente na Seção IV do Capítulo XII da Lei 6.404/1976, notadamente no art. 157, que o atribui ao administrador da companhia aberta.

A teor do art. 134, § 1º, da referida lei, "os administradores da companhia, ou ao menos um deles, e o auditor independente, se houver, deverão estar presentes à assembleia para atender a pedidos de esclarecimentos de acionistas" – dispondo, ainda, que "os administradores não poderão votar, como acionistas ou procuradores, os documentos referidos neste artigo".[25]

O art. 163, § 2º, da Lei 6.404/1976, na redação dada pela Lei 10.303/2001, dispôs que "o conselho fiscal, a pedido de qualquer dos seus membros, solicitará aos órgãos de administração esclarecimentos ou informações, desde que relativas à sua função fiscalizadora, assim como a elaboração de demonstrações financeiras ou contábeis especiais". Observa-se que o dever de prestar esclarecimentos ou informações foi atribuído aos órgãos da administração, e não aos administradores, neste caso.

Por fim, ao se refletir sobre a natureza do dever de informar atribuído ao administrador das sociedades anônimas, nota-se que o mesmo

dispositivos legais norte-americanos: "O propósito desses comandos é o de possibilitar o investidor dispor das informações necessárias para tomar decisões criteriosas com relação a seus investimentos, e assegurar também que essas informações sejam verdadeiras. Não procura questionar a solidez do empreendimento, nem proibir o investidor de realizar uma má escolha, mas apenas e tão somente fornecer-lhe informações pertinentes para exame. Sequer tenta assegurar que as informações sejam de fato examinadas pelo investidor. A sua ação parte do princípio, por longo tempo reconhecido no Direito Americano, de que uma pessoa deve estar habilitada a realizar um negócio com pleno conhecimento dos fatos, se bem que a boa ou má escolha fique reservada exclusivamente à sua vontade" ("O conceito de *security* no Direito Norte-Americano e o conceito análogo no Direito Brasileiro", *RDM* 14/56, São Paulo, Ed. RT, 1974).

25. Erasmo Valladão Azevedo e Novaes França explica que a própria Lei 6.404/1976 reconheceu que o dever do administrador de companhia aberta de prestar informações a acionista em assembleia-geral ordinária não é amplo e irrestrito, pois deve ser compatibilizado com os demais deveres que incidem sobre a atuação daquele administrador, entre os quais se destaca o dever de sigilo nos casos em que a divulgação de uma informação possa resultar em risco a interesse legítimo da companhia, conforme dispõe o art. 155, § 5º (*Temas de Direito Societário, Falimentar e Teoria da Empresa*, cit., p. 373). V. também nota 21.

ostenta, em relação aos outros deveres que lhe foram atribuídos, caráter instrumental, o qual, a par de certamente não esgotar seu conteúdo, confere-lhe característica relevante, que deve ser considerada quando da aferição de seu estrito cumprimento. Com efeito, pode-se afirmar que a aposição do dever de informar do administrador da sociedade anônima, especialmente da companhia aberta, no sistema de deveres também tem por objetivo permitir a aferição do cumprimento, por exemplo, do dever de lealdade.

### 3.2.1 *Dever de informar e direito à informação*

A Lei 6.404/1976 não enunciou o direito à informação como regra geral e não o contrapôs, expressamente, a um correlato dever de informar atribuído aos administradores da sociedade anônima. Marcelo Vieira von Adamek explica que "no direito acionário brasileiro, o que há são regras esparsas, que, conjuntamente, compõem um verdadeiro 'sistema de informações', de um lado, e o dever de informar, que recai sobre os administradores", concluindo o autor pela importância de aprimoramento do ordenamento neste ponto.[26]

O direito à informação é importante instrumento para que o acionista possa tomar decisões a respeito de sua participação societária ou de investimento a ser realizado em determinada companhia. Ademais, apesar de não constar do rol de direitos essenciais previsto no art. 109 da Lei 6.404/1976, o direito à informação é ínsito ao direito de fiscalizar os negócios sociais, e deve ser exercido pelo acionista ou pela minoria acionária na forma prevista na lei.[27-28]

26. Marcelo Vieira von Adamek, *Responsabilidade Civil dos Administradores de S/A e as Ações Correlatas*, cit., p. 171.

27. Da leitura de referido diploma legal é possível traçar um rol de previsões referentes ao direito do acionista à informação. Sobre esse rol, v.: Marco La Rosa de Almeida e Valter Cestari de Rizzo, "Do direito do acionista à informação em companhias abertas e fechadas", cit., in Marcelo Vieira von Adamek (coord.), *Temas de Direito Societário e Empresarial Contemporâneos*, p. 595; Jorge Lobo, *Direitos dos Acionistas*, Rio de Janeiro, Elsevier, 2010, pp. 137-141. Destaque-se, ainda, o disposto no art. 100, § 1º, segundo o qual "a qualquer pessoa, desde que se destinem a defesa de direitos e esclarecimento de situações de interesse pessoal ou dos acionistas ou do mercado de valores mobiliários, serão dadas certidões dos assentamentos constantes dos livros mencionados nos incisos I a III, e por elas a companhia poderá cobrar o custo do serviço, cabendo, do indeferimento do pedido por parte da companhia, recurso à Comissão de Valores Mobiliários".

28. A este respeito, v. decisão administrativa proferida pelo colegiado da CVM nos autos do Processo Administrativo/PA CVM-RJ 2008/0713, na reunião

### 3.2.2 *Dever de informar dos administradores de companhia aberta (Lei 6.404/1976, art. 157)*

O art. 157 da Lei 6.404/1976 dispôs sobre o dever de informar dos administradores das companhias abertas, disciplinando-o em quatro hipóteses: dever de declaração no termo de posse (*caput*); dever de revelação à assembleia-geral ordinária (§ 1º); dever de comunicação e divulgação de fato relevante (§ 4º); e dever de informação sobre posição acionária (§ 6º).

As hipóteses previstas no *caput* e nos §§ 1º e 6º do art. 157 da Lei 6.404/1976 dizem respeito a posição acionária e carteira de demais valores mobiliários detidas pelo administrador[29] e, nos termos da alínea

de 9.2.2010, que indeferiu recurso interposto de decisão da Superintendência de Proteção e Orientação aos Investidores daquela autarquia federal que versava sobre direito do acionista à informação e dever de sigilo constante do Regimento e do Regulamento da Câmara de Arbitragem do Mercado. Pertinente transcrever trecho do voto do Diretor-Relator, Otávio Yazbek, acompanhado pelo colegiado daquela autarquia federal: "(...). 6. Ignorar os limites próprios (ou intrínsecos) do regime de informações aos acionistas acaba, em última instância, levando a uma fetichização do princípio do *full disclosure* – o direito à informação e o princípio da transparência na condução dos negócios sociais podem até ser aparentemente valorizados, mas eles acabam por ser esvaziados de qualquer sentido mais concreto. 7. É daí que decorre, por exemplo, a interpretação equivocada acerca do art. 4º, inciso IV, 'b' e 'c', e inciso VI, da Lei n. 6.385/1976, como se estes dispositivos, por si e isolados do sistema que integram, pudessem suportar o quanto foi postulado. Daí decorre, também, a equivocada assertiva de que as informações pretendidas, derivadas dos procedimentos arbitrais, nada teriam a ver com a divulgação de fato relevante (quando esta categoria seria, a bem da verdade, a única capaz de suportar os interesses do recorrente – um caso merece divulgação justamente por produzir os efeitos que caracterizam os chamados fatos relevantes). 8. Reitero, desta maneira, que não existe um direito à informação *in abstracto*, motivo pelo qual não vislumbro irregularidade nas disposições do Regimento e do Regulamento da CAM ora atacadas. Irregularidade haveria se o sigilo neles previsto fosse impeditivo da prestação de informações obrigatórias ao mercado. Não é o que ocorre, porém: a rigor, o dever de sigilo não vigora – e nem poderia vigorar – se houver obrigação de efetuar comunicação ao mercado" (disponível em *http://www.cvm.gov.br*).

29. O § 6º do art. 157 da Lei 6.404/1976, introduzido pela Lei 10.303/2001, faz menção apenas ao dever de informar modificações em *posição acionária*, em dicção mais restrita que a utilizada no § 1º do mesmo artigo. Modesto Carvalhosa e Nelson Eizirik propugnam uma interpretação sistemática de referido dispositivo, inclusive para que abranja valores mobiliários de emissão da própria companhia ou de sociedades controladas ou do mesmo grupo (*A Nova Lei das S/A*, cit., pp. 323-324). Com efeito, a alteração legislativa promovida em 2001 teve por objetivo reforçar a transparência no mercado de capitais, ao exigir que se mantenha um fluxo de informações atualizadas sobre a carteira detida pelos administradores em valores

"e" do mencionado § 1º, aos *atos e fatos relevantes nas atividades da companhia*.[30]

A hipótese prevista no § 4º do referido dispositivo faz referência à comunicação e à divulgação de qualquer deliberação da assembleia-geral ou dos órgãos de administração da companhia, ou fato relevante ocorrido nos seus negócios, que possa influir, de modo ponderável, na decisão dos investidores do mercado de vender ou comprar valores mobiliários emitidos pela companhia.

Nos termos do § 1º do referido art. 157, o dever do administrador da companhia aberta de informar à assembleia-geral ordinária[31] sua posição em valores mobiliários, descritos nas alíneas "a" a "d", somente incide a pedido de acionista ou acionistas que representem 5% ou mais do capital social. De acordo com o art. 291 da Lei 6.404/1976, foi atribuída competência à CVM para reduzir essa porcentagem mínima, mediante fixação de escala em função do valor do capital social.

Os deveres previstos no art. 157 da Lei 6.404/1976 – relevantíssimos para a efetividade do princípio da transparência no mercado de capitais, nos termos dos arts. 2º, § 2º, 4º, VI, 8º, III, 19, 20 e 22, § 1º, todos da Lei 6.385/1976 – foram disciplinados pela CVM na Instrução CVM-358/2002.[32] Destaque-se, a este respeito, a previsão de indicação

mobiliários de emissão da companhia aberta a ser por eles gerida, ou de sociedades controladas ou do grupo, que não dependa exclusivamente do exercício do direito de minoria previsto no § 1º do referido artigo.

30. A esse respeito, pertinente transcrever os esclarecimentos de Erasmo Valladão Azevedo e Novaes França: "De qualquer forma, como se pode perceber, salvo na hipótese prevista no art. 157, *caput*, em que o administrador pode prestar informações inclusive fora do conclave, ao firmar o termo de posse, nas demais seu dever de informar os acionistas, revelando ou esclarecendo fatos, dirige-se à *assembleia-geral*, e não a qualquer acionista em particular. Aliás, é iterativa a jurisprudência no sentido de que, individualmente, o acionista não tem direito de exigir prestação de contas do administrador da sociedade anônima, pois que ele tem o dever de prestá-las somente à assembleia-geral" (*Temas de Direito Societário, Falimentar e Teoria da Empresa*, cit., p. 373).

31. Marcelo Vieira von Adamek entende que o direito de minoria previsto no art. 157, § 1º, da Lei 6.404/1976 pode ser exercido não somente na assembleia-geral ordinária, conforme a literalidade do dispositivo, mas também no âmbito de assembleia-geral extraordinária, tendo em vista o propósito da regra ("franquear aos acionistas dados pertinentes ao presente e ao passado dos administradores") e "a proeminência da assembleia-geral dentro da organização societária, a qual não fica a depender do tipo de conclave dos acionistas" (*Responsabilidade Civil dos Administradores de S/A e as Ações Correlatas*, cit., p. 173).

32. Em 26.8.2013, nos termos do art. 8º, § 3º, I, da Lei 6.385/1976, a CVM divulgou o Edital de Audiência Pública SDM-08/2013, por meio do qual referida

de diretor de relações com investidores pela companhia para o cumprimento dos deveres disciplinados naquele ato normativo, bem como a obrigatoriedade de adoção de política de divulgação de ato ou fato relevante, contemplando procedimentos relativos à manutenção de sigilo acerca de informações relevantes não divulgadas.

O § 5º do art. 157 disciplinou as hipóteses de recusa e não divulgação legítimas:

> § 5º. Os administradores poderão recusar-se a prestar a informação (§ 1º, alínea "e"), ou deixar de divulgá-la (§ 4º), se entenderem que sua revelação porá em risco interesse legítimo da companhia, cabendo à Co-

autarquia federal submeteu à audiência pública proposta de alteração da Instrução CVM-358/2002, lavrada com o seguinte objetivo: "A Minuta pretende modernizar o regime de divulgação de informação sobre ato ou fato relevante, adequando-o aos dias de hoje, nos quais a Internet se apresenta como meio de disseminação de notícias eficiente e acessível. Em resumo, pretende-se dispensar as companhias abertas da obrigação de publicar informação sobre ato ou fato relevante em jornais de grande circulação, desde que divulguem tais informações por meio de portais de notícia presentes na rede mundial de computadores".

Explica a autarquia federal: "A principal alteração proposta pela Minuta consiste na flexibilização da regra de divulgação de informações sobre atos ou fatos relevantes, que passam a poder ser divulgados não só em jornais de grande circulação habitualmente utilizados pela companhia, como também, cumulativa ou alternativamente, por meio de portais de notícias com páginas na rede mundial de computadores, que disponibilizem, em seção disponível para acesso gratuito, a informação em sua integralidade (art. 3º, § 4º, I e II). A Minuta busca evitar, no entanto, que tal flexibilização na divulgação dos fatos relevantes crie incertezas para os investidores quanto ao local onde tais informações poderão ser encontradas. Nesse sentido, a Minuta exige que a política de divulgação e o formulário cadastral incluam informação sobre o canal (ou canais) de comunicação que a companhia utilizará para divulgar os fatos relevantes (art. 3º, § 7º). Assim, os investidores poderão ter certeza se os fatos relevantes serão publicados no jornal onde a companhia faz as suas publicações ou disponibilizados em portais eletrônicos de notícia, hipótese em que a política de divulgação e o formulário cadastral deverão indicar quais portais serão utilizados".

Finalmente, assevera a CVM: "(...) as alterações propostas pela Minuta limitam-se a flexibilizar o meio de divulgação dos fatos relevantes. As demais regras da Instrução CVM n. 358, de 2002, como, por exemplo, conteúdo e momento de divulgação do fato relevante, permanecem inalteradas. Nesse sentido, deve-se notar que, embora a flexibilização dos mecanismos de divulgação de informação relevante ora proposta vise a facilitar a disseminação de informações para o mercado, os critérios de relevância elencados no art. 2º da Instrução CVM n. 358, de 2002, permanecem inalterados".

Segundo referido Edital, os participantes da audiência pública deveriam encaminhar suas sugestões e comentários, por escrito, à mencionada autarquia federal até 25.9.2013.

missão de Valores Mobiliários, a pedido dos administradores, de qualquer acionista, ou por iniciativa própria, decidir sobre a prestação de informação e responsabilizar os administradores, se for o caso.[33]

Revelando preocupação com a possibilidade de abuso no exercício do direito à informação, o legislador previu que a revelação dos atos e fatos realizada pelo administrador, nos termos do art. 157, somente pode ser utilizada no legítimo interesse da companhia ou do acionista. O § 3º do referido artigo também dispõe sobre a responsabilidade dos solicitantes pelos abusos praticados.[34]

## 4. *Repressão ao* insider trading*: corolário do princípio da transparência no mercado de capitais*

*Insider trading* é tema candente, não somente nos meios empresarial, acadêmico, jornalístico, jurisdicional, político, regulatório, mas exerce fascínio geral, alcançando sucesso literário, no cinema e, no Brasil, está presente até mesmo em populares telenovelas.[35] A evolução histórica da adoção dos instrumentos para o combate a esta prática nociva, os avanços tecnológicos que permitiram a intensa circulação da informação e a integração dos mercados de capitais brasileiro e estrangeiros certamente exigem a aplicação das técnicas do Direito Comparado ao estudo da matéria. Ou seja: imperioso novamente advertir que os limites que o propósito deste ensaio impõe não se mostram adequados ao tratamento abrangente e aprofundado da mesma. Sendo assim, nas próximas linhas far-se-á breve análise das disposições legais e normativas

33. As críticas a este dispositivo foram debatidas na nota 21.

34. Marcelo Vieira von Adamek, ao discorrer sobre o abuso no uso das informações sociais, prevê, no plano sancionatório, medidas gerais de caráter indenizatório, sanções de caráter criminal e, conforme o caso, e em situações extremas, até a exclusão. Em sua tese de Doutorado o autor discorreu também sobre as dificuldades enfrentadas no estudo acerca da possibilidade da exclusão do acionista (*Abuso de Minoria em Direito Societário (Abuso das Posições Subjetivas Minoritárias)*, tese (Doutorado), São Paulo, Faculdade de Direito da USP, 2010, pp. 235-239 e 311-313).

Nos termos das competências atribuídas à CVM pela Lei 6.385/1976 pode-se vislumbrar também a imposição de sanções administrativas em razão da violação do disposto no § 3º do art. 157 da Lei 6.404/1976.

35. *Covil de Ladrões* (Bertrand Brasil, 1994), obra escrita por James B. Stewart, baseada em reportagens e pesquisas de um jornalista a respeito dos escândalos que abalaram o mercado de capitais dos Estados Unidos da América na segunda metade da década de 1980; e a célebre película de Oliver Stone, ***Wall Street*** *– Poder e Cobiça*, de 1987.

que objetivam a repressão do *insider trading* no Brasil, à luz do sistema de deveres e responsabilidades dos administradores das sociedades anônimas, objeto dos itens anteriores.

A tudo quanto foi abordado anteriormente há que se agregar duas alterações legislativas importantes, ocorridas em 2001: o § 4º do art. 155 da Lei 6.404/1976[36] e o art. 27-D da Lei 6.385/1976.[37]

36. Luiz Gastão Paes de Barros Leães explica que a Lei 4.728/1965 determinou a competência do Banco Central do Brasil para fiscalizar a utilização de informações não divulgadas ao público, em benefício próprio ou de terceiros, por acionistas ou pessoas que, por força de cargos que exerçam, a elas tenham acesso, sem, contudo, fornecer os parâmetros ou as condições para o exercício da fiscalização (*Mercado de Capitais & **Insider Trading***, São Paulo, Ed. RT, 1982, pp. 173 e ss.).

Seguiu-se a edição da Lei 6.404/1976, que disciplinou a questão, na forma do art. 157. A CVM, criada pela Lei 6.385/1976, expediu, a propósito, a Instrução CVM-08/1979, com o objetivo de vedar "aos administradores e acionistas de companhias abertas, aos intermediários e aos demais participantes do mercado de valores mobiliários a criação de condições artificiais de demanda, oferta ou preço de valores mobiliários, a manipulação de preço, a realização de operações fraudulentas e o uso de práticas não equitativas".

Em 1984 a CVM expediu a Instrução 31 para disciplinar a divulgação de ato e fato relevantes ao mercado. Nos termos dos arts. 10 a 12, vedou-se o uso da informação privilegiada e, nos termos do parágrafo único do art. 11, dispôs-se que a referida vedação era aplicável "a quem quer que tenha conhecimento de informação referente a ato ou fato relevante, sabendo que se trata de informação privilegiada ainda não divulgada ao mercado".

Modesto Carvalhosa e Nelson Eizirik, em comentários à reforma legislativa de 2001, explicitam o debate então existente a respeito da abrangência da vedação prevista no § 1º do art. 155 da Lei 6.404/1976, dirigida aos administradores, em face do disposto no parágrafo único do art. 11 da Instrução CVM-31/1984 (*A Nova Lei das S/A*, cit., p. 332). À luz da introdução do § 4º do art. 155 do mesmo diploma legal, os mencionados autores explicam que a lei pressupõe que "o *administrador* representa o *tipper*, que transmite ao *tippee* a informação não divulgada", afirmando que sempre há correlação entre o administrador e o terceiro e, por isso, a inserção do referido parágrafo ao art. 155 mostra-se adequada. Neste raciocínio, concluem que deve haver um "*nexo profissional* entre o vazamento das informações e o terceiros, para que estes possam ser considerados *tippees*".

José Marcelo Martins Proença discorda desse ponto de vista, por entender que "o dever de lealdade restringe-se aos administradores, mas qualquer outra pessoa sujeita-se às normas repressivas da prática do *insider trading*, quer as de natureza civil, quer as de natureza penal" (***Insider Trading**. Regime Jurídico do Uso de Informações Privilegiadas no Mercado de Capitais*, cit., pp. 290-293).

O debate travado anteriormente à inserção do § 4º do art. 155 da Lei 6.404/1976 no ordenamento jurídico cinge-se aos limites do poder normativo da CVM, à luz dos princípios constitucionais e dos dispositivos da Lei 6.385/1976 então vigentes. Após a reforma promovida pela Lei 10.303/2001 revela-se mais adequado o entendimento de José Marcelo Martins Proença. De qualquer forma, a adoção desta posição não

Com fundamento no art. 4º, *caput* e incisos, no art. 8º, I e III, no art. 18, II, "a", e no art. 22, § 1º, I, V e VI, todos da Lei 6.385/1976, e no art. 157 da Lei 6.404/1976, em janeiro/2002 a CVM editou a Instrução CVM-358,[38] para disciplinar "a divulgação e o uso de informações sobre ato ou fato relevante relativo às companhias abertas", "a divulgação de

arrefece o debate, que se inclinará, assim, em cada caso concreto, à qualificação da própria informação – se realmente *privilegiada*, ou se já de acesso público –, a depender da colheita de prova de se estar diante de transmissão da informação do *tipper* ao *tippee* ou de vazamento da informação, com evidente ausência de controle sobre sua circulação no mercado. De qualquer forma – e para retomar o tema do presente ensaio –, a conduta do administrador deverá ser submetida a escrutínio, para aferição de violação ao dever de sigilo, até mesmo na modalidade de burla à vedação à negociação mediante utilização de interposta pessoa.

37. Lei 6.385/1976, Capítulo VII-B, "Dos Crimes Contra o Mercado de Capitais":

"**Uso Indevido de Informação Privilegiada**. Art. 27-D. Utilizar informação relevante ainda não divulgada ao mercado, de que tenha conhecimento e da qual deva manter sigilo, capaz de propiciar, para si ou para outrem, vantagem indevida, mediante negociação, em nome próprio ou de terceiro, com valores mobiliários:

"Pena – reclusão, de 1 (um) a 5 (cinco) anos, e multa de até 3 (três) vezes o montante da vantagem ilícita obtida em decorrência do crime."

38. A aposição de vedações e condições para a negociação de ações de companhia aberta realizada pela CVM com a edição da Instrução CVM-358 suscita debate. Com efeito, ao lado da adoção do regime de registro (de emissor de valores mobiliários, de distribuição pública de valores mobiliários, entre outros) e de autorização (para prestação de serviços de administração de carteira de valores mobiliários, de auditoria independente de companhia aberta, entre outros), a aposição de vedações e de condições para a negociação de valores mobiliários constitui uma das formas mais expressivas do exercício de poder de polícia administrativa sobre o mercado de valores mobiliários brasileiro. São atos da Administração Pública que evidenciam as limitações ao exercício da propriedade e da liberdade à sua área de manifestação legítima. Celso Antônio Bandeira de Mello assim define *polícia administrativa*: "(...) *a atividade da Administração Pública, expressa em atos normativos ou concretos, de condicionar, com fundamento em sua supremacia geral e na forma da lei, a liberdade e a propriedade dos indivíduos, mediante ação ora fiscalizadora, ora preventiva, ora repressiva, impondo coercitivamente aos particulares um dever de abstenção ("non facere") a fim de conformar-lhes os comportamentos aos interesses sociais consagrados no sistema normativo*" (*Curso de Direito Administrativo*, cit., 31ª ed., p. 855).

A aferição dos contornos da área de manifestação legítima da liberdade e da propriedade pelo particular em face do interesse da coletividade na higidez e eficiência do mercado de capitais é tarefa árdua. Para tanto, debate-se a atribuição de função normativa à Administração Pública; e, superada esta questão, analisa-se a ponderação entre os mencionados interesses, realizada pela Administração Pública mediante a edição da Instrução CVM-358/2002 (sobre referido debate, v. entendimento de Celso Antônio Bandeira de Mello, *Curso de Direito Administrativo*, cit., 31ª ed., pp.

informações na negociação de valores mobiliários e na aquisição de lote significativo de ações de emissão de companhia aberta" e estabelecer "vedações e condições para a negociação de ações de companhia aberta na pendência de fato relevante não divulgado ao mercado".[39]

362 e ss., e Eros Roberto Grau, *O Direito Posto e o Direito Pressuposto*, 8ª ed., São Paulo, Malheiros Editores, 2011, pp. 222-243 e 341 e ss.).

No que tange à função normativa, Alexandre Santos de Aragão ressalta não ser suficiente dispositivo legal que atribua competência à Administração Pública para editar normas sobre determinada matéria. Imprescindível que referida lei apresente princípios, finalidades, políticas públicas ou *standards* que permitam o exercício de controle sobre a norma editada. Explica o autor: "(...) evoluiu-se para se considerar a Administração Pública vinculada não apenas à lei, mas a todo um bloco de legalidade, que incorpora os valores, princípios e objetivos jurídicos maiores da sociedade, com diversas Constituições (por exemplo, a alemã e a espanhola) passando a submeter a Administração Pública expressamente à 'lei e ao Direito', o que também se infere implicitamente da nossa Constituição e expressamente da Lei de Processo Administrativo Federal (art. 2º, parágrafo único, I). A esta formulação dá-se o nome de princípio da juridicidade ou da legalidade em sentido amplo. Note-se que esta formulação é uma mão de via dupla: serve tanto para restringir a ação da Administração Pública não apenas pela lei, mas também pelos valores e princípios constitucionais, como para permitir a sua atuação quando, mesmo diante da ausência de lei infraconstitucional específica, os valores da Constituição (lei constitucional) impuserem a sua atuação" ("A concepção pós-positivista do princípio da legalidade", *RDA* 236/62-63, Rio de Janeiro, Renovar, abril-junho/2004).

Ao disciplinar a ordem econômica, a CF, em seu art. 174, dispõe que, na qualidade de agente normativo e regulador da atividade econômica, o Estado exercerá, na forma da lei, as funções de fiscalização, de incentivo e de planejamento. Com a edição da Lei 6.385/1976 criou-se a CVM, autarquia federal, e, nos termos de seu art. 8º, conferiu-se a tal ente da Administração Pública indireta competência para a edição de normas. O mesmo diploma legal apresenta *standards* para o controle do exercício de referida atribuição pela CVM: finalidades expressamente previstas nos incisos de seu art. 4º, entre as quais a proteção dos titulares de valores mobiliários e dos investidores do mercado contra atos ilegais de administradores e acionistas controladores das companhias abertas e contra o uso de informação relevante não divulgada no mercado de valores mobiliários; a expansão e o funcionamento eficiente e regular do mercado de ações; e o funcionamento eficiente e regular dos mercados da Bolsa e de Balcão.

Afirma-se, assim, a competência da CVM para a edição da instrução CVM anteriormente mencionada. Observa-se que a solução certamente não se limita ao simples contraste entre a disciplina erigida na Instrução CVM-358/2002 e o teor do § 1º do art. 155 da Lei 6.404/1976, o qual dispôs sobre o dever de sigilo dos administradores de companhia aberta. Há que se considerar, além do dever de informar atribuído aos administradores de companhia aberta (art. 157 da Lei 6.404/1976), os dispositivos da Lei 6.385/1976, especialmente aqueles expressamente invocados pela CVM na edição do mencionado ato normativo.

39. A limitação do exercício da liberdade e da propriedade pelo particular aos contornos da área de sua manifestação legítima invoca a análise de eventual excesso

na restrição a direito fundamental e também da razoabilidade e da proporcionalidade da medida em questão.

O acesso de administradores de companhia aberta a informações não divulgadas ao mercado revela-se máxima da experiência utilizada na elaboração da mencionada norma, que pretendeu traçar mecanismos de combate ao denominado *insider trading*. A Administração Pública optou por vedar e impor condições à negociação de ações de companhia aberta na pendência de fato relevante não divulgado ao mercado. Optou-se pela prevenção, por antecipar um mecanismo de proteção ao bem jurídico.

Na ponta oposta, poder-se-iam delinear mecanismos de cunho apenas repressivo, ou seja, privilegiar a livre e irrestrita negociação de ações ainda que na pendência de ato ou fato relevante não divulgado ao mercado, pelos denominados *insiders*, entre os quais os administradores da companhia emissora, e por qualquer pessoa que lograsse acesso a referida informação. Neste cenário, limitar-se-ia o combate ao *insider trading* à fiscalização para a aferição de eventual utilização de informação ainda não divulgada ao público investidor, e os mecanismos para tanto incidiriam sempre em momento posterior ao evento danoso.

Observa-se, assim, que o combate ao *insider trading* requer a ponderação entre a liberdade e a propriedade e a higidez e a confiabilidade do mercado de capitais. Para tanto, mostra-se útil desenvolver raciocínio calcado na aplicação dos *postulados normativos aplicativos*. Estes, conforme explica com extrema clareza Humberto Ávila, constituem "metanormas". São deveres que estabelecem critérios para a aplicação racional de outras normas, princípios e regras; que "estruturam a aplicação do dever de promover um fim"; que prescrevem "modos de raciocínio e de argumentação relativamente a normas que indiretamente prescrevem comportamentos" (*Teoria dos Princípios: da Definição à Aplicação dos Princípios Jurídicos*, 15ª ed., São Paulo, Malheiros Editores, 2014, pp. 163-181).

Destaque-se a *proibição de excesso*, ou seja, a proibição de que se retire um mínimo de eficácia de um direito fundamental na busca pela realização de um princípio constitucional. Ressalte-se, também, *razoabilidade* sob os prismas da *congruência* e da *equivalência*. É imprescindível um suporte empírico para a aposição da norma. A Administração Pública deve eleger uma causa existente e suficiente a justificar sua atuação, como decorrência do dever de congruência e de fundamentação na natureza das coisas. A congruência também deve permear o *critério de diferenciação* eleito pela Administração Pública e a *medida* a ser adotada a partir deste critério, uma vez que a eficácia do princípio da igualdade veda a adoção de critérios distintivos inadequados. A *razoabilidade* exige equivalência entre duas *grandezas*, entre a *medida* adotada pela Administração Pública e o *critério* que a dimensionou.

Finalmente, há que se considerar a *proporcionalidade*. Explica Humberto Ávila: "(...). O postulado da proporcionalidade exige que o Poder Legislativo e o Poder Executivo escolham, para a realização de seus fins, meios adequados, necessários e proporcionais. Um meio é adequado se promove o fim. Um meio é necessário se, dentre todos aqueles meios igualmente adequados para promover o fim, for o menos restritivo relativamente aos direitos fundamentais. E um meio é proporcional, em sentido estrito, se as vantagens que promove superam as desvantagens que provoca. (...)" (*Teoria dos Princípios: da Definição à Aplicação dos Princípios Jurídicos*, cit., 15ª ed., pp. 20-202).

No que tange à *adequação*, especialmente quanto ao controle do ato pelo Poder Judiciário, o mencionado autor sustenta que cabe à Administração Pública eleger simplesmente um meio que promova o fim, pois nem sempre é possível ou plausível aferir antecipadamente o melhor e mais seguro meio para a realização do fim. Não se pode afirmar que as informações e as circunstâncias estejam sempre à disposição da Administração Pública, de forma a permitir a análise de todos os meios possíveis e imagináveis para atingir uma finalidade. Acrescenta o autor que o princípio da separação de Poderes requer respeito à vontade objetiva dos Poderes Legislativo e Executivo, e um mínimo de liberdade de escolha é inerente a esse sistema. Após advertir sobre a inviabilidade de se definir o que significa "adotar uma medida adequada", ante as múltiplas possibilidades de atuação do Poder Público, Humberto Ávila propõe uma resposta em que predomina o valor heurístico: nas hipóteses em que a atuação da Administração Pública se dirige a uma generalidade de casos, a medida adotada será adequada se, abstrata e geralmente, servir para a promoção do fim almejado. A edição de atos normativos ilustra esta hipótese, segundo o autor, o qual ressalta que a adequação deve ser examinada no momento da escolha do meio pelo Poder Público, consideradas as circunstâncias existentes no momento dessa atuação, e não em momento posterior, da avaliação da escolha pelo julgador.

Esclarece Humberto Ávila que a *proporcionalidade* sob o prisma da *necessidade* se desenvolve em duas etapas investigativas: *exame da igualdade de adequação dos meios* (os meios alternativos promovem igualmente o fim?) e *exame do meio menos restritivo* (os meios alternativos restringem em menor medida os direitos fundamentais colateralmente afetados?).

A vedação à negociação de ações de companhia aberta constante da Instrução CVM-358/2002 é temporária (incide na pendência de ato ou fato relevante não divulgado ao mercado, e cessa no momento da divulgação deste) e condicionada (não se aplica às negociações realizadas de acordo com política de negociação elaborada e aprovada nos termos do art. 15 da referida Instrução CVM-358/2002; e também não incide sobre a aquisição de ações em Tesouraria, por meio de negociação privada, decorrente do exercício de opção de compra de acordo com plano de outorga de opção de compra de ações aprovado em assembleia-geral). Portanto, não se pode identificar na hipótese, a princípio, uma restrição excessiva a direito fundamental.

A leitura do *caput* e do § 1º do art. 13 da Instrução CVM-358/2002 revela que a Administração Pública adotou vedação à negociação de ações *propter officium*. A este respeito, há que se considerar que o administrador integra voluntariamente os quadros de administração da companhia aberta, e, ao assim fazê-lo, adere a regime jurídico específico.

Para a análise da adequação do critério distintivo adotado pela Administração Pública sob a ótica da *razoabilidade*, interessante notar que a aposição de limitações à negociação de valores mobiliários também incide sobre a atuação dos servidores públicos lotados e em exercício na CVM e dos dependentes destes. Nos termos da Portaria CVM/PTE-185, de 11.10.2002, proíbe-se, evidentemente, "a negociação com valores mobiliários tendo conhecimento de informação relevante ainda não divulgada ao mercado", e também são vedadas, entre outras condutas, "a venda de valores mobiliários em prazo inferior a 6 (seis) meses da data de sua compra" (com exceção de cotas de fundo de investimento constituído sob a forma de condomínio aberto e de cotas de clube de investimento nos quais a participação do servidor seja inferior a 5% das cotas emitidas e que este não tenha qualquer ingerência na gestão do veículo de investimento coletivo) e a "negociação com derivativos". À luz do disposto no art. 1º, *caput* e § 1º, da referida PORTARIA, consideram-se "servidores

Seu art. 13 dispõe que: "Antes da divulgação ao mercado de ato ou fato relevante[40] ocorrido nos negócios da companhia, é vedada a negociação com valores mobiliários de sua emissão, ou a eles referenciados, pela própria companhia aberta, pelos acionistas controladores, diretos ou indiretos, diretores, membros do conselho de administração, do conselho fiscal e de quaisquer órgãos com funções técnicas ou consultivas, criados por disposição estatutária, ou por quem quer que, em virtude de seu cargo, função ou posição na companhia aberta, sua controladora, suas controladas ou coligadas, tenha conhecimento da informação relativa ao ato ou fato relevante". O § 2º do referido artigo tratou da incidência da vedação mesmo aos administradores que se afastem da administração da companhia antes da divulgação ao mercado de fato relevante iniciado durante o período de sua gestão, até seis meses após referido afastamento. A Instrução CVM-369/2002 e a Instrução CVM-449/2007 introduziram na referida Instrução CVM-358/2002 outras hipóteses que se referem à incidência temporal da referida vedação. O termo final da incidência da mencionada vedação ocorre tão logo a companhia divulgue o fato relevante ao mercado, "salvo se a negociação com as ações puder interferir nas condições dos referidos negócios, em prejuízo dos acionistas da companhia ou dela própria" (§ 5º).

A Instrução CVM-358/2002 traz duas exceções relevantes à vedação imposta aos administradores das companhias abertas: nos termos do § 6º do referido art. 13, a vedação "não se aplica à aquisição de ações

da CVM", para os fins daquele ato normativo, "funcionários concursados, os requisitados, os que ocupam funções de confiança, os lotados, os contratados a qualquer título, inclusive estagiários, e os membros do Colegiado" (íntegra disponível em *http://www.cvm.gov.br*).

Por fim, não se pode afastar a dúvida acerca da eficácia da adoção de mecanismos de cunho apenas repressivo no combate ao *insider trading* como meio para a promoção da higidez e da confiabilidade do mercado de capitais.

40. O art. 155, § 1º, da Lei 6.404/1976 faz referência a informação "capaz de influir de modo ponderável na cotação de valores mobiliários". O art. 2º da Instrução CVM-358/2002 dispõe ser relevante, para os efeitos daquele ato normativo, "qualquer decisão de acionista controlador, deliberação da assembleia-geral ou dos órgãos de administração da companhia aberta, ou qualquer outro ato ou fato de caráter político-administrativo, técnico, negocial ou econômico-financeiro ocorrido ou relacionado aos seus negócios que possa influir de modo ponderável: I – na cotação dos valores mobiliários de emissão da companhia aberta ou a eles referenciados; II – na decisão dos investidores de comprar, vender ou manter aqueles valores mobiliários; III – na decisão dos investidores de exercer quaisquer direitos inerentes à condição de titular de valores mobiliários emitidos pela companhia ou a eles referenciados" – e apresenta rol exemplificativo de atos ou fatos relevantes.

que se encontrem em Tesouraria, através de negociação privada, decorrente do exercício de opção de compra de acordo com plano de outorga de opção de compra de ações aprovado em assembleia-geral"; e o § 7º dispõe sobre a não incidência "às negociações realizadas pela própria companhia aberta, pelos acionistas controladores, diretos ou indiretos, diretores, membros do conselho de administração, do conselho fiscal e de quaisquer órgãos com funções técnicas ou consultivas, criados por disposição estatutária, de acordo com política de negociação aprovada nos termos do art. 15".

António Menezes Cordeiro discorreu sobre as opções legislativas que se apresentam para a repressão ao *insider trading*. Em abstrato, o autor vislumbra primeiramente duas hipóteses: vedar o mercado às pessoas que, em razão de sua posição, possam ter acesso à informação privilegiada ou determinar aos responsáveis que, diante de qualquer informação dessa natureza, realizem sua imediata divulgação. À primeira hipótese atribui-se um óbice evidente, fundado na impossibilidade de garantir que a informação não circule e que pessoas não vinculadas funcionalmente a setores sensíveis a utilizem em proveito próprio; ou seja, obstáculos para compartimentar a circulação da informação. A adoção da segunda hipótese seria, em tese, mais indicada. Uma segunda opção se apresenta: a criação de sanções de direito público ou esquemas de responsabilidade civil. A terceira opção a que o autor faz referência diz respeito ao incremento do esquema de sanções de direito público e responsabilidade civil, inserindo no sistema ampla divulgação de posições societárias e deveres de sigilo, objetivando-se evitar que a divulgação de toda e qualquer informação realizada justamente para prevenir a ocorrência do *insider trading* acabe por prejudicar o mercado de capitais, transformando-o em um *universo de boatos* inservíveis a qualquer investidor.[41]

É possível perceber no ordenamento jurídico brasileiro, no que tange às companhias abertas, a adoção: (i) da vedação, temporária, do mercado às pessoas que, em razão de sua posição, possam ter acesso a informação privilegiada (Lei 6.404/1976, art. 155, §§ 1º e 4º; Instrução CVM-358/2002); (ii) da regra da imediata divulgação de atos ou fatos relevantes (Lei 6.404/1976, art. 157, § 4º; Instrução CVM-358/2002); (iii) de sanções de direito público (sanções administrativas, aplicadas no curso de processo administrativo sancionador pela CVM, conforme

41. António Menezes Cordeiro, *Manual de Direito das Sociedades. Das Sociedades em Especial*, 2ª ed., Coimbra, Livraria Almedina, 2007, pp. 825-837.

Lei 6.385/1976; sanções penais); (iv) de esquemas de responsabilidade civil (Lei 6.404/1976, art. 155, § 3º; exigência da reparação do dano causado aos lesados para a celebração de compromisso em curso de processo administrativo sancionador em curso perante a CVM, nos termos do art. 11, §§ 5º a 9º, da Lei 6.385/1976; ação coletiva ajuizada pelos legitimados ativos, entre os quais a CVM, o Ministério Público e as associações, em caso de violação a direitos transindividuais, nos termos da Lei 7.437/1985, da Lei 7.913/1989 e da Lei 8.078/1990); (v) da regra da ampla divulgação de participações societárias (Lei 6.404/1976, art. 157, incisos e §§; Lei 6.385/1976, art. 2º, § 2º; Instrução CVM-358/2002); (vi) de deveres de sigilo e de demais deveres, especialmente de lealdade, atribuídos aos administradores (Lei 6.404/1976, arts. 153 e ss.).

Ressalte-se que referidos instrumentos atualmente também se integram com a atuação de autoridades reguladoras, do Poder Judiciário e de particulares desenvolvida em jurisdições estrangeiras. A título ilustrativo, mencione-se a atuação da CVM, do Ministério Público, do Poder Judiciário e dos particulares no Brasil simultaneamente à atuação da *Securities Exchange Commission*, do Poder Judiciário norte-americano e dos particulares, individualmente ou em *class actions*, nos Estados Unidos da América, em razão, por exemplo, da distribuição de valores mobiliários no Brasil e naquele País.

Tudo está a indicar que a opção por um sistema de legitimidade concorrente disjuntiva a órgãos públicos (CVM, Ministério Público) e a particulares (acionista, investidor lesado e associações) para a utilização dos instrumentos de sanção civil anteriormente descritos,[42] aliada à legitimação privativa para sanções penais e para sanções administrativas (que não exclui a possibilidade de colaboração), mostra-se positiva. A adoção deste sistema mitiga os efeitos deletérios da inércia de algum legitimado e, ao mesmo tempo, se vale da especialização de cada um deles. Assim, a contribuição advinda da atuação da pluralidade de agentes para a evolução dos mecanismos de proteção da higidez e confiabilidade do mercado de capitais parece-nos superior a eventuais efeitos nocivos advindos da insegurança jurídica que referido sistema pode acarretar. O desafio, portanto, reside em se alcançar eficiência na utilização integrada de todos estes instrumentos, que se desenvolvem nas esferas civil, administrativa e penal, para a repressão ao *insider trading*.

42. A este respeito, v. Rodolfo de Camargo Mancuso, *Interesses Difusos: Conceito e Legitimação para Agir*, 6ª ed., São Paulo, Ed. RT, 2000, pp. 228-247.

## 5. *Notas conclusivas*

Os desafios apresentados ao direito societário para disciplinar a organização da vida empresarial na atualidade conduzem à abertura para a interdisciplinariedade. A necessidade de sopesar os diversos interesses que se apresentam à conformação do interesse social desafia um novo debate sobre a natureza jurídica dos deveres atribuídos aos administradores das sociedades anônimas e sobre os padrões erigidos para sua aferição.

A complexidade e a celeridade impostas pelos avanços tecnológicos à condução da empresa na atualidade revelam ser imperioso aclarar a incidência dos deveres dos administradores aos integrantes de órgãos consultivos das sociedades anônimas e seus limites.

O sistema de deveres e responsabilidade dos administradores de sociedades anônimas, instrumento voltado ao exercício do direito de fiscalizar os negócios sociais pelo acionista, também encerra elemento extremamente relevante na estrutura de repressão ao *insider trading* colmatada na disciplina jurídica do mercado de capitais no País.

Afigura-se relevante desenvolver mecanismos que estimulem a independência dos administradores, buscando garantir maior transparência e possibilidade de controle sobre a regularidade das decisões tomadas no âmbito das sociedades anônimas e, especialmente, das companhias abertas.

Por fim, há que se avançar na efetivação do sistema de sanções à violação dos deveres pelos administradores de sociedades anônimas existente no ordenamento jurídico, especialmente no que tange à reparação dos danos.

## *Referências bibliográficas*

ADAMEK, Marcelo von. *Abuso de Minoria em Direito Societário (Abuso das Posições Subjetivas Minoritárias)*. Tese (Doutorado). São Paulo, Faculdade de Direito da USP, 2010.

_________. *Responsabilidade Civil dos Administradores de S/A e as Ações Correlatas*. São Paulo, Saraiva, 2010.

_________ (coord.). *Temas de Direito Societário e Empresarial Contemporâneos*. São Paulo, Malheiros Editores, 2011.

ALMEIDA, Marco La Rosa de, e RIZZO, Valter Cestari de. "Do direito do acionista à informação em companhias abertas e fechadas". In: ADAMEK, Marcelo Vieira von (coord.). *Temas de Direito Societário e Empresarial Contemporâneos*. São Paulo, Malheiros Editores, 2011 (pp. 594-607).

ARAGÃO, Alexandre Santos de. "A concepção pós-positivista do princípio da legalidade". *RDA* 236, Rio de Janeiro, Renovar, abril-junho/2004.

ASCARELLI, Tullio. *Problemas das Sociedades Anônimas e Direito Comparado*. 2ª ed. São Paulo, Saraiva, 1969.

ÁVILA, Humberto. *Teoria dos Princípios: da Definição à Aplicação dos Princípios Jurídicos*. 15ª ed. São Paulo, Malheiros Editores, 2014.

BANDEIRA DE MELLO, Celso Antônio. *Curso de Direito Administrativo*, 31ª ed. São Paulo, Malheiros Editores, 2014.

BORBA, José Edwaldo Tavares. *Direito Societário*. 7ª ed. Rio de Janeiro, Renovar, 2001.

BRASIL. COMISSÃO DE VALORES MOBILIÁRIOS. Decisão administrativa proferida nos autos do processo administrativo/PA CVM-RJ 2008/0713 em reunião de seu colegiado realizada em 9.2.2010 (disponível em *http://www.cvm.gov.br*).

________. Decisão administrativa proferida nos autos do processo administrativo sancionador/PAS CVM-18/2008 em sessão de julgamento realizada em 14.12.2010 (disponível em *http://www.cvm.gov.br*).

________. Edital de Audiência Pública DM-08/2013, de 26.8.2013 (disponível em *http://www.cvm.gov.br*).

________. Portaria CVM/PTE-185, de 11.10.2002 (disponível em *http://www.cvm.gov.br*).

CARVALHOSA, Modesto, e EIZIRIK, Nelson. *A Nova Lei das S/A*. São Paulo, Saraiva, 2002.

CEREZETTI, Sheila Christina Neder. "Administradores independentes e independência dos administradores (regras societárias fundamentais ao estímulo do mercado de capitais brasileiro)". In: ADAMEK, Marcelo Vieira von (coord.). *Temas de Direito Societário e Empresarial Contemporâneos*. São Paulo, Malheiros Editores, 2011 (pp. 575-593).

CLARK, Robert C. *Corporate Law*. Boston, Little, Brown and Co., 1986.

COFFEE JR., John C., SALE, Hillary A., e SELIGMAN, Joel. *Securities Regulation*. 10ª ed. Nova York, Foundation Press/Thompson/West, 2007.

COMPARATO, Fábio Konder. *Direito Empresarial: Estudos e Pareceres*. São Paulo, Saraiva, 1995.

________, e SALOMÃO FILHO, Calixto. *O Poder de Controle na Sociedade Anônima*. 4ª ed. Rio de Janeiro, Forense, 2005.

CORDEIRO, António Menezes. *Manual de Direito das Sociedades. Das Sociedades em Especial*. 2ª ed. Coimbra, Livraria Almedina, 2007.

COX, James D. *Securities Regulation – Cases and Materials*. 4ª ed. Nova York, Aspen Publishers, 2004.

JAEGER, Pier Giusto, e DENOZZA, Francesco. *Appunti di Diritto Commerciale. Impresa e Società*. 5ª ed. Milão, Giuffrè, 2000.

EIZIRIK, Nelson, e CARVALHOSA, Modesto. *A Nova Lei das S/A*. São Paulo, Saraiva, 2002.

EIZIRIK, Nelson, GAAL, Ariádna B., HENRIQUES, Marcus de Freitas, e PARENTE, Flávia. *Mercado de Capitais – Regime Jurídico*. 2ª ed. Rio de Janeiro, Renovar, 2008.

FRANÇA, Erasmo Valladão Azevedo e Novaes França. *Temas de Direito Societário, Falimentar e Teoria da Empresa*. São Paulo, Malheiros Editores, 2009.

_________ (coord.). *Direito Societário Contemporâneo I*. São Paulo, Quartier Latin, 2009.

FRONTINI, Paulo Salvador. "Função social da companhia: limites do poder de controle". In: ADAMEK, Marcelo Vieira von (coord.). *Temas de Direito Societário e Empresarial Contemporâneos*. São Paulo, Malheiros Editores, 2011 (pp. 533-551).

GAAL, Ariádna B., EIZIRIK, Nelson, HENRIQUES, Marcus de Freitas, e PARENTE, Flávia. *Mercado de Capitais – Regime Jurídico*. 2ª ed. Rio de Janeiro, Renovar, 2008.

GRAU, Eros Roberto. *O Direito Posto e o Direito Pressuposto*. 8ª ed. São Paulo, Malheiros Editores, 2011.

GUERREIRO, José Alexandre Tavares, e TEIXEIRA, Egberto Lacerda. *Das Sociedades Anônimas no Direito Brasileiro*. vol. 2. São Paulo, José Bushatsky Editor, 1979.

HAZEN, Thomas Lee, e RATNER, David L. *Securities Regulation in a Nutshell*. St. Paul, Thompson/West, 2005.

HENRIQUES, Marcus de Freitas, EIZIRIK, Nelson, GAAL, Ariádna B., e PARENTE, Flávia. *Mercado de Capitais – Regime Jurídico*. 2ª ed. Rio de Janeiro, Renovar, 2008.

JAEGER, Pier Giusto, e DENOZZA, Francesco. *Appunti di Diritto Commerciale. Impresa e Società*. 5ª ed. Milão, Giuffrè, 2000.

LEÃES, Luiz Gastão Paes de Barros. "O conceito de *security* no Direito Norte--Americano e o conceito análogo no Direito Brasileiro". *RDM* 14/41-60. Nova Série. São Paulo, Ed. RT, 1974.

_________. *Mercado de Capitais & **Insider Trading***. São Paulo, Ed. RT, 1982.

LOBO, Jorge. *Direitos dos Acionistas*. Rio de Janeiro, Elsevier, 2010.

MADUREIRA, Maiara. *A Tutela da Informação no Mercado de Capitais*. Monografia, Bacharelado em Direito. São Paulo, Faculdade de Direito da USP, 2009.

MANCUSO, Rodolfo de Camargo. *Interesses Difusos: Conceito e Legitimação para Agir*. 6ª ed. São Paulo, Ed. RT, 2000.

PARENTE, Flávia, EIZIRIK, Nelson, GAAL, Ariádna B., e HENRIQUES, Marcus de Freitas. *Mercado de Capitais – Regime Jurídico*. 2ª ed. Rio de Janeiro, Renovar, 2008.

PROENÇA, José Marcelo Martins. ***Insider Trading***. *Regime Jurídico do Uso de Informações Privilegiadas no Mercado de Capitais*. São Paulo, Quartier Latin, 2005.

RATNER, David L., e HAZEN, Thomas Lee. *Securities Regulation in a Nutshell*. St. Paul, Thompson/West, 2005.

RIZZO, Valter Cestari de, e ALMEIDA, Marco La Rosa de. "Do direito do acionista à informação em companhias abertas e fechadas". In: ADAMEK, Marcelo Vieira von (coord.). *Temas de Direito Societário e Empresarial Contemporâneos*. São Paulo, Malheiros Editores, 2011 (pp. 594-607).

SALOMÃO FILHO, Calixto. *O Novo Direito Societário*. 4ª ed. São Paulo, Malheiros Editores, 2011.

_________, e COMPARATO, Fábio Konder. *O Poder de Controle na Sociedade Anônima*. 4ª ed. Rio de Janeiro, Forense, 2005.

SALE, Hillary A., COFFEE JR., John C., e SELIGMAN, Joel. *Securities Regulation*. 10ª ed. Nova York, Foundation Press/Thompson/West, 2007.

SELIGMAN, Joel, COFFEE JR., John C., e SALE, Hillary A. *Securities Regulation*. 10ª ed. Nova York, Foundation Press/Thompson/West, 2007.

SILVA, Alexandre Couto. *Responsabilidade dos Administradores de S/A – **Business Judgment Rule***. Rio de Janeiro, Elsevier, 2007.

TEIXEIRA, Egberto Lacerda, e GUERREIRO, José Alexandre Tavares. *Das Sociedades Anônimas no Direito Brasileiro*. vol. 2. São Paulo, José Bushatsky Editor, 1979.

WIEDEMANN, Herbert. "Excerto do *Direito Societário I – Fundamentos*". Trad. de Erasmo Valladão Azevedo e Novaes França. In: FRANÇA, Erasmo Valladão Azevedo e Novaes (coord.). *Direito Societário Contemporâneo I*. São Paulo, Quartier Latin, 2009 (pp. 11-24).

# ASSEMBLEIA DOS DEBENTURISTAS E PROBLEMAS RELACIONADOS AO DIREITO DE VOTO

PAULO FERNANDO CAMPANA FILHO



## 1. Introdução

A assembleia dos debenturistas é o fórum em que os titulares de debêntures de mesma série ou emissão se reúnem para deliberar sobre seus interesses comuns; e, em virtude da aplicação do princípio majoritário, as decisões tomadas por esse órgão deliberativo são impositivas a todos, ainda que dissidentes. No Direito Brasileiro a matéria é regida pela Lei 6.404/1976, que trata das sociedades por ações. A disciplina legal da assembleia dos debenturistas na Lei das S/A, porém, é bem concisa, se não lacônica – apenas um artigo é dedicado à questão, e a lei determina a aplicação subsidiária das muito mais abundantes regras relativas às assembleias-gerais de acionistas, "no que couber". Mas o problema é justamente esse: o que cabe?[1]

Os interesses envolvidos em uma assembleia de debenturistas são muito diferentes dos interesses em jogo em uma assembleia de acionis-

1. Cf., a respeito, fazendo a mesma indagação, Mário Engler Pinto Jr., "Debêntures. Direitos de debenturistas. Comunhão e assembleia. Agente fiduciário", *RDM* 48/33, São Paulo, Ed. RT, 1982.

tas, de forma que a remissão vaga da lei é insuficiente para resolver as questões que podem surgir nas deliberações. Os debenturistas são credores, e não sócios, da companhia, de forma que, ainda que tenham interesses comuns, tais interesses são diferentes dos interesses compartilhados pelos acionistas, e se aproximam dos interesses em jogo nas assembleias de credores previstas para os processos concursais.

Dessa forma, a assembleia de debenturistas suscita questões particulares, e que deveriam receber tratamento jurídico próprio, semelhante por vezes aos das assembleias-gerais de credores no âmbito do direito falimentar. Questões como os limites das deliberações da assembleia, a existência de direitos essenciais que não podem ser modificados pela coletividade e os conflitos de interesses são comuns às assembleias de acionistas e de debenturistas, mas as diferenças entre os interesses envolvidos justificam seu tratamento por regimes jurídicos separados.

## 2. *A organização dos debenturistas em torno de uma comunhão de interesses*

Para compreender as particularidades das assembleias dos debenturistas é preciso entender seu propósito, ou seja, o que leva os titulares das debêntures a se reunirem para deliberar. Com efeito, Pontes de Miranda considerou a assembleia-geral como uma "técnica jurídica organizatória" da comunhão de interesses dos debenturistas.[2] A existência dessa comunhão – isto é, desse centro de interesses comuns – seria a justificativa para que os debenturistas se reunissem em assembleia e para que tomassem decisões que fossem vinculativas a todos.[3]

Essa comunhão de interesses entre os debenturistas decorre do fato de as debêntures da mesma emissão ou série representarem, em conjunto, um crédito único contra a companhia emissora – afinal, as debêntures são, nas palavras de Carvalho de Mendonça, "títulos uniformes, de valor igual, emitidos pela sociedade anônima como frações daquele empréstimo, servindo de prova do direito dos mutuantes e da obrigação da mutuária"[4] e conferindo, portanto, aos seus titulares os mesmos di-

2. F. C. Pontes de Miranda, *Tratado de Direito Privado*, 3ª ed., vol. XXXIII, São Paulo, Ed. RT, 1984, p. 352.

3. Mário Engler Pinto Jr., "Debêntures. Direitos de debenturistas. Comunhão e assembleia. Agente fiduciário", cit., *RDM* 48/25.

4. José Xavier Carvalho de Mendonça, *Tratado de Direito Comercial Brasileiro*, 7ª ed., vol. IV, Livro II, Parte III, Rio de Janeiro, Freitas Bastos, 1964, p. 97. Embora as debêntures, no regime jurídico que lhes foi dado pela Lei 6.404/1976,

reitos estabelecidos na escritura de emissão e, se houver, no certificado. A identidade de interesses entre os debenturistas, necessária para a formação de uma comunhão, justifica-se pelo fato de eles deterem parcelas do mesmo crédito; mas não há, por outro lado, um "espírito de colaboração ativa" característico, por exemplo, das sociedades.[5] O imperativo de que a comunhão de interesses envolva somente as debêntures de mesma emissão ou série é decorrência da uniformidade da dívida, da identidade do *status* jurídico dos seus titulares e do consequente tratamento paritário que lhes deve ser conferido, de forma a atender ao princípio *par conditio creditorum*.[6]

Para que a simetria entre as debêntures de cada emissão ou série seja mantida – isto é, para que elas representem sempre a mesma fração do mesmo crédito –, é imperativo que um debenturista não seja capaz de acordar individualmente com a companhia emissora a alteração das condições de recebimento, como ocorre, por exemplo, com um contrato de mútuo comum, que pode ser repactuado livremente entre as partes.[7] Como a sua debênture é apenas uma parcela de um crédito único e indivisível, as condições de seu pagamento só poderiam ser alteradas mediante a concordância de todos os seus titulares (do contrário seria forçoso admitir a existência de debêntures que pudessem atribuir direitos creditórios distintos a cada um de seus respectivos titulares).[8] O mesmo se diga da defesa dos interesses relacionados às debêntures.[9]

É preciso dizer, ainda, que, se a unicidade e a indivisibilidade do crédito que as debêntures de mesma emissão ou série representam são

não sejam emitidas necessariamente em razão da concessão de um empréstimo, a definição de Carvalho de Mendonça ainda pode ser utilizada. V., a respeito da abstração das debêntures no regime da Lei 6.404/1976, José Edwaldo Tavares Borba, "Debêntures", *RDM* 26/135, São Paulo, Ed. RT, 1977. A respeito da possibilidade de emissão das debêntures em virtude de créditos derivados de outros negócios jurídicos (que não o de empréstimo), v. Pontes de Miranda, *Tratado de Direito Privado*, cit., 3ª ed., vol. XXXIII, pp. 353-354.

5. Mário Engler Pinto Jr., "Debêntures. Direitos de debenturistas. Comunhão e assembleia. Agente fiduciário", cit., *RDM* 48/28.

6. Modesto Carvalhosa, *Comentários à Lei de Sociedades Anônimas*, 5ª ed., vol. 1 (arts. 1º a 74), São Paulo, Saraiva, 2009, p. 841.

7. Tullio Ascarelli, *Problemas das Sociedades Anônimas e Direito Comparado*, Campinas, Bookseller, 2001, pp. 736-737. V. também, a esse respeito, Modesto Carvalhosa, *Comentários à Lei de Sociedades Anônimas*, cit., 5ª ed., vol. 1, p. 837.

8. Tullio Ascarelli, *Problemas das Sociedades Anônimas e Direito Comparado*, cit., pp. 736-737.

9. Idem, p. 737.

a razão de seus titulares estarem indissociavelmente unidos, são também o parâmetro para determinar os limites da comunhão de interesses. O vínculo que une os debenturistas é a existência de "bens (ou seja, as debêntures) pertencentes a cada obrigacionista, individualmente",[10] de modo que o interesse de que comungam é o de que se evite a exigência de unanimidade para a tomada de quaisquer decisões que afetem o conjunto das debêntures,[11] de forma que seja possível a eficaz tutela de seu crédito.

A assembleia dos debenturistas é, dessa forma, uma técnica jurídica que, ao organizar os debenturistas em torno dos interesses comuns que os reúne, tem por objetivo suprir a necessidade de tomada de decisões unânimes e subordinar a massa das obrigações emitidas à vontade da maioria.[12] É um órgão deliberativo interno da comunhão de debenturistas,[13] e, portanto, não tem poderes de representação (que cabem ao agente fiduciário). Dada a existência desse interesse comum, deveria haver fidelidade às decisões tomadas no âmbito da comunhão, e os debenturistas não deveriam perseguir individualmente a satisfação de seu crédito contra a companhia. Daí a assembleia ser considerada o órgão soberano da comunhão de interesses e os debenturistas não poderem se opor individualmente às decisões tomadas no seu âmbito.[14]

Essa comunhão de interesses entre os debenturistas – como expressa no art. 71 da Lei 6.404/1976 – não está, porém, livre de controvérsias, e não esteve sempre presente no Direito Brasileiro. Ela é fruto de uma construção que decorreu do desenvolvimento histórico do direito comercial. No Brasil, o Decreto 177-A/1893 não previa a existência de uma assembleia própria: os debenturistas poderiam participar das assembleias-gerais, mas tinham apenas o direito de gritar com o objetivo de serem ouvidos pelos acionistas; não havia o estabelecimento de uma comunhão de interesses, ao menos por força de lei. É por esse motivo que Carvalho de Mendonça afirmava que, sob a égide desse decreto, "não há entre os mutuantes quaisquer vínculos; não há comunhão; não

10. Idem, p. 735.

11. Idem, pp. 736-737. Para o autor, "o interesse em organizar coletivamente os debenturistas" se deu porque "idênticos (...) devem ser os direitos decorrentes dos títulos de mesma emissão", e, como resultado, eles podem obter a tutela de seus direitos de forma mais eficaz e podem, por deliberação coletiva, modificar as cláusulas das debêntures".

12. Pontes de Miranda, *Tratado de Direito Privado*, cit., 3ª ed., vol. XXXIII, p. 350.

13. Modesto Carvalhosa, *Comentários à Lei de Sociedades Anônimas*, cit., 5ª ed., vol. 1, p. 834.

14. Idem, pp. 835-836.

há sociedade, muito menos".[15] Assim, as assembleias de debenturistas foram criadas com o objetivo de atribuir aos debenturistas uma forma de fazer valer seus interesses. No Decreto 22.431/1933 surgiram a figura da comunhão de interesses e a assembleia dos obrigacionistas como seu órgão deliberativo.

O Decreto-lei 781/1938, que regulava a matéria anteriormente à entrada em vigor da Lei 6.404/1976, previa que a submissão dos debenturistas às decisões da assembleia-geral decorria da autonomia da vontade, motivo por que deveria estar expressa no instrumento de emissão, conforme determinava o art. 1º: "Os empréstimos por obrigações ao portador (debêntures) contraídos pelas sociedades (...) criarão, quando tal condição constar do manifesto da sociedade e do contrato devidamente inscrito, uma comunhão de interesses entre os portadores de títulos da mesma categoria". A reunião dos debenturistas em assembleia era facultativa no regime anterior, eis que dependia de estar prevista negocialmente.[16] Além disso, as decisões de assembleia que determinassem alterações no contrato de empréstimo deveriam sujeitar-se a homologação judicial. As assembleias eram normalmente realizadas nas hipóteses em que a companhia emissora pretendia submeter aos debenturistas propostas de alteração da escritura de emissão, de forma que não oferecia efetiva proteção à comunhão.[17]

A Lei 6.404/1976 previu a obrigatoriedade da assembleia dos debenturistas, sem a necessidade de sua previsão no instrumento de emissão para que pudesse ser convocada; ademais, a lei suprimiu a necessidade de homologação judicial para tornar vinculativa qualquer decisão tomada pelo órgão. Não se chegou, contudo, como no Direito Francês, à atribuição de personalidade jurídica à massa dos debenturistas[18] – embora Pontes de Miranda tenha ressaltado, por diversas vezes, que essa personificação da coletividade de debenturistas, por meio da constituição de uma sociedade, é perfeitamente possível no Direito Brasileiro.[19]

15. Carvalho de Mendonça, *Tratado de Direito Comercial Brasileiro*, cit., 7ª ed., vol. IV, p. 154.

16. Isso não impedia, contudo, os debenturistas de se organizarem para a defesa de seus interesses posteriormente à emissão dos títulos. V., a respeito, Pontes de Miranda, *Tratado de Direito Privado*, cit., 3ª ed., vol. XXXIII, p. 352.

17. Modesto Carvalhosa, *Comentários à Lei de Sociedades Anônimas*, cit., 5ª ed., vol. 1, pp. 832-833.

18. Mário Engler Pinto Jr., "Debêntures. Direitos de debenturistas. Comunhão e assembleia. Agente fiduciário", cit., *RDM* 48/26.

19. Pontes de Miranda, *Tratado de Direito Privado*, cit., 3ª ed., vol. XXXIII, pp. 352 e 355.

### *3. As deliberações da assembleia de debenturistas*

A assembleia dos debenturistas regida pela Lei 6.404/1976 reúne-se mediante convocação do agente fiduciário,[20] da companhia emissora, de debenturistas que detenham no mínimo 10% dos títulos em circulação ou da Comissão de Valores Mobiliários/CVM (nos casos em que as debêntures estiverem em circulação no mercado). Não é, portanto, um órgão permanente da comunhão.[21] O cumprimento das formalidades de convocação é requisito de sua validade, exceto se comparecerem os debenturistas representando a totalidade das debêntures em circulação.[22]

Ela se instala em primeira convocação com a presença de debenturistas representando pelo menos metade das debêntures em circulação, e em segunda convocação com qualquer número. O agente fiduciário dos debenturistas deve comparecer nas assembleias e prestar as informações que lhe forem solicitadas.[23] Ele não tem direito a voto na assembleia, nem mesmo para se manifestar pelos ausentes, eis que representa a totalidade dos debenturistas perante a sociedade, e não perante eles próprios.[24] A companhia emissora, por outro lado, não pode participar dos conclaves – a assembleia de debenturistas não é órgão dela, não deve perseguir seus interesses, e suas deliberações não lhe dizem respeito.[25]

A assembleia de debenturistas tem competência para deliberar sobre qualquer matéria relativa à comunhão de interesses, inclusive a alteração de condições do empréstimo, a nomeação ou substituição do agente fiduciário e a defesa dos interesses dos debenturistas.[26] A menção

20. O agente fiduciário pode convocar a assembleia para apresentar relatório anual da sua gestão ou para submeter à apreciação dos debenturistas questões que fujam de suas atribuições. V., a respeito: Modesto Carvalhosa, *Comentários à Lei de Sociedades Anônimas*, cit., 5ª ed., vol. 1, p. 842; Fran Martins, *Comentários à Lei das Sociedades Anônimas (Lei 6.404, de 15 de Dezembro de 1976)*, 2ª ed., vol. 1, Rio de Janeiro, Forense, 1982, p. 449.

21. Modesto Carvalhosa, *Comentários à Lei de Sociedades Anônimas*, cit., 5ª ed., vol. 1, p. 834.

22. Idem, p. 840.

23. A presença do agente fiduciário é dispensada, entretanto, nos casos em que se deliberar a destituição (Modesto Carvalhosa, *Comentários à Lei de Sociedades Anônimas*, cit., 5ª ed., vol. 1, p. 846).

24. Fran Martins, *Comentários à Lei das Sociedades Anônimas (Lei 6.404, de 15 de Dezembro de 1976)*, cit., 2ª ed., vol. 1, p. 452.

25. Mário Engler Pinto Jr., "Debêntures. Direitos de debenturistas. Comunhão e assembleia. Agente fiduciário", cit., *RDM* 48/32.

26. Modesto Carvalhosa, *Comentários à Lei de Sociedades Anônimas*, cit., 5ª ed., vol. 1, pp. 832-833.

do art. 71 da Lei 6.404/1976 a "matéria de interesse da comunhão dos debenturistas" é ampla; o Decreto-lei 781/1938 trazia, em seu art. 3º, um rol que, embora não fosse exaustivo,[27] traçava de forma mais definida os contornos que deveriam moldar a competência do órgão.

Em razão da competência atribuída pela lei para decidir sobre matérias de interesse da comunhão, entende-se pela necessidade de convocação de assembleias de debenturistas distintas para deliberar a respeito dos direitos decorrentes de debêntures de diferentes emissões ou séries.[28] Ainda que o assunto a ser discutido em assembleia afete de forma idêntica os titulares de debêntures de emissões ou séries distintas, entende-se que as deliberações devam ser tomadas separadamente, em observância à paridade entre os credores que se encontram na mesma situação.[29] A CVM já manifestou entendimento no sentido de que seria possível que debenturistas de diversas séries se reunissem na mesma assembleia, desde que os votos fossem colhidos separadamente.[30]

As deliberações aprovadas pela assembleia dos debenturistas vinculam todos, inclusive os dissidentes, desde que alcançado o quórum especificado pela lei ou na escritura de emissão. A deliberação majoritária tomada em assembleia representa a vontade da comunhão de debenturistas e se sobrepõe, portanto, à vontade individual de cada debenturista.[31] Como regra geral, as deliberações devem ser tomadas por maioria simples dos presentes, não sendo computados os votos em branco e sendo que a cada debênture corresponde um voto. A aprovação de modificações nas condições das debêntures exige maioria qualificada, de mais de 50% do total de debêntures em circulação, exceto se for estipulado quórum ainda mais alto na escritura de emissão. As operações de fusão, cisão e incorporação da sociedade emissora devem ser submetidas previamente à deliberação da assembleia de debenturistas, nos termos do art. 231 da Lei 6.404/1976; tal necessidade de aprovação é justificável em razão de tais operações acarretarem alterações no patrimônio do

27. Cf. Pontes de Miranda. *Tratado de Direito Privado*, cit., 3ª ed., vol. XXXIII, p. 355.

28. Modesto Carvalhosa, *Comentários à Lei de Sociedades Anônimas*, cit., 5ª ed., vol. 1, p. 841.

29. Cf. Mário Engler Pinto Jr., "Debêntures. Direitos de debenturistas. Comunhão e assembleia. Agente fiduciário", cit., *RDM* 48/32.

30. V., a respeito, a crítica de Modesto Carvalhosa, *Comentários à Lei de Sociedades Anônimas*, cit., 5ª ed., vol. 1, p. 841.

31. Idem, pp. 835-837.

devedor, garantia comum dos credores[32] – mas essa deliberação é dispensada caso seja assegurado o resgate das debêntures no prazo mínimo de seis meses contados da publicação das atas das assembleias relativas às referidas operações societárias.

## *4. A assembleia-geral de acionistas e a assembleia dos debenturistas*

Embora a lei remeta a disciplina das assembleias de debenturistas às disposições aplicáveis para as assembleias-gerais de acionistas, há diferenças fundamentais entre as suas deliberações (inclusive quanto ao modo como deve ser exercido o direito de voto) e que decorrem, sobretudo, dos interesses envolvidos em cada uma delas.[33] Enquanto as deliberações da assembleia-geral de acionistas devem ser tomadas visando aos interesses da companhia, o objetivo das deliberações nas assembleias de debenturistas é o de atender aos interesses da comunhão.[34]

Há posições antagônicas – que não se filiam necessariamente nem ao contratualismo e nem ao institucionalismo – que defendem que o direito de voto do acionista nas assembleias deve ser exercido livremente ou de forma vinculada.[35] A vinculação do voto pode ser uma expressão tanto da execução do contrato de sociedade (sob uma perspectiva contratualista) como da inserção do sócio numa estrutura coletiva que lhe suplanta e da sua subordinação à perseguição de determinados fins (sob uma óptica institucionalista).[36] Mas também é possível defender a liberdade de voto do acionista sob os pontos de vista contratualista e institucionalista – de fato, há autores que consideram ilusório exigir de indivíduos que persigam interesses que não os seus próprios.[37] A regra prevista para as assembleias-gerais nas sociedades anônimas brasilei-

32. Idem, p. 845.

33. Cf. Tullio Ascarelli, *Problemas das Sociedades Anônimas e Direito Comparado*, cit., p. 735.

34. Modesto Carvalhosa chegou a defender que "não pode a deliberação, em hipótese alguma, atender aos interesses da companhia emissora; devendo mesmo colocar-se em posição antitética perante aquela, tendo em vista as situações jurídicas duais, de credor e devedor" (*Comentários à Lei de Sociedades Anônimas*, cit., 5ª ed., vol. 1, p. 839).

35. Filipe Cassiano dos Santos, *Estrutura Associativa e Participação Societária Capitalística: Contrato de Sociedade, Estrutura Societária e Participação do Sócio nas Sociedades Capitalísticas*, Coimbra, Coimbra Editora, 2006, pp. 401-402.

36. Idem, ibidem.

37. Idem, pp. 401-407.

ras, de acordo com o art. 115, *caput*, da Lei 6.404/1976, é a de que os acionistas devem exercer seu direito de voto no interesse da companhia, e não no seu próprio interesse – ou seja: filia-se à corrente que prevê a funcionalização do direito de voto.

A lei brasileira não prevê, porém, quais interesses os debenturistas devam perseguir nas deliberações assembleares. Há autores que defendem que os debenturistas devem votar de acordo com o interesse da comunhão, e não conforme o seu interesse pessoal.[38] Dessa forma, o debenturista estaria agindo abusivamente caso utilizasse de expedientes (tal como a perturbação dos trabalhos da assembleia) visando a receber seu crédito de forma antecipada.[39] O exercício de voto pelos debenturistas de forma contrária aos interesses da comunhão seria, de acordo com esses autores, abusivo, e ensejaria a aplicação analógica da regra do art. 115 da Lei 6.404/1976.[40]

Há, porém, como já mencionado, diferenças substanciais entre as assembleias de acionistas e de debenturistas, que justificam o afastamento dessa regra. As condutas dos sócios devem ser pautadas pela expectativa do seu comportamento no seio da estrutura associativa de que fazem parte.[41] Sob uma perspectiva contratualista, ao comparar as razões que deveriam conformar o regime jurídico a ser aplicado a cada uma das assembleias, Ascarelli observava que as deliberações da "assembleia dos acionistas concernem, diretamente, antes de mais nada, a bens (ou seja, o patrimônio social) pertencentes coletivamente a todos os acionistas".[42] Sendo assim, tanto sob a perspectiva da vinculação como da liberdade do direito de voto, é possível notar alguma convergência dos interesses dos acionistas.

Os debenturistas, por outro lado, não estão vinculados pela fidelidade a uma estrutura associativa e nem são condôminos de bens componentes do patrimônio social ou pertencentes à coletividade. São credores, detentores de títulos representativos de dívida e vinculados somente pelo caráter

38. Cf., a respeito: Modesto Carvalhosa, *Comentários à Lei de Sociedades Anônimas*, cit., 5ª ed., vol. 1, p. 836; Mário Engler Pinto Jr., "Debêntures. Direitos de debenturistas. Comunhão e assembleia. Agente fiduciário", cit., *RDM* 48/32.

39. Modesto Carvalhosa, *Comentários à Lei de Sociedades Anônimas*, cit., 5ª ed., vol. 1, p. 836.

40. Idem, ibidem.

41. Filipe Cassiano dos Santos, *Estrutura Associativa e Participação Societária Capitalística: Contrato de Sociedade, Estrutura Societária e Participação do Sócio nas Sociedades Capitalísticas*, cit., pp. 557-558.

42. Tullio Ascarelli, *Problemas das Sociedades Anônimas e Direito Comparado*, cit., p. 735.

unitário e indivisível de seu crédito – e dessa situação deriva seu interesse comum. Na qualidade de credores, os debenturistas poderiam votar com o objetivo único de satisfazer seu próprio interesse, qual seja, o de receber seu crédito representado pelas debêntures – e, atuando dessa forma, estariam agindo de acordo com seu comportamento esperado como credores – desde que sem expedientes destinados a violar a expectativa de recebimento dos créditos dos outros integrantes dessa comunhão de interesses. A diferença para com a expectativa de voto de um acionista é a de que coletividade dos debenturistas não é uma instituição com interesses e fins próprios como uma sociedade; ela é uma técnica jurídica que se destina a organizar os titulares de créditos e os vincular à regra majoritária.

Há, entretanto, sentido em se defender a existência de conflito de interesses nos casos de subscrição de debêntures pelos próprios acionistas.[43] O conflito é patente nas hipóteses em que o acionista controlador é titular de debêntures.[44] O controlador poderia utilizar o direito de voto decorrente das debêntures de que é titular para fazer sua vontade prevalecer no âmbito da assembleia de debenturistas. Neste caso, Modesto Carvalhosa defende que, havendo o conflito de interesses formal, em virtude de se confundirem na mesma pessoa as qualidades de controlador e debenturista, o caso seria de impedimento absoluto de votar na assembleia.[45] Quanto aos acionistas minoritários detentores de debêntures, é possível estabelecer um critério para determinar a existência, ou não, de um potencial conflito – na França, por exemplo, a lei de 1966 estabeleceu que os debenturistas não teriam direito a voto nas assembleias caso detivessem mais de 10% de participação societária na emissora.[46] Para Modesto Carvalhosa deve haver, neste caso, impedimento relativo.[47] Outra hipótese de conflito – como a que foi prevista no Código Civil italiano – seria aquela em que a própria sociedade emissora fosse detentora de debêntures.[48]

43. Como nota Modesto Carvalhosa, os acionistas tendem a subscrever debêntures conversíveis em ações (*Comentários à Lei de Sociedades Anônimas*, cit., 5ª ed., vol. 1, p. 838).

44. Modesto Carvalhosa, *Comentários à Lei de Sociedades Anônimas*, cit., 5ª ed., vol. 1, p. 837.

45. Idem, ibidem.

46. Mário Engler Pinto Jr., "Debêntures. Direitos de debenturistas. Comunhão e assembleia. Agente fiduciário", cit., *RDM* 48/33.

47. Modesto Carvalhosa, *Comentários à Lei de Sociedades Anônimas*, cit., 5ª ed., vol. 1, pp. 837-838.

48. Mário Engler Pinto Jr., "Debêntures. Direitos de debenturistas. Comunhão e assembleia. Agente fiduciário", cit., *RDM* 48/33.

## 5. *Os direitos essenciais dos debenturistas*

Se a assembleia dos debenturistas é diferente, em tantos aspectos, da assembleia-geral de acionistas, os direitos essenciais dos debenturistas, que não podem ser modificados pela coletividade, também devem ser distintos dos direitos essenciais dos acionistas. Um passo anterior é, obviamente, o de se reconhecer a existência de um núcleo de direitos dos debenturistas que não pode ser alterado por determinação da maioria, mas apenas pela vontade individual. A Lei 6.404/1976 não menciona absolutamente nada a esse respeito. Os acionistas têm, com efeito, direitos que decorrem de sua qualidade de sócios e cuja inexistência os levaria a não ingressar na sociedade, de forma que não podem ser suprimidos pela assembleia-geral; de forma análoga, aos debenturistas deveriam ser reconhecidos direitos decorrentes do fato de serem credores, e, portanto, não passíveis de serem abolidos por determinação da maioria.[49] Determinar esses direitos corresponderia, segundo Ascarelli, a estabelecer os "limites entre os quais as debêntures (que ficam na propriedade individual de cada um) podem ser objeto de uma gestão comum".[50] Esses limites estavam mais bem definidos quando o objeto de deliberação das assembleias de debenturistas constava de um rol exemplificativo, sob a égide do Decreto-lei 781/1938; esse parâmetro, contudo, não existe mais sob o regime jurídico previsto pela Lei das S/A de 1976.

Alguns autores entendem que os limites das deliberações nas assembleias de debenturistas devam ser mais rígidos do que aqueles impostos para as assembleias-gerais de acionistas. Com efeito, a regra geral nas sociedades anônimas é a de que os acionistas se vinculam pelas deliberações majoritárias tomadas em assembleia; as decisões que alteram as "bases essenciais do negócio jurídico constitutivo"[51] conferem ao acionista dissidente o direito de retirada, mediante o reembolso do valor de suas ações. Esse direito de recesso, de feições notadamente contratualistas, não pode ser concedido também aos debenturistas (algo que a Lei 6.404/1976 faz, excepcionalmente, no art. 231): a retirada significaria o pagamento antecipado das debêntures. Dessa forma, as atribuições da assembleia de debenturistas deveriam ser mais limitadas que as da as-

49. Arnoldo Wald, "O regime jurídico da comunhão de debenturistas e as condições de validade e oponibilidade das deliberações assembleares", *RDM* 94/6, São Paulo, Ed. RT, 1994.

50. Tullio Ascarelli, *Problemas das Sociedades Anônimas e Direito Comparado*, cit., p. 735.

51. Mário Engler Pinto Jr., "Debêntures. Direitos de debenturistas. Comunhão e assembleia. Agente fiduciário", cit., *RDM* 48/34.

sembleia de acionistas, em virtude de aqueles não gozarem das mesmas proteções conferidas a estes.

Há, de fato, dois sistemas jurídicos para permitir a alteração dos direitos dos debenturistas reconhecidos como "essenciais". Um deles (e é aquele a que o Direito Brasileiro se filia) é exigir mesmo a concordância individual de cada credor, de forma que as características das debêntures a esse respeito somente poderiam ser modificadas mediante a obtenção do consentimento unânime de seus titulares. Outra corrente é a que exige a homologação judicial para as deliberações da assembleia que visem à alteração dos direitos essenciais dos debenturistas.[52]

Uma alternativa seria restringir a competência da assembleia dos debenturistas para deliberar a respeito da alteração nas condições das debêntures posteriormente à emissão[53] (algo que seria feito pela lei brasileira ao determinar a necessidade de quórum qualificado para essa matéria). Na França, além de restrições impostas pela determinação de quórum mais elevado, a lei estabeleceu também hipóteses em que direitos dos debenturistas não poderiam ser suprimidos ou modificados pela assembleia.[54] Os direitos passíveis de serem revogados pela vontade majoritária seriam os relativos às modalidades das debêntures, enquanto aqueles que diriam respeito à essência não poderiam ser alterados.[55] Dessa forma, na lei francesa a assembleia não poderia deliberar a respeito da concessão de tratamento diferente a determinados debenturistas, em violação à *par conditio creditorum*.[56] Além disso, também não seriam permitidas deliberações que se destinassem a determinar a conversão obrigatória de debêntures em ações e a aumentar os encargos imputados aos debenturistas.[57]

De acordo com Waldemar Ferreira, os direitos essenciais dos debenturistas no que diz respeito às suas próprias debêntures seriam, sob

52. Arnoldo Wald, "O regime jurídico da comunhão de debenturistas e as condições de validade e oponibilidade das deliberações assembleares", cit., *RDM* 94/12.

53. Mário Engler Pinto Jr., "Debêntures. Direitos de debenturistas. Comunhão e assembleia. Agente fiduciário", cit., *RDM* 48/34.

54. Idem, ibidem.

55. Idem, ibidem.

56. Idem, ibidem.

57. Idem, ibidem. De acordo com o art. 228-68 do *Code de Commerce*, conforme redação dada pela *Ordonnance* 2004-604, de 24.6.2004, "les assemblées ne peuvent ni accroître les charges des obligataires ni établir un traitement inégal entre les obligataires d'une même masse. (...). Elles ne peuvent décider la conversion des obligations en actions, sous réserve des dispositions de l'art. L228-106".

a égide da lei anterior, o recebimento dos juros; o reembolso do valor nominal por ocasião do vencimento (inclusive antecipado); a livre disposição, inclusive mediante a transferência de sua propriedade; a prática de atos conservatórios de direito; a participação nas assembleias de debenturistas; a propositura de medidas executórias com o objetivo de cobrar os créditos vencidos; e o ajuizamento de pedido de falência.[58]

Assim, embora os direitos essenciais dos debenturistas não estejam claramente definidos na Lei 6.404/1976 e também não possam ser inferidos do rol dos direitos essenciais dos acionistas, podem ser identificados. Os direitos essenciais dos debenturistas previstos pela lei francesa, por exemplo, são decorrentes da própria lógica de manutenção da simetria entre as debêntures e da comunhão de interesses (com a proibição de concessão de tratamento diferenciado) e da preservação da liberdade dos debenturistas (que não podem ser compelidos a se tornarem sócios[59] ou a ver seus encargos aumentados), e, portanto, devem ser aplicáveis ao regime brasileiro.

Além disso, é possível identificar, em manifestações do Poder Judiciário e da CVM, entendimentos a respeito de quais seriam os direitos individuais dos debenturistas que não poderiam ser suprimidos pela assembleia. Em 1984, por exemplo, a CVM proferiu parecer em que negou a possibilidade de o prazo da debênture ser alterado por uma deliberação majoritária; a solução seria a recompra do título pela companhia ou uma decisão assemblear determinar a cisão das séries.[60] O TJSP decidiu, em 1999, que a assembleia de debenturistas não poderia alterar

58. Waldemar Ferreira, *Tratado de Direito Comercial*, vol. IX, São Paulo, Saraiva, 1962, p. 335.

59. O extinto 1º TACivSP decidiu que era possível o recebimento de ações em pagamento das debêntures, conforme deliberado em assembleia de debenturistas, em acórdão proferido nos autos da ACi 792.198-4 (j. 23.2.2000). Entretanto, acórdão mais recente, do TJSP, decidiu, nos autos do AI 493.240-4/1-00 (j. 1.8.2007) que uma assembleia-geral de credores no âmbito de uma recuperação judicial não poderia aprovar um plano de recuperação judicial determinando a conversão de debêntures em participação acionária, eis que isso violaria o princípio constitucional da liberdade de associação. V., ainda, a respeito do assunto, Paulo Fernando Campos Salles Toledo, "Recuperação judicial – Sociedades anônimas – Debêntures – Assembleia-geral de Credores – Liberdade de associação – Boa-fé objetiva – Abuso de direito – *Cram down – Par conditio creditorum*" (*RDM* 142/270-271, São Paulo, Malheiros Editores, 2006).

60. Arnoldo Wald, "O regime jurídico da comunhão de debenturistas e as condições de validade e oponibilidade das deliberações assembleares", cit., *RDM* 94/8.

o valor unitário das debêntures.[61] O valor unitário não seria condição das debêntures, mas de sua própria essência, e só poderia ser modificado com a concordância de todos os debenturistas. Em 2001 o STJ decidiu, de forma semelhante, que o valor das debêntures é de sua essência e que não pode ser alterado em assembleia de debenturistas.[62] A CVM considerou, em 2008, que a assembleia dos debenturistas não poderia determinar o cancelamento das debêntures em circulação; a extinção não seria modificação da debênture, e, portanto, seria matéria que dependeria da concordância expressa de cada um dos debenturistas. Dessa forma, a Comissão entendeu que, ainda que 97,25% dos debenturistas estivessem presentes à assembleia e tivessem aprovado a deliberação, ela seria ineficaz em relação aos ausentes.[63] Dessa forma, a julgar pelas decisões supramencionadas, as assembleias de debenturistas, embora possam aprovar alterações nas condições das debêntures, não podem modificar seu valor unitário nem seu prazo e nem determinar seu cancelamento sem a concordância da totalidade dos debenturistas.

### *6. A assembleia-geral de credores e a assembleia dos debenturistas*

A Lei 11.101/2005 estabeleceu a possibilidade de instalação de assembleias-gerais de credores no âmbito das falências e das recuperações judiciais. As assembleias de credores existiram desde a Lei Falimentar de 1908, mas sempre tiveram papel secundário nos processos falimentares, devido ao desinteresse dos credores na sua realização.[64] A assembleia-geral de credores prevista pela Lei 11.101/2005, entretanto, tem apresentado papel de relevo sobretudo nas recuperações judiciais, já que, embora seja órgão facultativo,[65] tem sua convocação obrigatória caso o plano de recuperação apresentado pelo devedor sofra objeções. Ela tem, dentre suas atribuições, competência para deliberar a respeito da aprovação ou da rejeição do plano de recuperação judicial proposto pelo devedor (na recuperação judicial), da adoção de modalidades alternati-

61. TJSP, ACi 53.678.4/0, j. 29.6.1999.

62. STJ, REsp 303.825-SP, j. 19.6.2001.

63. CVM, Processo Administrativo RJ 2005/4.505.

64. Trajano de Miranda Valverde, *Comentários à Lei de Falências*, vol. 2 (arts. 62 a 176), Rio de Janeiro, Forense, 1962, pp. 256-257.

65. Cf. os comentários de Erasmo Valladão Azevedo e Novaes França em Francisco Satiro de Souza Jr. e Antônio Sérgio A. de Moraes Pitombo, *Comentários à Lei de Recuperação de Empresas e Falência*, 2ª ed., São Paulo, Saraiva, 2007.

vas de realização do ativo (na falência) e de quaisquer outras matérias que sejam de interesse dos credores.

As assembleias dos debenturistas apresentam pontos de contato com as assembleias-gerais de credores, conforme previstas na Lei 11.101/2005. A assembleia-geral de credores, de forma análoga à dos debenturistas, teria por atribuição decidir questões de interesse da comunhão.[66] O interesse individual dos credores é – de forma semelhante ao dos debenturistas, que são, aliás, espécie do gênero "credores" – o recebimento de seus créditos, e o interesse da comunhão seria a adoção de medidas com o objetivo de aumentar as perspectivas de pagamento dos valores a eles devidos, tais como a aprovação de um plano de recuperação judicial que proporcione retorno mais vantajoso do que a realização do ativo na falência, a formação de um comitê de credores com atribuições fiscalizatórias das atividades do devedor ou a alienação dos bens do devedor por meio de uma modalidade alternativa e que resulte na obtenção de valores de forma mais rápida e eficaz.

Para Modesto Carvalhosa a realização de assembleia dos debenturistas poderia ser suprida por uma assembleia-geral de credores.[67] De acordo com o autor, isso seria justificável pelo fato de a assembleia-geral de credores não apenas ter atribuições mais amplas do que a assembleia dos debenturistas, como também prever quóruns mais elevados para a deliberação.[68] Entretanto, deve-se considerar que a assembleia-geral de credores tem funções diversas da assembleia dos debenturistas e quóruns de deliberação nem sempre mais rigorosos, motivo por que uma não pode substituir-se à outra.

Com efeito, a assembleia-geral de credores e a assembleia dos debenturistas, embora compartilhem de pontos de intersecção (notadamente no que diz respeito aos interesses dos indivíduos envolvidos), têm atribuições completamente diferentes: a primeira tem por objetivo a deliberação de assuntos de interesse dos credores relativamente a seus créditos habilitados no âmbito de uma falência ou de uma recuperação judicial (inclusive no que diz respeito à sua renegociação); a segunda, deliberar a respeito dos interesses dos debenturistas. Uma assembleia de credores tem competência para determinar a incidência de deságio sobre os cré-

66. V., a respeito, os comentários de Erasmo Valladão Azevedo e Novaes França, em Francisco Satiro de Souza Jr. e Antônio Sérgio A. de Moraes Pitombo, *Comentários à Lei de Recuperação de Empresas e Falência*, cit., 2ª ed., p. 187.

67. Modesto Carvalhosa, *Comentários à Lei de Sociedades Anônimas*, cit., 5ª ed., vol. 1, p. 845.

68. Idem, ibidem.

ditos e alteração nos prazos de pagamento, matérias que não podem, por exemplo, ser deliberadas pela assembleia de debenturistas.[69]

Além disso, é preciso que se levem em consideração as diferenças significativas entre os quóruns para aprovação das matérias em cada uma das assembleias. As assembleias dos debenturistas reúnem detentores de títulos que são da mesma emissão ou da mesma série e que, portanto, representam créditos idênticos em sua natureza.[70] Uma assembleia-geral de credores, por outro lado, reúne todos os créditos submetidos a recuperação judicial ou a falência, conforme o caso. Dessa forma, titulares de créditos com naturezas e condições de pagamento totalmente distintas estão presentes nas assembleias-gerais de credores – credores trabalhistas, quirografários, garantidos, geral e especialmente privilegiados reúnem-se para deliberar a respeito dos assuntos de seu interesse. O voto de tais credores, ao contrário do que ocorre nas assembleias de debenturistas, é tomado com pouca observância das diferenças de natureza entre seus créditos.

Isso pode parecer paradoxal, eis que as diferenças entre os credores habilitados nos processo de falência e de recuperação judicial podem ser muito mais acentuadas do que aquelas observadas entre os debenturistas. Com efeito, os titulares de debêntures de séries ou emissões distintas, embora possam ter condições diferentes de recebimento de seus créditos e garantias e privilégios distintos, são credores voluntários da companhia emissora, por terem subscrito ou adquirido os títulos, e optaram por se submeter à comunhão de interesses. A origem dos créditos dos credores habilitados em uma assembleia-geral de credores, por outro lado, pode ter sido acidental (decorrente, por exemplo, de uma indenização devida pela companhia); e, de qualquer forma, tenha o crédito sido constituído voluntariamente ou não, os credores são obrigados, pela lei, a se submeter às decisões da assembleia-geral.[71] Com diferenças tão acentuadas entre os credores, a comunhão de interesses parece menos coesa do que aquela formada entre debenturistas da mesma série e da mesma emissão. Embora todos os credores sujeitos a falência e a recuperação

69. Cf. *supra*.

70. Cf., *supra*, nota 30 e o texto que a acompanha, sobre a separação rigorosa entre as deliberações dos titulares de debêntures que reúnem direitos distintos.

71. Deve-se considerar, ainda, que os credores sujeitos a recuperação judicial ou a falência não podem ter o direito de retirada assegurado em caso de desrespeito a algum direito seu tido como "essencial". Isso equivaleria a um "pagamento por fora" do crédito, em violação ainda mais patente à *par conditio creditorum* do que o pagamento antecipado das debêntures.

judicial tenham interesse em receber seus créditos, há outros fatores que os diferem: alguns (tal como instituições financeiras) podem enfatizar a necessidade de manutenção de suas garantias, enquanto outros (como fornecedores) podem priorizar a continuidade das atividades do devedor, com o objetivo de preservar seu próprio negócio. E, mesmo assim, a tomada dos votos é feita com menos rigor do que na assembleia dos debenturistas – o que pode ser compensado, pelo menos parcialmente, pela obrigatoriedade da homologação judicial das decisões tomadas em assembleia-geral de credores.

Como regra geral, as deliberações nas assembleias-gerais de credores previstas pela Lei 11.101/2005 são consideradas aprovadas mediante a obtenção do voto favorável de credores representando mais de 50% do total de créditos presentes, por valor, de acordo com o art. 42 da Lei 11.101/2005 – são computados, como se iguais fossem, titulares de créditos de natureza e hierarquia completamente distintas. A lei estabelece, ainda, quóruns qualificados para a aprovação de determinadas matérias. Para a aprovação de um plano de recuperação judicial, por exemplo, a lei estabelece, no art. 41, a divisão dos credores em três classes distintas: uma compreendendo os detentores de créditos trabalhistas; outra abarcando os titulares de garantias reais, até o limite do valor do bem gravado, e uma terceira abrangendo todos os credores privilegiados, quirografários e subordinados. Os votos são tomados por classe de credores, de forma que o plano é considerado aprovado, conforme o art. 45 da Lei 11.101/2005, mediante a obtenção do voto favorável de mais da metade dos credores da classe trabalhista, por cabeça, presentes à assembleia e de mais da metade dos credores presentes das duas outras classes, computados tanto por cabeça como por valor de crédito.[72] Embora o quórum seja qualificado, as distorções permanecem, eis que credores com garantias reais distintas (penhores, hipotecas de primeiro grau, hipotecas de segundo grau) são colocados na mesma classe, e credores a quem a

72. Há, além disso, um mecanismo, previsto no art. 58, § 1º (e que foi chamado de *cram down*, em alusão a um instituto semelhante do Direito Norte-Americano), que possibilita a concessão da recuperação judicial pelo juiz a despeito da rejeição do plano por uma classe de credores. V., a respeito do assunto: Carolina Soares João Batista, Paulo Fernando Campana Filho, Renata Yumi Miyazaki e Sheila Christina Neder Cerezetti, "A prevalência da vontade da assembleia-geral de credores em questão: o *cram down* e a apreciação judicial do plano aprovado por todas as classes", *RDM* 143/202-242, São Paulo, Malheiros Editores, 2006; e os comentários de Eduardo Secchi Munhoz em Francisco Satiro de Souza Jr. e Antônio Sérgio A. de Moraes Pitombo, *Comentários à Lei de Recuperação de Empresas e Falência*, cit., 2ª ed.

lei confere diferentes privilégios creditórios são também computados para a obtenção de um único quórum. Ademais, em diversos casos se admitiu tratamento diferenciado entre credores pertencentes à mesma classe.[73] Essas distorções levaram ao entendimento de que teria havido uma mitigação do princípio da *par conditio creditorum* no âmbito da Lei 11.101/2005.[74]

Finalmente, é preciso dizer que a totalidade das debêntures de mesma emissão ou série representa um único crédito contra a companhia emissora, de modo que seu voto na assembleia-geral de credores deveria ser exercido, em princípio, de forma conjunta. O representante do crédito dos debenturistas é o agente fiduciário, de forma que caberia a ele, e não aos debenturistas individualmente considerados, comparecer nas deliberações da assembleia-geral de credores.[75] O art. 68, § 3º, "d", da Lei 6.404/1976 prevê, entretanto, que a assembleia dos debenturistas pode deliberar, por maioria simples, pela exclusão da representação do agente fiduciário nos processos falimentares – e, nesse caso, os debenturistas estariam aptos a comparecer às assembleias-gerais de credores e votar individualmente pelos créditos que detêm contra a companhia emissora.[76] Há diferença do ponto de vista substancial: o resultado das deliberações nas assembleias-gerais de credores pode ser diferente se os debenturistas, individualmente considerados, forem considerados aptos a votar, pelo valor das debêntures que detêm, e se o voto do conjunto das debêntures for computado como um todo único, conforme apurado em assembleia dos debenturistas, independentemente da vontade individual de cada um dos seus titulares.[77]

73. V., a respeito, Paulo Fernando Campos Salles Toledo, "Recuperação judicial – Sociedades anônimas – Debêntures – Assembleia-geral de Credores – Liberdade de associação – Boa-fé objetiva – Abuso de direito – *Cram down – Par conditio creditorum*", cit., *RDM* 142/263-281.

74. Idem, pp. 274-275.

75. Embora a Lei 11.101/2005 não seja clara a esse respeito, o Decreto-lei 7.661/1945, que regulava as falências e as concordatas, previa, no seu art. 32, III, que a assembleia dos debenturistas deveria eleger seu representante nas falências.

76. Cf., a respeito, os comentários de Modesto Carvalhosa, *Comentários à Lei de Sociedades Anônimas*, cit., 5ª ed., vol. 1, pp. 817-820.

77. Um exemplo pode ilustrar a questão. Suponhamos que o conjunto das debêntures represente 60% do valor total dos créditos habilitados em uma classe de credores em uma recuperação judicial. Suponhamos, ainda, que o devedor submeta um plano de recuperação judicial à aprovação da assembleia-geral de credores e que todos os credores não debenturistas sejam contrários à sua aprovação. Suponhamos, finalmente, que titulares de 75% das debêntures sejam favoráveis à aprovação do plano e os demais sejam contrários. Caso os debenturistas votem como um todo

## 7. *Conclusão*

Como se pode ver, as assembleias de debenturistas suscitam problemas particulares e que não podem ser resolvidos pela simples aplicação das regras relativas à assembleia-geral de acionistas previstas na Lei 6.404/1976. Os interesses envolvidos são distintos, o que acarreta também a distinção na disciplina dos conflitos de interesse e dos direitos essenciais, por exemplo.

Além disso, o regime jurídico aplicável às assembleias-gerais de credores no âmbito dos processos de recuperação judicial e de falência, conforme a previsão da Lei 11.101/2005, também não pode ser transplantado para as assembleias de debenturistas, pelas razões apontadas, e inclusive porque há notáveis diferenças no que diz respeito ao rigor com que o princípio da igualdade de tratamento é observado.

Dessa forma, pode-se concluir que as questões suscitadas no âmbito da assembleia-geral de debenturistas devem ser resolvidas por meio de um regime jurídico próprio, que está em parte previsto na lei, mas que também pode ser construído por meio da aplicação subsidiária de algumas regras relativas às assembleias-gerais de acionistas e de credores, da observância das decisões, judiciais e administrativas proferidas pelo Poder Judiciário e pela CVM e pela utilização da lógica que levou outros ordenamentos jurídicos (tal como o francês, por exemplo) a adotarem normas reguladoras das assembleias de debenturistas.

uniforme, em razão da unicidade de seus créditos, o plano será aprovado, na referida classe de credores, por titulares de 60% dos créditos, eis que a vontade da maioria dos debenturistas terá prevalecido. Caso os debenturistas possam votar individualmente na assembleia-geral de credores, o plano será considerado como rejeitado, porque terá a aprovação de somente 45% dos credores, por valor de crédito (isto é, por titulares de 75% das debêntures).

# *DO REGIME DE RESPONSABILIDADE DOS SÓCIOS NA SOCIEDADE EM CONTA DE PARTICIPAÇÃO*

JOÃO PEDRO SCALZILLI

LUÍS FELIPE SPINELLI

*1. Introdução. 2. Estrutura: 2.1 Faceta externa – 2.2 Faceta interna. 3. Responsabilidade: 3.1 Responsabilidade do sócio ostensivo – 3.2 Responsabilidade do sócio participante: 3.2.1 No plano externo: 3.2.1.1 Degeneração – 3.2.2 No plano interno. 4. Considerações finais.*

## *1. Introdução*[1]

Poucas figuras jurídicas são tão importantes para o tráfico negocial e, ao mesmo tempo, tão incompreendidas quanto a sociedade em conta de participação/SCP, regrada em nosso País entre os arts. 991 a 996 do CC. Não restam dúvidas de que a SCP é um dos tipos societários mais pujantes, podendo-se supor que seja o tipo mais utilizado depois das sociedades limitadas, inclusive muito mais do que as sociedades anônimas e do que as cooperativas.

Tal afirmação, porém, não pode ser fundada em números precisos: o conhecimento sobre a relevância das SCPs só pode advir, portanto, da prática.[2] Isso porque a constituição deste tipo societário é livre de qual-

1. Os autores agradecem ao professor Erasmo Valladão A. e N. França por todas as oportunidades dadas e portas que foram abertas, pela orientação firme e segura durante todo o Doutorado na Faculdade de Direito da USP, pela dedicação inigualável e pelo carinho de um pai.

2. Raul Ventura, "Associação em participação: anteprojeto e notas justificativas", *BMJ* 189/43, 1969.

quer formalidade, inexistindo a previsão legal de um registro para ela, e, consequentemente, dados oficiais sobre o número de SCPs existentes.

Virtuosa, como já se disse alhures,[3] suas características mais peculiares são aquelas que justamente a afastam dos olhares do público em geral. Com efeito, a falta de registro ocasiona não só a inexistência dos dados decorrentes do registro cartorário, mas também acarreta a falta de personalidade jurídica e, por conseguinte, de nome, de patrimônio próprio – enfim, de todos aqueles atributos essenciais para que pudesse atuar no mundo jurídico, contratando em seu próprio interesse. Por conseguinte, depende do sócio ostensivo para adquirir direitos e contrair obrigações, característica que isola ainda mais esse tipo societário do mundo exterior, permanecendo as relações entre os seus integrantes em *circuito fechado*.[4]

Entretanto, se, por um lado, suas características impedem que se conheça a exata dimensão e a importância exercida pela SCP, por outro lado, pistas de sua virtuosidade podem ser colhidas junto aos profissionais que atuam em áreas da Economia verdadeiramente tomadas por esse tipo societário, tais como a construção civil e os negócios hoteleiros.[5] E, não bastasse isso como prova da pujança da SCP, outro testemunho confiável pode ser colhido nos tribunais, onde o abundante número de precedentes envolvendo tal tipo societário tem demonstrado o quão em voga está a SCP.[6]

Sua indiscutível relevância deve-se, pois, exatamente às características peculiares do tipo, que emprestam àquela grande *versatilidade*, *di-*

3. Carlos Guimarães de Almeida, "A virtuosidade da sociedade em conta de participação", *RDM* 8/45-63, Ano 11, São Paulo, Ed. RT, 1972.

4. Gustavo Oliva Galizzi, *Sociedade em Conta de Participação*, Belo Horizonte, Mandamentos, 2008, p. 18.

5. V. o que sustentamos em Luís Felipe Spinelli, João Pedro Scalzilli, Luiz Eduardo Corradini e Rodrigo Tellechea, "Contrato de investimento coletivo como modalidade de sociedade em conta de participação", *Revista de Direito Bancário e do Mercado de Capitais* 16/243-286, Ano 16, julho-setembro/2013.

6. Georges Ripert, *Traité Élémentaire de Droit Commercial*, Paris, R. Pichon et R. Durand-Auzias, 1972, p. 512; Gustavo Oliva Galizzi, *Sociedade em Conta de Participação*, cit., p. 18 ("Pelo fato de encerrar, em regra, um vínculo contratual interno que não se exterioriza, restam, basicamente, como registros públicos de existência da conta de participação as decisões dos tribunais, os quais, no Direito Brasileiro, têm sido invocados constantemente para solucionar litígios envolvendo os mais variados aspectos de sua estrutura jurídica e funcionamento, como pude notar por meio de minhas pesquisas. Vale destacar, desde logo, a intensa aplicação da sociedade em conta de participação nos ramos da incorporação imobiliária, administração hoteleira e em operações de reflorestamento ...").

*namicidade*, *flexibilidade* e *discrição* como instrumento de captação de recursos, além de ser instituto que pode assumir tons de *informalidade* e possuir *baixo custo operacional*.

E a referida *falta de exteriorização*, uma reminiscência histórica de sua origem medieval, juntamente com a *flexibilidade* de constituição e sua *versatilidade* para ser utilizada em uma série de situações, são seus grandes atributos, que fazem com que recorram a ela empreendedores e investidores para a viabilização dos mais variados negócios.

Vale consignar desde já: a conta de participação é estupendo instrumento para a obtenção de recursos financeiros,[7] permitindo ao ostensivo o financiamento da sua atividade produtiva sem o peso decorrente de uma obrigação fixa (juros decorrentes do contrato de mútuo); mas, em contrapartida, garantindo ao investidor uma participação nos lucros.[8] Isso tudo permitindo ao ostensivo, em princípio, manter o investidor longe da gestão do empreendimento, e a esse não assumir as normais responsabilidades da posição de sócio, muito mais acentuadas nos demais tipos societários.[9] Isso sem contar a desnecessidade de publicização.[10]

Com certeza, se a SCP não estivesse disponível, os empreendedores dependeriam de outros contratos ou tipos societários bem menos apropriados para a consecução de seus objetivos negociais.

Todavia, é justamente por causa da sua discrição – traço mais marcante do tipo – que muitas vezes se lhe atribuem as alcunhas de sociedade *secreta*, *oculta*, entre outras ainda menos elogiosas, que deixam recair sobre aquela olhares de desconfiança. Seus detratores dizem que ela é instrumento muito propício para encobrir negócios escusos ou empreendedores que, por um motivo ou por outro, não podem aparecer aos olhos do público. Afinal de contas, por qual motivo alguém precisaria permanecer oculto?

Vã ilusão, que decorre de conclusões apressadas e simplistas. Acusam-na como se outros institutos também não se prestassem para fins escusos... Com efeito, se no passado a conta de participação serviu para manter escondido um sócio que não podia aparecer – como membros da

7. Joaquín Garrigues, *Tratado de Derecho Mercantil*, t. III, vol. 1, Madri, Revista de Derecho Mercantil, 1964, pp. 186-187; Friedrich Kübler, *Derecho de Sociedades*, 5ª ed., trad. de Michèle Klein, Madri, Fundación Cultural del Notariado, 2001, p. 192.

8. Mario Ghidini, *L'Associazione in Partecipazione*, Milão, Giuffrè, 1959, p. 39.

9. Idem, ibidem.

10. Friedrich Kübler, *Derecho de Sociedades*, cit., 5ª ed., p. 192.

Nobreza e do Clero que não podiam se dedicar ao comércio, considerado ofício vexatório para a época –, atualmente o ordenamento jurídico mantém esse tipo societário por outros motivos, desempenhando ele importante papel no ambiente econômico e servindo como instrumento apto a explorar uma infinidade de empreendimentos.

É necessário, portanto, despir-se de todo preconceito ao se analisar tal instituto, tendo em vista que a utilização disfuncional de qualquer instrumento jurídico passa não pela sua estrutura, mas, sim, pelo ser humano que lança mão daquele para a prática de ilicitudes.

Pretende-se, portanto, jogar um pouco mais de luz sobre a SCP, estudando, de modo analítico – mas sempre com viés prático –, este tipo societário (tão relevante e tão desconhecido da maioria, e, por isso mesmo, incompreendido). O que se fará, neste ensaio, a partir do exame do sistema de responsabilidade dos seus sócios. Assim, analisaremos os aspectos estruturais da conta de participação, notadamente a estrutura interna deste tipo societário e a forma como o sócio ostensivo atua externamente (exercendo a atividade prevista no objeto), para, finalmente, cuidarmos da responsabilidade dos sócios perante terceiros e entre si.[11]

## 2. *Estrutura*

Na conta de participação há duas categorias de sócio: a do sócio *ostensivo* (gerente/gestor) e a do sócio *participante* (oculto/investidor). Entre os sócios é firmado o contrato da SCP; e a cada um de tais sócios é reservado um papel especial no desenvolvimento dos negócios da sociedade.

Ao sócio ostensivo cabe *exercer a atividade* prevista no objeto social em seu nome próprio e por sua conta e risco;[12] ele é o protagonista da operação,[13] o senhor do negócio,[14] e como tal o dirige. Ao sócio

11. Não pretendemos, no presente trabalho, esmiuçar os mais diversos aspectos da SCP. Para uma visão global sobre a SCP, remetemos, além das obras por nós referidas neste ensaio e do clássico de Mauro Brandão Lopes (*A Sociedade em Conta de Participação*, São Paulo, Saraiva, 1990), para livro de nossa autoria: João Pedro Scalzilli e Luís Felipe Spinelli, *Sociedade em Conta de Participação*, São Paulo, Quartier Latin, 2014.

12. Georges Ripert, *Traité Élémentaire de Droit Commercial*, cit., p. 516.

13. Joaquín Garrigues, *Tratado de Derecho Mercantil*, cit., t. III, vol. 1, p. 189.

14. Cesare Vivante, *Trattato di Diritto Commerciale*, 5ª ed., vol. II ("Le Società Commerciale"), Milão, Casa Editrice Dottor Francesco Vallardi, 1935, p. 538;

participante resta, em princípio, tão somente fornecer parte dos meios necessários para possibilitar a exploração do negócio – leia-se "investir na atividade" –, não se responsabilizando pessoalmente pelo eventual insucesso na operação perante terceiros.[15]

Tal situação põe em evidência as duas facetas da conta de participação: a *externa* e a *interna* – o que faz com que possua a SCP uma estrutura legal um tanto quanto diferente das outras espécies societárias.

### *2.1 Faceta externa*

A SCP não tem existência jurídica exterior.[16] Externamente, o ostensivo atua como se não houvesse conta de participação – sendo o único que se obriga e que adquire direitos perante terceiros –, pois não revela a existência da sociedade entre ele e o sócio participante, não porque isto seja proibido,[17] mas simplesmente porque a existência da associação entre eles *não interessa* a terceiros, que contratam tão somente com o ostensivo (que, inclusive, nem se apresenta como tal) e que levam única e exclusivamente o patrimônio deste em consideração para fins de garantia do cumprimento das obrigações pactuadas.

Terceiros – vale destacar novamente – não tratam com a sociedade nem com os sócios,[18] mas com uma pessoa qualquer, que, no mais das vezes, sequer desconfiam seja sócia ostensiva de uma conta de participação.[19] Neste sentido, é importante salientar a ausência de dever por parte do ostensivo de informar a respeito da existência de uma conta de

Salvatore Grandi, *L'Associazione in Partecipazione*, Milão, Casa Editrice Dottor Francesco Vallardi, 1939, p. 104.

15. Jean Escarra, *Traité Théorique et Pratique de Droit Commercial – Les Sociétés Commerciales*, t. 1, Paris, Recueil Sirey, 1950, p. 557.

16. Luís da Cunha Gonçalves, *Da Conta em Participação*, 2ª ed., Coimbra, Coimbra Editora, 1923, p. 24.

17. Salvo disposição contratual que preveja o sigilo (Rubens Requião, *Curso de Direito Comercial*, 26ª ed., vol. 1, São Paulo, Saraiva, 2006, p. 438).

18. João Eunápio Borges, *Curso de Direito Comercial Terrestre*, 5ª ed., Rio de Janeiro, Forense, 1976, p. 332.

19. "O socio-gerente responsabiliza-se não como *socio* ou *orgão* da sociedade, porém como *commerciante*, obrando por sua conta e risco" (J. X. Carvalho de Mendonça, *Tratado de Direito Commercial Brasileiro*, 2ª ed., atualizada por Achilles Beviláqua e Roberto Carvalho de Mendonça, vol. 4, Livro 2, Rio de Janeiro, Freitas Bastos, 1934, p. 236).

participação.[20] Os terceiros estão em situação de quem ignora que há sociedade[21] – e não existe nenhum problema nisso.

E, mesmo que soubessem acerca da existência da sociedade, os terceiros e os participantes atuam em *planos distintos*, não possuindo aqueles direito de ação contra estes. Isto porque a SCP simplesmente *não produz efeitos* perante terceiros, como dispõe o art. 993, *caput*, primeira parte, do CC e como regulava o CComercial de 1850 em seu art. 326.

Dir-se-á, portanto, que a *faceta externa* da conta de participação é o próprio sócio ostensivo (seja este uma pessoa física ou jurídica, exerça ou não uma atividade empresária), o único que, para todos os efeitos, mantém relações com o mundo exterior.[22] É ele quem contrata em nome próprio, adquirindo direitos e contraindo obrigações em favor do empreendimento comum, como dispõe o art. 991 do CC. Daí dizer-se que é o ostensivo é *peça-chave desse esquema*.[23]

Por tudo isso, o ostensivo é o único responsável perante terceiros pelas obrigações assumidas, já que o participante por nada responde com seu patrimônio, ressalvado eventual ajuste de repartição de prejuízos celebrado entre este último e o ostensivo, pacto que, porém, possui apenas *eficácia interna* – isto é, no que concerne à relação ostensivo-participante.[24]

E como os terceiros que contratam com o ostensivo não sabem que por trás daquele agente (que sequer se diz sócio ostensivo) há uma SCP em funcionamento (pois isso é *assunto de economia interna*, a relação existente entre ostensivo e participante *é toda intima*, como bem refere Inglez de Souza[25]), a própria sociedade é inoponível perante terceiros.

20. Francisco Cavalcanti Pontes de Miranda, *Tratado de Direito Privado*, 3ª ed., t. 49, São Paulo, Ed. RT, 1984, p. 320.

21. Idem, p. 344; José Gabriel Assis de Almeida, *A Sociedade em Conta de Participação*, Rio de Janeiro, Forense, 1989, p. 66.

22. Também nesse sentido: Joaquín Garrigues, *Tratado de Derecho Mercantil*, cit., t. III, vol. 1, p. 183; Friedrich Kübler, *Derecho de Sociedades*, cit., 5ª ed., pp. 193-194.

23. Manuel Broseta Pont, *Manual de Derecho Mercantil*, Madri, Editorial Tecnos, 1971, p. 306.

24. É justamente neste sentido que dispõe o art. 991 do CC, assim como dispunha o art. 326 do CComercial de 1850 e como dispõe, por exemplo, o § 230 do CComercial alemão.

25. Herculano Inglez de Souza, *Direito Commercial: Preleções na Faculdade Livre de Sciencias Juridicas e Sociais do Rio de Janeiro Compiladas por Alberto Biolchi*, São Paulo, Estudos Profissionaes Salesianos, 1906, p. 72.

Assim, o sócio participante não pode, por exemplo, *opor a SCP*, alegando que determinado bem estaria especialmente destinado a cumprir um fim específico e que os credores do ostensivo deveriam excutir primeiro outros bens livres e desembaraçados. Também não pode o participante alegar perante terceiros que o sócio ostensivo utilizou os bens aportados para o exercício do objeto social em finalidade diferente da prevista no contrato, como, por exemplo, caso tivesse entregado estes em garantia numa operação estranha à SCP. Isto porque o terceiro contratou com o sócio ostensivo, e tal contrato é válido e eficaz, respondendo por eventuais débitos com todo o seu patrimônio.[26]

Por fim, salientamos que não há ação do sócio participante contra os devedores do sócio ostensivo – mesmo que para cobrar créditos decorrentes do exercício da atividade da conta de participação.[27] Neste sentido, a legitimidade para executar tais devedores é só do sócio ostensivo – caso assim não proceda, cabe ao sócio participante a respectiva ação de responsabilidade.

### *2.2 Faceta interna*

A sociedade, porém, revela-se quando examinada sua *faceta interna*, que nada mais é que a *relação ostensivo-participante*. O sócio participante obriga-se única e exclusivamente perante o sócio ostensivo (art. 991 do CC), tendo os sócios ampla autonomia para regular as relações entre eles – respeitadas, é claro, as poucas normas cogentes impostas pelo ordenamento jurídico brasileiro.

É neste *circuito fechado*, em princípio, apenas para o conhecimento dos sócios, que o ostensivo anota todas as operações relativas ao empreendimento comum (receitas e despesas) para, ao final do período ou ao término do evento/empreendimento estabelecido, apurar o lucro e distribuí-lo conforme as proporções acertadas – em caso de omissão contratual, proporcionalmente à participação de cada um, nos termos do art. 1.007 do CC[28] – ou, verificando o prejuízo, e dependendo do acerto havido entre as partes, dividi-lo com o sócio participante.

26. Raul Ventura, "Associação em participação: anteprojeto e notas justificativas", *BMJ* 190/40, 1969. Nada obstante, o sócio ostensivo deve responder por perdas e danos causados ao sócio participante na malversação do patrimônio especial formado com a constituição da SCP.

27. Pontes de Miranda, *Tratado de Direito Privado*, cit., 3ª ed., t. 49, p. 345.

28. Broseta Pont, analisando o Direito Espanhol, sustenta que, em caso de o pacto não estabelecer a participação das partes nos lucros, estes devem ser distribuí-

De mais a mais, o sócio participante pode administrar internamente os negócios sociais e, de certa forma, até mesmo externamente,[29] desde que não tome parte nas negociações externas de modo a se obrigar perante terceiros ou se valer da sua figura para aumentar o crédito do ostensivo – hipóteses em que responderá pessoalmente pelas obrigações assumidas, nos termos do art. 993, parágrafo único, do CC.

Arnoldo Wald assevera que nada impede o sócio participante de cooperar com o sócio ostensivo na gestão dos negócios sociais, desde que o faça na qualidade de subordinado ou de mandatário do segundo, deixando claras para os terceiros as condições sob as quais está agindo – sob a pena de, assim não o fazendo, responder pessoalmente pelas obrigações que assumir.[30-31] Lembra Vivante que pode acontecer de o participante assumir a administração parcial ou total do negócio comum, fazendo-o a título de aporte de trabalho para a conta de participação – contribuição em serviços.[32] Salienta Ripert que, mesmo assim, a sociedade conserva sua característica oculta ainda que um participante atue como mandatário do ostensivo sem revelar sua qualidade de sócio.[33]

dos *de acordo com o valor dos investimentos realizados* por estes, situação que nem sempre é fácil de averiguar na prática – adverte o autor (Broseta Pont, *Manual de Derecho Mercantil*, cit., p. 307).

29. Raul Ventura as chama de "associações em participação atípicas quanto à administração" ("Associação em participação: anteprojeto e notas justificativas", cit., *BMJ* 190/46). V. também Kübler, *Derecho de Sociedades*, cit., 5ª ed., p. 195.

30. Arnoldo Wald, in Sálvio de Figueiredo Teixeira (coord.), *Comentários ao Novo Código Civil* – Livro II, "Do Direito de Empresa", vol. XIV, Rio de Janeiro, Forense, 2005, pp. 105-106. V. também: Ventura, "Associação em participação: anteprojeto e notas justificativas", cit., *BMJ* 190/48-49; e Galizzi, *Sociedade em Conta de Participação*, cit., pp. 118-119.

31. Na doutrina estrangeira há quem sustente, com base numa aplicação analógica das regras das sociedades em comandita – embora essa seja uma posição quase isolada, pelo que temos notícia –, a *impossibilidade* de o sócio participante atuar externamente como *administrador empregado* do ostensivo ou como seu *mandatário com poderes gerais*, em face das disposições que vedam esse tipo de atuação ao sócio meramente investidor (comanditário). No Brasil, no caso das comanditas simples, o art. 1.047, *caput* e parágrafo único, seria o fundamento para tal proibição. Pela vedação, v. Felipe Solá de Cañizares, *El Contrato de Participación en el Derecho Español y en el Derecho Comparado*, Madri, Editorial Revista de Derecho Privado, 1954, p. 141. Não aderimos ao posicionamento do autor espanhol pela simples razão de que *não se aplica por analogia restrição a direitos*. Conosco, porém com argumento diverso: Ghidini, *L'Associazione in Partecipazione*, cit., pp. 143-144.

32. Vivante, *Trattato di Diritto Commerciale*, cit., 5ª ed., vol. II, p. 538.

33. Ripert, *Traité Élémentaire de Droit Commercial*, cit., p. 514. Em sentido semelhante: Alfredo De Gregorio, in Bolaffio, Rocco e Vivante (coords.), *Derecho*

Mas é importante advertir, como faz Vivante, que o envolvimento do sócio participante na gestão do negócio de interesse comum deve estar bem delineado no pacto havido entre eles. Salienta o tratadista que, neste caso, "o contrato é decisivo",[34] porque no silêncio deste, dada a natureza da conta de participação, entende-se que o sócio participante não tem o dever nem o direito de se envolver na administração do empreendimento.

De qualquer forma, a prática é que o sócio ostensivo administre a sociedade, mesmo porque o fundo social se encontra em seu patrimônio, sendo que o contrato da conta de participação pode estabelecer os limites em que isso se dá, quando, por exemplo, traz regra sobre a necessidade de consentimento dos outros sócios para a prática de determinados atos. Caso contrário, inexistindo qualquer limitação contratual, presume-se que o sócio ostensivo possui amplos poderes para gerir o fundo social.[35-36]

Por tudo isso, o sócio ostensivo ocupa uma posição fiduciária, uma vez que recebe, fiduciariamente, os bens e/ou direitos transferidos pelo sócio participante,[37] os quais, ao passarem para seu patrimônio, são por ele administrados com ampla discricionariedade.[38]

*Comercial*, t. 7, vol. II – *De las Sociedades y de las Asociaciones Comerciales*, trad. de Rodolfo O. Fontanarrosa, Buenos Aires, Ediar, 1951, p. 423.

34. Vivante, *Trattato di Diritto Commerciale*, cit., 5ª ed., vol. II, p. 538.

35. "Os poderes do sócio ostensivo devem ser regulados no contrato social, que pode limitá-los. No silêncio deste, o sócio ostensivo pode praticar todos os atos pertinentes à gestão. De fato, se o contrato social for omisso relativamente a esse ponto, presume-se que os demais integrantes da sociedade quiseram outorgar plenos poderes ao administrador" (Galizzi, *Sociedade em Conta de Participação*, cit., p. 116. V. também José Gabriel Assis de Almeida, *A Sociedade em Conta de Participação*, cit., p. 227).

36. O que não pode ocorrer, tendo em vista a própria estrutura da conta de participação, é que seja ela administrada por alguém que não seja sócio. No mesmo sentido, v. Galizzi, *Sociedade em Conta de Participação*, cit., p. 118.

37. Além do fato de que é o ostensivo quem apura os resultados da operação prevista no objeto social da conta de participação.

38. Neste sentido, fazemos referência ao seguinte julgado do TJSC, que reconhece que o sócio ostensivo administra bens alheios: "Prestação de contas – Obrigação de quem administra bens alheios – Sociedade em conta de participação – Obrigação do sócio ostensivo – Possibilidade jurídica do pedido – Carência de ação decretada em primeiro grau – Recurso provido. Na sociedade em conta de participação, os sócios ocultos têm o direito de exercer fiscalização e pedir prestação de contas ao sócio ostensivo" (TJSC, 2ª Câmara de Direito Comercial, ApC 1988.026642-1, rel. Des. Nestor Silveira, j. 29.8.1991).

Vale dizer: o sócio ostensivo possui amplos poderes sobre seu patrimônio (patrimônio geral), do qual faz parte o patrimônio especial (CC, art. 994), isto é, especialmente destacado para o exercício da atividade prevista no objeto da SCP,[39] desde que observadas, é claro, as restrições estabelecidas no contrato social – as quais, entretanto, somente produzem efeitos entre os sócios[40] – e pela legislação.[41]

Existe, assim, uma relação fiduciária.[42-43] Tal reconhecimento faz com que incidam sobre o sócio ostensivo deveres extremamente fortes,

39. Devendo-se respeitar, é claro, a que título foi o bem transferido, como, por exemplo, no caso de uma copropriedade: tendo o sócio participante uma fração ideal do bem que está de posse do sócio ostensivo (que possui, quem sabe, o direito de uso), não pode o sócio ostensivo alienar o respectivo bem. Sobre o tema, v. José Gabriel Assis de Almeida. *A Sociedade em Conta de Participação*, cit., p. 138. De qualquer forma, Garrigues entende que o bem afetado pelo ostensivo para o exercício da atividade descrita no objeto social da conta de participação não pode ser alienado por este enquanto não extinta a sociedade (*Tratado de Derecho Mercantil*, cit., t. III, vol. 1, p. 203).

40. Cf. José Gabriel Assis de Almeida, *A Sociedade em Conta de Participação*, cit., p. 137: "O poder do sócio ostensivo que mais se destaca, em relação aos sócios ocultos, é o de gerir autonomamente o negócio (...). Este primeiro poder, ou direito, dá ao gerente liberdade de agir, quer dizer, o sócio-gerente dirigirá os negócios sozinho, sem a interferência do sócio oculto. Mas fica claro que a sua atuação deverá ser dentro dos parâmetros fixados no contrato social. O sócio oculto não poderá interferir na atividade desenvolvida pelo sócio-gerente, a não ser para verificar se o sócio ostensivo está realizando as suas tarefas diligentemente e conforme o pactuado".

41. Requião, *Curso de Direito Comercial*, cit., 26ª ed., vol. 1, p. 440; igualmente, v. José Gabriel Assis de Almeida, *A Sociedade em Conta de Participação*, cit., p. 95. Também considerando que os bens e os direitos são transferidos fiduciariamente, v. Maria Eugênia Reis Finkelstein, "Sociedade em conta de participação", in Maria Eugênia Reis Finkelstein e José Marcelo Martins Proença (coords.), *Tipos Societários*, São Paulo, Saraiva, 2009, pp. 128-129. V. também Barbara Grunewald, *Gesellschaftsrecht*, 7ª ed., Tübingen, Mohr Siebeck, 2008, p. 167.

42. Efetivamente, duas são as características essenciais das *relações fiduciárias* (que podem ser constituídas com base em um negócio jurídico ou por lei): a posição de poder (controle/gerência – o que presume liberdade/discricionariedade) conferida por uma das partes sobre o interesse patrimonial de outrem (com a finalidade de garantia – *fiducia cum creditore* – ou com a finalidade de administração – *fiducia cum amico* – em benefício deste último ou de terceiro – *beneficiário*) e a confiança depositada sobre o fiduciário (ampla natureza ética da posição do fiduciário em relação ao fiduciante). A *relação fiduciária* é marcada pelo poder de um sujeito sobre os interesses patrimoniais de outrem (o que não necessariamente ocorre com a transferência da propriedade para o fiduciário – volta-se a sublinhar) e pelo depósito de confiança na conduta do *fiduciary* (esperança de que este agirá de maneira diligente

e escorreita – ou seja: terá um padrão de conduta ético – e, ao final da relação, devolverá o controle da propriedade para o fiduciante ou para o beneficiário; sendo que esta confiança pode ser subjetiva ou objetivada pelo ordenamento jurídico). Estas são, pois, as duas características básicas das relações fiduciárias, e que sempre devem estar concomitantemente presentes. Sobre o tema, v.: Rafael Chodos, *The Law of Fiduciary Duties*, cit., Los Angeles, Modernage Photo Service, Inc., 2000, pp. 42 e ss.; Manuel António de Castro Portugal Carneiro da Frada, *Teoria da Confiança e Responsabilidade Civil*, Coimbra, Livraria Almedina, 2004, pp. 546-547; Robert D. Cooter e Bradley J. Freedman, "An economic model of the fiduciary's duty of loyalty", *Tel Aviv University Studies in Law* 10/297-314, 1990, p. 297; Deborah A. Demott, "Beyond metaphor: an analysis of fiduciary obligations", *Duke Law Journal* 1988, pp. 879-924, 1.880-1.881 e 908-910; Calixto Salomão Filho, "Diluição de controle", in *O Novo Direito Societário*, 4ª ed., São Paulo, Malheiros Editores, 2011, pp. 83, e "Deveres fiduciários do controlador", in *O Novo Direito Societário*, 4ª ed., São Paulo, Malheiros Editores, 2011, pp. 192-193; Judith Martins-Costa, "Os negócios fiduciários: considerações sobre a possibilidade de acolhimento do *trust* no Direito Brasileiro", *RT* 657/44, Ano 79, São Paulo, Ed. RT, julho/1990; Orlando Gomes, *Alienação Fiduciária em Garantia*, 4ª ed., São Paulo, Ed. RT, 1975, p. 18-21; Joaquín Garrigues, *Negocios Fiduciarios en el Derecho Mercantil*, 2ª ed., Madri, Editorial Civitas, 1991, pp. 17-18; Eduardo Salomão Neto, *O **Trust** e o Direito Brasileiro*, São Paulo, LTr, 1996, pp. 75-76; Christoph Fabian, *Fidúcia – Uma Análise dos Negócios Fiduciários a Partir de suas Relações Externas*, tese (Doutorado em Direito), Porto Alegre, UFRS, 2005, pp. 70-71.

Nos negócios fiduciários (que são os mais estudados em nosso País), a partir dos estudos de Ferdinand Regelsberger encontraríamos como suas características a desproporção entre meios e fins (tendo em vista a transferência da propriedade para o fiduciário) e a ampla natureza ética (José Carlos Moreira Alves, *Da Alienação Fiduciária em Garantia*, 3ª ed., Rio de Janeiro, Forense, 1987, pp. 25-26).

43. Logo – e focando no ponto que nos interessa –, sempre que um sujeito confiar a outro a administração da propriedade o segundo se torna fiduciário; baseamos nossa assertiva na seguinte frase de Berle e Means: "(...) sempre que um homem ou grupo de homens confiar a outro homem ou grupo a administração da propriedade, o segundo grupo se torna fiduciário" (Adolf A. Berle e Gardiner C. Means, *A Moderna Sociedade Anônima e a Propriedade Privada*, 3ª ed., trad. de Dinah de Abreu Azevedo, São Paulo, Nova Cultura, 1988, p. 263): *o elemento característico destas relações está na posição de poder conferida por uma das partes à outra, a reclamar desta o exercício desse poder de acordo com os interesses próprios da primeira* (Carneiro da Frada, *Teoria da Confiança e Responsabilidade Civil*, cit., pp. 546-547: "Um entendimento mais alargado divisará o elemento característico destas relações na posição de poder conferida por uma das partes à outra, a reclamar desta o exercício desse poder de acordo com os interesses próprios da primeira; ou, então, na exposição particularmente intensa desses interesses à interferência de outrem, sendo-lhe eles confiados para que este os promova ou acautele. É o que pode dizer-se acontecer (não apenas com o negócio fiduciário em sentido estrito como) com certos negócios que estão na base da atribuição de poderes representativos (máxime da procuração), ou, em geral, com muitos daqueles através dos quais uma das partes

mais fortes que em qualquer outra relação,[44] para evitar a prática de abusos.[45] Mesmo porque – como salientam Clóvis do Couto e Silva e Fábio Konder Comparato – a boa-fé objetiva manifesta-se com máxima força nas relações societárias.[46]

É possível, por conseguinte, equiparar os deveres do ostensivo aos deveres fiduciários – e responsabilidades – incidentes sobre os adminis-

se vincula a desenvolver uma actividade no interesse (também) da outra (mandato, contratos de administração do patrimônio, *joint ventures*)").

44. Chodos, *The Law of Fiduciary Duties*, cit., p. 42; Carneiro da Frada, *Teoria da Confiança e Responsabilidade Civil*, cit., pp. 550-552; Salomão Neto, *O **Trust** e o Direito Brasileiro*, cit., p. 43. Neste sentido, remetemos às clássicas palavras do Judge Cardozo no caso "Meinhard *versus* Salmon", que trata dos deveres impostos aos participantes de uma *joint venture*: "Joint adventurers, like copartners, owe to one another, while the enterprise continues, the duty of the finest loyalty. Many forms of conduct permissible in a workday world for those acting at arm's length, are forbidden to those bound by fiduciary ties. A trustee is held to something stricter than the morals of the market place. Not honesty alone, but the punctilio of an honor the most sensitive, is then the standard of behavior. As to this there has developed a tradition that is unbending and inveterate. Uncompromising rigidity has been the attitude of courts of equity when petitioned to undermine the rule of undivided loyalty by the 'disintegrating erosion' of particular exceptions... Only thus has the level of conduct for fiduciaries been kept at a level higher than that trodden by the crowd. It will not consciously be lowered by any judgment of this court" (as palavras do *Judge* Cardozo, proferidas no caso "Meinhard *versus* Salmon", são corriqueiramente citadas pelas obras americanas e nos mais diversos julgados; neste trabalho foi a referência extraída de Harry G. Henn e John R. Alexander, *Laws of Corporations and Other Business Enterprises*, 3ª ed., St. Paul, Minn., West Group, 1983, p. 626).

45. Judith Martins-Costa, "Os negócios fiduciários: considerações sobre a possibilidade de acolhimento do *trust* no Direito Brasileiro", cit., *RT* 657/44-45; Federico Ghezzi, "I 'doveri fiduciari' degli amministratori nei *Principles of Corporate Governance*", *Rivista delle Società* 2-3/484, Milão, 1996.

46. Cf.: Clóvis Veríssimo do Couto e Silva, *A Obrigação como Processo*, São Paulo, José Bushatsky Editor, 1976, pp. 30-31; Fábio Konder Comparato, "Restrições à circulação de ações em companhia fechada: *nova et vera*", *RDM* 36/69, Ano 28, São Paulo, Ed. RT, outubro-dezembro/1979. E, no mesmo sentido, v.: Marcelo Vieira von Adamek, *Abuso de Minoria em Direito Societário (Abuso das Posições Subjetivas Minoritárias)*, tese (Doutorado em Direito), São Paulo, Faculdade de Direito da USP, 2010, pp. 25 e 137; Alfredo Lamy Filho e José Luiz Bulhões Pedreira, "Capítulo I: Conceito e natureza", in: Alfredo Lamy Filho e José Luiz Bulhões Pedreira (coords.), *Direito das Companhias*, vol. 1, Rio de Janeiro, Forense, 2009, p. 36; Judith Martins-Costa, "Os campos normativos da boa-fé objetiva: as três perspectivas do direito privado brasileiro", in Antônio Junqueira de Azevedo, Paolo Carbone e Heleno Taveira Tôrres (coords.), *Princípios do Novo Código Civil Brasileiro e Outros Temas: Homenagens a Tullio Ascarelli*, São Paulo, Quartier Latin, 2008, pp. 402-403; Christine Windbichler, *Gesellschaftsrecht*, 22ª ed., Munique, C. H. Beck, 2009, p. 64.

tradores de qualquer sociedade, mesmo porque nada impede, inclusive, que ao sócio ostensivo, tendo em vista suas funções, seja atribuída uma remuneração, nos exatos padrões legalmente ditados para os administradores de qualquer sociedade.[47] São deveres dos administradores de qualquer sociedade: (i) diligência; (ii) lealdade; (iii) informar; e (iv) obediência.[48-49-50]

47. Escarra, *Traité Théorique et Pratique de Droit Commercial – Les Sociétés Commerciales*, cit., t. 1, pp. 556-557. A respeito disso, bem assevera Alfredo de Assis Gonçalves Neto: "O ostensivo age com ampla autonomia nas suas relações com terceiros, mas perante os seus sócios ocultos tem os deveres e as responsabilidades do administrador" (*Direito de Empresa: Comentários aos Arts. 966 a 1.195 do Código Civil*, 2ª ed., São Paulo, Ed. RT, 2008, p. 155). Em sentido semelhante, v.: Galizzi, *Sociedade em Conta de Participação*, cit., pp. 116 ss.; e José Gabriel Assis de Almeida, *A Sociedade em Conta de Participação*, cit., pp. 138-140.

48. Sobre os deveres de diligência e lealdade (dever de informar o participante) do sócio ostensivo, ainda que não sejam utilizadas tais palavras (todo o caso é trabalhado em torno da conduta culposa do sócio ostensivo), é interessante o caso no qual Galeno Lacerda exarou parecer, ainda mais porque o sócio participante conhecia (estava estipulado no contrato) a forma como o empreendimento seria feito pelo sócio ostensivo bem como envolvia a fiscalização por parte do Estado e o respeito às normas que regulavam a matéria (dever de obediência, uma vez que se tratava de SCP relacionada a empreendimentos florestais, quando se poderia investir valores devidos do imposto de renda, nos termos do Decreto-lei 1.134/1970, regulamentado pelo Decreto 68.565/1971) – circunstâncias que tornam difícil o sócio participante conseguir responsabilizar o ostensivo (cf. Galeno Lacerda, "Sociedade em conta de participação", parecer in *Direito Comercial – Sociedades Mercantis – Casos Selecionados*, vol. IX, Rio de Janeiro, Forense, 2004, pp. 133-163).

49. Especialmente o dever de lealdade que incide sobre o administrador também incide sobre os sócios. E isso, obviamente, acaba se confundindo na SCP, uma vez que o sócio ostensivo também ocupa a posição de administrador. Assim, não é sem razão que quando se fala da quebra do dever de lealdade – e, mesmo, do dever de diligência – na SCP se diz que o sócio-administrador o quebrou (assim o faz, por exemplo, Ricardo Guimarães Moreira, "Sociedade em conta de participação – Sócio ostensivo e administrador – Violação dos deveres de lealdade, diligência e confidencialidade – Prática de concorrência desleal – Consequências", parecer in *Revista de Direito Empresarial* 7/153-164, janeiro-junho/2007).

50. Questão interessante é que a análise da quebra do dever de lealdade depende, sempre, do caso concreto. Assim, não é porque o sócio ostensivo passou a operar um negócio, que faz parte da linha de atuação da SCP mas sem a participação do oculto, que ele usurpou uma oportunidade negocial. Da mesma forma, não é pelo fato de o sócio ostensivo ser sócio de sociedades concorrentes que está a praticar concorrência para com a sociedade. Existe a necessidade de se verificar, por exemplo, o objeto da SCP: É para uma única operação ou para a exploração de todo um

Mas é claro que, se o sócio participante desempenhar funções administrativas, tendo em vista a estrutura contratual, também sobre ele incidem todos os deveres inerentes ao cargo de administrador.

Ainda, não se pode esquecer que, pela simples posição de sócio, incidem sobre o sócio ostensivo e também sobre o sócio participante diversos deveres (tais como o dever de lealdade e o dever de aportar bens ou serviços) – bem como possuem os membros da SCP diversos direitos inerentes à condição de sócios.

O descumprimento de tais deveres acarreta a responsabilização civil do ostensivo ou, se for o caso, do participante, bem como pode ocasionar sua exclusão da sociedade (e, consequentemente, de regra, a dissolução da conta de participação, em razão da necessidade de verificação de ao menos um sócio em cada uma das categorias ou da essencialidade do aporte do excluído para o exercício da sociedade).

No que concerne à formação da vontade social, é importante referir que nada impede que as principais questões referentes ao negócio sejam deliberadas por meio de voto, embora normalmente se entenda que o direito a isso não seja essencial à qualidade de sócio na conta de participação.[51] Como refere Galizzi, "o sócio participante só terá a faculdade de, conjuntamente com o sócio ostensivo, influir nas deliberações de interesse geral da sociedade se o contrato social contemplar cláusula autorizando esse direito".[52]

negócio? É por tempo determinado ou indeterminado? O sócio oculto participará de todo o negócio do ostensivo? Ainda, é imprescindível que se verifique a situação dos sócios: o sócio ostensivo, antes de firmar a SCP, já operava no mesmo ramo com outros sócios ou em outras operações? Enfim, há a necessidade de se verificar a estrutura real da sociedade. E, aqui, interessante é o caso no qual Ricardo Guimarães Moreira ("Sociedade em conta de participação – Sócio ostensivo e administrador – Violação dos deveres de lealdade, diligência e confidencialidade – Prática de concorrência desleal – Consequências", parecer in *Revista de Direito Empresarial* 7/153-164) proferiu parecer, no qual o sócio ostensivo pretendia assumir individualmente (sem o sócio participante) uma oportunidade negocial (mesmo ramo de atividade, linha de negócios da SCP) que, se levada adiante, poderia, inclusive, acarretar a própria extinção da SCP, uma vez que a atividade por ela explorada seria paralisada diante da concorrência (ou seja: após a usurpação da oportunidade da companhia, teríamos concorrência à SCP e, também, o ostensivo estaria quebrando com seu dever de diligência).

51. Galizzi, *Sociedade em Conta de Participação*, cit., p. 155.

52. Idem, ibidem.

Assim, o contrato social pode restringir os poderes de gestão do sócio ostensivo, inclusive estabelecendo que determinadas matérias devam ter a decisão tomada em conjunto com o sócio participante.[53] Mas, mesmo assim, ainda que a decisão seja tomada de modo colegiado, à realização de determinado ato perante terceiros deve atuar única e exclusivamente o sócio ostensivo. Em outras palavras: a execução do que foi deliberado cabe somente ao sócio ostensivo.

Em resumo: a rigor, e de regra, quem administra a conta de participação é o sócio ostensivo, dependendo do contrato social a atribuição de administração interna ao sócio participante e mesmo a deliberação conjunta de determinadas matérias aos sócios, sendo possível – mas de forma alguma necessário – que o sócio participante tenha influência decisiva no destino da conta de participação.[54]

De qualquer forma, entendemos que as matérias que possam afetar a estrutura jurídica ou a estrutura econômica da sociedade – como a alteração contratual, o reforço no aporte de recursos etc. – devem, como em qualquer sociedade, ser deliberadas pelos sócios, sobretudo tendo em vista das regras da sociedade simples que regulam supletivamente a conta de participação (CC, art. 996, *caput*).

É importante novamente lembrar, todavia, que, de acordo com o art. 993, *caput*, do CC, a divisão de competências e a restrição de poderes previstas no contrato social somente possuem eficácia no âmbito interno (isto é, se o sócio ostensivo desrespeitar o disposto no contrato social, este não será oponível perante terceiros).

53. José Gabriel Assis de Almeida, *A Sociedade em Conta de Participação*, cit., p. 137: "Os poderes de sócio-gerente devem ser regulados no contrato social, que pode limitá-los ou ampliá-los. Se o contrato social for omisso relativamente a este ponto, presume-se que os sócios quiseram outorgar plenos poderes ao gerente"; "As restrições eventualmente impostas ao sócio-gerente só são válidas (ou, melhor, eficazes, em nosso entender) entre as partes. E, se o sócio ostensivo exceder os limites fixados, esses limites não serão oponíveis a terceiros. Exceto, é claro, se o terceiro conhecesse a existência e o conteúdo dos limites"; "O sócio-gerente tem, salvo restrição contratual, todos os poderes inerentes à tarefa de administração comuns aos gerentes dos demais tipos societários".

54. Neste sentido leciona Barbara Grunewald, afirmando que, quando o participante possui influência decisiva no destino da conta de participação, é esta sociedade chamada de conta de participação atípica: "Dem stillen Gesellschafter können auch *weitgehende Einflussmöglichkeiten auf die Führung der Gesellschaft eingeräumt werden*"; "Es gibt auch sogenannte *atypische Stille Gesellschaften*, in denen der *Stille Gesellschafter maßgeclichen Einfluss* auf die Geshicke des Unternehmens *hat*" (*Gesellschaftsrecht*, cit., 7ª ed., pp. 161 e 163).

Por todo o exposto, percebe-se que a figura em exame é uma sociedade ad intra, ou, como diz Carlos Gomes de Oliveira,[55] uma sociedade intramuros, sem relações jurídicas com terceiros, para os quais é, na verdade, ineficaz (CC, arts. 991 e 993).[56] Por isso, é equivocado dizer que a sociedade existe e vale somente entre os sócios.[57] Na realidade, ela existe e vale perante todos, porém produz efeitos única e exclusivamente entre os sócios – daí por que Malagarriga salienta ser o contrato social res inter alios acta.[58] Acertada, portanto, a redação do art. 993, *caput*, do CC.

A sociedade, em sua essência, existe como uma relação obrigacional entre os sócios. É, portanto – como destaca o professor Erasmo Valladão –, uma sociedade interna, sociedade meramente interna,[59] podendo os sócios contratualmente organizá-la da forma que melhor lhes aprouver.[60]

Analisada a estrutura da SCP, apresentamos, abaixo, um esquema que orienta e sistematiza o que foi até aqui exposto:

55. Carlos Gomes de Oliveira, *Sociedades Irregulares*, São Paulo, Livraria Acadêmica Saraiva & Cia., 1924, pp. 137-138.

56. Carlos Guimarães de Almeida, "A virtuosidade da sociedade em conta de participação", *RDM* 8/48; Pontes de Miranda, *Tratado de Direito Privado*, cit., 3ª ed., t. 49, pp. 319-320, 340 e 344; Carvalho de Mendonça, *Tratado de Direito Commercial Brasileiro*, cit., 2ª ed., vol. 4, p. 231.

57. Neste sentido, parecem-nos, s.m.j., equivocadas as posições (ou ao menos a linguagem empregada) de Arnoldo Wald, José Gabriel Assis de Almeida e Waldemar Ferreira ao asseverarem que a sociedade é inexistente para terceiros (cf.: Arnoldo Wald, in Sálvio de Figueiredo Teixeira (coord.), *Comentários ao Novo Código Civil* – Livro II, "Do Direito de Empresa", vol. XIV, p. 97; José Gabriel Assis de Almeida, *A Sociedade em Conta de Participação*, cit., pp. 51, 152 e 202; Waldemar Ferreira, *Tratado de Direito Comercial*, vol. 4, São Paulo, Saraiva, 1961, p. 534).

No mesmo equívoco já incorreu o STJ (3ª Turma, REsp 474.704-PR, rel. Min. Carlos Alberto Menezes Direito, j. 17.12.2002). Fazendo coro à nossa crítica, v. Galizzi, *Sociedade em Conta de Participação*, cit., p. 110.

58. Carlos C. Malagarriga, *Tratado Elemental de Derecho Comercial*, vol. I, Buenos Aires, Tipográfica Editora Argentina, 1951, p. 326.

59. Erasmo Valladão A. e N. França, *Ensaio sobre a Sociedade em Comum*, tese (Livre-Docência em Direito), São Paulo, USP, 2011, p. 62.

60. "Die gesellschaft tritt vermögensrechtlich und nach außen nicht in Erscheinung, sie ist nicht Träger von Rechten und Pflichten. Man spricht deshalb von einer Innengesellschaft (...). Die Gesellschaft besteht im Wesentlich aus einem Schuldverhältnis zwischen den Gesellschaftern. Sie kann sich gleichwohl vertraglich eine innere Organisation geben" (Windbichler, *Gesellschaftsrecht*, cit., 22ª ed., p. 20. V. também Grunewald, *Gesellschaftsrecht*, cit., 7ª ed., p. 160).

Assim, independentemente da sua organização/formatação, a conta de participação é sempre uma *sociedade interna*, relacionando-se perante terceiros – e obrigando-se perante estes – única e exclusivamente o sócio ostensivo (CC, arts. 991 e 993).[61] A conta de participação – é importante repisar – não exerce qualquer atividade econômica.

No que diz respeito à responsabilidade dos sócios, é necessário analisar, separadamente, as figuras do sócio ostensivo e do sócio oculto (participante) – o que faremos a partir de agora.

61. "Unabhängig von der konkreten Ausgestaltung ist die Gesselschaft immer Innengesellschaft, d.h. sie hat kein Auβeenverhältnis. Im Verhältnis zu Dritten ist der tätige Gesselschafter der alleinige Inhaber des Handelsgeschäfts. Er betreibt es in seinem Namen; aus allen im Betrieb geschlossenen Geschäften wird nur er berechtigt und verpflichtet (§ 230 Abs. 2 HGB). Eine Vertretungsmacht kommt mithin gar nicht in Frage, da weder der Stille noch die Geselschaft als solche zu Dritten in Rechtsbeziehungen tritt" (Windbichler, *Gesellschaftsrecht*, cit., 22ª ed., p. 187. V. também Kübler, *Derecho de Sociedades*, cit., 5ª ed., p. 191-193).

## 3. *Responsabilidade*

A SCP é daqueles tipos societários cuja responsabilidade dos sócios é *mista* – assim como as sociedades em comandita –, isto é, possui uma categoria de sócio que *não usufrui de proteção patrimonial* (*sócios ilimitadamente responsáveis*), enquanto a outra, perante terceiros, nada responde pelos prejuízos advindos da exploração do empreendimento de interesse comum (*sócios limitadamente responsáveis*).

Com efeito, o sócio ostensivo responde com todo o seu patrimônio pelas obrigações assumidas no exercício da atividade prevista no objeto da conta de participação, ao passo que o sócio participante arrisca perder tão somente aquilo que aportou no empreendimento, gozando, pois, de proteção patrimonial, uma vez que os credores do sócio ostensivo não alcançam o seu patrimônio. Estas questões, no entanto, merecem ser mais bem detalhadas, sendo isso o que faremos nos itens abaixo.

### 3.1 *Responsabilidade do sócio ostensivo*

Quanto ao sócio ostensivo, já dissemos que as atividades são realizadas em seu nome e sob sua própria e exclusiva responsabilidade (CC, art. 991). Por isso, o sócio ostensivo responde com todos os seus bens, componham ou não o fundo social da conta de participação (CC, art. 994, *caput* e § 1º). Galizzi bem sintetiza a questão:

> Sua responsabilidade [*do sócio ostensivo*] é, por isso, direta, exclusiva e ilimitada, nos termos do art. 991 do CC de 2002. Direta porque não há relação de subsidiariedade patrimonial no seu trato com terceiros. Pertencendo, em regra, ao sócio ostensivo os fundos sociais, que formam um patrimônio especial dentro de seu geral, é este que responde, diretamente, pelas dívidas contraídas no exercício da atividade empresarial. Na conta de participação, a ação dos credores não se efetiva como na sociedade em comum, na qual a responsabilidade patrimonial dos sócios é subsidiária ao valor dos fundos sociais, que formam uma comunhão. Tampouco ocorre como nas sociedades personificadas, em que a responsabilidade dos sócios é também subsidiária ao patrimônio social, variando sua extensão de acordo com as regras próprias de cada tipo societário.
>
> A responsabilidade do sócio ostensivo é também exclusiva e ilimitada, pois é ele o único que se obriga para com terceiros. Quem trata com o sócio ostensivo não possui qualquer ação contra os sócios participantes, uma vez que, como mencionado, o contrato de sociedade em conta de participação, embora exista juridicamente, caracteriza-se, externamente, por sua "insuficiência eficacial", não irradiando efeito algum para a mídia em

geral. O terceiro contratante, no rigor de direito, não será nunca credor nem devedor dos sócios participantes. Os consumidores, fornecedores, empregados, banqueiros, Fisco, estão, pois, somente diante do sócio ostensivo, que é, por via de consequência, o responsável único pelo cumprimento das obrigações contraídas com estes.[62]

Caso o sócio ostensivo seja uma sociedade, tem-se que todo o seu patrimônio responderá pelas obrigações assumidas enquanto no exercício da atividade prevista no contrato da SCP. Aqui, resta claro que, se o ostensivo for uma sociedade limitada (CC, art. 1.052) – ou uma limitada unipessoal, no Brasil, uma empresa individual de responsabilidade limitada/EIRELI, nos termos do art. 980-A do CC[63] – ou uma anônima (Lei 6.404/1976), por regra, só os bens da sociedade responderão por tais dívidas, não podendo, em princípio, serem alcançados os bens de seus sócios, que estão a salvo por conta da limitação da responsabilidade oferecida pelos referidos tipos societários.[64]

62. Galizzi, *Sociedade em Conta de Participação*, cit., pp. 111-112.

63. Cf.: Erasmo Valladão Azevedo e Novaes França e Marcelo Vieira von Adamek, "O sócio incapaz (CC, art. 974, § 3º)", *RDM* 159-160/116, Ano 50, São Paulo, Malheiros Editores, julho-dezembro/2011, em nota de rodapé, e "Empresa individual de responsabilidade limitada (Lei 12.441/2011): anotações", in Luís André N. de Moura Azevedo e Rodrigo R. Monteiro de Castro (coords.), *Sociedade Limitada Contemporânea*, São Paulo, Quartier Latin, 2013, pp. 43 e ss.; Paulo Cézar Aragão e Gisela Sampaio da Cruz, "Empresa individual de responsabilidade limitada: o 'moderno prometheus' do direito societário", in Pedro Anan Jr. e Marcelo Magalhães Peixoto (coords.), *Empresa Individual de Responsabilidade Limitada – EIRELI: Aspectos Econômicos e Legais*, São Paulo, MP Editora, 2012, pp. 220-231; Sérgio Campinho, *O Direito de Empresa à Luz do Novo Código Civil*, 12ª ed., Rio de Janeiro, Renovar, 2011, pp. 63-66 e 283-285; e José Rodrigo Dorneles Vieira, *A Sociedade Unipessoal como a Reforma Necessária para Preencher a Lacuna Existente no Regime Jurídico da Atividade Econômica no Brasil*, dissertação (Mestrado em Direito), Porto Alegre, Faculdade de Direito da UFRS, 2010, p. 139.

64. Importante é a ressalva feita por Galizzi ao explicar que, caso existam dois ou mais sócios ostensivos, inexiste responsabilidade solidária entre eles pelos débitos assumidos em decorrência do exercício do objeto social previsto na conta de participação; cada um responde pelas dívidas que contrair: "Havendo mais de um sócio ostensivo na conta de metade, explorando as mesmas operações sociais, não há se cogitar, a princípio, de responsabilidade solidária. Decorrendo a solidariedade unicamente da lei ou da convenção das partes (CC, art. 265), e sendo o Código Civil omisso quanto a isso, não há outra conclusão a se chegar sobre o assunto. Nada obsta, por outro lado, a que o contrato social da conta de participação estipule a solidariedade, caso em que os credores poderão cobrar de um ou de alguns dos sócios ostensivos, parcial ou totalmente, a dívida comum. A lei civil, todavia, deveria prevê-lo expressamente, como o fez na hipótese de o sócio participante tomar parte das

### 3.2 *Responsabilidade do sócio participante*

No que toca à responsabilidade do sócio participante, a questão há de ser examinada em partes, primeiramente analisando-se o plano externo, para depois chegarmos ao plano interno.

#### 3.2.1 *No plano externo*

Quanto ao plano externo, a questão relativa à responsabilidade do sócio participante não oferece maiores problemas. É bastante claro que, em condições normais, o sócio participante *não responde* pelas obrigações assumidas pelo sócio ostensivo, ainda que contraídas em benefício do negócio comum objeto da SCP, pois este não assume nenhuma obrigação perante terceiros, que, além disso, na maior parte dos casos sequer sabem acerca do ajuste havido entre eles.[65] É isso o que dispõe o art. 991 do CC.

Nesse sentido caminha a jurisprudência do STJ:

> Duplicata – Emissão por fornecedora de mobiliário contra o proprietário de unidade autônoma de edifício – Sociedade em conta de participação – Responsabilidade perante terceiros – Sócio ostensivo. "Na sociedade em conta de participação o sócio ostensivo é quem se obriga para com terceiros pelos resultados das transações e das obrigações sociais, realizadas ou empreendidas em decorrência da sociedade, nunca o sócio participante ou oculto, que nem é conhecido dos terceiros nem com estes nada trata" (REsp n. 168.028-SP) – Recurso especial parcialmente conhecido e, nessa parte, provido.[66]
>
> Comercial – Sociedade em conta de participação. Responsabilidade para com terceiros. Sócio ostensivo. Na sociedade em conta de participação o sócio ostensivo é quem se obriga para com terceiros pelos resultados das transações e das obrigações sociais, realizadas ou empreendidas em decorrência da sociedade, nunca o sócio participante ou oculto, que nem é

relações estabelecidas entre o sócio ostensivo e terceiros (art. 993, parágrafo único ...)" (*Sociedade em Conta de Participação*, cit., pp. 114-115).

Também nesse sentido: Solá de Cañizares, *El Contrato de Participación en el Derecho Español y en el Derecho Comparado*, cit., pp. 148-149. Em sentido oposto está a legislação argentina, pois o art. 362 da *Ley de Sociedades Comerciales* considera solidários os ostensivos havendo mais de um ("Art. 362. (...) Si actúa más de un gestor, ellos serán solidariamente responsables"). No mesmo sentido a *Ley de Sociedades Comerciales* do Uruguai ("Art. 484. ... Si actuara más de um gestor, ellos serán solidariamente responsables").

65. Paulo Cavalcanti Salgado, *Das Sociedades em Participação no Direito Commercial Brazileiro*, Recife, Imprensa Industrial, 1913, pp. 106-108.

66. STJ, 4ª Turma, REsp 192.603-SP, rel. Min. Barros Monteiro, j. 15.4.2004.

conhecido dos terceiros nem com estes nada trata – Hipótese de exploração de *flat* em condomínio. (...).[67]

O TJMG já se manifestou no mesmo sentido, em acórdão que praticamente reproduz o entendimento do STJ:

> Embargos de terceiro – Sociedade em conta de participação – Responsabilidade perante terceiros (...). Na sociedade em conta de participação obriga-se perante terceiro tão somente o sócio ostensivo; e, exclusivamente perante este, o sócio participante, nos termos do contrato social, conforme os ditames do parágrafo único do art. 991 do CC. (...).[68]

Em antigo acórdão, o TJSP também já havia firmado posição no sentido da irresponsabilidade externa do sócio participante:

> *É da índole da sociedade em conta de participação que o sócio ostensivo é o único que se obriga para com terceiros.*[69]

A condição do participante não se altera mesmo que saibam os terceiros com quem o sócio ostensivo contratou acerca da existência da conta de participação. Isto por si só não desnatura a sociedade, permanecendo o sócio oculto sem responsabilidade externa.[70]

O argumento de que eventual dívida *surgiu em proveito da sociedade*, ainda que o sócio oculto tenha *participado dos lucros* oriundos da SCP, não prospera, pois terceiros que contratam com o sócio ostensivo devem levar em consideração tão somente o seu patrimônio. Exatamente por isso, Fran Martins observa:

67. STJ, 4ª Turma, REsp 168.028-SP, rel. Min. César Asfor Rocha, j. 7.8.2001.

68. TJMG, 12ª Câmara Cível, ACi 1.0024.07.598019-3/001, rel. Des. Nilo Lacerda, j. 13.2.2008.

69. TJSP, 3ª Câmara, ApC 4.004, rel. Des. Marcelino Gonzaga, j. 12.9.1939. Tal orientação é adotada inclusive na Justiça do Trabalho (TRT2, 8ª Turma, RO 0034000-22.2006.5.02.0006, Rel. Des. Rovirso A. Boldo, j. 28.10.2013), embora encontremos precedentes com posição diversa (e equivocada), responsabilizando o sócio participante por débitos trabalhistas do sócio ostensivo (TST, 2ª Turma, AIRR-1850-50.2010.5.09.0653, Rel. Min. Valdir Florindo, j. 19.2.2014; TRT4, 2ª Turma, AP 0017400-89.2003.5.04.0291, Rel. Des. Alexandre Corrêa da Cruz, j. 16.9.2010).

70. "Estes terceiros não podem allegar a existencia da sociedade, ainda que saibam ou conheçam a sua formação" (Carvalho de Mendonça, *Tratado de Direito Commercial Brasileiro*, cit., 2ª ed., vol. 4, p. 227. Igualmente, v.: Cunha Gonçalves, *Da Conta em Participação*, cit., 2ª ed., p. 26; José Gabriel Assis de Almeida, *A Sociedade em Conta de Participação*, cit., p. 150; Grunewald, *Gesellschaftsrecht*, cit., 7ª ed., p. 169).

Os credores da sociedade não poderão acionar, em nenhuma hipótese, os sócios ocultos, pois juridicamente esses nenhum compromisso tomaram para com eles.[71-72]

Waldemar Ferreira esclarece:

> Mercê de sua originalidade, que melhor se diria do seu particularismo, a sociedade em conta de participação, precisamente porque inexiste nas relações com terceiros, ainda quando constituída por escritura pública, é sociedade "para uso interno". Por isso mesmo, ela não se obriga com terceiros. Não contrata. Não opera. Ela se confunde com o sócio ostensivo, seja pessoa natural, seja pessoa jurídica. Êsse sócio é que age, mas como se fôsse em negócio seu, exclusivamente de sua firma, individual ou social. O sócio participante (ainda que sabidamente participante) é sócio oculto que, nas relações da sociedade com terceiros, absolutamente não é sócio; e, por isso mesmo, não responde pelas obrigações acaso contraídas pelo sócio ostensivo no interêsse da sociedade.[73]

Como já foi dito, a SCP não produz efeitos perante terceiros – art. 993, *caput*, primeira parte, do CC. Nesses termos, ainda que esteja previsto no contrato social que o sócio participante arcará com a parcela das obrigações assumidas pelo sócio ostensivo no exercício da atividade prevista na SCP (ou que se queira seguir a regra geral do art. 1.007 quanto à repartição dos resultados), terceiros não podem, com base em tal dispositivo contratual (ou legal), buscar cobrar/executar o sócio participante.[74] Vale frisar que as regras (contratuais ou legais) de divisão das

71. Fran Martins, *Curso de Direito Comercial*, 5ª ed., Rio de Janeiro, Forense, 1976, p. 290. No mesmo sentido, v. José Gabriel Assis de Almeida, *A Sociedade em Conta de Participação*, cit., p. 147.

72. Malagarriga aponta jurisprudência argentina segunda a qual a *Cámara Comercial de la Capital* estabeleceu que o sócio oculto não pode ser responsabilizado pelo Fisco por tributos gerados em decorrência do exercício da atividade prevista no objeto social de uma sociedade em conta de participação (*Tratado Elemental de Derecho Comercial*, cit., vol. I, pp. 326-327).

73. Waldemar Ferreira, *Tratado de Direito Comercial*, cit., vol. 4, p. 534. V. também: Carvalho de Mendonça, *Tratado de Direito Commercial Brasileiro*, cit., 2ª ed., vol. 4, p. 236.

74. O que ocorre é que, tendo o sócio ostensivo um crédito para receber do sócio oculto (participante), podem os credores do ostensivo buscar a satisfação em tais créditos que este sócio tem para receber do outro; todavia, em hipótese alguma existe ação direta dos credores do ostensivo (que com ele contrataram) contra os sócios participantes (ocultos). Nesta hipótese, o sócio participante é tratado como qualquer outro credor do sócio ostensivo. Neste sentido já asseverava Pontes de

perdas produzem efeitos somente perante os sócios, que manejam uma espécie de *acerto interno*.

Salienta Alfredo De Gregorio que se supõe que o ostensivo atua em nome próprio, não por uma sociedade, pois essa é a situação normal. Assim, os terceiros não têm nenhum motivo para contar com a responsabilidade do sócio participante.[75]

Nessa toada, os terceiros não têm ação contra os sócios participantes, bem como só o sócio ostensivo tem ação contra os terceiros com quem contrata em favor do negócio comum.[76]

Da mesma forma, o sócio ostensivo não pode querer utilizar a SCP e a eventual responsabilidade do sócio participante como defesa em relação a terceiros.[77]

#### *3.2.1.1* Degeneração

A única hipótese pela qual o sócio participante responde é no caso de *tomar parte nas relações do sócio ostensivo com terceiros*. Nesta hipótese – e somente nas operações em que tomar parte nas relações do sócio ostensivo com terceiros – responde solidariamente com o sócio ostensivo (CC, art. 993, parágrafo único).

Aqui, deve-se fazer uma observação pontual: nada impede que o participante, como foi salientado anteriormente, se envolva na *administração interna* da atividade (ou que se estabeleça, contratualmente, que determinados atos dependam de *deliberação* conjunta dos sócios etc.), o que muitas vezes acontece, pois sua colaboração pode ser imprescindível

Miranda, *Tratado de Direito Privado*, cit., 3ª ed., t. 49, p. 344; igualmente, v. José Gabriel Assis de Almeida, *A Sociedade em Conta de Participação*, cit., p. 122. Remetemos também a Kübler, *Derecho de Sociedades*, cit., 5ª ed., p. 194.

75. Alfredo De Gregorio, in Bolaffio, Rocco e Vivante, *Derecho Comercial* – t. 7, vol. II, *De las Sociedades y las Asociaciones Comerciales*, p. 418.

76. Broseta Pont, *Manual de Derecho Mercantil*, cit., p. 308. Salienta Joaquín Garrigues que o exercício da ação pelo participante contra terceiros só será possível quando o ostensivo tiver feito a cessão formal de seus direitos a este. Mas nesta hipótese o direito do participante não derivaria propriamente da conta de participação, mas, sim, de um contrato de cessão de crédito. Aponta o tratadista espanhol que a referida cessão é estipulada quase sempre com o objetivo de liquidar as relações nascidas da conta de participação (Garrigues, *Tratado de Derecho Mercantil*, cit., t. III, vol. 1, p. 209).

77. Wald, in Sálvio de Figueiredo Teixeira (coord.), *Comentários ao Novo Código Civil* – Livro II, "Do Direito de Empresa", vol. XIV, cit., p. 101; José Edwaldo Tavares Borba, *Direito Societário*, 11ª ed., Rio de Janeiro, Renovar, 2008, p. 108.

ou, ao menos, desejável para o bem andamento dos negócios. Igualmente, pode atuar o sócio participante como *subordinado* (empregado) ou como *mandatário* do ostensivo (pois no contrato de mandato age-se em nome de outrem), desde que fique expressa sua posição.

O que o referido dispositivo (art. 993, parágrafo único) veda é a assunção de obrigações em nome próprio, função que é privativa do ostensivo e fundamental para que somente este responda pelas obrigações assumidas no exercício das atividades da conta de participação. O sócio participante responsabiliza-se em nome próprio quando toma parte nas relações do ostensivo com terceiros.[78]

É claro que, aqui, falamos em tese, pois a realidade é muito mais rica que a teoria. E os maiores problemas surgem especialmente quando os sócios *induzem em erro* os terceiros.[79]

Nesse sentido, basta refletir sobre as palavras de José Gabriel Assis de Almeida ao analisar a hipótese de o sócio ostensivo revelar, perante terceiros, que possui sócios mas não fazer a distinção clara, perante tais terceiros, de que se trata de uma SCP – ou seja, de que o sócio participante não responde pelos débitos sociais –, fazendo crer que todos os sócios garantem eventuais dívidas.[80] Da mesma forma, dentre outras situações, há de se pensar na hipótese em que o sócio participante dá a entender que está se coobrigando com o sócio ostensivo, apesar de não se vincular formalmente;[81] além do caso em que o sócio ostensivo se vale do crédito ou do bom nome do participante para fechar negócios, assegurando ou dando a entender que o participante garante as operações (como, por exemplo, fazendo crer que se trata de sociedade em comum[82]).[83]

78. Ghidini, *L'Associazione in Partecipazione*, cit., p. 60.

79. De Gregorio, in Bolaffio, Rocco e Vivante, *Derecho Comercial* – t. 7, vol. II, *De las Sociedades y las Asociaciones Comerciales*, cit., p. 419.

80. José Gabriel Assis de Almeida, *A Sociedade em Conta de Participação*, cit., pp. 142-143 e 147-149. Em sentido semelhante: Grandi, *L'Associazione in Partecipazione*, cit., p. 68.

81. José Gabriel Assis de Almeida, *A Sociedade em Conta de Participação*, cit., pp. 142-143 e 147-149.

82. Sobre a sociedade em comum, a referência obrigatória é: Erasmo Valladão Azevedo e Novaes França, *A Sociedade em Comum*, São Paulo, Malheiros Editores, 2013.

83. Broseta Pont, *Manual de Derecho Mercantil*, cit., p. 307; Garrigues, *Tratado de Derecho Mercantil*, cit., t. III, vol. 1, p. 194; De Gregorio, in Bolaffio, Rocco e Vivante, *Derecho Comercial* – t. 7, vol. II, *De las Sociedades y las Asociaciones*

Nestes casos, diante de terceiros de boa-fé – e da impossibilidade de estes apurarem a verdade –, respondem os sócios participantes por eventuais débitos sociais? Devem ser tuteladas a confiança nas relações de mercado e as expectativas de terceiros? Se, perante terceiros, a sociedade aparentou ser uma sociedade em comum (CC, arts. 986-990), apesar de comprovadamente ser uma SCP, deve o sócio participante ser responsabilizado pelos débitos sociais? Ou deve ser respeitada a letra do art. 993, parágrafo único, do CC? Deve a estrutura da conta de participação ser sempre respeitada, tendo em vista que o sócio participante, em tal situação, não teria contraído nenhuma obrigação em seu nome? Sempre há de se realizar a análise do caso concreto, mas é possível sustentar que, nas situações descritas, o sócio participante passa a responder pelas obrigações assumidas; são casos, nos parece, em que a *natureza* da conta de participação foi *corrompida* pelos próprios sócios, resultando na responsabilização dos sócios em regime de solidariedade.[84-85] Ainda, Gustavo Galizzi também aponta para a possibilidade de anulação do negócio jurídico com base em *erro* (arts. 138-144 do CC) ou *dolo* (arts. 145-150), abrindo-se, ainda, a via da *responsabilidade civil*.[86]

### 3.2.2 *No plano interno*

Primeiramente, é importante frisar que qualquer responsabilidade do sócio participante existirá tão somente perante o sócio ostensivo, jamais em relação a terceiros, desde que a SCP não seja desnaturada pelos próprios sócios. Ou seja: ao falarmos de eventual responsabilidade do sócio participante estamos falando, de regra, em responsabilidade no plano interno da SCP.

Em segundo lugar, salientamos ser indiscutível que os sócios podem modular se o sócio participante, em caso de prejuízo nas operações objeto da SCP, responde somente perdendo aquilo que investiu no empreendimento ou terá responsabilidade ilimitada perante o ostensivo,

*Comerciales*, cit., p. 419; José Gabriel Assis de Almeida, *A Sociedade em Conta de Participação*, cit., p. 65.

84. Da responsabilidade ilimitada só se livraria o sócio participante que houvesse manifestado aos terceiros de maneira clara a sua real condição (Garrigues, *Tratado de Derecho Mercantil*, cit., t. III, vol. 1, p. 195).

85. Sobre o tema, o *Código de Comercio* espanhol, em seu art. 241, estabelece que nas negociações entabuladas em favor da conta de participação não se poderá adotar uma razão social comum a todos os sócios, nem usar de mais crédito que o do próprio ostensivo.

86. Galizzi, *Sociedade em Conta de Participação*, cit., pp. 124-125.

devendo repor as perdas efetivamente verificadas que ultrapassarem a força do seu aporte. Assim, as partes podem dispor, no contrato social, sobre a responsabilidade do sócio participante da forma como melhor lhes aprouver, sendo que tal regulação contratual não produz efeitos perante terceiros, mas somente na relação interna. Neste sentido, remetemos às palavras de J. X. Carvalho de Mendonça:

> Os socios participantes não se obrigam para com terceiros, que os não conhecem nem com elles tratam, porém sim para com o socio ou os socios ostensivos pelos resultados das transacções e das obrigações sociaes, realizadas ou emprehendidas nos termos precisos do contracto.[87]

Todavia, surge controvérsia quando o contrato havido entre as partes não regula a responsabilidade do sócio participante. Carlos Guimarães de Almeida, à época em que a conta de participação era regulada pelo Código Comercial de 1850, manifestou-se do seguinte modo:

> Quanto à participação dos sócios participantes nos prejuízos do negócio, é unânime o entendimento de que, na falta de estipulação em contrário, deve ela ser calculada na mesma proporção da que tiver nos respectivos lucros (...).
>
> No Direito Brasileiro a contribuição do sócio participante nos prejuízos é afirmada por vários julgados, sob a consideração, que me parece irrefutável, de que, a não ser assim, faltaria à sociedade a *affectio societatis*, que é um dos seus indispensáveis característicos.
>
> E, se a participação nos prejuízos não tiver sido determinada no contrato, será calculada na proporção do quinhão do sócio participante, *ex vi* do disposto no art. 302, n. 4, do CComercial, indubitavelmente aplicável à hipótese.
>
> Todavia, é válida, pois não é leonina, a cláusula que limita a responsabilidade do sócio participante nos prejuízos até o montante do seu *apport*, o que aproxima a sociedade em conta de participação da sociedade em comandita por ações. Na verdade, ela é uma comandita oculta.[88]

Da explanação de Carlos Guimarães de Almeida extrai-se, *a contrario sensu*, que, segundo a posição do autor, se não houver cláusula limi-

87. Carvalho de Mendonça, *Tratado de Direito Commercial Brasileiro*, cit., 2ª ed., vol. 4, p. 226.

88. Carlos Guimarães de Almeida, "A virtuosidade da sociedade em conta de participação", cit., *RDM* 8/58. Nessa mesma linha, dentre outros, v. José Gabriel Assis de Almeida, *A Sociedade em Conta de Participação*, cit., p. 129.

tativa da responsabilidade o sócio participante responde ilimitadamente no plano interno, na proporção de sua participação na sociedade.

A posição funda-se na ideia de que é da natureza da organização societária a comunhão dos bônus e dos ônus que decorrem da exploração do objeto social. Por isso, caso o contrato social não contenha estipulação expressa, os lucros e/ou as *perdas* seriam divididos *proporcionalmente à participação de cada um na sociedade* (CC, art. 1.007, primeira parte). Nesse sentido, costuma-se apontar o seguinte julgado do TJSP:

> Sociedade – Conta de participação – Quota-parte nos prejuízos, salvo cláusula expressa no contrato. (...). Salvo se houver cláusula contratual expressa em contrário, é da própria natureza da participação a igualdade de posições no débito e no crédito entre os associados.[89]

Essa posição é defendida, no regime em vigor, por importantes comercialistas.[90] E hoje está, basicamente, fundada numa regra de integração. Isto porque o Código Civil, ao menos na parte em que trata especificamente da SCP (arts. 991-996), não resolve o problema acerca do limite, ou não, da responsabilidade interna do participante. Diante dessa lacuna, alguns argumentam – talvez não sem razão – que a regra de regência supletiva, prevista no art. 996, manda aplicar o estatuto da sociedade simples, arts. 997-1.038, para suprir os vazios do regramento da SCP, resolvendo tranquilamente o problema, porque a regra da sociedade simples relativamente à responsabilidade dos sócios diz que serão divididos os prejuízos entre eles de acordo com a participação de cada um no empreendimento – esquema de *responsabilidade ilimitada fracionária* no plano interno (CC, art. 1.007).

O argumento é tentador, principalmente porque traz uma solução supostamente fundada em direito positivo. A favor desta tese, poder-se-ia sustentar que na França, onde se reconhece a natureza societária para a conta de participação, na omissão do contrato considera-se que a responsabilidade do sócio participante é ilimitada no plano interno, respondendo todos os sócios, ostensivos ou participantes, proporcionalmente

89. TJSP, 3ª Câmara, ApC 24.543, rel. Des. Pedro Chaves, j. 11.4.1945.

90. Wald, in Sálvio de Figueiredo Teixeira (coord.), *Comentários ao Novo Código Civil* – Livro II, "Do Direito de Empresa", vol. XIV, cit., p. 101; Gonçalves Neto, *Direito de Empresa: Comentários aos Arts. 966 a 1.195 do Código Civil*, cit., 2ª ed., p. 159.

aos aportes feitos por cada um, ainda que as perdas superem o montante investido no empreendimento.[91]

Mas será que se poderia sustentar a tese de que da natureza societária decorre, necessariamente, o reconhecimento da responsabilidade ilimitada do participante pelas perdas oriundas do exercício da atividade social? A partilha dos resultados é elemento essencial do conceito de sociedade, de tal forma que, sempre que a lei ou o contrato não prevejam, expressamente, a limitação da responsabilidade, a participação nas perdas apresenta-se como consequência natural e indissociável do conceito de sociedade, tal qual a participação nos lucros? Isto é: seria inerente à condição de sócio a participação tanto nos lucros quanto nas perdas, de modo que, se não há regra jurídica própria ou cláusula específica limitando a responsabilidade do participante, seria plenamente adequado considerar que ele também participa dos resultados negativos?

O argumento, como referimos, é interessante. Mas, antes de aderirmos a ele, convém examinar a situação nos outros Países onde a conta de participação goza do *status* de sociedade.

Já na Alemanha, onde a conta de participação também tem natureza societária, a interpretação é outra. Com base nos §§ 231 e 232 do *Handelsgesetzbuch*, de regra é o contrato que prevê a divisão dos resultados (podendo excluir o participante das perdas, mas não dos lucros), sendo, que, se assim não o faz, incide regra um tanto quanto genérica: os resultados são divididos em partes proporcionais – *angemessener Anteil*; quanto às perdas, não assume obrigações além da sua contribuição, não estando obrigado a realizar contribuições suplementares. Assim, como regra, o sócio participante nunca está obrigado por mais que a sua contribuição.[92]

Na Argentina há dispositivo de lei que trata especificamente da questão. O art. 365 da *Ley de Sociedades Comerciales* é claro: as perdas que afetem o sócio não gestor (leia-se "participante") *não podem superar o valor de seu aporte*. A doutrina considera que a responsabilidade

91. Assim se entende a partir do art. 1.844-1 do *Code Civil*. Com a mesma interpretação: Escarra, *Traité Théorique et Pratique de Droit Commercial – Les Sociétés Commerciales*, cit., t. 1, pp. 566-567; Jean Hémard, Pierre Mabilat e François Terré, *Sociétés Commerciales*, t. 1, Paris, Dalloz, 1972, p. 391; Philippe Merle, *Droit Commercial: Sociétés Commerciales*, 6ª ed., Paris, Dalloz, 1998, pp. 661-662.

92. Grunewald, *Gesellschaftsrecht*, cit., 7ª ed., pp. 168-169; Windbichler, *Gesellschaftsrecht*, cit., 22ª ed., pp. 185-186; Kübler, *Derecho de Sociedades*, cit., 5ª ed., p. 194.

do participante é limitada ao montante aportado tanto no plano interno quanto no plano externo.[93]

A situação posta pelas leis alemã e argentina desmonta eventual tese que se poderia levantar no sentido de que nos Países em que se reconhece a natureza societária da conta de participação o sócio participante responde ilimitadamente no plano interno (ao passo que nos Países em que se considera a conta de participação um mero contrato a responsabilidade está limitada ao valor do aporte).[94] Pelo menos não parece tão óbvio que a responsabilidade pelas perdas além do aporte decorre necessária e indissociavelmente do *status* societário da conta de participação.

Até se poderá concluir que o participante deve incorrer nas perdas além do aporte feito, mas parece que o argumento terá de ser outro.

E, a propósito da tese da *necessária participação nas perdas* (inclusive além do aporte, em caso de ausência de pacto contrário), cabe indagar: por que não se pode considerar que a participação nas perdas já ocorre com a *perda do investimento* feito, à semelhança do que se dá nas sociedades limitadas, anônimas e com os sócios comanditários no caso das sociedades em comandita? Não seria essa uma forma de harmonizar a ideia de que o conceito de sociedade está atrelado à participação nas perdas com a existência de sociedades que oferecem proteção patrimonial aos sócios?

A nosso ver, parece essa uma forma plenamente adequada de conciliar a estrutura de responsabilidade interna da conta de participação com seu fundamento econômico e com sua origem histórica (Cunha Gonçalves, embora sustente opinião diversa, lembra que os escritores

93. Hugo Aguirre, Eduardo Chiavassa e Horacio Roitman, *Manual de Sociedades Comerciales*, Buenos Aires, La Ley, 2009, p. 1.033.

94. Na Itália, Espanha e em Portugal está claro que a responsabilidade do participante está limitada ao aporte. O *Codice Civile*, *Titolo VII*, arts. 2.549-2.554, regulou as *associazione in partecipazione* fora do Título V, que cuida das sociedades. Na Espanha, o Código Comercial disciplinou as *cuentas en participación* igualmente fora do Título I do Livro II, dedicado às sociedades mercantis (*Código de Comercio*, *Libro II*, *Título II*, arts. 239-243). Em Portugal, é a associação em participação tratada como contrato não societário, chamado *contrato de associação em participação* pelo Decreto-lei 231/1981 (arts. 21º-31º). Por outro lado, na Alemanha, o Código Comercial a denomina *stille Gesellschaft*, algo como *sociedade tácita, confidencial, secreta* (*Handelsgesetzbuch*, §§ 230-237). Na França, o Código Civil regulou as *sociétés en participación* como legítimas sociedades (*Code Civil*, arts. 1.871-1.873). Finalmente, na Argentina, a Lei 19.550/1984 deixa claro o caráter societário da *sociedad en participación*, que também chama de *sociedad accidental* (*Ley de Sociedades Comerciales*, arts. 361-366).

italianos clássicos, Stracca, De Luca e Casarégis, que escreviam por volta dos anos 1500, concordavam, sem a menor discrepância, que a responsabilidade do sócio oculto era limitada ao seu aporte, salvo cláusula em contrário[95]).

Em defesa da nossa posição, poderíamos alegar que, além do Direito Alemão e do Argentino, que limitam as perdas do participante ao aporte feito, temos uma adesão integral dos Países que conferem natureza contratual à conta de participação à limitação da responsabilidade aos aportes feitos (ao menos relativamente aos Países examinados).

Em Portugal, o art. 25º, 04, do Decreto-lei 231/1981 é expresso nesse sentido. Igualmente, a doutrina salienta que, se outra situação não resultar do contrato, incorrerá o participante também nas perdas, mas em regra só até o limite da sua contribuição.[96] Na Itália a situação é a mesma: o art. 2.553 do *Codice Civile* dispõe que, salvo acordo em contrário, as perdas que afetam sócio participante não podem exceder o valor de sua entrada. Tal circunstância, de acordo com a doutrina, se coaduna perfeitamente com a exclusão do participante da administração do empreendimento.[97] Na Espanha, na falta de um dispositivo expresso dentro do regime específico do contrato de *cuentas en participación*, se nada se dispõe em contrário, há de se presumir que o participante arrisca tão somente o seu aporte.[98] E tanto na Espanha quanto na Itália a estipulação de uma responsabilidade ilimitada relativamente ao participante chega a ser considerada inválida, porquanto desnaturaria o contrato.[99]

Mas também não nos parece adequado sustentar a limitação da responsabilidade do participante no plano interno tão só com base em regimes jurídicos que consideram a conta de participação um mero contrato, porque daí a irresponsabilidade decorre da natureza do pacto havido entre as partes, não servindo para justificar a tomada de igual posição

95. Cunha Gonçalves, *Da Conta em Participação*, cit., 2ª ed., pp. 108-109.

96. Jorge Manuel Coutinho de Abreu, *Curso de Direito Comercial*, vol. II, Coimbra, Livraria Almedina, 2005, p. 37.

97. Lorenzo Mossa, *Diritto Commerciale* – Parte 1, Milão, Società Editrice Libraria, 1937, p. 251; De Gregorio, in Bolaffio, Rocco e Vivante, *Derecho Comercial* – t. 7, vol. II, *De las Sociedades y las Asociaciones Comerciales*, cit., p. 415; Giuseppe Ferri, *Manuale di Diritto Commerciale*, Turim, UTET, 1955, p. 280; Francesco Galgano, *Diritto Civile e Diritto Commerciale*, 4ª ed., vol. 3, "L'Impresa e le Società", t. 1, Pádua, CEDAM, 2004, p. 308.

98. Garrigues, *Tratado de Derecho Mercantil*, cit., t. III, vol. 1, p. 207.

99. Garrigues, *Tratado de Derecho Mercantil*, cit., t. III, vol. 1, p. 208; Galgano, *Diritto Civile e Commerciale*, cit., 4ª ed., vol. 3, "L'Impresa e le Società", t. 1, p. 308.

no Brasil, País que adota o *status* societário para a conta de participação. Para o nosso caso o argumento haverá de ser outro.

A nosso ver, um argumento mais robusto reside no fato de que em cinco dos seis dos Países examinados a responsabilidade interna do participante está limitada ao aporte feito: Alemanha e Argentina, Países que conferem *status* societário à conta de participação; Portugal, Itália e Espanha, cujo sistema determina a natureza contratual da conta de participação. Isto é: os sistemas, *como um conjunto*, independentemente do *status* conferido à conta de participação, costumam atribuir uma irresponsabilidade interna ou, em outras palavras, uma responsabilidade limitada do participante uma vez exaurida as suas entradas.

Mas, além disso, cremos que determinada *eficácia jurídica* pode decorrer da própria *natureza das coisas*. É o caso, nos parece, da irresponsabilidade do participante além do seu investimento, caso o contrário não tenha sido expressamente estipulado. É importante destacar: há certas posições jurídicas em que *a limitação da responsabilidade deriva da sua própria natureza*. Esse parece ser o caso do sócio participante numa conta de participação.

Com efeito, se, por um lado, parece razoável sustentar a ilimitação da responsabilidade do participante com base na aplicação subsidiária das regras da sociedade simples – e não podermos negar, de fato até o é –, por outro, tal posição se nos afigura inadequada por uma simples razão: porque parece evidente que as regras de regência supletiva só determinam a aplicação subsidiária de determinado dispositivo se esse for *compatível* com a natureza da sociedade que ele ajudará a regular (é isso, inclusive, o que dispõe o art. 996, *caput*, do CC), e, a esse respeito, a proposição de uma responsabilidade ilimitada do participante, ainda que somente no plano interno da relação, não nos parece condizente com a estrutura do negócio havido entre as partes, que pressupõe, via de regra, a exclusão do participante da administração do empreendimento.

Como regra geral, em todos os tipos em que uma classe de sócios está excluída da administração, além da limitação externa da responsabilidade do sócio investidor, no plano interno se entende pela sua irresponsabilidade além do capital aportado.

Por outro lado, nas sociedades em que os sócios respondem ilimitadamente a regra geral é que participam da gestão da sociedade bem como que as deliberações sociais são tomadas pela unanimidade. E a SCP possui maior relação com uma sociedade em comandita ou até mesmo com a extinta sociedade de capital e indústria do que com uma sociedade simples. As sociedades em comandita e a conta de participação têm não só origem comum, mas, verdadeiramente, descansam sobre o *mesmo fundamento econômico*: conceder a um capitalista a possibilidade de participar, com um investimento, dos frutos de um negócio desenvolvido por um terceiro[100] (e, do outro lado, permitir ao empreendedor financiar seu negócio dando em troca uma participação nos seus resultados). Porque o participante é um investidor e porque usualmente ele não participa da administração, parece muito natural que seu risco esteja circunscrito ao aporte feito.

Solá de Cañizares sustenta a necessidade de aplicar os princípios da comandita para solucionar o problema da responsabilidade interna da SCP, ante a semelhança existente entre as relações internas do ostensivo com o participante e aquelas verificadas entre os comanditados e os comanditários, tendo em vista a tradição histórica, a natureza e a finalidade do aporte e, sobretudo, razões de ordem prática.[101]

Como disse o autor espanhol, a História parece suportar essa tese. Nesse sentido, vale lembrar que o *commendador* ("investidor") corria o risco de perder tão somente aquilo que investiu na viagem marítima,[102] servindo a *commenda* como negócio essencialmente de especulação, possivelmente o mais importante do Medievo;[103] por outro lado, o "negociante" (*tractator*) suportava toda sorte de riscos advindos do eventual insucesso do empreendimento, seja pela má administração, seja pelos temidos riscos do mar (chamada *fortuna do mar*) – isto é, naufrágio e pirataria.[104] Esse fator histórico parece subsistir ainda que se alegue que a *commenda*, em seus estágios iniciais, não fosse sociedade, mas simples contrato, porque as sociedades que dela se originaram (dentre as quais se encontra a conta de participação, além das sociedades em comandita e da sociedade de capital e indústria) mantiveram a característica da limitação da responsabilidade do investidor.

100. Garrigues, *Tratado de Derecho Mercantil*, cit., t. III, vol. 1, p. 183.

101. Solá de Cañizares, *El Contrato de Participación en el Derecho Español y en el Derecho Comparado*, cit., pp. 137-138. Também afirmando a semelhança das funções da conta de participação com a sociedade em comandita, v. Kübler, *Derecho de Sociedades*, cit., 5ª ed., p. 192.

102. Enrico Soprano, *Tratatto Teorico-Pratico delle Società Commerciali*, vol. I, Turim, UTET, 1934, p. 260.

103. Levin Goldschmidt, *Storia Universale del Diritto Commerciale*, Turim, UTET, 1913, pp. 201 e 245.

104. Oscar Caroselli, *L'Associazione in Partecipazione*, Pádua, CEDAM, 1930, p. 43.

Por todo o exposto, e em resumo, sustentamos que a tese da *responsabilidade limitada interna* do sócio participante é aquela que mais bem se coaduna com a História, com a própria natureza e com a função econômica deste tipo societário. Por isso, a nosso ver, relativamente a esse ponto, a *especialidade* da conta de participação *repele a analogia ou a aplicação supletiva* do regime da sociedade simples, pois incompatíveis.

Nesse sentido, no Brasil, Fran Martins, ainda no regime anterior, defendia que o participante responde única e exclusivamente com os bens aportados à sociedade, não tendo o sócio ostensivo, portanto, direito de cobrar proporcionalmente as perdas que o exercício do objeto social da conta de participação lhe acarretou. Vale destacar a lição do Catedrático da Universidade Federal do Ceará:

> Os sócios ocultos possuem a sua responsabilidade limitada apenas à importância posta à disposição dos gerentes para a realização da ou das transações comerciais. Não têm eles, assim, mesmo para com os sócios ostensivos, responsabilidade ilimitada. (...).[105]

Como quer que seja, tal discussão, de importantes consequências práticas, serve para reforçar importante conselho: para reduzir as chances de litígio, é muito importante que o contrato social da SCP não só tome a forma escrita (o que não é legalmente imposto, nos termos do art. 992 do CC), como também seja minuciosamente elaborado, ao ponto de regular as questões mais sensíveis, como é o caso da participação do sócio oculto nas perdas sociais.

## 4. *Considerações finais*

A conta de participação, originada da *commenda* medieval, apresenta, ainda hoje, grande importância para o desenvolvimento das mais diversas atividades econômicas. É, com toda certeza, instituto singular, o qual, por meio de suas características, possibilita que permaneça como um instrumento útil, escolhido como roupagem jurídica para o desenvolvimento de uma série de atividades econômicas, de todos os ramos, do comércio à indústria, passando, sem constrangimento, inclusive, pela prestação de serviços.

Todavia, embora seja muito utilizada, a conta de participação é, infelizmente, em grande medida relegada pelos estudos acadêmicos. Com efeito, poucos são os que a conhecem efetivamente e pouquíssimos são

105. Fran Martins, *Curso de Direito Comercial*, cit., 5ª ed., p. 292.

os trabalhos dedicados ao estudo da SCP. Isso contribui, significativamente, para um estado de ignorância generalizada, que traz prejuízos não só à imagem da conta de participação, mas, sobretudo, ao tráfico mercantil, cujos atores poderiam se valer ainda mais deste estupendo instrumento de captação de recursos para alocação em atividade produtiva caso suas potencialidades fossem mais bem conhecidas e os preconceitos existentes sobre ela fossem, de vez por todas, extirpados.

Nesse sentido, causa perplexidade o fato de o tema da responsabilidade dos sócios da conta de participação, especialmente do sócio participante, ser raríssimas vezes analisado em nosso País, o que contribui para gerar insegurança e discussões na esfera prática, como já tivemos a oportunidade de testemunhar.

Assim, esperamos ter trazido um pouco mais de luz à questão, especialmente ao delinearmos os diferentes papéis e as diferentes responsabilidades dos sócios ostensivo e participante, bem como ao defendermos a impossibilidade de se aplicar (tendo em vista sua incompatibilidade) o regime da sociedade simples no caso de o contrato social da conta de participação ser omisso quanto à responsabilidade interna do sócio participante no que tange às perdas decorrentes do exercício da atividade prevista no objeto social da SCP.

### *Referências bibliográficas*

ADAMEK, Marcelo Vieira von. *Abuso de Minoria em Direito Societário (Abuso das Posições Subjetivas Minoritárias)*. Tese (Doutorado em Direito). São Paulo, Faculdade de Direito da USP, 2010.

ADAMEK, Marcelo Vieira von, e FRANÇA, Erasmo Valladão Azevedo e Novaes. "Empresa individual de responsabilidade limitada (Lei 12.441/2011): anotações". In: AZEVEDO, Luís André N. de Moura, e CASTRO, Rodrigo R. Monteiro de (coords.). *Sociedade Limitada Contemporânea*. São Paulo, Quartier Latin, 2013 (pp. 39-77).

________. "O sócio incapaz (CC, art. 974, § 3º)". *RDM* 159-160/112-126. Ano 50. São Paulo, Malheiros Editores, julho-dezembro/2011.

AGUIRRE, Hugo, CHIAVASSA, Eduardo, e ROITMAN, Horacio. *Manual de Sociedades Comerciales*. Buenos Aires, La Ley, 2009.

ALEXANDER, John R., e HENN, Harry G. *Laws of Corporations and Other Business Enterprises*. 3ª ed. St. Paul, Minn., West Group, 1983.

ALMEIDA, Carlos Guimarães de. "A virtuosidade da sociedade em conta de participação". *RDM* 8/45-63. Ano 11. São Paulo, Ed. RT, 1972.

ALMEIDA, José Gabriel Assis de. *A Sociedade em Conta de Participação*. Rio de Janeiro, Forense, 1989.

ANAN JR., Pedro, e PEIXOTO, Marcelo Magalhães (coords.). *Empresa Individual de Responsabilidade Limitada – EIRELI: Aspectos Econômicos e Legais*. São Paulo, MP Editora, 2012.

ARAGÃO, Paulo Cézar, e CRUZ, Gisela Sampaio da. "Empresa individual de responsabilidade limitada: o 'moderno prometheus' do direito societário". In: ANAN JR., Pedro, e PEIXOTO, Marcelo Magalhães (coords.). *Empresa Individual de Responsabilidade Limitada – EIRELI: Aspectos Econômicos e Legais*. São Paulo, MP Editora, 2012 (pp. 215-242).

AZEVEDO, Antônio Junqueira de, CARBONE, Paolo, e TÔRRES, Heleno Taveira (coords.). *Princípios do Novo Código Civil Brasileiro e Outros Temas: Homenagens a Tullio Ascarelli*. São Paulo, Quartier Latin, 2008.

AZEVEDO, Luís André N. de Moura, e CASTRO, Rodrigo R. Monteiro de (coords.). *Sociedade Limitada Contemporânea*. São Paulo, Quartier Latin, 2013.

BERLE, Adolf A., e MEANS, Gardiner C. *A Moderna Sociedade Anônima e a Propriedade Privada*. 3ª ed., trad. de Dinah de Abreu Azevedo. São Paulo, Nova Cultura, 1988.

BOLAFFIO, ROCCO e VIVANTE (coords.). *Derecho Comercial*. t. 7, vol. II – *De las Sociedades y las Asociaciones Comerciales*. Buenos Aires, Ediar, 1951.

BORBA, José Edwaldo Tavares. *Direito Societário*. 11ª ed. Rio de Janeiro, Renovar, 2008.

BORGES, João Eunápio. *Curso de Direito Comercial Terrestre*. 5ª ed. Rio de Janeiro, Forense, 1976.

BROSETA PONT, Manuel. *Manual de Derecho Mercantil*. Madri, Editorial Tecnos, 1971.

CAMPINHO, Sérgio. *O Direito de Empresa à Luz do Novo Código Civil*. 12ª ed. Rio de Janeiro, Renovar, 2011.

CARBONE, Paolo, AZEVEDO, Antônio Junqueira de, e TÔRRES, Heleno Taveira (coords.). *Princípios do Novo Código Civil Brasileiro e Outros Temas: Homenagens a Tullio Ascarelli*. São Paulo, Quartier Latin, 2008.

CARNEIRO DA FRADA, Manuel António de Castro Portugal. *Teoria da Confiança e Responsabilidade Civil*. Coimbra, Livraria Almedina, 2004.

CAROSELLI, Oscar. *L'Associazione in Partecipazione*. Pádua, CEDAM, 1930.

CARVALHO DE MENDONÇA, J. X. *Tratado de Direito Commercial Brasileiro*. 2ª ed., atualizada por Achilles Beviláqua e Roberto Carvalho de Mendonça, vol. 4, Livro 2. Rio de Janeiro, Freitas Bastos, 1934.

CASTRO, Rodrigo R. Monteiro de, e AZEVEDO, Luís André N. de Moura (coords.). *Sociedade Limitada Contemporânea*. São Paulo, Quartier Latin, 2013.

CHIAVASSA, Eduardo, AGUIRRE, Hugo, e ROITMAN, Horacio. *Manual de Sociedades Comerciales*. Buenos Aires, La Ley, 2009.

CHODOS, Rafael. *The Law of Fiduciary Duties*. Los Angeles, Modernage Photo Service, Inc., 2000.

COMPARATO, Fábio Konder. "Restrições à circulação de ações em companhia fechada: *nova et vera*". *RDM* 36/65-76. Ano 28. São Paulo, Ed. RT, outubro-dezembro/1979.

COOTER, Robert D., e FREEDMAN, Bradley J. "An economic model of the fiduciary's duty of loyalty". *Tel Aviv University Studies in Law* 10/297-314. 1990.

CORRADINI, Luiz Eduardo, SCALZILLI, João Pedro, SPINELLI, Luís Felipe, e TELLECHEA, Rodrigo. "Contrato de investimento coletivo como modalidade de sociedade em conta de participação". *Revista de Direito Bancário e do Mercado de Capitais* 16/243-286. Ano 16. Julho-setembro/2013.

COUTINHO DE ABREU, Jorge Manuel. *Curso de Direito Comercial*. vol. II. Coimbra, Livraria Almedina, 2005.

COUTO E SILVA, Clóvis Veríssimo do. *A Obrigação como Processo*. São Paulo, José Bushatsky Editor, 1976.

CRUZ, Gisela Sampaio da, e ARAGÃO, Paulo Cézar "Empresa individual de responsabilidade limitada: o 'moderno prometheus' do direito societário". In: ANAN JR., Pedro, e PEIXOTO, Marcelo Magalhães (coords.). *Empresa Individual de Responsabilidade Limitada – EIRELI: Aspectos Econômicos e Legais*. São Paulo, MP Editora, 2012 (pp. 215-242).

CUNHA GONÇALVES, Luís da. *Da Conta em Participação*. 2ª ed. Coimbra, Coimbra Editora, 1923.

DE GREGORIO, Alfredo. In: BOLAFFIO, ROCCO e VIVANTE. *Derecho Comercial* – t. 7, vol. II, *De las Sociedades y las Asociaciones Comerciales*. Trad. de Rodolfo O. Fontanarrosa. Buenos Aires, Ediar, 1951.

DEMOTT, Deborah A. "Beyond metaphor: an analysis of fiduciary obligations". *Duke Law Journal* 1988.

ESCARRA, Jean. *Traité Théorique et Pratique de Droit Commercial – Les Sociétés Commerciales*. t. 1. Paris, Recueil Sirey, 1950.

FABIAN, Christoph. *Fidúcia – Uma Análise dos Negócios Fiduciários a Partir de suas Relações Externas*. Tese (Doutorado em Direito). Porto Alegre, UFRS, 2005.

FERREIRA, Waldemar. *Tratado de Direito Comercial*. vol. 4. São Paulo, Saraiva, 1961.

FERRI, Giuseppe. *Manuale di Diritto Commerciale*. Turim, UTET, 1955.

FINKELSTEIN, Maria Eugênia Reis. "Sociedade em conta de participação". In: FINKELSTEIN, Maria Eugênia Reis, e MARTINS PROENÇA, José Marcelo (coords.). *Tipos Societários*. São Paulo, Saraiva, 2009 (pp. 123-144).

__________, e MARTINS PROENÇA, José Marcelo (coords.). *Tipos Societários*. São Paulo, Saraiva, 2009.

FRANÇA, Erasmo Valladão Azevedo e Novaes. *A Sociedade em Comum*. São Paulo, Malheiros Editores, 2013.

__________. *Ensaio sobre a Sociedade em Comum*. Tese (Livre-Docência em Direito). São Paulo, USP, 2011.

FRANÇA, Erasmo Valladão Azevedo e Novaes, e ADAMEK, Marcelo Vieira von. "Empresa individual de responsabilidade limitada (Lei 12.441/2011): anotações". In: AZEVEDO, Luís André N. de Moura, e CASTRO, Rodrigo R. Monteiro de (coords.). *Sociedade Limitada Contemporânea*. São Paulo, Quartier Latin, 2013 (pp. 39-77).

_________. "O sócio incapaz (CC, art. 974, § 3º)". *RDM* 159-160/112-126. Ano 50. São Paulo, Malheiros Editores, julho-dezembro/2011.

FREEDMAN, Bradley J., e COOTER, Robert D. "An economic model of the fiduciary's duty of loyalty". *Tel Aviv University Studies in Law* 10/297-314. 1990.

GALGANO, Francesco. *Diritto Civile e Diritto Commerciale*. 4ª ed., vol. 3, "L'Impresa e le Società", t. 1. Pádua, CEDAM, 2004.

GALIZZI, Gustavo Oliva. *Sociedade em Conta de Participação*. Belo Horizonte, Mandamentos, 2008.

GARRIGUES, Joaquín. *Negocios Fiduciarios en el Derecho Mercantil*. 2ª ed. Madri, Editorial Civitas, 1991.

_________. *Tratado de Derecho Mercantil*. t. III, vol. 1. Madri, Revista de Derecho Mercantil, 1964.

GHEZZI, Federico. "I 'doveri fiduciari' degli amministratori nei *Principles of Corporate Governance*". *Rivista delle Società* 2-3/465-549. Milão, 1996.

GHIDINI, Mario. *L'Associazione in Partecipazione*. Milão, Giuffrè, 1959.

GOLDSCHMIDT, Levin. *Storia Universale del Diritto Commerciale*. Turim, UTET, 1913.

GOMES, Orlando. *Alienação Fiduciária em Garantia*. 4ª ed. São Paulo, Ed. RT, 1975.

GONÇALVES NETO, Alfredo de Assis. *Direito de Empresa: Comentários aos Arts. 966 a 1.195 do Código Civil*. 2ª ed. São Paulo, Ed. RT, 2008.

GRANDI, Salvatore. *L'Associazione in Partecipazione*. Milão, Casa Editrice Dottor Francesco Vallardi, 1939.

GRUNEWALD, Barbara. *Gesellschaftsrecht*. 7ª ed. Tübingen, Mohr Siebeck, 2008.

HÉMARD, Jean, MABILAT, Pierre, e TERRÉ, François. *Sociétés Commerciales*. t. 1. Paris, Dalloz, 1972.

HENN, Harry G., e ALEXANDER, John R. *Laws of Corporations and Other Business Enterprises*. 3ª ed. St. Paul, Minn., West Group, 1983.

INGLEZ DE SOUZA, Herculano. *Direito Commercial: Preleções na Faculdade Livre de Sciencias Juridicas e Sociais do Rio de Janeiro Compiladas por Alberto Biolchi*. São Paulo, Estudos Profissionaes Salesianos, 1906.

KÜBLER, Friedrich. *Derecho de Sociedades*. 5ª ed., trad. de Michèle Klein. Madri, Fundación Cultural del Notariado, 2001.

LACERDA, Galeno. *Direito Comercial – Sociedades Mercantis – Casos Selecionados*. vol. IX. Rio de Janeiro, Forense, 2004.

_________. "Sociedade em conta de participação" (parecer). In: *Direito Comercial – Sociedades Mercantis – Casos Selecionados*. vol. IX. Rio de Janeiro, Forense, 2004 (pp. 133-163).

LAMY FILHO, Alfredo, e PEDREIRA, José Luiz Bulhões. "Capítulo I: Conceito e natureza". In: LAMY FILHO, Alfredo, e PEDREIRA, José Luiz Bulhões (coords.). *Direito das Companhias*. vol. 1. Rio de Janeiro, Forense, 2009 (pp. 25-99).

_________, e PEDREIRA, José Luiz Bulhões (coords.). *Direito das Companhias*. vol. 1. Rio de Janeiro, Forense, 2009.

LOPES, Mauro Brandão. *A Sociedade em Conta de Participação*. São Paulo, Saraiva, 1990.

MABILAT, Pierre, HÉMARD, Jean, e TERRÉ, François. *Sociétés Commerciales*. t. 1. Paris, Dalloz, 1972.

MALAGARRIGA, Carlos C. *Tratado Elemental de Derecho Comercial*. vol. I. Buenos Aires, Tipográfica Editora Argentina, 1951.

MARTINS, Fran. *Curso de Direito Comercial*. 5ª ed. Rio de Janeiro, Forense, 1976.

MARTINS PROENÇA, José Marcelo, e FINKELSTEIN, Maria Eugênia Reis (coords.). *Tipos Societários*. São Paulo, Saraiva, 2009.

MARTINS-COSTA, Judith. "Os campos normativos da boa-fé objetiva: as três perspectivas do direito privado brasileiro". In: AZEVEDO, Antônio Junqueira de, CARBONE, Paolo, e TÔRRES, Heleno Taveira (coords.). *Princípios do Novo Código Civil Brasileiro e Outros Temas: Homenagens a Tullio Ascarelli*. São Paulo, Quartier Latin, 2008 (pp. 387-421).

_________. "Os negócios fiduciários: considerações sobre a possibilidade de acolhimento do *trust* no Direito Brasileiro". *RT* 657/37-50. Ano 79. São Paulo, Ed. RT, julho/1990.

MEANS, Gardiner C., e BERLE, Adolf A. *A Moderna Sociedade Anônima e a Propriedade Privada*. 3ª ed., trad. de Dinah de Abreu Azevedo. São Paulo, Nova Cultura, 1988.

MERLE, Philippe. *Droit Commercial: Sociétés Commerciales*. 6ª ed. Paris, Dalloz, 1998.

MOREIRA, Ricardo Guimarães. "Sociedade em conta de participação – Sócio ostensivo e administrador – Violação dos deveres de lealdade, diligência e confidencialidade – Prática de concorrência desleal – Consequências" (parecer). *Revista de Direito Empresarial* 7/153-164. Janeiro-junho/2007.

MOREIRA ALVES, José Carlos. *Da Alienação Fiduciária em Garantia*. 3ª ed. Rio de Janeiro, Forense, 1987.

MOSSA, Lorenzo. *Diritto Commerciale* – Parte 1. Milão, Società Editrice Libraria, 1937.

OLIVEIRA, Carlos Gomes de. *Sociedades Irregulares*. São Paulo, Livraria Acadêmica Saraiva & Cia., 1924.

PEDREIRA, José Luiz Bulhões, e LAMY FILHO, Alfredo. "Capítulo I: Conceito e natureza". In: LAMY FILHO, Alfredo, e PEDREIRA, José Luiz Bulhões (coords.). *Direito das Companhias*. vol. 1. Rio de Janeiro, Forense, 2009 (pp. 25-99).

_________ (coords.). *Direito das Companhias*. vol. 1. Rio de Janeiro, Forense, 2009.

PEIXOTO, Marcelo Magalhães, e ANAN JR., Pedro (coords.). *Empresa Individual de Responsabilidade Limitada – EIRELI: Aspectos Econômicos e Legais*. São Paulo, MP Editora, 2012.

PONTES DE MIRANDA, Francisco Cavalcanti. *Tratado de Direito Privado*. 3ª ed., t. 49. São Paulo, Ed. RT, 1984.

REQUIÃO, Rubens. *Curso de Direito Comercial*. 26ª ed., vol. 1. São Paulo, Saraiva, 2006.

RIPERT, Georges. *Traité Elémentaire de Droit Commercial*. Paris, R. Pichon et R. Durand-Auzias, 1972.

ROCCO, BOLAFFIO e VIVANTE (coords.). *Derecho Comercial*. t. 7, vol. II – *De las Sociedades y las Asociaciones Comerciales*. Buenos Aires, Ediar, 1951.

ROITMAN, Horacio, AGUIRRE, Hugo, e CHIAVASSA, Eduardo. *Manual de Sociedades Comerciales*. Buenos Aires, La Ley, 2009.

SALGADO, Paulo Cavalcanti. *Das Sociedades em Participação no Direito Commercial Brazileiro*. Recife, Imprensa Industrial, 1913.

SALOMÃO FILHO, Calixto. "Deveres fiduciários do controlador". In: *O Novo Direito Societário*. 4ª ed. São Paulo, Malheiros Editores, 2011 (pp. 191-201).

________. "Diluição de controle". In: *O Novo Direito Societário*. 4ª ed. São Paulo, Malheiros Editores, 2011 (pp. 77-88).

________. *O Novo Direito Societário*. 4ª ed. São Paulo, Malheiros Editores, 2011.

SALOMÃO NETO, Eduardo. *O **Trust** e o Direito Brasileiro*. São Paulo, LTr, 1996.

SCALZILLI, João Pedro, e SPINELLI, Luís Felipe. *Sociedade em Conta de Participação*. São Paulo, Quartier Latin, 2014.

SCALZILLI, João Pedro, SPINELLI, Luís Felipe, CORRADINI, Luiz Eduardo, e TELLECHEA, Rodrigo. "Contrato de investimento coletivo como modalidade de sociedade em conta de participação". *Revista de Direito Bancário e do Mercado de Capitais* 16/243-286. Ano 16. Julho-setembro/2013.

SPINELLI, Luís Felipe, CORRADINI, Luiz Eduardo, SCALZILLI, João Pedro, e TELLECHEA, Rodrigo. "Contrato de investimento coletivo como modalidade de sociedade em conta de participação". *Revista de Direito Bancário e do Mercado de Capitais* 16/243-286. Ano 16. Julho-setembro/2013.

SPINELLI, Luís Felipe, e SCALZILLI, João Pedro. *Sociedade em Conta de Participação*. São Paulo, Quartier Latin, 2014.

SOLÁ DE CAÑIZARES, Felipe. *El Contrato de Participación en el Derecho Español y en el Derecho Comparado*. Madri, Editorial Revista de Derecho Privado, 1954.

SOPRANO, Enrico. *Tratatto Teorico-Pratico delle Società Commerciali*. vol. I. Turim, UTET, 1934.

TEIXEIRA, Sálvio de Figueiredo (coord.). *Comentários ao Novo Código Civil*. Livro II, vol. XIV ("Do Direito de Empresa"). Rio de Janeiro, Forense, 2005.

TELLECHEA, Rodrigo, CORRADINI, Luiz Eduardo, SCALZILLI, João Pedro, e SPINELLI, Luís Felipe. "Contrato de investimento coletivo como modalidade de sociedade em conta de participação". *Revista de Direito Bancário e do Mercado de Capitais* 16/243-286. Ano 16. Julho-setembro/2013.

TERRÉ, François, HÉMARD, Jean, e MABILAT, Pierre. *Sociétés Commerciales*. t. 1. Paris, Dalloz, 1972.

TÔRRES, Heleno Taveira, AZEVEDO, Antônio Junqueira de, e CARBONE, Paolo (coords.). *Princípios do Novo Código Civil Brasileiro e Outros Temas: Homenagens a Tullio Ascarelli*. São Paulo, Quartier Latin, 2008.

VENTURA, Raul. "Associação em participação: anteprojeto e notas justificativas". *BMJ* 189 e 190. 1969.

VIEIRA, José Rodrigo Dorneles. *A Sociedade Unipessoal como a Reforma Necessária para Preencher a Lacuna Existente no Regime Jurídico da Atividade Econômica no Brasil*. Dissertação (Mestrado em Direito). Porto Alegre, Faculdade de Direito da UFRS, 2010.

VIVANTE, Cesare. *Trattato di Diritto Commerciale*. 5ª ed., vol. II ("Le Società Commerciale"). Milão, Casa Editrice Dottor Francesco Vallardi, 1935.

________, BOLAFFIO e ROCCO (coords.). *Derecho Comercial* – t. 7, vol. II, *De las Sociedades y las Asociaciones Comerciales*. Trad. de Rodolfo O. Fontanarrosa. Buenos Aires, Ediar, 1951.

WALD, Arnoldo. In: TEIXEIRA, Sálvio de Figueiredo (coord.). *Comentários ao Novo Código Civil* – Livro II, "Do Direito de Empresa", vol. XIV (arts. 966 a 1.195). Rio de Janeiro, Forense, 2005.

WINDBICHLER, Christine. *Gesellschaftsrecht*. 22ª ed. Munique, C. H. Beck, 2009.

# *PARTES BENEFICIÁRIAS: EVOLUÇÃO E CRISE*

GIOVANA CUNHA COMIRAN

*I – As partes beneficiárias: origem e Direito Comparado: 1. Conceito e natureza jurídica: título de crédito causal/imperfeito (cambiariforme) – 2. As vantagens ou benefícios de fundadores nos sistemas de Direito Comparado: 2.1 A evolução do sistema francês para as* parts de fondateurs *– 2.2 Admissibilidade dos benefícios destinados a fundadores em alguns sistemas de Direito Comparado. II – O regime jurídico das partes beneficiárias no Brasil: 3. A evolução do regramento das partes beneficiárias no Direito Brasileiro até o decreto de 1940 – 4. As partes beneficiárias na Lei 6.404/1976: 4.1 Regramento original da Lei 6.404/1976 – 4.2 O mercado de valores mobiliários e as modificações legislativas – 5. Caracterização das partes beneficiárias: função e natureza jurídica após a Lei 10.303/2001: 5.1 A crise de identidade-1: causa ou função econômica das partes beneficiárias – 5.2 A crise de identidade-2: partes beneficiárias ainda são valores mobiliários?.*

## *I – As partes beneficiárias: origem e Direito Comparado*

Criadas a partir da prática comercial,[1] as partes beneficiárias somente foram possíveis em virtude do princípio da liberdade contratual.[2] Surgiram como meio a satisfazer a intenção de premiar os fundadores das companhias pelos serviços por eles prestados para sua constituição. Historicamente sua idealização é atribuída a Ferdinand de Lesseps, que, quando da criação da Cia. do Canal Marítimo de Suez, destinou as cha-

1. Edmond Eugene Thaller e Jean Perceau, *Traité Élémentaire de Droit Commerciale à l'Exclusion du Droit Maritime*, Paris, Rousseau, 1931, p. 347.

2. Georges Ripert e René Roblot, *Traité de Droit Commercial*, 17ª ed., vol. 1, Paris, LGDJ, 1998, p. 1.316.

madas *parts de fondateurs* aos que contribuíram para viabilizar o projeto do Canal.

Constituída em 1856, a Cia. do Canal Marítimo de Suez teve sua sede fixada no Egito e grande parte do capital social formado por investidores europeus (especialmente franceses, como Lesseps). No texto do art. 63 de seu estatuto restavam reservados aos fundadores 10% do resultado líquido da sociedade,[3] e o art. 70 atribuía às ditas partes de fundador a qualidade de títulos de créditos.[4]

Tais títulos, muito negociados na França, tornaram-se paradigma de sucesso, espalhando-se mundo afora. De vantagens aos fundadores, passaram a ser atrativos também como contraprestação às contribuições de sócios feitas por meio de bens imateriais. Passaram, assim, a ser muito utilizados, *v.g.*, na remuneração pelo desenvolvimento de patentes e desenhos industriais.

A evolução do Direito, contudo, mostrou que tão rápida quanto a ascensão desses títulos foi a sua queda. Prova disso é a escassa produção doutrinária a seu respeito.[5-6] De fato, com apenas cerca de um século e meio de existência, as partes beneficiárias não têm sido capazes de resis-

3. "Art. 63. Les produits nets ou bénéfices de l'entreprise sont répartis de la manière suivante: 1º – 15% au Gouvernement Egyptien; 2º – 10% aux fondateurs; 3º – 3% aux administrateurs; 4º – 2% pour la constitution d'un fonds destiné à pourvoir aux retraites, aux secours, aux indemnités ou gratifications accordés, suivant qu'il y a lieu, par le Conseil, aux employés; 5º – 70% comme dividende à répartir entre toutes les actions amorties et non amorties indistinctement. (...)" (*Actes Constitutifs de la Compagnie Universalle de Canal de Suez*, Paris, Henri Plon, 1866).

4. "Art. 70. La part attribuée aux fondateurs dans les bénéfices annuels de l'entreprise par le cahier des charges est représentée par des titres spéciaux dont le Conseil détermine le nombre, la nature et la forme.

"Dans tous les cas, les prescriptions des arts. 17, 18, 19 et 21 ci-dessus, concernant les actions, sont également applicables aux titres des fondateurs, dont les droits suivent ceux des actionnaires sur la jouissance des terrains faisant partie de la concession."

5. Foram feitas buscas no SICON (rede de dados mantida pelo Senado Brasileiro e considerada a maior fonte de bibliografia jurídica nacional); biblioteca da USP; biblioteca da UFRS; pesquisas na Internet. A pesquisa por nós realizada nessas que são algumas das maiores bibliotecas do País demonstra que, se o tema nunca foi o preferido dos doutrinadores, há muito deixou de ser objeto de discussão. Passados mais de 10 anos desde a grande reforma da Lei das S/A, que baniu as partes beneficiárias das companhias abertas, não encontramos nenhum artigo específico sobre a matéria.

6. O último artigo específico que encontramos sobre o tema data de 1996 e tem viés mais trabalhista (cf. José Durval dos Santos, "Um novo uso para as partes beneficiárias", *Revista do BNDES* 3/197-214, n. 5, 1996).

tir às pretensões de transparência, segurança, igualdade e repressão aos abusos no sistema societário e do mercado de capitais.

Como veremos, não só no sistema brasileiro, mas também além das fronteiras do Brasil, estes títulos, que inicialmente causaram grande interesse de investidores, passaram em seguida a ser hostilizados pelo mercado. Encontram-se hoje em verdadeira crise de identidade: não sabemos mais o que eles são, para quê eles servem, nem para onde eles vão. O cerne deste trabalho é, portanto, traçando um panorama histórico do instituto, buscar alguns indícios sobre para onde podem apontar as respostas aos nossos questionamentos.

## *1. Conceito e natureza jurídica: título de crédito causal/imperfeito (cambiariforme)*

Os usos da prática comercial – aponta Thaller[7] – introduziram as partes beneficiárias, que nos diversos sistemas de Direito podem ser representadas por títulos negociáveis, nominativos ou ao portador. Na sua origem eram oferecidas ao titular como meio de retribuir, especialmente fundadores, pela sua dedicação à constituição da companhia. Essa retribuição se dava mediante participação *pro rata* nos lucros sociais, sem que, contudo, se oferecessem também os poderes de participação na assembleia-geral ou direitos sobre o capital social.

Na definição legal, partes beneficiárias são títulos negociáveis, estranhos ao capital social e sem valor nominal.[8] A nota principal relativamente ao fato de não serem ações e, portanto, não conferirem direitos de acionistas está exatamente nessa definição, a qual dá conta de que sua emissão não resulta em contrapartida de capital social.[9]

7. Em livre tradução – Edmond Eugene Thaller e Jean Perceau, *Traité Élémentaire de Droit Commerciale à l'Exclusion du Droit Maritime*, cit., p. 347: "L'usage a introduit cette forme de titres. Les parts de foundateurs ou les parts beneficiaires son les parts constatées par les certificats negociables, nominatifs ou au porteur, et donnant au pourteur pour le rémunèrer des soin mis à la constitution de la société, à une quote-part dans les bénéfices annueles, sans pouvoir d'entré aux assemblées-generales, ou droit dans capital social".

8. Art. 46 da Lei das S/A.

9. Justamente por serem títulos estranhos ao capital social, uma das maiores dificuldades com relação às partes beneficiárias sempre foi a forma de sua escrituração contábil bem como das reservas destinadas ao seu resgate. Nesse sentido, em parecer da CVM de 1983, o principal problema a se solucionar era a desvinculação das reservas destinadas a resgate de partes beneficiárias daquelas atreladas ao capital social (cf. Parecer CVM/SJU-084, 26.8.1983; Referência: Processo 83/0573; Interessada:

Segundo Pontes de Miranda,[10] as partes beneficiárias foram concebidas nos diferentes ordenamentos como ações ou como *títulos de crédito*, emitidos contra a *sociedade* ou pessoa física, comerciante, que os subscreve e emite, sobre *percentagem* ou outra quota determinável dos *lucros líquidos* que periodicamente se apurarem e tiverem de ser distribuídos conforme a lei e os estatutos. Acrescenta, todavia, que no Direito Brasileiro é *vedado* conferir às partes beneficiárias *qualquer direito privativo de acionista* ou membro da sociedade, salvo o de fiscalizar, nos limites que a lei traça, os atos da administração.

Trajano de Miranda Valverde[11] sustentava serem as partes beneficiárias títulos negociáveis da categoria dos títulos ou papéis de crédito, outorgando direito creditício especial, semelhante ao do empregado que recebe participação nos lucros. Seus titulares são credores, portanto, e não sócios ou membros da sociedade.[12] Na visão de Valverde, no entanto, o crédito seria *direito eventual,* subordinado à verificação periódica de lucros líquidos.

Contrariamente a essa visão, Pontes de Miranda alerta que *não se trata de direito eventual*, mas, sim, de *pretensão eventual*. Para ele, o equívoco comum entre os doutrinadores decorre da imprecisão terminológica da definição contida no dispositivo legal, pois "o direito existe, desde logo; a pretensão é que pode não existir no ano corrente, ou noutro ano, ou nunca".[13] O que sucede, assim, é que o direito de crédito

Gerência de Operações Especiais; Assunto: Partes Beneficiárias; "*Ementa:* As partes beneficiárias são títulos de crédito, cuja remuneração consiste na participação nos lucros anuais, sendo o resgate uma característica eventual. O fundo de reserva constituído para resgatá-las constitui uma provisão, composta de uma porcentagem dos lucros anuais, e não deve ser considerado como uma das contas integrantes do património líquido, por serem as partes beneficiárias estranhas ao capital social. A correção monetário será devida apenas se prevista contratualmente".

10. Francisco Cavalcanti Pontes de Miranda, *Tratado de Direito Privado*, t. 50, Rio de Janeiro, Borsói, 1961, § 5.292.

11. Trajano de Miranda Valverde, *Sociedades por Ações*, 2ª ed., vol. 1, Rio de Janeiro, Forense, 1953, p. 217.

12. Insta ressaltar aqui que as características das partes beneficiárias não permitem que sejam confundidas com as ações, especialmente porque seu beneficiário é credor, e não sócio. Nesse sentido, "apresentam-se como títulos de crédito, literais, autônomos e dotados de formalismo próprio. São, porém, inconfundíveis com as ações, porque estranhos ao capital social. O titular da parte beneficiária é credor da sociedade e não acionista" (Egberto Lacerda Teixeira e José Alexandre Tavares Guerreiro, *Das Sociedades Anônimas no Direito Brasileiro*, vol. 1, São Paulo, José Bushatsky Editor, 1979, p. 334).

13. Pontes de Miranda, *Tratado de Direito Privado*, cit., t. 50, § 5.292, "b".

existe, é válido e não aleatório. Sua exigibilidade (pretensão), contudo, fica sujeita à apuração dos lucros, podendo não se configurar em alguns exercícios sociais.

Por serem vinculadas ao contrato que as originou (*v.g.*, prestação de serviços para a constituição da sociedade),[14] as partes beneficiárias são consideradas títulos de crédito causais. Se sua criação advém de ato unilateral da sociedade, de acordo com a doutrina, sua exigibilidade perante a sociedade dependerá da legitimidade da contraprestação ao beneficiário. Na lição de Carvalhosa,[15] somente serão emitidas de acordo com a regra do "*labor done* e do *true value*". Em outras palavras: devem ser emitidas em contraprestação a "serviços prestados ou como retribuição à outorga de direitos ou à entrega de recursos à companhia ou ainda como forma de remuneração suplementar de administradores estatutários (...)".

Desta breve síntese pode-se concluir que no Direito Brasileiro as partes beneficiárias são: (i) títulos de crédito; (ii) emitidos pelas companhias;[16] (iii) não são ações; (iv) não apresentam, portanto, contrapartida no capital social; e (v) não conferem direitos de acionistas, (vi) senão o de participação limitada nos lucros e o de fiscalização.

## 2. *As vantagens ou benefícios de fundadores nos sistemas de Direito Comparado*

### 2.1 *A evolução do sistema francês para as* parts de fondateurs

Como já mencionamos, a Cia. do Canal Marítimo de Suez foi a grande pioneira na criação das partes beneficiárias. Tais títulos foram distribuídos entre aqueles que contribuíram para o empreendimento, além de pessoas influentes no Egito.[17] Ainda que sediada no Egito, teve seus papéis negociados na França e na maioria de seus investidores cidadãos franceses, tal qual seu principal idealizador.

14. Philomeno Joaquim da Costa, *As Partes Beneficiárias*, São Paulo, Saraiva, 1965, pp. 20 e ss.

15. Modesto Carvalhosa, *Comentários à Lei de Sociedades Anônimas*, vol. 1, São Paulo, Saraiva, 2002, p. 482.

16. A formalidade desses títulos não permite a interpretação segundo a qual poderiam ser emitidos também por outros tipos sociais, como as sociedades limitadas.

17. Nesse sentido, cf. Philomeno J. da Costa, *As Partes Beneficiárias*, cit., p. 2. No mesmo sentido: Albert Wahl, "Les parts de fondateur d'après la loi et la jurisprudence françaises", in *Studi di Diritto Commerciale in Onore di Cesare Vivante*, vol. 2, Roma, Società Editrice del Foro Italiano, 1931, p. 348.

Logo as partes beneficiárias se tornaram títulos muito bem cotados no mercado. A valorização foi tanta, que logo tiveram de ser desdobradas em centésimos das originais,[18] e mesmo após os desdobramentos cada título valia uma pequena fortuna. Devido à sua grande rentabilidade, passaram, assim, a ser amplamente adotadas em outras companhias. Serviam, pois, como meio de atração de capital.

A despeito da larga utilização desses títulos, a primeira lei a tratar deles surgiu apenas depois de já se terem passado mais de 70 anos desde sua criação. Isso não fez, contudo, com que pudessem ser utilizados sem quaisquer limites até então. As partes beneficiárias eram reconhecidas pelos tribunais franceses[19] e, com base nos usos da prática, vinham tendo seus limites moldados nas decisões judiciais. A legislação que viria a ser produzida refletiria exatamente a sedimentação desses usos.

A primeira lei que tratou das partes beneficiárias não veio para regulá-las, mas, sim, para impor um limite de negociação. Nesse sentido, em 1927 houve a introdução de um parágrafo junto ao art. 3º da lei francesa de 1867, restringindo a negociação desses títulos por um período de dois anos após sua criação. O contexto legislativo explicava a necessidade de restrição, já que as ações estavam sujeitas a igual limitação desde o ano de 1883,[20] o que tornava as partes beneficiárias títulos mais atrativos para investidores que as ações das companhias. Um efetivo regime jurídico das partes beneficiárias, contudo, somente foi implementado na França em janeiro/1929.[21]

Mas a evolução do instituto não se deu sem que se tecessem duras críticas à sua utilização. De fato, as partes beneficiárias geravam polêmi-

18. Cf. Albert Wahl, "Les parts de fondateur d'après la loi et la jurisprudence françaises", cit., in *Studi di Diritto Commerciale in Onore di Cesare Vivante*, vol. 2, p. 348. De acordo com o autor, os titulares das partes beneficiárias ganharam "une fortune prodigieuse; divisées en centièmes, elles valent aujourd'hui environ deux milions chacune (...)".

19. Modesto Carvalhosa, *Comentários à Lei de Sociedades Anônimas*, cit., vol. 1, p. 461.

20. Idem, ibidem.

21. Georges Ripert e René Roblot, *Traité de Droit Commercial*, cit., 17ª ed., vol. 1, p. 1.316. A discussão sobre o regime jurídico da lei de 1929 e a norma do art. 3º da lei de 1927 pode ser encontrada em Albert Wahl, "Les parts de fondateur d'après la loi et la jurisprudence françaises", cit., in *Studi di Diritto Commerciale in Onore di Cesare Vivante*, vol. 2, pp. 346-363. Segundo o autor, o regime jurídico imposto pela lei era bastante prejudicial aos titulares das partes beneficiárias, esperando que os tribunais utilizassem com relação aos direitos dos portadores desses títulos as mesmas teorias sobre abuso de direito utilizadas para defender as minorias acionárias.

ca desde o seu nascimento. O mais forte argumento contrário à sua manutenção sempre foi a ausência de contrapartida ao capital social. Além de não haver contribuição dos titulares de partes beneficiárias ao capital social, os aumentos supervenientes, dos quais eles igualmente não participavam, incrementavam seus rendimentos sem qualquer investimento.[22]

Outras críticas eram direcionadas à constatação de que as partes beneficiárias fomentavam situações de conflito de interesses na sociedade (entre titulares de partes beneficiárias e acionistas), como, por exemplo, no tocante às decisões sobre constituições de reservas ou distribuição de lucros. Sua emissão impõe entraves à gestão, já que algumas decisões sociais passam a depender de aprovação dos titulares de partes beneficiárias.[23]

Na França, as duras críticas, a dificuldade de se lidar com os privilégios oferecidos pelos títulos e os consequentes abusos resultaram na sua extinção com a promulgação da Lei 66.537, de 24.7.1966. Essa lei proibiu, em seu art. 264, a emissão de partes beneficiárias, mantendo, contudo, as já existentes (nos termos do art. 504). Na mesma data, a Lei 66.538, por sua vez, permitiu à assembleia-geral da sociedade deliberar pelo resgate ou conversão de partes beneficiárias já existentes em ações depois de 20 anos de sua emissão.[24]

### 2.2 *Admissibilidade dos benefícios destinados a fundadores em alguns sistemas de Direito Comparado*

Na Itália, o Projeto Vivante,[25] que visava à modificação do sistema societário, previa a possibilidade de criação de benefícios com caráter de títulos de crédito nominativos, concedendo direito a crédito eventual condicionado à obtenção de lucro e sem qualquer ingerência na sociedade – à semelhança, portanto, das partes beneficiárias idealizadas na Cia. do Canal Marítimo de Suez. O *Codice Civile*, de 1942, contudo, não recebeu tais alterações, tendo prevalecido a posição de Sraffa,[26] que, influenciado pelas teorias sobre abusividade do instituto igualmente advindas da França, preferia um sistema isento de privilégios.

22. Georges Ripert e René Roblot, *Traité de Droit Commercial*, cit., 17ª ed., vol. 1, pp. 1.316-1.317.

23. Idem, ibidem.

24. Idem, p. 1.317.

25. Projeto Vivante, de 1922, art. 172.

26. Angelo Sraffa, "Le cosidette parti di fondatore", *Rivista di Diritto Commerciale* 1911, Parte I, pp. 532 e ss.

De fato, as *parti di fondatori*, ou *parti di promotori*, como foram chamadas, não foram delineadas como títulos autônomos, mas apenas com a possibilidade de atribuir vantagens aos promotores e sócios fundadores da sociedade. A lei italiana, assim, dispõe que esse benefício se configura como uma participação limitada a 1/10 do resultado líquido de cada exercício, e por duração máxima de cinco anos.[27] É, além disso, consignada como uma vantagem pessoal, não dotada, portanto, da possibilidade de circulação.

A lei alemã de 1965, por sua vez, estabelece um regime de vantagens particulares e especiais (*Sondervorteile*) aos acionistas fundadores e a terceiros promotores, mas "obriga à especificação minuciosa nos estatutos (*Satzung*) desses privilégios, inclusive com a designação nominal dos seus beneficiários (...)".[28] A alteração da disciplina dessas vantagens é, por lei, vedada durante 5 anos após a constituição da sociedade, e sua supressão por 30. Deverão ser especificados os custos relativos à constituição se forem pagos à conta do capital social. Além disso, os benefícios são de caráter pessoal, mantendo-se em favor dos fundadores independentemente da alienação de suas ações.[29]

27. "Art. 2.340. **I limiti dei benefici riservati ai promotori.** I promotori possono riservarsi nell'atto costitutivo, indipendentemente dalla loro qualità di soci, una partecipazione non superiore complessivamente a un decimo degli utili netti risultanti dal bilancio e per un periodo massimo di cinque anni.

"Essi non possono stipulare a proprio vantaggio altro beneficio.

"Art. 2.341. **Soci fondatori.** La disposizione del primo comma dell'art. 2.340 si applica anche ai soci che nella costituzione simultanea o in quella per pubblica sottoscrizione stipulano l'atto costitutivo."

28. Modesto Carvalhosa, *Comentários à Lei de Sociedades Anônimas*, cit., vol. 1, p. 466.

29. Cf. a legislação alemã, por nós lida na tradução para o Inglês – Stock Corporation Act as of 6 September 1965 (BGBl. I S. 1089) FNA 4121-1, Last amended by art. 1 Act of the Appropriateness of Management Board, Compensation Act (*VorstAG*) dated 31 July 2009 (BGBI. I S. 2009). Tradução não oficial, disponível em *http://www.nortonrose.com*.

"§ 26. **Special benefits. Formation expenses.** (1) Any special benefit granted to a particular shareholder or a third party shall be *stipulated in the articles and the beneficiary shall be identified.*

"(2) *The aggregate amount of expenditures to be paid at the expense of the company to shareholders or other persons as compensation or remuneration for the formation or preparation thereof shall be separately stipulated in the articles.*

"(3) 1. Absent such stipulation, any relevant agreements and any transaction in execution thereof shall be unenforceable with respect to the company. 2. Such unenforceability shall be incapable of being cured by amendment of the articles once the company has been registered in the commercial register.

Na Alemanha, portanto, os benefícios poderão tomar diversas modalidades: (i) a modalidade de pagamentos a cargo da sociedade, a

"(4) Such stipulations may only be amended after the company has been registered in the commercial register for five years.

"(5) The provisions in the articles regarding such stipulations may only be deleted by means of amendment of the articles after the company has been registered in the commercial register for thirty years and all legal relationships that constituted the basis for such stipulations have been settled for not less than five years.

"§ 27. **Contributions in kind. Acquisition of assets.**

"*Repayment of contributions*

"(1) 1. If shareholders are required to make contributions other than by cash payments of the issue price of the shares (contributions in kind), or if the company is required to acquire existing or future facilities or other assets (acquisitions of assets), the articles shall stipulate the purpose of the contribution in kind or acquisition of assets, the person from whom the company is to acquire such object, and the par value or, in case of non-par shares, the number of shares to be issued for the contribution in kind or the consideration to be granted for the acquisition of assets. 2. If the company is required to acquire an asset for which a consideration is to be granted which is to be applied towards the contribution payable by a shareholder, such acquisition shall be deemed a contribution in kind.

"(2) Contributions in kind or acquisitions of assets may only comprise assets that have an ascertainable economic value; obligations to provide services may not be made the object of contributions in kind or acquisitions of assets.

"(3) 1. If a shareholder's cash contribution is to be evaluated as a contribution in kind in full or in part (disguised contribution in kind) from an economic point of view and due to an arrangement made in connection with the acquisition of the cash contribution, this does not release the shareholder from his obligation to make a contribution. 2. However, any agreement regarding the contribution in kind and any transaction in execution thereof shall not be unenforceable. 3. The value of the asset at the point in time of the filing of the company for registration with the commercial register or at the point in time of the surrender of the asset to the company, if this is done at a later point in time, shall be offset against the shareholder's continuing obligation to make a capital contribution. 4. The set-off shall not be effected prior to the registration of the company in the commercial register. 5. The burden of proof for the value of the asset lies with the shareholder.

"(4) 1. If before the contribution a payment to the shareholder was agreed which, from an economic point of view, corresponds to the repayment of the contribution and which is not to be evaluated as a disguised contribution in kind within the meaning of (3), this only releases the shareholder from his obligation to make a capital contribution if the payment is covered by entitlement to full restitution which may fall due at any time or may become due by termination without notice by the company. 2. Such payment or the agreement on such payment shall be stated in the filing pursuant to § 37.

"(5) § 26 (4) shall apply to the amendment of lawfully made stipulations, § 26 (5) shall apply to the deletion of the relevant provisions in the articles.

título de honorários pela fundação (*Grüderlohnes*); (ii) a de participação especial nos lucros; (iii) o direito de receber um bem em transferência; (iv) a participação especial no acervo social em caso de liquidação da companhia; ou, ainda, (v) o privilégio de uso pessoal de determinado bem desse mesmo patrimônio social. Tais direitos estatutários não compreendem, contudo, o de participar em aumentos de capital, por conflitar com os interesses próprios dos demais acionistas.[30]

Interessa-nos, ainda, o sistema suíço, devido à especial amplitude, à diversificação e sofisticação que confere a essa espécie de título. Nesse ordenamento é facultada a instituição das "partes de fundador" ou "bônus de fruição" (gozo), desde que prevista no estatuto original da sociedade.[31] Apesar dessa previsão, a jurisprudência é flexível, admitindo a emissão posterior quando a deliberação é unânime.

"(...).

"§ 187. **Offer of rights to subscribe to new shares.** (1) Any offer of rights to subscribe to new shares *may only be made subject to the subscription rights of the shareholders*.

"(2) Any such offer made prior to the resolution on the share capital increase shall be unenforceable with respect to the company."

30. Modesto Carvalhosa, *Comentários à Lei de Sociedades Anônimas*, cit., vol. 1, p. 467.

31. Cf. *Loi Fédérale Complétant le Code Civil Suisse ("Livre Cinquième: Droit des Obligations"), du 30 Mars 1911 (État le 1er janvier 2010) – Code des Obligations*

"Art. 657. 1. Les statuts peuvent prévoir l'attribution de bons de jouissance à des *personnes liées à la société par des mises de fonds antérieures, à des actionnaires, des créanciers, des travailleurs ou à des personnes liées à la société à un titre analogue*. Ils doivent indiquer le nombre des bons de jouissance émis et le contenu des droits qui leur sont attachés.

"2. Les bons de jouissance ne peuvent conférer qu'un *droit à une part du bénéfice résultant du bilan ou du produit de liquidation ou qu'un droit préférentiel à la souscription d'actions nouvelles*.

"3. Le bon de jouissance *ne peut avoir de valeur nominale*; il ne peut être désigné comme bon de participation ni être émis contre un apport qui soit porté à l'actif du bilan.

"4. Les porteurs de bons de jouissance *constituent de plein droit une communauté à laquelle les dispositions sur la communauté des créanciers dans les emprunts par obligations sont applicables par analogie*. Toutefois, la décision de renoncer à certains droits ou à tous les droits découlant des bons de jouissance n'est obligatoire pour tous les porteurs que si elle est prise à la majorité des titulaires de tous les bons en circulation.

"5. Des bons de jouissance ne peuvent être créés en faveur des fondateurs de la société que si les statuts initiaux le prévoient."

De acordo com Carvalhosa,[32] os *bons de jouissance* são muito utilizados na Suíça em reorganizações societárias, servindo para remunerar direitos cedidos às sociedades (patentes, licenças de fabricação), cuja avaliação dependerá do desenvolvimento do negócio, e que, por isso, têm difícil avaliação. O sistema suíço, ademais, admite a conversão em bônus de subscrição de capital, mas nega qualquer direito de voto a esse tipo de título.

Para Steiger[33] esses títulos oferecem a vantagem de que a remuneração do fundador não afetará desde logo as finanças da sociedade, colocando tais sujeitos como credores condicionais. Ou seja: por meio deles outorga-se aos interessados apenas uma pretensão sobre os lucros líquidos, ou sobre o produto da liquidação da companhia, sem que necessário seja desembolsar imediatamente os valores para seu pagamento.

Por fim, o sistema espanhol também conhece título semelhante nas chamadas *ventajas particulares*. Considerados direitos de índole patrimonial outorgados em caráter pessoal aos fundadores enquanto tais, apresentam aspectos diversos dos direitos oriundos da qualidade de acionistas.[34] A lei espanhola também possui uma peculiaridade: admite remuneração fixa para as partes beneficiárias, semelhantes aos dividendos fixos das ações preferenciais no Brasil, assim como outros privilégios, tal como a aquisição a preços vantajosos dos produtos da empresa ou qualquer outro benefício de caráter patrimonial que, implicando uma carga para a sociedade, representa uma concessão de favor para determinada pessoa.[35]

32. Modesto Carvalhosa, *Comentários à Lei de Sociedades Anônimas*, cit., vol. 1, p. 468.

33. Fritz Steiger, *Le Droit des Sociétés Anonymes en Suisse*, Lausanne, Payot, 1973, p. 90 e ss.

34. Joaquim Garrigues e Rodrigo Uría González, *Comentario a la Ley de Sociedades Anónimas*, vol. 1, Madri, Imprenta Aguirre, 1976, pp. 257 e ss.

35. Nos sistemas de *Common Law* há possibilidade de instituição de vantagens a fundadores ou outros, porém não encontramos institutos com muita semelhança às nossas partes beneficiárias.

No sistema inglês há possibilidade de concessão de benefícios particulares, mas isso se dá por meio de ações especiais – as *fouder's shares* ou *deferred shares*. Estas são títulos especialmente subscritos e destinados aos fundadores. Conferem direito diferido à participação nos lucros sociais, observada a preferência de ordem a favor das ações ordinárias. São substitutivos da remuneração dos fundadores. São hoje em dia raras, e a tendência é convertê-las em ações ordinárias. São previstas em lei e devem constar do prospecto constitutivo da sociedade, descrevendo direitos e benefícios. O sistema inglês é contrário ao nosso em relação à ordem de pagamento: fala-se em *deferred shares* justamente porque os direitos de seus titulares são

## *II – O regime jurídico das partes beneficiárias no Brasil*

### *3. A evolução do regramento das partes beneficiárias no Direito Brasileiro até o decreto de 1940*

No sistema brasileiro, a exemplo do que houve nos ordenamentos estrangeiros, as partes beneficiárias foram introduzidas inicialmente por criação da prática social, fruto da liberdade contratual, certamente sob inspiração das práticas francesas. De acordo com Waldemar Ferreira,[36] o primeiro registro que se tem da emissão de partes beneficiárias por uma companhia brasileira remonta ao ano de 1878, quando foram aprovados pelo Governo os estatutos da Cia. Cantareira e Esgotos de São Paulo.

O estatuto da Cia. Cantareira e Esgotos, contudo, chamava tal espécie de título de "ações beneficiárias". Eram, nos termos do seu art. 2º, "consideradas como realizadas" e "fornecidas aos concessionários em

diferidos em favor dos titulares das ações ordinárias: somente recebem após estes últimos terem recebido. Diferentemente do nosso sistema, admitem a integralização de ações pelo *labor done*, mas pode haver pagamento pelas *founder's shares*, que então contarão com privilégios especiais, ou, ainda, a opção de subscrição por determinado prazo.

Já, nos Estados Unidos inexiste previsão específica sobre título semelhante, mas há igualmente a possibilidade de remuneração de serviços à conta do capital ou, sob outro ponto de vista, integralização de capital por meio de trabalho ou bens imateriais. Cf., nesse sentido, o *Model Business Corporation Act*: "§ 6.21 **Issuance of shares.** (a) The powers granted in this section to the board of directors may be reserved to the shareholders by the articles of incorporation. (b) The board of directors may authorize shares to be issued for consideration consisting of *any tangible or intangible property or benefit to the corporation, including cash, promissory notes, services performed, contracts for services to be performed, or other securities of the corporation*". Nos comentários oficiais da *American Bar Association* explica-se que esse dispositivo substituiu o art. 19, deixando o sistema mais flexível quanto às possibilidades de integralização de capital: "Section 6.21 incorporates not only the elimination of the concepts of par value and stated capital from the Model Act in 1980 but also eliminates the earlier rule declaring certain kinds of property ineligible as consideration for shares. The caption of the section, 'Issuance of Shares by the Board of Directors', reflects the change in emphasis from imposing restrictions on the issuance of shares to establishing general principles for their issuance. The section replaces two sections captioned, respectively, 'Consideration for Shares' (Section 18) and 'Payment for Shares' (Section 19) in the 1969 Model Act" (American Bar Association/Committee on Corporate Laws, *Model Business Corporation Act Annotated: Official Text with Official Comments and Statutory Cross-References, Revised through 2005* (disponível em *http://apps.americanbar.org/buslaw/committees/CL270000pub/nosearch/mbca/assembled/20051201000001.pdf*).

36. Waldemar Ferreira, *Tratado de Sociedades Mercantis*, São Paulo, Saraiva, 1961, pp. 1.158-1.159.

remuneração dos trabalhos que têm feito para a consecução destes melhoramentos na Capital de São Paulo e organização desta companhia".[37] A exemplo da Cia. Cantareira e Esgotos de São Paulo, outras empresas públicas, atuantes no desenvolvimento de infraestrutura pública, utilizaram as partes beneficiárias tendo por justificativa o maior incentivo ao investimento nesses setores.[38]

A primeira manifestação legislativa sobre partes beneficiárias no Brasil foi a Lei 3.150/1882 (art. 3º, § 3º), que previa a possibilidade de instituir vantagem ao fundador no mesmo diploma que tornou possível a constituição de sociedades anônimas sem a necessidade de autorização do Estado. Tal previsão foi reproduzida no Decreto 164/1890, mantendo-se praticamente inalterada no Decreto 434/1891.

Este último decreto, contudo, já apresentava preocupações de ordem regulamentar e tributária. Assim, determinava, em caso de subscrição pública, a necessidade de restarem expressas no prospecto "as quantias que a futura anônima desembolsaria por comissões ou percentagens aos seus incorporadores". Além disso, obrigava os incorporadores ao "pagamento de imposto de 5% por estes sobre as vantagens que obtivessem, sob forma de renda, comissão ou percentagem".[39] Mas o estabelecimento da vantagem somente poderia se dar por meio de deliberação da assembleia-geral, nos termos do então art. 20.[40]

A fim de evitar abusos, o decreto já impunha algumas limitações, como a possibilidade de criação de partes beneficiárias somente na

37. Estatuto da Cia. Cantareira e Esgotos de São Paulo:

"Art. 2º. O capital da companhia será de ..., dividido em 11 ações beneficiárias do valor de ..., cada uma, consideradas como realizadas, que são fornecidas aos concessionários em remuneração dos trabalhos que têm feito para a consecução destes melhoramentos na Capital de São Paulo e organização desta Companhia, com obrigação de garantirem uma subscrição até 5.000 ações.

"(...).

"Art. 50. As ações beneficiárias de que trata o art. 2º conferem a seus possuidores todos os direitos, regalias e vantagens que dão as outras ações."

38. Assim ocorreu também, *v.g.*, com a Cia. de Transportes Coletivos Urbanos, da cidade de São Paulo, cujo estatuto é reproduzido por Waldemar Ferreira em seu *Compêndio de Sociedades Mercantis*, vol. 2 ("Sociedades Anônimas"), Rio de Janeiro/São Paulo, Freitas Bastos, 1942.

39. Philomeno Joaquim da Costa, *As Partes Beneficiárias*, cit., p. 4.

40. "Art. 20. É lícito, depois de constituída a sociedade, estabelecer-se, em favor dos fundadores ou de terceiros que hajam concorrido com serviços para a formação da companhia, qualquer vantagem consistente em uma parte dos lucros líquidos. Essa vantagem só pode ser concedida por deliberação da assembleia-geral."

assembleia inaugural, a exemplo do que inspiravam as raízes históricas das *parts de foundateur*. Exigia-se, ademais, que no estatuto viessem descritos os trabalhos prestados pelos fundadores ou terceiros, no intuito de evitar liberalidades na instituição dos privilégios.

Como contrapartida à restrição de se instituir os títulos apenas por ocasião dos atos constitutivos, o entendimento majoritário era o de que uma assembleia posterior não poderia revogar as deliberações da assembleia de constituição que tivesse concedido vantagens aos fundadores. O fundamento para tal posição era o de que se havia formado um contrato bilateral entre os fundadores e a sociedade.[41]

O já mencionado art. 20 do Decreto 434/1891 serviria de base para a formação da doutrina e da jurisprudência nacionais, as quais foram aproveitadas nos anteprojetos de reforma da Lei Societária anteriores ao diploma de 1940.[42] Referida norma, contudo, não regia sobre o prazo e o mecanismo de resgate dos títulos, nem sobre a natureza do direito quanto à sua incorporação (ou não) em título.

O chamado "Projeto Valverde", de 1939, que resultou no hoje revogado Decreto-lei 2.627/1940, refletiu as mencionadas contribuições consolidadas por projetos anteriores. Houve nele preocupação especialmente de se evitar os abusos de fundadores e/ou terceiros relativamente à apropriação de partes dos lucros sociais.[43] Revestiu, ademais, as partes beneficiárias da natureza de títulos de crédito. Deixou, contudo, de prever o caráter de temporariedade dos títulos.

## 4. *As partes beneficiárias na Lei 6.404/1976*

### 4.1 *Regramento original da Lei 6.404/1976*

Quando dos debates sobre a atual Lei das S/A muito se questionou quanto à conveniência de manter as partes beneficiárias no regramento jurídico.[44] Isso transparece da "Exposição de Motivos" da lei, já que o legislador se preocupou em justificar a manutenção desses títulos.

41. Modesto Carvalhosa, *Comentários à Lei de Sociedades Anônimas*, cit., vol. 1, p. 456.

42. Idem, p. 455.

43. Idem, p. 459.

44. Há quem elogie a manutenção do instituto no sistema brasileiro, devido à sua utilidade, tendo cuidado o diploma de 1976 de coibir os eventuais abusos da maioria. Assim: Egberto Lacerda Teixeira e José Alexandre Tavares Guerreiro, *Das*

Assim, o fundamento para a manutenção das partes beneficiárias estaria em consonância com o princípio da ampla liberdade para que o empresário escolhesse "os valores mobiliários que melhor se adaptem ao tipo de empreendimento e às condições do mercado", prevendo as partes beneficiárias como uma dessas alternativas. Justifica-se, assim, que deveriam permanecer na lei "por sua utilidade na composição de interesses quando a empresa requer contribuição especial, distinta da dos demais acionistas, principalmente se consiste em bem cujo valor somente pode ser realizado pelo seu uso".[45]

A ressalva, contudo, está no Capítulo IV das "Exposições de Motivos" da lei: manutenção sim, porém com limitações.[46] Nesse sentido, de acordo com parecer da CVM:

> A finalidade do § 2º do art. 46 da Lei n. 6.404/1976 consiste em limitar a participação das partes beneficiárias nos lucros da companhia. Foi comum, no passado, ocorrerem abusos com a utilização das partes beneficiárias. A nova lei, contudo, reconhecendo as vantagens do instituto, optou por mantê-lo, mas sujeito a restrições. Desse modo, limitou as participações das partes beneficiárias a 10% dos lucros.[47]

Era exatamente essa a orientação contida na "Exposição de Motivos" da lei, informando que o balizamento da esfera de atuação das partes beneficiárias teve o intuito de "evitar abusos da maioria na criação de partes beneficiárias", impondo-se: (i) o limite de participação nos lucros, de 10%, compreende dividendo e reservas para resgate (art. 46, § 2º);

*Sociedades Anônimas no Direito Brasileiro*, cit., vol. 1, 1979; também assim Modesto Carvalhosa, *Comentários à Lei de Sociedades Anônimas*, cit., vol. 1, p. 460.

45. "Exposição de Motivos" 196, de 24.6.1976, do Ministério da Fazenda (projeto que deu origem à Lei 6.404/1976). Disponível em *http://www.cvm.gov.br/port/atos/leis/6404_Exposicao.asp 27/03/2011*.

46. "Exposição de Motivos" 196, de 24.6.1976, do Ministério da Fazenda (projeto que deu origem à Lei 6.404/1976). Disponível em *http://www.cvm.gov.br/port/atos/leis/6404_Exposicao.asp 27/03/2011*.

47. Parecer CVM/SJU-109, 5.10.1983; Referência: MEMO/GEO-074/1983, de 17.8.1983; Interessada: Gerência de Operações Especiais/GEO; Assunto: Limite de reserva para conversão de partes beneficiárias; "*Ementa:* A reserva para conversão não está limitada pelo percentual máximo de participação nos lucros determinado para a 'reserva de resgate' indicado na Lei n. 6.404/1976 em seu art. 46, § 2º, mas está balizada pela disposição da Lei Societária em seu art. 194, inciso III, que disciplina os parâmetros para as reservas estatutárias, e pelas normas dos arts. 198 e 203 dessa lei, os quais impedem a apropriação dos lucros em prejuízo do dividendo obrigatório e do dividendo da ação preferencial".

(ii) as companhias abertas somente poderiam atribuir partes beneficiárias gratuitamente para sociedades ou para fundações beneficentes de seus empregados (art. 47, parágrafo único); (iii) as partes beneficiárias não poderiam ser perpétuas, e as atribuídas gratuitamente teriam prazo máximo de 10 anos (art. 48 e § 1º); (iv) sua conversão em capital passa a pressupor a constituição de reserva com esse fim, devendo ser procedida mediante capitalização dessa reserva (art. 48, § 2º); (v) admite-se, ainda, a forma endossável (art. 50); e (vi) se autoriza a emissão com a nomeação de agente fiduciário (art. 51, § 3º).

### 4.2 *O mercado de valores mobiliários e as modificações legislativas*

O mercado de valores mobiliários já dava mostras de antipatia às partes beneficiárias mesmo antes da promulgação da lei de 1976. Prova disso é que, conforme já mencionado, não só foram impostas algumas restrições à sua emissão por companhias abertas,[48-49] como se pensou

48. Em parecer de 1984 considerou-se vigente norma de lei de 1962 que impedia companhias com capital estrangeiro de emitirem valores mobiliários sem direito a voto, o que levou a CVM a proibir a emissão de partes beneficiárias por essas sociedades. Nesse sentido o Parecer CVM/SJU-026, 2.3.1984; Referência: Carta ao Presidente da CVM, de 17.2.1984; Interessada: Anchieta S/A Desenvolvimento de Projetos; Assunto: Capital estrangeiro – Art. 40 da Lei n. 4.131/1962; "*Ementa:* Continua em vigor o disposto no art. 40 da Lei n. 4.131/1962, limitação de caráter permanente, a par da discriminação contida no art. 22 da Lei n. 4.728/1965, esta de caráter excepcional. Não podem ser objeto de distribuição pública os valores mobiliários que não assegurem direito de voto, emitidos por sociedades de capital estrangeiro (art. 40 da Lei n. 4.131/1962)".

49. Há evidência da modificação legislativa e suas consequências para as sociedades em parecer da CVM sustentando que a emissão de partes beneficiárias em atribuição gratuita a administradores, vedada a partir de 1976, prejudicaria até mesmo a participação dos acionistas nos lucros, tendo em vista o pagamento de participações às partes beneficiárias (Parecer CVM/SJU-064, 2.10.1984; Referência: MEMO/GEA-041/1984; Interessada: Gerência de Acompanhamento de Empresas/GEA; Assunto: Irregularidades nas demonstrações financeiras; "*Ementa:* A companhia deverá apresentar ao final de cada exercício social as demonstrações financeiras, que deverão exprimir com clareza a situação do patrimônio da companhia (art. 176). As demonstrações serão explicativas para esclarecimento dos resultados do exercício (art. 176, § 4º) complementadas por notas da situação patrimonial. O valor correspondente à isenção fiscal admitida pelo Decreto-lei n. 1.730/1979 e regulada pelo Decreto n. 85.450/1980 deve ser transferido à conta de reserva de capital por ocasião da apresentação da Provisão para Imposto de Renda. A companhia aberta somente poderá criar partes beneficiárias para alienação onerosa, ou para atribuição gratuita a sociedades ou fundações beneficentes de seus empregados (art. 47, parágrafo único).

em bani-las do sistema quando das discussões que levaram à elaboração da Lei das S/A.

A propósito, leis da década de 1960, como as que disciplinaram o mercado financeiro e o mercado de capitais,[50] já limitavam ou proibiam a emissão de partes beneficiárias nos setores regulados. Tal constatação demonstra que as partes beneficiárias, títulos bastante flexíveis quanto às razões de sua emissão e configuradores de vantagens patrimoniais desproporcionais, destinadas a poucos, sem lastro no capital social, não gozavam da segurança jurídica almejada aos operadores do sistema financeiro e do mercado de capitais.

Nesse ponto, pesquisa realizada no banco de pareceres da CVM entre as décadas de 1970 e 1980 demonstra que nas poucas vezes em que se deparou com tal espécie de título o órgão demonstrou certa antipatia quanto à admissão de sua utilização no mercado. Exemplo disso é o P CVM/SJU-056/1984, no qual, fundando-se na doutrina de Philomeno J. da Costa, se sustenta a impossibilidade de emissão de partes beneficiárias por sociedades distribuidoras, tendo em vista a possibilidade de criação de um capital marginal, por meio da conversão de tais títulos em ações.[51]

As companhias abertas não poderão manter em Tesouraria ações de sua emissão em quantidade superior a 5% de cada classe de ações em circulação no mercado (art. 3º da Instrução CVM n. 10)".

50. Lei 4.595/964 ("Dispõe sobre a política e as instituições monetárias, bancárias e creditícias, cria o Conselho Monetário Nacional e dá outras providências"): "Art. 35. É vedado ainda às instituições financeiras: I – emitir debêntures e partes beneficiárias; (...)"; Lei 4.728/1965 ("Disciplina o mercado de capitais e estabelece medidas para o seu desenvolvimento"):

"Art. 45. **Sociedades anônimas de capital autorizado.** As sociedades anônimas cujas ações sejam nominativas, ou endossáveis, poderão ser constituídas com capital subscrito inferior ao autorizado pelo estatuto social.

"(...).

"§ 6º. As sociedades referidas neste artigo não poderão emitir ações *(vetado)* de gozo ou fruição, ou partes beneficiárias."

51. Parecer CVM/SJU-056, 1.8.1984; Referência: MEMO/SMI-024/1984; Interessada: Superintendência de Relações com Mercado e Intermediários/SMI; Assunto: Criação de partes beneficiárias por companhia distribuidora de títulos e valores mobiliários; "*Ementa:* À luz do art. 17 da Lei n. 4.595/1964, são as sociedades distribuidoras instituições financeiras, razão pela qual incidente a vedação do art. 35 da mesma lei. Ainda que se considere serem as distribuidoras como entidades equiparadas às instituições financeiras, em face do disposto no § 1º do art. 18 da Lei n. 4.595/1964, mantém-se a proibição do art. 35, de acordo com o item XXII da Resolução n. 76 c/c art. 44, § 2º, 'b', da referida lei".

Na década de 1990, o maior movimento no sentido de modificar o perfil do mercado de capitais, incentivando investidores, fez com que paulatinamente se banissem práticas consideradas prejudiciais, especialmente as centralizadoras do poder e dos rendimentos das sociedades. Dentre essas práticas estava a emissão das partes beneficiárias, figura não grata no mercado de capitais. Assim, já no início do novo milênio o sistema de autorregulação baniu as partes beneficiárias do mercado antes mesmo que a legislação o fizesse.

De fato, com a criação dos segmentos de listagem das companhias no mercado da Bovespa (Bovespa Mais,[52] Nível 1,[53] Nível 2[54] e Novo Mercado[55]), restava expresso nos regulamentos que, quisessem as companhias fazer parte do mercado qualificado, não poderiam ter partes beneficiárias em circulação e, ainda, deveriam proibir, em seus estatutos, a sua emissão. A Bolsa buscava, com isso, uma libertação relativamente ao sistema tradicional da empresa familiar brasileira, com controle centralizado, a fim de formar um mercado capaz de atrair investidores.[56]

Já tendo as partes beneficiárias, nesse ponto, sido banidas das companhias do setor financeiro, seguia a dúvida quanto à conveniência de sua utilização em companhias abertas. No caso do mencionado parecer, a discussão dizia respeito à emissão de partes beneficiárias por uma corretora de valores mobiliários. A discussão acaba por ser centralizada na definição da natureza das corretoras de valores mobiliários (no sentido de serem, ou não, instituições financeiras). O fundamento unânime para afastar a possibilidade de emissão de partes beneficiárias, contudo, acaba sendo o conflito de interesses, tendo por base a possibilidade de competição no mercado com as companhias emissoras de títulos e a criação de um "capital marginal", por meio da possibilidade conversão desses títulos em ações.

52. Disponível em *http://www.bmfbovespa.com.br/pt-br/mercados/download/Regulamento-Bovespa-Mais.pdf.*

53. Regulamento disponível em *http://www.bmfbovespa.com.br/empresas/download/RegulamentoNivel1.pdf.*

54. Regulamento disponível em *http://www.bmfbovespa.com.br/empresas/download/RegulamentoNivel2.pdf.*

55. Regulamento disponível em *http://www.bmfbovespa.com.br/pt-br/a-bmfbovespa/download/Folder_NovoMercado.pdf.*

56. De acordo com as informações da Bovespa:

"Os segmentos especiais de listagem do mercado de ações (Novo Mercado, Nível 2, Nível 1 e Bovespa Mais) foram criados pela BM&FBovespa há mais de 10 anos, no momento em que a Bolsa percebeu que, para desenvolver o mercado de capitais brasileiro, atraindo novos investidores e novas empresas, era preciso ter segmentos de listagem com regras rígidas de governança corporativa.

"Essas regras vão além das obrigações que as companhias têm perante a Lei das Sociedades por Ações (Lei das S/A) e melhoram a avaliação das companhias que decidem aderir, voluntariamente, a um desses níveis de listagem.

As alterações da Lei 6.404/1976 procedidas pela Lei 10.303/2001, dentre elas a proibição de emissão de partes beneficiárias pelas companhias abertas, mostrou que o panorama dos incentivos ao mercado não era apenas um desejo dos agentes do mercado, mas sim uma questão de política institucional no Brasil. Saindo, portanto, do plano da autorregulação ou mesmo da regulação, a alteração da Lei das S/A de 2001 explicitava a preocupação legislativa de incrementar o mercado de capitais brasileiro.

Do parecer do Relator, Pedro Piva,[57] para o Projeto de Lei 23/2001 (que deu origem à Lei 10.303/2001) percebe-se que a principal motivação das modificações da lei era o fortalecimento do mercado de capitais no País, por meio de medidas que incentivassem o investidor.[58] Assim, as alterações da lei visavam "a assegurar uma maior proteção aos acionistas minoritários e preferencialistas". Dentre as providências da lei figurou a proibição de que sociedades abertas emitissem partes beneficiárias, consideradas fator de insegurança para investidores.

Mais recentes instruções da CVM trataram de repelir mais radicalmente as partes beneficiárias do mercado de capitais, aumentando o

"Além disso, as regras mais rígidas para as empresas reduzem o risco dos investidores que decidem ser sócios destas empresas, graças aos direitos e garantias assegurados aos acionistas e às informações mais completas divulgadas, que reduzem as assimetrias de informações entre acionistas controladores, gestores da companhia e os participantes do mercado" (disponível em *http://www.bmfbovespa.com.br/empresas/pages/empresas_segmentos-de-listagem.asp*).

57. Disponível em *http://www.senado.gov.br/atividade/materia/getPDF.asp?t=29256&tp=1*.

58. "O esgotamento das fontes tradicionais de financiamento da economia implica a necessidade de uma dinamização do mercado de capitais, que, por sua vez, somente será viável mediante um aperfeiçoamento das normas que o regem, de forma a estimular o investimento da poupança popular nesse mercado.

"O Projeto representa um avanço significativo nesse sentido, *instituindo diversas medidas que certamente contribuirão para aumentar a confiança do investidor no mercado de valores mobiliários*, (...).

"Cuidou também a proposição de conferir efetividade às alterações propostas na legislação, mediante o *fortalecimento da CVM*, órgão regulador do mercado de valores mobiliários, conferindo-lhe autonomia e independência, bem como aumentando a relação dos valores mobiliários regidos pela lei, que passa a contemplar todos os títulos e contratos de investimento que configurem um apelo à poupança pública. Reforça-se, assim, o poder regulador sobre os participantes do mercado de capitais.

"*Tais modificações certamente propiciarão o desenvolvimento do mercado de valores mobiliários, pois têm por finalidade garantir um tratamento mais respeitoso para com o investidor*" (parecer do Relator do Projeto de Lei 23/2001, disponível em *http://www.senado.gov.br/atividade/materia/getPDF.asp?t=29256&tp=1*).

âmbito de proibição. Nesse sentido, a Instrução CVM-391/2003, com alterações introduzidas pelas Instruções CVM-435/2006, 450/2007 e 453/2007, em seu art. 2º, § 4º,[59] dispõe que, caso os fundos de investimento invistam em papéis de companhias fechadas, estas não poderão emitir ou ter em circulação partes beneficiárias.

Diante das modificações legislativas e regulamentares, patente que as partes beneficiárias eram figuras indesejadas no almejado desenvolvimento do mercado de capitais. A constatação desse fenômeno, todavia, traça verdadeiro paradoxo relativamente à função originária dos títulos: no modelo de Lesseps, as partes beneficiárias nasceram para circular no mercado.

## 5. *Caracterização das partes beneficiárias: função e natureza jurídica após a Lei 10.303/2001*

### 5.1 *A crise de identidade-1: causa ou função econômica das partes beneficiárias*

Desde seu nascimento as partes beneficiárias serviram à composição de interesses, notadamente configurados nas contribuições de natureza diversa das de capital.[60] De um lado postavam-se os interesses dos titulares do benefício – que, originariamente, eram os fundadores da companhia –, que pretendiam receber alguma recompensa, em geral, decorrente de serviços prestados – no caso dos fundadores, os serviços destinados à própria constituição da companhia. De outro, os interesses da própria sociedade, no sentido de evitar o desembolso dessa remuneração, pagando por meio de potenciais lucros que seriam auferidos no futuro.

59. "Art. 2º. O Fundo de Investimento em Participações (Fundo), constituído sob a forma de condomínio fechado, é uma comunhão de recursos destinados à aquisição de ações, debêntures, bônus de subscrição, ou outros títulos e valores mobiliários conversíveis ou permutáveis em ações de emissão de companhias, abertas ou fechadas, participando do processo decisório da companhia investida, com efetiva influência na definição de sua política estratégica e na sua gestão, notadamente através da indicação de membros do Conselho de Administração.

"(...).

"§ 4º. As companhias fechadas referidas no *caput* deverão seguir as seguintes práticas de governança: I – proibição de emissão de partes beneficiárias e inexistência desses títulos em circulação; (...)."

60. Modesto Carvalhosa, *Comentários à Lei de Sociedades Anônimas*, cit., vol. 1, pp. 459, 492 e 518.

Assim é que, de acordo com Egberto Lacerda Teixeira e José Alexandre Tavares Guerreiro, essa natureza peculiar das partes beneficiárias faz com que sirvam "admiravelmente a diversas finalidades, que vão desde a pura e simples captação de recursos financeiros até a disciplina de interesses insuscetíveis de composição através de outros mecanismos societários".[61]

Desta miríade de finalidades, Trajano de Miranda Valverde[62] apresentava uma vasta lista que poderíamos chamar de funções econômicas a que se prestam as partes beneficiárias. Assim: (i) o pagamento de bens de propriedade do acionista ou direitos seus, que interessam à sociedade mas são de difícil avaliação (como, por exemplo, cessões de patentes e contratos de *know-how*); (ii) contratos de gerenciamento; (iii) pagamento de serviços profissionais na fundação da companhia; (iv) liquidação de obrigações (transações ou conversão de dívidas por meio de participação beneficiária, em lugar de acionária); (v) complementação de remuneração de executivos estatutários; (vi) obtenção de recursos financeiros junto a investidores interessados na lucratividade do empreendimento, mas que não se quer como parceiros do negócio; (vii) possibilitar àqueles a quem a legislação nega a possibilidade de ser sócios, como em algumas atividades ocorre com estrangeiros, a participação nos lucros.

Essa potencialidade de abarcar diversas funções econômicas foi o que fez com que, inicialmente, as partes beneficiárias se tornassem objeto de interesse de muitos investidores, verdadeira fórmula de sucesso no mercado de capitais do final do século XIX. Hoje, contudo, é possível constatar que há uma tendência ao desuso das partes beneficiárias, tanto em nosso sistema como nos sistemas de Direito estrangeiros. Tal não pode ser considerada, contudo, uma tendência histórica do Direito Brasileiro, como nos faria crer a leitura da maioria dos nossos manuais de direito societário, que pouca atenção dispensam ao assunto. A verdade é que no Brasil, tanto no setor público como no privado, as companhias muito se valeram das partes beneficiárias.

No setor privado, o panorama brasileiro, formado por sociedades configuradas sob grande concentração de poder e estrutura historicamente familiar, estimulava a utilização de partes beneficiárias na sua genuína função de benefício aos fundadores. Prova concreta de que eram

61. Egberto Lacerda Teixeira e José Alexandre Tavares Guerreiro, *Das Sociedades Anônimas no Direito Brasileiro*, cit., vol. 1, p. 333.

62. Trajano de Miranda Valverde, *Sociedades por Ações*, cit., 2ª ed., vol. 1, p. 215.

bastante utilizadas pode ser encontrada em antigo parecer CVM no qual afirmado que, a despeito de alguns considerarem as partes beneficiárias como anacrônicas,

> (...) a sua utilização na gestão financeira das empresas vem crescendo na medida em que se tornou mais uma forma de pagamento por serviços prestados às companhias em projetos iniciais ou de expansão. É bastante conhecida, por exemplo, a adequação de tais títulos ao equacionamento de dívidas assumidas em contratos de tecnologia.[63]

Da mesma forma, pode-se mencionar como evidência de sua importância na história do sistema societário brasileiro o fato de que algumas das grandes companhias brasileiras fizeram muito uso desses títulos. Prova disso é que os vêm extinguindo desde o final da última década do século passado,[64] no intuito de aderir às novas normas de governança corporativa, em especial as regras do Novo Mercado da Bovespa.

De outro lado, no setor público o estímulo a investimentos em infraestrutura, conforme já ensinava Waldemar Ferreira,[65] sempre foi uma das razões para sua emissão. Assim, em companhias que atuam nos seto-

63. Parecer CVM/SJU-109, 5.10.1983; Referência: MEMO/GEO-074/1983, de 17.8.1983; Interessada: Gerência de Operações Especiais/GEO; Assunto: Limite de reserva para conversão de partes beneficiárias; "*Ementa:* A reserva para conversão não está limitada pelo percentual máximo de participação nos lucros determinado para a 'reserva de resgate' indicado na Lei n. 6.404/1976 em seu art. 46, § 2º, mas está balizada pela disposição da Lei Societária em seu art. 194, inciso III, que disciplina os parâmetros para as reservas estatutárias, e pelas normas dos arts. 198 e 203 dessa lei, os quais impedem a apropriação dos lucros em prejuízo do dividendo obrigatório e do dividendo da ação preferencial".

64. Exemplo disso é a Gerdau S/A, que, no intuito de ter melhores regras de governança, extinguiu partes beneficiárias da controladora e de subsidiárias ainda no ano de 1997 (informação disponível em *http://www.gerdau.com.br/investidores/acoes-informacoes-complementares.aspx?id=2a501e84-ca54-4218-b86df1ef9cec841b&language=pt-BR*). Críticas mais recentes sustentaram que nessa companhia o benefício ao fundador foi substituído pela cobrança de *royalties* pelo uso da marca em valores elevados (nesse sentido, *v.g.*, *http://www.globalbrands.com.br/midia/pdf119.pdf*). Mais recentemente, exemplo interessante de extinção de partes beneficiárias ocorreu na Duratex S/A (*http://www.duratex.com.br/port/ri/download/IAN/IAN_2004.pdf*), que promoveu a diminuição escalonada dos rendimentos de títulos emitidos na década de 1960 no intuito de se adequar às normas de governança da Bovespa.

65. Conforme já citado, o investimento em infraestrutura foi motivo da utilização de partes beneficiárias em companhias como a Cia. de Esgotos de São Paulo (Waldemar Ferreira, *Tratado de Sociedades Mercantis*, cit., pp. 1.158-1.159).

res de geração e fornecimento de energia elétrica, prestação de serviços de saneamento básico, fornecimento e tratamento de água, sempre foi – e ainda é – bastante comum a emissão de partes beneficiárias.[66]

Mas a verdade é que as regras de governança corporativa estão mesmo banindo as partes beneficiárias das sociedades, assim como já as baniram do mercado de capitais, resultado da dependência entre um e outro. Isso se torna evidente se percebermos a pequena fatia de mercado que restou à sua emissão – qual seja, a das sociedades anônimas fechadas. Ora, é notório que na dinâmica atual do mercado brasileiro de sociedades há uma polarização entre os tipos sociedade anônima e sociedade limitada.[67] Em geral se estruturam como sociedades limitadas aquelas com estruturas mais simples, ou subsidiárias localizadas mais à base das pirâmides de grupos societários. As sociedades anônimas tendem a ser utilizadas em estruturas mais complexas; e, mesmo quando

66. Isso pode ver verificado em operação relativamente recente (do ano de 2006) tendo por objetivo a construção de hidrelétrica, tendo sido transferidas e emitidas partes beneficiárias. A operação envolveu Energias do Brasil S/A, Rede Lajeado Energia S/A, CEB Lajeado S/A, Paulista Lajeado Energia S/A, Investco S/A e Eletrobrás: "A CEB realiza nesta sexta-feira, 10 de fevereiro, assembleia-geral extraordinária para reapresentar a proposta de subscrição em ações preferenciais de emissão da CEB Lajeado. A operação atende ao interesse da Eletrobrás em resgatar as ações de sua titularidade na Investco, no valor de R$ 1,067 bilhão. A proposta a ser apresentada nesta sexta estabelece a aquisição, pela CEB Lajeado, de 46.890.423 de ações preferenciais classe R, no valor global de R$ 213,451 milhões. O pagamento será feito por meio de crédito em conta de patrimônio líquido em favor da Eletrobrás na CEB Lajeado, vinculado à subscrição de ações e à aquisição de partes beneficiárias emitidas pela subsidiária da CEB. A operação envolve ainda o aumento de capital social da CEB Lajeado de R$ 83,428 milhões para R$ 145,655 milhões. Esse aumento será realizado mediante a emissão de 54.835.800 ações PN, com direito a dividendos de 10% superiores aos atribuídos às ações ordinárias, pelo preço de emissão de R$ 1,134788 cada uma, a serem subscritas pela *holding* estatal e integralizadas por meio de capitalização de créditos em conta de patrimônio líquido. A assembleia discutirá ainda a criação, também pela CEB Lajeado, de 10 mil partes beneficiárias, com direito a participação de 10% dos lucros anuais, no valor total de R$ 151,224 milhões, além de alteração no estatuto social da CEB Lajeado" (disponível em *http://www.provedor.nuca.ie.ufrj.br/provedor/empresas/ceb/ceb.htm*; ato de convocação disponível em *http://siteempresas.bovespa.com.br/DWL/FormDetalheDownload.asp?site=C&prot=79360*; aprovação disponível em *http://www.acionista.com.br/home/edp/edp_lajeado_energia.pdf*).

67. Nesse sentido, v. as pesquisas realizadas entre 1985 e 2005, que demonstram uma polarização entre sociedades limitadas (grande maioria, com a criação de 4.300.257 sociedades desse tipo no período analisado) e sociedades anônimas (com a criação de 20.080 novas sociedades desse tipo no período analisado) (disponível em *http://www.dnrc.gov.br*, na aba "Estatísticas").

fechadas, muitas vezes têm ambições de crescimento e possível abertura ao mercado no futuro.

Por sua vez, as partes beneficiárias são títulos de longo prazo, podendo até mesmo exceder a duração de 10 anos quando "destinadas a sociedades ou fundações beneficentes dos empregados da companhia".[68] Antes disso, em regra sua extinção dependerá da aprovação dos próprios beneficiários.[69] Portanto, a emissão de partes beneficiárias por sociedades fechadas significa muito mais do que o comprometimento de parcela considerável dos lucros sociais à remuneração de partes beneficiárias: trata-se de verdadeiro casamento, com difícil e possivelmente traumático divórcio.

Diante de tal panorama, é possível entender por que, mesmo entre sociedades anônimas fechadas, poucas vêm optando ou devem ainda optar, desde as novas normas de mercado, por recorrer à emissão esses títulos. A pergunta que se faz, portanto, é: qual a utilidade atual desses títulos? Por que mantê-los na lei? Parece-nos que são duas as razões mais fortes para a manutenção das partes beneficiárias. Nenhuma delas, no entanto, condiz com os motivos originários de sua criação, ou seja, a premiação dos fundadores.[70]

Talvez o que possa ser localizado no mercado atual como uma das mais importantes funções econômicas potenciais[71] para esses títulos seja ainda a aquisição de propriedades imateriais sem a sua necessária precificação – finalidade à qual já se afeiçoava desde o início do século passado,[72] seja no Brasil, seja no Exterior. Bens como patentes de invenção, desenhos industriais, *know-how* ou serviços muito especializados, por meio da emissão de partes beneficiárias podem ser remunerados de

68. Lei das S/A:

"Art. 48. O estatuto fixará o prazo de duração das partes beneficiárias e, sempre que estipular resgate, deverá criar reserva especial para esse fim.

"§ 1º. O prazo de duração das partes beneficiárias atribuídas gratuitamente, salvo as destinadas a sociedades ou fundações beneficentes dos empregados da companhia, não poderá ultrapassar 10 (dez) anos."

69. Lei das S/A: "Art. 51. A reforma do estatuto que modificar ou reduzir as vantagens conferidas às partes beneficiárias só terá eficácia quando aprovada pela metade, no mínimo, dos seus titulares, reunidos em assembleia-geral especial".

70. Finalidade, esta, que é repugnada pelas modernas regras de governança, que buscam menor vinculação entre poder e propriedade na companhia.

71. Dizemos "potenciais" porque esse mecanismo não tem, de fato, sido explorado em escala considerável no Brasil.

72. Nesse sentido, cf. Philomeno Joaquim da Costa, *As Partes Beneficiárias*, cit., p. 3.

acordo com o rendimento que proporcionem à sociedade que deles faça uso. A dificuldade de avaliação de tais bens justifica essa alternativa de remuneração. Por sua vez, a vantagem em relação às efetivas participações societárias está na eventual ausência de interesse por parte da sociedade ou do titular das partes beneficiárias em deter o *status socii*, ou mesmo em eventual impossibilidade de ser sócio.[73]

A emissão de partes beneficiárias poderia, ainda, ser uma alternativa de captação de recursos de terceiros sem necessidade de associação ao capital social. Como atrativos aos investidores, os títulos podem apresentar boa remuneração,[74] paga de maneira privilegiada,[75] e com considerável diminuição de riscos de perda, já que seus titulares têm preferência no recebimento inclusive em caso de liquidação.[76] O impedimento de que sejam emitidas por companhias abertas nesse ponto não é total empecilho, já que podem ser utilizadas em grupos econômicos de fato, que detenham capacidade econômica suficiente para manter reservas para seu futuro resgate ou conversão, sendo emitidas por subsidiárias localizadas na base da pirâmide e sem capital aberto.

### 5.2 *A crise de identidade-2: partes beneficiárias ainda são valores mobiliários?*

As partes beneficiárias nasceram destinadas a circulação e operação no mercado de capitais, e como tais fizeram grande sucesso na época de sua criação. No entanto, como vimos, não resistiram às duras críticas que levaram à sua extinção em muitos Países bem como à limitação de sua utilização em tantos outros, e a uma verdadeira expulsão do mercado de capitais.

No Brasil, após a reforma da Lei 10.303/2001, não só foi suprimida a possibilidade de serem emitidas pelas companhias abertas, conforme já enfatizado, mas também foram suprimidas do rol de valores mobiliários constantes no art. 2º da Lei 6.385, de 7.12.1976,[77] onde expressamente

73. Como historicamente se explicava que seria o caso de sócios estrangeiros que pretendiam investir em setores restritos aos cidadãos ou empresas nacionais. Nesse sentido: Philomeno J. da Costa, *As Partes Beneficiárias*, cit., p. 7 – fazendo referência à “Exposição de Motivos” do Decreto 2.627/1940.

74. Até 10% dos lucros sociais, nos termos do art. 46, § 2º, da Lei das S/A.

75. Pagas com prioridade na apuração de lucros.

76. Art. 48, § 3º, da Lei das S/A.

77. A redação original do artigo previa o seguinte:

“Art. 2º. São valores mobiliários sujeitos ao regime desta Lei: I – as ações, *partes beneficiárias* e debêntures, os cupões desses títulos e os bônus de subscrição;

eram mencionadas.[78] Uma interpretação histórica dos referidos dispositivos legais talvez nos levasse, portanto, à conclusão de que, tendo o legislador excluído as partes beneficiárias do rol expresso, não mais desejava tê-las como valores mobiliários – e, portanto, que não são mais admitidas entre eles.

Contudo, o sistema de direito privado, fundado na autonomia e na liberdade de iniciativa, somado à amplitude das normas regulatórias, não nos permite concluir que a História seja efetivamente capaz de formar convicção sobre legislação vigente, nem tampouco de configurar norma proibitiva. De fato, a despeito da modificação legislativa, há um campo

II – os certificados de depósito de valores mobiliários; III – outros títulos criados ou emitidos pelas sociedades anônimas, a critério do Conselho Monetário Nacional.

"Parágrafo único. Excluem-se no regime desta Lei: I – os títulos da dívida pública federal, estadual ou municipal; II – os títulos cambiais de responsabilidade de instituição financeira, exceto as debêntures."

78. Redação atual da Lei 6.385/1976:

"Art. 2º. São valores mobiliários sujeitos ao regime desta Lei: [*redação dada pela Lei 10.303, de 31.10.2001*] I – as ações, debêntures e bônus de subscrição; [*redação dada pela Lei 10.303, de 31.10.2001*] II – os cupons, direitos, recibos de subscrição e certificados de desdobramento relativos aos valores mobiliários referidos no inciso II; [*redação dada pela Lei 10.303, de 31.10.2001*] III – os certificados de depósito de valores mobiliários; [*redação dada pela Lei 10.303, de 31.10.2001*] IV – as cédulas de debêntures; [*inciso incluído pela Lei 10.303, de 31.10.2001*] V – as cotas de fundos de investimento em valores mobiliários ou de clubes de investimento em quaisquer ativos; [*inciso incluído pela Lei 10.303, de 31.10.2001*] VI – as notas comerciais; [*inciso incluído pela Lei 10.303, de 31.10.2001*] VII – os contratos futuros, de opções e outros derivativos, cujos ativos subjacentes sejam valores mobiliários; [*inciso incluído pela Lei 10.303, de 31.10.2001*] VIII – outros contratos derivativos, independentemente dos ativos subjacentes; e [*inciso incluído pela Lei 10.303, de 31.10.2001*] IX – quando ofertados publicamente, quaisquer outros títulos ou contratos de investimento coletivo, que gerem direito de participação, de parceria ou de remuneração, inclusive resultante de prestação de serviços, cujos rendimentos advêm do esforço do empreendedor ou de terceiros. [*Inciso incluído pela Lei 10.303, de 31.10.2001*].

"§ 1º. Excluem-se do regime desta Lei: [*redação dada pela Lei 10.303, de 31.10.2001 – V. art. 1º da Lei 10.198, de 14.2.2001*] I – os títulos da dívida pública federal, estadual ou municipal; [*redação dada pela Lei 10.303, de 31.10.2001*] II – os títulos cambiais de responsabilidade de instituição financeira, exceto as debêntures. [*Redação dada pela Lei 10.303, de 31.10.2001*]

"§ 2º. Os emissores dos valores mobiliários referidos neste artigo, bem como seus administradores e controladores, sujeitam-se à disciplina prevista nesta Lei, para as companhias abertas. [*Parágrafo incluído pela Lei 10.303, de 31.10.2001*]

"(...)."

aberto para que se questione[79] se ainda podemos falar de partes beneficiárias como valores mobiliários.

Assim, se pudermos conceber a possibilidade de existirem ainda partes beneficiárias remanescentes de emissões anteriormente feitas por companhias abertas, enquanto estiverem em circulação no mercado, parece-nos que seguem sendo valores mobiliários, dotadas de todas as suas características. Afinal, nenhuma regra de transição foi imposta a essas companhias, quando da alteração da lei, no sentido de que deveriam extinguir as partes beneficiárias anteriormente emitidas.[80]

De outro lado, os incisos VIII e IX do art. 2º da Lei 6.385/1976 possuem redação tão elástica que, a nosso ver, poderiam dar ensejo à adaptação de contratos e derivativos que utilizassem como lastro as partes beneficiárias. Nesse ponto, se, por um lado, é certo que aí existe espaço na legislação para sua utilização – já que vedação não há –, certo também é que não existem hoje nem veículo para sua exploração, nem regulamentação, nem tampouco mercado para sua exploração. Isso não impede, contudo, que se encontrem mecanismos que possam vir a se tornar interessantes aos olhos do investidor.

A despeito das duas "crises de identidade" das partes beneficiárias, portanto, podemos afirmar não só que elas seguem sendo títulos de crédito e potenciais valores mobiliários, mas também que possuem funções econômicas bem adaptáveis a soluções pontuais dentro de modelos societários bem estruturados, ainda que bastante específicas. A criatividade da iniciativa privada é que, trabalhando com elas, deve encontrar espaço para novamente dar-lhes vida nova ou fulminá-las pela ausência total de uso.

## *Bibliografia*

*Actes Constitutifs de la Compagnie Universalle de Canal de Suez.* Paris, Henri Plon, 1866.

CARVALHO DE MENDONÇA, José Xavier. *Tratado de Direito Commercial Brasileiro.* vol. III, Livro III. Rio de Janeiro, Freitas Bastos, 1938.

CARVALHOSA, Modesto. *Comentários à Lei de Sociedades Anônimas.* vol. 1. São Paulo, Saraiva, 2002.

79. Vera Helena de Mello Franco e Rachel Sztajn, *Direito Empresarial II. Sociedade Anônima. Mercado de Valores Mobiliários*, São Paulo, Ed. RT, 2009, p. 130.

80. Lembrando-se que o prazo máximo de 10 anos de duração não se aplica às partes beneficiárias destinadas a sociedades ou fundações beneficentes dos empregados da companhia. O único entrave a estas companhias seria o fato de que não estariam adequadas às normas de governança das listagens da Bovespa.

COSIAN, Maurice, DEBOISSY, Florence, e VIANDIER, Alain. *Droits des Sociétés*. Paris, LexisNexis, 2006.

COSTA, Philomeno Joaquim da. *As Partes Beneficiárias*. São Paulo, Saraiva, 1965.

DEBOISSY, Florence, COSIAN, Maurice, e VIANDIER, Alain. *Droits des Sociétés*. Paris, LexisNexis, 2006.

FERREIRA, Waldemar. *Compêndio de Sociedades Mercantis*. vol. 2 ("Sociedades Anônimas"). Rio de Janeiro/São Paulo, Freitas Bastos, 1942.

_________. *Tratado de Sociedades Mercantis*. São Paulo, Saraiva, 1961; vol. 2. 1942.

FONTES, Aloysio Lopes. "Das partes beneficiárias na nova lei sobre as sociedades por ações". *RF* 89/607-610. Ano 39. Rio de Janeiro, Forense, janeiro/1942.

FRANCO, Vera Helena de Mello, e SZTAJN, Rachel. *Direito Empresarial II. Sociedade Anônima. Mercado de Valores Mobiliários*. São Paulo, Ed. RT, 2009.

GALGANO, Francesco, e GENGHINI, Riccardo. *Il Nuovo Diritto Societario*. t. I, "Le Nuove Società di Capitale e Cooperative". Pádua, CEDAM, 2006.

GARRIGUES, Joaquín, e GONZÁLEZ, Rodrigo Uría. *Comentario a la Ley de Sociedades Anónimas*. Madri, Imprenta Aguirre, 1976.

GENGHINI, Riccardo, e GALGANO, Francesco. *Il Nuovo Diritto Societario*. t. I, "Le Nuove Società di Capitale e Cooperative". Pádua, CEDAM, 2006.

GONZÁLEZ, Rodrigo Uría, e GARRIGUES, Joaquín. *Comentario a la Ley de Sociedades Anónimas*. Madri, Imprenta Aguirre, 1976.

GUERREIRO, José Alexandre Tavares, e TEIXEIRA, Egberto Lacerda. *Das Sociedades Anônimas no Direito Brasileiro*. vol. 1. São Paulo, José Bushatsky Editor, 1979.

LAMY FILHO, Alfredo, e PEDREIRA, José Luiz Bulhões. *Direito das Companhias*. vol. 1. Rio de Janeiro, Forense, 2009.

MARTINS, Fran. *Comentários à Lei de Sociedades Anônimas*. vol. 1. Rio de Janeiro, Forense, 1977.

PEDREIRA, José Luiz Bulhões, e LAMY FILHO, Alfredo. *Direito das Companhias*. vol. 1. Rio de Janeiro, Forense, 2009.

PERCEAU, Jean, e THALLER, Edmond Eugene. *Traité Élémentaire de Droit Commerciale à l'Exclusion du Droit Maritime*. Paris, Rousseau, 1931.

PONTES DE MIRANDA, Francisco Cavalcanti. *Tratado de Direito Privado*. t. 50. Rio de Janeiro, Borsói, 1961.

RIPERT, Georges, e ROBLOT, René. *Traité de Droit Commercial*. 17ª ed., vol. 1. Paris, LGDJ, 1998; 13ª ed., vol. 2. Paris, LGDJ, 1988.

ROBLOT, René, e RIPERT, Georges. *Traité de Droit Commercial*. 17ª ed., vol. 1. Paris, LGDJ, 1998; 13ª ed., vol. 2. Paris, LGDJ, 1988.

SANTOS, José Durval dos. "Um novo uso para as partes beneficiárias". *Revista do BNDES* 3/197-214. N. 5. 1996.

SRAFFA, Angelo. "Le cosidette parti di fondatore". *Rivista di Diritto Commerciale* 1911. Parte I (pp. 532 e ss.).

STEIGER, Fritz. *Le Droit des Sociétés Anonymes en Suisse*. Lausanne, Payot, 1973.

SZTAJN, Rachel, e FRANCO, Vera Helena de Mello. *Direito Empresarial II. Sociedade Anônima. Mercado de Valores Mobiliários*. São Paulo, Ed. RT, 2009.

TEIXEIRA, Egberto Lacerda, e GUERREIRO, José Alexandre Tavares. *Das Sociedades Anônimas no Direito Brasileiro*. vol. 1. São Paulo, José Bushatsky Editor, 1979.

THALLER, Edmond Eugene, e PERCEAU, Jean. *Traité Élémentaire de Droit Commerciale à l'Exclusion du Droit Maritime*. Paris, Rousseau, 1931.

VALVERDE, Trajano de Miranda. *Sociedades por Ações*. 2ª ed., vol. 1. Rio de Janeiro, Forense, 1953.

VIANDIER, Alain, COSIAN, Maurice, e DEBOISSY, Florence. *Droits des Sociétés*. Paris, LexisNexis, 2006.

VIVANTE, Cesare. *Trattado di Diritto Commerciale*. vol. 2, "Le Società Commerciali". Milão, Dott. Francesco Vallardi, 1923.

WAHL, Albert. "Les parts de fondateur d'après la loi et la jurisprudence françaises". In: *Studi di Diritto Commerciale in Onore di Cesare Vivante*. vol. 2. Roma, Società Editrice del Foro Italiano, 1931 (pp. 346-363).

## *Pareceres da CVM citados*

Parecer CVM/SJU-084, 26.8.1983; Referência: Processo 83/0573; Interessada: Gerência de Operações Especiais/GEO; Assunto: Partes beneficiárias.

Parecer CVM/SJU-109, 5.10.1983; Referência: MEMO/GEO-074/1983, de 17.8.1983; Interessada: Gerência de Operações Especiais/GEO; Assunto: Limite de reserva para conversão de partes beneficiárias.

Parecer CVM/SJU-026, 2.3.1984; Referência: Carta ao Presidente da CVM, de 17.2.1984; Interessada: ANCHIETA S/A Desenvolvimento de Projetos; Assunto: Capital estrangeiro – Art. 40 da LEI 4.131/1962.

Parecer CVM/SJU-056, 1.8.1984, Referência: MEMO/SMI-024/84; Interessada: Superintendência de Relações com Mercado e Intermediários (SMI). Assunto: Criação de partes beneficiárias por companhia distribuidora de títulos e valores mobiliários.

Parecer CVM/SJU-064, 2.10.1984; Referência: MEMO/GEA-041/1984; Interessada: Gerência de Acompanhamento de Empresas/GEA; Assunto: Irregularidades nas demonstrações financeiras.

## *Sites consultados*

*http://www.cvm.gov.br*

*http://www.cvm.gov.br/port/atos/leis/6404_Exposicao.asp 27/03/2011 http://www.nortonrose.com*

*http://apps.americanbar.org/buslaw/committees/CL270000pub/nosearch/mbca/assembled/20051201000001.pdf*

*http://www.bmfbovespa.com.br/pt-br/mercados/download/Regulamento-Bovespa-Mais.pdf*

*http://www.bmfbovespa.com.br/empresas/download/RegulamentoNivel1.pdf*

*http://www.bmfbovespa.com.br/empresas/download/RegulamentoNivel2.pdf*

*http://www.bmfbovespa.com.br/pt-br/a-bmfbovespa/download/Folder_NovoMercado.pdf*

*http://www.bmfbovespa.com.br/empresas/pages/empresas_segmentos-de-listagem.asp*

*http://www.senado.gov.br/atividade/materia/getPDF.asp?t=29256&tp=1*

*http://www.gerdau.com.br/investidores/acoes-informacoes-complementares.aspx?id=2a501e84-ca54-4218-b86d-f1ef9cec841b&language=pt-BR*

*http://www.globalbrands.com.br/midia/pdf119.pdf*

*http://www.duratex.com.br/port/ri/download/IAN/IAN_2004.pdf*

*http://www.provedor.nuca.ie.ufrj.br/provedor/empresas/ceb/ceb.htm*

*http://siteempresas.bovespa.com.br/DWL/FormDetalheDownload.asp?site=C&prot=79360*

*http://www.acionista.com.br/home/edp/edp_lajeado_energia.pdf*

*http://www.dnrc.gov.br*

# RESPONSABILIDADE ADMINISTRATIVA DOS ADMINISTRADORES E DO CONTROLADOR

NICOLE MATTAR HADDAD TERPINS

*1. Introdução. 2. Direito administrativo sancionador – Generalidades. 3. O poder disciplinar da CVM, seus limites e princípios: 3.1* Standards *de conduta. 4. Responsabilidade administrativa no mercado de capitais: 4.1 Culpabilidade como pressuposto da responsabilidade administrativa – 4.2 Responsabilidade administrativa dos administradores – 4.3 Responsabilidade administrativa do controlador.*

## *1. Introdução*

A ilicitude que tende a gerar responsabilidade é considerada penal, civil ou administrativa, dependendo da natureza da norma jurídica que impõe o dever violado pelo agente. Uma mesma conduta pode gerar responsabilidade nas três esferas se sua ilicitude estiver previstas nestes três campos do Direito.[1]

1. Não obstante as esferas de responsabilidade penal, civil e administrativa representem ordens distintas de interesse normativo, sendo, portanto, autônomas, elas repercutem efeitos entre si. Nestes termos, o julgamento de um ilícito penal ou administrativo pode gerar responsabilidade por reparação de danos na órbita civil. Da mesma forma, o julgamento de um ilícito administrativo deve surtir efeito na órbita penal se tal ilícito for tipificado como ilícito penal. Ademais, ilícitos civis e administrativos podem vir a ser tipificados como ilícitos penais como medida de reforço ao caráter pedagógico e repressor da lei. Modesto Carvalhosa, citando Ripert, ressalta que a eficácia da responsabilidade civil está condicionada à existência de fundos por parte do infrator, o que reforça a importância de se acrescentar à responsabilidade civil a penal, que tem função ao mesmo tempo repressiva e preventiva (*Comentários à Lei das Sociedades Anônimas*, vol. 3, São Paulo, Saraiva, 2003, p. 346).

A violação às regras regedoras do mercado de capitais gera responsabilidade administrativa, na medida em que está sujeita ao exercício do poder disciplinar da Comissão de Valores Mobiliários/CVM.

Nos termos do art. 8º da Lei 6.385/1976, dentre as atribuições conferidas à CVM inclui-se a fiscalização permanente das atividades e dos participantes do mercado de valores mobiliários, incluindo as companhias abertas. Para fins de cumprimento de seu dever, a Lei 6.385/1976 atribuiu à CVM o poder de investigar (art. 9º) e punir infrações à Lei das S/A, às normas editadas pela própria autarquia, além de outras normas cujo cumprimento lhe incumba fiscalizar, impondo sanções aos seus administrados (art. 11).

O poder disciplinar conferido à CVM é meio pelo qual se manifesta o poder punitivo do Estado no âmbito do mercado de capitais. A responsabilidade administrativa no mercado de valores mobiliários é, pois, tema inserido no campo do direito administrativo sancionador.

Delimitado o campo de interesse onde se insere o tema deste trabalho, sua abordagem deve passar primeiramente pelos conceitos e princípios do direito administrativo sancionador, a fim de compreendermos como este se expressa através da atuação da CVM. A seguir, devemos tratar de aspectos gerais da responsabilidade administrativa no mercado de valores mobiliários, e em especial do poder disciplinar da CVM, incluindo seu regramento legal e suas limitações. Enfim, estaremos prontos a adentrar o tema específico da responsabilidade administrativa de administradores e controladores de sociedades anônimas abertas, aludindo a algumas das hipóteses legais e regulatórias em que a CVM é chamada a exercer seu poder punitivo, mediante estudo doutrinário e recuperação de alguns casos julgados pela autarquia.

## 2. *Direito administrativo sancionador – Generalidades*

O direito administrativo sancionador é ramo especial do direito administrativo voltado à proteção dos direitos fundamentais. Este se manifesta através do poder punitivo do Estado, exercido com o objetivo de disciplinar condutas e restringir direitos e liberdades individuais em

Na mesma linha, ao comentar as alterações na Lei das S/A introduzidas pela Lei 10.303/2001, Antônio Kandir explica que a criminalização de infrações às regras regedoras do mercado de capitais "representa importante medida de dissuasão e repressão aos ilícitos dessa natureza" ("A nova CVM e a modernização da Lei das S/A", in Jorge Joaquim Lobo (coord.), *Reforma da Lei das Sociedades Anônimas*, Rio de Janeiro, Forense, 2002, p. 9).

prol do interesse público. No domínio do mercado de valores mobiliários o poder punitivo do Estado é exercido por intermédio da CVM.

Muito se discute sobre a autonomia do direito administrativo sancionador em relação ao direito penal. De fato, não se nega a convergência de objetivos entre o direito penal e o direito administrativo sancionador, visto que a repressão tanto a ilícitos administrativos como a penais está "a serviço de valores substantivos".[2]

Neste contexto, desenvolveu-se na Europa, em especial nas Cortes da Espanha, uma série de construções teóricas e jurisprudenciais a favor de suposta unidade entre o direito administrativo sancionador e o direito penal.[3] Tal teoria defende a inexistência de uma distinção ontológica entre as sanções penais e administrativas, sendo una, portanto, a pretensão punitiva do Estado. Como consequência, haveria uma transposição absoluta dos princípios do direito penal para o direito administrativo sancionador – o que teoricamente afastaria a utilidade da estipulação do direito administrativo sancionador como ramo do Direito autônomo em relação ao primeiro.[4]

Fábio Medina Osório fez importante estudo a este respeito, e, baseando-se na jurisprudência espanhola, concluiu que a unidade do poder punitivo do Estado é uma teoria frágil, restrita ao campo teórico, mas que não encontra espaço no mundo prático.[5]

Em seu estudo, Osório explica a diferença entre o direito penal e o direito administrativo sancionador e esclarece que o primeiro tem um campo de incidência mais amplo, apto a tutelar todo e qualquer valor social, transcendendo aqueles relacionados à Administração Pública e

2. José Suay Rincón, in Fábio Medina Osório, *Direito Administrativo Sancionador*, 3ª ed., São Paulo, Ed. RT, 2009, p. 110.

3. Fábio Medina Osório, *Direito Administrativo Sancionador*, cit., 3ª ed., p. 108.

4. Daniel Ferreira, citado por Fabrício Duarte Tanure em obra específica sobre a responsabilidade administrativa no mercado de valores imobiliários, argumenta em favor desta teoria: "Quanto à existência de um direito administrativo penal, cremos não haver utilidade suficiente para sua estipulação, na exata medida em que, não obstante o delito (crime ou contravenção) se reporte direta ou indiretamente à Administração Pública, ainda assim ser-lhe-á de igualmente aplicar-se a Parte Geral do Código Penal e o Código de Processo Penal, por uma autoridade judicial, podendo a pena imposta fazer coisa julgada" (Fabrício Duarte Tanure, *A Responsabilidade Administrativa no Mercado de Valores Mobiliários Brasileiro*, s/d, p. 25 – disponível em *http://www.cvm.gov.br*, acesso em 24.10.2010).

5. Fábio Medina Osório, *Direito Administrativo Sancionador*, cit., 3ª ed., pp. 107-133.

seus interesses estatutários. Argumenta que são distintos os princípios que presidem uma e outra política repressiva, tendo em conta a maior radicalidade do direito penal. Propõe, então, que os princípios de direito penal sejam aplicados de forma subsidiária, apenas como "matizes", ao direito administrativo sancionador. São as palavras de Osório:

> No caso das relações submetidas ao direito administrativo sancionador, há uma inegável variação substancial de tratamento dogmático em relação ao tratamento dispensado ao direito penal e, também, ao próprio sistema administrativo, onde vigoram relações de conteúdo muito diverso, tais como as relações disciplinares ou todas aquelas abarcadas no amplo conceito de relações de sujeição especial. Tal circunstância justifica a tese de que inexiste um unitário *ius puniendi* estatal em bases rígidas, mas não impede que se reconheça um tipo distinto de unidade, baseada no reconhecimento das diferenças e do núcleo básico das regras e princípios com conteúdo comuns ao direito punitivo.[6]

A posição de Osório está alinhada com a teoria que defende a autonomia do direito administrativo sancionador em relação ao direito penal. Tal teoria ganhou força nos Países da Europa, principalmente em Portugal, onde se desenvolveu o direito da mera ordenação social, ou direito das contraordenações.

O direito da mera ordenação social seria reflexo da valoração do intervencionismo estatal no sentido de reprimir condutas em certas áreas distintas das do direito penal, que possuem regulação específica ou que são carentes de regulação.[7] Embora venha de encontro a algumas premissas básicas do pensamento liberal, reforça o princípio da intervenção mínima do direito penal, confirmando a vocação subsidiária da tutela penal em relação a outros mecanismos de proteção jurídica.[8] Também sob esta teoria propõe-se que os princípios de direito penal se apliquem somente em caráter subsidiário ao direito administrativo sancionador,[9] havendo necessária e inegável autonomia entre ambos.

6. Idem, p. 124.

7. Tanure, *A Responsabilidade Administrativa no Mercado de Valores Mobiliários Brasileiro*, cit., p. 27.

8. Frederico de Lacerda da Costa Pinto, *apud* Tanure, *A Responsabilidade Administrativa no Mercado de Valores Mobiliários Brasileiro*, cit., p. 27.

9. No regime português a subsidiariedade das normas penais é expressa no art. 32 do Decreto-lei 433/1982, a saber: "Art. 32º. Em tudo o que não for contrário à presente Lei, aplicar-se-ão subsidiariamente, no que respeita à fixação do regime substantivo das contraordenações, as normas do Código Penal".

Essa discussão é de particular importância, na medida em que determinados princípios de direito penal devem ser flexibilizados quando aplicados ao direito administrativo sancionador, em especial para fins de responsabilização por infrações às normas regedoras do mercado de capitais, visto sua complexidade. A atuação disciplinar da Administração deve ser dinâmica e rege-se pelos princípios do informalismo e da celeridade, os quais encontrariam resistência se submetidos a um processo rígido próprio do direito penal. Adiante veremos como alguns dos princípios de direito penal se comportam quando aplicados aos processos sancionatórios a cargo da Administração Pública, notadamente aqueles conduzidos pela CVM.

## 3. *O poder disciplinar da CVM, seus limites e princípios*

Conforme já aludimos ao introduzirmos o presente estudo, a CVM tem a atribuição de fiscalizar e impor sanções pela violação às normas regedoras do mercado de valores mobiliários. Tal prerrogativa reflete o poder disciplinar conferido pela Lei 6.385/1976 à CVM, o qual se origina de um poder do Estado de ordenação social, limitando o indivíduo em prol do coletivo.[10]

O poder disciplinar da CVM está imbuído do poder de polícia conferido ao Estado, e é exercido com o objetivo de induzir condutas e, desta forma, prevenir e reprimir infrações ao mercado de capitais, mantendo sua segurança e sua higidez, pressupostos de sua confiabilidade e regular desenvolvimento. Nestes termos, as sanções aplicadas pela CVM têm caráter pedagógico e educativo dos agentes de mercado, e neste aspecto se distinguem das sanções penais.[11]

Fabrício Duarte Tanure, citando o escólio de Nuno Nasal e Maria Marcarenhas (advogados de Assuntos Jurídicos da CVM), explica que o art. 32º reflete a opção do legislador português por estabelecer um processo de contraordenações menos solene e garantístico, distinto do penal, de modo a prescrever ao intérprete a procura de soluções mais expeditas, conquanto respeitados os direitos fundamentais (Tanure, *A Responsabilidade Administrativa no Mercado de Valores Mobiliários Brasileiro*, cit., p. 28).

10. Nelson Eizirik e outros, *Mercado de Capitais: Regime Jurídico*, 2ª ed., Rio de Janeiro, Renovar, 2008, p. 260.

11. "Essa explicitação da responsabilidade disciplinar, no contexto da Lei 6.385/1976, decorre, a bem dizer, do imperativo natural e inafastável. Já de muito pacificou-se o entendimento de que a atividade disciplinar do Estado, conquanto sancionatória, não se confunde com a repercussão penal *stricto sensu*. Enquanto aquela se assinala por sua autoexecutoriedade, em virtude do *privilège du préalable* de que é investida a Administração Pública, o exercício pelo Estado do *ius punien-*

Segundo José Alexandre Tavares Guerreiro:

> (...) existe poder disciplinar conferido por lei à Comissão, configurado por sua faculdade de apurar, mediante inquérito administrativo, atos ilegais e práticas não equitativas de administradores e acionistas de companhias abertas, dos intermediários e dos participantes de mercado (Lei 6.385/1976, art. 9º, V). Concretiza-se a outorga desse poder com a permissão do legislador a que a CVM aplique aos autores dos referidos atos ilegais e das práticas não equitativas as penalidades previstas no art. 11, sem prejuízo da responsabilidade civil ou penal dos agentes (Lei 6.385/1976, art. 9º, VI).[12]

É claro que o poder conferido à CVM não é ilimitado, mas deve ser exercido dentro do alcance de sua competência. Eizirik e outros ressaltam a importância da competência como a extensão do poder de agir da Administração:

> A vinculação do ato, fato ou procedimento realizado pela Administração a um fim público específico também constitui uma das mais relevantes limitações.[13]

Desta feita, a CVM deve restringir o exercício de seu poder disciplinar à consecução dos objetivos previstos no art. 4º da Lei 6.385/1976.[14] Consequentemente, somente são imputáveis no âmbito de sua atuação as infrações às normas da Lei 6.385/1976, da Lei das S/A, das resoluções da CVM bem como de outras normas legais cujo cumprimento lhe incumba fiscalizar (exemplo: resoluções do Conselho Monetário Nacional/CMN).

*di*, propriamente dito, não prescinde de controle *a priori* do Poder Judiciário (José Alexandre Tavares Guerreiro, "Sobre o papel disciplinar da CVM", *RDM* 43/65, São Paulo, Ed. RT, 1981).

12. José Alexandre Tavares Guerreiro, "Sobre o papel disciplinar da CVM", cit., *RDM* 43/65.

13. Nelson Eizirik e outros, *Mercado de Capitais: Regime Jurídico*, cit., 2ª ed., pp. 260-261.

14. Segundo Guerreiro ("Sobre o papel disciplinar da CVM", cit., *RDM* 43/44), "os valores encampados pelo legislador de 1976 encontram-se descriminados, explicitamente, pelo art. 4º da Lei 6.385/1976. Nessa enumeração programática e valorativa encontram-se os fins justificadores do poder disciplinar da CVM, por consubstanciarem os próprios objetivos da autarquia. Isso equivale a dizer que o exercício do poder disciplinar somente se legitima na medida em que visa a assegurar a consecução daqueles mesmos fins".

Quanto aos sujeitos passivos do poder disciplinar da CVM, são aqueles definidos no art. 9º, V, da Lei 6.385/1976, a saber: (i) administradores, membros do conselho fiscal e acionistas das companhias abertas; (ii) intermediários e demais participantes do mercado.[15] Trata-se de regime de sujeição especial, fruto de específica submissão dos indivíduos à CVM em virtude de sua condição de participantes do mercado.[16]

O exercício do poder disciplinar da CVM submete-se ainda aos princípios da legalidade, impessoalidade, moralidade, publicidade e razoabilidade, bem como às demais limitações demarcadas pela ordem jurídica,[17] para que não seja exercido de maneira arbitrária, ferindo os direitos fundamentais.[18] Não obstante, tais princípios devem ser aplicados com cautela, na medida adequada ao direito administrativo sancionador e de forma coerente com as peculiaridades do mercado de capitais.

Neste diapasão, o princípio da legalidade deve ser aplicado ao direito administrativo sancionador sob perspectiva bem menos rígida que no direito penal, de forma a se amoldar à sua estrutura e à sua dinâmica. Não é legítima a aplicação de penalidades administrativas sem o prévio e expresso estabelecimento da responsabilidade do indiciado; entretanto,

15. No contexto de atuação da CVM é admitida a responsabilização da pessoa jurídica de forma geral, diferentemente do que ocorre no direito penal.

16. Os administrados estão sujeitos ao poder sancionatório do Estado sob dois diferentes regimes: Regime de Sujeição Geral e Regime de Sujeição Especial. O Regime de Sujeição Geral reflete o poder soberano do Estado em relação a todos os particulares. A este estão sujeitos todos os cidadãos, de forma geral e indiscriminada, não vinculados à Administração Pública por liames de qualquer espécie. Resumindo: tal regime se expressa por regras passíveis de imposição a qualquer um (exemplos: regras de trânsito, posturas municipais etc.). Já, o Regime de Sujeição Especial é fruto de específica submissão do indivíduo à Administração Pública. Coloca o cidadão ou a pessoa jurídica em posição peculiar frente ao Estado, em função de ligação específica. Não emana da soberania, mas dos chamados poderes de autoridade ou de supremacia especial. O fato de um sujeito se sujeitar ao Regime de Sujeição Especial não o exclui do Regime de Sujeição Geral. A submissão dos participantes do mercado à CVM é um exemplo do Regime de Sujeição Especial (Guerreiro, "Sobre o papel disciplinar da CVM", cit., *RDM* 43).

17. Lei 9.784/1999: "Art. 2º. A Administração Pública obedecerá, dentre outros, aos princípios da legalidade, finalidade, motivação, razoabilidade, proporcionalidade, moralidade, ampla defesa, contraditório, segurança jurídica, interesse público e eficiência" (Brasil, *Lei n. 9.784, de 29 de janeiro de 1999. Regula o processo administrativo no âmbito da Administração Pública Federal* – disponível em *http://www.planalto.gov.br/ccivil/leis/L9784.htm*, acesso em 28.3.2011).

18. Nelson Eizirik e outros, *Mercado de Capitais: Regime Jurídico*, cit., 2ª ed., pp. 260-261.

tal responsabilidade pode advir de normas abertas, cuja especificação seja delegada à autoridade administrativa. A este respeito, Fábio Medina Osório esclarece:

> (...) não se desconhece que a legalidade da atividade sancionadora que se fundamenta no direito administrativo possui certa flexibilidade. Isto decorre da ausência de algumas "amarras" que normalmente escravizam as normas penais.[19]

Ademais, enquanto no direito penal a lei, em sentido formal, constitui a única fonte normativa, por força de expresso comando constitucional (CF, art. 22, I), na esfera do direito administrativo sancionador o princípio da reserva legal se manifesta de maneira mais flexível, podendo a previsão da conduta ilícita estar contida não só em lei, mas também em norma elaborada pela Administração.[20] Nestes termos, a aplicação do princípio da legalidade impõe à CVM que restrinja suas sanções às condutas então tidas por ilícitas não só em normas legais, mas também regulatórias.

Por consequência, também o princípio da tipicidade deve ser relativizado quando aplicado ao direito administrativo sancionador, limitando-se a

> (...) dar desdobramentos necessários à legalidade garantista do direito punitivo, dentro de um núcleo que se projeta em várias direções.[21]

A relativização de tais princípios está diretamente relacionada à admissão no direito administrativo sancionador de normas abertas, que se limitam a estabelecer determinados padrões de conduta (*standards*), aplicados segundo o caso concreto, conforme os critérios de exegese jurídica. A respeito de tais *standards* de conduta falaremos adiante.

Ainda no que toca aos limites do poder disciplinar da CVM, devemos mencionar os princípios da eficiência e da proporcionalidade, que desempenham importante papel na dosimetria das penas aplicadas pela CVM e justificam a utilização dos termos de compromisso, previstos pelo § 5º do art. 11 da Lei 6.385/1976. Nas palavras de Alexandre Santos de Aragão:

19. Osório, *Direito Administrativo Sancionador*, cit., 3ª ed., p. 207.
20. Eizirik e outros, *Mercado de Capitais: Regime Jurídico*, cit., 2ª ed., p. 284.
21. Osório, *Direito Administrativo Sancionador*, cit., 3ª ed., p. 209.

> (...) o que deve guiar a Administração Pública é a satisfação dos interesses sob sua tutela através do menor ônus possível aos agentes econômicos.[22]

Por fim, ressaltamos que a CVM também está sujeita a controles rigorosos no exercício de seu poder repressivo, em virtude de uma nítida "jurisdicionalização do processo disciplinar", que seria caracterizada pelos seguintes elementos: (i) definição legal das faltas e penas; (ii) estabelecimento do princípio da defesa, o mais amplamente possível; (iii) existência de normas que facultem o contraditório; e (iv) concessão de recursos.[23] Esta, sem dúvida, conduz à necessária diminuição do poder discricionário das autoridades administrativas, em contraponto ao aumento das garantias de objetividade nos procedimentos para apuração de faltas disciplinares.[24] Neste tocante, atua de forma relevante o princípio do devido processo legal, o qual deve ser aplicado em sua real amplitude ao processo administrativo sancionador, conforme preceitua Eizirik:

> Embora existissem, até 1999, quando da edição da Lei 9.784 – que disciplinou o processo administrativo sancionador no âmbito da Administração Federal –, dispositivos específicos sobre a matéria, é inequívoco que as garantias assecuratórias do devido processo legal, em sua acepção mais ampla, sempre constituíram direito subjetivo público do acusado em qualquer processo administrativo sancionador, decorrente de dispositivo constitucional expresso (art. 5º, inciso LV, da CF. O inciso LIV do art. 5º

22. "Devemos ter sempre como norte os objetivos do Estado Democrático de Direito consignados nas leis e, sobretudo, na Constituição. Muitas vezes esses objetivos podem ser melhor alcançados de forma consensual do que coercitiva, não fazendo sentido que a Administração tenha sempre que necessariamente optar por mecanismos regulatórios verticais, não tão eficientes e mais gravosos para os interesses envolvidos. Noutras palavras, o que deve guiar a Administração Pública é a satisfação dos interesses sob sua tutela através do menor ônus possível aos agentes econômicos. Nessa perspectiva, a concepção tradicional da irrenunciabilidade dos poderes da Administração Pública deve ser matizada com os princípios da eficiência (art. 37, *caput*, da CF) e da proporcionalidade. A mera previsão legal da possibilidade de a Administração atuar coercitivamente não impede que, deixando de agir impositivamente, adote medidas em comum acordo com os sujeitos envolvidos, desde que, naturalmente, os valores em jogo sejam atendidos pelo menos com o mesmo grau de satisfação com que o seriam de forma coercitiva" (Alexandre Santos de Aragão, *Agências Reguladoras e a Evolução do Direito Administrativo Econômico*, 2ª ed., Rio de Janeiro, Forense, 2004, pp. 110-111).

23. Eizirik, "Responsabilidade civil e administrativa do diretor de companhia aberta", *RDM* 56/58, São Paulo, Ed. RT, 1984.

24. Eizirik e outros, *Mercado de Capitais: Regime Jurídico*, cit., 2ª ed., p. 270.

também estabelece que ninguém será privado da liberdade ou de seus bens sem o devido processo legal.[25]

Relativamente à possibilidade de interposição de recursos, ressalta-se que, nos termos da Lei 6.385/1976, as sanções aplicadas pela CVM estão sujeitas à revisão do Conselho de Recursos do Sistema Financeiro Nacional/CRSFN. O CRSFN é um órgão não vinculado à CVM e desprovido de competência regulamentar. Sua composição é paritária, com representantes de entidades privadas que participam do mercado e representantes dos diversos órgãos administrativos ligados ao mercado financeiro (Banco Central, CVM, Secretaria de Comércio Exterior e Ministério da Fazenda). Em razão das competências e características do CRSFN, a CVM não é a instância decisória final nos processos sancionatórios. Além disso, todas as decisões da CVM ou do CRSFN podem vir a ser questionadas judicialmente.[26]

Dado o acima exposto, encontramos na lei diversos mecanismos de controle ao poder discricionário da CVM, o que visa à garantia dos administrados de que seu poder disciplinar não poderá ser exercido regularmente senão dentro dos limites acima mencionados, sob pena de arbitrariedade, inconcebível em sentido amplo, ainda que caracterize uma prerrogativa da Administração.[27]

### *3.1* Standards *de conduta*

Consoantes palavras de Jorge Lobo, "o sistema jurídico é natural e necessariamente aberto e dinâmico, incompleto e provisório".[28] Tais características, comuns a todo o ordenamento jurídico, assumem contornos ainda mais densos quando analisadas sob o espectro do mercado de capitais. De fato, trata-se o mercado de um ambiente complexo,

25. Idem, ibidem.

26. Carlos Alberto Parussolo da Silva, "Limites do contencioso administrativos à luz do Conselho de Recursos do Sistema Financeiro Nacional/CRSFN", *Revista de Direito Bancário e do Mercado de Capitais* 4/121-130, São Paulo, janeiro-Abril/1999; Pedro Oliva Marcílio de Souza, "O xerife também é regulador", *Revista Bovespa – Tendências* janeiro-maio/2006 (disponível em *http://www.bmfbovespa.com.br/InstSites/RevistaBovespa/97/Tendencias.shtml*, acesso em 25.3.2011).

27. "(...) a discricionariedade da Administração na atuação do seu poder de polícia, ou seja, seu juízo de oportunidade e conveniência, não pode importar, portanto, em arbitrariedade" (Eizirik e outros, *Mercado de Capitais: Regime Jurídico*, cit., 2ª ed., p. 262).

28. Jorge Joaquim Lobo, *Direito dos Acionistas*, Rio de Janeiro, Elsevier, 2011, p. 83.

constantemente renovado, com o objetivo de se adequar às demandas políticas e econômicas. Por tal motivo, optou o legislador por estruturar a Lei Societária como um sistema aberto de Direito, consoante brilhantes palavras do insigne Professor:

> Os doutos laboriosos Alfredo Lamy Filho e José Luiz Bulhões Pedreira, magníficos autores do Anteprojeto da Lei das S/A, conscientes de que, em pleno século XX, não podiam, sob pena de serem acoimados de retrógrados, agir como simples positivistas do século XVIII em nome de um dogmatismo jurídico que se contenta em aprisionar os fatos da vida em fórmulas rígidas de uma Filosofia do Direito, *a priori* incompatível com o espírito e as finalidades do sistema aberto de Direito e do dualismo metodológico da Modernidade, incluíram, em 1974, em inúmeros artigos da Lei das S/A, normas de conteúdo indeterminado, que, embora desafiem a inteligência do exegeta, permitem à Lei das S/A manter-se atual e eficaz após mais de três décadas vigente.[29]

Sob tal premissa, criou-se também a Lei 6.385/1976 como dispositivo de baixa densidade normativa, delegando à CVM sua regulamentação. Estabelecem-se, por seu intermédio, determinados *standards* de conduta, tais como: "práticas não equitativas" (art. 9º, V); "situações anormais de mercado" (art. 9º, § 1º); "fraude ou manipulação destinadas a criar condições artificiais de demanda, oferta ou preço de valores mobiliários" (art. 4º, IV, "b"). Segundo Eizirik:

> (...) em tais *standards* fica manifesto que a elaboração da norma de direito econômico é submetida a tendências contraditórias: por um lado, ela é vaga em seus enunciados, imprecisa nos pressupostos de aplicação e elástica em sua determinação; por outro lado, é ela invocada para regrar situações imediatas e concretas, como são aquelas ocorridas no mercado de capitais.[30]

Os *standards* de conduta são admitidos pelo direito administrativo sancionador quando houver impossibilidade do legislador de prever todos os comportamentos que possam ser sancionados. Tal regra se aplica ao mercado de capitais, admitindo-se responsabilização no campo administrativo por violação de padrões legais de conduta.[31]

29. Idem, p. 85.

30. Eizirik, "Responsabilidade civil e administrativa do diretor de companhia aberta", cit., *RDM* 56/59.

31. Idem, ibidem.

Fabrício Duarte Tanure sustenta similar entendimento, mas justifica que a opção do legislador por uma lei com baixa densidade normativa decorre das peculiaridades da relação existente entre a autarquia e seus administrados, própria de um regime de sujeição especial, consoante mencionamos acima:

> As características peculiares das relações firmadas entre a CVM e seus administrados e a construção legal sobre a qual elas se apoiam são o que permite oferecer esta estrutura de atuação menos rígida. Nada obstante essa singularidade, os atos expedidos pela CVM deverão sempre buscar seu fundamento de validade nas normas de hierarquia superior, sobretudo os princípios e regras da Constituição da República e das leis, em especial a Lei 6.385/1976. Isso possibilitará verificar se sua atuação está em consonância com os objetivos traçados pelo legislador constituinte e ordinário ou se constitui ato que careça de legitimidade.[32]

Não obstante a opção por um sistema aberto, a evolução acelerada do mercado de capitais observada nos últimos tempos tem levado CVM a intensificar sua atividade regulatória, elaborando normas com o objetivo de detalhar os deveres de conduta dos agentes de mercado. A atividade regulatória da CVM, neste aspecto, não se desenvolve apenas através da edição de normas rígidas (*hard law*), mas também através da criação e recepção de normas flexíveis, que, embora não tenham caráter impositivo, orientam a aplicação da norma impositiva da qual se extrai o *standard* de conduta. São estas, então, conhecidas como *soft law*.[33]

Muita discussão gira em torno da utilidade e eficácia da *soft law*. De um lado, verificamos forte movimento pós-crise, em especial nos Estados Unidos, que visa a intensificar a regulação do mercado, mediante a edição de normas mais severas e fechadas. Tal movimento se reveste

32. Tanure, *A Responsabilidade Administrativa no Mercado de Valores Mobiliários Brasileiro*, cit., p. 35.

33. São conhecidas como *soft law* as recomendações e manuais de conduta editados por instituições privadas (como códigos de governança corporativa existentes em diversas jurisdições) ou públicas (como *Manual de Melhores Práticas de Governança Corporativa* publicado pela CVM) – documentos, estes, que não são de cumprimento obrigatório, mas servem como orientação à análise e apuração de condutas. Estes não se confundem com autorregulação, que são as normas expedidas pelos autorreguladores de mercado (exemplo: BM&FBovespa), que têm caráter impositivo (Marcelo Trindade e Aline de Menezes Santos, *Regulação e Autorregulação no Brasil e a Crise Internacional*, s/d, disponível em *http://www.bmfbovespa.com.br/juridico/.../Artigo_MarceloTrindade.pdf*, acesso em 25.3.2011).

de uma crítica intrínseca à autorregulação[34] e substituição de uma regulação mais intensa pela adoção da *soft law*. De outro lado, economistas e agentes de mercado argumentam sobre o risco da adoção de modelos inflexíveis, incapazes de acompanhar o crescimento e dinâmica do mercado de capitais.[35] Destarte, historicamente as inovações financeiras têm antecedido as inovações legais, de modo que existe uma forte inclinação à criação de regras ultrapassadas – e, portanto, inadequadas e ineficientes à realidade existente desde sua edição.

José Alexandre Tavares Guerreiro ressalta o perigo do detalhamento dos deveres de conduta impostos à administração das sociedades. Segundo ele, as normas necessárias à disciplina das responsabilidades já estão contidas na Lei Societária, e a questão seria apenas como aplicá-las:

> A legislação está moldada para o mercado, mas há pontos fracos em sua aplicação. Há uma tentativa de introduzir a *soft law* – um detalhamento dos deveres que já existem na lei. Mas é perigoso criar critérios detalhados, por exemplo, para estabelecer qual é o nível de independência dos membros do conselho de administração. A lei já estabelece que o administrador é independente em relação àqueles que o elegeram e tem obrigação para com o interesse da companhia. As normas estão na lei. Se houver uma tentativa de cercar o funcionamento do conselho com uma série de regras, pode haver um deslize que será suficiente para um pedido de medida cautelar junto ao Judiciário, o que paralisa os processos. A *soft law*, com o detalhamento de deveres existentes na lei, tem dupla face: é didática, o que pode ser muito bom. Mas pode criar obrigações não dispostas em lei

34. Para uma análise mais completa acerca do tema, cf. Trindade e Santos, *Regulação e Autorregulação no Brasil e a Crise Internacional*, cit.

35. Neste sentido, citamos entrevista com Myron Scholes, Prêmio Nobel de Economia em 1997, onde este se opõe fortemente à regulação, alertando sobre as implicações econômicas de um mercado altamente regulado: "Sempre podemos estar bastante seguros, mas aí não faremos muitas coisas na vida. Há um equilíbrio entre segurança e realização. O que precisamos perceber é que, quanto mais as regulamentações querem tornar o mundo seguro, mais o mundo se torna menos realizador. Mercados vão se tornar menos eficientes, bancos não vão querer emprestar para consumidores, vão se passar anos até que essa regulamentação toda esteja finalmente acertada. Nos Estados Unidos, cerca de 211 regulamentações vão tentar ser digeridas nos próximos 16 ou 18 meses, e a probabilidade de que isso realmente ocorra está perto de zero. O jogo é caótico. Acredito que ninguém realmente saiba o que causou a crise ou como prevenir outras. A sociedade deveria estar preparada para aceitar crises de tempos em tempos. É parte da natureza da sociedade" (Myrin Scholes, *apud* Flávia Lima, "Chega de regulação no mercado", *Isto É Dinheiro* 672, 21.8.2010, disponível em *http://www.istoedinheiro.com.br/entrevistas/31583_CHEGA+DE+REGULACAO+NO+MERCADO*, acesso em 25.3.2011).

e que, se forem descumpridas, geram problemas que, na verdade, queriam ser evitados.[36]

Aderimos à posição do professor Guerreiro, e, enquanto admitimos o benefício da criação de certas diretrizes regulamentares que auxiliem na aplicação dos *standards* legais ao caso concreto, entendemos que deve haver muito cuidado quanto à medida do seu detalhamento, para que não se subtraia a maleabilidade da norma, que é pressuposto da preservação de sua atualidade e eficiência.

Nosso entendimento se reforça na medida em que a aplicação dos *standards* de conduta demanda ainda uma criteriosa análise acerca das peculiaridades do negócio, e até mesmo do segmento no qual se insere a atividade empresarial. Empresas distintas demandam soluções diferentes, conforme se pronunciou a CVM em julgamento de inquérito administrativo sancionador:

> Apesar de ampla, a literatura acerca do dever de diligência traz, na maior parte das contribuições, a sua caracterização como um dever amplo, aberto, que deve ser avaliado levando-se em conta o caso concreto, específico. Ou seja, não há que se falar em um comportamento diligente genérico, para todos os casos. Apesar de existirem diversos procedimentos comuns e boas práticas, empresas distintas demandam soluções diferentes. Desse modo, o padrão de diligência (*standard*) deve ser avaliado nesses termos.
>
> A literatura também é pacífica ao afirmar que o dever de diligência deve ser avaliado em relação às atividades nas quais a empresa está de fato envolvida. Ou seja, deve-se avaliar pragmaticamente, em relação ao que existe no mundo dos fatos, se o dever de diligência está, ou não, sendo cumprido.[37]

## 4. *Responsabilidade administrativa no mercado de capitais*

### *4.1 Culpabilidade como pressuposto da responsabilidade administrativa*

Tendo em vista o caráter disciplinar da sanção administrativa, a responsabilidade administrativa pressupõe a existência do elemento subjetivo (culpa ou dolo). A culpabilidade seria, portanto, uma exigência ge-

36. José Alexandre Tavares Guerreiro, *apud* Andréa Háfez, "Os recursos não devem ser barrados por discussões jurídicas", *BMFBovespa Espaço Jurídico – Notícias*, s/d, disponível em *http://www.bmfbovespa.com.br/juridico/noticias-e-entrevistas/Noticias/091223NotA.asp* (acesso em 25.3.2011).

37. Processo Administrativo Sancionador CVM-18/2008, voto proferido pelo Diretor-Relator Alexsandro Broedel Lopes.

nérica, de caráter institucional. Nestes termos, a doutrina está pacificada em relação à inadmissibilidade da responsabilidade objetiva no direito administrativo sancionador,[38] com algumas variações no que diz respeito à culpabilidade da pessoa jurídica, conforme sustentado por Osório:

> Culpabilidade é uma exigência inarredável, para as pessoas físicas ou mesmo jurídicas, decorrente da fórmula substancial do devido processo legal e da necessária proporcionalidade das infrações e das sanções, sendo imprescindível uma análise da subjetividade do autor do fato ilícito quando se trate de pessoa humana, e da exigibilidade de conduta diversa, além da intencionalidade perceptível ou previsibilidade do resultado danoso, quando se trate de pessoa jurídica. No direito administrativo sancionador, em termos de pessoas físicas, é pacífica a exigência de culpabilidade para a imposição de sanções; ao menos tem sido assim na Espanha, Itália e Alemanha, em legislações recentes e em manifestações doutrinárias mais antigas. O mesmo se diga das pessoas jurídicas, ainda que em tais casos a culpabilidade ganhe contornos mais elásticos, distintos.[39]

Eizirik ressalta a necessidade de apuração de culpa própria, concreta e individual de cada indiciado, devendo ser exaustivamente analisada sua participação no ato considerado ilegal.[40] De fato, vige no direito societário o princípio da incomunicabilidade da culpa. Não obstante, tal princípio se comporta de forma diferente quando aplicado à responsabilidade decorrente de atos individuais dos administradores e de deliberações tomadas no órgão colegiado. A este respeito nos aprofundaremos adiante, ao abordarmos as diferentes responsabilidades da diretoria e do conselho de administração.

### *4.2 Responsabilidade administrativa dos administradores*

Como sabemos, a estrutura de administração adotada pela Lei Societária é uma estrutura dualista. A gestão da sociedade está dividida en-

38. A Instrução CVM-251 trata de "infrações de natureza objetiva", em que poderá ser adotado o rito sumário do processo administrativo. Marcelo Trindade esclarece que estas não se confundem com a natureza objetiva ou subjetiva da responsabilidade do autor: "(...) as hipóteses de infração de natureza objetiva, em que poderá ser adotado rito sumário do processo administrativo, foram assim identificadas pela Instrução CVM-251 por não exigirem exaustiva dilação probatória, não se tratando, em nenhum momento, de distinção entre natureza objetiva ou subjetiva da responsabilidade de seu autor" (Processo Sumário CVM-SP 00/0120).

39. Osório, *Direito Administrativo Sancionador*, cit., 3ª ed., p. 355.

40. Eizirik, "Responsabilidade civil e administrativa do diretor de companhia aberta", cit., *RDM* 56/59-60.

tre a diretoria e o conselho de administração. A diretoria assume a função executiva e tem competência privativa para representação da companhia, enquanto o conselho se atém à condução dos negócios sociais, mediante a criação de diretrizes e recomendações à diretoria, bem como fiscalizando sua atuação.

Como consequência da estrutura dualista de administração, temos também uma necessária (embora por vezes não tão clara) divisão de responsabilidades.[41] Nos dizeres de Carvalhosa, "há diferentes momentos e diversas intensidades no que toca às responsabilidades dos membros do conselho de administração e da diretoria. Basta verificar o caráter colegial das deliberações do conselho e o regime individual dos atos praticados pelos diretores". Nestes termos, defende Carvalhosa que os conselheiros somente seriam responsáveis pelos atos, documentos e negócios jurídicos que chegam ao conhecimento do órgão, seja em virtude do exercício do controle da legalidade e da legitimidade que lhes cabe, seja pelo exame das informações e relatórios que lhes são trazidos às reuniões pelos diretores. Nesta linha, não seriam os conselheiros passíveis de responsabilização pelos atos praticados pelos diretores que porventura lhes fossem ocultados.[42]

Destarte, segundo o princípio da incomunicabilidade da culpa, já abordado anteriormente, o administrador responde tão somente pelos fatos próprios, não se lhe estendendo a imputabilidade pelos atos ilícitos praticados por outros gestores sociais. Assim, por disposição da Lei 6.404/1976, em especial de seu art. 158, a responsabilidade é individual,

41. A divisão de responsabilidades decorrente da estrutura dualista adotada pela Lei das S/A é reconhecida e respeitada pela CVM (Processo Administrativo Sancionador CVM/RJ-2002/1.173): "Parece-me importante recordar aqui que a Lei das S/A adotou claramente uma estrutura dualista da administração, a exemplo do já clássico modelo alemão do *Hafschitrat* e *Vorstand*, e a compreensão dessa estrutura é absolutamente essencial para verificar os deveres e as responsabilidades dos administradores. Porque, como bem reconheceu a Diretora-Relatora, a diretoria tem a função executiva; tem poderes que a doutrina chama de disjuntivos, pois que cada um tem o seu poder individual, não é colegial, embora algumas decisões possam ser objeto de reunião de diretoria, onde também se delibera de forma colegiada e muitas vezes se exija a assinatura de mais de um diretor para obrigar a companhia. Já, o conselho de administração, que não cuida, evidentemente, do dia a dia da companhia, não é o responsável pela administração diária, corrente, ordinária da companhia. O conselho de administração é um órgão colegial, onde os conselheiros não têm poderes individuais – diferentemente do conselho fiscal, onde se verifica que os conselheiros têm poderes individuais por expressa disposição legal em diversas hipóteses".

42. Carvalhosa, *Comentários à Lei das Sociedades Anônimas*, cit., vol. 3, p. 188.

admitindo-se responsabilidade solidária apenas se, por ação ou omissão própria ou culposa, o administrador participar do ato lesivo ou se, de outra forma, a responsabilidade advir de decisão colegiada do órgão, hipótese em que a culpa resultaria presumida (salvo em relação àqueles que consignarem expressamente sua divergência, nos termos do § 1º do art. 158). Seguindo-se esta lógica, temos que no conselho de administração a responsabilidade seria coletiva, estando os membros vinculados por nexo de solidariedade.[43]

Esta é uma orientação absoluta, inacessível a variações, por decorrer de expresso comando legal. Não obstante, está direcionada à apuração da responsabilidade civil dos administradores (art. 158), e encontra certa resistência quando incorporada ao campo da responsabilidade administrativa, tendo em vista a inadmissibilidade da presunção de culpa em matéria disciplinar.

Fábio Medina Osório suporta esse entendimento, defendendo que:

> (...) no processo administrativo sancionador vige a garantia da presunção de inocência, pois não há como entregar ao acusado, dentro de um Estado Constitucional Democrático de Direito e que tem como fundamento a dignidade da pessoa humana, o ônus da prova de sua inocência.[44]

43. Modesto Carvalhosa aborda com clareza essa dinâmica: "Por integrarem os diretores um órgão de administração não coletivo – a diretoria –, o exercício dos deveres de seus integrantes é individual. A vontade manifestada pelos diretores, singularmente, dentro de suas atribuições estatutárias e legais, é plenamente eficaz. Cada diretor, nos limites de suas funções, manifesta unilateralmente a vontade da companhia. Não obstante, os diretores não constituem órgãos da companhia, como já se mencionou. São os titulares desses órgãos, e, como tais, têm responsabilidade de caráter orgânico, no exercício da competência legal de manifestar perante terceiros a vontade da companhia. Pelo uso adequado dos direitos legais e estatutários e pela estrita observância da lei e do estatuto, no exercício de tais funções, responde individualmente cada diretor. Diferentemente do que ocorre com os diretores, o exercício dos encargos legais e estatutários dos conselheiros faz-se pela maioria dos seus integrantes. A vontade, nesse caso, é necessariamente coletiva, para que seja eficaz. Trata-se de manifestação unilateral de vontade, do próprio órgão, vinculando seus membros coletivamente pelos seus efeitos jurídicos internos e externos. Os conselheiros, ao participarem coletivamente da formação de vontade do respectivo órgão, têm responsabilidade colegiada. Salvo conluio ou negligência, nenhum diretor torna-se responsável por ato de terceiro, ou seja, de outro diretor. Já, no que respeita ao conselho de administração, a responsabilidade será sempre de todos os membros, salvo se os discordantes fizerem consignar em ata sua divergência ou se utilizarem dos restantes procedimentos exoneradores de responsabilidade previstos em lei. Isto porque não há ato individual eficaz em termo de competência do conselho de administração" (Carvalhosa, *Comentários à Lei das Sociedades Anônimas*, cit., vol. 3, p. 351).

44. Osório, *Direito Administrativo Sancionador*, cit., 3ª ed., p. 355.

Nesta linha, Guerreiro sustenta como incabível a extensão do elemento intencional, ainda que se trate de órgão colegiado:

> O assunto põe em relevo a extrema delicadeza de critérios quando, no inquérito administrativo, são indiciados diversos sujeitos, pelo fato de pertencerem a organismos colegiados (como os conselhos de administração) ou simplesmente coletivos (como as diretorias). Vigora, em tais conjunturas, o princípio da culpa própria ou culpa concreta, oposto da culpa comunicável ou conjunta, não sendo cabível, em matéria disciplinar, a extensão presumida do elemento intencional. A individualização da culpabilidade administrativa, a nosso ver, se alça à condição de axioma do direito disciplinar.[45]

Eizirik considera admissível a culpa presumida quando há descumprimento de lei ou do estatuto, nos termos do art. 158, II, da Lei 6.404/1976; mas, utilizando-se dos dizeres de Guerreiro, se contrapõe à responsabilidade coletiva no âmbito disciplinar, ressaltando que:

> (...) quando indiciados diversos indivíduos em conjunto, por pertencerem a organismos colegiados ou coletivos, deve ficar evidenciada a culpa própria de cada um deles.[46]

A responsabilidade coletiva dos membros do conselho de administração no processo disciplinar é tema que ainda carece de orientação uniforme. Ao atuar como Relator do julgamento do Processo Administrativo Sancionador CVM-18/2008, Alexsandro Broedel Lopes concluiu pela responsabilidade colegiada dos membros do conselho de administração, embora tenha se apoiado em critérios de especialização técnica (vinculação dos membros a comitês especializados da companhia) para estabelecer o grau de responsabilidade e, portanto, a pena aplicável a cada um:

> Quanto à especialização técnica dos conselheiros, entendo que esta deve ser considerada – como o farei, a seguir, ao discorrer sobre os comitês de auditoria e financeiro. Mas, desde já, devo lembrar que os conselheiros têm responsabilidade colegiada, salvo quando consignarem discordância sobre atos praticados. Essa responsabilidade geral afeta, portanto, a todos os membros do conselho, indistintamente.

45. Guerreiro, "Sobre o papel disciplinar da CVM", cit., *RDM* 43/76.

46. Eizirik, "Responsabilidade civil e administrativa do diretor de companhia aberta", cit., *RDM* 56/59.

Ainda no que diz respeito à responsabilidade administrativa dos administradores, fazemos especial menção à dificuldade da aplicação do *standard* legal correspondente ao dever de diligência.

O texto contido no art. 153 da Lei 6.404/1976 impõe ao administrador o dever de diligência ordinária, exigindo o cuidado de "todo homem ativo e probo". Ao fazê-lo, nas palavras de Marcelo von Adamek,

> (...) o legislador teria desconsiderado as exigências de competência, formação teórica e experiência profissional, exigidas atualmente de todo administrador de empresas, em que atributos como honestidade, boa vontade e diligência de homem ativo e probo não são, de per si, suficientes para assegurar o desempenho apropriado das funções de administrador.[47]

Não obstante o conteúdo legal, após muitas críticas, pacificou-se o entendimento de que, embora o texto legal descreva espécie de diligência ordinária, o nível de diligência que deve ser exigida do administrador é aquela própria do profissional, pois o administrador deve ser entendido como tal.[48] Entretanto, tal entendimento não encerrou com as dificuldades na aplicação do *standard* adotado pelo legislador, a qual demanda a determinação do comportamento razoável que seria esperado do administrador diante do caso concreto.

Essa dificuldade desencadeou o desenvolvimento da regra então denominada pelo Direito Norte-Americano como *business judgment rule*, a qual previne a Administração de avaliar o mérito do julgamento de conveniência e oportunidade dos administradores no exercício de atos regulares de gestão, ainda que estes tenham efeitos danosos. A atuação do Estado deve, portanto, limitar-se a verificar se as decisões dos administradores partiram de um processo razoável e bem informado (*reasonable decision making*).

O *business judgment rule* é regra conhecida e aplicada com rigor pela CVM.[49] Não obstante, a apuração do que seria um processo razoável e bem informado muitas vezes esbarra em questões de mérito e dificulta a aplicação segura da regra.[50]

47. Marcelo Vieira von Adamek, *Responsabilidade dos Administradores de S/A e Ações Correlatas*, São Paulo, Saraiva, 2009, pp. 124-125.

48. Idem, ibidem.

49. V. Processo Administrativo Sancionador CVM-25/2003 e Processo Administrativo Sancionador CVM-18/2008.

50. Processo Administrativo Sancionador RJ-2005/1.443 (Pedro Oliva Marcílio de Souza, j. 10.5.2006): "A construção jurisprudencial norte-americana para

### *4.3 Responsabilidade administrativa do controlador*

Consoante comando contido no art. 116 da Lei do Anonimato, o exercício do poder de controle está vinculado ao cumprimento da função social da sociedade.

Por *função social* entende-se a capacidade de a companhia cumprir com seus objetivos e finalidades, os quais, nos dizeres de Comparato, seriam de duas ordens: os intraempresariais, compreendendo a satisfação dos interesses de todos os participantes na empresa (acionistas, titulares de outros valores mobiliários, empregados e administradores) e os extraempresarias, voltados aos interesses da comunidade local, regional ou nacional em que se insere a empresa.[51]

O controlador tem, pois, deveres e responsabilidades para com o mercado, demais acionistas, empregados e para com a comunidade como um todo. Quando o controle for exercido contrariamente à função social da sociedade, estará configurado o abuso desse poder.

A proteção das minorias contra abuso de poder do controlador está dentro do escopo de atuação da CVM no regime da Lei 6.385/1976, e constitui tarefa relevante da autarquia, não como fim em si, e sim como meio pelo qual a CVM exerce a tutela do mercado de valores mobiliários.[52]

Tanto a Lei das S/A como a regulamentação expedida pela CVM estabelecem o princípio básico de que constitui abuso de poder de controle qualquer decisão que não tenha por finalidade o interesse social, mas que vise a beneficiar exclusivamente o acionista controlador, em detrimento da sociedade, dos acionistas minoritários e de terceiros.[53] O abuso de poder de controle comporta diversas modalidades, sendo

o dever de diligência nada discrepa do que dispõe o art. 153 da Lei n. 6.404/1976, sendo possível utilizar-se no Brasil os mesmos *standards* de conduta aplicados nos Estados Unidos. A utilização desses *standards* poderia fazer com que a aplicação do art. 153 fosse mais efetiva do que é hoje, pois poderíamos passar a observar o processo que levou à tomada de decisão para ver se os cuidados mínimos que demonstram a diligência do administrador foram seguidos, não nos limitando a simplesmente negar a possibilidade de reanálise do conteúdo da decisão tomada". A este respeito, v. também Melvin Aron Eisenberg, "The divergence of standards of conduct and standards of review in corporate law", 62 *Fordham L. Rev.* 437, 1993-1994.

51. Fábio Konder Comparato e Calixto Salomão Filho, *O Poder de Controle na Sociedade Anônima*, Rio de Janeiro, Forense, 2005, pp. 364-365.

52. Guerreiro, "Sobre o papel disciplinar da CVM", *RDM* 43/68.

53. Eizirik e outros, *Mercado de Capitais: Regime Jurídico*, cit., 2ª ed., pp. 384-385.

exemplificativo o rol inserido no art. 117 da Lei Acionária. Sua principal expressão é o exercício abusivo do direito de voto, embora a este não se limite e com este não se confunda, podendo assumir dimensões ainda maiores e mais nocivas, como esclarecem José Luiz Bulhões Pedreira e Alfredo Lamy Filho:

> O abuso de poder de controle é mais frequente, mais sutil e mais prejudicial à minoria do que o abuso do poder do direito de voto pela maioria eventual. Dispondo do comando permanente da máquina social, elegendo ou destituindo os administradores, transformando interesses próprios e desejos individuais em deliberações assembleares, e complementando-as com atos administrativos, usando a sociedade como bem seu para obter ou trocar favores (...).[54]

Conforme orientação do professor Erasmo Valladão Azevedo e Novaes França, o abuso do direito de voto ocorre quando "o agente, atuando dentro das prerrogativas que o ordenamento jurídico lhe concede, deixa de considerar a finalidade social para a qual o direito subjetivo foi concedido (posto que os direitos são conferidos para serem usados de uma forma que se afeiçoe ao interesse coletivo) ou, o que vem a dar no mesmo, quando o agente exerce sem qualquer interesse legítimo".[55] Assim, o abuso do direito de voto ocorre no domínio da assembleia-geral de acionistas, e somente pode ser verificado posteriormente, em um controle substancial.[56]

A Lei das S/A, em seu art. 115, veda o exercício do voto por parte do controlador quando imbuído de interesses conflitantes com os da companhia. Assim o fazendo, a lei demanda um controle *a priori*, o qual teria por objetivo mitigar o risco da verificação *a posteriori* do abuso de poder. Verificada a hipótese de voto conflituoso proferido pelo controlador, a deliberação social é passível de anulação.

Não obstante, a anulação, bem como eventual indenização por perdas e danos suportados pela companhia em virtude do voto proferido em conflito de interesses, deve ser objeto de ação própria movida perante o Poder Judiciário, cabendo à CVM tão somente punir a não abstenção

54. Alfredo Lamy Filho e José Luiz Bulhões Pedreira, *Direito das Companhias*, vol. 1, Rio de Janeiro, Forense, 2009, p. 842.

55. França, *Temas de Direito Societário, Falimentar e Teoria da Empresa*, São Paulo, Malheiros Editores, 2009, p. 654, transcrevendo o voto da Relatora Norma Jonssen Parente em seus comentários à decisão da CVM no "caso Sistel-Previ" (Inquérito Administrativo CVM TA-RJ 2002/1.153).

56. Idem, ibidem.

do controlador.[57] A CVM, de fato, não tem poder de anular atos societários.[58]

O abuso de poder de controle nem sempre gera responsabilidade disciplinar no âmbito das companhias abertas. O professor Guerreiro cita como exemplo o caso da adoção de políticas ou decisões que causem prejuízo aos que trabalham na empresa (art. 117, § 1º, da Lei 6.404/1976). Segundo ele, "com exceção de suas repercussões quanto às obrigações de *disclosure*, esta, sim, sujeita a vigilância e repressão disciplinares, os ilícitos trabalhistas, em sua materialidade, não configuram, *per se*, infrações de caráter administrativo, refugindo ao poder disciplinar da Comissão".[59] Reversamente, continua Guerreiro:

> (...) quando o abuso de poder na companhia aberta implique em prejuízo aos acionistas minoritários ou aos investidores em valores mobiliários emitidos pela companhia, como os debenturistas, pode acarretar responsabilidade disciplinar, na medida em que a ação ou omissão do controlador projete efeitos diretos no mercado de valores mobiliários.[60]

A ação ou omissão do controlador deve, entretanto, ser apurada como ato próprio, aplicando-se aqui o princípio da incomunicabilidade da culpa, ao qual nos referimos anteriormente. O controlador não é, portanto, responsável por atos dos administradores, ainda que ilegais, se tais atos competirem exclusivamente à administração e para a prática dos mesmos não houver concorrido.[61]

Ainda no tocante à responsabilidade administrativa do controlador, muito se discute quanto à necessidade da existência de dano concreto. Teoricamente, esta não é pressuposto para a aplicação da sanção administrativa, bastando a caracterização do ato ilícito. Mas há posicionamentos ainda divergentes.

57. Idem, p. 662.

58. Marcelo F. Trindade, "O papel da CVM e o mercado de capitais no Brasil", in Jairo Saddi (coord.), *Fusões e Aquisições: Aspectos Jurídicos e Econômicos*, São Paulo, IOB, 2002, pp. 297-299.

59. Guerreiro, "Sobre o papel disciplinar da CVM", cit., *RDM* 43/69.

60. Idem, ibidem.

61. No Processo Administrativo Sancionador 10/2003, em que se discutia a eventual ilegalidade da contratação do diretor-presidente de uma companhia aberta, a CVM decidiu que não caberia a responsabilização do controlador por fatos que, ainda que ilegais, estavam na esfera de atuação exclusiva do conselho de administração (CVM, Processo Administrativo Sancionador 10/2003, rela. Norma Parente, j. 8.12.2005).

Segundo o professor Erasmo Valladão Azevedo e Novaes França, ao abordar a responsabilidade administrativa por voto proferido em conflito de interesses:

> (...) não há necessidade de se constatar a existência de dano para aplicação da sanção; basta que o preceito tenha sido descumprido; já que se trata de sanção administrativa sem qualquer cunho indenizatório.[62]

Eizirik se opõe a esta corrente, e classifica a desnecessidade de demonstrar a ocorrência de danos reais como pressuposto da punição administrativa como um "fetiche" da lei, sustentando que tal orientação "se traduz, simplificadamente, na crença de que qualquer infração a dispositivo legal deve ser sancionada, sem análise maior dos valores tutelados pela norma".[63] Segundo o autor, embora a sanção tenha caráter pedagógico, é preciso analisar o caso concreto, pois:

> (...) há infrações que não estariam sujeitas a sanções, ou porque sua aplicação é inócua ou despropositada, ou porque não está prevista. Exemplo: somente "grupos de direito" podem usar a denominação "grupo" (art. 267 da Lei das S/A).[64]

Segundo Eizirik,[65] os membros do colegiado da CVM em alguns processos sancionadores analisam os danos concretos ou "potenciais" causados pela conduta do controlador; em outros não consideram necessário demonstrar danos, passando ao largo da questão. Embora o abuso de poder do controlador seja invocado em vários processos sancionadores, a jurisprudência administrativa sobre a matéria ainda não possibilita a identificação de orientações consistentes e uniformes.

## *Bibliografia*

ADAMEK, Marcelo Vieira von. *Responsabilidade dos Administradores de S/A e Ações Correlatas*. São Paulo, Saraiva, 2009.

62. França, *Temas de Direito Societário, Falimentar e Teoria da Empresa*, cit., p. 662, reportando-se ao voto da Relatora Norma Parente em seus comentários à decisão da CVM citada (Inquérito Administrativo CVM TA-RJ 2002/1.153).

63. Eizirik, "Responsabilidade civil e administrativa do diretor de companhia aberta", cit., *RDM* 56/60.

64. A orientação da CVM ainda não é uniforme a este respeito (Eizirik e outros, *Mercado de Capitais: Regime Jurídico*, cit., 2ª ed., p. 388).

65. Eizirik e outros, *Mercado de Capitais: Regime Jurídico*, cit., 2ª ed., p. 390.

ARAGÃO, Alexandre Santos de. *Agências Reguladoras e a Evolução do Direito Administrativo Econômico*. 2ª ed. Rio de Janeiro, Forense, 2004.

CARVALHOSA, Modesto. *Comentários à Lei das Sociedades Anônimas*. vol. 3. São Paulo, Saraiva, 2003.

COMPARATO, Fábio Konder, e SALOMÃO FILHO, Calixto. *O Poder de Controle na Sociedade Anônima*. Rio de Janeiro, Forense, 2005.

EISENBERG, Melvin Aron. "The divergence of standards of conduct and standards of review in corporate law". 62 *Fordham L. Rev.* 437. 1993-1994.

EIZIRIK, Nelson. "Responsabilidade civil e administrativa do diretor de companhia aberta". *RDM* 56. São Paulo, Ed. RT, 1984.

________, e outros. *Mercado de Capitais: Regime Jurídico*. 2ª ed. Rio de Janeiro, Renovar, 2008.

FRANÇA, Erasmo Valladão Azevedo e Novaes. *Temas de Direito Societário, Falimentar e Teoria da Empresa*. São Paulo, Malheiros Editores, 2009.

GUERREIRO, José Alexandre Tavares. "Sobre o papel disciplinar da CVM". *RDM* 43. São Paulo, Ed. RT, 1981.

HÁFEZ, Andréa. "Os recursos não devem ser barrados por discussões jurídicas". *BMFBovespa Espaço Jurídico – Notícias*. S/d. Disponível em *http://www.bmfbovespa.com.br/juridico/noticias-e-entrevistas/Noticias/091223NotA.asp* (acesso em 25.3.2011).

KANDIR, Antônio. "A nova CVM e a modernização da Lei das S/A". In: LOBO, Jorge Joaquim (coord.). *Reforma da Lei das Sociedades Anônimas*. Rio de Janeiro, Forense, 2002.

LAMY FILHO, Alfredo, e PEDREIRA, José Luiz Bulhões. *Direito das Companhias*. vol. 1. Rio de Janeiro, Forense, 2009.

LIMA, Flávia. "Chega de regulação no mercado". *Isto É Dinheiro* 672 (21.8.2010). Disponível em *http://www.istoedinheiro.com.br/entrevistas/31583_CHEGA+DE+REGULACAO+NO+MERCADO* (acesso em 25.3.2011).

LOBO, Jorge Joaquim. *Direito dos Acionistas*. Rio de Janeiro, Elsevier, 2011.

________ (coord.). *Reforma da Lei das Sociedades Anônimas*. Rio de Janeiro, Forense, 2002.

OSÓRIO, Fábio Medina. *Direito Administrativo Sancionador*. 2ª ed. São Paulo, Ed. RT, 2006; 3ª ed. São Paulo, Ed. RT, 2009.

PEDREIRA, José Luiz Bulhões, e LAMY FILHO, Alfredo. *Direito das Companhias*. vol. 1. Rio de Janeiro, Forense, 2009.

SADDI, Jairo (coord.). *Fusões e Aquisições: Aspectos Jurídicos e Econômicos*. São Paulo, IOB, 2002.

SALOMÃO FILHO, Calixto, e COMPARATO, Fábio Konder. *O Poder de Controle na Sociedade Anônima*. Rio de Janeiro, Forense, 2005.

SANTOS, Aline de Menezes, e TRINDADE, Marcelo. *Regulação e Autorregulação no Brasil e a Crise Internacional*. S/d. Disponível em *http://www.bmfbovespa.com.br/juridico/.../Artigo_MarceloTrindade.pdf* (acesso em 25.3.2011).

SILVA, Carlos Alberto Porussolo da. "Limites do contencioso administrativo à luz do Conselho de Recursos do Sistema Financeiro Nacional/CRSFN". *Revista de Direito Bancário e do Mercado de Capitais* 4/121-130. São Paulo, janeiro-abril/1999.

SILVA, Paulo Ferreira Dias da. "Responsabilidade civil e administrativa na regulação do mercado de capitais". *Revista de Direito Bancário e do Mercado de Capitais* 34. São Paulo, 2006.

SOUZA, Pedro Oliva Marcílio de. "O xerife também é regulador". *Revista Bovespa – Tendências*, janeiro-maio/2006. Disponível em *http://www.bmfbovespa.com.br/InstSites/RevistaBovespa/97/Tendencias.shtml* (acesso em 25.3.2011).

TANURE, Fabrício Duarte. *A Responsabilidade Administrativa no Mercado de Valores Mobiliários Brasileiro*. S/d. Disponível em *http://www.cvm.gov.br* (acesso em 24.10.2010).

TRINDADE, Marcelo F. "O papel da CVM e o mercado de capitais no Brasil". In: SADDI, Jairo (coord.). *Fusões e Aquisições: Aspectos Jurídicos e Econômicos*. São Paulo, IOB, 2002.

________, e SANTOS, Aline de Menezes. *Regulação e Autorregulação no Brasil e a Crise Internacional*. S/d. Disponível em *http://www.bmfbovespa.com.br/juridico/.../Artigo_MarceloTrindade.pdf* (acesso em 25.3.2011).

# SOBRE A CLÁUSULA ESTATUTÁRIA ARBITRAL EM COMPANHIAS ABERTAS: A QUESTÃO DA CONFIDENCIALIDADE DO PROCEDIMENTO[1]

RODRIGO TELLECHEA



## 1. Introdução

A arbitragem empresarial é uma realidade no contexto das grandes empresas (nacionais ou estrangeiras) que desenvolvem atividades

1. O presente artigo resultou de pesquisa realizada para elaboração e apresentação de seminário acadêmico na disciplina Teoria Geral do Direito Societário II (DCO [5886]), cursada no segundo semestre de 2010 no Programa de Pós-Graduação da Faculdade de Direito da USP, sob a regência do professor Erasmo Valladão Azevedo e Novaes França, a quem presto meu singelo agradecimento por todas as lições e ensinamentos jurídicos e humanos. Agradeço, também, a André Gomes, sócio de Souto Correa Cesa Lummertz & Amaral Advogados, pelas discussões sobre o tema e pelas relevantes contribuições ao resultado final do estudo.

econômicas no País e buscam se proteger de alguns pontos de mau funcionamento da Justiça brasileira.[2] Sua expansão em contratos de grande envergadura econômica tem sido exponencial, a ponto de evidenciar à comunidade nacional sua importância no desenvolvimento institucional do País.[3]

Compartilha-se da opinião de que o movimento arbitral caminha para atingir sua maturidade no âmbito nacional, cuja linha de chegada parece ser sua sedimentação como melhor método de resolução de conflitos de natureza privada,[4] especialmente nas searas relacionadas ao direito societário e ao mercado de capitais, nas quais o Poder Judiciário tradicionalmente não oferece soluções satisfatórias aos jurisdicionados.[5]

2. Vale registrar que as sociedades empresárias têm um relacionamento ambíguo com a lentidão da Justiça, de modo que nem sempre a demora em obter uma decisão judicial é prejudicial a elas e aos seus sócios/acionistas. Nas causas trabalhistas, por exemplo, 1/4 delas apontou que a demora é benéfica aos seus interesses, sendo que somente 44% dos entrevistados indicaram a lentidão da Justiça do Trabalho como algo prejudicial (Armando Castelar Pinheiro, in Rogério Andrade (coord.), *Regulação Pública da Economia no Brasil*, Campinas, EDICAMP, 2003, p. 34).

3. Entretanto, não se pode vislumbrar no instituto da arbitragem uma espécie de panaceia para os males de que padece o Poder Judiciário (*e.g.*: morosidade, ineficiência, falta de especialização), apesar de ela ser uma alternativa capaz de aliviar a sobrecarga de processos que hoje o sufoca. A experiência arbitral tem demonstrado que as partes não se socorrem da arbitragem para resolver as controvérsias de menor complexidade, cujo direcionamento se dá, em regra, para os Juizados Especiais Cíveis ou para a Justiça Comum (in Carlos Alberto Carmona, *Arbitragem e Processo – Um Comentário a Lei 9307/1996*, 3ª ed., São Paulo, Atlas, 2009, p. 3).

4. A título ilustrativo, é digno de registro que pesquisas realizadas por importantes universidades e firmas de auditoria internacional têm revelado que a extensa maioria das empresas prefere a resolução de conflitos por meio da arbitragem, em detrimento da jurisdição estatal. Fazemos referência à pesquisa realizada pela *PriceWaterHouseCoopers* e pela *Queen Mary* de Londres, disponível em *http://www.pwc.co.uk/eng/publications/international_arbitration_2008.html* (acesso em 19.3.2011). O estudo de campo foi referido por Cláudio Finkelstein ("Arbitragem no direito societário", in *Direito Societário: Sociedades Anônimas*, São Paulo, Saraiva, 2007, p. 304).

5. Para ilustrar essa realidade, Viviane Muller Prado fez uma pesquisa exaustiva (e significativa, em termos de amostra) de jurisprudência no TJSP e no STJ. Uma das importantes conclusões do estudo foi a de que o tempo total de julgamento de um processo (primeira e segunda instâncias) envolvendo direito societário varia entre o mínimo de 233 dias e o máximo de 3.993 dias. Sobre o mercado de capitais, o tempo total mínimo é de 888 dias, e o máximo de 5.049 dias, compondo uma média de 2.618 dias. Em uma análise de curto prazo, na maioria dos casos o custo da demanda arbitral para as empresas é bem mais elevado do que a discussão em juízo de determinado conflito societário. No entanto, a longo prazo essa equação tende a

O presente estudo pretende examinar um dos pontos controversos do instituto e, a partir de uma perspectiva dogmática, avaliar a problemática que envolve a utilização da arbitragem nas companhias abertas, particularmente no que se refere à confidencialidade do procedimento e à necessidade de divulgação de fatos relevantes contendo informações arbitrais.

Parte-se da premissa metodológica de que a abordagem envolve a interseção entre pelo menos três microssistemas jurídicos,[6-7] quais sejam: (i) o arbitral, regulado pela Lei 9.307/1996; (ii) o societário, regido pelo Código Civil e pela Lei 6.404/1976; e o do (iii) mercado de capitais, definido pelas Leis 6.385/1976 e 6.404/1976, além das regulamentações (*e.g.*: instruções, deliberações e pareceres de orientação) expedidas pela Comissão de Valores Mobiliários/CVM.

Por se tratar de estudo interdisciplinar, entendemos ser necessária a prévia contextualização dos temas nos seus respectivos universos jurídicos, para que, a partir disso, seja possível adentrar os problemas práticos que sua análise conjunta irá desencadear. Assim, na primeira parte faremos uma exposição segmentada dos temas que serão examinados, de forma multidisciplinar, na parte final do artigo.

ser modificada, em virtude da celeridade e da especialidade da arbitragem em face da morosidade, do número elevado de recursos e da ineficiência do Poder Judiciário no trato dessas questões. Os dados levantados para a pesquisa referem-se ao período de 1998 a 2005, especificamente até o mês de setembro/2005. O estudo revela que em sistemas jurídicos nos quais há insuficiente proteção aos investidores o mercado de capitais é menos desenvolvido se comparado com outros sistemas nos quais seus direitos são respeitados. Essa falta de tutela não é analisada apenas sob o ponto de vista do direito material vigente, mas é principalmente considerada a ausência de *enforcement* das leis societárias e de mercado de capitais. Para aprofundamento sobre o tema, v. Viviane Muller Prado e Vinicius Correa Buranelli, "Pesquisa de jurisprudência sobre o direito societário e mercado de capitais no Tribunal de Justiça de São Paulo", *Caderno Direito da Fundação Getúlio Vargas: Caderno 9*, vol. 2, n. 1, São Paulo, janeiro/2006.

6. Sobre o tema: Ricardo Lorenzetti, *Fundamentos do Direito Privado*, 2ª ed., trad. de Vera Jacob de Fradera, São Paulo, Ed. RT, 1998; e Claus Wilhelm Canaris, *Pensamento Sistemático e Conceito de Sistema na Ciência Jurídica*, 4ª ed., trad. de António Menezes Cordeiro, Lisboa, Fundação Calouste Gulbenkian, 2008.

7. Já houve questionamentos na doutrina acerca do fato de a previsão do art. 109, § 3º, da Lei 6.404/1976 ter criado um microssistema autônomo de arbitragem societária, ou se a arbitragem societária permaneceria restrita às previsões da Lei 9.307/1996. Sobre o tema, v.: Haroldo Malheiros Duclerc Verçosa, "A arbitragem e o mercado de capitais", *RDM* 146/155-164, São Paulo, Malheiros Editores, abril-junho/2007.

## 2. *O sistema arbitral: premissas e funcionamento*

Para a doutrina especializada a arbitragem é um meio de solução de conflitos alternativo[8] à via judiciária, caracterizado por dois aspectos essenciais, ambos relacionados às partes da controvérsia: (i) são elas que escolhem livremente quem irá decidi-la, isto é, o(s) árbitro(s); e (ii) são elas, também, que conferem ao(s) árbitro(s) o poder e a autoridade para proferir a decisão, na maioria das vezes de caráter definitivo, não sujeita a recurso,[9] destinada a assumir a mesma eficácia de sentença judicial.[10]

Apesar de o desenvolvimento da arbitragem no Brasil não ter alcançado, até o momento, a relevância prática e teórica que assumiu em outros ordenamentos jurídicos,[11] como na França,[12] na Itália[13] e nos

8. Quando se refere a arbitragem como meio alternativo de solução de controvérsias toma-se como referência o processo estatal (meio heterocompositivo mais empregado para a resolução de conflitos). Nesse contexto, concorda-se com a posição de Carlos Alberto Carmona, na medida em que a referência não é direcionada ao caráter jurisdicional ou não do método arbitral, sendo a nomenclatura usual utilizada apenas para apartar esse mecanismo de equacionamento de litígios daquele empregado pelo Estado (Carmona, *Arbitragem e Processo – Um Comentário a Lei 9307/1996*, cit., 3ª ed., p. 33).

9. Apesar de não ser a regra, nada impede que as partes prevejam, na cláusula compromissória ou no termo de arbitragem, instância recursal com competência para reexaminar a decisão emanada dos árbitros, desde que especifiquem as regras aplicáveis a tal procedimento. Para aprofundamento sobre a flexibilidade do procedimento arbitral e seus limites, v.: Marcos André Franco Montoro, *Flexibilidade do Procedimento Arbitral*, tese de Doutorado, São Paulo, Faculdade de Direito da USP, 2010; Carlos Alberto Carmona, "Flexibilização do procedimento arbitral", *Revista Brasileira de Arbitragem* 24/7-21, Ano VI, São Paulo, IOB, outubro-dezembro/2009.

10. Alexandre Freitas Câmara, *Arbitragem – A Lei 9.307/1996*, 4ª ed., Rio de Janeiro, Lumen Juris, 2005, pp. 9-10.

11. Em âmbito internacional a arbitragem está presente nas relações comerciais como método alternativo de resolução de conflitos desde o período medieval, em que o comércio, ainda incipiente, mas já com organização própria, se valia da sua utilização. Há relatos, inclusive, de que os estatutos das cidades medievais italianas estabeleciam a arbitragem como forma de resolução de conflitos. Para aprofundamento sobre a evolução histórica da arbitragem, v.: José Alexandre Tavares Guerreiro, *Fundamentos da Arbitragem Comercial Internacional*, São Paulo, Saraiva, 1993; Raffaeli Nobili, *L'Arbitrato delle Associazioni Commerciali*, Pádua, CEDAM, 1957.

12. Sobre o tema, v.: Martin Domke, *Domke on Commercial Arbitration*, 3ª ed., Thompson West, 2009; Thomas E. Carbonneau, *The Law and the Practice of Arbitration*, 3ª ed., Nova York, Jurisnet, 2009.

13. Sobre o tema, v.: Elio Fazzalari, *L'Arbitrato*, Turim, UTET, 1997; Sergio La China, *L'Arbitrato: il Sistema e l'Esperienza*, 3ª ed., Milão, Giuffrè, 2007.

Estados Unidos,[14] o instituto perpassou a evolução do Direito pátrio desde os tempos do Império, ainda que tenha assumido, na época, papel coadjuvante.[15]

Com a promulgação da Lei 9.307/1996, a declaração de constitucionalidade da arbitragem pelo STF, no julgamento da Homologação da Sentença Estrangeira Contestada/SEC 5.206-7, envolvendo o Reino da Espanha,[16] e a ratificação pelo Brasil da Convenção sobre o Reconhecimento e Execução de Sentenças Arbitrais Estrangeiras, celebrada em Nova York no ano de 1958 (por meio do Decreto 4.311/2002), foram reforçadas a legalidade e a legitimidade do instituto no País.

O sistema arbitral brasileiro, a exemplo da prática mundial,[17] elegeu como um de seus princípios formadores a autonomia privada das partes, de modo que, em regra, não se pode compelir qualquer pessoa, física ou jurídica, a se submeter ao juízo arbitral contra sua vontade ou mesmo na ausência de manifestação explícita e favorável da parte a ser envolvida no litígio.

14. Sobre o tema, v.: Emmanuel Gaillard e John Savage (eds.), *Fouchard Gaillard Goldman on International Commercial Arbitration*, The Hague, Kluwer Arbitration Law, 1999; Bruno Oppetit, *Teoría del Arbitraje*, Bogotá, Legis, 2006.

15. As Ordenações Filipinas, vigentes no Brasil até o advento do Código Civil de 1916, a Constituição de 1824 (art. 160), o Código Comercial de 1850 (arts. 294 e 411), o Código Civil de 1916 (arts. 1.037 a 1048), os Códigos de Processo Civil de 1939 (arts. 1.031 a 1.046) e de 1973 (Livro IV, Título I, Capítulo XIV), a Constituição Federal de 1988 (§§ 1º e 2º do art. 114, "Seção V – Dos Tribunais e Juízes do Trabalho" do "Capítulo III – Do Poder Judiciário" do "Título IV – da Organização dos Poderes"), o Código Civil de 2002 (arts. 851, 852 e 853) e outras legislações esparsas (*e.g.*: Lei 11.079/2004 – Lei das Parcerias Público-Privadas – art. 11) tratam ou tratavam, conforme o caso, expressamente do instituto. Sobre o tema, boa é a exposição de José Eduardo Carreira Alvim, *Direito Arbitral*, 2ª ed., Rio de Janeiro, Forense, 2004.

16. A constitucionalidade da Lei 9.307/1996 foi questionada em virtude do seu potencial confronto com o princípio constitucional da inafastabilidade do Poder Judiciário (art. 5º, XXXV, da CF). A decisão está disponível em *www.stf.gov.br*. V. especialmente o voto vencedor do Min. Nelson Jobim e o voto vencido do Min. Sepúlveda Pertence.

17. Em uma rápida perspectiva de Direito Comparado, vale lembrar que a maioria dos Países economicamente bem-sucedidos tem modernas legislações arbitrais, dentre os quais vale mencionar: (i) Alemanha (regulada pelo Código Civil alemão), (ii) Itália (regulada pelo Código de Processo Civil italiano), (iii) França (regulada pelo Código Civil francês), (iv) Estados Unidos (regulada pelo Código Uniforme de Arbitragem) e (v) Espanha (regulada pela Lei 60/2003, reformada no ano de 2010).

A partir do exame do art. 1º da Lei 9.307/1996,[18] necessário se faz o reconhecimento de duas premissas arbitrais básicas, (i) uma de natureza subjetiva e (ii) outra objetiva. O requisito subjetivo tem relação direta com a capacidade das partes de contratar: somente partes capazes, sejam elas pessoas físicas,[19] sejam jurídicas,[20] podem resolver conflitos por meio da arbitragem.

O requisito objetivo, por seu turno, está relacionado à natureza da matéria submetida à arbitragem.[21] Sabe-se que, nos termos da Lei 9.307/1996, somente questões relativas a direitos patrimoniais disponíveis[22] podem ser resolvidas por arbitragem. Por ricochete, entende-se

18. O art. 1º da Lei de Arbitragem prevê: "As pessoas capazes de contratar poderão valer-se da arbitragem para dirimir litígios relativos a direitos patrimoniais disponíveis".

19. Remetemo-nos às regras quanto à capacidade das pessoas físicas estabelecidas no CC, em especial nos arts. 1º a 5º, sem olvidar que, em apertada síntese, *capacidade jurídica* consiste na aptidão de se tornar sujeito de direitos e de deveres na ordem civil. Para tanto, v.: Orlando Gomes, *Introdução ao Direito Civil*, 20ª ed., atualizada por Humberto Theodoro Jr., Rio de Janeiro, Forense, 2010.

20. Em princípio não vislumbramos problemas quanto à possibilidade de condomínios em edifícios, espólio, a sociedade em comum e a sociedade em conta de participação (todos eles entes despersonalizados) se valerem da arbitragem. A doutrina firmou posição no sentido de que, desde que não haja no conflito submetido à arbitragem nenhum impedimento de outra ordem (por exemplo, a presença de herdeiros incapazes com relação ao espólio ou à sociedade irregular ou de fato), entende-se que essas figuras jurídicas podem participar de uma arbitragem e transigir sobre seus direitos patrimoniais disponíveis (Carmona, *Arbitragem e Processo – Um Comentário a Lei 9307/96*, cit., 3ª ed., p. 37).

21. Sobre a relevância do tema, lembra Eduardo Damião, na "Introdução" da sua tese de Doutorado: "A arbitrabilidade objetiva refere-se à aptidão de uma controvérsia ser decidida por arbitragem, em razão da natureza do direito em discussão. A definição da arbitrabilidade representa uma das expressões de particularismo local no ambiente transnacional da arbitragem. A definição da arbitrabilidade é uma prerrogativa de cada Estado. O liberalismo na aceitação da arbitrabilidade de um número maior de matérias sensíveis é diretamente proporcional à confiança que o sistema deposite na arbitragem como meio privado jurisdicional de solução de controvérsias" (*Arbitrabilidade Objetiva*, tese de Doutorado, São Paulo, Faculdade de Direito da USP, 2008, p. viii).

Para análise do tema em uma perspectiva multidisciplinar, v.: Loukas A. Mistelis e Stavros L. Brekoulakis, *Arbitrability: International and Comparative Perspectives*, The Netherlands, Kluwer Law, 2009.

22. Entende a doutrina que "direito disponível" é aquele pode ser exercido livremente pelo seu titular, sem que haja norma cogente impondo o cumprimento de algum preceito, sob pena de nulidade ou anulabilidade do ato praticado com sua infringência. Nesse sentido, são disponíveis aqueles bens que podem ser livremente alienados ou negociados, por se encontrarem desembaraçados, tendo o alienante

que são arbitráveis causas sobre as quais o Estado não criou reserva específica por conta do resguardo de interesses fundamentais da coletividade, podendo as partes livremente dispor acerca do bem sobre o qual controvertem. Nessa concepção, é correto concluir que são arbitráveis as controvérsias a cujo respeito os litigantes podem transigir.[23]

O ressurgimento da arbitragem[24] ressaltou uma das mais graves inaptidões do processo judicial, talvez a principal razão para seu atual estágio de ineficiência, qual seja: a falta de funcionalidade de suas regras procedimentais, visivelmente inadequadas para a dinâmica da sociedade contemporânea e para as necessidades almejadas pelas partes.[25]

Com base nessas premissas, fala-se, com razão, que a arbitragem busca o pragmatismo responsável, com o objetivo de descomplicar o formalismo exacerbado do processo judicial, com a adoção de procedimentos flexíveis, céleres e funcionais,[26] nos quais os direitos das partes são garantidos na dosagem correta, sem prejudicar o bom andamento dos atos até a decisão final.[27]

plena capacidade para tanto (Carmona, *Arbitragem e Processo – Um Comentário a Lei 9307/96*, cit., 3ª ed., p. 38).

23. Assim, de uma maneira geral, não estão no âmbito do direito disponível as questões relativas a direito de família (em especial ao estado das pessoas – isto é, filiação, pátrio poder, casamento, alimentos –, aquelas atinentes ao direito de sucessões, das obrigações naturais e as relativas ao direito penal ou tributário). Essas questões se encontram fora dos limites da autonomia privada dos litigantes. Nesse sentido, os arts. 851, 852 e 853 do CC traçam bons parâmetros sobre a questão, em especial o art. 852, que prevê ser vedado firmar compromisso para solução de questões de estado, de direito pessoal de família e de outras que não tenham caráter estritamente patrimonial (Carmona, *Arbitragem e Processo – Um Comentário a Lei 9307/96*, cit., 3ª ed., p. 39).

24. Pode-se dizer que as duas grandes inovações da Lei 9.307/1996 foram (i) a desnecessidade de homologação judicial do laudo arbitral (atualmente essa questão é regulada pelo art. 18 da Lei 9.307/1996) e (ii) a consagração da cláusula compromissória e sua executoriedade (abandona-se, assim, a concepção de que a cláusula compromissória tinha natureza de uma promessa de contratar, cujo descumprimento era passível de execução por perdas e danos).

25. O tema já foi objeto de análise, ainda que sob outro enfoque, em Mauro Cappelletti, "Os métodos alternativos de solução de conflitos no quadro do movimento universal de acesso à Justiça", *RePro* 74/3-29, Ano 10, São Paulo, Ed. RT, abril-junho/1994, e *Acesso à Justiça*, trad. de Ellen Gracie Northfleet, Porto Alegre, Sérgio Antônio Fabris Editor, 1988.

26. Bruno Oppetit, *Teoría del Arbitraje*, cit., p. 7.

27. Não se pode olvidar que o desenvolvimento da arbitragem no País ainda encontra inúmeros desafios pela frente, dentre os quais estão a formação de uma cultura arbitral entre partes, advogados e magistrados, o elevado custo e o restrito

Pode-se dizer, assim, que as grandes vantagens da arbitragem empresarial estão relacionadas: (i) à celeridade e ao sigilo do procedimento; (ii) à especialização e à *expertise* dos árbitros; (iii) à qualidade das decisões proferidas; (iv) à flexibilidade das regras procedimentais; (v) à ausência de instância recursal; (vi) à possível redução dos custos de transação[28] referentes à prestação jurisdicional; (vii) à criação de um ambiente de cordialidade que incentive a celebração de acordos.

Quanto ao sigilo, cumpre registrar que, a despeito de essa característica ser elencada como uma das grandes vantagens da arbitragem (em relação aos procedimentos jurisdicionais tradicionais), a Lei 9.307/1996 em nenhum momento estipulou como regra a confidencialidade do procedimento. Pelo contrário, as previsões que mais se aproximam disso, mas cujos significados são completamente distintos, são as do art. 13, § 6º, no sentindo de que o árbitro deve desempenhar sua função com discrição, e a do § 1º do art. 14, que impõe ao árbitro o dever de revelar, antes da aceitação da função, qualquer fato que denote dúvida justificada quanto à sua imparcialidade e à sua independência.

Percebe-se, pois, que a confidencialidade do procedimento arbitral não decorre, de forma expressa, da Lei de Arbitragem. E essa singela conclusão será de extrema importância para a solução que se pretende

número de câmaras e centros de arbitragem, a tendência dos advogados de "processualizar" o procedimento arbitral, a manutenção do caráter belicoso dos advogados ao longo da arbitragem, principalmente durante a inquirição de testemunhas e as sustentações orais – entre outros.

28. Para os fins deste estudo, adotaremos a concepção de "custos de transação" de Rachel Sztajn, a partir de uma visão da Escola da Análise Econômica do Direito: "Consideram-se *custos de transação* aqueles incorridos nas transações ainda quando não representados por dispêndios financeiros (isto é, movimentação de caixa), derivados ou impostos pelo conjunto de medidas tomadas para realizar uma determinada operação ou transação. Incluem-se no conceito de custo de transação o esforço com a procura de bens ou serviços em mercados; a análise comparativa de preço e qualidade entre os bens ofertados; a segurança quanto ao adimplemento da operação pelas partes; a certeza de que o adimplemento será perfeito e a tempo; eventuais garantias que sejam requeridas na hipótese de eventual inadimplemento ou adimplemento imperfeito; a relação de instrumentos contratuais que reflitam todas as tratativas e eventos possíveis que possam afetar as prestações respectivas, que desenhem com clareza os direitos, deveres e obrigações das partes. Compreende, portanto, todos os esforços, cuidados e o tempo gasto entre o início da busca pelo bem, a decisão de efetuar a operação e o cumprimento satisfatório de todas as obrigações assumidas pelos contratantes. Também devem ser incluídos movimentos que se sigam à operação que uma das partes deva fazer para a completa satisfação do seu crédito" ("A incompletude do contrato de sociedade", *Revista da Faculdade de Direito da USP* 101/284, São Paulo, janeiro-dezembro/2004).

construir acerca da utilização da arbitragem como forma de resolução de conflitos relacionados às companhias abertas.

Definidas as premissas da arbitragem, passemos à análise do próximo microssistema que nos interessa: o direito societário.

## *3. O sistema societário: o contrato de sociedade e as sociedades anônimas*

Na esfera do direito societário, um dos enfoques de estudo é o fenômeno associativo, cujas principais espécies são (i) as associações, (ii) as cooperativas e (iii) as sociedades.[29] Nosso estudo se direcionará à utilização da arbitragem no âmbito das sociedades empresárias, nos termos do art. 982, combinado com o art. 966, ambos do CC.

O conceito clássico de *sociedade* está alicerçado na presença de cinco elementos principais: (i) a reunião de pessoas; (ii) a celebração de um contrato; (iii) a contribuição em bens ou serviços; (iv) a exploração de atividade econômica; e (v) s partilha dos resultados.[30] A partir deles, percebe-se que há entre os contratantes a formação de laços de cooperação, de divisão de esforços em busca de um escopo comum,[31] com a

29. Na categoria das sociedades (sociedade limitada unipessoal) deve-se incluir a recém-chegada empresa individual de responsabilidade limitada/EIRELI, nos termos dos arts. 44 e 980-A do CC. Concorda-se, portanto, com a doutrina de: Erasmo Valladão Azevedo e Novaes França e Marcelo Vieira von Adamek, "O sócio incapaz (CC, art. 974, § 3º)", *RDM* 159-160/112-126 (p. 116, em nota de rodapé), Ano 50, São Paulo, Malheiros Editores, julho-dezembro/2011; Sérgio Campinho, *O Direito de Empresa à Luz do Novo Código Civil*, 12ª ed., Rio de Janeiro, Renovar, 2011, pp. 63-66 e 283-285; e José Rodrigo Dorneles Vieira, *A Sociedade Unipessoal como a Reforma Necessária para Preencher a Lacuna Existente no Regime Jurídico da Atividade Econômica no Brasil*, dissertação (Mestrado em Direito), Porto Alegre, Faculdade de Direito da UFRS, 2010, p. 139.

30. Nesse sentido, o art. 981 do CC de 2002 ("Celebram contrato de sociedade as pessoas que reciprocamente se obrigam a contribuir, com bens ou serviços, para o exercício de atividade econômica e a partilha, entre si, dos resultados"), cuja redação é semelhante à do art. 1.363 do CC de 1916 ("Celebram contrato de sociedade as pessoas que mutuamente se obrigam a combinar seus esforços ou recursos, para lograr fins comuns"), evidencia a tradição jurídica brasileira de considerar a sociedade como um contrato. Sobre o tema, ainda na vigência do Código Civil de 1916, essenciais são os comentários de Francisco Cavalcanti Pontes de Miranda, *Tratado de Direito Privado*, t. XLIX, São Paulo, Ed. RT, 1984, pp. 10-12.

31. Sobre o tema, clássico é o estudo de Paolo Ferro-Luzzi, *I Contratti Associativi*, Milão, Giuffrè, 1976. Entre nós, v. a lúcida explicação de Calixto Salomão Filho: "O caráter associativo de todo contrato de sociedade, tão bem destacado pela doutrina, revela-se exatamente através da comunhão de interesse entre os sócios. É

perspectiva de reduzir os custos de transação necessários para iniciar o desenvolvimento do seu negócio[32] e partilhar os resultados daí advindos.

Na classificação delineada por Rudolf von Jhering,[33] aprofundada e sistematizada por Tullio Ascarelli no seu seminal artigo sobre o contrato plurilateral,[34] os contratos são divididos em duas categorias principais: (i) os contratos de intercâmbio[35] e (ii) os contratos de associação.[36] O contrato de sociedade insere-se na segunda categoria contratual acima referida – a dos contratos plurilaterais –, na medida em que as partes contratantes buscam a formação de negócios de longa duração e execução continuada cujos modelos permitam a cooperação, a colaboração e a solidariedade entre as partes na busca de um escopo comum e na divisão dos dividendos daí advindos, e não a constante oposição entre elas, como ocorre nos contratos bilaterais.

Contudo, a escolha dos agentes econômicos pela formação de uma sociedade é apenas a primeira etapa a ser vencida na cadeia de atos necessários à exploração da atividade econômica, geralmente por meio de uma pessoa jurídica.[37] A segunda etapa refere-se à escolha dos modelos

esse objetivo comum que os leva e deve levar à cooperação" ("Direito societário e novo mercado", in *O Novo Direito Societário*, 3ª ed., São Paulo, Malheiros Editores, 2006, pp. 51-59 – p. 54).

32. Ronald H. Coase, "The nature of the firm", in *The Firm, the Market and the Law*, Chicago, The University of Chicago Press, 1988, pp. 33-55.

33. Jhering, *A Evolução do Direito*, Salvador, Livraria Progresso, 1953, p. 132.

34. Tullio Ascarelli, "O contrato plurilateral", in *Problemas das Sociedades Anônimas e Direito Comparado*, São Paulo, Saraiva, 1945, pp. 271-331.

35. Para os fins do presente estudo basta pontuar que nesse tipo de contrato a vantagem econômica de uma das partes acarreta a diminuição do proveito da outra.

36. Para os fins do presente estudo deve-se entender que nesse tipo de contrato existe uma solidariedade de interesses, segundo a qual as partes buscam um escopo comum.

37. Nunca é demais lembrar que "empresa" é a atividade (atividade econômica organizada, exercida profissionalmente, para a produção ou a circulação de bens ou de serviços); "empresário" é quem exerce a atividade em nome próprio, o seu titular, que pode ser uma pessoa física (empresário individual) ou uma pessoa jurídica (sociedade empresária ou empresa individual de responsabilidade limitada/EIRELI). Nesse sentido, v.: Ascarelli, *Corso di Diritto Commerciale*, Milão, Giuffrè, 1962, pp. 145 ss., "A atividade do empresário", *RDM* 132/203-215, Ano 42, trad. de Erasmo Valladão A. e N. França, São Paulo, Malheiros Editores, outubro-dezembro/2003, e "O empresário", *RDM* 109/183-189, trad. de Fábio Comparato, São Paulo, Malheiros Editores, janeiro-março/1998; Alberto Asquini, "Perfis da empresa", *RDM* 104/108-126, trad. de Fábio Comparato, São Paulo, Ed. RT, outubro-dezembro/1996; Sylvio Marcondes, *Problemas de Direito Mercantil*, São Paulo, Max Limonad, 1970, pp. 1-38, 129-161, e *Questões de Direito Mercantil*, São Paulo, Max Limonad,

legalmente tipificados, sobre os quais os agentes econômicos ajustarão seus propósitos negociais e direcionarão a exploração de sua atividade.

No linguajar técnico fala-se que os tipos societários[38] são responsáveis pela definição das características jurídicas elementares do negócio explorado pelos agentes, inclusive dos riscos.[39] E tais modelos, resultantes de uma operação de abstração realizada pelo legislador,[40] outorgam ao empreendedor, em regime fechado,[41] opções normativas para estruturar sua operação, sendo correto dizer que eles traçam a espinha dorsal do negócio a ser explorado pelo agente, assegurando a organização dos fatores e a alocação dos recursos no mercado.[42]

Ocorre que a complexidade da vida econômica globalizada, com operações econômicas e transações financeiras realizadas em curtíssi-

1977, pp. 1-28; Alfredo de Assis Gonçalves Neto, *Direito de Empresa: comentários aos Arts. 966 a 1.195 do Código Civil*, 2ª ed., São Paulo, Ed. RT, 2008, p. 33 e ss.; Erasmo Valladão A. e N. França, "Empresa, empresário e estabelecimento. A nova disciplina das sociedades", in *Temas de Direito Societário, Falimentar e Teoria da Empresa*, São Paulo, Malheiros Editores, 2009, pp. 511-530.

38. Para Rachel Sztajn, *tipo societário* é "o modelo estrutural que as partes elegem para a realização de um negócio" (*Contrato de Sociedade e Formas Societárias*, São Paulo, Saraiva, 1989, p. 53).

39. Sagunto F. Perez Fontana, *La Sociedad Anónima en el Derecho Uruguayo*, 2ª ed., Montevidéu, Editorial Amalio M. Fernandez, 1973, p. 10.

40. Os tipos societários foram resultantes de um processo de evolução histórica (com maior tenacidade nas Idades Média e Moderna) impulsionado por razões multifacetárias (*e.g.*: econômicas, sociais, jurídicas e políticas), que, contando com intensa participação da autonomia privada dos indivíduos, decorreram do aprimoramento e ajuste do modelo de contrato de sociedade desenvolvido pelo Direito Romano e Medieval aos interesses e necessidades dos agentes econômicos. Em uma perspectiva histórica, Antonio Scialoja defende que todos os tipos societários tiveram origem na Itália, no sentido de que todos apareceram, primeiramente, nas Repúblicas italianas medievais. No entanto, o jurista italiano concorda que, ao contrário do que ocorre na sociedade em nome coletivo e na sociedade em comandita, não existe demonstração da relação direta de descendência entre o instituto moderno das S/A e as formas societárias primitivas italianas (Antonio Scialoja, "Sull'origine delle società commerciali", in *Saggi di Vario Diritto*, vol. 1, Roma, Società Editrice del Foro Italiano, 1927, p. 227).

41. Ou seja, *numerus clausus*. Para estudo aprofundado sobre o tema, v. Rachel Sztajn, *Contrato de Sociedade e Formas Societárias*, cit.

42. Rachel Sztajn, "A incompletude do contrato de sociedade", cit., *Revista da Faculdade de Direito da USP* 101/293. O modelo jurídico desenhado para as sociedades empresárias (e agora para a empresa individual de responsabilidade limitada/ EIRELI) é o único que permite a exploração de uma atividade econômica (salvo as exceções legais previstas no parágrafo único do art. 966 do CC/2002) e a partilha entre os sócios dos resultados obtidos.

mos espaços de tempo, frequentemente integradas por sociedades empresárias multinacionais com interesses múltiplos e, no mais das vezes, divergentes entre si, exige um corpo de regras robustas que outorgue um grau mínimo de segurança jurídica ao mercado,[43] disciplinando tais relações com eficiência e eficácia.

Nessa lógica, quanto maiores a complexidade e o volume de investimentos, maior será a exigência de um modelo organizacional completo, capaz de limitar o risco da atividade e reduzir os custos inerentes a ela, garantindo a reunião harmônica de diferentes agentes econômicos e de seus mais diversos interesses. Dentre o rol de tipos de sociedades disponíveis aos particulares, interessa-nos para o estudo da confidencialidade arbitral um especialmente, o das sociedades por ações,[44] particularmente as sociedades anônimas abertas, cuja definição consta no art. 4º da Lei 6.404/1976 e também no art. 22 da Lei 6.385/1976, estando sua caracterização diretamente relacionada ao fato de os valores mobiliários de sua emissão serem admitidos para negociação no mercado de valores mobiliários.[45]

43. Concordamos com Francesco Galgano, para quem, nos dias de hoje, o aspecto dinâmico da realidade está extremamente acelerado, sendo cada vez mais intensas as mutações tanto no tempo quanto no espaço, enquanto outrora os eventos eram praticamente imutáveis no tempo e cambiantes no espaço. Sobre isso: Francesco Galgano, *La Globalización en el Espejo de Derecho*, trad. de Horacio Roitman y María de la Colina, Buenos Aires, Rubinzal-Culzoni Editores, 2005, p. 14. No mesmo sentido: Cesare Vivante, *Tratado de Derecho Mercantil*, 1ª ed., t. II, trad. de Ricardo Espejo de Hinojosa, Madri, Editorial Reus, 1932, p. 92.

44. Na lógica da Lei 6.404/1976, a expressão "sociedade por ações" compreende tanto as anônimas quanto as comanditas por ações. No entanto, ao longo do presente trabalho ela será utilizada para se referir tão somente às sociedades anônimas abertas. De mais a mais, o tipo "sociedade anônima" admite subtipos, dentre os quais se destacam a sociedade anônima aberta, a fechada, a de capital autorizado e a sociedade de economia mista. Quanto à classificação das sociedades em tipos e subtipos, discordamos de José de Oliveira Ascensão, *A Tipicidade dos Direitos Reais*, Lisboa, Fundação Calouste Gulbenkian, 1967, p. 57.

45. Lembrando a clássica metáfora de Georges Ripert: "Se se quisesse passar sem a sociedade anônima, seria preciso dispensar também o alto-forno, a máquina a vapor, a força hidroelétrica. O jurista é um servidor da economia. Pediram-lhe o meio de juntar capitais necessários à criação e à vida das grandes empresas. Ofereceu as sociedades por ações". E mais: o autor francês destaca que, na perspectiva da evolução legislativa, o reconhecimento das sociedades anônimas como tipo societário capaz de ser constituído por qualquer indivíduo representou a afirmação de um ideal político de liberdade: enxerga-se nas sociedades comerciais um meio de aglutinar capitais por meio da liberdade de contratar (Georges Ripert, *Aspectos Jurídicos do Capitalismo Moderno*, trad. de Gilda G. de Azevedo, Rio de Janeiro, Freitas Bastos, 1947, pp. 61-62).

Os traços característicos das sociedades anônimas desde o seu surgimento como tipo societário são muito bem definidos: (i) estrutura organizacional rígida; (ii) a responsabilidade limitada de cada sócio e (iii) a livre transferência de suas ações[46] – além, obviamente, da divisão do seu capital social em títulos societários denominados de ações,[47] que, no caso das companhias abertas, são negociados diretamente no mercado.[48]

E, por fim, na linha das lições de Francisco Ferrara, vale sempre lembrar que no âmago das sociedades anônimas, especialmente as abertas, existe uma trama complexa, e por vezes velada, de interesses contrapostos,[49] que o legislador deve compreender para poder regulá-los de forma eficiente e eficaz, sem prejudicar o funcionamento do mercado.

## 4. *O sistema do mercado de capitais: regulação e proteção do investidor*

O mercado de capitais[50] é um dos segmentos que formam o mercado financeiro.[51] Seu ambiente é caracterizado por operações que visam,

46. Lei 6.404/1976: "Art. 1º. A companhia ou sociedade anônima terá o capital dividido em ações, e a responsabilidade dos sócios ou acionistas será limitada ao preço de emissão das ações subscritas ou adquiridas". Sobre as características das sociedades anônimas, de fácil leitura e compreensão: Tullio Ascarelli, *Panorama do Direito Comercial*, São Paulo, Saraiva, 1947.

47. Carlos C. Malagarriga, *Tratado Elemental de Derecho Comercial*, 2ª ed., vol. 1, Buenos Aires, Tipográfica Editora Argentina, 1958, p. 351.

48. Na visão de Ripert, expressada em seu *Tratado de Direito Comercial*, traduzido para o Espanhol por Felipe de Solá Canizares: "Esta aplastante superioridad de las sociedades anónimas es el rasgo característico del mundo moderno. Es mediante esta institución jurídica que quedó asegurado el régimen capitalista" (Georges Ripert, *Tratado Elemental de Derecho Comercial*, trad. de Felipe de Solá Canizares, Buenos Aires, Tipográfica Editora Argentina, 1954, p. 226).

49. Francesco Ferrara, *Empresarios y Sociedades*, trad. de Francisco Xavier Osset, Madri, Editorial Revista de Derecho Privado, s/d, p. 208.

50. Para Rachel Sztajn: "Mercado de capitais é expressão que pode ser utilizada em mais de um sentido. Pode significar o mercado de dinheiro, qualquer que seja sua destinação – investimento ou crédito –, compreendendo tanto o mercado financeiro ou o bancário, quer dizer, onde há especialização na intermediação entre dinheiro presente por dinheiro futuro, quanto àquela parcela do mercado de dinheiro em que os recursos são aportados diretamente como aplicação na atividade produtiva" ("Regulação e o mercado de valores mobiliários", *RDM* 135/136-147, São Paulo, Malheiros Editores, julho-setembro/2004 – p. 139).

51. O sistema financeiro está dividido também em (i) mercado de crédito, (ii) mercado monetário e (iii) mercado cambial. Na visão de Otávio Yazbek, a função

basicamente, a canalizar recursos para as entidades emissoras, principalmente as sociedades anônimas abertas, por meio de capital de risco, mediante a emissão pública de valores mobiliários.[52]

A chamada "mobilização da poupança" ou "socialização do capital", na conhecida expressão de Galgano,[53] é realizada diretamente entre a unidade econômica deficitária (isto é, a entidade emissora) e a unidade econômica superavitária (isto é, o investidor), sem qualquer intermediação financeira. A partir dessa lógica, as operações realizadas no mercado de capitais ocorrem em dois segmentos: o mercado primário e o secundário.

No primeiro caso, os recursos são canalizados diretamente para as entidades emissoras, as companhias, para utilização em seus projetos de investimento, passando os poupadores a participar dos resultados do empreendimento econômico.[54] Já, no segundo não há ingresso de recursos para as sociedades, inexistindo emissão de novos títulos. As operações nesse segmento são realizadas entre os poupadores, sem qualquer vin-

do mercado financeiro é "mobilizar e canalizar recursos para atividades produtivas, ou seja, transformar poupança (excedente não consumido) em investimento" (*Regulação no Mercado Financeiro e de Capitais*, 2ª ed., Rio de Janeiro, Elsevier, 2009, p. 126).

52. A função econômica desse mercado é permitir que as empresas, por meio da emissão pública de seus valores mobiliários, captem recursos não exigíveis para o financiamento de seus projetos de investimento ou para alongar o prazo de vencimento de suas dívidas.

Por se tratar de mercado de risco, os investidores não têm qualquer garantia quanto ao retorno do seu investimento, que dependerá dos resultados do empreendimento econômico explorado pela companhia ou da liquidez que os títulos negociados têm no mercado (isto é, a capacidade de transformar os valores mobiliários em dinheiro) (Nelson Eizirik, Ariádna B. Gaal, Flávia Parente e Marcus de Freitas Henriques, *Mercado de Capitais – Regime Jurídico*, 2ª ed., Rio de Janeiro, Renovar, 2008, pp. 8-10).

53. Francesco Galgano, *Lex Mercatoria*, 5ª ed., Bolonha, Il Mulino, 2010, p. 149. Em outra de suas obras, dedicada às instituições da economia capitalista, o autor italiano reitera:

"La acción se convierte así en instrumento que permite a la clase empresarial movilizar, en torno de sus iniciativas, los recursos financieros de otras capas sociales; el instrumento que atrae hacia las empresas el dinero acumulado por diversas capas no empresariales, por la Nobleza, por el Clero, por los altos funcionarios etc." (Francesco Galgano, *Las Instituciones de la Economía Capitalista*, 1ª ed., trad. de Carmen Alborch Bataller e Manuel Borseta Pont, Barcelona, Ariel, 1990, p. 80).

54. Nelson Eizirik, Ariádna B. Gaal, Flávia Parente e Marcus de Freitas Henriques, *Mercado de Capitais – Regime Jurídico*, cit., 2ª ed., p. 10.

culação com a companhia que emitiu os valores mobiliários; por conseguinte, o lucro decorrente da negociação do valor mobiliário é da parte, e não da sociedade.[55]

Outro assunto que merece destaque nesse contexto diz respeito à regulação do mercado de capitais,[56] que pode ser voluntária ou contratual (denominada de autorregulação), estabelecida pelos próprios agentes econômicos,[57] ou, ainda, legal, derivada de uma intervenção do Estado

55. A função essencial do mercado secundário é conferir liquidez aos títulos negociados, permitindo que seus adquirentes possam vendê-los rapidamente, se assim desejarem.

56. Em apertada síntese, o termo "regulação" designa o conjunto de regras que limitam a liberdade de ação e de escolha das empresas, dos profissionais e dos consumidores, em prol do interesse público e sustentado no poder de coerção estatal (Nelson Eizirik, Ariádna B. Gaal, Flávia Parente e Marcus de Freitas Henriques, *Mercado de Capitais – Regime Jurídico*, cit., 2ª ed., p. 13). Para a professora Rachel Sztajn, "regular significa formular e impor regras em forma de intervenção do Estado no domínio econômico". E mais: "(...) a causa determinante para a regulação do mercado de valores mobiliários foi a Grande Depressão a que se seguiu o colapso da Bolsa de Nova York de 1929. Estudiosos norte-americanos entendem que a depressão durou mais tempo do que esperavam porque os investidores perderam a confiança no mercado, com o quê mesmo companhias com projetos promissores não conseguiam obter recursos. Portanto, o mercado precisava ser regulado para proteger investidores e consumidores, uma vez que são determinantes para sua eficiência dois elementos: preço e liquidez. Quanto mais preciso for o preço e mais líquido o mercado, mais eficiente será, e os preços incorporarão rapidamente todas as informações disponíveis" (Raquel Sztajn, "Regulação e o mercado de valores mobiliários", cit., *RDM* 135/139).

57. Sobre o tema, entende-se que: "As normas de autorregulação do mercado de capitais em nosso País têm como premissa fundamental a faculdade dos agentes de mercado em adotá-las. Não se trata de *soft law*, mas de regras obrigatórias e vinculantes, a partir do momento em que o agente opta por a elas se submeter. Pode-se até ir mais longe, a ponto de se afirmar que tal facultatividade é hoje vista pelos interessados como um pré-requisito para a existência de normas de autorregulação exitosas no Brasil. Tanto assim que o projeto de criação do 'Comitê de Aquisições e Fusões/CAF', órgão de acompanhamento e regulação de ofertas públicas de aquisição de ações e operações de fusão, incorporação de sociedades e incorporação de ações, à semelhança do *Take-Over Panel Britânico*, prevê a vinculação facultativa dos agentes de mercado. No que se refere especificamente aos denominados Níveis de Governança Corporativa da Bolsa de Valores (Nível I, Nível II e Novo Mercado), que consistem em segmentos especiais de negociação de ações de companhias abertas comprometidas com a observância de normas adicionais de proteção a acionistas minoritários, a adesão das companhias abertas se dá mediante a assinatura de instrumentos contratuais. Esse aspecto marcadamente contratual somado à percepção de que as normas de autorregulação, para que sejam efetivas, devem ser aceitas pelos agentes de mercado a elas submetidos têm revestido esses conjuntos de regras de significativa rigidez" (João Pedro Scalzilli, Laura Amaral, Luís André N. de Moura

na economia (denominada de heterorregulação), não na condição de empresário, mas sim como agente regulador. E a regulação de determinado nicho de mercado pode servir a inúmeros fins e respeitar variados desideratos. Para o escopo do presente estudo, destacamos dois objetivos primordiais e estreitamente relacionados: (i) a proteção dos investidores e (ii) a busca pela eficiência[58] no mercado.

No que se refere à proteção dos investidores, parte-se do pressuposto de que a regulação busca promover a confiança nas entidades que emitem publicamente seus valores mobiliários, assim como naquelas que os intermedeiam ou propiciam os locais ou mecanismos de negociação, de custódia, compensação e liquidação das operações. O princípio que inspira e delineia a regulação do mercado de capitais é, portanto, o da fidúcia, da confiança, da lealdade na prestação de informações – que, por sua vez, auxilia na redução dos riscos estruturais do mercado (já que o investimento, por natureza, é aleatório) e no policiamento da conduta dos agentes.

Por exemplo, sabe-se que um dos deveres legais impostos aos emissores de valores mobiliários é o da transparência, cujo dever acessório é o de prestar informações plenas, apuradas e necessárias (*full disclosure*) ao mercado, permitindo a correta avaliação dos valores mobiliários ofertados. Decorre de tal obrigação a proibição de comportamentos ilegais ou abusivos de administradores, diretores, acionistas minoritários e controladores, em detrimento dos demais participantes do mercado. Os clássicos exemplos são (i) a repressão ao crime de uso de informação privilegiada (*insider trading*[59-60]) e (ii) a criação de condições artificiais de demanda, oferta e preço de papéis no mercado (manipulação).

Azevedo, Luís Felipe Spinelli e Rodrigo Tellechea, "Perspectivas para a disciplina da companhia aberta: principais desafios do direito societário brasileiro", *RDM* 158/211-241, São Paulo, Malheiros Editores, abril-junho/2011 – pp. 233-234).

58. Para os fins deste estudo, *eficiência* é a aptidão para obter o máximo ou o melhor resultado ou rendimento com a menor perda ou o menor dispêndio de esforços; associa-se à noção de rendimento, de produtividade; de adequação à função. Não se confunde com *eficácia*, que é a aptidão para produzir efeitos (Rachel Sztajn, "*Law and Economics*", *RDM* 137/227-232, Ano 44, São Paulo, Malheiros Editores, janeiro-março/2005 – p. 228, em nota de rodapé).

59. "O *insider trading*, ou uso de informação privilegiada, é a utilização de informação relevante capaz de afetar a negociação de valores mobiliários antes de ser ela divulgada aos demais investidores por pessoa que a tenha obtido normalmente por relação profissional com a companhia" (João Pedro Scalzilli e Luís Felipe

O outro objetivo da regulação do mercado está relacionado à eficiência das transações realizadas. Estudos apontam que o aumento na quantidade e na qualidade das informações prestadas ao mercado acarreta um processo de formação de preços mais eficiente e a tomada de decisões mais racionais, com resultados benéficos para a economia.[61]

Uma das formas de medir essa suposta eficiência é por meio da correta determinação das cotações dos valores mobiliários negociados – o preço. Esse nível é mensurado por meio da capacidade de reação das cotações às novas informações prestadas pelas companhias e demais agentes, em um verdadeiro movimento pendular. Explicamos: quanto mais rápida a reação dos agentes econômicos às informações prestadas, mais eficiente será o mercado, e mercado eficiente é aquele em que a cotação de determinado título reflete, única e exclusivamente, as informações publicamente disponíveis.[62]

E onde existe regulação há, necessariamente, órgãos responsáveis pela edição de normas e pela fiscalização do seu devido cumprimento.

Spinelli, "A racionalidade do combate ao *insider trading*: assimetria informacional e dano ao mercado", *RDM* 147/42-54, São Paulo, Malheiros Editores, julho-setembro/2007 – p. 43).

Sobre o tema, v. também: Nelson Eizirik, "*Insider trading* e a responsabilidade civil de administrador de companhia aberta", *RDM* 50/42-56, São Paulo, Ed. RT, abril-junho/1983; José Marcelo Martins Proença, ***Insider Trading****. Regime Jurídico do Uso de Informações Privilegiadas no Mercado de Capitais*, São Paulo, Quartier Latin, 2005. O tema foi objeto de estudo precursor de Luís Gastão Paes de Barros Leães, contendo ampla e qualificada pesquisa sobre o tema nos Estados Unidos da América, País no qual o mercado de capitais alcançou maior desenvolvimento (*Mercado de Capitais e* ***Insider Trading***, Tese (Livre-Docência), São Paulo, Faculdade de Direito da USP, 1978).

60. A título ilustrativo, Fábio Konder Comparato visualizou a presença de três elementos para caracterizar o tipo penal do *insider trading*, a saber: "(1º) o benefício auferido por pessoas ligadas a uma companhia; (2º) a negociação, por alguma dessas pessoas, com valores mobiliários de emissão da mesma companhia; (3º) o aproveitamento de informações não divulgadas, dizendo respeito a esta última" ("A regra do sigilo nas ofertas públicas de aquisições de ações", in *Direito Empresarial: Estudos e Pareceres*, São Paulo, Saraiva, 1995, pp. 331-356 – p. 339).

61. O estudo foi realizado no âmbito do mercado norte-americano e foi referido por Calixto Salomão Filho, "Informação completa, direito societário e mercado de capitais", in *O Novo Direito Societário*, 4ª ed., São Paulo, Malheiros Editores, 2011, pp. 177-187 – pp. 182-185).

62. Armando Castelar Pinheiro e Jairo Saddi, *Direito, Economia e Mercados*, Rio de Janeiro, Elsevier, 2006, p. 62.

No Brasil o regime de direito societário e do mercado de capitais está fundamentado na prevalência da legislação federal. Desde a promulgação da Lei 6.385/1976 houve delegação de competência regulatória e fiscalizatória[63] a um órgão próprio denominado Comissão de Valores Mobiliários/CVM.[64]

Considerando-se que uma das funções atribuídas às agências reguladoras é corrigir as falhas de mercado,[65] entende-se que uma das funções da CVM é regular, fiscalizar e punir comportamentos que infrinjam as desejáveis práticas no mercado de valores mobiliários.[66] Dentro desse leque de competências[67] também se encontra a expedição de normas relativas à prestação de informações mínimas ao mercado, às pessoas que dele participem e aos valores nele negociados, bem como à periodicidade de sua apresentação por pessoas com acesso a informação relevante.

### *4.1 O princípio da informação plena*

É correto afirmar que o mercado de capitais e as sociedades anônimas abertas são institutos jurídicos em constante interação, haja vista que o nascimento de um ambiente especializado na negociação de valo-

63. Para uma visão do tema a partir da Teoria Geral do Direito, v. Maria Eduarda Fleck da Rosa, *O Poder Normativo da Comissão de Valores Mobiliários*, dissertação de Mestrado, São Paulo, Faculdade de Direito da USP, 2012. O tema foi também foi examinado in Marcelo Trindade, "Vedações à negociação de valores mobiliários por norma regulamentar: interpretação e legalidade", in Marcelo Vieira von Adamek (coord.), *Temas de Direito Societário e Empresarial Contemporâneos – **Liber Amicorum** Professor Dr. Erasmo Valladão Azevedo e Novaes França*, São Paulo, Malheiros Editores, 2011, pp. 453-472.

64. A exemplo do que ocorre em matéria de registro público de empresas, disciplinado pela Lei 8.934/1994 e pelo Decreto 11.800/1996 e, em caráter infralegal, pelos atos normativos expedidos pelo Departamento Nacional do Registro do Comércio/DNRC e pelas Juntas Comerciais dos Estados, ainda que as atribuições sejam materialmente distintas.

65. Para Fábio Nusdeo, por exemplo, falhas de mercado correspondem a situações nas quais seus pressupostos de funcionamento não se fazem mais presentes, tornando-o inoperacional. As principais falhas são relativas à mobilidade de fatores; à transparência ou acesso à informação; à concentração econômica; aos efeitos externos ou externalidades; ao suprimento de bens coletivos e à geração de custos de transação (Fábio Nusdeo, *Curso de Economia – Introdução ao Direito Econômico*, 5ª ed., São Paulo, Ed. RT, 2008, p. 169).

66. Sztajn, "Regulação e o mercado de valores mobiliários", *RDM* 135/138-139.

67. V., nesse sentido, arts. 8º, III, 21-A e 33, § 3º, da Lei 6.385/1976.

res mobiliários decorre da necessidade que a companhia tem de captar recursos e garantir aos seus acionistas (investidores ou não) a livre circulação desses títulos.[68]

Um dos diferenciais do regime jurídico do mercado de capitais decorre do fato de que os bens nele negociados não são exatamente fungíveis entre si. Isso exige que o dever dos administradores de disponibilizar ao investidor informações confiáveis da companhia na qual este investiu (*e.g.*: saúde financeira, previsão de resultados futuros, contingências que possam comprometer resultados, competência dos administradores, entre outras, cuja origem é interna e nem sempre pública[69]) ganhe relevância especial, sendo determinante na valoração e determinação do índice de liquidez dos títulos negociados,

Não é novidade que o conceito de relação jurídica traz consigo uma correlação direta entre direito e dever, exprimida na proposição de que ao direito de alguém corresponde o dever de outrem (*Just et obligatio sunt correlata*[70]). Na conexão existente entre o direito societário e o mercado de capitais, mormente no que se refere ao princípio da informação completa, essa ligação adquire contornos e facetas relevantes, de cunho interno ou externo, de acordo com o ângulo pelo qual se examine a questão;[71] sendo que a compreensão das diferenças existentes em cada uma dessas perspectivas será relevante para o exame da confidencialidade da arbitragem no âmbito das companhias abertas e do mercado de capitais.

### *4.2 O dever de informar o mercado: a faceta externa*

O princípio da informação completa é central não somente para o correto funcionamento mas também para a própria existência do mer-

68. Editadas no mesmo ano, a Lei do Mercado de Capitais (Lei 6.385/1976) e a Lei das S/A (Lei 6.404/1976) partiram da concepção lógica de que uma lei não poderia ser compreendida e, talvez, sequer aplicada sem a outra. A própria "Exposição de Motivos" de ambas deixa claro o caráter de complementariedade para a construção de um mercado de capitais no Brasil ("Exposições de Motivos" ns. 196 e 197, disponíveis em *www.cvm.gov.br*). Nesse sentido: Calixto Salomão Filho, *O Novo Direito Societário*, cit., 4ª ed., p. 177.

69. Sztajn, "Regulação e o mercado de valores mobiliários", cit., *RDM* 135/140.

70. Gomes, *Introdução ao Direito Civil*, cit., 20ª ed., p. 74.

71. Para referência completa sobre as facetas interna e externa do contrato de sociedade: Arturo Dalmartello, *I Rapporti Giuridici Interni nelle Società Commerciali*, Milão, Giuffrè, 1937.

cado de capitais. Trata-se de premissa básica da regulação nos Estados Unidos, na Europa Ocidental e em diversos Países latino-americanos, inclusive o Brasil, tendo se tornado, ao longo da evolução desse mercado, pedra angular da construção jurídico-comercial do setor.[72]

Partindo desse pressuposto, é pertinente indagar qual interpretação deve ser atribuída à expressão "informação completa". Sem tergiversar, a compreensão que nos parece a mais adequada é aquela segundo a qual o dever de prestar informações inclui não apenas a qualidade do conteúdo aliada à quantidade ou ao montante de dados, mas também o nível de acessibilidade deles a todos os potenciais investidores.[73] Lembra Fábio Konder Comparato que o princípio da *full disclosure* implica o respeito a duas regras básicas: (i) a transparência das informações publicadas e (ii) a igualdade de acesso de todos os investidores a tais informações.[74]

Ganha relevância, portanto, o aspecto externo da informação (*externa corporis*), na medida em que certos atos e fatos, ainda que realizados ou ocorridos no âmbito interno da companhia (*interna corporis*), deverão ser expostos ao mercado de forma transparente, quantitativa e qualitativamente completa (isto é, detalhada, compreensível, padronizada e abrangente), bem como acessível e manuseável pelos investidores (isto é, em linguagem acessível).

Quando se fala em *linguagem acessível* a referência é à clareza nas informações prestadas. Nesse sentido, ressalte-se que o problema da obscuridade, imprecisão ou complexidade nas informações prestadas ao mercado é resolvido não pela simples inclusão ou supressão de elementos técnicos no seu conteúdo, mas, sim, pela obediência a uma linguagem e a um tipo de informe técnico devidamente padronizados. Em suma, quer-se dizer que a clareza se obtém não pela ausência de técnica, e sim pela utilização de uma metodologia adequada, uniforme e sistematizada.[75]

Ocorre que a questão não se resolve de forma tão simples. Um dos maiores desafios dessa seara é determinar o grau de relevância de determinada informação ao mercado, bem como a extensão do conteúdo que deve ser, ao fim e ao cabo, disponibilizado. Como regra geral, a doutrina espe-

72. Comparato, "A regra do sigilo nas ofertas públicas de aquisições de ações", cit., in *Direito Empresarial: Estudos e Pareceres*, p. 333.

73. Nessa direção, inclusive, deve ser interpretado o art. 4º, VI, da Lei 6.385/1976, que impõe o dever da informação completa às companhias abertas.

74. Comparato, "A regra do sigilo nas ofertas públicas de aquisições de ações", cit., in *Direito Empresarial: Estudos e Pareceres*, p. 335.

75. Idem, ibidem.

cializada entende que são relevantes, tanto para os acionistas quanto para os investidores, todos os atos ou o conjunto deles que tenham efeito direto ou indireto sobre as perspectivas da companhia e o valor das suas ações.[76]

Entende-se, portanto, que as informações relevantes (*material information*) podem abranger, pelo menos, dois grandes leques de atos ou atividades societárias: (i) aqueles atos eminentemente patrimoniais capazes de influenciar o valor, a forma, a propriedade ou direito das ações e (ii) aquelas informações referentes aos negócios da companhia que estejam relacionadas, de forma direta ou indireta, com a sua lucratividade.[77]

Essa interpretação do princípio da informação completa é bastante pragmática e foi acolhida pela regulamentação brasileira, tanto na Lei das S/A (*e.g.*, art. 157) quanto nos segmentos especiais da BM&FBovespa (isto é, Novo Mercado), bem como nas regulamentações da CVM sobre a questão, particularmente a Instrução CVM-358/2002, que traça as diretrizes para a publicação de atos ou fatos relevantes ao mercado, a ser examinada com mais vagar nos próximos itens.

### *4.3 O direito à informação: a faceta interna*

Apesar de não constar expressamente no rol dos direitos essenciais dos acionistas, previstos no art. 109 da Lei 6.404/1976, o direito à informação é de extrema relevância para o desenvolvimento das relações internas entre os membros de uma sociedade,[78] na medida em que, por ter caráter instrumental, permeia o exercício de todos os demais direitos garantidos ao acionista pela lei, pelo estatuto social ou por pactos parassocietários.[79-80]

76. Calixto Salomão Filho, *O Novo Direito Societário*, cit., 4ª ed., p. 179.

77. Idem, p. 180.

78. O exame cuidadoso da Lei 6.404/1976 permite identificar inúmeros dispositivos em que se pretende garantir o acesso do acionista à informação. Essa preocupação do legislador apenas ratifica o caráter essencial e instrumental desse direito no sistema da Lei Acionária brasileira. Dentre esses dispositivos estão: art. 8º, art. 126, § 3º, art. 130, art. 133, art. 135, § 3º, art. 155, § 1º, art. 157, §§ 1º e 4º, e art. 163 e §§.

79. Valdo Cestari de Rizzo e Marco La Rosa de Almeida, "Do direito do acionista à informação em companhias abertas e fechadas", in Marcelo Vieira von Adamek (coord.), *Temas de Direito Societário e Empresarial Contemporâneos – **Liber Amicorum** Professor Dr. Erasmo Valladão Azevedo e Novaes França*, São Paulo, Malheiros Editores, 2011, pp. 594-607 – p. 594.

80. Na qualificada visão de José Alexandre Tavares Guerreiro, o direito à informação está implícito na estrutura e na sistemática da Lei das S/A, de modo que "o adequado acesso à informação é condição não só para o exercício do di-

Ora, se no âmbito do mercado de capitais a informação tem relevância para fora da sociedade, dando origem a um dever da companhia de prestar informações ao mercado sempre que algum ato ou fato relevante impacte seus negócios, na perspectiva do direito societário a lógica se inverte, sendo essencial o exame da informação na esfera interior da companhia, nas relações *interna corporis* entre os acionistas, corporificando um dever concreto de entregar informações.[81]

Na perspectiva do acionista é possível identificar pelo menos três escalas ou níveis internos da sociedade, com distintas relações e interesses dentro do negócio jurídico societário,[82] a saber: (i) o acionista controlador,[83] (ii) o acionista não controlador[84] e (iii) o acionista investidor de mercado ou especulativo.[85]

Independentemente da estrutura de controle societário existente na sociedade,[86] resta evidente um potencial conflito entre o acionista que dita os rumos dos negócios – tanto da companhia como do fluxo de informação ("controlador") –, o acionista com interesse em obter informações precisas sobre os negócios sociais ("não controlador") e aquele com interesse restrito à realização de ganhos econômicos no mercado por meio da especulação ("investidor especulador de mercado").

A peculiaridade das regras que regulam as companhias abertas tem reflexo direto nessas relações jurídicas societárias,[87] em especial a obri-

reito de fiscalizar a gestão social, mas também para o exercício do direito de voto, prejudicando, a sua falta, a participação regular do acionista na vida da sociedade" ("O conselho fiscal e o direito à informação", *RDM* 45/29-34, Ano 29, São Paulo, Ed. RT, 1982 – p. 30).

81. Ainda que haja relevantes diferenças no tratamento legal de cada um dos deveres, é importante perceber que em ambos os casos a obrigação é do emissor da informação, ou seja, a companhia; e o direito, do destinatário, isto é, do acionista ou do mercado, conforme o caso.

82. Valdo Cestari de Rizzo e Marco La Rosa de Almeida, "Do direito do acionista à informação em companhias abertas e fechadas", cit., in Marcelo Vieira von Adamek (coord.), *Temas de Direito Societário e Empresarial Contemporâneos* – ***Liber Amicorum*** *Professor Dr. Erasmo Valladão Azevedo e Novaes França*, pp. 596-597.

83. Definido nos termos do art. 116 da Lei 6.404/1976.

84. Aquele acionista que não é titular do poder de controle, mas tem interesse permanente na companhia, em razão do investimento aportado.

85. A participação acionária do acionista é um ativo financeiro, um bem negociável, de acordo com as cotações do mercado.

86. Sobre o tema, v., por todos: Fábio Konder Comparato e Calixto Salomão Filho, *O Poder de Controle na Sociedade Anônima*, 4ª ed., Rio de Janeiro, Forense, 2005.

87. Por exemplo, a relação do acionista meramente investidor nessas companhias – sobretudo o especulador de mercado – tende a ser mais efêmera ou transitória

gação de prestar informações periódicas e a de divulgar fatos relevantes ao mercado,[88] examinadas a seguir.

### *4.4 A prestação de informações ao mercado e a divulgação de fato relevante*

Como ressaltado, a companhia aberta tem o dever de bem informar o mercado, seja de forma periódica, seja de forma excepcional. O primeiro dever materializa-se na obrigação dos administradores da sociedade de prestar constantemente informações ao mercado, nos termos da Instrução CVM-480/2009, que trata do registro de emissores de valores

que a do acionista comum nas companhias fechadas, mormente em razão da importância do princípio da circulação das ações nas companhias abertas. Ganha importância, nesse contexto, a exigência de participação societária mínima para o exercício de certos direitos no âmbito interno das companhias, como ocorre, muitas vezes, com relação ao direito à informação. Explica-se: a informação que deve ser prestada ao acionista deve ter relação com a consecução do objeto e do interesse social da companhia, de modo a permitir o pleno exercício dos demais direitos sociais ("caráter instrumental"). Essa é a regra geral. O grau, quantitativo e qualitativo, de acesso do acionista à informação acompanhará o crescimento da sua participação acionária na companhia, e, por conseguinte, seu interesse na determinação dos rumos da sociedade ou na participação nos lucros – respeitando-se, sempre, a lógica capitalista do poder-responsabilidade, que rege o funcionamento das sociedades anônimas, desde seus primórdios. Em suma: para balancear esse embate de interesses a lei criou, de um lado, os mecanismos legais de garantia de acesso à informação e, de outro, os de seu controle.

88. Trata-se, na verdade, do princípio da publicidade legal, que deve ser compreendido no direito societário de forma abrangente. Gustavo Oliva Galizzi, em interessante estudo acerca da maneira assistemática e indiscriminada com que o legislador emprega os verbos "publicar", "divulgar", "disponibilizar" e "comunicar" na Lei 6.404/1976, afirma que: "O princípio da publicidade legal (...) contempla, de modo geral, as providências que visam a tornar conhecidos fatos e atos jurídicos que interessam aos acionistas e a terceiros. Na regulação societária, a publicidade legal realiza-se por diferentes vieses destinados a esse fim, que correspondem aos comandos referenciados no título desse estudo: publicar, divulgar, disponibilizar e comunicar (...). Essa falta de critério no emprego dos verbos prejudica o entendimento sobre a extensão da obrigação legal, dificultando, adicionalmente, sua exata definição". Por exemplo, muitas vezes o verbo "divulgar" é empregado no sentido de comunicar, como ocorre nos §§ 3º e 4º do art. 12 da Instrução CVM-358/2002 (Gustavo Oliva Galizzi, "Publicar, divulgar, disponibilizar e comunicar: anotações sobre o princípio da publicidade legal na legislação societária brasileira", in Arnoldo Wald, Fernando Gonçalves e Moema Augusta de Castro (coords.), *Sociedades Anônimas e Mercado de Capitais. Homenagem ao Professor Osmar Brina Corrêa-Lima*, São Paulo, Quartier Latin, 2011, pp. 401-464 – p. 421).

mobiliários admitidos para negociação em mercados regulamentados, em especial nos arts. 21[89] e ss.

Quanto a esse ponto, além dos já conhecidos documentos societários e contábeis, o órgão regulador optou pela criação de alguns instrumentos, ou, melhor, formulários, cujo preenchimento e cuja atualização são obrigatórios para a companhia. Dentre tais mecanismos de prestação de informações ao mercado merece alusão o chamado "Formulário de Referência", constante do art. 24, que deve ser entregue pela companhia à CVM no prazo de até cinco meses contados da data de encerramento do exercício social, devendo, também, ser periodicamente atualizado, no prazo de sete dias úteis, a contar de determinadas ocorrências constantes

89. Instrução CVM-480/2009: Art. 21. O emissor deve enviar à CVM, por meio de sistema eletrônico disponível na página da CVM as seguintes informações periódicas: (i) formulário cadastral; (ii) Formulário de Referência; (iii) demonstrações financeiras; (iv) formulário de demonstrações financeiras padronizadas/DFP; (v) formulário de informações trimestrais/ITR; (vi) comunicação prevista no art. 133 da Lei 6.404/1976, no prazo de 1 mês antes da data marcada para a realização da assembleia-geral ordinária ou no mesmo dia de sua publicação, o que ocorrer primeiro; (vii) edital de convocação da assembleia-geral ordinária, em até 15 dias antes da data da assembleia-geral ordinária ou no mesmo dia de sua primeira publicação, o que ocorrer primeiro; (viii) todos os documentos necessários ao exercício do direito de voto nas assembleias-gerais ordinárias, nos termos da lei ou norma específica, no prazo de 1 mês antes da data da assembleia-geral ordinária; (ix) sumário das decisões tomadas na assembleia-geral ordinária, no mesmo dia da sua realização; (x) ata da assembleia-geral ordinária, em até 7 dias úteis de sua realização, acompanhada das eventuais declarações de voto, dissidência ou protesto; (xi) relatório de que trata o art. 68, § 1º, "b", da Lei 6.404, quando aplicável, em até 4 meses do encerramento do exercício social ou no mesmo dia de sua divulgação pelo agente fiduciário, o que ocorrer primeiro; e (xii) – relatório do agente fiduciário de certificados de recebíveis imobiliários, quando aplicável, em até 4 meses do encerramento do exercício social ou no mesmo dia de sua divulgação pelo agente fiduciário, o que ocorrer primeiro. O emissor que entregar a ata da assembleia-geral ordinária no mesmo dia de sua realização fica dispensado do sumário das decisões tomadas. Estará dispensado de entregar o edital de convocação da assembleia-geral ordinária caso seja considerada regular, nos termos do art. 124, § 4º da Lei 6.404. O emissor estrangeiro ou nacional, constituído sob forma societária diferente de S/A devem entregar documentos equivalentes aos exigidos pelos incisos VI a XI, se houver, nos prazos ali estipulados. A assembleia-geral ordinária que reunir a totalidade dos acionistas pode considerar sanada a inobservância do prazo de que trata o inciso VIII, mas é obrigatório o envio dos documentos previstos naquele inciso antes da realização da assembleia, nos termos do art. 133, § 4º, da Lei 6.404. O emissor está dispensado da entrega da comunicação de que trata o inciso VI, bem como de sua publicação, quando os documentos a que se refere o art. 133 da Lei 6.404 forem publicados até 1 mês antes da data da assembleia-geral ordinária, nos termos do art. 133, § 5º, da Lei 6.404.

da referida instrução e variáveis segundo a categoria do emissor ("A" ou "B").

O segundo dever está consubstanciado na obrigação dos administradores da sociedade de prestar ao mercado, de forma plena e imediata, informações extraordinárias relacionadas ao seu negócio. Nessa linha, o art. 157, § 4º, da Lei 6.404/1976 trata do dever dos administradores de

> (...) comunicar imediatamente à Bolsa de Valores e a divulgar pela imprensa qualquer deliberação da assembleia-geral ou dos órgãos de administração da companhia, ou fato relevante ocorrido nos seus negócios, que possa influir, de modo ponderável, na decisão dos investidores do mercado de vender ou comprar valores mobiliários emitidos pela companhia.

Depreende-se de tal dispositivo que o critério determinante para a divulgação de um fato ou ato potencialmente relevante ao mercado (e, portanto, aos acionistas atuais e potenciais) é a sua influência "na decisão dos investidores de mercado de vender ou de comprar valores mobiliários emitidos pela companhia".[90]

O dispositivo foi regulamentado pela CVM por meio da Instrução 358/2002,[91] cujo art. 2º estabeleceu como "fato relevante" qualquer decisão, deliberação, ato ou fato, de qualquer natureza, que esteja relacionado aos negócios da companhia e interfira: (i) na decisão dos investidores de vender, comprar ou permanecer com seus valores mobiliários; (ii) na cotação dos valores mobiliários da companhia; e (iii) na decisão dos investidores – nesse caso, acionistas da companhia – de exercer quaisquer direitos inerentes à condição de titulares de valores mobiliários da companhia em questão.

90. Valdo Cestari de Rizzo e Marco La Rosa de Almeida, "Do direito do acionista à informação em companhias abertas e fechadas", cit., in Marcelo Vieira von Adamek (coord.), *Temas de Direito Societário e Empresarial Contemporâneos – **Liber Amicorum** Professor Dr. Erasmo Valladão Azevedo e Novaes França*, p. 601.

91. Instrução CVM-358, de 3.1.2002, que "dispõe sobre a divulgação e uso de informações sobre ato ou fato relevante relativo às companhias abertas, disciplina a divulgação de informações na negociação de valores mobiliários e na aquisição de lote significativo de ações de emissão de companhia aberta, estabelece vedações e condições para a negociação de ações de companhia aberta na pendência de fato relevante não divulgado ao mercado, e dá outras providências". Esta instrução revogou a Instrução CVM-31/1984, que tratava da matéria.

Parece ser incontroverso que a preocupação da referida instrução é com a prestação correta e adequada de informações ao mercado,[92] de maneira que a ocorrência de algum dos suportes fáticos mencionados no art. 2º imporá à companhia a obrigação de divulgar, de forma plena, adequada, oportuna e correta, o fato ou ato relevante ao mercado.

Percebe-se que o principal receio da norma externa está voltado para a difusão ou o uso de informações da companhia pelo mercado, por acionistas, administradores ou empregados da companhia em detrimento de seus investidores. É correto dizer, por conseguinte, que o nível de acesso à informação, a forma de divulgação e o direito de recebê-la estão, nesse caso, voltados à defesa dos investidores (e do mercado), muito mais que ao interesse da própria companhia ou de seus acionistas atuais. Conclui-se, assim, que, em matéria de mercado de capitais, o dever da companhia de bem informar o mercado (*externa corporis*) é bastante acentuado, estendendo, em determinados casos, os limites da proteção legal conferida aos acionistas, por intermédio do direito à informação.

Uma vez vencidos os pressupostos iniciais do estudo e suas devidas conexões, veremos como esses conceitos e premissas se comportam e se relacionam no exame da arbitragem societária e no mercado de capitais.

## 5. *Notas sobre os problemas da arbitragem nas sociedades anônimas*

A versão original da Lei 6.404/1976 não continha previsão expressa sobre a matéria arbitral. A reforma perpetrada pela Lei 10.303/2001 acrescentou, entre outros aspectos, o § 3º ao art. 109 da Lei das S/A.[93] A partir da reforma, a lei passou a permitir expressamente que os estatutos das sociedades anônimas elejam a arbitragem como forma de resolução dos conflitos que venham a surgir nas relações entre os acionistas e a companhia ou entre os acionistas controladores e os acionistas minoritários.

Com isso, dissipou-se toda e qualquer dúvida sobre a possibilidade de conflitos societários serem resolvidos por arbitragem, ao mesmo

92. Valdo Cestari de Rizzo e Marco La Rosa de Almeida, "Do direito do acionista à informação em companhias abertas e fechadas", cit., in Marcelo Vieira von Adamek (coord.), *Temas de Direito Societário e Empresarial Contemporâneos – **Liber Amicorum** Professor Dr. Erasmo Valladão Azevedo e Novaes França*, p. 603.

93. Lei das S/A: "Art. 109. O estatuto da sociedade pode estabelecer que as divergências entre acionistas e a companhia, ou entre acionistas controladores e os acionistas minoritários, poderão ser solucionados mediante arbitragem, nos termos em que especificar".

tempo em que se legitimou uma prática já comum em matéria dessa natureza.[94] Em termos pragmáticos, a cláusula arbitral estatutária pode ser inserida tanto na formação da sociedade, por intermédio da assembleia-geral de constituição,[95] quanto em momento posterior, com a alteração do estatuto social, em sede de assembleia-geral extraordinária,[96] cada qual respeitando formalidades e quóruns próprios.

A distinção se justifica já que em matéria societária, mormente nas anônimas, a assembleia-geral é órgão social soberano, nuclear e essencial para o funcionamento da estrutura jurídica da sociedade, aquele que constrói, traduz e expõe imediatamente a vontade do ente social, mediante o cumprimento das formalidades estabelecidas pela lei.[97] Justamente nesse sentido aponta a previsão do art. 120 da Lei 6.404/1976:

> Art. 120. A assembleia-geral, convocada e instalada de acordo com a lei e o estatuto, tem poderes para decidir todos os negócios relativos ao objeto da companhia e tomar as resoluções que julgar convenientes à sua defesa e desenvolvimento.

Ao se ponderar sobre a resolução de conflitos de determinada natureza por arbitragem, é natural que se discutam questões preliminares, tais

94. É digno de nota que o Código Comercial de 1850 (em seus arts. 294, 302, § 5º, e 348) e o Regulamento 737 previam que questões suscitadas entre sócios durante a existência da sociedade ou companhia, sua liquidação e partilha seriam resolvidas, obrigatoriamente, por arbitragem. Essas disposições legais foram revogadas em 1866, por meio da promulgação da Lei 1.350. Em virtude do escopo restrito do presente artigo, optamos por não abordar de forma pormenorizada a questão.

95. Na assembleia-geral de constituição da companhia o ordenamento societário requer a adesão unânime dos subscritores do projeto de estatuto social, nos termos do art. 87, § 2º, da Lei das S/A.

96. Nas reformas estatutárias posteriores, segundo o art. 135 da Lei Societária, o quórum de instalação, em primeira convocação, depende da presença de acionistas que representem 2/3, no mínimo, do capital com direito a voto, podendo-se instalar em segunda convocação com qualquer número. Já, o quórum de votação para a alteração estatutária respeita o disposto no art. 136, sendo de natureza qualificada e exigindo para a aprovação da matéria submetida à deliberação dos acionistas o voto de mais da metade, no mínimo, das ações com direito a voto presentes ao encontro, se quórum maior não for exigido pelo estatuto de sociedades anônimas fechadas.

97. Alfredo De Gregorio, ressaltando a relevância da assembleia-geral para o direito societário, destaca: "Se puede lógicamente admitir – queriendo decir fuera de la disciplina positiva – que falte el órgano administrativo, no que falte la asamblea" ("De las sociedades y las asociaciones comerciales I", trad. de Delia Viterbo de Frieder e Santiago Sentís Melendo, in León Bollafio, Alfredo Rocco e Cesare Vivante, *Derecho Comercial*, 6ª ed., t. VI, Buenos Aires, Ediar, 1950, p. 567).

como (i) a arbitrabilidade subjetiva ou *ratione personae* (cujo objetivo é verificar quem pode se submeter à arbitragem) e (ii) a arbitrabilidade objetiva ou *ratione materiae* (cuja finalidade é determinar quais matérias poderão ser resolvidas pelo juízo arbitral, constituindo, portando, objeto da controvérsia).

No âmbito societário os debates iniciais da doutrina especializada fixaram-se na questão relacionada à arbitrabilidade subjetiva. A inserção da cláusula compromissória nos estatutos sociais provocou uma série de discussões, ainda sem consenso, a respeito do seu aspecto (alcance) subjetivo. Em apertada síntese, tratando-se de convenção arbitral fundada no consenso havido entre as partes, cujo efeito jurídico é a renúncia à tutela judicial estatal, questiona-se se o princípio da maioria, imperativo lógico das sociedades anônimas, teria força suficiente para vincular os acionistas que não manifestaram expressamente concordância com a cláusula estatutária arbitral ou, ainda, aqueles que se mostraram contrários à inserção da arbitragem.[98]

98. O tema é complexo e foge ao escopo do presente artigo. Apenas a título ilustrativo, as dúvidas quanto à eficácia da cláusula arbitral giram em torno das seguintes situações: (i) acionistas divergentes da deliberação que aprovou a inserção da cláusula; (ii) acionistas ausentes à assembleia-geral que aprovou a inclusão da cláusula arbitral; (iii) acionistas que, apesar de presentes à assembleia, se abstiveram da votação; (iv) acionistas titulares de ações preferenciais, sem direito de voto; (v) novos acionistas, que ingressaram na sociedade após a inclusão da cláusula ou que receberam a participação societária em processo sucessório. Sobre o tema, v.: Marcelo Dias Gonçalves Vilela, *Arbitragem no Direito Societário*, Belo Horizonte, Mandamentos, 2004; Juliana Krueger Pela, "Notas sobre a eficácia da cláusula compromissória estatutária", *RDM* 126/129-140, São Paulo, Malheiros Editores, abril-julho/2002; José Virgílio Lopes Enei, "A arbitragem nas sociedades anônimas", *RDM* 129/136-173, Ano 42, São Paulo, Malheiros Editores, janeiro-março/2003; Andréa Goes Acerbi, "A extensão dos efeitos da cláusula compromissória nos estatutos das sociedades anônimas", in Haroldo Malheiros Duclerc Verçosa (org.), *Aspectos da Arbitragem Institucional: 12 Anos da Lei 9.307/1996*, São Paulo, Malheiros Editores, 2008; Pedro A. Batista Martins, *Arbitragem no Direito Societário*, São Paulo, Quartier Latin, 2012.

A doutrina estrangeira também se dedicou ao exame do tema. Na França, v.: Daniel Cohen, *Arbitrage et Société*, Paris, LGDJ, 1993. Nos Estados Unidos: G. Richard Shell, "Arbitration and corporate governance", 67 *North Caroline Law Review*, 1988-1989, pp. 517-575; Julie K. Bracker e Larry D. Soderquist, "Arbitration in the corporate context", 2003 *Columbia Business Law Review*, pp. 1-33; Christos Ravanides, "Arbitration clauses in public company charters: an expansion of the ADR elysian fields or a descent into hades?", 18 *American Review of International*, 2007, pp. 371-401. No Direito Uruguaio, v.: Ricardo Oliveira García, "El arbitraje en materia de sociedades comerciales", in *Estudios de Derecho Societario*, Santa Fé, Rubinzal-Culzoni Editores, 2007, pp. 729-745.

O segundo enfoque da arbitrabilidade no direito das sociedades repousa na sua vertente objetiva. Nessa seara a discussão volta-se para questão da disponibilidade da matéria de natureza societária, haja vista que nenhum dos dispositivos legais aplicados à problemática (sejam eles arbitrais, sejam civis, sejam societários) resolve de forma definitiva a questão. Em resumo, perquire-se se as controvérsias societárias são, na sua totalidade, abrangidas pela concepção de "direitos patrimoniais disponíveis".[99]

Assim como na problemática da arbitrabilidade subjetiva, a doutrina especializada ainda não alcançou consenso, apesar de a maioria dos doutrinadores defender a arbitrabilidade da totalidade ou a quase totalidade das questões societárias – posição com a qual concordamos.[100] Seja

99. Na voz da doutrina especializada, o conceito de *ordem pública* envolve um núcleo intangível de direitos e garantias que não podem ser suprimidos ou modificados pela vontade das partes Em matéria societária fala-se, inclusive, na existência de uma "ordem pública societária", diante da qual o árbitro deve se ater ao exame de determinada questão posta à sua apreciação. Assim, na seara societária a ordem pública seria uma série de princípios e regras basilares que fundamentam o funcionamento da sociedade. Não obstante, não se pode confundir a existência de uma "ordem pública societária" com a indisponibilidade do direito posto em discussão. Salientamos, nesse sentido, os importantes ensinamentos de Pedro A. Batista Martins: "(...). Indisponibilidade e ordem pública são conceitos que se tocam, mas não se confundem. Enquanto a indisponibilidade é elemento intrínseco ao objeto do direito, a ordem pública é elemento extrínseco de resguardo ou proteção do direito (...). Todo direito indisponível é de ordem pública, mas nem toda a ordem pública se insere nas restrições atinentes ao direito indisponível. A disposição ou a regulação do direito indisponível não se insere na esfera da autonomia do seu titular. Ao contrário, o titular de um direito submetido a regras de ordem pública pode dele livremente dispor, independentemente da existência ou não de tais dispositivos de preservação do seu direito. O que lhe é defeso, justamente, é violar a norma de ordem pública que a lei impõe para preservar as relações em sociedade (...). A indisponibilidade subtrai do árbitro a jurisdição, enquanto a ordem pública lhe impõe o dever de observância no julgamento da questão controversa" (*Arbitrabilidade Subjetiva e a Imperatividade dos Direitos Societários como Pretensos Fatores Impeditivos para a Adoção da Arbitragem nas Sociedades Anônimas*, disponível em *http://www.ambito-juridico.com.br/site/index.php?n_link=revista_artigos_leitura&artigo_id=2372*, acesso em 12.11.2010). Sobre a matéria, v. também: Marcelo Dias Gonçalves Vilela, *Arbitragem no Direito Societário*, cit., p. 171; Pedro A. Batista Martins, *Arbitragem no Direito Societário*, cit., 2012.

Na doutrina estrangeira, v.: Maria del Pilar Perales Viscasillas, "Arbitrability of (intra) corporate disputes", in Loukas A. Mistelis e Stavros Breloulakis, *Arbitrability: International & Comparative Perspectives*, Netherlands, Wolters Kluwer Law Business, 2009; Daniel Cohen, *Arbitrage et Société*, cit., 1993.

100. Nelson Eizirik, "Arbitrabilidade objetiva nas sociedades anônimas e instituições financeiras", in *Estudos de Direito Empresarial*. São Paulo, Saraiva, 2010, p. 21.

como for, a resolução dessas questões é complexa, e foge ao escopo do presente artigo.

## 6. *Notas sobre a arbitragem no âmbito do mercado de capitais*

Para melhor analisar o tema é indispensável realizar breve digressão histórica no que se refere à evolução do mercado de capitais no Brasil: no ano de 2000,[101] antes mesmo da reforma societária perpetrada pela Lei 10.303/2001, a Bovespa, sob influência de princípios de governança corporativa,[102] passou a exigir de companhias abertas que desejassem ingressar em segmentos especiais de listagem, como o Nível II de Governança[103] e o Novo Mercado,[104] a adoção da arbitragem – a ser conduzida na Câmara de Arbitragem do Mercado/CAM – como meio de resolução de conflitos relacionados ou oriundos do respectivo regulamento de listagem, do contrato de participação, das cláusulas compromissórias (em especial quanto à sua aplicação, validade, eficácia, interpretação, violação e seus efeitos).

Nunca é demais lembrar que a criação do Novo Mercado, como segmento diferenciado de governança corporativa, repousou sobre três pilares fundamentais: (i) a informação completa, com parâmetros acima dos previstos na legislação societária; (ii) o reforço das garantias

Para ilustrar a divergência existente sobre o tema, o TJSP entendeu que a discussão em torno do direito de se retirar de sociedade não constitui direito patrimonial disponível passível de sujeição à arbitragem (TJSP, 1ª Câmara Reservada de Direito Empresarial, rel. Des. Pereira Calças, j. 11.11.2012) – posição da qual discordamos.

101. Implantados em dezembro/2000 pela Bolsa de Valores de São Paulo/Bovespa, por meio da Resolução 264/2000. Para informações adicionais, acesse *www.bmfbovespa.com.br*.

102. Para informações adicionais sobre o tema recomendamos o acesso ao site *www.ibgv.org.br*, em especial o Código de Melhores Práticas de Governança Corporativa, atualmente em sua quarta versão, cuja última atualização é de 2009.

103. A principal diferença entre o Novo Mercado e o Nível 2 refere-se à emissão de ações preferenciais. Enquanto as empresas do Novo Mercado só possuem ações ordinárias (todos têm direito de voto), as empresas do Nível 2 têm ações preferenciais, muito embora os titulares dessas ações preferenciais tenham direito de voto em algumas matérias específicas. Para informações adicionais, recomendamos o *site http://www.bmfbovespa.com.br/pt-br/a-bmfbovespa/download/Folder_Nivel2.pdf* (acesso em 17.3.2011).

104. O Novo Mercado é um segmento de listagem destinado à negociação de ações emitidas por companhias que se comprometam, voluntariamente, com a adoção de práticas de governança corporativa adicionais em relação ao que é exigido pela legislação. Para informações adicionais, acesse *http://www.bmfbovespa.com.br/Pdf/RegulamentoNMercado.pdf* (acesso em 17.3.2011).

patrimoniais dos minoritários no momento de saída da sociedade – *tag along*; e (iii) a inclusão de mudanças estruturais – cujo objetivo foi modificar a conformação interna das sociedades –, dentre as quais está a resolução de conflitos societários por arbitragem, enfoque do presente artigo.[105]

Assim como na esfera societária, a análise da arbitragem no âmbito do mercado de capitais também requer o exame de questões relacionadas à arbitrabilidade objetiva e à subjetiva, que serão expostas, de forma resumida, abaixo.

### 6.1 *Arbitrabilidade objetiva*

Quanto à arbitrabilidade objetiva, existem, pelo menos, dois tipos de relações jurídicas formadas entre as companhias que participam do mercado de capitais: (i) aquelas que objetivam a tutela da poupança popular, relacionadas com a ideia de dispersão do capital entre os potenciais investidores, e (ii) aquelas destinadas a regular a forma de interação entre os diferentes participantes do mercado.[106]

A doutrina especializada entende, com razão, que relações jurídicas decorrentes do poder de polícia dos órgãos reguladores (Conselho Monetário Nacional/CMN, Banco Central, Comissão de Valores Mobiliários/CVM) são indicativas da inarbitrabilidade da questão, da mesma forma que regras referentes aos poderes de fiscalização e repressão de condutas no mercado pelo órgão regulador (no caso do Brasil, a CVM) apontam para a proteção de interesses que transcendem os individuais

105. Importante ressaltar que a ideia que subjaz à instituição da arbitragem no Novo Mercado reside no fato de que a especialidade, a qualidade da decisão e a celeridade das Cortes Arbitrais são aspectos de suma relevância para o correto equacionamento de conflitos dessa natureza. A título exemplificativo, ressalte-se que a arbitragem em matéria de mercado de capitais é bastante disseminada em mercados desenvolvidos, como os Estados Unidos, por meio da *National Association of Securities Dealers*/NASD – cujas regras estão no *NASD Code of Arbitration Procedure for Costumer Disputes*, disponível em *www.nasdaq.com* –, e da *New York Stock Exchange*/NYSE – disponível em *http://nyserules.nyse.com* –, e na Inglaterra, por meio da *International Cotton Association*/ICA – disponível em *http://www.ica-ltd.org/our-services/bylaws-and-rules* (acesso em 19.3.2011).

106. Em bom resumo, Daniel de Andrade Lévy completa: "(...) as relações jurídicas oriundas do mercado de capital produzem direitos e obrigações que, embora nitidamente patrimoniais, podem não ser arbitráveis, quando se acrescenta a esse contexto a ideia da proteção da poupança popular" ("Aspectos polêmicos da arbitragem no mercado de capitais", *Revista Brasileira de Arbitragem* 27/7-37, Ano VII, São Paulo, Síntese, julho-setembro/2010 – p. 22).

(adentrado em matérias de interesse público[107]), sendo também inarbitráveis.[108]

De outra banda, as relações jurídicas privadas estabelecidas entre os participantes do mercado são arbitráveis, na medida em que seu vínculo contratual busca justamente regular e disciplinar direitos e obrigações que se restringem aos seus interesses, tendo raízes privatistas o eventual conflito surgido entre eles, ainda que de ordem e natureza complexa. São exemplos dessas situações as relações entre as Bolsas de Valores, suas corretoras e as companhias listadas, as relações dos contratos de *underwriting*,[109] dos Fundos de Investimento em Participações/FIP, emissão de *American Depositary Receipts*/ADR, entre outras.

Neste ponto é preciso atentar para um aspecto importante: apesar de a inclusão de cláusula arbitral estatutária ser uma condição de ingresso da companhia em segmentos especiais da BM&FBovespa (*e.g.*, item 13.1 do Regulamento do Novo Mercado,[110] mantido na reforma realizada em 2011), a existência da cláusula estatutária não exige que os conflitos societários gerados no âmbito interno da ingressante (*e.g.*, controvérsias entre administradores, acionistas entre si e a companhia) sejam necessariamente submetidos e julgados pela Câmara de Arbitragem do Mercado.[111]

107. Verçosa, "A arbitragem e o mercado de capitais", cit., *RDM* 146/160.

108. Regras dessa natureza permitem que o Estado exerça seu poder de polícia, seja por meio de órgãos delegados, como a CVM, o CMN e o Banco Central, seja de forma indireta, via autorregulação (Lévy, "Aspectos polêmicos da arbitragem no mercado de capitais", cit., *Revista Brasileira de Arbitragem* 27/23).

109. Lévy, "Aspectos polêmicos da arbitragem no mercado de capitais", cit., *Revista Brasileira de Arbitragem* 27/23.

110. Regulamento do Novo Mercado, item 13.1: "13.1 **Arbitragem.** A BM&FBovespa, a companhia, o acionista controlador, os demais acionistas da companhia, os administradores e os membros do conselho fiscal da companhia comprometem-se a resolver toda e qualquer disputa ou controvérsia relacionada com ou oriunda deste Regulamento de Listagem, do Contrato de Participação no Novo Mercado, do Regulamento de Sanções, das Cláusulas Compromissórias, em especial, quanto à sua aplicação, validade, eficácia, interpretação, violação e seus efeitos, por meio de arbitragem, perante a Câmara de Arbitragem do Mercado, nos termos do seu Regulamento de Arbitragem".

111. Ao tratar da finalidade da Câmara de Arbitragem do Mercado, o item 1.2 do Regulamento dispõe que o objetivo da instituição arbitral é mais abrangente, objetivando "assegurar aos participantes dos segmentos especiais de listagem da Bovespa (de acordo com o item 2.1, isto é, a Bovespa, as companhias, os controladores, os administradores; os membros do conselho fiscal; e os investidores, desde que tenham, voluntariamente, anuído ao Regulamento por meio da assinatura do Termo de Anuência, nos termos do item 5.2.2 do presente Regulamento) as normas

Em outras palavras: a cláusula compromissória estatutária exigida para ingresso no segmento especial é aquela celebrada quando a companhia decide ingressar, contratualmente, no sistema de regras e princípios do Novo Mercado, sendo que sua abrangência, nos termos do item 13.1, está limitada à resolução de conflitos relacionados ou oriundos do Regulamento de Listagem, do contrato de participação e das cláusulas compromissórias (em especial quanto à sua aplicação, validade, eficácia, interpretação, violação e efeitos).

Assim, em regra, por se tratar de convenção específica firmada entre a companhia e a instituição responsável pela intermediação das operações do mercado, seu alcance objetivo está limitado às questões acima previstas, não se estendendo para a resolução de conflitos societários endógenos,[112] cuja resolução pode ser remetida ao Poder Judiciário ou a qualquer outra câmara ou centro de arbitragem.

Nada impede, todavia, que os acionistas decidam que os eventuais conflitos internos da sociedade e/ou entre eles também sejam submetidos e julgados pela Câmara de Arbitragem do Mercado, que parece ser, de fato, a alternativa mais sensata e conveniente[113] e também a que tem sido adotada pelas companhias.[114]

institucionais e procedimentais necessárias à obtenção de soluções para todos os conflitos que possam surgir entre eles, decorrentes da aplicação das disposições contidas na Lei das S/A, nos estatutos sociais das companhias, nas normas editadas pelo Conselho Monetário Nacional, pelo Banco Central do Brasil e pela Comissão de Valores Mobiliários, bem como nas demais normas aplicáveis ao funcionamento do mercado de capitais em geral, além daquelas constantes do Regulamento de Listagem do Novo Mercado, do Regulamento de Práticas Diferenciadas de Governança Corporativa e dos contratos firmados pelas companhias listadas nos Segmentos Especiais de Listagem da Bovespa, com a estrita observância à legislação vigente".

112. Marcelo Dias Gonçalves Vilela, *Arbitragem no Direito Societário*, cit., p. 241. Daniel de Andrade Lévy compartilha a mesma visão: "(...) a obrigatoriedade de submissão à CAM, imposta pela BM&FBovespa aos signatários das Normas de Listagem dos Níveis 2 e Novo Mercado, destina-se apenas à resolução de conflitos em que for parte o órgão de autorregulação, não se estendendo às divergências surgidas no âmbito interno da companhia" ("Aspectos polêmicos da arbitragem no mercado de capitais", cit., *Revista Brasileira de Arbitragem* 27/21).

113. Interessante notar a redação do item 1.3 do novo Regulamento da CAM: "Além dos participantes, quaisquer outras pessoas físicas, jurídicas, fundos ou universalidades de direitos poderão adotar o presente Regulamento para a solução de seus conflitos, desde que esses sejam referentes a direito empresarial".

114. V., por exemplo, o caso da CPFL Energia S/A, companhia aberta listada no Novo Mercado da BM&FBovespa (art. 44 do Estatuto Social): "A Companhia, seus acionistas, os administradores e os membros do conselho fiscal obrigam-se a resolver, por meio de arbitragem, toda e qualquer disputa ou controvérsia que

### 6.2 *Arbitrabilidade subjetiva*

A questão relacionada à arbitrabilidade subjetiva merece atenção especial, já que a sistemática normativa foi alterada na reforma do Regulamento do Novo Mercado e do Regulamento da Câmara de Arbitragem do Mercado/CAM, ambas ocorridas em 2011.

possa surgir entre eles, relacionada ou oriunda, em especial, da aplicação, validade, eficácia, interpretação, violação e seus efeitos, das disposições contidas na Lei das S/A, no estatuto social da companhia, nas normas editadas pelo Conselho Monetário Nacional, pelo Banco Central do Brasil e pela Comissão de Valores Mobiliários, bem como nas demais normas aplicáveis ao funcionamento do mercado de capitais em geral, além daquelas constantes no Regulamento de Listagem do Novo Mercado, do Contrato de Participação no Novo Mercado, das Cláusulas Compromissórias e do Regulamento de Arbitragem da Câmara de Arbitragem do Mercado. A arbitragem será conduzida pela Câmara de Arbitragem do Mercado instituída pela Bolsa de Valores de São Paulo" (disponível em *http://www.cpfl.com.br/LinkClick.aspx?fileticket=%2BbOUXyLtk9c%3D&tabid=1599*, acesso em 26.3.2011). A título comparativo, v. o art. 31 do Estatuto Social da Drogasil S/A, companhia aberta listada no Novo Mercado: "A Companhia, seus acionistas, administradores e os membros do conselho fiscal obrigam-se a resolver, por meio de arbitragem, toda e qualquer disputa ou controvérsia que possa surgir entre eles, relacionada ou oriunda, em especial, da aplicação, da validade, da eficácia, da interpretação, da violação e de seus efeitos, das disposições contidas na Lei das S/A, no Estatuto Social da Companhia, nas normas editadas pelo Conselho Monetário Nacional, pelo Banco Central do Brasil e pela Comissão de Valores Mobiliários, bem como nas demais normas aplicáveis ao funcionamento do mercado de capitais em geral, além daquelas constantes do Regulamento de Listagem do Novo Mercado, do Contrato de Participação no Novo Mercado e do Regulamento de Arbitragem da Câmara de Arbitragem do Mercado" (disponível em *http://www.mzweb.com.br/drogasil/web/conteudo_pt.asp?idioma=0&tipo=6316&submenu=2&img=6312&conta=28#10*, acesso em 26.3.2011). No mesmo sentido, o modelo de cláusula compromissória arbitral sugerido pela Câmara Arbitral do Mercado é este: "A companhia, seus acionistas, administradores e membros do conselho fiscal obrigam-se a resolver, por meio de arbitragem, de acordo com o Regulamento de Arbitragem da Câmara de Arbitragem do Mercado, toda e qualquer disputa ou controvérsia que possa surgir entre eles, relacionada ou oriunda, em especial, da aplicação, validade, eficácia, interpretação, violação e seus efeitos, das disposições contidas na Lei n. 6.404/1976, em seu estatuto social, nas normas editadas pelo Conselho Monetário Nacional, pelo Banco Central do Brasil e pela Comissão de Valores Mobiliários, bem como nas demais normas aplicáveis ao funcionamento do mercado de capitais em geral, além daquelas constantes do Regulamento de Listagem do Novo Mercado, do Contrato de Participação no Novo Mercado (ou, conforme o caso, 'Contrato de Adoção de Práticas Diferenciadas de Governança Corporativa Nível 2') e do Regulamento de Arbitragem da Câmara de Arbitragem do Mercado" (disponível em *http://www.camaradomercado.com.br/InstDownload/ciasListadas.pdf*, acesso em 26.3.2011). Nota-se que, apesar de sensíveis, as mudanças existem, e os efeitos delas decorrentes são importantes para determinar os alcances objetivo e subjetivo da cláusula arbitral.

O Regulamento anterior do Novo Mercado permaneceu em vigor até 9.5.2011, enquanto o Regulamento anterior da CAM manteve sua vigência até 25.10.2011. Ambos os sistemas previam tratamento especial à cláusula compromissória estatutária, o que se explica em razão da data de lançamento dos segmentos especiais, no ano 2000, época em que a arbitragem no Brasil engatinhava e ainda poderia ser um fator de risco para o sucesso da iniciativa (v., por exemplo, que nem sequer havia sido declarada a constitucionalidade da Lei 9.307/1996).

O novo Regulamento da CAM alterou substancialmente o regramento e a disciplina do tema,[115] retirando o caráter protecionista da sistemática anterior, na qual os novos acionistas eram equiparados a consumidores e a adesão à cláusula compromissória (e ao Regulamento da CAM) era uma faculdade, que exigia a assinatura de termo de anuência apartado. Em outras palavras: se o novo acionista de companhia listada no Novo Mercado optasse, após adquirir as ações, por não assinar termo de anuência, não estaria obrigado a submeter eventual conflito a arbitragem, podendo levar o litígio ao Poder Judiciário.[116]

A mudança parece ter sido conceitual e aderente à realidade do mercado de capitais no País. A nova disciplina nem sequer faz referência especial aos novos acionistas ou investidores. Fixa ela, no item 1.1 das "Disposições Preliminares", que o objetivo do Regulamento é estabelecer as normas de arbitragem aplicáveis à solução de conflitos envolvendo participantes dos mercados regulados pela BM&FBovespa decorrentes de relações societárias ou contratuais disciplinadas pela Lei 6.404/1976, pelos estatutos sociais das companhias ou pelas normas aplicáveis ao funcionamento do mercado de capitais em geral.

Seguindo a mesma linha, o item 1.2 especifica o significado do termo "participantes" (também sem fazer qualquer menção especial aos novos acionistas), o qual deve abranger "as companhias cujos valores mobiliários sejam admitidos à negociação nos segmentos especiais de listagem da BM&FBovespa, seus acionistas controladores e demais acionistas, seus administradores e membros de conselhos fiscais, bem

115. Para análise do tema anteriormente à reforma, v.: Taissa Macaferri Licatti, "Novo Mercado: influência e aspectos relacionados à inserção da cláusula compromissória arbitral nos estatutos sociais", in Haroldo Malheiros Duclerc Verçosa (org.), *Aspectos da Arbitragem Institucional: 12 Anos da Lei 9.307/1996*, São Paulo, Malheiros Editores, 2008.

116. O item 5.4 do Regulamento anterior disciplina o assunto. Para informações adicionais, v. *http://www.camaradomercado.com.br* (o antigo Regulamento está disponível no referido endereço eletrônico – acesso em 1.1/2013).

como os investidores e intermediários em operações com títulos e valores mobiliários emitidos pelas referidas companhias ou a eles referenciados".

O Regulamento é, também, mais enxuto que o anterior (no total tem 9 itens, contra 16 da versão antiga) e se dedica a disciplinar o procedimento arbitral em si (instalação da arbitragem, formação do tribunal arbitral, produção de provas – entre outros).[117] Quanto à cláusula compromissória, o texto conferiu-lhe eficácia plena, reconhecendo a vinculação do acionista à arbitragem por sua simples inserção no estatuto social da companhia.

Conclui-se, portanto, que não há mais tratamento diferenciado quanto aos acionistas controladores e demais acionistas, minoritários ou investidores, no âmbito da CAM – o que nos parece uma iniciativa acertada em face do novo momento institucional do mercado de capitais e da arbitragem no País. Presume-se, assim, que todo e qualquer acionista que adquirir ações posteriormente ao ingresso da companhia no Novo Mercado adere automaticamente ao Regulamento da CAM, estando vinculado à cláusula compromissória estatutária, sem necessidade de assinatura de termo de anuência apartado, como ocorria anteriormente.[118]

Por outro lado, a nova versão do Regulamento do Novo Mercado continua dispensando tratamento diferenciado ao tema da arbitragem,

117. É importante notar que o Regimento Interno da CAM ainda não foi objeto de reforma. No entanto, segundo informações da Câmara, disponíveis no seu *site* oficial, a reformulação deve ocorrer nos próximos meses (disponível em *http://www.camaradomercado.com.br*, acesso em 1.1.2013).

118. Vale referir que o novo Regulamento da CAM também não repetiu (i) a previsão do item 5.3.1, que estendia o alcance subjetivo da cláusula compromissória estatutária a membros da administração (conselho e diretoria) e do conselho fiscal da companhia, condicionando a posse nos respectivos cargos à assinatura de tal documento (essa exigência permanece no novo Regulamento do Novo Mercado), nem o (ii) Capítulo 13, que previa sanções para os participantes dos segmentos especiais de listagem que descumprissem previsões regulamentares (que também parece ter sido substituído pelo Regulamento de Aplicações de Sanções Pecuniárias no Novo Mercado – anexo ao novo Regulamento do Novo Mercado). O expediente das sanções anteriormente previsto pelo Capítulo 13 do Regulamento da CAM era utilizado pela administração da Câmara, como se pode observar do Comunicado Externo 003, datado de 10.2.2011, no qual foi divulgado ao mercado que determinado investidor se omitiu no dever de concorrer com a instauração de Tribunal Arbitral da BM&FBovespa, razão pela qual foi determinado que os participantes dos mercados por ela administrados estão proibidos de com ele contratar (disponível em *http://www.bmfbovespa.com.br/oficiosComunicados*, acesso em 14.2.2011). A despeito de não mencionar o prazo da proibição, o que pode determinar, em última instância, a própria nulidade da decisão, ela parece estar em conformidade com as previsões anteriores do Regulamento.

como fazia anteriormente à reforma,[119] prevendo no item 13.1, por exemplo, que a informação sobre a existência e a vinculação da companhia à cláusula compromissória de arbitragem conste na sua página oficial na rede mundial de computadores.[120]

Em nosso sentir, no caso do Novo Mercado o regime diferenciado ainda se justifica, na medida em que as obrigações arbitrais se inserem em um arcabouço de regras, medidas excepcionais, cujo conhecimento passa a ser exigido de todo participante ou interessado em ingressar no segmento, tendo por objetivo, ao fim e ao cabo, dar coesão, legitimidade e coerência ao sistema.

### *6.3 A confidencialidade na arbitragem*

As reformas referidas nos itens 4.1 e 4.2 foram resultado de intensas discussões acerca da aplicação e da licitude da regra do sigilo absoluto no âmbito do mercado de capitais. O ponto nodal da temática gira em torno do seguinte: como conciliar o dever de sigilo assumido pelas partes frente à instituição arbitral com o direito interno de informação dos acionistas e o dever externo de bem informar o mercado, tratando-se de sociedades anônimas abertas.

Muito embora a Lei 9.307/1996 não estabeleça expressamente a confidencialidade como uma das características da arbitragem, os regulamentos da maioria das câmaras arbitrais determinavam, até o final de 2011,[121] que os procedimentos arbitrais deveriam tramitar em regime sigiloso (ou em segredo[122]). Em termos conceituais, pode-se

119. Exemplos desse tratamento diferenciado dizem respeito (i) ao condicionamento da posse de membros do conselho de administração, conselho fiscal e diretoria à assinatura de termo de anuência (que, entre outras questões, contém o Regulamento da CAM); (ii) à exigência de que toda controvérsia relacionada à alienação de controle seja resolvida por arbitragem; (iii) ao fato de o alienante não poder transferir a propriedade de suas ações enquanto o comprador (novo acionista controlador) não subscrever o respectivo termo de anuência (Seção VIII) – entre outros.

120. Disponível em *http://www.bmfbovespa.com.br* (acesso em 1.1.2013).

121. Como veremos a seguir, os regulamentos de algumas das principais câmaras arbitrais que impunham o dever de sigilo absoluto às partes, terceiros e árbitros, sem exceção, foram flexibilizados nas reformas realizadas no ano de 2011. Dentre as que tiveram seus regulamentos reformados nesse ponto estão a CAM e o Centro de Arbitragem da Câmara de Comércio Brasil-Canadá/CCBC.

122. V., a título de exemplo, que o antigo Regulamento da CAM, ao tratar das garantias do procedimento arbitral, determinava, em seu art. 6.2, a adoção do sigilo como regra. O art. 1º do Regimento Interno (ainda vigente, mas que, segundo informações, brevemente será alterado) determina o sigilo e prevê multa pecuniária

dizer que o principal objetivo da confidencialidade na arbitragem é permitir que as controvérsias sejam dirimidas sem afetar a continuidade das relações contratuais, evitando que terceiros interpretem a existência do litígio como uma ruptura ou quebra de confiança em suas relações contratuais.[123]

E, a despeito de não ser um dever imposto pela lei, parte da doutrina arbitral entende que o sigilo é uma característica inerente, intrínseca, à arbitragem (*implied obligation*[124-125]), especialmente no contexto da arbitragem comercial internacional.[126] No âmbito nacional a posição fundamenta-se no cumprimento pelas partes do dever lateral de lealdade e de proteção, manifestado na confiança delas de que o sigilo que cercará os arranjos contratuais enlaçados será efetivamente preservado em toda a vida do negócio jurídico, inclusive na resolução por arbitragem dos conflitos dele decorrentes.[127]

Não há dúvida de que o argumento é sensato e convincente, mas o aprofundamento da discussão em torno dele foge ao escopo do presente

na hipótese de descumprimento por uma das partes. Na mesma direção, outros regulamentos arbitrais previam o caráter sigiloso e/ou confidencial do procedimento arbitral, dentre os quais estava o Regulamento do Centro de Arbitragem da Câmara de Comércio Brasil-Canadá/CCBC (art. 9.8).

123. José Emílio Nunes Pinto, *A Confidencialidade na Arbitragem* (disponível em *www.ccbc.org.br/download/artarbit11*, acesso em 25.11.2010).

124. Idem, ibidem.

125. Vale lembrar que por muito tempo, tanto em Países do sistema de sistema de Direito codificado (*Civil Law*) quanto de Direito costumeiro (*Common Law*), a confidencialidade foi considerada um traço característico da arbitragem, em visível oposição ao sistema de livre acesso dos procedimentos judiciais. Sobre o tema, v. excelente estudo de Giovana Valentiniano Benetti, *O Dever de Confidencialidade na Arbitragem Comercial Internacional: Fontes, Desdobramentos e Extensão*, trabalho de conclusão de curso, Porto Alegre, Faculdade de Direito da UFRS, 2011, pp. 16-21.

126. João Bosco Lee, "O princípio da confidencialidade na arbitragem comercial internacional", in Wagner Menezes, *O Direito Internacional e o Direito Brasileiro. Homenagem a Francisco Rezek*, Ijuí, Unijuí, 2004, pp. 732-740. No referido estudo há menção a duas decisões de tribunais arbitrais que alteraram o panorama de abordagem do tema, a saber: o caso da *A. I. Trade Finance Inc.* em face de *Bulgarian Trade Foreign Bank Ltd.* (Suprema Corte da Suécia, ano 2000) e o da *Esso Australia Resources Ltd.* em face da *Plowman* (Suprema Corte australiana, ano 2005).

127. José Emilio Nunes Pinto ressalta que haverá casos em que a simples ciência acerca da controvérsia poderá afetar direitos associados à relação que se tornou litigiosa, tais como a expectativa de desempenho de companhias e de seus negócios. No entanto, o referido autor entende que essa característica não deve e não pode ser vista como um artifício para que se consagrem decisões irrecorríveis à margem da Ética ou, ainda, que ela sirva como verdadeira cortina de fumaça para ocultar o andamento do procedimento arbitral (*A Confidencialidade na Arbitragem*, cit.).

ensaio.[128] Para os fins do presente ensaio, cabe sublinhar que a arbitragem é uma ferramenta de grande utilidade para a resolução de impasses societários e também na seara do mercado de capitais, e, em razão disso, a questão da confidencialidade gera certas indagações, mormente quando cotejada com o direito de informação do acionista e com o dever de bem informar o mercado.[129]

Como já referimos, no final do ano de 2011 os regulamentos de algumas das principais câmaras arbitrais brasileiras, dentre as quais a Câmara de Arbitragem do Mercado/CAM e o Centro de Mediação e Arbitragem da Câmara de Comércio Brasil-Canadá/CCBC, ambas seguindo o exemplo da Câmara de Comércio Internacional/CCI, cujo novo Regulamento está em vigor desde 1.1.2012, foram reformados, inclusive no que se refere à questão da confidencialidade.

Na nova regulamentação, por exemplo, o art. 14 do Regulamento da CCBC estabelece que o procedimento arbitral é sigiloso, ressalvadas as hipóteses previstas em lei ou por acordo expresso das partes ou diante da necessidade de proteção de direito de parte envolvida na arbitragem, podendo, para fins de pesquisa e levantamentos estatísticos, ser publicados excertos da sentença, sem mencionar as partes ou permitir sua identificação. O artigo proíbe também que os membros da CCBC, os árbitros, os peritos, as partes e os demais intervenientes divulguem quaisquer informações a que tenham tido acesso em decorrência de ofício ou de participação no procedimento arbitral.

No mesmo sentido, o item 9 do Regulamento da Câmara de Arbitragem do Mercado/CAM estabeleceu que: "O procedimento arbitral é sigiloso, devendo as partes, árbitros e membros da Câmara de Arbitragem abster-se de divulgar informações sobre seu conteúdo, exceto em cumprimento a normas dos órgãos reguladores, ou previsão legal". Os terceiros que participarem do procedimento arbitral na condição de testemunha, perito ou assistente técnico também deverão respeitar o dever de sigilo, sendo essa participação limitada ao cumprimento de sua função específica no procedimento arbitral. Estão autorizadas, no entanto, publicações periódicas de ementários de sentenças arbitrais proferidas,

128. Para abordagem crítica dos posicionamentos da doutrina nacional e estrangeira sobre o tema, v. Benetti, *O Dever de Confidencialidade na Arbitragem Comercial Internacional: Fontes, Desdobramentos e Extensão*, cit., pp. 77-81.

129. Fernando Eduardo Serec e Eduardo Rabelo Kent Coes, *Confidencialidade de Arbitragem é Relativizada no Novo Mercado*, disponível em *www.bmfbovespa.com.br/juridico/noticias-e-entrevistas/Noticias/Confidencialidade-de-arbitragem-e-relativizada-no-Novo-Mercado.asp* (acesso em 20.11.2010).

agrupadas por temas tratados, as quais poderão ser levadas em conta pelos árbitros como simples referencial, a fim de orientar suas decisões, devendo a forma de publicação das sentenças suprimir qualquer elemento que possibilite a identificação do procedimento.

Como era de se esperar em razão da tônica das críticas e das pressões advindas do mercado e da academia, as reformas relativizaram o caráter absoluto do sigilo arbitral, autorizando a divulgação de informações sobre o conteúdo da arbitragem quando exigido para dar cumprimento a normas dos órgãos reguladores ou a previsão legal.[130] Autorizaram, também, a publicação periódica de ementário das sentenças arbitrais proferidas, fato que contribuirá enormemente para a difusão da cultura arbitral entre nós.

Na prática, as reformas apenas formalizaram o entendimento já esposado pela doutrina, a partir da experiência internacional, que vinha sendo implementado pelas companhias abertas listadas em Bolsa: a confidencialidade do procedimento arbitral não exime a obrigação legal de publicar fato relevante, quando caracterizados os elementos previstos pela Instrução CVM-358/2002, nem de prestar informações periódicas ao mercado, na linha exigida pela Instrução 480/2009 da mesma Comissão. A despeito disso, como veremos abaixo, a questão ainda enseja debates, especialmente quanto ao enquadramento normativo do chamado "fato relevante arbitral" e ao conteúdo do material a ser divulgado ao mercado.

### 6.3.1 *Formulário de Referência, fato relevante e a confidencialidade do procedimento*

Sabe-se que a companhia aberta tem o dever de bem informar o mercado de forma tanto periódica quanto excepcional. Para a prestação de informações periódicas as companhias devem observar as normas constantes na Instrução CVM-480/2009, dentre as quais a do art. 24, que dispõe sobre o conteúdo do Formulário de Referência. O órgão regulador exige também que as companhias abertas – respeitada sua categoria de listagem ("A" ou "B") – prestem informações eventuais por meio do sistema eletrônico disponível na *web*, sendo o elenco de tais informações bastante variado (constante nos incisos dos arts. 30 e 31 da Instrução 480/2009).

130. Para estudo mais abrangente sobre o Direito Comparado, v. Benetti, *O Dever de Confidencialidade na Arbitragem Comercial Internacional: Fontes, Desdobramentos e Extensão*, cit., pp. 63-69.

Sobre a forma e o conteúdo dessas informações, os arts. 14 a 19 da referida instrução estabelecem que tais informações devem ser: (i) verdadeiras, completas, consistentes, que não induzam o investidor a erro (art. 14); (ii) escritas em linguagem simples, clara, objetiva e concisa (art. 15); (iii) abrangentes, equitativas e simultâneas para todo o mercado (art. 16); e (iv) úteis à avaliação dos valores mobiliários (art. 17). E mais: se a informação divulgada for válida por um prazo determinável, tal prazo deve ser indicado (art. 18), devendo as informações factuais ser diferenciadas de interpretações, opiniões, projeções e/ou estimativas e, sempre que possível e adequado, vir acompanhadas da indicação de suas respectivas fontes (art. 19).

No que se refere à arbitragem no âmbito do mercado de capitais, vale referir que o Anexo 24 da Instrução 480/2009 – que trata do conteúdo do Formulário de Referência – menciona, no item 4º, os fatores de risco capazes de influenciar decisões de investimento, dentre os quais está arrolada a obrigação da companhia de:

> 4.3 Descrever os processos judiciais, administrativos ou arbitrais em que o emissor ou suas controladas sejam parte, discriminando entre trabalhistas, tributários, cíveis e outros: (A) que não estejam sob sigilo, e (B) que sejam relevantes para os negócios do emissor ou de suas controladas, indicando: (i) juízo; (ii) instância; (iii) data de instauração; (iv) partes no processo; (v) valores, bens ou direitos envolvidos; (vi) principais fatos; (vii) se a chance de perda é (a) provável; (b) possível; (c) remota; (viii) análise do impacto em caso de perda do processo; (ix) valor provisionado, se houver provisão.
>
> 4.4 Descrever os processos judiciais, administrativos ou arbitrais que não estejam sob sigilo, em que o emissor ou suas controladas sejam parte e cujas partes contrárias sejam administradores ou ex-administradores, controladores ou ex-controladores ou investidores do emissor ou de suas controladas, informando: (i) juízo; (ii) instância; (iii) data de instauração; (iv) partes no processo; (v) valores, bens ou direitos envolvidos; (vi) principais fatos; (vii) se a chance de perda é (a) provável; (b) possível; (c) remota; (viii) análise do impacto em caso de perda do processo; (ix) valor provisionado, se houver provisão.
>
> 4.5 Em relação aos processos sigilosos relevantes em que o emissor ou suas controladas sejam parte e que não tenham sido divulgados nos itens 4.3 e 4.4 acima, analisar o impacto em caso de perda e informar os valores envolvidos.
>
> 4.6 Descrever os processos judiciais, administrativos ou arbitrais repetitivos ou conexos, baseados em fatos e causas jurídicas semelhantes, que não estejam sob sigilo e que em conjunto sejam relevantes, em que o

emissor ou suas controladas sejam parte, discriminando entre trabalhistas, tributários, cíveis e outros, e indicando: (a) valores envolvidos; (b) valor provisionado, se houver; (c) prática do emissor ou de sua controladora que causou tal contingência.

Depreende-se da análise de tais itens que a CVM, por intermédio da Instrução 480/2009, elegeu o Formulário de Referência como instrumento apropriado para que as companhias prestem informações periódicas ao mercado, tendo arrolado expressamente entre os fatos de divulgação obrigatória os processos arbitrais. De mais a mais, vale notar que o órgão regulador distinguiu os processos arbitrais em dois tipos: (i) aqueles que não estão sob o dever de sigilo – itens 4.3, 4.4 e 4.6; e (ii) aqueles que estão sujeitos ao sigilo – item 4.5 –, exigindo dos primeiros quantidade maior de informações.

Interessam-nos, no entanto, os processos arbitrais que estão sujeitos ao sigilo. Nesse particular, o item 4.5 do Formulário de Referência refere que processos sigilosos relevantes dos quais as companhias abertas emissoras ou suas controladas façam parte – e que não tenham sido divulgados nos itens 4.3 e 4.4 – devem ser examinados a partir de duas perspectivas: (i) impacto em caso de perda e (ii) informação dos valores envolvidos. Nessa lógica, se os requisitos previstos pela instrução embasarem conclusão no sentido de que a perda do processo acarretará impacto à companhia, entende-se que as informações do caso deverão ser prestadas periodicamente à CVM por meio da atualização do Formulário de Referência, relativizando-se, portanto, a confidencialidade do procedimento arbitral.

Essa é a regra para a prestação de informações periódicas.

Quanto às informações excepcionais, aplica-se ao caso a previsão do art. 157, § 4º, da Lei 6.404/1976, que trata do dever do administrador de bem informar o mercado, regulamentada pela Instrução CVM-358/2002, responsável pelo delineamento dos parâmetros para a divulgação de fato ou ato relevante ao mercado.[131] Sobre o tema, vale ressaltar que o parágrafo único do art. 2º da referida instrução traz um rol de atos ou fatos potencialmente relevantes, e no inciso XXII de tal parágrafo consta a seguinte descrição: "impetração de concordata, [*leia-se "recuperação judicial" nos termos da Lei 11.101/2005*] requerimento

131. Importante ressaltar que a comunicação de fato ou ato relevante consta no rol de informações eventuais que devem ser prestadas pela companhia à CVM, nos termos dos arts. 30 e 31 da Instrução 480/2009.

ou confissão de falência ou propositura de ação judicial que possa vir a afetar a situação econômico-financeira da companhia".[132]

Evidencia-se do art. 2º da Instrução 358/2002 que seu ponto nuclear está não na relação de atos/fatos objetivamente descritos, de natureza meramente exemplificativa,[133] mas no elemento de materialidade consistente na possibilidade de tais atos ou fatos virem a "afetar a situação econômico-financeira da companhia" – assim como ocorre no item 4.5 do Anexo 24 da Instrução 480/2009 (mas este relacionado às informações periódicas). Apesar do acentuado subjetivismo das regras,[134] que pode levar a distorções por parte dos agentes, o critério parece razoável se interpretado e utilizado de boa-fé[135] pelo mercado e pelos administradores da companhia, estes geralmente representados pelo diretor de relações com os investidores/DRI.

132. Verifica-se, por exemplo, que o órgão regulador exige, no § 3º, XI, e no § 4º, VI, do art. 24 da Instrução 480/2009, que os emissores registrados nas categorias "A" e "B" devem atualizar o formulário no prazo de até sete dias úteis contados da ocorrência de "decretação de falência, recuperação judicial, liquidação ou homologação judicial de recuperação extrajudicial".

133. Ainda que o elenco legal fosse taxativo – o que se admite para fins de argumentação –, parece que a instalação de um procedimento arbitral seria tranquilamente inserida no contexto de "propositura de ação judicial".

134. A própria CVM já manifestou entendimento no sentido de que a ocorrência de um "fato relevante" pode não ser representada por um evento, ato ou fato materialmente objetivo, definido no tempo de maneira clara e induvidosa. Pelo contrário, há inúmeros casos em que sua consumação ocorre somente após a sucessão de uma série de outros fatos (que individualmente não seriam considerados relevantes). Nesse sentido, v. voto do Diretor Marcelo Trindade no Processo Administrativo Sancionador CVM-04/2004. Sobre o tema, v. também Inquérito Administrativo CVM-22/1999.

135. Daniel de Andrade Lévy relata interessante experiência ocorrida no Direito Francês: "O Regulamento 98-2001 da *Commission des Operations de Bourse* (COB), órgão responsável pela fiscalização de operações de Bolsa na França, determina que as companhias mencionem as demandas judiciais ou de arbitragem suscetíveis de ter – ou de ter tido em um passado recente – uma incidência sensível na situação financeira do emissor, [*das ações*] em sua atividade, em seu resultado e, se for o caso, em seu grupo empresarial. A normativa gerou situações curiosas em virtude do seu acentuado subjetivismo, como foi o caso da multinacional *Vivendi Environnement*, que, em 2000, apresentou contas afirmando que, não obstante possuísse responsabilidades civis e administrativas perseguidas em juízo arbitral, julgava que não havia necessidade de divulgar litígios, haja vista que o valor das controvérsias estava suficientemente coberto pela sua apólice de seguro. Trata-se de concepção quase literal da determinação da COB, em que importa exclusivamente o impacto financeiro do litígio sobre a situação da companhia, sem atribuir qualquer relevância para o litígio em si" ("Aspectos polêmicos da arbitragem no mercado de capitais", cit., *Revista Brasileira de Arbitragem* 27/32-33).

Em suma, embora formalmente a Instrução 358/2002 não preveja a propositura de ação arbitral ou a prolação de laudo arbitral no rol exemplificativo de atos ou fatos de divulgação obrigatória ao mercado, entende-se, com base em uma interpretação teleológica da instrução, que informações relacionadas a determinado procedimento arbitral podem ser consideradas potencialmente relevantes e, portanto, de divulgação imediata e obrigatória pela companhia,[136] salvo se a divulgação puser em risco interesse societário legítimo, nos termos do art. 157, § 5º, da Lei 6.404/1976.

### 6.3.2 *Casuística: o posicionamento da CVM*

A CVM[137] teve a oportunidade de se manifestar acerca do potencial conflito entre a confidencialidade da arbitragem, o dever de informar o mercado e o direito abstrato de informação do acionista. De forma bastante sintética, um investidor argumentou que o dever de sigilo constante nos procedimentos arbitrais em curso na CAM constituiria violação ao direito essencial dos acionistas de fiscalizar os negócios sociais, nos termos do art. 109, III, da Lei das S/A. Pretendia o investidor, com a reclamação, a exclusão de dispositivos que asseguravam o sigilo nas arbitragens no Regimento e no Regulamento da CAM.[138]

A reclamação foi indeferida pela Superintendência de Relações com as Empresas, sendo objeto de recurso ao colegiado da CVM. O Diretor designado como relator do caso, Otávio Yazbek, entendeu que o inciso III do art. 109 da Lei das S/A garante o direito de fiscalização, na forma

136. Não pretendemos aprofundar a análise da hipótese referida. Trata-se, entretanto, de exceção legal que deve ser considerada no exame de uma situação concreta que definirá a necessidade de divulgar, ou não, o fato relevante arbitral. Art. 157, § 5º, da Lei 6.404/1976: "Os administradores poderão recusar-se a prestar a informação (§ 1º, alínea 'e'), ou deixar de divulgá-la (§ 4º), se entenderem que sua revelação porá em risco interesse legítimo da companhia, cabendo à Comissão de Valores Mobiliários, a pedido dos administradores, de qualquer acionista, ou por iniciativa própria, decidir sobre a prestação de informação e responsabilizar os administradores, se for o caso".

137. Processo Administrativo CVM-RJ 2008/0713, cujo Relator foi o Diretor Otávio Yazbek (disponível em *www.cvm.gov.br*, acesso em 20.11.2010).

138. O referido caso é analisado em artigo publicado pelo advogado Alfredo Sérgio Lazzareschi Neto na *RDM* 153-154/98-104, "Sigilo nas arbitragens do Novo Mercado e direito de informação e fiscalização do acionista", São Paulo, Malheiros Editores, janeiro-julho/2010. Em apertada síntese, para o referido autor a obrigatoriedade do sigilo nos procedimentos arbitrais na CAM viola o pleno exercício do direito essencial dos acionistas de fiscalização e informação, bem como o disposto nos art. 4º, IV, "b" e "c", e VI, da Lei 6.385/1976, os princípios norteadores do Novo Mercado.

prevista na lei, cabendo ao ordenamento explicitar o conteúdo e a forma de exercício desse direito. Nesse sentido, salientou que em determinadas situações o acesso às informações está condicionado a certos níveis de participação no capital social.[139]

Apesar de, até onde se tem conhecimento, se tratar de precedente único, é razoável afirmar que a posição da CVM ao julgar o caso foi no sentido de que não se sustenta a pretensão de violação em tese do direito do acionista à informação, na medida em que tal direito não é exercível em abstrato, apenas em concreto, diante de caso real. Entretanto, em nosso sentir, pode ser depreendido da decisão que se a informação submetida ao dever de sigilo fosse de divulgação compulsória ao mercado o enfoque da questão seria diferente, devendo a confidencialidade da arbitragem ser relativizada.

Observe-se que, no julgamento do caso, a CVM analisou as duas facetas da questão, uma delas sob a perspectiva do direito do acionista à informação e a outra sob o enfoque do dever de bem informar ao mercado. O entendimento esposado pelo órgão regulador do mercado nos parece acertado, já que o direito à informação do acionista não tem caráter absoluto; sua função é instrumental, e seu exercício pleno está condicionado, inclusive, ao atingimento de determinada participação societária prevista e estabelecida, conforme o caso, pela Lei 6.404/1976.

Assim, no que se refere ao direito à informação, entende-se que, *a priori*, o sigilo arbitral não viola direito essencial do acionista, salvo quando a informação em regime de confidencialidade colocar em risco a persecução do objeto ou a realização do fim social da companhia ou, ainda, quando venha a impedir o exercício concreto de determinado direito do acionista (como o de fiscalizar os negócios sociais). Em tais situações parece-nos que a confidencialidade deve ser mitigada, cabendo, contudo, ao acionista prejudicado o ônus de comprovar a situação de risco ou, dependendo do caso, o prejuízo sofrido, na linha distributiva do ônus da prova delineada pelo art. 333 do CPC.[140]

139. Na fundamentação do seu voto, o Relator afirmou "(...) não existe um direito à informação *in abstracto*, motivo pelo qual não vislumbro irregularidade nas disposições do Regimento e do Regulamento da CAM ora atacadas. Irregularidade haveria se o sigilo neles previsto fosse impeditivo da prestação de informações obrigatórias ao mercado. Não é o que ocorre, porém: a rigor, o dever de sigilo não vigora – e nem poderia vigorar – se houver obrigação de efetuar comunicação ao mercado".

140. CPC: "Art. 333. O ônus da prova incumbe: I – ao autor, quanto ao fato constitutivo do seu direito; II – ao réu, quanto à existência de fato impeditivo, modificativo ou extintivo do direito do autor".

Da mesma forma, parece não haver dúvida de que o dever da companhia de bem informar o mercado, materializado no princípio da prestação de informação plena e completa aos investidores,[141] se sobrepõe à confidencialidade absoluta dos regulamentos arbitrais. Mas isso não é novidade: antes mesmo do advento das reformas noticiadas anteriormente já se defendia que a confidencialidade procedimental arbitral deveria ser relativizada[142] sempre que interesses superiores estivessem envolvidos ou em jogo – como parece ser o caso no mercado de capitais, no qual há possibilidade de a controvérsia ou litígio influir, de modo ponderável, na decisão dos investidores do mercado de vender ou comprar valores emitidos pela companhia, na cotação dos valores mobiliários ou, ainda, no exercício dos demais direitos pelos acionistas.

### 6.3.3 *Reconhecimento e conteúdo do fato relevante arbitral*

No processo de reconhecimento do fato relevante arbitral como tal, é preciso destacar que o silogismo que determinará a correta adequação da situação concreta ao suporte legal deve identificar o elemento de materialidade do ato ou fato (isto é, o impacto ou perigo de afetar a situação econômico-financeira da companhia), sem o qual a vacuidade da norma é gritante, esvaziando-a de sentido.

Avançando no raciocínio, e buscando esboçar uma solução mais concreta para a problemática a partir do aparato legal brasileiro, é pertinente indagar: quais informações relacionadas à arbitragem são materialmente relevantes e deveriam ser divulgadas pela companhia ao mercado? Qual o efetivo conteúdo do fato relevante arbitral? Deve-se observar a relevância da matéria objeto da arbitragem, o impacto financeiro da demanda na situação econômico-financeira da companhia

141. Reitere-se que, ao ofertar valores mobiliários ao mercado (isto é, número indeterminado de sujeitos, investidores em potencial), a companhia apela à poupança popular, obrigando-se, legal ou contratualmente, a aumentar o nível de transparência de sua estrutura societária e o grau, qualitativo e quantitativo, da informação prestada.

142. A própria doutrina arbitral admite essa relativização. José Emílio Nunes Pinto entende que, muito antes de servir como meio capaz de afetar o interesse público, a confidencialidade destina-se a preservá-lo. Entretanto, essa proteção não significa que em casos limítrofes, em que o Estado ou empresas estatais figurem como partes, ou, ainda, naqueles que envolvam companhias abertas, a confidencialidade não venha a ceder, em parte, espaço à publicidade. Mesmo assim, entende que em tais casos a divulgação que se pode esperar estará limitada a órgãos competentes para a condução de atividades de controle ou divulgação limitada ao público em geral (Nunes Pinto, *A Confidencialidade na Arbitragem*, cit.).

ou a combinação de ambos os critérios? Pode-se aplicar analogicamente ao caso a previsão dos itens 4.3, 4.4 e 4.5 do Anexo 24 da Instrução CVM-480/2009, ou a resposta passa pela imediata aplicação das regras que disciplinam os procedimentos judiciais aos arbitrais, nos termos do inciso XXII do art. 2º da Instrução CVM-358/2002?

A legislação brasileira não resolve o impasse, pelo menos de forma direta e imediata. Assim como ocorre em situações societárias análogas, a solução adotada pelo mercado para a questão tem sido a seguinte: cabe aos administradores da companhia avaliar se a demanda objeto da arbitragem pode, ou não, afetar a situação econômico-financeira da companhia.[143] E, nessa lógica, desenham-se cenários excludentes entre si:[144] (i) se identificado o impacto, haverá publicação imediata de fato relevante; (ii) se não identificado o impacto, não haverá publicação.

Não é preciso ir além para perceber que o grau de insegurança jurídica dessa solução (tanto para a companhia quanto para o administrador) é significativo, já que a interpretação realizada (subjetiva por natureza) pode diferir da visão do mercado e/ou do órgão regulador, como tem ocorrido em diversas situações, dando azo a investigações e processos judiciais e administrativos de grande repercussão.[145] No que se refere à matéria arbitral, evidencia-se que o momento e o conteúdo da divulgação variam de uma companhia para outra. Há, por exemplo, companhias que optam por informar o mercado quando da instauração do procedi-

143. Válido, nesse particular, é observar a experiência do Direito Comparado. Por exemplo, o autor francês Patric Fages, em artigo sobre a questão da confidencialidade na arbitragem ("La confidentialité de l'arbitrage à l'épreuve de la transparence financière", publicado na *Revue de l'Arbitrage* 2003, n. 1), entende que as informações relativas a procedimento arbitral que devem ser divulgadas pela companhia aberta envolvida no litígio são aquelas necessárias para que os investidores apreciem o risco da situação. São elas: (i) o estado da arbitragem, na medida em que, quanto mais avançada estiver a arbitragem, mais precisa será a informação fornecida; (ii) o montante total em jogo. A doutrina e a jurisprudência francesas têm defendido a cooperação entre as partes da arbitragem e os órgãos reguladores como forma de esclarecer dúvidas quanto à real necessidade de divulgar ao mercado determinada informação arbitral (artigo e entendimento referidos por Lévy, "Aspectos polêmicos da arbitragem no mercado de capitais", cit., *Revista Brasileira de Arbitragem* 27/35).

144. Apesar de incomum na prática, em razão da velocidade das informações e da lógica de funcionamento do mercado, outra possibilidade seria o encaminhamento de consulta à CVM acerca da necessidade, ou não, de publicação do fato ocorrido ao mercado como "fato relevante".

145. A título exemplificativo, tratando da interpretação da Lei 6.404/1976, v. o Processo Administrativo Sancionador CVM-RJ 2006/1.574.

mento arbitral,[146] enquanto outras o fazem somente quando da prolação da sentença/laudo arbitral.[147]

É preciso, então, uniformar as práticas por meio da construção de padrões que elevem o grau de segurança jurídica desse processo de hermenêutica. Examinemos alguns deles.

Seria razoável, por exemplo, presumir que todas as informações relativas às demandas arbitrais, por envolverem, na maioria das vezes, questões de alta complexidade, sempre afetarão a situação econômico--financeira da companhia, sendo compulsória a obrigação imediata de publicar fato relevante? Parece que não, a despeito de a indagação não ser desprovida de sentido, especialmente no estágio intermediário de desenvolvimento da arbitragem no Brasil, no qual as demandas arbitrais ainda são reduzidas (quando comparadas às demandas judiciais) e envolvem, geralmente, matérias sensíveis para a sociedade. Ainda assim, a sugestão imporia custos demasiados de publicação às companhias, além de as constantes publicações poderem gerar efeitos reversos, tal como a distorção do valor de mercado das ações, de forma precipitada, sem justo motivo.

Visualiza-se, em contrapartida, uma solução distinta, mais simples, menos custosa, aderente à realidade do mercado e em consonância com as melhores práticas de governança corporativa: equiparam-se as informações relacionadas às demandas arbitrais às judiciais para fins de publicação de fato relevante. Mas não somente isso: considerando o dever de confidencialidade assumido pelas partes em grande parte dos processos arbitrais,[148] utiliza-se a Contabilidade como ferramenta auxiliar na definição da relevância material do fato em questão, isto é, aproveitam-se os padrões utilizados para a contabilização de contingências para aquilatar se a demanda arbitral em análise poderá, ou não, impactar a situação econômico-financeira da companhia, determinando, ao fim e ao cabo, a necessidade de publicação imediata de fato relevante arbitral.

Dito de outra forma: tal como já ocorre na prática, para fins de contabilizar contingências, sugere-se que os administradores de companhias abertas submetam as demandas arbitrais a esse mesmo critério, porém, agora, no que se refere à necessidade de publicar fato relevante. Nesse raciocínio, seriam classificados como de divulgação compulsó-

146. Como foi o caso da *Via Varejo*, em fato relevante publicado em 15.6.2012.

147. Como foram os casos do *GP Investments, Ltd.*, em fato relevante publicado em 13.5.2013, bem como da *Eletrón S/A* e do *Bradespar S/A* em fato relevante e comunicado ao mercado, respectivamente, publicados em outubro/2011.

148. Vislumbra-se situação análoga em processos judiciais que tramitam em segredo de justiça, nos termos do art. 155 do CPC.

ria, ensejando a imediata publicação de fato relevante, nos termos da Instrução CVM-358/2002, a informação ou o montante materialmente relevante para o negócio da companhia que, envolvidos em procedimento arbitral, devam ser considerados como passivo contingente em nota explicativa no balanço social e nos demais demonstrativos financeiros a serem entregues pelos administradores aos seus auditores externos independentes, à CVM e publicados na imprensa, com base nas regras definidas pelo órgão regulador, a partir das recomendações do Comitê de Pronunciamentos Contábeis/CPC para a elaboração e formalização dos lançamentos contábeis das companhias abertas.

Sobre a definição de passivo contingente, a Deliberação CVM-594, datada de 15.2.2009, que aprovou o Pronunciamento Técnico 25 do Comitê de Pronunciamentos Contábeis[149] e trata do reconhecimento, da mensuração e do lançamento contábil para provisões, passivos e ativos contingentes das companhias abertas, assevera que é

> (a) uma obrigação possível que resulta de eventos passados e cuja existência será confirmada apenas pela ocorrência ou não de um ou mais eventos futuros incertos não totalmente sob controle da entidade; ou (b) uma obrigação presente que resulta de eventos passados, mas que não é reconhecida porque: (i) não é provável que uma saída de recursos que incorporam benefícios econômicos seja exigida para liquidar a obrigação; ou (ii) o valor da obrigação não pode ser mensurado com suficiente confiabilidade.[150]

149. O objetivo do referido pronunciamento técnico é o de "assegurar que sejam aplicados critérios de reconhecimento e bases de mensuração apropriados a provisões e a passivos e ativos contingentes e que seja divulgada informação suficiente nas notas explicativas para permitir que os usuários entendam a sua natureza, oportunidade e valor".

150. Para fins contábeis, *provisão* é "um passivo de prazo ou valor incertos". Sobre a relação entre provisão e passivo contingente, o Pronunciamento Técnico CPC-25 estabelece:

"12. Em sentido geral, todas as provisões são contingentes porque são incertas quanto ao seu prazo ou valor. Porém, neste Pronunciamento Técnico o termo 'contingente' é usado para passivos e ativos que não sejam reconhecidos porque a sua existência somente será confirmada pela ocorrência ou não de um ou mais eventos futuros incertos não totalmente sob o controle da entidade. Adicionalmente, o termo 'passivo contingente' é usado para passivos que não satisfaçam os critérios de reconhecimento.

"13. Este Pronunciamento Técnico distingue entre: (a) provisões – que são reconhecidas como passivos (presumindo-se que possa ser feita uma estimativa confiável) porque são obrigações presentes e é provável que uma saída de recursos que incorporam benefícios econômicos será necessária para liquidar as obrigações; e (b) passivos contingentes – que não são reconhecidos como passivos porque são: (i) obrigações possíveis, visto que ainda há de ser confirmado se a entidade tem ou não uma obrigação presente que possa conduzir a uma saída de recursos que incor-

Sobre a forma de reconhecimento e divulgação, os itens 27 e 28 do pronunciamento técnico determinam que:

> Item 27. A entidade não deve reconhecer um passivo contingente.
>
> Item 28. O passivo contingente é divulgado, como exigido pelo item 86, a menos que seja remota a possibilidade de uma saída de recursos que incorporam benefícios econômicos.

Na mesma linha de raciocínio, os itens 84 a 92 tratam da divulgação ao público de informações contábeis sobre os passivos contingentes:

> 86. A menos que seja remota a possibilidade de ocorrer qualquer desembolso na liquidação, a entidade deve divulgar, para cada classe de passivo contingente na data do balanço, uma breve descrição da natureza do passivo contingente e, quando praticável: (a) uma estimativa do seu efeito financeiro, mensurada conforme os itens 36-52; (b) uma indicação das incertezas relacionadas ao valor ou momento de ocorrência de qualquer saída; e (c) a possibilidade de qualquer reembolso.

Depreende-se da regra que a companhia tem o dever de divulgar, em nota explicativa, para cada classe de passivo contingente na data do balanço, uma breve descrição da natureza do lançamento e, quando praticável, outras informações adicionais, salvo quando seja remota a possibilidade de ocorrer qualquer desembolso na sua liquidação. Porém, os itens 91 e 92 do mesmo pronunciamento técnico ressalvam:

> 91. Quando algumas das informações exigidas pelos itens 86 e 89 não forem divulgadas por não ser praticável fazê-lo, a entidade deve divulgar esse fato.
>
> 92. Em casos extremamente raros, pode-se esperar que a divulgação de alguma ou de todas as informações exigidas pelos itens 84-89 prejudique seriamente a posição da entidade em uma disputa com outras partes sobre os assuntos da provisão, passivo contingente ou ativo contingente. Em tais casos, uma entidade não precisa divulgar as informações, mas deve divulgar a natureza geral da disputa, juntamente com o fato de que as informações não foram divulgadas, com a devida justificativa.

Para os fins do presente estudo merece atenção especial a previsão do item 86 – prescindibilidade de divulgação de fato/informação cuja

poram benefícios econômicos, ou (ii) obrigações presentes que não satisfazem os critérios de reconhecimento deste Pronunciamento Técnico (porque não é provável que será necessária uma saída de recursos que incorporem benefícios econômicos para liquidar a obrigação, ou não pode ser feita uma estimativa suficientemente confiável do valor da obrigação)."

possibilidade de desembolso pela companhia seja remota – aliada à exceção prevista no item 92 –, segundo a qual a companhia estará dispensada de divulgar informações contábeis ordinárias ao mercado sempre que a disponibilização de tais dados possa prejudicar seriamente a posição da sociedade em uma disputa com outras partes sobre os assuntos da provisão, passivo contingente ou ativo contingente. Na lógica dessas previsões, a companhia não precisará prestar informações ao mercado, cabendo a ela, entretanto, no caso do item 92, divulgar a natureza geral da disputa, juntamente com o fato de que as informações não foram divulgadas, com a devida justificativa.

Em nosso sentir, a regra compatibiliza-se com as peculiaridades relativas à identificação e à divulgação de fato relevante arbitral, sendo, portanto, aplicável, por analogia, à espécie. No entanto, é preciso traçar contornos mais precisos quanto ao conteúdo e à extensão das informações que serão prestadas ao mercado em regime excepcional. Parece-nos que dentre as informações materialmente relevantes que poderiam constar no comunicado, sem prejuízo da inclusão de outros dados que a sociedade também entenda como importantes, devem estar: (i) o valor atualizado da contingência envolvida; (ii) as partes do processo; (iii) os valores, bens e direitos envolvidos, acompanhados de resumo da matéria de fundo em litígio; e (iv) o atual estágio do procedimento arbitral.

Lembre-se que inexiste obrigação legal de disponibilizar todo e qualquer detalhe do procedimento arbitral,[151] seja nas normas jurídicas, seja nas regulações contábeis, devendo-se priorizar a proteção do mercado e dos potenciais investidores sem, no entanto, extrapolar a regra do bom-senso ou determinar a exposição demasiada da companhia (já que a extensão da informação prestada pode, inclusive, colocar em risco interesses legítimos da sociedade, tais como segredos industriais e tecnológicos, materializando a exceção prevista no art. 157, § 5º, da Lei 6.404/1976[152]), salvo se a interpretação da companhia sobre a materialidade/impacto de informações relevantes for bastante extensiva.

151. Outra alternativa legal que pode ajudar na superação das dificuldades relacionadas à publicação, ou não, de fato ou ato relevante ao mercado e, em particular, de informação veiculada em processo arbitral seria a adoção, pela companhia, de uma política devidamente padronizada de divulgação de ato ou fato relevante, nos termos do art. 16 da Instrução CVM-358/2002.

152. Lei 6.404/1976, art. 157, § 5º: "§ 5º. Os administradores poderão recusar-se a prestar a informação (§ 1º, alínea 'e'), ou deixar de divulgá-la (§ 4º), se entenderem que sua revelação porá em risco interesse legítimo da companhia, cabendo à Comissão de Valores Mobiliários, a pedido dos administradores, de qualquer acionista, ou por iniciativa própria, decidir sobre a prestação de informação e responsabilizar os administradores, se for o caso".

Nesse sentido, não nos parece que a probabilidade de perda ou ganho, comumente inserida em relatórios de auditorias independentes e exigida no Formulário de Referência para as demandas arbitrais não sigilosas, constitua informação essencial a ser prestada ao mercado, ao menos nesse momento. Isso porque essa aferição constitui estimativa da companhia quanto ao sucesso ou insucesso da sua estratégia de defesa em matéria que pode, inclusive, ser extremamente sensível para seu negócio, e, portanto, de circulação interna, salvo quando tiver sido exarada decisão final no procedimento arbitral, hipótese em que a divulgação será compulsória, como já se observa na prática.

Assim, ao contrário do que ocorre no processo judicial, o caráter confidencial da seara arbitral exige que as informações disponibilizadas ao mercado ou aos acionistas sejam pontuais e estritamente relacionadas aos aspectos materiais de demandas cujo risco de desembolso pela companhia seja possível ou provável (e não remoto), dentre os quais estão as partes envolvidas, a matéria objeto do litígio, o estágio do processo e o montante envolvido, sendo possível manter, de certa forma, a privacidade do procedimento.[153-154] Dessa maneira, parece haver um sopesamento

153. Fernando Eduardo Serec e Eduardo Rabelo Kent Coes, *Confidencialidade de Arbitragem é Relativizada no Novo Mercado*, cit.

154. Giovana Valentiniano Benetti faz referência, a partir das anotações de Daniel de Andrade Lévy, a caso envolvendo a violação do dever de confidencialidade em matéria de mercado de capitais. Trata-se do "Caso Bleustein e outros *versus* Societé FCB Internacional", julgado pelas Cortes francesas. Segundo narrativa: "Integravam um procedimento arbitral, de um lado, a sociedade *True North* e a *FCB*; e, de outro, a sociedade *Publicis*. A controvérsia originou-se em virtude de *True North* ter divulgado fato relevante ao mercado, informando o suposto valor de seu pleito indenizatório contra a *Publicis* naquele procedimento. Seguiu-se a tal divulgação uma queda brusca no valor das ações da *Publicis*, tendo motivado seus acionistas a requererem, perante o Tribunal de Comércio de Paris, a cessação de qualquer divulgação de informações acerca da arbitragem, de forma antecipada. Os acionistas da *Publicis* entendiam completamente irrelevantes as informações divulgadas pela *True North* e insistiam no caráter confidencial da arbitragem. Em sua defesa, a *True North* argumentava que havia feito a revelação em cumprimento à sua obrigação legal de informar o público acerca do montante dos pedidos no procedimento arbitral. O Tribunal de Comércio de Paris, acolhendo a solicitação dos acionistas, proibiu as sociedades rés de fornecerem ao público informações sobre a existência, o conteúdo e o objeto das informações, devidamente demonstradas, a que estariam submetidas as companhias. O Tribunal entendeu, pois, pela inutilidade das informações aos investidores e pelo consequente prejuízo à *Publicis* (...). A *True North* e a *FCB* apelaram da decisão, alegando que os acionistas não teriam legitimidade para ingressar com a ação. A Corte de Apelação de Paris entendeu que a queda no preço das ações foi o corolários dos danos sofridos pela própria empresa; assim sendo, deveria a companhia ter solicitado as medidas liminarmente e não os acionistas individualmente. O pedido dos acionistas foi, então, julgado inadmissível e as medidas que haviam sido determinadas foram revogadas.

entre sistemas jurídicos distintos, permitindo-se o prosseguimento do processo arbitral, sem prejuízo do cumprimento do dever legal de informar o mercado e os acionistas da companhia.

Nesse ponto vale um esclarecimento: o critério proposto é obviamente incompleto, incapaz de abranger a totalidade de situações e matérias encaminhadas para solução por arbitragem ou de lidar com situações que não permitam a quantificação de contingências, mesmo que a matéria objeto de discussão seja relevante para o mercado e/ou para o negócio da companhia (como ocorre na hipótese de processo arbitral envolvendo matéria extremamente sensível que não se enquadra no critério contábil anteriormente referido – passivo contingente), situação em que a materialidade/impacto do fato pode exigir a publicação de fato relevante.

A verdade é que não há como fugir de um mínimo de subjetivismo na interpretação, a partir das circunstâncias do caso, da materialidade/impacto da situação e do tipo de negócio da companhia. Por essa razão, é essencial envidar esforços para a construção de parâmetros híbridos e variados, com padrões extraídos de fontes diversas, ora do mercado, ora da doutrina (nacional e estrangeira), ora da experiência das câmaras arbitrais, ora da percepção dos órgãos reguladores. Nesse contexto, a multidisciplinariedade do tema deve ser tida como importante aliada na busca de soluções mais aderentes à realidade, que garantam previsibilidade ao sistema e que diminuam a insegurança jurídica dos agentes, assegurando, ao fim e ao cabo, o aumento da confiança de todos os envolvidos nas regras do jogo.

## 7. *Conclusão*

A prática do mercado demonstra que a arbitragem tem todas as características necessárias para se consolidar como a melhor alternativa privada para a resolução de conflitos empresariais, mormente aqueles de maior complexidade e envergadura econômica, como é o caso das matérias relacionadas ao direito societário e ao mercado de capitais.

Interessante é a posição da doutrina e da jurisprudência francesas acerca do tema, ao defenderem uma solução conciliatória, segundo a qual mister é a cooperação entre as partes da arbitragem e o órgãos regulador, a fim de que elas submetam à autoridade eventuais dúvidas acerca da necessidade de divulgar ao mercado determinada informação" (Benetti, *O Dever de Confidencialidade na Arbitragem Comercial Internacional: Fontes, Desdobramentos e Extensão*, cit., p. 66).

Sobre o tema, v. também: Daniel de Andrade Lévy, "Estudo comparado da arbitragem no mercado de capitais", *RDM* 155-156/275-300, São Paulo, Malheiros Editores, agosto-dezembro/2010; Illeana Smeureanu, *Confidentiality in International Commercial Arbitration*, Kluwer Law International, 2011.

Sabe-se, entretanto, que a evolução de um instituto não ocorre sem percalços. Particularmente com relação à arbitragem, seu desenvolvimento histórico foi permeado de questionamentos, cujo correto equacionamento permitiu um crescimento seguro e bem orientado, em termos tanto práticos quanto teóricos.

Vimos também que a as leis que regulam as sociedades anônimas abertas e o mercado de capitais no Brasil – Leis 6.404/1976 e 6.385/1976, respectivamente – e as instruções da CVM erigiram o princípio da informação completa como um dos pilares do sistema normativo das companhias, de modo que qualquer discussão inserida nesse contexto deve respeitar seus contornos básicos.

Destarte, parece que o debate jurídico acerca do conflito entre a confidencialidade da arbitragem, o direito de informação dos acionistas e o dever de bem informar o mercado está inserido em um contexto de argumentos e princípios sensatos, orientados para a correta resolução do problema e com enfoque na proteção do maior interessado na lisura das operações do mercado, isto é, o público investidor/poupança popular. Exemplo dessa lógica são as reformas recentemente realizadas nos Regulamentos da Câmara de Arbitragem do Mercado/CAM e do Centro de Arbitragem da Câmara de Comércio Brasil-Canadá/CCBC.

E mais: a própria CVM está ciente da necessidade de revisar as regras vigentes sobre a divulgação ao mercado de valores contabilizados pelas companhias em causas judiciais e arbitrais, tendo, inclusive, oportunizado a organização de processo de audiência pública para discutir a reforma da Instrução 480/2009. Enquanto isso, na tentativa de esquadrinhar soluções para o momento da divulgação e o conteúdo de fatos relevantes arbitrais, parece que um critério adicional a ser considerado seja a leitura das instruções da CVM (358/2002 e 480/2009) à luz dos princípios contábeis vigentes, em especial a definição de passivo contingente, aplicável às companhias abertas a partir das recomendações do Comitê de Pronunciamentos Contáveis (CPC-25), desde que, por óbvio, tais regras estejam ajustadas às peculiaridades da arbitragem, à multidisciplinariedade do tema e à sensibilidade dos assuntos geralmente submetidos a esse método de resolução de conflitos.

Conclui-se, nesse particular, que o dever de confidencialidade da arbitragem não tem caráter absoluto, sendo necessário compatibilizá-lo (e relativizá-lo, se for o caso) com a obrigação imposta às companhias abertas de divulgar informações periódicas e relevantes ao mercado, conforme a situação, e com o direito dos acionistas à informação, sempre que uma situação concreta evidenciar a essencialidade da informação para o exercício de direitos de sócio, legais ou estatutários.

# *IV*

# *A PROTEÇÃO AOS INTERESSES DOS CREDORES*

# A SUBCAPITALIZAÇÃO

CAMILLO STEFANO MARIA SICHERLE

*1. Introdução. 2. A subcapitalização societária. 3. A subcapitalização como fundamento da desconsideração da personalidade jurídica. 4. Conclusões.*

## 1. Introdução

O capital social, como soma representativa da contribuição dos sócios, seja em bens ou dinheiro, possui tanto funções internas à sociedade quanto funções externas.[1] Internamente o capital social exerce, essencialmente, a função de produção, que consiste no seu emprego para custear o exercício das atividades da sociedade e realização de seu objeto social, bem como a de organização, vez que direitos e deveres dos sócios lhes são atribuídos com base na participação de cada sócio no capital social da sociedade.

Além da subscrição de capital, os recursos para que as sociedades exerçam suas atividades podem vir de empréstimos ou da venda a crédito de insumos, inclusive trabalho, por seus credores e fornecedores (sócios ou terceiros). Enquanto as contribuições para compor o capital social são feitas pelos sócios a risco da atividade e sem prazo ou garantia de restituição ou retorno sobre o principal investido, fornecedores e credores esperam ser pagos plenamente e em prazo certo (com alguma

1. Cf. Eli Loria, *Estrutura e Função do Capital Social na Companhia Aberta*, dissertação de Mestrado, São Paulo, Faculdade de Direito da USP, 2009, pp. 47-51.

remuneração, na maioria dos casos), correndo um risco subsidiário ao que estão sujeitos os sócios da sociedade.[2]

Daí dizer-se tradicionalmente que, externamente, o capital social exerce a função de garantia para os credores sociais. Esta função de garantia do capital social é, hoje, bastante questionada pela doutrina em geral.[3] No entanto, a noção de capital social nominal não deixa de manter uma relevância nos tipos societários de responsabilidade limitada, em que este estudo irá se concentrar, servindo sua integralização como uma "barreira de acesso" à limitação de responsabilidade dos sócios, sendo razoavelmente intuitiva a noção de que, quanto mais bem capitalizada uma sociedade, menor o risco para seus credores[4] – mormente se expandirmos a noção de "capital" de uma sociedade para além da cifra nominalmente expressa nos seus documentos societários e contábeis e mais próxima da ideia de patrimônio real da pessoa jurídica.[5]

Não obstante, persiste a regra da separação entre o patrimônio da sociedade de responsabilidade limitada e o patrimônio pessoal de seus sócios, a qual implica a limitação das perdas dos sócios ao montante do capital social em caso de insucesso daquela.

De um lado, tal arranjo permite aos sócios recomeçar com o que lhes restou ou seguir com seus outros empreendimentos, a salvo de pretensões dos credores da sociedade liquidada. De outro – e talvez mais importante que a salvaguarda do patrimônio pessoal dos sócios –, o sistema da limitação de responsabilidade confere tranquilidade aos credores e coinvestidores de outros empreendimentos e sociedades dos quais os sócios da falida porventura participem.

2. No *Common Law* é comum chamarem-se as contribuições de credores de *fixed claims*, pois representam uma demanda de valor prefixado (principal e juros) contra a sociedade, e as contribuições de sócios aos capital social de *residual claims*, vez que ao sócio é conferida uma demanda residual sobre o capital da sociedade, isto é, aquilo que sobrou após pagos seus credores, e que pode exceder ou não o montante originalmente subscrito e integralizado (cf.: Robert Charles Clark, *Corporate Law*, Boston/Toronto, Little, Brown and Co., 1986, pp. 17-18; Luca Enriques e Jonathan R. Macey, "Creditors *versus* capital formation: the case against the European legal capital rules", *Cornell Law Review* 86/1.168 e ss., 2001).

3. Cf. John Armour, "Legal capital: an outdated concept?", *Centre for Business Research – University of Cambridge – Working Paper 320*, 2006, pp. 1.165-1.204; Jonathan Rickford (ed.), *Reforming Capital – Report of the Interdisciplinary Group of Capital Maintenance*, 2004, pp. 921-1027.

4. Cf. António Menezes Cordeiro, *O Levantamento da Personalidade Colectiva no Direito Civil e Comercial*, Coimbra, Livraria Almedina, 2000, p. 121.

5. Cf. José Alexandre Tavares Guerreiro, *Regime Jurídico do Capital Autorizado*, São Paulo, Saraiva, 1984, pp. 28-29.

Assim, ao mesmo tempo em que protege o patrimônio pessoal dos sócios dos riscos da atividade empreendida, a sociedade de responsabilidade limitada preserva a empresa, seu objeto e seus credores do eventual infortúnio e das extravagâncias pessoais de seus sócios ou dos riscos de outras sociedades das quais estes sejam também sócios.

Por este e outros motivos,[6] sobre os quais não nos cabe, aqui, elaborar, a sociedade de responsabilidade limitada tornou-se o veículo jurídico universalmente preferido pela prática mercantil para o exercício de atividades empresariais, como atestam o êxito e o relevante papel que esta forma jurídica de organização empresarial alcançou no sistema capitalista.[7]

O modelo associativo de responsabilidade limitada, contudo, também carrega alguns riscos particulares.[8] Os recursos inicialmente aportados pelos sócios ao capital social de uma sociedade podem ser insuficientes ou, então, consumidos pela sua regular atividade antes que ela alcance um retorno no tempo e volume esperados. Mesmo que a descapitalização não seja fatal, comprometida estará a garantia de seus credores – circunstância, esta, que pode ser agravada pela ausência de regras obrigando a constituição de sociedades com capital mínimo condizente com o risco normal da atividade empreendida ou, ainda, a manutenção de determinado índice de solvência pelas sociedades em atividade.[9] Às sociedades insolventes a lei prescreve, no mais das vezes,

6. Além da responsabilidade limitada, pode-se ainda citar como vantagens das sociedades de responsabilidade limitada e personalidade jurídica própria: (i) a economia em custos de transação decorrente da centralização, na pessoa jurídica, de todos os nexos contratuais relativos à sua atividade; (ii) a possibilidade de sobrevivência da sociedade aos seus sócios; e (iii) a transferibilidade das quotas ou ações pelos sócios – os dois últimos atributos essenciais ao desenvolvimento das chamadas sociedades de capital, em especial as modernas companhias abertas.

7. Cf., entre outros: Robert W. Hamilton, *Corporations*, 4ª ed., St. Paul, West, 1990, pp. 119-159 ("The Selection and Development of Business Forms"); António Menezes Cordeiro, *O Levantamento da Personalidade Colectiva no Direito Civil e Comercial*, cit., p. 10; Reinier R. Kraakman e outros, *The Anatomy of Corporate Law*, Oxford, Oxford University, 2004, pp. 8-9.

8. "Corporate creditors face a unique risk specific to the corporate form. This risk, it is usually said, arises from the power of shareholders to manipulate limited liability to the detriment of business creditors" (Gerard Hertig e Hideki Kanda, "Creditor protection", in Reinier R. Kraakman e outros, *The Anatomy of Corporate Law*, cit., p. 71).

9. Debate-se a utilidade ou conveniência de se fixar um capital mínimo para a constituição das sociedades, e as exigências legais variam tanto geograficamente quanto setorialmente. Assim, por exemplo, na Europa impõe-se regra de capital mínimo, com a justificativa de que esta impõe uma condição mínima de organização

apenas sua falência e sua liquidação sempre que sua recuperação, em acordo com a maioria de seus credores, não for possível.[10]

O que nem sempre fica evidente nesse cenário, porém, é que, quando a responsabilidade dos sócios é limitada ao montante do capital social integralizado e não há regra de manutenção de índice mínimo de liquidez pela sociedade, cria-se um incentivo bastante relevante para sócios buscarem financiar a atividade social preponderantemente com capital de terceiros: a chamada "alavancagem financeira" pode produzir substanciais benefícios para seus sócios na bonança. Se o retorno da atividade supera o custo de captação de dívida no mercado, o excesso sobre a parte do capital emprestado de terceiros amplifica a rentabilidade do capital social aportado pelos sócios. O expediente costuma, ainda, ser bastante vantajoso do ponto de vista tributário, uma vez que os juros pagos a credores são normalmente considerados como despesas dedutíveis da base de cálculo do imposto de renda devido pela sociedade.[11]

Assim, se tudo correr bem, com o uso de recursos tomados de terceiros incrementa-se a taxa de retorno sobre o capital investido pelos sócios. Caso contrário a perda para os sócios limita-se a este e o risco materializado do negócio é compartilhado com os credores sociais. Convém, ainda, observar que como, ordinariamente, não é vedado aos sócios

na entrada em atividade da sociedade. Já, nos Estados Unidos da América e no Brasil não há regra similar para as sociedades comuns, sob a justificativa de que não é possível estabelecer um nível de capitalização mínimo para todas as atividades, e o que a lei fixar pode ser muito ou pouco (cf. Gerard Hertig e Hideki Kanda, "Creditor protection", cit., in Reinier R. Kraakman e outros, *The Anatomy of Corporate Law*, pp. 83 e ss.). Exceções ao princípio são, em geral, atividades reguladas, que captam diretamente poupança popular, notadamente as companhias abertas e as instituições financeiras que, adicionalmente, podem comportar certo risco sistêmico na sua eventual insolvência. Nesse sentido, a legislação brasileira exige capital mínimo para instituições financeiras privadas (art. 4º, XIII, da Lei 4.595/1964), sociedades de trabalho temporário (art. 6º da Lei 6.019/1974), sociedades de crédito imobiliário sob a forma de S/A (art. 35, § 2º, da Lei 4.380/1964), sociedades seguradoras (art. 32, VI, do Decreto-lei 73/1966), empresas comerciais exportadoras (art. 2º do Decreto-lei 1.248/1972) e companhias abertas (art. 19, § 6º, da Lei 6.385/1976).

10. V., no Brasil, art. 56, § 4º, da Lei 11.101/2005. Nos Estados Unidos da América a falência e a recuperação judicial são reguladas, respectivamente, pelos Capítulos 7 e 11 do *Federal Bankruptcy Code*. Para um breve apanhado sobre a lógica da recuperação judicial nos Estados Unidos da América, cf. J. Anderson, "Chapter 11 Reorganizations 1-1 to 1-3", in Dale A. Oesterle, *The Law of Mergers Acquisitions and Reorganizations*, St. Paul., West, 1991, pp. 1.025 e ss.

11. No Brasil a faculdade de deduzir juros em empréstimos feitos com partes relacionadas está limitada às taxas praticadas no mercado (cf. RIR, art. 464, VI, c/c art. 467, V).

emprestar recursos às sociedades de que participem em lugar de integralizar capital, capitalizar a sociedade com dívida pode ser duplamente conveniente para os sócios, que, no êxito da sociedade, são remunerados pelos juros sobre o capital emprestado e pelo retorno amplificado pelo efeito financeiro da alavancagem.

Por outro lado, o expediente, no caso de um infortúnio, pode agravar a situação financeira da sociedade sem aumentar o risco pessoal dos sócios na mesma proporção, particularmente se lhes for permitido pelas circunstâncias (já que a lei propriamente não o veda) contratar com a sociedade a prestação de garantias reais sobre seus ativos ou condições mais favorecidas que a de seus outros credores.

A respeito de credores, além da situação dos sócios prestamistas, é importante que se faça uma distinção entre a situação daqueles credores que têm poder suficiente para averiguar a situação financeira da sociedade, barganhar avais pessoais dos sócios e, com isso, contornar os riscos impostos pela concessão de crédito a uma sociedade de responsabilidade limitada e a dos que não têm a mesma sorte.[12]

Dentre os últimos há que se destacar a posição de credores involuntários (vítimas de acidentes de responsabilidade da sociedade, por exemplo) ou hipossuficientes (como os pequenos fornecedores), que não têm escolha ou poder para impor condições à formação de seu "crédito" e que têm sua situação agravada pelas notórias dificuldades de se estabelecerem normas e práticas contábeis que permitam aos que tratam com as sociedades em geral obter um retrato fiel, atualizado e homogêneo da sua efetiva situação patrimonial.

Lembre-se que, feita a devida ressalva das demonstrações financeiras obrigatórias periodicamente divulgadas por companhias abertas, sociedades anônimas fechadas e limitadas de grande porte, a situação financeira das sociedades é, em grande medida, tratada pela lei como uma informação reservada,[13] e a falta de informação ou a assimetria na sua prestação pelas sociedades aos diversos tipos de credores prejudicam

12. Os últimos também referidos como *non-adjusting creditors*, isto é, agentes econômicos que não ajustam os termos de sua extensão de crédito em função do resto (consumidores, Estado etc.) (cf. John Armour, "Legal capital: an outdated concept?", *Centre for Business Research – University of Cambridge – Working Paper 320*, p. 4).

13. Cf. arts. 1.189 a 1.191 do CC. "Art. 1.190. Ressalvados os casos previstos em lei, nenhuma autoridade, juiz ou tribunal, sob qualquer pretexto, poderá fazer ou ordenar diligência para verificar se o empresário ou a sociedade empresária observam, ou não, em seus livros e fichas, as formalidades prescritas em lei."

o argumento de que todos os credores sabem (ou deveriam saber) com quem estão lidando e quais os riscos que estão correndo, e que sua remuneração é condizentemente ajustada.

Em resumo, verifica-se no plano fático que, não obstante as vantagens propostas pelos tipos associativos de responsabilidade limitada, há a possibilidade de que riscos excessivos sejam inadvertidamente tomados pelos credores de uma sociedade insuficientemente capitalizada sem que, nesse percurso, se infrinja flagrantemente alguma lei. A questão que se coloca, portanto, é se e quando caberia afastar a limitação da responsabilidade dos sócios quando isso ocorre.

## 2. *A subcapitalização societária*

Uma capitalização adequada, de acordo com o jurista alemão Herbert Wiedemann,[14] exige harmonia entre capital, objetivo e amplitude do negócio da companhia. A inobservância dessa harmonia levaria a uma transferência dos riscos do negócio aos credores e aos demais membros do mercado e da sociedade.

No momento da constituição da sociedade, porém, prever qual o capital adequado à execução de suas atividades pode constituir tarefa não tão simples, e os sócios podem ter dificuldades em acertar qual seria tal montante. O mesmo pode ocorre, após o momento da constituição, ao se considerar a variabilidade das necessidades de capital de uma sociedade no desenrolar de suas atividades no tempo e no espaço.

Em ambos os casos, tratando-se de capital social em valor incondizente com o desempenho seguro da atividade social e insuficiente para suportar os riscos dessa, transferindo-os substancialmente aos seus credores, estar-se-á diante da chamada *subcapitalização*.

A subcapitalização pode ser originária ou superveniente.

Diz-se originária a subcapitalização quando já no momento da constituição da sociedade se verificam a inadequação do capital social e a consequente dependência de capital de terceiros para se financiar o início das atividades sociais.

Assim, ocorrerá *subcapitalização originária* quando o capital inicialmente subscrito e totalmente integralizado[15] pelos sócios na cria-

14. Como informa Gustavo Saad Diniz (*Subcapitalização Societária*, tese de Doutorado, São Paulo, Faculdade de Direito da USP, 2007, p. 111).

15. Nota-se aqui que a hipótese não se confunde com as de não integralização ou integralização defeituosa do capital subscrito, previstas, *v.g.*, no art. 1.055, § 1º, do CC e no art. 8º, § 6º, da Lei das S/A.

ção da sociedade é insuficiente para suportar os riscos mínimos da sua atividade-objeto.

Ausente previsão legal de capital social mínimo para constituir-se a sociedade, a responsabilização dos sócios pela subcapitalização originária é polêmica, mas pode ocorrer quando a capitalização incipiente é deliberada no intuito de ludibriar terceiros de boa-fé[16] – o que, evidentemente, depende de prova de difícil produção.[17]

Há quem defenda, porém, que a responsabilidade dos sócios pela subcapitalização originária pode ainda ocorrer em bases objetivas quando da criação de sociedades que, flagrantemente, sejam constituídas sem o capital mínimo necessário para suportar os riscos básicos da atividade colimada, transferindo-os, assim, aos terceiros com que esta contratasse, ainda que esta não fosse a intenção de seus fundadores.[18]

Dentre as estratégias legais mais utilizadas para mitigar o problema da subcapitalização originária pode-se, por fim, destacar: (a) a fixação em lei de um de capital mínimo para a constituição de sociedade de responsabilidade limitada;[19] (b) a obrigatoriedade da prévia submis-

16. Nesse sentido, Robert Clark já alertava que "thin capitalization quite often accompanies real deception", dando como exemplo dessa dissimulação lesiva e intencional a transferência de uma atividade inteira para uma subsidiária com capital insuficiente com o objetivo de distanciar as dívidas decorrentes dessa atividade do patrimônio pessoal dos sócios da sociedade controladora.

17. É o que ocorre quando a subcapitalização inicial não é flagrante, nos casos chamados por Calixto Salomão Filho de "subcapitalização simples" (*O Novo Direito Societário*, 4ª ed., São Paulo, Malheiros Editores, 2011, p. 246).

18. Situação referida por Salomão Filho como *subcapitalização qualificada*, na qual a responsabilidade decorreria do "perigo criado pelo(s) sócio(s) no exercício do comércio" (*O Novo Direito Societário*, cit., 4ª ed., p. 246). Argumento similar, note-se, parece ser esposado pelo Des. Irineu Mariani, do TJRS, ao fundamentar no art. 927 do CC a desconsideração da personalidade jurídica por subcapitalização: "As hipóteses atualmente mais conhecidas de desconsideração da pessoa jurídica, abrangendo em teor as legais, consagradas pela doutrina e jurisprudência, são: (...); (d) caso de subcapitalização (capital social insuficiente para a atividade e riscos inerentes a ela, agora com previsão no parágrafo único do art. 927 do CC)" ("Responsabilidade civil dos sócios e administradores de sociedades empresárias (à luz do novo Código Civil)", *RT* 834/48, São Paulo, Ed. RT, 2005). Conforme será adiante referido, esse excerto tem sido reproduzido por diversos acórdãos recentes proferidos pelo TJSP ao versar sobre o instituto da desconsideração.

19. Há diversas críticas a esse expediente (cf. Gustavo Saad Diniz, *Subcapitalização Societária*, cit., p. 109), tais como as dirigidas, no contexto europeu, contra a Segunda Diretiva 77/91/CEE, de 13.12.1973, cujas regras de capital mínimo, segundo Luca Enriques e Jonathan R. Macey, "provide little or no benefit to corporate creditors [*and*] create extra costs for shareholders, certain creditors, and society as

são de um plano de negócios da futura sociedade como condição de sua constituição;[20] (c) a obrigatoriedade de se manter certo índice de liquidez;[21] e (d) a imposição legal de responsabilidade solidária ou concorrente a sócios, administradores ou partes relacionadas com a sociedade.[22]

No caso da subcapitalização superveniente, por outro lado, o capital social torna-se inadequado ao exercício do objeto social conforme há uma expansão das atividades da companhia ou um desequilíbrio financeiro sem que os sócios façam os devidos ajustes ao seu capital. A *subcapitalização superveniente*, portanto, é a que ocorre quando a sociedade já se encontra em atividade há algum tempo antes de entrar em dificuldades.

Para fins de análise, a subcapitalização pode ainda ser dividida em subcapitalização nominal ou material.

A *subcapitalização nominal* ocorre quando os sócios, estando a sociedade às vésperas de uma crise (ou inaugurando sua atividade com capital social incompatível com os riscos efetivos da atividade colimada), se colocam em situação privilegiada em relação a todos ou parte de seus credores, emprestando dinheiro para ou contratando com esta em condições mais favorecidas que a dos terceiros, permitindo-lhes, assim, recuperar parte do capital que perderiam se subscrevessem e integralizassem participação societária.

Já, na *subcapitalização material* os sócios buscam preponderantemente o capital de terceiros para atingir o objetivo social, ao ponto de, nas sociedades com limitação de responsabilidade, transferir-se aos credores o risco principal do exercício das atividades sociais.[23]

a whole" ("Creditors *versus* capital formation: the case against the European legal capital rules", cit., *Cornell Law Review* 86/1.202).

Propõe Salomão Filho que a melhor solução seria a de se deferir o estabelecimento do nível de capital "como componente da *business judgement rule* do sócio", admitindo-se a desconsideração apenas nos casos de subcapitalização qualificada (*O Novo Direito Societário*, cit., 4ª ed., p. 247).

20. Cf. Lei 6.404/1976, art. 82, § 1º.

21. Como no regime societário neozelandês (cf. Jonathan Rickford (ed.), *Reforming Capital – Report of the Interdisciplinary Group of Capital Maintenance*, 2004, pp. 973-974).

22. Por exemplo, cf. art. 39 da Lei 6.024/1976, que dispõe sobre a responsabilidade dos controladores e administradores de instituições financeiras.

23. Para Gustavo Saad Diniz, "conceitua-se a subcapitalização material como desequilíbrio efetivo de capital próprio para financiamento da atividade da sociedade

A subcapitalização material, em larga medida, é uma possibilidade aberta pela própria concepção da sociedade com personalidade jurídica e responsabilidade limitada. Os sistemas jurídicos em geral buscam criar regras de proteção aos credores sociais, e, nesse sentido, muito ainda se debate sobre os mecanismos mais eficientes, anotando-se, entretanto, uma tendência uniforme ao abandono das regras de capital mínimo em favor de outras focadas na preservação do estado de solvência e liquidez das sociedades, na punição das manipulações fraudulentas por parte dos credores e nas regras de proteção dos chamados *non-adjusting creditors*.[24]

### *3. A subcapitalização como fundamento da desconsideração da personalidade jurídica*

As hipóteses legais de superação da personalidade jurídica não contemplam expressamente a subcapitalização, encontrando-se previstas em diplomas específicos, voltados à proteção do Erário Público, de interesses difusos ou situações de hipossuficiência (onde a tendência é no sentido de se criar responsabilidades *ultra vires* de natureza objetiva, como ocorre no Brasil com determinadas situações previstas nas leis fiscais, de proteção ao meio ambiente, consumidores e trabalhadores),[25] assim como situações onde a personalidade jurídica comprovadamente – ou seja, pendente o elemento subjetivo da comprovação de culpa ou dolo por parte do responsável, no caso os sócios – está sendo utilizada fraudulentamente, em prejuízo de terceiros.

Conforme expresso no art. 50 do CC, são permitidas a desconsideração da personalidade jurídica e a extensão dos efeitos de determinadas relações aos bens particulares dos sócios nos casos de abuso, configurados pelo desvio de finalidade ou confusão patrimonial.[26]

com limitação de responsabilidade, transferindo para os credores os riscos próprios dos sócios" (*Subcapitalização Societária*, cit., p. 176).

24. Cf. John Armour, "Legal capital: an outdated concept?", cit., *Centre for Business Research – University of Cambridge – Working Paper 320*, pp. 4-7.

25. Cf.: art. 135 do CTN (Lei 5.172/1966); art. 2º, § 2º, da CLT (Decreto-lei 5.452/1943); art. 28 do Código de Proteção e Defesa do Consumidor/CDC (Lei 8.078/1970); art. 14, § 1º, da Lei 6.938/1981 (lei que dispõe sobre a Política Nacional do Meio Ambiente).

26. CC: "Art. 50. Em caso de abuso da personalidade jurídica, caracterizado pelo desvio de finalidade, ou pela confusão patrimonial, pode o juiz decidir, a requerimento da parte, ou do Ministério Público quando lhe couber intervir no processo,

Igualmente, a aplicação da teoria da desconsideração da personalidade jurídica em decorrência da subcapitalização da sociedade ainda não encontra firme respaldo em nossas Cortes, apesar de a tese vir ganhando força e adeptos.

O que se nota nesse aspecto é uma tendência à inclusão da subcapitalização dentre o rol dos múltiplos argumentos simultaneamente colocados na maioria dos casos em que se discutem o levantamento da personalidade jurídica e a imputação de responsabilidade aos sócios.[27] A subcapitalização, portanto, tem aparecido em nossa jurisprudência mais como uma coadjuvante ou, mesmo, sintoma de outras causas comumente aceitas (como a confusão patrimonial, a liquidação irregular de sociedade e a fraude) do que como um fundamento isolado para a desconsideração.[28]

que os efeitos de certas e determinadas relações de obrigações sejam estendidos aos bens particulares dos administradores ou sócios da pessoa jurídica".

27. Dado particularmente evidente no TJSP (assim como, em alguma medida, nas Cortes estaduais mineira e gaúcha), no qual têm sido proferidos diversos acórdãos a apontar, no fundamento decisório e mesmo na própria ementa, a subcapitalização como hipótese autorizadora da desconsideração, ainda que sem aplicar a possibilidade ao caso concreto. Nesse sentido, vários julgados têm reproduzido à exaustão o já citado estudo do Des. Irineu Mariani – v., por exemplo, jurisprudência recorrente da 25ª Câmara de Direito Privado do Tribunal paulista –, em que destaca o "caso de subcapitalização (capital social insuficiente para a atividade e riscos inerentes a ela)" entre as situações que, uma vez demonstradas, permitiriam desconsiderar a personalidade jurídica. Cf., *e.g.*: TJSP, AI 990.09.350886-9, j. 27.5.2010; TJSP, AI 990.10.292969-8, j. 2.12.2010; TJSP, AI 1.160.821-0/8, j. 29.7.2008; TJMG, AI 0079.09.967301-8/001, j. 26.8.2010; TRF-3ª Região, AI 2009.03.00.042229-1-SP, j. 19.3.2010. Apenas um julgado pôde-se localizar, no TJRS, em que a desconsideração é efetivamente empregada em face da subcapitalização societária, colhendo-se do acórdão: "Impugnação – Execução contra empresa – Desconsideração da personalidade jurídica (...) – Abuso de direito – Inexistência de adequação do capital aos recursos necessários para o desempenho seguro da atividade social e para suportar os riscos de sua atividade. (...). Embora não haja no Direito Brasileiro regra genérica sobre a exigência de capital mínimo para a constituição e funcionamento das sociedades comerciais, não se pode entender que uma sociedade possa funcionar sem um valor de capital mínimo para exercer a atividade a que se destina. (...). Percebe-se que efetivamente os fundos da empresa (...) são insuficientes para o seu objeto, que está descrito no contrato social, evidenciando atividade de risco social" (TJRS, AC 70030774590, j. 24.6.2010).

28. Simone Lahorgue Nunes e Pedro Henrique Torres Bianque, nesse sentido, observam que a jurisprudência brasileira apontaria, entre outros fatores recorrentes, a "insuficiência de bens sociais como critério a autorizar a aplicação da desconsideração da pessoa jurídica (o que é agravado em situações fiscais e trabalhistas)" ("A desconsideração da personalidade jurídica: considerações sobre a origem do

A explicação mais óbvia parece ser a ausência de parâmetros objetivos para caracterizá-la (capital mínimo, índices de liquidez, restrições a que sócios emprestem recursos à sociedade), somada ao fato de que a subcapitalização societária normalmente não ocorre como um evento isolado e, efetivamente, costuma vir acompanhada de outras tantas condutas cuja ocorrência é típica nas sociedades em dificuldades, as quais também justificariam a desconsideração.[29]

A doutrina, entretanto, há tempos vem empreendendo esforços para aprimorar o conceito e fundamentar sua eventual aplicação a casos concretos.[30] E como toda sociedade em dificuldades está, em certa medida, subcapitalizada, o enfoque mais utilizado tem sido aquele de distinguir entre as hipóteses em que se justifica superar a limitação daquelas em que esta pode e deve ser mantida.

Nos casos de *subcapitalização originária* simples em sociedades cuja constituição com responsabilidade limitada não depende de capital mínimo é bastante difícil imaginar uma situação ensejando o afastamento da limitação de responsabilidade dos sócios sem que antes fique provado o intuito abusivo da manobra, nos termos do art. 50 do CC. O mesmo parece valer para os eventuais casos de subcapitalização originária nominal, uma vez que a lei não proíbe os sócios de emprestarem recursos à sociedade.

De avaliação mais complexa, temos a hipótese de responsabilização dos sócios nos casos de *subcapitalização material*, em que a dependência de capital de terceiros no desenrolar normal de seus negócios acaba por se tornar uma condição de existência da sociedade, ao ponto

princípio, sua positivação e a aplicação no Brasil", in Erasmo Valladão Azevedo e Novaes França (coord.), *Direito Societário Contemporâneo I*, São Paulo, Quartier Latin, 2009, p. 316).

29. O mesmo também parece ocorrer alhures, como bem observa Clark: "A lawyer surveying a broad range of cases involving attempts to pierce the corporate veil might easly conclude that they are unified more by the remedy sought – subjecting to corporate liabilities the personal assets directly held by shareholders – than by repeated and consisten application of the same criteria for granting the remedy" (*Corporate Law*, cit., p. 73).

30. Muito interessante, a respeito, a colocação de António Menezes Cordeiro: "O levantamento conquistou assim uma autonomia dogmática enquanto instituto de enquadramento. No fundamental, confirmamos a noção experimental primeiro ensaiada: ele traduz uma delimitação negativa da personalidade colectiva por exigência do sistema ou, se se quiser: ele exprime situações nas quais, mercê de vectores sistemáticos concretamente mais ponderosos, as normas que firmam a personalidade colectiva são substituídas por outras normas" (*O Levantamento da Personalidade Colectiva no Direito Civil e Comercial*, cit., p. 153).

de transferir aos credores, em caráter definitivo, parte preponderante do risco da atividade.

Nesse sentido, foram os norte-americanos os pioneiros na aplicação da subcapitalização (*thin capitalization*) como fundamento para a teoria da desconsideração da personalidade jurídica (*disregard of legal entity* ou *piercing of the corporate veil*).[31]

Vale, no entanto, destacar a posição de Clark, que, ao inserir o tema da subcapitalização (*thin capitalization*) dentro do que denomina "deveres para com os credores" (*duties to creditors*) da companhia,[32] tece interessante argumento sobre a aplicação da doutrina da *fraudulent conveyance* às situações de subcapitalização societária.

Segundo o autor, a aplicação do decano princípio de que nenhum devedor pode dispor de bens de seu patrimônio em condições que possam prejudicar o direito de seus credores seria mais efetiva nos casos de subcapitalização do que a teoria da desconsideração, uma vez que a utilização desta última estaria limitada tanto pelas previsões legais (*statutory provisions*) que permitem à sociedade distribuir dividendos ou dispor de bens sociais, desde que preservado seu capital social (*legal capital*), quanto pela ausência de regras gerais impondo capital mínimo (com as exceções costumeiras às instituições financeiras, seguradoras e similares) ou índices de solvência adequados ao risco da atividade. Seu argumento é o de que as Cortes, diante de regras objetivas que autorizam distribuições e ausentes regras impondo padrões mínimos de capitaliza-

31. Robert Clark, *Corporate Law*, cit., p. 81, n. 10. Clark cita, porém, H. Ballantine, que já em 1946 enxergaria nos precedentes da época na Califórnia a incipiência do capital inicial como base para a desconsideração. As decisões posteriores, entretanto, não confirmaram a regra, conforme aponta o autor.

O autor assinala, ainda, que a grande maioria das decisões a favor da desconsideração por ele revistas nos Estados Unidos lidam com situações de subcapitalização originária e nominal, ou mesclam outros elementos, como a fraude explícita e a confusão patrimonial.

As Cortes norte-americanas vêm sendo bem mais reticentes em aplicar a desconsideração nos casos de mera subcapitalização material superveniente. Nesse sentido, Clark cita como exemplo o famoso "caso Carlton *versus* Wolensky", em que as Cortes do Estado de Nova York não permitiram a desconsideração em favor de uma vítima de acidente envolvendo uma de nove pequenas companhias de táxi, cada uma delas com uma apólice mínima de seguro de responsabilidade civil, que tinham o mesmo controlador e operavam da mesma garagem, montadas presumivelmente com o intuito de limitar a exposição pessoal de seu dono a esse tipo de contingência – estratégia, esta, que segundo o autor, restou aparentemente aceita como válida naquele Estado.

32. Robert Clark, *Corporate Law*, cit., Capítulo 2.

ção, esquivar-se-iam da aplicação da desconsideração uma vez atendidos os quesitos formais.

Desta forma – segue o autor –, os controladores se aproveitariam de maneira oportunista (ou seja, intencionalmente, mas sem violar regras específicas) de situações de subcapitalização material que seriam abrangidas pelo conceito mais amplo de *fraudulent conveyance*, e cuja aplicação das respectivas sanções (*remedies*) prestaria melhor serviço à proteção dos credores da sociedade, principalmente os pequenos quirografários e credores involuntários que não dispõem do poder ou oportunidade de negociar (*bargain*) com a sociedade em termos equitativos.[33]

Entre nós – e mais uma vez segundo um enfoque tradicional do direito civil –, ausente regra expressa que a caracterize, a responsabilização de sócios por conta de uma subcapitalização material superveniente estaria condicionada à verificação de pressupostos de natureza subjetiva (dolo, culpa ou abuso de direito).[34] Tal enfoque, entretanto, dificulta a aplicação prática da teoria da desconsideração em casos onde a prova do elemento subjetivo é difícil ou impossível.

Em contraponto ao enfoque subjetivista clássico, aponta Salomão Filho que se vem desenvolvendo, principalmente a partir da Alemanha, a *teoria dos centros de imputação*, que procura colocar a subcapitalização como um critério objetivo de imputação de responsabilidade aos sócios. Para essa escola de pensamento, a desconsideração

> (...) não é, portanto, apenas uma reação a comportamentos fraudulentos, mas também uma técnica legislativa ou uma técnica de aplicação de norma (*Regelungstechnik*) que permite dar valor diferenciado aos diversos conjuntos normativos.[35]

33. Interessante notar que, a esse respeito, a opinião de Clark é similar à desposada por Salomão Filho no caso da subcapitalização qualificada, dada a não imposição legal de capital mínimo às sociedades e preconizando, nesses casos, a inversão do ônus da prova como medida prévia à desconsideração (cf. Robert Clark, *Corporate Law*, cit., p. 79; Calixto Salomão Filho, *O Novo Direito Societário*, cit., 4ª ed., p. 247).

34. Para síntese e críticas à célebre teoria subjetivista desenvolvida na Alemanha por Rolf Serick – que pressupõe "um abuso subjetivo do sócio com emprego da pessoa jurídica" –, cf. Gustavo Saad Diniz, *Subcapitalização Societária*, cit., pp. 129-133.

35. Calixto Salomão Filho, *O Novo Direito Societário*, cit., 4ª ed., p. 242. Assim – aponta o autor –, a possibilidade de imputar responsabilidade a credor diferente (sócio da sociedade em crise e, logo, subcapitalizada materialmente antes mesmo de falir) pode fazer sentido e até evitar a falência e preservar a empresa, principalmente no interesse daqueles credores que não tiveram oportunidade de negociar com a

Além do supracitado autor, a aplicação da teoria da desconsideração da personalidade jurídica em caso de sociedade subcapitalizada foi objeto de extenso estudo e tese de Doutoramento de autoria de Gustavo Saad Diniz.[36]

Em seu trabalho, Diniz propõe que a subcapitalização ocorre quando há quebra do equilíbrio normal da relação entre capital próprio e de terceiros, de modo que o risco da atividade é preponderantemente transferido a terceiros, credores da sociedade. Nesse sentido, defende o autor que "o financiamento das necessidades sociais com capitais de terceiros rompe a barreira da normalidade quando *os créditos de terceiros são transferidos para a sociedade sem limitação de tempo e para a cobertura direta da atividade*".[37] Para Diniz, ainda, a subcapitalização não invalidaria a sociedade ou os atos por esta praticados; apenas afetaria a eficácia da limitação da responsabilidade dos sócios com relação a determinados credores.

Mesmo seguindo a linha de pensamento sugerida pela escola objetivista, contudo, o deslocamento do centro de imputação de responsabilidades da sociedade para os sócios da sociedade descapitalizada deve ser devidamente contextualizado, para que não se coloque em jogo o próprio conceito de responsabilidade limitada, que, nas palavras do jurista português António Menezes Cordeiro:

> Trata-se dum aspecto básico dos ordenamentos actuais. Todos os operadores contam com isso. Assim sendo, apenas perante exigências poderosas será possível, em termos éticos, econômicos e sociais, proceder ao levantamento.[38]

O que nos leva, novamente, a distinguir entre os vários tipos de credores de uma sociedade em função dos diferentes níveis de controle sobre sua exposição a risco.

sociedade (pequenos fornecedores, empregados etc.), com a expressa ressalva de que "a vinculação do insucesso econômico de empresário à sua ruína pessoal é, sem dúvida, um *custo muito alto* que desincentiva a atividade empresarial. Se a posição político-jurídica do ordenamento é de reforço da proteção dos credores, isso deve ser feito mediante formas que impeçam que se atinja a situação falimentar e não de formas que associem à assunção de risco empresarial a possibilidade de ruína pessoal" (ob. cit., p. 241).

36. Cf. Gustavo Saad Diniz, *Subcapitalização Societária*, cit., p. 259.

37. Idem, p. 288.

38. António Menezes Cordeiro, *O Levantamento da Personalidade Colectiva no Direito Civil e Comercial*, cit., p. 11.

Pelos mesmos motivos, a desconsideração por subcapitalização não pode atingir os sócios minoritários, que não responderiam além do capital investido, mesmo se aproveitarem do excessivo endividamento gerado pelos controladores. Afinal, acompanhando o pensamento de Wiedemann, não há responsabilidade sem poder.[39]

Por fim, um último aspecto relevante da desconsideração da personalidade jurídica em decorrência da subcapitalização diz respeito à sua relação com o instituto da falência e da recuperação judicial. Como pressuposto, a aplicação da desconsideração por subcapitalização estaria, em última análise, condicionada ao estado de efetiva insolvência da sociedade, o que legalmente acarretaria sua falência.[40] Contudo, não é possível, teleologicamente, admitir a desconsideração nesses casos, já que não se admite a extensão da falência aos bens dos sócios limitadamente responsáveis.[41]

A atual legislação falimentar brasileira, porém, tem como princípio a preservação das empresas em dificuldade, visto que há um interesse social na manutenção das atividades da empresa, para adimplemento de suas obrigações na melhor medida possível, ou seja, por conta de sua função social. Em nome desse bem maior, os credores são chamados a participar da recuperação da companhia, normalmente em desigualdade de condições com os sócios, já que os descontos outorgados na recuperação não são reintegrados aos credores quando esta é exitosa, ao passo que os sócios da recuperanda, uma vez esta em dia com a dívida reestruturada em sua recuperação, voltam a receber os eventuais lucros e a ter direito à integralidade de seu capital inicial, isentos da obrigação de restituir aos credores o montante da dívida "perdoada" na recuperação. E, pela natureza dos *quora* exigidos para aprovação dos planos de recuperação, a posição dos pequenos quirografários é, no mais das vezes,

39. Cf. Gustavo Saad Diniz, *Subcapitalização Societária*, cit., p. 145.

40. De acordo com Salomão Filho, "a consequência da subordinação da desconsideração à insolvência seria a imposição aos credores de uma difícil escolha: a tentativa de receber o seu crédito excluiria necessariamente a continuação da sociedade e das relações comerciais" (*O Novo Direito Societário*, cit., 4ª ed., p. 240). Tal dilema afetaria, porém, os credores quirografários (isto é, pequenos fornecedores), que, ironicamente, são os que mais dependem da desconsideração e são também os maiores interessados na continuidade da empresa, para recebimento de seus créditos. Isto porque os credores com garantia real já gozam de garantias, e não precisariam recorrer à desconsideração da personalidade jurídica da sociedade para ter acesso às suas garantias.

41. Cf. Calixto Salomão Filho, *O Novo Direito Societário*, cit., 4ª ed., p. 239.

irrelevante, ainda que a recuperação da devedora lhes custe a própria sobrevivência.

Não obstante o desequilíbrio apontado na situação de recuperação judicial de sociedade materialmente subcapitalizada, cumpre lembrar que a lei, em alguma medida, resguardou o princípio de que a liquidação dos créditos dos sócios e administradores se subordina ao pagamento dos demais credores na hipótese de falência.[42]

## 4. *Conclusões*

A personalidade jurídica cria um novo centro imputação, permitindo ao empresário segregar seu patrimônio pessoal do patrimônio de sua empresa. Em tese, a responsabilidade limitada decorrente da constituição de sociedade com tal característica é elemento essencial à atividade empresarial, pois permite ao empresário mitigar os riscos de comprometer seu patrimônio pessoal, protege os credores sociais de dívidas pessoais dos sócios, reduz custos de transação e promove uma séria de benefícios ao tráfico mercantil em geral.

A desconsideração da personalidade jurídica, portanto, gera custos à atividade empresarial e à sociedade como um todo, sobretudo ponderando-se o efeito que a responsabilidade ilimitada teria sobre a capacidade de inovar e empreender socializando riscos, na qual se fia o modelo atual. Há situações, no entanto, em que a regra de limitação da responsabilidade não atende ao justo. Por tais razões, entende-se que a regra da preservação da personalidade jurídica deva ser respeitada, ainda que não a qualquer custo. Nesse sentido, parece recomendável que se promova, como vem ocorrendo, a relativização do conceito de personalidade jurídica,[43] sujeitando-se as hipóteses de desconsideração, levanta-

42. Determina a Lei 11.101/2005: "Art. 83. A classificação dos créditos na falência obedece à seguinte ordem: (...); VIII – créditos subordinados, a saber: a) os assim previstos em lei ou em contrato; b) os créditos dos sócios e dos administradores sem vínculo empregatício". Por motivos distintos, é curioso notar que, no plano tributário, o Direito Brasileiro também inibe a chamada *thin capitalization* nas empresas de controle estrangeiro, impedindo a dedução das despesas de juros além de certo patamar quando o empréstimo é obtido junto a (ou garantido por) parte relacionada no Exterior (cf. Medida Provisória 472, de 15.12.2009, convertida na Lei 12.249, de 11.6.2010).

43. O autor português António Menezes Cordeiro observa que, "pela mesma via, confirmamos e recuperamos um dos dados da moderna teoria da personalidade colectiva: a da sua relativização. Ela não integra um dado absoluto, antes se inserindo no sistema e nos seus valores" (*O Levantamento da Personalidade Colectiva no Direito Civil e Comercial*, cit., p. 154).

mento ou deslocamento do centro de imputação à criteriosa ponderação de elementos objetivos e subjetivos, conforme o caso analisado.[44]

No que tange especificamente ao enquadramento da subcapitalização na hipótese de desconsideração, a lei brasileira parece dispor de dispositivos suficientes para lidar com as situações de fraude e abuso, e que acabam sendo a maioria dos casos de desconsideração, ainda que sujeitas à análise probatória.

No que diz respeito à falência, a Lei de Recuperação Judicial e Falência dá tratamento adequado à liquidação da sociedade em face dos grandes credores, que dispõem de mecanismos contratuais para lidar com os riscos da responsabilidade limitada, prevendo, ademais, a subordinação do crédito do sócio, o que serve como desincentivo à subcapitalização nominal.

A descoberto, portanto, parecem ficar só os credores involuntários e de pequena envergadura. A estes seria justo poder ser aplicado o conceito de deslocamento do centro de imputação nos casos de subcapitalização material, de maneira objetiva, como uma técnica de aplicação da lei, conforme sugerido pela moderna doutrina alemã, e considerando-se a possibilidade de inversão do ônus da prova em tais casos.

Em outras palavras: além dos casos de fraude e abuso que carecem de prova, a desconsideração da personalidade jurídica (ou deslocamento do centro de imputação) de forma objetiva, no caso de subcapitalização material, justificar-se-ia apenas nos casos em que há transferência de riscos em modo definitivo para credores da sociedade quando: (i) estes têm pouca ou nenhuma escolha quanto a assumir este risco, sem que haja proteção legal específica; e (ii) serão estes credores os mais prejudicados no eventual sucesso de uma recuperação judicial da sociedade feita às suas custas.

Nos demais casos seria demasiado severo afastar o elemento subjetivo da discussão, pois se estaria criando um incentivo, no todo prejudicial à sociedade e ao tráfico, para que as sociedades deixassem de fornecer e os credores deixassem de buscar as informações necessárias que lhes possibilitem, sem qualquer outra forma de intervenção ou tutela, negociar taxas de retorno adequadas ao risco assumido na contratação.

44. Calixto Salomão Filho, *O Novo Direito Societário*, cit., 4ª ed., p. 246.

# *O CAPITAL SOCIAL COMO INSTRUMENTO DE PROTEÇÃO DOS CREDORES NA LEI 6.404/1976*

Marina Palma Copola

*1. Introdução. 2. Capital social e limitação da responsabilidade dos sócios. 3. Funções do capital social. 4. Princípios informadores do regime do capital social e proteção dos credores: 4.1 Os princípios da irrevogabilidade e da intangibilidade – 4.2 Os princípios da realidade e da efetividade – 4.3 Os princípios da publicidade, da unidade, da determinação e da fixidez/variabilidade condicionada. 5. Conclusão.*

## *1. Introdução*

O presente artigo buscará empreender uma análise crítica do capital social e do seu regime jurídico, em linha com os debates que vêm sendo travados sobre a matéria em diversos ordenamentos jurídicos. Nesse diapasão, será analisada a adequação do recurso à figura do capital social à luz de algumas de suas funções para as sociedades anônimas. Não se tem a ambição de repisar na integralidade um assunto sobre o qual a doutrina já dissertou com reconhecida maestria. O que se pretende é dar um enfoque diverso ao estudo de um tema central ao direito societário pátrio, cuidando do arcabouço construído sobre o conceito de capital social tendo como norte sua capacidade de atingimento de determinados objetivos ligados à proteção dos credores.

Para levar a efeito tal análise, este artigo se dividirá em cinco partes, sendo a primeira delas esta "Introdução". Na segunda parte serão trazidas algumas breves considerações históricas e conceituais. A terceira parte tratará das funções do capital social na Lei 6.404, de 15.12.1976

("Lei das S/A" ou "Lei 6.404/1976"). Como antecipado, a quarta parte tratará do regime jurídico do capital social, organizado a partir de princípios corporificados em diversos dispositivos da Lei das S/A, decorrentes, por sua vez, da necessidade de atendimento daquelas funções. Com a descrição dos princípios do capital social e do regime jurídico que neles se apoia pretende-se demonstrar que muitas vezes tal regime não atende aos fins protetivos que o orientam. Finalmente, na quinta parte o artigo alinhavará algumas conclusões.

## *2. Capital social e limitação da responsabilidade dos sócios*

A disciplina do capital social deve ser analisada no ordenamento brasileiro como o subproduto da interação entre três conceitos fundamentais ao direito societário: a personalidade jurídica, a autonomia patrimonial e a limitação da responsabilidade dos sócios.

A relação entre tais conceitos e a disciplina que eles informam tem uma dimensão eminentemente funcional, uma vez que a personalização é, com efeito, técnica jurídica para atingir determinados objetivos práticos, dos quais depende a realização da empresa: a autonomia patrimonial e a limitação de responsabilidades, já referidos.[1] A personalização é, verdadeiramente, uma técnica, imitação da responsabilidade mediante a criação de uma pessoa jurídica com patrimônio separado dos patrimônios individuais de seus sócios, os quais, pelos reveses daquela, respondem limitadamente, é exceção ao princípio geral de que uma pessoa deve responder com todo seu patrimônio pela integralidade dos seus débitos.[2]

Subjacente a esta exceção reside uma racionalidade econômica. A limitação da responsabilidade dos sócios, por meio da constituição de um sujeito independente de direito, é instrumental ao exercício da atividade comercial e à consecução do objeto social,[3] eis que tal solução extraordinária permite que os bens daqueles sócios não se confundam com os bens da sociedade. O patrimônio dos sócios resta, assim, protegido das execuções dos credores sociais, as quais só são capazes de alcançar o patrimônio da sociedade, cuja responsabilidade é, esta sim, ilimitada. De fato, é difícil imaginar o desenvolvimento da economia se ausente a possibilidade de limitação das perdas dos acionistas quando estes se

1. Fábio Konder Comparato, *O Poder de Controle na Sociedade Anônima*, 3ª ed., Rio de Janeiro, Forense, 1983, p. 279.

2. Tullio Ascarelli, *Studi in Tema di Società*, Milão, Giuffrè, 1952, p. 12.

3. Idem, p. 13.

lançarem em um empreendimento comum. Outrossim, tal prerrogativa justifica-se tão somente diante da possibilidade de realização daquele escopo mercantil – é ela, por isso, no dizer de Comparato, a causa mesma do negócio de sociedade.[4]

A personalização e a separação patrimonial são hoje viabilizadas por meio da obediência a certos requisitos formais – como o arquivamento dos atos constitutivos das respectivas sociedades na Junta Comercial, nos termos da Lei 8.934, de 18.11.1994, conforme alteração. Mas nem sempre puderam as sociedades contar com a concessão automática e irrestrita de tais prerrogativas, e o surgimento da figura do capital social está intrinsecamente conectado à limitação da responsabilidade dos sócios como conquista da classe mercantil.

No auge do mercantilismo a ligação umbilical do Estado com as grandes sociedades colonizadoras resultava na extensão de uma garantia quase que soberana para aqueles que com elas negociavam.[5] Vigoravam naquele período, essencialmente, os regimes societários nos quais ao menos um dos sócios respondia solidariamente pelos débitos contraídos pela sociedade.[6] Os aportes de capital eram encarados tão somente como meios para a realização da própria empresa, e não com o intuito de proteger terceiros.[7]

O advento da Revolução Industrial nas últimas décadas do século XVIII alterou radicalmente este quadro. O aumento exponencial da massa consumidora, proporcionado pelas novidades na agricultura, na indústria e nos transportes, fez surgir uma miríade de novas oportunidades comerciais para aqueles que as quisessem aproveitar. Multiplicaram-se as casas de comércio e as manufaturas. O incremento da demanda também agravou a necessidade das sociedades comerciais por capital e por matéria-prima, o que impactou profundamente as atividades bancárias e os regimes de contratação de bens e serviços. As transformações impostas ao processo produtivo pela atuação ino-

4. Comparato, *O Poder de Controle na Sociedade Anônima*, cit., 3ª ed., pp. 280-281.

5. Alfredo Lamy Filho, "Capital social", in Alfredo Lamy Filho e José Luiz Bulhões Pedreira (coords.), *Direito das Companhias*, Rio de Janeiro, Forense, 2009, p. 194.

6. Erasmo Valladão Azevedo e Novaes França e Marcelo Vieira von Adamek, "A proteção aos credores e aos acionistas no aumento de capital", *Revista do Advogado* 96/33-34, São Paulo, 2008.

7. Paulo de Tarso Domingues, *Do Capital Social: Noção, Princípios e Funções*, Coimbra, Coimbra Editora, 1998, pp. 69-70.

vativa do empresariado[8] levaram, por consequência, à consolidação de arranjos societários nos quais a limitação da responsabilidade vigorava como regra.[9]

Num cenário de potencial autonomia patrimonial das sociedades de capitais, a criação de um regime capaz de equacionar os interesses dos sócios e os dos credores sociais passou a ser defendida como fundamental para a sustentação da atividade mercantil em novos patamares. Como resultado, difundiu-se a noção de que os aportes efetuados pelos sócios quando da constituição da empresa: (i) a eles não mais poderiam ser retornados, exceto em hipótese de liquidação daquela; e (ii) deveriam ser tornados, de alguma forma, "públicos". Em 1843[10] o capital social foi previsto pela primeira vez em lei[11] como cifra representativa do montante preservado à disposição de terceiros, em contrapartida ao fato de que o acesso aos patrimônios individuais dos sócios àqueles fora limitado.[12] O capital social passou a se colocar, então, em última análise, como "elemento imprescindível à própria configuração da pessoa jurídica mercantil".[13]

Em pouco tempo a ideia de que o capital social deveria servir ao propósito exclusivo de proteção dos credores ganhou força, a tal ponto que sua função de garantia foi alçada à condição de "postulado indeclinável". Esta mudança na percepção das funções do capital social, de meio de produção a instrumento de tutela, passou, por seu turno, a condicionar a arquitetura dos diplomas societários, especialmente daqueles filiados à tradição europeia continental. No caso brasileiro, uma leitura, mesmo que superficial, da Lei das S/A já revela a dimensão da importância conferida ao capital social enquanto elemento regulador da sociedade.

Não obstante, um número cada vez maior de iniciativas acadêmicas e legislativas passou a propor a flexibilização do regime do capital social,

8. José Tadeu De Chiara, "Disciplina jurídica das instituições financeiras", *RDP* 41-42/289-307, São Paulo, Ed. RT, 1977.

9. Domingues, *Do Capital Social: Noção, Princípios e Funções*, cit., pp. 69-70 e 202.

10. Na *Preussisches Gesetz über die Aktiengesellschaften*.

11. Domingues, *Do Capital Social: Noção, Princípios e Funções*, cit., pp. 59-60.

12. Alfredo Lamy Filho, "Capital social", in Alfredo Lamy Filho e José Luiz Bulhões Pedreira (coords.), *Direito das Companhias*, cit., p. 194.

13. José Alexandre Tavares Guerreiro, *Regime Jurídico do Capital Autorizado*, São Paulo, Saraiva, 1984, p. 5.

sob os argumentos da modernização do direito societário e da implementação de melhores práticas de governança corporativa. Não raro, tais discussões perpassam uma tentativa de contraposição entre os estágios de desenvolvimento do direito societário e do mercado de capitais nos Estados Unidos, onde o regime do capital social vem perdendo relevância na Europa (principalmente Continental), cuja tradição civilística vem sendo desafiada pelas realidades da integração regional. Aqueles movimentos não passaram, naturalmente, despercebidos no Brasil. No entanto, o fato é que uma mudança no paradigma regulatório das sociedades anônimas brasileiras, por via de extinção do regime do capital social, não consta dentre as prioridades para uma eventual reforma legislativa.

É nesse contexto que interessa perquirir a eficácia do arcabouço construído na Lei 6.404/1976 ao redor do conceito de capital social como instrumento da tutela de terceiros. Mas, para fazê-lo, convém, antes, explorar mais detidamente alguns aspectos das funções tradicionalmente ligadas à proteção dos credores atribuídas pela doutrina ao capital social. Faz-se referência, notadamente, às funções de garantia e de avaliação da situação econômica da sociedade.

## 3. *Funções do capital social*

Embora suas finalidades protetivas recebam maior atenção dos juristas, é pacífico que na maioria dos regimes societários hoje em vigor estas não são as únicas funções desempenhadas pelo capital social nas anônimas.

Como visto, até o advento da Revolução Industrial o capital integralizado pelos sócios era concebido unicamente como meio de realização do objeto social. Outrossim, a função de produção é a mais antiga dentre todas as atribuídas ao capital social.[14]

Historicamente, porém, ao capital social também têm sido atribuídas importantes funções fundacionais[15] e organizacionais. A despeito de algumas variações conceituais, a doutrina[16] usualmente confere ao capital social dois papéis relevantes no âmbito interno das sociedades, os

14. Domingues, *Do Capital Social: Noção, Princípios e Funções*, cit., pp. 262-265.

15. Idem, p. 27.

16. A divisão aqui utilizada baseia-se livremente naquela proposta por Domingues, *Do Capital Social: Noção, Princípios e Funções*, cit., pp. 200-264.

quais são chamados aqui de *função de atribuição da qualidade de sócio* e de *função de determinação da posição jurídica do sócio*.

A função de atribuição da qualidade de sócio advém do reconhecimento de que o *status socii* em uma sociedade de capitais pertence aos indivíduos que detêm uma participação no montante do capital social, obtida por meio de um aporte realizado nos termos da lei. Na Lei 6.404/1976 o recurso ao capital social como elemento fundamental na determinação do pertencimento de uma pessoa ao quadro social tem como ponto de partida a análise dos dispositivos que tratam da constituição da companhia (arts. 80 e ss.) e da formação do capital social (arts. 7º e 8º), aliada ao exame dos arts. 5º e 11, nos quais se lê que o estatuto da companhia fixará o valor do capital social e o número de ações em que este se divide.

Já, a função de determinação da posição jurídica do sócio liga-se aos efeitos daquela participação. Por *posição jurídica de sócio* refere-se, de forma ampla, ao espectro de direitos e deveres atribuídos a cada indivíduo por conta de sua qualidade de acionista, mensurados pela divisão do capital pelo número de ações. Ela é a tradução, pois, da "relação contratual acionista/companhia, independentemente de fatores aleatórios quer do mercado ou do sistema econômico, quer da gestão dos administradores".[17] A função de determinação da posição de sócio diz respeito, nesse sentido, não só aos direitos e deveres que são indistintamente distribuídos entre os integrantes do quadro social (como os direitos essenciais elencados no art. 109), mas também àqueles direitos e deveres conferidos a depender da fração detida por cada um dos acionistas no capital social. O art. 1º da Lei das S/A evidencia, de imediato, o papel do capital social, dividido em ações, como métrica da responsabilidade dos sócios ou acionistas, limitando-se esta ao preço de emissão das ações subscritas ou adquiridas. Além disso, ao longo do diploma é recorrente o emprego do capital na definição de outros direitos e deveres dos sócios, como, por exemplo, na regra que estende a acionistas que representem 5% no mínimo do capital social a competência para convocar a assembleia-geral em caso de não atendimento, pelos administradores, de pedido de convocação a eles endereçado (art. 123, parágrafo único, "c").

O estudo das funções "internas" do capital social, acima descritas, é forçoso no mínimo à luz da profusão de referências ao capital social na definição da estrutura de poderes nas sociedades regidas pela Lei

17. José Tadeu De Chiara, "Resgate de ações", *RDM* 21/60-67, n. 48, São Paulo, 1982.

6.404/1976, o que confere ao capital social *status* de eixo orientador do diploma societário. Mas aquelas funções, por si sós, não oferecem justificativas suficientes para a manutenção de um regime jurídico complexo como o do capital social.

Assim, invariavelmente, uma análise crítica do capital social e do seu regime jurídico acaba por redundar na investigação de funções outras, eminentemente "externas". Trata-se das funções de garantia e de avaliação econômica da sociedade, estas, sim, em larga medida, relacionadas, como já mencionado, à proteção dos credores e à própria criação da figura do capital social.

A função de garantia do capital social adquiriu contornos de tal forma dogmáticos a partir da segunda metade do século XIX – em detrimento, inclusive, da função de produção –, que a levaram a ser comumente referida na literatura como "função-rainha" do capital social. Com efeito, diferentemente do que ocorre nos Países de origem anglo-saxã, nos quais em geral a tutela de terceiros se opera por vias eminentemente contratuais, as legislações filiadas à tradição europeia chamaram para si aquela responsabilidade, a ponto de alguns autores chegarem a afirmar que o propósito fundamental de tais diplomas societários seria não menos que a proteção dos credores.[18]

Tal função de garantia deriva do corolário de que, em contrapartida à limitação da responsabilidade dos sócios, o capital por estes subscrito pode ser empregado na consecução da empresa, mas não deve, ao menos sem que sejam tomadas certas medidas acautelatórias, ser devolvido aos acionistas, exceto em caso de liquidação da companhia e após todos os credores terem sido pagos. Dois desdobramentos práticos resultam deste enunciado, ao menos do ponto de vista teórico. Um, os credores podem confiar na existência daquele montante subscrito para satisfazer seus créditos, a menos que ele tenha sido reduzido como resultado da própria atividade mercantil. E dois, mesmo nesta hipótese os credores podem confiar que o montante original entregue a título de capital social será reposto antes que quaisquer ativos possam ser devolvidos aos sócios.[19]

Há que se anotar, contudo, que já há muito a melhor doutrina vem destacando a necessária distinção entre a cifra do capital social e o com-

18. Luca Enriques e Jonathan R. Macey, "Creditors *versus* capital formation: the case against the European legal capital rules", 86 *Cornell Law Review*, 2000-2001, p. 1.173.

19. Jonathan Rickford, *Reforming Capital – Report of the Interdisciplinary Group on Capital Maintenance*, 2004, p. 928.

plexo de relações, direitos e obrigações[20] de titularidade da sociedade, o patrimônio – este, sim, hábil a oferecer garantia aos credores sociais. Sem prejuízo, como aponta Guerreiro, "não se pode olvidar que todo o aparato legislativo voltado à conservação de sua integridade confere ao capital social a referida função de garantia".[21]

Já, a função de avaliação econômica da sociedade não é, como a função de garantia, a função primária de proteção dos credores. No entanto, a função do capital social como mecanismo de avaliação foi reconhecida quase que simultaneamente ao desenvolvimento, mediante a concepção de um sistema de publicidade obrigatória para a referida cifra.[22]

Aliás, para Ascarelli a criação de um sistema de publicidade social, que inclui as noções de exercício social anual, e do qual a publicidade do capital social faz parte, é conexa à constituição de um patrimônio separado.[23] Isso porque o conceito de capital social não equivale ao de patrimônio, mesmo que se admita que, em determinado momento do tempo, os valores numéricos de um e de outro possam coincidir. O patrimônio social é o instrumento da atividade comercial, universalidade de direito na acepção do art. 91 do CC, formado pela diferença entre o valor dos ativos e o dos passivos e resultado de exercícios futuros. É, por isso mesmo, variável ao sabor dos sucessos e dos insucessos do empresário.

Enquanto o patrimônio é intrinsecamente mutável, o capital social é cifra fixa, de direito, expressa em moeda corrente nacional no estatuto social, representando as contribuições dos sócios para a consecução do objeto social. Nessa linha, ficou famosa a imagem aludida por Vivante de que o capital social cumpre, em face do patrimônio, a função de um recipiente destinado a medir o trigo, que ora supera a medida, ora não chega a enchê-la.[24] E é nesse sentido que o capital social, na qualidade de ponto de referência, é capaz de oferecer meios de defesa aos credores. Serve o capital social à função de avaliação, posto que, por ser seu valor nominal dado público, podem os credores examinar o desempenho econômico e financeiro da sociedade contrastando outros dados de conhe-

20. Guerreiro, *Regime Jurídico do Capital Autorizado*, cit., p. 31.

21. Idem, p. 28-30.

22. Alfredo Lamy Filho, "Capital social", in Alfredo Lamy Filho e José Luiz Bulhões Pedreira (coords.), *Direito das Companhias*, cit., p. 194.

23. Ascarelli, *Studi in Tema di Società*, cit., p. 15.

24. Cesare Vivante, *Tratatto di Diritto Commerciale*, vol. II, Milão, Vallardi, 1906, p. 263.

cimento geral (como o patrimônio social) à cifra originalmente subscrita pelos acionistas para realização do objeto social, quando da constituição da companhia.

Da apreciação das funções protetivas do capital social resta claro que sua adoção como mecanismo de tutela dos credores se apoia em um arcabouço normativo composto por dispositivos acessórios destinados a lhe conferir eficácia.

As regras que compõem o regime do capital social buscam, em última análise, mitigar os conflitos de interesses oriundos da relação credores-sócios. Particularmente, tais dispositivos procuram atenuar os riscos relacionados à possibilidade de manipulação do "privilégio" da limitação da responsabilidade dos acionistas pelos próprios, em desfavor de terceiros contratantes.

O comportamento oportunista dos sócios pode se manifestar de diversas formas, mas as preocupações do Direito com a disciplina do capital social ligam-se a algumas hipóteses em especial. De forma bastante simplificada, interessa ao Direito primeiramente a possibilidade de os sócios mentirem sobre a valoração dos ativos aportados na sociedade a título de subscrição e que compõem o patrimônio social. Em segundo lugar, interessa a possibilidade de distribuição, pelos sócios, dos ativos que compõem o patrimônio social em seu benefício e em detrimento dos credores. E, por fim, interessa a capacidade que os sócios têm de elevar excessivamente o nível de endividamento da companhia.[25]

Destes três cenários de atuação dos acionistas resulta que, ao redor do mundo, o regime do capital social se apoia em uma série de regras mais ou menos comuns que, de acordo com Ascarelli, podem ser traduzidas concretamente nos diplomas societários em duas espécies de normas: (i) aquelas ligadas à constituição da sociedade, sendo que o valor do patrimônio não pode ser inferior ao capital social; e (ii) aquelas que têm por fim tutelar a integridade do capital social ao longo da vida da sociedade.[26]

A literatura acadêmica contemporânea tem questionado duramente a habilidade do arcabouço normativo construído ao redor da teoria do capital social de suportar, na prática, as funções protetivas acima descritas; e, de forma mais contundente, se aquele arcabouço o faz de forma

25. John Armour, Gerard Hertig e Hideki Kanda, "Transactions with creditors", in Reinier Kraakman e outros, *The Anatomy of Corporate Law*, 2ª ed., Nova York, Oxford University Press, 2009, pp. 115-119.

26. Ascarelli, *Studi in Tema di Società*, cit., p. 20.

eficaz, comparado com outras soluções possíveis para endereçar o risco assumido pelos credores. Contudo, antes de aceitar quaisquer assertivas neste sentido para o caso brasileiro, cumpre examinar, em detalhes, os vários componentes da implementação do regime do capital social. Em outras palavras: analisar as principais regras que, na Lei 6.404/1976, operam como proteção dos credores das sociedades anônimas no Brasil.

Por questões didáticas, optou-se por organizar aquelas regras em grupos, delimitados a partir do que se convencionou chamar de *princípios informadores do capital social*.

## *4. Princípios informadores do regime do capital social e proteção dos credores*

Os princípios informadores do regime do capital social são proposições fundamentais extraídas do arranjo normativo que alicerça aquele regime tendo por fim o atingimento de suas funções. Em linha com a proposta deste artigo, o tratamento que aqui será dado a tais princípios terá como foco a proteção dos credores, manifestada pelas funções de garantia e de avaliação econômica da sociedade.

### *4.1 Os princípios da irrevogabilidade e da intangibilidade*

Os dois primeiros princípios a merecerem referência, os quais já foram referidos ao menos indiretamente, e que se correlacionam ao longo da extensão da Lei das S/A, são o princípio da *irrevogabilidade* e o princípio da *intangibilidade*. O princípio da irrevogabilidade determina que os valores atribuídos à companhia pelos sócios a eles não podem ser devolvidos, nem total nem parcialmente, exceto em hipótese de liquidação da sociedade, e mesmo nestes casos somente depois de apurados os haveres a que têm direito os credores sociais. O princípio da intangibilidade, por sua vez, estabelece que os valores que compõem o capital social são assim conferidos à companhia a título de fundo perpétuo, e não podem ser alcançados pelos acionistas.

A preocupação manifestada nos princípios supramencionados é compreensível. As transferências dos ativos da companhia para os acionistas (chamada simplificadamente de "distribuição") reduzem, de um modo geral, o montante disponível para a satisfação das expectativas dos credores. Nas legislações que adotam o regime do capital social, preocupa que as distribuições possam avançar sobre aquele montante afetado, ameaçando o exercício de sua função de garantia e, por consequência, a própria manutenção do regime. É praticamente inexistente, assim, o dissenso doutrinário quanto à necessidade do regramento da transferência dos ativos da sociedade aos acionistas. Questiona-se, contudo, se as normas que regulam as distribuições e perfazem o arcabouço do capital social são aptas a proteger os credores e a assegurar a função de garantia daquele.

Tipicamente, a principal forma de distribuição se dá por meio da distribuição de dividendos, pelo quê um dos pilares do regime do capital social na Lei 6.404/1976 reside no art. 201, que determina que "a companhia somente pode pagar dividendos à conta de lucro líquido do exercício, de lucros acumulados e de reserva de lucros; e à conta de reserva de capital, no caso das ações preferenciais de que trata o § 5º do artigo 17". Não por outro motivo, a distribuição de lucros ou dividendos fictícios, na falta de balanço, em desacordo com este ou mediante balanço falso, configura ilícito penal, previsto no inciso VI do § 1º do art. 177 do CP.

As distribuições também podem tomar a forma de operações de recompras de ações, que se assemelham, do ponto de vista econômico, às distribuições de dividendos, e são em princípio vedadas, nos termos do art. 30 da Lei das S/A e também do inciso IV do § 1º do art. 177 do CP, que prevê sanção ao "diretor ou o gerente que compra ou vende, por conta da sociedade, ações por ela emitidas, salvo quando a lei o permite".

Fica claro que a lei não tolhe toda e qualquer transferência aos acionistas. Tampouco almeja o legislador impedir, de uma penada, que a companhia incorra em perdas superiores ao valor do capital social. O que se objetiva é, sim, limitar as distribuições aos ativos que tenham sido amealhados como resultado da empresa, e que, portanto, constituam lucro, preservando, assim, a conta do capital social e sua função de garantia.

A solução legal adotada no Brasil para lidar com as distribuições é inegavelmente elegante do ponto de vista teórico. Sua implementação, porém – argumentam alguns críticos do regime do capital social –, não pode ignorar algumas questões de ordem prática relacionadas ao caráter dinâmico da atividade comercial, e que podem comprometer a eficácia do arranjo instituído.

Primeiro há que se considerar que a permissão para distribuição de dividendos se apoia, essencialmente, em dados constantes das demonstrações financeiras. Nos casos em que o valor atribuído aos ativos da sociedade for extremamente volátil, por exemplo, aqueles dados podem não possuir relação com as verdadeiras condições econômicas e financeiras da companhia.[27] O montante distribuído pode, por consequência, não corresponder à expectativa efetiva de solvência da sociedade no momento da distribuição de seus lucros (se estes assim puderem ser chamados).

Segundo, no regime do capital social a verificação da existência de excedente disponível para distribuição aos acionistas ignora o elemento temporal. Com frequência não se distingue adequadamente entre numerário e ativos de difícil liquidação, enquanto para os credores estas diferenças são cruciais para determinar a probabilidade do pagamento das dívidas que detêm contra a sociedade.[28]

E ao final – alega-se – seria impossível fechar os olhos para o fato de que, na vida real, a administração da sociedade e/ou seus acionistas podem recorrer virtualmente a uma infinidade de subterfúgios, tais como transações com partes relacionadas, emissão de títulos e valores mobiliários ou planos agressivos de remuneração, para realizar transferências de ativos a despeito do disposto nas demonstrações financeiras ou das vedações impostas para negociação com as próprias ações.[29]

### *4.2 Os princípios da realidade e da efetividade*

Enquanto os princípios da *irrevogabilidade* e da *intangibilidade* buscam proteger o capital social de eventual dilapidação pelos acionistas, os princípios da *realidade* e da *efetividade* relacionam-se à formação do capital social. Nos termos do art. 7º da Lei 6.404/1976, o capital social deverá ser formado com contribuições em dinheiro ou em qualquer espécie de bens suscetíveis de avaliação em dinheiro. Na prática, três modalidades de formação do capital social são previstas: (i) a subscrição em dinheiro, na constituição da companhia e no aumento de capital mediante subscrição de ações; (ii) a capitalização de recursos existentes no patrimônio da companhia já em funcionamento; e (iii) a subscrição em bens.

Conforme preleciona o princípio da realidade, o capital social deve ser composto por entradas efetivas cujo valor seja idêntico ao da cifra

27. Enriques e Macey, "Creditors *versus* capital formation: the case against the European legal capital rules", cit., 86 *Cornell Law Review*, p. 1.190.

28. Bayless Mannings e James J. Hanks Jr., *Legal Capital*, 3ª ed., Westbury, Foundation Press, 1990, pp. 92-93.

29. Enriques e Macey, "Creditors *versus* capital formation: the case against the European legal capital rules", cit., 86 *Cornell Law Review*, p. 1.190.

que constará do estatuto social. Exige-se, pois, tanto que os aportes correspondam à cifra declarada como capital social quanto que as participações sociais correspondam aos aportes realizados.[30]

Este princípio se faz perceber já no art. 7º da Lei das S/A, que estabelece as espécies de contribuições consideradas idôneas (dinheiro ou bens suscetíveis de avaliação em dinheiro) para a formação do capital social. É regra que se extrai, ademais, do art. 80, I, que preceitua que ao menos duas pessoas devem subscrever todas as ações em que se divide o capital social fixado no estatuto. O mesmo vale para a obrigação constante do art. 106, no sentido de que o acionista é obrigado a realizar, nas condições previstas no estatuto ou no boletim de subscrição, a prestação correspondente às ações subscritas ou adquiridas.

Não basta, porém, assegurar a correspondência entre o compromisso assumido e a cifra do capital social. A partir daquele momento inicial de constituição, e ao longo da vida da sociedade, importa que os bens entregues sejam aptos a permitir a satisfação dos credores. Em outras palavras: enquanto o princípio da realidade liga-se à "quantidade" das entradas, ao princípio da efetividade concerne a "qualidade" dos bens.[31] É que, por óbvio, a garantia dos credores não se constitui pelo capital social nominal, isto é, pela simples cifra representativa do montante amealhado junto aos sócios. Ao contrário, o regime acima descrito do capital social como garantia dos credores só pode se sustentar se àquela cifra corresponderem bens concretos (e, ao menos em certa medida, "líquidos") no patrimônio social.[32]

O princípio da efetividade é consagrado de forma clara no arcabouço legal construído para permitir a subscrição em bens. Impõe, assim, o diploma societário, em seu art. 8º, que a avaliação dos bens seja realizada por três peritos ou por empresa especializada, nomeados em assembleia, e que o laudo por eles produzido seja objetivamente fundamentado (§ 1º). A Lei 6.404/1976 contém – não por outra razão – um sistema severo de responsabilidades, tanto para os avaliadores, pelos danos que causarem por culpa ou dolo na avaliação dos bens, quanto para os subscritores e acionistas, que com eles contribuírem para a formação do capital.

A defesa da realidade e da efetividade das entradas na Lei das S/A pode encontrar, porém, alguns obstáculos.

30. Domingues, *Do Capital Social: Noção, Princípios e Funções*, cit., p. 72.

31. Idem, p. 147.

32. Idem, p. 201.

Avaliações de especialistas renomados são caras – particularmente por conta do sistema de responsabilidades vigente – e consomem tempo, de modo que podem ser verdadeiramente inconvenientes em casos mais urgentes.[33]

Pior do que isso, todo este dispêndio de tempo e de recursos pode se mostrar ineficiente. Os avaliadores costumam dispor de ampla discrição, e não é improvável que sua independência venha a ser afetada por outros interesses. Isto porque, em geral, os avaliadores também oferecem outros serviços, de auditoria e de contabilidade por exemplo, estes, sim, mais satisfatórios do ponto de vista financeiro e que envolvem a fidelização do cliente por longos períodos, e podem ficar tentados a conquistar para outras áreas os clientes para quem prestam aqueles serviços de avaliação.[34]

Por fim, esta relação conflituosa estabelecida entre avaliadores e credores só perderia para o conflito encampado pela própria Lei 6.404/1976 ao sujeitar a aprovação das operações para mudança da estrutura de capital à vontade dos acionistas. Os interesses destes – como já bem explorado acima – não coincidem, em larga medida, com aqueles dos credores. A Lei das S/A, ao outorgar aos acionistas o poder de escolha dos avaliadores (art. 8º) e de aprovação do laudo (§ 1º), estaria incorrendo, assim, no equívoco, eternizado de forma bem humorada por Manning, de "investir a raposa no poder de controlar o mecanismo de proteção das galinhas".[35]

### 4.3 *Os princípios da publicidade, da unidade, da determinação e da fixidez/variabilidade condicionada*

Dando seguimento à análise do regime normativo que cerca a figura do capital social, merece destaque especial a regra que determina que a cifra acordada seja, em qualquer hipótese, tornada pública – da qual deriva o *princípio da publicidade*. Tal cifra deve ser una – daí por que se fala em *princípio da unidade* – e estar determinada nos atos constitutivos da sociedade – do que decorre o *princípio da determinação*.

O princípio da publicidade pressupõe a obediência aos princípios da unidade e da determinação, encerrando de forma abrangente, como o

33. Rickford, *Reforming Capital – Report of the Interdisciplinary Group on Capital Maintenance*, cit., pp. 933-937.

34. Enriques e Macey, "Creditors *versus* capital formation: the case against the European legal capital rules", cit., 86 *Cornell Law Review*, pp. 1.187-1.188.

35. Manning e Hanks, *Legal Capital*, cit., 3ª ed., p. 92.

faz o art. 5º da nossa Lei das S/A, a obrigação de definir a dita cifra, em moeda nacional, no estatuto – documento único, este, que, de seu turno, deve obrigatoriamente ser levado a registro quando da constituição da sociedade e nas hipóteses de modificações de seu conteúdo.

Para Ascarelli, além do benefício imediato de tornar conhecidos os aportes dos sócios na companhia, a publicidade do capital social reveste-se da qualidade de regra de ordem pública, posto que se conecta, de modo mais abrangente, ao sistema de publicidade estabelecido para as sociedades anônimas por conta da responsabilidade limitada dos acionistas.[36]

Por fim, de modo a garantir a coerência dos princípios a que fizemos referência, o regime do capital social também inclui regras aplicáveis às hipóteses de alteração da cifra do capital social. O conjunto de tais regras tem como denominador comum o chamado *princípio da fixidez*. Ao contrário do que o nome sugere, este arcabouço não implica que a cifra do capital social seja imutável.

Aquelas regras impõem, contudo, que a modificação do capital social fique condicionada a procedimentos e autorizações descritos em lei (daí por que alguns se referem ao princípio da fixidez também como *princípio da variabilidade condicionada*).

Na Lei 6.404/1976, o art. 166 descreve as situações em que o capital social pode ser aumentado: (i) por deliberação da assembleia-geral ordinária, para correção da expressão monetária do seu valor; (ii) por deliberação da assembleia-geral ou do conselho de administração, observado o que a respeito dispuser o estatuto, nos casos de emissão de ações dentro do limite autorizado no estatuto;[37] (iii) por conversão em

36. Ascarelli, *Studi in Tema di Società*, cit., pp. 14-15.

37. A propósito, as hipóteses de aumento quando se está a tratar de capital autorizado (art. 166, II) são merecedoras de alguns cuidados teóricos. A lei, mesmo enunciando que "o estatuto pode conter autorização para aumento do capital social independentemente de reforma estatutária", ainda assim não deixa de regular aquela autorização, que deve especificar: "(a) o limite de aumento, em valor do capital ou em número de ações, e as espécies e classes das ações que poderão ser emitidas; (b) o órgão competente para deliberar sobre as emissões, que poderá ser a assembleia-geral ou o conselho de administração; (c) as condições a que estiverem sujeitas as emissões; (d) os casos ou as condições em que os acionistas terão direito de preferência para subscrição, ou de inexistência desse direito (art. 172)". Disto resulta que, como bem apontado por Guerreiro, o capital autorizado não é um conceito contábil que escapa às restrições da determinação ou fixidez – aquelas duas dimensões, do capital social e do capital autorizado, não se confundem. Este último configura – isto, sim – "uma especial sistemática de autorização estatutária para aumentos" (Guerreiro, *Regime Jurídico do Capital Autorizado*, cit., pp. 78-80).

ações de debêntures ou partes beneficiárias e pelo exercício de direitos conferidos por bônus de subscrição, ou de opção de compra de ações; e (iv) por deliberação da assembleia-geral extraordinária convocada para decidir sobre reforma do estatuto social, no caso de inexistir autorização de aumento ou de estar tal autorização esgotada. O diploma societário também exige a averbação do aumento ou o arquivamento da ata da assembleia de reforma no Registro do Comércio, além do parecer do conselho fiscal, quando aplicável.

De forma semelhante ao que ocorre no caso dos aumentos, a Lei das S/A confere à assembleia-geral o poder de deliberar "a redução do capital social se houver perda, até o montante dos prejuízos acumulados, ou se julgá-lo excessivo" (art. 173). Também nestes casos a proposta de redução do capital social, quando de iniciativa dos administradores, não poderá ser submetida à deliberação da assembleia-geral sem o parecer do conselho fiscal, se em funcionamento (§ 1º), sendo que a partir da deliberação de redução ficarão suspensos os direitos correspondentes às ações cujos certificados tenham sido emitidos, até que sejam apresentados à companhia para substituição (§ 2º).

E porque no regime do capital social as reduções impactam diretamente, ao menos em teoria, a margem de solvabilidade perante os credores, a Lei 6.404/1976 estabelece que a redução do capital social com restituição aos acionistas de parte do valor das ações, ou pela diminuição do valor destas, quando não integralizadas, à importância das entradas, só se tornará efetiva 60 dias após a publicação da ata da assembleia-geral que a tiver deliberado. Nestes casos, se houver em circulação debêntures emitidas pela companhia, a redução do capital não poderá ser efetivada sem prévia aprovação pela maioria dos debenturistas, reunidos em assembleia especial (art. 174, *caput* e § 3º). Durante aqueles dois meses os credores quirografários por títulos anteriores à data da publicação da ata poderão, mediante notificação, de que se dará ciência ao Registro do Comércio da sede da companhia, opor-se à redução do capital (§ 1º). Findo o prazo, a ata da assembleia-geral que houver deliberado a redução poderá ser arquivada se não tiver havido oposição ou, se tiver havido oposição de algum credor, desde que feita a prova do pagamento do seu crédito ou do depósito judicial da importância respectiva (§ 2º). Decairão de seu direito os credores que não exercerem a oposição dentro do prazo

As críticas ventiladas contra os dispositivos relacionados à fixidez da expressão da cifra do capital social ligam-se, de modo amplo, a uma perspectiva dita "realista" da análise empreendida pelos credores ao transacionarem com determinada companhia.

Diz-se que o regime do capital social assume falsamente que o valor fixo da cifra nele cristalizada informa os credores das condições econômicas e financeiras da companhia – quando, de fato, os credores não poderiam dar menos importância a tal dado. O julgamento da saúde financeira da sociedade demandaria, pois, o estudo detalhado das demonstrações financeiras. Analisado isoladamente, o montante representativo do capital seria apenas um dado histórico – e inútil.[38]

No mais, de pouco valeriam os rígidos procedimentos de alteração do capital social se, como já aventado, a questão do conflito de interesses entre acionistas e credores acaba ignorada por via da delegação dos poderes para aumento ou para redução daquela cifra para os sócios.

## *5. Conclusão*

O presente artigo buscou realizar uma análise da adequação do regime legal do capital social com vistas à proteção dos credores.

Do exposto se conclui que:

*5.1* A personalização é técnica jurídica cujos efeitos viabilizam a realização do objeto social.

*5.2* O capital social foi concebido como uma espécie de contraprestação oferecida aos credores ante o advento da autonomia patrimonial da sociedade e a correspondente limitação das responsabilidades de seus sócios.

*5.3* Com o passar do tempo, o regime do capital social – calcado em uma série de princípios – ganhou importância nas legislações societárias como mecanismo de proteção dos credores.

*5.4* Influências do *Common Law* ajudaram a motivar um amplo movimento de questionamento da capacidade do modelo do capital social de atingir as funções ligadas à tutela de terceiros, como as funções de garantia e de avaliação econômica da sociedade.

*5.5* São, assim, diversas as críticas formuladas à capacidade do arcabouço construído ao redor da figura do capital social na Lei 6.404/1976 de prover proteção aos credores, especialmente à luz dos conflitos estabelecidos entre estes e os acionistas.

38. Enriques e Macey, "Creditors *versus* capital formation: the case against the European legal capital rules", cit., 86 *Cornell Law Review*, pp. 1.186-1.187.

E:

*5.6* Nesse contexto, há que se perquirir se os custos e as limitações impostos pelo regime do capital social na Lei das S/A se coadunam com as necessidades de agilidade e capital intensivo demandadas pelas modernas sociedades anônimas brasileiras.

## *Bibliografia*


ADAMEK, Marcelo Vieira von, e FRANÇA, Erasmo Valladão Azevedo e Novaes. "A proteção aos credores e aos acionistas no aumento de capital". *Revista do Advogado* 96. São Paulo, 2008.

ARMOUR, John, HERTIG, Gerard, e KANDA, Hideki. "Transactions with creditors". In: KRAAKMAN, Reinier, e outros. *The Anatomy of Corporate Law*. 2ª ed. Nova York, Oxford University Press, 2009.

ASCARELLI, Tullio. *Studi in Tema di Società*. Milão, Giuffrè, 1952.

CARVALHOSA, Modesto. *Comentários à Lei de Sociedades Anônimas*. 4 vols. São Paulo, Saraiva, 2003.

COMPARATO, Fábio Konder. *O Poder de Controle na Sociedade Anônima*. 3ª ed. Rio de Janeiro, Forense, 1983.

DE CHIARA, José Tadeu. "Disciplina jurídica das instituições financeiras". *RDP* 41-42. São Paulo, Ed. RT, 1977.

________. "Resgate de ações". *RDM* 21. N. 48. São Paulo, Ed. RT, 1982.

DOMINGUES, Paulo de Tarso. *Do Capital Social: Noção, Princípios e Funções*. Coimbra, Coimbra Editora, 1998.

EIZIRIK, Nelson. *Temas de Direito Societário*. Rio de Janeiro, Renovar, 2005.

ENRIQUES, Luca, e MACEY, Jonathan R. "Creditors *versus* capital formation: the case against the European legal capital rules". 86 *Cornell Law Review*. 2000-2001.

FRANÇA, Erasmo Valladão Azevedo e Novaes, e ADAMEK, Marcelo Vieira von. "A proteção aos credores e aos acionistas no aumento de capital". *Revista do Advogado* 96. São Paulo, 2008.

FUNDAÇÃO INSTITUTO DE PESQUISAS CONTÁBEIS, ATUARIAIS E FINANCEIRAS. *Manual de Contabilidade das Sociedades por Ações: Aplicável às Demais Sociedades/FIPECAFI*. 7ª ed., 4ª reimpr. Diretor responsável Sérgio de Iudícibus, Coordenador Técnico Eliseu Martins; Supervisor de Equipe de Trabalho Ernesto Rubens Gelbcke. São Paulo, Atlas, 2008.

GUERREIRO, José Alexandre Tavares. *Regime Jurídico do Capital Autorizado*. São Paulo, Saraiva, 1984.

________, e TEIXEIRA, Egberto Lacerda. *Das Sociedades Anônimas no Direito Brasileiro*. São Paulo, José Bushatsky Editor, 1979.

HANKS JR., James J., e MANNING, Bayless. *Legal Capital*. 3ª ed. Westbury, Foundation Press, 1990.

HERTIG, Gerard, ARMOUR, John, e KANDA, Hideki. "Transactions with creditors". In: KRAAKMAN, Reinier, e outros. *The Anatomy of Corporate Law*. 2ª ed. Nova York, Oxford University Press, 2009.

KANDA, Hideki, ARMOUR, John, e HERTIG, Gerard. "Transactions with creditors". In: KRAAKMAN, Reinier, e outros. *The Anatomy of Corporate Law*. 2ª ed. Nova York, Oxford University Press, 2009.

KRAAKMAN, Reinier, e outros. *The Anatomy of Corporate Law*. 2ª ed. Nova York, Oxford University Press, 2009.

LAMY FILHO, Alfredo. "Capital Social". In: LAMY FILHO, Alfredo, e PEDREIRA, José Luiz Bulhões (coords.). *Direito das Companhias*. Rio de Janeiro, Forense, 2009.

LAMY FILHO, Alfredo, e PEDREIRA, José Luiz Bulhões (coords.). *Direito das Companhias*. Rio de Janeiro, Forense, 2009.

MACEY, Jonathan R., e ENRIQUES, Luca. "Creditors *versus* capital formation: the case against the European legal capital rules". 86 *Cornell Law Review*. 2000-2001.

MANNING, Bayless, e HANKS JR., James J. *Legal Capital*. 3ª ed. Westbury, Foundation Press, 1990.

PEDREIRA, José Luiz Bulhões, e LAMY FILHO, Alfredo (coords.). *Direito das Companhias*. Rio de Janeiro, Forense, 2009.

PENTEADO, Mauro Rodrigues. *Aumentos de Capital das Sociedades Anônimas*. São Paulo, Saraiva, 1988.

RICKFORD, Jonathan. *Reforming Capital – Report of the Interdisciplinary Group on Capital Maintenance*. 2004.

TEIXEIRA, Egberto Lacerda, e GUERREIRO, José Alexandre Tavares. *Das Sociedades Anônimas no Direito Brasileiro*. São Paulo, José Bushatsky Editor, 1979.

VIVANTE, Cesare. *Tratatto di Diritto Commerciale*. vol. II. Milão, Vallardi, 1906.

# OS DIREITOS E OBRIGAÇÕES DAS AÇÕES DE EMISSÃO PRÓPRIA ADQUIRIDAS PARA MANUTENÇÃO EM TESOURARIA

GABRIELA CODORNIZ

*1. Notas introdutórias. 2. Manutenção de ações de emissão própria em Tesouraria. 3. Obrigações das ações de emissão própria mantidas em Tesouraria. 4. Direitos das ações de emissão própria mantidas em Tesouraria: 4.1 Direitos políticos – 4.2 Direitos econômicos – 4.3 Outros direitos essenciais. 5. Considerações finais.*

## 1. Notas introdutórias

A Lei 6.404, de 15.12.1976 (Lei das S/A), é expressa ao proibir que as companhias negociem com ações de sua própria emissão (art. 30, *caput*, da Lei das S/A). Tal vedação, no entanto, não é absoluta, tendo em vista que o § 1º do mesmo dispositivo lista as exceções ao impedimento de caráter geral. Não se encontram abrangidas pela vedação à negociação: (i) as operações de resgate, reembolso ou amortização (art. 30, § 1º, "a"); (ii) a aquisição onerosa ou por doação de ações de própria emissão para a permanência em Tesouraria ou cancelamento, assim como sua respectiva alienação (art. 30, § 1º, "b" e "c"); e (iii) a compra, caso o preço das ações em Bolsa for inferior ou igual à importância a ser devolvida em dinheiro através de redução de capital social (art. 30, § 1º, "d").[1]

1. "Essa enumeração é taxativa: o princípio geral é a proibição de negociação e somente são admitidos os negócios expressamente autorizados pela lei" (Alfredo Lamy Filho e José Luiz Bulhões Pedreira, *Direito das Companhias*, vol. I, Rio de Janeiro, Forense, 2006, p. 549). A reforma da Lei das S/A realizada pela Lei 10.303/2001, no entanto, incluiu novo § 4º ao art. 4º, criando forma de aquisição de

Também conhecida como *recompra de ações*, a aquisição permitida pela alínea "b" do § 1º do art. 30 pode, à primeira vista, causar estranheza, pois resultará em uma companhia titular de suas próprias ações. Contudo, como dispôs a "Exposição de Motivos" da Lei das S/A, a intenção da lei é manter a integridade do capital social da companhia, e por isso admite-se a aquisição de ações próprias nas hipóteses em que não importarem prejuízo do capital social e da reserva legal.[2]

Historicamente, a lei brasileira proibiu a negociação com ações de emissão própria por sociedades anônimas.[3] Assim, apenas em 1965 a Lei 4.728,[4] que disciplinou o mercado de capitais, permitiu que as sociedades anônimas de capital autorizado adquirissem suas próprias ações mediante a aplicação de lucros acumulados ou capital excedente, e sem redução do capital subscrito.[5]

O Decreto-lei 2.627/1940,[6] que regulava as sociedades anônimas em 1965, excluía da proibição de negociação com ações próprias apenas

ações de emissão própria além das listadas no art. 30 da Lei das S/A. Com a reforma, a própria companhia passou a ter o direito de formular oferta pública para adquirir a totalidade de suas ações em circulação no mercado para cancelamento do registro de companhia aberta.

2. "O art. 30 estende a todas as companhias a faculdade, hoje restrita às companhias de capital autorizado (...). A lei proíbe a negociação com as próprias ações para proteger a integridade do capital social. Não há razão para manter essa proibição nos casos em que as ações são adquiridas sem prejuízo do capital social e da reserva legal" (Alfredo Lamy Filho e José Luiz Bulhões Pedreira, *A Lei das S/A*, vol. I, Rio de Janeiro, Renovar, 1997, p. 228).

3. V., nesse sentido, o art. 31 da Lei 3.150/1882, o art. 40 do Decreto 434/1891, o art. 15 do Decreto-lei 2.627/1940, o art. 47 da Lei 4.728/1965 e o art. 30 da Lei das S/A.

4. Lei 4.728/1965: "Art. 47. As sociedades anônimas de capital autorizado somente poderão adquirir as próprias ações mediante a aplicação de lucros acumulados ou capital excedente, e sem redução do capital subscrito, ou por doação. § 1º. O capital em circulação da sociedade corresponde ao subscrito menos as ações adquiridas e em Tesouraria. § 2º. As ações em Tesouraria na sociedade não terão direito de voto enquanto não forem novamente colocadas no mercado."

5. Como explica José Alexandre Tavares Guerreiro, tratou-se de uma das mais relevantes inovações da lei de 1965, tendo em vista que as sociedades anônimas não podiam adquirir suas ações no regime anterior. Acrescenta que "a prática das negociações com as próprias ações, que compreende a utilização das chamadas ações em Tesouraria (*treasury shares*), tem afinidade das mais estreitas com o regime do capital autorizado, em razão de sua origem comum no Direito Anglo-Saxão" (*Regime Jurídico do Capital Autorizado*, São Paulo, Saraiva, 1984, pp. 73-74).

6. Decreto-lei 2.627/1940: "Art. 15. A sociedade anônima não pode negociar com as próprias ações. Parágrafo único. Nessa proibição não se compreendem as operações de resgate, reembolso, amortização ou compra, previstas em lei."

as operações de resgate, reembolso, amortização ou compra.[7] A recompra de ações não fazia parte das exceções, por ser considerada perigosa e desmoralizante para o mercado, tendo em vista tratar-se de fonte de possíveis excessos pela companhia.[8] Como explicou Trajano de Miranda Valverde, ao comentar o art. 15 do referido decreto-lei:

> A sociedade anônima não deve negociar, comprar e vender, especular, enfim, com as próprias ações. Isso, se permitido fosse, viria a desmoralizar, definitivamente, a instituição, pois que possibilitaria os maiores abusos.[9]

Finalmente, em 1976, a Lei das S/A disciplinou a recompra de ações como a conhecemos hoje. Ademais, foi delegada à Comissão de Valores Mobiliários/CVM competência para normatizar a aquisição das próprias ações pela companhia aberta (§ 2º do art. 30).[10] Tal delegação, por sua vez, resultou na edição da Instrução CVM-10, de 14.2.1980,[11] que "dispõe sobre a aquisição, por companhias abertas, de ações de sua própria emissão para cancelamento ou permanência em Tesouraria, e respectiva alienação",[12] e se encontra atualmente em fase de revisão pela autarquia.[13]

7. Nos termos do art. 19 do Decreto-lei 2.627/1940, tratava-se da operação de aquisição pela companhia de suas próprias ações em Bolsa quando, resolvida a redução de capital mediante a restituição em dinheiro de parte do valor das ações, o preço destas em Bolsa fosse inferior ou igual à importância a ser restituída. Nessas hipóteses as ações adquiridas eram retiradas, definitivamente, de circulação.

8. Maria Victória Rodriguez Vaz Ferreira da Rocha descreve exemplos históricos em que "desenfreadas manobras especulativas com acções próprias" causaram a falência de diversas companhias europeias e norte-americanas (*Aquisição de Acções Próprias no Código das Sociedades Comerciais*, Coimbra, Livraria Almedina, 1994, pp. 98-101).

9. Trajano de Miranda Valverde, *Sociedades por Ações*, vol. 1, Rio de Janeiro, Forense, 1953, p. 151. Para uma análise da evolução histórica da disciplina legal das operações das sociedades anônimas com ações de sua emissão no Brasil até o Decreto-lei 2.627/1940, v. Philomeno J. da Costa, *Operações da Anônima com as Ações do seu Capital*, São Paulo, Saraiva, 1965, pp. 29-38.

10. Da mesma forma dispôs o § 1º, III, do art. 22 da Lei 6.385/1976: "§ 1º. Compete à Comissão de Valores Mobiliários expedir normas aplicáveis às companhias abertas sobre: (...); III – a compra de ações emitidas pela própria companhia e a alienação das ações em Tesouraria; (...)".

11. Alterada pelas Instruções CVM-100/1989, 268/1997 e 390/2003.

12. A edição da Instrução CVM-10 foi acompanhada pela Nota Explicativa CVM-16/1980. A CVM expediu a Instrução CVM-390, de 8.7.2003, que disciplinou a negociação, pelas próprias companhias, com opções de venda ou de compra de ações de sua emissão e revogou as Instruções CVM-290, de 11.9.1998, e 291, de 5.9.1998, que tratavam anteriormente do tema.

13. A última revisão do presente texto foi realizada em 17.2.2014.

A CVM submeteu a audiência pública,[14] em 30.10.2013, minuta de norma alteradora da Instrução CVM-10/1980, buscando trazer a experiência acumulada ao longo dos 34 anos de vigência da atual regra para o novo texto normativo.

A minuta de regra também recebeu explícita influência de estudo sobre programas de recompra de ações denominado *Report on "Stock Repurchase Programs"*,[15] divulgado pela *International Organization of Securities Commissions*/IOSCO[16] em 2004, assim como de normas estrangeiras aplicáveis, principalmente, à negociação de derivativos referenciados em ações.

Quando da elaboração da Instrução CVM-10/1980 era recente a instituição da recompra de ações no Brasil, de modo que a CVM não dispunha de histórico suficiente para disciplinar todas as situações que poderiam surgir.

Naquele cenário, a autarquia optou, à época, por uma regulação com foco na operacionalização da recompra, acompanhada da faculdade de excepcionar situações específicas e circunstanciadas (art. 23 da Instrução CVM-10/1980). A audiência pública foi encerrada em 3.2.2014, e as manifestações recebidas do mercado encontram-se, atualmente, em fase de análise pela CVM.

14. A CVM tem adotado o salutar processo de colocar suas normas em audiência pública para que o mercado possa tecer comentários antes de sua aprovação. Tal procedimento é autorizado pelo art. 8º, § 3º, I, da Lei 6.385/1976, que dispõe que a CVM poderá "publicar projeto de ato normativo para receber sugestões de interessados". A possibilidade de manifestação de interessados antes da edição de uma norma aproxima a CVM do mercado e busca evitar a expedição de regras inexequíveis pelos regulados.

15. *International Organization of Securities Commissions*/IOSCO, *Report on "Stock Repurchase Programs"*, disponível para consulta em *http://www.iosco.org/library/pubdocs/pdf/IOSCOPD161.pdf* (acesso em 17.2.2014).

16. Criada em 1983, a *International Organization of Securities Commissions*/IOSCO conta atualmente com mais de 130 membros de 80 Países, sendo o principal fórum internacional para as autoridades reguladoras dos mercados de valores mobiliários do mundo todo. Tendo em vista a interação entre os mercados existente nos dias atuais, a IOSCO possui como principais objetivos a promoção, através de cooperação, de altos padrões de regulação, adequados à manutenção de mercados seguros, eficientes e equitativos; promover o intercâmbio de informações e experiências necessárias ao desenvolvimento de mercados domésticos; unir esforços para estabelecer padrões internacionais de contabilidade e auditoria e um sistema eficaz de supervisão das transações internacionais nos mercados de capitais; e proporcionar assistência recíproca em investigações com a finalidade de garantir a rigorosa aplicação das leis e a punição de seus infratores. A CVM é membro ordinário da IOSCO, participando também de comitês variados. Outras informações podem ser obtidas no endereço *www.iosco.org*.

A peculiaridade e a importância das operações de recompra de ações podem ser evidenciadas tanto pelo cuidado do legislador ao tratar do tema[17] como pelas estritas condições impostas para sua realização por companhias abertas.[18]

Neste sentido, são três os principais fundamentos sobre os quais se estabelecem as regras aplicáveis à aquisição de ações de própria emissão por sociedades anônimas. Em primeiro lugar está a proteção aos interesses dos credores da companhia,[19] pois a operação não pode implicar a diminuição de seu capital social – restrição, esta, decorrente da Lei das S/A. Com efeito, o capital social é considerado garantia dos credores de uma sociedade, sendo vedada sua devolução aos acionistas, total ou parcialmente, antes de quitadas todas as obrigações sociais. A proteção aos credores faz com que apenas recursos disponíveis possam ser utilizados pela companhia para recomprar suas próprias ações.

O segundo fundamento – este apenas relacionado às companhias abertas – é a proteção dos investidores contra a possibilidade de criação de condições artificiais de demanda, oferta ou preço ou o envolvimento de práticas não equitativas na operação. A recompra por uma companhia não pode criar um "falso mercado" para suas ações ou beneficiar de forma irregular algum participante da operação, em detrimento dos demais envolvidos e, mesmo, do mercado em geral.

O terceiro e último fundamento é a proteção dos acionistas minoritários da companhia. O parágrafo único do art. 116 da Lei das S/A ressalta dentre os deveres do acionista controlador o de usar seu "poder com o fim de fazer a companhia realizar o seu objeto e cumprir sua

17. Tal importância pode ser destacada também por conta da previsão contida no art. 177, § 1º, IV, do CP brasileiro, que tipifica a conduta dos administradores que negociarem indevidamente, por conta da companhia, com as ações por ela emitidas, podendo ocorrer, inclusive, a reclusão dos envolvidos. O próprio Decreto-lei 2.627/1940 já previa a responsabilidade criminal dos diretores ou gerentes que, em violação à lei, comprassem ou vendessem, por conta da sociedade, as ações por ela emitidas (art. 168, § 4º).

18. Trata-se de operação largamente utilizada por companhias abertas, e os programas de recompra de ações lançados por tais companhias são divulgados pela CVM em seu *website*: *www.cvm.gov.br*.

19. Sobre a proteção aos credores, v. Erasmo Valladão Azevedo e Novaes França e Marcelo Vieira von Adamek, "A proteção aos credores e aos acionistas no aumento de capital", *Revista do Advogado* 96/32-40, São Paulo, 2008, e Erasmo Valladão Azevedo e Novaes França, "A proteção aos credores e acionistas nos aumentos de capital social", in *Temas de Direito Societário, Falimentar e Teoria da Empresa*, São Paulo, Malheiros Editores, 2009, pp. 230-252.

função social". Trata-se de preceito aplicável a todas as companhias, considerando que a aquisição de ações próprias não pode atender aos interesses de um grupo específico de acionistas, sendo realizada no melhor interesse da sociedade.

Consequentemente, e com foco principal na proteção aos direitos da minoria e na proteção ao capital social, o legislador estabeleceu que as ações adquiridas na forma do art. 30, § 1º, "b", enquanto mantidas em Tesouraria, não terão direito a "dividendo nem a voto" (§ 4º do art. 30).

Nosso objetivo no presente trabalho será examinar o alcance de tal disposição, analisando, ainda, a situação dos demais direitos e obrigações das ações de emissão própria conservadas em Tesouraria.

## 2. *Manutenção de ações de emissão própria em Tesouraria*

O regramento brasileiro admite a aquisição das ações de emissão própria para manutenção em Tesouraria mas coloca tais títulos em uma situação de hibernação. As ações adquiridas podem ser automaticamente canceladas ou incorporadas ao patrimônio da companhia adquirente como seu fator redutor, uma vez que tal situação não lhe atribui a qualidade de acionista de si mesma. Como explica A. Ferrer Correia:

> Os direitos se conservam suspensos, privados de eficácia, como paralisados ou inertes, por todo o tempo durante o qual a situação se mantiver, só retomando a sua normal vitalidade no momento em que os títulos forem alienados.[20]

Neste sentido, são denominadas "em Tesouraria"[21] as ações adquiridas pela companhia que passam a integrar seu patrimônio social, estando fora de circulação, podendo permanecer em Tesouraria tanto as ações próprias recompradas como as ações objeto de reembolso.[22]

Nas palavras de Luiz Gastão Paes de Barros Leães, "a inscrição do nome do acionista no livro próprio acarreta a presunção, *iuris tantum*, da propriedade da ação nominativa ou escritural (Lei 6.404, arts. 31 e 35), que confere ao proprietário o estado de sócio – ou seja, a 'qualidade de

20. A. Ferrer Correia, "Acções adquiridas pela própria sociedade emitente e direito de voto", in *Estudos de Direito Civil, Comercial e Criminal*, Coimbra, Livraria Almedina, 1985, p. 124.

21. A Tesouraria é o componente de uma entidade encarregado da administração de seus bens e da gestão de caixa.

22. Art. 45, § 5º, da Lei das S/A.

sócio', como diz o art. 126 – integrado por um conjunto de direitos (art. 109) e obrigações (art. 106), que compõem o substrato intangível dessa situação objetiva – de que 'nem o estatuto social nem a assembleia poderão privar' (art. 109)".[23] Contudo, a manutenção de ações de emissão própria pela companhia em Tesouraria traduz situação diversa da descrita por Leães no trecho transcrito acima.

Neste caso, a companhia passa a deter suas próprias ações, exercendo uma qualificação particular de titular, detentora dos títulos, mas sem alcançar a qualidade de acionista. A Lei das S/A, por sua vez, suspendeu especificamente o direito ao recebimento de dividendos e ao exercício do voto,[24] o que não significa, entretanto, que outros direitos ou obrigações das ações não possam ser exercidos.[25]

As ações de emissão própria alienadas pela companhia apenas recuperam seus direitos e obrigações nas mãos do adquirente pela sua transferência para um novo titular, retomando, assim, sua plena eficácia. Isso porque, apesar de escrituradas em nome da sociedade, a propriedade das ações mantidas em Tesouraria não atribui à companhia o estado de acionista de si própria, havendo restrições ao conjunto de direitos e obrigações inerentes às ações, que serão examinadas a seguir.

## 3. *Obrigações das ações de emissão própria mantidas em Tesouraria*

São duas as principais obrigações do titular das ações frente à companhia: a obrigação de realizar o capital social e a obrigação de exercer o direito de voto no melhor interesse da sociedade.[26]

23. Luiz Gastão Paes de Barros Leães, "O direito de voto de ações gravadas com usufruto vidual", in *Pareceres*, vol. 2, São Paulo, Singular, 2004, p. 1.362.

24. Raúl Ventura descreve que, "quando a suspensão seja prescrita por lei, a disposição legal, unida a esta observação dogmática, torna inútil qualquer investigação sobre o fenômeno da suspensão" (*Autoparticipação da Sociedade: as Acções Próprias*, p. 430, disponível para consulta em *http://www.estig.ipbeja.pt/~ac_direito/RVentura78.pdf* e *http://www.estig.ipbeja.pt/~ac_direito/RVentura78-2.pdf* (acesso em 1.10.2012).

25. Os direitos devem ser analisados caso a caso (José Luiz Bulhões Pedreira e Alfredo Lamy Filho, *Direito das Companhias*, vol. I, Rio de Janeiro, Forense, 2009, p. 555). Os mesmos autores descrevem, ainda, a possibilidade da imposição de outros deveres previstos no estatuto social que podem vincular o acionista no sentido de fazer ou se abster de certos atos. Não há como analisar antecipadamente todas as possibilidades existentes, mas tais obrigações, em princípio, também permanecerão suspensas enquanto as ações estiverem em Tesouraria.

26. Egberto Lacerda Teixeira e José Alexandre Tavares Guerreiro, *Das Sociedades Anônimas no Direito Brasileiro*, vol. 1, São Paulo, José Bushatsky Editor, 1979, p. 270.

Sobre a obrigação de realizar o capital social, entendemos que a companhia não pode, em princípio, realizar uma aquisição originária de suas ações, ou seja, não pode subscrever capital próprio. A subscrição de ações no momento de sua constituição seria impossível, tendo em vista que a companhia não preexistirá à sua criação. Ademais, a subscrição e a integralização de ações em subsequente emissão representaria a formação de capital social ficto, pois a integralização dos títulos não corresponderia a uma efetiva entrada de capital, já que a companhia utilizaria valores próprios para tanto.

Conceito semelhante pode ser utilizado para a recompra de ações ainda não integralizadas, que foi expressamente vedada pela Instrução CVM-10/1980 (art. 2º, "d") e se encontra também proibida no projeto de alteração da referida regra. A companhia, portanto, enquanto mantiver ações em Tesouraria não terá a obrigação de realizar o capital social, seja porque não poderá subscrever suas próprias ações, seja porque não poderá recomprar ações que não estejam integralizadas.

As ações de emissão própria mantidas em Tesouraria também não terão como obrigação o exercício do direito de voto no melhor interesse da companhia, porque, como examinaremos a seguir, este direito permanecerá suspenso, na forma do § 4º do art. 30 da Lei das S/A. No entanto, caso seja constituído usufruto pela companhia sobre as ações de emissão própria mantidas em Tesouraria e o direito de voto for exercido pelo usufrutuário, este terá a obrigação de sempre votar no melhor interesse da companhia.[27]

## 4. *Direitos das ações de emissão própria mantidas em Tesouraria*

Apesar de a Lei das S/A prever que as ações em Tesouraria não terão direito a dividendos e a voto, a CVM, por sua vez, estabeleceu para as companhias abertas a suspensão dos direitos patrimoniais e políticos das ações em Tesouraria, passando atualmente a se referir, no projeto de alteração da Instrução CVM-10/1980, a direitos econômicos e políticos. A Nota Explicativa 16/1980, que acompanhou a edição da Instrução CVM-10/1980, por sua vez, ampliou o disposto no § 4º do art. 30 da Lei das S/A e previu a interrupção de "todos os direitos inerentes às ações"

27. Conforme o art. 115 da Lei das S/A: "Considerar-se-á abusivo o voto exercido com o fim de causar dano à companhia ou a outros acionistas, ou de obter, para si ou para outrem, vantagem a que não faz jus e de que resulte, ou possa resultar, prejuízo para a companhia ou para outros acionistas".

em Tesouraria, com a finalidade de "erradicar qualquer possibilidade de a companhia vir a atuar como acionista de si mesma".

Para a análise dos direitos das ações mantidas em Tesouraria dividiremos os direitos analisados em políticos e econômicos (estes últimos direitos essenciais),[28] tratando, em seguida, de outros direitos essenciais dos acionistas que não os direitos econômicos (direito de fiscalização; direito de preferência para a subscrição de ações, partes beneficiárias conversíveis em ações, debêntures conversíveis em ações e bônus de subscrição; e direito de retirada).

Os direitos essenciais estão previstos no art. 109 da Lei das S/A, e não podem ser privados do acionista pelo estatuto social ou através de deliberação assemblear. Uma análise inicial poderia dizer que, tendo em vista serem direitos dos acionistas, e considerando que a companhia que recompra suas ações não se torna acionista de si própria, tais direitos não seriam exercíveis para as ações mantidas em Tesouraria. Contudo, optamos pelo apreciação pontual de cada direito essencial, porque, como veremos, sua suspensão não pode ser aplicada de forma generalizada.

### *4.1 Direitos políticos*

A referência a direitos políticos remete-nos diretamente ao direito de voto, ou seja, ao direito do acionista de se manifestar em assembleia-geral para participar da formação da vontade social. O direito de voto, regulado nos arts. 110 a 115 da Lei das S/A, não está no rol de direitos essenciais, tendo em vista a possibilidade de criação de ações preferenciais sem direito de voto ou com voto restrito.[29]

Em nossa análise, a atribuição de direito de voto às ações de emissão própria mantidas em Tesouraria seria incoerente, e não vislumbramos como a companhia o exerceria sem que houvesse uma situação clara de conflito de interesses. Considerando ainda que a representação

28. Não adotaremos a distinção clássica que separa os direitos em individuais e sociais. Os direitos individuais têm sua origem na lei e não são suscetíveis de modificações. São, primordialmente, os direitos chamados essenciais na Lei das S/A. Já, os direitos sociais têm origem, além de legal, estatutária e admitem modificações. Têm como maior exemplo o direito de voto (Egberto Lacerda Teixeira e José Alexandre Tavares Guerreiro, *Das Sociedades Anônimas no Direito Brasileiro*, cit., vol. 1, pp. 278-279).

29. Cumpre destacar que a CVM, no projeto de alteração da Instrução CVM-10/1980, pretende equiparar as ações detidas por contrapartes de uma companhia em contratos derivativos referenciados em ações de própria emissão às ações em Tesouraria para fins do exercício do direito de voto.

da sociedade em assembleias cabe aos seus diretores (art. 138, § 1º, da Lei das S/A), tais administradores poderiam, por exemplo, utilizar o direito de voto da companhia para aprovar sua manutenção nos respectivos cargos ou mesmo para aumentar sua remuneração, distorcendo, assim, a vontade social. Ademais, tendo em vista que, em geral, a maioria dos administradores é eleita pelo grupo de acionistas majoritários, o exercício do direito de voto pela companhia viria a acrescer o poder de tal grupo influenciar nas decisões assembleares.[30]

Não obstante suspenso o direito de voto, deve-se também refletir quais serão os quóruns de instalação e deliberação das assembleias-gerais de uma companhia havendo ações de emissão própria mantidas em Tesouraria. Resta saber qual a base para o cálculo de tais quóruns: se o capital correspondente à totalidade das ações emitidas, ou se apenas o capital social correspondente às ações em circulação (aqui consideradas as ações que não estão na Tesouraria da companhia, ou seja, que estão em poder dos acionistas).[31] A despeito das discussões doutrinárias sobre o tema,[32] no Brasil, a Lei das S/A deu solução direta para a questão ao estabelecer, nos arts. 125, 129 e 136, que devem ser computadas apenas as ações com direito a voto para a formação dos quóruns de instalação e deliberação assemblear mesmo nas hipóteses de quórum qualificado para deliberação. Com efeito, as ações mantidas em Tesouraria não serão

30. Segundo Raúl Ventura, é possível desenhar várias ilustrações sobre este tema: "A sociedade manifesta possivelmente duas vontades contraditórias, uma pelo voto dos administradores e outra pela deliberação da assembleia; os administradores não podem conhecer previamente a vontade da assembleia que hão de exprimir, pois esta só resulta da deliberação em que os administradores votariam com as ações da própria sociedade, e portanto não podem votar com essas ações pois só podem exprimir a vontade da sociedade, etc.". O autor descreve, ainda, que o exercício de outros direitos políticos, como o direito de ser eleito para cargos sociais e o direito de requerer a anulação judicial de deliberações sociais "nem sequer são mencionados, por não ocorrer a ninguém que uma sociedade possa exercê-los relativamente a si própria" (*Autoparticipação da Sociedade: as Acções Próprias*, cit., pp. 432-433).

31. Cumpre, aqui, diferenciar as ações "em circulação" das ações "em circulação no mercado". As primeiras, como referido, são ações que estão em poder dos acionistas. Já, as ações em circulação no mercado foram definidas pela Lei das S/A para os fins do disposto em seus arts. 4º e 4º-A (a definição atualmente encontra-se no art. 4º-A, § 2º, e foi introduzida na Lei das S/A pela Lei 10.303, de 31.10.2001). São estas todas as ações da companhia menos as ações de propriedade do acionista controlador, diretores, conselheiros de administração e as mantidas em Tesouraria.

32. Para uma descrição das discussões doutrinárias referentes a quóruns constitutivos e deliberativos das assembleias no Direito Europeu, v. Maria Victória Rodriguez Vaz Ferreira da Rocha, *Aquisição de Acções Próprias no Código das Sociedades Comerciais*, cit., pp. 251-259.

consideradas para a formação do quórum, ressalvado apenas quando o direito de voto seja exercido pelo usufrutuário de ações em Tesouraria, mediante prévio acordo com a companhia.

Tal solução pode trazer dificuldades, tendo em vista que a adoção de um quórum que não compute as ações em Tesouraria acaba por alterar a proporção das participações sociais. Esta medida pode resultar, por exemplo, que uma deliberação seja tomada por um acionista que não atingiria o quórum necessário caso as ações em Tesouraria fossem computadas, facilitando, assim, o exercício do poder de controle por acionistas que não o exerceriam se considerada a totalidade do capital social.[33] Por outro lado, computar as ações em Tesouraria para a constituição dos quóruns legais também poderia trazer desvantagens, na medida em que, no caso de a companhia manter grande quantidade de ações em Tesouraria, certas deliberações que exigem quórum qualificado – por força da lei ou estatutariamente – não poderiam ser tomadas.[34] É, no entanto, situação menos provável para as companhias abertas, tendo em vista a limitação de que sejam mantidos em Tesouraria apenas até 10% das ações de emissão de cada classe (regra que se encontra preservada no projeto de alteração da Instrução CVM-10/1980).

Já, o direito de participar das assembleias-gerais (art. 125, parágrafo único, da Lei das S/A), por sua vez, é pressuposto do direito de voto, e se aplica em princípio para todas as ações da companhia, mesmo às ações que não votem ou que tenham voto restrito. No entanto, não haveria propósito em considerar que uma companhia com ações de emissão própria em Tesouraria teria o direito de participar de sua própria assembleia-geral, pois haveria uma situação impossível, já que a interessada seria a própria companhia que estaria realizando o ato.

### *4.2 Direitos econômicos*

Entendemos como econômicos os direitos que, quando exercidos, implicam diretamente a alteração patrimonial do titular das ações. São eles o direito de participar dos lucros sociais, incluso aqui o direito a receber dividendo, e o direito de participar do acervo social no caso de liquidação da companhia, ambos direitos essenciais dos acionistas previstos nos incisos I e II do art. 109 da Lei das S/A.

33. Raúl Ventura, *Autoparticipação da Sociedade: as Acções Próprias*, cit., pp. 432-433.

34. A. Ferrer Correia, "Acções adquiridas pela própria sociedade emitente e direito de voto", cit., in *Estudos de Direito Civil, Comercial e Criminal*, pp. 125-126.

Já, o § 4º do art. 30 da Lei das S/A proibiu expressamente a distribuição de dividendos para as ações em Tesouraria, tendo em vista que seria um contrassenso a companhia ser credora de si própria, ou mesmo cobrar de si mesma seus dividendos. Assim, apesar de o *caput* do art. 109 dispor que os direitos essenciais não podem ser privados pelo estatuto social ou pela assembleia-geral, tais direitos podem ser restringidos pela lei.

A suspensão do recebimento de dividendos impede também que a administração venha a aprovar um programa de recompra para financiar a companhia com os próprios recursos recebidos pelas ações em Tesouraria, o que, além de influenciar a decisão pela recompra de ações despropositadamente, atribuiria à companhia um valor que legalmente cabe aos acionistas. Sobre o tema, Maria Victória Rodrigues Ferreira Rocha explica que a razão para tal proibição

> (...) consiste fundamentalmente na persecução de objetivos de clareza e transparência, evitando as dificuldades contabilísticas que comporta a reunião na sociedade da dupla qualidade de devedor e credor, bem como na circunstância de não fazer grande sentido atribuir à sociedade o que, em último termo, sempre caberá aos acionistas titulares das ações em circulação.[35]

Com efeito, havendo ações fora de circulação, estas não serão consideradas para a divisão de dividendos, que deverão ter sua totalidade repartida entre os demais proprietários e usufrutuários de ações, se for o caso.

Já, a participação nos lucros sociais, direito essencial previsto no inciso I do art. 109, possui sentido mais amplo do que a distribuição de dividendos. Segundo Carlos Bulhões Pedreira, "o dividendo é a parte do lucro líquido do exercício que a assembleia-geral delibera distribuir aos acionistas, enquanto o lucro líquido é o resultado positivo que acresce ao patrimônio líquido ao final do exercício social, decorrentes das atividades da empresa exploradas pela companhia".[36] Importa-nos, no que tange à distribuição de lucros, o direito de participar do aumento de capital social mediante capitalização de lucros ou reservas (art. 169 da Lei das S/A), a bonificação de ações.

35. Maria Victória Rodrigues Ferreira Rocha, *Aquisição de Acções Próprias no Código das Sociedades Comerciais*, cit., p. 260.

36. Carlos Eduardo Bulhões, "Estudo sobre o art. 30 da Lei das S/A", in *Opiniões Jurídicas*, Rio de Janeiro, Forense, 2002, p. 48.

A bonificação é uma forma de aquisição originária de ações pela companhia; e, havendo a distribuição de novas ações bonificadas, as ações em Tesouraria também devem ser acrescidas. Isso porque a bonificação de ações

> (...) (i) não representa transferência de valor da companhia para o acionista – pois a reserva de lucro é revertida ao capital social – nem renda da ação; (ii) constitui mera operação contábil, aumentando-se a cifra do capital social em contrapartida à redução da reserva de lucros; e (iii) as novas ações decorrentes da capitalização do capital não representam distribuição de lucros.[37]

Ainda, a capitalização de lucros ou reservas para distribuição de ações novas não deve alterar o percentual de participação dos acionistas no capital social. Se as ações em Tesouraria não fossem bonificadas, os acionistas passariam a deter maior participação no capital social da companhia.

A CVM,[38] por sua vez, confirmou a possibilidade de as ações em Tesouraria emitidas pela própria companhia virem a ser bonificadas, tais como as ações em circulação, a despeito do disposto na Nota Explicativa 16/1980, que expressamente vedava tal possibilidade. Ademais, a minuta de revisão da Instrução CVM-10/1980 também é expressa neste sentido. Como explica Nelson Eizirik, o entendimento anterior da CVM

> (...) confundia lucro e direito a dividendo, e a Lei das S/A não nega às ações em Tesouraria o direito de receber bonificações, pois a incorporação de lucros ou reservas ao capital não gera direito de crédito para o acionista como resulta da deliberação de distribuição de dividendo.[39-40]

A mesma lógica da bonificação de ações pode ser utilizada para as ações objeto de grupamento ou desdobramento, ou seja, as ações de emissão da própria companhia mantidas em Tesouraria serão acrescidas ou diminuídas nestas hipóteses, tendo em vista que ao agrupar ou des-

37. Nelson Eizirik, *A Lei das S/A Comentada*, vol. I, São Paulo, Quartier Latin, 2011, p. 217.

38. Processo CVM-RJ 2008/6.446, decidido pelo colegiado da CVM em 25.11.2008.

39. Nelson Eizirik, *A Lei das S/A Comentada*, cit., vol. I, pp. 216-217.

40. Sobre a capitalização de ações em Tesouraria v. também Carlos Eduardo Bulhões, "Estudo sobre o art. 30 da Lei das S/A", cit., in *Opiniões Jurídicas*, pp. 52-54.

dobrar ações a participação dos acionistas no capital social da sociedade não deve ser alterada.

Já, a participação do acionista no acervo da companhia em caso de liquidação é direito essencial previsto no inciso II do art. 109 da Lei das S/A. No entanto, tal direito também não deve ser exercido pela companhia caso à época de sua liquidação esta detenha ações de emissão própria em Tesouraria. É que o rateio do próprio acervo que, porventura, viesse a ser distribuído à companhia voltaria a integrar seu patrimônio em liquidação. Isso faria com que a parcela assim recebida fosse novamente partilhada e distribuída entre os acionistas e a companhia, o que deveria ocorrer sucessivamente até o seu fim, sob pena de a companhia não conseguir concluir sua liquidação. O procedimento não faz sentido, sendo correto excluir a companhia da participação em seu próprio acervo no caso de liquidação, cancelando as ações de emissão própria que estejam em Tesouraria.

### *4.3 Outros direitos essenciais*

Resta-nos analisar a situação dos demais direitos essenciais das ações de emissão própria mantidas em Tesouraria: (i) o direito de fiscalização; (ii) o direito de preferência para a subscrição de ações, partes beneficiárias conversíveis em ações, debêntures conversíveis em ações e bônus de subscrição; e (iii) o direito de retirada.

O direito de fiscalizar a gestão dos negócios sociais, previsto no inciso III do art. 109 da Lei das S/A, é o "direito de exigir, quer para defender os seus próprios interesses, quer para defender os interesses comuns a todos os acionistas, que a sociedade funcione regularmente, dentro da lei e dos estatutos, para a consecução de seu objetivo".[41] Apenas pela definição de tal direito podemos concluir que seu exercício pela companhia não é cabível, pois estaria configurada uma hipótese de conflito de interesses, uma vez que a fiscalização seria exercida pela própria fiscalizada.

Já, o direito de preferência para subscrição de ações, partes beneficiárias conversíveis em ações,[42] debêntures conversíveis em ações e bônus de subscrição, por sua vez, também deve ser suspenso para as ações

41. Trajano de Miranda Valverde, *Sociedades por Ações*, vol. II, Rio de Janeiro, Forense, 1953, pp. 39-40.

42. É vedado às companhias abertas emitir partes beneficiárias (art. 47, parágrafo único, da Lei das S/A).

em Tesouraria. O exercício de direito de preferência que caberia às ações resultaria na transferência, pela companhia, de valores ou, mesmo, bens próprios para a integralização de um título seu. Ao final, a integralização de títulos ou valores mobiliários de emissão própria com lucros ou reservas de seu patrimônio significaria a capitalização desses recursos sem o respectivo acréscimo ao patrimônio da companhia.

Finalmente, o mesmo pode ser considerado para o exercício do direito de retirada pela própria companhia, previsto como direito essencial no inciso V do art. 109. Trata-se do "poder do acionista de, nos casos previstos na Lei das S/A, deixar de ser sócio da companhia mediante formação, por ato unilateral, de negócio jurídico de reembolso, pelo qual aliena suas ações à companhia, e dela recebe o valor de reembolso".[43] O direito de recesso também não pode ser exercido pela companhia que mantiver ações próprias em Tesouraria, pois significaria cogitar da possibilidade de a sociedade pagar a si mesma para se retirar de seu capital social, mantendo as ações adquiridas pelo reembolso em Tesouraria.

## 5. *Considerações finais*

Cumpre, inicialmente, observar que, a despeito da aparente vedação contida no *caput* do art. 30 da Lei das S/A, a aquisição de ações de emissão própria por companhias abertas trata-se de operação corrente e relevante para as sociedades anônimas. É negócio de risco e merece atenção, por ser possível fonte de abusos, tendo em vista que, caso não seja corretamente realizada, afetará os interesses dos credores, dos investidores, dos acionistas minoritários e da própria companhia.

Após este breve estudo é possível concluir que uma companhia não se torna acionista de si própria quando adquire ações de sua emissão para manutenção em Tesouraria. Cria-se, por certo, situação em que os direitos e obrigações das ações recompradas continuam a existir mas permanecem suspensos, não podendo ser exercidos pela própria companhia na qualidade de titular de suas ações. A suspensão, no entanto, não atinge o direito à bonificação de ações mediante a capitalização de lucros ou reservas e o direito de as ações serem diminuídas ou acrescidas caso sejam objeto de grupamento e desdobramento, tendo em vista que tais operações não devem alterar a proporção da distribuição do capital social da companhia.

43. Luís Eduardo Bulhões Pedreira, in Alfredo Lamy Filho e José Luiz Bulhões Pedreira (coords.), *Direito das Companhias*, vol. I, Rio de Janeiro, Forense, 2009, p. 326.

## *Bibliografia*

ADAMEK, Marcelo Vieira von, e FRANÇA, Erasmo Valladão Azevedo e Novaes. "A proteção aos credores e aos acionistas no aumento de capital". *Revista do Advogado* 96/32-40. São Paulo, 2008.

BULHÕES, Carlos Eduardo. "Estudo sobre o art. 30 da Lei das S/A". In: *Opiniões Jurídicas*. Rio de Janeiro, Forense, 2002.

CORREIA, A. Ferrer. "Acções adquiridas pela própria sociedade emitente e direito de voto". In: *Estudos de Direito Civil, Comercial e Criminal*. Coimbra, Livraria Almedina, 1985.

COSTA, Philomeno J. da. *Operações da Anônima com as Ações do seu Capital*. São Paulo, Saraiva, 1965.

EIZIRIK, Nelson. *A Lei das S/A Comentada*. vol. I. São Paulo, Quartier Latin, 2011.

_________, GAAL, Ariádna B., HENRIQUES, Marcus de Freitas, e PARENTE, Flávia. *Mercado de Capitais – Regime Jurídico*. Rio de Janeiro, Renovar, 2008.

FRANÇA, Erasmo Valladão Azevedo e Novaes. "A proteção aos credores e acionistas nos aumentos de capital social". In: FRANÇA, Erasmo Valladão Azevedo e Novaes (coord.). *Temas de Direito Societário, Falimentar e Teoria da Empresa*. São Paulo, Malheiros Editores, 2009 (pp. 230-252).

_________ (coord.). *Temas de Direito Societário, Falimentar e Teoria da Empresa*. São Paulo, Malheiros Editores, 2009.

FRANÇA, Erasmo Valladão Azevedo e Novaes, e ADAMEK, Marcelo Vieira von. "A proteção aos credores e aos acionistas no aumento de capital". *Revista do Advogado* 96/32-40. São Paulo, 2008.

GAAL, Ariádna B., EIZIRIK, Nelson, HENRIQUES, Marcus de Freitas, e PARENTE, Flávia. *Mercado de Capitais – Regime Jurídico*. Rio de Janeiro, Renovar, 2008.

GABRIELLI, Márcio F., e SAITO, Richard. *Recompra de Ações e Proteção dos Minoritários*. Disponível em *http://www16.fgv.br/rae/artigos/2207.pdf* (acesso em 31.3.2011).

GUERREIRO, José Alexandre Tavares. *Regime Jurídico do Capital Autorizado*. São Paulo, Saraiva. 1984.

_________, e TEIXEIRA, Egberto Lacerda. *Das Sociedades Anônimas no Direito Brasileiro*. vol. 1. São Paulo, José Bushatsky Editor, 1979.

HENRIQUES, Marcus de Freitas, EIZIRIK, Nelson, GAAL, Ariádna B., e PARENTE, Flávia. *Mercado de Capitais – Regime Jurídico*. Rio de Janeiro, Renovar, 2008.

LAMY FILHO, Alfredo, e PEDREIRA, José Luiz Bulhões (coords.). *A Lei das S/A*. vol. I. Rio de Janeiro, Renovar, 1997.

_________. *Direito das Companhias*. vol. I. Rio de Janeiro, Forense, 2006 e 2009.

LEÃES, Luiz Gastão Paes de Barros. "O direito de voto de ações gravadas com usufruto vidual". In: *Pareceres*. vol. 2. São Paulo, Singular, 2004.

PARENTE, Flávia, EIZIRIK, Nelson, GAAL, Ariádna B, e HENRIQUES, Marcus de Freitas. *Mercado de Capitais – Regime Jurídico*. Rio de Janeiro, Renovar, 2008.

PEDREIRA, José Luiz Bulhões. *Finanças e Demonstrações Financeiras da Companhia*. Rio de Janeiro, Forense. 1989.

________, e LAMY FILHO, Alfredo (coords.). *A Lei das S/A*. vol. I. Rio de Janeiro, Renovar, 1997.

________. *Direito das Companhias*. vol. I. Rio de Janeiro, Forense, 2006 e 2009.

PEDREIRA, Luís Eduardo Bulhões. In: LAMY FILHO, Alfredo, e PEDREIRA, José Luiz Bulhões (coords.). *Direito das Companhias*. vol. I. Rio de Janeiro, Forense, 2009.

ROCHA, Maria Victória Rodriguez Vaz Ferreira da. *Aquisição de Acções Próprias no Código das Sociedades Comerciais*. Coimbra, Livraria Almedina, 1994.

SAITO, Richard, e GABRIELLI, Márcio F. *Recompra de Ações e Proteção dos Minoritários*. Disponível em *http://www16.fgv.br/rae/artigos/2207.pdf* (acesso em 31.3.2011).

TEIXEIRA, Egberto Lacerda, e GUERREIRO, José Alexandre Tavares. *Das Sociedades Anônimas no Direito Brasileiro*. vol. 1. São Paulo, José Bushatsky Editor, 1979.

VALVERDE, Trajano de Miranda. *Sociedades por Ações*. vols. 1 e 2. Rio de Janeiro, Forense, 1953.

VENTURA, Raul. *Autoparticipação da Sociedade: as Acções Próprias*. Disponível em *http://www.estig.ipbeja.pt/~ac_direito/RVentura78.pdf* e *http://www.estig.ipbeja.pt/~ac_direito/RVentura78-2.pdf* (acesso em 1.10.2012).

# *V*

# *A PROTEÇÃO AOS INTERESSES DOS TRABALHADORES*

***Notas sobre a cogestão da empresa no Direito Brasileiro, em especial nas companhias com a maioria do capital votante da União (Lei 12.353/2010)***

– Marcelo Vieira von Adamek

# *NOTAS SOBRE A COGESTÃO DA EMPRESA NO DIREITO BRASILEIRO, EM ESPECIAL NAS COMPANHIAS COM A MAIORIA DO CAPITAL VOTANTE DA UNIÃO (LEI 12.353/2010)*[1]

MARCELO VIEIRA VON ADAMEK

*1. Introdução. 2. A cogestão no sistema alemão. 3. O sistema francês. 4. A cogestão no Direito Brasileiro. 5. A cogestão obrigatória em empresas controladas pela União: 5.1 Sociedades abrangidas pela regra de cogestão obrigatória – 5.2 Pressupostos da cogestão obrigatória – 5.3 Requisitos de investidura do conselheiro de indicação dos empregados – 5.4 Escolha; eleição e destituição (ordinária e excepcional) – 5.5 Estabilidade e relação de emprego – 5.6 Composição do conselho de administração – 5.7 Conflito de interesses; deveres e responsabilidades dos administradores. 6. Notas críticas conclusivas.*

## *1. Introdução*

A integração dos trabalhadores na vida e no desenvolvimento da empresa – desígnio de cunho social enunciado expressamente em textos constitucionais pretéritos[2] e que no atual se faz presente apenas de for-

1. O presente trabalho foi originariamente escrito para integrar a obra coletiva preparada em homenagem ao professor Dr. José Alexandre Tavares Guerreiro, intitulada *Direito Empresarial e Outros Estudos de Direito em Homenagem ao Professor José Alexandre Tavares Guerreiro* (coords. Rodrigo R. Monteiro de Castro, Walfrido Jorge Warde Jr. e Carolina Dias Tavares Guerreiro, São Paulo, Quartier Latin, 2013).

2. A CF de 1967 assegurava, em seu art. 158, V, o direito à "integração do trabalhador na vida e no desenvolvimento da empresa, com participação nos lucros e, excepcionalmente, na gestão, nos casos e condições que forem estabelecidos".

ma implícita, embora em linha com o primado da valorização social do trabalho como condição de dignidade da pessoa humana (CF, arts. 1º, IV, e 170)[3] – pode ser juridicamente implementada através de vários instrumentos. Assim, por meio de órgãos ou comissões consultivas, com atribuições as mais diversas; pela participação dos empregados no capital ou nos lucros ou resultados da sociedade (CF, art. 7º, XI, primeira parte);[4] pela designação de representantes ou delegados dos trabalhadores (CF, art. 11);[5] ou, ainda – e já aqui marcada a medida pelo indelével timbre constitucional da *excepcionalidade*[6] –, através da "participação na gestão

A Emenda Constitucional 1/1969, com redação ligeiramente alterada, continuou a prever, em seu art. 165, V, a "integração do trabalhador na vida e no desenvolvimento da empresa, com participação nos lucros e, excepcionalmente, na gestão, segundo for estabelecido em lei". É curiosa a observação de que tal direito não proveio de reivindicações dos trabalhadores: "Como acontece com os Países em desenvolvimento, onde as conquistas sociais não são frutos de evolução, mas sim de concessão do legislador, a cogestão proveio de dádiva constitucional, sem que fosse sequer reivindicação da classe trabalhadora" (Antônio Álvares da Silva, *Cogestão no Estabelecimento e na Empresa*, São Paulo, LTr, 1991, n. 11.2, p. 250).

3. A Constituição Federal de 1988 deixou de se reportar à integração do trabalhador na vida e no desenvolvimento da empresa, referindo-se diretamente a duas modalidades pelas quais essa integração poderá ocorrer: "participação nos lucros, ou resultados, desvinculada da remuneração, e, *excepcionalmente*, participação na gestão da empresa, conforme definido em lei" (CF, art. 7º, XI – grifamos).

4. Há quem discorde de que a participação nos lucros seria forma de integração do trabalhador na empresa, argumentando tratar-se de simples espécie de remuneração variável; contraprestação devida pelo empregador ao empregado por serviços prestados. Apesar disso, é preciso reconhecer que a ideia subjacente à participação nos lucros é integrativa, na medida em que, através da criação deste estímulo, busca-se o alinhamento de interesses das partes envolvidas na atividade; a convergência; a cooperação.

5. CF de 1988: "Art. 11. Nas empresas de mais de 200 (duzentos) empregados, é assegurada a eleição de 1 (um) representante destes com a finalidade exclusiva de promover-lhes o entendimento direto com os empregadores".

6. Os constitucionalistas manifestam certa estranheza para com o caráter excepcional da medida: "Não se sabe bem o porquê do 'excepcionalmente', nem qual seu alcance. 'Excepcionalmente' em função de quê? (...)" (José Afonso da Silva, *Comentário Contextual à Constituição*, 8ª ed., São Paulo, Malheiros Editores, 2012, p. 198). Como quer que seja, o advérbio superlativo integra as *verba legis* e, enquanto tal, e conjugado com os princípios reitores da ordem econômica, em especial a livre iniciativa (CF, arts. 1º, IV, segunda parte, e 170), introjeta a ideia de *imposição* ao legislador ordinário de *limites* à generalização da medida e à sua intensidade. É o que também pensava Celso Ribeiro Bastos ao discorrer sobre a cogestão: "Em muitas hipóteses, temos para nós que a audiência dos empregados seria útil, para ambos os lados da relação de trabalho. Se se tratar de ir, todavia, muito além, elevando o empregado a copartícipe das decisões fundamentais da empresa, temos para nós ser

da empresa, conforme definido em lei" (CF, art. 7º, XI, segunda parte). Esta excepcional participação dos trabalhadores na gestão da empresa é precisamente cogestão na empresa (ou codeterminação[7]), forma mais intensa e profunda de integração dos trabalhadores.[8]

Com efeito, por *cogestão na empresa* entende-se a participação dos trabalhadores nos processos de planejamento e tomada de decisões empresariais, de forma juridicamente institucionalizada,[9] e, portanto, com sua consequente intromissão no processo de formação da vontade coletiva. Diz-se, por isso, que o órgão de administração, de cuja composição os trabalhadores participam (mais comumente, órgão colegiado), transmuda-se, ao menos em teoria, de órgão da *sociedade* para órgão da *empresa*.

isso inconveniente, assim como inconstitucional na nossa ordem jurídica, fundada no capitalismo e na livre iniciativa" (Celso Bastos e Ives Gandra da Silva Martins, *Comentários à Constituição do Brasil*, 2º vol., São Paulo, Saraiva, 1989, pp. 445-446).

7. O prefixo "co" designa exatamente a particularidade de que as decisões de gestão não se tomam isoladamente, mas sempre com a participação, mais ou menos intensa, de outro grupo – no caso, dos trabalhadores.

8. Deixando de lado aqui, evidentemente, a autogestão. Medidas menos intensas são precisamente aquelas já referidas no texto, e que podem envolver direitos de informação, protesto, sugestão, consulta e fiscalização, exercitáveis por órgãos ou comitês de trabalhadores, agrupáveis sob a rubrica de "cooperação". Antônio Álvares da Silva prefere designá-las de formas de cogestão *no estabelecimento*, precisamente para assim as distinguir da cogestão *na empresa*, forma mais aperfeiçoada e complexa de integração dos trabalhadores, "pois importa a interferência do empregado na direção da atividade empresarial (...). O objetivo final da cogestão na empresa é, pois, que, na planificação e na decisão das grandes empresas, haja a efetiva participação do trabalhador" (*Cogestão no Estabelecimento e na Empresa*, cit., n. 5.2, p. 108, e n. 10.1, p. 228). A classificação sugerida provém do Direito Alemão – onde se distingue entre *betriebliche Mitbestimmung* e *unternehmerische Mitbestimmung* (por exemplo: Herbert Wiedemann, *Gesellschaftsrecht*, vol. I, "Grundlagen", Munique, C. H. Beck, 1980, § 11 I 1, pp. 585 e 588) – e é válida, exigindo que, do ponto de vista terminológico, se esclareça que, doravante neste texto, ao nos referirmos simplesmente a "cogestão", estaremos apenas a tratar da cogestão na empresa, isto é, da participação, mais ou menos intensa, dos trabalhadores na composição de órgãos de administração.

9. Cf.: Friedrich Kübler, *Derecho de Sociedades*, 5ª ed., trad. de Michèle Klein, Madri, Fundación Cultural del Notariado, 2001, § 32, p. 659. Depois de observar que "a cogestão corresponde a um dos esquemas clássicos propostos para pôr termo à questão social, aplacando a luta de classes", António Menezes Cordeiro também destaca que "a cogestão apresentou-se, na Alemanha do segundo Pós-Guerra, como um meio de, simultaneamente, controlar o poder das empresas e dar resposta à evolução coletivizante da Zona de Ocupação Soviética" (*Direito Europeu das Sociedades*, Coimbra, Livraria Almedina, 2005, n. 166, p. 727).

Segundo explica Friedrich Kübler:

> Esta instituição, que tem seus fundamentos tanto na ética social liberal (Robert von Mohl, Lorenz von Stein) como na cristã (Otto von Gierke, Friedrich Naumann), surgiu como reação às consequências sociais da industrialização e, ao mesmo tempo, como alternativa aos postulados revolucionários que reivindicavam a expropriação. Assim, a cogestão responde ao fato de que, na primeira metade do século XIX, se toma consciência de que o fenômeno da proletarização não só leva consigo a um empobrecimento material da população, senão também cultural, assim como à perda da autodeterminação do indivíduo. Ademais, a cogestão leva a confrontar o sistema capitalista, no qual os proprietários dos bens de produção se organizam a partir do ponto de vista societário como proprietários das empresas, que regulam suas relações com os trabalhadores apenas por via contratual, com as exigências de uma colaboração cooperativista entre as forças de trabalho e o capital no seio da empresa, o que se qualifica como uma associação em sentido amplo com caráter social (Otto von Gierke).[10]

Apesar de a participação de trabalhadores na composição de órgãos de administração de sociedades estar prevista atualmente em vários sistemas jurídicos europeus, foi na Alemanha que, sobretudo por razões de ordem cultural e social,[11] a cogestão encontrou sua forma de expressão mais profunda – chegando, em alguns casos (e, por enquanto, só lá), até mesmo à composição *quase* paritária da administração social por pessoas escolhidas, em igual número, por sócios, de um lado, e trabalhadores, de outro.[12]

10. Friedrich Kübler, *Derecho de Sociedades*, cit., 5ª ed., § 32, p. 659. A fundamentação e a justificação da cogestão e seu histórico estão longamente expostos em Português na bela obra de Antônio Álvares da Silva (*Cogestão no Estabelecimento e na Empresa*, cit., pp. 35-68 e 69 e ss.).

11. Para uma enunciação dos particularismos e dos fatores determinantes da cogestão no Direito Alemão, v.: Friedrich Kübler, *Derecho de Sociedades*, cit., 5ª ed., § 32, pp. 659-685; Karsten Schmidt, *Gesellschaftsrecht*, 4ª ed., Köln, Carl Heymanns, 2002, § 16 IV, pp. 476-485; e Thomas Raiser e Rüdiger Veil, *Recht der Kapitalgesellschaften*, 4ª ed., Munique, Franz Vahlen, 2006, § 13, ns. 23-24, pp. 132-133.

12. Não se conhece regime de cogestão tão profundo como o alemão (cf. Thomas Raiser e Rüdiger Veil, *Recht der Kapitalgesellschaften*, cit., 4ª ed., § 7, n. 8, p. 27). Assim, Áustria, Luxemburgo, os Países escandinavos e, mais recentemente, até mesmo a França preveem, com conformações bastante diversas, somente a representação *minoritária* dos trabalhadores em órgãos de administração de companhias de maior porte; na Holanda há um sistema de cooptação. Em contrapartida, de regra a cogestão é recusada na Itália, na Espanha e nos Estados Unidos da América – Países em que, desnecessário dizer, o sindicalismo de confronto se faz presente e diante do qual medidas de cogestão, inspiradas na filosofia cooperativista, não se amoldam

## 2. *A cogestão no sistema alemão*

A cogestão no Direito Alemão tem suas origens em medidas gerais de integração dos trabalhadores nas respectivas empresas – em nada diversas daquelas então já praticadas noutros Países europeus –, que, no entanto, por força de condicionantes históricos e sociais, acabaram por se intensificar, até chegar à participação dos trabalhadores na formação dos órgãos de administração das sociedades.

Com efeito, em razão da Lei de Reforma de 1.6.1891 (*Lex Berlepsch*), a *Gewerbeordnung* ("Lei sobre as Profissões Industriais e Comerciais") foi alterada, e passou a prever, pela primeira vez naquele País, a formação facultativa de comitês de trabalhadores (*Arbeitsauschüsse*); posteriormente, a *Gesetz über den vaterländischen Hilfsdienst* ("Lei de Serviços à Pátria") de 5.12.1916 tornou-os obrigatórios em empresas com mais de 50 empregados.[13] Na sequência, a *Verordnung über Tarifverträge, Arbeiter- und Angestellenausschüsse und Schilchtung von Arbeitsstreitigkeiten* ("Regulamento sobre Convenções Coletivas, Comissões de Trabalhadores e Empregados e Arbitragem de Conflitos Laborais") de 23.12.1918 (em que, por sinal, foram reconhecidas pela primeira vez as convenções coletivas) impôs a formação dos referidos comitês em empresas com mais de 20 trabalhadores. Estas regras foram, ao depois, incorporadas à *Betriebsrätegesetz* ("Lei de Comitês de Empresas") de 4.2.1920. Por fim, e já aí com conformação inédita, a *Gesetz über die Entsendung von Betriebsratsmitgliedern in den Aufsichtsrat* ("Lei de Delegação de Membros do Comitê de Empresa ao Conselho de Supervisão") de 15.2.1922 finalmente ofereceu aos trabalhadores o *acesso* ao órgão colegiado de administração da sociedade de capital exploradora da empresa. A partir daí verificou-se no Direito Alemão a separação do regime geral de participação dos trabalhadores na empresa do específico regime de cogestão – separação, essa, que se acentuou com

bem. Sobre a participação de empregados na empresa sob o prisma do direito do trabalho, vale conferir a exposição de Arnaldo Süssekind na obra que escreveu em conjunto com Délio Maranhão, Segadas Vianna e Lima Teixeira, *Instituições de Direito do Trabalho* (21ª ed., São Paulo, LTr, 2003, Capítulo XV, pp. 466-473), e, mais especificamente sobre a cogestão, devem ser destacados o estudo pioneiro de Elson Gottschalk, *A Participação do Empregado na Gestão da Empresa* (Salvador, Livraria Progresso, 1958), e a aqui já referida excelente tese de Antônio Álvares da Silva, *Cogestão no Estabelecimento e na Empresa* (1991).

13. Antes disso, em 1905, e por efeito de greve ocorrida na Prússia, a Lei de Mineração foi alterada para prever a criação obrigatória de comissões de empregados em minas com mais de 50 empregados.

a *Betriebsverfassungsgesetz* (*BetrVG* ou "Lei de Regime de Participação Laboral") de 15.1.1972.

No entretempo, porém, o regime nacional-socialista suprimiu os comitês de empresa e sua representação nos conselhos de supervisão (*Aufsichtsrat*). Foi só com a queda do regime que a cogestão foi reintroduzida especificamente no setor mineiro-siderúrgico de ferro e aço, dentro da zona de ocupação britânica; mas já no primeiro período legislativo da República Federal da Alemanha a *Montan-Mitbestimmungsgesetz* (ou *Montan-MitbestG*) de 21.5.1951[14] estendeu a cogestão ao setor de mineração de carvão e também a todo o território nacional.

Pouco tempo depois, a *Betriebsverfassungsgesetz* de 11.10.1952 (*BetrVG*) veio a regular a cogestão nos demais setores da economia. Sem embargo, sua regulamentação era muito menos progressista que a da *Montan-MitbestG*, porquanto os representantes dos trabalhadores compunham apenas a terça parte do conselho de supervisão.

Entre as regras do setor mineiro-siderúrgico e as dos §§ 76 e ss. da *BetrVG* de 1952 havia uma diferença dificilmente justificável, o que levou a que setores da sociedade civil exigissem a generalização do sistema paritário da cogestão. Quanto a isso, várias propostas de regulamentação para ampliar a cogestão foram elaboradas; e, após tramitação legislativa longa e conflituosa, deram finalmente lugar à *Mitbestimmungsgesetz* (ou *MitbestG*) de 4.5.1976.[15]

14. Ou, de forma completa: *Gesetz über die Mitbestimmung der Arbeitnehmer in den Aufsichtsräten und Vorständen der Unternehmen des Bergbaus und der Eisen und Stahl erzeugenden Industrie vom 21. Mai 1951*.

15. Ou, de forma completa: *Gesetz über die Mitbestimmung der Arbeitnehmer*. Uma vez aprovada a Lei Geral de Cogestão, segundo registra Friedrich Kübler, algumas empresas e um grande número de associações de empresários propuseram contra ela ação direta de inconstitucionalidade (*Derecho de Sociedades*, cit., 5ª ed., § 32, pp. 663-664). O Tribunal Constitucional alemão, no entanto, julgou improcedente o pedido (*BVerfGE* 50, 290) e declarou a plena constitucionalidade das disposições questionadas. O julgado afirmou que a Constituição Federal alemã "não estabelece nem garante diretamente uma determinada ordem econômica". Em especial, o Tribunal rechaçou o argumento de que se teria infringido a garantia de propriedade, pelo quê qualificou de razoável "que o legislador pretenda oferecer uma ordenação equilibrada entre o direito de propriedade e os direitos sociais por meio de medidas de direito empresarial de caráter organizacional (...). A cooperação e a integração que se fomentam mediante a cogestão institucional perseguem – independentemente de sua configuração concreta – o bem da coletividade. A cogestão não pode se considerar como inadequada ou desnecessária para alcançar dito fim, ainda que não se possa excluir que em sua primeira fase surjam dificuldades que sejam contraproducentes em relação ao fim perseguido".

Por isso, presentemente, no Direito Alemão vigem três distintos regimes de cogestão, plasmados em regras fragmentárias e repletas de exceções, a saber:

(1º) Para as hoje pouco numerosas[16] grandes sociedades do setor mineiro-siderúrgico ainda prevalecem as regras da *Montan-Mitbestimmungsgesetz* de 21.5.1951, segundo as quais a composição do conselho de supervisão se dá com o mesmo número de representantes dos trabalhadores e dos sócios, cinco de cada lado, juntamente com um membro isento, ou neutro[17] (escolhido pelos sócios, mas observada a indicação do próprio conselho, sendo que, não havendo consenso dentro desse órgão, o poder de indicação resta assegurado aos sócios[18]); além disso, um dos conselheiros de indicação dos trabalhadores participa da diretoria como diretor de trabalho (diretor de relações trabalhistas) independente.[19] As regras da *Montan-MitbestG* abrangem sociedades constituídas sob a forma de sociedades anônimas e limitadas e, de regra, com mais de 1.000 empregados.[20] Para além disso, os grupos de sociedades do setor mineiro-siderúrgico também estão sujeitos a regras análogas de cogestão, por força da *Montan-Mitbestimmungsergänzungsgsetz* de 7.8.1956.

(2º) As demais grandes sociedades, não abrangidas pela *Montan-MitbestG* e que tenham 2.000 ou mais empregados, sujeitam-se às regras de cogestão da *MitbestG* de 4.5.1976, as quais também impõem a composição paritária do conselho de supervisão, além de preverem a indicação de um específico diretor de trabalho (que, no entanto, para sua indicação não requer nenhuma medida especial de legitimação pelos trabalhadores). Dependendo do número de empregados, o conselho de supervisão é composto de 12 membros, se o número de empregados for inferior a 10.000; 16 membros, se o número de empregados for de até 20 mil; ou até 20 membros, se o número de empregados for superior

16. Cf.: Thomas Raiser e Rüdiger Veil, *Recht der Kapitalgesellschaften*, cit., 4ª ed., § 13, n. 21, p. 131; e Uwe Hüffer, *Gesellschaftsrecht*, 7ª ed., Munique, C. H. Beck, 2007, § 31, n. 28, p. 292.

17. Traço característico do sistema de cogestão da *Montan-MitbestG* é precisamente a presença desse conselheiro neutro, a desempenhar a função de árbitro entre os dois grupos (cf. Herbert Wiedemann, *Gesellschaftsrecht*, cit., vol. I, § 11 I 3, p. 602).

18. Diante da possibilidade de os membros da sociedade escolherem, em última instância, a maioria dos administradores, diz-se que o regime é de representação "quase paritária".

19. O diretor de trabalho não pode ser designado ou destituído contra o voto da maioria dos representantes dos trabalhadores no conselho de supervisão.

20. Cf. Uwe Hüffer, *Gesellschaftsrecht*, cit., 7ª ed., § 31, n. 28, p. 292.

a 20 mil. No entanto, e diferentemente do que ocorre no regime da *Montan-MitbestG*, a superação das situações de impasse no conselho de supervisão não se dá pela escolha de um conselheiro isento, e sim pelo voto de qualidade do presidente do órgão (o qual, por sua vez, é escolhido pelos sócios[21]). Estas regras de cogestão aplicam-se às sociedades anônimas, em comandita por ações, limitadas e cooperativas; também as sociedades constituídas sob a forma de *GmbH & Co. KG*[22] sujeitam-se às regras de cogestão, embora com adaptações.[23] Ainda assim, o universo de empresas atingidas pela *MitbestG* não é dos mais expressivos: 200 em 1991; 767 em 2002.[24]

(3º) Por fim, para as sociedades não sujeitas às regras da *Montan-Mitbestimmungsgesetz* nem da *MitbestG* e que tenham mais de 500 empregados prevalecem as regras da *Drittelbeteiligungsgesetz* de 18.5.2004 – as quais vieram a substituir as regras esparsas da *BetrVG* de 1952, mantidas em vigor pela *BetrVG* de 1972 – de acordo com as quais um terço do conselho de supervisão deve ser integrado por pessoas escolhidas pelos empregados.[25] De regra, para as sociedades com menos

21. O Tribunal Constitucional alemão (*Bundesverfassungsgericht*) entendeu que o direito de propriedade, constitucionalmente garantido (art. 14 GG), estaria adequadamente protegido pela *MitbestG* precisamente porque o presidente do conselho de supervisão, escolhido pelos sócios, tem a possibilidade de superar as situações de impasse, exercendo o voto de qualidade (*BVerfGE* 50, 90 – *Mitbestimmungsurteil*). Na prática, porém, o voto de qualidade é raramente exercido, pois a sua só existência já constrange as partes a transigirem em suas posições e a procurarem, negociando, soluções de consenso (cf. Heribert Hirte, *Kapitalgesellschaftsrecht*, 6ª ed., Köln, RWS Verlag, 2009, § 3, n. 3.161, p. 175).

22. Literalmente: "Sociedade Limitada & Cia.". Trata-se de modalidade especial de sociedade em comandita simples (e, portanto, sociedade de pessoas), que tem como sócio comanditado (isto é, ilimitadamente responsável) uma sociedade limitada. Cuida-se de subtipo societário surgido de derivação das sociedades em comandita simples, tolerada no Direito Alemão.

23. De acordo com o Direito Alemão, de regra as sociedades de pessoas não estão sujeitas às regras de cogestão: este é um princípio que, ao longo das discussões havidas sobre a implantação do regime geral de cogestão, encontrou consenso. Apesar disso, a *MitbestG* tratou a *GmbH & Co. KG* de forma realista, como "unidade econômica", para, a partir da visão em concreto da sociedade em comandita e da posição que em cada caso a limitada tem na estrutura, aplicar, ou não, as regras de cogestão (v. Herbert Wiedemann, *Gesellschaftsrecht*, vol. II, "Recht der Personengesellschaften", Munique, C. H. Beck, 2004, § 9 IV 3, p. 856).

24. Cf. Thomas Raiser e Rüdiger Veil, *Recht der Kapitalgesellschaften*, cit., 4ª ed., § 13, n. 22, p. 132.

25. Aqui, as regras de cogestão para companhias e sociedades limitadas apresentam importantes diferenças: a competência para a escolha dos diretores, por exemplo, continua a ser da assembleia de sócios.

de 500 empregados e que tenham sido registradas a partir de 10.8.1994 não há regime de cogestão obrigatório.

Apesar de arraigado no sistema jurídico alemão, a doutrina tem destacado certos aspectos negativos do instituto. Observa António Menezes Cordeiro:

> As vantagens cifram-se, naturalmente, na maior coesão empresarial das empresas "cogeridas" e na paz social que daí decorre. Isso, naturalmente, por confronto com o sindicalismo mais agressivo dos Países do Sul, ainda apostando na Revolução Comunista e que da luta de classes fazia o motor da História. As desvantagens derivam do "desvio social" das empresas. Num mundo dominado pelo lucro, as medidas puramente sociais encetadas pelas empresas, sob a pressão dos representantes dos trabalhadores, seriam tomadas como meros custos. Além disso, pode-se imputar à cogestão um alongamento do processo de decisão, com uma certa rigidez empresarial que daí decorre. Medidas como o encerramento de afiliadas, a abertura de sucursais com recrutamentos mais vocacionados por jovens ou as transferências de unidades produtivas originam, em regra, complicadas negociações nos órgãos onde se encontrem representantes dos trabalhadores.[26]

Se o sistema de cogestão encontrou no ambiente alemão seu espaço próprio como principal meio de implementação da participação dos trabalhadores na gestão da empresa, tal deve ser creditado não só a condicionantes históricos e sociais daquele País – que levaram à maior assimilação das ideias cooperativistas e associativas pela sua população[27] –, como também, e por conseguinte, ao fato de que lá não se fez presente o sindicalismo de confronto.[28] De fato, a cogestão pressupõe a

26. António Menezes Cordeiro, *Direito Europeu das Sociedades*, cit., § 39, n. 167, p. 729. A síntese das críticas e a sua refutação podem ser encontradas na obra de Antônio Álvares da Silva, *Cogestão no Estabelecimento e na Empresa*, cit., pp. 58-63, e, objetivamente, no interessante estudo de Calixto Salomão Filho, *O Novo Direito Societário* (4ª ed., São Paulo, Malheiros Editores, 2011, nota 19, p. 15), com valiosas indicações bibliográficas.

27. Ilustre-se a afirmação feita no texto com a invocação do art. 165 da Constituição de Weimar, de 1919: "Os operários e empregados são chamados a *colaborar, em comum*, com os patrões, em igualdade de direitos, na regulamentação das condições de salários e de trabalho, assim como no conjunto do desenvolvimento econômico das forças de produção" (*apud* Octávio Bueno Magano, *Organização Sindical Brasileira*, São Paulo, Ed. RT, 1982, p. 36). As grandes guerras e a destruição por elas causada incutiram no povo o sentimento geral de colaboração e cooperativismo como formas de o País se reerguer.

28. Amauri Mascaro Nascimento, estudioso do direito coletivo do trabalho, observa que "na República Federal da Alemanha o sindicato é um complemento do

voluntária aceitação pelos interessados de uma forma de solução de suas divergências através do permanente diálogo na empresa, de modo organizado; se o sistema sindical é fortemente conflitual, há sério obstáculo para o êxito de qualquer estrutura coparticipativa que se queira impor[29] – donde a *cautela extrema* que se deve ter ao transpor para outros sistemas jurídicos soluções forjadas à luz de uma bem distinta realidade.[30]

A bem dizer, em Países onde o sistema sindical é fortemente conflitual os aspectos negativos da cogestão, acima destacados, só tendem a se agravar. Neles, a integração dos trabalhadores na empresa há de preferencialmente operar-se por distintos meios (por exemplo, através de comitês de empresa ou delegados dos trabalhadores) e, quando existente, a "cogestão" – se lícito for o emprego do termo neste contexto – aparece bastante mitigada: quando obrigatória, opera-se em caráter excepcional e sob a forma de participação francamente minoritária de trabalhadores em certos órgãos de administração. Atualmente, é este o caso do sistema francês.

### *3. O sistema francês*

Na França, sociedades que tenham pelo menos 50 empregados são obrigadas a internamente constituir "comitês de empresa" (*comitês*

comitê de empresa e uma razão histórica, a ideia de comunidade de trabalho que se desenvolveu desde a Constituição de Weimar, determinou o fortalecimento da representação não sindical, provocando uma certa debilidade do sindicato" (*Iniciação ao Direito do Trabalho*, 18ª ed., São Paulo, LTr, 1992, p. 420).

29. A ideia exposta no último período do parágrafo do texto está reproduzida nos *Comentários à Constituição do Brasil* de Celso Ribeiro Bastos e Ives Gandra da Silva Martins (ob. cit., 2º vol., p. 446), que, por sua vez, se reportam à obra de Nogueira Serens (*Cogestão – Que Futuro?*, Coimbra, Coimbra Editora, 1980). Confirmando a ideia, Amauri Mascaro Nascimento também explica: "Os órgãos não sindicais de trabalhadores na empresa podem conduzir as suas ações segundo uma ideologia de harmonia e colaboração com o empregador. Já, o sindicato sofre uma natural tendência para agir de acordo com uma ideologia de conflitos, de oposição e de luta permanente através de seguidas confrontações com a empresa" (*Iniciação ao Direito do Trabalho*, cit., 18ª ed., p. 421).

30. Bem por isso, se é verdade que "a experiência germânica serve bem para demonstrar àqueles, mais tradicionalistas, que se preocupam com essa porta aberta à atuação dos trabalhadores que é perfeitamente possível conjugá-la com a economia de mercado" (Paulo Fernando Campos Salles de Toledo, "Modificações introduzidas na Lei das Sociedades por Ações quanto à disciplina da administração das companhias", in Jorge Lobo (coord.), *Reforma da Lei das Sociedades Anônimas* (obra coletiva), 2ª ed., Rio de Janeiro, Forense, 2002, n. 9, p. 431), também não é menos verídico que daí não se deve tirar a conclusão direta de que o sistema alemão possa ser transposto linearmente para a nossa realidade. "Devagar com o andor, que o santo é de barro"...

*d'entreprise*), os quais legalmente têm a missão de "assegurar uma expressão coletiva dos empregados, permitindo a permanente consideração de seus interesses nas decisões relativas à gestão e à evolução econômica e financeira da empresa, à organização do trabalho e às técnicas de produção" (*C. Trav.*, art. L431-4).[31] Ditos comitês dispõem de direitos de informação, exercem funções consultivas e, inclusive, podem exercer determinadas pretensões em juízo.

Os direitos de informação do comitê manifestam-se essencialmente de duas formas. Por um lado, o comitê de empresa deve ser regularmente informado sobre as atividades e os resultados da sociedade e, inclusive, deve obrigatoriamente receber cópias dos documentos disponibilizados aos sócios e acionistas em assembleia-geral, assim como o parecer do órgão interno de fiscalização (*comissaires aux comptes*); pode, se o caso, sobre eles formular observações, que são transmitidas à assembleia; pode, ademais, convocar os membros do órgão de fiscalização para obter esclarecimentos sobre os referidos documentos e sobre a situação financeira da sociedade (*C. Trav.*, art. L432-4). De outro lado, atualmente, dois membros do comitê de empresa podem assistir às assembleias de sócios ou acionistas (*C. Trav.*, art. L432-6 1 II)[32] e, no caso de sociedade anônima, devem obrigatoriamente tomar parte das reuniões do conselho de administração ou supervisão, com direito de voz e a possibilidade de se manifestar sobre qualquer tema constante da ordem do dia (*C. Trav.*, art. L432-6).[33]

31. Os comitês de empresa não são órgãos da *sociedade* (não se inserem na estruturação orgânica da sociedade e não participam da formação da vontade coletiva), mas podem ser qualificados como órgãos da *empresa* (cf. Paul Le Cannu, *Droit des Sociétés*, 2ª ed., Paris, Montchrestien, 2003, n. 518, p. 306).

32. A lei não prevê direito de voz em assembleia de sócios ou acionistas; e, diante disso, Paul Le Cannu (*Droit des Sociétés*, cit., 2ª ed., n. 520, p. 308) entende que os membros do comitê de empresa devem em princípio ficar mudos ("doivent rester en principe muets")!

33. Os delegados do comitê de empresa não têm o *status* de administradores: eles participam das discussões, têm direito de voz, mas não votam: as decisões são tomadas sem eles (cf. Maurice Cozian, Alain Viandier e Florence Deboissy, *Droit des Sociétés*, 20ª ed., Paris, Litec, 2007, n. 791, p. 350). Os delegados devem ser obrigatoriamente convocados para participar das reuniões do órgão; se deixarem de sê-lo, o entendimento prevalente é no sentido de que não há invalidade das deliberações tomadas, mas os administradores responsáveis pela falta de convocação podem ser responsabilizados, inclusive na esfera penal (cf.: Dominique Vidal, *Droit des Sociétés*, 5ª ed., Paris, LGDJ, 2006, n. 400, p. 198; e Philippe Merle e Anne Fauchon, *Droit Commercial: Sociétés Commerciales*, 11ª ed., Paris, Dalloz, 2007, n. 392, p. 444).

Além disso, o comitê exerce também funções consultivas: opina, de maneira geral, sobre todas as questões relacionadas à organização, à gestão e à marcha geral dos negócios e, notadamente, sobre medidas que possam afetar o volume ou a estrutura dos trabalhadores. Especificamente, o comitê deve ser obrigatoriamente ouvido: (1º) em operações que impliquem modificação da organização econômica ou jurídica da empresa (*C. Trav.*, art. L432-1); (2º) no caso de ser apresentada oferta pública (de compra ou troca) relacionada a títulos de emissão da companhia; (3º) quando da abertura e durante o desenrolar de processos concursais; e (4º) todas as vezes em que a sociedade participar de uma operação de concentração tal como definida em lei (*C. Com.*, art. L430-1, e *C. Trav.*, art. L432-1-*bis*).

Por fim, o comitê de empresa pode propor determinadas medidas judiciais. Em situações de crise está legitimado a se valer do "procedimento de alerta" (*procédure d'alerte*): ao tomar conhecimento de fatos que possam afetar de maneira preocupante a situação econômica da empresa, pode demandar explicações do empregador (*C. Trav.*, art. L432-5). Pode mais; pode judicialmente requerer a designação de mandatário judicial encarregado de convocar a assembleia-geral de sócios ou acionistas em caso de urgência, e nela inscrever temas na ordem do dia (*C. Trav.*, art. L432-6 I 1); pode, por fim, dar início a outros procedimentos judiciais que, com maior ou menor extensão, implicam intervenção em órgãos de administração e fiscalização da sociedade.

Apesar disso, apesar da ampla gama de atribuições reconhecidas aos comitês de empresas, o Direito Francês não conhece regime de cogestão análogo ao alemão. O que existe apenas são regras *excepcionais* sobre a participação minoritária de empregados nos órgãos de administração de sociedades anônimas.

Assim, tal participação é *obrigatória* em sociedades privatizadas. Na medida em que nas sociedades públicas um terço dos cargos de administração era reservado aos trabalhadores, o legislador francês optou por criar um regime de transição naquelas sociedades transferidas para o setor privado. Por isso, nestas sociedades existe a obrigatoriedade de participação de 2 conselheiros escolhidos pelos trabalhadores e mais 1 eleito pelos trabalhadores-acionistas, se o órgão tiver até 15 membros; se o órgão for mais numeroso, sobe para 3 o número de conselheiros escolhidos pelos trabalhadores.

A participação também é *obrigatória* nas sociedades de capital aberto em geral se os empregados-acionistas forem detentores de mais de 3% do capital social (*C. Com.*, arts. L225-23 e 225-71). Em semelhante hipótese os empregados-acionistas elegem por votação em separado na assembleia-geral – e elegem porque acionistas são, note-se bem – um ou mais membros para integrar o conselho de administração ou de supervisão da companhia.

Afora estas duas situações, por fim, desde 21.10.1986 existe um regime meramente *facultativo*, pelo qual, em qualquer caso, o número de membros eleitos dentre os trabalhadores não pode ser superior a quatro nem exceder a terça parte do órgão (*C. Com.*, arts. L225-27 e L225-79); além disso, as pessoas escolhidas para integrar a administração desfrutam de regras sobre estabilidade no emprego.

## 4. A cogestão no Direito Brasileiro

No Direito Brasileiro, embora a participação dos empregados na gestão da empresa, ainda que em caráter excepcional, estivesse prevista já na Constituição Federal de 1967 e, como tal, suscitasse a atenção dos estudiosos, a verdade é que o debate sobre a cogestão só se colocou com maior intensidade *no plano normativo* quando da elaboração do anteprojeto da atual Lei das S/A; antes disso houve apenas algumas propostas, muitas delas radicais, e que, por isso, felizmente, malograram.[34]

Mas mesmo em 1976, e a despeito do juízo favorável que os autores do anteprojeto faziam do instituto,[35] a cogestão não foi contemplada no

34. Sobre as primeiras tentativas de implantação da cogestão no Direito Brasileiro e o projeto de lei (PLC 3.134/1980) que pretendia instituir a representação paritária geral na administração das sociedades, vale conferir o lúcido parecer de Herculano Borges da Fonseca e o trabalho de Luiz Felizardo Barroso, ambos apresentados ao Instituto dos Advogados Brasileiros ("Cogestão empresarial", *RDM* 42/139-147).

35. Alfredo Lamy Filho e José Luiz Bulhões Pedreira consideraram "de bom alvitre assegurar também a presença neles [*órgãos de administração*] de um representante dos empregados da sociedade. É evidente o seu interesse na boa condução da atividade empresarial e seria, se aprovada a emenda, o início de uma experiência de cogestão, em plena e frutuosa vigência em Países de organização econômica e social mais avançada do que a nossa" (*A Lei das S/A*, Rio de Janeiro, Renovar, 1992, p. 259). Bem antes disso Alfredo Lamy Filho já havia registrado sua simpatia pelo tema, embora entendesse à época que "o assunto não está suficientemente maduro entre nós, e tememos que, na fase atual de nosso desenvolvimento econômico, possa provocar traumas que se reflitam negativamente no processo, e terminem por comprometê-lo" ("A reforma da Lei das Sociedades Anônimas", *RDM* 7/147, republicado in *Temas de S/A*, Rio de Janeiro, Renovar, 2007, p. 75). Mais recentemente, Paulo Fernando Campos Salles de Toledo voltou a indicar a cogestão como possível aprimoramento da legislação societária (*O Conselho de Administração na Sociedade Anônima*, São Paulo, Atlas, 1997, n. 3.4.2, pp. 104-106) – o que, de forma tímida, veio realmente a ocorrer na reforma de 2001 da Lei das S/A.

texto originário da Lei 6.404/1976 (Lei das S/A), por ter prevalecido o sóbrio entendimento de que a realidade econômica e social vigente à época não a aconselhava, ou, melhor, *ainda* não a aconselhava.

Como quer que seja, o silêncio da Lei Acionária não obstou a que algumas companhias viessem a espontaneamente adotá-la;[36] nem impediu que, posteriormente, o Programa Nacional de Desestatização/PNDE contemplasse, nos editais de alienação de ações de diversas empresas estatais, a obrigação de os adquirentes do bloco de controle introduzirem modificação estatutária reservando cadeiras no conselho de administração para representante dos empregados[37] – muito embora, note-se bem, a Lei Acionária, de um lado, então exigisse do conselheiro a qualidade de acionista (Lei das S/A, art. 146, na redação original) e, de outro, não houvesse regra alguma disciplinando o processo de escolha para-assemblear do representante dos trabalhadores, por exceção à expressa competência privativa da assembleia-geral para eleição dos administradores (Lei das S/A, art. 122, I). Ainda assim, repita-se, a cogestão colocou-se aí, de maneira incipiente e excepcional, no direito acionário brasileiro.

No entanto, foi só com o advento da Lei 10.303, de 31.10.2001, que o texto da Lei das S/A finalmente foi alterado para prever para as socie-

36. V., a propósito, parecer de Rubens Requião opinando pela juridicidade da regra estatutária que instituiu cogestão na composição da diretoria de Banco estadual ("Cogestão de empregado em norma estatutária", in *Aspectos Modernos de Direito Comercial*, 2º vol., São Paulo, Saraiva, 1980, pp. 203-212).

37. Cf. Luciano de Souza Leão Jr., in Alfredo Lamy Filho e José Luiz Bulhões Pedreira (coords.), *Direito das Companhias* (obra coletiva), vol. I, Rio de Janeiro, Forense, 2009, § 275, p. 1.036. Outra medida de integração dos trabalhadores nas companhias estatizadas, desta feita através da promoção do acionariado trabalhista, veio prevista no art. 28 da Lei 9.491, de 9.9.1997 (que "altera procedimentos relativos ao Programa Nacional de Desestatização, revoga a Lei n. 8.031, de 12 de abril de 1990, e dá outras providências"), *in verbis*:

"Art. 28. Aos empregados e aposentados de empresas controladas, direta ou indiretamente, pela União, incluídas no Programa Nacional de Desestatização, é assegurada a oferta de parte das ações representativas de seu capital, segundo os princípios estabelecidos nesta Lei e condições específicas a serem aprovadas pelo Conselho Nacional de Desestatização, inclusive quanto à: I – disponibilidade posterior das ações; II – quantidade a ser individualmente adquirida.

"Parágrafo único. A oferta de que trata o *caput* deste artigo será de, pelo menos, 10% (dez por cento) das ações do capital social detidas, direta ou indiretamente, pela União, podendo tal percentual mínimo ser revisto pelo Conselho Nacional de Desestatização, caso o mesmo seja incompatível com o modelo de desestatização aprovado."

dades por ações (e, ao menos expressamente, só para elas[38]) o regime de *cogestão facultativa.* Introduziu-se, pois, no art. 140 da Lei das S/A regra do seguinte teor: "Parágrafo único. O estatuto poderá prever a participação no conselho de representantes dos empregados, escolhidos pelo voto destes, em eleição direta, organizada pela empresa, em conjunto com as entidades sindicais que os representem". A regra, ainda hoje vigente, é, como se vê, das mais lacônicas (não tendo sido sequer expressa a respeito da desnecessidade de o eleito ser acionista da companhia, como então se exigia dos demais conselheiros), embora seja clara ao dispor ser a cogestão simples "faculdade legal".[39] Por ser sua implementação mera faculdade, a doutrina majoritária vai além, e opina no sentido de que as companhias que voluntariamente a adotaram podem também revogá-la, a qualquer momento, e, assim, acabar com a representação laboral – solução, essa, porém, não livre de contestações.[40] Em todo caso, a

38. A regra de cogestão facultativa está prevista na Lei das S/A, e para aqueles que entendem possível a criação de conselhos de administração em sociedades limitadas (o que é ainda controvertido; por todos, v. Paulo Fernando Campos Salles de Toledo, "As sociedades limitadas podem ter conselho de administração?", in Rodrigo R. Monteiro de Castro e Luís André N. de Moura Azevedo (coords.), *Poder de Controle e Outros Temas de Direito Societário e Mercado de Capitais* (obra coletiva), São Paulo, Quartier Latin, 2010, pp. 358-373) poder-se-ia cogitar, quando muito, da aplicação subsidiária do instituto (CC, art. 1.053, parágrafo único). Mas, bem pensado, até mesmo esta aplicação subsidiária seria questionável, na medida em que o Código Civil reserva privativamente *aos sócios* a incumbência de eleger e destituir os administradores (CC, art. 1.072, II e III); não há lacuna...

39. Cf.: Modesto Carvalhosa e Nelson Eizirik, *A Nova Lei das S/A*, São Paulo, Saraiva, 2002, p. 297; Modesto Carvalhosa, *Comentários à Lei das Sociedades Anônimas*, 5ª ed., 3º vol., São Paulo, Saraiva, 2011, p. 102; e Alfredo Sérgio Lazzareschi Neto, *Lei das Sociedades por Ações Anotada*, 3ª ed., São Paulo, Saraiva, 2010, nota 140-6b, p. 302.

40. Cf. (opinando pela livre revogabilidade): Modesto Carvalhosa, *Comentários à Lei das Sociedades Anônimas*, cit., 5ª ed., 3º vol., p. 103; Nelson Eizirik, *A Lei das S/A Comentada*, vol. II, São Paulo, Quartier Latin, 2011, p. 274; e Modesto Carvalhosa e Nelson Eizirik, *A Nova Lei das S/A*, cit., p. 298: "Por se tratar de matéria voluntária, a revogação do dispositivo estatutário é perfeitamente admissível, não estando, portanto, a companhia obrigada seja a se submeter às normas de procedimento aventadas no parágrafo único do art. 140, seja a manter essa prerrogativa para seus empregados, notadamente se por qualquer razão forem essas companhias constrangidas a admitir a participação sindical" no processo eleitoral. O possível argumento contrário a esta exegese, e, pois, à livre revogabilidade desta disposição estatutária, está em que, ao fazê-lo, direitos de terceiro seriam atingidos. Por outro lado, poder-se-ia objetar que em companhias cogeridas a competência para decidir sobre sua transformação societária continua a ser dos acionistas, e, se estes podem transformar a companhia em outro tipo societário e, assim, acabar com a cogestão,

disciplina do art. 140, parágrafo único, da Lei das S/A aplica-se não só às companhias que, a partir da sua entrada em vigor, adotaram a cogestão facultativa, mas inclusive àquelas que já a possuíam.[41]

Ainda até então, porém, a cogestão no direito acionário brasileiro se apresentava de forma apenas facultativa, e este quadro só se alterou no plano federal[42] com a promulgação da Lei 12.353, de 28.12.2010,

poderiam, por maior razão, só acabar com o órgão. Mas a solução não é assim tão simples, devendo ser contrastada com regras de negócios indiretos ilícitos ou de fraude à lei. Referindo-se a esta hipótese no Direito Alemão, Herbert Wiedemann destaca que a lei de cogestão não restringe a liberdade de constituição e de transformação de tipo societário pelos sócios, mas ressalva: "Die Rechtswahl darf allerdings nicht rechtsmißbräuchlich erfolgen. Das ist der Fall, wenn es für die von der Gesellschafterversammung beschlossene Organisationsänderung keinen anderen sachlichen Grund gibt, als die Geltung des Mitbestimmungsrechts zu vermeiden. Das wird selten der Fall und noch seltener zu beweisen sein" (*Gesellschaftsrecht*, cit., vol. I, "Grundlagen", § 1 II 2, p. 614).

41. As regras sobre cogestão introduzem comandos cogentes na constituição do órgão de administração (v. Herbert Wiedemann, *Gesellschaftsrecht*, cit., vol. I, § 1 II 2, p. 615). Não cremos exista espaço para defender a ocorrência de direito adquirido a um específico regramento legal; a *certa disciplina de funcionamento* de órgão social. Sobre a aplicação em geral das regras societárias no tempo, e, pois, com grande proveito para o tema em análise, v. as sempre certeiras e precisas lições de Fábio Konder Comparato, *Comentários às Disposições Transitórias da Nova Lei de Sociedades por Ações* (Rio de Janeiro, Forense, 1978, ns. 4-6, pp. 5-9). Mas, em sentido contrário ao ora indicado, Modesto Carvalhosa e Nelson Eizirik sustentam que a regra do art. 140, parágrafo único, da Lei das S/A – que prevê a participação das entidades sindicais na escolha do representante dos trabalhadores – não se aplicaria às companhias que já adotavam a cogestão antes da Lei 10.303/2001 (*A Nova Lei das S/A*, cit., p. 298, e, do primeiro estudioso, a obra *Comentários à Lei de Sociedades Anônimas*, cit., 5ª ed., 3º vol., p. 102, e, do segundo mestre, a obra *A Lei das S/A Comentada*, cit., vol. II, p. 274).

42. De fato, no Estado de São Paulo a representação de empregados em sociedades sob controle estatal é realidade mais antiga. A Lei estadual 3.741, de 20.5.1983 (com a redação dada pela Lei estadual 4.096, de 15.7.1984), já previa a obrigatoriedade de inclusão de pelo menos um representante dos trabalhadores da empresa na diretoria das sociedades anônimas em que o Estado seja majoritário. A Procuradoria-Geral do Estado de São Paulo, interpretando o comando legal, chancelou o entendimento de que, para os fins da lei em comento, a regra estará atendida pela representação no conselho de administração: "As sociedades de economia mista que integram a Administração indireta do Estado de São Paulo devem contar, em seus conselhos de administração, com 1 (um) representante regularmente eleito por seus empregados. A expressão 'Diretor Representante' utilizada na Constituição Estadual, art. 115, XXIII, deve ser interpretada em sentido lato, e se há de entender em consonância com as normas integradoras do Decreto-lei Complementar n. 7/1969 (na redação da Lei Complementar Estadual n. 417/1985), significando um agente que compartilha a alta direção da entidade, e, nas sociedades de economia mista,

que introduziu o sistema da *cogestão obrigatória* para as companhias controladas pela União – seguindo, neste particular, a trilha evolutiva verificada noutros Países e que mesmo entre nós era defendida por respeitáveis estudiosos.[43]

Na atualidade, pois, o Direito Brasileiro contempla dois sistemas de cogestão, ambos restritos às sociedades anônimas: a cogestão facultativa, de que trata o art. 140, parágrafo único, da Lei das S/A; e a cogestão obrigatória, regulada na Lei 12.353/2010. Vejamos, pois, doravante, o alcance das regras da cogestão obrigatória.

## *5. A cogestão obrigatória em empresas controladas pela União*

Em 28.12.2010, como dito, foi publicada – e na mesma data entrou em vigor[44] – a Lei 12.353, que, de acordo com sua ementa, "dispõe sobre a participação de empregados nos conselhos de administração das

alguém que participe, com direito a voz e voto, do conselho de administração" (Parecer PA-58/2008, do Procurador Mauro de Medeiros Keller, de 24.3.2008). Não consta tenham os interessados disputado em juízo essa interpretação.

43. Rubens Requião defendia a implementação progressiva da cogestão nas sociedades anônimas, começando por aquelas sob controle público: "Sustentamos que a cogestão na empresa brasileira deve iniciar-se pelas empresas de grande porte, isto é, pelas companhias abertas, e, destas, sobretudo com maior urgência, nas sociedades de economia mista (...). As sociedades de economia mista, cujo capital é predominantemente do Estado, devem iniciar, com efeito, o sistema de reforma. Não há motivo para que, sendo o capital público, não se dê ao setor trabalho participação mais ativa, em benefício da estrutura da empresa. Após a implantação do sistema, partir-se-ia, com a experiência colhida, para a extensão do sistema às companhias fechadas, para, posteriormente, abranger todas as sociedades anônimas e as sociedades de responsabilidade limitada, com mais de 200 empregados" ("A cogestão – participação dos empregados na administração das empresas", in *Aspectos Modernos de Direito Comercial*, 2º vol., São Paulo, Saraiva, 1980, p. 32). Concordamos que a cogestão seja paulatinamente imposta pelo legislador, e reconhecemos que a introdução a partir de empresas estatais foi o caminho seguido por outras legislações. Ainda assim, não podemos deixar de manifestar o desconforto com o juízo de pouca relevância que se faz – e se acha implícito na proposta formulada – sobre o papel do capital privado investido nas sociedades de economia mista, como se este estivesse em posição de sujeição ou inferioridade. Ora, se o Estado quer promover a integração de empregados na administração de sociedades de economia mista, é louvável que o faça observadas as regras de um plano de carreira: eleja, enquanto acionista, os empregados que recrutar, ... dentro das vagas que lhe tocam!

44. Como se percebe, a lei foi promulgada para já viger na data da sua publicação (art. 9º), nos estertores do mandato presidencial de quem, historicamente, sempre teve estreitas ligações com o sindicalismo e que, por isso, e às vésperas de deixar formalmente o poder, positivou medida assaz festejada pelas centrais sindicais.

empresas públicas e sociedades de economia mista, suas subsidiárias e controladas e demais empresas em que a União, direta ou indiretamente, detenha a maioria do capital social com direito a voto e dá outras providências".

De partida, note-se que as regras desta lei *não são* diretamente aplicáveis às companhias submetidas às regras de cogestão facultativa (Lei das S/A, art. 140, parágrafo único) ou decorrente de regras impostas em planos de desestatização. Criaram-se, pois, regimes jurídicos paralelos e não coincidentes de cogestão, que suscitam situações, no mínimo, inusitadas.

Assim, por exemplo, numa companhia estatal da União à qual se apliquem as regras da Lei 12.353/2010, o conselheiro eleito pelos empregados "não participará das discussões e deliberações sobre assuntos que envolvam relações sindicais, remuneração, benefícios e vantagens, inclusive matérias de previdência complementar e assistenciais" (art. 5º, § 3º); não votará nem participará dos debates. Diversamente, noutra companhia não sujeita às regras da lei e na qual porventura haja sistema de cogestão, o conselheiro escolhido pelos empregados não apenas participará dos debates como, inclusive, votará naquelas mesmas matérias. Há alguma lógica nisso?

Da mesma forma, se leis estaduais ou municipais atualmente preverem ou futuramente vierem a criar a cogestão no âmbito de suas entidades paraestatais, a elas também não se aplicarão as regras da Lei 12.353/2010, e sim o regime geral da Lei Acionária (Lei das S/A, art. 140, parágrafo único), porquanto em semelhantes hipóteses se estará diante de cogestão criada ao amparo da permissão geral da Lei Societária e instituída, em concreto, por leis não federais – que não podem disciplinar matéria tipicamente societária (CF, art. 22, I). Também aqui, não teria sido melhor unificar os sistemas?

Seja como for, *legem habemus*, e o âmbito da aplicação das regras da Lei 12.353/2010, concorde-se ou não, foi claramente definido pelo legislador.

### *5.1 Sociedades abrangidas pela regra de cogestão obrigatória*

A Lei 12.353/2010 disciplina, às expressas, "a participação de representante dos empregados nos conselhos de administração das empresas públicas e sociedades de economia mista, suas subsidiárias e controladas e demais empresas em que a União, direta ou indiretamente, detenha a maioria do capital social com direito a voto" (art. 1º).

Ficam abrangidas pela disciplina de cogestão obrigatória não apenas as empresas estatais (ou entidades paraestatais[45]) da União, isto é, sociedades de economia mista, empresas públicas[46] e respectivas subsidiárias, as quais necessariamente devem ser criadas mediante prévia autorização legislativa (CF, art. 37, XIX e XX), senão também as "empresas estatais clandestinas", que, na lição de Celso Antônio Bandeira de Mello, são aquelas sociedades surgidas sem autorização legislativa de qualquer espécie.[47]

Em realidade, e de modo mais simplificado, pode-se afirmar que a disciplina de cogestão obrigatória incide sempre que "a União, direta ou indiretamente, detenha a maioria do capital social com direito a voto". Assim, evidentemente, não basta o controle minoritário (até porque, fosse esta a hipótese, não se estaria sequer diante de empresa pública ou sociedade de economia mista). De outro lado, também não é exigido que

45. Entidades paraestatais (ou empresas estatais) designa o gênero, do qual a empresa pública e a sociedade de economia mista, que são pessoas jurídicas de direito privado, são espécies.

46. Observe-se, porém, que o art. 2º da mesma lei, ao enunciar claramente o dever de implementação da cogestão, tem redação mais restritiva que a do art. 1º, reportando-se apenas às empresas públicas e sociedades de economia mista: "Art. 2º. Os estatutos das empresas públicas e sociedades de economia mista de que trata esta Lei deverão prever a participação nos seus conselhos de administração de representante dos trabalhadores, assegurado o direito da União de eleger a maioria dos seus membros". O art. 2º deixou de se referir às "subsidiárias e controladas" das empresas públicas ou sociedades de economia mista, e tampouco aludiu às "demais empresas em que a União, direta ou indiretamente, detenha a maioria do capital social com direito a voto". A assimetria dos textos permite duas distintas interpretações: (1ª) a cogestão só seria obrigatória nas empresas públicas e sociedades de economia mista da União, pois apenas estas foram referidas no art. 2º; *ou* (2ª) a expressão "empresa pública e sociedades de economia mista *de que trata esta Lei*", usada no art. 2º, deve ser entendida na extensão da enunciação feita no art. 1º, incluindo as subsidiárias e controladas daquelas sociedades e também as "demais empresas em que a União, direta ou indiretamente, detenha a maioria do capital social com direito a voto". Aderimos a esta segunda interpretação, por julgá-la mais consentânea com o objetivo da lei e não transformar o art. 1º em apêndice vernacular, desprovido de eficácia normativa.

47. Celso Antônio Bandeira de Mello, *Curso de Direito Administrativo*, 31ª ed., São Paulo, Malheiros Editores, 2014, p. 209. Edmir Netto de Araújo adota outra designação: "Se não houve prévia autorização legislativa, o que existe é apenas uma *empresa sob controle acionário do Estado*" (*Curso de Direito Administrativo*, 2ª ed., São Paulo, Saraiva, 2006, p. 209). Para ilustrar, poder-se-ia lembrar o caso em que instituição de fomento da União subscreve debêntures conversíveis em ações e, diante de situação de inadimplemento, converte aqueles títulos, tornando-se, assim, controladora da companhia emissora.

a União detenha o controle totalitário nem o majoritário absoluto:[48] se o controle for majoritário simples ou mesmo se for compartilhado (conjunto ou por associação) e, portanto, se por efeito de qualquer técnica contratual ou institucional a maioria do capital votante não conferir à União o controle isolado, pouco importa, o regime de cogestão obrigatório continuará aplicável. Além disso, ao se reportar à detenção, direta ou indireta, da maioria do capital votante[49] buscou-se cobrir situações de controle piramidal – este exercido "através de cadeia ou pirâmide de sociedades".[50]

Note-se, porém, que essa cogestão só será impositiva se a sociedade controlada pela União for sociedade anônima. Se, por qualquer motivo – e por maior razão quando se tratar de participação irregular em sociedade de pessoas –, a União detiver, direta ou indiretamente, a maioria do capital votante de sociedade que não seja anônima não se aplicarão as regras da Lei 12.353/2010: apesar de o legislador não ter sido expresso e ter se utilizado, na redação do art. 1º, da atécnica expressão "demais empresas", a análise sistemática dos demais preceitos nos quais se fez alusão a "estatutos", "conselho de administração", "acionista majoritário", "acionista controlador" e, numericamente, à vigente Lei das S/A reforça a conclusão, de resto consentânea com o sistema societário brasileiro, de que apenas nas companhias controladas pela União poderá, desde que preenchidos os pressupostos legais, haver cogestão obrigatória.

## 5.2 *Pressupostos da cogestão obrigatória*

Os pressupostos *cumulativos* da cogestão obrigatória são dois: (1º) a maioria do capital votante da companhia deve ser detida, direta ou indiretamente, pela União (art. 1º), conforme exposto no subitem

48. "Conforme exista ou não uma minoria qualificada, segundo os termos da lei" – explica Fábio Konder Comparato –, o controle majoritário pode ser qualificado em simples ou absoluto (*O Poder de Controle na Sociedade Anônima*, 3ª ed., Rio de Janeiro, Forense, 1983, n. 13, p. 46).

49. A Lei das S/A refere-se, por várias vezes, a controle "direto ou indireto" (arts. 4º, §§ 4º e 6º, 236, parágrafo único, 254-A, 265, § 1º, e 269, parágrafo único, "c"); já "detenção" e o verbo "deter" são vocábulos pouco usados (Lei das S/A, arts. 126, § 3º, e 141, § 7º). De toda forma, a locução "detenha a maioria do capital votante" parece ter sido empregada para abranger situações – decerto raras, mas possíveis de se verificar no mundo da rica fenomenologia – em que a propriedade das ações não é da União, que sobre aquelas tem apenas algum direito real derivado; quando há, portanto, uma dissociação entre a titularidade, ou pertinência subjetiva das ações, e a titularidade de direitos destacados dela.

50. "Exposição de Motivos" da Lei 6.404/1976.

precedente; *e* (2º) o número de empregados próprios há de ser igual ou superior a 200 (art. 5º).[51] Na enunciação deste segundo pressuposto o legislador utilizou-se da expressão "empregados próprios", e o fez para deixar claro e estreme de dúvidas que só tem relevância jurídica o número total de trabalhadores vinculados à companhia por contratos de emprego, e não de outra qualquer espécie;[52] além disso, devem ser empregados da própria companhia, e não de terceiros contratados por ela. Em suma: se se tratar de companhia controlada, direta ou indiretamente, pela União e se o número de empregados próprios for igual ou superior a 200, incidem as regras de cogestão obrigatória da Lei 12.353/2010.

### *5.3 Requisitos de investidura do conselheiro de indicação dos empregados*

O representante dos trabalhadores "será escolhido dentre os empregados ativos da empresa pública ou sociedade de economia mista" (art. 2º, § 1º, da Lei 12.353/2010).[53] Afasta-se, pois, a participação de empregados aposentados, afastados ou licenciados do posto por qualquer motivo. A condição de empregado ativo constitui requisito de elegibilidade, e, por isso, se desaparecer no curso do mandato, o conselheiro ficará automaticamente impedido de prosseguir no exercício do cargo, devendo ser substituído.

51. Lei 12.353/2010: "Art. 5º. O disposto nesta Lei não se aplica às empresas que tenham um número inferior a 200 (duzentos) empregados próprios". O legislador pátrio, como se vê, foi excessivamente generoso – dando mostras, pois, da grande estima que tem pelo capital público e, ainda mais, pelo capital privado investido com o público – ao instituir a cogestão, que, por falta de limites, patologicamente pode ser até quase paritária. Na Alemanha, País em que o instituto mais avançou, a cogestão quase paritária pressupõe 2.000 empregados, e mesmo aquela que se estabelece na composição da terça parte do órgão colegiado de administração requer pelo menos 500 empregados!

52. Emprego é trabalho subordinado (CLT, art. 2º): "Sem a presença da subordinação hierárquica pode haver relação de trabalho, mas nunca relação de emprego" (José Affonso Dallegrave Neto, *Contrato Individual de Trabalho*: *uma Visão Estrutural*, São Paulo LTr, 1998, p. 60).

53. Lei 12.353/2010, art. 2º, § 1º: "§ 1º. O representante dos trabalhadores será escolhido dentre os empregados ativos da empresa pública ou sociedade de economia mista, pelo voto direto de seus pares, em eleição organizada pela empresa em conjunto com as entidades sindicais que os representem". Em certa medida, a epígrafe da lei, que se refere à "participação de empregados nos conselhos de administração", é mais precisa que os arts. 1º e 2º, os quais se reportam à participação de "representante dos empregados".

O empregado escolhido pelos seus pares para integrar o conselho de administração deverá, ainda, preencher os *requisitos legais* de investidura (Lei das S/A, arts. 146 e 147), assim como os demais *requisitos estatutários* porventura exigidos para o desempenho do cargo – conforme previsto no art. 2º, § 2º, da lei em comento,[54] a qual, por esse modo, pôs termo, ao menos neste foro, às discussões doutrinárias existentes sobre se seria possível, ou não, contemplar requisitos adicionais de investidura nos estatutos da companhia.[55] É certo, porém, que ainda aqui remanesce espaço para coartar exigências que, concretamente, sejam arbitrárias, caprichosas, desarrazoadas, inadequadas ou que busquem promover a fraude à lei. Por esta linha, por exemplo, não podem os estatutos exigir do representante dos trabalhadores a qualidade de acionista (Lei das S/A, art. 146, na redação atual): a exigência seria arbitrária, contrária às razões do próprio instituto, e, pois, fraudatória da lei imperativa.[56]

54. Lei 12.353/2010, art. 2º, § 2º: "§ 2º. "O representante dos empregados está sujeito a todos os critérios e exigências para o cargo de conselheiro de administração previstos em lei e no estatuto das respectivas empresas".

55. A maioria da doutrina opina pela possibilidade de os estatutos preverem outros requisitos de investidura além daqueles previstos em lei (cf.: Egberto Lacerda Teixeira e José Alexandre Tavares Guerreiro, *Das Sociedades Anônimas no Direito Brasileiro*, São Paulo, José Bushatsky Editor, 1979, § 25, n. 154, pp. 461-462; Trajano de Miranda Valverde, *Sociedades por Ações*, 2ª ed., vol. II, Rio de Janeiro, Forense, 1953, n. 604, p. 282; e Paulo Fernando Campos Salles de Toledo, *O Conselho de Administração na Sociedade Anônima*, cit., n. 2.5.1, p. 47), mas há opiniões noutro sentido (cf. Modesto Carvalhosa, *Comentários à Lei das Sociedades Anônimas*, cit., 5ª ed., 3º vol., pp. 255-256).

56. Por força da alteração introduzida pela Lei 12.431/2001, o membro do conselho de administração não mais precisa ser necessariamente acionista da companhia. Curiosamente, a Lei 12.353/2010 – incidindo na mesma falha incorrida pela Lei 10.303/2001 (que, no parágrafo único introduzido no art. 140 da Lei das S/A também silenciou sobre o assunto) – não prescreveu abertamente que o conselheiro indicado pelos empregados não precisava ser acionista; previu apenas que deve ser empregado, mas – repita-se – não afirmou expressamente que não precisava ser acionista. Mais que isso, no art. 2º, § 2º, prescreveu que "o representante dos empregados está sujeito a todos os critérios e exigências para o cargo de conselheiro de administração previsto em lei e no estatuto da respectiva empresa" (*sic*), e, sendo à época a qualidade de acionista um requisito legal para o exercício do cargo de conselheiro, era possível questionar se o representante escolhido dentre os empregados precisava, ou não, ser também acionista. A intenção do legislador era e é clara, e isso não se discute. Mas, uma vez promulgada a lei, qual o valor dessa intenção? Como quer que seja, em boa hora, a Lei 12.431/2011 alterou a redação do art. 146 da Lei das S/A, eliminando aquela exigência, em caráter geral – donde não haver, atualmente, mais espaço para qualquer discussão.

A escolha do empregado é universal. Noutros sistemas jurídicos prevê-se que a escolha deva se dar nos vários níveis de postos de trabalho, assegurando-se, assim, a mais perfeita representação dos distintos interesses dos trabalhadores; na lei brasileira não há nenhuma previsão a respeito, o que mui possivelmente dará margem a representações distorcidas dos vários segmentos de colaboradores internos.[57]

### 5.4 *Escolha; eleição e destituição (ordinária e excepcional)*

De acordo com a sistemática legal, "o representante dos trabalhadores será escolhido dentre os empregados ativos da empresa pública ou sociedade de economia mista, pelo voto direto de seus pares, em eleição organizada pela empresa em conjunto com as entidades sindicais que os representem" (art. 2º, § 1º, da Lei 12.353/2010). Ou seja: a escolha opera-se por sufrágio direto e universal dos empregados e é organizada pela companhia em conjunto com as entidades sindicais dos trabalhadores.

Questão não resolvida pela lei consiste em saber se a assembleia-geral tem alguma participação na condução do empregado para o cargo de administrador, ou não. Mais especificamente: se a "eleição" dos empregados é suficiente para que a companhia dê posse ao escolhido ou, diversamente, se a assembleia-geral deve chancelar ou homologar o nome escolhido. Quanto a isso, interpretando o art. 140, parágrafo único, da Lei das S/A – que trata da cogestão facultativa, mas cuja regra é, do ponto de vista vernacular, bastante parecida à do art. 2º, § 1º, da Lei 12.353/2010 –, a doutrina majoritariamente tem entendido que cabe à assembleia-geral chancelar a escolha feita pelos empregados,[58] até porque a competência geral do colégio de acionistas para a escolha dos

57. Embora referindo-se ao regime geral da cogestão facultativa, Nelson Eizirik, atento ao problema destacado no texto, defende ser "recomendável que o estatuto estabeleça mandato curto, com a possibilidade de apenas uma reeleição, para evitar o 'representante profissional' e permitir que se renove a representação" (*A Lei das S/A Comentada*, cit., vol. II, p. 274).

58. Cf.: Daniela Gomes Afonso, "Parecer CVM de 16.4.2002: critérios para a eleição de membros do conselho de administração de S/A aberta, após a Lei 10.303/2001", *RDM* 126/214, São Paulo, Malheiros Editores, abril-junho/2002 (afirmando que "o resultado dessa eleição será apenas homologado quando da realização da referida assembleia-geral"); Márcia Carla Pereira Ribeiro, in Marcelo M. Bertoldi (coord.), *Reforma da Lei das Sociedades Anônimas* (obra coletiva), 2ª ed., São Paulo, Ed. RT, 2002, pp. 120-121; Modesto Carvalhosa, *Comentários à Lei das Sociedades Anônimas*, cit., 5ª ed., 3º vol., p. 102; e Modesto Carvalhosa e Nelson Eizirik, *A Nova Lei das S/A*, cit., p. 297.

administradores não foi excepcionada (Lei das S/A, art. 121, II). De mais a mais, cabe também ao órgão superior exercer o controle sobre impedimentos absolutos (Lei das S/A, art. 147, §§ 1º e 2º) e, se o caso, dispensar os relativos (Lei das S/A, art. 147, § 3º), donde a conveniência de que essa escolha se dê antes da realização da assembleia-geral ordinária. Não obstante isso, força reconhecer que a interpretação da Lei 12.353/2010 à luz das regras de direito intertemporal poderia apontar noutra direção, afastando qualquer interferência da assembleia na investidura do eleito pelos empregados.

A escolha ou eleição dá-se pelos empregados e, logicamente, a destituição ordinária também – pois quem tem o poder de eleger há de ter o de destituir.[59] Apesar disso, pode a assembleia-geral destituir o conselheiro escolhido pelos empregados, se houver justa causa; da mesma forma, a assembleia-geral pode deliberar propor ação de responsabilidade civil contra o conselheiro, tornando-o, assim, impedido (Lei das S/A, art. 159, § 2º). Em ambos os casos não haverá participação alguma dos empregados, *enquanto tais*,[60] no processo de deliberação assemblear – aqui incide princípio correlato: quem não elege ordinariamente não destitui ordinariamente, mas poderá fazê-lo extraordinariamente.[61]

59. Interpretando a regra geral de cogestão facultativa (Lei das S/A, art. 140, parágrafo único), Adriano Castello Branco é de distinto pensar: "O legislador é silente acerca da destituição do conselheiro eleito pelos empregados. Tal competência deverá ser da assembleia-geral, em consonância com as previsões legais constantes dos arts. 153 a 159 da Lei das S/A, que dispõem sobre os deveres e responsabilidades inerentes ao cargo de conselheiro" (*O Conselho de Administração nas Sociedades Anônimas*, 2ª ed., Rio de Janeiro, Forense Universitária, 2004, n. 4.3, p. 36).

60. Se o empregado for acionista, participa da deliberação porque acionista é. Por outro lado, porque empregado e acionista, participa das duas eleições – da escolha do representante dos empregados, porque empregado é, e do conclave de eleição dos administradores, porque acionista não deixa de sê-lo – sem que aí se divise, em boa ótica, voto plural ou coisa que o valha (v. Daniela Gomes Afonso, "Parecer CVM de 16.4.2002: critérios para a eleição de membros do conselho de administração de S/A aberta, após a Lei 10.303/2001", cit., *RDM* 126/214).

61. Cf. (embora referindo-se à cogestão facultativa): "Creio que, por isso, se não se pode eleger com base no *caput* do art. 140, não se pode destituir com base no *caput* do art. 140. Esse é o caso do representante dos empregados. A destituição pela assembleia só poderia ser aceita se houvesse dispositivo específico ou justa causa, no melhor interesse da companhia" (Processo CVM-RJ 2006/0579, reg. 5.044/2006, rel. Diretor Pedro Oliva Marcílio de Sousa, j. 21.3.2006). E de igual sentir a abalizada lição de Nelson Eizirik: "O conselheiro eleito pelos empregados não pode ser demitido *ad nutum* pela assembleia-geral de acionistas, mas apenas pela assembleia especial dos empregados" (*A Lei das S/A Comentada*, cit., vol. II, p. 275). No particular, também não é distinto o regime aplicável ao conselheiro eleito por titulares de ações preferenciais sem direito a voto ou com voto restrito (Lei das S/A, art. 140, § 4º, II).

### *5.5 Estabilidade e relação de emprego*

A qualidade de empregado é requisito legal de elegibilidade do representante dos trabalhadores (art. 2º, § 1º, da Lei 12.353/2010). Apesar disso, não há regra alguma contemplando a estabilidade no emprego do eleito para o conselho de administração, não obstante os organismos internacionais de proteção ao trabalho já recomendassem sua previsão.[62] Portanto, neste particular, e de forma inusitada, o empregado escolhido para compor o conselho de administração encontra-se em situação de inferioridade em comparação ao membro de simples Comissão Interna de Prevenção de Acidentes/CIPA, este, sim, protegido por regras de estabilidade (CLT, art. 165), com matiz constitucional.[63] Há aqui, pois, uma situação de incompreensível assimetria de tratamento.

Por outro lado, a posição de titular de órgão no conselho de administração não interfere na relação de emprego subjacente, e, portanto, não despe o empregado dos direitos e deveres inerentes à relação de trabalho. Válidas, no particular, são, por isso mesmo, as lições de Alfredo de Assis Gonçalves Neto, ainda que tecidas em comentário à regra de cogestão facultativa:

> A só eleição do trabalhador para o conselho de administração, salvo regra estatutária diversa, não o dispensa das suas atividades laborais decorrentes de seu vínculo empregatício, senão durante as reuniões, uma vez que, como órgão de deliberação colegiada, o conselho de administração não tem atuação contínua. A remuneração desses representantes dos empregados não precisa ser idêntica àquela dos demais conselheiros, podendo ser definida no estatuto pelo critério de jetom por reunião de que participam, sem prejuízo do direito à percepção dos respectivos salários.[64]

62. A Convenção 135/1971 e a Recomendação 143/1971 da Organização Internacional do Trabalho/OIT sobre a proteção dos trabalhadores na empresa preconizam a previsão de uma proteção eficaz aos representantes dos trabalhadores na empresa contra todo ato que possa prejudicá-los, compreendendo a dispensa motivada por sua condição de representante (cf. Amauri Mascaro Nascimento, *Iniciação ao Direito do Trabalho*, cit., 18ª ed., p. 421).

63. A Consolidação das Leis do Trabalho/CLT (Lei 5.452, de 1.5.1943) apenas contempla a estabilidade dos titulares de representação dos empregados nas CIPAs: "Art. 165. Os titulares da representação dos empregados nas CIPAs não poderão sofrer despedida arbitrária, entendendo-se como tal a que não se fundar em motivo disciplinar, técnico, econômico ou financeiro". Dita estabilidade, aliás, tem expressa previsão constitucional (CF, art. 7º, I; e ADCT, art. 10, II).

64. Alfredo de Assis Gonçalves Neto, *Manual das Companhias ou Sociedades Anônimas*, 2ª ed., São Paulo, Ed. RT, 2010, n. 101, p. 174.

### 5.6 *Composição do conselho de administração*

As regras brasileiras de cogestão obrigatória em empresas estatais da União não preveem percentuais ou número máximo de representantes de empregados no conselho de administração, ao contrário do que ocorre no Direito Alemão e no Direito Francês – dando, assim, margem a desvios de finalidade na implementação do instituto. O único limite claramente existente[65] é o de que, em qualquer caso, é assegurado à União (controladora) o direito de eleger a maioria dos membros do órgão de administração (art. 2º da Lei 12.353/2010).[66] Ou seja: a soma do número de representantes de empregados, acrescido dos representantes de minoritários e titulares de direitos políticos no preenchimento de cargos de administração, não pode superar o número de conselheiros elegíveis pela União (controladora).

Mais que isso, e para dar cumprimento à regra, prevê-se que, "no caso de os representantes do acionista majoritário deixarem de totalizar a maioria dos membros do conselho de administração, em razão da modificação da composição do colegiado para fins de cumprimento ao disposto nesta Lei, fica autorizado o aumento suficiente do número de conselheiros para assegurar o direito do acionista controlador de eleger a maioria dos conselheiros" (art. 3º). Além disso, "fica autorizada a alteração do número máximo de membros dos conselhos de administração das empresas públicas e sociedades de economia mista federais" (art. 4º).

### 5.7 *Conflito de interesses; deveres e responsabilidades dos administradores*

Os conselheiros escolhidos pelos empregados são titulares de órgão de administração e se sujeitam igualmente à observância dos deveres previstos na Lei Acionária (art. 6º da Lei 12.353/2010).[67] Logo, estão

65. Lembre-se, porém, que o art. 7º, XI, da CF atribui à cogestão na empresa caráter excepcional – e por aí, sim, pode-se questionar em concreto se a instituição de regime quase paritário, ao abrigo das regras da Lei 12.1353/2010, viola, ou não, os implícitos limites dados pelo comando constitucional.

66. Lei 12.353/2010: "Art. 2º. Os estatutos das empresas públicas e sociedades de economia mista de que trata esta Lei deverão prever a participação nos seus conselhos de administração de representante dos trabalhadores, assegurado o direito da União de eleger a maioria dos seus membros".

67. Lei 12.353/2010: "Art. 6º. Observar-se-á, quanto aos direitos e deveres dos membros dos conselhos de que trata esta Lei e ao respectivo funcionamento, o disposto na Lei n. 6.404, de 15 de dezembro de 1976, no que couber".

obrigados a agir em prol do interesse social e não podem sacrificar o interesse social em benefício do interesse dos empregados – aplicando-se aqui a mesma *ratio* da regra (meramente enunciativa) do art. 154, § 1º, da Lei das S/A.[68] No passado, é verdade, a CVM chegou a decidir noutro sentido (com o qual já então não nos colocávamos de acordo[69]); agora,

68. O administrador – pouco importando o colégio eleitoral – está, enquanto titular de órgão de administração, jungido ao fiel cumprimento dos deveres fiduciários, e, pois, ao dever de dar cumprimento às finalidades de suas atribuições. Deste dever específico – di-lo expressamente a Lei Acionária (Lei das S/A, art. 154, § 1º) – não se isenta o administrador eleito por grupo ou classe de acionistas (nos moldes dos arts. 16, III, 18, 140, parágrafo único, e 141, *caput* e §§ 4º, 5º e 7º, da Lei das S/A). Essa regra do art. 154, § 1º, da Lei das S/A, aliás, seria rigorosamente dispensável (cf. João Luiz Coelho da Rocha, *Administradores, Conselheiros e Prepostos das Sociedades*, Rio de Janeiro, Lumen Juris, 2005, p. 54), mas, a nosso ver, o lembrete expresso é sempre útil e bem-vindo: o administrador não é representante de seus eleitores, nem preposto dos acionistas, nem mesmo do controlador (cf. Processo CVM-RJ 1.443/2005, rel. Diretor Pedro Oliva Marcílio de Sousa, j. 21.3.2006, v.u.). Como lembrava J. C. Sampaio de Lacerda, ele "não poderá contrariar os interesse da companhia nem as exigências do bem público, nem a função social da empresa, mesmo que, com o cumprimento desses deveres, venha a contrariar o interesse dos que o elegeram" (*Comentários à Lei das Sociedades Anônimas*, 3º vol., São Paulo, Saraiva, 1978, p. 192).

69. A CVM decidiu o seguinte: "A referência a 'administrador eleito (...) por acionistas' no art. 154, § 1º, não é acidental, nesse primor sistemático que é a Lei n. 6.404/1976. Com ela, a lei ressalvou os conselheiros eleitos por empregados, como permitido no parágrafo único do art. 140, os quais, aí sim por norma expressa de lei, estarão no conselho na qualidade de 'representantes dos empregados' e, portanto, autorizados a votar de acordo com os interesses destes, quando conflitantes – se isto ocorrer – com os da companhia" (Processo CVM-RJ 2007/0191, reg. 5.384/2007, Conselheiro Marcelo Trindade, j. 23.1.2007). Respeitado esse entendimento, e em linha com as considerações expostas na nota precedente, pensamos diversamente: em primeiro lugar porque o art. 154, § 1º, da Lei das S/A não comporta interpretação *a contrario sensu*, para assim extrair a inferência de que os conselheiros eleitos por não acionistas estariam dispensados de agir em linha com o interesse social; em segundo lugar porque a observância do interesse social é regra imposta diretamente pelo art. 154, *caput*, da Lei das S/A, onde não há qualquer regra de exceção; em terceiro lugar porque a função de todo e qualquer administrador é fazer atuar o contrato social, e, portanto, agir em prol do escopo-meio ou do escopo-fim da sociedade – ou seja: pautar-se pelo interesse social. O art. 154, § 1º, da Lei das S/A é, antes de tudo, regra de conteúdo didático ou pedagógico, mas verdadeiramente não inova em nada. Apesar disso, o julgado administrativo está corretíssimo ao reconhecer que "a referência a 'administrador eleito (...) por acionistas' no art. 154, § 1º, não é acidental, nesse primor sistemático que é a Lei n. 6.404/1976": não é acidental, mesmo, pois quando da edição da Lei Acionária não existia o parágrafo único do art. 140, e, portanto, a qualidade de acionista era pressuposto, ativo e passivo, de elegibilidade para o conselho de administração. Agora não é mais assim.

porém, a lei é expressa. E não poderia, mesmo, ser diferente. Se a função precípua do administrador é dar execução ao contrato social – isto é, agir em prol da consecução do escopo-meio e do escopo-fim da sociedade –, não se compreenderia a existência de administrador que pudesse agir contra o interesse social ou inspirado por outro propósito qualquer.

Mas, sem prejuízo da genérica vedação aos administradores de intervirem em qualquer operação social em que tiverem interesse conflitante com o da companhia (Lei das S/A, art. 156), a lei de cogestão obrigatória ainda traz singular regra de conflito de interesses ao prever que "o conselheiro de administração representante dos empregados não participará das discussões e deliberações sobre assuntos que envolvam relações sindicais, remuneração, benefícios e vantagens, inclusive matérias de previdência complementar e assistenciais, hipóteses em que fica configurado o conflito de interesse" (art. 2º, § 3º). A partir da matéria em discussão, a lei cria inédita hipótese de conflito formal que gera, como efeito, não só o impedimento de voto, mas inclusive de voz: o conselheiro não vota... nem participa das discussões. Na prática, porém, é mui difícil supor que o representante dos empregados vá, mesmo, ficar calado. Inclusive porque, se a justificação teórica do instituto da cogestão, enquanto medida de condução democrática da empresa, é promover o alinhamento de interesses de capital e trabalho, não faz sentido algum que justamente naquelas matérias haja semelhante restrição. É este, porém, o sistema que agora temos, e que vige exclusivamente nas companhias às quais se apliquem as regras da Lei 12.353/2010.

## 6. *Notas críticas conclusivas*

A participação dos empregados na composição dos órgãos de administração é realidade posta: tem previsão constitucional (CF, art. 7º, XI), a qual não poderia continuar a ser negligenciada e que conta a seu favor com experiências em geral bem-sucedidas noutros sistemas jurídicos. Bem por isso, a discussão que na atualidade cabe ser empreendida pelos diversos segmentos envolvidos não é propriamente sobre se a cogestão deva ser adotada no Direito Brasileiro, e sim de que forma e em que extensão implementá-la, pois, sobretudo nesta seara, o Direito não deve se adiantar aos fatos e à realidade social vigente; do contrário apenas fomentará ineficiências e transportará conflitos trabalhistas para a gestão das empresas.

Neste sentido, o legislador pátrio, que em 2001 havia dado importante passo ao consagrar no texto da Lei Acionária a regra de cogestão facultativa (Lei das S/A, art. 140, parágrafo único), 10 anos depois deu um passo além e, pela Lei 12.353/2010, instituiu o regime de cogestão obrigatória em companhias com a maioria do capital votante, direta ou indiretamente, em poder da União. Ao fazê-lo, porém, tropeçou em diversos pontos.

*Em primeiro lugar*, não há convincente explicação para o fato de a cogestão obrigatória em empresas estatais ter ficado restrita às companhias sob controle da União. Por que só da União? Se o legislador achava, honestamente, que a medida era realmente boa, por que não a estendeu aos demais entes políticos? Aliás, por que só em empresas estatais? Dir-se-á: porque nelas há recursos públicos, o que supostamente legitimaria o Estado a dar a orientação desejada. A explicação, sob todas as luzes, não convence, e convence menos ainda em sociedades de economia mista – onde, ao lado de recursos públicos, há também valiosos recursos privados, de investidores institucionais e de poupadores, que não deveriam ficar à mercê dos fluídos e cambiantes interesses políticos de ocasião. Que o Estado eleja empregados na composição das cadeiras que lhe tocam como acionista é uma coisa; que, adicionalmente, ainda haja a representação direta dos empregados nas companhias de capital misto é algo absolutamente distinto.

*Em segundo lugar*, também não se compreende o radical impedimento de voto e *voz*, coisa inédita no Direito Brasileiro, em discussões sobre assuntos que envolvam relações sindicais, remuneração, benefícios e vantagens, inclusive matérias de previdência complementar e assistenciais. Se o intuito da cogestão é promover a gestão democrática da empresa e compor, e resolver, intestinamente os naturais conflitos entre capital e trabalho, a exclusão dos representantes dos empregados nas discussões daquelas matérias contribui exatamente para o oposto: coloca-os como mero espectadores passivos – e não como copartícipes – das decisões, instigando o conflito, e não o alinhamento de interesses.

*Em terceiro lugar*, muito mal andou o legislador pátrio ao não prever limite, seja percentual, seja de número de cadeiras, para os representantes de empregados, abrindo, por esse modo, a possibilidade de criação de conselhos de administração populosos, autênticas comissões no seio da companhia, em regime de cogestão quase paritária. Além disso, conspira contra a própria eficiência da gestão social e, em concreto, pode resvalar em inconstitucionalidade. Afinal, a Constituição Federal – bem ou mal, pouco importa, não é tarefa do intérprete julgar a sabedoria do comando – timbra a cogestão com o signo da excepcionalidade (CF, art. 11, XI); logo, se, concretamente, ao abrigo da Lei 12.353/2010, se pretender implementar regime de cogestão quase paritária em empresas estatais, parece certo que, a despeito da vagueza dos comandos da lei federal (comandos, esses, que, de todo modo, não podem ser interpretados em desacordo com o texto constitucional), a higidez da medida será passível de disputa.

*Em quarto lugar*, o número mínimo de empregados a partir do qual a cogestão se torna obrigatória é baixo: só 200 empregados – ou seja, empresa de médio porte![70] Para fins de comparação, lembre-se novamente que no Direito Alemão, onde vigem as regras mais intensas de cogestão, exige-se 500 empregados para a representação de empregados na terça parte do órgão de administração e 2.000 empregados para a representação quase paritária. No Direito Brasileiro, além de não haver limites predefinidos à composição do órgão, o número de empregados exigido é baixo – o que suscita a legítima e fundada desconfiança sobre quais teriam sido os reais propósitos do legislador pátrio.

Bem por isso, espera-se que, se e quando o trôpego legislador der o próximo passo na acidentada trilha da cogestão, aprume o rumo. Pois, como está na Lei 12.353/2010, parece não prestar nem legitimamente à União, muito menos aos acionistas.

## *Bibliografia*

AFONSO, Daniela Gomes. "Parecer CVM de 16.4.2002: critérios para a eleição de membros do conselho de administração de S/A aberta, após a Lei 10.303/2001". *RDM* 126/193-216. São Paulo, Malheiros Editores, abril-junho/2002.

ARAÚJO, Edmir Netto de. *Curso de Direito Administrativo*. 2ª ed. São Paulo, Saraiva, 2006.

AZEVEDO, Luís André N. de Moura, e CASTRO, Rodrigo R. Monteiro de (coords.). *Poder de Controle e Outros Temas de Direito Societário e Mercado de Capitais* (obra coletiva). São Paulo, Quartier Latin, 2010.

BANDEIRA DE MELLO, Celso Antônio. *Curso de Direito Administrativo*. 31ª ed. São Paulo, Malheiros Editores, 2014.

BASTOS, Celso Ribeiro, e MARTINS, Ives Gandra da Silva. *Comentários à Constituição do Brasil*. 2º vol. São Paulo, Saraiva, 1989.

BERTOLDI, Marcelo M. (coord.). *Reforma da Lei das Sociedades Anônimas* (obra coletiva). 2ª ed. São Paulo, Ed. RT, 2002.

70. O Instituto Brasileiro de Geografia e Estatística/IBGE considera de médio porte a a empresa que emprega de 100 a 499 empregados; grande, acima de 500 empregados.

BRANCO, Adriano Castello. *O Conselho de Administração nas Sociedades Anônimas*. 2ª ed. Rio de Janeiro, Forense Universitária, 2004.

CARVALHOSA, Modesto. *Comentários à Lei das Sociedades Anônimas*. 5ª ed., 3º vol. São Paulo, Saraiva, 2011.

________, e EIZIRIK, Nelson. *A Nova Lei das S/A*. São Paulo, Saraiva, 2002.

CASTRO, Rodrigo R. Monteiro de, e AZEVEDO, Luís André N. de Moura (coords.). *Poder de Controle e Outros Temas de Direito Societário e Mercado de Capitais* (obra coletiva). São Paulo, Quartier Latin, 2010.

CASTRO, Rodrigo R. Monteiro de, GUERREIRO, Carolina Dias Tavares, e WARDE JR., Walfrido Jorge (coords.). *Direito Empresarial e Outros Estudos de Direito em Homenagem ao Professor José Alexandre Tavares Guerreiro*. São Paulo, Quartier Latin, 2013.

COMPARATO, Fábio Konder. *Comentários às Disposições Transitórias da Nova Lei de Sociedades por Ações*. Rio de Janeiro, Forense, 1978.

________. *O Poder de Controle na Sociedade Anônima*. 3ª ed. Rio de Janeiro, Forense, 1983.

CORDEIRO, António Menezes. *Direito Europeu das Sociedades*. Coimbra, Livraria Almedina, 2005.

COZIAN, Maurice, DEBOISSY, Florence, e VIANDIER, Alain. *Droit des Sociétés*. 20ª ed. Paris, Litec, 2007.

DALLEGRAVE NETO, José Affonso. *Contrato Individual de Trabalho: uma Visão Estrutural*. São Paulo, LTr, 1998.

DEBOISSY, Florence, COZIAN, Maurice, e VIANDIER, Alain. *Droit des Sociétés*. 20ª ed. Paris, Litec, 2007.

EIZIRIK, Nelson. *A Lei das S/A Comentada*. vol. II. São Paulo, Quartier Latin, 2011.

________, e CARVALHOSA, Modesto. *A Nova Lei das S/A*. São Paulo, Saraiva, 2002

FAUCHON, Anne, e MERLE, Philippe. *Droit Commercial: Sociétés Commerciales*. 11ª ed. Paris, Dalloz, 2007.

GONÇALVES NETO, Alfredo de Assis. *Manual das Companhias ou Sociedades Anônimas*. 2ª ed. São Paulo, Ed. RT, 2010.

GOTTSCHALK, Elson. *A Participação do Empregado na Gestão da Empresa*. Salvador, Livraria Progresso, 1958.

GUERREIRO, José Alexandre Tavares, e TEIXEIRA, Egberto Lacerda. *Das Sociedades Anônimas no Direito Brasileiro*. São Paulo, José Bushatsky Editor, 1979.

HIRTE, Heribert. *Kapitalgesellschaftsrecht*. 6ª ed. Köln, RWS Verlag, 2009.

HÜFFER, Uwe. *Gesellschaftsrecht*. 7ª ed. Munique, C. H. Beck, 2007.

KLUNZIGER, Eugen. *Grundzüge des Gesellschaftsrechts*. 15ª ed. Munique, Verlag Franz Vahlen, 2009.

KÜBLER, Friedrich. *Derecho de Sociedades*. 5ª ed., trad. de Michèle Klein. Madri, Fundación Cultural del Notariado, 2001.

LAMY FILHO, Alfredo. "A reforma da Lei das Sociedades Anônimas". *RDM* 7/122-158. São Paulo, Ed. RT (republicado in: *Temas de S/A*, Rio de Janeiro, Renovar, 2007).

________. *Temas de S/A*. Rio de Janeiro, Renovar, 2007.

________, e PEDREIRA, José Luiz Bulhões. *A Lei das S/A*. Rio de Janeiro, Renovar, 1992.

________ (coords.). *Direito das Companhias* (obra coletiva). vol. I. Rio de Janeiro, Forense, 2009.

LAZZARESCHI NETO, Alfredo Sérgio. *Lei das Sociedades por Ações Anotada*. 3ª ed. São Paulo, Saraiva, 2010.

LE CANNU, Paul. *Droit des Sociétés*. 2ª ed. Paris, Montchrestien, 2003.

LEÃO JR., Luciano de Souza. In: LAMY FILHO, Alfredo, e PEDREIRA, José Luiz Bulhões (coords.). *Direito das Companhias* (obra coletiva). vol. I. Rio de Janeiro, Forense, 2009.

LOBO, Jorge (coord.). *Reforma da Lei das Sociedades Anônimas* (obra coletiva). 2ª ed. Rio de Janeiro, Forense, 2002.

MAGANO, Octávio Bueno. *Organização Sindical Brasileira*. São Paulo, Ed. RT, 1982.

MARANHÃO, Délio, SÜSSEKIND, Arnaldo, TEIXEIRA, Lima, e VIANA, Segadas. *Instituições de Direito do Trabalho*. 21ª ed. São Paulo, LTr, 2003.

MARTINS, Ives Gandra da Silva, e BASTOS, Celso Ribeiro. *Comentários à Constituição do Brasil*. 2º vol. São Paulo, Saraiva, 1989.

MERLE, Philippe, e FAUCHON, Anne. *Droit Commercial: Sociétés Commerciales*. 11ª ed. Paris, Dalloz, 2007.

NASCIMENTO, Amauri Mascaro. *Iniciação ao Direito do Trabalho*. 18ª ed. São Paulo, LTr, 1992.

PEDREIRA, José Luiz Bulhões, e LAMY FILHO, Alfredo. *A Lei das S/A*. Rio de Janeiro, Renovar, 1992.

________ (coords.). *Direito das Companhias* (obra coletiva). vol. I. Rio de Janeiro, Forense, 2009.

RAISER, Thomas, e VEIL, Rüdiger. *Recht der Kapitalgesellschaften*. 4ª ed. Munique, Franz Vahlen, 2006.

REQUIÃO, Rubens. "A cogestão – Participação dos empregados na administração das empresas". In: *Aspectos Modernos de Direito Comercial*, 2º vol. São Paulo, Saraiva, 1980.

________. *Aspectos Modernos de Direito Comercial*. 2º vol. São Paulo, Saraiva, 1980.

________. "Cogestão de empregado em norma estatutária". In: *Aspectos Modernos de Direito Comercial*. 2º vol. São Paulo, Saraiva, 1980 (pp. 203-212).

RIBEIRO, Márcia Carla Pereira. In: BERTOLDI, Marcelo M. (coord.). *Reforma da Lei das Sociedades Anônimas* (obra coletiva). 2ª ed. São Paulo, Ed. RT, 2002.

ROCHA, João Luiz Coelho da. *Administradores, Conselheiros e Prepostos das Sociedades*. Rio de Janeiro, Lumen Juris, 2005.

SALOMÃO FILHO, Calixto. *O Novo Direito Societário*. 4ª ed. São Paulo, Malheiros Editores, 2011.

SAMPAIO DE LACERDA, J. C. *Comentários à Lei das Sociedades Anônimas*. 3º vol. São Paulo, Saraiva, 1978.

SCHMIDT, Karsten. *Gesellschaftsrecht*. 4ª ed. Köln, Carl Heymanns, 2002.

SERENS, Nogueira. *Cogestão – Que Futuro?*. Coimbra, Coimbra Editora, 1980.

SILVA, Antônio Álvares da. *Cogestão no Estabelecimento e na Empresa*. São Paulo, LTr, 1991.

SILVA, José Afonso da. *Comentário Contextual à Constituição*. 8ª ed. São Paulo, Malheiros Editores, 2012.

SÜSSEKIND, Arnaldo, MARANHÃO, Délio, TEIXEIRA, Lima, e VIANA, Segadas. *Instituições de Direito do Trabalho*. 21ª ed. São Paulo, LTr, 2003.

TEIXEIRA, Egberto Lacerda, e GUERREIRO, José Alexandre Tavares. *Das Sociedades Anônimas no Direito Brasileiro*. São Paulo, José Bushatsky Editor, 1979.

TEIXEIRA, Lima, MARANHÃO, Délio, SÜSSEKIND, Arnaldo, e VIANA, Segadas. *Instituições de Direito do Trabalho*. 21ª ed. São Paulo, LTr, 2003.

TOLEDO, Paulo Fernando Campos Salles de. "As sociedades limitadas podem ter conselho de administração?". In: AZEVEDO, Luís André N. de Moura, e CASTRO, Rodrigo R. Monteiro de (coords.). *Poder de Controle e Outros Temas de Direito Societário e Mercado de Capitais* (obra coletiva). São Paulo, Quartier Latin, 2010 (pp. 358-373).

__________. "Modificações introduzidas na Lei das Sociedades por Ações quanto à disciplina da administração das companhias". In: LOBO, Jorge (coord.). *Reforma da Lei das Sociedades Anônimas* (obra coletiva). 2ª ed. Rio de Janeiro, Forense, 2002.

__________. *O Conselho de Administração na Sociedade Anônima*. São Paulo, Atlas, 1997.

VALVERDE, Trajano de Miranda. *Sociedades por Ações*. 2ª ed., vol. II. Rio de Janeiro, Forense, 1953.

VEIL, Rüdiger, e RAISER, Thomas. *Recht der Kapitalgesellschaften*. 4ª ed. Munique, Franz Vahlen, 2006.

VIANA, Segadas, MARANHÃO, Délio, SÜSSEKIND, Arnaldo, e TEIXEIRA, Lima. *Instituições de Direito do Trabalho*. 21ª ed. São Paulo, LTr, 2003.

VIANDIER, Alain, COZIAN, Maurice, e DEBOISSY, Florence. *Droit des Sociétés*. 20ª ed. Paris, Litec, 2007.

VIDAL, Dominique. *Droit des Sociétés*. 5ª ed. Paris, LGDJ, 2006.

WIEDEMANN, Herbert. *Gesellschaftsrecht*. vols. I ("Grundlagen") e II ("Recht der Personengesellschaft"). Munique, C. H. Beck, 1980 e 2004.

# *ÍNDICE ALFABÉTICO-REMISSIVO*

* * *

00531

**GRÁFICA PAYM**
Tel. [11] 4392-3344
paym@graficapaym.com.br